KB047083

한국학강의

메타버스 시대를 여는 지혜의 보고(寶庫)

Lectures On Korean Studies

한국학강의

메타버스 시대를 여는 지혜의 보고(寶庫)

최민자 지음

도서출판 모시는사람들

"미망으로부터 진리로, 어둠으로부터 빛으로, 죽음으로부터 영원으로"
나아가게 해주신 마고 선인(麻姑仙人)님 그리고
환인(桓仁)·환웅(桓雄)·단군(檀君) 삼성조(三聖祖)님께
삼가 이 책을 올립니다.

메타버스(Metaverse) 시대를 여는 지혜의 보고(寶庫)

메타버스(Metaverse)라는 용어는 미국 SF 작가 닐 스티븐슨(Neal Stephenson)의 소설 『스노 크래시(Snow Crash)』(1992)에 처음 등장한 이후 5G 상용화에 따른 정보통신기술(ICT)의 발달과 코로나바이러스감염증-19(COVID-19)의 팬데믹에 따른 언택트(Untact, 비대면) 문화의 확산이 촉매제가 되어 급부상하고 있다. '초월 또는 가상'을 뜻하는 'meta'와 '세계 또는 우주'를 뜻하는 'verse'의 합성어인 메타버스는 가상현실(virtual reality, VR)보다 진화된 개념으로, 아바타(avatar)를 통해 현실 세계와 같은 사회·경제·문화 활동을 할 수 있는 3차원 가상세계를 일컫는 말이다. 오늘날 우리들 대부분은 정보통신기술의 디테일에 대해 잘 알지 못하지만, 그럼에도 스마트폰, 컴퓨터, 인터넷 등 디지털 미디어 속의 새로운 세상에서 온라인 게임을 즐기고 SNS·플랫폼서비스·네비게이션 등 ICT 서비스를 이용하며 살아간다. 말하자면 부지불식간에 우리는 메타버스라 불리는 디지털화된 지구에 올라탄 것이다.

메타버스 시대의 가장 강력한 기술로 일컬어지는 인공지능의 핵심 기술은 딥러닝(deep learning)이다. 딥러닝은 인간 두뇌의 신경망을 모방한 수많은 인공신경망(artificial neural network, ANN)을 컴퓨터 내부에 생성해 자동으로 기계 학습(machine learning, ML)을 수행하는 기술이다. 인공지능은 혜택과 잠재적 위험이라는 양면성을 동시에 지니고 있다. 바둑에서 이세돌을 이긴 알파고와 같은 인공지능이 앞으로 우리의 신체적·지적 역량을 확장하고 인류와 공생하며 인류의 삶을 더욱 풍요롭게 해줄 도구라는 측면을 강조하는 기술적 낙관론(technological optimism)이 있는가 하면, 인간과 인공지능을 구분하는 마지노선이 무너지고 인 공지능에 대한 통제 불능의 상태에 빠질 수도 있다는 비관론도 있다. 또한 인공 지능이 '기술적 특이점(technological singularity)'에 도달하면 인간의 시대는 종말을 고할 것이라는 '인간 역할의 변화'에 대한 예견도 있다.

뉴럴 네트워크에 기반한 딥러닝의 핵심은 데이터이며 데이터는 사람이 만 들고 평가한다. 인공지능의 윤리 문제는 컴퓨터 과학자나 인공지능 연구자들 의 윤리 코드가 이입되어 나타나는 결과라는 점에서 이는 곧 인간 자체의 윤리 문제다. 인류의 공동선에 대한 인식은 우주의 본질인 생명(天·神·靈)에 대한 명 료한 인식을 전제로 한다. 만물의 제1원인(The First Cause)인 생명이 곧 영성(靈性, spirituality)임을 깨달으면 물질일변도의 사고에서 벗어나게 되므로 공공성과 소 통성, 자율성과 평등성의 발휘가 극대화된다. 천·지·인 삼신일체, 성부·성자· 성령 삼위일체, 법신·화신·보신 삼신불, 무극·태극·황극과 신령(神靈)·기화(氣 化)·불이(不移, 不二)의 삼원 구조는 용어는 다르지만 모두 '일즉삼(一卽三)·삼즉일 (三卽一)'이라는 생명의 공식(formula of life)을 밝힌 것이다. 필자가 '생명의 공식'이 라 명명한 '일즉삼·삼즉일'의 원리는 시공을 초월하여 통용되는 진리이다. 거대 담론을 즐기는 사람들에게는 너무 쉽게 여겨질 수도 있겠지만, 진실로 그 심오 한 의미를 깨닫게 되면 죽음의 아가리로부터 벗어나 불멸에 이르게 된다.

이러한 생명의 공식은 현상계[작용]와 본체계[본체]의 상호 관통에 기초하여 생 명의 전일성과 자기근원성을 밝힌 것이라는 점에서 현대 물리학의 전일적 실 재관(holistic vision of reality)의 원형이기도 하고, 또한 질량-에너지 등가원리를 밝 힌 아인슈타인의 특수상대성이론(special theory of relativity, 1905)의 공식($E=mc^2$)과 도 본질적으로 상통한다. $E=mc^2$은 모든 질량이 그에 상응하는 에너지를 가지 고 모든 에너지 또한 그에 상응하는 질량을 가지며, 에너지가 질량으로 변환될 수 있고 질량 또한 에너지로 변환될 수 있다는 것이 핵심이다. 이러한 질량-에너지 등가 개념은 물질의 궁극적 본질이 비(非)물질과 하나임을 보여주는 것으로 현상계와 본체계의 상호 관통을 밝힌 것이다. 말하자면 물질의 입자는 고밀도로 농축된 작은 에너지 다발이다. 이는 곧 물질의 공성(空性)을 밝힌 것이라는 점에서 『반야심경(般若心經)』의 '색즉시공 공즉시색(色卽是空 空卽是色)'과도 일맥상통한다.

"진리가 너희를 자유롭게 하리라(the truth will set you free)"고 한 「요한복음」(8:32)의 말씀처럼, 진리에 대한 올바른 인식이 없이는 자유로울 수가 없다. 생명계는 이른바 '부메랑 효과(boomerang effect)'로 설명되는 에너지 시스템이다. 생명계에 대한 명료한 인식을 바탕으로 '일즉삼 삼즉일'이라는 생명의 공식으로 표상되는 우리 고유의 '한'사상(三神思想, 天符思想, 神敎)은 환단(桓檀: 환국·배달국·단군조선)시대를 관통하는 핵심 사상으로서 당시 상고 문명의 표준을 형성하였으며 홍익인간(弘益人間)·재세이화(在世理化)의 이념으로 발현되었다. 영성 그 자체인 생명(天·神·靈)을 인식하지 못한 채 현상계라는 단면에만 집착하여 일희일비하는 삶은 '현실'이라는 이름으로 포장된 꿈일 뿐이다. 진정한 메타버스 시대를 열기 위해서는 영원히 마르지 않는 생명수이며 지혜의 보고(寶庫)인 우리 상고시대 '생명의 거대사'에 주목할 필요가 있다. 그것은 역사상 실재했던 진보된 문명, '사라진 문명(vanished civilizations)'에 대한 증거이기도 하다.

과거와 현재 그리고 미래를 관통하여 도도히 흐르는 '시간의 강물'은 '역사적 현재(historical present)'를 살고 있는 인류의 삶의 행태를 정신병리학적인 측면에서 이렇게 진단한다: 그것은 '생명의 뿌리로부터 스스로를 분리시키는, 일종의 존재론적 자살(ontological suicide)의 충동에 시달리는 삶'이라고. 말하자면 그것은 존재론적으로 실재(reality)를 현상(phenomena)으로부터 분리하는 것이고, 인식론적으로 인식 주체를 인식 대상으로부터 분리하는 것이고, 신학적으로 신을 인간으로부터 분리함으로써 결과적으로 우리 자신을 현상의 세계에 가둬 버린 데서 오는 것이다.

'근본지(根本智)'로부터 분리된 인류의 자아분열적 삶의 행태는 인류의 시원에 관한 두 가지 이야기에서 발원한다. 그 하나는 마고성(麻姑城)에서 일어난 동양의 '오미의 변(五味之變)' 이야기이고, 다른 하나는 에덴동산에서 일어난 서양의 '선악과(善惡果)' 이야기이다. 동양의 마고성 이야기는 지소씨(支巢氏)가 포도를 따먹은 '오미(五味)의 변' 이후 잃어버린 참본성과 잃어버린 마고성에 대한 복본(復本)의 맹세를 담고 있다. 서양의 에덴동산 이야기는 아담과 이브가 '선악과(善惡果)'를 따 먹은 것이 원죄가 되어 낙원에서 추방되었다는 이야기이다. 이는 선과 악이라는 '분별지(分別智)'가 작용하는 순간부터 '나'와 '너', '이것'과 '저것'이 구분되고 대립하여 죄악에 빠져들게 되었다는 것이니 '선악과'를 따 먹은 것이 원죄라고 한 것은 적절한 비유이다. 그리하여 참본성의 상실이 곧 낙원의 상실로 이어졌다는 점에서 마고성 이야기와 유사하다.

근대 이후 지구상에는 또 다른 동·서양의 이야기가 만들어졌다. 그것은 유럽 중심주의(Eurocentrism)에 입각하여 서양 문화·문명의 태생적 우월성을 강조하며 이른바 서구적 보편주의의 거울로 동양 정신을 해석하는 나르키소스(Narcissus)적 시도와 관련된 것이다. 정확하게 말하면 동·서양의 이야기가 아니라 서양의 발흥과 정복에 관해 일방적으로 들려주는 서양의 이야기일 뿐이다. 현대 자본주의와 문명은 서양이 처음부터 우월했다고 상상하는 이야기이며, 서양인들에게 동양과 동양인은 세계 발전사에서 '주변적 존재(marginal existence)' 또는 누락된 존재일 뿐인 것이다. 이처럼 '서양의 발흥'에 대한 서양의 해석이 여타 유럽 지역에서 이루어진 모든 공헌은 무시하고 예외적인 유럽 내부의 원인과 결과에만 치중하는, 이른바 '본말이 전도'된 닫힌 역사관을 마샬 호지슨과 블로트는 '터널 역사관'이라 명명했다.

안드레 군더 프랑크의 저서 『리오리엔트 ReOrient』(1998)와 존 홉슨의 저서 『서구 문명의 동양적 기원 The Eastern Origins of Western Civilisation』(2004)

등은 대부분의 현대 사회이론가들이 기초하고 있는 반(反)역사적이고 반(反)과학적인 유럽중심주의의 역사성을 비판한다. 오늘날 '리오리엔트(ReOrient)'라는 용어의 광범한 사용은 유럽중심주의 역사관을 바로잡고 동양이 세계사의 중심으로 재부상한다는 의미를 함축하고 있다. 유럽중심적인 역사 서술과 사회이론을 바로 잡고자 한 홉슨, 프랑크, 호지슨을 비롯한 많은 학자들의 시도는 아프로유라시아 여러 민족과 지역의 역사적 지위를 회복하는 데 도움을 줄 뿐만 아니라 서구적 보편주의의 망령을 타파함으로써 서구로 하여금 올바른 역사관을 갖도록 촉구하고 동양으로 하여금 주체적 시각을 정립하는 데 도움을 준다. 금세기의 메가트렌드(megatrend)가 되고 있는 '리오리엔트'라는 용어의 확산은 광범하게 운위(云謂)되고 있는 '문화적 르네상스(cultural renaissance)'의 부상과 맥을 같이 한다.

프랑스의 계몽사상가 볼테르가 '모든 예술의 요람이자 서양이 모든 것을 빚지고 있는 동양'이라고 갈파했듯이, 인류의 4대 발명품으로 꼽히는 화약, 나침반, 인쇄술, 종이는 모두 동양에서 비롯되어 서양으로 전수된 것이다. 십자군 원정(11~13세기)을 통한 천문학, 기하학, 수학 등 사라센(이슬람)의 선진 과학기술 및 문물의 도입은 유럽인들의 지성을 자극하고 이성에 눈을 뜨게 하는 계기가 되었으며 유럽의 과학 및 학문의 발달에 커다란 영향을 미침으로써 르네상스의 새벽을 열었다. 동양의 나침반이 유럽으로 전래되어 폐쇄적이었던 중세 유럽의 세계관을 타파하고 대항해시대를 열어 신대륙의 발견으로 이어졌고, 동양에서 유입된 화약 기술에 기초해 무기를 만들어내기 시작했으며, 유럽의 양피지가 종이로 대체되고 각지에 대학이 세워지면서 필사본 책에 대한 수요도 늘어나 지식의 전파 속도도 빨라졌다. 과학기술의 발전이 경제적 측면에 응용되면서 자본주의의 발달을 가져오고 또한 이를 운용하기 위한 제도로서의 민주주의가 나타나게 되면서 바야흐로 근대 민족국가, 나아가 국민국가로 일컬어지는 근대 세계가 열리게 된 것이다.

사실 유럽의 문화가 선진문화로 거듭나게 된 것은 근대 이후의 일이다. 그전까지는 동양의 문화가 훨씬 앞서 있었다. 세계에서 최초로 우주의 본질인 생명의 물질화 현상을 파동과학적 표현인 율려(律呂)로 나타냄으로써 현대 물리학의 전일적 실재관(holistic vision of reality)의 원형을 제공했던 나라, 9천 년 이상 전부터 '천부중일(天符中一)'*을 국시(國是)로 삼아 의식(意識)과 제도, 정신과 물질의 전일성(全一性)을 추구했던 나라, 생명이 곧 영성(靈性)임을 갈파한 천·지·인 삼신일체 사상으로 불교의 삼신불과 기독교의 삼위일체 그리고 동학 '시(侍)'의 삼원 구조에 근본적인 설계 원리를 제공했던 나라, 요하문명(遼河文明)의 대표 문화로 꼽히는 홍산문화(紅山文化) 유적이 말하여 주듯 중원문화의 새벽을 열고 동·서양의 문화·문명을 발흥시킨 모체였던 나라, 종교·철학사상·정치제도·역(易)사상·상수학(象數學)·역법(曆法)·천문·지리·기하학·물리학·언어학·수학·음악·건축·거석(巨石)·세석기(細石器)·빗살무늬 토기 등 선진문물을 가지고 각지로 퍼져나가 우리 천부(天符)문화의 잔영을 세계 도처에 드리우게 했던 나라, 이 나라가 바로 우리 한민족의 나라이다.

　18세기 영국의 역사가 에드워드 기번은 서로마제국의 오현제(五賢帝) 시대 (96~180)를 인류의 역사에서 가장 행복한 시기였다고 상찬한 바 있다. 그런데 20세기 대표적인 실존주의 철학자 마르틴 하이데거는 아시아의 위대한 문명의 뿌리가 한민족이고 단군조선은 세계 역사상 완전무결한 평화적인 정치로 2천 년이 넘도록 아시아 대륙을 통치했다며 단군조선의 정치대전이던 『천부경(天符

---

* 『천부경』의 정수(精髓)인 '인중천지일(人中天地一: 천·지·인 삼신일체의 天道가 인간 존재 속에 구현됨)'을 축약한 '중일(中一)'과 『천부경』의 '천부(天符: 하늘의 이치에 부합함)'의 합성어로 홍익인간·재세이화의 이상을 함축한 것이다. '천부중일'을 국시(國是)로 삼은 것은 정치의 주체인 인간의 마음이 밝아지지 않고서는 밝은 정치가 이루어질 수 없고 따라서 홍익인간·재세이화의 이상 또한 실현될 수 없기 때문이다. 한마디로 성통공완 (性通功完), 즉 참본성이 열려야 사회적 공덕을 완수할 수 있게 되는 것이다.

經)』을 이해할 수 있도록 설명을 요청했다는 일화가 있다. "정복된 그리스가 정복자 로마를 정복하였다"라는 유명한 말처럼, 로마제국의 바탕을 이룬 것은 그리스 문화였다. 그리스 철학의 발상지는 본토가 아니라 동방과 서방의 교차지점인 이오니아였으며 이집트의 수학이나 바빌로니아의 천문학의 영향을 받았고, 또한 이집트나 바빌로니아는 수메르 문명의 자장권(磁場圈) 내에 있었으며, 수메르 문명은 환국(桓國) 12연방 중의 하나인 수밀이국의 문명이었다

하이데거와 함께 20세기 대표적인 실존주의 철학자인 칼 야스퍼스가 우리 한인이 만들어 현재 일본 고류지에 소장된 목조미륵보살반가사유상을 두고 "진실로 완벽한 인간 실존의 최고 경지를 단 한 점의 미망도 없이 완벽하게 표현해 냈다"는 글을 썼으며, 그리스와 로마 신상에 대해서는 "아직 초월하지 못한, 지상의 인간 체취를 지닌 것"이라고 했고, 기독교 미술에 대해서는 미륵반가사유상에서 보는 것 같은 '인간 실존의 순수한 환희'를 찾아볼 수 없다고 평했다. 야스퍼스가 미륵반가사유상을 두고 "모든 인간이 다다르고자 하는 영원한 평화와 조화가 어울린 절대 이상세계를 구현하고 있다"고 찬탄한 것, 한 시대를 풍미했던 작가 게오르규가 우리나라를 일컬어 '영원한 천자(天子)'이며 '세계가 잃어버린 영혼'이라고 갈파한 것, 오스트리아의 인지학(仁智學) 창시자이자 유럽 지성계에 커다란 영향을 끼친 루돌프 슈타이너가 그토록 간구(懇求)하던 성배(聖杯)의 민족이 바로 한민족이라고 다카하시 이와오가 단언한 것, 이 모두는 광대무변한 '한'의 정신세계에 매료되었기 때문이 아닐까?

유라시아 대륙을 누비며 홍익인간의 이념을 선포하던 웅혼했던 옛 기상, 그 맑고 광대했던 정신은 어디로 갔는가? 스스로를 반도에 가둬 버린 자학적(自虐的) 역사관, 또 다른 의미의 '터널 역사관'에 갇혀 모두 사라져 버렸다. 일찍이 조선시대 북애자가 "조선의 가장 큰 근심은 국사(國史)가 없다는 것이다"라고 탄식한 바 있거니와, 우리 역사가 외적의 강압과 내부의 사대주의자들과 정권 탈취 세력의 기만책으로 인하여, 그리고 결정적으로는 일제의 민족말살정책에 의해

조직적으로 위조되어 삼국 정립 이전의 유구한 역사와 광활한 영토의 대부분이 절단되는 유례없는 결과를 가져왔다. 그리하여 수천 년에 걸친 우리 상고사에 대한 총체적인 자기부정과 상고사에 담긴 한민족 정신문화의 원형(archetype)을 잃어버리게 됨으로써 국가적·민족적·문화적 정체성이 상실되고, 우리 고유의 '한'사상과 정신문화를 한국학 콘텐츠가 담아내지 못함으로 인해 한국학 교육 자체가 뿌리 없는 꽃꽂이 교육, 생명력을 상실한 교육이 되고 말았다.

그리고는 어떻게 되었는가? 우리 역사의 뿌리인 상고사가 절단되고 그나마 남은 고사(古史)도 단군 관련 기록을 신화라는 이유로 빼 버려서 제도권에서는 한국학 연구의 시대적 상한선에 대한 공통된 합의가 이루어지지 못하고 연구 지원 체계도 마련되지 않아 연구자를 양성해내지 못하였으며, 한국학 관련 서적들도 연구의 시대적 범위를 대부분 삼국시대 이후에 집중함으로써 한국학 콘텐츠의 심대한 빈곤과 불균형을 초래했다. 그에 따라 사대주의가 만연하게 되어 반도사관(식민사관)은 고착화되었고, 민족적 자존감이 심대하게 훼손되면서 우리 민족 집단 자체가 스스로를 '주변적 존재'로 인식하게 되었다. 올바른 역사관과 국가관이 정립되지 못함으로 인해 국격(國格)이 바로 서지 못하고, 이전투구의 정치에 매몰되어 국가 그랜드 디자인(Grand Design)이란 것이 부재하며, 정치권에 대한 불신의 팽배로 사회적 응집력이 약화되어 국력을 소진시키는 결과를 초래했다.

마고성 시대 이래 삼신일체 사상은 유라시아에 널리 확산되어 오늘날까지도 카자흐스탄 등지에서는 단군이 곧 텡그리(Tengri, 하늘)로 인식되고 있다. 키르기스스탄 대선(2005) 과정에서는 '텡그리즘(Tengrism)'이 구소련에서 독립 국가로 분리된 나라들을 결속시키는 선거 구호로 제창될 정도로 중앙아시아는 전통 신앙인 텡그리(Tengri=당골레(당골)=단군)의 띠로 연결되어 있다. 그럼에도 우리의 자화상은 어떠한가? '자유로운 영혼'을 옥죄는 사대주의와 서구적 보편주의의 망령, 그리고 '자학적' 역사관인 반도사관—이 두 가지를 필자는 '이중의 족쇄(double shackle)'라 부른다—에 함몰되어 역사의 진실을 직시하지 못하고 있다.

우리에게 채워진 '이중의 족쇄'를 타파하는 것은 국수주의적 발상도 아니고 세계주의적 발상도 아니다. 다만 역사의 진실을 밝히는 것일 뿐이다. 이제 우리는 역사의 진실을 향한 대장정에 돌입하지 않으면 안 된다. 그 옛날 마고성(麻姑城)을 떠나며 했던 '해혹복본(解惑復本: 미혹함을 풀어 참본성을 회복함)'의 맹세를 우리의 집단무의식은 기억하고 있기 때문이다. '역사적 세계(historical world)'가 우리를 호출하고 있기 때문이다. 본서는 그 진실을 향한 대장정의 시작이다.

이 책의 특징은 다음 몇 가지로 요약할 수 있다. 첫째, 한국학을 '역사적 세계'의 맥락 속에서 이 우주를 관통하는 의식의 대운하(grand canal of consciousness)를 건설하고 지구촌의 대통섭을 단행할 수 있는 비옥한 철학적·사상적·정신문화적 토양을 갖춘 '다시개벽'의 역사적 주체로 설정하고 있다는 점이다. 둘째, 한국학 연구의 딜레마의 본질을 보편적/특수적 측면에서 입체적으로 분석하고 그 구체적인 방안을 제시함으로써 동아시아 최대의 정신문화 수출국이었던 코리아의 위상을 되살리고 한국학의 시대적·세계사적 소명(召命)을 인지하고 완수할 수 있도록 촉구한 점이다. 셋째, 통섭적·생태적 사유의 전형인 우리 환단(桓檀)시대의 정치대전 『천부경』·『삼일신고』·『참전계경』의 '한'사상[三神思想, 天符思想, 神敎]이 동서고금의 사상과 철학, 종교와 과학의 원류임을 밝힘으로써 한국학의 르네상스를 여는 모티브를 제공한 점이다.

넷째, 국내외 다양한 전공의 학제간 연구(interdisciplinary research)를 활성화함으로써 한국학의 학문적 토양을 비옥하게 하고 한민족의 진정한 내공이 살아 숨쉬는 정신문화를 세계시민사회가 공유할 수 있게 함으로써 이른바 '통합 학문'의 시대를 여는 추동력을 제공한 점이다. 다섯째, 생명의 전일적 흐름(holomovement)을 표징(表徵)하는 '한'사상의 '일즉삼(一卽三)·삼즉일(三卽一)'이라는 '생명의 공식(formula of life)'이 양자역학(quantum mechanics)의 기본 특성인 '양자 얽힘(quantum entanglement)'의 비국소성(nonlocality, 초공간성)과 본질적으로 일맥상통함을 밝히고 있다는 점이다. 여섯째, 유라시아와 아메리카 등지로 퍼져나간 한민족 일파에 대한 비교문화론적 분석을 통해 이 시대 '문화적 르네상스'의 전 지구적 확산의 가능성을 펼쳐 보이고 있다는 점이다.

본서는 총 9장으로 구성된다. 제1장은 왜 오늘날 한국학인가? 제2장은 한국학 연구의 딜레마와 시대적 범주, 제3장은 한국학의 요점과 과제, 제4장은 마고(麻姑)의 창세(創世)와 여성성의 원리, 제5장은 마고의 삼신사상과 마고 문화의 전파, 제6장은 마고 문화와 수메르 문명, 제7장은 단군조선의 국가 조직과 통치 체제 그리고 대내외적 발전, 제8장은 환단(桓檀)시대의 정치대전 『천부경』·『삼일신고』·『참전계경』, 제9장은 고조선의 해체와 열국시대 그리고 민족대이동이다.

1장: 왜 오늘날 한국학인가? 오늘날 한국학을 비롯한 학문 일반이 직면한 문제의 본질은 '사고'하지 않는 데에 있는 것이 아니라 그 '사고'라는 것이 논쟁성(contentiousness)과 확장성(extentionality) 그리고 창의성을 차단하는 정형화된 틀 속에 갇혀 버렸다는 데에 있다. 그리하여 '부분을 이해하면 전체를 이해할 수 있다'라는 가정에서 출발한 데카르트식의 기계론적 환원주의(mechanistic reductionism)에 탐닉함으로써 부분과 전체의 유기적 통일성에 기초한 시스템적 사고 또는 맥락적 사고(contextual thinking)를 할 수 없게 된 것이다. 한국학은 한국과 관련하여 일어난 수많은 역사적 사건들이나 다양한 제도들의 단순한 집적(集積)이 아니다. 역사적 세계를 관통하여 줄기차게 이어져 온 우리 고유의 '한'사상과 정신문화를 한국학 콘텐츠가 담아낼 수 있어야 한다. 우리나라가 상고시대에 고도의 문명을 이룩했음에도 세계 문명사에서 누락된 이유를 곱씹어보는 자기성찰의 한국학이 되어야 한다.

현재 한국학이 직면한 최대의 딜레마는 우리 역사의 뿌리이자 한국 사상 및 문화의 원형을 담고 있는 우리 상고사(上古史: 삼국 정립 이전 광의의 고대사)에 대한 인식이 공유되지 못함으로 인해 한국학이 뿌리 없는 꽃꽂이 식물과도 같이 생명력을 상실하고 한국학 콘텐츠의 심대한 빈곤과 불균형을 초래했다는 것이다. 그로 인해 오늘날의 한류 현상은 동아시아 최대의 정신문화 수출국이었던 코리아의 면모를 제대로 담아내지 못하고 있다. 서양이 갈망하는 한국산(産) 정신문화는 인류 보편의 가치 개념들을 포괄하고 있는 우리 고유의 '한'사상이다. '한' 사상의 '자기조화(self-consistency)'는 무경계(no boundary)라는 본질적 특성에서 오는 것이다. '한'의 전 지구적 확장 가능성 및 침투 가능성의 근거가 여기에 있다. '일즉삼·삼즉일'이라는 '생명의 공식'으로 표상되는 우리 고유의 '한'사상—동학에까지 면면히 그 맥이 이어진—이야말로 남과 북, 나아가 인류가 하나 되게 하는 '마스터 알고리즘(master algorithm)'이다.

2장: 한국학 연구의 딜레마와 시대적 범주 한국학 연구에 있어 가장 큰 딜레마는 상고로부터 중세에 이르는 우리나라의 많은 역사서들이 외적의 강압과 내부의 사대주의자들, 그리고 정권 탈취 세력의 기만책과 일제의 민족말살정책에 의해 산실(散失)되었다는 것이다. 그럼에도 역사서뿐만 아니라 예언서를 포함한 다양한 서적에서 우리 상고사가 언급되는 것은, 그것이 단순히 한 민족 집단에 귀속되는 역사가 아니라 인류 문명의 원형을 간직한, 절대로 잃어버려서는 안 되는 인류의 뿌리 역사이기 때문이다. 웅혼한 기상과 장대한 정신이 살아 숨쉬는 수천 년의 우리 상고사 속에는 이 우주를 관통하는 '의식(意識)의 대운하'를 건설할 비옥한 철학적·사상적·정신문화적 토양이 갖추어져 있다. 한국학 콘텐츠에 우리 상고사를 포함시켜야 하는 이유다. 우주 가을의 초입에서 환국(桓國)으로의 원시반본(原始返本)이 이루어지고 있는 것도 '한'으로의 사상적 원시반본을 통하여 인류가 영원한 생명을 체득하기 위한 것이다.

환국과 배달국의 역사적 실재에 대해서는 1512년에 발행된 조선 '중종임신간본(中宗壬申刊本)' 『삼국유사』에도 명기되어 있다. 제1 고조선 왕검조선조에는 고기(古記)를 인용하여 "옛날 환국에 높은 서자 벼슬을 하는 환웅이 있었고(昔有桓國庶子桓雄)" 마지막 환웅 대에 단군이 나와 조선을 개국했다는 내용을 전하였다. 또한 단군조선시대의 천문 현상을 컴퓨터 합성 기법을 이용해 역으로 추적하여 시각화함으로써 『환단고기』의 내용이 과학적으로 입증됐다. 요녕(遼寧) 지역에서 대규모로 출토된 동이족의 홍산문화 유적은 환국·배달국·단군조선의 역사적 실재와 그 전개 과정을 생생하게 보여준다. 중국이 그들의 시조로 받드는 삼황오제가 모두 하나의 뿌리 즉 동이(東夷)에서 나왔다는 사실은 고대 중국 왕조의 시원을 짐작하게 한다. 또 일본 왕가(王家)의 즉위식에서 지금도 천부인(天符印) 3종(청동검·청동거울·곡옥)을 물려받음으로써 왕권 계승을 공식화하고 있다는 사실은 일본 왕가의 시원을 짐작하게 한다.

3장: 한국학의 요점과 과제　지금으로부터 9천 년 이상 전에 우리 선조들은 '생명'이란 것이 비분리성·비이원성을 본질로 하는 영원한 '에너지 무도(energy dance)'임을 간파했다. 「태백일사」 환국본기 환국 주(注)에서는 환국(桓國)의 '환(桓)'이 전일(全一)이며 광명이고, 우주만물이 생겨나기 전에도 있었던 만물의 제1원인(The First Cause: 天·神·靈)이라는 의미로 풀이했다. 만물의 제1원인은 우주의 본질인 '생명'이다. 현대 물리학이 20세기에 들어와서야 밝혀낸 물질의 공성(空性)―물질이란 것이 특정 주파수대의 에너지 진동에 불과하다는―과 우주의 실체가 의식[에너지, 파동]임을 이미 간파했던 것이다. 생명의 전일성과 자기근원성을 함축한 그런 심오한 의미의 국호를 그 당시에 정했다는 것은 실로 놀라운 일이다. 유사 이래 동서고금의 모든 사상과 철학, 과학과 종교는 '일즉삼·삼즉일'이라는 '생명의 공식'의 틀 안에서 전개된 것이다.

'한'의 통섭적 세계관은 부분과 전체의 유기적 통일성에 기초한 시스템적 사고 또는 맥락적 사고의 전형을 보여준다. '한'은 공공성과 소통성을 본질로 하는 생명사상이고, 일즉삼·삼즉일의 원리에 기초한 천인합일의 '개천(開天)' 사상이며, 현대 물리학의 전일적 실재관의 원형으로서의 개벽사상이고, 에코토피아 (ecotopia: 생태적 이상향)적 지향성을 띤 무극대도(無極大道)의 삶의 사상이다. 우리 고유의 '한'사상은 통섭적 사유의 전형이며 동시에 생태적 사유의 전형이다. 『천부경』은 통섭적 사유와 통합 학문의 전형을 보여준다. 오늘의 한국학이 시대적 및 사회적 요구에 부응하기 위해서는 생명의 본질 그 자체를 네트워크로 인식하는 현대과학의 방법론을 수용할 필요가 있다. 문명사적 대전환이 운위되는 이 중요한 시점에서 '한국학'이라는 간판을 내걸고 반도사관(식민사관)을 답습하여 일제 조선사편찬위원회가 날조한 역사나 읊조리며 사대주의와 서구적 보편주의의 망령에 사로잡혀 문명의 파편이나 주워 담는 식의 종속적 한국학이 되어서는 안 된다.

4장: 마고(麻姑)의 창세(創世)와 여성성의 원리　'음'이 천지를 창조했다는 설은 생명의 파동적 성격을 나타낸 것으로『부도지(符都誌)』에 처음 나온 것이다. 「요한복음」(1:1)에서 "태초에 말씀[하늘소리]이 계시니라"고 한 것, 『장자(莊子)』에서 '천악(天樂)' 즉 우주자연의 오묘한 조화로서의 하늘음악[조화자의 말씀]을 노래한 것은 우주 삼라만상의 기원과 천국의 조화성을 소리의 경계, 즉 파동으로 나타낸 것으로『부도지』의 '음'과 같은 맥락에서 이해될 수 있다. 생명의 파동적 성격은 아(亞)원자 물리학의 양자장(quantum field)* 개념에서도 분명히 드러난다.『부도지』

---

* 아원자 물리학의 양자장 개념에서는 물질이 개별적인 원자들로 구성된 실재가 아니라 장(場)이 유일한 실재이며 물질은 장이 극도로 강하게 집중된 공간의 영역에 의해 성립되는 것이라고 본다. 파동이 상호작용함으로써 규칙적인 원자 배열이 만들어지고 하나의 결정 구조가 생겨난 것이 물질이다. 입자[물질]란 정확하게 말하면 입자처럼 보이는 파동[의식]일 뿐이다.

에서는 생명의 물질화 현상을 율려(律呂)로 나타내고 있다. 특정한 성질을 갖는 물질이 되려면 파동이 상호작용함으로써 규칙적인 원자 배열이 만들어져야 하는데, 그 규칙성을 부여하는 설계도가 '율(律)'이고 그 율에 따라 진동(呂)하여 에너지의 바다에 녹아 있는 질료가 응축되어 하나의 결정 구조가 생겨난 것이 물질이다. 그러나 '율'과 '려'는 설명의 편의상 구분된 것일 뿐, '하나이면서 둘(一而二)이고 둘이면서 하나(二而一)'인 율려(律呂)의 묘합 구조로 이루어져 있다.

마고의 삼신사상에서 복본(復本)을 강조한 것은 참본성을 회복하면 일체의 이원성에서 벗어나 조화세계를 구현할 수 있기 때문이다. '오미의 변(五味之變)' 이후 마고의 종족들은 네 파로 나뉘어 각각 운해주, 월식주, 성생주, 천산주로 이동했다. 운해주는 파미르고원의 동쪽인 중원지역이고, 월식주는 파미르고원의 서쪽인 중근동 지역이며, 성생주는 파미르고원의 남쪽인 인도 및 동남아 지역이고, 천산주는 파미르고원의 북동쪽인 천산산맥 지역이다. 마고의 삼신사상이 동·서양의 문화·문명을 발흥시킨 모체였다는 사실이 점차 밝혀지고 있는 것은, 천·지·인 삼신일체의 삼신사상에서 전 세계 종교와 사상 및 문화가 수많은 갈래로 나뉘어 제각기 발전하여 꽃피우고 열매를 맺었다가 이제는 다시 하나의 뿌리로 돌아가 통합되어야 할 우주의 가을 즉 후천개벽기에 이르렀기 때문이다. 인류 구원의 '여성성[靈性]'으로서의 마고의 현대적 부활은 천지비괘(天地否卦)인 선천(先天) 건도(乾道) 시대에서 지천태괘(地天泰卦)인 후천(後天) 곤도(坤道) 시대로의 이행과 맥을 같이 한다.

5장: 마고의 삼신사상과 마고 문화의 전파 마고의 삼신사상은 미혹함을 풀어 참본성을 회복하는 '해혹복본(解惑復本)'의 사상으로 천·지·인 삼신일체의 의미를 함축하고 있다. 무수한 사상(事象)이 펼쳐진 '다(多, 三)'의 현상계와 그 무수한 사상이 하나로 접힌 '일(一)'의 본체계는 외재적(extrinsic) 자연과 내재적(intrinsic) 자연, 작용과 본체의 관계로서 상호 조응·상호 관통한다. 말하자면 생명은 본체의 측면에서는 유일신[一]이지만, 작용의 측면에서는 천·지·인 삼신이 므로 삼신사상이 곧 '한'사상이다. 동양의 유·불·도의 원형은 모두 삼신사상이다. 마고 문화의 자취는 동아시아 전역은 물론 세계 도처에 남아 있다. 황하문명, 인더스문명, 메소포타미아(수메르)문명, 이집트문명과 그 후에 나타난 마야문명, 아스텍문명, 잉카문명이 신화와 전설, 민속과 신앙 등에 있어 많은 공통점이 있으며 이들 문화가 서로 연계되어 있다는 사실이 문헌학적·고고학적·문화인류학적·민속학적·언어학적·천문학적 연구 등을 통해 속속들이 밝혀지고 있어 그 원형이 바로 파미르고원을 중심으로 한 마고성과 거기서 비롯된 후속 문화인 것으로 추정되고 있다.

천·지·인 삼신일체의 서구적 변용으로 나타난 것이 성부·성자·성령 삼위일체이다. 서양 기독교 문명의 발원지는 중근동 지역이다. 파미르고원의 마고성에서 서쪽 월식주로 이동해 간 마고의 종족들이 살던 지역에 서양 기독교 문명이 배태된 것이다. 아우구스티누스가 『신국론 *The City of God*』에서 말한 신과 세계와 인간의 관계적 본질은 곧 천·지·인의 관계적 본질과 상통하는 것으로 삼위일체[삼신일체]라는 것이다. 「마태복음」(28:19)에서는 "너희는 가서 모든 민족을 제자로 삼아 성부와 성자와 성령의 이름으로 세례를 베풀라"라고 함으로써 한 분이신 신이 곧 세 분임을 밝히고 있다. 이는 '일즉삼·삼즉일'의 이치로 삼위일체의 교의를 밝힌 것이다. 천·지·인 삼신일체나 성부·성자·성령 삼위일체에 대한 이해가 중요한 것은 그것이 생명의 영성을 바탕으로 우주의 본질인 생명의 전일성과 자기근원성을 명징하게 밝히고 있기 때문이다. 오늘날까지도 전승되는 마고 문화와 동질적인 또 하나의 초고대 문명인 무(Mu) 제국의 문명은 비교문화론적인 측면에서도 연구해 볼 만한 의미와 가치가 있다.

6장: 마고 문화와 수메르 문명　환국 말기에 환국의 12연방 중의 하나인 수밀이국 사람들은 수학, 천문학, 역(易)사상과 상수학, 역법, 종교, 철학, 정치제도,

기하학, 물리학, 언어학, 음악, 건축, 거석, 세석기, 빗살무늬 토기 등 선진문물을 가지고 일찍이 마고의 종족들이 분거해 살고 있던 수메르 지역으로 이주하여 수메르 문명을 열었고 이 수메르 문명이 오늘날 서양 기독교 문명의 모태가 되었다. 『부도지』에는 파미르고원의 마고성에서 서쪽인 중근동 지역 월식주와 남쪽인 인도 및 동남아 지역 성생주로 이동한 마고의 후예들이 마고성에서 소(巢)를 만들던 풍속대로 높은 탑과 계단을 많이 만들었다고 나오는데, 이는 수메르의 신전인 지구라트나 피라미드의 유래를 짐작하게 한다. 수메르어는 한국어처럼 교착어로서 한국어와 그 뿌리가 같고, 지구라트도 그 성격이나 기능에 있어 마고성과 유사하다. 성경의 창세기가 수메르 전승의 히브리 버전 복제판이라면 그 원형은 마고 문화(神敎文化)에 있을 것이다.

수메르인들의 기원에 대해서는 수메르 문명을 창조한 수메르인들이 메소포타미아에서 자생한 민족이 아니라 이미 선진문물을 가지고 동방에서 이주해 온 이주민이라는 연구도 나와 있다. 고대 동아시아 전역이 마고 문화와 그 후속 문화의 자장권(磁場圈) 내에 있었고, 또한 인류의 뿌리 문명으로 여겨지는 수메르 문명의 뿌리가 마고 문화와 그 후속 문화인 것으로 고고학적·인류학적·언어학적·문헌학적인 연구들이 속속 나오고 있으니, 한국학에서 수메르를 다루는 것은 비교문화론적인 측면에서도 유의미하다. 수메르에 이어 우리 한민족과의 깊은 연계성은 우리와 똑같은 유전적 형질을 지닌 것으로 판명된 아메리칸 인디언에게서도 찾아볼 수 있다. 아메리카 대륙 곳곳에 그들이 남겨 놓은 우리말 지명과 종족 명칭, 우리말 국명(國名)과 도시국가명, 우리말 일상생활어와 생활 풍습과 놀이 풍습, 그리고 유물·유적과 태극 문양 등은 그들이 우리 민족의 후예라는 사실을 부인할 수 없게 한다. 언젠가 우리의 '천부(天符) 스타일'이 전 세계로 퍼져나가면 유라시아와 아메리카 대륙은 '문화적 르네상스'의 거대한 물결로 뒤덮이게 될 것이다.

7장: 단군조선의 국가 조직과 통치 체제 그리고 대내외적 발전　단군조선은
단군왕검에서 마지막 고열가 단군에 이르기까지 단군 47대(BCE 2333~BCE 238)가
2096년간 다스린 단군의 조선으로 끝난 것이다. 따라서 중국에서 밀려와 고조
선 변방의 한구석에 있었던 망명 정치 집단으로 조선조의 작은 지방의 제후, 한
갓 지방관에 불과했던 기자·위만의 제후국과는 전혀 그 맥이 다른 광역 강국이
었다. 고조선의 삼분(三分) 통치 방식은 '일즉삼(一卽三)·삼즉일(三卽一)'의 원리로
표상되는 천·지·인 삼신일체의 삼신사상['한'사상, 天符思想, 神敎]에서 나온 것이다.
삼한의 핵심인 진한은 도읍을 아사달에 정하고 고조선의 역대 단군들이 직접
다스렸으며, 마한과 번한은 단군이 별도의 제후(侯王)를 임명하여 다스리게 했
다. 말하자면 단군이 분조(分朝)를 두어 다스린 것이다. 이 셋을 통틀어 단군 관
경 또는 삼한관경(三韓管境)이라 하고 이는 곧 진국(辰國)이며 단군조선이라 하고
있으니, 한(韓)의 체는 하나이며 작용으로만 셋이다. 단군조선의 정치 체제는 군
주정과 민주정 그리고 귀족정을 융합한 유연한 혼합정체(mixed polity)였다고 볼
수 있다.

단군조선은 많은 제후국을 거느린 '연방제국'으로서 막강한 군사력을 겸비한
동방의 군자국으로서의 국제적 위상을 정립했다. 중원에서 9년 동안 홍수를 다
스리지 못하여 백성들의 피해가 막심해지자 단군왕검께서 중원에 있는 제후들
을 도산(塗山: 절강성 회계산)에 모이게 하고 태자 부루를 파견하여 도산회의를 주재
하도록 했는데, 이때 부루는 우(虞舜, 순 임금)가 파견한 사공(司空) 우(禹)에게 오행
치수법(五行治水法)이 기록된 신서(神書, 金簡玉牒)를 전하였으며, 이 신서를 통해 치
수(治水)에 성공한 우(禹)는 그 공덕으로 민심을 얻어 후에 순(舜) 임금의 뒤를 이
어 하(夏)나라를 세웠다. 13세 흘달 단군 때에는 은나라 사람들과 힘을 합쳐 하
(夏)나라 걸(桀)을 침으로써 하(夏)·은(殷, 商) 교체기에 은[商] 왕조의 건국에 깊이
관여하였다. 단군조선의 통치 체제는 백성들과 함께 다스리는 공치(共治), 그리
고 화백회의로 공론을 정하여 화합과 조화를 이루는 공화(共和)로써 어진 정치(仁

政)를 추구하였다. 고조선의 소도제천(蘇塗祭天) 의식은 하늘을 공경하고 조상을 받드는 경천숭조(敬天崇祖)의 보본(報本: 근본에 보답함)사상의 발로로서 국가적으로 매우 중시되었다.

8장: 환단(桓檀)시대의 정치대전 『천부경』·『삼일신고』·『참전계경』

『천부경』은 환단(桓檀)시대의 정치대전이자 만백성의 삶의 교본으로서 '천부중일(天符中一)'의 이상을 명징하게 제시한 전 세계 경전의 종주(宗主)요 사상의 원류라 할 만한 진경(眞經)이다. 우주의 본질인 생명의 순환과 성통광명(性通光明)의 이치를 그 어떤 종교적 교의나 철학적 사변이나 언어적 미망에 빠지지 않고 단 81자로 열어 보인 천부경이야말로 모든 종교와 진리의 진액이 응축되어 있는 경전 중의 경전, 생명경(生命經)이다. 천부경이 함축하고 있는 일즉삼·삼즉일이라는 '생명의 공식'은 유일신 논쟁을 침묵시킬 만한 난공불락의 논리구조와 '천지본음(天地本音)'을 담고 있다. 『천부경』은 생명의 전일적 흐름(holomovement)의 이치를 천·지·인 삼원(三元) 구조로 설명한다. 이는 곧 생명의 본체[天]-작용[地]-본체·작용의 합일[人]의 구조로서 이를 필자는 '생명의 3화음적 구조(the triadic structure of life)'라 명명하였다. 천·지·인 삼원(三元) 구조와 마찬가지로 무극·태극·황극, 성부·성자·성령, 법신·화신·보신, 신령·기화·불이는 용어만 다를 뿐 모두 생명의 전일성과 자기근원성을 논증하기 위하여 나온 것으로 천·지·인 삼신일체와 동일한 논리구조적 맥락에서 이해될 수 있다.

『삼일신고』는 삼일(三一)사상을 본령(本領)으로 삼고 삼신(三神) 조화(造化)의 본원과 세계 인물의 교화를 상세하게 논한 것이다. 『천부경』 81자가 담고 있는 의미는 『삼일신고』 366자에서 더 명료하게 드러난다. 삼일사상이란 집일함삼(執一含三)과 회삼귀일(會三歸一)을 뜻하는데 이는 곧 일즉삼·삼즉일을 말하는 것으로 우주만물(三)이 '하나(一)'라는 사상에 기초해 있다. '하나'님[神·天·靈]은 인간의 중심에 내려와 계시니 일신강충(一神降衷)이요, 이는 곧 '하나'님이 인간의 참본성으로 내재해 있음을 말하는 것이다. 인간의 중심에 내려와 계신 '하나'님의 진성(眞性)을 통하면 태양과도 같이 광명하게 되니 성통광명(性通光明)이요, 이는 곧 사람이 하늘임을 알게 되는 것이다. '성통(性通: 참본성을 통함)'은 재세이화·홍익인간의 구현이라는 '공완(功完)'을 이루기 위한 전제조건인 동시에 인간의 자기실현을 위한 필수조건이다. 『참전계경』은 『천부경』의 '인중천지일(人中天地一)', 『삼일신고』의 '성통공완(性通功完)'을 이루는 구체적인 방법을 여덟 가지 이치(八訓: 誠·信·愛·濟·禍·福·報·應)에 따른 366사(事)로써 제시한 것이다. 통섭적·생태적 사유의 전형이자 통합 학문의 전형인 이들 정치대전은 한국학의 르네상스를 여는 중심축으로서 기능할 수 있을 것이다.

9장: 고조선의 해체와 열국시대 그리고 민족 대이동　　열국시대에 들어 단군조선의 적통을 계승하여 열국의 패자로 부상한 북부여는 종실(宗室)의 해모수가 시조 단군으로 즉위하여 6대 181년간(BCE 239~BCE 58) 이어졌다. 해모수는 단군조선의 제후국인 고리국(藁離國) 출신이다. 북부여의 모체인 고리국의 위치는 바이칼 호수 동쪽의 몽골 내륙이다. 부여는 고조선의 제후국이었던 부여에서부터 44세 단군 구물 때의 국호 대부여, 열국시대의 북부여, 후(後)북부여[졸본부여], 동부여[가섭원부여], 갈사부여, 연나부부여, 백제의 남부여에 이르기까지 그 명칭은 다양하지만, 신시시대로부터 이어진 경천숭조의 보본사상과 고조선 고유의 현묘지도(玄妙之道)를 기반으로 한 조의국선(皂衣國仙)의 국풍은 모두 그대로 이어졌다. 한편 번조선의 상장(上將) 탁(卓)이 중마한(中馬韓: 후삼한의 중심이 마한이란 뜻)을 세운 그의 고향 월지(月支)는 한반도 안이 아니라 대륙에 있었으며,「북부여기」상편에 기록된 후삼한(後三韓)은 그 본류가 대륙에 있었던 것으로 추정된다.

단군조선의 적통이 북부여로 이어졌듯이, 북부여 단군의 후손들이 모두 고구려, 백제, 신라의 시조가 됨으로써 단군의 맥은 계속해서 이어졌다. 북부여의 시조 단군 해모수의 5세손이 고구려의 시조 고주몽이며, 후(後)북부여 5세 단군 고두막의 딸이 신라의 시조 박혁거세의 어머니인 파소(婆蘇)이고, 고두막의 뒤를 이은 북부여의 마지막 6세 단군 고무서의 둘째 딸 소서노와 고주몽 사이에서 낳은 아들 온조(溫祚)가 백제의 시조이다. 옥저와 예·맥은 원래 고조선의 제후국으로 요서 지역에 있었으나 민족 대이동의 열국시대에 일부 거주민이 요하 동쪽(遼東)으로 이동하여 동옥저와 동예를 세웠다. 비슷한 시기에 번조선의 대부호 최숭도 낙랑의 고조선 주민들과 함께 요하 동쪽으로 이동하여 낙랑국을 세웠다. 문헌학적·고고학적·천문학적 및 각종 사료상의 검증 결과를 종합해 볼 때 고구려·백제·신라·가야는 반도에도 존재했지만 주 강역은 대륙이었다. 백제는 멸망 후 왜(倭)로 건너가 일본이라는 국호로 부활했고, 고구려는 멸망 후 발해국으로 부활했다.

신라는 멸망 후 발해 유민들과 결합하여 금(金)나라를 세웠고, 금(金)이 멸망한 후에는 다시 청(淸)이라는 국호로 부활했다. 금나라의 시조가 신라인이라는 사실에 대해서는 송나라 홍호(洪皓)의 『송막기문(松漠紀聞)』(1156), 중국 25사(史)의 하나로 금나라 정사(正史)인 『금사(金史)』, 청나라 건륭제의 칙명을 받아 편찬한 『흠정만주원류고(欽定滿洲源流考)』(1778, 건륭 43)에 그 근거가 명확하게 나와 있다. 『흠정만주원류고』에는 청(淸) 황실의 성이 신라 성씨이므로 청나라의 조상이 금나라의 원류와 같은 신라인이라고 기록되어 있다. 한편 동이족의 일파인 단(檀)씨 흉노족(훈족)은 다뉴브강 유역의 판노니아 대평원에 '헝가리(Hun(훈족)+gary(땅))'라는 이름을 새겼고, 단(檀)씨 선비족은 중원의 오호십육국 시대를 평정하고 남북조시대 양대 축의 하나인 북조(北朝)를 열었으며, 마침내 남북조시대를 평정하고 수(隨)·당(唐)으로 그 맥이 이어졌다.

『주역(周易)』 「설괘전(說卦傳)」에 이르기를, "간(艮)은 동북방의 괘이니, 만물이 마침을 이루는 곳이자 시작을 이루는 곳이다. 그러므로 말씀이 간방(艮方)에서 이루어진다(艮 東北之卦也 萬物之所成終而所成始也 故 日成言乎艮)"고 하였다. 축약하면 "종어간(終於艮) 시어간(始於艮)"이다. 간방에서 끝을 맺고 간방에서 시작한다는 것이다. '간(艮)'은 한반도를 중심축으로 하는 동북 간방을 가리킨다. 천지비괘(天地否卦)의 선천문명이 여기서 끝을 맺고 지천태괘(地天泰卦)의 후천문명이 여기서 열린다는 뜻이다. 그것은 대정화와 대통섭의 신문명, 즉 후천개벽의 새 세상을 예고한 것이다. 소설가 윌리엄 깁슨은 말한다. "미래는 이미 와 있다. 단지 널리 퍼져 있지 않을 뿐이다(The future is already here—it's just not very evenly distributed).

「태백일사(太白逸史)」 신시본기(神市本紀)에서는 "하늘로부터의 광명을 환(桓)이라 하고, 땅으로부터의 광명을 단(檀)이라 한다"고 하여 환단(桓檀)을 천지(天地)의 광명이란 뜻으로 풀이하였다. 이는 곧 하늘의 이치(天理)가 인간 세상에 구현되는 것이다. 장대한 정신이 살아 숨쉬는 환단(桓檀)과의 만남은 희열이고 환희였다. 상고사에 입문할 수 있는 길을 열어 주시고 내게 큰 가르침을 주신 고(故) 무호 스승님과, 우리 상고사를 후대에 전하기 위해 역사 광복의 제단에 모든 것을 바친 역대 선각자분들께도 이 책을 바친다.

끝으로, 이 책이 출판되기까지 성심을 다한 '도서출판 모시는사람들'의 박길수 대표와 편집진 여러분에게도 감사드린다.

2022년 3월
우주 가을의 초입(初入)에서 최민자

차례

서문 : 메타버스(Metaverse) 시대를 여는 지혜의 보고(寶庫) / 5

제1부 | 한국학 연구의 시대적 범주와 요점 ────── 29

01 왜 오늘날 한국학인가 ──────────── 31
'메타버스' 시대의 한국학이란 무엇인가
　　: 한국학의 정의와 시대적·세계사적 소명 ────── 33
한국산(産) 정신문화에 대한 국제적 관심 고조 ────── 50
한반도 평화통일, 전 지구적 차원의 양극성 통합 신호탄 ─── 60

02 한국학 연구의 딜레마와 시대적 범주 ───── 67
한국학 연구의 딜레마와 시대적 범주 설정에 따른 문제 ─── 69
환국(桓國)의 역사적 실재 ──────────── 86
배달국과 단군조선의 역사적 실재 ───────── 102

03 한국학의 요점과 과제 ─────────── 131
'한'의 의미, '한'사상과 마고(麻姑)의 삼신사상 ────── 133
한국학과 통섭적 사유 그리고 '통합 학문' ─────── 144
한국학의 과제 ──────────────── 152

한국학강의
메타버스 시대를 여는 지혜의 보고(寶庫)

제2부 | 마고(麻姑)의 삼신사상과
마고 문화의 연맥(緣脈) ——————— **161**

04 마고의 창세(創世)와 여성성의 원리 ——————— 163
　　마고의 창세(創世), 생명의 거대사 ——————— 165
　　마고성 이야기와 민족의 이동 및 분화 ——————— 176
　　인류 구원의 '여성성' ——————— 184

05 마고의 삼신사상과 마고 문화의 전파 ——————— 193
　　삼신사상의 핵심 원리 및 마고 문화의 잔영(殘影) ——————— 195
　　삼신일체의 서구적 변용: 삼위일체 ——————— 203
　　마고 문화와 무(Mu) 제국의 문명 ——————— 216

06 마고 문화와 수메르 문명 ——————— 229
　　한국학에서 왜 수메르인가 ——————— 231
　　마고 문화와 수메르 문명의 근친성 ——————— 238
　　문화적 르네상스와 수메르 그리고 아메리칸 인디언 ——————— 252

제3부 | 환단(桓檀)시대의 정치대전, 한국학의 르네상스를 열다 ─── 277

07 단군조선의 국가 조직과 통치 체제
그리고 대내외적 발전 ─────────── 279
고조선의 개국과 국가 조직 및 삼한관경(三韓管境) ───── 281
고조선의 통치 체제와 대내외적 발전 ─────── 307
고조선의 사회 문화와 정치사상 ─────── 368

08 환단(桓檀)시대의 정치대전,
『천부경』·『삼일신고』·『참전계경』 ─────── 395
『천부경』의 전래와 요체, 구조 및 내용 ─────── 397
『삼일신고』의 전래와 요체, 구조 및 내용 ─────── 466
『참전계경』의 전래와 요체 및 구조 ─────── 502

09 고조선의 해체와 열국시대
그리고 민족대이동 ─────────── 521
고조선 제후국의 독립과 정치적 재편
: 북부여와 후삼한(後三韓)·동옥저·동예·낙랑국 ─────── 523
고구려·백제·신라·가야 초기의 정치적 성장과 그 연맥 ─── 561
민족대이동과 고조선 문화·문명의 전파 ─────── 651

● 주석 / 678   ● 참고문헌 / 724   ● 찾아보기 / 733

제1부

한국학 연구의
시대적 범주와 요점

01 왜 오늘날 한국학인가
02 한국학 연구의 딜레마와 시대적 범주
03 한국학의 요점과 과제

한 줄기 압록강을 넘어서면 벌써 우리의 땅은 아니다. 슬프다! 우리 조상이 살던 옛 강토가 남의 손에 들어간 지 이미 천년이요, 이제 그 해독이 날로 심하니 옛날을 그리워하고 오늘을 슬퍼하며 안타까움을 금할 수가 없다. …조선의 가장 큰 근심은 국사(國史)가 없다는 것이다. 우리나라의 옛 경사(經史)가 여러 번 병화(兵火)를 입어 흩어지고 없어진 바 되었다. 그러다가 후세에 고루한 이들이 중국 책에 빠져 주(周)나라를 높이는 사대주의만이 옳은 것이라 하고 먼저 그 근본을 세워 내 나라를 빛낼 줄을 몰랐다. …이제 사람들이 헛된 글에 빠지고 쇠약해져서 그 도를 버리고 송나라 선비가 남긴 침이나 핥고 있으며, 자기네 임금은 폄하하면서 외국의 신하나 종으로 비유하였다. 아, 환인(桓仁)이시여, 환인이시여! 이제 한 조각의 땅과 한줄기 남겨진 백성들은 장차 어찌하오리까, 어찌해야 하오리까? 슬프다! 후세에 만일 이 책을 잡고 우는 사람이 있다면 내가 넋이라도 한없이 기뻐하리라.

- 북애자(北崖子), 『규원사화(揆園史話)』(1675) 중에서

01

왜 오늘날 한국학인가

● '메타버스' 시대의 한국학이란 무엇인가
: 한국학의 정의와 시대적 · 세계사적 소명

● 한국산(産) 정신문화에 대한 국제적 관심 고조

● 한반도 평화통일, 전 지구적 차원의 양극성 통합 신호탄

오늘날 한국학을 비롯한 학문 일반이 직면한 문제의 본질은 '사고'하지 않는 데에 있는 것이 아니라 그 '사고'라는 것이 논쟁성과 확장성 그리고 창의성을 차단하는 정형화된 틀 속에 갇혀 있다는 데에 있다. 우리나라가 상고시대에 고도의 문명을 이룩했음에도 세계 문명사에서 누락된 이유를 곱씹어보는 자기성찰의 한국학이 되어야 한다. 또한 역사적 세계를 관통하여 면면히 이어져 온 우리 고유의 '한'사상과 정신문화를 한국학 콘텐츠가 담아낼 수 있어야 한다. 현재 한국학이 직면한 최대의 딜레마는 우리 역사의 뿌리이자 한국 사상 및 문화의 원형을 담고 있는 우리 상고사(上古史: 삼국 정립 이전 광의의 고대사)에 대한 인식이 공유되지 못함으로 인해 한국학이 뿌리 없는 꽃꽂이 식물과도 같이 생명력을 상실했다는 데 있다. '일즉삼(一卽三)·삼즉일(三卽一)'이라는 '생명의 공식(formula of life)'으로 표상되는 우리 고유의 '한'사상(三神思想, 天符思想, 神敎)이야말로 남과 북, 나아가 인류가 하나 되게 하는 '마스터 알고리즘(master algorithm)'이다.

- 본문 중에서

01 왜 오늘날 한국학인가

> 땅을 잃고 영혼만으로 대지를 방랑하는 자가 땅으로 돌아가고,
> 영혼을 잃고 땅에 뿌리박혀 울던 자가 영혼을 찾으면 그것이 개벽의 시작이다.
>
> -『신지비사(神誌祕詞)』

'메타버스' 시대의 한국학이란 무엇인가
: 한국학의 정의와 시대적·세계사적 소명

금세기에 들어 한국학이 부상하고 있다. '메타버스(Metaverse)' 시대의 한국학이 갖는 의미는 무엇인가? 메타버스는 정보통신기술(ICT)의 발달과 언택트(Untact, 비대면) 문화의 확산이 촉매제가 되어 급부상한 개념으로, 아바타(avatar)를 통해 현실 세계와 같은 사회·경제·문화 활동을 할 수 있는 3차원 가상세계를 일컫는 말이다. 스마트폰, 컴퓨터, 인터넷 등 디지털 미디어 속의 새로운 세상에서 온라인 게임·SNS·플랫폼서비스·네비게이션 등 ICT 서비스를 이용하며 살아가는 우리는 어느새 메타버스라 불리는 디지털화된 지구에 올라타 있다.

헝가리 태생의 미국 수학자 존 폰 노이만(John von Neumann)은 "점점 가속화하는 기술의 발전이 인류 역사상 '특이점(Singularity)'의 도래를 촉발할 것이며, 그 후의 인간사는 우리가 알고 있는 것과는 전혀 다른 방향으로 진행될

것이다"[1]라고 예단한 바 있다. 그는 기술의 가속적 발전과 특이점의 상관관계를 규명함으로써 인간의 발전이 선형적이지 않고 기하급수적이며 이러한 기하급수직 증가의 폭발성이 완선한 변화를 가져올 것이라고 예견했다. '특이점'이란 용어는 사회경제적인 의미로 원용되어 돌이킬 수 없는 인류 문명의 대변곡점—프랑스 고생물학자 피에르 테야르 드 샤르댕(Pierre Teilhard de Chardin)이 말하는 '오메가 포인트(Omega Point: 영적 탄생)'—이른바 '양자 변환(quantum transformation)'으로 일컬어지는 새로운 우주 주기를 지칭하는 것으로 광범하게 사용되고 있다.

독보적인 인공지능 개발자인 미국의 미래학자 레이 커즈와일(Ray Kurzweil)은 "2029년에는 인공지능이 사람과 똑같이 생각하고 말하고 느끼게 되어 인류와 인공지능이 협업하는 시대가 되고, 2045년에는 인공지능과의 결합으로 인류의 육체적·지적 능력이 생물학적 한계를 뛰어넘는 특이점이 온다"고 했다.[2] 메타버스 시대의 가장 강력한 기술로 일컬어지는 인공지능의 핵심 기술은 딥러닝(deep learning)이다. 딥러닝은 인공신경망(ANN)을 컴퓨터 내부에 구축해 자동으로 머신러닝을 수행하는 기술이다. 뉴럴 네트워크(neural network)에 기반한 딥러닝의 핵심은 데이터이며 데이터는 사람이 만들고 평가한다는 점에서 인공지능의 윤리 문제는 곧 인간 자체의 윤리 문제다. 설령 인간이 뇌를 완전히 판독한다 해도 인간 자체의 탐욕과 이기심이 바뀌지 않으면 인공지능은 사악한 자의 아바타가 되어 '킬러 로봇(killer robot)'의 임무에 충실할 것이다.

메타버스 시대의 한국학이 갖는 의미는 생명(天·神·靈)에 대한 명료한 인식을 통해 인공지능 윤리가 준수될 수 있는 새로운 규준(norm)의 휴머니즘을 제시한다는 데 있다. 오늘의 인류가 처한 딜레마는 다양한 것 같지만 본질적으로는 모두 생명에 관한 문제와 관련되어 있으며 또한 거기서 파생된 것이다. 현재 급속하게 진행되고 있는 전 지구적 차원의 생태 재앙과 기후 변화, 지구 온난화와 오존층 파괴, 생물종 다양성 감소와 대기·해양의 오염, 질병과 이민과 테러를 유발하는 부의 불평등, 환경자원의 관리 문제, 인구 증가와 환경악화 및 자연재해에 따른 빈곤과 실업의 악순환, 지역간·국가 간·민족간·종교간 대립과 분쟁의 격화, 전쟁과 빈곤과 환경파괴의 악순환 에 따른 수많은 '환경난민(environmental refugees)'의 발생은 모두 생명 위기가 발생하는 배경과 긴밀한 연계성을 갖는 것으로 나타난다.

우리의 생존 전략은 인류의 공동선에 대한 공감 능력을 확충시키는 일에 정책의 우선순위를 두어야 할 것이다. 특히 세계 4강의 이해관계가 첨예하 게 대립하고 있는 동북아시아가 개별 국가 안보와 지역 안보, 국내 복지와 지역 복지를 동시에 품는 무대가 되려면 행위자들의 행위 준거와 무대의 룰 (rule)이 새롭게 설정되지 않으면 안 된다. 한국학의 정수(精髓)인 '한'은 생명 의 전일성과 자기근원성에 대한 명료한 인식을 바탕으로 새로운 규준의 휴 머니즘을 제시함으로써 생존 전략의 틀을 짤 수 있게 하는 '마스터 알고리즘 (master algorithm)'이다.

오늘날 한국학의 부상은 한국의 국제적 위상 강화와 한류(韓流, Korean Wave) 현상, 그리고 이러한 현상과 맞물려 일어나는 국민적 자존감의 회복 등과 함수관계에 있는 것으로 볼 수 있다. 사실 사대주의가 만연하면 국가 적·국민적·민족적·문화적 정체성이란 것이 부재하게 되므로 한국학이라고 할 만한 독자적인 학문 영역이 성립되기는 어렵다. 한국학은 한국과 관련하 여 과거에 일어났거나 현재 일어나고 있는 일들의 단순한 집적(集積)이 아니 다. 전체는 부분의 단순한 합이 아니기 때문이다. 우리나라가 상고시대에 고도의 문명을 이룩했음에도 세계 문명사에서 누락된 이유를 곱씹어보는 자기성찰의 한국학이 되어야 한다는 말이다. 또한 전체 역사를 관통하는 우리 고유의 '한'사상과 정신문화를 바탕으로 한국학은 재설계되어야 한다.

한국학을 비롯하여 오늘날 학문의 근본적인 문제는 '사고(thinking)'하지 않는 것이라고 흔히 말한다. 그런데 정작 문제의 본질은 '사고'하지 않는 데에 있는 것이 아니라 그 '사고'라는 것이 정형화된 틀(standardized frame) 속에 갇혀 있다는 데에 있다. 논쟁성(contentiousness)과 확장성(extentionality) 그리고 창의성(creativity)을 차단하는 이 사고의 역설(paradox of thinking)이야말로 오늘날 한국학을 비롯한 학문 일반이 직면한 본질적인 문제다. 이러한 '사고의 역설'은 사고와 감각에서 이원론적 상황에 대한 인간 정신의 종속에 기인하는 것이다. 그것은 존재론적으로 실재(reality, implicate order)를 현상(phenomena, explicate order)으로부터 분리하는 것이고, 인식론적으로 인식 주체를 인식 대상으로부터 분리하는 것이고, 신학적으로 신을 인간으로부터 분리함으로써 결과적으로 우리 자신을 현상의 세계에 가둬버린 데서 오는 것이다.

이러한 이원론에서 야기된 '두 개의 절반(two halves)'은 현상과 실재, 이성과 신성[靈性] 주체와 객체, 인간과 신, 삶과 죽음, 지상의 왕국과 천상의 왕국 등 다양한 이름으로 불리고 있다. 하지만 인간은 자신의 분별지(分別智)가 '사고(thinking)' 활동을 제약하는 이러한 가공의 한계(the illusory limit)를 설정했다는 사실을 알지 못한 채, 이런 한계로부터 자유로운 '사고' 활동을 추구하는 역설과 마주하게 된 것이다. 그리하여 물질이 유일하고도 구체적인 현실이며 모든 것이라고 보는 물질주의, '부분을 이해하면 전체를 이해할 수 있다'라는 가정에서 출발한 데카르트(René Descartes) 식의 기계론적 환원주의(mechanistic reductionism)에 탐닉함으로써 부분과 전체의 유기적 통일성에 기초한 시스템적 사고(systems thinking) 또는 맥락적 사고(contextual thinking)를 할 수 없게 된 것이다.

 '두 개의 절반'은 진실이 아니다. 실재는 실물과 그림자의 관계와도 같이 상호연결된 '불가분의 전체성(undivided wholeness)'이며 본질적으로 역동적이다. 이러한 사실이 현실처럼 느껴지지 않는 것은 완전몰입형 가상현실(VR)에 갇혀 있다는 강력한 증거다. 따라서 분절적 사고(fragmentary thinking)에서 통섭적 사고(consilience thinking 또는 맥락적·시스템적 사고)로의 패러다임 전환이 요구된다. 오늘날 이러한 전환은 양자물리학(quantum mechanics)으로 대표되는 포스트 물질주의 과학(post-materialist science)에 의해 주도되고 있다. 양자역학에서는 물질이 개별적인 원자들로 구성된 실재가 아니라 장(場)이 유일한 실재이며 물질은 장이 극도로 강하게 집중된 공간의 영역에 의해 성립되는 것이라고 보는 까닭에 물질[구체성]과 비물질[추상성], 이성과 영성, 인간과 신, 주체와 객체 등의 이분법은 성립되지 않는 것으로 본다.

 말하자면 이 우주는 분리 자체가 근원적으로 불가능한 거대한 파동의 대양[氣海]이며, 만물은 그 파동의 세계가 벌이는 우주적 무도[energy dance]에 동등한 참여자로서 참여하고 있다. 우리가 물질이라고 지각하는 것은 특정 주파수대의 에너지 진동에 불과하며 99.99%는 텅 비어 있다. 물질의 외형적인 견고함은 우리의 감각기관이 진동하는 주파수를 그런 식으로 지각한 것일 뿐, 실제로는 분자, 원자, 전자, 아원자 입자들의 쉼 없는 운동이다. 이러한 물질의 공성(空性, voidness)에 대한 이해가 전제되어야 이분법에서 벗어나 통섭적 사고가 활성화될 수 있다. 한국학을 관통하는 우리 고유의 '한'사상[三神思想, 天符思想, 神敎]은 현대 물리학의 전일적 실재관(holistic vision of reality)의 원형이다. 이 책의 서두에서 통섭적 사고를 강조하는 것은, 우리 고유의 '한'사상이 분절적 사고로는 이해가 불가능하기 때문에 비현실적이고 공허한 것으로 여겨질 수 있기 때문이다. 그러면 한국학의 정의부터 살펴보기로 하자.

한국학은 연구 주체에 따라 연구 목적과 대상, 방법 및 내용이 달라질 수 있다. 보편적인 한국인의 관점에서 볼 때 '한국학(韓國學, Korean Studies)'은 한국에 관한 인문·사회·자연과학·문화예술·종교 등 다양한 분야의 통시적(通時的)/공시적(共時的) 연구로, 미시적인 삶의 영역에서 거시적인 국가 제도의 영역에 이르기까지 한국과 한국 사상 및 문화의 성격에 대한 규명을 통하여 국가적·국민적·민족적·문화적 정체성의 확립과 시대적 및 사회적 요구에 부응하는 새로운 한국인상(像)의 정립을 추구하는 학문이라고 정의할 수 있다. 이러한 자기정체성(self-identity)의 확립과 새로운 한국인상(像)의 정립은 국가 이미지나 브랜드 가치를 높이고 우리가 처한 문명의 시간대를 통찰할 수 있게 함으로써 한국학의 시대적·세계사적 소명(召命, holy mission)을 다할 수 있게 하는 추동력을 제공할 것이다. 그러면 이를 좀 더 자세히 살펴보기로 하자.

첫째, 한국학은 한국에 관한 인문·사회·자연과학·문화예술·종교 등 다양한 분야의 통시적/공시적 연구이다. 구체적으로 한국의 역사·지리·언어·철학·사상·문학·정치·경제·사회·문화·예술·과학·종교·교육·민속·기예(技藝) 등 다양한 분야를 연구대상으로 한다. 여기서 통시적/공시적 연구라고 한 것은, 한국학 연구는 한국에 관한 다양한 분야를 역사 문화적 맥락에서 시간의 경과에 따른 변화상을 종적(縱的)으로 연구할 수도 있고, 특정 시기의 한국에 관한 주제를 횡적(橫的)으로 다룰 수도 있기 때문이다. 하지만 공시적 연구라 할지라도 역사 문화적 맥락에서 벗어날 수는 없다. 왜냐하면 한국이라는 나라와 한국 사상 및 문화는 특정 시기에 급조된 것이 아니라 역사 문화적으로 그 맥이 면면히 이어져 온 것이기 때문이다.

둘째, 한국학은 미시적인 삶의 영역에서 거시적인 국가 제도의 영역에 이르기까지 한국에 관한 모든 것을 연구대상으로 하는 학문이다. 미시적인 삶의 영역이라 함은 인간의 삶을 의미 있게 만들고 인간에게 삶과 투쟁과 죽음의 자료를 공급한 그 모든 감정들, 가치들, 이상들을 낳게 만든 사회적 삶의 영역은 물론이고, 인간 사회와 긴밀한 관계를 형성하고 있는 동식물을 포함한 자연의 영역까지를 포괄하는 것이다. 거시적인 국가 제도의 영역이라 함은 국가를 형성하는 사회적 삶의 질서를 안정적이고도 지속적으로 보장하기 위해 만들어진 정치·경제·사회·문화예술·과학·종교·교육·사법·군사 등 모든 분야의 제도들을 포괄하는 것이다.

셋째, 한국학은 한국과 한국 사상 및 문화의 성격에 대한 규명을 통하여 국가적·국민적·민족적·문화적 정체성의 확립과 시대적 및 사회적 요구에 부응하는 새로운 한국인상(像)의 정립을 추구하는 학문이다. 따라서 한국학은 한국에 관한 모든 분야의 통시적/공시적 연구를 통해 한국과 한국 사상 및 문화의 성격을 밝힘으로써 국가적·민족적·문화적 정체성을 확립하고 시대적 및 사회적 요구에 부응하는 새로운 한국인상(像)을 정립하는 것을 목표로 하는 학문이다. 이러한 한국학 연구의 목표가 달성되면 국민적 자존감이 높아지고 국격(國格)이 향상되어 한국학의 시대적·세계사적 소명을 다할 수 있게 될 것이다.

현재 한국학이 직면한 최대의 딜레마는 우리 역사의 뿌리이자 한국 사상 및 문화의 원형(archetype)을 담고 있는 우리 상고사(上古史: 삼국 정립 이전 광의의 고대사)에 대한 인식이 널리 공유되지 못함으로 인해 한국학이 뿌리 없는 꽃꽃이 식물과도 같이 생명력을 상실했다는 데 있다. 일제강점기에 조선총독부에는 조선사편수회(朝鮮史編修會)가 설치됐고 1922년부터 1938년까지 활동한 조선사편찬위원회는 조선사 편찬이 아니라 조선사 말살이 주목적이었다. 조선사편수회는 우리의 역사서들을 탈취해 불태우고 16년 동안 1백만 원이란 거액을 투자한 끝에, 1938년 전 35책 2만4천 페이지에 달하는 조선사를 완성하여 각급 학교에서 교육하게 한 것이다. 이후의 한국사는 상고사와 단군 관련 자료들이 완전히 고갈되어 치명적인 타격을 입었다.[3] 그것은 일본 왕실의 조상이 한인(韓人)이고, 한국이 장구한 역사를 가진 선진강대국이었다는 사실을 완전히 말살하기 위한 민족말살정책의 일환이었다. 그 핵심 내용은 다음과 같다.

① 일제는 전국의 각 도, 군, 경찰서를 동원하여 1910년 11월부터 1911년 12월 말까지 1년 2개월 동안 한국의 국내 각처에 산재한 단군조선 삼한의 고대 사료 등 51종 20여만 권을 수거해 불태워 없애거나 일본 왕실로 가져갔다.

② 일제는 중국 각처에 산재했던 우리나라의 환인, 환웅, 단군 관련 고사서를 전부 색출 수거하기 위해 1922년 동경제국대학의 이케노우치(池內宏), 요시다(吉田東伍), 구로이다 가쓰미(黑板勝美), 미우라(三浦周行), 와세다대학의 츠다(津田左右吉), 경도제국대학 이마니시 류(今西龍), 경성제대 교수 쇼우다(小田省吾), 편찬 실무자 스에마쓰(末松保和) 등 8명의 관계자들이 연 122일 동안 중국에 출장 가서 장기체류했다.

③ 1923년부터 1937년까지 15년 동안 차입한 조선 사료 총목록 종류가 4,950종이라고 조선사편수회 사업개요에서 밝히고 있다. 또한 1981년 4월 25일 발행된 『역사와 현대』에 일본의 사학자이며 평론가인 하라타사카에루(原田榮)가 쓴 글에는 '1923년 7월 조선사편수회 구로이타(黑板) 고문이 대마도 사료 탐방 시 한국과 관계가 있는 문서, 고기록 등이 대주구 번주(藩主·영주) 종백작가(宗伯爵家)에 있는 고문서류 6만 6천 469매, 고기록류 3천 576책, 고지도 34매 등을 은폐 또는 분서(焚書)했다'라고 밝혀져 있다.

④ 일제는 조선총독부의 황실령 제34호에 따라 황실이 관장하던 업무를 이관하는 이왕직 관제(李王職官制)를 새로 제정했다. 1915년 창경궁(昌慶宮) 안에 일본식

건물의 장서각을 지어 그곳으로 이관한 도서 내역은 우리 고대사 도서가 5,355종 10만 137책, 기록류가 1만 1730책, 주자(鑄字)가 65만 3721개 71분(盆), 판목 7,501장, 기타 부속품이 12종이었다. 그 후 한국의 고대 역사를 말살하고 반도조선사(현행 국사)를 편찬한 후 왜곡된 국사의 증서(證書)를 영원히 은폐하기 위해 이 도서들은 일본 왕실로 옮겨졌다.

⑤ 1923년 1월 8일 조선사편찬위원회 결의에서 [환국·배달국·단군조선과 북부여에 이르기까지 무려 7천 년이 넘는 역사는 잘라 없애고] 제1편 「삼국 이전」을 「신라통일 이전」으로 정하고 제2편 「신라통일시대」, 제3편 「고려시대」, 제4편 「조선시대 전기」, 제5편 「조선시대 중기」, 제6편 「조선시대 후기」로 결정했다.

⑥ 조선총독부는 정무총감을 위원장으로 15명의 위원회를 조직하여 1922년 12월 제64조로 조선사편찬위원회 훈령을 발표했다. 또 1925년 6월 조선총독 훈령을 일본왕의 명령에 의한 일왕 칙령 제218호로 격상하고 '반도조선사편수회'의 이름을 '조선사편수회'로 고쳤다. 즉, 중국 대륙에 건국되었던 신라, 백제, 가야의 대국을 한반도 속으로 축소시키는 노골적인 이름의 '반도조선사편수회'를 '조선사편수회'로 고쳤던 것이다.

⑦ 1909(순종3)년 9월 일제는 청나라와 간도협약(間島協約)을 체결하면서, 남만주 철도 부설권과 푸순(撫順) 탄광 채굴권을 얻는 대가로 간도를 청나라에 팔아넘겼다. 일제는 조선 강역을 13도로 확정했던 것을, 간도 땅을 청국에 팔아넘긴 후 다시 8도로 축소했다.

⑧ 1913년 이마니시 류가 하북성(河北省, 허베이성) 난하(灤河: 베이징 근처) 옆 갈석산 (碣石山)에 세워졌던 점제현신사비(秥蟬縣神祠碑)를 처음으로 발견하자, 일제는 그 신사비를 평양 근처 온천군으로 옮겨 놓고 삼국사기 중요 지명의 열대패 삼수고(洌帶浿三水考) 논문을 발표하여, 한사군의 하나인 낙랑군이 한반도의 평양에 존재했다는 학설을 입증하는 자료라고 주장함으로써 만주 서쪽 난하에서 출발하

는 광활한 영토를 점유했던 한민족의 역사를 반도 안으로 좁혀 놓았다. 이 외에도 헌병대장 사가와 가게노부(酒勾景信)는 메이지 왕의 명령으로 중국에 있는 고대의 우리 광개토대왕릉비를 파괴·변조하였는데, 이 변조된 비문을 근거로 일인들은 4~6세기에 왜(倭)가 한반도 남부에 진출하여 임나일본부(任那日本府)를 설치하고 한반도 남부를 지배했다는, 이른바 임나일본부설이라는 터무니없는 주장을 해 왔다.

⑨ 1922년 제3대 조선 총독 사이토 마코토(齋藤實)는 조선사 편찬 시책을 이렇게 지시했다. "먼저, 조선 사람들이 자국의 고대 역사, 전통문화를 알지 못하게 불태워 말살하면 민족정신과 민족문화를 상실하게 될 것이다. 그리고 조선의 조상과 선인들의 무위, 무능, 악행을 과장되게 들춰내 편찬해서 조선인 학생들에게 가르치면 조선인 청소년들이 자국의 선조들을 경시하고 멸시하는 감정을 일으키게 되는 하나의 기풍이 조성될 것이다. 조선의 청소년들이 자국의 모든 인물과 사적에 대하여 부정적인 지식을 얻게 되면 반드시 실망과 허무감에 빠지게 될 것이다. 그때 일본의 사적, 일본의 문화, 일본의 위대한 인물들을 소개하면 조선인들이 일본사람으로 동화되는 효과가 지대할 것이다. 이것이 제국 일본이 조선사를 만들어 주는 목적이며, 조선인을 반(半)일본인으로 만드는 요결이다."[4]

일본에 의한 조선학 연구는 제국주의적 관학(官學)으로 기획된 것으로, 민족정신의 말살을 통해 일제의 한반도 침략을 정당화하고 그 지배를 영속화하기 위한 정치적 목적에 봉사한 극단적 사례다. 저명한 일본 학자 가시마 노보루(鹿島昇)는 「환단고기(桓檀古記)와 야마타이국(邪馬壹國)」[5]이라는 글 속에서 한국이 일본인들의 역사 날조로 인한 피해국인 반면, 일본은 장기간에 걸쳐 한국의 모든 역사적 자료를 약탈하고 전국의 역사서들을 수거하여 불태우고 한국사를 조작하고 일본 권력사를 만들어 외압에 대한 공포심을 완화해서 일본 민족의 단결을 유지하고 고도의 자본주의 국가를 형성한 것은 무리이긴 했어도 '위사(僞史)의 공적(功績)'이었다고 할 수 있다고 했다. 그런데 그러한 성공을 역사 위조의 공적이라고 표현한 것은 거짓 역사라는 점을 일본인 스스로가 인정한 것이라는 점에서 주목할 만하다.

모든 연구가 그러하듯이 한국학 연구의 바탕이 되는 것도 올바른 역사이다. 한국 상고사와 사상 및 문화 속에는 한·중 역사전쟁과 한·일 역사전쟁을 종식 시킬 비밀 코드가 들어 있다. 중앙아시아에 있는 카자흐스탄의 중앙은행은 2016년 9월 16일 한민족의 국조 단군을 기념하는 주화 2종을 발행했다. 기념주화 앞면에는 카자흐스탄 공화국 문장이 새겨져 있고, 뒷면에는 신단수 아래 곰과 호랑이 사이에 앉아 있는 단군왕검이 묘사돼 있으며, 한글로 '단군전'이라고 새겨져 있다. 카자흐스탄인들은 단군을 '텡그리(Tengri, 하늘)'라고 부르며 건국 시조로 섬긴다. 이는 그 옛날 카자흐스탄이 단군의 영역이었으며 우리와 카자흐인[6]들이 같은 조상을 공유하고 있음을 말해 준다. 한편 한국조폐공사는 2017년 5월 단군조선 이전에 부국강병의 절정을 이룬 배달국 제14대 치우천왕(치우천황)을 모델로 한 메달을 발행했다. 이 메달 앞면에는 흔히 '도깨비 기와'라고 불리는 '귀면와' 문양이 새겨져 있고, 뒷면에는 긴 창을 들고 말을 탄 늠름한 '치우천황'의 모습이 새겨져 있다. 우리 상고사 복원에 대한 밝은 전망을 상징적으로 보여주는 듯하다.

오늘날 한국학의 부상은 일반적으로는 한국의 국제적 위상 강화, 그리고 한국의 K드라마·K팝(K-Pop)·영화·게임 등 대중문화가 아시아를 넘어 유럽과 미국 등지에까지 커다란 반향을 불러일으키면서 한국 상품과 문화 콘텐츠에 대한 선호현상, 이른바 한류(韓流, Korean Wave) 열풍과 맞물려 일어나는 현상으로 볼 수 있다. 그런 점에서 한국학의 부상은 우리나라의 국가 이미지나 브랜드 가치를 높이고 밝은 미래를 전망할 수 있게 하는 견인차 역할을 할 것으로 기대된다. 하지만 그것과는 별개로 1929년 당시 우리나라가 일제 치하에서 신음하고 있을 때 인도의 시성(詩聖) 라빈드라나드 타고르(Rabindranath Tagore)는 〈동아일보〉에 기고한 '동방의 등불'이란 시에서 찬연한 빛을 발하는 한민족의 과거와 미래를 이렇게 읊었다. "일찍이 아시아의 황금시기에 빛나던 등불의 하나였던 코리아, 그 등불 다시 켜지는 날에 너는 동방의 밝은 빛이 되리라. …"

한국의 국제적 위상이 미약했던 시기에도 코리아의 밝은 미래에 대한 세계적인 석학들의 예단은 끊이질 않았다. 루마니아의 작가 콘스탄틴 비르질 게오르규(Constantin Virgil Gheorghiu)는 1974년 우리나라를 방문했을 때 그의 소설 『25시 Vingt-cinquième heure』(1949)에서 자신이 예언한 동방, 말하자면 '25시'라는 인간 부재의 상황과 폐허와 절망의 시간에서 인류를 구원할 동방은 바로 우리 한민족이라고 단언했다. 그의 『코리아 찬가 Eloge de la Corée』(1984)는 한민족의 사상과 정신문화에 대한 깊은 경외감의 표출이며 예언적 묵시록이다. 그는 한민족이 전 세계에서 유일하게 개천절을 봉축하는 '영원한 천자(天子)'이고 '세계가 잃어버린 영혼'이며, 한반도는 동아시아와 유럽이 시작되는 '태평양의 열쇠'로서 세계의 모든 난제들이 이곳에서 풀릴 것이라고 예단했다.

또한 그는 1986년 4월 18일자 프랑스의 유력 주간지 〈라 프레스 프랑세즈(La press Francaise)〉지를 통해 널리 세상을 이롭게 하는 '홍익인간의 통치이념은 지구상에서 가장 강력한 법률이며 가장 완전한 법률'이라고 발표했다. 홍익인간이라는 단군의 법은 그 어떤 종교와도 모순되지 않으며 온 인류의 행복과 평화를 추구하는 인류 보편의 법이기에 21세기 아태시대를 주도할 세계의 지도이념이라는 것이다. 한민족에 대한 그의 찬탄은 문자(한글) 공포일을 국경일로 제정한 유일한 나라, 우주적 질서의 정수를 함축한 국기(태극기)를 가진 유일한 나라, 그리고 영원한 꽃 '무궁화(無窮花)'에 대한 영적 직관으로까지 이어진다.

이러한 게오르규의 직관은 19세기 말에서 20세기 초에 걸쳐 유럽 지성계에 커다란 영향을 끼친 독일계 오스트리아의 인지학(仁智學) 창시자 루돌프 슈타이너(Rudolf Steiner)의 직관과도 일맥상통한다. 슈타이너에 따르면 인류 문명의 대전환기에는 새로운 문명, 새로운 삶의 양식의 원형(archetype)을 제시하는 성배(聖杯)의 민족이 반드시 나타나게 되는데, 깊은 영성을 지닌 이 민족은 거듭되는 외침과 폭정 속에서 새로운 세계에 대한 이상을 쓰라린 내상(內傷)으로만 간직한 민족이다. 그는 극동에 있는 이 성배의 민족을 찾아 경배하고 힘을 다하여 그들을 도우라고 유언했다. 그의 일본인 제자인 일본 인지학회 회장 다카하시 이와오(高橋巖)는 일본에 돌아와 문헌과 정보 등을 통해 극동을 샅샅이 뒤지다가 한국사와 동학사를 읽던 중 문득 커다란 전율과 함께 성배의 민족이 바로 한민족임을 깨달았노라고 한국의 모 시인에게 실토하면서 이러한 사실이 알려지게 된 것이다.

20세기 실존주의의 대표자로 꼽히는 독일의 철학자 마르틴 하이데거(Martin Heidegger)는 당시 프랑스를 방문한 서울대 철학과 모 교수에게 자신이 유명해진 철학사상은 동양의 무(無)사상인데, 동양 철학을 공부하면서 아시아의 위대한 문명의 뿌리가 바로 한민족이라는 사실을 알게 됐다고 말했다는 것이다. 이어 그는 세계 역사상 완전무결한 평화적인 정치로 2천 년이 넘도록 아시아 대륙을 통치한 단군조선의 실재를 자신이 인지하고 있다며, 한민족의 국조 단군의 천부경을 이해할 수 있도록 설명을 요청하면서 천부경을 펼쳐 놓더라는 것이다. 한국인이라서 초대를 했고 또 당연히 알고 있으려니 생각하고 요청한 것이었지만, 그것에 대해 아는 바가 없어 설명을 하지 못하고 돌아왔다고 그 교수가 어떤 강연에서 스스로 고백하면서 알려지게 된 것이다. 2천 년이 넘도록 아시아 대륙을 평화롭게 통치한 근간이 되었던 천부경이야말로 인류 구원의 생명수임을 하이데거는 직감적으로 알고 있었던 것이리라.

영국의 역사학자 아널드 토인비(Arnold Joseph Toynbee)는 1972년 〈동아일보〉와의 인터뷰에서 21세기에는 인간이 부(富)에만 집착하지 않고 지구를 좀 더 살기 좋은 곳으로 만들려는 노력을 경주하게 될 것이며, 한국·중국·일본 등이 있는 동북아가 세계의 중심부로 등장하게 될 것이고, 극동에서 21세기를 주도할 새로운 사상이 나올 것이라고 예견했다. 이러한 토인비의 역사적 예단은 『강대국의 흥망 The Rise and Fall of the Great Powers』(1988)의 저자인 예일대 역사학 교수 폴 케네디(Paul M. Kennedy)의 직관과도 일맥상통한다. 케네디는 일본 동경대 강연(2010)에서 "21세기 아시아 태평양 시대의 중심은 누구냐?"라는 질문에 "미국은 청교도정신, 개척자정신, 정신적 지도력을 잃었다"며 "일본도 아니고, 중국도 아니고, 아마도 코리아일 것이다(Never Japan, never China, maybe Korea)"라고 하면서, 사회적 도덕성, 정신적 문화력, 자유민주주의 역량 등을 세 가지 근거로 제시했다.

그러나 다른 한편으론 미국의 저명한 역사가이자 빌 클린턴(Bill Clinton) 전 대통령의 대학 은사였던 캐럴 퀴글리(Carroll Quigley)의 동반구의 문명에 관한 도표[7]를 보면, 동아시아에는 인도, 중국, 일본의 세 문명이 있을 뿐, 한국은 아예 나타나 있지조차 않다. 이는 1979년에 출간된 그의 저서 『문명의 진화 The Evolution of Civilizations』에 나오는 내용이다. 서구 정치학계의 태두 새뮤얼 헌팅턴(Samuel Huntington) 역시 이러한 도표를 그대로 인용하고 있다. 유구한 역사와 선진 문화를 가진 한국이 중국 혹은 일본 문화의 지류 정도로 인식되고 있으니 참으로 통탄하지 않을 수 없다. 한국학이란 것이 성립되려면 한국의 고유한 역사와 사상, 정신문화가 바탕이 되어야 하는데, 이들의 관점에서 본다면 한국학이라고 할 만한 독자적인 학문 영역이 성립되기는 어려울 것이다.

그렇게 된 데에는 한국의 국제적 위상이 높지 않았기 때문이기도 하겠지만, 보다 본질적으로는 우리 한민족의 역사가 외적의 강압과 내부의 사대주의자들, 그리고 폭력으로 정권을 쟁취한 자들이 자신들의 비리를 합리화하려는 기만책으로 인하여 위조되고 탈취된 적이 많았기 때문이다. 더욱이 근대 제국주의 일본의 민족말살정책에 의해 우리 역사가 조직적으로 조작됨으로써 유구한 역사의 상반(上半)과 광활한 영토의 대부분의 절단이라는 세상에 유례없는 결과를 가져왔다. 그리하여 우리의 고유한 역사와 사상, 정신문화를 잃어버린 채, 마치 집단적 기억상실증에 걸린 사람들처럼 스스로가 누군지, 어떻게 하여 존재하게 되었는지를 알 수 없게 된 데 따른 것이다. 수천 년의 연대사를 잃어버리고 광활한 민족의 활동무대를 반도의 일부로 축소시킨 채, 어떻게 우리의 정체를 알 수 있겠으며 또한 어떻게 우리의 미래상을 그릴 수 있겠는가?

'홍익인간(弘益人間)' 사상과 정신문화는 우리 한민족의 정신세계의 총화로서 우리의 세계관과 사고방식 및 가치체계 등을 형성하고 반영하는 지표가 되는 것인 동시에 이 시대 문화적 르네상스(cultural renaissance)의 바탕을 이루는 것이기도 하다. 세계적인 석학들이 21세기 세계경영의 주체를 '코리아'라고 예단한 것은 온 인류의 행복과 평화를 함축한 우리의 사상과 정신문화가 시대적 요구와 필요에 부합하기 때문일 것이다. 다시 말해 한민족에 내재된 홍익인간 DNA가 코리아의 시대적·세계사적 소명을 완수하리라고 본 것이다. '홍익인간' 사상과 정신문화는 오늘의 첨단과학과도 소통하는 '가장 오래된 새것'이다. 오늘날 현대 과학, 특히 현대 물리학의 주도로 빠르게 진행되고 있는 전일적 실재관(holistic vision of reality)으로의 패러다임 전환은 21세기 과학혁명의 본질이 전일적인 우리의 고유한 '한'사상과 정신문화에 맞닿아 있음을 보여준다.

과학과 의식의 접합을 추구하는 21세기 과학혁명은 물질시대에서 의식시대로, 파워 폴리틱스(power politics, 권력정치)에서 디비너틱스(divinitics, 영성정치)* 로의 이행과 맥을 같이 한다. 따라서 그 깊이와 폭에 있어 정신·물질 이원론에 입각한 근대 과학혁명과는 본질적으로 다를 수밖에 없다. 그것은 전 인류적이요 전 지구적이며 전 우주적인 존재혁명이 될 것이다. 오늘날 양자역학(quantum mechanics)을 필두로 한 포스트 물질주의 과학(post-materialist science)은 윤리와 가치관, '의미(meaning)'들을 우선시한다는 점에서, 다시 말해 철학사상, 종교, 문학 등 다양한 분야와의 대화를 통해 '하드 사이언스(hard science)'에서 '소프트 사이언스(soft science)'로 과학의 외연적 확장을 도모한다는 점에서, 몰가치적(value free) 성향을 띠는 물질주의 과학과는 분명 차이가 있다. 21세기 과학혁명이 수반하는 새로운 문명의 건설은 전일적 패러다임(holistic paradigm)에 부응하는 사상과 정신문화를 가진 민족이 담당하게 되는 것은 역사적 필연이다.

근대 과학혁명이 이분법적 패러다임을 기반으로 수직적인 구조의 분열적

---

* '디비너틱스'는 '靈性'을 뜻하는 '디비너티(divinity)'와 '정치'를 뜻하는 '폴리틱스(politics)'를 합성하여 필자가 주조한 것으로 영성정치를 의미한다. 흔히 21세기를 4D, 즉 유전자(DNA)·정보화(Digital)·디자인(Design)·영성(Divinity)의 시대라고 부르는 것에 착안하여 필자는 '힘'이 지배하는 先天의 정치형태를 포괄하여 '파워 폴리틱스'라고 하고, '영성'이 지배하는 後天의 정치형태를 포괄하여 '디비너틱스'라고 명명하였다(최민자, 「수운의 후천개벽과 에코토피아(Ecotopia)」, 『동학학보』 제7호, 동학학회, 2004, 136쪽). '靈的', '전일적', '생태적', '시스템적'이란 용어는 모두 전일적 패러다임의 범주에 속하는 동일한 의미를 지닌 것으로 볼 수 있다. 그런 점에서 디비너틱스는 생태정치(eco-politics) 또는 생명정치로도 명명될 수 있다.

인 성격을 띤 근대 문명을 창출했다면, 현대 과학혁명은 전일적 패러다임을 기반으로 수평적인 구조의 통섭적인 성격을 띤 새로운 문명을 창출하게 될 것이다. 생명의 전일성과 자기근원성을 바탕으로 한 전일적 패러다임은 한민족의 고유한 사상과 정신문화를 형성해 온 중심축이 되는 것이기에 이 시대의 선각자들은 우리의 사상과 정신문화에 주목하는 것이다. 전일적 패러다임이 한민족의 정신문화를 형성해 온 중심축이라는 사실은 우리가 사용하는 생활언어에서도 여실히 드러난다. 한글은 다른 언어와는 달리 개인 소유격보다는 단체 소유격을 즐겨 쓴다. 예컨대, 제3자에게 자기 집이나 남편 또는 아내에 관한 애기를 할 때 '우리 집, 우리 남편, 우리 집사람'과 같은 식의 표현을 쓴다. 이러한 표현을 영어로 옮기면 그 집은 제3자와 공유한 집이 되고 남편이나 아내 또한 공동의 남편이나 아내가 되는 것이니, 있을 수 없는 일이다.

우리의 언어 습관이 개인 소유격보다는 단체 소유격으로 일관해 있다는 것은 아마도 한민족에 내재된 홍익인간 DNA 때문일 것이다. 고도로 진화된 사회에서나 볼 수 있는 현상으로 가히 '천손족(天孫族)'이란 호칭에 걸맞은 언어 습관이다. 삶이란 것이 소유할 수 있는 것이 아님을 우리 조상들은 일찍이 깨달았던 것이다. 독일 이상주의 철학을 종합 집대성한 게오르크 헤겔 (Georg Wilhelm Friedrich Hegel)이 갈파했듯이, '이성적 자유(rational freedom)'의 실현은 '나(I)'의 형태로서가 아니라 보편적으로 상호의존적인 '우리(We)'의 형태로서의 자유로운 정신이다. 우주의 실체는 의식이므로 '우리'는 보편의식이며 이는 곧 사랑이다. 사랑이 곧 정의(justice)다. 있는 그대로의 만유의 존재성을 수용하는 것, 그것이 최고 상위 개념의 정의다. 「요한일서」(4:8)에서 "신은 사랑이시니 사랑하지 아니하는 자는 신을 알지 못한다"[8]라고 한 것도 같은 맥락에서 이해될 수 있다.

한국학은 한국과 관련하여 일어난 수많은 역사적 사건들이나 다양한 제도들의 단순한 집적(集積)이 아니다. 역사를 관통하여 면면히 흐르는 우리 고유의 '한'사상과 정신문화를 담아낼 수 있어야 한다. 그러나 우리 역사는 결정적으로는 일제 치하의 민족말살정책에 의해 머리 잘린 몸통만 있는 형국이 되었다. 따라서 스스로가 누군지, 어디서 연원 했는지를 알 수가 없게 되었다. 다행히 뜻있는 국내외 연구자들의 지속적인 우리 역사 탐구와, 러시아·중국·중앙아시아·동남아시아 등 각지에서의 유적·유물 출토, 그리고 단군조선 시대의 천문 현상에 대한 과학적 검증 등을 통해 우리 역사가 차츰 복원되고 있긴 하지만, 갈 길은 여전히 멀다.

　한국학이란 것이 성립되려면 우선 그 뿌리에 해당하는 수천 년의 우리 상고사와 사상 복원을 통해 국가적·민족적·문화적 정체성을 확립하고 한국산(産) 정신문화의 원형을 체계적으로 정립하여 많은 연구자들을 양성하고 각급 교육기관을 통해 교육함으로써 내실 있는 한국학 콘텐츠를 마련하는 것이 관건이다. 또한 해외 소재 한국학 관련 역사 기록을 포함하여 다양한 주체들이 보유하고 있는 자원을 효율적으로 결합하고 정보화하는 방안을 강구할 필요가 있다. 궁극적으로 세계시민사회가 공유하는 한국학, '공감(empathy)'의 신문명을 창출해내는 한국학이 되려면 무엇보다도 역사적 세계를 관통하여 줄기차게 이어져 온 우리 고유의 '한'사상과 정신문화를 한국학 콘텐츠가 담아낼 수 있어야 한다.

한국산(産) 정신문화에 대한 국제적 관심 고조

　우리나라가 산업화, 민주화, 정보화 과정을 거치면서 국가의 국제적 위상이 강화되고 이와 맞물려 한류 열풍이 일면서 한국어와 한국 상품 및 문화콘텐츠에 대한 선호현상이 나타나고 한국산(産) 정신문화에 대한 국제적 관심이 고조되고 있다. 중국 언론이 1997년 처음 '한류(韓流)'라는 말을 쓰기 시작하면서 1990년대 후반부터 가시화된 한류 현상은 아시아를 넘어 유럽과 미국 등지에까지 실로 경이로운 성장세를 보이고 있다. 처음에는 K드라마·K팝·영화·게임 등 대중문화의 해외 유통 및 소비가 위주였지만 점차 한국어, 음식, 패션 등 보다 폭넓은 한국문화의 해외 진출로 확산되면서 이른바 신한류 붐이 일게 됨에 따라 한국어·한국학 교육에 대한 해외 수요도 늘어나고 있다. 2005년 말 기준 세계에서 한국학을 개설한 대학이나 기관은 62개국 735개에 이르고 있다.[9] 2007년 9월 세계지적재산권기구(WIPO)는 제43차 총회에서 183개국 만장일치로 한국어를 아홉 번째 특허협력조약(PCT) 국제공개어로 공식 채택했다.

2020년 한국국제문화교류진흥원(KOFICE) 연구보고서는 한류의 수출 효과를 문화콘텐츠 상품의 '직접수출효과'와 소비재 및 관광 상품의 '간접수출효과'로 구분하여 보여준다. 2019년 문화콘텐츠 총 수출액은 103억 600만 달러로 2018년 대비 19.9% 증가했으며, 그중에서 게임 수출은 78억 6,000만 달러로 가장 규모가 컸다. 한류로 인한 문화콘텐츠 상품 수출액은 63억 8,400만 달러로 2018년 대비 19.2% 증가했으며, 그중에서 게임 수출은 47억 1,600만 달러로 가장 규모가 컸다. 이는 우리나라 전체 문화콘텐츠 수출에서 한류가 직접적으로 영향을 미치는 비중이 약 62%에 달한다는 것을 보여준다. 다음으로 2019년 소비재 및 관광 총 수출액은 856억 5,200만 달러로 전년 대비 7.3% 증가했으며, 수출이 증가한 품목은 관광, 식음료, 화장품, 자동차이다. 한류로 인한 소비재 및 관광 수출액은 59억 3,500만 달러로 2018년 대비 26.1% 증가했으며, 관광이 26억 5,400만 달러로 87.6%의 증가율을 보이며 가장 큰 규모를 차지했고, 화장품이 9억 6,900만 달러, 식료품이 7억 7,100만 달러로 그 뒤를 이었다.[10]

이어 연구보고서는 한류의 경제적 파급 효과를 '생산유발효과, 부가가치유발효과, 취업유발효과'의 세 측면에서 보여준다. 2019년 한류로 인한 생산유발효과는 25조 6,829억 원으로 2018년 대비 28.6% 증가했으며, 게임의 생산유발효과가 7조 7,235억 원으로 가장 컸고, 이어 관광 5조 8,408억 원, 화장품 2조 3,369억 원, 식음료 1조 8,992억 원, 자동차 1조 8,804억 원 순으로 나타났다. 한류로 인한 부가가치유발효과는 11조 5,819억 원으로 우리나라 GDP의 0.60%를 차지하며, 2015년의 0.38%에 비해 최근 증가세가 커진 것을 보여준다. 한류로 인한 취업유발효과는 17만 4,263명으로 2018년 대비 34.8% 증가했으며, 게임의 취업유발효과는 5만 8,290명으로 가장 컸고, 이어 관광 5만 1,061명, 식음료 1만 1,584명, 음악 1만 829명, 화장품 8,582명, 캐릭터 8,054명의 순으로 나타났다. 2019년 우리나라 전체 취업자 수가 2,712만 3,000여 명이므로 한류로 인한 취업유발효과는 전체 취업자의 0.64%를 차지하며, 2015년의 0.42%에 비해 한류가 고용에 기여하는 바가 증가하고 있음을 알 수 있다.[11]

한류는 단발성 유행이 아니라 한국인에 잠재된 '거시 문화적 역량'의 발현이다. 한류 현상은 신세대들을 중심으로 디지털 문화콘텐츠의 교류가 활발히 이뤄지는 디지털 현상과 연결되어 있다. 그런 점에서 IT 강국으로서 온라인 게임 등 사이버 문화의 선두주자이자 이 시대 '문화적 르네상스'의 사상적 토양을 갖춘 한국의 문화가 한류 현상을 견인하는 것은 우연이 아니다. 한류의 성장은 "문화와 IT가 복합된 CT(culture technolgy: 문화기술) 분야에서 한국의 지식 역량이 바탕이 된 것"으로 'IT 강국의 시너지 효과'에 힘입은 것이다.[12] 또한 글로컬(glocal: global+local)한 특성을 갖는 한류 현상은 오늘의 시대

정신을 특징짓는 21세기 문화 코드, 즉 '퓨전(fusion)' 코드와도 맞아떨어진 것이다. 문화예술에서 과학기술에 이르기까지 장르의 벽을 뛰어넘어 사회 전 분야에 걸쳐 혼융을 통해 새로운 문화를 창출해내는 '퓨전(fusion)' 코드의 급부상으로 지식융합이 시대사조로 자리 잡아가고 있는 지금, 세계성과 지역성, 보편성과 특수성을 혼융한 퓨전 음악, 퓨전 음식, 퓨전 한복, 퓨전 한옥, 퓨전 사극 등이 각광을 받게 된 것이다.

우리는 서양이 갈망하는 우리 고유의 '한'사상과 정신문화를 가지고 있다. 미국인 현각(玄覺) 스님은 2003년 '한국산(産) 정신문화'라는 칼럼에서 우리나라가 그 어느 국가보다도 많은 수출 품목을 보유하고 있고 그 사실을 전 세계가 알고 있는데 정작 한국인은 모르고 있다면서 적잖이 놀라고 슬프기까지 했다는 일화를 소개했다. 그는 화계사 조실이었던 숭산(崇山) 큰 스님의 법문을 듣고 1990년에 출가하여 불교에 입문했다. 법회 요청을 받고 말레이시아에 체류하던 중, 그는 한국 교민으로부터 이런 말을 들었다. '말레이시아 사람들은 그리 열심히 일하는 것 같지 않은데 천혜의 자원 덕에 수출도 하고 세계에서 두 번째로 높은 페트로나스 트윈타워 같은 고층빌딩도 지을 수 있으니 복이 많은 반면, 한국은 천연자원이 거의 없다 보니 완제품 수출을 위해서 원자재 수입을 많이 해야 하고 더 열심히 일해야 하니 말레이시아 사람만큼도 복이 없다'는 것이었다.

우리 정신문화에 압도되어 '하버드에서 화계사까지' 오게 된 그로서는 당연히 놀라고 그 무지함에 슬픈 생각까지 들었을 것이다. 그것은 비단 그 교민 한 사람만의 인식이 아니라 오늘날 우리의 자화상이다. 상고에서 고려시대에 이르기까지 동아시아 최대의 정신문화 수출국이었던 코리아—공자(孔子)도 우리 문화를 흠모하여 '영원불멸의 군자국 구이(九夷, 東夷)에 가서 살고 싶다(吾欲之君子不死之國九夷)'고 했던 우리나라—가 언젠가부터 귀중한 정신문화 유산을 내팽개치고 새로운 역사를 창조할 운명을 망각한 채 서구의 물신(物神)에 대한 맹종을 경주해 온 것은 분명 슬픈 일이라 아니할 수 없다. '한국은 언제쯤 본격적으로 서양이 갈망하는 한국산(産) 정신문화를 수출할 것인가' 라는 현각 스님의 물음은 이 시대를 사는 우리에게 하나의 화두로 다가온다.

사실 한류 현상은 새로운 것이 아니다. 신라 눌지왕(訥祗王) 때의 충신 박제상(朴堤上)의 『부도지(符都誌)』에 따르면, 파미르고원(天山崑崙)의 마고성(麻姑城)에서 시작된 한민족은 마고(麻姑), 궁희(穹姬), 황궁(黃穹), 유인(有仁), 환인(桓仁)*, 환웅(桓雄), 단군(檀君)에 이르는 과정에서 전 세계로 퍼져나가 우리의 천부(天符)문화를 세계 도처에 뿌리내리게 한 것으로 나온다. 마고성(麻姑城) 시대로부터 전해 온 천·지·인 삼신일체의 삼신사상(三神思想), 즉 '한'사상[天符思想]은 동·서양의 문화·문명을 발흥시킨 모체였다! 오늘날까지도 세계 각지의 신화, 전설, 종교, 철학, 정치제도, 역(易)사상과 상수학(象數學), 역법(曆法), 천문, 지리, 기하학, 물리학, 언어학, 수학, 음악, 건축, 거석(巨石)**, 세석기(細石器), 빗살무늬 토기 등 거의 모든 분야에서 천부(天符)문화***의 잔영을 찾아볼 수 있다.

---

* 환인의 '仁'이 불교의 영향을 받은 이후 '因'과 병기되었듯이, 유인의 '仁'도 불교의 영향을 받은 이후 '因'과 병기되었을 것으로 생각된다. 『桓檀古記』, 「太白逸史」 第二, 桓國本紀에서는 監群(무리의 우두머리)을 인(仁)이라 했고, '인(仁)이란 임(任)을 이르는 말이니 널리 사람을 이롭게 구제하고 세상을 이치대로 밝히는 일을 맡으려면 반드시 어질어야 한다'고 한 것으로 보아 '仁'의 본래 의미를 살리는 것이 原義에 충실한 것이라 생각되어 유인과 환인 모두 '仁'을 쓰기로 한다.

** 대표적인 巨石문화로 이집트의 피라미드, 영국의 스톤헨지, 프랑스 카르나크의 列石, 태평양 이스터 섬의 巨人像, 멕시코 올메카(Olmeca)의 巨石 人頭像, 쿠스코 잉카제국 시대의 石築, 한국이 중심지인 支石墓(고인돌 무덤) 등을 들 수 있다.

*** 하늘의 이치(天理)에 부합하는 문화, 즉 천·지·인 삼신일체의 天道에 부합하는 문화라는 뜻으로 마고 문화를 필두로 마고 문화를 계승한 환국·배달국·단군조선의 문화를 총칭하는 것이다.

4세기 백제 근구수왕(近仇首王) 때 백제의 선진문물을 일본*에 전파하고 오진(應神) 왜왕(390)의 태자에게 글을 가르쳐 일본 고대국가의 성립과 발전에 지대한 영향을 준 관계로 아스카문화의 원조로 불리는 백제의 왕인(王仁) 박사, 신종교운동·신사회운동을 통해 삼국통일의 철학적·사상적 기초를 마련하고 동아시아 정신의 새벽을 열었던 7세기 신라의 원효(元曉) 대사,** 그리고 우리 역사상 가장 강력한 해상세력을 결집하여 나·당·일 삼각교역과 동아시아의 문화교류와 해상의 안전교통, 특히 당시 '한류고속도로' 역할을 한 국제무역의 발전에 커다란 전기를 마련한 9세기 통일신라의 장보고(張保皐) 대사 등은 일찍이 한류 현상을 견인한 인물들로서 우리나라의 국가 이미지나 브랜드 가치를 높이는 데 크게 공헌했다.

미국 하버드대학의 동양학 교수이자 1960년대 초 주일미국대사를 역임한 라이샤워(Edwin O. Reischauer)는 1955년 뉴욕에서 엔닌(圓仁)의 『입당구법순례행기(入唐求法巡禮行記)』를 번역, 출간한 『엔닌의 당(唐) 여행기 Ennin's Travels in T'ang China』에 장보고와 신라인들에 대한 별도의 논문을 싣고 장보고를 '해상상업제국(Maritime Commercial Empire)'의 '무역왕(Merchant Prince)'[13]으로 칭

---

* 일본이라는 국호는 백제 멸망 후 백제 本朝의 잔여 대집단이 왜의 땅 東朝로 건너가서 670년에 처음 생겨난 것이다. 그 어원은 원래 백제를 일컫던 '구다라'에서 온 것으로 큰 해(大日)라는 뜻의 고대 한국말인데 이를 한자로 옮긴 것이다. 671년에는 일본이라는 국호가 차츰 알려져 외교문서에도 등장했다는 사실이 『삼국사기』, 중국 25사(二十五史) 등에 나온다. 일본의 다니가와 겐이치(谷川健一)는 일본 왕가의 제1대 진무(神武)부터 제14대 쥬아이(仲哀)까지는 모두 가공의 인물이고 제15대 오진(應神)이 제1대 실존 왜왕이며 그 혈맥은 한국태생이라고 밝혔다.

** 원효의 『金剛三昧經疏』 3권이 당시 불교의 중심지였던 당나라로 전해지자, 그곳 학자들은 보살이 쓴 글이라고 찬탄하며 호칭을 격상하여 『金剛三昧經論』이라고 부르게 되었다. 論이란 호칭은 임의로 붙인다고 해서 통용되는 것이 아니라 보살이라고 불릴 정도로 그 권위를 인정받아야 가능한 것이다. 우리나라에서 論으로 호칭 되는 것은 원효의 『金剛三昧經論』뿐이다.

하여 장보고의 존재를 전 세계에 널리 인식시키는 계기를 제공했다. 당나라의 정사(正史)인 『신당서(新唐書)』의 편찬자는 '진(晋)에 기해(祁奚)가 있고 당(唐)에 분양(汾陽)과 보고(保皐)가 있는데 누가 감히 동이(東夷)에 인재가 없다고 할 수 있겠는가?' 라고 말했다. 당나라 말기 시인 두목(杜牧)이 지은 『번천문집(樊川文集)』 권6의 「장보고·정년전(張保皐·鄭年傳)」에서는 장보고를 대공무사(大公無私)한 큰 인물로 묘사하면서 '나라에 한 사람이 있으면 그 나라가 망하지 않는다'는 잠언을 인용하여 장보고가 바로 그런 인물이라고 극찬했다. 일본 교토(京都)의 적산선원(赤山禪院)에서는 지금도 장보고를 재신(財神)의 화신으로 간주해 적산명신(赤山明神)*14으로 삼아 봉제(奉祭)하고 있다.

오늘날의 한류 현상은 동아시아 최대의 정신문화 수출국이었던 코리아의 면모를 제대로 담아내지 못하고 있다. 수천 년에 걸친 우리 상고사와 고유의 정신문화에 대한 총체적인 자기부정(self-negation)으로 인해 문화적 정체성이 상실된 데 따른 것이다. 나무의 줄기가 그 뿌리와 연결되지 못하면 꽃꽂이 식물과도 같이 생명력이 없듯이, 한국학이란 것도 역사의 뿌리와 연결되지 못하면 국가적·민족적·문화적 정체성이 확립될 수가 없으므로 생명력이 부재하게 된다. 수많은 역사적 사건들과 다양한 제도들과 삶의 풍경들을 문화기술적 효과를 극대화하여 담아낸다고 해도 역사를 관통하여 흐르는 우리의 고유한 정신이 살아 숨 쉬지 않는다면 한국학 콘텐츠의 빈곤 문제는 해결되기 어려울 것이다.

---

* '赤山明神'은 赤山(山東省 榮成市 石島鎭) 법화원의 신라神인 '赤山神'을 말하는데 일본으로 건너가 적산선원에서 장보고로 化現하게 된 것이라고 한다. 장보고가 세운 적산의 법화원에 장기간 머무르며 장보고의 도움으로 入唐 求法 巡禮 활동을 한 일본의 求法僧 엔닌은 귀국하여 후일 제자들에게 유언을 남겨 엔랴쿠지(延曆寺)의 별원으로 赤山禪院을 세우고 장보고를 財神의 화신으로 간주해 赤山明神으로 삼아 奉祭하게 했다.

현대 물리학의 가장 위대한 발견이랄 수 있는 '의식' 발견, 즉 우주의 실체가 의식임을 이미 수천 년 전에 알고 있었던 우리 한민족—그들은 우주의 본질이 '생명(life)'이며 이 세상 자체가 하나의 거대한 '생명의 나무(Tree of Life)'임을 알고 있었다! '생명의 나무'는 하나인 뿌리에 해당하는 본체계[의식계, 一]와 줄기·가지·잎에 해당하는 현상계[물질계, 多]가 하나로 연결되어 있으므로 일즉다(一卽多)요 다즉일(多卽一)이다. 여기서 '다(多)'는 곧 우주만물을 포괄하는 천·지·인(三)을 나타내는 것이므로 일즉삼(一卽三)이요 삼즉일(三卽一)이다. 이것이 '생명의 나무'의 공식이다. 하나인 뿌리에서 줄기와 가지 및 잎이 무수히 열렸다가 다시 하나인 뿌리로 돌아가듯, 하나인 생명의 본체[天·神·靈]에서 우주만물이 나왔다가 다시 하나인 본체로 돌아가는 것이다. 말하자면 우주만물[多, 三]을 전일성[一]의 자기복제(self-replication)로 보는 것이다. 이러한 생명의 순환은 생명의 전일성과 자기근원성을 보여주는 것으로 현대 물리학에서 말하는 생명의 '자기조직화(self-organization)'와도 같은 것이다.

오늘날 '한'사상의 부활은 현대 물리학이 물질의 공성(空性)을 실험적으로 입증함으로써 우주의 실체가 '의식[파동, 에너지]'임을 밝혀낸 것과 맥을 같이한다. 이러한 과학과 의식[靈性]의 접합은 1927년 브뤼셀에서 개최된 제5회 솔베이 학술회의(1927)에서도 확연히 드러난다. 당시 과학계에서 '양자(quantum)의 왕'이었던 닐스 보어(Niels Bohr)와 '물리학의 교황'이었던 알버트 아인슈타인(Albert Einstein)이 양자역학의 해석을 둘러싸고 벌인 세기적인 논쟁—지금까지도 끝나지 않은 이 논쟁의 핵심은 '실재(reality)'의 존재성에 대한 것이다. 보어는 관찰자와 독립적으로 존재하는 기본적인 양자적 실재는 없으며 양자 세계가 실제로는 존재하지 않는다고 했고, 아인슈타인은 관찰과 독립적으로 '물리적 실재'가 존재한다고 했다. 그것은 실험실을 넘어 자연에 대한 심오한 철학적 이해—즉, 우주의 본질인 생명[靈·神·天]*에 대한 이해—를 수반하는 문제로서, 역사상 지성 세계를 뜨겁게 달구었던 논쟁들 역시 이러한 인식론적 문제를 둘러싸고 벌어진 것이었다.

미국 철학자 알프레드 화이트헤드(Alfred North Whitehead)가 그의 저서 『과정과 실재 Process and Reality』에서 지난 2,000년 동안의 서양철학을 '플라톤 사상에 대한 정교한 각주'라고까지 말한 것은 오늘날 철학의 주제 대부분이 고대 그리스의 이원론 철학에서 연원하는 까닭이다. 즉, '논리학이라 불리는 진실 대 거짓의 이원론, 윤리학이라 불리는 선 대 악의 이원론, 인식론이라 불리는 현상 대 실재의 이원론, 존재론이라 불리는 우주의 궁극적 본질 대 존재의 이원론'15 등이 그것이다. 오늘날 서양철학에 나타난 일체의 이원론은 모두 여기서 파생된 것이다. 중요한 것은 이원론의 진실이 바로 생명의 전일성을 밝히는 데 있다는 사실을 간파하는 것이다. 그러나 서양의 이원론 철학은 이원론의 늪에 빠져 그러한 사실을 놓치고 말았다. 그로 인해 인간의 권위와 신의 권위를 회복하고자 했던 서구의 르네상스와 종교개혁은 결국 미완에 그치고 말았다.

양자역학의 해석을 둘러싸고 벌인 '실재'의 존재성에 대한 논쟁 역시 서양의 이원론 철학과 마찬가지로 이원론의 늪에 빠진 것이다. 왜냐하면 '실재'는 곧 우주의 본질인 생명이고, 생명은 '불가분의 전체성(undivided wholeness)'이므로 존재와 비존재의 저 너머에 있기 때문이다. 2세기 인도의 대논사(大論師) 아슈바고샤(Aśvaghoṣa, 馬鳴)는 '실재[眞如]'의 존재성을 이렇게 설파했다.

---

* 요한복음 14:6과 4:24에 神은 곧 생명이고 靈이고 天('하늘'님)이라고 나와 있다. 우주의 실체는 의식이므로 靈은 곧 靈性[神性]이며 참본성[一心]이고 보편의식[근원의식·전체의식·우주의식]이다. 생명은 비분리성·비이원성을 본질로 하는 영원한 '에너지 무도(舞蹈)'이다.

"존재하는 것도 아니며 존재하지 않는 것도 아니요, 존재와 비존재가 동시에 존재하는 것도 아니며, 존재와 비존재가 동시에 존재하지 않는 것도 아니다."[16] 저 유명한 '존재의 역설(paradox of existence)'이 제공하는 '실재'에 대한 심오한 암시는 서양의 이원론적인 사고로는 '실재'인 생명을 인식할 길이 없다는 것을 말해 준다.

서양이 갈망하는 한국산(産) 정신문화, '세계가 잃어버린 영혼'이라고 지칭할 만한 한민족의 진정한 내공이 살아 숨 쉬는 정신문화는 '일즉삼(一卽三)·삼즉일(三卽一)'의 원리로 표상되는 우리 고유의 '한'사상[天符思想, 三神思想, 神敎]—동학에까지 면면히 그 맥이 이어진—이다. 여기서 '일즉삼·삼즉일'은 생명의 전일적 흐름(holomovement)을 이해하는 기본 공식과도 같은 것이므로 이를 필자는 '생명의 공식(formula of life)'이라고 명명하였다. '한'은 전일(全一)·광명(光明, '밝')·대(大)·고(高)·개(開)·다(多)·하나(天地人, ONE)·하늘(天·神·靈)·생명(生命, 靈性)·한마음(一心: 근원성·포괄성·보편성)·순백(白)·동방(東方)·뿌리(柢, 근본)·영원(久)·무경계(無境界)·제왕(汗, Khan) 등을 의미한다. 요컨대, '한'은 인류 보편의 가치개념들을 포괄하고 있다. '한'의 전 지구적 확장 가능성 및 침투 가능성의 근거가 여기에 있다.

'한'사상은 생명의 전일성과 자기근원성의 심원한 의미를 실제 삶의 영역에서 체현한 삶의 사상이다. 생명의 역동성과 유기성 및 상호 관통을 본질로 하는 '대일(大一)'의 생명사상이며, 전일적 실재관의 원형으로서의 개벽(開闢)사상이다. '한'은 서양의 이원론이 초래한 생명의 뿌리와 단절된 꽃꽂이 삶, 그 미망(迷妄)의 삶에서 헤어나게 하는 '마스터 알고리즘(master algorithm)'이다. '한'은 제2의 르네상스, 제2의 종교개혁을 완수할 수 있는 내재적 역량과 추동력을 지니고 있으며, 생명(天·神·靈)에 대한 명료한 인식을 통해 인공지능 윤리가 준수될 수 있는 새로운 휴머니즘의 길을 제시한다. 루돌프 슈타이너가 그토록 간구(懇求)하던 '성배의 민족', 그 정수(精髓)는 바로 이 '한'에 있다.

한반도 평화통일,
전 지구적 차원의 양극성 통합 신호탄

한반도 통일은 한반도에 국한되는 문제가 아니라 동북아의 역학 구도에 심대한 변화를 초래함으로써 21세기 아태시대 세계 질서 재편의 신호탄이 될 수 있다. 한반도는 지정학적으로는 반도와 대륙, 해양과 대륙을 가교하는 동북아의 요지로서, 물류유통상으로는 유라시아 특급 물류혁명의 전초기지로서 새로운 동북아 시대의 허브(hub)가 될 수 있는 요건을 갖춘 곳이다. 무엇보다도 우리에게는 지구촌의 대통섭을 단행할 수 있는 철학적·사상적·정신문화적 토양을 갖춘 '한(Han: ONE[天地人])'이라는 고도의 정신문화가 있다. 따라서 한반도 평화통일은 한반도를 둘러싼 동북아의 지정학적(geopolitical), 경제지리학적(economic geographical) 및 물류유통상의 거시적 변화와 연결시킴으로써 윈-윈(win-win) 게임이라는 새로운 발전패러다임을 제시할 수 있어야 한다.

한반도 평화통일은 아태시대를 여는 '태평양의 열쇠'이며, 지구촌의 난제를 해결하는 시금석이고, 동북아 나아가 지구촌 대통섭의 신호탄이다. 미국 펜실베이니아대학 교수이며 미래학자인 제러미 리프킨이 말하는 '공감의 문명(The Empathic Civilization)'은 문명의 외피를 더듬는 것만으로는 그 모습을 드러내지 않는다. 인류가 자본주의를 통해 '내 것'을 학습하고, 사회주의를 통해 '우리 것'을 학습했지만, 무늬만 그러할 뿐이다. 이러한 이데올로기들의 실험은 개체성과 전체성, 자유와 평등 간 소통의 중요성을 일깨워 주는 학습기제일 뿐, 그 이상도 이하도 아니다. 진정한 개체성(individuality)은 주관성과 객관성이 하나가 되는 일심(一心)의 경계에서 발휘된다. '한'사상의 '자기조화(self-consistency)'는 바로 이 무경계(no boundary)라는 본질적 특성에서 오는 것이다.

나선형(spiral) 구조의 전형을 보여주는 한반도의 존재론적 지형은 생명체의 DNA(deoxyribonucleic acid, 디옥시리보핵산) 구조와 마찬가지로 양극단을 오가며 진화하게 되어 있다. DNA의 이중나선 구조는 생명의 본체와 작용*, 진여성(眞如性)과 생멸성(生滅性)의 양극단을 오가는 이중의식(double consciousness), 즉 3차원 지구 의식의 반영이다. 우리 의식이 우주의식[보편의식]으로 진화하여 모든 분리와 이원성에서 벗어나면, 이러한 '이중성(duality)'은 한갓 가설에 불과한 것임을 알게 되고 생명체의 DNA 구조는 진화된 의식을 반영하는 형태로 조정될 것이다. 의식의 진동수가 높아질수록 DNA가 활성화되어 본래의 생명력을 되찾게 된다. 생명의 본체인 참자아[참본성, 一心]의 이중성[17] —진여성과 생멸성의 이중의식—은 우주의 진행 방향인 영적 진화(spiritual evolution, 의식의 진화)와 조응해 있다. 이는 영성과 물성의 변증법적 리듬이 조성한 긴장감이 진화를 위한 학습효과를 극대화할 수 있다는 데 있다.

현재 한반도는 지구상에 남은 유일한 분단 지역으로 남과 북, 좌(左)와 우

---

* 생명은 본래 분리 자체가 근원적으로 불가능하기 때문에 본체와 작용으로 나눌 수 없는 것이지만, 본체[天·神·靈]와 작용[우주만물]이 하나임을 밝힘으로써 생명의 전일성과 자기근원성을 논증하기 위한 가설로서 본체와 작용이라는 이분법이 생겨난 것이다. 본체와 작용의 합일을 밝히는 메커니즘은 바로 일심, 즉 참본성이다. 일심의 경계에 이르면, 다시 말해 참본성이 열리면 본체와 작용이 하나임을 알아 생명의 전일성과 자기근원성을 체득하게 되는 것이다. 이를 이해하기 위해서는 물질의 空性에 대한 이해가 필수적이다. 말하자면 물질은 특정 주파수대의 에너지 진동에 지나지 않는다.

(右), 보수와 진보 등 양극단의 대립상을 극명하게 보여주고 있다. 이러한 양극단의 요소가 극명하게 나타나는 것은 대통섭에의 열망과 의지가 강력하게 분출되고 있기 때문이다. 삶의 의미를 알기 위해선 처절한 죽음의 터널을 통과해야 하고, 사랑의 의미를 알기 위해선 증오의 불길 속을 통과해야 하고, 평화의 의미를 알기 위해선 참담한 전쟁의 구간을 통과해야 하는 것이 자연의 이치다. 생명의 본질 자체가 대립자의 역동적 통일성에 기초해 있는 것이다. 900여 차례의 외침과 폭정이라는 역사적 학습을 통해 한민족의 잠재의식은 이러한 이치에 닿아 있다. 상호 역(逆)파동 관계의 염파(念波)들이 상쇄됨으로써 이원성을 넘어서게 되는 것이다.

이러한 양극단의 실험은 소통의 중요성을 일깨워 주는 학습 기제로서 대통섭을 위한 한민족의 자기교육과정이며, 인류 구원의 보편의식에 이르기 위한 자기정화과정이다. 한반도 통일을 위한 불가피한 산고(産苦)이며, 그것의 진실은 주관성과 객관성이 조화를 이루는 대통섭에 있다. 이러한 대통섭은 단순히 한반도 차원이 아닌, 전 인류 차원의 통합을 의미한다. 한반도 통일은 해혹복본(解惑復本: 미혹함을 풀고 참본성을 회복함)을 통한 대통섭의 전주곡이다. 전 지구적 차원의 양극성을 통합하는 신호탄이다. 『역경(易經)』 「설괘전(說卦傳)」에는 "간(艮)은 동북방의 괘이니, 만물이 마침을 이루는 곳이자 시작을 이루는 곳이다(艮東北之卦也 萬物之所成終而所成始也)"[18]라는 대목이 나온다. '간(艮)'은 한반도를 중심축으로 하는 동북 간방을 가리키는 것으로, 선천(先天) 문명이 여기서 종말을 고하고 동시에 새로운 후천(後天) 문명의 꼭지가 여기서 열린다는 뜻이다.

극명한 이분법에 기초한 한반도의 존재론적 지형은 태극 문양의 우리나라 국기가 상징적으로 말해 준다. 태극기의 흰색 바탕은 밝음, 순수, 평화를 사랑하는 우리의 민족성을 나타내고, 가운데의 태극 나선형 문양은 음과 양의 조화를 상징하는 것으로 우주만물이 음양의 원리와 기운의 조화 작용으로 생성·변화하는 원리를 형상화한 것이며, 모서리의 4괘(卦)는 태극에서 음양의 효(爻)가 생기고 이 효의 조합을 통해 음과 양이 상호 변화하고 발전하는 모습을 구체적으로 나타낸 것이다. 4괘 가운데 '건(乾)'괘는 천(天)·동(東)을, '곤(坤)'괘는 지(地)·서(西)를, '이(離)'괘는 일(日, 火)·남(南)을, '감(坎)'괘는 월(月, 水)·북(北)을 각각 상징한다. 따라서 '건곤이감' 4괘는 천지일월(또는 하늘·땅·불·물), 동서남북을 뜻한다. '태극·4괘'를 한반도의 존재론적 지형에 대입해 보면, 상하 대칭인 나선형 문양의 '태극양의(太極兩儀)'(1949년 10월 15일 이후 공식화됨)는 현 남북 대치 상황을, 대각선 구도의 '건곤이감' 4괘는 각각 중국·미국·일본·러시아를 나타내는 것으로 볼 수 있다. 이들 4괘는 태극을 중심으로 조화로운 통일을 이루고 있다.

우주만물이 생성·변화하는 원리를 함축하고 있는 태극기는 '생명의 기(旗)'이고, 우리는 태생적으로 생명을 화두로 삼아 온 민족으로서 21세기 생명시대를 개창해야 할 내밀한 사명이 있음을 인지하지 않으면 안 된다. 우리 동이족(東夷族)의 선조인 풍이족(風夷族)이 뱀을 아이콘으로 삼았던 것은, 똬리를 틀고 있는 뱀의 형상이 '쿤달리니(kundalini)'라고 하는 근원적인 에너지[생명]의 형상을 표징하고, 또 지그재그식으로 움직이는 뱀의 모습이 진화하는 DNA의 나선형 구조를 닮았기 때문이 아닐까? 이분법을 지렛대로 삼아 일체의 이분법을 넘어서 있으며 삶과 죽음의 경계마저도 관통하는 생명의 역동적 본질을 이해하게 되면, 일체의 이원성은 한갓 가설에 지나지 않음을 알게 된다. 서구적 근대를 초극하는 새로운 문명의 건설은 생명의 전일성을 표상하는 '한'에 대한 자각으로부터 시작될 것이다.

생명체의 DNA 구조와 마찬가지로 우리 삶의 지형 자체도 지그재그로 양극단을 오가며 진화하는 나선형 구조다. 이는 우리가 살고 있는 상대계의 이원성—행복과 불행, 성공과 실패, 평화와 전쟁, 사랑과 증오, 건강과 병 등 —에서 잘 드러난다. 국가를 포함한 모든 제도나 문명은 영적 진화(의식의 진화)에 필요한 학습 여건 창출에 관계하며 그 필요가 다하면 사라지기 마련이 다. 물질세계의 진화는 영적 진화와 표리의 조응관계에 있다. 상대계인 물 질계는 의식의 진화를 위한 학습의 장으로서의 의미를 지니며 의식의 확장 을 위한 학습 여건 창출에 관계하고, 권력·부(富)·명예·인기 등 모든 것은 그 러한 학습을 위한 교육기자재로서의 의미를 지닌다. 우리가 처하는 매 순간 이 의식의 진화를 위한 최적 상황인 것은, 그 시대 그 사회 사람들의 집단 에 너지의 총합이 영적 진화에 필요한 최적 조건을 창출해 내기 때문이다. 그 시대 그 사회 사람들이 영적 진화에 필요한 학습을 끝내면 다음 단계의 새 로운 학습 여건 창출을 위해 문명의 전환이 이루어지고 새로운 문명이 나타 나게 된다. 진화는 '열린계(open system)'에서 일어나며 의식이 열리지 않고서 는 진화할 수 없다.

모든 체험은 의식의 진화를 위한 학습기제로서의 의미가 있을 뿐, 좋은 체험과 나쁜 체험이 따로 있는 것이 아니다. 의식하든 하지 못하든, 우리는 영적 진화의 지향성*을 갖는 우주의 불가분의 한 부분이다. 상대계인 물질 계는 양극단의 변증법적 통합을 통해 생명의 전일성을 체험하기 위해 존재 한다. 항구에 정박 중인 배는 안전하지만 그것이 배를 만든 이유는 아니듯, 사람이 수월하게 살아보자고 어려움을 피하는 동안 영적(靈的)으로 성장할 수 있는 기회를 잃게 된다. 따라서 어떤 상황에서든 호(好)·불호(不好)의 감정 을 버리고 긍정적으로 수용하고 적극적으로 배우는 자세로 일관해야 한다.

---

* 그러한 영적 진화의 지향성은 우주의 본질인 생명 자체에 합목적적으로 자기조직화하
는 칩—'우주 지성'이라고도 부르는—이 내장된 데 기인한다.

권력·부·명예·인기 등 이 세상 모든 것은 에고(ego, 個我)의 자기 이미지(self-image)의 확대 재생산과 자기 확장을 위한 학습기제로서 작용한다. 그리하여 에고가 무르익어 떨어져 나갈 때까지, 다시 말해 양극단의 완전한 소통성이 이루어질 때까지 선과 악의 지그재그식 진실게임은 계속된다. 이러한 사실을 알지 못한 채 선과 악의 진실게임에 빠져들면 '삼사라(samsara, 生死輪廻)'가 일어난다.

우리가 보는 세상은 있는 그대로의 세상이 아니라 왜곡된 인식에 기초한 해석이라는 프리즘을 통과한 세상이다. 지배와 복종, 억압과 차별의 이원화된 구조에 입각한 권력정치의 태생적 한계는 모두 분리의식에서 오는 것이다. 만유가 동등한 내재적 가치를 지니며 이 세상 그 어떤 것도 도구적 위치에 있지 않다는 사실을 자각하는 것은 오직 온전한 앎을 통해서이다. 오늘의 인류가 처한 딜레마는 다양한 것 같지만 본질적으로는 모두 생명에 관한 문제와 관련되어 있으며 또한 거기서 파생된 것이다. 현재 급속하게 진행되고 있는 전 지구적 차원의 생태 재앙과 코로나바이러스감염증-19(COVID-19)의 팬데믹 사태와 다양한 변이 바이러스의 출현 그리고 정치적·종교적 충돌, 나아가 총체적인 인간 실존의 위기는 이제 인류가 정치적 결단을 내려야 할 임계점(critical point)에 이르렀음을 환기시킨다.

혼돈 속에는 창조성의 원리가 내재한다. 동(東)트기 전 어둠이 가장 짙은 것과 같은 이치다. 한반도에 지선(至善)과 극악(極惡)이 공존하는 것은 음양상극(陰陽相剋)의 선천(先天) 문명이 여기서 종말을 이루고 정음정양(正陰正陽)의 새로운 후천(後天) 문명의 꼭지가 여기서 열리기 때문이다. 빛이 강할수록 그림자도 강한 것이 자연의 이치다. 일단의 미래학자들은 인류가 직면한 전 지구적 위기를 타개하기 위해 새롭고 온정적이며 창조적인 종(種)의 집단적 능력으로부터 출발해 '공동지능(Co-Intelligence)'을 향한 돌파구에 접근하고 있다고 본다. 즉, 모든 생명체에 대한 사랑으로 충만하여 상호 협력하며 전체에 봉사할 준비가 돼 있는 새로운 인류의 출현을 목전에 두고 있다는 것이다. 바바라 막스 허버드(Barbara Marx Hubbard)가 일컬은 '호모 유니버살리스(Homo Universalis)', 테이야르 드 샤르댕이 일컬은 '호모 프로그레시부스(Homo Progressivus)', 스리 어로빈도(Sri Aurobindo)가 일컬은 '그노스틱 휴먼(Gnostic Human)', 존 화이트(John White)가 일컬은 '호모 노에티쿠스(Homo Noeticus)'[19]가 그것이다.

냉전의 마지막 현장이자 새로운 역사의 현장이 될 한반도—'한'의 자각적 실천은 이러한 '새로운 기준(new norm)'의 인간을 탄생시킬 수 있는 임계질량(critical mass)에 빠르게 도달하게 할 것이다. '일즉삼(一卽三)·삼즉일(三卽一)'이라는 '생명의 공식'으로 표상되는 우리 고유의 '한'사상[三神思想, 天符思想, 神敎]이야말로 남과 북, 나아가 인류가 하나 되게 하는 '마스터 알고리즘(master algorithm)'이다. 이러한 '한'에 기초한 한반도 평화통일은 인류의 난제를 푸는 시금석이 될 것이다. '해혹복본(解惑復本)'을 맹세하며 부도(符都: 하늘의 이치에 부합하는 나라 또는 그 나라의 수도) 건설을 약속했던 우리의 '천부(天符) 스타일'*이 머지않아 '한'의 찬란한 부활과 함께 대조화의 후천 문명을 열기 위해 전 세계로 퍼져나갈 것이다.

---

* '천부 스타일'이란 천·지·인 삼신일체의 天道에 부합하는 스타일, 즉 하늘의 이치에 부합하는 스타일이란 뜻으로 우리 고유의 天符思想['한'사상, 三神思想, 神敎]에서 필자가 따온 것이다. 이는 곧 생명의 전일성과 자기근원성을 표상하는 '한'의 자각적 실천에 기초한 스타일을 의미한다.

02

한국학 연구의 딜레마와
시대적 범주

● 한국학 연구의 딜레마와 시대적 범주설정에 따른 문제

● 환국(桓國)의 역사적 실재

● 배달국과 단군조선의 역사적 실재

상고시대 정치대전이던 『천부경』과 우리 한인이 만든 고류지의 미륵보살상이 20세기를 대표하는 실존주의 철학자 두 사람, 하이데거와 야스퍼스의 영혼을 뒤흔들어 놓은 것, 한 시대를 풍미했던 작가 게오르규가 우리나라를 일컬어 '영원한 천자(天子)'이며 '세계가 잃어버린 영혼'이라고 갈파한 것, 유럽 지성계에 커다란 영향을 끼친 슈타이너가 그토록 간구(懇求)하던 성배의 민족이 바로 한민족이라고 다카하시 이와오가 단언한 것, 이 모두는 광대무변한 '한'의 정신세계에 매료되었기 때문이 아닐까? 웅혼한 기상과 장대한 정신이 살아 숨 쉬는 수천 년의 우리 상고사 속에는 이 우주를 관통하는 의식의 대운하(grand canal of consciousness)를 건설할 비옥한 철학적·사상적·정신문화적 토양이 갖추어져 있다. 한국학 콘텐츠에 우리 상고사를 포함시켜야 하는 이유다. 우주 가을의 초입에서 환국(桓國)으로의 원시반본(原始返本)이 이루어지고 있는 것도 '한'사상으로의 사상적 원시반본을 통하여 인류가 영원한 생명을 체득하기 위한 것이다.

- 본문 중에서

후지산 대밭 지하에 비장(祕藏)된 1,200여 년 전의《미야시타(宮下) 문서; 신황기 (神皇紀)》를 답사하였는데, 그 핵심은 백제인이 일본에 와서 일본인들을 깨우쳐 문화를 전하고 이어서 천황이 되었다는 내용이다.

- 최태영(崔泰永), 『인간 단군을 찾아서』(2000)

한국학 연구의 딜레마와
시대적 범주 설정에 따른 문제

한국학 연구에 있어 가장 큰 딜레마는 상고로부터 중세에 이르는 우리나라의 많은 역사서들이 외적의 강압과 내부의 사대주의자들, 그리고 정권 탈취 세력이 자신들의 비리를 합리화하려는 기만책으로 인하여 거의 모두 없어졌기 때문에 어디서 자료를 찾아내느냐 하는 것이다. 고구려는 국초인 1세기경 국사『유기(留記)』백 권을 편찬했고, 백제는 근초고왕(近肖古王, 재위 346~375) 때 고흥(高興)이 백제의 역사서인 『서기(書記)』를 편찬하였으며, 신라는 진흥왕(眞興王) 때인 545년 거칠부(居柒夫)가 신라의 역사서인 『국사(國史)』를 편찬했다. 고려는 조선왕조실록과 마찬가지로『고려왕조실록(高麗王朝實錄: 태조 왕건부터 34대 공양왕까지 474년간의 역사)』을 편찬했다는 기록들이 분명히 있다. 하지만 이 역사서들은 현재는 남아 있지 않고 다른 사서에 인용된 것들만 남아 있을 뿐이다.

고려시대에는 몽골과 여진(金)에 예속을 강요당한 정세에서 『삼국사기(三國史記)』를 편찬했다. 조선시대에는 국초부터 명나라에 사대(事大)의 예를 강요당한 데다 임진왜란과 병자호란의 연이은 전란으로 많은 사료와 문화재가 소실되거나 수거되었다. 또한 명(明)·청(淸)에의 예속이 더욱 강화된 시기에 『고려사(高麗史)』와 『조선왕조실록(朝鮮王朝實錄)』이 편찬되었다. 실상이 이렇다 보니 외세의 개입 없는 원형 그대로의 자주적인 사료를 찾아보기 어렵게 되었다. 게다가 조선 유생들의 비판적·자주적인 사관이나 중국 경서에 대한 비판적인 해설조차도 억압과 견제를 받았다.[1] 그러다가 일제 강점기에 들어 일인들은 51종 20여만 권의 우리 역사서를 수거해 불태워 없애거나 일본 왕실로 가져갔다. 또한 머리가 잘려 나간 반도조선사(현행 국사)를 편찬한 후 왜곡된 국사의 증거를 은폐하기 위해 창경궁 장서각으로 이관한 우리 고대사 도서 5,355종 10만 137책과 각종 사료들을 일본 왕실로 가져갔다. 그렇게 해서 우리 역사는 결정적으로 뿌리가 뽑혀버린 것이다.

한국학 연구에 있어 또 다른 딜레마는 그나마 남아 있는 고사(古史)들의 단군조선 관련 기록을 두고도 그것이 신화라는 이유로 고조선의 대부분을 한국사에서 빼버린 것과, 반도사관(식민사관)에 따른 지명의 혼란이다. 장구한 역사를 가진 민족은 그 민족 고유의 사상과 역사적 체험이 용해된 신화를 가지고 있기 마련이며, 국조 단군을 숭앙하는 마음이 불교적 혹은 선교적 색채를 띠게 된 것일 뿐이므로 신화로 치부해 사적을 말살할 것이 아니라 상징적으로 표현된 설화 속에서 역사적 진실을 찾아내야 할 것이다. 고려시대에는 몽골의 인왕백고좌(仁王百高座) 강회(講會) 금지정책 아래서도 호국불교 신앙과 단군정신을 고취했다. 조선시대에는 숭유억불 정책 때문에 불교는 억압했지만 단군을 숭앙하는 기풍은 유지되어 구한말까지도 단군과 고조선은 역사실 사실로 인식되었다.

반도사관에 따른 지명의 혼란은 우리 선조들이 한반도 내로 옮겨오면서 원래 활동무대이던 대륙 북방의 그것과 동일한 산하와 도시의 명칭들을 만들어 놓은 것을 헤아리지 못하고 반도 내에서만 그 지명들을 찾으려고 하는 데서 오는 것이다. 예컨대 태백산, 평양, 아사달 같은 지명은 상고에는 대륙에 있었으며, 그것도 고유명사가 아니라 보통명사로 사용되었던 까닭에 같은 지명이 대륙 여러 곳에 있었다. 한반도 내로 이동하면서 그러한 지명들도 함께 가지고 온 것이다. 또 고조선의 삼경, 발해의 오경, 고려의 삼경 등 같은 시대에 서울도 여러 곳에 있었다는 사실이 일찍이 북애자(北崖子), 신채호(申采浩), 최동(崔棟), 이시영(李始榮), 정인보(鄭寅普) 등에 의해 밝혀졌다.[2] 그러다 보니 광대한 북방 대륙을 무대로 한 우리 민족의 활동상은 실증적이지 못하다는 이유로 한갓 허황된 영웅담 정도로 치부되어 한민족의 활동무대는 반도로 국한되고 그에 따라 민족정신도 위축되게 되었다.

이러한 우리 역사의 수난으로 인해 한국학 연구의 시대적 범주 설정 문제, 즉 연구의 시대적 상한선을 어디에 둘 것인가—상고사(上古史: 삼국 정립 이전 광의의 고대사)를 포함시킬 것인가 말 것인가, 더 나아가 상고사도 어디까지 포함시킬 것인가—에 대한 합의가 제도권에서 아직 이루어지지 못하고 있다. 우리나라가 1945년 8월 15일에 일제로부터 광복이 되었다고는 하지만, 광복된 지 76년(2021년 현재)이 되도록 역사 광복은 이루어지지 못한 데서 기인하는 문제다. 실상이 이렇다 보니 한국학은 혈맥이 끊어진 가짜 역사를 끌어안고 연구의 시대적 상한선을 삼국시대, 심지어는 고려시대로 설정하는가 하면, 역사 속에 흐르는 우리 고유의 사상과 정신문화를 내팽개치거나 중국으로부터 전수받은 것이라고 믿게 되었다. 역사란 정신의 시대적 발현이며, 그런 점에서 정신은 역사 속에 구현된 정신인 것이다. 그런데 역사가 도굴당해 버렸으니, 후손들이 정신줄을 놓아버리게 된 것이다. 그리하여 우리 스스로를 '주변적 존재(marginal existence)'로 인식하는 결과를 초래했다.

지난 수십 년간 뜻있는 국내외 연구자들의 지속적인 우리 역사 탐구와, 러시아·중국·중앙아시아·동남아시아 등 각지에서의 유적·유물 출토, 그리고 단군조선 시대의 천문 현상에 대한 과학적 검증 등을 통해 우리 역사의 맥이 차츰 복원되고 있긴 하지만, 우리 역사교과서는 여전히 심대한 왜곡에서 벗어나지 못하고 있다. 그러면서도 일본의 역사교과서 왜곡에 대해 일본 측에 항의하자, '자기네 역사교과서나 바로 잡을 일이지'라는 식의 반응이 언론에 보도된 적이 있다. 일본이 국가 차원에서 지속적으로 중점 지원하는 두 분야가 바로 역사와 과학이라고 일본의 한 사학자가 말해 준 적이 있다. 정신과 물질, 두 마리 토끼를 다 잡겠다는 것이다. 그렇게 해서 오늘의 일본이 된 것이다.

한국 법학계의 태두이자 우리 상고사 복원에 커다란 발자취를 남긴 최태영(崔泰永) 교수—호가 없어서 주위에서는 그를 무호(無號) 선생이라고 불렀다—는 보성전문학교(현 고려대) 법학 교수, 경신학교 대표 설립자 겸 교장, 서울대 교수·법과대학장, 부산대 인문대학장, 중앙대 교수·법정대학장, 신흥대(경희대) 법과대학장·대학원장, 청주대 교수·학장·대학원장 등을 역임하면서 초창기의 한국 대학들을 키워내고 98세까지도 대학 강단에서 역사 강의를 했다. 광진사립학교(光進私立學校) 시절 김구(金九) 선생의 애제자이기도 했던 그는 우리 역사가 '일본의 황통사(皇統史) 식민사관' 그대로라는 것을 뒤늦게 알고서 새로운 한국학에 진력하기 시작해 생의 마지막 순간까지 한국·중국·일본의 역사 관련 원전들과 후속 자료들을 깊이 연구했다.

1980년대에는 일본 현지답사를 통해 1,300년간 비장(秘藏)되어 온 〈미야시타(宮下) 문서; 神皇紀〉를 확인하는 등 처음으로 발굴하고 탐사한 내용을 『인간 단군을 찾아서』(2000), 『한국 고대사를 생각한다』(2002) 등 책으로도 발표하고 강연을 계속해 커다란 반향을 일으켰다. 단군 사당인 삼성사(三聖祠)가 있는 황해도 구월산 출생인 그가 단군 역사 복원을 위해 분연히 일어선 것은 참으로 우연이 아니다. 필자는 그의 『한국상고사』를 읽은 것이 인연이 되어 매주 인천에 있는 그의 자택으로 찾아가 우리 상고사를 사사했다. 1989년 가을 첫 강의는 이렇게 시작되었다.

일본제국이 한국을 강점하고서 먼저 우리의 역사책을 빼앗아다가 모두 불태워버리고, 우리의 반만년 역사를 2,000년으로 잘라버리고, 고조선이 활약한 영역 ―중국의 북경 근처에 있는 지금의 난하(灤河) 동북 지역, 즉 고요동(古遼東)―의 대부분을 잘라내서 민족 역사를 반도 안으로 좁혀 놓았다. 그리고는 옛날부터 자기네 지배하에 있던 보잘것없는 민족으로 격하하는 등 의도적으로 역사를 왜곡하고 날조했다. 일인들이 지금도 허무한 옛꿈을 잊지 못하고 연연해하고 있는데 어찌 가만히 보고만 있겠는가? 일인들이 물러가던 당시 그들이 살던 집 벽에 '20년 후에 다시 보자'고 써놓은 것을 많이 보았고, 그 다음 해 봄 3·1절에도 큼직한 적산 가옥의 벽이나 칸막이 문짝에서 그런 글자들을 내 눈으로 똑똑히 보았다. 어찌 식민사관의 역사 날조 탈바가지를 벗어버리지 못하는 동족의 짓거리를 그대로 둘 수 있다는 말인가! 우리 조상들이 즐겨 머리에 드리우던 댕기가 바로 단군을 기념한다는 뜻의 '단기(檀紀)'에서 온 것임을 어찌 알지 못하는지….

요약하면, 한국학 연구의 딜레마와 시대적 범주 설정에 따른 문제는 대개 이러하다. 일제의 민족말살정책에 의해 우리 역사가 조직적으로 위조되어 삼국 정립 이전의 유구한 역사와 광활한 영토의 대부분의 절단이라는 유례없는 결과를 가져옴으로써 수천 년에 걸친 우리 상고사에 대한 총체적인 자기부정(self-negation)을 초래했다는 것이고, 그 결과 상고사에 담긴 한민족 정신문화의 원형(archetype)을 잃어버리게 됨으로써 국가적·민족적·문화적 정체성이 상실되고, 우리 고유의 '한'사상과 정신문화를 한국학 콘텐츠가 담아내지 못함으로 해서 한국학 교육 자체가 뿌리 없는 꽃꽂이 교육, 생명력을 상실한 교육이 되었다는 것이다.

또한 우리 역사의 뿌리인 상고사가 절단되고 그나마 남은 고사(古史)도 단군 관련 기록을 신화라는 이유로 빼버려서 제도권에서는 한국학 연구의 시대적 상한선에 대한 공통된 합의가 이루어지지 못하고 연구 지원체계도 마련되지 않아 연구자를 양성해내지 못하였으며, 한국학 관련 서적들도 연구의 시대적 범위를 대부분 삼국시대 이후에 집중함으로써 한국학 콘텐츠의 심대한 빈곤과 불균형을 초래했다는 것이다. 그에 따라 사대주의가 만연하게 되어 역사 왜곡은 고착화되었고, 국민적 자존감은 적지 않은 손상을 입었으며, 올바른 역사관과 국가관이 정립되지 못함으로 인해 국격이 바로 서지 못하고, 이전투구(泥田鬪狗)의 정치에 매몰되어 국가 그랜드 디자인이란 것이 부재하며, 정치권에 대한 불신의 팽배로 사회적 응집력이 약화되어 국력을 소진시키는 결과를 초래했다는 것이다.

그러면 일본의 민족말살정책의 전개 과정을 살펴보기로 하자. 일인들은 우리나라를 강점하기 위하여 메이지유신 때 일본의 황통사를 내세우고 우리 역사를 변조했다. 헌병대장 사가와 가게노부(酒勾景信)는 메이지 왕의 명령으로 중국에 있는 고대의 우리 광개토대왕릉비를 파괴·변조하고, 터무니없는 일본 권력사를 만들어 어린 학생 때부터 세뇌교육을 했다. 우리나라를 강점한 뒤에는 황실과 민간에 비장된 모든 역사책을 모아 모조리 불사르고 조선의 중요한 역사서와 자료를 은밀히 거둬들여 일본 역사에 불리한 수십만 권의 책을 인멸했다. 총독부에 조선사편수회를 설치하여 1922년부터

1938년까지 활동한 조선사편찬위원회는 조선사를 편찬하는 일이 아니라 조선사를 말살하는 것이 주목적이었다.

이 위원회는 이완용과 권중현, 일본 귀족이 된 박영효가 처음부터 고문이었고, 총독부의 정무총감이 회장, 도쿄대 구로사카(黑板勝美), 중추원의 이나바(稻葉岩吉), 교토대 미우라(三浦周行), 교토대 강사 이마니시 류(今西龍, 후일 경성제대 국사학과 교수로 임용), 경성제대 총장, 친일학자 등 수십 명이 동원되었다. 이 위원회에서 사료 수집과 편찬 방침이 결정됐다. 총독이 나서고 관청이 동원돼 조선 전역과 만주의 역사자료가 모두 수거되고 대마도주 소(宗)씨 가문소장 조선 관계사료 전부도 이들의 수중에 들어갔다. 그렇게 해서 십수 년간 엄청나게 많은 자료들이 모두 사라짐으로써 이후의 한국사는 상고사와 단군 관련 자료들이 완전히 고갈되어 치명적인 타격을 입었다.[3]

조선사편수회는 16년 동안 1백만 원이란 거액을 투자한 끝에, 1938년 전 35책 2만4천 페이지에 달하는 조선사를 완성했다. 이 과정에서 위원들의 회의 내용과 조직, 규정, 진행 상황 등을 기록한 『조선사편수회 사업개요』라는 책에는 삼국 이전의 고조선과 단군이 어떻게 일본인들의 손에서 교묘하게 말살되어 갔는지, 편찬과정에서 최남선과 이능화가 일본과 어떻게 싸웠는지, 이병도와 신석호가 이마니시와 무슨 일을 획책했는지를 살펴볼 수 있다. 2백 부 한정판으로 제작된 이 책은 후일 사학자 장도빈(張道斌)이 천신만고 끝에 구해 그 내용을 폭로했다. 이들이 만든 조선사는 일본보다 역사가 앞서는 단군과 고조선을 없애고 우리 역사가 신라 건국부터 시작된 것처럼 왜곡하여 다뤘다. 그런데도 국내 사학계에서는 조선사편수회에 대한 비평이 많지 않았다. 오히려 검사 출신의 변호사 이상시(李相時)는 1987년 「단군실사(實史)에 관한 문헌 고증」에서 조선사편수회를 신랄하게 비판했다.[4]

우리 역사를 복원하려던 신채호, 정인보, 안재홍, 손진태, 최동, 장도빈 같은 학자들이 작고하거나 대부분 납북되어 사라진 때 이병도와 신석호는 서울대에서 거대한 학맥을 형성하여 이마니시 류의 역사가 그대로 강단에서 교육됐다. 무호 선생은 이병도를 돌려세우기 위해 수년에 걸쳐 공을 들여 토론했고, 이 과정에서 이희승, 윤태림, 송지영 등 인사들이 이병도 설득하는 일을 지원했다. 결국 이병도는 단군과 광역국가 개국을 인정했다고 한다. 무호 선생으로부터 필자가 직접 들은 내용이다. 또한 무호 선생은 "나의 학문적 입장을 이병도가 긍정하여 들어주었고, 그 자신 이마니시에게 속았음을 알고 거기서 벗어나기 위해 열심이었다는 사실이 중요하다"고 했다.[5] 1989년 무호 선생이 이병도와 공저로 『한국상고사입문』[6]을 출간한 것은 그의 학문적 입장을 이병도가 수용했다는 증거다. 이병도는 말년에 한국 상고사의 공백을 메우기 위한 노력이 시급하다며 『삼국사기』 이전의 고기(古記) 기록을 믿어야 한다고 하면서 기존의 주장을 뒤엎는 장황한 글을 〈조선일보〉에 기고했는데 그 요지는 다음과 같다.

> 우리나라에서 예로부터 단군을 국조로서 사당을 세우고 최고의 조상으로 제사를 받들어 왔는데, 그것이 끊어진 것은 일제의 강점 때부터였다. 지금까지도 여러 곳에 그 제단의 유적이 남아 있고, 또 그 제사의 진설도(陳設圖)와 세년가(世年歌)가 세전되어 오고 있다. 신화나 전설에 지나지 아니한다면 이처럼 역대 왕조에서 조의(朝議)에 의하여 받들지는 아니했을 것이다. 아무튼 실존 인간 단군과 영구한 역사를 이어온 고조선에 관하여는 더 연구할지언정 신화로 단정할 수는 없다고 생각한다.[7]

일본의 상가야(上伽倻) 왕조사를 중시하는 가시마 노보루(鹿島昇)에 따르면, 상가야 왕조는 일본 민족의 뿌리이기도 하지만, 조선과 실크로드, 중동에 걸처 있는 역사일 뿐이며 일본열도에 존재했던 왕조는 아니다. 그 왕조의 사람들이 일본으로 이동하면서 역사의 텍스트나 지명을 그대로 가지고 왔다는 것이다. 그런 상가야 왕조를 부인하면서 상가야의 위대한 혈맥이 일본에서 자생한 것이었다고 주장하는 것은 일본 왕가가 왜의 섬나라에서 자생한 미개한 민족의 자손이라는 식으로 계도 위조를 하는 것밖에 되지 않는다는 것이 가시마의 비판이다. 일본 왕가가 자생 왕조라는 허구에 대해 가장 큰 위협이 되는 것이 한국의 역사서들이었으므로 조선총독부 직속기구로 조선사편수회를 설치하여 한국의 모든 역사적 자료를 약탈하고 전국의 역사서들을 수거하여 불태우고 한국사를 조작했다는 것이 가시마의 의견이다.

우선 일본 왕가가 자생 왕조라는 허구에 대하여 가장 큰 위협이 되는 것이 한국의 사서들이었다. 이에 조선총독부는 교토 제국대학의 이마니시 류를 중심으로 오랜 기간에 걸쳐 한국의 모든 역사적 자료를 약탈했다. 쓰시마 종가(宗家)에 전래하는 사서도 몰수하여 일본 궁내성 문고 안에 감추어 버렸다. 더 지독하게는 한국인들이 대대로 소장해온 역사책을 각지의 관청을 동원하여 빌리는 형식으로 모아들여 불태워버렸다. 조선총독부 직속기구로 조선사편수회를 설치하여 일본인 정무총감이 회장이 되고 이완용이 고문의 두목이 되어 장기간에 걸쳐 왜곡된 한국사를 완성했다. 이마니시 밑에 한국인 학자 이병도, 신석호를 두어서 한국사 편찬작업을 했다. 동시에 일본 교토 대학으로 가져간 한국 사서 『삼국유사』는 "옛날에 환국이 있었다"라는 문장이 누군가의 손에 의해 "옛날에 환인이 있었다"로 고쳐져 있었다. 일본인들은 오래전부터 한국을 침략하려는 계획을 세우고 어용학자들은 거짓 역사를 만들기 위한 비뚤어진 학설을 주장하였다. 메이지 왕의 명령으로 헌병대장 사가와 가게노부(酒勾景信)가 광개토대왕릉비에 새겨진 글자를 깨뜨리고 회를 발랐다. 군부에서 그렇게 탁본한 비문의 연

구 해독에 힘을 기울였다.[8]

    1941년 영어권 학자로서는 최초로 일본미술사 박사 학위를 받은 존 카터 코벨(Jon Carter Covell)은 한국문화의 정수(精髓)를 꿰뚫은 학자로 정평이 나 있다. 미국 태생으로 캘리포니아 주립대학, 하와이 주립대학 동양미술사 교수를 역임한 코벨은 일본의 문화적 전통을 영어권에 소개한 공로를 인정받아 일본문화훈장을 받기도 했다. 그러나 일본문화를 깊이 연구하면 할수록 그 뿌리가 한국문화에 있음을 간파한 그는 10년을 한국에 체류하며 한국미술, 한국불교, 한일고대사, 도자기 등에 대한 1천여 편이 넘는 칼럼을 썼고, 『한국이 일본문화에 끼친 영향 *Korean Impact on Japanese Culture*』(1984) 등 5권의 한국문화 관련 저작을 발표함으로써 그 권위를 인정받았다. 한·중·일 세 나라를 모두 경험하며 '한국문화의 광산'에서 '타자기를 삽과 곡괭이 삼아' 보물들을 캐낸 것이다. 코벨은 이렇게 말했다.

> 단군 이야기는 내게 자연의 원초적인 힘을 숭배하는, 자연 그 자체의 뜻으로 받아들여진다. 북경에서 살 때 구해, 내가 소중히 여기는 물건으로 한나라 때의 산동반도 무량사(武梁祠)에서 발굴된 화상석(畫像石)의 탁본 그림이 있다. 여기에는 산동반도에 널리 퍼져 기록돼 있는 단군의 투쟁과 정착 과정이 그대로 펼쳐져 있다. …한국예술사는 BCE 2333년의 단군에서 시작하는 것이 아니라 내 눈에는 BCE 10만 년 한반도의 초기 거주자들이 사슴뼈에 그려놓은 최초의 그림에서부터 비롯되는 것으로 보인다. 한국문화는 일본을 석기시대에서 빠져나오게 만든 결정적 요인이기도 했다.[9]

    위의 내용 중 '산동반도에 널리 퍼져 기록돼 있는 단군의 투쟁과 정착 과

정'은 북애자(北崖子)*의 『규원사화(揆園史話)』 「태시기(太始記)」에 나오는 내용과 일치한다. 즉, 배달국(倍達國) 역사 중 부국강병의 절정을 이룬 제14대 치우천황(蚩尤天皇, 慈烏支桓雄이라고도 함)은 헌원(軒轅, 후에 黃帝가 됨)이 도전해 왔을 때 산동의 탁록(涿鹿)에서 맞아 크게 싸워 헌원이 겨우 목숨을 건져 달아나매, 회남(淮南)·산동·북경·낙양을 다 차지하게 되자 탁록에 축성(築城)하고 회남·산동에 자리잡게 되었다[10]고 「태시기」에는 나와 있다.

또한 코벨은 저명한 독일 실존주의 철학자 칼 야스퍼스(Karl Jaspers)가 인간 실존의 진정한 평화로움에 대해 언급한 글을 소개했다. 한국인이 만들어 현재 일본 고류지에 소장된 목조미륵보살반가사유상을 두고 야스퍼스는 "진실로 완벽한 인간 실존의 최고 경지를 조금의 미혹도 없이 완벽하게 표현해 냈다"는 글을 썼다며, 그리스와 로마 신상에 대해서는 "아직 초월하지 못한, 지상의 인간 체취를 지닌 것"이라고 하고, 기독교미술에 대해서는 미륵반가사유상에서 보는 것 같은 '인간 실존의 순수한 환희'를 찾아볼 수 없다고 평했다는 것이다. 코벨은 "나는 이 미륵상이 한국에선 흔한 목재지만 일본에는 없는 적송을 써서 조각한 것이라는 사실 외에도 쇼토쿠 태자의 측근이던 하타노 가와카쓰 가문이 당시 교토의 한국인 거주민들을 위해 고류지를 세웠다는 기록으로 미루어 고류지의 목조미륵반가상이 한국 것임을 확신한다"[11]고 말하면서, 야스퍼스가 이 미륵반가사유상에 대해 쓴 글을 더 자세히 소개했다.

---

* 북애자는 본명이 아니라 『揆園史話』 서문에서 저자가 스스로 북애노인이라고 밝힌 데서 유래한 이름이고, '揆園'이라는 책 제목은 그가 집필한 곳인 揆園草堂의 이름을 딴 것이다. 저자가 평생 삼천리 방방곡곡을 발로 누비며 당시에는 전승되어 오던 『震域遺記』 등의 사료를 모아서 저술한 매우 중요한 상고사서이다. 『震域遺記』는 大震國(발해)의 역사서 『朝代記』를 참조해 淸平 李茗이 저술한 것이다. 책 구성은 肇判記, 太始記, 檀君記, 漫說로 이루어져 있다.

고류지의 미륵보살상은 진실로 완벽한 실존의 최고 경지를 한 점 미망 없이 완전하게 표현해내고 있다. 나는 이 표정이야말로 가장 순수하고 조화로우며 세속적 잡사의 한계상황을 뛰어넘은 인간 실존의 영원한 모습을 상징했다고 생각한다. 철학자로서 지내 온 지난 수십 년간 인간 실존의 진정한 평화로움을 구현한 이 같은 예술품은 달리 본 적이 없다. 이 불상은 모든 인간이 다다르고자 하는 영원한 평화와 조화가 어울린 절대 이상세계를 구현하고 있다.[12]

고류지의 미륵반가사유상은 한국 국립중앙박물관 소장 국보 83호 금동미륵반가사유상과 쌍둥이라고 할 만큼 흡사한 것으로 유명하다. 미륵반가사유상은 '한'의 심원한 정신세계와 예술혼의 결정(結晶)이다. 미륵반가사유상에 대한 야스퍼스의 찬탄은 우리『천부경(天符經)』에 대한 하이데거의 경외심을 떠올리게 한다. 우리『천부경』과 예술작품이 20세기를 대표하는 실존주의 철학자 두 사람의 영혼을 뒤흔들어 놓은 것, 한 시대를 풍미했던 작가 게오르규가 우리나라를 일컬어 '영원한 천자(天子)'이며 '세계가 잃어버린 영혼'이라고 갈파한 것, 유럽 지성계에 커다란 영향을 끼친 슈타이너가 그토록 간구(懇求)하던 성배의 민족이 바로 한민족이라고 다카하시 이와오가 단언한 것, 이 모두는 광대무변한 '한'의 정신세계에 매료되었기 때문이 아닐까?

정치학계에서는 상고사 인식과 관련한 자료에 대한 문제와 관련하여,『규원사화(揆園史話)』나『환단고기(桓檀古記)』의 사료적 가치의 중요성에 착안하여 이 두 사료에서의 상고사 인식을 인정하느냐 하지 않느냐의 문제는 중국 고대 문헌들의 검토가 필수적이라고 보고, '중국 고대 문헌들이 원형에 가까울수록 중국 고대사의 내용은 빈약한 반면 우리 상고사의 내용과는 관계가 깊으며『규원사화』나『환단고기』의 내용이 미치고 있다'[13]고 보는 시각도 있다. 또한 '한국에 대한 식민주의적 또는 제국주의적 지배를 합리화시키기 위하여 한국의 역사를 왜곡·변조·누락시키는' 식민지사학과 실증주의 사학은 근절되어야 할 구시대적 유산인 것으로 보는 시각[14]도 점차 확산되고 있다.

역사가 중요한 것은 단순히 그것이 우리가 사는 세계에 대해서 무엇인가를 알려주기 때문만은 아니다. 무엇보다도 우리의 사고력, 분석력, 판단력, 비판력과 같은 정신적 능력을 발전시키고, 나아가 국가적·민족적·문화적 자기정체의 확립에 기여하기 때문이다. 역사는 과거의 기록에 의거해서 객관적으로 쓰이는 것이 아니라 역사가의 주관적 해석과 비판이 크게 작용하게 된다. 일제의 조선사편찬위원회가 자행한 짓이 그 극단적 사례다. 이는 단순히 과거에 대한 인식의 문제로서 끝나는 것이 아니라 오늘에 대한 인식과 비판, 그에 따른 행동양식과 긴밀한 관계가 있다. 일본의 제국주의적 기획에 의한 역사 날조는 해방된 지 76년이 되도록 한 국가집단이 아직도 그 질곡에서 헤어나지 못할 정도로 그 악영향은 치명적이었다.

우리 역사는 외적의 강압에 의해서도 소실되었다. 727년(천통 31년) 발해국 시조 대조영(大祚榮, 高王)의 아우 반안군왕(盤安君王) 대야발(大野勃)이 쓴 『단기고사(檀奇古事)』 서문에는 "당나라 장군 소정방(蘇定方)과 설인귀(薛仁貴)를 몹시 원망스럽게 여기는 이유는, 백제와 고구려를 멸망시킬 때에 그 국서고(國書庫)를 부수고 단기고사와 고구려·백제사를 전부 불태워버렸기 때문입니다"[15]라고 나와 있다. 대야발이 다시 고대사를 편집하기 위해 13년 동안 여러 곳을 돌아다니며 석실(石室)에 있는 장서와 옛 비와 흩어져 있던 사서를 참고하다가, 돌궐국(突厥國, 괵투르크)[16]에까지 두 번 들어가 고적을 탐사하여 『단기고사』를 저술했다고 나와 있다.

또한 우리 역사는 내부의 사대주의자들과 정권 탈취 세력의 기만책으로 인하여 위조되고 탈취된 적이 많았다. 조선시대 세조, 예종, 성종 3대에 걸쳐 예로부터 전해져온 희귀 서적―주로 상고사서(上古史書)와 그 관련 서적―

을 전국에서 거둬들이는 '수서령(收書令)'이 내려져 우리 환단(桓檀: 환국·배달국·단군조선)의 역사가 기록된 많은 상고사서와 그 관련 서적들이 사라졌다. 세조, 예종, 성종이 내린 수서령 전문은 다음과 같다.

세조 3년(1457 정축) 5월 26일(무자)

팔도 관찰사(八道觀察使)에게 유시(諭示)하기를, "『고조선 비사(古朝鮮秘詞)』, 『대변설(大辯說)』, 『조대기(朝代記)』, 『주남일사기(周南逸士記)』, 『지공기(誌公記)』, 『표훈삼성밀기(表訓三聖密記)』, 『안함노·원동중 삼성기(安含老元董仲三聖記)』, 『도증기 지리성모 하사량훈(道證記智異聖母河沙良訓)』, 『문태산(文泰山)·왕거인(王居人)·설업(薛業) 등 삼인기록(三人記錄)』, 『수찬기소(修撰企所)』 1백여 권과 『동천록(動天錄)』, 『마슬록(磨蝨錄)』, 『통천록(通天錄)』, 『호중록(壺中錄)』, 『지화록(地華錄)』, 『도선 한도참기(道詵漢都讖記)』 등의 문서(文書)는 마땅히 사처(私處)에 간직해서는 안되니, 만약 간직한 사람이 있으면 진상(進上)하도록 허가하고, 자원(自願)하는 서책(書冊)을 회사(回賜)할 것이니, 그것을 관청·민간 및 사사(寺社)에 널리 효유(曉諭)하라."[17]

예종 1년(1469 기축) 9월 18일(무술)

예조(禮曹)에 전교하기를, "『주남일사기(周南逸士記)』, 『지공기(志公記)』, 『표훈천사(表訓天詞)』, 『삼성밀기(三聖密記)』, 『도증기(道證記)』, 『지리성모 하사량훈(智異聖母河沙良訓)』, 『문태(文泰)·옥거인(玉居仁)·설업(薛業) 삼인기(三人記)』 1백여 권과 『호중록(壺中錄)』, 『지화록(地華錄)』, 『명경수(明鏡數)』 및 모든 천문(天文)·지리(地理)·음양(陰陽)에 관계되는 서적들을 집에 간수하고 있는 자는, 서울에서는 10월 그믐날까지 한정하여 승정원(承政院)에 바치고, 외방(外方)에서는 가까운 도(道)는 11월 그믐날까지, 먼 도(道)는 12월 그믐날까지 거주하는 고을에 바치라. 바친 자는 2품계를 높여 주되, 상 받기를 원하는 자 및 공사천구(公私賤口)에게는 면포(綿布) 50필(匹)

를 상주며, 숨기고 바치지 않는 자는 다른 사람의 진고(陳告)를 받아들여 진고한
자에게 위의 항목에 따라 논상(論賞)하고, 숨긴 자는 참형(斬刑)에 처한다. 그것을
중외(中外)에 속히 유시(諭示)하라."[18]

성종 원년(1469 기축) 12월 9일(무오)
여러 도(道)의 관찰사(觀察使)에게 교서(敎書)를 내리기를, "전일에 『주남일사기(周
南逸士記)』, 『지공기(志公記)』, 『표훈천사(表訓天詞)』, 『삼성밀기(三聖密記)』, 『도증기(道證
記)』, 『지리성모(智異聖母)』, 『하소량훈(河少良訓)』, 『문태(文泰)・왕거인(王居仁)・설업(薛
業) 삼인기(三人記)』 1백여 권과 『호중록(壺中錄)』, 『지화록(地華錄)』, 『명경수(明鏡數)』
와 무릇 천문(天文)・지리(地理)・음양(陰陽) 등 여러 서책(書冊)을 빠짐없이 찾아내어
서울로 올려보낼 일을 이미 하유(下諭)했으니 상항(上項) 명경수(明鏡數) 이상의 9책
과 『태일금경식(太一金鏡式)』, 『도선참기(道銑讖記)』는 전일의 하유(下諭)에 의거하여
서울로 올려보내고 나머지 책은 다시 수납(收納)하지 말도록 하고 그 이미 수납
(收納)한 것은 돌려주도록 하라."[19]

    세조의 상고사서 수서령의 정치적 요인을 여말선초(麗末鮮初) 탈화이(脫華
夷) 담론의 부침(浮沈)의 관점에서 설명하기도 한다. 이러한 관점에 따르면 상
고사서 수서령이 내려진 것은 고려말 수문하시중(守門下侍中)을 지낸 행촌(杏
村) 이암(李嵒)의 사학이 고려말에서 조선 태종, 세종 시기에 이르기까지 크게
세력을 떨쳤으나 단종을 폐위시키고 즉위한 세조 대에 이르러 이암의 탈화
이론적(脫華夷論的) 역사관이 침몰하게 된 것과 맥을 같이 한다. 이암 사학이
침몰하게 된 배경의 하나는 왕권 찬탈에 따른 정통성 문제를 안고 있었던
세조로서는 우리의 선진 역사가 기록된 상고사서들을 수거함으로써 명나라
로부터 정통성을 인정받으려는 정치적 동기가 작용했을 수 있다는 것이다.

또한 천·지·인을 하나로 보는 이암의 인본주의적 세계관이 유교적 신분 질서와 정면으로 충돌한 것이다. 하지만 세종 시기에 창제한 훈민정음은 천·지·인 삼재의 조화와 음양오행을 바탕으로 이암의 탈화이론적 역사관과 인본주의적 세계관이 반영된 것이었다.[20]

이암은 『환단고기(桓檀古記)』에 실려있는 「단군세기」의 저자다. 그리고 이암의 현손(玄孫, 高孫)인 일십당주인(一十堂主人) 이맥(李陌)은 국가가 수거해서 보관한 상고사서를 보고 종합하여 『태백일사(太白逸史)』를 집필해서 남겼다. 「태백일사」 또한 「단군세기」와 함께 『환단고기』를 구성하는 중요한 역사서이다. 세종 때까지도 크게 세력을 떨쳤던 이암의 사학이 세조 대에 와서 침몰한 것은 그만한 정치적 배경이 작용한 것으로 볼 수 있다. 세조 때 내려진 수서령의 금서(禁書) 목록에는 『고조선 비사』, 『대변설』, 『조대기』, 『주남일사기』, 『지공기』, 『표훈삼성밀기』, 『안함노·원동중 삼성기』 등 『환단고기』를 비롯한 다른 사서에도 인용된 상고사서(上古史書)들이 앞쪽에 배치되어 있다. 예종 때 내려진 수서령은 '숨긴 자는 참형(斬刑)에 처한다'고 공시했다.

그렇다면 상고사서나 그 관련 서적들을 숨긴 자를 참형에 처할 정도로 반드시 수거해야 할 절박한 정치적 동기가 있었다고 볼 수 있다. 수서령이 내려진 것은 크게 두 가지 복합적인 요인이 작용했던 것으로 보인다. 그 하나는 왕권 탈취에 따른 정통성 문제가 아킬레스건이었던 세조와 그 정치세력들로서는 중화(中華)보다 앞선 역사가 기록된 우리 상고사서와 그 관련 서적들─명나라에는 '불편한 진실'이 될 수도 있었던─을 수거함으로써 탈취한 왕권의 정통성을 명나라로부터 추인받아 자신들의 정치적 입지를 강화하려는 의도가 작용했을 것이라는 점이다. 다른 하나는 정치적 정통성의 기반이 굳혀지지 않은 상태에서 유교적 신분 질서에 배치되거나 정치적 비판집단을 책동할 우려가 있는 도참서 등의 유포와 소장을 금지코자 했을 것이라는 점이다. 예종과 성종 때 내려진 수서령은 앞쪽에 열거된 금서 목록에 덧붙여 천문·지리·음양에 관계되는 서적들을 모두 수거하라고 공시했다.

사실 동양의 우주론과 세계관은 천·지·인 삼재의 조화와 음양오행(陰陽五行)을 바탕으로 하고 있다. 유교 삼경(三經)의 하나인 『역경(易經)』이나 『서경(書經)』 또한 천시(天時)·지리(地理)·인사(人事)의 조응관계 및 음양오행을 바탕으로 한 것이다. 신유학인 성리학의 이기론(理氣論)도 마찬가지다. 그래서 '수서령'에는 반드시 수거해야 할 서적 목록을 밝힌 것이고 주로 우리 상고사서에 해당하는 책들이 앞쪽에 열거되어 있다. 구한말에 널리 읽힌 『신교총화(神敎叢話)』와 같은 예언서에도 동방 문화의 연원, 모든 세계 종교와 문화의 뿌리가 우리 상고시대의 신교정신임을 밝히고 한민족의 새로운 시대를 예고하는 내용이 나온다. 상고사는 역사서에만 기록되어 있는 것이 아니라 다양한 종류의 서적 속에 나타나고 있다.

이상에서와 같이 우리 역사는 역사상 다른 시기에 여러 가지 이유로 수난을 당해오다가 근대 제국주의 일본의 민족말살정책에 의해 치명타를 입고 머리가 잘려 나간 형국이 되었다. 그로 인해 한국학은 연구의 시대적 범주를 어떻게 설정할 것인가, 다시 말해 상고사를 포함시킬 것인가 말 것인가에 대한 컨센서스가 여전히 이루어지지 못하고 있다. 역사란 피가 흐르는 생명체이다. 그 속에는 무수히 많은 의로운 목숨들이 두 눈을 부릅뜨고 살아 있고, 불멸의 정신이 흐르고 있다. 역사를 왜곡시킨 것도 큰 사건이지만, 왜곡된 역사를 진실이라고 믿고 가르치고 배우며 살아가는 것이야말로 역사적 대사건이다. 우리 상고사는 단순히 한 민족집단에 귀속되는 역사가 아니다. 웅혼한 기상과 장대한 정신이 살아 숨 쉬는 수천 년의 우리 상고사 속에는 이 우주를 관통하는 의식(意識)의 대운하를 건설할 비옥한 철학적·사상적·정신문화적 토양이 갖추어져 있다. 한국학 콘텐츠에 우리 상고사를 포함시켜야 하는 이유다.

환국(桓國)의 역사적 실재

『환단고기』「삼성기전(三聖紀全)」상편은 '우리 환(桓)의 건국이 가장 오래되었다(吾桓建國最古)'로부터 시작하고 있다. 『환단고기(桓檀古記)』「태백일사(太白逸史)」제2 환국본기(桓國本紀)에는 환국(桓國)이 파나류산(波奈留山, 天山)을 도읍으로 천해(天海: 바이칼호)를 포함하여 남북 5만 리, 동서 2만 리의 광대한 땅을 12분국(分國)으로 나누어 다스린 것으로 나온다. 여기서 '분국'은 일종의 연방 형태로 볼 수 있다.

『삼성밀기(三聖密記)』에 이르기를, 파나류산(波奈留山) 아래에 환인씨*의 나라가 있으니 천해(天海) 동쪽의 땅이다. 또한 파나류의 나라(波奈留之國)라고도 한다. 그 땅이 넓어 남북 5만 리, 동서 2만여 리이니 총칭하여 환국(桓國)이라 한다. 나누어 말하면 곧 비리국, 양운국, 구막한국, 구다천국, 일군국, 우루국(일명 필나국), 객현한국, 구모액국, 매구여국(일명 직구다국), 사납아국, 선비이국(일명 시위국, 통고사국), 수밀이국이니 합하여 12국이다. 천해를 지금은 북해라 한다.

三聖密記云: 波奈留山之下 有桓仁氏之國 天海以東之地 亦稱波奈留之國也 其地廣 南北五萬里 東西二萬餘里 摠言桓國 分言則卑離國・養雲國・寇莫汗國・勾茶川國・一群國・虞婁國(一云畢那國)・客賢汗國・勾牟額國・賣勾餘國(一云稷臼多國)・斯納阿國・鮮卑爾國(一云豕韋國一云通古斯國)・須密爾國 合十二國是也 天海 今日北海.[21]

---

*   환인씨의 '氏'는 고대에는 존칭어로 사용되었다.

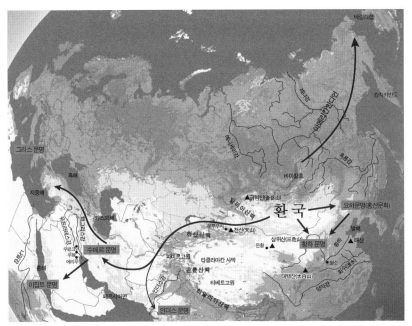

〈그림 2.1〉 파나류의 나라(波奈留之國) 환국의 문명 전파 경로

환국의 역사적 실재를 말해 주는 「태백일사(太白逸史)」의 내용은 「삼성기전 (三聖紀全)」하편에 나오는 내용과 일치한다. 「태백일사」는 『삼성밀기』를 인 용하고 「삼성기전」 하편은 고기(古記)를 인용하여 환국의 실재를 전하고 있 지만 그 내용이 동일하다는 것은 다양한 경로를 통해 환국의 실재가 전해져 왔음을 말해 준다. 이러한 환국의 강역에 관한 『환단고기』의 내용은 당 태종 때 편찬된 『진서(晉書)』권(卷) 97 열전(列傳) 제67 「비리등십국(裨離等十國)」의 내 용에도 나오고 있다.

비리국(裨離國)은 숙신(肅愼) 서북쪽에 있다. 말을 타고 이백 일이면 당도하며 거 느린 호(戶)는 이만(二萬)이다. 양운국(養雲國)은 비리국에서 말을 타고 또 50일 더

가면 당도하며 거느린 호(戶)는 이만(二萬)이다. 구막한국(寇莫汗國)은 양운국에서
또 100일 더 가면 당도하며 거느린 호(戶)는 오만(五萬) 정도이다. 일군국(一羣國)은
막한(莫汗)에서 또 150일 더 가면 당도하며 숙신으로부터는 오만여 리가 된다.

神離國在肅愼西北 馬行可二百日 領戶二萬 養雲國去神離馬行又五十日 領戶二
萬 寇莫汗國去養雲國又百日行 領戶五萬餘 一羣國去莫汗又百五十日 計去肅愼
五萬餘里.[22]

위 『진서』에 나오는 숙신(肅愼)과 관련하여 몇 가지 설이 있으나, 숙신이 중
원(中原) 북쪽 경계로부터 흑룡강 중·하류로 이동했다고 주장하는 학자들은
숙신의 기원을 중원 북쪽 경계 및 요서(遼西)·요동(遼東)과 같이 대개 고조선
과 일치하는 곳으로 상정한다. 중국의 고전인 『국어(國語)』에 따르면 숙신은
고조선과 밀접한 관련을 갖는 중원 북계를 비롯해 산동반도 및 남만주 주민
을 총칭한다는 것이다. 최남선(崔南善)·신채호(申采浩)·정인보(鄭寅普) 등은 숙
신을 조선과 같은 어원으로 생각했다.[23] 당(唐) 시기에는 선진(先秦)시대의 북
동 방면에 거주하는 민족의 총칭으로 쓰였다.[24]

청나라 건륭제(乾隆帝)의 칙명을 받아 만주의 원류에 대하여 고찰한 『흠정
만주원류고(欽定滿洲源流考)』(1778, 건륭 43)에서는 "옛 숙신은 주신(珠申)의 전음(轉
音)이다(古肅愼爲珠申之轉音)"라고 하고, "(청나라의) 옛 명칭 만주(滿珠)는 소속으
로 말하면 '주신(珠申)'이다(舊稱滿珠 所屬曰 '珠申')"[25]라고 하였다. 말하자면 옛 숙
신은 주신의 음이 바뀐 것이며—즉, 숙신의 본음은 주신—주신은 옛 만주의
소속 관경(管境)을 나타낸 말이다. 「태백일사」 제4 삼한관경본기(三韓管境本紀)
마한세가(馬韓世家) 하(下)에는 "조선이란 관경(管境)을 말한다(朝鮮 謂管境也)"[26]
고 기록되어 있다. 따라서 주신=숙신=관경=조선이다.

서울대 명예교수 신용하(愼鏞廈)는 '관경(管境)'이라는 용어가 동일한 돗자

리에 여러 사람이 앉은 상태의 경계를 일컫는 말이라며, 현대 정치학 용어로는 연방(聯邦)에 해당한다고 했다. 그러므로 발숙신(發肅愼), 발직신(發稷愼), 발주신(發珠申)은 '밝달연방', 즉 고조선 연방국가를 일컫는 것이라고 해석했다.[27] 또한 그는 고조선 전기에 주(周)나라 등과 교류하면서 나오는 식신(息愼)·직신(稷愼)·숙신(肅愼)은 주나라가 고조선을 지칭한 '고조선연방국의 별칭'이었다며, 주나라 이후 특히 전국시대부터 중국 고문헌은 '조선' 대신 '숙신'이라는 용어를 주로 사용했다[28]고 밝혔다.

단재 신채호는 "중국 춘추시대의 기록에 조선이 주신·숙신·직신(稷愼)·식신(息愼)으로 표기됐으니, 주신은 조선을 가리킨다"[29]라고 했다. 다산 정약용은 "조선의 칭호가 멀리 단군숙신(檀君肅愼)의 이름으로 주나라 역사 기록에 실려 있다(朝鮮之號 遠自檀君肅愼之名 載在周乘)"[30]고 했다. 조선 후기 소론계 인물인 강재항(姜再恒)은 그의 저서 『동사평정(東史評証)』에서 고기(古記)를 인용하여 "조선은 옛 숙신의 터다"라고 하고, 숙신씨의 시작은 매우 오래되었을 것이라며, "조선, 부여, 낙랑, 예맥의 땅이 모두 숙신의 옛 땅이다"[31]라고 했다.

또한 무호 선생의 연구에 따르면 "환웅(桓雄)까지의 오랜 기간의 신시(神市)시대를 거쳐서, 단군이 조선이란 나라를 세우고 민족적 동방 이동을 개시하였는데, 중국인들은 이들을 동이(東夷) 또는 숙신국(肅愼國) 혹은 예(濊), 맥(貊)족이라고 일컬었다"[32]고 한다. 따라서 위 「비리등십국(神離等十國)」 인용문에서도 보듯이 비리국이 숙신(肅愼) 서북쪽에 있고 일군국은 숙신으로부터 오만여 리가 된다며 숙신을 중심으로 『환단고기』에 나오는 여러 분국(分國)들을 기술하고 있는 것으로 보더라도 숙신은 12분국(연방)의 중앙본국인 환국을 가리키는 것으로 생각된다.

「태백일사」제2 환국본기에서는 『조대기(朝代記)』를 인용하고 「삼성기전」

하편에서는 고기(古記)를 인용하여 환인(桓仁)*이 역사적 실존 인물임을 밝히고 있으며 모두 일곱 대를 전한 것으로 나온다. 즉, 안파견(安巴堅) 환인·혁서(赫胥) 환인·고시리(古是利) 환인·주우양(朱于襄) 환인·석제임(釋提王) 환인·구을리(邱乙利) 환인·지위리(智爲利) 환인(혹은 檀仁), 이상 일곱 대이다. 각기 다른 출처를 인용하여 전하지만 내용은 일치한다. 환인천제(桓仁天帝)라고도 불리는 안파견 환인이 환국을 개창하여 일곱 대를 전하여 지난 햇수가 모두 3,301년 혹은 63,182년이라고도 하는데 어느 것이 옳은지는 알 수 없다[33]고 하고 있다. 여기서 3,301년은 환인 7대의 역년만을 계산한 것이고, 63,182년은 전(前)문화시대까지 합산한 전체 역년으로 이해하는 것이 타당하다. 7대 지위리 환인의 뒤를 이어 거발환(居發桓) 환웅(桓雄)이 BCE** 3898년에 배달국(倍達國, 桓雄 神市)을 개창했으니, 환국의 개창 시기는 대략 BCE 7199년***이고 지금으로부터 약 9천 년 이상 전이다.

또한 「태백일사」 제1 삼신오제본기(三神五帝本紀)에는 "전하는 말에 '삼신(三神)의 후예를 일컬어 환국이라 한다' 하고…또 가로되 '삼신은 환국보다 먼저 있었고…영원한 생명의 근본이다'"[34]라고 하고 있다. 여기서 삼신은 마고성(麻姑城) 시대로부터 전승되어 오는 마고(麻姑)의 삼신사상['한'사상, 天符思想]과

---

* 삼국시대 불교의 영향을 받은 이후 桓仁은 桓因으로 표기되기도 했다. 환인은 사람 이름이 아니라 일종의 직함으로 역대 제왕을 지칭하는 보통명사이다. 다만 환국을 개창한 제1세 환인 安巴堅은 이름 없이 '환인천제'로 호칭되기도 한다.

** 여기서 사용되고 있는 BCE(Before Common Era/Before Current Era)와 CE(Common Era/Current Era)는 기독교적 맥락에서 역사를 구분하는 것으로 간주되는 BC(Before Christ)와 AD(Anno Domini)의 대안으로 제시된 용어이다. 2007년부터 『세계 연감(World Almanac)』에서도 BC와 AD 대신에 BCE와 CE를 사용하고 있다.

*** 환국의 개창 시기는 환웅의 개창 시기인 BCE 3898년에 환인 7대의 역년 3,301년을 합하여 대략 BCE 7199년이 된다. 2021년 현재로부터 9,220년 전이다.

연결된 것이다. 환국 이전에 마고성 시대가 있었다는 것은 신라 눌지왕(訥祇王) 때의 충신 박제상(朴堤上)의 『부도지(符都誌)』(『澄心錄』 15지 가운데 제1지)에 나와 있다.[35] 그렇다면 위에 나온 63,182년을 마고성 시대부터 환인 7대까지의 역년으로 볼 것인지, 아니면 마고성 이전의 전(前)문화시대가 또 있어 그것까지 합산한 역년인지에 대해서는 좀 더 면밀하게 연구해서 밝혀야 할 것이다. 63,182년을 마고성 시대부터 환인 7대까지의 역년으로 볼 경우 마고성 시대가 열린 시기는 지금으로부터 약 7만 년 전*이다. 마고의 삼신사상에 대해서는 뒤에서 자세히 다루기로 한다.

「태백일사」 제2 환국본기에 구환족(九桓族·九夷族·九黎族)으로 이루어진 환국에는 오훈(五訓)이 있었다고 나온다. 이른바 오훈이란 첫째는 성실하고 미더워 거짓이 없는 것이고(誠信不僞), 둘째는 공경하고 근면하여 게으름이 없는 것이고(敬勤不怠), 셋째는 효도하고 순종하여 어김이 없는 것이고(孝順不違), 넷째는 청렴하고 의로워 음란하지 않는 것이고(廉義不淫), 다섯째는 겸손하고 화목하여 다툼이 없는 것이다(謙和不鬪).[36] 또한 환국본기 초두(初頭)에서는 "당시 사람들 모두가 스스로를 환(桓)이라 하고 감군(監群: 무리의 우두머리)을 인(仁)이라 했다. 인(仁)이란 임(任)을 이르는 말이니 널리 사람을 이롭게 구제하고 세상을 이치대로 밝히는 일을 맡으려면 반드시 어질어야 하는 것이다"[37]라고 했다.

환국본기 환국 주(注)에 보면, '환(桓)이란 전일(全一)이며 광명(光明)[38]이라고 나와 있다. 따라서 환인은 널리 환(桓) 무리를 이롭게 구제하고 세상을 이치

---

* 63,182년을 마고성 시대부터 환인 7대까지의 역년으로 볼 경우 마고성 시대가 열린 시기는 2021년 현재로부터 69,101년(63,182+3,898(환웅 역년)+2,021) 전이니 약 7만 년 전이라 할 수 있다.

대로 밝히는 일을 맡은 광명한 감군(監群) 환임(桓任)이고, 환국은 광명한 나라 즉 태양의 나라이다. 환국본기에는 환인의 유능한 통치력에 감화를 입은 백성들이 그를 추대하는 장면이 나온다.

이에 만방의 백성들이 기약 없이 모여든 사람이 수만이었다. 무리가 스스로 둥글게 어울려 춤을 추며 환인을 추대하여 환화(桓花) 아래 적석(積石) 위에 앉게 하고 늘어서 경배하니 환호 소리 넘쳐흐르고 귀의하는 자가 성시를 이루었다. 이 사람이 인간 최초의 우두머리 조상(頭祖)이다.

於是 萬方之民 不期而來 會者數萬 衆自相環舞 仍以推桓仁 坐於桓花之下積石之 上 羅拜之 山呼聲溢 歸者如市 是爲人間最初之頭祖也.[39]

「태백일사」 제1 삼신오제본기(三神五帝本紀)에서는 초대 환인 안파견(安巴堅)의 의미에 대해 이렇게 설명하고 있다.

오랜 세월이 지난 뒤 천제환인이 나타나 나라 사람들의 사랑으로 추대되어 안파견이라고도 하고 거발환이라고도 하였다. 이른바 안파견이라 함은 하늘을 계승하여 아버지가 되었다는 뜻의 이름이고 거발환이라 함은 천·지·인을 하나로 정한다는 뜻의 이름이다. 이로부터 환인의 형제 아홉 사람이 나라를 나누어 다스렸으니 이를 9황(皇)* 64민(民)이라 한다.

久而後 有帝桓仁者出 爲國人所愛戴 日安巴堅 亦稱居發桓也 蓋所謂安巴堅 乃繼 天立父之名也 所謂居發桓 天地人定號也 自是 桓仁兄弟九人 分國而治 是爲九皇

---

* 여기에 나오는 '九皇'은 「三聖紀全」 하편에 나오는 '九桓'과 의미가 동일한 것이다. 天海 (바이칼호)와 金岳과 三危太白은 본래 九桓에 속한다고 三神五帝本紀에는 나와 있다.

六十四民也.[40]

　『환단고기』는 멸절(滅絶)될 뻔했던 우리 환단(桓檀: 환국·배달국·단군조선, 환인·
환웅·단군)의 역사를 알게 해 주는 귀중한 역사서이므로 그 내력에 대해 자세
히 살펴볼 필요가 있다. 『환단고기』는 일제의 한반도 강점 직후인 1911년
운초(雲樵) 계연수(桂延壽) 선생이 신라 승려 안함로(安含老)의 『삼성기(三聖紀)』
와 고려 원동중(元董仲)의 『삼성기(三聖紀)』, 고려말 행촌(杏村) 이암(李嵒)의 『단
군세기(檀君世紀)』, 고려말 휴애거사(休崖居士) 범장(范樟)의 『북부여기(北夫餘紀)』
그리고 이암의 고손자(현손)인 조선 초기 일십당주인(一十堂主人) 이맥의 『태백
일사』를 합본하여 편찬한 것이다. 『단군세기』를 저술한 이암은 누대공신재
상지종(累代功臣宰相之種) 문벌가 출신으로 공민왕 7년(1358년) 수문하시중(守門
下侍中)을 지낸 대학자로서 고려말 기승을 부리던 친원(親元) 세력의 사대주의
에 맞서 우리 상고사 복원 운동의 중심에 섰던 인물이다.

　『환단고기』의 압권을 이루는 『태백일사』*는 실학자이자 독립운동가이며
이암의 18세 후손인 해학(海鶴) 이기(李沂)가 소장한 것이다. 『환단고기』 범례
(凡例)에는 『삼성기』가 두 종류가 있는데, 계연수가 소장한 것을 『삼성기전』
상편으로 하고 진사(進士) 백관묵(白寬黙)이 소장한 것을 하편으로 하여 이 두
권을 합하여 『삼성기전』이라 한다고 나와 있다. 『단군세기』는 진사 백관묵
과 진사 이형식(李亨栻)이 소장한 것인데 한 글자도 다르지 않았다고 하고,

＊　『태백일사』의 저자 이맥은 과거에 급제하여 관직을 맡았으나 연산군의 후궁인 장녹수
　의 사치를 탄핵하다가 충청도 괴산에서 2년간 유배 생활을 했다. 그 후 중종 15년(1520)
　에 실록을 기록하는 撰修官이 되어, 세조·예종·성종 때 전국에서 수거해 궁궐에 秘藏
　되어 있던 상고 역사서를 접할 수 있게 되면서, 이들 禁書를 통해서 알게 된 史實과 귀
　양 시절에 정리해 둔 글을 합쳐 책으로 묶고 이름하여 『태백일사』라 하였다.

『북부여기』는 진사 이형식이 소장한 것이라고 나와 있다. 『환단고기』는 이기가 감수하고 이기의 제자 계연수가 편찬했으며, 이맥의 22세 후손 한암당(寒闇堂) 이유립(李裕岦)에 의해 후일 대중화되었다. 이기, 계연수 등은 단학회(檀學會)를 조직하여 계몽운동과 구국운동을 펼쳤으나 국운이 회복 불능 상태로 치닫자 1909년 이기는 자진했다. 뒤를 이어 계연수가 단학회 2대 회장을 맡았다.

1911년 계연수는 스승이 생전에 면밀하게 감수해 준 『환단고기』에 범례(凡例)를 지어 붙인 후 그의 벗이자 독립운동의 동지였던 홍범도(洪範圖)와 오동진(吳東振) 두 사람의 자금 지원으로 만주 관전현에서 『환단고기』 30부를 발간했다. 1915년 관전현 홍석랍자(紅石拉子)에 배달의숙(倍達義塾)이라는 교육기관을 열어 청년학도와 만주 독립운동 단체에 속한 단원들의 사상적 계몽운동에 주력했다. 여기서 공부하던 학도 중에 이유립이 있었다. 『환단고기』 간행 후 상고사 복원과 항일 독립운동에 매진하던 계연수는 조선독립군으로 위장한 밀정의 덫에 걸려 무참히 살해됐다. 일제는 그의 사지를 절단하여 압록강에 버리고 배달의숙 건물에 불을 질러 계연수가 소장한 3,000여 권에 달하는 서적과 원고를 모두 불태워버렸다. 1948년 이유립은 『환단고기』 초간본 1권을 가지고 월남하게 된다. 그해 11월 단학회를 단단학회(檀檀學蚰)로 개칭하고 후학을 기르며 역사연구와 강연에 전념했다. 그에게 배움을 청한 사람들 중 한 사람인 오형기(吳炯基)는 1949년 이유립이 소장하고 있던 『환단고기』 초간본을 빌려 가서 필사했다.

1965년 이유립은 단단학회 기관지 〈커발한〉을 발행하기 시작했다. 이후 '간도 땅' 문제에 관심이 컸던 박창암(朴蒼巖)과 연결되어 1976년부터 월간 〈자유〉에 역사 문제에 대한 글을 기고하며 우리 역사 이야기를 세상에 알렸다. 그러던 중 백내장 수술차 5일간 집을 비운 사이에 그가 야반도주한 줄 알고 집주인이 밀린 집세 대신으로 책을 모두 팔아버린 사건이 발생했다. 이때『환단고기』초간본도 같이 사라졌다. 다행히 오형기 필사본이 있었기에『환단고기』의 명맥은 끊어지지 않았다. 1979년 이유립의 젊은 문하생 조병윤이 서울에 있는 광오이해사(光吾理解社)에서 오형기 필사본을 영인하여 100부를 출판했다. 이른바 '광오이해사본'『환단고기』가 이유립의 허락도 없이 시중에 배포되자 이유립의 단단학회는 문제의 발문을 삭제하고 오자를 바로잡은 새로운 필사본을 만들었다. 출판비가 없어 1983년에야 '배달의 숙'을 발행인으로 하여 100부를 발간했다. 이유립의 나이 77세 되던 때였다. 평생 지켜온『환단고기』를 인생의 마지막 순간에 세상에 공표한 것이다.[41]

그런데 1983년 '배달의숙본'『환단고기』가 나오기 전에 일본어로 번역된『환단고기』가 일본 동경에서 출판됐다. 실크로드사 연구가인 가시마 노보루(鹿島昇)는 이유립 선생이 우리말로 풀이하고 주석까지 붙인『환단고기』원고를 박창암 선생에게서 빌려 가서 1982년에 '실크로드 흥망사'라는 부제를 붙여 일본어판『환단고기』를 출판한 것이다. 이 책이 우리나라에 역수입되어 들어오자 우리 역사학계는 상당히 충격을 받았고 일반 대중도『환단고기』에 대해 관심을 가지는 계기가 되었다. 국내에서는 일부 연구자들이 환단고기의 사료적 가치에 대해 의문을 제기하기도 하지만, 일본에서는 그것의 사료적 중요성에 대해 일찍이 주목한 바 있다.

2차 세계대전이 끝나자 일본에서는 고사 고전 연구가 붐을 이루면서 한국의『환단고기』를 접하고 그 내용이 일본의 고대사인 상가야 왕조사와 부합하는 것에 주목한 것이 그것이다. 상가야 왕조란 BCE 3,898년에 개창한 신시의 환웅 18대와 BCE 2,333년에 창건한 고조선의 단군 47대와 서력기원 이후 실크로드를 지배한 부여, 고구려, 백제, 신라로 이어지는 위대한 혈맥이다. 가시마 노보루는『환단고기』를 일어로 전역(全譯)하고 잃어버린 상가야 왕조의 역사가 『환단고기』에 의하여 불사조처럼 소생했다고 말했다. 가시마는 『왜인흥망사(倭人興亡史 1, 2)』와 『실크로드의 왜인』에서 특히 『태백일사』의 사료적 가치의 중요성에 대해 높이 평가하며 이렇게 설명했다.

> 『태백일사』는 다분히 이맥(李陌)의 사안(史眼)을 거친 조선 중심의 아시아사라고 할 터인데 내외의 문헌 51종에 걸쳐 인용되고 있다. 그만큼 높이 평가되어야 할 책이며 우리들이 배울 것이 많이 있다. 이맥이 『태백일사』를 저술한 1410년은 일본으로선 무로마치(室町) 시대로서 전국시대가 되어 참담한 암흑시대로 들어갔지만 조선은 왕조의 발흥기가 된다. 이맥은 괴산으로 정배 가서 근신하던 중 고서를 섭렵하여 일사(逸史)를 저술했다.[42]

가시마의 『환단고기』 일본어 번역본에서 환국이 동·서양의 뿌리 문명이 발원한 곳임을 놓친 것에 대해 비판을 하기도 하지만,[43] 그럼에도 가시마는 일본 왕가가 자생 왕조라는 허구에 대해 가장 큰 위협이 되는 한국의 모든 역사적 자료를 일제가 약탈하고 전국의 역사서들을 수거하여 불태우고 한국사를 조작했다는 의견을 분명히 밝히고 있고 국내에서도 일부 부인하는 『환단고기』의 사료적 가치를 높이 평가한 것은 주목할 만하다.

일본 학자 아고 기요히코(五郷清彦)는 『환단고기』와 고대 일본사의 접점을 연구하여 「아시아의 비사—지보 『환단고기』」라는 글로 발표했다. 아고는 『환단고기』를 사서로서뿐만 아니라 문화서로서도 독자적 지위를 차지하는 것으로 높이 평가했다. 『환단고기』에 나오는 상고사가 멀리 서역까지 광대한 영역을 포괄했다는 지적은, 우리 상고사가 단순히 한민족에 귀속되는 역사가 아니라 많은 국가와 민족집단의 뿌리가 될 수 있다는 점에서 우리 상고사의 중요성을 재인식하게 한다.

『환단고기』는『단군세기』를 비롯해『태백일사』등 조선을 중심으로 한 비사(秘
史)이지만 만주, 몽고, 중국으로부터 멀리 서역까지를 무대로 하는 상고사이다.
거란 고전과 아울러 읽으면 고대 일본 민족의 걸어온 길을 밝힐 수 있다.『삼성
기전』과『단군세기』의 첫머리에는 신화적 요소가 들어 있는데 이는 한민족의
우주관, 세계관 또는 신관으로서 연구될 만한 것이다. 그런 의미에서『환단고
기』는 철학 종교의 서(書)이기도 하다. 그렇게 고찰할 때『환단고기』는 사서로서
높이 평가되는 동시에 문화서로서도 독자적 지위를 차지하는 것이다.[44]

　이처럼 일본 학자들도 그 사료적 가치를 높이 평가하는『환단고기』는 천
년의 세월 동안 역사상 각기 다른 시기에 당대 최고의 지성과 우국지사(憂國
之士)들이 한민족의 뿌리 역사와 국통의 맥을 바로 잡아서 후대에 전한 것을,
마지막『태백일사』가 나오고 다시 400년이 흘러 일제가 한반도를 강점한 직
후인 1911년에 마침내 역사의 퍼즐이 맞추어져 만주 관전현에서 한 권의 책
으로 엮어진 것이다. 그러나 그 초간본마저도 일제에 의해 불태워지고 집주
인이 밀린 집세 대신으로 책을 모두 팔아버리면서 사라졌으나 필사본이 있
어 명맥은 유지되었다. 역사 광복의 제단에 온전히 모든 것을 바친 세 분 선
각자가 아니었다면 우리 상고사가, 아니 우리 영혼이 그토록 참담한 고난의
구간을 통과해 올 수 있었을까?

　꺼져가는 마지막 숨을 몰아쉬며 불길 속을, 폭풍우 속을 통과해 온『환단
고기』를 두고 '왜 그을렸나, 왜 젖었나'라며 지엽적인 문제를 가지고 전체를
위서(僞書)로 몰아세우는 것은, 일인(日人)들의 눈을 피해서 마루를 뜯어내고
땅속에 우리 역사서들을 파묻어 숨겨놓았다가 해방이 되어 그 책들이 다시
빛을 보게 되었을 때 오히려 위조된 책들이라고 몰아세웠던 것과 무엇이 다
른가? 사실(史實) 그대로의 우리 역사를 사실(事實)대로 밝혀서 바로 세우는

것이 국수주의인가?

환국의 역사적 실재에 대해서는 조선 중종 때인 임신 1512년에 발행된 『삼국유사』에도 명기되어 있다. 1280년경 일연(一然)이 편찬한 『삼국유사』의 초간본은 전해지지 않고 중종임신간본(中宗壬申刊本)이 확실한 발간 연대를 가진 고판본으로 전해진다. '중종임신간본(中宗壬申刊本)' 『삼국유사』 제1 고조선 왕검조선조(王儉朝鮮條)에는 "고기(古記)에 이르되, 옛날 환국의 서자 환웅이 있어(昔有桓國庶子桓雄)"[45]로 시작한다. 고기(古記)를 인용하여 옛날 환국에 높은 서자 벼슬을 하는 환웅이 있었고 마지막 환웅 대에 단군이 나와 조선을 개국했다는 내용을 전한 것이다.

그런데 조선총독부에 조선사편수회가 설치되고 1922년부터 1938년까지 활동한 조선사편찬위원회는 "옛날에 환국이 있었다(昔有桓國)"를 "옛날에 환인이 있었다(昔有桓因)"로 변조하고 이를 정본으로 내세워 우리 상고사를 말살하기에 이른 것이다. 말하자면 "옛날에 환국의 서자 환웅이 있어(昔有桓國庶子桓雄)"를 "옛날에 환인의 서자 환웅이 있어(昔有桓因庶子桓雄)"로 변조하고, 급기야 '환인의 첩의 아들(서자) 환웅'을 유도하기에 이른 것이다. 여기서 '서자'라는 말에 대해 중국의 사원(辭原)은 서자란 '태자의 스승, 기타 높은 벼슬의 명칭'이라고 설명하고 있다. 『삼국사기』 「신라본기」 제7 문무왕 14년의 기록 중에는 당나라 유인궤(劉仁軌)의 관직이 좌(左)서자[46]로 되어 있는 것이 보인다.

그러나 일제가 본격적으로 한국사 날조에 나서기 전에는 『삼국유사』 원본(中宗壬申刊本)과 일본어 번역본에서처럼 분명히 '석유환인(昔有桓因)'이 아니라 '석유환국(昔有桓國)'이라고 했던 것으로 나타난다. 무호 선생은 환국의 역사적 실재를 입증하는, 변조되지 않은 『삼국유사』 두 가지를 처음으로 찾아냈다. 1902년 쓰보이 구메조(坪井九馬)와 구사카 히로시(日下寬)가 일역하여 원문과 함께 도쿄대 문과대학 사지총서(史誌叢書) 1로 상한(上澣) 간행한 활자본 『교정 삼국유사』와, 1916년 경성 조선연구회에서 재발행된 『교정 삼국유사』가 그것이다. 이들 번역본에서는 『삼국유사』 원본과 마찬가지로 '석유환국'으로 되어 있다. 그런데 이마니시가 변조에 개입했던 교토대학은 1921년 '석유환인'이라고 변조한 영인본을 발행했다.

〈그림 2.2〉 1512년 중종 임신본 『삼국유사』
(국보 306-2호, 서울대 소장본)

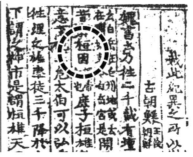

〈그림 2.3〉 1921년 변조된 경도제대
영인본 『삼국유사』

사학자 황의돈이 소장했던 『삼국유사』(현재 서울대 소장본) 또한 '석유환국'으로 명기되어 있으며 해방 이후에 이러한 사실이 공개됐다. 이로써 '석유환국'으로 명기된 원본 자료와 후속서로는 황의돈의 소장본, 민속학자 송석하의 소장본, 도쿄대 발행본, 조선연구회 발행본, 최남선의 『신증 삼국유사』 등이 있으며 환국의 역사적 실재를 명기한 것이 진본임을 충분히 알 수 있게 되었다.[47] 조선사편수회 회의록에는 '석유환국'을 '석유환인'으로 변조한 데 대한 최남선의 언급 내용이 나와 있다.

단군 고기는 광범한 고기록을 지극히 간략하게 요약하여 놓은 것이므로, 그 편언척자(片言隻字)에도 중대한 의미가 내포되어 있는 것이다. …그러므로 가령 한

자의 잘못이 있다 할지라도 그것이 전문(全文)의 해석상 미치는 영향은 지극히 크다. 『삼국유사』의 단군 고기 중에 석유환국이라고 되어 있던 것을 석유환인이라고 고친 천인 이마니시 류의 망필을 인용한 것이 바로 그 하나다.[48]

'석유환국'의 중요성은 우선 환국의 역사적 실재를 명기하고 있다는 점, 그리고 뒤이은 문장과 연결해 보면 환국에 높은 서자 벼슬을 하는 환웅이 있었고 환웅이 신시(神市)시대를 열어 마지막 환웅 대에 이르러 웅녀와 혼인하여 단군을 낳아 고조선을 개국하는 일련의 역사적 연맥(緣脈)—즉, 환국·배달국·단군조선으로 이어지는—을 읽을 수 있게 하는 단초를 제공한다는 점에 있다. 그런데 '석유환인'으로 변조되면, 옛날에 환인이 있었고 환인의 첩의 아들(서자) 환웅이 신시시대를 열어 마지막 환웅 대에 이르러 웅녀와 혼인하여 단군을 낳아 고조선을 개국했다는 식으로 읽히게 되어 역사적 사실(historical fact)이 아닌 '단군신화'가 되어버리기 때문이다. 이처럼 일제는 우리 상고사의 이어진 맥을 교묘하게 끊어버리려고 했던 것이다. 어디 그뿐인가. 일제는 역사의 맥은 물론이고 민족의 정기를 끊고자 우리나라 전국 명산 명소의 혈자리에 대못을 박지 않았던가! 해방된 지가 언젠데 일제강점기 때 박은 것으로 보이는 쇠말뚝이 2017년 7월 6일 울릉도에서 지역 주민의 제보로 발견됐다.

한편 서울대 천문학과 박창범 교수와 표준연구원 천문대의 라대일 박사는 『환단고기』「단군세기」에 나오는 13세 단군 흘달(屹達) 50년 무진년(BCE 1733)에 수성, 금성, 화성, 목성, 토성의 다섯 행성이 결집한 오성취루(五星聚婁)* 현상과 같은 단군조선시대의 천문 현상을 컴퓨터 합성기법을 이용해 역

---

* 『桓檀古記』,「檀君世紀」 十三世檀君屹達 在位六十一年: "…戊辰五十年(BCE 1733) 五星

으로 추적하여 시각화함으로써 『환단고기』의 내용을 과학적으로 입증했다. 박창범은 그의 저서 『하늘에 새긴 우리 역사』(2002) 책머리에서 "천문 현상은 정연한 물리법칙에 따라서 일어나기 때문에 수천 년 전의 현상도 정확히 추적하여 재연할 수 있다. 따라서 천문기록을 이용하면 고대 기록의 사실성 여부를 밝힐 수 있을 뿐만 아니라, 기록의 시점을 절대적 근거에 의해 산출할 수 있으며, 한 걸음 더 나아가 그것이 수록된 사서의 신빙성을 판별해 낼 수 있는 길을 열 수 있다"[49]고 주장하면서 역사책이 아닌, 하늘을 통해서도 우리의 역사를 읽을 수 있다는 사실을 강조했다.

환국의 역사적 실재는 각지에서의 유적·유물 출토를 통해서도 밝혀지고 있다. 1990년 7월 환국의 한 영역이었던 러시아 카자흐공화국의 수도 알마아타 서쪽 600km 지점 잠불 지역에서 한국 석기 유물과 닮은 유물이 많이 출토된 것 등은 환국의 강역에 관한 시사점을 주는 것이다. 또한 요하문명(遼河文明, 랴오허문명)의 대표 문화로 꼽히는 홍산문화(紅山文化)는 요서(遼西)에 산재해 있는 500여 곳의 유적에서 발굴되었다. 내몽골 자치구 적봉(赤峰) 시(市)와 요녕성(遼寧省) 조양(朝陽) 시(市) 일대를 기반으로 한 홍산문화의 주인공은 전형적인 우리 동이족(東夷族)으로 밝혀졌다. 광의의 초기 홍산문화는 환국시대로 비정할 수 있다. 홍산문화에 대한 자세한 내용은 이어지는 다음 절에서 살펴보기로 한다.

거짓의 역사가 청산되지 않고서는 정의가 바로 설 수 없고 따라서 새로운 시대의 개창을 기대하기 어렵다. 동·서양의 뿌리 문명이 발원한 우리 상고사는 우리나라, 나아가 지구촌 그랜드 디자인을 담아낼 수 있는 비옥한 철

聚婁…." 다섯 개의 별(五星: 수성, 금성, 화성, 목성, 토성)이 누성(婁星[양자리]: 28수(宿)의 하나)에 모였다는 뜻이다. 이는 『檀奇古史』에 나오는 내용과도 일치한다.

학적·사상적·정신문화적 토양을 갖추고 있다. 우리 상고사를 한국학 연구의 시대적 범주에 포함시켜야 하는 이유다. 잃어버린 우리의 뿌리 역사는 바로 잃어버린 우리의 영혼이다. 그래서 우리나라 최초의 정사(正史)로 알려진 『신지비사(神誌祕詞)』에서는 "땅을 잃고 영혼만으로 대지를 방랑하는 자가 땅으로 돌아가고 영혼을 잃고 땅에 뿌리박혀 울던 자가 영혼을 찾으면 그것이 개벽의 시작이다"라고 예단했다. 1948년 유대인들은 이스라엘을 건국함으로써 잃었던 땅을 찾았고, 우리는 역사 복원을 통하여 잃었던 영혼을 찾고 있다.

역사서뿐만 아니라 예언서를 포함한 다양한 서적에서 우리 상고사가 언급되는 것은, 그것이 단순히 한 민족집단에 귀속되는 역사가 아니라 인류 문명의 원형을 간직한, 절대로 잃어버려서는 안 되는 인류의 뿌리 역사이기 때문이다. 가을이 되면 나무가 수기(水氣)를 뿌리로 돌리듯. 일체 생명은 본래의 뿌리로 돌아감으로써 영원한 생명을 유지한다. 우주 가을의 초입(初入)에서 환국으로의 원시반본(原始返本)이 이루어지고 있는 것도 '한'사상으로의 사상적 원시반본을 통하여 인류가 영원한 생명을 체득하기 위한 것이다.

배달국과 단군조선의 역사적 실재

앞서 언급한 홍산문화 유적은 형성 시기로 볼 때 환국(桓國)·배달국(倍達國)·단군조선(檀君朝鮮)에 이르는 시기에 해당하므로 이에 대해 좀 더 자세히 살펴볼 필요가 있다. 홍산문화는 1908년 일본의 인류학자 도리이 류조(鳥居龍藏)에 의해 처음 발견되었으며, 1930년대 중반 일본인들에 의해 내몽골 자치구 적봉(赤峰) 시(市) 남쪽 우하량(牛河梁, 뉴허량) 홍산 유적지가 발굴되었으나 당시에는 이 유적지의 중요성이 그다지 부각되지 못했다. 1980년대부터 중국에 의해 요녕(遼寧, 랴오닝) 지역 주요 유적에 대한 본격적인 발굴이 진행되어 1983~1985년에 걸쳐 대규모의 발굴이 이루어졌다.

즉, 초기 신석기시대 신락문화(新樂(신러)文化, BCE 8000~BCE 7000), 신석기시대 소하서문화(小河西(샤오허시)文化, BCE 7000~BCE 6500), 신석기시대 흥륭와문화(興隆窪(싱룽와)文化, BCE 6200~BCE 5200), 신석기시대 사해문화(查海(차하이)文化, BCE 5600년경), 신석기시대 부하문화(富河(푸허)文化, BCE 5200~BCE 5000), 신석기시대 조보구문화(趙宝溝(자오바오거우)文化, BCE 5000~BCE 4400), 동석병용시대(銅石倂用時代) 홍산문화(紅山文化, BCE 4500~BCE 3000), 동석병용시대 소하연문화(小河沿(샤호허옌)文化, BCE 3000~BCE 2000) 등 세계적으로도 이른 시기의 신석기 유적이 발견됨에 따라 요하 일대의 신석기문화를 세계의 새로운 문명으로 조명하고자 '요하문명(遼河文明, 랴오허문명)'*이라 명명하게 되었다.

요하문명의 대표 문화로 꼽히는 홍산문화는 지금까지 적봉(赤峰), 능원(凌源, 링위안), 건평(建平, 젠핑), 조양(朝陽) 등 요하 서부 지역(遼西)에 산재해 있는 500여 곳의 유적을 찾아냈다. 건평과 능원 중간에 있는 우하량(牛河梁) 홍산 유적에서는 연대가 BCE 3500년까지 올라가는 대형 원형제단, 여신상과 여신묘(廟), 곰(熊) 조각상, 적석총(積石塚)과 피라미드, 그리고 성으로 둘러싸인 도시 형태와 돌로 쌓은 방형(方形) 모양의 광장을 갖춘 동북아 최고 문명이 발굴됐는데, 그 문화의 주인공은 빗살무늬 토기와 돌무지무덤 비파형 동검과 옥검의 사용 등으로 미루어 전형적인 동이족(東夷族)으로 밝혀졌다.[50] 유

---

* 遼河는 遼東과 遼西를 가르는 강 이름이고, 요하문명은 遼河를 끼고 형성된 문명이라는 뜻에서 붙여진 이름이다. 동이족의 활동무대였던 요서·요동 지역은 요하문명권에 속한다.

적지 연대로 볼 때 우하량 홍산문화는 배달국 신시시대로 비정할 수 있다.

홍산문화는 넓은 의미로는 우하량 유적과 유사한 문화 유형을 가진 요하 일대의 신석기시대 유적을 모두 포괄하는 것으로 해석되기도 한다. 그렇다면 초기 홍산문화는 환국시대로 비정할 수 있다. 홍산문화 유적들 가운데 가장 오래된 대표적 '옥귀걸이'가 출토된 유적은 흥륭와문화 유적(BCE 6200~BCE 5200)이다. 중국 고고학계의 연구에 따르면 이 옥귀걸이는 요동반도의 수암(岫岩)에서 나온 '수암옥(玉)'으로 만든 것이다. 이러한 양식의 귀걸이는 흥륭와문화와 같은 시기의 강원도 고성군 문암리(文岩里) 유적(BCE 6000년 이상)의 것과 동일한 것이다.[51] 이는 당시 요하 일대와 한반도가 단일 문화권이었음을 상정하게 한다. 한국의 신석기시대 문화에 정통한 세계적인 고고학자 사라 넬슨(Sara Nelson)은 요서(遼西)의 사해문화(査海文化)와 내몽골 여신제단 문화가 특히 한국과 밀접한 관계가 있는 것으로 보았다.

오랑캐의 땅으로 멸시하던 만리장성 밖, 요하 유역에서 새로운 유적들이 계속 발견됨에 따라 연대는 상향 조정되고 있으며 이에 따라 홍산문화는 황하문명의 아류가 아니라 오히려 황하문명의 원류인 것으로 주목받고 있다. 여러 적석총에서 무더기로 쏟아져 나온 5,000년 전의 C자형 옥룡(玉龍), 비파형 옥검, 옥인장(玉印章) 등 옥기 부장품은 이미 5,500년 전에 제정일치의 국가 조직을 갖춘 상고 문명이 존재했음을 시사하는 것이다.[52] 토양에 철 성분이 많아 붉은 기운이 도는 홍산 일대의 이 문화는 중국의 중원문화, 즉 중국의 신석기문화인 황하 유역의 앙소문화(仰韶文化)와는 판이하게 다른 문화 유형으로, 환웅(桓雄) 신시(神市), 고조선과 연계된 한반도 초기 역사와 밀접한 관련이 있는 것으로 나타난다. 홍산문화 유적이 발굴되기 전까지 중국의 고대사는 황하 유역의 하(夏)나라에서 시작하여 상나라(商, 殷), 주나라로 이어지는 시기로 설정되어 있었다.

후기 홍산문명은 『삼국유사』에 언급된 신시(神市)이고, 초기 청동기시대 하가점하층문화(夏家店(샤자뎬)下層文化, BCE 2000~BCE 1500)는 고조선 시대로 비정할 수 있으며, 하가점하층문화에서 하(夏)나라보다 800년 앞선 청동기들이 출토된 것이다. 홍산문화가 그동안 중국이 견지했던 중국문화와 전혀 다른 동이족의 문화이며 연대도 앞선 것이 분명해지자 중국은 태도를 바꿔 이들 문화를 중국문화의 틀 안에 수용하겠다고 나섰다. 요하문명을 중화문명의 시원으로 설정하여 북방 고대 민족의 상고사를 중국사로 편입하겠다는 것이다. 이것이 '동북공정'과 '중화문명탐원공정(中華文明探源工程, 일명 랴오허 공정(遼河工程))'의 실체다. 그런데 중국인들이 홍산문화를 중국의 역사로 간주했다는 것은 중요한 사실을 시사한다. 즉, 홍산문화 유적의 발견으로 중국문명의 뿌리가 황하가 아니라 랴오닝(遼寧) 지역이며, 동이족의 홍산문명이 황하문명보다도 빨리 고대 국가를 형성했고, 그동안 야만족이라고 비하했던 동이(東夷)가 본류임을 인정해야 하는 모순이 생긴다.[53]

　중국은 하(夏)나라 이전 시기의 전설 속 인물인 '삼황오제(三皇五帝)'가 실재 인물이라는 확실한 증거를 요하문명(遼河文明)의 핵심인 홍산의 우하량 유적에서 찾은 것이다. 2003년 6월부터 정식으로 개시된 중화문명탐원공정은 삼황오제 시대를 중국 역사에 편입함으로써 중화문명이 이집트나 수메르 문명보다 앞선 세계 최고(最古)의 문명임을 밝히려는 중대 과학연구 프로젝트로 기획된 것이다. 『제왕운기(帝王韻紀)』에서는 삼황오제가 태호복희(太皞伏羲)·염제신농(炎帝神農)·황제헌원(黃帝軒轅)의 삼황과, 소호금천(小昊金天)·전욱고양(顓頊高陽)·제곡고신(帝嚳高辛)·제요방훈(帝堯放勳, 陶唐氏, 唐堯(요 임금))·제순중화(帝舜重華, (有)虞氏, 虞舜(순 임금))의 오제라고 기록하였다.[54] 『환단고기』「태백일사」제3 신시본기(神市本紀)에서는 배달국 제5대 태우의(太虞儀) 환웅의 막내아들이 태호복희씨(太皞伏羲氏)이며,[55] 염제신농씨(炎帝神農氏) 또한 고시씨(高矢氏)의 방계 자손인 동이(東夷) 소전(少典)의 아들[56]이라고 하고 있으니, 그들 모두 동이인이다.

또한 사마천(司馬遷)의 『사기(史記)』에는 중국 도교(道敎)의 시조인 황제헌원(黃帝軒轅)으로부터 순(舜), 우(禹) 임금에 이르기까지 모두 동이 소전(少典)의 후손으로 같은 성에서 나왔으며 헌원의 8대손이 순 임금이라고 하고 있다.[57] 중국 진(秦)나라 갈홍(葛洪)의 『포박자(抱朴子)』와 대야발(大野勃)의 『단기고사(檀奇古史)』에는 옛날 황제헌원이 동(東)에 있는 청구(靑丘) 땅에 이르러 풍산(風山: 중국 산동반도)을 지나는 자부선인(紫府仙人)을 만나 『삼황내문(三皇內文)』을 받았다(昔黃帝東到靑丘 過風山 見紫府先生 受三皇內文)는 기록이 있다. 청구 땅은 배달국 제14대 치우천황이 널리 개척한 땅(『桓檀古記』, 「三聖記全」 上篇)이므로 동이(東夷)의 땅이다. 황제헌원이 동이에 와서 『삼황내문』을 받아 간 것을 계기로 우리의 신교문화(神敎文化)가 중국에 전해지게 되었다. 신교는 중국 도교의 원형이다. 『삼황내문』은 원래 녹서(鹿書)로 쓰여졌는데 지금은 전해지지 않고 있다.

또한 『사기』에서와 마찬가지로 『제왕운기』 「삼황오제」에서도 헌원의 호(號)를 유웅씨(有熊氏)라고 하고 있는 것으로 보아 황제 헌원은 동이인임이 분명하다. 유웅씨는 곧 '곰'씨이며 이는 헌원이 '곰족'의 후예로 그의 뿌리가 동이인임을 말해 준다. 이러한 사실은 단군왕검의 어머니가 곰을 토템으로 하는 종족의 웅씨(熊氏) 왕녀였다는 점을 생각하면 쉽게 알 수 있다. 그렇게 되면 헌원의 후손인 오제(五帝)도 모두 동이인인 셈이다. 이처럼 중국이 그들의 시조로 받드는 삼황오제가 모두 하나의 뿌리 즉 동이에서 나왔다는 사실은 중국 왕조의 시원을 짐작하게 하는 것이다. 이렇게 되면 고대 중국의 역사는 동이족의 여러 지류가 중원으로 흘러 들어가 성립된 왕조들의 역사라는 주장이 설득력을 얻게 된다.

산동 출신의 저명한 중국학자 부사년(傅斯年)에 따르면, 동방에서 동이족인 태호(太昊, 太皞伏羲)족과 소호(小昊, 小昊金天)족은 중국 산동반도로 이주하여 중국 고대국가 형성 및 고대문화 형성에 커다란 공헌을 하였다. 그가 제시한 태호족의 문화적 업적으로는 결혼제도 확립, 화식(火食) 제도 확립, 농경기술 전수, 새끼매듭 의사소통법[結繩]과 그물 짜는 법[網罟] 전수, 비파(거문고의 일종) 36줄 제작, 8괘(卦)와 64괘 제작, 관직명을 '용(龍, 靑龍·赤龍 등)'으로 명명한 것, 오행(五行) 가운데 목(木)을 덕으로 삼은 것, 풍성(風姓)으로 뱀의 몸에 사람의 머리(蛇身人首)를 왕족의 표시로 사용한 것, 고대의 예악(禮樂) 체계 형성과 생활 수준 향상에 크게 공헌한 것 등을 들 수 있다. 본읍(墟, 첫 수도)은 진(陳, 河南城 開封府)이었으며, 태호족(복희씨)의 후손은 임(任)·숙(宿)·수구(須句)·전유(顓臾)의 4국이었다.[58]

「태백일사(太白逸史)」 신시본기(神市本紀)는 『밀기(密記)』를 인용하여 복희씨가 지금의 하남성(河南城, 허난성) 개봉부에 있는 진(陳)으로 가서 이름을 서토(西土)에 날렸다고 기록하였다.

복희는 신시에서 태어나 우사의 직을 세습하고 뒤에 청구와 낙랑을 거쳐 진(陳)으로 옮겨가 수인(燧人)·유소(有巢)와 나란히 그 이름을 서토에 날렸다. 후예가 나뉘어 풍산에 살아서 또한 성을 풍이라고 하다가 후에 다시 나뉘어 패(佩)·관(觀)·임(任)·기(己)·포(庖)·이(理)·사(姒)·팽(彭)의 여덟 성씨가 되었다. 지금 산서성 제수(濟水)에 복희족의 옛 거처가 있다. 임(任)·숙(宿)·수구(須句)·수유(須臾) 등의 나라가 모두 이곳을 둘러싸고 있다.

伏羲 出自神市 世襲雨師之職 後經靑邱樂浪 遂徒于陳 並與燧人有巢 立號於西土也 後裔分居于風山 亦姓風 後遂分爲佩觀任己庖理姒彭八氏也 今山西濟水 羲族舊居尙在 任宿須句須臾等國 皆環焉.[59]

태호족에 뒤이어 소호족이 산동반도에 이주하여 고조선문명의 선진문물을 고중국인들에게 전수하였다. 부사년이 제시한 소호족의 특징과 공헌으로는 관직 호칭을 새[玄鳥·丹鳥·祝鳥·爽鳥 등 鳥官名]* 이름으로 명명한 것, 오행사상에서 금(金)의 덕으로 왕이 되었으므로 금천씨(金天氏)라고도 한 것, 활과 화살(弓矢) 제조법을 전수한 것, 법률제도[制刑]·목축으로 이름이 높았던 것, 거주의 지리적 위치가 태호족과 동일하며 태호족에 뒤이어 들어왔기 때문에 소호라고 호칭된 것 등을 들 수 있다. 본읍(墟, 첫 수도)은 공자(孔子)의 고향인 산동성 곡부(曲阜·窮桑·空桑)였으며, 소호족의 후예는 크게 번창하여 여러 소국(小國)들을 세웠는데, 상(商, 殷)나라 말기의 엄(奄), 회이(淮夷)의 서(徐), 서방의 진(秦)·조(趙)·양(梁), 중원의 갈(葛), 동남의 강(江), 황(黃) 등이 모두 소호의 후예였다. 소호의 후예는 네 개의 큰 성(姓)으로 나뉘어 번창했는데, 영(嬴)·기(己)·언(偃)·윤(允)이 대표적인 사성(四姓)이다.[60]

요녕(遼寧) 지역에서 대규모로 출토된 동이족의 홍산문화 유적은 환국·배달국·단군조선의 역사적 실재와 그 전개 과정을 생생하게 보여준다. 이처럼 역사는 역사서에만 기록되어 있는 것이 아니라 앞서 살펴본 바와 같이 하늘에도 새겨져 있고 또 땅에도 새겨져 있는 것이다. 환웅(桓雄) 신시(神市) 배달국은 9파(派)의 이(夷)로 이루어진 까닭에 '구이(九夷, 九黎)'라 부르기도 하고, 동방을 이(夷)라 하였으므로 '동이(東夷)'라고도 불렀다. 고대로부터 중국인들은 우리 '한'족을 동이족―예(濊), 맥(貊)족 또는 숙신(肅愼)―이라고 불렀는데 이(夷)라는 글자는 활 궁(弓)자와 큰 대(大)자가 합쳐진 큰 활(大弓)을 뜻하

---

* 예로부터 우리 민족은 태양을 숭배하고 하늘을 나는 새(鳥)를 토템으로 애호하였다. 三足鳥를 태양 속에 그려 넣은 고구려 벽화의 '日中三足鳥', 蘇塗의 표징으로 새를 꼭대기에 앉힌 솟대가 세워진 것 등은 새가 우리 민족의 토템임을 분명히 알 수 있게 한다.

는 것[61]으로 이는 우리 민족이 활을 다루는 것에 능하였음을 말하여 주는 것이다. 중국 25사(二十五史)의 하나로 후한(後漢)의 정사(正史)인 『후한서(後漢書)』 권(卷) 85 「동이열전(東夷列傳)」 제75에는 동이(東夷)를 '도(道)에 의거해 있는 영원불멸의 군자국'으로 묘사하고 있다.

> 왕제(王制)에 이르기를, 동방을 이(夷)라 한다. 이(夷)란 뿌리이니, 어질어서 살리기를 좋아하는 것은 만물이 땅의 뿌리에서 나오는 것과 같다. 고로 천성이 유순하여 법도로써 다스리기 쉬워 영원불멸의 군자국이 된 것이다. 이(夷)에는 아홉 종류가 있으니, 견이·우이·방이·황이·백이·적이·현이·풍이·양이가 그것이다. 고로 공자도 구이(九夷)에 가서 살고 싶어했다.
>
> 王制云 東方曰夷 夷者 柢也 言仁而好生 萬物柢地於出 故天性柔順 易以道御 至有君子不死之國焉 夷有九種 曰畎夷·于夷·方夷·黃夷·白夷·赤夷·玄夷·風夷·陽夷 故孔子欲居九夷也.[62]

『삼국유사』에는 환국의 말기에 높은 서자 벼슬을 하는 환웅(桓雄: 광명한 정치를 하는 영웅이란 뜻)이 환인천제로부터 천부인(天符印) 세 개를 받고 신시(神市)에 도읍하여 세상을 다스리는 이야기가 나온다: "환국의 서자 환웅*이 인간 세상에 뜻을 품으매 환인이 그 뜻을 알고 삼위태백(三危太白)을 내려다보니 가히 홍익인간 할 만한지라 이에 천부인(天符印) 세 개를 주어 인간 세상

---

* 일제에 의해 날조되지 않은 『三國遺事』 中宗壬申刊本에는 '桓仁庶子桓雄(환인의 서자 (첩의 아들) 환웅)'이 아닌, '桓國庶子桓雄(환국의 서자 환웅)'으로 되어 있다. 즉, '환국에 높은 서자 벼슬을 하는 환웅'이라는 뜻이다. 중국의 辭源에 따르면 서자란 '태자의 스승, 기타 높은 벼슬의 명칭'이다. 환웅은 사람 이름이 아니라 일종의 직함으로 역대 제왕을 지칭하는 보통명사이다. 다만 배달국을 개창한 제1세 환웅 居發桓은 이름 없이 '환웅천왕(또는 환웅천황)'으로 호칭되기도 한다.

을 다스리게 하였다. 환웅이 무리 3천을 거느리고 태백산 꼭대기 신단수(神壇樹) 아래 내려와 그곳을 신시(神市)라 이르니 그가 바로 환웅천왕이다. 그는 풍백(風伯)·우사(雨師)·운사(雲師)를 거느리고 곡식(穀)·생명(命)·질병(病)·형벌(刑)·선악(善惡)을 주관하는 등, 무릇 인간의 360여 가지 일을 다스리고 교화하였다."[63]

「태백일사」 제4 삼한관경본기(三韓管境本紀) 마한세가(馬韓世家) 상(上)에는 환웅천왕이 역(曆, 달력)을 만들어 365일 5시간 48분 46초를 일 년으로 삼았다[64]는 내용도 나온다. 「삼성기전」 하편에도 『삼국유사』와 유사한 환웅 신시(神市)개천 관련 내용이 나온다.

> 환국의 말기에 안파견(安巴堅)이 아래를 내려다보며 "삼위태백(三危太白)이 모두 홍익인간 할 만한 곳이니 누구를 보낼 것인가?" 하고 묻자, 오가(五加)* 모두 대답하기를, "서자 환웅이 있어 용맹과 어짊과 지혜를 겸비하였으며 일찍이 홍익인간의 이념으로 세상을 바꾸고자 하는 뜻이 있었으니 그를 태백으로 보내어 다스리게 하는 것이 좋겠습니다." 이에 천부인 3종(種)을 주며 칙령을 내려 말하길, "사람과 만물의 할 바가 이미 지어져 있으니 그대는 수고로움을 아끼지 말고 무리 3천을 이끌고 가서 하늘을 열고(開天) 가르침을 세우고 세상을 이치로 다스려 자손만대의 홍범(洪範)이 되게 하라" 하였다. …이에 환웅이 무리 3천을 이끌고 태백산 꼭대기 신단수 아래로 내려왔으니 그곳을 신시(神市)라 하고 그를 환웅천왕이라 한다. 풍백(風伯)·우사(雨師)·운사(雲師)를 거느리고 곡식(穀)·생명(命)·형벌(刑)·질병(病)·선악(善惡) 등 무릇 인간의 360여 가지 일을 주관하여 세상을 이치로 교화하고 널리 인간 세상을 이롭게 하였다.

---

* 五加는 牛加, 馬加, 狗加, 猪加, 羊加(또는 鷄加)를 뜻한다.

桓國之末 安巴堅下視: 三危太白 皆可以弘益人間 誰可使之 五加僉曰: 庶子 有桓

雄 勇兼仁智 嘗有意於易世以弘益人間 可遣太白以理之 乃授天符印三種 仍勅曰:

如今人物業已造完矣 君勿惜厥勞 率衆三千而往 開天立敎 在世理化 爲萬世子孫

之洪範也…於是 桓雄率衆三千 降于太白山頂神壇樹下 謂之神市 是謂桓雄天王

也 將風伯·雨師·雲師 而主穀·主命·主刑·主病·主善惡 凡主人間三百六十餘事

在世理化 弘益人間.[65]

위 인용문은 환인 7대(3,301년)로 이어진 환국시대가 막을 내리고 환웅 18 대(1,565년)로 이어지는 배달국 신시시대가 개창하는 과정을 보여준다. 여기 서 몇 가지 유의해야 할 점이 있다. 첫째, 위 인용문에 나오는 환웅은 BCE 3898년에 배달국 신시시대를 개창한 배달국 1세 거발환(居發桓) 환웅이라는 점이다. 다시 말해 환웅은 단군왕검의 아버지를 지칭하는 고유명사가 아니 라, '환인(桓仁)'이나 '단군(檀君)'과 마찬가지로 감군(監群: 무리의 우두머리)을 의미 하는 직함이라는 것이다. 단군조선이 개창하게 되는 것은 그로부터 1,565년 후인 BCE 2,333년이며, 단군왕검의 아버지는 배달국 마지막 18대 환웅인 거 불단(居弗檀) 환웅 즉 단웅(檀雄)이다.

그런데 『삼국유사』에서는 배달국 신시시대의 개창과 관련된 '삼위태백(三 危太白)'이라는 지명이 나오면서 같은 시기에 '환웅 천손족(天孫族, '한'족)'이 원 주민인 '곰 토템족('貊'족)'의 웅씨(熊氏) 왕녀와 혼인하여 단군왕검을 낳았다고 적시되어 있다. 「삼성기전」 하편에도 같은 이야기가 나오지만 단군왕검이 라고 적시하지는 않고 아들을 낳았다고만 기록되어 있다. 이렇게 되면 배달 국 신시시대가 시작과 동시에 단군조선 시대로 넘어가게 되므로 신시시대 1,565년이 증발해버리는 셈이 된다. '환웅 천손족'과 원주민인 '곰 토템족'의 융화, 통혼 과정은 오래되었겠지만, 중요한 것은 우리나라의 국통(國統)이 환웅에서 단군왕검으로 이어졌다는 사실이므로 이를 분명히 하려다 보니 장구한 역사를 압축적으로 기록하는 과정에서 생겨난 문제인 것으로 보인다.

둘째, '삼위태백(三危太白)'이라는 지명에 관한 것이다. 배달국 신시시대의 개창과 관련된 이 지명을 환웅이 웅녀와 혼인하여 단군을 낳았다는 이른바 '단군설화'와 연결시키면서, 마치 삼위태백이 단군조선의 개창과 관련된 지명처럼 여겨진다는 점이다. 그러나 여러 사서의 기록에 나오듯이 '삼위태백'은 1,565년간 지속되는 배달국 신시시대의 개창과 관련된 지명이다. '삼위(三危)'를 지금의 감숙성(甘肅省, 간쑤성) 돈황현(敦煌縣)에 있는 삼위산(三危山)이라고 보는 것에 대해서는 대체로 공감대가 형성되는 것으로 보인다. 그것은 신라의 승려 혜초(慧超)가 고대 인도의 다섯 천축국을 답사하고 쓴 『왕오천축국전(往五天竺國傳)』(727)이라는 여행기가 돈황(敦煌, 둔황) 천불동(千佛洞) 석불에서 발견되기도 했거니와, 그곳 천불동 벽화에는 고구려 기마수렵도와 풍백(風伯)·운사(雲師)·우사(雨師)로 해석되는 벽화 등이 있어 우리 민족과 관련이 깊은 곳으로 여겨지기 때문이다.

다음으로 '태백(太白)'을 태백산(太白山)으로 보는 것에 대해서는 대체로 공감대가 형성되고 있지만 어느 태백산이냐에 대해서는 견해가 일치하지 않고 있다. 감숙성과 접해 있는 섬서성(陝西省, 산시성)에는 지금도 '태백산(太白山)'이라는 지명이 감숙성의 삼위산과 함께 나란히 지도상에 표기되어 있어 '삼위태백'이라는 연결된 지명으로 볼 수 있게 한다. 단군조선 시대에는 섬서성 빈(邠)·기(岐)의 땅에 관제(官制)를 설치하고 그곳에 일반 백성들이 오래도록 고속(古俗)을 유지하고 살았으며, 빈(邠)·기(岐)의 유민과 결속하여 나라를 세워 '여(黎)'라 했다고 『환단고기』, 『단기고사』, 『규원사화』 등에 기록되어 있거니와, 여러 사료에 기록된 동이족의 활약상과 관련된 주요 지명들의 분포로 볼 때 그 땅이 이미 배달국 신시시대 때부터 우리 민족과 관련이 깊었던 것으로 생각할 수 있다.

섬서성 장안(長安, 西安)은 한(漢)·당(唐) 시기의 수도이자 문화예술의 고도(古都)로 유명한 곳이기도 하지만, 오늘날 중국이 주창한 '신 실크로드' 구상의 핵심지역이 섬서성에서 신장위구르자치구(新疆維吾爾自治區, 신장웨이우얼자치구)로 이어지는 서북 5개 성으로 확정된 것을 보더라도 이 일대가 동서 가교의 요충지임은 분명하다. 실크로드의 '출발점'인 섬서성과 그 '황금구간'인 감숙성은 환웅 신시의 개창과 관련된 '삼위태백'이 위치한 곳이 아닐까? 이에 대해서는 더 연구가 필요할지언정 아니라고 단정할 수는 없다고 본다. 단군왕검 재위 51년 무오년(BCE 2283)에 단군께서 운사(雲師) 배달신(倍達臣)에게 명하여 혈구(穴口: 지금의 강화도)에 삼랑성(三郎城, 鼎足山城)을 건설하고 마리산(摩璃山, 摩利山)에 제천단(祭天壇)을 쌓게 하였는데 그것이 지금의 참성단(塹城壇)이라고 기록[66]한 것으로 보아 그 시기에 백두산 역시 우리 민족의 성산이었던 것으로 보인다. 그런데 BCE 3898년 배달국 신시시대가 열린 당시의 '태백'이 '백두산'이라고 주장하려면, 백두산이 그 당시에 태백산이었다는 것을 입증할 명확한 근거가 제시되어야 할 것이다.

셋째, '서자'라는 명칭에 관한 것이다. 일제가 『삼국유사』에 나오는 내용 중에 "옛날에 환국의 서자 환웅이 있어(昔有桓國庶子桓雄)"를 "옛날에 환인의 서자 환웅이 있어(昔有桓因庶子桓雄)"로 변조하고, '환인의 첩의 아들(서자) 환웅'을 유도하였다는 것은 앞서 살펴본 바이다. 서자는 적자(嫡子)에 대비되는 서자라는 의미가 아니라 '높은 서자 벼슬을 하는 관리'라는 의미이다. 당나라 유인궤의 관직이 '좌서자(左庶子同中書門下三品)'[67]인 것을 생각하면 쉽게 이해할 수 있다. 또 한 가지는 위에서 보듯이 홍익인간·재세이화(在世理化)의 이념은 단군조선 시대에 처음 나온 것이 아니라 이미 환국시대 때부터 유구하게 전승되어 온 것이라는 점이다. 그리고 위 인용문에서 '하늘을 열고(開天)'는 '하늘의 뜻을 세상에 펼치고'라는 의미로서 이미 배달국 시대에 신시개천(神市開天)이 이루어졌다는 점이다.

여기서 천부인(天符印) 3종(種)은 제왕의 권위를 상징하는 신표(信標)로서 청동검·청동거울·곡옥(曲玉)의 세 가지이다. 「태백일사(太白逸史)」 제4 삼한관경본기(三韓管境本紀)에는 청동거울에 천부경(天符經)이 새겨진 것으로 나온다. 곡옥은 그 굽은 형태가 태아와 닮았다고 해서 생명의 씨앗 등의 의미가 담긴 것으로 보기도 하는데 역대 왕실의 상징이었다. 고고학적 발굴에서 청동검·청동거울·곡옥이 한 세트로 출토된 것[68]도 이러한 사실을 뒷받침한다. 일본 왕가(王家)의 즉위식에서는 실물이 공개된 적은 없지만 지금도 이 '3종(種) 신기(神器)'를 물려받음으로써 왕권 계승을 공식화한다. 일본 『고사기(古事記)』와 『일본서기(日本書紀)』에 따르면 이 '3종 신기(神器)'는 건국의 여신 아마테라스 오미카미(天照大神)가 전해준 것으로 일본 왕가(王家)에 대대로 계승돼 온다고 한다. 고대 일본의 역사는 고대 우리나라가 일본 왕조의 발상지이며 일본 민족의 시원이라는 사실이 이 '3종 신기(神器)'에서도 드러난다.

「삼성기전」 하편 신시역대기(神市歷代記)에 "배달(倍達)은 환웅이 천하를 평정하여 붙인 이름으로 그 도읍을 신시(神市)라 하였다"[69]고 기록되었다. 국호인 '배달'은 '밝달'에서 유래한 것으로 '환(桓)'과 마찬가지로 '광명'의 의미를 지니고 있다. 이는 광명이세(光明理世)라는 밝은 정치이념과 긴밀한 관계가 있다. 배달국의 신시시대에는 환웅천황이 군왕이 되어 경천숭조(敬天崇祖)하고 보본(報本: 근본에 보답함)하는 소도교(蘇塗敎, 수두교)를 펴고 법질서를 보호하며 백성을 두루 교화하였다. 「삼성기전」 하편에는 환웅천황이 개천(開天)하여 백성들을 교화할 때 천부경(天符經)을 풀이하고 삼일신고(三一神誥)를 강론하여 크게 가르침을 편 것으로 기록되어 있다.[70]

「태백일사」 신시본기(神市本紀)와 「삼성기전」 하편 등에서는 환국의 7대

지위리(智爲利) 환인[檀仁]의 뒤를 이어 거발환(居發桓) 환웅(桓雄: 광명한 정치를 하는 영웅)이 BCE 3898년에 배달국(倍達國, 桓雄 神市)을 개창해 18대를 전하여 지난 햇수가 1,565년이라고 기록하였다.[71] 환국본기에는 신시(神市)에 오사(五事)가 있다고 나온다. 이른바 오사란 우가(牛加)는 곡식을 주관하고(主穀), 마가(馬加)는 생명을 주관하고(主命), 구가(狗加)는 형벌을 주관하고(主刑), 저가(猪加)는 질병을 주관하고(主病), 양가(羊加 혹은 鷄加)는 선악을 주관함(主善惡)을 말하는 것이다.[72]

배달국의 통치 체제는 풍백(風伯)·우사(雨師)·운사(雲師)의 3상(相)과, 주곡(主穀)·주명(主命)·주형(主刑)·주병(主病)·주선악(主善惡)의 5부(部)로 이루어진 '3상5부제'였다. 여기서 3상(相)은 1백(伯) 2사(師)이니, 풍백이 제1재상이고 2사(師)는 보좌하는 재상이었다. 풍백과 2사(師)의 관계는 영의정과 좌·우의정의 관계와도 같은 것이다. 3상(相)인 풍백·우사·운사의 명칭이 바람·비·구름과 같이 '기후'와 관련되어 있어 흔히 농경문화와 밀착된 것으로 보는데, 농경문화만이 아니라 기마수렵인(騎馬狩獵人)에게도 마찬가지로 중요한 것이다. 「태백일사(太白逸史)」 삼한관경본기(三韓管境本紀) 마한세가(馬韓世家) 상(上)에는 "옛적에 우리 환족(桓族)은 이미 유목·농경하는 곳이었다"[73]고 기록되어 있다. 우리 민족이 농경문화뿐만 아니라 일찍이 기마문화(騎馬文化)를 발전시켰다는 것은 고구려 고분벽화 등을 통해 잘 알려진 사실이다. 우리 민족이 진취적으로 유라시아 대륙을 누빌 수 있었던 것도 매우 일찍 '말'이 교통·통신 수단으로 이용되는 등 기마문화가 형성되고 특유의 기마술이 보급되었기 때문이다.

조선 숙종 원년(1674)에 저술한 것으로 전해지는 북애자(北崖子)의 『규원사화(揆園史話)』 「단군기(檀君記)」에서는 신시씨(神市氏, 桓雄)가 동방 인류의 조상으로 아주 오랜 옛날에 나라의 기틀을 잡았으니 단군 이전의 성인이라고 했고, 「태시기(太始記)」에는 환웅이 군장이 되어 신교(神敎)를 선포하고 치우씨(蚩尤氏)·고시씨(高矢氏)·신지씨(神誌氏)·주인씨(朱因氏) 등에게 명하여 모든 것을 계발하게 함으로써 나라를 다스린 것으로 나온다. 치우씨로 하여금 병마(兵馬)를 관리하고 도적을 막는 직책을 관장케 했으며, 고시씨[高矢禮]*로 하여금 농업과 목축을 관장케 했고, 신지씨로 하여금 글자를 만들고** 왕명(王命) 출납을 관장케 했으며, 주인씨***로 하여금 혼인제도를 만드는 일을 관장하게 했다.

이 중에서 후세에 치우·고시·신지의 후예가 가장 번성했다. 치우씨의 후손은 서남지방을 점령하여 살았고, 신지씨의 후손은 북동지방에 많이 살았으며, 고시씨의 후손만은 동남쪽으로 유전(流轉)해 가서 진한(辰韓), 번한(番韓, 弁韓)의 제족(諸族)이 되었다. 후세에 이른바 삼한이 모두 그 후손이라고 밝히고 있다. 이 세 족속의 후손은 또 9파(九派, 九夷, 九黎, 九桓), 즉 견이(畎夷)·우이(于夷)·방이(方夷)·황이(黃夷)·백이(白夷)·적이(赤夷)·현이(玄夷)·풍이(風夷)·양이(陽夷)로 분화되어 그 지손(支孫)은 다르지만 원 조상은 다 같아서 크게 다르지 않다고 했다.[74] 『규원사화』 「태시기」와 「태백일사」 제3 신시본기에는 풍이족(風夷族)인 복희씨(伏羲氏)―배달국 제5대 태우의(太虞儀) 환웅의 막내아들―가 태우의 환웅 때 체계화된 신선도문화를 가지고 서쪽 중토(中土, 中原)로 나아가 임금이 되었고, 팔괘(八卦)를 그려 중토 역리(易理: 易의 이치)의 원조가 되었다고 나와 있다.[75]

---

* 들에서 농사짓고 산에서 나무하던 사람들이 밥 먹을 때 '고시례'라고 하는 것은 고시씨의 은혜를 기리는 말이다.

** 神誌 赫德은 환웅천황의 명을 받아 사슴 발자국 모양을 딴 鹿圖文을 만들었다. 이것이 우리나라 최초의 문자이다.

*** 혼인 중매하는 사람을 '주인'이라고 하는 것은 주인씨에서 내려오는 말이다.

배달국 1,565년 역사 중 부국강병의 절정을 이룬 시기는 제14대 치우천황 (蚩尤天皇, 일명 慈烏支桓雄) 시대이다. 일명 '도깨비'와 '붉은 악마'로 알려진 치우 천황은 BCE 2707년에 제위에 올랐다. 그는 도읍을 신시에서 중원의 핵심인 청구(靑邱)로 옮겼으며, 영토를 크게 확장하여 회남(淮南)·산동·북경·낙양을 다 차지하기에 이르렀다. 헌원(軒轅, 후에 黃帝가 됨)이 도전해 왔을 때 그는 산 동의 탁록(涿鹿)에서 맞아 크게 싸워 헌원이 겨우 목숨을 건져 달아나매, 탁 록에 축성(築城)하고 회남·산동에 자리잡게 되었다[76]고 「태시기」에는 기록 되어 있다. 또한 「태시기」에 인용된 '치우씨가 비로소 투구와 갑옷을 만들매 그때 사람들이 이를 알지 못하여 동두철액자(銅頭鐵額者: 구리로 된 머리와 쇠로 된 이마)라 하였다'고 한 것이나, '예로부터 내려오는 교훈에 치우씨가 난을 일으 킨다[77]고 한 것을 보면 그들이 치우씨를 두려워한 것임은 분명하다.

우리 민족이 전쟁터에 나가기 전 치우천황 사당에 절을 하고 치우천황 깃 발을 들고 전쟁터에 나간 것, 치우천황상이 현재 육군사관학교 투구 상징마 크가 되어 있고 우리나라 기와집 와당과 기념석 등에도 치우천황상이 그려 져 있는 것, 그리고 지금도 치우천황 사당이 태국, 베트남, 미얀마 등지에 수 없이 산재해 있는 것 등은 치우천황이 역사적 실존 인물임을 말해 주는 것 이다. 또한 진한(秦漢) 때 시월이면 산동성 동평(東平)에 있는 치우천황의 무 덤에서 주민들이 제사를 지내는데 반드시 비단폭과 같은 붉은 기운이 일어 났다고 하며 이것을 치우기(蚩尤旗)라 일컬었다고 한다.[78] 지난 2002월드컵 대회에서 전국을 수놓았던 붉은 악마의 물결은 반만년 만에 되살아난 치우 천황의 넋이 담긴 치우기의 함성이었는지도 모른다.

「삼성기전(三聖紀全)」 하편 신시역대기(神市歷代記)에 기록된 배달국 18대 1565년간(BCE 3898~BCE 2333) 역대 연표를 정리하면 〈표 2.1〉과 같다.

왕 대 (王代)	재위년수 (年)	제왕 이름 (桓雄)	즉위년도 (BCE)
1	94	환웅천왕, 일명 거발환(居發桓)	3898
2	86	거불리(居佛理)	3804
3	99	우야고(右耶古)	3718
4	107	모사라(慕士羅)	3619
5	93	태우의(太虞儀)	3512
6	98	다의발(多儀發)	3419
7	81	거련(居連)	3321
8	73	안부련(安夫連)	3240
9	96	양운(養雲)	3167
10	100	갈고(葛古), 일명 갈태천왕(葛台天王 또는 瀆盧韓)	3071
11	92	거야발(居耶發)	2971
12	105	주무신(州武愼)	2879
13	67	사와라(斯瓦羅)	2774
14	109	자오지(慈烏支 혹은 蚩尤天王)	2707
15	89	치액특(蚩額特)	2598
16	56	축다리(祝多利)	2509
17	72	혁다세(赫多世) 환웅	2453
18	48	거불단(居弗檀 혹은 檀雄)	2381

〈표 2.1〉 배달국 18대 역대 연표

　다음으로 단군조선의 역사적 실재와 관련해서는 앞서 언급한 홍산문화(紅
山文化) 유적 외에도 여러 실증 사료들이 있다. 1982년 소련 과학원 시베리아
분원의 역사언어철학연구소가 한국, 중국, 일본, 소련의 고조선 연구와 고
고학적 발굴 성과를 총정리하여 출간한 『고조선』의 주요 내용을 보면, '고조
선의 영토는 한반도뿐만 아니라 만주와 요동지역을 포함하며 비파형 단검
문화라고 하는 독자적 문화를 발전시켰고, 기자조선은 한(漢)대에 허위로 꾸
며진 것이며 한사군(漢四郡)은 현재의 한반도 밖에 존재했고, 고조선 지역 청
동기의 시작은 BCE 2천 년 후반기이며 고조선은 국가단계로서 초기 철기시
대로 추정된다'[79]라고 한 것은 주목할 만하다.

고조선 연구의 선구적인 인물로 평가받고 있는 러시아 역사학자 유리 미하일로비치 부틴(Yuri Mikhailovich Butin)의 저서 『고조선 연구』(1982)[80]는 많은 중국 사서에 의한 사료 분석과 남북한, 중국, 소련 역사학자들의 연구성과 그리고 동아시아 지역에서 출토된 유물들을 근거로 고조선의 영역을 추정하였다. 그에 따르면 과거 고조선이었던 지역은 고인돌로 대표되는 거석문화(巨石文化)의 특징을 가지고 있으며 이 지역의 청동기는 중국의 영향을 받지 않은 독자적인 것이다. 주로 현재의 요동지역과 청천강 이북 지역에 이러한 유물들이 나타나는 것으로 보고 고조선의 영역은 남만주와 한국 북부(청천강 이북)를 중심지역으로 하고 있었다고 주장한다. 한대(漢代) 이전에 현토와 낙랑지역에 이르렀던 조선의 영역은 한 번도 중국의 제후국이 된 적이 없고 연(燕)나라나 주(周)나라에 예속된 적도 없다. '기자동래설(箕子東來說)'*은 '중국인이 조선 영토에 대한 권리 주장을 합법화하기 위해 한대(漢代)에 조작된 것이다'[81]라고 했다.

  부틴이 러시아에서 고대사 세미나 중에 했다는 발언이 인터넷을 뜨겁게 달구면서 인구(人口)에 회자(膾炙)되고 있다. "동북아 고대사에서 단군조선을 제외하면 아시아 역사는 이해할 수가 없다. 그만큼 단군조선은 아시아 고대사에서 중요한 위치를 차지한다. 그런데 한국은 어째서 그처럼 중요한 고대사를 부인하는지 이해할 수가 없다. 일본이나 중국은 없는 역사도 만들어내는데 당신들 한국인은 어째서 있는 역사도 없다고 그러는지 도대체 알 수 없는 나라이다." 중국인들이 마오쩌둥(毛澤東)보다 더 존경하는 저우언라이(周恩來) 총리가 1963년 6월 중국을 방문한 북한 조선과학원 대표단 20명

  ---

  * 殷나라 箕子가 東으로 와서 단군조선에 이어 기자조선을 세우고 왕 노릇을 했다는 설이다.

과 만난 자리에서 중국 국수주의 사학자들의 고조선-고구려-발해사 왜곡을 통렬히 비판하며 이를 조선 역사로 인정했던 발언록—이른바 '저우언라이 1963년 발언록'—이 나와 있음에도 여전히 '단군신화'를 주문처럼 읊어대는 연구자들은 대체 어느 나라의 연구자들인가?

일제가 한반도 강점 후 한국의 국내 각처에 산재한 단군조선 삼한의 고대 사료 등 51종 20여만 권을 수거해 불태워 없애거나 일본 왕실로 가져갔으며, 1915년 창경궁 안에 일본식 건물의 장서각을 지어 그곳으로 이관한 도서 내역 중 우리 고대사 도서가 5,355종 10만 137책이었고 날조된 반도조선사(현행 국사) 편찬 후 왜곡된 국사의 증서(證書)를 은폐하기 위해 이 도서들을 일본 왕실로 반출한 사실이 공식 문건으로 공개돼 있고, 또 1933년부터 12년간 일본 궁내청 쇼로부(書陵部, 일명 왕실도서관)에서 우리 상고사 관련 사서를 분류하는 일을 담당했던 재야사학자 박창화(朴昌和)는 '단군조선'과 관련된 책들이 쇼로부에 쌓여 있다'는 사실을 해방 후 털어놓아 이후 언론에 공개됐으며, 일제시대 일본이 단군의 존재를 인정한 이왕직(李王職)의 문서 일부와 조선총독부 중추원(中樞院) 발행 조선사료(朝鮮史料) 3권이 이미 1999년에 언론에 공개됐는데,[82] 아직도 '단군사화(檀君史話)'가 허구라고 주장하는 연구자들이 있다는 것은 참으로 불가사의한 일이다.

한편 고조선의 표지(標識) 유물로 '최고의 토기'라는 평가를 받고 있는 고조선 '미송리형(美松里型)' 토기 7점(전형적인 미송리형 토기 2점과 변형 미송리형 토기 5점)이 완벽한 상태로 1998년 3월 31일 국내 한 소장가에 의해 처음으로 공개됐다. '광복 이래 고고학계에 내린 최대의 선물'이라는 찬탄을 자아낸 이 유물은 소장가의 부친이 일제 때 북한에서 구입한 것으로 그 가치를 모른 채 50년간 보관해 오다가 이날 공개된 것이다. 고조선 미송리형 토기는 BCE 10세기에서 BCE 5세기까지 청동기시대를 대표하는 무문토기로 1959년 3월

북한이 평북 의주군 미송리 동굴유적에서 발굴해 널리 알려졌고, 북한에서
는 비파형(琵琶型) 동검(銅劍)과 함께 고조선의 표지(標識) 유물로 평가받고 있
다. 국내에는 실물이 한 점도 없었던 이 토기들은 일상에 쓰인 후 3천 년 만
에 다시 햇빛을 보게 된 국보급(國寶級) 유물로서 고고학 대사건으로 알려져
있다.[83]

단군조선의 개국에 관한 기록이 나타나고 있는 현존 고사서(古史書)로는
일연(一然)의『삼국유사』卷1(紀異 第1 古朝鮮 王儉朝鮮條), 이승휴(李承休)의『제왕
운기(帝王韻紀)』권하(卷下), 북애자(北崖子)의『규원사화』「檀君記」,『세종실록
(世宗實錄)』「지리지(地理志)」(平壤條 檀君記), 박세무(朴世茂)의『동몽선습(童蒙先
習)』, 정도전(鄭道傳)의『조선경국전(朝鮮經國典)』(國號條), 광개토대왕릉 비문* 등
이 있다. 또한 박제상(朴堤上)의『부도지(符都誌)』, 대야발(大野勃)의『단기고사
(檀奇古史)』,『삼성기(三聖紀)』·『단군세기(檀君世紀)』·『북부여기(北夫餘紀)』·『태백
일사(太白逸史)』를 합본한 계연수(桂延壽)의『환단고기(桓檀古記)』는 우리 상고
환단(桓檀)의 역사적 사실을 알게 해주는 소중한 역사서이다. 명나라 왕감주
(王弇洲, 본명은 王世貞)의『속완위여편(續宛委餘編)』에도 단군과 그의 치적 및 가르
침에 관한 기록이 있다.

현존하지는 않으나 다른 사서에 인용된 것으로는 이규보(李奎報)의『동명
왕편(東明王篇)』서문에 인용된『구삼국사(舊三國史)』,『삼국유사』「고조선」왕
검조선조에 인용된 고기(古記), 김부식(金富軾)의『삼국사기(三國史記)』「신라
본기」제4 진흥왕 37년 기사 중 최치원(崔致遠)의 난랑비서(鸞郎碑序)에 인용

---

* 광개토대왕릉 비문에 추모왕(鄒牟王), 즉 고구려의 시조 고주몽(高朱蒙)이 북부여 출신
  이며 '天帝'의 아들이라고 나오고,『삼국유사』에는 추모왕이 '단군'의 아들이라고 나오
  므로 '천제'와 '단군'은 같은 의미로 사용된 것이다. 따라서 이러한 비문의 내용은 단군
  조선의 역사적 실재를 증명하는 것이다.

된 『선사(仙史)』, 『제왕운기』 하권의 동국군왕 개국연대(東國君王開國年代) 서(序)에 인용된 『국사(國史)』와 『수이전(殊異傳)』, 『규원사화』에 인용된 『조대기(朝代記)』, 『고조선비기(古朝鮮秘記)』, 『지공기(誌公記)』, 『삼성밀기(三聖密記)』와 청평산인(淸平山人) 이명(李茗)의 『진역유기(震域遺記)』, 그리고 『환단고기』에 인용된 『조대기(朝代記)』, 『대변경(大辨經)』, 『삼성밀기(三聖密記)』, 『고려팔관기(高麗八觀記)』, 『표훈천사(表訓天詞)』 등이 있다.

고기(古記)에 이르되, …당시(桓雄 神市 말기에) 같은 동굴에 살던 곰 한 마리와 호랑이 한 마리가 환웅에게 사람이 되게 해 달라고 빌었다. 하여 환웅은 영험한 쑥 한 자루와 마늘 이십 개를 주어 먹게 하고 백일 동안 햇빛을 보지 아니하면 사람이 될 것이라고 하였다. 곰은 이를 지켜 삼칠일(21일) 만에 여자가 되었으나 호랑이는 지키지 못하여 사람이 되지 못하였다. 웅녀(熊女)는 혼인하는 자 없어 날마다 신단수 아래서 잉태하기를 기원하는지라 환웅이 변하여 혼인해서 아들을 낳으니 이름하여 단군왕검이라 하였다. 중국의 요(堯) 임금이 즉위한 지 오십 년인 경인년에 평양성에 도읍하고 개국하여 국호를 조선이라 일컫고, 또 도읍을 백악산 아사달로 옮겼다. …단군은 장당경으로 옮겼다가 후에 아사달에 돌아와 숨어서 산신(山神)이 되었다.

時有一熊一虎 同穴而居 常祈于神雄 願化爲人 時神遺靈艾一炷・蒜二十枚曰 爾輩食之 不見日光百日 便得人形 熊虎得而食之忌三七日 熊得女身 虎不能忌 而不得人身 熊女者無與爲婚 故每於壇樹下 呪願有孕 雄乃假化而婚之 孕生子 號曰檀君王儉 以唐高卽位五十年庚寅 都平壤城 始稱朝鮮又移都於白岳山阿斯達 檀君乃移於藏唐京 後還隱於阿斯達 爲山神.[84]

장구한 역사를 가진 민족은 그 민족 고유의 사상과 역사적 체험이 용해된 신화를 가지고 있기 마련이다. 우리 민족 또한 천·지·인 삼재(三才)의 융화에 기초한 한민족 고유의 사상과 역사적 체험이 용해된 단군신화를 가지고 있다. 이러한 단군신화는 소도(蘇塗, 수두)를 행하는 '환웅 천손족(天孫族)'과 원주민인 '곰 토템족'이 서로 융화하여 통혼하기에 이르는 과정을 단군 신선사상과 결합시켜 상징적으로 나타낸 것이다. 배달국 신시시대가 마지막 18대 거불단 환웅(居弗檀桓雄), 즉 단웅(檀雄)에 이르러 곰 토템족인 웅씨의 왕녀와 혼인하여 단군왕검(檀君王儉 또는 桓儉)*을 낳아 단군조선 시대가 열리게 된 것이다.

『삼국유사』 위 인용문에 나와 있듯이, 고조선은 백악산 아사달(白岳山阿斯達), 장당경(藏唐京), 아사달(阿斯達) 등으로 세 번 도읍을 옮긴 것으로 나온다. 여기에 나오는 세 도읍지의 위치에 대해서는 견해가 일치하지 않고 있으나,[85] 세 곳 모두 한반도 내의 지명이 아닌 것은 분명하다. 아사달의 위치에 대해 단재 신채호는 흑룡강성(黑龍江省, 헤이룽장성) 송화강(松花江) 연안의 완달산(完達山)이 있는 하얼빈(哈爾濱)이라고 했고, 추사(秋史) 김정희(金正喜)도 하얼빈 완달산을 아사달산(阿斯達山)이라고 했다. 무호(無號) 선생도 아사달은 지금의 송화강 연안으로 고대에는 그 지명을 소머리, 즉 우수(牛首)·우두(牛頭)라고도 하였는데 이는 흰 소를 잡아 제천(祭天)하던 데서 유래된 것이라고 했다.[86] 「태백일사」 제3 신시본기에는 아사달의 위치에 대해 '지금의 송화강'이라고 적시(摘示)하고 있다.

---

* 단군왕검의 단군은 대제사장을 뜻하고 王儉 또는 桓儉은 정치적 군왕을 뜻하므로 단군조선 시대가 祭政一致 시대임을 말해준다. 단군은 역대 제왕을 지칭하는 보통명사로 사용되지만, 李承休의 『帝王韻紀』 卷下, 「前朝鮮紀」에서는 고조선의 시조를 고유명사 '檀君'이라고 기록하였다.

그 후 단군왕검이라 불리는 이가 있어 아사달에 도읍을 세우니 지금의 송화강
이다.

其後 有號曰檀君王儉 入都阿斯達 今松花江也.[87]

또 「태백일사」 제5 소도경전본훈(蘇塗經典本訓)에는 단군조선이 도읍한 아
사달이 지금의 송화강 하얼빈(哈爾濱)이라고 기록하고 있다.[88] 「삼성기전(三聖
紀全)」 상편에는 '단군왕검이 불함산(不咸山) 단목(檀木)이 있는 곳에 내려와 구
환(九桓)의 백성들이 그를 임금으로 추대하고 아사달에 도읍을 정하여 나라
를 열고 국호를 조선이라 했다'[89]고 나오는데, 여기에 나오는 불함산은 지금
의 하얼빈 완달산, 즉 아사달산(阿斯達山)을 일컫는 것이다. 아사달산은 불함
산의 이두(吏讀)식 표기[90]인 것으로 보인다. 아사달은 삼신에 제사 지내는 곳
이며, 후세 사람들은 왕검의 옛집(王儉舊宅)이 아직 남아 있기 때문에 왕검성
이라 일컬었다.

그런데 『삼국유사』 앞의 인용문에서는 무진년(BCE 2333)이 아닌 "경인년에
평양성에 도읍하고"라고 하고, "또(又) 도읍을 백악산 아사달로 옮겼다"라고
한 것으로 보아 평양성이 단군의 첫 도읍지는 아닌 것으로 보인다.[91] 이에
대한 규명은 앞으로의 연구 과제이다. 평양은 도읍 또는 수도를 뜻하는 고
대의 보통명사로서 고유명사는 아니었다.[92] 평양은 대동강 유역의 평양 한
곳이 아니라 만주 여러 곳에 평양이 있었음을 조선 정조 때의 실학자 연암
(燕巖) 박지원(朴趾源)은 『열하일기(熱河日記)』 도강록(渡江錄)에서 밝히고 있다.

정치사상적으로 보면, 하늘에서 내려온 환웅과 지상의 곰의 교합에 의한
인간 단군의 출현 과정은 천·지·인 삼신일체에 기초한 홍익인간 이념의 발
현과 그 맥을 같이하는 것이다. '곰 토템족'을 사람다운 사람으로 교화하는
과정을 동굴수련에 비유한 것은 정치의 교육적 기능의 중요성을 엿볼 수 있

게 하는 대목이다. 이렇듯 마음을 밝히는 교화와 더불어 쑥과 마늘의 신비한 효능을 보여줌으로써 몸도 건강하게 유지하는 비결을 아울러 제시한 것이다. 이러한 단군신화를 4단계, 즉 무리사회 단계인 환인시대, 부락사회 단계인 환웅시대, 부락연맹체사회 단계인 환웅과 웅녀의 결합시대, 그리고 국가사회 단계인 단군시대로 나누어 한민족의 사회발전과정과 조응시키는 관점[93]이 있는데 이는 단군신화를 단순한 신화가 아닌 개국사화, 즉 '역사적 사실(historical fact)'로 보는 것이다.

'단군신화'냐 '단군사화'냐 하는 문제는 바로 단군신화의 역사성을 인정하느냐 인정하지 않느냐의 문제이다. 명(明)나라 왕감주(王弇洲, 본명은 王世貞)의 『속완위여편(續宛委餘編)』에 단군과 그의 치적 및 가르침에 관한 기록이 있음을 이시영(李始榮)의 『감시만어(感時漫語)』에서는 밝히고 있다. "동방의 단군님은 특출한 분으로 신성한 가르침을 펴서 백성을 온후하고도 근면하게 하여 당당하고 강력한 민족이 되게 하였으며, 단군의 이 가르침을 부여에서는 대천교(代天敎), 신라에서는 숭천교(崇天敎), 고구려에서는 경천교(敬天敎), 고려에서는 왕검교(王儉敎)라 하였는데 이들 모두가 삼신(三神)을 제사 지내는 것이며 해마다 10월이면 하늘에 경배하였다. 단군의 개천 건국일은 10월 3일이다"[94]라고 한 것이 그것이다. 대제사장을 의미하는 단군과 정치적 군왕을 의미하는 왕검이 결합된 단군왕검의 제정일치 시대가 열린 것이다.

고조선의 옛터에서 4천4백 년 전의 청동기가 발굴된 것은 그 시대에 충분히 광역국가가 성립할 수 있었음을 반증하는 것이며, 광역 강국의 단군조(檀君朝)인 고조선의 제정(帝政)이 시작되었음을 말해 주는 것이다. 단군의 개국은 신화나 설화가 아닌 실존 인간 단군의 개국사화이다. 『제왕운기(帝王韻紀)』 하권 「지리기(地理紀)」에는 "요동에 별천지가 있으니 중국 왕조와는 뚜렷이 구분되며, 삼면은 바다이고 북은 대륙에 이어진 중방(中方) 천리 땅이

조선이다. 천하의 명승이고 평화로운 고장, 예의 바른 집이다"[95]라고 기록되어 있다.

『환단고기』「단군세기」본문 초두(初頭)에서는 고기(古記)를 인용하여 왕검의 출생과 그의 즉위 과정에 대해 이렇게 적고 있다.

> 왕검의 아버지는 단웅(檀雄)이고 어머니는 웅씨의 왕녀이다. 신묘년(BCE 2370) 5월 2일 인시(寅時)에 박달나무 아래에서 태어났다. 신인(神人)의 덕이 있어 멀리 있거나 가까이 있는 모든 사람들이 두려워 복종했다. 14세 되던 갑진년(BCE 2357)에 웅씨왕이 그의 신성함을 듣고 비왕(裨王)으로 삼아 대읍(大邑)의 국사를 대행하도록 하였다. 무진년(BCE 2333) 요(堯) 임금(唐堯 또는 帝堯陶唐)* 때에 단국(檀國)으로부터 아사달의 단목(檀木)이 있는 곳에 이르니 나라 사람들이 받들어 천제의 아들로 모셨다. 이에 구환(九桓)이 혼연일체가 되고 신성한 덕화가 멀리까지 미쳤으니 이가 단군왕검이다. 비왕의 자리에 있은 지 24년, 제위에 있은 지 93년이며 130세의 수를 누렸다.
>
> 古記 云 王儉父檀雄 母熊氏王女 辛卯五月二日寅時 生于檀樹下 有神人之德 遠近畏服 年十四甲辰 熊氏王 聞其神聖 擧爲神王 攝行大邑國事 戊辰唐堯時 來自檀國 至阿斯達檀木之墟 國人推爲天帝子 混一九桓 神化遠曁 是爲檀君王儉 在神王位二十四年 在帝位九十三年 壽一百三十歲 .

위 인용문에서는 "무진년(BCE 2333) 요 임금(唐堯) 때에 단국(檀國)으로부터

---

* 唐堯 또는 帝堯陶唐은 堯 임금을 일컫는 칭호이다. 唐堯는 요 임금이 唐 지방을 다스린데서 붙은 칭호이다. 堯 임금이 처음에 陶라는 지역에서 살다가 唐이라는 지역으로 옮겨 살았던 까닭에 陶唐氏라고도 부르고 帝堯陶唐이라고도 부른다.

아사달의 단목(檀木)이 있는 곳에 이르니…"라고 하고 있다. 우선 '무진년 요임금 때'라고 한 것은 그때 개국했다는 사실이 모든 사서에 공통으로 나오고 있다. 다음으로 '단국(檀國)으로부터 아사달의 단목(檀木)이 있는 곳에 이르니…'라고 한 것은 단국(檀國)의 비왕(神王)으로 24년간 있다가 아사달의 단목 아래에서 정식으로 왕으로 추대된 것을 말한다. 여기서 아사달이 보통명사로 사용된 것인지, 아니면 고유명사로 사용된 것인지는 알 수 없다.

우리 상고사 관련 사서나 자료들을 볼 때 한 가지 유의할 점은 수천 년 전의 역사를 상고(上考)해서 압축하여 적은 것이다 보니, 시간적인 순서가 생략되어 마치 동시대에 전개된 일인 것처럼 서술된 경우가 많아 면밀하게 읽지 않으면 착오를 일으키게 된다는 것이다. 예컨대, 『삼국유사』에는 환국 말기에 "환국의 서자 환웅이 무리 3천을 이끌고 태백산 꼭대기 신단수 아래로 내려왔으니 그곳을 신시(神市)라 하고 그를 환웅천왕이라 한다…"라고 하고, 바로 이어서 "그때 같은 동굴에 살던 곰 한 마리와 호랑이 한 마리가 환웅에게 사람이 되게 해 달라고 빌었다. …곰은 이를 지켜 삼칠일(21일)만에 여자가 되었으나 호랑이는 지키지 못하여 사람이 되지 못하였다. … 환웅이 변하여 혼인해서 아들을 낳으니 이름을 단군왕검이라 하였다"라는 식으로 나와 있다.

이는 환국 말기에 배달국 신시개천(神市開天)이 이루어진 BCE 3898년 배달국 제1대 거발환(居發桓) 환웅 때의 일과 그로부터 1,565년이 지나고 배달국 마지막 18대 거불단(居弗檀) 환웅 말기에 단군조선이 열리는 BCE 2333년의 일이 마치 같은 시기에 동시에 전개된 일인 것처럼 서술되어 있다는 것이다. '환웅 천손족(天孫族, '한'족)'이 원주민인 '곰 토템족('貊'족)'과 융화, 통혼한 과정은 오래되었겠지만, 여기서는 '환웅이 변하여 혼인해서 아들을 낳으니 이름을 단군왕검이라 하였다'라고 적시하고 있으므로 배달국 신시(神市)개천

(開天)이 이루어진 시기의 일은 분명 아니라는 말이다. 그리고 '평양'과 마찬가지로 고대의 도읍을 아사달이나 검터(儉瀆 또는 險瀆)라고도 불렀다[96] 하니, 아사달이 보통명사로 사용된 경우와 고유명사로 사용된 경우를 구분하기도 어렵다.

대한제국 말기까지 조선의 아이들이 『천자문(千字文)』 다음으로 배우던 교과서 『동몽선습(童蒙先習)』에는 단군이 요(堯) 임금과 같은 때 고조선을 건국했다고 나와 있다. 『규원사화』나 『환단고기』에서의 상고사 인식은 박은식(朴殷植), 신채호(申采浩), 정인보(鄭寅普) 등 민족 사학자들에게 크게 영향을 미쳤다. 단군조선의 실체와 그 강역(疆域)에 대해서는 일찍이 신채호의 『조선상고사』, 최동의 『조선상고민족사』, 정인보의 『조선사 연구』, 그리고 대만 사학자 서량지(徐亮之)의 『중국사전사화(中國史前史話)』,[97] 중국 역사학자 왕동령(王棟齡)의 『중국민족사(中國民族史)』 등에서 확인할 수 있다.

이상에서 보듯이 한민족의 역사는 안파견 환인으로부터 지위리 환인(檀仁)에 이르기까지 환인 7대(BCE 7199~BCE 3898)가 다스린 환국시대, 거발환 환웅에서 거불단 환웅[檀雄]에 이르기까지 환웅 18대(BCE 3898~BCE 2333)가 다스린 배달국 신시시대, 단군왕검에서 고열가(古列加) 단군에 이르기까지 단군 47대(BCE 2333~BCE 238)가 다스린 단군조선으로 이어진 장구한 역사다. BCE 239년 고리국(藁離國)*의 해모수(解慕漱)가 웅심산(熊心山)을 내려와 군대를 일으켜 옛 도읍 백악산 아사달을 점령하여 천왕랑(天王郞)이라 칭하고, BCE 232년

---

* 단군조선의 정통을 계승한 해모수는 고리국 출신이다. 몽골과학원 교수 베 슈미야바타르에 따르면 부여국의 모체인 고리국의 위치는 바이칼호수 동쪽의 몽골 내륙이며, 몽골족의 일파인 부리야트(Buriat)족은 지금도 스스로를 '코리'라고 부른다고 증언했다(〈한국일보〉 1980년 1월 25일자 기사). 부리야트족은 한국인과 DNA가 거의 같은 것으로 알려져 있다.

옛 도읍의 오가(五加)들을 회유하여 6년간의 공화정(共和政) 시대를 마감하고 백성들의 추대로 북부여의 시조 단군으로 등극했다. 이로써 단군조선은 막을 내리고 단군조선을 계승한 북부여가 대통을 이어가다가 BCE 108년 한나라(西漢, 前漢)에 의해 왕검성이 함락되면서 고조선 '연방제국'은 붕괴하게 되고 고조선의 제후국이 독립국으로 변모함에 따라 열국시대(列國時代)로 들어가게 된다.

03

한국학의 요점과 과제

- '한'의 의미, '한'사상과 마고(麻姑)의 삼신사상
- 한국학과 통섭적 사유 그리고 '통합 학문'
- 한국학의 과제

한국학의 과제를 구현하기 위해서는 무엇보다도 사대주의와 서구적 보편주의의 망령에서 벗어나야 한다. 첫째, 우리 역사의 뿌리이자 한국 사상 및 문화의 원형을 담고 있는 상고사와 사상 복원을 통해 국가적·민족적·문화적 정체성을 확립하고 한국산(産) 정신문화의 원형을 체계적으로 정립할 것, 둘째, 한국학의 시대적 범주의 상한선을 상고시대로까지 확장하는 제도권의 합의를 도출해 낼 것, 셋째, 국내외 다양한 전공의 학제간 연구를 활성화함으로써 한국학의 학문적 토양을 비옥하게 할 것, 넷째, 오늘날의 한류 현상을 심화할 것, 다섯째, 한국학의 시대적·세계사적 소명을 인지하고 완수할 것, 여섯째, 일제 강점기 때 탈취당한 한국 고대사 문헌 및 사료들을 일본 왕실에서 반환해 오도록 우리 정부에 촉구할 것 등이다. '해혹복본(解惑復本: 미혹함을 풀고 참본성을 회복함)'을 맹세하며 부도(符都) 건설을 약속했던 우리의 '천부(天符) 스타일'이 '한'의 찬란한 부활과 함께 전 세계로 퍼져나가 대조화의 후천 문명을 열게 될 것이다.

- 본문 중에서

> 정치는 그릇(器)과 같고 사람은 도(道)와 같으니 그릇이 도를 떠나서 존재할 수
> 있겠는가! 나라는 형체와 같고 역사는 혼(魂)과 같으니 형체가 혼을 잃고서 보존
> 될 수 있겠는가!
>
> － 이암(李嵒),『단군세기 서(檀君世紀序)』

'한'의 의미, '한'사상과 마고(麻姑)의 삼신사상

동아시아 고대 기록에서 '한'과 '환(桓)'은 교차 사용되는 것으로 나타난다. 또한 고조선과 동아시아의 고조선 문명권에서는 제왕이 '한(Han, 汗)' 또는 '칸(Khan)'으로 호칭되었다. 「태백일사」 제2 환국본기(桓國本紀) 환국 주(注)에 서는 환(桓)이 곧 '한'이며 광명(붉, 밝)임을 다음과 같이 풀이하였다.

> 환(桓)이란 전일(全一)이며 광명이다. 전일은 삼신의 지혜와 능력이 되고 광명은
> 삼신의 실덕(實德)이 되니, 곧 우주만물에 앞서는 것이다.
> 桓者全一也 光明也 全一爲三神之智能 光明爲三神之實德 乃宇宙萬物之所先
> 也.[1]

위 환국 주(注)에는 심오한 생명의 비밀이 함축되어 있다. 환(桓)이란 전일 (全一) 즉 온전한 하나('한')이며, 온전한 하나는 삼신의 지혜와 능력이 된다.

여기서 삼신은 천·지·인 삼신(三神, 三才, 三元, 三極)을 말한다. 만유의 근원인 '하나[天·神·靈]'는 분리 자체가 근원적으로 불가능하기 때문에 체(體)는 일신(一神·唯一神·唯一者)이지만, 그 작용은 천·지·인 삼신이다. 말하자면 천·지·인 삼신일체(三神一體, 三位一體)인 것이다. 온전한 '하나(一)'가 천·지·인 삼신(三)의 지혜와 능력이 되는 것은, 그 오묘한 '하나(至氣, 天·神·靈)'에서 천·지·인 셋[三神]이 갈라져 나와 우주만물이 생성되기 때문이다.

그렇다고 천·지·인이 각각 있는 것은 아니고 작용으로만 셋이라는 뜻으로 천·지·인 삼신(三)이 곧 유일신['한', 一]이다. 따라서 근원적 일자인 '하나(一)'가 곧 천·지·인 삼신이며 우주만물(三, 多)이다. 일즉삼·삼즉일의 원리에 기초한 천·지·인 삼신일체는 이 우주 자체를 하나의 네트워크로 본다는 점에서 복잡계 과학이나 양자역학의 관점과 일맥상통한다. 이는 두 입자가 공간적으로 아무리 멀리 떨어져 있어도 비국소적(초공간적)으로 연결되어 있기 때문에 매개체 없이도 즉각적으로 서로의 상태에 영향을 미친다는 '양자 얽힘(quantum entanglement)' 이론과도 본질적으로 상통한다.

'하나(一)'가 우주만물의 근원을 나타내는 기본수로서 '생명의 나무'의 뿌리라면, '삼(三, 천·지·인)'은 우주만물 그 자체를 나타내는 기본수로서 '생명의 나무'의 줄기·가지·잎이다. 이러한 일(一)과 삼(三)의 관계를 흔히 신(神) 또는 하늘(天)과 우주만물의 관계로 보는 것이다. '생명의 나무'의 뿌리와 줄기·가지·잎이 분리될 수 없는 하나이듯, 신 또는 하늘과 우주만물의 관계도 이와 같다. 이를 일러 천인합일(天人合一), 인내천(人乃天), 삼신일체(三神一體) 또는 삼위일체(三位一體)라고 하는 것이다. 여기서 인(人)은 사람만이 아니라 사람을 포함하여 우주만물을 통칭하는 대명사이다. 하늘[神, 一]과 우주만물[三]이 하나이니, 우주만물이 곧 하늘이다. 일즉삼(一卽三)이요 삼즉일(三卽一)이다. 우주만물이 곧 하늘인 것은 그 물질적 외피를 두고 한 말이 아니라 우주만물을 관통하는 하나인 참본성[神性, 一心, 至氣, 참자아]이 곧 하늘이라는 말이다. 우주만물의 실체는 육안으로 보이는 물질적 형상이 아니라 하나인 참본성이기 때문이다. 천·지·인 삼신일체는 성부·성자·성령 삼위일체와 표현만 다를 뿐 모두 같은 것이다. 성부·성자·성령은 곧 천·지·인을 일컫는 것으로, 이 셋은 곧 하나인 일신(一神, 유일신)이다. 그래서 삼위가 일체이며 '한 분 하느님'이라고 한 것이다.

이처럼 '하나(근원적 一者, 궁극적 실재)'에서 삼라만상이 피어나고 생장·분열하여 '죽음'이라는 열매를 맺게 되지만 그로써 끝나는 것이 아니라 그 열매는 다시 씨앗인 '하나'가 되고 그 '하나'에서 천·지·인 삼극(三極)이 갈라져 나오는 과정이 다함이 없이 순환 반복되는 것이다. 일체의 생명은 본래의 뿌리로 돌아감으로써 영원한 생명을 유지하는 까닭에 『도덕경(道德經)』 40장에서는 '되돌아가는 것이 도의 움직임(反者道之動)'[2]이라고 한 것이다. 이처럼 '하나(一)'에서 우주만물(三)이 나오고 다시 그 '하나(一)'로 돌아가는 생명의 순환은 '일즉삼(一卽三)·삼즉일(三卽一)'*의 원리로 나타낼 수 있다. 이러한 원리는 생명의 전일적 흐름(holomovement)을 이해하는 기본 공식과도 같은 것이다.

그래서 이를 필자는 '생명의 공식(formula of life)'이라고 명명하였다. 일즉삼이요 삼즉일이니 '한'사상(一)이 곧 삼신사상(三)이다. 이러한 '생명의 공식'은 생명의 본체[본체계, 의식계]와 작용[현상계, 물질계]의 전일적 관계, 즉 생명의 전일성과 자기근원성을 이해하는 기본 틀로서 천인합일(天人合一)이란 이를 두고 하는 말이다. 유사 이래 동서고금의 모든 철학과 사상, 과학과 종교는 바로 이 '생명의 공식'의 틀 안에서 전개된 것이다. 일즉삼·삼즉일이라는 '생명의

---

* 천·지·인 삼신을 표징하는 三은 곧 사람과 우주만물을 나타내므로 多와 그 의미가 같은 것이다. 따라서 一卽三·三卽一은 곧 一卽多·多卽一이다.

공식'으로 표상되는 우리 고유의 '한'사상이야말로 남과 북 그리고 온 인류
가 하나 되게 하는 '마스터 알고리즘(master algorithm)'이다. '한'의 심원한 의미
와 중요성이 여기에 있다.

다음으로 환(桓)이란 광명(光明, 밝게 빛남)이며, 광명은 삼신의 실덕(實德) 즉
참된 덕이 된다. 만유에 편재해 있는 온전한 '하나(一)'인 진성(眞性, 참본성)을
통하면 태양과도 같이 광명하게 되니 성통광명(性通光明)이다. 따라서 '환'의
전일(全一, '한')과 광명(볽, '밝')은 상통하는 의미이다. 역대 군왕의 칭호나 국
호, 산 이름 등에 '한'과 '밝'[3]의 의미가 함축된 것은 환국으로부터 전승된 것
이다. 태백산, 백두산, 장백산, 소백산 등의 '백(白)'과 우리 민족이 즐겨 입었
던 '흰(白)' 옷빛도 광명 즉 '밝'과 같은 의미이다. 광명이 삼신의 참된 덕이 되
는 것은, '하나(一)'인 참본성이 열려(開) 광명하게 되면 사회적 공덕(功德)을 완
수할 수 있기 때문이다. 이를 성통공완(性通功完)이라고 한다. 여기서 '하나
(一)'인 근원적 일자, 즉 천(天)·신(神)·영(靈)을 참본성(眞性)이라고 한 것은 우
주의 실체가 의식(意識, consciousness)이기 때문이다. 천(天, '하늘'님)·신(神)·영
(靈)은 곧 참본성[一心]이고 신성(神性)이며 영성(靈性)이다. 따라서 환(桓)은 전
일과 광명, 즉 '한'과 '밝'이므로 '한'이 곧 '밝'이다. 그래서 '하나(一)'인 참본성
이 열리면 환하게 밝아진다고 하는 것이다.

이어서 '환(桓)이란 곧 우주만물에 앞서는 것이다'라고 한 것은, 환(桓)은 우
주만물이 생겨나기 전에도 있었던 만물의 제1원리[靈·神·天] 또는 제1원인이
기 때문이다. 천(天)·신(神)·영(靈)은 우주의 본질인 생명을 지칭하는 대표적
인 대명사들이다. '하나(一)'는 곧 하나인 생명이다. 우주만물이 다 그로부터
나오니 그냥 '하나'라고 하기엔 너무 신령스러워 존칭의 의미로 '님'자를 붙
여 하나(님) 또는 하늘(님)이라고 부르는 것이다. 생명은 본래 분리할 수 없는
절대유일의 하나인 까닭에 유일자 또는 유일신이라고 명명하기도 한다. 따

라서 '하나'님, '하늘'님, 유일신은 특정 종교에 귀속된 고유명사가 아니라 종교와는 무관하게 생명의 본체*를 나타내는 많은 대명사 중의 하나일 뿐이다.

여기서 생명의 본체라고 한 것은, 생명은 본래 분리할 수 없는 절대유일의 하나이지만 우주만물과의 전일적 관계를 설명하기 위해 편의상 본체와 작용으로 나누어 천(天)·신(神)·영(靈)을 생명의 본체라 하고 그 본체의 자기복제(self-replication)로서의 작용으로 나타난 것을 우주만물이라고 하는 것이다. 말하자면 생명의 본체와 작용, 즉 만유의 근원인 하늘과 그 작용인 우주만물의 전일적 관계를 논증하기 위해 이분법의 툴(tool)을 사용한 것이다. 요한복음(14:6)에 "나는 길이요 진리요 생명이니…"[4]라고 나오는데, 이는 신(神·天)이 곧 생명이라는 뜻이다. 요한복음(4:24)에 "신은 영(靈)이시니…"[5]라고 나오는데, 이는 신(神)이 곧 영(靈)이라는 뜻이다. 따라서 신은 곧 생명이고 영(靈)이며 하늘(天, '하늘'님)이다. 우주의 실체는 의식이므로 영(靈)은 곧 영성(靈性, 神性)이며 참본성[一心]이고 보편의식이다. 환(桓)은 곧 '한'이며 '하나'인 생명 그 자체다.

지금으로부터 9천 년 이상 전에 우리 선조들은 생명이란 것이 비분리성·비이원성을 본질로 하는 영원한 '에너지 무도(energy dance)'임을 간파했다. 그래서 환(桓)을 전일('한')이며 광명('밝')이라고 한 것이다. 물질이란 것이 특정 주파수대의 에너지 진동에 불과하며 99.99%가 텅 빈 공간이라는 물질의 공성(空性)을 이해하지 않고서는 그렇게 풀이할 수가 없는 것이다. 나아가 환(桓)

---

* 흔히 생명의 본체를 일컫는 대명사들로는 '하나'(님)·하느님·천주·브라흐마(Brāhma)·알라(Allāh)·유일자·유일신[靈]·근원적 일자·궁극적 실재·창조주·조화자 등이 있다. 우주의 실체는 의식이므로 이러한 생명의 본체는 근원의식·전체의식·보편의식·우주의식·순수의식·참본성[一心, 神性, 靈性]·混元一氣(一氣, 至氣)·律呂 등으로 명명되기도 한다. 따라서 하늘(天)과 참본성(性)과 神은 하나다. 유일신은 곧 하나인 참본성[一心, 一氣]이며 참자아다.

을 '우주만물에 앞서는 것'이라고 풀이함으로써 환('한')이 우주만물의 제1원리(The First Principle) 또는 제1원인(The First Cause)임을 밝혔다. 말하자면 우주의 본질인 생명의 실체를 밝힌 것이다. 그것은 만유의 근원인 하늘과 그 작용으로 나타난 우주만물이 하나라고 하는 생명의 전일성과 자기근원성을 밝힌 것이다. 생명은 불가분의 전체성(undivided wholeness, 全一)이므로 '한'은 생명(生命)이라는 의미를 함축하고 있다. 생명의 본질은 비분리성(nonseparability)·비이원성(nonduality)이므로 '한'은 영성(靈性)이라는 의미도 있다.

'한'은 곧 천·지·인 삼신이며 우주만물이므로 '다(多)'라는 의미도 있다. '한'은 만물의 제1원인이므로 하늘(天·神·靈)이라는 의미도 있다. 그래서 우리 '한'족(한민족)을 천손족(天孫族)이라고 하는 것이다. 참본성이 열리면(開) 광명하게 되므로 '한'은 '개(開)'라는 의미도 있다. 태백산, 백두산, 장백산 등의 '백(白)'과 우리 민족이 즐겨 입었던 '흰(白)' 옷빛도 '밝'이므로 '한'은 '순백(白)'이라는 의미도 있다. 후한서(後漢書)』 권 85 「동이열전(東夷列傳)」 제75에는 "동방은 이(夷)이고 이(夷)란 뿌리[근본]이다⁶라고 나와 있다. 중국인들은 우리를 '동이(東夷)'라고 불렀으므로 '한'에는 동방(東方), 뿌리(柢)라는 의미도 있다.

또한 『후한서』 「동이전」에는 동이(東夷)의 나라를 '영원불멸의 군자국(君子不死之國)'으로 지칭하고 있으므로 영원(久)이라는 의미도 있다. '한' 즉 '하나(一)'는 시작도 끝도 없는 영원(久) 그 자체다. '한'은 더없이 높고(高) 밝고 광대한(大) 이념을 함축하고 있으므로 경계가 없으며(無境界) 완전한 소통성(開)이다. 또한 '한'은 제왕(汗, Khan)의 의미로도 사용되었다. '한'의 본질은 비분리성·비이원성이므로 가장 근원적이면서(근원성) 이 세상 그 어떤 것도 포괄하지 않음이 없고(포괄성) 또한 없는 곳이 없이 실재하는(보편성) '하나(一)'인 마음 즉 한마음(一心)이다.

'한'은 신의 이름이나 군장(君長) 호칭, 신성한 지명 등에 나타나며 광범한 지역에 분포해 있다. 수메르어의 '안(An, 아카드어로는 Anu)', 아메리칸 인디언 어의 '칸(Khan)', 몽골어의 '칸', 미얀마 친(Chin)족의 '한', 인도 산탈어(올치키 문자)의 '한스한신', 필리핀 이고로트(Igorot)어의 '한7 등에 나타나고 있다. '한'의 의미를 요약하면 다음과 같다.

'한'은 전일(全一)·광명(光明, '밝')·대(大)·고(高)·개(開)·다(多)·하나(天地人, ONE)·하늘(天·神·靈)·생명(生命, 靈性)·한마음(一心: 근원성·포괄성·보편성)·순백(白)·동방(東方)·뿌리(柢, 근본)·영원(久)·무경계(無境界)·제왕(汗, Khan) 등을 의미한다.

요컨대, '한'은 인류 보편의 이상적인 가치개념들을 포괄하고 있다. 이처럼 '한'의 통섭적 세계관은 부분과 전체의 유기적 통일성에 기초한 시스템적 사고(systems thinking) 또는 맥락적 사고(contextual thinking)의 전형을 보여준다. '한(Han: ONE[天地人])'의 전 지구적 확장성(extentionality) 및 침투성(permeability)의 가능 근거가 바로 여기에 있다. '한'의 본질적 의미는 『천부경(天符經)』의 '일(一)'에 해당하는 '하나' 또는 '하늘(天·神·靈)'로서 만물의 근원을 나타낸다. 그 근원인 '하나(一, 天·神·靈)'에서 우주만물(三, 天地人)이 피어나고 다시 돌아가는 과정이 끝없이 순환 반복되므로 일즉삼[一卽多]이요 삼즉일[多卽一]이다. 이처럼 생명의 전일성과 자기근원성을 함축한 '한'을 영어로는 발음 그대로 'Han'이라 하고, 그 대표적인 의미는 ONE[天地人]이라고 하는 것이 언어적 미망에 빠지지 않고 인류 보편의 사상으로 통용되기에도 좋다. 'ONE[天地人]'은 우주만물의 근원인 '하나(ONE)' 또는 '하늘(天·神·靈)'이 곧 우주만물(天地人)이란 뜻이다.

유사 이래 그 어떤 나라의 국호가 이토록 심오하고 심원한 의미를 담을 수 있다는 말인가! 밝게 빛나는 광명한 정치를 하는 나라, '불가분의 전체성'

인 생명의 의미를 국호에 함축한 나라, 9천 년 이상 전에 현대 물리학의 전일적 실재관(holistic vision of reality)*의 원형을 국호에 담은 나라—환국(桓國)은 절대로 잃어버려서는 안 되는, 개인의 영혼의 환국이요, 한민족 집단의 환국이며, 온 인류의 환국이다. 일즉삼(一卽三)·삼즉일(三卽一)이라는 '생명의 공식(formula of life)'으로 표상되는 우리 고유의 '한'사상[三神思想, 天符思想]이야말로 남과 북 그리고 온 인류가 하나 되게 하는 '마스터 알고리즘'이라고 필자가 역설하는 이유가 여기에 있다.

  일즉삼(一卽三)·삼즉일(三卽一)이라는 '생명의 공식'이 말하여 주듯 '한'사상은 곧 삼신사상이다. 삼라만상의 천변만화(千變萬化)가 모두 한 이치 기운(一理氣)의 조화(造化)작용인 까닭에 생명의 본체인 '하나'와 그 작용인 우주만물은 상호 연관·상호 의존 관계에 있는 것이다. 마고(麻姑)의 삼신사상은 우리 민족의 근간을 이루는 사상일 뿐만 아니라 모든 종교와 진리의 모체가 되는 사상이기도 하다. 신인(神人)인 마고(麻姑)·궁희(穹姬)·소희(巢姬)를 일컫는 '삼신할미' 전설은 일즉삼·삼즉일의 원리에 기초한 삼신사상에서 나온 것으로 통섭적 세계관이 투영된 것이다. 여기서 '할미'는 '한어미', 즉 대모(大母)라는 뜻이다. 삼성(三聖)으로 일컬어지는 환인·환웅·단군(天皇·地皇·人皇) 또한 역사 속에 나오는 신인으로서의 삼신이다. 한마디로 '삼(三)'은 마고 문화[神敎文化]를 상징하는 숫자이다. 그래서 마고의 삼신사상이라고 하는 것이다.
  마고의 '마(麻)'는 마고성 일대에 삼베를 짜는 섬유의 원료인 삼(麻)을 많이

---

* 현대 물리학의 전일적 실재관은 이 우주가 부분들의 단순한 조합이 아니라 유기적 통일체이며 우주만물은 개별적 실체성을 갖지 않고 전일적인 흐름 속에서만 파악될 수 있다고 본다.

재배한 데서 붙여진 이름일 수도 있다. 실제로 삼의 원산지는 중앙아시아에서 서아시아까지로 알려져 있다. 그런 점에서 마고는 '마'가 많이 나는 땅의 여성 지도자를 의미하는 것으로 볼 수 있다. 사람이 죽으면 수의로 삼베옷을 입혀 매장하는 습속 또한 여기서 유래한 것으로 보인다. 치우(蚩尤)가 군주로 있던 구려족(九黎族)에서 분화해 나간 하화족(夏華族: 고대 漢族)은 마고를 금모낭낭(金母娘娘)으로 부르다가 다시 서왕모(西王母)로 바꾸어 불렀다. 마고의 삼신사상은 상고시대의 근간을 이루는 사상으로 이후 궁희, 황궁(黃穹), 유인(有因, 有仁),[8] 환인, 환웅, 단군에 이르는 과정에서 전 세계로 퍼져나가 천·지·인 삼신일체의 가르침에 토대를 둔 우리의 천부문화(天符文化)를 세계 도처에 뿌리내리게 한 것으로 나온다.

파미르고원을 중심으로 한 마고성(麻姑城) 시대로부터 전승되어 오는 천·지·인 삼신일체의 가르침은 기독교의 삼위일체(三位一體: 聖父·聖子·聖靈), 불교의 삼신불(三身佛: 法身·化身·報身), 동학의 '시(侍: 內有神靈·外有氣化·各知不移)' 도덕 등의 형성에 근본적인 설계원리를 제공했다. 송·명대의 이기론(理氣論)과 조선시대의 이기심성론(理氣心性論) 역시 생명의 본체와 작용의 관계적 본질을 논한 것이다. 서양철학의 기원으로 알려진 그리스 철학이 BCE 600년경 동방과 서방이 교차하는 이오니아(Ionia) 지방을 중심으로 전개된 것을 보더라도 동양 문화의 근간을 이루었던 마고 문화의 자장권(磁場圈) 내에 있었던 것으로 보인다. 지금까지도 마고 문화의 흔적은 우리나라를 비롯해 세계 도처에 산재해 있다. 삼신사상, 즉 '한'사상은 인류 보편의 사상이다. 그 보편성은 다음 몇 가지 특질에서 살펴볼 수 있다.

첫째, '한'사상[삼신사상]은 공공성(公共性)과 소통성을 본질로 하는 생명사상이다. '한'은 무경계이며, 전체성이며, '자기조화(self-consistency)'의 의미를 함축하고 있다. 이 세상 그 어떤 것도 포괄하지 않음이 없고 포괄되지 않음도 없다. 따라서 '한'사상은 특정 국가나 민족, 인종과 성, 종교와 계급 등 그 어떤 것에도 귀속될 수 없다. '한'사상의 보편성이 여기에 있다. '한'사상은 생명이 곧 영성임을 갈파(喝破)한 생명사상이다. 생명은 본체의 측면에서는 분리할 수 없는 절대유일의 '하나(一)'이니 '한'사상이지만, 작용의 측면에서는 천·지·인 삼신(三, 우주만물)이니 삼신사상이다. 삼신일체는 그 체는 일신(유일신)이며 작용으로만 삼신이다. 생명이 곧 영성(靈性, spirituality)임을 깨달으면 물질일변도의 사고에서 벗어나게 되므로 공공성과 소통성, 자율성과 평등성의 발휘가 극대화된다.

둘째, '한'사상(삼신사상)은 일즉삼(一卽三)·삼즉일(三卽一)의 원리에 기초한 천인합일의 '개천(開天)'사상이다. 한민족('한'족)은 천인합일의 '개천'사상으로 나라를 세운 것[9]을 기념하기 위해 개천절을 정한 유일한 민족이다. 여기에는 천도(天道)에 순응하는 도덕적 인격의 완성을 통해 마음을 밝히고 세상을 밝혀서 전 인류 사회의 평화와 행복을 구현하려는 정치이념이 함축되어 있다. 우리 선조들은 참본성을 따르는 것이 곧 천도(天道)이며,[10] 만유를 떠난 그 어디에 따로이 하늘이나 신이 존재하는 것이 아님을 알고서 '삼경(三敬: 敬天·敬人·敬物)'을 생활화해 왔다. 홍익인간·광명이세의 건국이념과 경천숭조(敬天崇祖)의 보본사상(報本思想), 천부사상(天符思想, 三神思想)과 신교(神敎), 우리 고유의 풍류(風流, 玄妙之道)는 '한'사상의 전형을 보여준다. 일즉삼·삼즉일은 생명의 전일적 흐름(holomovement)을 이해하는 기본 공식이다. 한마디로 생명은 삶과 죽음을 포괄하는 전일적 흐름이라는 것이 '한'사상의 가르침의 진수(眞髓)다.

셋째, '한'사상(삼신사상)은 통섭적 세계관에 기초한 삶의 사상이다. '한'의 통섭적 세계관은 무수한 사상(事象)이 펼쳐진 '다(多, 三)'의 현상계와 그 무수한 사상이 하나로 접힌 '일(一)'의 본체계가 외재적(extrinsic) 자연과 내재적(intrinsic) 자연, 작용[현상계, 물질계]과 본체[본체계, 의식계]의 관계로서 상호 조응해 있으며 상호 관통하는 것으로 본다. 다시 말해 부분과 전체의 유기적 통일성에 기초한 시스템적 사고(systems thinking) 또는 맥락적 사고(contextual thinking)의 특성을 갖는다. '한'사상은 생명의 전일성과 자기근원성의 심원한 의미를 실제 삶의 영역에서 체현한 삶의 사상이다. '하나(一)'인 참본성을 통하면(開) 태양과도 같이 광명하게 되어 사회적 공덕을 완수할 수 있으므로 성통광명(性通光明)·성통공완(性通功完)이라고 한 것이다. 천부경(天符經)의 실천적 논의의 중핵을 이루는 '인중천지일(人中天地一)'은 천·지·인 삼신일체의 천도(天道)가 인간 존재 속에 구현된 일심(一心)의 광명한('밝') 경계로, 인간의 자기실현이란 이를 두고 하는 말이다.

넷째, '한'사상[삼신사상]은 현대 물리학의 전일적 실재관의 원형(archetype)으로서의 개벽(開闢)[11]사상이다. '한'의 우주관은 주체와 객체의 이분법이 폐기된 양자역학적 실험결과나, 일리야 프리고진(Ilya Prigogine)이 밝힌 산일구조(dissipative structure)의 자기조직화 원리와 마찬가지로 이 우주를 자기생성적 네트워크 체제로 인식한다. 근원적 일자인 '하나(一)', 즉 '한'은 스스로 생성되고 변화하여 돌아가는 '스스로(自) 그러한(然)' 자이므로 본체와 작용이 둘이 아니며, 물질[色. 有]의 궁극적 본질이 비물질[空, 無]과 하나*라고 본다. '한'의 우주관은 절대유일의 '하나'가 만유의 본질로서 내재해 있는 동시에 만물화생(萬物化生)의 근본원리로서 작용한다는 사실을 밝힘으로써 생명의 순환을 이해할 수 있게 한다. '한'의 우주관은 부분과 전체가 함께 진화하는

---

* 이는 E=mc² (질량 m, 에너지 E, 광속 c)이라는 질량-에너지 등가원리(principle of mass-energy equivalence)를 밝힌 아인슈타인의 특수상대성이론(special theory of relativity)에서도 잘 나타나고 있다. 이 질량-에너지 등가 관계식은 모든 질량이 그에 상응하는 에너지를 가지고 모든 에너지 또한 그에 상응하는 질량을 가지며, 에너지가 질량으로 변환될 수 있고 질량 또한 에너지로 변환될 수 있다는 것이 핵심이다.

공진화 개념이나, '참여하는 우주(participatory universe)'의 경계를 밝힌 양자역
학적 관점을 이해할 수 있게 한다. '한'은 '오래된 미래'의 전형을 보여주는
사상이다.

다섯째, '한'사상[삼신사상]은 에코토피아(ecotopia: 생태적 이상향)적 지향성을
가진 무극대도(無極大道)의 사상이다. 근원성·포괄성·보편성을 띠는 '한'사상
은 인간 존재의 '세 중심축'—종교와 과학과 인문, 즉 신과 세계와 영혼의 세
영역(天地人 三才)—의 연관성에 대한 자각에 기초해 있는 까닭에 본질적으로
생태적이며 영적이다. '한'사상은 일체 생명이 동일한 내재적 가치(intrinsic
value)를 지니며 인간과 비인간 모두가 평등하다고 본다. '자기원인'이자 만
물의 원인인 '한(하늘)'은 만물과 분리될 수 없으므로 만인의 '한'이요 만인의
'하늘'(님)이다. 그것은 우주지성[性]인 동시에 우주 생명력 에너지[命]이며 우
주의 근본 질료[精]로서, 이 셋은 만물이 만물일 수 있게 하는 이른바 제1원인
(The First Cause, 神·天·靈)의 삼위일체라고 하는 것이다. 이러한 제1원인의 삼
위일체—에너지·지성·질료—를 이해하게 되면 우주만물이 모두 이 '한'의
자기현현(self-manifestation)임을 자연히 알게 된다. 이처럼 '한'은 생명(天·神·靈)
에 대한 명료한 인식을 통해 진정한 메타버스(Metaverse) 시대를 여는 새로운
휴머니즘의 길을 제시한다.

한국학과 통섭적 사유 그리고 '통합 학문'

우선 통섭의 의미에 대해 살펴보기로 하자. '통섭(通涉)'의 '통'은 '통할통(꿰
뚫음, 두루 미침, 왕래함, 환히 앎, 의사가 상통함)', '온통통(전체)'의 뜻이고 '섭'은 '건널
섭', '통할섭', '관계할섭'의 뜻이니, 이 둘을 합치면 주관과 객관의 경계가 허

물어져 하나로 통한다는 의미이다. 따라서 통섭은 융섭, 융합, 통합, 융통(融通), 소통, 회통(會通), 원융무애(圓融無碍), 화쟁(和諍), 이변비중(離邊非中)[12], 무리지지리 불연지대연(無理之至理 不然之大然)[13], 불연기연(不然其然)[14] 등의 의미와 동일 범주에서 이해될 수 있다.

21세기 메가트렌드(megatrend)인 통섭적 사유 또는 지식 통합은 개별 학문의 지식만으로는 해결하기 어려운 현대 사회의 복합적인 문제의 등장과 그 맥을 같이 한다. 마치 기술융합 현상이 단일 기술로는 해결하기 어려운 의료복지, 환경 등의 복합적인 사회문제의 등장과 그 맥을 같이 하듯이 말이다. 말하자면 지식의 파편화에 따른 낡은 기계론적 세계관의 관점이 더 이상은 실제 세계를 반영하지도, 문제 해결의 유익한 단서를 제공하지도 못하게 되면서 그에 대한 대안적 논의로서 나타난 것이다. 설령 흙이 죽더라도 흙에서 최대한의 양분을 뽑아내려는 오늘날의 농법에서, 설령 지구가 멸망하더라도 모든 수단을 동원하여 지구 지배권을 극대화하려는 오늘날의 경영법에서 문제 해결의 실마리를 찾기는 어려울 것이다.

근대적인 것이 합리적인 것이고 과학적인 것이며 객관적인 것이라는 등식화가 한국학 분야에서도 통용되어 왔다. 말하자면 서구의 근대성은 합리성과 과학성 그리고 객관성을 표징하는 용어가 된 것이다. 특히 근대 과학의 비약적인 발달에 따른 과학만능주의 사조는 산업사회의 물적(物的) 토대 구축과 함께 우리의 인식 및 가치체계와 행동양식을 총체적으로 지배해왔다. 학문 분야 또한 예외는 아니어서 전 학문 분야가 실증주의적인 과학적 방법론을 기용하게 되고, 이로 인해 과학적 방법론은 진리를 검증하는 가장 확실한 기준으로 자리매김하게 되었다. 그리하여 인문과학, 사회과학, 생활과학 등에서 보듯 '과학'이라는 용어를 즐겨 사용하게 된 것이다.

19세기 말까지 과학 연구의 기본 패러다임이었던 기계론적 세계관은 생명현상까지도 물리, 화학적으로 모두 설명할 수 있다고 보는 환원주의 과학 방법론을 기용하였다. 그러나 인문과학은 인문정신을 배제하고서는 논할 수가 없고, 사회과학이나 생활과학은 수많은 구성 요소들이 유기적으로 링크되어 있는 복잡계를 이해하지 못하고서는 우리가 살고 있는 세계의 실상을 파악하거나 유효한 대처방안을 제시하기 어렵다는 것은 주지의 사실이다. 정신·물질 이원론에 입각한 근대 과학의 기계론적 세계관으로는 사실 그대로의 세계를 파악할 수도, 산적한 현실의 문제를 해결할 수도 없다.

오늘의 한국학이 시대적 및 사회적 요구에 부응하기 위해서는 현대 과학의 방법론을 수용할 필요가 있다. 21세기의 주류학문인 생명공학, 나노과학 등의 이론적 토대가 되고 있는 일명 '네트워크 과학'으로도 불리는 복잡계 과학은 생명을 이해하기 위해 분자를 연구하는 식의 환원주의에서 완전히 벗어나 생명계뿐만 아니라 생명의 본질 그 자체를 네트워크로 인식한다. 복잡계 네트워크 이론의 창시자인 알버트 라즐로 바라바시(Albert-Laszlo Barabasi)는 오늘의 인류가 부분의 모든 것을 알게 되고서도 전체를 파악하지 못하는 이유를 수많은 구성요소들이 유기적으로 링크되어 있는 복잡계에서 찾고 있다. 네트워크 과학은 생명계를 전일적이고 유기적으로 통찰하는 세계관이자 방법론으로서 21세기 전 분야의 패러다임을 주도하게 될 전망이다.

지난 100여 년간 현대과학은 특히 실험물리학의 발달로 주체와 객체의 이분법이 폐기된 새로운 차원의 우주에 접근하는 혁명적인 진보를 이룩했다. 반면 인문사회과학은 여전히 이분법에 근거한 지식의 박피를 드러내며 수백 년 전 뉴턴(Isaac Newton)이나 다윈(Charles Robert Darwin)과 같은 환원주의적(reductionistic) 관점에 근거해 있다. 오늘날 인문사회과학이 현대 과학의 전일적 실재관을 반영하지 못하는 것은 학문의 분과화에 따른 이질적인 영역간의 소통 부재 때문이다. 특히 인문사회과학과 자연과학의 학문적 경계는 너무나 뚜렷해서 소통할 기회도 거의 없을뿐더러, 심지어는 소통할 필요조차 느끼지 못하는 전공자들이 대부분이다. 자연과학 또한 인문사회과학과의 소통 부재로 인해 미시세계에 대한 실험 결과를 거시세계에 적용할 수 있는 인식의 토대를 구축하지 못함으로 해서 결과적으로 학문과 삶의 심대한 불화를 초래했다.

패러다임 전환(paradigm shift)의 필요성은 지난 수백 년간 근대 서구 사회의 형성과 여타 세계에 심대한 영향을 끼쳐온 데카르트-뉴턴의 기계론적 세계관으로는 일체 현상이 상호적으로 연결된 오늘의 세계를 적절하게 설명할 수 없다는 데 있다. 다시 말해 국제정치의 영역과 세계자본주의의 영역은 물론 문화와 이데올로기의 영역, 나아가 과학과 사유의 영역에까지 미치고 있는 복합적이고도 다차원적인 세계적 변화에 역동적으로 대처할 수 있기 위해서는 시스템적인 관점으로의 전환이 필수적이다. 따라서 생태학적 측면이 고려되지 않은, 단순히 성장체제를 전제로 한 종래의 인문사회과학적 이론과 실제는 급속하게 진행되고 있는 생태위기에 신속하고도 효율적으로 대처하기에는 무리가 있으므로 전일적인 생태 패러다임에 의해 재정립될 필요가 있다는 것이다.

통섭적 사유와 생태적 사유의 긴밀한 연계성은 서구의 탈근대 논의에 나타난 생태적 사유가 이분법의 해체(deconstruction)에 기초해 있다는 점에서 분명히 드러난다. '도구적 이성(instrumental reason)'과 '도구적 합리성(instrumental rationality)'의 발흥에 따른 인간성 상실과 인간소외 현상, 전 지구적 차원의 환경문제와 생태위기가 총체적인 인간 실존의 위기로 이어지면서 근대합리주의의 해체의 필요성을 역설하며 등장한 것이 생태적 사유라는 점에서 근대 세계의 반(反)통섭적 세계관을 비판하며 등장한 통섭적 사유와 그 맥을 같이 한다. 생태계가 하나의 생명의 순환 고리로 연결되어 있듯이, 인류 문명도 하나의 순환 고리로 연결되어 있다. 일찍이 동양의 세계화로 동양의 우수한 사상·제도·기술이 서구 문명의 발흥에 심대한 영향을 미쳤다는 것은 주지의 사실이다. 이제 서구의 세계화로 서구중심주의가 전 지구적으로 확산되고 서구 산업문명이 초래한 '정신공황'으로 지구상의 전 생명의 절멸이라는 심각한 위기에 직면해 있다.

통섭은 본질적으로 논리와 초논리, 이성과 신성, 물성과 영성, 존재와 당위, 구체성과 추상성 등을 넘나듦이 없이는 일어날 수 없다. 이러한 통섭의 본질에 대한 무지는 우주의 본질인 생명에 대한 무지에서 오는 것이다. 본체와 작용을 상호 관통하는 생명의 역동적 본질을 이해하지 못하는 데서 오는 것이다. 이 우주에 분리되어 존재하는 것은 아무것도 없으며 모두가 연결되어 있다. 고대의 현자들은 과학으로부터 사실적인 지식을 공급받지 않고도 진리를 이해할 수 있었다. 그것은 바로 직관을 통해서였다. 직관의 영역은 비논리가 아니라 초논리의 영역이며, 이성이 아니라 초이성의 영역이다. 과학이란 진리에 접근하는 한 방법일 뿐, 유일한 방법은 아니다. 다양한 분야의 지식이 단순히 축적된다고 해서 진리에 접근할 수 있는 것은 아니다. 우리가 누구이며 왜 여기에 있는지를 이해할 수 있기 위해서는 전문화라는 도그마에서 벗어나 통섭적 접근이 필요하다. 원융무애한 통섭의 본질을 이해하지 못하고서 통섭을 논하는 것은 언어의 유희에 불과하며 실재성이 없다.

통섭의 기술은 단순히 다양한 지식세계를 넘나드는 지식 차원의 언어적 기술이 아니라, '아(我, self)'와 '비아(非我, other)'의 두 대립되는 자의식을 융섭하는 지성 차원의 영적 기술이다. 소통의 미(美)의 발현을 통해 삶을 아름답게 만드는 진정한 의미의 예술이다. 지금까지 통섭에 대한 학계의 관심은 주로 통섭의 당위성에 대한 분석과 설명 내지는 이원적인 지식 차원의 통섭에 머물렀던 관계로, 동서고금의 통섭적 세계관과 통합 학문 그리고 통섭의 메커니즘을 망라하는 전체적인 지성 차원의 통섭이 체계화되지 못했다. 지식은 관념이고 파편이며 과거와 연결되어 있으므로, 엄밀하게 말하면 지식의 통섭이란 말은 성립될 수 없다. 삶과 유리된 단순한 지식의 통섭은 이념의 지도를 영토 그 자체라고 믿는 것과도 같이 공허한 것이다.

21세기에 들어 거의 모든 학문 분야에 통합(integration)의 바람이 거세게 불고 있다. 통합 학문은 통섭적 사고가 주축이 되는 학문을 지칭한다. 과학기술의 융합현상이 여러 학문분과에서 동시다발적으로 진행되면서 근대 분과학문의 경계를 넘는 '통합 학문'의 시대를 촉발시키고, 사회 전 분야에 걸쳐 혼융을 통해 새로운 문화를 창출해내는 이른바 '퓨전(fusion)' 코드의 급부상을 초래하고 있다. 말하자면 기술융합에 따른 과학기술 패러다임의 변화가 지식의 대통합을 통해 총체적인 패러다임 전환을 주도하고 있는 것이다. 미국 뉴멕시코주 산타페 연구소(Santa Fe Institute), 남아공의 스텔렌보쉬 연구소(The Stellenbosch Institute for Advanced Study), 그리고 네덜란드 헤이그의 라테나우 연구소(Rathenau Institute) 등은 분과학문의 경계를 넘어 과학기술 영역과 인문사회과학 영역을 아우르는 '통합 학문'의 연구를 통해 인류의 새로운 문명을 모색하고 있다.

서구적 근대의 초극이 단순한 선언적 의미로서가 아니라 세계사적인 실천으로 나타날 수 있기 위해서는 개인과 국가와 세계를 관통하는 새로운 세계관 및 역사관의 정립과 더불어 근대 초극의 방향과 방법에 대한 구체적인 논의가 필요하다. 우리 역사상 마고성(麻姑城) 시대로부터 환국·배달국·단군조선 시대 때까지는 통섭적 사유가 사회정치적 삶의 바탕을 이루고 있었다. 통섭적 사유는 부분과 전체의 유기적 통일성에 기초한 시스템적 사고

(systems thinking) 또는 맥락적 사고(contextual thinking)와도 같은 것이다. 전일적 패러다임으로 압축되는 현대 물리학의 핵심 원리는 마고 문화권에 있었던 단군조선 시대 때까지 통치 엘리트 집단의 통치 원리가 되어 있었으며, 혼돈 속의 질서를 찾아내려 하는 복잡계 과학 또한 그 당시에 정립되어 실생활에서도 활용되었던 것으로 드러난다.

일(一)부터 십(十)까지 숫자들의 순열 조합으로써 삼라만상의 천변만화에 질서를 부여하는 『천부경(天符經)』의 '생명의 3화음적 구조' 자체가 복잡계인 생명계에 대한 이해가 없이는 정립될 수 없는 것이다. 『천부경』은 통섭적 사유와 통합 학문의 전형을 보여준다. 우주만물이 모두 간 것은 다시 돌아오고 돌아온 것은 다시 돌아간다는 자연의 이법(無往不復之理)은 일체가 초양자장(超量子場, superquantum field)에서 나와 다시 초양자장으로 환원한다는 양자이론과 조응한다. 이렇듯 상생상극(相生相剋)하는 천지운행의 현묘한 이치는 양자역학의 비국소성(nonlocality)의 원리, 복잡계의 특성인 프랙털 구조, 자기조직화, 비평형, 비가역성, 비선형성, 초기조건에의 민감성, 분기(bifurcation), 피드백 과정, 요동(fluctuation) 현상, 창발 현상을 함축하고 있어 생명의 기원과 세상사의 신비를 연구하는 오늘날의 복잡계 과학에 많은 시사점을 제공해 준다.

오늘날 양자역학(quantum mechanics)으로 대표되는 포스트 물질주의 과학은 천·지·인 삼신일체에 기초한 우리 고유의 '한'사상과 본질적으로 일맥상통한다. 중세적 인간이 신을 맹신했던 것과 마찬가지 방식으로 근대적 인간은 이성을 맹신하고 있다. 문제의 본질은 중세적 인간이나 근대적 인간 그 어느 쪽도 신과 인간, 즉 신성[참본성, 靈性]과 이성의 불가분성을 인식하지 못했다는 데에 있다. 물질문명의 상흔을 치유해줄 진정한 문명의 개창은 신성과 이성의 합일, 즉 천인합일에 대한 인식에서부터 시작되어야 한다. 속죄

(atonement)라는 단어 자체가 하나됨(at-one-ment)을 의미하는 것은 모든 죄악이 분리의식에서 생겨난 것임을 역설적으로 말해 주지 않는가!

우리 고유의 '한'사상(三神思想, 天符思想, 神敎)은 통섭적 사유의 전형이며 동시에 생태적 사유의 전형이다. 마고 문화가 지배했을 당시 우리 선조들은 통섭적 사유의 달인(達人)이었다. 예로부터 '신선의 나라', '영원불멸의 군자국'이라고 불렸던 만큼, 물성(物性)과 영성(靈性)의 통섭의 달인이었고 삶과 죽음의 통섭의 달인이었다. 그들은 물질의 공성(空性)을 간파하고 있었고, 생명계가 에너지 시스템임을 이해하고 있었으며, 생명의 순환을 포착하고 있었기에 사람이 죽으면 '돌아가셨다'고 한 것이다. 배달국 제5대 태우의(太虞儀) 환웅 때 체계화된 신선도문화를 이어받은 후예답게 우리는 어릴 적부터 머리를 좌우로 흔들며 '도리도리(道理道理)' 하면서 도의 이치를 살폈다.

길도 그냥 길이 아니라 '도(道)의 길(路)' 즉 도로를 매일 다니면서 도의 이치를 학습해왔다. 한반도 전체가 경기도(道), 충청도(道), 강원도(道), 경상도(道), 전라도(道), 제주도(道), 황해도(道), 평안도(道), 함경도(道) 등으로 이름 지어져 어딜 가나 도(道)라는 화두를 놓칠 수 없게 되어 있다. 어디 그뿐인가. 비분리성·비이원성을 본질로 하는 생명의 의미를 국호에 담은 나라, 현대 물리학의 전일적 실재관의 원형을 국호에 담은 나라—환하게 광명한 정치를 하는 나라가 바로 '환국'이 아니던가. 우주만물이 생성·변화하는 원리를 함축하고 있는 태극기는 '생명의 기(旗)'이고, 국화(國花)인 무궁화(無窮花)는 영원한 생명의 꽃이다. 우리는 태생적으로 생명을 화두로 삼아 온 민족으로서 21세기 생명시대를 개창해야 할 내밀한 사명이 있음을 인지해야 한다.

이제 우리 인류는 제2의 르네상스, 제2의 종교개혁을 통해 신성과 이성의 화해에 기초한 생명과 평화의 새로운 문명을 열어야 할 시점에 와 있다. 서구의 르네상스와 종교개혁이 신 중심의 세계관에서 인간 중심의 세계관으로의 이행을 촉발함으로써 유럽 근대사의 기점을 이루었다면, 제2의 르네상스, 제2의 종교개혁은 물질에서 의식으로의 방향 전환을 통해 지구촌 차원의 새로운 정신문명시대를 여는 계기가 될 것이다. 따라서 유럽적이고 기독교적인 서구의 르네상스나 종교개혁과는 그 깊이와 폭이 다를 수밖에 없다. 그것은 전 인류적이고 전 지구적이며 전 우주적인 존재혁명이 될 것이다.

한국학의 과제

인류 역사의 여명기에 마고(麻姑) 선인(仙人)은 '천·지·인 삼신일체'라는 생명시대를 여는 마스터키를 우리에게 주었다. 동·서양은 각기 진리의 틀을 짜기 시작했고, 환하게 밝은 정치를 하는 동방의 어진(仁) 이들이 나타나 한동안 세상을 평화롭게 다스렸다. 일즉삼(一卽三, 一卽多)의 이치가 발현되면서 '생명의 나무'는 하나의 뿌리에서 수많은 진리의 가지들이 생겨났고 정치와 종교와 학문의 세계에선 진리의 외피를 두고 목숨을 건 쟁탈전이 벌어졌다. 세상은 극명하게 이원화되었고 '삶과 죽음의 투쟁(life-and-death-struggle)'이 한동안 지구를 휩쓸었다. 다시 삼즉일(三卽一, 多卽一)의 이치가 발현되면서 무성했던 '생명의 나무'는 열매를 맺고 영원한 생명을 기약하며 이제 수기(水氣)를 뿌리로 돌리기 시작했다. 바야흐로 우주의 가을, 일체의 생명이 그 뿌리로 돌아가는 우주의 가을이 온 것이다.

모든 학문이 그러하듯 한국학 또한 그 시대적 및 사회적 요구에 부응할 때 생명력이 있게 된다. 우리 역사의 진실을 제대로 알고 시대적 요구와 사회적 필요에 귀 기울이며 현실 속에서 살아 숨 쉬는 생동하는 학문이어야 한다. 문명사적 대전환이 운위되는 이 중요한 시점에서 '한국학'이라는 간판을 내걸고 반도사관(식민사관)을 답습하여 일제 조선사편찬위원회가 날조한 역사나 읊조리며 사대주의와 서구적 보편주의의 망령에 사로잡혀 문명의 파편이나 주워 담는 식의 종속적 한국학이 되어서는 안 된다는 것이다. 그럼에도 수천 년에 걸친 우리 상고사(上古史: 삼국 정립 이전 광의의 고대사)에 대한 인식을 널리 공유하지 못함으로 해서 한국학이라는 것이 뿌리 없는 꽃꽂이 식물과도 같이 생명력을 상실했다는 것이 현재 한국학 연구가 직면한 최대의 딜레마이다.

본론에 들어가기에 앞서 민족적 자존감을 일깨우는 감동적인 일화가 있어 간략하게 소개하기로 한다. 생육신의 한 사람으로 조선 전기의 학자이자 문인인 김시습(金時習)의 『징심록 추기(澄心錄追記)』(박제상의 『징심록』에 대한 추기)에는 박제상 공(公)의 14세손 문현(文鉉) 선생이 신라 제52대 효공왕(孝恭王) 왕위 계승의 분쟁에 즈음하여 백 세의 고령으로 국중(國中)에 발언하여 세론(世論)을 환기하는 장면이 나온다. 그는 이렇게 일갈(一喝)했다.

신라 입국의 근본은 부도(符都)*를 복건하는 데 있다. 윗자리에 있는 사람은 반드시 이 일에 힘쓸 것이며, 감히 사사로이 영화를 도모해서는 안 될 것이다. 이는 입국 당시의 약속이기 때문에 천년이 지났다고 해도 어제처럼 살아 있는 것이다. 어찌 그 본의를 잊는 것을 참을 수 있단 말인가. 옛날의 조선은 곧 사해의 공도(公都)요 한 지역의 봉국(封國)이 아니며, 단씨(檀氏)의 후예는 곧 여러 종족의 공복이요 한 임금의 사사로운 백성이 아니다…

新羅立國之本 在於符都之復建故 爲上者 必勵於斯 不敢私謀榮華 此 立國當時之

---

* 符都란 하늘의 이치(天理)에 부합하는 나라 또는 그 나라의 수도라는 뜻이다. 단순히 단군조선만의 수도가 아니라 세계의 정치적·종교적 중심지로서 四海의 公都였다.

約而雖隔千年 如在昨日 何忍忘其本義乎 昔世朝鮮 即四海之公都 非一域之封國
檀氏之遺裔 即諸族之公僕 非一君之私民 .[15]

그의 일갈에 국론이 크게 바로 잡히고 왕위를 신라 시조 혁거세왕 제1 증
손의 후예에게 반환했으니, 그가 신라 제53대 신덕왕(神德王)이다. "옛날의
조선은 사해의 공도(公都)요 한 지역의 봉국(封國)이 아니며, 단씨(檀氏, 단군)의
후예는 여러 종족의 공복이요 한 임금의 사사로운 백성이 아니다"―참으로
천손족(天孫族)으로서의 당당함과 웅혼(雄渾)한 기상이 느껴지지 않는가? 새
하늘과 새 땅을 열며 홍익인간의 이념을 선포하던 그 웅혼했던 옛 기상을,
그 맑고 광대했던 정신의 한 자락이나마 엿볼 수 있게 하지 않는가?

한국학의 과제는 다음 몇 가지로 요약할 수 있다. 첫째, 우리 역사의 뿌리
이자 한국 사상 및 문화의 원형을 담고 있는 상고사와 사상 복원을 통해 국
가적·민족적·문화적 정체성을 확립하고 한국산(産) 정신문화의 원형을 체
계적으로 정립하는 것이다. 한국학 연구자들을 지속적으로 양성해내고 각
급 교육기관을 통해 교육함으로써 내실 있는 한국학 콘텐츠를 마련해야 한
다. 그러기 위해선 정책적 뒷받침이 필요하다. 또한 해외 소재 한국학 관련
역사 기록을 비롯해 다양한 주체들이 보유하고 있는 자원을 효율적으로 결
합하고 정보화하는 방안을 강구할 필요가 있다. 나아가 세계시민사회가 공
유하는 한국학, '공감(empathy)'의 신문명을 창출해내는 한국학이 되려면 무
엇보다도 역사적 세계를 관통하여 면면히 이어져 온 우리 고유의 '한'사상三
神思想, 天符思想, 神敎)과 정신문화를 한국학 콘텐츠가 담아낼 수 있어야 한다.
'한'의 의미로 볼 때 '한'사상과 정신문화는 곧 인류 보편의 것이기도 하므로
세계시민사회가 공유할 수 있는 것이다.

둘째, 한국학의 시대적 범주의 상한선을 상고시대로까지 확장하는 제도권의 합의를 도출해내는 것이다. 이는 역사 교과서 편찬 문제와도 관련되는 것으로 용이한 일은 아니지만, 한국학 교육 자체가 뿌리 없는 꽃꽂이 교육, 생명력을 상실한 교육이 되고 있다는 점에서 반드시 해야 할 일이다. 지금까지 제도권에서 한국학의 시대적 범주의 상한선에 대한 공통된 합의가 이루어지지 못하고 연구 지원체계도 마련되지 않아 연구자들을 지속적으로 양성해내지 못했고, 한국학 관련 서적들도 연구의 시대적 범주를 대부분 삼국시대 이후에 집중함으로써 한국학 콘텐츠의 심대한 빈곤과 불균형을 초래했다. 역사 왜곡이 고착화되고 국민적 자존감이 손상되면서 사대주의가 만연하게 되고, 올바른 역사관과 국가관이 정립되지 못함으로 인해 국격(國格)이 훼손되고, 이전투구(泥田鬪狗)의 정치에 매몰되어 국가 그랜드 디자인(Grand Design)이란 것이 부재하고, 정치권에 대한 불신의 팽배로 사회적 응집력이 약화되어 국력을 소진시키는 결과를 초래했다.

셋째, 한국학의 학문적 토양을 비옥하게 하기 위한 방안의 일환으로 국내외 다양한 전공의 학제간 연구(interdisciplinary research)를 활성화하는 것이다. 전 세계적으로 한국학을 개설한 대학이나 기관이 증가 추세에 있는 만큼, 역사·지리·언어·철학사상·문학·정치·경제·사회·문화·예술·과학·종교·교육·민속·기예(技藝) 등 다양한 분야에서 학제간 연구가 가능하다. 특히 부분과 전체의 유기적 통일성에 기초한 시스템적 사고(systems thinking) 또는 맥락적 사고(contextual thinking)의 전형을 보여주는 '한'의 통섭적 세계관은 해외에서도 깊은 관심을 유발할 수 있을 것이므로 문명의 외피만 더듬지 말고 우리 고유의 '한'사상과 정신문화를 바탕으로 접근할 필요가 있다. 실로 '환국(桓國)'은 밝게 빛나는 광명한 정치를 하는 나라, 비분리성·비이원성을 본질로 하는 생명의 의미를 국호에 함축한 나라, 9천 년 이상 전에 현대 물리학의 전일적 실재관의 원형을 국호에 담은 나라가 아니던가! 이러한 사실을 알게 되면 '한'이야말로 지구생명공동체의 근본적인 설계원리라는 점에 세계가 공감할 것이다.

넷째, 오늘날의 한류(韓流, Korean Wave) 현상을 심화하는 것이다. 동아시아 최대의 정신문화 수출국이었던 코리아의 면모를 제대로 담아내는 것이다. 나무의 줄기가 그 뿌리와 연결되지 못하면 꽃꽂이 식물과도 같이 생명력이 없듯이, 한국학이란 것도 역사의 뿌리와 연결되지 못하면 국가적·민족적·문화적 정체성이 확립될 수가 없으므로 생명력이 부재하게 된다. 수많은 역사적 사건들과 다양한 제도들과 삶의 풍경들을 문화기술적 효과를 극대화하여 담아낸다고 해도 역사를 관통하여 흐르는 우리의 고유한 정신이 살아 숨 쉬지 않는다면 한국학 콘텐츠의 빈곤 문제는 해결되기 어려울 것이다. 한국학은 한국에서 일어난 수많은 역사적 사건들이나 다양한 제도들의 단순한 집적(集積)이 아니다. 서양이 갈망하는 한국산(産) 정신문화, '세계가 잃어버린 영혼'이라고 지칭할 만한 한민족의 진정한 내공이 살아 숨 쉬는 정신문화는 '일즉삼(一卽三)·삼즉일(三卽一)'의 원리로 표상되는 우리 고유의 '한'사상(天符思想, 三神思想, 神敎)—동학에까지 면면히 그 맥이 이어지는—이다.

다섯째, 한국학의 시대적·세계사적 소명(召命, holy mission)을 인지하고 완수하는 것이다. 우리 상고사와 사상 복원을 통한 자기정체성(self-identity)의 확립과 시대적 및 사회적 요구에 부응하는 새로운 한국인상(像)의 정립은 국가 이미지나 브랜드 가치를 높이고 우리가 처한 문명의 시간대를 통찰할 수 있게 함으로써 한국학의 시대적·세계사적 소명을 다할 수 있게 할 것이다. 우리 한민족은 우주의 본질이 '생명(life)'이며 이 세상 자체가 하나의 거대한 '생명의 나무(Tree of Life)'임을 알고 있었다! 우주만물(多, 三)을 전일성(一)의 자기복제(self-replication)로 본 것이다. 이러한 일즉삼·삼즉일의 원리는 생명의 전일성과 자기근원성을 보여주는 것으로 현대 물리학에서 말하는 생명의 '자기조직화(self-organization)'와도 같은 것이다. '한'은 서양의 이원론이 초래한 생명의 뿌리와 단절된 꼿꼿이 삶, 그 미망의 삶을 끝장낼 수 있는 '마스터 알고리즘(master algorithm)'이다. 남과 북 그리고 온 인류가 하나 되게 하는 '마스터 알고리즘'이다.

여섯째, 일제 강점기 때 탈취당한 한국 고대사 문헌 및 사료들을 일본 왕실에서 반환해 오도록 우리 정부에 촉구하는 것이다. 한민족 집단의 정신이 투영된 고대사를 탈취당함으로 인해 한국학은 뿌리 없는 학문이 되어 생명력을 잃었다. 일인들은 단군조선 삼한의 고대 사료 등 51종 20여만 권을 수거해 불태우거나 일본 왕실로 가져갔다. 창경궁 안의 장서각으로 이관한 우리 고대사 도서 5,355종 10만 137책과 각종 사료들은 반도조선사(현행 국사) 편찬 후 왜곡된 국사의 증거를 은폐하기 위해 일본 왕실로 옮겨졌다. 1933년부터 12년간 일본 궁내청 쇼료부(書陵部, 일명 왕실도서관)에서 우리 상고사 관련 사서를 분류하는 일을 담당했던 재야사학자 박창화는 '단군조선'과 관련된 책들이 쇼료부에 쌓여 있다'는 사실을 해방 후 털어놓아 언론에 공개[16]된 바 있다. 만일 탈취당한 우리 고대사 문헌 및 사료들을 일본에서 반환해 올 수 있다면 단군 이래 최대의 업적이 될 것이다.

이상과 같은 한국학의 과제를 구현하기 위해서는 무엇보다도 사대주의와 서구적 보편주의의 망령에서 벗어나야 한다. 사대주의가 만연하게 된 것은 우리 내부의 정치적인 요인도 있겠지만, 보다 본질적으로는 수천 년의 영광스러운 우리 상고사를 잃어버림으로 인해 반도사관(식민사관)이 고착화되고 민족적 자존감이 심대하게 훼손되면서 우리 민족집단 자체가 스스로를 '주변적 존재(marginal existence)'로 인식하게 된 데에 기인한다. 따라서 식

민사관은—마샬 호지슨(Marshall G. S. Hodgson)과 블로트(J. M. Blaut)의 표현을
빌리자면—또 다른 의미의 '터널 역사관'이다. '터널 역사관'의 본래적 의미
는 '서양의 발흥'에 대한 서양의 해석이 여타 유럽 지역에서 이루어진 모든
공헌은 무시하고 예외적인 유럽 내부의 원인과 결과에만 치중하는, 이른바
'본말이 전도'된 닫힌 역사관에 빗대어 말한 것이다. 식민사관은 반도에 갇
힌 자학적(自虐的) 역사관이라는 의미에서 또 다른 의미의 '터널 역사관'이라
한 것이다.

이슬람 역사의 세계적인 학자 마샬 G. S. 호지슨이 펴낸 『세계사 재인식
Rethinking World History』(1993)[17]은 세계사의 총체적 연관 구조에 대한 접
근의 중요성을 강조함으로써 세계사 연구를 유럽중심주의(Eurocentrism)에서
벗어나게 하는 데 지대한 공헌을 했다. 서양 문화·문명의 태생적 우월성을
강조하며 이른바 서구적 보편주의의 거울로 동양 정신을 해석하는 나르키
소스(Narcissus)적 시도에 대해 비판하는 것이다. 근대의 대변화는 동반구의
여러 도시에 살았던 사람들의 수많은 발명과 발견에서 비롯되었다고 보고,
그런 발견의 초기 형태 중에서 상당수는 유럽에서 이루어진 것이 아니라고
주장했다. 서양을 하나의 구성 부분으로 삼는 아프로유라시아 세계의 축적
된 역사가 없었더라면 서양의 대변화는 상상할 수도 없었던 일이라고 호지
슨은 결론 내린다.

한편 세계적인 경제사 학자이자 종속이론의 선구자로 알려진 안드레 군
더 프랑크(Andre Gunder Frank)는 그의 저서 『리오리엔트 *ReOrient*』(1998) 서문
에서 "이 책에서 나는 '글로벌학적(globological)' 관점을 활용하여 지금까지 통
념으로 받아들여 온 유럽중심적 역사서술과 사회이론을 뒤엎으려고 한다"
[18]는 말로써 시작하고 있다. "부분의 합 이상인 전체를 분석하지 않고서는
유럽이라는 부분을 포함해서 어떤 부분이 어떻게 발전해 왔는지를 제대로

설명할 수 없다"[19]며, 글로벌한 관점에서 보면 근세 세계사에서 중심 무대를 장악한 것은 유럽이 아니라 아시아이므로 '서양의 발흥'은 이런 맥락에서 다루어야 한다고 주장하며, 마르크스(Karl Marx)·베버(Max Weber)·토인비((Arnold Joseph Toynbee)·월러스틴(Immanuel Wallerstein) 그리고 대부분의 현대 사회이론가들이 기초하고 있는 반(反)역사적이고 반(反)과학적인 유럽중심주의의 역사성을 비판한다.

영국의 역사학자 존 홉슨(John M. Hobson)은 그의 저서 『서구 문명의 동양적 기원 *The Eastern Origins of Western Civilisation*』(2004)[20]에서 서양인은 서양의 발흥에 대해 상당히 왜곡된 관점을 가지고 있으며, 동양이 수동적인 대상이거나 서양 세계사의 주류에서 변방으로 흐르는 물줄기일 뿐이라는 내용 외에는 동양에 대해 배운 바가 거의 없다고 실토했다. 그는 유럽중심적 시각에서 동양의 매개적 역할을 부인하고 세계 발전사에서 동양을 누락하는 것은 매우 부당하다고 주장했다. 그래서인지 서구의 세계적인 석학들조차도 종종 동양에 대한 총체적인 지식의 박피를 드러내는가 하면, 더 심각한 것은 그러한 무지에 대해 학자로서의 부끄러움을 전혀 느끼지 못한다는 사실이다. 아마도 그들에게 동양과 동양인은 세계 발전사에서 누락된 존재이기 때문일 것이다.

'리오리엔트'라는 용어의 광범한 사용은 유럽중심주의 역사관을 바로잡고 동양이 세계사의 중심으로 재부상한다는 의미를 함축하고 있다. 유럽중심적인 역사 서술과 사회이론을 바로 잡고자 한 홉슨, 프랑크, 호지슨을 비롯한 많은 학자들의 시도는 아프로유라시아 여러 민족과 지역의 역사적 지위를 회복하는 데 도움을 줄 뿐만 아니라 서구적 보편주의의 망령을 타파함으로써 서구로 하여금 올바른 역사관을 갖도록 촉구하고 동양으로 하여금 주체적 시각을 정립하는 데 도움을 준다. 사실 동양인 자신들도 서구중심주의에 경도된 교육을 받은 관계로 서구중심의 역사 서술과 사회이론에 취약한 실정이다. 오늘날 메가트렌드(megatrend)가 되고 있는 '리오리엔트'라는 용어의 확산은 광범하게 운위(云謂)되고 있는 '문화적 르네상스(cultural renaissance)'의 부상과 맥을 같이 하는 것으로 볼 수 있다.

오늘날 '한'사상의 부활은 현대 물리학이 물질의 공성(空性)을 실험적으로 입증함으로써 우주의 실체가 '의식[파동, 에너지]'임을 밝혀낸 것과 맥을 같이한다. 웅혼한 기상과 장대한 정신이 살아 숨 쉬는 수천 년의 우리 상고사 속에는 지구촌의 대통섭을 단행할 수 있는, 나아가 이 우주를 관통하는 의식의 대운하를 건설할 수 있는 비옥한 철학적·사상적·정신문화적 토양이 갖추어져 있다. 생명의 실체—즉, 비분리성·비이원성을 본질로 하는 영원한 '에너지 무도(舞蹈)'—를 밝힌 '한'사상이 21세기 생명시대를 맞이하여 부활한 것은 어찌 보면 당연하다 할 것이다. '해혹복본(解惑復本: 미혹함을 풀고 참본성을 회복함)'을 맹세하며 부도(符都) 건설을 약속했던 우리의 '천부(天符) 스타일'이 '한'의 찬란한 부활과 함께 전 세계로 퍼져나가 대조화의 후천 문명을 열게 될 것이다.

제2부

마고(麻姑)의 삼신사상과
마고 문화의 연맥(緣脈)

04 마고의 창세(創世)와 여성성의 원리
05 마고의 삼신사상과 마고 문화의 전파
06 마고 문화와 수메르 문명

『징심록(澄心錄: 제1誌가 「符都誌」)』의 기록이 멀리는 태고(太古)의 일에 관계하고, 넓게는 우주의 일에 관여하여 그 광대함(浩汗)은 진실로 말할 수가 없으며, 우리 동방 창도(創都)의 역사와 하토(夏土) 변이의 기록은 사람으로 하여금 참으로 숙연하게 한다. 이 책을 관통하는 그윽한 의미가 선도(仙道)와 불법(佛法)과 유사하나 같지 아니하다. 당시 신라에는 잠시도 선(仙)·유(儒)·불(佛)이 침투해 오지 않았으니, 이는 고사(古史)에 근거한 것이 분명하다. 그 신시(神市) 왕래의 설과 유호(有戶: 有仁의 손자, 虞舜(순 임금)의 父)씨의 전교(傳敎)의 일이 진실이니, 고금 천하의 법이 모두 여기서 나와 잘못 전해져 다르게 변해버린(轉訛變異) 것이다. 그러므로 이 책의 같지 않음이 유불(儒佛)의 세계에 용납되지 아니하며, 또 제왕의 관경(管境)으로부터 배척을 당한 것은 진실로 당연하다. 기록 중에서 말하기를, 이 책은 광명(廣明)의 시대부터 있었다고 하였으니, 그 시대는 과연 어느 시대인가.

- 김시습(金時習), 『징심록추기(澄心錄追記)』 중에서

04

마고의 창세(創世)와
여성성의 원리

● 마고의 창세, 생명의 거대사

● 마고성(麻姑城) 이야기와 민족의 이동 및 분화

● 인류 구원의 '여성성'

'음(音)'이 천지를 창조했다는 설은 생명의 파동적 성격에 대한 이해를 전제한 것으로 『부도지』에 처음 나온 것이다. 『부도지』에서는 우주의 본질인 생명의 물질화 현상을 율려(律呂)로 나타내고 있다. '율려'는 생명의 물질화 현상에 대한 파동과학적 표현이다. 특정한 성질을 갖는 물질이 되려면 파동이 상호작용함으로써 규칙적인 원자 배열이 만들어져야 하는데, 그 규칙성을 부여하는 설계도가 '율(律)'이고 그 율에 따라 진동(呂)하여 에너지의 바다에 녹아 있는 질료가 응축되어 하나의 결정 구조가 생겨난 것이 물질이다. 그러나 '율'과 '려'는 설명의 편의상 구분된 것일 뿐, '이(理: 이치)'와 '기(氣: 기운)'의 관계와 마찬가지로 '하나이면서 둘(一而二)이고 둘이면서 하나(二而一)'인 율려(律呂)의 묘합 구조로 이루어져 있다. 마고의 삼신사상에서 복본(復本)을 강조한 것은 참본성을 회복하면 일체의 이원성에서 벗어나 조화세계를 구현할 수 있기 때문이다. 마고의 천·지·인 삼신일체 사상은 생명이 곧 영성임을 갈파한 생명사상이다.

- 본문 중에서

부도(符都)의 법은 천수(天數)의 이치를 명확하게 증명하여 사람에게 그 본래 임무(本務)를 수행하게 하고 그 본래 복(本福)을 받게 할 따름이다.

-박제상(朴堤上), 『부도지(符都誌)』

마고의 창세(創世), 생명의 거대사

신라 눌지왕(訥祇王) 때의 충신 관설당(觀雪堂) 박제상(朴堤上)의 『징심록(澄心錄)』 15지(誌)[1] 가운데 제1지에 해당하는 『부도지(符都誌)』 제1장 초두(初頭)에는 마고(麻姑) 선인(仙人)이 살았던 마고성(城)이 지상에서 가장 높은 큰 성(地上最高大城)이며 천부(天符)*를 받들어 선천(先天)[2]을 계승하였다고 나와 있다. 마

---

* 天符란 하늘의 이치(天理), 즉 天數之理에 부합한다는 의미이다. 天理 또는 天數之理는 天道를 숫자로 풀이하여 나타낸 것이다. 天道를 일(一)부터 십(十)까지의 숫자로 풀이하여 나타낸 것이 『天符經』이고, 金尺과 같이 천부경을 새겨서 天權을 표시한 것이 天符印이다. 고대로부터 제왕의 권위를 상징하는 信標로서 전승되어 오는 天符印 3種은 청동검·청동거울·曲玉이다. 天符를 받든다는 것은 천·지·인 三神一體의 天道를 따르며 천부경이나 天符印 같은 信標를 받든다는 의미로 보면 된다. 金時習의 〈澄心錄 追記〉에는 우리 역사상 왕권과 결부되는 것으로 간주되는 金尺에 천부경이 새겨져 있음을 확연하게 보여준다. 〈징심록 추기〉는 김시습이 박제상의 후손 朴孝孫(조선 단종 때 형조참판 역임)에게 전해진 『징심록』을 직접 읽고 그 유래와 내용을 밝힌 것으로 『징심록』의 문헌적 가치를 고증해 준다.

고성의 위치는 『부도지』 제8장에 나오는 민족의 이동 경로와 『산해경(山海經)』 등으로 미루어 볼 때 파미르고원(天山崑崙) 일대*인 것으로 추정되며, 그 동쪽에는 운해주(雲海州: 중원지역), 서쪽에는 월식주(月息州: 중근동 지역), 남쪽에는 성생주(星生州: 인도 및 동남아 지역)가 있었다. 파미르고원은 동쪽으로는 타클라마칸 사막이 이어지고, 동북으로는 천산산맥과 알타이산맥이 이어지며, 동남으로는 곤륜산맥과 히말라야산맥 그리고 티베트고원을 통하여 중국·인도 대륙과 접하고, 서남으로는 술라이만산맥과 이란고원을 통하여 메소포타미아와 연결되며, 서북쪽으로는 아랄해와 카스피해에 이르고 있다.

2014년 7월 시진핑(習近平) 중국 국가 주석이 주창한 '신 실크로드' 구상의 핵심지역이 섬서성(陝西省, 산시성)에서 신장위구르자치구(新疆維吾爾自治區, 신장웨이우얼자치구)로 이어지는 서북 5개 성으로 확정된 것을 보더라도 이 일대가 동서 가교의 요충지임은 분명하다. 실크로드의 '출발점'인 섬서성과 그 '황금구간'인 감숙성(甘肅省, 간쑤성)은 환웅 신시(神市)의 개창과 관련된 삼위태백(三危太白)이 위치한 곳이고, 실크로드의 '전략지대'인 청해성(青海省, 칭하이성)과 닝샤자치구(宁夏回族自治区) 일대는 환인씨의 적석산(積石山) 시대가 열렸던 곳으로 추정되는 지역이며, 실크로드의 '핵심지역'인 신장위구르자치구 일대는 파미르고원의 마고성(麻姑城) 시대가 열렸던 곳이다.

마고성은 그 기능이나 성격으로 보아 천·지·인 삼신에 제사 지내던 소도성(蘇塗城)이었던 것으로 보인다. 환단(桓檀: 환국·배달국·단군조선) 시대에도 소도(蘇塗, 수두)라는 종교적 성지가 있어 그곳에서 하늘과 조상을 숭배하는 경천숭

---

* 중국의 가장 오래된 지리서인 『山海經』에는 西王母(서쪽에 사는 王母라는 뜻으로 중국에서는 麻姑를 西王母라고도 부름)가 崑崙虛 북쪽에 있다고 하고, 『符都誌』 제8장에는 천산주 남쪽이라고 하고 있으므로 파미르고원 일대인 것으로 추정할 수 있다.

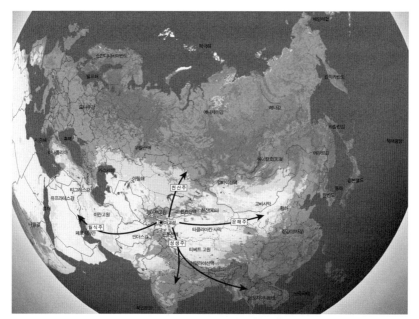

〈그림 4.1〉 파미르고원 마고성(麻姑城)과 문화 전파 경로

조(敬天崇祖)의 소도교(수두교)를 폈던 기록이 있다. 우리 한민족의 기원, 분화, 이동 경로, 문화와 철학, 사상의 원형을 담고 있는 『부도지』 제2장에는 세계 어느 나라에서도 유례를 찾아볼 수 없는 창세(創世)에 관한 기록이 나온다.

선천 시대에 마고대성은 실달성(實達城)에 허달성(虛達城)이 나란히 있었다. 처음 에는 햇볕만이 따뜻하게 내리쪼일 뿐 눈에 보이는 물체라고는 없었다. 오직 8려 (呂)의 음(音)만이 하늘에서 들려오니 실달성과 허달성이 모두 이 음에서 나왔으 며, 마고대성과 마고 또한 이 음에서 나왔다. 이것이 짐세(朕世)다.

先天之時 大城 在於實達之城 與虛達之城 竝列 火日暖照 無有具象 唯有八呂之 音 自天聞來 實達與虛達 皆出於此音之中 大城與麻姑 亦生於斯 是爲朕世.[3]

여기서 '음'은 소리이며 우주의 실체인 의식(意識)과 마찬가지로 일종의 파동(波動, wave)이다. '음'이 천지를 창조했다는 설은 생명의 파동적 성격에 대한 이해를 전제한 것으로 『부도지』에 처음 나온 것이다. 『우파니샤드 *Upanishads*』에서는 우주만물과 유일신 브라흐마를 불가분의 하나, 즉 불멸의 음성 '옴(OM)'*으로 나타냈고, 「요한복음」(1:1)에서는 "태초에 말씀[하늘소리]이 계시니라"고 하였으며, 『장자(莊子)』에서는 '천악(天樂)' 즉 우주자연의 오묘한 조화로서의 하늘음악을 노래했다. 하늘음악은 바로 조화자의 말씀 그 자체다. 이는 모두 초형상·초시공의 소리의 오묘한 경계를 나타낸 것이다. 말하자면 우주 삼라만상의 기원과 천국의 조화성을 소리의 경계,[4] 즉 파동으로 나타낸 것으로 『부도지』의 '음'과 같은 맥락에서 이해될 수 있다.

'천지본음(天地本音)'[5]이란 우주 삼라만상의 기원을 일컫는 것이다. 조선시대 『성리대전(性理大典)』에 음악이론서인 『율려신서(律呂新書)』가 포함된 것도 '소리는 곧 하늘'이라는 우리 전통사상의 맥이 통치이념에 반영된 것이다.** 생명의 파동적 성격은 아(亞)원자 물리학의 양자장(quantum field) 개념에서도 분명히 드러난다. 즉, 물질은 개별적인 원자들로 구성된 실재가 아니라 장(場)이 유일한 실재이며 물질은 장이 극도로 강하게 집중된 공간의 영역에 의해 성립되는 것이라고 보는 것이다. 세계적인 양자물리학자 데이비드 봄

---

* 유일자 브라흐마와 브라흐마의 자기현현인 우주만물을 불가분의 하나, 즉 불멸의 음성 '옴(OM)'으로 나타낸 것은 이 우주가 분리할 수 없는 거대한 파동의 대양임을 나타낸 것이다.

** 『律呂新書』에는 음악의 시작이 黃鐘音(기준이 되는 음)에서 비롯된다고 나와 있다. 世宗 때 朴堧의 黃鐘律管 제작으로 황종음을 정립했고, 또한 황종율관을 기준으로 度量衡을 통일해 실생활에 적용했다. 세종에게 있어 소리는 곧 하늘이었기에 황종음을 세우는 것은 곧 국가의 표준을 세우는 일이기도 했다. 백성과의 소통체계를 강화하기 위해 소리글자인 한글을 창제한 것도 백성들의 소리가 곧 하늘이라고 생각했기 때문이다.

(David Bohm)의 양자이론에 따르면, 파동이 모여서 다발(packet)을 형성할 때 입자가 되는 것이고 그 파동의 기원은 우주에 미만(彌滿)해 있는 초양자장(superquantum field)이다. 말하자면 파동이 상호작용함으로써 규칙적인 원자 배열이 만들어지고 하나의 결정 구조가 생겨난 것이 물질이다. 입자[물질]란 정확하게 말하면 입자처럼 보이는 파동[의식]일 뿐이라는 것이다. 생명은 '살아있는 시스템(living systems)',[6] 즉 네트워크이며 시스템적·전일적 사고를 통해서만이 접근할 수 있는 영역이다.

'실달'과 '허달'은 각각 실재 세계[본체계, 의식계]와 그림자 세계[현상계, 물질계]를 나타낸 것으로 무위(無爲)의 천지창조―생명의 자기조직화(self-organization)―에 의해 양 차원이 생겨난 것이다. 일체가 에너지로서 접혀 있는 전일성의 세계인 본체계[의식계, 실달성]와 무수한 사상(事象)이 펼쳐진 다양성의 세계인 현상계[물질계, 허달성]는 내재적 질서에 의해 하나의 고리로 연결되어 있으며 상호 조응·상호 관통한다. 물질세계는 생명의 본체인 영(Spirit, 靈·天·神)*의 자기복제(self-replication)로서의 작용으로 나타난 것이다. 말하자면 물질세계는 '영' 자신의 설계도가 스스로의 지성[性]·에너지[命]·질료[精]의 삼위일체의 작용으로 형상화되어 구체적 현실태(concrete actuality)로 나타난 것이다.

『부도지』에서는 우주의 본질인 생명의 물질화 현상을 율려(律呂)로 나타내고 있다. 우주만물은 분자, 원자, 전자, 아원자 입자들의 쉼 없는 운동으로 진동하는 에너지장(場)이다. 이 우주는 분리 자체가 근원적으로 불가능한 거대한 파동(波動, wave)의 대양[氣海]이며, 일체 생명은 파동체일 뿐이므로 생명

---

* 우주의 실체는 의식이므로 靈·天·神은 곧 근원의식·전체의식·보편의식·우주의식·순수의식·참본성[一心, 神性, 靈性]·混元一氣(一氣, 至氣)·律呂 등으로 명명되기도 한다.

에 관한 기존 과학계의 도식화된 분류법인 생명과 비생명의 경계는 오늘날 파동과학에서는 사라지고 있다. '율려'는 생명의 물질화 현상에 대한 파동과학적 표현이다. 특정한 성질을 갖는 물질이 되려면 파동이 상호작용함으로써 규칙적인 원자 배열이 만들어져야 하는데, 그 규칙성을 부여하는 설계도가 '율(律)'이고 그 율에 따라 진동(呂)하여 에너지의 바다에 녹아 있는 질료가 응축되어 하나의 결정 구조가 생겨난 것이 물질이다. 그러나 '율'과 '려'는 설명의 편의상 구분된 것일 뿐, '리(理: 이치)'와 '기(氣: 기운)'의 관계와 마찬가지로 '하나이면서 둘(一而二)이고 둘이면서 하나(二而一)'인 율려(律呂)의 묘합 구조로 이루어져 있다. 이 세상에 분리된 것은 아무것도 없다.

우주에서 일어난 모든 것은 사라지는 것이 아니라 보이지 않는 질서 속으로 접혀 들어가 있으며, '접힌(enfolded)' 질서 속에는 과거·현재·미래 우주의 전 역사가 다 담겨 있다. 흔히 아카식 레코드(Akashic Records)*라고도 불리는 이 접힌 질서는 인간과 우주의 모든 활동을 정보 파동에 의해 기록하고 지속적으로 자동 업데이트하여 보관하는 일종의 우주도서관이자 우주를 창조한 슈퍼컴퓨터라 할 수 있다. 한 세상의 주기를 뜻하는 '짐세'가 지금까지 몇 번이나 있었는지는 우주 차원의 대격변과도 관계되는 것으로 정확하게 말하기는 어렵다.

또한 『부도지』 제3장은 마고성이 인류의 시원임을 창세(創世)의 과정을 통하여 보여준다. 여기서는 무위(無爲)의 천지창조, 즉 물질계가 생성되는 과정

---

* 아카식 레코드는 하늘, 우주 등을 일컫는 산스크리트어 '아카샤(aksha)'에서 비롯된 말로서 인간과 우주의 모든 활동을 데이터화하여 기록, 보관하는 일종의 우주도서관이다. 아카식 레코드라는 개념이 처음 등장하게 된 것은 神智學(theosophy)협회를 창설한 러시아의 종교적 신비주의자 헬레나 페트로브나 블라바츠키(Helena Petrovna Blavatsky, 1831~1891)와 '人智學(anthroposophy)협회를 창설한 독일계 오스트리아의 人智學 창시자 루돌프 슈타이너(Rudolf Steiner, 1861~1925)와 관련이 있다.

을 의인화하여 나타내고 있다. 우주의 실체는 의식이며 이는 곧 에너지이고 파동이다. 파동이 상호작용함으로써 설계도인 '율(律)'에 따라 규칙적인 원자 배열이 만들어지고 진동(呂)하여 에너지의 바다에 녹아 있는 질료가 응축되어 하나의 결정 구조를 이룬 것이 물질이다.

> 후천의 운이 열렸다. 율려(律呂)가 다시 부활하여 곧 향상(響象)을 이루니, 성(聲)과 음(音)이 섞인 것이었다. 마고가 실달대성을 끌어당겨 천수(天水)의 지역에 떨어 뜨리니 실달대성의 기운이 상승하여 수운(水雲)의 위를 덮고, 실달의 몸체가 평 평하게 열려 물 가운데에 땅이 생겼다. 땅과 바다가 나란히 늘어서고 산천이 넓 게 뻗었다. 이에 천수의 지역이 변하여 육지가 되고, 또 여러 차례 변하여 수역 (水域)과 지계(地界)가 다 함께 상하를 바꾸며 돌므로 비로소 역수(曆數)가 시작되었 다.
>
> 後天運開 律呂再覆 乃成響象 聲與音錯 麻姑 引實達大城 降於天水之域 大城之 氣 上昇 布羃於水雲之上 實達之體 平開 闢地於凝水之中 陸海 列 山川 廣坼 於 是 水域 變成地界而雙重 替動上下而斡旋 曆數始焉.[7]

『부도지』 제4장에는 마고성이 지유(地乳)를 마시며 사는 인간이 만든 최초 의 낙원국가였음을 짐작케 하는 내용이 나온다.

> …향상(響象)을 나누어 관리하며 하늘과 땅의 이치를 바르게 밝히니, 비로소 역 수(曆數)가 조절되었다. 성안의 모든 사람은 품성이 순정(純情)하여 능히 조화를 알고, 지유를 마시므로 혈기가 맑았다…영혼의 의식(魂識)이 일어남에 따라 소리 를 내지 않고도 능히 말하고, 때에 따라 백체(魄體)가 움직여 형상을 감추고도 능 히 행동하여, 땅 기운 중에 퍼져 살면서 그 수명이 한이 없었다.

…分管響象而修證 曆數始得調節 城中諸人 稟性純情 能知造化 飮地乳 血氣淸

明…隨發魂識而潛聲能言 時動魄體而潛形能行 布住於地氣之中 其壽無量.[8]

마고성 시대가 열린 시기를 정확하게 말하기는 어렵지만, 『환단고기(桓檀
古記)』「삼성기전(三聖紀全)」하편과 「태백일사(太白逸史)」 환국본기(桓國本紀)에는
이를 추측케 하는 내용이 나온다. 고기(古記)를 인용하여 환인씨의 나라 환
국(桓國, BCE 7199~BCE 3898)의 강역은 남북이 5만 리, 동서가 2만여 리인데, 일
곱 대를 전하여 지난 햇수가 모두 3,301년 혹은 63,182년이라고 한 것이 그
것이다. 여기서 3,301년은 환인 7세의 역년만을 계산한 것이고, 63,182년은
전(前)문화시대까지 합산한 전체 역년으로 이해하는 것이 타당하다. 그런데
63,182년을 마고성 시대부터의 역년으로 볼 것인지, 아니면 마고성 이전의
전(前)문화시대가 또 있어 그것까지 합산한 역년인지에 대해서는 언젠가 새
로운 자료가 발굴되면 밝혀지게 될 것이다. 일단 『부도지』에 나타난 내용으
로는 우리 한민족의 발상지가 마고성(麻姑城)인 것이 분명해 보이므로 63,182
년을 마고성 시대부터 환인 7대까지의 역년으로 보기로 한다.

그렇게 되면 마고성 시대가 열린 시기는 2021년 현재로부터 69,101년
(63,182+3,898(환응 역년)+2,021) 전이니 약 7만 년 전이라 할 수 있다. 그러면 혹자
는 과연 7만 년 전에 그런 고도의 문명이 열릴 수 있었을까? 라고 의문을 가
질지 모른다. 그러나 미국 킨 주립대학 교수 찰스 햅굿(Charles H. Hapgood)은
그의 저서 『고대 해양왕의 지도 Maps of the Ancient Sea Kings』(1966)에서
"전 세계적인 고대 문명, 혹은 상당한 기간 동안 세계의 대부분을 지배했음
이 틀림없는 문명이 존재했다는 증거는 상당히 풍부하다"[9]고 결론 내리고
있다. 따라서 구석기시대, 신석기시대, 청동기시대, 철기시대의 점진적인
단계를 밟아 문명이 발전한다는 단선적인 사회발전 단계이론은 포기되어야

한다고 주장한다. 고대 지도가 제시하는 증거에 의하면, 아주 먼 옛날 다른 고대 문명에 비해 상대적으로 진보된 수준의 전 세계적인 문명이 존재했다는 것이다. 이는 마치 오늘날에도 원시 문명이 최첨단 문명과 공존하는 현상을 모든 대륙에서 찾아볼 수 있는 것*과도 같다는 것이다.

그러나 시간의 역사는 구석기시대 문명에서 신석기시대, 청동기시대, 철기시대 문명으로 점진적인 단계를 밟아 역사가 진행한다는 단선적인 사회 발전 단계이론의 관점에 입각해 있다. 그런 까닭에 시간의 역사는 고대 과학의 위대한 전통을 기반으로 역사상 실재했던 진보된 문명, 그 '사라진 문명(vanished civilizations)'에 대한 주장이나 그런 증거들을 진지하게 받아들이지 않는다. 시간의 역사는 우주만물이 홀로그램적으로 연결되어 있는 에너지 장(場)에서 살아간다는 것의 의미와 그것이 우리 삶에 끼치는 영향에 대해, 그리고 우리의 선택을 통한 '양자 지우개 효과(quantum-eraser effect)'[10]**에 대해 통찰하지 못한 채 단지 일어난 일들에 대해, 문명의 외피에 대해서만 기술하고 설명할 뿐이다.

우리가 보는 세상은 사실 그대로의 세상인가? 양자역학적 실험에서도 밝혀진 바와 같이 '여기가 거기이고 그때가 지금(Here is there and then is now)'이니, '지금 여기(now here)' 이외의 그 어떤 시간과 공간이 따로 있는 것이 아님에도 우리는 여전히 '여기'와 '거기'를 구분하고 '그때'와 '지금'을 구분하여 시

---

* 오스트레일리아나 남아프리카의 부시맨, 남아메리카와 뉴기니의 원시적인 부족들이나 미국의 몇몇 인디언 부족 같은 종족들이 그런 예이다.
** '양자 지우개 효과'란 현재가 과거에 일어난 일을 바꿀 힘을 갖고 있는 것을 말한다. 말하자면 나중에 일어난 일이 과거에 입자가 행동한 방식을 변화시킬(지울) 수 있다는 것이다. 시간이 과거에서 현재, 미래로 일직선상으로 진행된다고 보는 관점에선 불가능한 일이지만, 양자계(quantum system)와 같은 '영원한 현재(eternal present)'의 관점에선 과거나 미래라는 것은 실로 없는 것이므로 가능한 것이다.

공간이 실재하는 것으로 착각한다. 우주의 본질은 생명이며, 생명은 천지만물이 생겨나기 전에도 있었던 '영(Spirit, 靈·天·神)' 그 자체로서 '영원한 현재(eternal presence)'인 까닭에 시간의 역사 속에서는 그 기원을 찾을 수가 없다. 인류의 역사는 단순한 시간의 역사가 아니라 생명의 거대사이다. 생명의 거대사는 생명의 순환에 대한 인식을 바탕으로 쇠운(衰運)과 성운(盛運)이 교체하는 역학적 순환사관(易學的 循環史觀)에 입각해 있는 까닭에 단선적인 사회 발전 단계이론의 한계를 벗어나 영원의 견지에서 세계 역사를 조망하는 통찰력을 제공한다.

생명의 거대사는 의식계[본체계]와 물질계[현상계]의 상호 관통에 대한 통찰을 통해 인류 역사의 전개 과정이 우주의 진행 방향인 영적 진화와 조응해 있으며, 이기심에 기초하지 않은 '비범한 의식 상태(non-ordinary state of consciousness)'[11]에서 우리의 의식적 선택을 통해 양자적 가능성(quantum possibility)을 현실로 만들 수 있음을 보여준다. 생명계는 에너지 시스템이며 이러한 '비범한 의식 상태'에서는 과학계에서 '양자 도약(quantum leap)'이라고 일컫는 에너지의 이동을 만들어낼 수 있으므로 양자적 가능성은 현실화될 수 있다. 마치 전자가 공간 이동 없이도 특정 에너지 준위(energy level)에서 다른 에너지 준위로 뛰어오르듯, 우리 자신이 다른 의식 상태로 뛰어오름으로써 양자적 가능성을 현실로 만들 수 있다.

과학적 합리주의라는 미명하에 영성을 배제함으로써 생명현상을 이해하지도, 상대계의 존재 이유를 설명하지도 못한 채 실제 삶과는 무관하게 '이론을 위한 이론'으로 치닫는 근대 학문 세계의 연장선상에서는 결코 생명에 대한 거대사적인 접근이 이루어질 수 없다. 근대 과학의 비약적인 발달로 '도구적 이성'이 전 지구적으로 횡행하면서 진리의 몸은 종교의 성벽 속에 가둬지고 학문세계는 진리의 외피를 골동품처럼 전시하며 감각적으로 지각되고 경험된 것만이 진실이라고 강변하는 학문적 불구(不具) 현상이 만연한 오늘날에는 특히 그러하다. 시간의 역사는 주체와 대상(객체)으로 분리된 세계의 역사이기 때문에 생명의 전일성과 자기근원성에 기초한 마고의 삼신사상 즉 생명사상을 역사적 실재로 받아들이지 못한다. 시간의 역사는 끊임없는 갈등과 대립으로 점철되어 있으며 상호 제약적인 관계 속에 있으므로 그러한 관점에서는 진정한 의미에서 인간 행위의 자유가 보장되기 어렵다.*

생명의 거대사는 생명의 전일성과 자기근원성에 대한 인식을 전제로 조화성과 통일성에 기초해 있으므로 외부의 힘에 의해 농단(壟斷)되지 않고 자신의 본성과 힘을 발휘하여 능동적이고 주체적인 행위자가 될 수 있게 한다. 말하자면 주체가 대상으로 향하는 것이 아니라 대상이 주체로 향하게 함으로써 인식 주체의 능동성과 자율성이 발휘될 수 있게 한다.[12] 생명의 거대사는 통섭적 세계관을 바탕으로 물성과 영성, 시공과 초시공을 관통하며 시간의 역사를 만든 원천을 이해하게 하고 시간의 역사의 의미와 가치를 파악할 수 있게 함으로써 시간의 역사를 변화시킬 수 있는 추동력을 제공한다. 새로운 우주론에서 우주는 '상호 긴밀히 연결된 에너지-의식의 그물망'이다. 양자파동함수(quantum wave function)의 붕괴를 결정짓는 것은 바로 의식이며, 이는 본질적 삶에서 일어나는 일체의 현상을 통제하는 주체가 심판의 신이 아니라 인간의 정신임을 의미한다. 따라서 시간의 역사의 관점에서가 아닌, 생

---

* 인간은 '사물로 인해 고통받는 것이 아니라 그것을 받아들이는 관점으로 인해 고통받는 것'이라고 한 에픽테투스(Epictetus)의 말을 상기해 보라. 로마 제정시대 스토아(Stoa)파의 철인 에픽테투스는 한때 네로(Nero) 측근의 노예로 있었다. '자유의지를 훔쳐갈 사람은 존재하지 않는다'는 한마디로 스스로가 이미 자유인임을 선언한 에픽테투스. 육체적으로는 노예였지만 정신적으로는 분명 자유인이었던 그가 한 말은 모든 것이 관점의 문제임을 시사한다. 실로 시간의 역사의 관점에서는 아득한 그 옛날 마고성 시대가 실재했다는 것은 받아들일 수 없는 것이다.

명의 거대사의 관점에서만이 마고의 창세는 비로소 이해될 수 있다.

마고성 이야기와 민족의 이동 및 분화

동양 사상과 문화의 원형인 마고성 이야기는 서양 사상과 문화의 원형인 에덴동산 이야기와 마찬가지로 인류의 집단무의식 속에 자리 잡고 있는 인류의 시원에 관한 이야기이다. 동양의 마고성 이야기는 지소씨(支巢氏)가 포도를 따 먹은 "오미의 변(五味之變)" 이후 잃어버린 참본성과 잃어버린 마고성에 대한 복본(復本)의 맹세를 담고 있다. 서양의 에덴동산 이야기는 아담과 이브가 '선악과(善惡果)'를 따 먹은 것이 원죄가 되어 낙원에서 추방되었다는 이야기이다. 이는 선과 악이라는 분리의식의 작용에 따른 참본성의 상실이 곧 낙원의 상실로 이어진다는 점에서 마고성 이야기와 유사하다.

에덴동산 이야기에 나오는 원죄란 절대유일의 '하나'(님)을 거스른 데서 비롯된 것이다. 다시 말해 '하나'를 거스르는 분리의식에서 모든 죄악이 비롯된 것이다. 속죄(atonement)란 단어 자체가 하나됨(at-one-ment)을 의미하는 것은 모든 죄악이 분리의식에서 생겨난 것임을 역설적으로 말하여 준다. '선악과'는 분별지(分別智)를 나타냄이니, 선악과를 따 먹는 순간부터, 말하자면 선과 악이라는 '분별지'가 작용하는 순간부터 '나'와 '너', '이것'과 '저것'이 구분되고 대립하여 죄악에 빠져들게 되었으니 '선악과'를 따 먹은 것이 원죄라고 한 것은 매우 적절한 비유이다. 분별지가 작용하면서 인간은 낙원[根本智]에서 멀어지고 드디어는 번뇌의 대해(大海)에 들게 되었다. 그리하여 다생(多生)에 걸쳐 카르마(karma, 業)를 쌓게 된 것이다. 이는 참본성의 상실이 곧 낙원의 상실로 이어진다는 점에서 마고성 이야기와 유사하다.

그러나 에덴동산 이야기는 부성(父性)인 하느님이 인간을 창조하는 신·인간 이원론을 바탕으로 하고 있다. 아브라함의 두 아들 이삭(Isaac, 본처 사라(Sarah)의 아들)과 이스마일(Ismail, 사라의 몸종인 하갈(Hagar)의 아들)이 나중에 각각 유대인과 아랍의 조상이 됐고, 이러한 이원론적인 서양문화권 속에서 야훼(Yahweh)와 알라(Allāh)가 나왔고 유대교, 기독교, 천주교, 이슬람교 등이 나왔다. 오늘날 유일신의 이름으로 선악의 구도 속에서 대립하는 기독교와 이슬람교 간의 유혈충돌은 에덴동산의 원죄를 재현한 21세기형 원죄라고 할 수 있을 것이다. 아브라함의 자손 이삭과 이스마일의 비극에서 연원하는 유대교·기독교와 이슬람교 간의 끝없는 대립과 전쟁의 역사는 서양문화권의 이원론적인 사고로는 결코 세계평화를 이룩할 수 없음을 명료하게 보여준다.

마고의 삼신사상에서 복본(復本)을 강조한 것은 참본성을 회복하면 일체의 이원성에서 벗어나 조화세계를 구현할 수 있기 때문이다. 오늘날 전일적 실재관의 원형이 마고의 삼신사상['한'사상, 神敎]이고, 그 사상의 맥이 이어져 환단(桓檀)시대에 이르러 편 꽃이 천부사상(天符思想)이며, 이러한 천·지·인 삼신일체의 동양문화권 속에서 우리의 신선도를 비롯하여 유교, 불교, 도교, 힌두교, 동학 등이 나왔다. 아시아의 대제국 환국(桓國)의 12연방 중 하나인 수밀이국(須密爾國)은 천부사상에 의해 오늘날 4대 문명의 하나로 일컬어지는 수메르 문명(협의의 메소포타미아 문명)을 발흥시켰으며, 특히 수메르인들의 종교문학과 의식이 서양문명의 뿌리라고 할 수 있는 기독교에 상당한 영향을 미쳤다는 사실은 이미 밝혀진 바이다.

이처럼 마고의 삼신사상이 동·서양의 문화·문명을 발흥시킨 모체였다는 사실이 점차 밝혀지고 있는 것은, 천·지·인 삼신일체의 삼신사상['한'사상, 天符思想, 神敎]에서 전 세계 종교와 사상 및 문화가 수많은 갈래로 나뉘어 제각기 발전하여 꽃피우고 열매를 맺었다가 이제는 다시 하나의 뿌리로 돌아가 통합되어야 할 우주의 가을 즉 후천개벽기(後天開闢期)에 이르렀기 때문이다. 마고의 삼신사상은 현대 물리학의 전일적 실재관의 원형이라는 점에서 '가장 오래된 새것'이다. 오늘날 마고의 삼신사상 및 문화에 대한 재조명과 재인식이 이루어지는 것은 바야흐로 낡은 것이 새것이 되고 새것이 낡은 것이 되는 문명의 대변곡점에 이르렀기 때문이다.

한편 마고성 이야기는 신인(神人, 仙人)이면서 모성(母性)인 마고(麻姑)가 선천(先天)을 남자(陽)로, 후천(後天)을 여자(陰)로 하여 배우자 없이 궁희(穹姬)와 소희(巢姬)를 낳고, 궁희와 소희 역시 선천과 후천의 정(精)을 받아 배우자 없이 각각 두 천인과 두 천녀를 낳았다고 『부도지』 제1장에 나온다.

> 성 가운데 사방에 네 명의 천인이 있어 관을 쌓아놓고 음을 만드니, 첫째는 황궁(黃穹)씨요, 둘째는 백소(白巢)씨요, 셋째는 청궁(靑穹)씨요, 넷째는 흑소(黑巢)씨였다. 두 궁씨의 어머니는 궁희(穹姬)씨요, 두 소씨의 어머니는 소희(巢姬)씨였다. 궁희와 소희는 모두 마고(麻姑)의 딸이었다. 마고는 짐세(朕世)에 태어나 희노(喜怒)의 감정이 없으므로 선천을 남자로, 후천을 여자로 하여 배우자 없이 궁희와 소희를 낳았다. 궁희와 소희 역시 선천과 후천의 정(精)을 받아 결혼하지 아니하고 두 천인과 두 천녀를 낳았다. 합하여 네 천인과 네 천녀였다.
> 城中四方 有四位天人 提管調音 長曰 黃穹氏 次曰 白巢氏 三曰 靑穹氏 四曰 黑巢氏也 兩穹氏之母曰穹姬 兩巢氏之母曰巢姬 二姬 蓋麻姑之女也 麻姑 生於朕世 無喜怒之情 先天爲男 後天爲女 無配而生二姬 二姬 亦受其精 無配而生二天人二天女 合四天人四天女也.[13]

여기서 황궁씨, 백소씨, 청궁씨, 흑소씨 등의 '씨(氏)'는 환인씨나 환웅씨의 '씨(氏)'와 마찬가지로 고대에는 존칭어로 사용된 것이다. 『부도지』 제4장은 이들 네 천인이 네 천녀와 결혼하여 각각 3남 3녀를 낳으니 모두 12쌍 24명이 되었다고 나오는데 이들이 지상에 처음으로 나타난 인간의 시조라고 말한다. 이러한 모계 씨족사회 이야기는 천지운행의 원리와도 조응해 있다. 즉, 우주가 밤과 낮으로, 다시 춘하추동의 4계절로 나뉘어 12달이 되고 24절기가 되는 것과도 같은 것이다.

마고가 사는 마고성은 네모형의 성으로 중앙에는 천부단(天符壇)이 있었고, 사방에는 각각 보단(堡壇)이 설치되어 있었으며, 보단과 보단 사이는 각각 세 겹의 도랑으로 통해 있었다. 도랑의 사이는 천 리(千里)였으며, 도랑의 좌우에 각각 관문을 설치하여 지키게 하였다. 이러한 마고성의 형태는 환단(桓檀)시대에도 그대로 계승된 것으로 『부도지』 제13장에 나와 있다. 도랑의 사이가 천 리(약 400km)였다고 하니 서울에서 부산까지의 거리인 셈이다. 도랑의 사이가 그 정도 거리라면 전체 마고성의 규모를 짐작케 한다. 그래서 마고대성(麻姑大城)이라고 한 것이다.

마고의 나라가 실재했다는 사실은 우리나라 정사(正史)인 『고려사(高麗史)』 권36 「세가(世家)」 제36 충혜왕(忠惠王) 조(條)에서 살펴볼 수 있다. 충혜왕 조에는 충혜왕이 몽골로 끌려갈 때 백성들 사이에서 불린 '아야요(阿也謠)'라는 노래가 나온다. "아야 마고지나 종금거하시래(阿也 麻姑之那 從今去何時來)"[14], 즉 "아아 '마고의 나라' 이제 떠나가면 언제 돌아오려나"라는 이 짧은 노래는 충혜왕이 귀양길에서 독을 먹고 죽자 백성들이 마고성의 복본을 기원하며 '마고지나(麻姑之那: 마고의 나라)'를 노래로 지어 부른 것이다. '고려'라는 국호가 엄연히 존재했음에도 불구하고 '마고의 나라'를 노래로 부른 것은, 당시 백성들 사이에선 우리나라의 옛 이름인 '마고지나'가 더 친숙했음을 알 수 있게 한다. 그토록 오랜 세월이 지났음에도 '마고의 나라'가 인구(人口)에 회자(膾炙)된 것은 낙원국가라는 이미지가 투영되어 있었기 때문인지도 모른다.

마고성의 후천 세계가 몇 대를 거치는 사이에 열두 개 파를 형성했으며 인구가 증가하여 각파마다 3천 명이 되었다.[15] 인구 증가에 따른 식량 부족으로 '오미의 변'[16]이 발생하게 되었다. 어느 날 백소씨(白巢氏) 족의 시소씨(支巢氏)가 젖을 마시려고 유천(乳泉)에 갔는데, 사람은 많고 샘은 작으므로 다른 사람에게 양보하여 마시지 못하는 일이 다섯 차례나 반복되면서 배가 고파 보금자리 난간의 넝쿨에 달린 포도를 따 먹게 되었다. 이는 살아 있는 생명을 해친 최초의 사건이자 포도 속에 담긴 다섯 가지 감각적인 맛에 취해 참본성[神性]을 잃게 된 역사적 사건이었다. 지소씨의 말을 듣고 포도를 따 먹은 사람들은 피와 살이 탁해지고 심기가 어지러워져서 마침내 천성을 잃게 되었다. 열매를 먹고 사는 사람들은 모두 이(齒)가 생겼으며 그 침은 뱀의 독과 같이 되어버렸다. 이 사건으로 백소씨의 사람들이 크게 놀라 곧 금지하고 지키며 살피니(守察), 이는 기존의 자재율(自在律)의 파기를 의미하는 것이었다. 이때에 열매를 먹는 습관과 수찰을 금지하는 법이 시작되었다.[17]

사람들이 원망하고 타박하니, 지소씨가 크게 부끄러워하며 거느린 무리를 이끌고 성을 나가 멀리 가서 숨어버렸다. 또 포도 열매를 먹은 자와 수찰(守察)을 금지한 자 모두 성을 나가 각지로 흩어져갔다. 네 천인 중 가장 어른인 황궁씨(黃穹氏)가 그들의 정상(情狀)을 불쌍히 여겨 이별을 고하며 이렇게 말했다.

여러분의 미혹함이 심히 커서 성상(性相)이 변이한 고로 성안에서 같이 살 수 없게 되었소. 그러나 스스로 수증(修證)하기를 열심히 하여 미혹함을 깨끗이 씻어 남김이 없으면 자연히 복본(復本)할 것이니 힘써 노력하시오.
諸人之惑量 甚大 性相變異故 不得同居於城中 然 自勉修證 淸濟惑量而無餘則自然復本 勉之勉之.[18]

그런데 성을 떠난 사람들 가운데 과오를 뉘우친 사람들이 직접 복본을 하고자 성 밖에 이르러 젖샘을 얻으려고 성곽 밑을 파헤치니 샘의 근원이 사방으로 흘러내렸다. 그러나 곧 단단한 흙으로 변하여 마실 수 없게 되었고, 그로 인해 성(城) 안에서도 마침내 젖이 마르게 되니 사람들이 동요하여 풀과 과일을 다투어 취하므로 혼탁함이 극에 이르러 청정함을 보존하기가 어렵게 되었다. 이에 황궁씨가 마고 앞에 사죄하여 오미의 책임을 지고 복본(復本: 참본성을 회복함)할 것을 서약하고 물러 나와 마고성을 보전하기 위해 여러 종족들과 출성(出城)을 결의하고서 열두 개 파(12지파)는 네 파로 나뉘어 이동하게 되었다. 이때 황궁씨는 청궁씨(靑穹氏), 백소씨, 흑소씨(黑巢氏)에게 천부(天符)를 신표로 나누어주고 복본을 명하고는 칡을 캐서 식량을 만드는 법을 가르쳐 각기 권속을 이끌고 동서남북의 사방으로 흩어졌으니 이것이 인류의 시원이 되었다.

청궁씨는 권속을 이끌고 동쪽 사이의 문을 나가 운해주로 가고, 백소씨는 권속을 이끌고 서쪽 사이의 문을 나가 월식주로 가고, 흑소씨는 권속을 이끌고 남쪽 사이의 문을 나가 성생주로 가고, 황궁씨는 권속을 이끌고 북쪽 사이의 문을 나가 천산주로 갔다.
青穹氏 率眷出東間之門 去雲海洲 白巢氏 率眷出西間之門 去月息洲 黑巢氏 率眷出南間之門 去星生洲 黃穹氏 率眷出北間之門 去天山洲.[19]

운해주는 파미르고원의 동쪽인 중원지역이고, 월식주는 파미르고원의 서쪽인 중근동 지역이며, 성생주는 파미르고원의 남쪽인 인도 및 동남아 지역이고, 천산주는 파미르고원의 북동쪽인 천산산맥 지역이다. 마고성에서의 출성(出城)은 곧 낙원의 상실이었다. 마고성을 떠나 분거(分居)한 모든 종족들이 각 주(洲)에 이르는 동안 어느덧 천년이 지났다. '오미의 변'을 일으키고 먼저 성을 나간 지소씨 무리들의 자손이 각지에서 그 세력이 강성하였지만 그 근본을 잃고 성질이 사나워져서 새로 분거한 종족을 보면 무리를 지어 그들을 해하였다. 분거족은 바다와 산으로 멀리 떨어져 있어 거의 왕래가 없었다. 마고는 궁희·소희와 함께 성을 보수하여 천수(天水)를 부어서 성 안을 청소하였는데 그때 청소한 물이 홍수가 되어 동쪽의 운해주를 크게 부수고 서쪽의 월식주 사람들을 많이 죽게 했다고 나오는데,[20] 실낙원 이야기나 홍수 전설이 마고성에서 유래한 것은 아닐까?

한편 황궁씨는 천산주(天山洲)에 도착하여 해혹복본(解惑復本: 미혹함을 풀고 참본성을 회복함)할 것을 다시금 서약하고, 종족들에게도 수증(修證)하는 일에 힘쓰라고 일렀다. 황궁씨의 첫째 아들 유인씨(有仁氏)에게 명하여 인간 세상의 일을 밝히게 하고, 둘째와 셋째 아들에게 운해주와 월식주, 성생주를 순행하게 했다. 황궁씨는 천산(天山)에 들어가 돌이 되어 길게 조음(調音)을 울려 인간 세상의 미혹함을 남김없이 없앨 것을 도모하고, 마침내 대성(大城) 회복의 서약을 성취하였다. 그리하여 유인씨가 천부삼인(天符三印)을 이어받았다. 천부삼인은 천지본음(天地本音)의 상징으로 근본이 하나임을 알게 하는 것이었다. 유인씨가 천년을 지내고 나서 아들 환인씨에게 천부를 전하고 산으로 들어가 계불(禊祓: 蘇塗에서 열리는 제천의식의 일부)을 전수(專修)하며 나오지 않았다. 이에 환인씨가 천부삼인을 이어받아 인간 세상의 이치를 크게 밝혔다.[21]

마고성이 열린 시기가 약 7만 년 전이라고 한다면 언제까지 지속된 것일까? 그것은 환국시대(BCE 7199~BCE 3898)로부터 역으로 거슬러 올라가 추정할수 있다. 『부도지』 제9장에는 "(마고성을 떠나) 분거한 여러 종족들이 각 주(洲)에 이르니 어느덧 천년이 지났다"[22]라고 나와 있다. 『부도지』 제10장에는 "황궁씨가 천산주에 도착하여 해혹복본(解惑復本)할 것을 서약하고,…곧 첫째 아들 유인씨에게 명하여 인간세상의 일을 밝히게 하고,…황궁씨가 곧 천산에 들어가…이에 유인씨가 천부삼인(天符三印)을 이어받으니…"[23]라고 나오고, 또 "유인씨가 천년을 지내고 나서 아들 환인(桓仁)씨에게 천부를 전하고…"[24]라고 나온다.

그렇다면 마고의 종족들이 각 주, 즉 운해주, 월식주, 성생주, 천산주에 이르는 기간이 약 천년이고, 황궁씨가 천산주에 도착하여 얼마되지 않아 아들 유인씨에게 천부삼인을 전한 것이 나오며, 유인씨가 천년을 지내고 나서 아들 환인씨에게 천부를 전했으니, 마고성을 떠난 시점은 환인씨의 나라 환국이 열린 BCE 7199년으로부터 약 2천 년 전인 BCE 9199년쯤이다. 지금으로부터 약 1만 1천 년 전까지 마고성 시대가 지속된 셈이다. 또한 마고는 '마(麻)'가 많이 나는 땅의 여성 지도자를 의미하는 것이니, 환인·환웅·단군과 마찬가지로 특정인의 이름이 아니라 일종의 직함으로 보아야 한다. 말하자면 환인 7대, 환웅 18대, 단군 47대가 이어졌던 것처럼, 마고 또한 여러 대가 이어졌을 수도 있다.

『부도지』에 따르면, 파미르고원의 마고성에서 시작된 한민족은 마고, 궁희, 황궁, 유인(有仁), 환인(桓仁)*, 환웅(桓雄), 단군(檀君)에 이르는 과정에서―즉, 마고성 시대에서 황궁씨와 유인씨의 천산주 시대를 거쳐 환인씨의 환국 시대, 환웅씨의 배달국 시대, 그리고 단군조선 시대에 이르는 과정에서―전 세계로 퍼져나가 천·지·인 삼신일체(三神一體)의 가르침에 토대를 둔 우리의

---

* 『符都誌』에는 有因, 桓因으로 나오지만 본래는 有仁, 桓仁이었다가 후에 불교의 영향을 받아 '仁'이 '因'으로 바뀐 것이다. 당시에는 監群(무리의 우두머리)을 仁이라 했으므로 原義를 살리는 취지에서 '仁'이라고 표기하기로 한다. '인(仁, En)'은 고대에 왕이나 제사장을 의미하는 것이었다. 『桓檀古記』, 「太白逸史」 第二, 桓國本紀에는 '仁이란 任을 이르는 말이니 널리 사람을 구제하고 세상을 밝히는 일을 맡으려면 반드시 어질어야 한다'라고 나와 있다.

천부(天符)문화를 세계 도처에 뿌리내리게 한 것으로 나온다. 당시 국가지도 자들은 사해(四海)를 널리 순행했으며, 모든 종족과 믿음을 돈독히 하고 돌아 와 부도(符都)를 세웠다.[25] 훗날 신라 화랑도의 '유오산천(遊娛山川) 무원부지(無遠不至)'라는 수양방식은 이러한 순행에서 비롯된 것이다. 마고 문화의 자취 가 유독 우리 한민족에게 많이 전승되고 있는 것은 한민족이 마고성의 종주 족인 황궁씨족의 장자 민족이기 때문일 것이다.

인류 구원의 '여성성'

마고의 '마(麻)'는 마고성 일대에 삼베를 짜는 섬유의 원료인 삼(麻)을 많이 재배한 데서 붙여진 이름인 것으로 보인다. 그런 점에서 마고는 '마(麻)'가 많 이 나는 땅의 여성 지도자를 의미한다. 마고(麻姑)라는 이름은 인류의 집단무 의식 속에 인류 구원의 여성성으로 자리 잡고 있다. '여성성(女性性)' 내지 '여 성적 원리'의 본래적 의미는 그리스 신화에 등장하는 대지의 여신 '가이아 (Gaia: 지구의 생물들을 어머니처럼 보살펴준다는 뜻에서 붙여진 지구의 영적인 이름)'의 영적 인 본질에서 도출된 여성성, 즉 영성(靈性, spirituality)이다. 영성은 초논리·초 이성의 영역인 까닭에 정신·물질, 영성·이성, 자연·인간, 여성·남성, 의식· 제도와 같은 이원론으로는 접근할 수가 없다. 따라서 여성성은 남성적 원리 와 상치되는 것이 아니라 포괄하는 동시에 초월하는 것으로서 이해되어야 한다. 그렇지 않고 단순히 남성성을 대체하는 여성성으로 이해한다면 또 다 른 이원론에 빠지게 될 것이기 때문이다.

흔히 여성과 자연의 이미지가 동일시되는 것은, 음(陰)·양(陽)의 역동적 통 일성을 본질로 하는 자연[영성]의 이미지가 모성(母性)을 본질로 하는 여성의 이미지와 동일한 까닭이다. 예로부터 아이를 점지해 달라고 '삼신할미'에게 비는 습속 또한 마고를 생명의 여신으로 인식한 데서 비롯된 것이다. 여기서 '할미'는 '할머니'가 아니라 '한어미', 즉 대모(大母)라는 뜻이다. 말하자면 '마'가 많이 나는 땅의 여성 지도자인 마고는 대지를 관장하고 출생을 관장하는 대모(大母)라는 말이다. 최초의 '한어미'라는 뜻에서 태모(太母)라 할 수도 있다. '여성성'이 인류 구원의 여성성으로 인식될 수 있는 것은 여성성이 곧 영성임을 전제한 것이다. 생명 자체가 영성이므로 영성에 관한 논의를 배제한 생명 논의는 공허한 말잔치에 지나지 않는다. 오늘날 인간 억압과 자연 억압이 만연한 것은 없는 곳이 없이 실재하는 만유의 영성을 인식하지 못하고 외재화, 물화(物化)시킨 데 있다.

마고는 몽고, 투르크(튀르크), 만주, 퉁구스, 시베리아에서 '우마이(Umay)'라는 대모신(大母神)의 이름으로 등장하여 인간의 출생을 관장하는 생명의 여신으로 알려져 있고, 이 일대 여성 무당 또한 어마이, 오마이* 등으로 불린다. 오마니, 어마이, 오마이는 어머니를 뜻하는 평안도 방언이기도 하다. '마(Ma)'는 어머니, 엄마, 어멈 등의 뜻으로 영어의 mother, mom, mama, 수메르어의 우뭄(Umum), 고타마 싯다르타의 어머니 마야(Maya)부인, 성모 마리아(Mary), 러시아의 토속인형 마툐르시카, 일본의 아마테라스 오미카미(天照大神), 마야(Maya)문명, 마고 삼신을 모시는 베트남의 토속종교 모교(母教), 마고 삼신을 의미하는 마을 어귀 '솟대에 앉은 오리[鳥] 세 마리', 『우파니샤드』에서 우주만물과 유일신 브라흐마의 합일을 나타낸 불멸의 음성 '옴(OM)'**,

---

* 어머니, 엄마는 몽골어, 투르크어, 퉁구스어로 어마이, 오마이 등으로 불린다. 모두 마고에서 유래한 것이다.

** '옴(OM)'은 어머니, 엄마를 뜻하는 옴마, 오마니, 오마이 등의 축약어로 모두 마고의 '마(Ma)'에서 유래한 것이다.

이들 모두 마고에서 유래한 것으로 볼 수 있다.

『장자(莊子)』 내편(內篇) 제1「소요유(逍遙遊)」에는 견오(肩吾)와 연숙(連叔)이라는 도인의 대화 속에 막고야산(藐姑射山: 마고산, 삼신산)에 사는 신인(神人) 마고에 관한 이야기가 나온다.

> 막고야산(藐姑射山)에 신인(神人)이 살고 있는데 피부는 얼음이나 눈처럼 희고 단아하기는 처녀 같으며 곡식을 먹지 않고 바람을 호흡하고 이슬을 마시며 구름을 타고 용을 몰아 사해 밖에서 노닌다. 정신을 한데 모으면 만물이 병들지 않게하고 해마다 곡식이 잘 여물게 한다.
>
> 藐姑射之山有神人居焉 肌膚若冰雪 綽約若處子 不食五穀 吸風飲露 乘雲氣 御飛龍 而遊乎四海之外 其神凝 使物不疵癘 而年穀熟 .[26]

오늘날 인류 구원의 '여성성'으로서의 마고(麻姑)에 대한 관심의 고조는 일과성 현상이 아니다. 마고의 현대적 부활은 천지비괘(天地否卦, ䷋)인 선천(先天) 건도(乾道) 시대에서 지천태괘(地天泰卦, ䷊)인 후천(後天) 곤도(坤道) 시대로의 이행과 맥을 같이 한다. 우주 1년의 이수(理數)를 처음으로 밝혀낸 북송(北宋) 시대의 대유학자 소강절(邵康節, 이름은 雍)의 『황극경세서(皇極經世書)』에 따르면, 우주 1년의 12만 9천6백 년 가운데 인류 문명의 생존 기간은 건운(乾運)의 선천 5만 년과 곤운(坤運)의 후천 5만 년을 합한 10만 년이며, 나머지 2만 9천6백 년은 빙하기로 천지의 재충전을 위한 휴식기이다. 우주력(宇宙曆) 전반 6개월(春夏)을 생장·분열의 선천 시대라고 한다면, 후반 6개월(秋冬)은 수렴·통일의 후천 시대로 천·지·인 삼재의 융화에 기초한 정음정양(正陰正陽)의 시대라고 할 수 있을 것이다.

선천 건도 시대는 천지비괘인 음양상극(陰陽相剋)의 시대인 관계로 강자가 약자를 억누르고 민의(民意)가 제대로 반영되지 못하며 빈부격차가 심하고 여성 억압과 자연 억압이 만연한 시대로 일관해 왔다. 하지만 후천 곤도 시대는 지천태괘인 음양지합(陰陽之合)의 시대인 관계로 일체 대립물의 통합이 이루어지며 여성이 제자리를 찾고 종교적 진리가 정치사회 속에 구현되는 성속일여(聖俗一如)·영육쌍전(靈肉雙全)의 시대가 될 것이다. 우리는 지금 후천 시대의 초입에 들어서 있다. 그럼에도 세상 사람들이 하늘의 '때(天時)'와 세상 '일(人事)'의 연계성[27]을 인식하지 못하는 것은 천지의 형체만을 알 뿐 그 천지의 운행을 주재하는 하늘[우주섭리]은 알지 못하기 때문이다. 소강절은 천지만물뿐 아니라 세상 '일(人事)'이 생장·분열과 수렴·통일을 순환 반복하는 천지운행의 원리와 상합하고 있음을 밝히고 있다. 소강절의 상수학설(象數學說)에 기초한 우주관과 자연철학은 주돈이(周敦頤)의 태극도설(太極圖說)과 함께 동양 우주론의 바탕을 이루고 있다.

우주과학적 측면에서 볼 때 '여성성' 내지 '여성적 원리'의 부상은 우주 질서 속에서 지구 문명이 물고기 별자리인 쌍어궁(雙魚宮) 시대에서 물병 별자리인 보병궁(寶瓶宮) 시대로 이행하는 것과 맥을 같이 한다. 아이작 뉴턴(Isaac Newton)이 만유인력의 법칙으로 설명한 지구의 세차 운동 기간은 25,920년이다. 이 세차 운동 상에는 열두 별자리가 있으며, 각 별자리 사이의 거리에는 2,160년이라는 시간이 소요된다. 천문학적으로는 BCE 약 100년경 황도대의 춘분점부터 물고기 별자리가 시작된 것으로 보며, 2,100여 년이 흐른 현재는 다시 물병 별자리로 옮겨져 가고 있다는 것이다. 세계 도처에 산재해 있는 물고기 문양(雙魚紋)은 쌍어궁 시대의 잔영[28]을 보는 듯하다.

이제 물병 별자리인 보병궁 시대로의 초입에서 많은 사람들은 새 시대가 쌍어궁 시대의 단순한 연장이 아니라, 근본적인 패러다임 전환을 가져올 것이라고 예측한다. 열린 눈을 가진 사람이면 현재 지구촌에서 전개되고 있는 상황을 보더라도 쉽게 감지할 수 있다. 인류의 가치지향성은 현대 물리학의 안내로 대(大)에서 소(小)를 거쳐 극미세에서 공(空)으로 진입하고 있다. 대소(大小)는 물질 차원의 개념이지만, 공(空)은 의식 차원의 개념이다. 물질시대에서 의식시대로의 패러다임 전환의 단초가 여기에 있다. 물병 별자리가 바로 '공(空)'을 상징함은 우연이 아닐 것이다. 또한 물병 별자리인 보병궁은 '여성성'을 상징하기도 한다. 물병이 비어 있기 때문에 물을 담을 수 있듯이, 여성의 자궁 역시 비어 있기 때문에 생명을 품을 수 있으니 공(空)을 상징하는 것이다. 따라서 보병궁은 '여성성'을 상징하는 것으로 볼 수 있다.

　마고의 현대적 부활은 오늘날 전 세계적 현상이 되고 있는 패러다임 전환의 맥락에서도 이해될 수 있다. 자연과학 분야는 물론 인문사회과학, 철학, 문화예술 등 전 분야에 걸쳐 광범위하게 진행되고 있는 사조(思潮)의 전환은 우리의 세계관과 사고방식 및 가치체계의 근본적인 변화를 수반하고 있다. 이 세계를 상호 연결·상호 의존하는 네트워크로 보는 생태 중심의(ecocentric) 가치체계, 그리고 생명은 결코 지배나 통제의 대상이 될 수 없다는 생태적 평등의 관점은 일찍이 '생태학적 양심(ecological conscience)' 선언을 통해 진정한 생명공동체를 구현하고자 '대지의 윤리(land ethic)'를 정식화한 미국 생태학자 알도 레오폴드(Aldo Leopold)에게서 찾아볼 수 있다. 마고는 인간의 출생을 관장하는 생명의 여신이므로 마고의 부활이 생명시대의 도래와 맥을 같이 하는 것은 자연스러운 것이다.

　20세기 후반 이후 전 세계적 현상이 되고 있는 부계 사회의 쇠퇴와 여성운동의 고조, 그리고 그에 따른 페미니즘과 에코페미니즘(ecofeminism)의 부상은 패러다임 전환을 가속화하는 메커니즘으로 작용해왔다. 에코페미니즘의 통상적인 의미는 가부장제적, 남성지배적 서구문화에 대한 비판에서 출발하여 여성 억압과 자연억압이 구조적으로 깊이 연결되어 있다고 보고 여성해방과 자연해방을 동시에 추구하는 이론적 정향 및 행동을 통칭한다. 에코페미니즘은 생태담론과 마찬가지로 1970년대에 등장하여 생태운동과 실천적 여성해방운동이 결합하여 전개되어 왔다는 점에서 '행동하는 페미니즘'으로 알려져 있다. 에코페미니스트들은 정신·물질 이원론에 입각한 근대 서구의 지배적 세계관이 여성과 자연을 동일한 방식으로 지배해왔다고 보고 이러한 지배방식이 전 지구적으로 확산됨에 따라 생태위기와 함께 총체적인 인간 실존의 위기가 초래됐다는 것이다.

그리하여 에코페미니즘은 냉전체제 아래의 군국주의에 저항하는 운동으로부터 제3세계 여성들을 착취하는 서구중심의 폭력적 개발에 항거하는 운동에 이르기까지 다양한 형태로 나타나게 된다. 그들에게 있어 생태계 파괴나 계급적 지배, 인종차별, 군국주의 등은 성차별에 의한 여성 억압의 다른 표현에 지나지 않는다. 따라서 남성 중심의 지배구조를 외면한 생태학/생태운동은 실천성을 발휘할 수 없으므로 페미니즘과의 결합은 필수적이라는 것이다. 호주의 여성 생태학자이자 철학자인 발 플럼우드(Val Plumwood)는 네 가지 형태의 억압, 즉 여성, 인종, 계급, 자연에 대한 억압의 공통된 원인을 이성/자연의 대립성을 기반으로 한 서양의 이성 중심주의에서 찾고 있다.

플럼우드는 서양 역사를 타자를 식민화하는 단계의 발전으로 나누어 플라톤의 로고스(logos 이성)/자연의 이분법을 제1단계, 데카르트의 마음(res cogitans)/물질(res extensa)의 이분법을 제2단계, 인간의 자아중심주의와 함께 자연을 도구화하는 시각이 나타나는 제3단계, 그리고 세계 경제 영역에서 완전 합병 아니면 제거의 양자택일만 남는 마지막 단계로 나누었다. 지금의 이 마지막 단계는 생물계(bioshere)의 자연 억압과 인간계(sociosphere)의 여성/인종/계급 억압이 극도로 심화된 상태라는 것이다. 플럼우드가 제시하는 대안은 자연에게도 의지와 목적과 자주성을 가질 수 있는 주체성을 인정하고 존중하는 관점을 가짐으로써 자연에 속하는 것으로 분류된 여성/제3세계/노농자 등에 대한 관점도 함께 변화될 수 있을 것이라는 전망이다.[29]

인도의 핵물리학자이며 철학자인 반다나 쉬바(Vandana Shiva)는 인류가 생태위기와 함께 총체적인 난국에 처하게 된 것은 자연과 여성/제3세계 국민/빈곤층의 생존기반 자체를 파괴한 서구의 식민화에 기인하는 것으로 보고 이러한 토양 위에서 작동해 온 자본주의적 가부장제 문명을 강하게 비판했다. 쉬바는 가부장제적인 자본주의 세계정치경제구조가 남성 중심의 개발 위주 경제정책에 의해 여성과 자연을 무차별적으로 착취함으로써 생태계 파괴와 여성 억압을 초래했다고 보고 개발 관점 대신에 인간과 자연의 재생 능력과 다양성 및 생존기반 보존에 입각한 '생존 관점(subsistence perspective)'을 대안으로 제시했다. 서구의 '지속가능한 발전(sustainable development)' 모델은 '지속가능한 생존(sustainable subsistence)' 모델로 대체되어야 한다는 것이다. 생존 관점의 특성은 지역경제체제, 참여적 풀뿌리 민주주의, 정신/물질, 자연/문명, 생산/생존 이원론의 극복 등이다.[30]

에코페미니즘 논의의 핵심은 대안체제 제시와 관련하여 '여성성' 내지는 '여성적 원리'에 대한 인식이다. 여성성이 단순히 남성성을 대체하는 것이 아니라 포괄하는 동시에 초월하는 것이 되려면 에코페미니즘 논의는 필연적으로 영성에 관한 논의가 수반될 수밖에 없다. 영성에 관한 논의가 비학문적이고 신비적이며 종교적인 영역에 속하는 것이라고 보는 것은 정신/물질, 영성/이성, 자연/인간, 의식/제도와 같은 이원론에 빠져있기 때문이다. 오늘날 생태학 논의가 이원론에 입각한 서구의 과학 문명을 비판하면서도 여전히 이원론에 빠져있음은 서구 패러다임의 전 지구적 지배가 너무 깊기 때문인지도 모른다. 생명 그 자체가 영성인데 영성 논의를 제외하고 생태학을 논한다는 것은 알맹이 없는 껍데기에 불과한 것이다.

인류 구원의 여성성은 곧 영성[神性, 참본성]이다. 영성은 전일적이고 시스템적이다. 생명계—인간계든 비인간계든—는 모두가 동등한 내재적 가치(intrinsic value)를 지니는 까닭에 그 어떤 것도 도구적 위치에 있지 않다. 따라서 자연의 도구적 존재성을 바탕으로 한 인간중심적인 철학과 종교는 근본적으로 재정립되어야 한다. 일체 생명은 영적 자율성과 평등성에 기초해 있는 까닭에 자연에게도 인간과 마찬가지로 주체성을 인정하고 존중하는 관점을 가져야 한다. 이러한 자연관은 서구 역사상 가장 위대했던 영적 혁명가로 꼽히는 아씨시의 성 프랜시스(St. Francis of Assisi)의 생태적 자연관과도 상통하는 것이다. 인간에 의한 자연지배와 인간에 의한 인간지배는 그 뿌리가 같은 까닭에 자연의 주체성을 인정하고 존중하게 되면 여성/제3세계/빈곤층에 대한 관점도 함께 변화하게 된다.

대지와 생명을 관장하는 태모(太母)인 마고의 여성성은 영성 그 자체다. 마고의 천·지·인 삼신일체 사상은 생명이 곧 영성임을 갈파한 생명사상이다. 개체와 전체, 주관과 객관, 속제(俗諦)와 진제(眞諦)의 이분법이 완전히 폐기된 경계, 이 보편의식이야말로 인류 구원의 '여성성'이요 생명수다. 문명의 대전환이라는 맥락에서 볼 때 인류를 한 단계 업그레이드시킬 진정한 '여성성'은 영성 그 자체로서 서구적 근대를 초극하는 새로운 문명의 패러다임을 제시하게 될 것이다. 파미르고원의 마고성에서 시작된 한민족이 황궁씨와 유인씨의 천산주 시대를 거쳐 환국·배달국·단군조선 시대에 이르는 과정에서 전 세계로 퍼져나가 천·지·인 삼신일체에 토대를 둔 우리의 천부문화를 세계 도처에 뿌리내리게 된 것도 해혹복본과 함께 인류의 영혼의 고향인 마고성의 복본을 염원했기 때문일 것이다.

05

마고의 삼신사상과
마고 문화의 전파

● 삼신사상의 핵심 원리 및 마고 문화의 잔영

● 삼신일체의 서구적 변용: 삼위일체

● 마고 문화와 무(Mu) 제국의 문명

천·지·인 삼신일체를 이해하기 위해서는 물질의 공성(空性)에 대한 이해가 필수적이다. 우주만물의 참본성[神性, 靈性, 一心]이 곧 신(神·天·靈)이며 참자아다. 천·지·인 삼신일체의 가르침은 '해혹복본(解惑復本)', 즉 미혹함을 풀어 참본성을 회복하는 것으로 귀결된다. 참본성의 회복은 곧 홍익인간, 이화세계(理化世界)로의 복귀인 동시에 인류의 시원인 최초의 낙원국가 마고성으로의 복귀를 의미한다. 동양의 유·불·도의 원형은 모두 삼신사상이다. 천·지·인 삼신일체는 마고성 시대 이래 우리 상고시대를 관통한 핵심 사상이었으며, 그것의 서구적 변용으로 나타난 것이 성부·성자·성령 삼위일체이다. 생명은 시작도 끝도 없는 영원한 '에너지 무도(energy dance)'일 뿐이므로 창조하는 주체도 없고 창조되는 객체도 없다. 삼신일체와 삼위일체는 생명의 영성을 바탕으로 하고 있으며 생명의 전일성과 자기근원성을 밝힌 핵심 원리는 완전히 일치한다. 오늘날까지도 전승되는 마고 문화와 동질적인 또 하나의 초고대 문명—무(Mu) 제국의 문명—이 존재했다는 사실은 비교문화론적인 측면에서도 연구해 볼 만한 의미와 가치가 있다.

- 본문 중에서

05 마고의 삼신사상과 마고 문화의 전파

전 세계적인 고대 문명, 혹은 상당한 기간 동안 세계의 대부분을 지배했음이 틀림없는 문명이 존재했다는 증거는 상당히 풍부하다.

- Charles H. Hapgood, *Maps of the Ancient Sea Kings*(1966)

삼신사상의 핵심 원리 및 마고 문화의 잔영(殘影)

마고의 삼신사상은 우리 한민족의 근간을 이루는 사상일 뿐만 아니라 모든 종교와 진리의 모체가 되는 사상이다. 우리 고유의 무속의 '무(巫)'는 천·지·인 삼신(三神)을 의미하는 것으로 '3'은 마고 문화를 상징하는 숫자다. 우리가 자주 쓰는 '삼세번'이라는 말, 한 해의 건강과 행복을 비는 삼짇날(음력 3월 3일) 풍속, 장례를 치른 후 삼일째 되는 날 지내는 삼우제(三虞祭), 제사 모실 적에 잔에 술을 세 번 나눠 따르고 향불 위에 세 번 돌리고서 제사상에 올리는 것 등은 모두 마고 문화의 '3'에서 유래한 것이다. 흔히 무(巫)라고 하면 잡귀를 숭배하는 미신적인 통상의 살만교(薩滿敎, 샤머니즘)로 생각하기 쉬운데, 우리 고유의 무(巫)는 천지의 주재자를 받들어 보본(報本)하는 신앙의 표현이었다는 점에서 그것과는 확연히 구별된다. 다시 말해 경천숭조(敬天崇祖)하며 민중을 지도하는 제사장인 무인(巫人)과 삼국시대 후기 이래 살만교의 일종으로 퇴화한 미신적 살만을 지칭하는 무격(巫覡)과는 분명히 구별해야 하는

것이다.[1]

『부도지』에도 나와 있듯이 마고성은 지상에서 가장 높은 성으로, 그 기능이나 성격으로 보아 하늘[천·지·인 三神]에 제사 지내던 소도성(蘇塗城)이었던 것으로 짐작된다. 따라서 우리의 고산(高山) 숭배 사상은 오래된 것이다. 예로부터 높은 산은 하늘[참본성]로 통하는 문으로 여겨져 제천의식이 그곳에서 거행되었다. 우리나라의 오악으로 알려진 동쪽의 금강산, 서쪽의 묘향산, 남쪽의 지리산, 북쪽의 백두산, 그 중앙에 위치한 삼각산, 그리고 백두산과 갑비고차(甲比古次)의 단소(壇所)와 마리산(摩利山)의 참성단(塹城壇), 태백산의 제천단 등은 천제가 행해진 곳으로 전해진다. 황해도 구월산에 단군 사당인 삼성사(三聖祠)가 있는 것과 마찬가지로 서울시 수유1동 빨래골에 삼성암(三聖庵)이 있다는 사실은 삼각산 세 봉우리에서 천제를 올렸음을 짐작케 한다. 천제의식을 통하여 미혹함을 풀고 참본성을 회복함으로써(解惑復本) 광명이세(光明理世)·홍익인간의 이념을 구현하고자 했던 것이다.

「태백일사(太白逸史)」 삼한관경본기(三韓管境本紀) 마한세가(馬韓世家) 상편에서는 하늘의 기틀과 마음의 기틀, 땅의 형상과 몸의 형상, 그리고 사물의 주재함과 내 기(氣)의 주재함이 상호 조응하고 있음을 보고 집일함삼(執一舍三)·회삼귀일(會三歸一), 즉 하나를 잡아 셋을 포함하고 셋이 모여 하나로 돌아가는 이치를 밝히고 있다.

> 하늘의 기틀(機) 있음은 내 마음의 기틀에서 보고, 땅의 형상(象) 있음은 내 몸의 형상에서 보고, 사물의 주재함(宰)이 있음은 내 기(氣)의 주재함에서 알 수가 있으니, 하나를 잡아 셋을 포함하고 셋을 모아 하나로 돌아감이다.
>
> 天之有機 見於吾心之機 地之有象 見於吾身之象 物之有宰 見於吾氣之宰也 乃執一而含三 會三而歸一也.[2]

집일함삼·회삼귀일은 곧 일즉삼(一卽三)·삼즉일(三卽一)이다. 삼신사상의 핵심 원리인 일즉삼·삼즉일은 제1원인(The First Cause)인 일신[唯一神]과 그 작용으로 나타난 우주만물이 하나—즉, 천·지·인 삼신일체(三神一體, 三位一體)—임을 밝히고 있다는 점에서 생명의 전일성과 자기근원성을 이해하는 기본 공식과도 같은 것이다. 천·지·인 삼신일체에서 천·지·인 삼신은 우주만물을 지칭하는 것이고 일체는 불가분의 '하나['한', 一神, 唯一神]'라는 뜻이니, 일신[唯一神]이 곧 우주만물이다. 만유가 모두 하나의 뿌리, 즉 일신(一神, 唯一神)에서 나왔다고 하는 것이 우리 고유의 신교(神敎) 즉 삼신사상의 요체다.

따라서 삼신일체란 각각 신이 있는 것이 아니고 작용으로만 삼신(三神)이며 그 체는 일신[唯一神]이다.[3] 여기서 삼신(三神)은 천·지·인 셋을 지칭한 것으로, 천·지·인 셋(三)은 곧 사람과 우주만물을 나타내므로 다(多)와 그 뜻이 같은 것이다. 따라서 일즉삼·삼즉일은 곧 일즉다(一卽多)·다즉일(多卽一)이다. 우주만물인 천·지·인은 셋이니 '삼(三)'이라고 한 것이고, 일신[유일신]이 자기복제로서의 작용, 즉 자기조직화(self-organization)에 의해 우주만물을 형성하고 그 만물 속에 만물의 본질로서 내재하고 있으니 우주만물이 다 '신(神)'이다. 그래서 천·지·인 '삼신(三神)'이라고 한 것이다. 우주만물이 다 '신(神)'이라고 한 것은 눈에 보이는 물질적 외피가 아닌, 실체를 두고 한 말이다. 물질은 특정 주파수대의 에너지 진동에 불과하며 99.99%가 텅 비어 있다. 천·지·인 삼신일체를 이해하기 위해서는 물질의 공성(空性)에 대한 이해가 필수적이다. 우주만물의 실체는 그 본질로서 내재해 있는 신(神·天·靈)이다. 우주의 실체는 의식이므로 신(神)은 곧 신성(神性, 靈性, 참본성, 一心, 근원의식, 전체의식, 보편의식, 우주의식, 순수의식)이다.

따라서 우주만물에 편재해 있는 '하나'인 참본성[神性]이 곧 하늘이요 신[神性]이니, 우주만물을 떠난 그 어디에 따로이 하늘이나 신이 존재하는 것이 아니다. 우주만물의 참본성[神性, 靈性]이 곧 신(神)이다. 『중용(中庸)』에서도 "하늘이 명한 것이 성(性)이고, '성'을 따르는 것이 도"[4]라고 하여 참본성을 따르는 것이 곧 천도(天道)임을 나타냄으로써 하늘[天·神·靈]과 참본성이 하나임을 밝히고 있다. 그런 까닭에 우리 조상들은 삼경(三敬), 즉 경천(敬天)·경인(敬人)·경물(敬物)을 생활화해왔다. 마고의 천·지·인 삼신사상은 통섭적 세계관의 원형을 보여주는 것이다. 삼각산의 '삼'이란 숫자는 천·지·인 삼신일체의 의미를 함축한 것이다. 우리 국조께서 세 봉우리가 있는 산에서 천제를 올렸던 것도 하늘[참본성, 일심]과 소통하고자 하는 지극한 염원을 담은 것이라 할 수 있다.

신·인간 이원론은 부정(不淨)한 의식—분리의식[分別智]—이 그려놓은 한갓 망상에 불과한 것이다. 일체 생명은 분리 자체가 근원적으로 불가능한 절대 유일의 하나인 까닭에 본체의 측면에서는 유일신이지만, 유일신의 자기복제로서의 작용으로 우주만물이 나타난 것이니 작용의 측면에서는 천·지·인 삼신이다. 다시 말해 '하나'인 혼원일기(混元一氣, 至氣, 唯一神)에서 천·지·인 셋[三神]이 갈라져 나온 것이므로 천·지·인이 각각 있는 것이 아니고 작용으로만 셋이라는 뜻으로 천·지·인 삼신이 곧 유일신['하나'(님), '하늘'(님)]이다. 유일신을 나타내는 '하나', '하늘'은 축약하면 '한'이다. 그래서 삼신사상이 곧 '한'사상이다. 유일신 논쟁은 생명의 본체[의식계, 본체계]와 작용[물질계, 현상계]을 상호 관통하는 통섭적 세계관을 갖지 못한 데 기인한다.

천·지·인 삼신일체의 가르침은 '복본(復本)'으로 귀결된다. 『부도지』 제7장에서는 잃어버린 참본성[神性]을 회복하는 것을 '복본(復本)'이라고 하고 있다. 또한 제12장에는 "…천부(天符)에 비추어서 수신하고 미혹함을 풀고 참본성을 회복할 것을 맹세하며 부도(符都) 건설을 약속하니…"[5]라고 나와 있다. 참본성의 회복은 곧 홍익인간, 이화세계(理化世界)로의 복귀인 동시에, 인류의 시원인 최초의 낙원국가 마고성으로의 복귀를 의미한다. 이처럼 우리의 '복본'사상은 잃어버린 참본성[性]의 회복과 더불어 잃어버린 성[麻姑城]의 회복이라는 의미를 함축하고 있는데 이는 우리의 전통적 사유가 의식과 제도, 정신과 물질의 통합이라는 통섭적 세계관에 기초하고 있음을 말하여 준다. 마고의 삼신사상은 한마디로 미혹함을 풀어 참본성을 회복하는 '해혹복본(解惑復本)'의 사상이다.

신인(神人)인 마고(麻姑)·궁희(穹姬)·소희(巢姬)를 일컫는 '삼신할미' 전설은 일즉삼·삼즉일의 원리에 기초한 삼신사상에서 나온 것으로 통섭적 세계관이 투영된 것이다. '할미'란 '한어미[大母], 즉 대지와 생명을 관장하는 태모(太母)라는 뜻이다. 삼성(三聖)으로 알려진 환인·환웅·단군(天皇·地皇·人皇) 또한 역사 속에 나오는 신인으로서의 삼신이다. 마고·궁희·소희 삼신이나 환인·환웅·단군 삼신은 신인합일의 경지에 이른 존재들로서 만유 속에 깃들어 있는 성령[神性, 참본성]과 소통하는 최고의 무사(巫師)였다. 이들이 성령과 소통했다는 것은 만유에 편재해 있는 우주적 본성과 혼원일기(混元一氣)로 이루어진 생명의 유기성 및 상호 관통을 깨달아 우주 '한생명'에 대한 자각적 실천이 이루어졌음을 의미한다. 이들의 완전한 소통성은 물리학자 막스 플랑크(Max Planck)가 묘사하는 우주만물을 잇는 에너지장(場), 즉 매트릭스(matrix)에 대한 자각에서 기인하는 것으로 볼 수 있다.

모든 물질은 오직 어떤 힘에 의해서만 비롯되고 존재한다…이러한 힘의 배후에는 의식과 지성을 가진 존재가 있다고 추정해야 마땅하다. 이 우주 지성이 모든 물질의 매트릭스이다.

All matter originates and exists only by virtue of a force…We must assume behind this force the existence of a conscious and intelligent Mind. This

Mind is the matrix of all matter.[6]

삼신사상은 본체-작용-본체·작용의 합일이라는 '생명의 3화음적 구조(the triadic structure of life)'에 기초한 것으로 천·지·인 삼신일체의 의미를 함축하고 있다. '천(天)'이 생명의 본체라면 '지(地)'는 그 작용이고, '인(人)'은 본체와 작용의 합일을 추동하는 메커니즘으로 설정된 것이다. 여기서 '인(人)'은 단순한 물질적 형상이 아닌 심상(心相), 즉 '천(天)'과 '지(地)', 생명의 본체와 작용이 하나임을 아는 일심[참본성, 神性]의 경계를 함축한 것이다. 왜냐하면 물질적 육체가 '인(人)'의 실체일 수는 없기 때문이다. 참사람의 실체는 참본성, 즉 일심(一心)이다. 원효 대사(元曉大師)가 귀일심원(歸一心源), 즉 일심의 원천으로 돌아가라고 설파한 것도 본체와 작용이 하나임을 알아 생명의 전일성과 자기근원성을 체득하기 위한 것이었다.

'인(人)'의 실체인 참본성[一心]을 회복하면 생명의 본체와 작용이 하나임을 자연히 알게 되므로 생명의 전일성과 자기근원성을 체득하게 된다. 일심의 경계에 이르면 한 이치 기운(一理氣)을 함축한 전일적인 의식계[본체계]와 한 이치 기운의 조화(造化) 작용을 나타낸 다양한 물질계[현상계]가 분리될 수 없는 하나임을 자연히 알게 되어 공존의 삶을 자각적으로 실천할 수 있게 된다. 무수한 사상(事象)이 펼쳐진 '다(多, 三)'의 현상계와 그 무수한 사상이 하나로 접힌 '일(一)'의 본체계는 외재적(extrinsic) 자연과 내재적(intrinsic) 자연, 작용[물질계]과 본체[의식계]의 관계로서 상호 조응해 있으며 상호 관통한다. 따라서 삼신사상이 곧 '한'사상이다. 말하자면 생명은 본체의 측면에서는 유일신[一]이지만, 작용의 측면에서는 천·지·인 삼신이므로 삼신사상과 '한'사상은 동전의 양면과도 같은 것이다.

지금으로부터 9천 년 이상 전부터 전해진 삼신사상[神敎, '한'사상]의 가르침은 유일신[천·지·인 三神]과 우주만물이 하나라는 일즉삼(一卽三)·삼즉일(三卽一)의 원리에 기초한 것이다. 우리 고유의 삼신사상은 천신교(天神敎), 신교(神敎), 수두교(蘇塗敎), 대천교(代天敎, 부여), 경천교(敬天敎, 고구려), 진종교(眞倧敎, 발해), 숭천교(崇天敎·玄妙之道·風流, 신라), 왕검교(王儉敎, 고려), 배천교(拜天敎, 遼·金), 주신교(主神敎, 만주) 등으로 불리며 여러 갈래로 퍼져나갔다. 불교의 삼신불(三身佛: 法身·化身·報身)이나 기독교의 삼위일체(三位一體: 聖父·聖子·聖靈), 그리고 동학의 내유신령(內有神靈)·외유기화(外有氣化)·각지불이(各知不移)는 천·지·인 삼신일체의 가르침과 그 내용이 같은 것으로 모두 삼신사상에서 나온 것이다.

동양의 유·불·도의 원형은 모두 삼신사상이다. 즉, 호흡을 고르고(調息) 원기를 길러(養氣) 불로장생하여(長命) 신인합일을 추구하는 도교사상, 느낌을 그치고(止感) 마음을 고르게 하여(調心) 참본성을 깨달아(覺性) 성불을 추구하는 불교사상, 부딪침*을 금하고(禁觸) 몸을 고르게 하여(調身) 정기를 다하여 나아감으로써(精進) 성인군자를 추구하는 유교사상이 모두 삼신사상에서 나온 것이다. 또 중국 발해만(渤海灣) 동쪽에 있다는 봉래산(蓬萊山)·방장산(方丈山)·영주산(瀛洲山)의 삼신산, 우리나라 금강산·지리산·한라산의 삼신산이란 지명은 모두 삼신사상에서 나온 것이다. 사람이 태어나면서 삼신으로부터 받은 세 가지 참됨, 즉 성(性)·명(命)·정(精)을 일컫는 삼짇날(3월 3일), 불교의 삼신불, 기독교의 삼위일체, 천·지·인의 상생 조화를 나타낸 삼태극(三太極), 고구려의 삼족오(三足烏), 백제의 삼족배(三足杯), 『천부경(天符經)·삼일신고(三一神誥)·참전계경(參佺戒經)의 삼대 경전 등 삼신사상의 잔영을 보여주는 사

---

* 여기서 '부딪침'이란 신체의 다섯 감각기관(眼·耳·鼻·舌·身)을 통한 부딪침(聲·色·臭·味·淫)과 의식[意, 마음]의 작용을 통한 부딪침(抵)을 포괄한 것이다.

례는 무수히 많다.

마고 문화의 자취는 동아시아 전역은 물론 세계 도처에 남아 있다. BCE 3,000~2,000년경에 나타난 황하문명, 인더스문명, 메소포타미아(수메르)문명, 이집트문명과 그 후에 나타난 마야문명, 아스텍(아즈텍)문명, 잉카문명이 신화와 전설, 민속과 신앙 등에 있어 많은 공통점이 있으며 이들 문화가 서로 연계되어 있다는 사실이 문헌학적, 고고학적, 문화인류학적, 민속학적, 언어학적, 천문학적 연구 등을 통해 속속들이 밝혀지고 있어 그 원형이 바로 파미르고원을 중심으로 한 마고성과 거기서 비롯된 후속 문화인 것으로 추정되고 있다. 즉, 중국 하북성(河北省) 창주(滄州)의 마고성, 강서성(江西省, 장시성) 남성현(南城縣)의 마고산, 요녕성(遼寧省) 금주시(錦州市) 마고상(麻姑像), 마고에서 유래한 마카오라는 지명(마카오에도 마고상이 있음), 『장자』제1 소요유(逍遙遊) 편에 나오는 막고야산(藐姑射山), 극동의 캄차카반도에 있는 마고야산(麻姑射山), 『산해경(山海經)』에 나오는 고야국(姑射國) 등이 그것이다.

또한 초대 환인 '안파견(安巴堅)'에서 유래된 아메리칸 인디언의 '아파치'족, 남제에서 부르던 백제의 다른 이름 고마(固麻), 고려사(高麗史) 권36 충혜왕(忠惠王) 때의 기록에 나오는 '마고의 나라(麻姑之那)', 지리산 산신으로 일컬어지는 마고할미, 지리산 천왕봉 성모상과 노고단(老姑壇), 경북 영해(寧海)에 있는 마고산과 문경의 마고산성, 삼신 마고를 의미하는 제주도의 옛 이름 영주(瀛州), 북두칠성이 손에 잡힐 듯한 곳에 마고 선녀가 산다 하여 이름 지어진 포항시 북구 죽장면 두마리(斗麻里), 경남 밀양시 천태산의 마고할매당, 대전 동구의 노고산성, 경기도 용인의 마고산성, 경기도 부천시와 강화도에 있는 노고산, 서울 마포구의 노고산, 황해도 신평군의 노고산 등 마고와 관련된 이름이 특히 한반도에 많이 분포해 있다.

삼신일체의 서구적 변용: 삼위일체

삼신일체의 서구적 변용이란 천·지·인 삼신일체가 성부·성자·성령 삼위일체로 변용된 것을 말한다. 여기서 생명의 본체를 나타내는 '천(天)'과 '성부(聖父)', 그 작용을 나타내는 '지(地)'와 '성자(聖子)', 본체와 작용의 합일을 나타내는 '인(人)'과 '성령(聖靈)'은 상호 조응한다. 삼신(三神)이 곧 삼위(三位)이므로 삼신일체와 삼위일체는 표현만 다를 뿐—필자의 용어로 나타내면—모두 생명의 본체-작용-본체·작용의 합일이라는 '생명의 3화음적 구조(the triadic structure of life)'로 이루어져 있다. 여기서 '인(人)'과 '성령(聖靈)'은 본체와 작용의 합일을 추동하는 메커니즘으로 설정된 것이다. '인(人)'의 실체는 물질적 육체가 아니라 참본성 즉 일심(一心)이며, '성령'의 뜻도 마찬가지로 일심[靈性, 神性]의 경계를 지칭한 것이다. 그래서 성령이 임해야, 다시 말해 일심의 경계에 이르러야 성부와 성자가 한 분 '하나'님['하늘'님]이라는 것을 알 수 있다고 한 것이다.

서양 기독교 문명의 발원지는 중근동 지역이다. 중근동 지역은 지소씨(支巢氏)가 포도를 따 먹은 '오미(五味)의 변' 이후 잃어버린 참본성과 잃어버린 마고성(麻姑城)에 대한 복본(復本)의 맹세를 하고서 네 파로 나뉘어 이동하게 된 네 지역—즉, 파미르고원의 동쪽인 운해주(중원지역), 파미르고원의 서쪽인 월식주(중근동 지역), 파미르고원의 남쪽인 성생주(인도 및 동남아 지역), 파미르고원의 북동쪽인 천산주(천산산맥 지역)[7]—중의 하나인 월식주에 해당하는 지역이다. 말하자면 파미르고원의 마고성에서 서쪽 중근동 지역인 월식주로 이동해 간 종족들이 살던 지역에 서양 기독교 문명이 배태된 것이다. 『부도지』 제10장에는 천산주로 이동해 간 황궁씨(黃穹氏)가 둘째와 셋째 아들에게 운해주와 월식주, 성생주를 순행(巡行)하게 했다[8]는 기록이 나온다.

황궁씨가 천산주에 도착하여 해혹복본(解惑復本: 미혹함을 풀어 참본성을 회복함)을 서약

하고…첫째 아들 유인씨에게 명하여 인간 세상의 일을 밝히게 하고, 둘째와 셋

째 아들에게 여러 주(洲)를 순행하게 하였다.

黃穹氏 到天山洲 誓解惑復本之約…乃命長子有因氏 使明人世之事 使次子三子

巡行諸洲.[9]

이러한 순행의 습속은 "임검씨가 사해를 널리 돌아다니며 여러 종족들을

차례로 방문하니, 백 년 사이에 가지 않은 곳이 없었다"[10]고 한 데서도 알 수

있듯이, 단군조선 시대에도 계속 이어졌다. 훗날 신라 화랑들 역시 이러한

순행의 습속을 이어받아 월식주·성생주·운해주·천산주로 원행(遠行)하며

여러 종족들과 믿음을 돈독히 했던 것으로 『부도지』 제30장에는 나와 있다.

남아(男兒) 나이 스무살의 아름답고 언변이 유창한 사람을 택하여 마랑(馬郞)이라

는 직을 주고, 명을 받들어 원행(遠行)하게 하였다. 혹 성생·월식의 옛 땅에 나아

가며 혹 운해·천산의 여러 지역에 가니, 이 원행은 믿음을 돈독히 하기 위한 것

으로 부도(符都)에서 전해진 제도였다.

男兒年二十質美而善辯者 擇授馬郞職 奉命遠行 或出於星生月息之古地 或往於

雲海天山之諸域 此行符都修信之遺制也.[11]

이상과 같이 황궁씨와 유인씨의 천산주 시대를 거쳐 환국·배달국·단군조

선에 이르는 동안에도 마고성의 종주족인 황궁씨족은 순행의 습속을 유지

하며 각 지역에 정착해 있던 종족들과 해혹복본에 대한 믿음을 돈독히 했던

것으로 보인다. 신라 화랑들의 수행방식 또한 이러한 순행의 습속을 따른

것이었다. 유인씨의 아들인 환인씨가 세운 환국(桓國)의 12연방 중의 하나인

수밀이국 사람들은 환국 말기에 선진문물을 가지고 메소포타미아 지역—월식주로 이동해 간 마고의 종족들(白巢氏)이 살고 있는—으로 이동하여 수메르 문명을 발흥시켰다. 바로 이 수메르 문명이 오늘날 서양 기독교 문명의 모태가 된 것이다.

천·지·인 삼신일체는 마고성 시대 이래 우리 상고시대를 관통한 핵심 사상이었으며, 그것의 서구적 변용으로 나타난 것이 성부·성자·성령 삼위일체이다. 삼위일체는 비록 의인화된 표현을 사용하고 있긴 하지만, 생명의 전일성과 자기근원성을 밝힌 핵심 원리는 완전히 일치한다. 또한 구약성서와 마고성은 다 같이 낙원을 설정하고 있으며, 선악과(善惡果)와 포도 이야기, 노아의 홍수와 마고성의 홍수 이야기, 낙원에서 추방당한 실낙원(失樂園) 이야기와 잃어버린 마고성 이야기, 이스라엘 12지파(twelve tribes of Israel)와 마고성의 열두 사람의 시조[12지파] 및 환국 12연방 이야기, 하나됨(at-one-ment)을 의미하는 속죄(atonement)와 하나인 참본성을 회복하는 '해혹복본' 이야기, 아담의 갈빗대가 여자가 된 것과 네 천녀가 겨드랑이를 열고 각각 삼남 삼녀를 낳은 이야기 등 구약성서와 마고성 이야기는 중첩되는 부분이 많다.

그러면 천·지·인 삼신일체의 서구적 변용의 실태를 4~5세기 교부철학(敎父哲學, patristic philosophy)의 대성자(大成者)인 성 아우구스티누스(St. Aurelius Augustinus or Augustine of Hippo)의 『신국론 The City of God』과 『삼위일체론 The Trinity』을 중심으로 고찰해보기로 한다.[12] 예수의 십자가 죽음 이후 로마제국의 탄압에도 불구하고 특히 사도 바울(Paul, 원명은 Saul) 등의 노력으로 그리스도교의 교의가 그리스어를 사용하는 헬레니즘(Hellenism)*의 세계와

---

* 헬레니즘은 19세기 초 인도의 역사가 드로이젠((J. G. Droysen)에 의해 정의된 것이다.

라틴어를 사용하는 로마제국으로 전파된 것은 유럽의 사상적·문화적 및 정신적 전통에서 커다란 의미를 갖는다. 그것은 고대 히브리인의 사상과 문화 및 전통, 즉 신의 율법을 근간으로 한 유대교와 신의 사랑을 근간으로 한 그리스도교의 정통을 총괄하여 일컫는 헤브라이즘(Hebraism)의 헬레니즘화 내지는 헤브라이즘과 헬레니즘의 퓨전(fusion)을 의미하는 것으로 이는 그리스도교가 명실공히 헤브라이즘의 울타리를 벗어나 유럽적이고 서구적인 종교로 변모해 가는 것을 의미한다.

또한 의지적·윤리적·종교적 특성을 띤 신(神) 중심의 헤브라이즘이 이성적·과학적·미적 특성을 띤 인간 중심의 헬레니즘과 융합하여 유럽 사상과 문화의 2대 원류로서 유럽의 정신적 전통을 형성하였다는 점에서 그 의미가 실로 크다. 313년 그리스도교 공인에 이어 325년 콘스탄티누스(Constantinus) 대제(大帝)가 니케아(Nicaea) 종교회의(니케아 공의회 Concilium Nicaenum Primum)를 열어 삼위일체 교리를 정통 교리로 규정하고 아리우스(Arius)를 이단으로 정죄하여 교회에서 추방한 것도 그리스도교의 교세 확장에 따른 불가피한 선택이었다. 이러한 상황과 맞물려 그리스도교 교의의 조직화에 기여한 교부(church-father)들이 나서게 되는데, 이들의 철학이 바로 교부철학이다. 교부철학은 클레멘스(Titus Flavius Clemens)에 의해 창시되었으며,

---

그리스 문화와 동방 문화가 융합하여 이루어진 헬레니즘 문화의 시대적 범위에 관해서는 여러 설이 있는데, 여기서는 브리태니커 백과사전의 설을 따라 시대적 범위는 알렉산더 대왕의 죽음에서 로마제국에 의한 이집트 합병(BCE 323~30)까지의 대략 3세기에 걸친 기간을 일컫는 것으로 이해하고, 지역적 범위는 마케도니아·그리스에서부터 대왕의 정복지 전역(인더스 유역·박트리아·메소포타미아·소아시아·이집트)과 대왕의 뒤를 이은 여러 왕들에 의해 점령되고 지배되어 새로이 헬레니즘화한 지역까지 포괄하는 것으로 이해한다. 헬레니즘 문화는 한때 에게 해(Aegean Sea) 주변의 전 지중해 세계를 지배하고, 카르타고 등의 다른 나라에까지 확산되었으며 그 영향력이 서쪽은 영국, 동쪽은 인도의 펀자브 지방에까지 미쳤다.

아우구스티누스에 이르러 최전성기를 이루었다.

그리스도교 초창기의 교부철학은 알렉산드리아의 바실리데스(Basilides)를 중심으로 한 그노시스주의(Gnosticism, 靈智主義)가 두드러지기도 했으나 후기에 와서 그노시스파(Gnostics)는 이단으로 배척당하고, 4세기에 들어 '정통 신앙의 아버지'로 불리는 알렉산드리아의 총대주교 아타나시우스(Athanasius)와 교부철학의 대성자인 아우구스티누스 등 정통파의 확립이 이루어져 이파의 설이 중세 천여 년의 신조가 되었다. 이로부터 교회에 복종하고 봉사하는 교회 중심의 도덕이 자리 잡게 되었고, 이러한 교회 중심의 생활 태도는 보편적인 중세 문화 발전의 커다란 원동력이 되었으며, 십자군(十字軍, Crusades)* 시대에 와서 그 절정에 달하였다.

아우구스티누스는 플로티노스(Plotinus)와 포르피리오스(Porphyrios)로 대표되는 신플라톤주의적 전통과 유일신교인 유대교적 그리스도교의 전통을 결합시켜 교부철학의 대성자가 되었다. 아우구스티누스는 신플라톤주의자들을 통해서 플라톤적 전통**을 계승한 인물로 알려져 있다. 아우구스티누스는 플로티노스의 일자(一者)의 설을 따라 신('하나'(님), '하늘'(님))은 진리이고 최고선이며 지혜이고, 오직 신을 통해서만 참되고 선하고 지혜롭게 되는 것이라고 하였다. 아우구스티누스의 『신국론』 제8권 4절 마지막 부분은 신과 세계와 인간의 세 관계, 즉 자연적[형이상학적]·이성적[인식론적]·도덕적[윤리학적] 관

---

* 십자군 측이 예루살렘을 확보한 기간은 1099~1187년, 1229~1244년뿐이었으며, 예루살렘은 7세기부터 20세기까지 이슬람의 지배를 받았다.

** 플라톤의 도덕적 이상주의의 바탕을 이루는 이데아계[실재 세계]와 현상계[그림자 세계]에 대한 논의는 생명의 본체와 작용의 관계적 본질에 관한 것이다. 이는 '일즉삼(一卽三)·삼즉일(三卽一)'의 원리로 표상되는 삼신사상['한'사상, 天符思想, 神敎]에서 파생된 것이다.

계를 강조함으로써 그의 삼위일체의 신조를 보여준다. 그가 설정한 신과 세계와 인간은 곧 천·지·인이다. 신은 모든 존재, 지식, 가치, 행동의 영원한 중심이며, 능동적으로 만유를 변화시키는 내재적인 성령의 힘이다. 그가 말한 신과 세계와 인간의 세 가지 관계의 본질은 곧 천·지·인의 관계적 본질을 말한 것으로 삼위일체[삼신일체]라는 것이다.

신은 만물이 존재하는 원인이고, 궁극적인 인식의 원리이며, 인생의 규범이 되는 목표다. 이 세 가지 가운데 첫 번째 것은 철학의 자연적인 부분에, 두 번째 것은 철학의 이성적인 부분에, 세 번째 것은 철학의 도덕적인 부분에 관계하는 것으로 이해된다. 왜냐하면 만일 사람이 그 자신 속의 가장 훌륭한 것을 통하여 만유를 넘어선 것—즉, 그분 없이는 어떠한 자연도 생겨나지 못하며, 어떠한 교설도 가르침을 주지 못하며, 어떠한 행동도 유익한 것이 되지 못하는, 그러한 참되고 절대적으로 선한 일신(一神)—을 달성하도록 창조되어 있다면, 그 지고의 목표인 신은 만물이 안전한 속에서 추구되어야 하고, 모든 진리가 명료해지는 속에서 찾아져야 하며, 모든 것이 바르게 되는 속에서 소중히 여겨져야 할 것이기 때문이다.

…in Him are to be found the cause of existence, the ultimate reason for understanding, and the end in reference to which the whole life is to be regulated. Of which three things, the first is understood to pertain to the natural, the second to the rational, and the third to the moral part of philosophy. For if man has been so created as to attain, through that which is most excellent in him, to that which excels all things—that is, to the one true and absolutely good God, without whom no nature exists, no doctrine instructs, no exercise profits—let Him be sought in whom all things are secure to us, let Him be discovered in whom all truth becomes certain to us, let Him be loved in whom all becomes right to us.[13]

아우구스티누스는 니케아 종교회의(325)에서 채택된 니케아 강령의 프레임웍(framework)을 강화한 그의 『삼위일체론』에서 성부·성자·성령 삼위(三位)의 관계를 육적(肉的)으로 유추할 수는 없으며,[14] 삼위 모두 동등한 불변의 영원[15]임을 설파하였다. 이는 곧 천·지·인 삼신일체의 일즉삼(一卽三)·삼즉일(三卽一)의 원리와 일맥상통하는 것이다. 말하자면 성부·성자·성령의 삼위일체는 천·지·인 삼신일체와 완전히 일치한다. '인(人)'의 실체는 물질적 육체가 아니라 참본성[神性, 靈性] 즉 일심(一心)이며, '성령'은 신성한 '영(靈)' 즉 영성(靈性, 神性, 참본성)이고 일심이다. '인(人)'은 천(天, 본체)과 지(地, 작용), '성령'은 성부[본체]와 성자[작용]의 합일을 추동하는 메커니즘의 다른 표현일 뿐이다. 우주의 실체는 의식이므로 신(神)이나 천(天)이라고 하는 것도 생명의 본체를 나타내는 대표적인 대명사로서 신성(神性, 靈性)·일심·보편의식[근원의식, 전체의식, 우주의식, 순수의식] 등을 의미하는 것이므로 삼위일체라고 한 것이다. 한마디로 일심 이외에 다른 실재가 있는 것이 아니다.

성부와 성자와 성령은 창조주이신 일신(一神)이고 모든 창조물의 통치자시다. 성부는 성자가 아니고 성령 또한 성부나 성자가 아니지만, 상호 관계가 있는 분들의 삼위일체이고 동등한 실체의 통일이다.

…the Father, the Son, and the Holy Spirit are one God, the Creator, and the ruler of all creation; that the Father is not the Son, nor is the Holy Spirit the Father or the Son, but that there is a trinity of inter-related persons, and the unity of an equal substance.[16]

「요한일서」(4:8)에서는 "신은 사랑이시니 사랑하지 아니하는 자는 신을 알지 못하느니라"[17]라고 한 데서도 알 수 있듯이, 삼위일체의 교의는 '신은 사랑(God is love)'이라는 말로 압축될 수 있다. 따라서 사랑을 실천하지 않으면 신을 알 수가 없으므로 삼위일체 또한 이해할 수가 없다. 우리 상고시대 역시 경천애인(敬天愛人)의 실천을 강조했다. 사랑은 모든 것이며 그 어떤 것도 사랑을 대신할 수는 없는 것이다. 「로마서」(5:8)에는 '예수의 십자가 죽음이 하나님의 사랑을 우리에게 확증해 준 것'[18]이라고 나와 있다. 예수의 십자가 죽음은 흔히 대속(代贖, substitution)이라는 의미로 이해된다. 그것은 죄인들을 구원하기 위한 사랑이요, 섬기는 사랑이며, 희생하는 사랑의 표징으로 여겨진다. 아우구스티누스는 삼위일체를 이해하기 위하여 사랑하는 자(lover), 사랑받는 자(beloved), 그리고 사랑(love)의 셋으로 나누어 고찰하고 있다.

> 마음이 그 스스로를 사랑할 때 마음(mind), 사랑(love), 그리고 마음 자체에 대한 지식(knowledge of itself)의 삼위일체가 성립된다. "마음이 그 스스로를 사랑할 때 사랑과 마음 자체에 대한 지식은 마음의 단순한 부분이 아니다. 그러한 경우에 마음, 사랑, 그리고 지식은 다른 둘 속에 각각 존재하지만, 각각이 실체이다. … 마음, 마음 자체에 대한 지식, 그리고 마음 자체에 대한 사랑은 신성한 삼위일체의 이미지이다.
>
> When the mind loves itself there is this trinity: mind, love, and knowledge [of itself]. When the mind loves itself, love and knowledge of itself are not mere parts of it. In that case mind, love, and knowledge are each in the other two, yet each is a substance. …The mind, its knowledge of itself, and its love of itself are an image of the Divine Trinity.[19]

그는 신과 세계와 인간 간의 내적인 관계 이외의 다른 모든 것은 비본질적인 것으로 보았다. 그에 의하면 인간의 도덕적 의지는 최고선으로서의 신의 영원한 질서를 목표로 해야 하며, 신을 사랑하고 이웃을 사랑하는 것이 거기에 도달하는 방법이다. 구체적으로 그는 그리스도교의 세 가지 덕인 사랑·믿음·소망과 함께 전통적인 그리스의 네 가지 덕인 정의·지혜·용기·절제를 지켜나갈 것을 강조하였다. 그는 "신을 사랑하는 것과 이웃을 사랑하는 것, 그 사랑의 근원은 같다"[20]라고 말한다. 그 사랑의 근원은 나 자신을 사랑하는 것과도 같은 것이다. 진실로 나 자신을 사랑하지 못하는 사람은 다른 사람을 사랑할 수가 없고 그 역도 마찬가지다. 사랑이 완전해지면 사랑하는 자와 사랑받는 자, 주관과 객관의 경계가 사라지므로 누가 누구를 사랑한다는 말은 성립되지 않는다.

「마가복음」(12:28-31)과 「마태복음」(22:36-40)에는 한 율법학자와 예수의 문답을 통해 신은 오직 한 분임을 분명히 밝히고 있다. 신은 곧 길이요 진리요 생명이니(「요한복음」(14:6): "I am the way and the truth and the life"), 신이 한 분(一神, 唯一神)이라는 의미는 곧 생명의 전일성을 밝힌 것이다. 한 율법학자가 물었다. "모든 율법 중에서 첫째가는 계명이 무엇입니까?" 예수께서 답하시되, "첫째는…신은 한 분이신 주님이시니 네 마음을 다하고 목숨을 다하고 뜻을 다하고 힘을 다하여 주 너의 신을 사랑하라. 둘째는 네 이웃을 네 자신과 같이 사랑하라. 이보다 더 큰 계명은 없다."[21] 진리는 곧 사랑이다. 또 「마태복음」(28:19)에서는 "너희는 가서 모든 민족을 제자로 삼아 성부와 성자와 성령의 이름으로 세례를 베풀라"[22]라고 함으로써 한 분이신 신이 곧 세 분임을 밝히고 있다. 이는 일즉삼(一卽三)·삼즉일(三卽一)의 이치로 삼위일체의 교의를 밝힌 것이다.

여기서 잠시 삼신일체의 힌두교적 변용인 트리무르티(trimurti: 삼신일체 또는 삼위일체)에 대해 일별해보기로 하자. 파미르고원의 마고성에서 동서남북으로 이동해 간 네 파 중에서 파미르고원의 남쪽인 인도 및 동남아 지역 성생주로 이동한 흑소씨(黑巢氏)의 후예들은 마고성에서 소(巢)를 만들던 풍속대로 도처에 신전과 피라미드를 건설하며[23] 힌두교의 트리무르티(trimurti: 삼신일체 또는 삼위일체)를 신앙했다. 트리무르티는 마고의 삼신일체의 힌두교적 변형으로 삼위일체와도 본질적으로 상통한다. 힌두교에서 만물을 창조하고 유지하며 해체하는 신성의 세 측면을 각각 브라흐마(Brahmā·梵天: 창조의 신)·비슈누(Vishnu: 유지의 신)·시바(Śiva: 파괴의 신)의 삼신(三神)으로 명명한 것은, 삼신이 따로 존재하는 것이 아니라 유일자 브라흐마의 세 기능적 측면을 나타낸 것으로 트리무르티를 의미한다.

말하자면 삼라만상이 유일자 브라흐마의 자기현현(self-manifestation), 즉 자기복제(self-replication)라는 것이다. 이는 생명의 본체와 작용이 분리될 수 없는 하나임을 의미하는 것으로 생명의 전일성과 자기근원성을 나타낸 것이다. 『만두꺄 우파니샤드 Mandukya Upanishad』에서는 유일자 브라흐마와 브라흐마의 자기현현인 우주만물을 불가분의 하나, 즉 불멸의 음성 '옴(OM)'으로 나타내고 있다. "불멸의 음성 '옴(OM)'은 과거요 현재요 미래이며 시간을 초월한 존재 브라흐마이다. 일체 만물이 '옴'이다."[24] 일체 만물이 불멸의 음성 '옴'이라고 한 것은 이 우주가 분리할 수 없는 거대한 파동의 대양임을 나타낸 것이다. 생명의 본체인 유일신 브라흐마와 그 작용인 우주만물의 합일을 나타낸 불멸의 음성 '옴(OM)'은 어머니, 엄마, 어멈을 뜻하는 옴마, 오마니, 오마이 등의 축약어로 모두 마고의 '마(Ma)'에서 유래한 것이다.

다시 삼위일체로 돌아가자. 초대 교회 교부학자들에 의해 주장된 삼위일체는 오늘날 교회의 핵심 교리로 자리 잡고 있다. 교회의 핵심 교리일 뿐만 아니라 진리의 정수다. 진리는 보편성 그 자체인 까닭에 특정 종교에 귀속될 수가 없다. 만약 삼위일체의 교의를 특정 종교의 전유물로 귀속시키고자 한다면 삼위일체는 더 이상 진리일 수가 없게 된다. 「요한복음」(4:23)에도 "진실한 예배자들이 영(spirit)과 진리(truth)로 예배할 때가 오나니 곧 이때라. 신은 이렇게 예배하는 자들을 찾고 있다"[25]고 기록되어 있다. 생명의 본체를 흔히 신이라고 부르는데, 신은 곧 '영'이고 진리이고 생명이고 사랑이다. 생명은 만물이 만물일 수 있게 하는 제1원인[天·神·靈]이다. 그것은 우주 지성인 동시에 우주 생명력 에너지이며 우주의 근본 질료로서, 이 셋은 이른바 제1원인의 삼위일체다.

말하자면 지성[性]·에너지[命]·질료[精]는 유일자인 생명의 세 기능적 측면을 나타낸 것이다. 고통과 죽음은 개체라는 착각에서 오는 것이다. 비록 아브라함의 자손이라 남의 종이 된 적이 없다 할지라도 '죄를 범하는 자마다 죄의 종(everyone who sins is a slave to sin)'[26]이 되는 것이니, 진리를 알지 못하고서는 진실로 자유로울 수가 없다. 「요한복음」(8:32)은 진리에 대한 올바른 인식이 자유의 필수조건임을 분명히 선언한다.[27] 진리를 안다는 것은 곧 진리를 이해한다는 것이다. 우주의 본질인 생명을 이해한다는 것이다. 생명이 곧 진리다. 생명은 스스로 생성되고 변화하여 돌아가는 '스스로(自) 그러한(然) 자'이니, 생명은 자유다. 따라서 "진리가 너희를 자유롭게 하리라"는 말은 사실과 부합된다.

성부·성자·성령 삼위일체는 9천 년 이상 전부터 전해진 천·지·인 삼신일체의 삼신사상과 동일한 구조적 맥락에서 이해될 수 있는 것으로 앞서 필자는 이들 모두를 '생명의 3화음적 구조'라고 명명하였다. 삼위(三位), 즉 삼신(三神)은 작용으로만 셋이며 그 본체는 하나인 까닭에 '한 분 하늘(님)', 즉 유일신이라고 한 것이다. 신은 곧 우주의 본질인 '생명'이며(「요한복음」(14:6):

"나는 길이요 진리요 생명이니…") 생명은 불가분의 전체성(undivided wholeness)이
므로 유일신이란 특정 종교에 귀속되는 신이 아니라 생명의 전일적 흐름
(holomovement)을 의인화하여 나타낸 것이다. 말하자면 유일신은 우주만물
을 관통하는 '하나'(님)인 참본성을 나타내는 대명사이다. 일즉삼(一卽三)이요
삼즉일(三卽一)이다. '하나(一)'가 곧 우주만물(三, 多)이고, 우주만물이 곧 '하나'
다. 삼신[천·지·인, 성부·성자·성령]이 곧 일신(一神, 유일신)이므로 삼신사상이 곧
'한'사상[天符思想, 神敎]이다.

천·지·인 삼신일체(三神一體)나 성부·성자·성령 삼위일체(三位一體)에 대
한 이해가 중요한 것은 그것이 만유의 존재성, 다시 말해 우주의 본질인
생명의 전일성과 자기근원성을 본체-작용-본체·작용의 합일이라는 '생명
의 3화음적 구조'로 명징하게 밝히고 있기 때문이다. 즉, 생명의 본체를 천
(天)·성부로, 그 작용을 지(地)·성자로, 그리고 양 차원을 통섭하는 원리를
인(人의 실체인 참본성 즉 일심)·성령으로 나타낸 것이다. 생명의 본체는 분리할
수 없는 절대유일의 하나[유일자, 유일신, '하나'(님)], 즉 영성[靈] 그 자체이므로
전일성의 속성을 띠지만, 그 본체의 자기복제로서의 작용으로 우주만물이
생겨나는 것이니 전일성은 동시에 다양성의 속성을 띠는 것이다. 전일성
과 다양성, 영성과 물성을 통섭하는 원리가 바로 성령이요 일심이며 참본
성이다.

신(神)의 영원성은 「요한계시록」(1:8)에서 "나는 알파와 오메가라 이제도
있고 전에도 있었고 장차 올 자요 전능한 자라"[28]고 한 데서나, 「요한계시
록」(21:6)에서 "나는 알파와 오메가요 처음과 마지막이라"[29]고 한 데서도 알
수 있듯이 '영원한 현재(eternal presence)'를 의미한다. 신(神)·천(天)·영(靈)은 천
지만물이 생겨나기 전에도 있었던 우주의 본질인 '생명' 그 자체를 나타내
는 대명사들로서—우주만물과의 관계를 설명하기 위해 흔히 생명의 본체라

고도 부른다―'영원한 현재'인 까닭에 시간의 역사 속에서는 그 기원을 찾을 수가 없다. 신은 변화하는 세계를 창조함으로써 시간을 창조하였다. 다시 말해 상대계인 물질계가 생겨나면서 시간이라는 개념도 생기게 된 것이다. 생명은 시작도 끝도 없는 영원 그 자체인 까닭에 시간의 역사 속에서는 생명의 기원을 찾을 수가 없다.

『신국론』 제13권 14절에는 신이 인간을 올바르게 창조하였으나, 자유의지의 악용으로 인해 끝없는 죄악의 구렁텅이에 빠지게 되었다고 하였다. 아우구스티누스는 그의 『고백록』에서도 "신은 그의 전 창조물을 매우 선하게 창조하였다(God made his whole creation very good)"[30]고 했다. 또한 그의 『자유의지론 On Free Will』에서도 죄악과 불행의 관계에 대하여 『신국론』의 관점을 그대로 반영하였다. 마치 먹구름에 물들지 않는 푸른 하늘과도 같이 참본성은 죄악에 물들지 않지만, 자유의지의 악용으로 인해 다생(多生)에 걸쳐 카르마를 쌓게 되었다는 것이다.

생명은 시작도 끝도 없는 영원한 '에너지 무도(energy dance)'일 뿐이므로 창조하는 주체도 없고 창조되는 객체도 없다. 창조론은 다만 의인화된 표현일 뿐이다. 젊은 시절 한때 쾌락에 빠져 방황했던 아우구스티누스가 "내가 밖을 내다보는 동안 신은 내 안에 있었다!"고 한 그의 고백은 신과 인간이 분리될 수 없는 하나임을 말하여 주는 것이다. 신은 없는 곳이 없이 실재하는 까닭에 무소부재(無所不在)라고 한 것이다. 이 세상에 분리되어 존재하는 것은 아무것도 없다. 우주만물의 참본성[神性, 靈性, 一心]이 곧 신이다. 따라서 삼신일체와 삼위일체는 생명의 영성을 바탕으로 하고 있으며 생명의 전일성과 자기근원성을 밝힌 핵심 원리는 완전히 일치한다.

마고 문화와 무(Mu) 제국의 문명

마고성 시대가 열린 시기를 정확하게 말하기는 어렵지만, 삼신사상의 잔영(殘影)과 마고 문화의 자취는 동아시아 전역은 물론 세계 도처에 광범하게 산재해 있다. 흔들리는 깃발을 통해서 바람의 존재를 인식하듯이, 우리는 세계 도처에 산재해 있는 삼신사상의 잔영과 마고 문화의 자취를 통해서 마고의 실재를 인식한다. 특히 마고성(麻姑城)의 종주족인 황궁씨족의 장자 민족이 사는 한반도 전역에는 마고 문화의 잔영이 깊숙이 드리우고 있다. '삼신할미'는 대지와 생명을 관장하는 태모(太母), 즉 마고를 지칭한 것으로 우리에게는 매우 친숙한 이름이다. 마고 문화의 잔영에 대해서는 앞 절에서 고찰한 바 있으므로 여기서는 생략하기로 한다. 1449년(세종 31)~1451년(문종 1)에 편찬된 우리나라 정사(正史)인 『고려사』[31]에는 백성들이 마고성의 복본(復本)을 기원하며 우리나라의 옛 이름인 '마고지나(麻姑之那: 마고의 나라)'를 노래로 지어 부른 것이 나오는데, 이는 낙원국가였던 마고성에 대한 추억이 오랫동안 전승되어 왔음을 알 수 있게 한다.

『환단고기(桓檀古記)』「삼성기전(三聖紀全)」 하편과 「태백일사(太白逸史)」 환국본기(桓國本紀)의 기록에는 마고성이 열린 시기를 추정할 수 있는 단서가 나온다. 환인씨의 나라 환국(桓國, BCE 7199~BCE 3898)이 일곱 대를 전하여 지난 햇수가 모두 3,301년 혹은 63,182년이라고 한 것이 그것이다. 여기서 3,301년은 환인 7세의 역년만을 계산한 것이고, 63,182년은 전(前)문화시대까지 합산한 전체 역년으로 이해하는 것이 타당하다. 『부도지』에서 마고성이 인류의 시원이라고 밝히고 있으므로 63,182년을 마고성 시대부터 환인 7대까지의 역년으로 보기로 한다.

그렇게 볼 경우 마고성 시대가 열린 시기는 지금으로부터 약 7만 년 전이라 할 수 있다. 그러면 혹자는 과연 7만 년 전에 그러한 전 세계적인 문명이 열릴 수 있었을까? 라고 의문을 가질지 모른다. 그런데 50년 이상에 걸친 조사와 연구, 특히 인도, 티벳, 위구르, 미얀마, 이집트 등의 사원에서 발굴, 해독한 나칼(Naacal)의 점토판을 토대로 제임스 처치워드(James Churchward)가 펴낸 『잃어버린 무 대륙 *The Lost Continent of Mu*』(1926)[32]이라는 저서에 나오는 '무(Mu) 제국'은 놀랍게도 마고성의 데자뷔인 것처럼 보인다.

그는 지구상에 한때 전 세계적인 위대한 문명이 존재했고 그 문명은 여러 면에서 현재 우리가 누리고 있는 것보다 더 우수한 것이었다고 한다. 그는 초기 그리스 문명과 수메르의 칼데아 문명, 바빌로니아와 페르시아, 이집트, 힌두 문명 모두가 '무' 제국의 문명에서 발원된 것이라는 사실을 알아냈다[33]고 했다. 앞서 우리는 BCE 3,000~2,000년경에 나타난 황하문명, 인더스문명, 메소포타미아(수메르)문명, 이집트문명과 그 후에 나타난 마야문명, 잉카문명 등이 신화와 전설, 민속과 신앙 등에 있어 많은 공통점이 있으며 이들 문화가 상호 연계되어 있다는 사실이 문헌학적, 고고학적, 문화인류학적, 민속학적, 언어학적, 천문학적 연구 등을 통해 속속들이 밝혀지고 있어 그 원형이 바로 파미르고원을 중심으로 한 마고성과 거기서 비롯된 후속 문화인 것으로 추정된다고 했다. 말하자면 처치워드는 '무' 대륙의 문명이 뿌리 문명이라고 하는 것이고, 필자는 마고 문화가 뿌리 문명이라고 하는 것이다.

이집트와 미얀마, 인도, 일본, 중국, 남태평양 제도, 중앙아메리카, 남아메리카 및 북아메리카 인디언 부족들의 오래된 표상이나 관습들 가운데 몇 가지는 매우 뚜렷한 공통점을 가지고 있기 때문에 그들이 하나의 고대 문명, 즉 '무(Mu)' 대륙의 문명을 뿌리로 하여 갈라져 나온 것임을 확실히 알 수 있다.[34]

처치워드는 인류 문명의 뿌리, 즉 인류의 시원이 '무' 대륙이라고 하고 있다. 하지만 마고의 후예들 역시 동아시아 전역은 물론, 당시는 육교(陸橋)였던 베링해협(Bering Strait)을 건너 북아메리카와 중앙아메리카를 거쳐 남아메리카에까지 퍼져 살면서 서양인들이 아메리카 대륙에 들어오기 전까지 거대한 문명을 건설했던 것으로 밝혀지고 있다. 멕시코 중앙고원의 인디오 문명인 아스텍문명(Aztecan civilization)에서 우리 고유의 문양인 태극 문양이 발견되었고, 멕시코 원주민이 사용하는 '나와틀어(Nahuatl language)'는 한국어와 흡사한 구조를 가지고 있으며 어순이나 표현에 있어서도 많은 부분이 고대 한국어와 유사하다.

또한 멕시코의 한 동굴벽화에서는 상투를 튼 남성과 한복을 입고 볼연지를 한 여성, 가체(加髢)에 꽂는 우리나라 전통의 머리 장식인 봉잠(鳳簪)을 한 여성 등이 발견되었다. 문화적인 유사성 외에도 한국인과 아메리칸 인디언 (American Indian)들이 똑같은 유전적 형질을 지녔다는 것이 캘리포니아대학교 로스앤젤레스(UCLA)의 조직적합성(HLA) 센터에서 실시한 검사 결과 밝혀졌다. 따라서 마고의 후예인 우리 한민족이 아메리칸 원주민(Native American)의 시조라는 것이 언어학적, 고고학적, 문화인류학적, 민속학적, 유전학적, 문헌학적 연구 등을 통해 계속 밝혀지고 있고, 이들이 유럽인의 도래에 앞서 중남미에 마야문명과 아스텍(아즈텍)문명, 그리고 잉카문명과 같은 고도의 문명을 건설한 주인공이었다는 사실 또한 점차 밝혀지고 있다.

그렇다면 무 제국과 마고성은 어떤 관계였을까? 마고(麻姑)는 '마(麻)'가 많이 나는 땅의 여성 지도자(姑)를 의미하는 것이니, 고(姑)를 제외하면 마(Ma)이다. '마(Ma)'는 어머니, 엄마, 어멈 등의 뜻으로 영어의 mother, mom, mama, 수메르어의 우뭄(Umum), 고타마 싯다르타의 어머니 마야(Maya)부인, 성모 마리아(Mary), 러시아의 토속인형 마툐르시카, 일본의 아마테라스 오미카미(天照大神), 마야(Maya)문명, 마고 삼신을 모시는 베트남의 토속종교 모교(母敎) 등에 나타나고 있다. 『우파니샤드』에서 우주만물과 유일신 브라흐마의 합일을 나타낸 불멸의 음성 '옴(OM)' 역시 어머니, 엄마를 뜻하는 옴마, 오마니, 오마이 등의 축약어이다. 그런데 무 제국의 '무(Mu)'는 "무우(Moo), 마(Ma), 어머니, 육지, 평원, 국토, 입 등을 의미한다"[35]고 하고, 'M'은 '무' 제국을 상징하는 문자[36]라고 처치워드의 책에는 나와 있다. 그렇다면 '무(Mu)' 제국은 곧 '마(Ma)' 제국, 다시 말해 '마고의 나라'인가? '무' 제국은 '인류의 모국(母國)' 또는 '어머니 나라'로 호칭되고 있다. '무' 제국을 상징하는 'M'은 위에서 보듯이 모두 여성성으로 나타나고 있다.

처치워드는 인도의 사원에서 그가 찾아낸 고대 명판들에 기록된 내용을 해독하고 그 증거를 찾아 세계 곳곳을 돌아다녔다. 그 명판들은 '성스러운 형제들'이라 불렸던 성직자들, 즉 '나칼'들이 미얀마(버마)나 혹은 그들의 모국인 무 대륙에서 쓴 것이었다. 처치워드가 제시하는 무 대륙의 존재를 입증해 주는 증거들 몇 가지를 보면 다음과 같다. 첫째, 명판에는 나칼들이 어떻게 태평양 한가운데에 있는 그들의 모국을 떠나왔는지 설명되어 있으며, 또한 인간의 창조와 출현에 관한 이야기도 수록되어 있다. 훗날 마야와 이집트, 인도의 기록에 실려 있는 무 대륙의 파멸에 관한 내용을 보면, 무 대륙은 지진으로 땅이 갈라져 솟아올랐다가 불길의 심연으로 잠겨 버렸고 그 후 태평양의 바닷물이 밀려와 장대한 문명을 구가했던 대륙을 휩쓸어 버렸다.

둘째, 힌두어로 쓰인 서사시 『라마야나 Rāmāyaṇa』와 같은 고전을 비롯해 다른 고대의 기록에도 무 대륙에 관한 언급이 실려 있다. 현재 대영박물관에 소장되어 있는 〈트로아노 고사본(古寫本)〉—유카탄 어로 쓰인 고대 마야의 책—에는 인도나 미얀마, 이집트의 기록들에서 볼 수 있는 것과 똑같은 표상을 사용하여 무 대륙에 관해 언급하고 있다. 또한 〈트로아노 고사본〉과 비슷한 연대에 쓰인 마야의 책 〈코르테시아누스 고사본〉에도 무에 관한 언급이 실려 있고, 〈라사 기록〉을 비롯해 이집트와 그리스, 중앙아메리카, 멕시코 및 미국 시부의 임벽에 새겨진 기록에도 그러한 내용이 인급되어 있다.

셋째, 현존하는 유적들과 거기에 장식된 표상들로써 인류의 모국인 무 대륙의 존재를 확인할 수 있다. 남태평양 제도의 몇몇 섬들, 특히 이스터섬 (Easter Island)과 망가이아(Mangaia), 통가타부(Tongatapu), 파나페(Panape), 래드로운(Ladrones), 마리아나(Mariana)와 같은 섬들에는 무 대륙의 잔해인 오래된 석조 신전과 유적들이 아직도 남아 있다. 유카탄반도의 폐허가 된 신전에는 '우리가 떠나온 서쪽 나라'라고 새겨진 비문이 남아 있고, 멕시코시티 남서쪽에 있는 피라미드에는 '서쪽 나라'의 파멸을 기리어 세운 것임을 알 수 있게 하는 비문이 있다.

넷째, 이집트와 미얀마, 인도, 일본, 중국, 남태평양 제도, 북미와 중·남미 인디언 부족들의 오래된 표상이나 관습들 가운데 몇 가지는 뚜렷한 공통점이 있기 때문에 그들이 하나의 고대 문명, 즉 무 대륙의 문명을 뿌리로 하여 갈라져 나온 것임을 알 수 있다. 무 대륙은 하와이 북부로부터 남쪽으로 뻗어내린 광대한 제국이었다. 이스터섬과 피지섬을 잇는 선이 남쪽 경계를 이루며 동서로는 8천 킬로미터 이상, 남북으로는 5천 킬로미터 이상 되는 면적을 가지고 있었고, 대륙은 해협과 수로를 사이에 끼고 세 부분으로 나뉘어 있었다.[37]

처치워드의 연구 조사에 따르면 태평양 한가운데에 거대한 대륙이 있었고, 무 제국에는 약 6천 4백만 명의 사람들이 살고 있었으며, 5만 년 이상 전에[38] 여러 면에서 현대 문명보다 앞선 문명을 꽃피웠다고 한다. 무 대륙의 6천 4백만 인구는 10개의 종족 혹은 민족들로 이루어져 있었지만 하나의 정부가 그들 모두를 통제했다. 그들은 왕을 '라(Ra: 태양을 의미함)'라고 칭했고, 왕은 '라 무(Ra Mu)'라는 칭호를 갖고 제사장과 황제의 역할을 겸하였으며, 무 제국은 '태양의 제국'으로 불렸다. 당시 무 제국의 국민들은 문화 수준과 교육 수준이 아주 높았다고 한다. 무 제국에는 종교와 과학, 학문의 중심지였던 일곱 개의 대도시와 그 외 큰 도시들이 많았으며 세 부분으로 나뉜 국토 곳곳에 소도시와 마을이 있었다. 무 제국은 전 세계의 학문과 교역, 상업의 모태이자 중심지였다. 지구상의 다른 국가들은 대부분 무 제국의 식민지이거나 식민 통치를 받는 왕국이었다.[39]

그러나 수만 년 동안 축복과 풍요에 넘치던 인류의 모국인 무 대륙은 1만 2천 년에서 1만 2천5백 년 전[40] 지진과 화산폭발로 6천 4백만 명의 사람들과 함께 태평양 속으로 잠겨 버렸다. 〈트로아노 고사본〉, 〈코르테시아누스 고사본〉 및 〈라사 기록〉에는 '대륙 전체가 마치 대양의 파도처럼 높이 솟구쳐 휘감기듯 흔들렸다. 태풍 속의 나뭇잎처럼 땅이 흔들려 신전과 궁궐들이 무너져 내리고 기념비와 동상들이 뒤집어졌다. 도시들은 폐허의 더미로 변하고 말았다. …이윽고 해안을 넘어 거대한 파도가 밀려들어 평원을 뒤덮었고 모든 것들이 파도에 휩쓸려 죽어갔다'[41]고 나와 있다. 처치워드는 '무 제국 최후의 날'을 이렇게 묘사했다.

대륙은 '밤 사이에(코르테시아누스 고사본 및 트로아노 고사본)' 완전히 파괴되어 산산조각이 나 버렸다. 그리고는 동틀 무렵이 되자 엄청난 굉음과 함께 가라앉아 버렸다. 대륙은 '불바다'를 이룬 지옥의 밑바닥으로 끝없이 추락해 갔다. 조각난 대륙이 거대한 불의 심연 속으로 잠길 즈음 '불길이 솟구쳐 올라 모든 것을 뒤덮어 버리고 말았다(이집트의 전설).' 불은 모든 것을 삼켜 버렸다. '무 제국과 6천 4백만 명의 사람들을 희생시켜 버린 것이다(트로아노 고사본).' 무 대륙이 불길의 심연

속으로 가라앉을 무렵 또 하나의 재앙이 찾아왔다. 8천만 입방 킬로미터의 물이 대륙을 뒤덮어 버린 것이다……인류의 모국, 가련한 무 제국의 자랑이었던 아름다운 도시들과 신전, 궁궐들, 그 모든 빛나는 예술과 과학, 학문은 이제 한낱 과거의 꿈이 되고 말았다. 무 대륙은 죽음의 수의를 뒤집어쓰듯 물속에 잠겨 버리고 말았다.[42]

필자가 연구 조사한 바에 따르면, '어머니 나라'로 불리는 무 제국과 마고 문화와의 직접적인 연계성은 특히 다음 몇 가지 점에서 분명히 드러난다. 첫째, 처치워드가 나칼의 점토판에 대한 해독에서 고대인들이 사용한 '무(Mu)'가 "무우(Moo), 마(Ma), 어머니, 육지, 평원, 국토, 입 등을 의미한다"고 한 점이다. 그렇다면 '무(Mu)' 제국은 곧 '마(Ma)' 제국, 다시 말해 '마고의 나라'라는 뜻이 된다. 『산해경(山海經)』에는 "바다 한가운데에 고야국(姑射國)이 있다. 열고야(列姑射)에 속하며 서남쪽은 산이 둘러있다(姑射國在海中 屬列姑射 西南 山環之)"고 나와 있다. 『장자』 제1 소요유(逍遙遊) 편에 나오는 막고야산(藐姑射山)의 '고야(姑射)', 극동의 캄차카반도에 있는 마고야산(麻姑射山)의 '고야(姑射)', 그리고 『산해경』에 나오는 고야국(姑射國)의 '고야(姑射)'는 모두 마고를 지칭한 것이다. 그렇다면 바다 한가운데에 '고야국(姑射國)', 즉 '마고의 나라'가 있다는 뜻이 된다.

둘째, 현재 대영박물관에 소장되어 있는 〈트로아노 고사본〉과 비문에서 무 대륙을 '쿠이(Kui)의 나라'[43]라고도 불렀다는 점이다. 'Kui'는 발음 그대로 하면 '쿠이' 또는 '구이'다. 우리나라는 예로부터 '구이(九夷)' 또는 '동이(東夷)'로 불렸다. 공자(孔子)도 우리 문화를 흠모하여 '영원불멸의 군자국 구이(九夷, 東夷)에 가서 살고 싶다(吾欲之君子不死之國九夷)'고 했다. 쿠이는 구(句)자와 같은 뜻으로 구리, 구려(句麗國[卒本扶餘]), 고구려, 고리, 고려가 모두 '구이(九夷, Kui)'

라는 문자에서 나왔다. 코리아(Korea)도 고려를 영자(英字)로 표기한 것이다. 저명한 이집트 학자 존 가드너 윌킨슨(John Gardner Wilkinson) 경은 "마야 언어의 의미 해석에 의하면 쿠이의 나라란 신들의 어머니이자 인류의 어머니인 마야 여신의 출생지였다"[44]고 했다. 그래서 '쿠이(Kui)의 나라'는 '인류의 모국(母國)' 또는 '어머니 나라'로 불렸다.

셋째, 무 대륙을 상징하는 숫자 3[45]은 마고 문화를 상징하는 숫자 3과 일치하며, 무 제국의 무교(巫敎) 또한 무(巫)에 기반한 우리 고유의 신교(神敎)와 일치한다는 점이다. 실제로 무 대륙은 해협이나 바다에 의해 세 부분으로 나뉜 것으로 나온다. 무 제국에서 3이란 숫자는 무 제국의 국교인 무교(巫敎)와 깊이 연계되어 중대한 의미를 갖는다. 무 제국은 곧 무(巫) 제국이다. 무(巫)는 천·지·인 삼신(三神)을 의미하는 것으로 3은 무 제국의 정체성을 나타낸다. 무 제국의 '라 무(Ra Mu)'는 제사장과 황제를 겸하였으며 천문(天文)과 지리(地理), 인사(人事)에 통달한 최고의 신관이자 현자였다. 우리 고유의 무속(巫俗)의 '무(巫)' 역시 천·지·인 삼신(三神)을 의미하는 것으로 '3'은 마고 문화를 상징하는 숫자이다. 마고 역시 최고의 신관이자 현자였다. 상고시대의 무(巫)는 천지의 주재자를 받들어 보본(報本)하는 신앙의 표현이었다는 점에서 잡귀를 숭배하는 미신적인 통상의 살만교(薩滿敎 샤머니즘)와는 차원이 다른 것이다.

넷째, 무 제국을 상징하는 3이라는 숫자와 함께 창조주와 창조의 표상으로 나오는 '일곱' 머리 뱀[46]과 〈라사 기록〉에 나오는 신전(神殿)이 있는 '일곱' 도시[47]의 7이라는 숫자는, '곰 토템족'의 웅녀(熊女)가 삼칠일(3·7일) 동굴수련 끝에 사람다운 사람이 되었다는 단군설화나 예로부터 많이 행해져 온 '삼칠일' 기도[48], 그리고 아기가 태어나면 '삼칠일' 동안 금줄을 쳐서 외부인의 접근을 금하는 것과 그 맥이 통한다는 점이다. '나라야나(Nara는 신성함, Yana는 만물의 창조주를 뜻함)'라고도 불리는 일곱머리 뱀은 나칼 기록에는 '일곱 명의 현자', 베단타에는 '정신의 일곱 단계'로 해석되어 있다. 또한 〈라사 기록〉에 의하면 무 제국에는 종교와 과학, 학문의 중심지였던 일곱 개의 대도시가 있었다고 한다. 3은 우주만물의 기본수이고 7은 생명수이니 이러한 천수(天數)의 이치(天數之理)를 귀하게 여긴 것은 천·지·인 삼신일체의 천도(天道)를 구현하고자 하는 염원이 담긴 것으로 볼 수 있다. 이는 곧 진성(眞性)·진명(眞命)·진정(眞精)의 삼진(三眞)으로 돌아감으로써 우주만물이 '한생명'임을 체득하기 위한 것이다.

이 외에도 '태양의 제국'인 무 제국은 우리의 '환국(환하게 광명한 나라, 즉 태양의 나라)'과 국호의 의미가 일치한다는 점, 무 제국의 아이콘인 뱀이 우리 동이족(東夷族)의 선조인 풍이족(風夷族)의 종족 아이콘과 일치한다는 점, 무 제국과 '마고의 나라' 모두 거석문화와 신전, 피라미드 건축 기술이 발달한 점, 사라진 무 대륙의 언어가 우리 말 어원과 같다[49]는 연구가 나온 점 등을 들 수 있다. 이상에서 볼 때 무 대륙의 문명과 마고 문화는 내재적으로 깊이 연결되어 있다는 느낌을 지울 수가 없다.

그렇다면 이 둘의 관계를 어떻게 설정해야 할까? 「태백일사」 환국본기와 「삼성기전」 하편은 각기 다른 저자가 다른 출처를 인용하여 전하고 있음에도 마고성이 열린 시기를 추정할 수 있는 63,182년이라는 숫자가 똑같이 나오는 것을 보면, 우리 상고사서가 산실(散失)되기 전에는 자세하게 전승되어 왔음이 분명하다. 때가 되면 이에 관한 자료들이 세상에 나오게 될 것이라고 필자는 굳게 믿고 있다. 마고성이 열린 시기는 지금으로부터 약 7만 년 전이고, 무 제국은 5만 년 이상 전이라고 하고 있다. 5만 년 전이라는 숫자는 문명이 꽃핀 시기를 말하는 것이므로 실제로는 그 연대가 6, 7만 년 전이 될 수도 있으므로 이 둘의 관계 설정에 있어 연대가 특별한 고려 사항이 될 수는 없을 것 같다.

다음으로 무 제국의 강역(疆域)은 동서로는 8천 킬로미터 이상, 남북으로
는 5천 킬로미터 이상이라고 처치워드의 책에는 나와 있다. 마고의 종주족
인 황궁씨 계통의 환인씨가 세운 환국의 강역은 '남북 5만 리, 동서 2만 리'라
고 「태백일사」 환국본기와 「삼성기전」 하편에 똑같이 나와 있다. 말하자면
환국의 강역은 동서로는 약 8천 킬로미터, 남북으로는 약 2만 킬로미터에
달한다. 따라서 동서로는 두 강역이 비슷하지만, 남북으로는 환국의 강역이
무 제국 강역의 약 4배가 된다. 이러한 광대한 강역은 환국의 위상을 짐작할
수 있게 한다. 또한 동아시아 전역은 물론 세계 도처에 남아 있는 마고(麻姑)
신인(神人)의 절대 위상으로 볼 때 '마고의 나라'가 무 제국의 식민지였을 리
도 없다. 유카탄반도에서 발견된 옛 기록에는 무의 제사장이 대륙의 붕괴를
예언했고 그의 예언을 믿었던 사람들은 본토를 떠나 재앙을 면한 것으로 나
와 있다.[50]

그렇다면 '마고의 나라(麻姑之那)'[51]와 무 제국은 같은 나라였을까? 백제의
본조(本朝)가 동쪽 일본에 동조(東朝)를 설치한 것처럼 여러 곳에 분조(分朝)를
설치했을 수도 있다. 따라서 같은 나라로 볼 경우 무 대륙을 파미르고원의
마고성과 분리시켜 생각할 필요는 없을 것이다. 무 제국의 '라 무(Ra Mu)'는
마고였을까? 그리고 약 1만 2천 년 전 무 대륙이 사라지기 전에 마고가 이주
해 나와 동질의 문화와 전통을 계승 발전시킨 것일까? 터키 남동부의 괴베
클리 테페(Göbekli Tepe) 유적에서 발굴된 거석(巨石, 돌로 된 구조물)─신전이었
던 것으로 추정되는─은 방사선 연대 측정 결과 1만 2천 년 전의 것으로 밝
혀졌는데 이는 마고성 시대와 비슷한 시기의 것이다.

1만 2천 년 전 이 시기는 11만 년 전 플라이스토세(Pleistocene, 洪積世)에 시
작된 제4기 빙하기의 마지막 빙기가 약 10만 년 정도 지속되다가 끝난 시기

이다. 찰스 햅굿의 『고대 해양왕의 지도』에서도 약 1만 년 전에 중국에서 아메리카에 이르기까지 세계 전역에 널리 퍼진 고도로 발달된 문명이 있었다고 했다. 미국 캘리포니아대학교 로스앤젤레스(UCLA) 의과대학 생리학 교수인 재레드 다이아몬드(Jared Diamond)는 BCE 11000년이라는 연대가 남북아메리카에 최초로 사람이 살기 시작한 시기, 홍적세 및 최종 빙하기의 말기, 그리고 지질학자들이 현세(現世)라고 부르는 시대의 초기 등과 대략 일치하는 것으로 보았다.[52] '마고의 나라'와 무 제국의 연계성에 대한 규명은 인류의 시원을 밝힘에 있어 반드시 해결해야 할 과제다. 향후 새로운 자료가 나오게 되면 이 두 나라의 관계는 좀 더 명쾌하게 정리될 수 있을 것이다. 오늘날까지도 전승되는 마고 문화와 동질적인 또 하나의 초고대 문명이 존재했다는 사실만으로도 비교문화론적인 측면에서 연구해 볼 만한 의미와 가치가 있지 않을까?

전 세계적인 고대 문명이 실재했다는 증거는 계속해서 나오고 있다. 1978년 영국과 이탈리아의 공동 조사단은 고대 도시 모헨조다로(Mohenjodaro: '죽음의 언덕'을 뜻함)의 유적에서 발굴된 자료를 분석 의뢰한 결과를 바탕으로 모헨조다로가 고대 핵전쟁의 전장이었다고 잠정 결론 내린 바 있다.[53] 이 외에도 초고대 문명은 플라톤이 대화편 중 『티마이오스 Timaeos』와 『크리티아스 Critias』에서 처음 언급한 대서양에 존재했던 아틀란티스(Atlantis) 대륙의 문명, 16세기 오스만 제국의 제독 피리 레이스(Pîrî Reis)가 모사한 지도에 나타난 빙기가 오기 전의 고대 남극 문명, 페루의 나스카 지상 그림, 고대 이집트의 오시리스 숫자, 이집트의 피라미드와 스핑크스 등 전 세계에 걸쳐 불가사의한 문명의 유산은 계승되어 왔다.

모든 문명에는 스스로를 파괴하는 씨앗이 내포되어 있으며 스스로를 파괴하기에 충분한 기술을 개발하여 사용하게 되는데, 문명이 발전하면 할수록 더 쉽게 파괴되며 그에 대한 증거 또한 더 쉽게 소멸될 것[54]이라는 찰스 햅굿의 주장은 고대 문명의 진실을 밝히는 데 유익한 단서와 통찰력을 제공한다. 따라서 구석기시대, 신석기시대, 청동기시대, 철기시대의 점진적인 단계를 밟아 문명이 발전한다는 단선적인 사회발전 단계이론은 초고대 문명의 진실을 밝히는 데 도움이 되지 못한다. 역사를 생명의 거대사로 보는 열린 시각이 요구된다.

06

마고 문화와 수메르 문명

- 한국학에서 왜 수메르인가
- 마고 문화와 수메르 문명의 근친성
- 문화적 르네상스와 수메르 그리고 아메리칸 인디언

환국 말기에 환국의 12연방 중의 하나인 수밀이국 사람들은 수학, 천문학, 역(易)사상과 상수학, 역법, 종교. 철학. 정치제도, 기하학, 물리학, 언어학, 음악, 건축, 거석, 세석기, 빗살무늬 토기 등 선진문물을 가지고 일찍이 마고의 종족들이 분거해 살고 있던 수메르 지역으로 이주하여 수메르 문명을 열었고 이 수메르 문명이 오늘날 서양 기독교 문명의 모태가 되었다. 수메르어는 한국어처럼 교착어로서 한국어와 그 뿌리가 같고, 수메르의 신전인 지구라트도 그 성격이나 기능에 있어 마고성과 유사하다. 고대 동아시아 전역이 마고 문화와 그 후속 문화의 자장권(磁場圈) 내에 있었고, 또한 인류의 뿌리 문명으로 여겨지는 수메르 문명의 뿌리가 마고 문화와 그 후속 문화인 것으로 그 증거 자료들이 속속 나오고 있으니, 한국학에서 수메르를 다루는 것은 비교문화론적인 측면에서도 유의미하다. 성경의 창세기가 수메르 전승의 히브리 버전 복제판이라면 그 원형은 마고 문화(神敎文化)에 있을 것이다. 언젠가 우리의 '천부 스타일'이 전 세계로 퍼지면 유라시아와 아메리카 대륙은 '문화적 르네상스'의 거대한 물결로 뒤덮이게 될 것이다.

- 본문 중에서

06 마고 문화와 수메르 문명

> 인류 최초의 학교, 최초의 민주적 대의제도, 최초의 문학 등 인류의 문화·문명사에서 최초의 중요한 것 39가지가 모두 수메르인들의 발명품이다.
>
> - Samuel Noah Kramer, *History Begins at Sumer*(1956)

한국학에서 왜 수메르인가

한국학에서 왜 수메르인가? 라고 물을지 모른다. 그 이유는 마고 문화 및 그 후속 문화와 수메르와의 깊은 관련성 때문이다. 수메르는 마고성을 떠나 동서남북으로 이동해 간 네 파—즉, 파미르고원의 동쪽인 중원 지역 운해주, 서쪽인 중근동 지역 월식주, 남쪽인 인도 및 동남아 지역 성생주, 북동쪽인 천산산맥 지역 천산주로 분거해 간 네 파—중에서 중근동 지역인 월식주에 정착한 백소씨(白巢氏) 계통이 살았던 지역이다. 이후 유인씨(有仁氏)의 손자 유호씨(有戶氏)가 무리를 이끌고 월식·성생의 땅에 들어간 기록이 『부도지』에 나오고 있고,[1] 또 단군조선 시대에 이르러서도 임검씨가 사해를 순행하며 동서남북으로 분거해 간 마고의 종족들을 차례로 방문하여 천부(天符)의 이치를 익혀 알게 한 기록이 『부도지』에 나오고 있다.[2] 이러한 순행의 습속은 신라 화랑들에게도 이어져 월식·성생, 운해·천산의 여러 지역으로 원행하며 이들 종족들과의 믿음을 돈독히 했던 것으로 나온다.

또한 환국 말기에 환국의 12연방 중의 하나인 수밀이국(須密爾國) 사람들은 선진문물을 가지고 수메르 지역으로 이주하여 수메르 문명을 열었고 이 수메르 문명이 오늘날 서양 기독교 문명의 모태가 되었다. 수메르인들은 설형문자(cuneiform, 楔形文字 또는 쐐기문자)와 지구라트(Ziggurat, 聖塔) 건축 기술 등 선진문물을 가지고 동방[3]에서 간 '검은 머리(black-headed)'의 이주민이었으며, '수메르'라는 이름이 환국 12연방 중의 하나인 수밀이국과 어원상(語原上)으로 같고(シュメール(수메르)를 수밀이국이라고 표기하기도 함),[4] 세계 주요 언어의 기원이 라틴어이고 라틴어의 기원이 산스크리트어이며 산스크리트어의 기원이 수메르어라는 사실이 공유되고 있는데, 수메르어가 한국어처럼 교착어로서 한국어와 그 뿌리가 같다는 사실이 이미 밝혀졌다.

『부도지』 제25장에는 파미르고원의 마고성에서 서쪽인 중근동 지역 월식주와 남쪽인 인도 및 동남아 지역 성생주로 이동한 백소씨와 흑소씨(黑巢氏)의 후예들이 마고성에서 소(巢)를 만들던 풍속대로 높은 탑과 계단을 많이 만들었다고 나오는데, 이는 수메르의 신전인 지구라트나 피라미드의 유래를 짐작하게 한다. 『삼일신고(三一神誥)』에 온갖 선과 덕이 넘쳐흐르는 하늘 궁전을 은유적으로 표현하여 하늘 궁전이 만선(萬善)의 계단과 만덕(萬德)의 문으로 이루어져 있다(有天宮 階萬善 門萬德)고 하였는데, 이를 형상화한 것이 지구라트나 피라미드이다. 여기서 계단과 문은 물질 차원의 것이 아니라 의식의 계단이요 의식의 문을 일컫는 것이다.

마고성은 지상에서 가장 높은 성(城)으로 하늘에 제사 지내던 소도성(蘇塗城)이었는데, 수메르의 신전인 지구라트도 그 성격이나 기능에 있어 마고성과 마찬가지로 천·지·인 삼신일체의 천제의식을 행하던 신앙의 표현이었다. 마고 문화의 중핵을 이루는 천·지·인 삼신일체의 삼신사상['한'사상, 天符思想, 神敎]은 동서고금의 모든 철학과 사상, 종교와 과학이 추구하는 진리의 정수(精髓)를 밝힌 것으로, 오늘날 서양 기독교 문명의 뿌리가 되는 삼위일체(三位一體: 聖父·聖子·聖靈)의 원형이다. 수메르인의 생명의 표시는 포도잎이었으며 길가메시(Gilgamesh) 서사시에도 포도의 여신이 나오는데, 마고성 이야기에도 마고가 생명의 여신이며 '포도의 변[五味의 변]' 이야기가 나온다.

동·서양의 고대 철학은 수학·천문학과 긴밀히 연계되어 있었다. 그리스 철학은 그 발상지가 본토가 아니라 동방과 서방의 교차지점인 이오니아였으며 이집트의 수학이나 바빌로니아의 천문학의 영향을 받았고, 또한 이집트나 바빌로니아는 수메르 문명의 영향권 아래에 있었다. 수메르 남부의 칼데아에서 기원한 최초의 수비학은 피타고라스 수비학이 나타나기 수천 년 전인 BCE 3500년경에 칼데아 수비학이 정립된 것으로 밝혀졌다. 그렇다면 칼데아 수비학의 뿌리는 어디일까? 수메르 문명이 환국 12연방 중의 하나인 수밀이국의 문명이었다는 점을 상기하면 금방 알 수 있을 것이다.

환국시대(BCE 7199~BCE 3898)로부터 전승되어 오는 일(一)부터 십(十)까지의 숫자로 이루어진 우리 고유의 『천부경(天符經)』은 수비학(数秘學)이나 상수학(象數學)이 이미 그 시기에 정립되어 있었음을 말하여 준다. 『부도지』제1장에 "천부(天符)를 받들어…", 제10장에 "유인씨가 천부삼인(天符三印)을 이어받으니…", 제11장에 "천부(天符)에 비추어서(照證) 수신하고…" 등 여러 곳에 '천부(天符)'가 나오는 것으로 보아 『천부경』은 더 정확하게는 마고성 시대로부터 지속적으로 전승되어 온 것으로 보인다. 천부(天符)란 하늘의 이치(天理), 즉 천수(天數)의 이치(天數之理)에 부합한다는 의미이다. 천리(天理) 또는 천수지리(天數之理)는 천도(天道)를 숫자로 풀이하여 나타낸 것이다. 천도를 일(一)부터 십(十)까지의 숫자로 풀이하여 나타낸 것이 『천부경』이다. 이에 대해서는 본서 8장에서 자세하게 논의할 것이다.

그리스의 안티키테라(Antikythera) 섬 앞바다에서 BCE 60~70년의 것으로 추정되는 기계 부품의 일부가 1901년 난파선 안에서 발견되었는데, 오랫동안 그 실체를 규명하지 못하다가 2016년 그리스 국립연구재단은 그것이 천체 관측용 기계장치라는 연구 결과를 발표했다. 하지만 우리의 상고사서(上古史書)『환단고기』「단군세기」와 『단기고사』에는 13세 단군 흘달(屹達) 50년(BCE 1733) 무진(戊辰)에 수성, 금성, 화성, 목성, 토성의 다섯 행성이 누성(婁星 [양자리]: 28수(宿)의 하나)에 결집한 오성취루(五星聚婁)[5] 현상과 같은 단군조선 시대의 천문 현상이 기록되어 있고, 또 수학·천문학·기하학 등과 깊이 연계된 천·지·인 삼신일체의 삼신사상 즉 신교(神敎)가 마고성(麻姑城) 시대로부터 전승되어 온 것으로 보아 아주 오래전부터 천문학과 기하학 역시 발달해 있었음을 알 수 있다.

　지구라트나 피라미드의 건축 기술은 수학·천문학·상수학(象數學)·기하학 등이 바탕이 된 것이다. 우리 한민족의 3대 고유경전인 천부경·삼일신고·참전계경은 모두 천시(天時)와 지리(地理), 인사(人事)의 조응관계, 즉 천수(天數)의 이치(天數之理)에 기초해 있으며 이를 원방각(圓方角, ○□△) 또는 삼일도(三一圖, Ⓐ)로 나타내고 있다. 이는 수학·천문학·상수학(象數學)·기하학 등의 지식이 바탕이 된 것이다. 지상에서 가장 높은 성(城)인 마고성은 지구라트나 피라미드의 원조이다. 따라서 이집트와 바빌로니아 등에 영향을 주었던 수메르의 수학·천문학·기하학 등은 마고 문화와 그 후속 문화인 수밀이국의 문명에서 나간 것이다.

　이처럼 수학·천문학·기하학 등을 바탕으로 한 천·지·인 삼신일체의 신교[三神思想, 天符思想, '한'사상]는 마고성 시대로부터 전승되어 동·서양의 문화·문명을 발흥시킨 모체였다. 환국 말기에 수밀이국 사람들은 수학, 천문학, 역(易)사상과 상수학(象數學), 역법(曆法), 종교. 철학. 정치제도, 지리, 기하학, 물리학, 언어학, 음악, 건축, 거석(巨石), 세석기(細石器), 빗살무늬 토기 등 선진문물을 가지고 일찍이 마고의 종족들이 분거(分居)해 살고 있던 메소포타미아 지역으로 이동하여 수메르 문명을 발흥시켰다. 바로 이 수메르 문명이 오늘날 서양 기독교 문명의 모태가 된 것이다. 수메르에 인접한 터키 남동부의 괴베클리 테페(Göbekli Tepe) 유적[6]에서 발굴된 거석(巨石)은 방사선 연대 측정 결과 1만 2천 년 전의 것으로 밝혀져 마고성 시대와 비슷한 시기의 것임을 알 수 있다.

오늘날까지도 세계 각지의 신화, 전설, 종교, 철학, 정치제도, 역(易)사상과 상수학, 역법(曆法), 천문, 지리, 기하학, 물리학, 언어학, 수학, 음악, 건축, 거석(巨石), 세석기(細石器), 빗살무늬 토기 등 거의 모든 분야에서 마고 문화 즉 천부(天符)문화의 잔영을 찾아볼 수 있다. 대표적인 거석문화로는 이집트의 피라미드, 영국의 스톤헨지, 프랑스 카르나크의 열석(列石), 태평양 이스터섬의 거인상(巨人像), 멕시코 올메카(Olmeca: 올멕인의 별칭)의 거석 인두상(人頭像), 쿠스코 잉카제국 시대의 석축(石築), 우리나라가 중심지인 지석묘(支石墓, 고인돌 무덤) 등을 들 수 있다. 여기서 천부(天符)문화란 천리(天理) 또는 천수(天數)의 이치(天數之理)에 부합하는 문화, 즉 천·지·인 삼신일체의 천도(天道)에 부합하는 문화라는 뜻으로 마고 문화를 필두로 마고 문화를 계승한 환국·배달국·단군조선의 문화를 총칭하는 것이다.

전형적인 우리 동이족(東夷族)의 것으로 밝혀진 우하량(牛河梁, 뉴허량) 홍산(紅山) 유적에서 발굴된—연대가 BCE 3500년까지 올라가는—대형 원형제단, 여신상과 여신묘(廟), 적석총(積石塚)과 피라미드, 도시 성곽 등은 수메르 유적과 교차되며, 기존의 세계 4대 문명보다 1,000~2,000년가량 앞선 것이다. 여신상과 여신묘의 발굴은 당시 사회가 모계사회였음을 말해 준다. '요하문명(遼河文明)'의 대표 문화로 꼽히는 홍산문화(BCE 4500~BCE 3000)가 중국 문화와 전혀 다른 동이족의 문화이며 연대도 앞선 것이 분명해지자 중국은 요하문명을 중화문명의 시원으로 설정하여 북방 고대 민족의 상고사를 중국사로 편입하겠다고 나섰다. 이것이 2003년 6월부터 정식으로 개시된 '중화문명탐원공정(中華文明探源工程)', 이른바 요하공정(遼河工程)'의 실체다. 요하공정은 중국이 시조로 받드는 '삼황오제(三皇五帝)' 시대를 중국 역사에 편입함으로써 중화 문명이 이집트나 수메르 문명보다 앞선 세계 최고(最古)의 문명임을 밝히려는 중대 과학연구 프로젝트다. 그러나 본서 2장 3절에서 고찰한 바와 같이, 중국이 그들의 시조로 받드는 삼황오제가 모두 하나의 뿌리 즉 동이(東夷)에서 나왔다는 사실은 중국 왕조의 시원을 짐작하게 하는 것이다.

고대 중국의 역사가 마고성(麻姑城)에서 동서남북으로 이동해 간 네 파 중에서 파미르고원의 동쪽인 중원지역 운해주로 이동해 간 청궁씨(靑穹氏) 후예들의 역사이며 또한 마고성의 종주족인 황궁씨족의 후예인 동이족의 여러 지류가 선진문물을 가지고 중원으로 흘러 들어가 성립된 왕조들의 역사*라면, 고대 수메르의 역사는 파미르고원의 서쪽인 중근동 지역 월식주로 이동해 간 백소씨(白巢氏) 후예들의 역사이며 또한 환국 말기 황궁씨족의 후예로서 12연방 중의 하나인 수밀이국 사람들이 선진문물을 가지고 수메르 지역으로 이주하여 성립된 왕조들의 역사인 것으로 추정된다.

파미르고원의 남쪽인 인도 및 동남아 지역 성생주로 이동한 흑소씨(黑巢氏)의 후예들은 중근동 지역 월식주로 이동해 간 백소씨의 후예들과 마찬가지로 마고성에서 소(巢)를 만들던 풍속대로 도처에 신전과 피라미드를 건설

---

* 배달국 제5대 태우의(太虞儀) 환웅의 막내아들 태호복희씨(太皥伏羲氏), 고시씨(高矢氏)의 방계 자손인 東夷 少典의 아들 염제신농씨(炎帝神農氏), 그리고 東夷 少典의 후손 황제헌원(黃帝軒轅)은 모두 東夷人으로 중원으로 나가 三皇이 되었고, 또한 헌원의 후손인 소호(小昊)·전욱(顓頊)·제곡(帝嚳)·당요(唐堯: 요 임금)·우순(虞舜: 순 임금)도 모두 동이인으로 五帝가 되었다. 이렇듯 중국이 시조로 받드는 '三皇五帝'는 모두 동이족의 여러 지류가 중원으로 흘러 들어가 성립된 것이다.

했다. 그들이 신앙한 힌두교의 트리무르티(trimurti)는 마고의 삼신일체의 변용이며 본질적으로 삼신일체나 삼위일체와 상통한다. 힌두교에서 만물을 창조하고 유지하며 해체하는 신성의 세 측면을 각각 브라흐마(창조의 신)·비슈누(유지의 신)·시바(파괴의 신)의 삼신(三神)으로 명명한 것은, 삼신이 따로 존재하는 것이 아니라 유일자 브라흐마의 세 기능적 측면을 나타낸 것으로 트리무르티를 의미한다. 생명의 본체인 유일신 브라흐마와 그 작용인 우주만물의 합일을 나타낸 불멸의 음성 '옴(OM)'은 어머니, 엄마를 뜻하는 옴마, 오마니, 오마이의 축약어이며 모두 마고의 '마(Ma)'에서 유래한 것이다.

한편 고대 일본의 역사는 고대 우리나라가 일본 왕조의 발상지이며 일본 민족의 시원이라는 말로 압축될 수 있다. 일본이라는 국호는 백제를 일컫던 '구다라', 즉 큰 해(大日)라는 뜻의 고대 한국말을 한자로 옮긴 것으로, 제1대 실존 왜왕(390) 오진(應神)의 혈맥은 한국태생이다. 메이지 왕의 이름인 메이지(明治)는 광개토대왕의 손자이자 장수왕(長壽王)의 아들인 21대 문자왕(文咨王)의 연호를 그대로 따온 것이다. 2001년 아키히토(明仁) 일왕은 50대 일왕 간무(桓武) 생모가 백제 무령왕의 후손임을 공식 언급했다. 히로히토(裕仁), 아키히토(明仁), 나루히토(德仁) 일왕의 '인(仁)', 제사장이나 왕을 호칭하는 수메르어 '인(En)' 또는 '엔(En)'은 모두 환인(桓仁)의 '인(仁)'으로부터 유래한 것이다. 또한 중국 지도에 인도의 갠지스강이 지금도 '환하(桓河)'라고 표기되어 있는 것은, 인도 및 동남아 지역 성생주로 이동한 흑소씨의 후예들이 살았던 지역이고 또 환국(桓國)의 영향권 내에 있었던 지역임을 환기시킨다.

이렇듯 고대 동아시아 전역이 마고 문화와 그 후속 문화의 자장권(磁場圈) 내에 있었고, 또한 인류의 뿌리 문명으로 여겨지는 수메르 문명의 뿌리가 마고 문화와 그 후속 문화인 것으로 그 증거 자료들이 속속 나오고 있으니, 한국학에서 수메르를 다루는 것은 비교문화론적인 측면에서도 유의미하고 자연스러운 것이다. 세계적인 물리학자이자 신과학운동의 거장인 프리초프 카프라(Fritjof Capra)가 적절하게 지적한 것처럼, 세계는 지금 기계론적이고 분석적이며, 추론적이고 물질적이며, 환경파괴의 남성적이고 양적(陽的)인 특성을 지닌 서구 문명이 쇠망해 가는 반면, 전일적(holistic)이고 종합적이며, 직관적이고 정신적이며, 환경 회생(回生)의 여성적이고 음적(陰的)인 특성을 지닌 새로운 문명이 대두하고 있다.

생장·분열의 천지비괘(天地否卦)에서 수렴·통일의 지천태괘(地天泰卦)로 넘어가는 문명의 대변곡점에서 마고의 삼신사상('한'사상, 天符思想, 神敎)과 '여성성[靈性]' 그리고 마고 문화가 오늘날 다시 주목받고 있다. 우주만물이 뿌리로 돌아가고 인류 문명도 뿌리로 돌아가기 시작한 우주 가을의 초입에서 인류의 뿌리에 대한 비밀을 간직한 것으로 여겨지는 수메르가 그 오랜 비밀의 장막을 걷어내기 시작했다. 그 장막이 완전히 걷히는 날, 인류는 동·서양의 문화·문명이 하나의 뿌리에서 발흥한 것임을 알게 될 것이다. 그때가 되면 동아시아 중심의 '문화적 르네상스(cultural renaissance)'가 본격화될 것이다. 우리 상고사는 한민족 집단의 영혼이 담겨진 역사이다. 영혼을 잃고 땅에 뿌리박혀 울던 자가 영혼을 찾으면 그것이 개벽의 시작이라고 한 우리나라 최초의 정사(正史) 『신지비사(神誌祕詞)』의 예언이 커다란 울림으로 다가온다.

마고 문화와 수메르 문명의 근친성

인류의 역사는 티그리스와 유프라테스 강이 흐르는 메소포타미아* 지역

---

* 메소포타미아는 희랍어 '메소스(between)'와 '포타모스(river)'의 합성어로 티그리스와

남부에 위치한 수메르(Sumer, 지금의 이라크 지역)에서 시작되었으며 수메르인들이 세계 최고(最古)의 문명을 건설한 것으로 알려져 있다. 수메르는 BCE 5000년경부터 농경민이 정주하여 BCE 3000년경에 가장 융성했다. 수메르인들이 건설한 수메르 최초의 도시는 에리두(Eridu)였으나 비교적 일찍 쇠퇴하여 그 중심이 우루크(Uruk)[7]로 옮겨졌다. 우루크는 우르(Ur)와 라가쉬(Lagash), 키쉬(Kish), 니푸르(Nippur), 라르사(Larsa) 등과 함께 고대 도시군을 형성하여 도시 문명의 전형을 창조했다. 우루크기(期)에 수메르 문명을 특징짓는 신전인 지구라트가 건축되고 설형문자(cuneiform, 楔形文字 또는 쐐기문자)가 사용되고 도시국가가 성립되는 등 수메르 문명이 형성되었다.

우르의 지구라트는 수메르 우르 제3왕조의 창설자 우르 남무왕(Ur-Nammu)이 건설한 것으로 지금까지 발견된 메소포타미아의 지구라트 중에서 보존 상태가 가장 좋으며 바벨탑의 원형인 것으로 알려져 있다. 현존하는 인류 최초의 법전인 『우르남무법전(Ur-Nammu Code)』도 우르 남무왕이 제정한 것으로 바빌론의 함무라비 법전(BCE 1750년경)보다 약 300년 앞서 만들어져 함무라비 법전을 비롯한 중동 지방의 법체계에 영향을 주었다. 또한 칼데아(Chaldea, 갈대아) 우르는 구약성서 창세기에 기록된 이스라엘 민족의 조상 아브라함(Abraham)의 고향이기도 하다.

구약성서가 우리 상고사의 데자뷔인 것처럼 느껴지는 것은 마고 문화 및 그 후속 문화와 수메르와의 깊은 관련성 때문이다. 그런 점에서 이스라엘 민족과 그 조상인 아브라함은 우리와 뿌리를 공유하고 있다고 봐도 무방할 것이다. 수메르인들은 나일강 유역과 인더스강 유역에 있던 다른 도시들과 무역을 하며 영향을 주고받았다. 수메르 문명은 BCE 2000년경 메소포타미

유프라테스 두 강 사이의 지역 일대를 가리킨다.

아 북쪽의 아카드 지방에 살던 셈족 계통의 아카드인들이 수메르를 점령하고 바빌로니아를 세움으로써 국가 형태로서는 완전히 사멸되었지만, 수메르 종교와 문화의 흔적이 바빌로니아인, 아시리아(Assyria)인을 비롯한 여러 민족 및 문화 집단들의 신화와 전설, 민속과 신앙 속에 남아 있다.

저명한 미국인 수메르 학자 새뮤얼 노아 크레이머(Samuel Noah Kramer)는 그의 저서 『역사는 수메르에서 시작되다 History Begins at Sumer』(1956)에서 인류 최초의 학교, 최초의 민주적 대의제도, 최초의 문학 등 인류의 문화·문명사에서 최초의 중요한 것 39가지(초판에서는 27가지, 개정판에서 12가지 사례 추가)가 모두 수메르인들(Sumerians)의 발명품이라고 밝히고 있으니, 인류의 뿌리에 대한 비밀을 간직하고 있는 민족으로 여겨지는 것은 당연한지도 모른다. 특히 수메르인들의 종교문학과 의식이 오늘날 서양문명의 뿌리라고 할 수 있는 기독교에 상당한 영향을 미쳤다는 사실은 이미 밝혀진 바이다.

〈그림 6.1〉 수메르인의 씨름하는 형태의 청동 향로

〈그림 6.2〉 고구려 각저총 벽화에 그려진 씨름도

수메르가 세상에 널리 알려지게 된 것은 1922년부터 12년간 대영박물관과 펜실베이니아대학의 후원으로 영국의 고고학자 찰스 레오나드 울리(Charles Leonard Woolley) 경(卿)에 의해 우르 유적이 대대적으로 발굴되면서였다. '상투머리를 한 왕의 시체, 씨름하는 형태의 청동 향로, 태음력 사용, 순장하는 습속, 교착어 언어 유형, 검은 머리, 진흙 판 위에 새겨 쓴 수메르 문자의 특성'⁸ 등이 밝혀진 것이다. 고조선 사람이 되려면 상투를 틀어야 했을 정도로 상투머리는 우리 한민족만의 고유한 풍속이었다. 연(燕)나라 출신의 위만(衛滿)이 번(番)조선으로 망명하면서 상투를 틀고 호복(胡服)을 입은 것도 상투가 조선 민족 고유의 상징이었기 때문에 그런 정치적인 제스처를 한 것이다. 수메르 카파지에서 출토된 BCE 2400년 유물로 확인된 샅바를 매고 씨름하는 형태의 청동 향로는 중국 지안(集安)에 있는 고구려 고분 각저총(角抵塚) 벽화에 그려진 씨름하는 그림과 흡사하다. 수메르인들은 자신들을 '검은 머리 사람들(웅상기가 ùg saĝ gíg-ga)'이라고 불렀고, 자신들의 땅을 '고귀한 주인[왕]의 땅(키엔기르 Ki-en-ĝir)'이라고 불렀다.

여기서 우리는 세계 주요 언어의 기원인 것으로 알려진 수메르어에 대해 좀 더 깊이 들여다볼 필요가 있다. 영어, 불어, 독어 등 세계 주요 언어의 기원이 라틴어이고, 라틴어의 기원이 산스크리트어이며, 산스크리트어의 기원이 수메르어라는 연구 결과는 상당히 광범하게 공유되고 있다. 수메르어는 접두사·접중사(接中辭)·접미사가 발달한 전형적인 교착어(膠着語)다. 이스라엘 히브리대학 객원교수 조철수는 '수메르어와 한국어가 같은 뿌리'라고 단언했다. 세계에서 11번째 수메르어 전공자인 그는 그 근거를 다음과 같이 요약하고 있다. 우선 수메르어는 한국어처럼 교착어로서 어간을 변화시키지 않고 어미를 변화시키는 특징을 갖는다. 또한 전치사가 아닌 조사가 발달해 있으며, 한국어와 마찬가지로 주어＋목적어＋동사(SOV)의 순서를 갖는다. 수메르어에서 제3자 인칭 복수를 가리키는 '네'는 한국어에서 제3자 인칭 복수를 가리키는 영희네', 철수네'의 '-네'와 같다.

한국어로 시골내기', 신출내기'처럼 '내기'는 수메르어로 'naki'다. 그래서 '아누나키'(Anu-naki)라는 수메르어는 하늘(Anu)-내기(naki), 즉 '하늘에 속한 이'라는 뜻으로 천사나 신들을 일컫는 말이 된다.[9] 또한 수메르어 '우뭄(umum)'은 한국어 '어멈(어머니)'과 같은 뜻으로 몽골어, 투르크어, 퉁구스어로는 어마이, 오마이 등으로 불리는데 이는 마고(麻姑)의 '마(Ma)'에서 유래한 것이다. 그리고 수메르어 '아붐(abum)'은 한국어 '아범(아버지)'과 같은 뜻으로 몽골어, 투르크어, 퉁구스어로는 '아바이(abai)'로 불리고, 수메르어 '아후(ahu)'는 한국어 '아우(후)'와 같은 뜻이다. 이러한 사례는 헤아릴 수 없이 많다.

또한 수메르어 '딩기르(Dingir)'는 몽골어 '텡그리(Tengri, 하늘)'와 같고, 텡그리는 우리말의 '당골레(또는 당골)'이며 모두 단군과 같은 뜻이다. 단군도 본래 음은 '텡그리'인데 한자음으로 전사(轉寫)돼 단군(檀君)이 되었다고 한다.[10] 2005년 키르기스스탄(Kyrgyzstan) 대선 과정에서는 '텡그리즘(Tengrism)'이 구소련에서 독립 국가로 분리된 나라들을 하나로 결속시키는 선거 구호로 제창될 정도로 중앙아시아에서 전통 신앙인 텡그리의 위세는 대단하다. 카자흐스탄인들은 단군을 '텡그리'라고 부르며 건국 시조로 섬긴다. 단군 고조선 시대의 보본사상(報本思想)에서도 볼 수 있듯이 본래 텡그리는 천지의 주재자를 받들어 보본하는 신앙의 표현이었다는 점에서 잡귀를 숭배하는 샤머니즘과는 전혀 다른 것이지만, 사람들이 천부(天符)의 이치를 익히지 아니하고 미혹에 빠져 일종의 샤머니즘으로 변질된 것이다. 『부도지』 제12장에는 이렇게 나와 있다:

사해의 여러 종족들이 천부의 이치를 익히지 아니하고 스스로 미혹에 빠져 세상이 고통스러워졌다.
四海諸族 不講天符之理 自沒於迷惑之中 人世因苦.[11]

이처럼 유구한 역사를 통하여 한 단어가 조금씩 변형되면서도 같은 의미를 폭넓게 공유하고 있다는 것은 지배적인 동질의 문화가 계속해서 전승되어 왔음을 시사한다. 만주-퉁구스족과 함께 알타이족 가운데 하나인 튀르크족(Turk or Türkic People)은 현재 독자적인 국가를 형성하고는 있지 않지만, 몽골과 유라시아에 가장 많은 나라를 형성하고 있고 가장 넓은 지역에 분포해 있으며, 중국 신장위구르자치구(新疆維吾爾自治區, 신장웨이우얼자치구)에서 동부 유럽에 이르기까지 지리적 연속성을 가지고 있다. 텡그리와 같은 개념인 튀르크족의 '텡그리 우마이(Umay)'는 신화 속의 여신(女神)이 아니라 생산과 다산을 좌우하는 태모(太母)이다.[12] 우마이는 몽골, 튀르크(투르크), 만주, 퉁구스, 시베리아에 등장하는 대모신(大母神)의 이름이다. 어마이, 오마이, 오마니, 엄마, 어머니는 같은 뜻이며 모두 마고의 '마(麻)'에서 유래한 것이다. 우마이는 대지와 인간의 출생을 관장하는 '삼신할미(한어미)', 즉 대모(大母)인 마고(麻姑)를 지칭한 것이다.

메소포타미아의 가장 남부지역인 수메르의 칼데아에서는 BCE 3500년경에 칼데아 수비학(數秘學)이 정립된 것으로 밝혀졌다. 이는 피타고라스 수비학이 나타나기 수천 년 전이다. 피타고라스의 수비학은 그가 청년기에 이집트에 가서 23년 동안 이집트 문명을 연구하고, 나중에는 페르시아에 포로로 잡혀가서 12년 동안 바빌론 문명을 연구한 끝에 나온 것이다. 바빌론 문명의 원형이 수메르 문명이고 이집트 또한 피라미드 건축 기술이나 수학·천문학 등에 있어 수메르 문명에 힘입은 바 크다는 것은 잘 알려진 사실이다. 당시로서는 상상조차 할 수 없었던 천문학과 역(易)사상, 상수학(象數學), 역법(曆法), 기하학, 수학, 문자, 음악, 정치제도, 도시 건설 기술 등을 이미 보유하고 있었던 수메르—수메르가 인류의 뿌리 문명이라면 그 기원은 어디일까?

그 기원을 밝히기 위해 고고학적·인류학적·언어학적·문헌학적인 연구들이 축적되면서 역사의 퍼즐이 하나씩 맞추어지고는 있으나, 결정적인 매듭은 풀지 못하고 있다. 수메르의 기원을 밝히는 문제는 이른바 '수메르 문제(Sumerian Problem)'로 불리며 오늘날 가장 도전적인 문제의 하나가 되고 있다. 메소포타미아 문명에는 수메르 문명, 바빌로니아 문명, 아시리아 문명, 히타이트(Hittite) 문명, 페르시아 문명 등이 포함되어 있는데, 수메르 문명은 메소포타미아 문명의 시발점으로서 후속 문명에 영향을 끼쳤다. BCE 2000년경 역사의 뒤안길로 사라졌던 수메르인들이 다시 현대 역사의 무대로 호출된 것은, 19세기 후반 성경 속에 나오는 노아의 홍수를 고고학적으로 입증하기 위한 발굴작업에서 출토된 다량의 점토판 문서들을 해독하는 과정에서 성경의 창세기가 수메르 전승의 히브리 버전 복제판[13]임이 드러나면서 이를 계기로 수메르에 대한 관심이 문명 일반의 문제로까지 확산되고 후속 발굴작업과 함께 인류학적·언어학적·문헌학적인 연구들이 지속적으로 이어진 데 있다.

수메르인들의 기원에 대한 연구는 수메르 문명을 창조한 수메르인들이 메소포타미아에서 자생한 민족이 아니라 설형문자와 건축 기술 등 선진문물을 가지고 온 이주민이라는 점에 대해서는 어느 정도 공감대가 형성되고 있다. 일본 도쿄대 영문학 교수 우에노 게이후쿠(上野景福) 등은 특히 동방에서 간 이주민이라고 본다. 수메르인들이 동방에서 간 이주민이었다는 것은, 고조선 말기 이후 여러 시기에 선진문물을 가지고 우리나라에서 왜(倭)[14] 땅으로 건너간 한인(韓人)들―일인(日人)들은 이들을 도래인(渡來人)이라 불렀다―을 떠올리면 쉽게 이해할 수 있다. 이 도래인들이 왜(倭) 토착 사회에 큰 영향과 변동을 가져와 국가형성의 담당자 역할을 하고 정치적 지배집단을 형성했다는 것은 잘 알려진 사실이다. 일본이라는 국호도 백제 멸망 후 백제 본조(本朝)의 잔여 대집단이 왜 땅 동조(東朝)로 건너가서 처음 만든 것이다.

그 어원은 원래 백제를 일컫던 '구다라'에서 온 것으로 큰 해(大日)라는 뜻의 고대 한국말을 한자로 옮긴 것이다.

환국의 한 갈래인 수밀이국 사람들도 환국 말기인 BCE 4000년쯤 인구가 증가하고 시베리아 지역이 한랭화되면서 마고성(麻姑城) 시대로부터 전승된 고도의 정신문화와 위대한 정치적 유산 등 선진문물을 가지고 서쪽으로 이동하여 수메르 문명을 열었다. 수메르인들이 자신들을 일컫던 '웅상기가(검은 머리 사람들)'라는 말보다 오늘날 수메르라는 말이 더 많이 사용되고 있는 것은, 수메르 역사를 복원한 서양학자들이 아시리아 제국의 도서관에서 쏟아져 나온 대량의 기록물을 연구하는 과정에서 먼저 수메르를 알게 되었기 때문이다. 수메르인들이 셈족(族)과 같은 외부인들이 자신들을 부르던 '수메르'라는 용어를 알고 있었고 함께 사용했다는 것은 수메르인들이 남긴 기록에 잘 나타난다. '수메르어를 모르는 서기(書記)라니, 대체 어떤 서기인가?'라는 말은 여러 민족이 섞여 살면서도 수메르인들이 압도적인 문화적 우위를 점하고 있었음을 알 수 있다. 아카드어에서 수메르라는 말이 어떤 의미에서 나온 것인지는 알려지지 않고 있다.[15]

수밀이국이나 수메르라는 이름은 고대에 흰 소를 잡아 제천(祭天) 하던 데서 유래된 소머리, 즉 우수(牛首)·우두(牛頭)에서 연원한 것이다. 송화강(松花江)의 '송화'도 고대에는 그곳에서 흰 소를 제물로 바치며 제사 지낸 데서 유래된 소머리라는 뜻의 '소밀(蘇密)', '속말(涑沫, 粟末)'로 불렀다고 한다. 『규원사화』에도 소밀, 속말은 모두 소머리란 뜻[16]이라고 했다. 이 소머리가 민족 이동과 함께 강원도 춘천과 경주의 소시머리와 일본 각처에 소머리대왕(牛頭大王) 사당과 절, 성씨로 전래[17]된 것이라는 무호 선생의 일본 현지 연구 조사도 있다. 고대에 제천의식은 천인합일을 표징하는 제전(祭典)으로서 매우 중대한 의미를 지니는 것이기 때문에 수밀이나 수메르라는 이름도 그러한 제천의식에서 유래한 소머리와 같은 뜻이며 소머리 글자의 변형이라고 필자는 생각한다.

  말하자면 아무런 근거 없이 수메르라는 이름을 사용한 것이 아니라 영성문화(靈性文化)를 꽃피웠던 마고 문화(神敎文化)로부터 전승된 우리 고유의 천제의식을 표징하는 이름을 사용했다는 것이다. 예로부터 '한'의 문명권에서는 고산 숭배 사상이 만연해 있었으며 수메르 문명을 특징짓는 신전인 지구라트도 천인합일(天人合一)의 천제의식을 나타내는 신앙의 표현이었다. 수메르 문명은 마고성 시대로부터 고도의 정신문화와 위대한 정치적 유산을 계승·발전시킨 환국의 한 갈래인 수밀이국의 문명이기 때문에 마고 문화와 수메르 문명의 연관성을 일별하고자 하는 것이다. 백제 멸망 후 잔여 대집단이 왜 땅으로 건너가서 '구다라' 즉 큰 해(大日)라는 뜻의 고대 한국말을 한자로 옮겨 일본이라는 국호를 만든 것처럼, 수밀이국 사람들은 자신들의 지역·국가·민족 또는 그 문명을 총칭하는 것으로 '수밀이'가 변형된 수메르라는 용어를 사용한 것이다.

  상고시대 우리 선조들은 박달나무 아래 제단을 만들고 소도(蘇塗, 수두)라는 종교적 성지가 있어 그곳에서 하늘과 조상을 숭배하는 소도교(蘇塗敎, 수두교)를 펴고 법질서를 보호하며 살았다. 높은 산은 하늘로 통하는 문으로 여겨져 제천의식이 그곳에서 거행되었다. S. N. 크레이머와 C. L. 울리 경(卿)에 따르면, 수메르족은 그 본향을 정확히 알 수는 없지만 높은 산꼭대기 혹은 높은 고원에서 예배한 것으로 보아 그들의 고향은 산이 많은 곳이며 산악 고원지대에서 내려온 것 같다고 했다. 수메르인들은 진흙을 빚어 구워 만든 지구라트를 '하나'님의 산(the mountain of God) 혹은 '하늘 언덕(the hill of heaven)'이라 불렀다. G. E. 케언즈는 지구라트가 '태고의 언덕(primeval hill)'이며 부분과 전체의 합일을 나타내는 신앙의 표현이라고 보았다.[18]

수메르 문명의 실체를 가늠하기 위한 또 하나의 방법은 '요하문명(遼河文明)'의 대표 문화이자 동북아 최고 문명으로 꼽히는 동이족의 홍산문화(紅山文化, BCE 4500~BCE 3000) 유적[19]과 수메르 문명 유적을 비교해 보는 것이다. 수메르와 비슷한 시기에 존재했던 우하량(牛河梁) 홍산 유적에서는 연대가 BCE 3500년까지 올라가는 대형 원형제단, 여신상과 여신묘(女神廟), 곰(熊) 조각상, 적석총(積石塚)과 피라미드, 그리고 성으로 둘러싸인 도시 형태와 돌로 쌓은 방형(方形) 모양의 광장을 갖춘 동북아 최고 문명이 발굴됐는데, 그 문화의 주인공은 빗살무늬 토기와 돌무지무덤, 비파형 동검과 옥검의 사용 등으로 미루어 전형적인 우리 동이족[貊族]으로 밝혀졌다.[20] 우리 민족의 풍습인 반가부좌 자세로 앉아 있는 여신상의 모습 역시 그 문화의 주인공임을 스스로 밝히고 있다. 유적지 연대로 볼 때 우하량 홍산문화는 배달국 신시시대로 비정할 수 있으며 황하문명의 원류인 것으로 주목받고 있다. 대형 원형제단, 여신상과 여신묘(廟), 피라미드, 도시 성곽 등 상당 부분이 수메르 유적과도 교차된다.

여러 적석총에서 무더기로 쏟아져 나온 5,000년 전의 C자형 옥룡(玉龍), 비파형 옥검, 옥인장(玉印章) 등 옥기 부장품은 이미 5,500년 전에 제정일치의 국가 조직을 갖춘 상고 문명이 존재했음을 시사하는 것이다.[21] 홍산문명은 기존의 세계 4대 문명보다 1,000~2,000년가량 앞선 것이다. 만일 홍산문화 유적의 주인공과 수메르 문명 유적의 주인공이 다르다면 당시에 쌍벽을 이룰만한 또 하나의 최고 문명이 메소포타미아 남부에 존재했다는 것인데 그럴만한 정황증거를 찾기는 어렵다. 더욱이 수메르 문명을 창조한 수메르인들은 메소포타미아 원주민이 아니라 이미 선진문물을 가지고 동방에서 이주해 온 이주민이라고 하지 않는가. 그렇다면 수메르 문명의 원류가 홍산문명이 될 가능성도 배제할 수 없다.

러시아 역사학자 유리 미하일로비치 부틴은 "동북아 고대사에서 단군조선을 제외하면 아시아 역사는 이해할 수가 없다. 그만큼 단군조선은 아시아 고대사에서 중요한 위치를 차지한다"고 했다. 단군조선이 아시아 고대사에서 차지하는 높은 위상은 마고성 시대로부터 환국으로, 배달국으로, 그리고 단군조선으로 전승된 고도의 정신문화와 위대한 정치적 유산을 지키고 발전시킨 데 있다. 따라서 마고(麻姑) 문화를 배제하고서는 환국의 한 갈래인 수밀이국의 수메르 문명을 이해할 수가 없는 것이다. 수메르인들의 종교문학과 의식이 오늘날 서양문명의 뿌리인 기독교에 실질적으로 어떻게 영향을 미쳤는가 하는 것은 문명의 외피를 더듬는 것만으로는 제대로 알기 어렵다.

수메르 문명과 관련하여 필자가 포착한 것은 바로 이 점이다. 마고 문화[神敎文化]의 중핵을 이루는 천·지·인 삼신일체의 삼신사상[「한」사상, 天符思想, 神敎]은 서양 기독교 문명의 뿌리가 되는 삼위일체(三位一體: 聖父·聖子·聖靈), 동양 문화의 바탕을 이루는 불교의 삼신불(三身佛: 法身·化身·報身), 그리고 동학의 '시(侍: 內有神靈·外有氣化·各知不移)' 도덕 등의 형성에 근본적인 설계원리를 제공했다. 이에 대해서는 필자의 저서 『천부경·삼일신고·참전계경』(2006)에서도 이미 밝힌 바 있다. 천·지·인 삼신일체, 기독교의 삼위일체, 불교의 삼신불, 그리고 동학의 시(侍)는 생명의 본체[聖父, 法身, 神靈]와 작용[聖子, 化身, 氣化]의 관계적 본질을 일심(一心)이라는 메커니즘[聖靈, 報身, 不移]을 설정하여 회통(會通)시킴으로써 생명의 전일성과 자기근원성을 논증한 것[22]*이다. 일심의 경지에 이르면 생명의 본체와 작용이 하나임을 알게 되므로 일심을 메커니즘이

---

* 이러한 논증은 주체와 객체의 이분법이 성립하지 않는 것으로 드러난 오늘날의 양자역학(quantum mechanics)적 실험 결과와도 일맥상통하는 것이다.

라고 한 것이다. 이는 곧 동서고금의 모든 철학과 사상, 종교와 과학이 추구하는 진리의 정수(精髓)를 밝힌 것이다.

말하자면 생명의 본체-작용-본체·작용의 합일이라는 '생명의 3화음적 구조(the triadic structure of life)'를 밝힌 것이다. 고대에서 현대에 이르기까지 역사상 지성 세계를 뜨겁게 달구었던 지적 논쟁들을 관통하는 핵심 주제는 바로 마고 문화에서 비롯된 '생명'이었다! 마고는 대지와 인간의 출생을 관장하는 생명의 여신으로 알려져 있으며, 마고성은 그 기능이나 성격으로 볼 때 하늘(천·지·인 三神)에 제사 지내던 소도성(蘇塗城)이었다. 수메르의 지구라트도 이와 유사한 기능과 성격을 가졌던 것으로 보인다. 성경의 창세기가 수메르 전승의 히브리 버전 복제판이라면 그 원형은 마고 문화[神敎文化]에 있을 것이다.

S. N. 크레이머는 수메르인들의 기록을 분석하여 수메르인들이 '최초의 도덕적 사고'를 한 사람들이라고 적고 있다. 우리나라는 예로부터 동방의 예의지국 또는 군자국(君子國)이라고 일컬어질 정도로 어질고(仁) 도덕적인 민족으로 알려져 있다. 후한(後漢)의 정사(正史)인 『후한서(後漢書)』권(卷) 85 「동이열전(東夷列傳)」 제75에는 동이(東夷)를 '도(道)에 의거해 있는 영원불멸의 군자국'으로 묘사하고 있다. 공자도 '(중국에) 도가 행하여지지 않으니 영원불멸의 군자국인 구이(九夷, 東夷)에 가서 살고 싶다'고 했다. 환국이라는 국호도 환하게 광명한 정치를 하는 나라가 아니던가. 수메르 또한 동방의 도덕주의를 삶의 근본으로 삼았던 것으로 보인다.

수메르인들은 선과 진리, 법과 질서, 정의와 자유, 공평함과 정직함, 자비와 동정 등을 소중하게 여겼다. 그리고 그들은 악과 거짓, 불법과 혼란, 부정과 억압, 죄와 심술, 잔인함과 냉혹함 등을 극도로 싫어했다. 왕과 지배자들은 그 땅에 법

과 질서를 세우고, 강자로부터 약자를, 부자로부터 가난한 이들을 보호하며, 악과 폭력을 몰아냈다.[23]

아인슈타인은 상상력이 지식보다 더 중요하다고 했다. 역사의 진실이라고 하는 것도 한번에 모든 것이 명료하게 드러나는 것이 아니라 하나씩 퍼즐을 맞추어가노라면 언젠가는 밝혀지게 되어 있다. 과학이라고 하는 것도 일단 가설(hypothesis)을 설정하고 관찰이나 실험을 통하여 이를 검증한다. 가설이라는 것이 없으면 과학도 발전할 수가 없다. 현대 미술계의 거장 파블로 피카소(Pablo Picasso)는 '현대 최후의 르네상스맨'으로 알려진 앙리 푸앵카레(Henri Poincare)의 『과학과 가설 La science et l'hypothèse』(1905)이란 책을 읽고 새로운 시각으로 세상을 보게 하는 인간의 상상력에 대한 영감을 얻었다고 한다. 정형화된 것만을 진실이라고 믿고 그렇지 않은 것은 허위라고 매도하는 것은 창의적 상상력을 죽이는 것이고 미래의 날개를 꺾어버리는 것이다. 우리나라 교육의 병폐로 지적되는 것이 바로 청소년들의 창의적 상상력을 죽이고 비전을 제시하지 못하는 정형화된 주입식 교육이다.

수메르어와 고대 한국어는 여러 가지 면에서 유사성을 보이는데, 최고 지위에 있는 왕이나 제사장 등에 붙이는 호칭일수록 같다. 수메르어의 '엔(En)' 또는 '인(En)'과 환인의 '인(仁)'은 그 의미가 완전히 일치한다. 또한 수메르인들은 성서에도 나오는 '샤론의 장미(Rose of Sharon, 학명은 Hybiscus Syriacus)'를 귀하게 여겨 숭상했다고 하는데, 이 '샤론의 장미'가 한국어로 무궁화(無窮花, 학명은 Hybiscus Syriacus)이고 학명도 같다. 이 모든 것이 우연의 일치일까? 가장 오래된 지리서인 『산해경(山海經)』에는 "군자의 나라에 훈화초가 있는데 아침에 피었다가 저녁에 진다"[24]라고 나와 있다. 군자국은 우리나라이며 훈화초는 무궁화의 옛 이름이다.

문명의 선진화 정도를 가늠하는 척도가 되는 금속활자와 관련하여 앨 고어(Al Gore) 전(前) 미국 부통령은 2005년 서울 신라호텔에서 열린 '서울디지털포럼 2005'에서 "서양에서는 구텐베르크(Johannes Gutenberg)가 인쇄술을 발명한 것으로 알고 있지만 이는 당시 교황 사절단이 한국을 방문한 이후 얻어온 기술"이라며, 이 사실을 "스위스의 인쇄박물관에서 알게 된 것"이라고 했다. 당시 구텐베르크의 친구였던 사절단이 한국을 방문하고 여러 가지 인쇄기술 기록을 가져와 구텐베르크에게 제공했다는 것이다. 또한 그는 "한국의 디지털 혁명이 인쇄술에 이어 두 번째로 획기적이고 혁신적인 기술발전에 기여하는 사례가 될 것"이라며 "전 세계가 인쇄술에 이어 한국으로부터 두 번째로 큰 혜택을 보게 되는 것"이라고 밝혔다. 우리나라 사람들은 구텐베르크에 대해서는 알아도 우리의 가장 오래된 금속활자본이 그보다 220년 앞서 있다*는 사실에 대해서는 잘 알지 못한다.

또한 우리나라 초대 문교부 장관이었던 안호상 박사와 중국의 문명비평가이자 세계적인 석학으로 알려진 임어당(林語堂) 사이에 1960년대 대만에서 있었던 일화다. 당시 한글전용이냐 국한문혼용이냐를 두고 골머리를 앓던 안호상이 임어당에게 "중국인들이 한자를 만들어 놓아서 한자를 사용하고 있는 우리나라는 한글전용에 문제가 많습니다"라고 하자, 임어당이 놀라는 기색으로 "한자는 당신네 조상인 동이족이 만든 것이고 우리가 그 문자를 빌려 쓰고 있는 것인데 그것도 모르고 있었습니까?"라며 핀잔을 줬다는

---

* 1234년(고려 고종 21년) 崔允儀가 편찬한 『詳定古今禮文』이 가장 오래된 금속활자본이라는 기록이 있지만 현존하지는 않는다. 이는 1454년에 금속활자를 사용한 독일의 요하네스 구텐베르크의 『성경』보다 220년 앞선 것이다. 현존하는 세계 最古의 금속활자본은 1377년(고려 우왕 3년) 금속활자를 직접 주조하여 청주 흥덕사에서 인쇄한 『白雲和尙抄錄佛祖直指心體要節』(약칭 『직지심체요절』)로서 구텐베르크의 『성경』보다 77년 앞선 것이다.

이야기다.

왜 우리나라 사람들은 역사 이야기만 나오면 한없이 작아지는가? 심지어 외국인들이 알려주는 사실조차도 허황되다며 믿지 않는다. '조선의 청소년들이 조선의 모든 인물과 사적에 대하여 부정적인 지식을 얻도록 하면 반드시 실망과 허무감에 빠지게 될 것'이라며 조선사 편찬 시책을 읊어댄 조선 총독 사이토 마코토의 예측이 맞아떨어진 것인가? 우리가 식민주의의 반도사관에서 벗어나지 않으면—어디엔가 비장(秘藏)된 사료들이 나오기 전까지는—수메르는 언제까지나 '수메르 문제'로 남을 것이다. 왜냐하면 그것을 풀 수 있는 비밀 코드는 우리만이 알고 있기 때문이다.

문화적 르네상스와 수메르 그리고 아메리칸 인디언

'문화적 르네상스(cultural renaissance)'란 용어는 아시아의 경제 발전을 원동력으로 아시아 각국의 고유한 문화적 정체성과 서구 문화와 구별되는 아시아 문화의 공통성을 강조하는 시대적 분위기와 연동되어 나타난 것으로 1990년대 이후 널리 사용되었다. 이러한 문화적 르네상스의 부상은 아시아인이 더 이상은 서구적인 것, 미국적인 것에 대한 무조건적인 수용을 거부함을 뜻한다.[25] 서양의 오리엔탈리즘적 시각은 동양을 수동적인 상대로 간주함으로써 오로지 서양만이 독자적이며 진보적인 발전을 이룩할 수 있다는 유럽중심주의 역사관을 낳았으나, 이제 동아시아의 경제발전은 문화적 자기주장을 낳고 점증하는 자신감이 아시아의 새로운 보편성을 낳고 있다. 서구의 '오리엔탈리즘(orientalism)'이 아시아를 묘사했던 방식처럼 획일적이며 부정적으로 서구를 묘사하는 아시아의 '옥시덴탈리즘(occidentalism)'이 나타난 것이다.

  오늘날 '리오리엔트(ReOrient)'란 용어의 확산 또한 문화적 르네상스의 부상과 맥을 같이 하는 것이다. '리오리엔트'란 용어에는 동양이 세계사의 중심으로 재부상한다는 의미가 내포되어 있다. 사실 유럽의 문화가 선진문화로 거듭나게 된 것은 근대 이후의 일이다. 그전까지는 동양의 문화가 훨씬 앞서 있었다. 십자군 원정(11~13세기)으로 인한 사라센(이슬람) 문화의 유입은 유럽인들의 지성을 자극하고 이성에 눈을 뜨게 하는 계기가 되었다. 십자군 원정을 통한 천문학, 기하학, 수학 등 자연과학을 비롯한 다양한 이슬람의 선진 과학기술 및 문물의 도입은 유럽의 과학 및 학문의 발달에 커다란 영향을 미쳤다. 인류의 4대 발명품으로 꼽히는 화약, 나침반, 인쇄술, 종이는 모두 동양에서 비롯되어 서양으로 전수된 것이다.

  동양의 나침반이 유럽으로 전래되어 폐쇄적이었던 중세 유럽의 세계관을 타파하고 대항해의 시대를 열게 했으며 신대륙의 발견으로 이어졌다. 또한 유럽인들은 동양에서 유입된 화약 기술에 기초해 무기를 만들어내기 시작했다. 종이는 유럽에 알려져 있긴 했지만 거의 사용되지 않고 있었는데, 유럽의 양피지가 종이로 대체됐고 각지에 대학이 세워지면서 필사본 책에 대한 수요도 늘어나 지식의 전파 속도도 빨라졌다. 과학기술의 발전이 경제적 측면에 응용되면서 자본주의의 발달을 가져오고 또한 이를 운용하기 위한 제도로서의 민주주의가 나타나게 되면서 바야흐로 근대 민족국가, 나아가 근대 국민국가로 일컬어지는 근대 세계가 열리게 된 것이다.

  이성적이고 과학적이며 합리적인 근대 세계의 특성은 흔히 근대성으로 통칭되어 근대 세계를 규정짓는 근본원리가 되었을 뿐 아니라 인류의 보편적인 세계관과 가치체계를 추동해내는 원리로 작용하였으며, 오늘에 이르기까지도 과학적 방법론과 합리주의는 연구영역은 물론 자본주의적 원리를 따르는 경제활동과 사회정치적인 실천영역에서도 충실하게 이행되고 있다. 말하자면 오늘의 세계는 서구의 근대성에서 비롯되어 근대성에 의해 지배되어 온 것이다. 그러다 보니 유럽인이 이룩한 지적 혁명의 소산은 '혁신적인' 유럽이라는 주체와 '수동적인' 동양이라는 객체의 이분법적 구조에 기초해 있었다.

그리하여 서양이 고대 그리스 이후 동양의 도움 없이 처음부터 선구적으로 독자적인 발전을 이룩했다는 서양의 신화가 만들어졌다. 이러한 서양의 정체성이 재형성되는 과정은 19세기에 절정에 달했고 이 시기에 사회과학 또한 완벽하게 출현했다. 그때부터 유럽인은 전 세계를 지적으로 이분화했다. 하지만 19세기부터 현재까지 서양의 정통적인 사회과학자들은 이러한 양극화를 비판하지 않고 진실로 받아들일 뿐만 아니라 그것을 서양의 발흥과 현대 자본주의의 기원에 관한 이론에 접목하기까지 했다. 이런 일이 발생할 수 있었던 근저에는 '인간의 모든 역사가 서양의 근대적 자본주의라는 종점으로 불가피하게 이어진다'고 하는 서양의 목적론이 잠재되어 있었다.

따라서 세계 역사에 대한 전통적인 서술은 모든 것이 고대 그리스에서 시작하여 중세의 유럽식 농업혁명으로 발전한 후에 이탈리아인이 주도한 상업의 부흥으로 이어졌고, 이어 과학혁명, 계몽운동, 민주주의의 발생이 맞물리면서 유럽은 산업화와 자본주의적 근대화로 약진하게 되었다는 것이다. 이처럼 서양은 늘 주된 문명으로 표현되는 반면, 동양은 이야기의 주변에 위치하는 것으로 표현되며 동양 고유의 퇴화적인 속성 때문에 발전이 지체된 것으로 설명된다. 이처럼 '서양의 발흥과 정복 이야기는 서양이 처음부터 우월했다고 상상하는 이야기이며, 동양 혹은 '비서양'에 대한 언급 없이 들려주는 이야기'로서 유럽중심적인 정복자의 개념을 강화해준다. 결국 현대 자본주의와 문명의 이야기는 서양의 이야기일 뿐이다.[26]

미국의 철학자 윌 듀란트(Will Durant)는 "서양의 이야기는 동양에서 시작된다. …동양의 문명들이 서양의 시작인 그리스와 로마 문화의 배경과 토대를 형성했기 때문이다. …그리스와 로마가 현대 지성의 모든 원천은 아니며, 서양문명에 절대 없어선 안 될 발명품들, 즉 서양의 정치 및 경제 기구, 과학과 문학, 철학과 종교의 뿌리가 상당 부분 이집트와 동양에 그 기원을 두고 있다는 사실을 알면 놀라울 따름"[27]이라고 지적했다. 듀란트와 같은 맥락에서 프랑스의 계몽사상가 볼테르(Voltaire)는 "만약 철학자로서 지구상에서 어떤 일들이 일어나는지 알고 싶다면, 맨 먼저 모든 예술의 요람이자 서양이 모든 것을 빚지고 있는 동양을 향해 시선을 고정하라"고 말했다.

동양의 자원들이 유럽의 주요 전환기마다 중대한 영향을 미쳤다는 것은 영국의 역사학자 존 홉슨(John M. Hobson)의 저서 『서구 문명의 동양적 기원 The Eastern Origins of Western Civilisation』(2004)』에 잘 나타나 있다. 600년 이후 중세 유럽의 농업혁명을 가능하게 했던 대부분의 중요한 기술이 동양으로부터 유입되었고(5~6장), 1000년 이후 유럽의 상업·생산·금융·군사·항해 혁명을 자극한 중요한 기술과 사상, 제도가 동양에서 발전해 유럽으로 전해졌으며(6~8장), 1700년 이후에는 영국의 농업혁명 및 산업혁명에 박차를 가한 중요한 기술과 기술적인 아이디어가 중국으로부터 전파되었고(9장), 유럽의 계몽운동을 자극했던 사상 역시 동양으로부터 유입되었다는 사실을 자세히 설명하고 있다. 홉슨은 여기서 유럽의 힘 혹은 정체성의 역할을 강조하고 있다. 유럽인은 제국주의적 정체성을 형성함으로써 서양의 발흥을 가능하게 했다는 것이다.

유럽의 제국주의적 도용에 있어 종교도 예외는 아니었다. 중세 초기의 유럽인은 이슬람과 대비해 스스로를 정의했는데 이는 기독교 국가 건설을 위한 필요조건이었고 결국 1000년이 끝날 무렵에 출현한 봉건 경제와 정치체계를 병합하는 데 기여했다. 십자군 원정도 이 같은 정체성에서 비롯되었다.[28] 원래 기독교는 유럽이 아니라 수메르 지역에서 발생했지만, 이후에는 서구화하고 유럽화하여 십자군 운동 당시 이슬람에 대항하는 '서구 문명'의 방어벽이 되었다. 유럽의 정체성이 중동의 이슬람교와 대비되는 기독교로 형성되었기 때문에 유럽은 '기독교 왕국'으로 알려지게 되었다. 유럽은 기독교의 원천을 상징했고, 보편적 메시지를 전 세계로 확산해 '이교도'를 복종시키는 임무를 띠게 되었다. 결국 유럽을 기독교 국가로 만든 것은 경제적·정치적으로 불평등한 봉건제도에 질서와 정당성을 부여하기 위한 필요조건이었던 셈이다.[29]

기독교 사상이 아메리카에 전파되면서 유럽인은 아프리카 흑인뿐만 아니라 아메리카 원주민도 열등하다고 믿게 되면서 이들에 대한 착취와 억압, 그리고 아메리카 금·은의 도용을 정당한 것으로 간주했다. 또한 18세기에 촉발된 유럽의 정체성 재형성은 인종주의의 형성으로 이어져 제국주의적인 '문명화 사명'의 도덕적 필요성이라는 사상을 낳게 했다. 유럽의 지식인들은 자신들이 제국주의를 통해 동양을 문명화하고 있다고 믿었고, 결국 제국주의를 통해 유럽 외적인 자원을 도용함으로써 영국은 산업혁명을 일으킬 수 있었다. 서양의 발흥은 동양의 세계화를 통한 물질적 및 관념적인 자원의 전파와 유럽의 동화, 그리고 유럽의 제국주의적 정체성 형성과 제국주의적 도용의 산물이었다. 따라서 서양의 발흥에 대한 유럽 중심의 설명과 관점은 신화에 불과하며 이에 대한 올바른 이해를 위해 유럽중심주의를 해체해야 하는 것은 충분한 실증적 근거가 있는 것이다.[30]

이상에서 문화적 르네상스와 관련하여 서구 문명의 동양적 기원을 밝힌 것은 단순히 동양의 우월성을 주장하며 또 다른 이분법적 구도를 만들어내기 위한 것이 아니라, 사실 그대로의 역사를 밝히고 서양의 뿌리 문명에 대한 통찰을 통해 동·서를 융섭하는 새로운 문명 창출의 토대를 마련하기 위한 것이다. 1920년대에 들어 수메르의 우르 유적이 대대적으로 발굴되면서 수메르는 세상에 널리 알려지게 되었고 서양인들도 자신들의 뿌리 문명에 대해 관심을 가지기 시작했다. 특히 고고학적 발굴작업에서 출토된 다량의 점토판 문서들을 해독하는 과정에서 성경의 창세기가 수메르 전승의 히브리 버전 복제판임이 드러나면서 수메르에 대한 관심은 문명 일반의 문제로까지 확산되고 후속 발굴작업과 함께 인류학적·언어학적·문헌학적인 연구들이 지속적으로 이어지고 있다.

수메르에 이어 우리 한민족과의 깊은 연계성은 아메리칸 인디언(American Indian)에게서도 찾아볼 수 있다. 아메리칸 인디언이란 호칭은 스페인의 크리스토퍼 콜럼버스(Christopher Columbus)가 자신이 상륙한 바하마(Bahama) 제도의 산살바도르를 인도의 일부로 착각하여 원주민을 인디오(Indio: 에스파냐어로 인도인)라고 부른 데서 유래한 것이다. 후에 아시아의 인도인과 구별하기 위하여 아메리카의 인도인, 즉 아메리칸 인디언이라 부르게 되었는데, 아메린드(Amerind) 또는 아메린디언(Amerindian)이라고도 한다. 이들 아메리칸 원주민(Native American)의 조상들이 아메리카에 유입된 과정에 대해서는 여러 가지 학설이 있으나, 언어, 혈액형, 유전적 형질, 치아 형태 등의 근거에 의해 당시 육지였던 베링해협 즉 베링 육교(Bering 陸橋)[31]를 통해 이주하였다는 학설이 정설이 되어 있다.

스텐포드대학의 언어인류학자 조셉 H. 그린버거, 애리조나대학의 인종학자 스티븐 제구라, 애리조나주립대학의 인류학자 크리스티 G. 터너 교수 팀의 공동 연구에 따르면, 아메리칸 인디언은 세 시기에 걸쳐 동북아시아에서 아메리카로 유입되었다. 1차는 15,000년 전(BCE 13000년) 시베리아 레나강

(Rena江) 계곡에서 베링 육교를 통해 알래스카를 거쳐 북미와 중남미에 이르기까지 가장 넓은 지역에 분포했다. 2차는 6,000년 전(BCE 4000년) 시베리아 알단강(Aldan江) 유역에서 베링 육교—좁아진 육교—를 통해 아메리카로 유입되었으며 분포지역은 캐나다와 북캘리포니아주(州)에 국한되어 있었다. 3차는 4,000년 전(BCE 2000년) 아무르강(Amur江 또는 헤이룽강(黑龍江)) 분지에서 베링 육교—더 좁아진 육교—를 통해 아메리카로 유입되었으며 분포지역은 알래스카 지역에 국한되었다.

그린버거는 2,000 혹은 그 이상의 인디언 언어들을 세 부류로 분류했다. 즉, 15,000년 전에 이주한 '아메린드' 혹은 '알곤퀸(Algonquian)'은 가장 큰 수를 가지고 가장 넓은 지역에 퍼져 있었으며 그들의 언어가 가장 오래된 언어이기도 했다. 6,000년 전에 이주한 아타바스칸(Athabascan) 혹은 나-데네(Na-dene)는 두 번째 언어로서 캐나다와 북캘리포니아주(州)에 국한되어 있었으며 아파치, 나바호도 나-데네를 사용했다. 4,000년 전에 이주한 에스키모-알류트(Eskimos and Aleuts)는 세 번째 언어로서 알래스카 지역에 국한되어 있었으며 북아시아 언어와 매우 유사한 점을 보여준다. 제구라의 혈액형에 의한 분류, 그리고 터너의 치아 형태에 의한 분류 역시 세 그룹의 이주자들로 분류되어 그린버거의 언어에 의한 분류와 일치되게 나타났다. 이로써 세 그룹의 이주자들이 한꺼번에 이주한 것이 아니라 세 차례에 걸쳐 이주했다는 사실이 확인되었다.[32]

인디언 부족들은 이주 연대가 달라도 많은 점에서 유사성을 공유하고 있었다. 그린버거는 수백 개의 인디언 언어들이 한 가지 공통된 단어를 사용하고 있다는 것을 발견했다. 그것은 제1인칭 대명사 'I'가 우리 한국어 '나', 즉 N-ah(혹은 N-oy)와 완전히 같다는 사실이다. 또한 나바호어와 한국어는 주어+목적어+동사의 순서로 그 어순이 같다. 1836년에 맥킨토시(J. Mackintosh)

교수는 인디언의 한국기원설을 주장하기도 했다.[33] 또한 한국인과 아메리칸 원주민들이 똑같은 유전적 형질을 지녔다는 것이 캘리포니아대학교 로스앤젤레스(UCLA)의 조직적합성(HLA) 센터에서 실시한 검사 결과 밝혀졌다. HLA 센터는 인간백혈구항원 검사를 실시하는 곳으로 골수 이식 시 면역거부 반응이 나타나는지 여부를 확인한다. 검사 결과 HLA, A2, B62, C3는 다른 인종에서는 발견되지 않으며 아메리칸 원주민과 한국인들만의 공통된 지표인 것으로 밝혀졌다.

아메리칸 인디언 아파치(Apache)족의 '아파치'는 초대 환인 안파견(安巴堅)에서 유래한 것으로 아버지, 아바이도 그 변형이다. 「태백일사」 제1 삼신오제본기에는 천제환인을 일컬어 안파견 또는 거발환(居發桓)이라고 하고 그 의미에 대해 이렇게 풀이하고 있다.

안파견이란 하늘의 뜻을 이어받아 아버지의 도를 세웠다는 뜻의 이름이고 거발환이란 천지인을 하나로 정한다는 뜻의 이름이다.

蓋所謂安巴堅 乃繼天立父之名也 所謂居發桓 天地人定一之號也.[34]

이처럼 아파치 인디언의 이름에는 마고성(麻姑城) 시대로부터 전승되어 온 천·지·인 삼신일체의 심오한 세계관과 우주관이 반영되어 있다. 아메리칸 원주민이 사용하는 언어는 한국어와 흡사한 구조를 가지고 있으며 어순이나 발음 및 표현에 있어서도 고대 한국어와 유사한 부분이 많다. 배제대학교 교수 손성태의 연구에 따르면 원주민의 아스땅(Aztlán)이란 말은 아스땅/아사달이란 뜻이다. 멕시코 아스텍 제국을 일으킨 사람들은 '아스땅'에서 살다가 온 사람들의 후예였으므로 스스로를 아스테카(azteca, 아스태가)라고 불렀다. 그들의 해석에 의하면 아스(az)는 '하얀, 흰'을 뜻하고, 태가(teca)는 '사람'

을 뜻하므로 백의민족이란 뜻이다. 여기서 태가(teca)라는 말은 우리 고대의 '대가(大加)'와 같은 말로서 '신성한'이라는 뜻으로 사용되던 우리말이므로 아스태가는 '신성한 백의민족'이란 뜻이 된다.[35] 따라서 아스태가(아스텍) 제국은 '신성한 백의민족의 나라'가 되는 것이다.

그에 따르면 아스태가인들, 즉 맥이족(貊耳族)*은 820년경 아스땅(Aztlán)을 떠나서 오늘날의 멕시코에 도착한 뒤에도 수백 년 동안 유랑생활을 하며 멕시코 곳곳을 떠돌다가 마침내 1325년 텍스코코(Texcoco, 태흐고고) 호수 안에 있는 섬에 정착하여 그곳을 맥이곳(México: 맥이족이 사는 곳) 또는 태노치티땅(Tenochtitlán: 신성한 나의 사람들의 (터)땅)이라고 불렀다. 오늘날 멕시코(México)의 국명은 '맥이곳'이라는 원주민 말에서 유래한 것이다. 또한 원주민의 달(Tal)은 달(땅의 고어)이란 뜻이고, 태백(tepec)은 산(山)이란 뜻이며, 다기려(Tacuilo)는 다 그려/화가란 뜻이다. 다메메(Tameme)는 다 메는 사람/지게꾼이란 뜻이고, 다마틴이(Tamatini)는 다 맞히는 이/점장이란 뜻이며, 다도안이(Tatoani)는 다 도와주는 이/왕이란 뜻이다. 다치들(Tachitl)은 다 치는 사람/공놀이 선수란 뜻이고, 나와다들이(Nhuatatoli)는 '나와 모든 사람들'이란 뜻이며, 다다살리(Tatazali)는 '전부 전부 살리'라는 뜻이고, 다같이배왈리(Tacaxipehualli)는 '다같이 배우리'란 뜻이다.[36]

문화적인 측면에서도 아메리칸 원주민은 우리 민족의 전통과 닮은 모습을 보여준다. 멕시코에 나타난 우리 민족의 풍습에는 금줄·'정한수'·'찌찌(젖)' 물리기 등의 육아 풍습, 순장·오일장·상엿소리·입 안의 옥(玉)·'회'라는 흰 흙과 새 깃털, 제사 등의 장례 풍습, 달 속의 토끼·솟대·태양신 신앙 등의

---

* 중국에서는 고구려를 '貊耳'라고도 했는데, 이는 滅貊과 같은 뜻으로 東夷를 일컫는 대명사 가운데 하나다.

신앙 풍습, 온돌·상투·지게·절구·소쿠리·짚신·갓·두루마기·여자들의 한복·볼연지·비녀와 쪽진 머리·봉잠 같은 머리 장식·창포에 머리 감기·고수레·전통시장 오일장·여자들은 이고(남자들은 지고)·물레 및 베틀·춤과 노래 등의 생활 풍습이 있다. 멕시코에 나타난 우리 민족의 놀이 풍습에는 팽이치기·공기놀이·윷놀이·씨름·투환놀이·공놀이·실뜨기 놀이·자치기·숨바꼭질·널뛰기·그네·등타넘기·달집태우기·제기차기·구슬치기·굴렁쇠 등이 있다. 멕시코에 남은 우리 민족의 유물과 유적으로는 곡옥(曲玉)·갈판·칠지도(七支刀)·반달형 돌칼·서수형(瑞獸形) 토기·개인 향로·양머리 뱀·고인돌·성벽의 쐐기돌·악기(징, 나각, 나발, 팬플롯, 북)·테오티우아칸(Teotihuacan, 태오티와칸) 유적지 등이 있다.[37]

BCE 1세기에 발흥하여 CE 7세기 중엽에 쇠퇴한 테오티우아칸 문명의 유적에는 큰 광장과 제단, 100년 이상 걸려 건축된 태양의 피라밋과 달의 피라밋, 그리고 신전 등으로 이루어져 있다. 이와 똑같은 배치구조를 가진 건축물이 중국 베이징의 천단이다. 필자도 오래전에 베이징의 천단에 가 보았지만 규모는 그보다 훨씬 작다. 베이징의 천단은 개축할 때 홍산문화의 중심지였던 우하량 유적지에 있던 천단 구조를 모방했다고 한다.[38] 테오티우아칸은 천원지방(天圓地方) 사상에 입각한 우하량 유적지의 천단과 같은 구조라는 점에서 같은 신앙 풍습을 가진 사람들이 멕시코로 가서 건축한 것으로 보인다. 테오티우아칸 유적에서는 다양한 우리 민족의 풍습과 유물, 즉 태양신 신앙의 흔적과 볼연지를 찍은 여인 벽화와 상투머리를 한 남자의 조각상, 주변 무덤에서 발굴된 사체가 입 안에 옥구슬을 물고 있는 것, 그리고 '테오티우아칸(태오티와칸)'*이라는 지명 자체가 '태양신의 터와 족장'을 뜻하는 우리말이라는 것 등으로 미루어 테오티우아칸을 건축했던 사람들이 우리 민족임을 알 수 있다.[39]

'테오티우아칸'을 처음 건설하기 시작한 사람들은 '토토나가(Totonaca: '신성하고 신성한 나의 사람'이란 뜻의 우리말)'* 원주민들이었다. 또한 토토나가판 (Totonacapan: '토토나가'의 땅이란 뜻)의 신상(神像) 하단에 그려진 태극 문양은 토토나가 원주민들이 우리 민족임을 교차 확인시켜 준다.[40] 실로 아메리칸 인디언은 유럽인이 도래하기 훨씬 앞서 메소아메리카(Mesoamerica, 중앙아메리카)*와 남아메리카의 안데스 지대에 고도의 문명을 이룩했다. 그 흔적은 아메리카 대륙 곳곳에 우리말 지명과 종족 명칭 및 일상 생활어로 남아 있다. BCE 2000년경 메소아메리카의 올멕인들(Olmecs)이 살고 있던 멕시코 만(灣) 남부 해안에는 큰 규모의 공동체들과 강력한 지도자들이 존재했는데, 최초로 본격적인 도시와 국가가 나타난 것은 BCE 1200년경이다.

BCE 1200년경에서 CE 1세기경 전후에 멕시코만(灣)을 중심으로 번성한 올멕(Olmec 또는 Olmeca: '고무가 나는 곳에서 사는 사람들'이란 뜻) 문명은 메소아메리카에서 가장 초기에 탄생한 문명이다. 라벤타(La Venta)와 산로렌소(San Lorenzo), 트레스사포테스(Tres Zapotes) 지역을 중심으로 형성된 올멕 문명은 천문학, 피라미드 건축, 거석(巨石), 역법, 종교, 문자, 조형예술 등이 고도로 발달하여 이후에 나타나는 여러 문명에 커다란 영향을 주었던 관계로 메소아메리카의 '모체 문명'이라 부른다. 특히 올멕 문명이 남긴 돌거울에 그려진 음양태극 문양[41]은 올멕 문명의 주인공이 우리 민족임을 말해 준다. 올멕 문명은 마야문명과 아스텍문명으로 계승되었다.

마야문명(Maya civilization)은 멕시코 동남부와 과테말라 등을 중심으로, 후

---

* 메소아메리카는 오늘날의 멕시코, 과테말라, 온두라스, 엘살바도르, 니카라과, 코스타리카 등 중앙아메리카 일원을 지칭하는데, 크게 멕시코 이남의 고대 선진문명인 마야문명과 멕시코 이북의 중세 문명인 아스텍문명이 포함된다.

에는 유카탄반도 지역을 중심으로 번영하였던 메소아메리카 문명이다. 마
야문명의 발달과정은 마야 선고전기(Preclassic period, BCE 2000~CE 250), 마야 고
전기(Classic period, 3세기~10세기), 마야 후고전기(Postclassic period, 10세기~16세기)[42]
의 3기로 나눌 수 있다. 가장 거대한 규모로 남아 있는 ₩ 유적지는 멕시코
유카탄반도에 위치한 치첸이트사(Chichen Itzá)이다. 마야 제국은 역(易)사상
과 상수학(象數學), 역법(曆法), 천문, 지리, 기하학, 언어학, 수학, 음악, 건축,
거석(巨石), 종교, 철학, 정치·경제 제도 등에서 고도의 문화·문명을 이룩했
다. 특히 마야문명이 남긴 마야 달력 속의 음양태극 문양[43]*은 『통상약장유
찬(通商約章類纂)』이라는 문헌에 나오는 우리나라 태극기의 원형인 「고려 국
기」와 흡사하다. 이는 태극 문양이 우리 민족의 상징으로서 오래 전부터 사
용되어 왔음을 말해주는 것이다. 16세기에 스페인에 강제로 병합되었으며,
1697년 최후의 마야 도시인 노즈페텐이 스페인에 함락됨에 따라 마야 제국
은 막을 내리게 되었다.

아스텍문명(Aztecan civilization)은 세 개의 나와족(또는 나우아족, Nahua) 도시국
가(알테페틀)인 테노치티틀란(Tenochtitlán, 현재의 멕시코시티), 텍스코코(Texcoco),
틀라코판(Tlacopan)이 연합해 만든 삼각동맹(Triple Alliance) 체제의 문명이다.
이 삼각동맹의 연합체가 아스텍 제국으로 발전하여 1428년부터 멕시코 분
지와 그 주변 지역을 지배했다. 아스텍(아즈텍) 제국을 건설한 사람들은 '아스
땅(아사달)'에서 살다가 온 사람들의 후예였으므로 스스로를 아스테카(azteca,

---

* 음양태극의 원조는 우리 동이족이다. 중국 道敎의 시조인 黃帝軒轅이 東夷에 와서 『三
皇內文』을 받아간 것을 계기로 우리의 神敎文化가 중국에 전해지게 되었다. 神敎는 중
국 道敎의 원형이다. 『三國史記』에는 신라 孝成王 2년(738)에 당나라 사신이 와서 노자
의 『道德經』을 바쳤다는 기록이 나오는데, 우리의 신신도문화는 그보다 수천 년 앞선
것으로 중국의 도교를 열게 하였으며 후에 그것이 다시 유입된 것이다.

아스태가)라고 불렀다고 하니 우리 민족의 후예임이 분명해 보인다. 아스텍 제국은 철저한 계급사회였지만 전 국민에게 의무교육을 실시한 최초의 나라였다. 시장과 교역활동이 활성화되어 있었고, 아스텍 제국의 위용을 드러내는 도시와 신전과 건축물을 세웠으며 화려한 예술문화를 꽃피웠다. 건강과 의학과 약초에도 조예가 깊었고, 태양신을 신앙하는 종교가 생활화되어 있었으며 일상적으로 사용하는 태양력 외에 종교 행사에서 사용하는 별도의 종교 달력이 있었다. 1521년 스페인의 에르난 코르테스(Hernán Cortés) 등 정복자들에 의해 멸망했다.

메소아메리카 문명과 함께 아메리카 고대 문명의 2대 중심을 이루는 문명은 남아메리카의 안데스 문명(Andean civilization)이다. 안데스 문명 역시 아메리칸 인디언에 의해 건설된 문명이다. 페루에서 볼리비아에 이르는 가장 넓은 지역인 중앙 안데스에서 탄생한 안데스 문명은 그 발달과정을 여명기(BCE 1만~BCE 2500), 형성기(BCE 2500~BCE 300), 고전기(BCE 300~CE 1000), 후고전기(1000~1532)[44]의 4기로 나눌 수 있다. 태평양 연안을 따라 발전한 해안 문명으로는 파라카스(Paracas) 문명, 나스카(Nazca) 문명, 모체(Moche 또는 Mochica) 문명 등이 있고, 안데스의 산악 지역에서 발전한 고지대 문명으로는 차빈(Chavín) 문명, 티아우아나코(Tiahuanaco) 문명, 잉카(Inca)문명 등이 있다.

BCE 3000년~BCE 2500년경에 조성된 것으로 판명된 페루 북부 카랄(Caral) 유적에서는 피라미드, 신전, 관개수로, 집단가옥 등이 발굴되어 당시 고도의 문명사회가 존재했던 것으로 밝혀졌다. 고고학계에서는 카랄 유적을 조성한 사람들이 잉카문명의 선조일 것으로 추정한다. 13세기에 쿠스코(Cuzco)를 수도로 출범한 잉카는 15세기에 페루의 여러 부족국가를 잉카족의 지배체계로 통합하였으며, 15세기 후반에는 중앙안데스 일대를 평정하고 강력한 제국을 건설했다. 잉카제국의 대표적인 문명 유산들로는 세계 불가사의 중 하나인 잉카제국 최후의 요새 마추픽추(Machu Picchu)를 비롯해 쿠스코의 태양신전 코리칸차(Coricancha)와 방어요새 삭사이와망(Saksaywaman), 모라이(Moray) 다랑이밭, 찬란한 황금문화, 각종 토기와 미라, 결승(結繩)문자 등[45]이다. 1533년 프란시스코 피사로(F. Pizarro)가 이끄는 스페인인들의 침략과 천연두, 홍역 등의 감염병으로 인해 잉카제국은 붕괴되었다.

이상에서 아메리칸 인디언에 의해 건설된 고대 아메리카 대륙의 2대 문명, 즉 메소아메리카의 올멕·마야·테오티우아칸·아스텍문명과 남아메리카의 안데스 문명(특히 잉카문명)에 대해 일별해 보았다. 아메리카 대륙 곳곳에 그들이 남겨놓은 우리말 지명과 종족 명칭, 우리말 국명(國名)과 도시국가명, 우리말 일상생활어와 생활 풍습과 놀이 풍습, 그리고 유물·유적과 태극 문양 등은 그들이 우리 민족의 후예라는 사실을 부인할 수 없게 한다. 16세기 이후 유럽인들의 침입으로 그들의 세계는 철저히 파괴되었고 수천 년의 문명사는 막을 내리게 되었다. 그리하여 중남미의 인디언은 스페인·포르투갈의 지배 아래 광산이나 대농장의 노예로 전락하고, 북미의 인디언은 서부 개척의 희생양이 되어 점점 그 수도 감소하고 빈곤과 실업 속에서 '주변적 존재(marginal existence)'로 살아가는 신세가 되었다.

하지만 1만 5천 년 이상이 되는 아메리카 대륙의 전체 역사로 보면, 지난 5백 년간의 굴종의 역사는 그리 긴 것이 아니다. 바람이 불어 꽃씨가 멀리 날아가 여기저기 꽃을 피우듯, 집단무의식의 바람이 불어 우리 민족 또한 세계 도처로 날아가 뿌리를 내리며 꽃을 피우고 있다. 오늘도 그들은 '다기려(다 그려/화가란 뜻)', '다마틴이(다 맞히는 이/점장이)', '다도안이(다 도와주는 이/왕)', '다치들(다 치는 사람/공놀이 선수)', '다메메(다 메는 사람/지게꾼)' 등 '다'를 주문처럼 외며 연단(鍊鍛)의 길을 가고 있다. '다'가 무슨 뜻인가? 제대로 다 그리지 않으면 화가라 할 수 없고, 제대로 다 맞히지 않으면 점장이라 할 수 없고, 제대로 (만백성을) 다 도와주지 않으면 왕이라 할 수 없고, 제대로 다 치지 않으면 공놀이 선수라 할 수 없고, 제대로 다 메지 않으면 지게꾼이라 할 수 없다는 뜻이다. 각자 하는 일에 정성을 다해야 하늘도 감동한다는 '지성감천(至誠感天)'의 교훈적 의미가 숨겨져 있는 것이다. 때가 되면 아스라한 기억의 심연 속에서 떠올리게 될 것이다. 마고성(麻姑城)을 떠나며 했던 '해혹복본(解惑復本: 미혹함을 풀어 참본성을 회복함)'의 그 굳은 맹세를!

'문화적 르네상스'는 세계사에서 누락된 동양이 제자리를 찾는 것이고, 문명사에서 누락된 한민족이 제자리를 찾는 것이고, 인간사에서 누락된 여성이 제자리를 찾는 것이다. 그리고 인간과 인간. 인간과 자연, 종교와 종교, 국가와 국가가 대적하기를 멈춤으로써 인간이 제자리를 찾고 자연이 제자리를 찾고 종교가 제자리를 찾고 국가가 제자리를 찾는 것이다. 모든 것이 '제자리'를 찾아야 '제대로' '다' 할 수 있는 것이다. '제자리'를 찾기 위해서는 우리가 물질이라고 지각하는 것이 특정 주파수대의 에너지 진동에 불과하며 99.99%가 텅 비어 있다는 사실을 깊이 이해해야 한다. 물질의 공성(空性)을 이해해야 '돌아간다'는 말의 의미도 '제대로' 이해할 수 있다. 만물은 끊임없이 본래의 뿌리로 돌아간다. 본래의 뿌리로 돌아가야 영원을 기약할 수 있는 것이다.

본래의 근본으로 되돌아간다는 의미의 '원시반본(原始返本)', 되돌아가는 것이 도(道)의 움직임이라는 '반자도지동(反者道之動)', 사물의 전개가 극에 이르면 반드시 반전한다는 의미의 '물극필반(物極必反)'은 같은 이치의 다른 표현이다. 한마디로 궁즉통(窮則通)이다. 모두 시작도 끝도 없는 생명의 영원성을 갈파한 것이다. 그러나 나무는 보되 숲은 보지 못하며, 물방울은 보되 바다는 보지 못하는 '닫힌 의식'으로는 생명의 영원성을 이해할 길이 없다. 아침이면 나서 저녁이면 죽는 반하루살이가 밤의 어둠을 알 수 없듯이, 순간의 생(生)을 사는 인간이 영원한 생의 진의(眞意)를 깨닫기란 실로 어려운 것이다. 국가의 흥망성쇠나 개인적 삶의 성공과 실패, 행복과 불행 등의 대조적인 체험은 물질의 공성(空性)을 체득하기 위한 연단(鍊鍛)의 과정으로서의 의미가 있다.

동양이 제자리를 찾고, 여성이 제자리를 찾고, 인간과 자연과 종교 그리고 국가가 제자리를 찾는 것은 당연한 일이지만, 하필 한민족이 제자리를 찾는 것을 강조한 이유는 무엇인가? 그 답을 찾기 위해 무수한 국가들이 명멸(明滅)을 거듭한 세계 역사의 무대를 잠시 들여다보기로 하자.

어느 시대를 막론하고 역사의 주역은 있기 마련이다. 한민족을 중심으로 태동한 상고의 선천 문명이 황하문명·인더스문명·메소포타미아 문명(수메르 문명)·이집트 문명을 낳고, 그 문명의 정수(精髓)가 그리스·로마로 넘어가 1453년 동로마 제국(비잔티움 제국)이 오스만제국(Osman Empire)에 함락될 때까지 2천여 년간 유럽에 뿌리를 내리게 된다. 이는 신(神) 중심의 헤브라이즘이 인간 중심의 헬레니즘과 융합하여 유럽 사상과 문화의 2대 원류로서 유럽의 정신적 전통을 형성한 데 따른 것이다. 성부·성자·성령 삼위일체는 마고성 시대로부터 전승되어 온 천·지·인 삼신일체와 조응한다. 삼위(三位), 즉 삼신(三神)은 작용으로만 셋이며 그 본체는 하나(一)이므로 '한 분 하늘(님)' 즉 유일신(唯一神)이라고 한 것이다. 삼신이 곧 일신(一神, 유일신)이므로 삼신사상이 곧 '한'사상[天符思想, 神敎]이다. 유일신이란 생명의 전일적 흐름(holomovement)을 의인화하여 나타낸 대명사일 뿐이다.

중세 천여 년의 신조가 되었던 기독교의 삼위일체 사상은 '기독교 왕국'으로서의 유럽의 정체성을 나타내는 것이었고, 이 기독교 왕국은 봉건제도에 질서와 정당성을 부여했다. 그러나 중세 봉건사회의 구조적 모순이 극에 달하면서 유럽 근대사의 기점이라고 할 수 있는 르네상스와 종교개혁이 일어나고, 중세적 장원경제 체제가 해체되면서 근대 민족국가가 형성된다. 그 과정에서 중상주의적 식민정책에 의한 배타적인 민족국가의 각축전이 벌어졌으니, 스페인과 포르투갈의 무적함대가 잠시 지구 해상을 누비다가 그 패권이 영국으로 넘어간 뒤로 한동안 영국은 '해가 지지 않는 나라'로 군림하게 된다. 기독교 사상이 아메리카에 전파되면서 유럽인은 아프리카 흑인뿐만 아니라 아메리카 원주민도 열등한 인종으로 간주하여 착취와 억압, 그리고 아메리카 금·은의 도용을 정당한 것으로 여겼다.

양차 세계대전을 기점으로 냉전체제가 형성되면서 패권의 일부는 소련으로 넘어가는 듯했으나 대부분은 미국으로 넘어갔다. 일본은 잠시 부상하는 듯하다가 1985년 플라자 합의(Plaza Accord)* 이후 엔화의 평가절상으로 인해 버블 붕괴 등의 타격을 받아 2010년대 이후까지 그 후유증에 시달렸고, 동일본 대지진(2011.3.11.)과 쓰나미로 인한 방사능 누출사고 등의 후유증이 현재진행형인 가운데 지진, 화산폭발, 태풍, 폭우, 산사태 등의 자연재해가 잇따르고 있다. 동유럽 공산권의 몰락(1989)과 소연방의 해체(1991)에 따른 냉전의 종식은 세계화를 촉진시켰지만, 다른 한편으로는 인종적, 민족적, 종교적 갈등과 분쟁을 증대시키고 경쟁적 지역주의를 촉발시키는 계기가 되었다. 체코슬로바키아의 분리와 체첸의 저항, 유고슬라비아 연방의 붕괴와 인종 및 종교집단 간에 이루어진 내전은 바로 냉전 구조의 해체가 초래한 결과이다. 또한 구소련이 해체된 뒤 연방을 구성하였던 15개국 독립 국가 중

---

* 1985년 9월 22일 뉴욕 플라자 호텔에서 미국, 영국, 독일, 프랑스, 일본의 이른바 G5 재무장관 회의에서 일본 엔화와 독일 마르크화의 평가절상을 유도하여 달러화 강세를 시정하기로 합의한 조치.

에서 발트 3국(라트비아·리투아니아·에스토니아)을 제외한 러시아·벨라루스·몰도바·아르메니아·아제르바이잔·카자흐스탄·우즈베키스탄·타지키스탄·키르기스탄 등은 독립국가연합(CIS)을 형성하고 있다.

블라디미르 푸틴(Vladimir Putin) 러시아 대통령은 2012년 중앙부처에 '극동개발부' 신설, 2013년 '극동·바이칼지역 경제사회개발 프로그램 2025' 채택 등 '신동방정책'을 통해 '극동러시아 시대'의 개막을 알렸다.* 낙후된 극동지역 개발을 위해 한·중·일 주변국들과의 경제협력을 활성화하는 한편, 대 서유럽 에너지 수출의존도를 완화하고 에너지·자원의 수출판로를 동북아지역으로 다변화함으로써 아태지역을 러시아 국가경제발전의 동력으로 삼고자 한 것이 그 핵심이다. 그런데 2021년 10월 러시아는 우크라이나 국경에 대규모 병력을 집중시킨 데 이어 2022년 2월 24일에는 나토(NATO: 북대서양조약기구)의 확장을 차단하고 '우크라이나의 중립국화'를 표방하며 우크라이나 수도 키이우(키예프)를 미사일로 공습하고 지상군을 투입하는 등 전면 침공을 감행함으로써 2014년 러시아의 크림반도 침공의 악몽이 재현되고 있다. 이러한 양측의 군사 충돌은 미국을 중심으로 한 서방 진영과 러시아·중국 등 비서방 진영 간의 신냉전 구도가 형성되는 계기가 될 수 있음은 물론, 연쇄적인 지정학적 갈등을 야기할 수 있다는 우려를 낳고 있다.

한편 중국은 신흥강국으로 부상한 2000년대 중반에 들어 미국과 함께 G2 국가의 일원이 되었으며, 2013년 중국 주도의 '신(新)실크로드 전략'인 일대일로(一帶一路, One belt, One road)가 시진핑(習近平) 주석의 제안으로 시작되어 내륙 3개, 해상 2개 등 총 5개의 노선으로 실크로드경제벨트가 추진되고 있

---

* 특히 2014년 러시아의 크림반도 병합에 따른 서방의 강력한 경제제재로 국제적 고립이 심화되면서 러시아는 극동개발을 국정 최우선 과제로 삼아 개발을 가속화하기도 했다.

다. 현재 중국이 처한 딜레마는 대내적으로는 계층 간·지역 간 소득격차 증대에 따른 불평등 구조의 심화와 절대빈곤층 증가, 국진민퇴(國進民退: 국유 부문 팽창, 민영 부문 축소) 정책에 따른 성장 잠재력 잠식, 중국 정부의 과도한 기업경영 간섭에 따른 기업경영 효율 악화 및 파산*, 경제 붕괴의 뇌관으로 지목되는 천문학적인 중국 지방정부의 부채, 경제 시한폭탄으로 지목되는 수천만 채의 미분양 아파트와 부동산 개발업체 헝다그룹(恒大集團) 등의 파산 위기, 동북 3성 등 전국 대도시에서 역대 최악의 전력난과 블랙아웃 속출, 차이나 텔레콤의 미국 내 면허 취소, 중국 내부 권력투쟁의 심화 등이다. 대외적으로 연결된 것으로는 남중국해 문제, 대만 문제, 신장 독립운동, 티베트 독립운동, 홍콩 민주화 운동 등을 둘러싼 미국 및 서방 진영 등과의 대결 구도 등을 들 수 있다.

한반도의 미래는 미·러·중·일 등 동북아의 역학 구도의 변화와 긴밀한 함수관계에 있다. 한반도 문제는 단지 한반도에 국한된 문제가 아니라 유라시아 시대의 개막과 지구촌 질서 재편의 신호탄이 될 수도 있다는 점에서 세계의 이목이 집중되고 있는 곳이다. 한반도 문제는 '동북아시아의 고르디우스 매듭(Gordian knot)'[46]이다. 고르디우스의 매듭을 푼다는 것은 난해한 문제를 획기적인 발상의 전환을 통해 단번에 해결하는 것을 은유적으로 나타낸 말이다. 동북아에도 얽히고설킨 매우 복잡한 매듭이 있다. 특히 동북아는 한반도를 둘러싸고 동북아 헤게모니 장악을 위한 세계 4강(强)의 이해관계가 첨예하게 대립하는 지역이기 때문에 동북아의 이 '매듭'을 풀지 않고서는 지구촌의 평화와 번영을 기약하기 어렵다. 한반도 문제는 고난도의 동북아

---

* 대표적인 예로 '반도체 굴기'의 상징인 칭화유니그룹(紫光集團, Tsinghua Unigroup)의 디폴트(채무불이행) 선언을 들 수 있다.

고차방정식이다. 하지만 일단 우리가 그 매듭을 풀게 되면 동북아 패권 지도에 있어 게임 체인저(Game Changer) 역할을 할 수가 있을 것이다. 북한 권력 체제의 변동이 예상되는 만큼 포스트 김정은 시대에도 대비해야 할 것이다.

전문가들의 분석에 따르면 현재 중국이 처한 대내적 딜레마와 중국 소수민족의 분리 독립운동, 그리고 미국 및 서방 진영과 중국 간의 헤게모니 쟁탈전으로 인해 머지않아 동북아 역학 구도에도 심대한 변화가 일어날 것으로 예상된다. 마치 독일 통일과 소연방 해체 이후 여러 신생 독립국가들이 탄생하고 유럽 질서가 재편된 것처럼, 한반도 통일과 중국 내 분열이 가시화되면 동북아에도 여러 신생 독립국가들이 탄생하고 독립국가연합이 형성되는 등 동북아의 질서 재편이 일어날 가능성이 있다. 세계정치경제 질서에서 동북아가 차지하는 비중으로 볼 때 동북아의 질서 재편은 세계 질서 재편으로 이어지고 아태시대와 유라시아 시대가 본격화하는 신호탄이 될 수 있다. 특히 유라시아의 관문에 위치한 한반도는 지정학적·경제지리학적·물류유통상의 중요성을 감안할 때 유라시아 시대의 허브로 떠오를 수 있다. 게다가 한반도 종단철도(TKR)와 시베리아 횡단철도(TSR)가 연결되고, 베링 해협과 아메리카가 연결되면 옛날 유라시아와 아메리카가 육교로 연결되었던 시대가 재현되는 것이다.

그 단계가 되면 동북아시아가 세계의 중심이 될 가능성이 크다. 특히 소삼각지역(TREZ)과 대삼각지역(TREDA)*의 중심에 위치하는 UNWPC(또는 UNEPP)**는 미래의 유엔 본부가 들어설 수 있는 곳이다. 원래 국제연맹은 그

---

* 소삼각지역(TREZ)은 훈춘-나진·선봉-포시에트에 연(連)하는 1천㎢의 지역이고, 대삼각지역(TREDA)은 옌지(延吉)-청진-블라디보스토크·나홋카·보스토치니에 연하는 1만㎢의 지역이다.
** 유엔세계평화센터(United Nations World Peace Centre, UNWPC) 또는 유엔생태평화공원

본부가 스위스 제네바에 있었으나 제2차 세계대전 직후 미국의 부상과 더불어 당시 존 D. 록펠러 2세(John Davison Rockefeller, Jr.)가 뉴욕 맨해튼의 본부 부지 2만여 평(약 7만㎡)을 증여하고 프랭클린 D. 루스벨트(Franklin D. Roosevelt) 대통령이 국제연합(UN) 창설 청사진을 제시함으로써 뉴욕으로 옮겨왔듯이, 유라시아와 아메리카가 하나의 육로로 연결되면 UNWPC 일대가 세계의 중심이 될 가능성이 크다. 당시 유엔 본부터는 양조장, 도살장, 공장들이 난립한 슬럼가였는데 반해, 이 일대는 자연 생태계가 그대로 보존된 천혜의 땅이라는 점에서 환경·문화의 세기에 걸맞는 미래 지구촌의 수도가 될 수 있는 곳이다.

유라시아는 원래 하나로 통해 있었다. 지금도 카자흐스탄은 '단군의 나라'로 불리고 있고, 키르기스스탄 대선(2005) 과정에서는 '텡그리즘(Tengrism)'이 구소련에서 독립 국가로 분리된 나라들을 결속시키는 선거 구호로 제창될 정도로 중앙아시아는 전통 신앙인 텡그리(Tengri=당골레(당골)=단군)의 띠로 연결되어 있다. 마고성 시대로부터 환국·배달국·단군조선에 이르는 우리 민족의 활동무대였기 때문일 것이다. 지금은 본래의 천부(天符, '한')의 이치는 잊혀진 지 오래되었고 언어의 껍데기만 남아있을 뿐이지만, 때가 되어

(United Nations Ecological Peace Park, UNEPP) 건립은 1995년 9월 1일 유엔 창립 50주년을 기념하여 내한한 제임스 스페드(James Gustave Speth) UNDP 총재와 헐버트 버스톡(Herbert A. Behrstock) UNDP 동아시아지역 대표에게 필자가 발의하였고 본 발의를 지지한 상기 2인이 UN 명칭 사용에 동의함으로써 시작되었다. 1995년 10월 중국 측과 필자와의 2자 조인식이 있었고, 1999년 4월 중국 훈춘 현지에서 유엔 측 대표, 중국 훈춘시 인민정부 시장, 러시아 하산구정부 행정장관 등과 필자는 3국접경지역 약 2억평 부지에 UNWPC 건립을 위한 4자 조인식을 갖고 두만강 하구 방천에서 기념비 제막식을 가졌다. 4자 조인식의 유엔측 대표로는 당시 코피 아난(Kofi Annan) UN사무총장과 제임스 스페드(James Gustave Speth) UNDP 총재의 裁可를 받아 솜사이 노린(Somsey Norindr) UN 한국주재 대표가 참석해 서명하였다.

그 껍데기에 천부의 이치를 불어넣게 되면 거대한 '문화적 르네상스'의 물결이 일어나게 될 것이다. 또한 '쿠쿠테니-트리필리아 문화(Cucuteni-Trypillia culture)'로 명명된 동유럽(몰도바, 루마니아, 우크라이나)의 신석기시대 유적지에서 19세기 후반에 거대도시와 테라코타 여신상(女神像), 그리고 음양태극의 문양이 새겨진 도자기와 맷돌 등이 발굴되었다. 이는 그리스-로마 문명보다 수천 년 전에 이미 독자적인 문명이 존재했다는 것을 말해 준다. 그 문화의 원류는 한민족의 선조들과 관련이 있는 것으로 추정된다.

중앙아메리카에서도 백인과 인디오의 혼혈계인 메스티조(mestizo)들의 교육 수준이 높아지면서 사회 지배계층으로 점차 부상하고 있고, 자신들의 뿌리에 대한 인식이 이루어지면 아메리카 대륙에서 '문화적 르네상스'를 추동하는 한 축이 될 수 있을 것이다. 서양의 기독교 문명 역시 삼위일체의 원형이 삼신일체임을 알게 되면 이에 대한 관심이 촉발될 것이고, 뼈대만 남은 삼위일체에 '천부(天符, '한')'의 이치를 불어넣게 되면 삼위일체의 원형이 불사조처럼 되살아나 '문화적 르네상스'의 물결에 호응할 것이다. 그렇게 되면 유라시아와 아메리카 대륙은 '뿌리 찾기' 운동이 도미노 현상으로 나타나 '문화적 르네상스'의 거대한 물결로 뒤덮이게 될 것이다.

이러한 전 과정은 한반도 통일과 함께 우리 상고사와 사상 복원을 통한 국가적·국민적·민족적·문화적 정체성 확립이 국책사업으로 추진되어 코리아산(産) 정신문화 수출이 새로운 한류 현상으로 자리매김하고 코리아의 국제적 위상 강화와 아울러 국가적·국민적·민족적 자존감의 회복 등과 함수관계에 있는 것으로 볼 수 있다. 여기서 자존감의 회복이란 박제상 공(公)의 14세손 문현(文鉉) 선생이 백 세의 고령으로 "신라 입국(立國)의 근본은 부도(符都)를 복건하는 데 있다"며 국중(國中)에 발언하여 세론(世論)을 환기한 장면을 떠올리면 될 것이다. 그는 이렇게 일갈(一喝)했다.

옛날의 조선은 곧 사해의 공도(公都)요 한 지역의 봉국(封國)이 아니며, 단씨(檀氏)의 후예는 곧 여러 종족의 공복이요 한 임금의 사사로운 백성이 아니다.

昔世朝鮮 卽四海之公都 非一域之封國 檀氏之遺裔 卽諸族之公僕 非一君之私民.[47]

부도(符都)란 하늘의 이치(天理)에 부합하는 나라 또는 그 나라의 수도라는 뜻이다. 단순히 단군조선만의 수도가 아니라 세계의 정치적·종교적 중심지로서 사해의 공도(公都)였다. 그렇다면 적어도 "코리아 입국(立國)의 근본은 부도(符都)를 복건하는 데 있다. 우리는 단씨(檀氏, 단군)의 후예로서 인류의 공복이다"라며 시대적·세계사적 소명을 다할 수 있어야 민족적 자존감을 회복했다고 할 수 있지 않겠는가.

우리 한민족이 제자리를 찾는 것을 강조한 이유는 동서고금의 사상과 철학, 종교와 과학을 관통하는 핵심 원리가 바로 우리 상고사상에 있기 때문이다. 인류 정신문화의 원형이라 할 수 있는 그것은 한마디로 '일즉삼(一卽三)·삼즉일(三卽一)'이라는 '생명의 공식(formula of life)'으로 표상되는 우리 고유의 '한'사상[三神思想, 天符思想, 神敎]이다. 이 '한'사상이야말로 남과 북, 나아가 인류를 하나 되게 하는 '마스터 알고리즘(master algorithm)'이다. 『천부경(天符經)』으로 대표되는 '한(Han: ONE[天地人])'* 사상에 대해서는 앞서 누차 설명하였으므로 여기서는 생략하기로 한다. 이러한 진리의 정수(精髓)를 이어받고도

---

* '한'의 본질적 의미는 『천부경(天符經)』의 '일(一)'에 해당하는 '하나(ONE)' 또는 '하늘(天·神·靈)'로서 만물의 근원을 나타낸다. 따라서 영어로는 발음 그대로 'Han', 그 대표적인 의미는 'ONE[天地人]'으로 하는 것이 언어적 迷妄에 빠지지 않고 인류 보편의 사상으로 통용되기에도 좋다. 'ONE[天地人]'은 우주만물의 근원인 '하나(ONE)' 또는 '하늘(天·神·靈)'이 곧 우주만물(天地人)이란 뜻이다. 一卽三이요 三卽一이다.

시대적·세계사적 소명을 방기한다면 민족적 자존감을 회복했다고 할 수 없을 것이다. 시대적·세계사적 소명을 다하기 위해서는 '해혹복본(解惑復本: 미혹함을 풀어 참본성을 회복함)'이 필수적이다. 필자는 해혹복본을 다음과 같이 정의하고자 한다.

'해혹복본(解惑復本)'이란 인간의 신성[참본성, 靈性] 회복을 통해 인류의 삶을, 이 세상을 근본적으로 바꾸는 것이다. 그것은 기존의 낡은 교의나 철학을 떠나 있으며, 에고(ego, 個我)가 만들어 낸 일체의 장벽을 해체할 것을 선언한다. 그것은 우주 한생명에 대한 선언이요, 영원에 대한 갈파(喝破)이며, 미망의 삶을 잠재우는 진혼곡(鎭魂曲)이요, 진정한 문명의 시작을 알리는 신곡(神曲)이다.

이것이 바로 영혼을 잃고 땅에 뿌리박혀 울던 자가 영혼을 찾는 것이 아니고 무엇이겠는가! 이것이 문화적 르네상스의 진면목이다. 제2의 르네상스요 제2의 종교개혁이며 이는 곧 새 하늘과 새 땅을 창조하는 '다시개벽'[48]이다. 따라서 유럽적이고 기독교적인 서구의 르네상스나 종교개혁과는 그 깊이와 폭이 다를 수밖에 없다. 그것은 전 인류적이고 전 지구적이며 전 우주적인 존재혁명이 될 것이다. 세계사에서 누락된 동양이 제자리를 찾고, 문명사에서 누락된 한민족이 제자리를 찾고, 인간사에서 누락된 여성이 제자리를 찾는 것이다. 인간이 제자리를 찾고 자연이 제자리를 찾고 종교가 제자리를 찾고 국가가 제자리를 찾는 것이다. 강자가 약자를 억누르고 민의(民意)가 제대로 반영되지 못하며 빈부격차가 심하고 여성 억압과 자연 억압이 만연한 시대를 마감하는 것이다. 그리하여 일체 대립물의 통합이 이루어지며 여성이 제자리를 찾고 종교적 진리가 정치사회 속에 구현되는 성속일여(聖俗一如)·영육쌍전(靈肉雙全)의 시대를 여는 것이다.

제3부

환단(桓檀)시대의 정치대전, 한국학의 르네상스를 열다

07 단군조선의 국가 조직과 통치 체제 그리고 대내외적 발전
08 환단(桓檀)시대의 정치대전, 『천부경』·『삼일신고』·『참전계경』
09 고조선의 해체와 열국시대 그리고 민족대이동

대일(大一)의 지극함이여, 이름하여 양기(良氣)라 하도다.
없음과 있음의 혼돈이여, 허(虛)함과 조(粗)함의 현묘함이여,
삼일(三一)은 그 본체요, 일삼(一三)은 그 작용이로다.
혼돈과 현묘함이 하나의 고리를 이룸이여, 본체와 작용이 나뉨이 없도다.
대허(大虛)의 빛남이여, 이것이 신[天·地·人 三神]의 모습이로다.
큰 기운(大氣)의 오래도록 존속함이여, 이것이 신의 조화로다.
참목숨(眞命)의 근원이며 일체 현상이 여기서 생겨나도다. …
원(圓)은 하나(一)이며 무극(無極)이고,
방(方)은 둘(二)이며 반극(反極)이고,
각(角)은 셋(三)이며 태극(太極)이다.
널리 인간을 이롭게 하는 홍익인간(弘益人間)의 가르침은
환인천제께서 환웅에게 전수하신 것이다.
일신강충(一神降衷)·성통광명(性通光明)·재세이화·홍익인간은
배달국 신시(神市)에서 단군조선에 전한 것이다.

- 이맥(李陌),『태백일사(太白逸史)』
「소도경전본훈(蘇塗經典本訓)」 중에서

07

단군조선의 국가 조직과 통치 체제
그리고 대내외적 발전

● 고조선의 개국과 국가 조직 및 삼한관경(三韓管境)

● 고조선의 통치 체제와 대내외적 발전

● 고조선의 사회 문화와 정치사상

고조선의 삼분(三分) 통치방식은 '일즉삼(一卽三)·삼즉일(三卽一)'의 원리로 표상되는 삼신사상에서 나온 것이다. 마고성 시대로부터 단군조선에 이르기까지 지속적으로 전승되어 온 천·지·인 삼신일체의 삼신사상('한'사상)은 나라의 근간을 이루는 한민족 정신세계의 총화(總和)였을 뿐만 아니라 삼신일체가 서방으로 나가 삼위일체가 되었으니, 가히 인류 정신문화의 총화라 할 수 있다. 삼한의 핵심인 진한은 고조선의 역대 단군들이 직접 다스렸고, 마한과 번한은 단군이 별도의 제후[侯王]를 임명하여 다스리게 했다. 이 셋을 통틀어 단군 관경(管境)이라 하고 이는 곧 진국(辰國)이며 단군조선이라 하였으니, 한(韓)의 체는 하나이며 작용으로만 셋이다. 말하자면 단군이 분조(分朝)를 두어 다스린 것이다. 단군조선의 정치체제는 군주정과 민주정 그리고 귀족정을 융합한 유연한 혼합정체(混合政體, mixed polity)였다고 볼 수 있다. 단군조선의 국가통치는 하늘을 공경하고 조상을 받드는 경천숭조(敬天崇祖)의 보본(報本)사상을 바탕으로 하였으며, 정치의 교육적 기능에 초점을 맞추었다.

- 본문 중에서

단군조선의 국가 조직과 통치 체제 그리고 대내외적 발전

> 우(禹)는 수두를 신앙했으며 도산(塗山)에서 태자 부루(扶婁)로부터 받은 신서(神書)를 홍범구주라 부르며 추앙했다. 기자(箕子)는 "하늘이 우임금에게 홍범구주를 하사했다"고 했다.
>
> - 신채호(申采浩), 『조선상고사』(1948)

고조선의 개국과 국가 조직 및 삼한관경(三韓管境)

『삼국유사(三國遺事)』권1 고조선 왕검조선조(王儉朝鮮條) 첫머리에는 중국의 『위서(魏書)』를 인용하여 『위서』가 쓰여진 당시로부터 약 2천 년 전에 단군왕검이 있어 아사달에 도읍을 정하고 개국하여 국호를 조선이라 했는데, 중국의 요(堯) 임금(唐堯 또는 帝堯陶唐)과 같은 시기라고 간명하게 나와 있다.

위서(魏書)에 이르되 지금으로부터 2천 년 전에 단군왕검이 있어, 도읍을 아사달(阿斯達)에 정하고 나라를 열어 국호를 조선이라 일컬으니 중국의 요(堯) 임금과 같은 시기이다.

魏書云 乃往二千載有檀君王儉 立都阿斯達 開國號朝鮮 與高同時.[1]*

---

* 위 원문에서 堯 임금을 '高'라고 한 것은 고려 定宗의 諱가 堯이므로 이를 피하기 위해 그 代字로 쓴 것이라고 譯註에는 나와 있다.

이러한 『위서』의 내용은 단군조선의 개국과 역사적 실재를 명료하게 밝힌 것이다. 말하자면 단군의 개국은 신화나 설화가 아닌 실존 인간 단군의 개국사화(開國史話), 즉 '단군사화(檀君史話)'인 것이다. 아사달의 위치는 앞서 2장 3절에서 고찰한 바와 같이 흑룡강성(黑龍江省) 송화강(松花江) 연안의 완달산(完達山, 不咸山, 아사달산)이 있는 하얼빈(哈爾濱)이다. 하지만 '평양'이 도읍을 뜻하는 고대의 보통명사인 것과 마찬가지로 고대의 도읍을 아사달이나 검터(儉瀆 또는 險瀆)라고도 불렀으므로 아사달이 한 곳이 아닌 것만은 분명해 보인다. 고조선의 개국 시기가 중국의 요(堯) 임금과 같은 시기라고 하는 것은 대한제국 말기까지 조선의 아이들이 『천자문(千字文)』 다음으로 배우던 교과서 『동몽선습(童蒙先習)』*에도 나와 있다. 상고(上古)의 조선을 근세의 조선과 구별하기 위하여 일반적으로 단군조선(檀君朝鮮) 또는 고조선(古朝鮮)이라 부른다.

1436년(世宗 18)에 간행된 이조판서 권도(權踏)가 찬술한 『동국세년가(東國世年歌)』는 요동(遼東) 별천지에 단군이 조선이라는 나라를 세운 때로부터 고려 공양왕(恭讓王) 때까지의 치적을 기록하고 있는데, 단군의 개국이 요(堯) 임금과 같은 시기이며 무진년(戊辰年, BCE 2333)에 개국하였다고 나온다. 동국(東國)의 역사를 총 87구의 7언시로 읊은 『동국세년가』는 그 형식이 『제왕운기』와 매우 흡사하고, 내용에서도 『제왕운기』의 고조선사와 유사한 부분이 많다.[2] 『동국세년가』는 유희령(柳希齡)의 『표제음주동국사략(標題音註東國史略)』[3]에서 그 전문이 발견되었다.

---

* 조선시대 中宗 때에 朴世茂가 지은 책이다. 이 책은 단군부터 고려까지의 역사를 한 면 이내에 수록한 초등 교과서로, 간결한 五倫의 要義와 한국과 중국의 역대 世系를 내용으로 하고 있다.

『세종실록』[4]에도 '세년가(世年歌)'에 대한 언급이 나온다. 세종대왕이 단군 사당을 다시 세울 곳을 조사하라고 신하들에게 명하자 세종 10년 6월조(條) 유관(柳寬)의 상서와 세종 18년 12월조 유관의 조카 유사눌(柳思訥)의 상서 중에 단군의 사적과 단군묘(廟)의 설립지에 관하여 '세년가(世年歌)'에 의해서 전래되어 온 것을 언급한 사실이 그것이다. 세년가에 의하면 원래 구월산이 사당이 있은 자리니까 그곳에 다시 세워야 한다는 것이었다. 이들이 언급한 '세년가'가 『동국세년가』와 같은 것인지는 알 수 없다. 하지만 세년가가 근세 세종대왕 대에 이르기까지도 불렀고, 또 『동국세년가』의 찬술과 편찬에 세종이 직접 예재(睿裁: 임금 결재)하였다는 점에서 당시에 불린 세년가를 기록했을 것으로 보인다.

무호 선생의 연구 조사에 의하면, 임진왜란 때 일본에 잡혀간 17성씨(姓氏)가 합의해서 '옥산궁(玉山宮)'이라는 단군 사당을 짓고 매년 음력 8월 15일 단군제를 지내왔는데, 우리나라에서는 없어진 세년가가 그곳에서는 축가와 제문으로 남아 있었다고 한다. 그곳 옥산궁 유래기에는 옥산궁이 조선 개조 단군의 묘(廟)이며 평양 단군 사당에서 단군을 모셔왔다는 기록이 있음을 필자도 탁본을 통해 확인할 수 있었다. 임란 때 일본에 잡혀간 17성씨가 그곳에서도 일심으로 우리 국조를 잊지 않고 대대로 그 공덕을 기리고 단군께 기원을 해온 것으로 보아 당시 우리나라 각지에도 단군 사당이 있었고 매년 그와 같은 행사가 있었음은 쉽게 짐작할 수 있는 일이다. 무호 선생께서 그 14대손인 심수관(沈壽官)을 만났을 때 우리 단군 국조에 대한 그의 열렬한 마음을 느낄 수 있었다고 한다.

그들이 축문을 외울 때 '오늘이라 오늘이라 오늘이 오늘이라'라고 하며 무슨 뜻인지도 모른 채 조상 대대로 전해오는 것을 무슨 주문 외듯이 외고 있었다고 하는데, 이는 곧 '오늘이라 오늘이라 오늘이 바로 단군 제일(祭日)

이라'는 뜻이다. 이제는 그 의미도 모르면서 발음도 제대로 못 내는 우리말로 그 노래와 제문을 외우고 있는 것으로 미루어 볼 때, 같은 민족으로서 같은 말을 쓰는 우리도 문자와는 별도로 '세년가'에 의해 대대로 구전되어 올 수도 있었으리라는 것을 짐작할 수 있다. 따라서 우리 민족이 여러 차례의 국난을 겪으면서도 단군 사당에 제사하며 국가의 대행사인 축제 때에는 세년가라는 노래로 단군 등의 사적을 전해온 사실은 확실하다. 마치 광대들이 긴 가극을 판소리로 전해 내려오듯이 단군 이래 성읍의 제사장들이 노래로써 건국 이래 역사와 조상들의 공적 교훈을 대대로 입으로 전하여 온 것이다.[5]

고조선의 개국은 소도(蘇塗, 수두)를 행하는 '환웅 천손족(天孫族, '한'족)'이 원주민인 '곰 토템족('貊'족)'과 융화, 통혼하여 출생한 사람이 BCE 2333년 무진년(戊辰年)에 아사달의 단목(檀木) 아래에서 구환(九桓)의 백성들의 추대를 받아 환웅 때부터 전해온 표징(信標)을 이어받고 왕으로 세워져 이루어진 것이다. 배달국의 마지막 18대 거불단 환웅(居弗檀桓雄), 즉 단웅(檀雄)에 이르러 곰 토템족인 웅씨의 왕녀와 혼인하여 단군왕검(檀君王儉 또는 桓儉)을 낳아 단군조선 시대가 열리게 된 것이다. 평양성이 단군의 첫 도읍지가 아닌 것은, 『삼국유사』 권1 고조선 왕검조선조에서 무진년(BCE 2333)이 아닌 "경인년(庚寅年)에 평양성에 도읍하고 개국하여 국호를 조선이라 일컫고"라고 하고, "또(又) 도읍을 백악산 아사달로 옮겼다"라고 한 것으로 미루어 알 수 있다. 여러 사료들을 종합해 볼 때 단군왕검 23년인 경인년(BCE 2311)에 평양성으로 천도한 것으로 보인다.

『부도지』 제15장에는 환웅 신시 이래로 제천의식을 거행하고 종족 간의 화합과 결속력을 다지며 물품을 교환하는 장소로서 세 가지가 있었는데, 정치 중심지인 부도(符都)에서 행하는 신시(神市), 육산물의 중심지에서 행하는 조시(朝市), 그리고 해산물의 중심지에서 행하는 해시(海市)가 그것이다. 이로부터 산업이 일어나고 교역이 왕성해짐으로써 명실공히 고조선이 사해의 공도(公都)로서, 국제무역의 중심지로서의 기능을 하게 된 것이다. 단군왕검께서 '예(澧)'와 양(陽)이 교차하는 중심지에 조시(朝市)를 열고, 팔택(八澤)에 해시(海市)를 열어 매년 시월 아침에 드리는 제사(朝祭)를 지내니, 사해의 종족들이 모두 지방 토산물을 바치며 송축하였는데 이를 가리켜 '조선제(朝鮮祭)'라 하였다'[6]고 『부도지』에는 기록되어 있다.

『부도지』를 번역·주해한 김은수에 따르면, '예(澧)'는 호남성(湖南省, 후난성)을 흘러 동정호에 들어가는 강, 또는 하남성(河南城, 허난성) 동백현에서 발원하여 서북으로 흐르는 당하(唐河)의 지류이다. '양(陽)'은 한수(漢水)의 북쪽이며, 한수는 섬서성(陝西省) 영강현(寧羌縣)에서 발원하여 호북성(湖北省, 후베이성)을 관통하여 흐르는 양자강(揚子江, 양쯔강)의 지류이다. '팔택'은 양자강 좌우의 하우(夏禹)가 만든 아홉 개의 연못 또는 그 연못들이 있는 지역이다.[7] 이들 지명의 지리적 위치나 단군조선의 제후국의 분포 및 활약상과 관련된 지명 등을 종합적으로 검토해 볼 때 단군왕검의 93년 재위 기간 중 첫 도읍은 —더 연구가 필요한 부분이긴 하지만— 섬서성(陝西省) 미현(眉縣) 남쪽에 있는 태백산으로 추정해 볼 수 있다.

단군왕검은 환웅 때부터 전해온 표징(信標), 즉 제왕의 권위를 상징하는 천부인(天符印) 3종(種)을 이어받고 왕으로 세워져 고조선을 개국하였다. 천부인 3종(種)은 청동검·청동거울·곡옥(曲玉)의 세 가지이다. 「태백일사(太白逸史)」 제4 삼한관경본기(三韓管境本紀)에 "풍백(風伯)은 천부(天符)를 거울에 새겨 행진하고"[8]라고 나오는 것으로 보아 청동거울에는 천부경(天符經)이 새겨졌던 것으로 보인다. 곡옥은 그 굽은 형태가 태아와 닮았다고 해서 생명의 씨앗 등의 의미가 함축된 것으로 보기도 한다. 역대 왕들의 왕관이나 장식품 등에 달린 곡옥은 환단(桓檀)시대로부터 전승되어 온 것으로 역대 왕실의 상징이었다.

이 외에도 김시습(金時習)의 『징심록추기(澄心錄追記)』 제8장, 제10장, 제13장[9]에는 우리 역사상 왕권과 결부되는 것으로 간주되는 금척(金尺: 금으로 만든 無誤謬性을 지닌 우주만물을 재는 척도로서의 자(尺))에 『천부경(天符經)』이 새겨져 있음을 확연하게 보여준다는 점에서 '금척' 또한 환단(桓檀)시대로부터 전승되어 온 천권(天權)을 표시한 천부인(天符印)의 하나다. 또 『부도지』 제14장에 "여러 종족이 방장산(方丈山) 방호의 굴(方壺之堀)에서 칠보의 옥을 채굴하여 천부(天符)를 새기고 그것을 '방장해인(方丈海印)'이라 했다"[10]는 글이 나오는 것으로 보아 '방장해인' 역시 천부인의 하나였던 것으로 보인다.

오늘날까지도 일본 왕가(王家)의 즉위식에서 이 '3종(種) 신기(神器)', 즉 청동검·청동거울·곡옥을 물려받음으로써 왕권 계승을 공식화한다는 것은 놀라울 따름이다. 실물이 공개된 적은 없고 상자에 봉인된 형태로 전해지는 것이다. 2019년 아키히토(明仁) 일왕 퇴위식에서 일본 왕실을 상징하는 '3종 신기(神器)' 반환 의식이 사진으로 공개되었다. 일본 왕가(王家)에 대대로 계승돼 오는 이 '3종 신기(神器)'는 건국의 여신 아마테라스 오미카미(天照大神)가 전해준 것이라고 한다. 아마테라스 오미카미는 마고성(麻姑城)의 '마고(麻姑)'에서 유래한 것이다. 백제가 망하고 백제 본조(本朝)의 잔여 대집단이 동조(東朝: 동쪽 조정)인 왜 땅으로 건너가 백제를 일컫던 '구다라', 즉 큰 해(大日)라는 뜻의 고대 한국말을 한자로 옮겨 일본이라는 국호를 만든 것이니, 알고 보면 놀랄 일도 아니다.

단군조선은 1세 단군왕검에서 마지막 47세 고열가(古列加) 단군에 이르기까지 단군 47대(BCE 2333~BCE 238)가 2096년간 다스린 단군의 조선으로 끝난 것이다. 따라서 중국에서 밀려와 고조선 변방의 한구석에 있었던 망명 정치집단으로 조선조의 작은 지방의 제후, 한갓 지방관에 불과했던 기자(箕

子)·위만(衛滿)의 제후국과는 전혀 그 맥이 다른 광역 강국이었다. 그러한 작은 집단에 불과했던 기자조선이나 위만조선이 마치 고조선을 계승하여 그 맥이 된 것처럼 잘못 전해진 것은 다름 아닌 사대주의와 일본의 제국주의·식민주의·황통주의 역사관에 의하여 왜곡, 조작된 것을 그대로 답습한 때문이다.[11]

중국의 중동부 지역과 몽골 및 만주 일대에서 발굴된 단군조선의 성터는 큰 곳만 60여 곳에 이른다. 또한 『부도지』, 『환단고기』, 『규원사화』 등의 기록에 의하면 지금으로부터 9천 년 이상 전부터 천·지·인 삼신일체의 천부문화(天符文化)를 세계 도처에 뿌리 내리게 했던 환국·배달국의 위대한 유산은 단군왕검 시기에도 그대로 이어졌고, 당시 대륙에는 단군조선과 비견될 만한 세력이 형성되지 못하였다. 따라서 단군조선의 강역은 현재 알려진 것보다 훨씬 더 광대했던 것으로 보인다.

단군조선의 제후국의 분포 및 활약상과 관련된 지명으로 볼 때 그 최대 강역은 시베리아와 만주, 연해주, 내몽골, 중국 중동부 지역, 한반도와 삼도(三島), 그리고 캄차카반도와 티베트에까지 이르렀던 것으로 추정된다.[12] 『단기고사』 2세 단군 부루(扶婁) 조(條)에는 북으로 서비로(西非路는 西伯利亞, 즉 시베리아)까지 영토를 확장하였다고 기록되어 있다. 고조선의 제후국 중의 하나인 구다(句茶)는 곧 구다천국(句茶川國)이며 캄차카(Kamchaka)반도로 비정된다. 그리고 『환단고기』 「단군세기」와 『단기고사』에는 3세 단군 가륵(加勒) 재위 8년 병오년(BCE 2175)에 "강거(康居)가 반란을 일으켜 단군께서 지백특(支伯特: 티베트)에서 토벌하였다"[13]고 기록되어 있다. 티베트의 지도자 달라이라마도 "한국은 티베트와 형제국이다"라고 하였다.

『규원사화(揆園史話)』 「단군기」의 기록에는 고조선의 강역을 동서남북의 경계로 나타내고 있다. "당시에 단군의 교화는 사방에 두루 미쳐 북으로는 대황(大荒)에 다다르고 서로는 알유(猰貐)를 거느리며 남으로는 회대(海岱=淮岱)의 땅에 이르고 동으로는 창해(蒼海)에 닿으니, 덕교(德敎)가 점차 성(盛)해지고 널리 미쳤다. 이에 천하의 땅을 구획(區劃)하여 공훈이 있는 친족에게 (제후로) 봉하였다(當是之時 檀君之化 洽被四土 北曁大荒 西率猰貐 南至海岱 東窮蒼海 聲敎之漸 偉乎廣矣 乃區劃天下之地 以封勳戚)." 여기서 대황은 시베리아(西非路)이고 알유는 산서성·섬서성 일대로 추정되며, 회대는 회수(淮水)와 태산 사이 지역이고 창해는 동해이다. 회수는 하남성·안휘성·산동성·강소성의 4개 성(省)을 통과하는 강, 즉 황하와 양자강 사이에 있는 강이며, 태산은 산동성 태안시 북쪽에 있는 산으로, 회대는 그 사이에 있는 땅이다.

「태백일사」 고구려국본기에는 중국 절강성(浙江省, 저장성)을 본거지로 했던 "오(吳)나라와 월(越)나라가 본래 구려(九黎, 九夷, 東夷)의 옛 도읍(吳越 本九黎 舊邑)"[14]이었다고 기록되어 있다. 『삼국사기』「열전」 최치원(崔致遠)전 '상대사시중장(上大師侍中狀)'에는 "고구려와 백제가 전성기에 강병(强兵) 100만을 보유하고 남으로는 오(吳)·월(越)을 침공하고, 북으로는 유연(幽燕: 幽州와 燕나라, 지금의 河北省 일대)과 제(齊)나라·노(魯)나라의 지역을 흔들어서 중국에 큰 해(害, 蠹)가 되었다"고 기록되어 있다.[15] 이는 고구려와 백제가 전성기에는 하북성에서 양자강 이남에 이르는 광대한 지역을 차지하고 있었음을 말해주는 것이다.

『규원사화』「만설(漫說)」에도 고구려가 왕성할 때에는 강병(强兵) 백만이 남으로 오(吳)·월(越)을 쳤고, 북으로 유연(幽燕)과 제(齊)·노(魯)를 도륙하여 중국에 커다란 위협이 되었으며, 백제 또한 요서(遼西)와 진평(晉平)을 공략하고 절강성 월주(越州)를 점령했다고 기록되어 있다. 이상의 기록은 우리나라의 강역이 단군조선 이전부터 그 이후까지도 대륙의 중동부 지역을 망라한 대제국이었음을 말해준다. 본서 7장 1, 2절에는 단군조선의 강역을 짐작할 수 있게 하는 내용이 여러 곳에 나와 있다.

　단국대 명예교수 윤내현에 따르면 BCE 12세기경부터 BCE 2세기 초 고조선이 멸망할 때(BCE 108)까지 고조선의 서쪽 국경은 난하(灤河)였다. BCE 11세기 중엽 상(商, 殷)나라를 무너뜨리고 중원을 지배한 주(周)나라의 영토 확장 정책이 본격화하면서 단군조선의 강역이 이전보다 줄어든 것이다. 고조선의 강역(疆域)은 서쪽으로는 중국 베이징 근처의 난하(灤河)에 이르고 동북쪽으로는 흑룡강(黑龍江, 헤이룽강) 너머에까지 이르러 하북성(河北省) 동북부 일부와 요녕성(遼寧省)·길림성(吉林省, 지린성)·흑룡강성(黑龍江省, 헤이룽장성)의 동

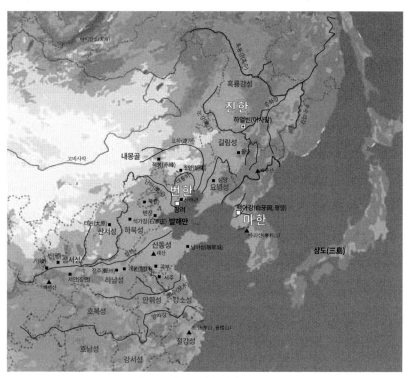

〈그림 7.1〉 단군조선과 삼한관경(三韓管境)
삼한, 즉 진한(진조선)·번한(번조선)·마한(막조선)은 단군조선의 분조(分朝)였다.
열국시대의 삼한은 단군조선의 삼한과 구분하기 위해 후삼한(後三韓)이라고도 한다.

북 3성(省) 그리고 한반도 전체에 이르렀으며, 많은 제후국을 거느린 '연방제국'이었다. 고조선 말기까지 서쪽 국경은 난하와 갈석산(碣石山)이었던 것으로 나타난다.[16] 중국의 가장 오래된 지리서인『산해경(山海經)』에도 고조선이 옛 요동을 포함한 넓은 영토를 차지한 선진 민족국가였다는 사실이 여러 곳에 기록되어 있다.

서울대 명예교수 신용하는 고조선의 서변이 지금의 난하를 건너서 서쪽으로 지금의 당산(唐山)을 포함한 지역이라고 주장했다. 그에 따르면 "단군조선의 제후국인 고죽국(孤竹國)은 그 영역이 '영·평 2주(營·平 二州)'로 구성되어 있었는데, 평주가 서쪽이고 영주가 동쪽이었다. 따라서 고죽국의 서변은 고조선의 서변이 된다. 고죽국의 도읍은 난하의 동쪽 강변 노룡(盧龍)이었지만, 고죽국의 서변은 난하를 건너 서쪽으로 지금의 당산을 포함한 지역이었다. 고죽국은 난하를 가운데 두고 그 동쪽과 서쪽에 걸친 고조선의 후국이었다."[17]『통전(通典)』「북평군(北平郡)」 평주(平州) 조에는 고죽국이 백이(伯夷) 숙제(叔弟)의 나라였다고 기록되어 있다.[18]

한편 재야 역사학자이자 민족문화연구원 원장인 심백강은 그의 저서『사고전서 사료로 보는 한사군의 낙랑』(2014)에서 낙랑이 중국의 요서(遼西) 지역에 있었다고 말하는 대목이 20군데가 넘는다며, 낙랑은 현 중국 허베이성(河北省) 동북부에 있는 난하(灤河) 중·하류 유역으로부터 서쪽으로 허베이성 남쪽 갈석산 부근에 이르는 지역에 발해만을 끼고 있었다고 주장한다. 말하자면 한사군의 하나인 낙랑군은 중국 요서 지역 남쪽에 있었다는 것이다. 그는 민족사학의 요서(遼西)설이 '허베이성 동쪽'설이라면, 자신의 주장은 '허베이성 남쪽' 설이라고 밝혔다.『전한서(前漢書)』·『사기(史記)』·『후한서(後漢書)』를 비롯한 20개 사서에 나온 낙랑 관련 기사에 의거해 볼 때 낙랑군은 현재의 진황도(秦皇島, 친황다오) 시 노룡(盧龍, 루룽)현 산해관(山海關, 산하이관) 일대에서 서쪽으로 당산(唐山, 탕산)시, 텐진(天津)시를 지나, 베이징 남쪽의 보정(保定, 바오딩)시(市) 수성(遂城, 쑤이청)진(鎭)에 이르는 지역에 발해를 끼고 동에서 서로 펼쳐진 지역이라는 주장이다.

'낙랑'의 위치에 대한 여러 견해

정인보 · 리지린 · 윤내현 주장

심백강 주장

신채호 주장

이병도 주장

차오양(조양)시

대능하

라오뚱
(요동)만

가이저우
(개주)시

루룽(노룡)

산하이(산해)관

친황다오(진황도)시

갈석산(백석산)

텐진(천진)시

바오딩(보정)시

발해만

발해

평양

〈그림 7.2〉 한사군의 하나인 낙랑군의 위치[19]

한사군의 하나인 낙랑군의 위치가 중요한 것은 낙랑군이 있던 자리가 고조선이 있던 자리이고 고구려가 있던 자리로서 우리나라의 강역을 의미하는 것이기 때문이다. 한사군이 설치되었던 당시에도 부여를 비롯한 삼한 등 조선의 열국이 고조선 영역의 대부분을 그대로 차지하고 있었고, 후에는 고구려가 한사군을 회복하였다. 심백강은 난하(灤河)와 함께 고조선의 서쪽 경계로 알려진 갈석 · 갈석산이 정인보 등이 주장한 현재 진황도(친황다오)시 창려(昌黎, 창리)현에 있는 갈석산(碣石山)이 아니라, 허베이성 남쪽에 있는 오늘의 호타하(滹沱河) 유역 북쪽의 보정(바오딩)시 인근에 위치하는 백석산(白石山)이라고 주장했다.

정인보 등은 현재의 창려(창리)현 갈석산을 한사군 설치 당시 '낙랑군 수성현(遂城縣)에 있던 갈석산'으로 보았으나, 창려의 갈석산은 한무제(漢武帝) 때에는 계석산(揭石山)이었는데 후대(수 · 당대)에 갈석산으로 개칭됐다는 기록이

『사고전서(四庫全書)』*에 있다는 것이다. 이에 근거해 그는 낙랑군 수성현이 현재 허베이성 보정(바오딩)시 수성(쑤이청)진이라고 주장했다. 또한 그는 "낙랑·현도 땅에서 고구려가 발상했는데, 기존 통설이 낙랑군이 대동강 유역에 있었다고 하니 고구려도 압록강 유역이 발상지로 되었다"는 것이다. 이어 그는 "당나라 때 고구려를 쳐서 안동도호부를 설치했다고 하는데, 당시 고구려 평양을 쳤다는 것은 현재의 평양이 아닌 요서(遼西) 산해관(산하이관) 지역의 평양을 친 것"이라고 주장했다.[20]

단군이 도읍을 정한 평양은 반도 안의 대동강 유역이 아니라 원래는 대륙 땅에 위치해 있었으며, 후에 그곳에 살던 사람들이 옮겨 오면서 지명도 가져온 것이다. 이처럼 대륙에서 이동해 오면서 지명도 가지고 온 것이 많은데, 환국·배달국·단군조선의 지명을 한반도 안에서 찾다 보니, 한민족의 활동무대를 반도 안으로 축소시키는 결과를 초래한 것이다. 이러한 일제의 반도사관·식민사관에 따른 지명의 혼란은 상고사 연구가 직면한 딜레마 중의 하나다. 『규원사화(揆園史話)』「태시기(太始記)」에는 요심(遼瀋: 遼陽과 瀋陽)과 유연(幽燕: 幽州와 燕나라, 지금의 河北省 일대)의 땅이 신시시대부터 이미 우리 한족(韓族)의 땅이었다고 하며 고대 우리 민족의 활동 중심지는 요동을 중심으로 한 압록강 이북의 대륙이었음을 명기하고 있다.

고조선의 최고 통치자는 단군이었다. 단군은 정치적 최고 통치자인 동시에 종교적 최고 지도자였다. 단군은 소도(蘇塗, 수두)를 행하는 대제사장(大祭祀長)을 뜻하고, 왕검은 정치적 군왕을 뜻하므로 '단군왕검(檀君王儉)'이라는 칭

---

* 『四庫全書』는 18세기 중후반 乾隆帝 때 칙명에 의해 수십 년에 걸쳐 중국 고대로부터 當代까지의 사료·사서 총 3,458종, 7만 9,582권을 집대성한 叢書로 경(經), 사(史), 자(子), 집(集)의 4부로 이루어져 있다.

호는 고조선이 제정일치(祭政一致) 사회였음을 말해준다. 단군은 역대 제왕을 지칭하는 보통명사로 사용되지만, 『제왕운기(帝王韻紀)』 「전조선기(前朝鮮紀)」에서는 고조선의 시조를 고유명사 '단군(檀君)'으로 기록했다.[21] 고조선의 건국은 '환웅 천손족'인 '한'족과 '곰 토템족'인 '맥'족의 융화 및 통혼에 의한 연맹 형성을 중심축으로 요동 지역에 흩어져 거주하고 있던 예(濊)족을 비롯한 각 지역의 여러 부락연맹체를 제후국으로 통합함으로써 단군은 강력한 제왕이 될 수 있었다. 『제왕운기』에는 시라(尸羅)·고례(高禮)·옥저(沃沮)·부여·예맥(濊貊)을 모두 단군의 자손이라고 했고,[22] 『삼국사기』에서는 고구려와 백제가 부여의 후예라고 했으며,[23] 신라도 고조선의 유민이 산간에 흩어져 촌락을 이룬 6촌(六村)이라고 밝히고 있다.[24]

단군조선의 국가 조직에 들어가기에 앞서 '단군'과 '단군의 나라'에 대한 이해를 좀 더 심화시킬 필요가 있다. 카자흐스탄인들은 지금도 단군을 '텡그리(Tengri, 하늘)'라고 부르며 건국 시조로 섬긴다. 그리고 '단군의 나라'의 후예임을 자랑스럽게 여긴다. 만일 단군이 권력 남용을 일삼고 백성들의 삶을 고달프게 만드는 군왕이었다면 그렇게 기억하고 싶어 했을까? 지금은 다 잊혀졌지만 그들의 집단무의식 속에 수천 년간 아로새겨진 군왕으로서의 자애로움과 지혜로움과 유능함에 대한 흠모가 자랑스러움으로 묻어나오는 것은 아닐까? 그렇다면 '단군의 나라'는 대체 어떤 나라인가? 단군조선에 대한 연구가 1980년대 중반 이후 국내에서 점차 확산되어 왔음에도 불구하고 '단군의 나라'는 여전히 미궁에 빠져있다. 왜 그렇게 되었을까?

단군조선 시대의 유적·유물이 출토되고, 단순히 국가 조직과 통치 체제 그리고 그들의 소도의식(蘇塗儀式)을 연구한다고 해서 '단군의 나라'의 실체를 알 수 있는 것은 아니다. 그것들은 '단군의 나라'의 물적 토대가 되는 것들이다. 이들 물적 토대는 필요조건이기는 하지만 충분조건은 아니다. '단군의 나라'의 실체는 마고성(麻姑城) 시대로부터 전승되어 온 천·지·인 삼신일체(三神一體)의 삼신사상['한'사상, 天符思想, 神敎]이다. 우주의 본질인 생명의 구조를 명징하게 밝힌 삼신일체는 오늘날 서양 기독교 문명의 모태가 되는 삼위일체의 원형일 뿐만 아니라 동서고금의 사상과 철학, 과학과 종교의 정수(精髓)를 함축한 것이다. '일즉삼(一卽三)·삼즉일(三卽一)'의 원리로 표상되는 삼신사상 즉 '한'사상[天符思想, 神敎]이 국가 조직과 통치 체제를 작동시켰기에 단군조선은 생명력을 가질 수 있었던 것이다.

이처럼 천·지·인 삼신일체에 기초한 심오한 사상적 배경을 가지고 하늘과 조상을 숭경(崇敬)하며 백성을 지도하는 제사장(祭祀長)은 미신적 살만(薩滿)을 지칭하는 무격(巫覡)과는 확연히 다른 것이다. 그런데 천지의 주재자를 받들어 보본(報本: 근본에 보답함)하는 신앙의 표현이었던 차원 높은 우리 상고(上古)의 무속(巫俗)이 언젠가부터 잡귀를 숭배하는 샤머니즘으로 퇴화하면서 단군의 이미지에도 치명적인 손상을 가져왔다. 사람들이 천부(天符)의 이치를 익히지 아니하고 미혹에 빠져 일종의 샤머니즘으로 변질되면서 심지어 단군을 무격(巫覡)과 동일시하는 무지(無知)를 드러내기까지 하고 있다. 『부도지』 제12장에서도 '사해의 여러 종족들이 천부(天符)의 이치를 익히지 아니하고 미혹에 빠져 세상이 고통스러워졌음'[25]을 개탄하고 있다.

수십 년간 연구의 집적에도 불구하고 '단군의 나라'가 여전히 미궁에 빠지게 된 것은 '단군'의 실체에 대한 인식이 제대로 이루어지지 못했기 때문이다. 그 실체를 알지 못하고서 단군조선을 단순히 신정체제(神政體制)니 세습군주제(世襲君主制)니 하며 제도를 논하게 되면, 역사상 그러한 제도에 드리워진 부정적인 이미지로 인해 또 다른 왜곡을 야기할 수 있다. 그래서 필자는 단군조선의 국가 조직에 들어가기에 앞서 역사상 가장 위대한 국가론으로 손꼽힐 뿐 아니라 모든 시대에 통용되는 플라톤(Plato)의 『국가론 Politeia(Republic)』을 통하여 단군의 국가론을 일별해 보고자 한다.

플라톤의 도덕적 이상주의의 바탕을 이루는 이데아계[실재 세계]와 현상계[그림자 세계]에 대한 논의는―『국가론』 제7권에 나오는 '동굴의 비유(the allegory of the Cave)'[26]에서 드러나듯이―우주의 본질인 생명의 본체와 작용의 관계적 본질에 관한 것이다. 이는 '일즉삼·삼즉일'의 원리로 표상되는 삼신 사상['한'사상, 天符思想, 神敎]에서 파생된 것이다. 사실 플라톤은 이집트, 소아시아 지방으로 견학을 가기도 했고, 남부 이탈리아에서 피타고라스(Pythagoras) 학파로부터 수학을 배우기도 하는 등 약 10년을 편력하다가 BCE 385년에 조국 아테네에 돌아와 아카데메이아(academeia)에서 학원을 열었고 이 학원에서 임종 때까지 철학과 수학을 강의하였다.

그리스 철학의 발상지가 본토가 아닌, 동방과 서방의 교차지점인 이오니아(Ionia)였다는 점에서 수학·천문학과 긴밀히 연계된 그리스 철학은 이집트의 수학이나 바빌로니아의 천문학 등의 영향을 받았다. 또한 이집트의 수학이나 바빌로니아의 천문학이 수메르 문명의 자장권(磁場圈) 내에 있었다는 것은 주지의 사실이고, 수메르 문명은 환국 12연방 중의 하나인 수밀이국의 문명이었다. 최초의 수비학(數秘學)은 피타고라스 수비학이 나타나기 수천 년 전 수메르 남부의 칼데아에서 기원한 것으로, 이미 BCE 3500년경에 칼데아 수비학(Chaldean System)이 정립된 것으로 밝혀졌다. 그런데 이 칼데아 수비학의 뿌리는 환국시대(BCE 7199~BCE 3898)로부터―더 정확하게는 마고성 시대로부터*―전승되어 오는, 일(一)부터 십(十)까지의 숫자로 천도(天道)를 풀

---

* 『符都誌』 제1장에 "天符를 받들어…", 제10장에 "유인씨가 天符三印을 이어받으니…", 제11장에 "天符에 비추어서(照證) 수신하고…" 등 여러 곳에 '天符'가 나오는 것으로 보

이한 우리 고유의 『천부경(天符經)』이라는 사실이다. 『천부경』은 단군조선의 정치대전이었다.

플라톤 정치철학의 궁극적인 목표는 「선의 이데아(Idea of the Good)」를 국가에서 실현하는 것이었다. 플라톤의 이데아계는 영혼[27]의 고향이며, 신의 세계이고, 윤리의 정점이며, 삶이 지향해야 할 종국 지점이다. 플라톤의 『국가론』은 철학과 단절된 폴리스의 권력정치를 통렬하게 반성하고 있다.

> 철인들이 국가의 왕이 되거나, 아니면 현재의 왕이나 권력자가 진정으로 충분히 철학을 해서 정치권력과 철학이 완전히 일치되기 전까지는…국가나 인간 종족이 해악에서 벗어날 수가 없을 것이다.
>
> Until philosophers rule as kings in cities or those who are now called kings and leading men genuinely and adequately philosophize, that is, until political power and philosophy entirely coincide,…cities will have no rest from evils, Glaucon, nor, I think, will the human race.[28]

여기서 철인(哲人)이란 현학적(衒學的)인 철학자를 말하는 것이 아니라 단군(檀君)과 같이 세상사의 이치에 통달한 덕망이 높은 존재를 일컫는 것이다. 플라톤이 '철인왕(哲人王, philosopher king)'을 주창하게 된 배경은, 세상사의 이치를 체현한 존재가 군왕이 되어야 권력을 사유화하지 않고 그러한 이치를 정치사회 속에 구현할 수 있다는 것이다. 플라톤의 이상국가는 현존하는 국가를 기술한 것이 아니라 전형(典型)으로서의 국가의 일반적 본질을 기술한 것으로, 선한 삶을 목표로 함에 있어 이상적 규준(規準)이 되는 보편적인 정

아 『天符經』은 마고성 시대로부터 지속적으로 전승되어 온 것으로 보인다.

치사회학적 원리를 발견하려는 데 그 목적이 있었다. 플라톤의 관점에서—또한 앞서 1장 1절에서 고찰했듯이 하이데거의 관점에서도—단군은 '철인왕'이며, 단군조선은 전형(典型)으로서의 국가로서 이상적 규준이 되는 원리를 제시하였다. 세상에 그 어떤 군왕이 있어 그 후예가 "단씨(檀氏, 단군)의 후예는 곧 여러 종족의 공복이요 한 임금의 사사로운 백성이 아니다"라고 일갈할 만큼 크나큰 자존감을 불어넣을 수 있단 말인가!

플라톤 정치철학의 핵심은 '도덕은 지식이다'라는 사상이다. 이 사상은 소크라테스(Socrates)의 사상을 계승한 것으로 플라톤 자신의 불행했던 정치적 경험에 의해 더욱 강화되었다. 이는 객관적 선(善)이란 것이 존재하며 그것은 학문의 대상이 될 수 있고 지적으로 탐구될 수 있다는 그의 신념을 보여준다. 그가 아카데메이아를 설립하게 된 것도 '철학적 치국책(philosophic statecraft)'의 토대가 되는 참된 지식의 정신을 심기 위한 것이었다.[29] 『국가론』에 나오는 국가의 수립 목적은 수호자들(guardians)을 위한 것이 아니라 공동체 전체가 최대한 행복하게 살 수 있도록 하기 위한 것이다. 다시 말해 국가의 사명은 이데아계를 실현하는 것이며, 그러한 사명을 완수하는 국가가 정의의 국가다.

단군조선의 정치철학 역시 정치의 교육적 기능에 그 초점이 맞춰져 있다. 이는 개개인의 도덕적 인격의 완성을 통해 마음을 밝히고 세상을 밝혀서 홍익인간·재세이화(在世理化)의 이념을 구현하려는 우리 국조(國祖)의 의지가 표출된 것이다. 우리 고유의 풍류(風流, 玄妙之道) 속에는 유·불·선이 중국에서 전래되기 이전부터 삼교를 포괄하는 사상 내용이 담겨져 있어 교육의 원천이 되었다. 또한 단군조선의 정치대전이자 만백성의 삶의 교본인 『천부경(天符經)』·『삼일신고(三一神誥)』·『참전계경(參佺戒經)』은 플라톤이 추구하는 「선의 이데아」를 구현하는 이상적 규준이 되는 원리를 제시한다. 『천부경』

의 '인중천지일(人中天地一: 천·지·인 삼신일체의 天道가 인간 존재 속에 구현됨)', 『삼일신고』의 '성통공완(性通功完: 참본성이 열려 사회적 공덕을 완수함)', 『참전계경』의 '혈구지도(絜矩之道: 남을 나와 같이 헤아리는 推己度人의 道)'는 「선의 이데아」를 실현할 수 있게 하는 핵심 원리다.

플라톤은 『정치가론 Politicus(Statesman)』[30]에서 현실 국가의 분류는 정부 형태에 대한 전통적인 세 가지 분류법―군주정, 귀족정, 민주정―을 준법적이냐 무법적이냐에 따라 다시 세분하여 여섯 유형으로 분류하는 방식을 취한다. 즉, 군주정과 폭군정, 귀족정과 과두정, 민주정과 폭민정이 그것이다. 플라톤의 『법률론 Laws』 속의 국가는 '법률이라는 황금 현(the golden cord of the law)'[31]과 결합되어 절제와 중용을 주된 덕성으로 삼고 준법정신을 배양함으로써 조화의 실현을 추구하는 국가이다. 그는 이 『법률론』에서 군주정의 지혜의 원리와 민주정의 자유의 원리를 결합한 '혼합'국가(the mixed state)의 원리를 제시하고 있는데, 이러한 원리는 훗날 몽테스키외(Montesquieu)의 권력분립의 원조가 되는 것이다.

단군조선의 정치체제 역시 일종의 혼합정체(混合政體)라고 할 수 있겠지만 플라톤과는 다른 면이 있다. 이에 대해서는 국가 조직을 고찰하면서 살펴보기로 하자. 다만 여기서 한 가지 지적해 둘 것은 정치체제가 유연하지 않으면 그 정권은 단명하다는 사실이다. 그리스 7현인(賢人)의 한 사람인 솔론(Solon)의 개혁은 민주화를 지향해 입헌 민주정의 기초를 세우긴 했지만 그 정권은 단명했고 아테네의 참주(僭主)였던 페이시스트라토스(Peisistratos)의 출현을 야기했다. 반면 로마는 집정관 제도로 왕정의 장점을 살리고, 원로원 제도로 귀족정의 장점을 살리고, 민회를 통해 민주정의 장점을 살리는 정치체제의 유연성과 종교적 관용 등으로 인해 대제국이 될 수 있었다.

그러면 단군조선의 국가 조직에 대해 살펴보기로 하자. 고조선은 각 지역의 여러 부락연맹체를 제후국으로 통합하여 건국하였으므로 개국 초기부터 많은 제후국을 거느린 국가였다. 고조선이 많은 제후국을 거느렸다는 점에서 봉건제(封建制) 국가로 일컬어지기도 하지만 어디까지나 국가 조직의 측면일 뿐, 사회경제면에서는 영주와 농노 사이의 지배·예속관계를 기반으로 한 봉건사회와는 확연히 구별된다. 봉건제도는 제왕이 군사적 점령지 또는 복속지의 토지를 영주에게 봉하는 봉토(封土)를 기반으로 한 것이지만, 고조선의 경우 대부분은 기존의 지역 지배 통치권을 승인 하사하는 정치·군사적인 성격이 강했다.[32] 당시의 통치방식은 중앙에서 모든 제후국의 백성을 직접 지배한 것이 아니라 각 지역 부락연맹체의 우두머리를 제후(諸侯) 또는 후왕(侯王)으로 삼아 이들을 통하여 간접적으로 지배하는 방식이었다. 제후는 일정한 자치권을 가지고 있었지만, 고조선의 중앙정부와 제후국의 관계는 본질적으로 지배·종속의 관계였다.

고조선 제후국들의 고조선 중앙본국(직령지, 밝달조선)에 대한 의무는 전쟁시 군사 동원, 군사장비의 공납, 군량 제공, 특산물 공납, 전국 대회 참가, 신앙·종교의식 참가 등이었다. 고조선 제후국들이 중앙본국으로부터 받는 혜택은 군사적 보호, 제후국 제후의 지배 질서와 권위 보장, 선진적 경제와 기술의 전수, 선진적 문화의 전수와 지원, 각종 명분의 제공 등이었다.[33] 고조선의 제후국으로는 부여(夫餘), 옥저(沃沮), 맥(貊), 예(濊), 진(辰), 고죽(孤竹), 진번(眞番), 임둔(臨屯), 숙신(肅愼), 청구(靑丘), 구려(句麗), 불령지(不令支·令支·弗離支), 불도하(不屠何), 비류(沸流), 개마(蓋馬), 구다(句茶), 양맥(良貊), 남국(藍國), 행인(荇人), 현토(玄菟), 시라(尸羅), 고리(高離), 고례(高禮), 낙랑(樂浪), 고막해(庫莫奚), 정령(丁零·원 突厥), 동호(東胡), 선비(鮮卑), 읍루(挹婁), 산융(山戎·원 흉노), 유연(柔然), 실위(室韋) 등 수십 개가 있었다.

다음으로 고조선에서 한(韓)의 지위에 대해 살펴보기로 하자. 「단군세기」

에는 재위 93년 경자년(BCE 2241)에 "천하의 땅을 구획하여 삼한(三韓)으로 나누어 다스렸다"[34]고 나와 있다. 고조선의 광대한 영역을 효율적으로 통치하기 위해 삼한, 즉 진한(辰韓, 眞韓, 진조선), 번한(番韓, 弁韓, 번조선), 마한(馬韓, 莫韓, 막조선)으로 삼분하여 통치했다는 것이다. 「태백일사」 제4 삼한관경본기(三韓管境本紀)에는 단군왕검이 삼한으로 나라를 나누어 통치했는데 진한(辰韓)은 천왕(天王, 단군)의 직할통치 영역이라고 기록되어 있다.

마침내 삼한으로 나라를 나누어 통치했는데 진한은 천왕이 직접 다스렸으며 도읍을 아사달에 정하고 나라를 열어 국호를 조선이라 하니 이가 1세 단군이다.

遂與三韓 分土而治 辰韓 天王自爲也 立都阿斯達 開國號朝鮮 是爲一世檀君.[35]

이러한 삼분(三分) 통치방식은 '일즉삼(一卽三)·삼즉일(三卽一)'의 원리로 표상되는 삼신사상['한'사상, 天符思想, 神敎]에서 나온 것이다. 실로 천·지·인 삼신일체의 삼신사상은 마고성(麻姑城) 시대로부터 단군조선에 이르기까지 지속적으로 전승되어 왔으며 나라의 근간을 이루는 한민족 정신세계의 총화(總和)였다! 뿐만 아니라 삼신일체가 서방으로 나가 삼위일체가 되었으니, 가히 인류 정신문화의 총화라 할 수 있다. 현실적으로 삼분 통치방식은 권력 분배를 통해 부족들의 불만을 최소화하고 통치의 효율성을 높이는 효과도 기대할 수 있을 것이다. 일즉삼이요 삼즉일이니, 그 체는 하나의 '한(韓)'이고 작용으로는 진한, 번한, 마한의 셋이다. 고조선에서 한(韓, 汗)이나 검(儉)은 왕(王)과 같은 정치적 통치자를 일컫는 말이다. 말하자면 진한, 마한, 번한은 세 나라 이름이 아니라 진한이라는 천왕(天王) 밑에 있는 제후(諸侯), 즉 후왕(侯王)들이었다.* 단군

---

* 단재 신채호는 삼한을 신한·말한·불한으로 분류하여 신한은 大王이고 불한과 말한은

조선 이래 고려말까지 도읍을 세 곳에 두는 '삼경'제(三京制)는 지속되었다.

삼한의 핵심인 진한은 고조선의 역대 단군들이 직접 다스렸고, 마한과 번한은 단군이 별도의 제후(侯王)를 임명하여 다스리게 했다. 말하자면 단군이 분조(分朝)를 두어 다스린 것이다. 「태백일사」 제4 삼한관경본기 마한세가(馬韓世家) 상(上)에는 단군왕검이 천하를 평정하고 삼한으로 나누어 웅백다(熊伯多)를 봉하여 마한이라고 했다고 나와 있다.

단군왕검이 이미 천하를 평정하고 삼한으로 나누어 관할하는 경계를 만들고 곧 웅백다(熊伯多)를 봉하여 마한이라고 하였다. 달지국에 도읍하였는데 이곳을 백아강이라고도 했다.

檀君王儉 旣定天下 分三韓而管境 乃封熊伯多爲馬韓 都於達支國 亦名曰白牙岡也.[36]

「태백일사」 제4 삼한관경본기 번한세가(番韓世家) 상(上)에는 단군왕검이 치우(蚩尤)의 후손들 중에 지혜와 용기가 뛰어난 치두남(蚩頭男)을 택하여 번한으로 임명하고 우(虞)의 정치를 감독하는 일을 겸하게 하였다고 기록되어 있다. 경자년(BCE 2301)에 요하(遼河) 주변에 열두 개의 성(城)을 쌓았으니, 험독(險瀆), 영지(令支), 탕지(湯池), 통도(桶道), 거용(渠庸), 한성(汗城), 개평(蓋平), 대방(帶方), 백제(百濟), 장령(長嶺), 갈산(碣山), 여성(黎城)이 그것이라고 나와 있다. 모두 반도가 아닌 대륙 땅에 있는 것들이다.

副王이었다며, 삼한이 삼경에 각각 주재하며 신한은 신조선을 통치했고, 불한은 불조선을 통치했으며, 말한은 말조선을 통치했다고 하였다. 신한·말한·불한을 이두로 표기한 것이 진한·마한·변한이고, 신조선·말조선·불조선을 이두로 표기한 것이 진조선·막조선·번조선이라고 했다(신채호 지음, 김종성 옮김, 『조선상고사』, 121쪽).

단군왕검이 치우의 후손들 중에 지모(智謀)와 용력(勇力)이 있는 자를 택하여 번한이라 하고 부(府)를 험독(險瀆)에 세우게 하였다. 지금도 또한 왕검성이라 한다. 치두남은 치우천왕의 후손으로 지혜와 용기가 뛰어난 것으로 세상에 알려졌으므로 단군이 이내 불러서 보고 범상치 않게 여겨 곧 번한으로 삼았다.

檀君王儉 擇蚩尤後孫中有智謀勇力者爲番韓 立府險瀆 今亦稱王儉城也 蚩頭男 蚩尤天王之後也 以勇智著聞於世 檀君乃召見而奇之 卽拜爲番韓.[37]

「태백일사」제4 삼한관경본기 마한세가(馬韓世家) 하(下)에는 22세 단군 색불루(索弗婁) 때에 이르러 제도를 개정하여 삼한을 삼조선이라 하고, 진조선은 천왕(天王, 단군)이 직접 다스렸으며, 막조선(莫朝鮮)과 번조선(番朝鮮)은 각각 여원흥(黎元興)과 서우여(徐于餘)로 하여금 다스리게 하였는데 이를 통틀어 단군 관경(管境)이라 이름한다고 나와 있다.

제도를 개정하여 삼한을 삼조선이라 하였는데 조선이란 관경(管境)을 말한다, 진조선은 천왕이 직접 다스렸으며 지역은 옛 진한 땅 그대로이고 천왕이 정사(政事)를 보니 삼한이 모두 하나같이 명을 따랐다. 여원흥을 마한으로 하여 막조선을 통치케 하고, 서우여를 번한으로 하여 번조선을 통치케 했다. 이를 통틀어 이름하여 단군 관경이라 한다. 이것이 곧 진국(辰國)으로, 역사에서 단군조선이라 함은 이것이다.

改制三韓 爲三朝鮮 朝鮮 爲管境也 眞朝鮮 天王自爲 而地則仍舊辰韓也 政由天王 三韓 皆一統就令也 命黎元興爲馬韓 治莫朝鮮 徐于餘爲番韓 治番朝鮮 總之名曰檀君管境 是則辰韓 史稱檀君朝鮮 是也.[38]

진한, 마한, 번한을 통틀어 단군 관경(管境)이라 하고 이 셋이 곧 진국(辰國)

이며 단군조선이라 하였으니, 한(韓)의 체는 하나이며 작용으로만 셋이다. 「태백일사」 제5 소도경전본훈(蘇塗經典本訓)에서는 신지(神誌) 발리(發理)가 지은 『신지비사(神誌秘詞)』에 나오는 서효사(誓效詞)를 인용하여 진한의 옛 도읍을 저울대, 번한의 옛 도읍을 저울추, 마한의 옛 도읍을 저울판에 비유하고 있다. 저울대에 해당하는 진한의 옛 도읍은 Ｗ부소량(扶蘇樑, 蘇密浪), 즉 지금의 송화강 연안의 하얼빈이라 하고, 저울추에 해당하는 번한의 옛 도읍은 오덕지(五德地), 즉 지금의 중국 하북성(河北省, 허베이성) 개평부(開平府) 동북 7십 리에 있는 탕지보(湯池堡, 고구려의 안시성)라 하고, 저울판에 해당하는 마한의 옛 도읍은 백아강(白牙岡, 達支國), 즉 지금의 대동강(평양)이라 하고 있다.[39]

한편 「단군세기(檀君世紀)」에는 「태백일사」 제5 소도경전본훈과는 달리 진한의 도읍인 '부소량(扶蘇樑)'이 '소밀랑(蘇密浪)'으로 나오는데 모두 '소밀(蘇密)', '소머리'에서 유래한 동일 지명이다. 마한의 도읍인 백아강에 대해서도 모두 일치하고 있다. 문제가 되는 것은 번한의 도읍이다. 번한의 도읍이 「태백일사」 제5 소도경전본훈에는 '오덕지(五德地)'로 나오고, 「태백일사」 제4 삼한관경본기에는 '험독(險瀆)'으로 나오며, 「단군세기」에는 '안덕향(安德鄉)'으로 나온다. 그런데 「태백일사」 제4 삼한관경본기 번한세가(番韓世家) 상(上)에서 "탕지(湯池)는 옛날의 안덕향(安德鄉)이다(湯池 古安德鄉也)"[40]라고 하고, 「태백일사」 제5 소도경전본훈에서는 '오덕지'가 곧 탕지보(湯池堡)라고 했으니, '오덕지'와 '안덕향'은 동일 지명이다. 남은 문제는 안덕향·오덕지가 '험독'과 동일 지명인지 여부를 가리는 것이다.

이러한 지명의 혼란은 평양, 아사달, 험독과 같은 지명이 도읍을 의미하는 보통명사로도 사용되었다는 점, 도읍을 천도했을 수 있다는 점, 그리고 동일 지명을 다른 이름으로 불렀을 수도 있다는 점 등에서 오는 것이다. 기록이 제대로 전해지지 않은 상황에서 오래전의 일을 상고(上考)해서 기록한 것이다 보니 모든 기록이 일치하기란 실로 어려운 것이다. '험독(險瀆)'을 '검터'의 한자어 표기 '검독(儉瀆)'으로 이해하여 고조선의 도읍을 가리키는 왕검성 또는 왕험성(王險城)으로 보기도 한다.

『사기(史記)』권115 「조선열전(朝鮮列傳)」제55와 『한서(漢書)』권28 「지리지 (地理志)」의 기록[41]*을 종합하여 험독의 위치가 하북성(河北省) 창려(昌黎)이며 그곳이 고조선의 도읍인 왕험성(왕검성)이다. 말하자면 번한(番韓)의 도읍을 고조선의 도읍이라고 기록한 것이다. 고조선의 중앙본국이 있는 진한(辰韓) 의 도읍이 아닌 번한의 도읍을 고조선의 도읍으로 인식한 것은, 고조선의 관경(管境) 제도에 대한 이해가 부족했을 수도 있고 또 삼한(三韓) 중에서 번한 이 중원지역에 가까웠기 때문일 것이다. 그런데 「태백일사」제5 소도경전 본훈에서는 번한의 도읍인 안덕향(오덕지, 탕지보)이 지금의 중국 하북성 개평 부(開平府) 동북 7십 리라고 적시하고 있다. 개평부 동북 7십 리가 '창려(昌黎)' 와 같은 곳이 아니라면, 번한의 도읍은 안덕향에서 창려현에 있는 험독(왕험 성)으로 천도한 것으로 보아야 할 것이다.

그런데 한(韓)의 지위와 관련하여, 국내 주류 사학계는 고조선이 해체된 뒤 에 처음으로 각각 독립된 세 정치단위로서의 삼한(三韓)이 성립됐고 그 지리

---

* 『漢書』권28 「地理志」에는 '왕험성이 곧 평양성(王險城卽平壤城)'이고, '왕험성은 낙랑군 浿水 동쪽에 있다(王險城在樂浪郡浿水之東)'고 했으며 그곳이 險瀆이라고 하였다. '험독' 을 '검터'의 한자어 표기 '검독(儉瀆)'으로 이해하여 고조선의 도읍을 가리키는 왕험성 (왕검성)으로 보기도 하므로 평양성=왕험성=험독이 된다. 또 『史記』권115 「朝鮮列傳」 제55에는 '창려에 험독현이 있다(昌黎有險瀆縣)'고 하고, '요동 험독현은 조선왕의 옛 도 읍(遼東險瀆縣朝鮮王舊都)'이라고 하며, '왕험성은 낙랑군 패수 동쪽에 있다'고 하였다. 위 두 기록을 종합하면, 고조선의 도읍인 평양성은 중국 河北省 昌黎에 위치한 것이 된 다. 또 「태백일사」제4 三韓管境本紀에는 番汗의 수도를 險瀆이라 하고 있으므로 평양 성은 창려(昌黎)에 위치한 번한의 도읍인 험독, 즉 왕험성(왕검성)을 가리키는 것이 된 다.

적 위치도 한반도 남단이었다고 주장한다. 그러나 고조선 시대에 한(韓)은 고조선과 분열·독립된 별개의 정치집단이 아니라 고조선의 통치권 영역에 속해 있었던 일정한 자치권을 가진 하나의 정치단위로서 기능했다. 다시 말해 한(韓)의 실체는 하나이지만 통치의 효율성을 높이기 위해 편의상 세 개의 분조(分朝)를 두어 통치한 것이다. 그 지리적 위치도 한반도 남단이 아니라 본류는 대륙이었으며 수십 개의 제후국을 거느리고 있었다. 서쪽으로는 중국 허베이성(河北省) 난하(灤河) 또는 창려(昌黎)에 이르고, 동북쪽으로는 하북성 동북부 일부와 동북 3성(遼寧省·吉林省·黑龍江省) 그리고 동남쪽으로는 대동강이 흐르는 평양을 중심으로 한반도 전체에 걸쳐 있었다. 고조선과 동아시아의 고조선 문명권에서 제왕이 '한(Han)' 또는 '칸(Khan)'으로 호칭된 것도 하나의 정치단위로서의 한(韓)의 강력한 영향력의 산물이었다.

끝으로 단군조선의 정치체제에 대해 살펴보기로 하자. 플라톤은 『법률론』에서 군주정의 지혜의 원리와 민주정의 자유의 원리를 결합한 '혼합'국가(the mixed state)의 원리를 제시했는데, 단군조선의 정치체제 역시 혼합정체(混合政體, mixed polity)라 할 수 있다. 우선 단군조선은 군주정의 지혜의 원리와 민주정의 자유의 원리를 결합시킨 것으로 볼 수 있다. 단군이 지혜와 통치 능력을 겸비한 인물임은 이미 설명된 바이다. 민주정의 자유의 원리와 관련해서는, 『단기고사(檀奇古史)』에 명료하게 기록되어 있다. 9세 단군 아술(阿述) 재위 6년 신유년(BCE 1980)에 을성문덕(乙成文德)이 임금께 다음과 같이 진언했다.

국가는 모든 백성의 국가이며, 임금 한 분의 사유가 아니므로 임금과 신하가 합의하여 국사(國事)를 정하는 것입니다. 매년 부(府)와 군(郡)의 대표가 의사원(議事院)에 모여 국사를 의논하여 결정한 후에, 천제의 허락을 얻어 정부의 책임자로 하여금 실행하게 하면 임금과 백성이 합의하는 정치가 되는 것이니, 바라옵기는, 회기(會期)를 정하시어 백성에게 참정권(參政權)을 허락하옵소서.[42]

이에 임금께서 허락하시고 매년 8월 1일을 정기회의 날짜로 삼으니, 민권(民權)이 여기에서부터 시작되었다고 기록되어 있다. 또한 「단군세기(檀君世紀)」에도 이와 유사한 내용이 나온다. 6세 단군 달문(達門) 재위 35년 임자년(BCE 2049) 기록에 화백(和白)과 공화(共和)로써 하는 것이 어진 정치(仁政)임을 강조한 것이 그것이다. 화백제도는 신라시대에 처음 등장한 것이 아니라 그 기원은 오래된 것이다. 말하자면 민주정에 대한 개념이 일찍부터 형성된 것이라 볼 수 있다. 그리고 단군조선의 정치철학이 개개인의 도덕적 인격의 완성을 통해 마음을 밝히고 세상을 밝혀서 홍익인간·재세이화(在世理化)의 이념을 구현하는 것을 목표로 삼고 있었으며 이를 위해 정치의 교육적 기능에 그 초점이 맞춰진 것을 보더라도 민주정의 자유의 원리가 중시되었음을 알 수 있다.

그런데 단군조선은 많은 제후국을 거느린 '연방제국'이었기 때문에 제후 또는 후왕(侯王)들과의 조화로운 관계 형성이 시급한 현안이었으므로 귀족정의 제도적 측면을 보완해야 할 필요가 있었다. 신지(神誌) 발리(發理)는 저울이 저울대·저울추·저울판의 세 가지가 균형을 이루어야 제 기능을 할 수 있듯이, 도읍도 세 곳에 두어 조화와 균형을 이루면 왕업이 흥륭(興隆)하게 될 것이라고 했다. 고조선의 제후들은 고조선 중앙본국과 여러 부족민들을 매개하는 중간자로서의 역할을 담당했고, 중앙본국은 그들의 지위와 권위를 보장하고 소도의식(蘇塗儀式)을 통해 정신적 결속력을 강화함으로써 고조선의 통치 체제에 대한 저항을 최소화하고 2천 년이 넘도록 광대한 영역을 통치할 수 있었다. 따라서 단군조선의 정치체제는 군주정과 민주정 그리고 귀족정을 융합한 유연한 혼합정체(混合政體, mixed polity)였다고 볼 수 있다.

고조선의 통치 체제와 대내외적 발전

고조선의 최고 통치자 단군(檀君, 檀帝)은 정치적 최고 통치자이면서 동시에 종교적 최고 지도자였다. 대제사장을 뜻하는 단군과 정치적 군왕을 뜻하는 왕검이 결합된 '단군왕검(檀君王儉)'이라는 칭호는 최고의 정치적·종교적 권위가 부여된 것이었다. 「태백일사」제4 삼한관경본기(三韓管境本紀)에는 신인(神人) 왕검(王儉)이 비왕(裨王)이 되어 섭정한 지 24년 만에 웅씨 왕이 전쟁하다가 붕어하자 왕검은 마침내 그 왕위를 대신하여 구환(九桓)을 통일하고 아사달에 도읍하여 국호를 조선이라 했다고 기록되어 있다. 단군왕검은 나라 사람들을 불러 다음과 같이 약속하여 말했다.

> 지금 이후로 백성의 소리를 듣는 것을 공법(公法)으로 삼노니 이를 일러 천부(天符)라 한다. 천부란 만세의 강전(綱典)으로 지극한 존엄이 서려 있으니 누구도 어겨서는 아니 될 것이다.
>
> 自今以後 聽民爲公法 是謂天符也 夫天符者 萬世之綱典 至尊所在 不可犯也.[43]

백성의 소리는 곧 하늘 소리이므로 하늘 소리를 듣는 것을 공법(公法)으로 삼겠다는 의지를 공식적으로 천명한 것이다. 이는 하늘의 이치(天理)에 부합하는 것이니 천부(天符)라 한 것이다. 천부란 만세의 기강이 되는 법전(綱典)이니 그 누구도 어겨서는 안 된다는 것이다. 단군왕검은 하늘의 이치에 부합하는 경전인 『천부경(天符經)』을 정치대전으로 삼아 조화로운 정치를 펼쳤다. 또한 나라를 삼한으로 나누어 진한(辰韓)은 직접 통치했다. 단군왕검께서 조서(詔書)를 내려 말하였다.

> 하늘의 홍범(天範)은 언제나 하나이고 사람의 마음 또한 다 같게 마련이니 내 마음으로 미루어 남의 마음을 헤아리도록 하라. 사람의 마음은 오직 교화를 통해서만 하늘의 홍범과 합치되는 것이니 그리하면 만방을 거느릴 것이다.
>
> 天範恒一 人心惟同 推己秉心 以及人心 人心惟化 亦合天範 乃用御于萬邦.[44]

천범(天範) 즉 하늘의 홍범은 언제나 하나이고 사람의 마음도 다 한가지이니, 그것은 내 마음으로 미루어 남의 마음을 헤아리는 것이다. '내 마음으로 미루어 남의 마음을 헤아리는 것'은 우리 고유의 경전인 『참전계경(參佺戒經)』에 나오는 '혈구지도(絜矩之道)', 즉 내 마음으로 미루어 남의 마음을 헤아리는 추기탁인(推己度人)의 도(道)를 말하는 것이다. 사람의 마음이란 것도 오직 교화를 통해서만 하늘의 홍범에 합치될 수 있고 그리되면 만방을 거느릴 수 있게 된다. 단군께서 정치의 교육적 기능에 초점을 맞춘 것도 이 때문이다. 환국시대로부터 전승되어 온 『천부경(天符經)』과 『삼일신고(三一神誥)』·『참전계경(參佺戒經)』은 단군조선의 정치대전(政治大典)이자 만백성의 삶의 교본이었다.

단군왕검은 배달국 신시(神市)의 이념을 이어받아 고조선을 개국하여 고요히 세상을 평정하고 현묘(玄妙)의 도(道)를 익혀 인간을 교화하였으며 신하들로 하여금 모든 것을 계발하게 했다. 의약(醫藥)·공장(工匠)·축산·농사·측후(測候: 천문, 기상을 관측함)·예절·문자의 법을 제정하니 온 나라가 교화되고 가깝거나 멀리 떨어진 백성들까지 모두 서로 의심하지 않게 되었다.[45]

이에 팽우(彭虞)에게 명하여 토지를 개척하게 하고, 성조(成造)에게는 궁실을 짓게 하였으며, 신지(臣智)에게는 서계(書契)를 짓게 하고, 기성(奇省)에게는 의약을 베풀게 하였다. 나을(那乙)에게는 호적을 관장하게 하고, 복희(伏羲)에게는 괘서(卦筮, 卜筮)를 관장하게 하였으며, 치우(蚩尤)에게는 병마를 관장하게 하였다. 비서갑(斐西岬) 하백(河伯)의 딸을 황후로 삼아 누에를 치게 하니 순박하고 온후한 다스림이 온 세상에 두루 미쳐 태평치세를 이루었다.

於是 命彭虞闢土地 成造起宮室 臣智造書契 奇省設醫藥 那乙管版籍 義典卦筮 尤掌兵馬 納斐西岬河伯女爲后 治蠶 淳厖之治 熙洽四表.[46]

단군조선의 국가통치는 하늘을 공경하고 조상을 받드는 것을 하나로 보는 경천숭조(敬天崇祖)의 보본(報本: 근본에 보답함)사상을 바탕으로 하고 있었던 까닭에 하늘에 제사 지내는 대제사장으로서의 단군의 권위는 한(汗)이나 검(儉)과 같은 정치적 권위에 비해 훨씬 막강한 것이었다. 이는 하늘에 제사 지내는 천부단(天符壇, 天壇)을 중심으로 부도(符都: 하늘의 이치에 부합하는 나라 또는 그 나라의 수도)가 건설된 것을 보더라도 알 수 있다.

『부도지(符都誌)』 제13장에는 임검씨(桓儉氏, 단군왕검)가 순행(巡行)에서 돌아와 부도(符都)를 건설할 땅으로 태백산(중국 陝西省 소재)을 택하여 정상에 천부단을 짓고 사방에 보단(堡壇)을 설치하였는데, 그 구체적인 설계는 마고(麻姑) 본성(本城)에서 그 법을 취한 것이라고 기록되어 있다.

임검씨가 돌아와 부도(符都)를 건설할 땅을 택하였다. …곧 태백산 밝은 땅 정상에 천부단(天符壇)을 짓고 사방에 보단(堡壇)을 설치하였다. 보단의 사이는 각각 세 겹의 도랑으로 통하게 하였다. 도랑의 사이는 천 리였으며, 도랑의 좌우에 각각 관문을 설치하여 지키게 하였다. 이는 마고 본성에서 그 법을 취한 것이었다.

壬儉氏 歸而擇符都建設之地…乃築天符壇於太白明地之頭 設堡壇於四方 堡壇

之間 各通三條道溝 其間 千里也 道溝左右 各設守關 此取法於麻姑之本城.[47]

이처럼 부도(符都)는 천제의식(天祭儀式)을 거행하는 순수한 신단(神壇)인 천부단을 중심으로 적을 방어하는 군사적 목적을 겸비한 사방의 보단(堡壇) 그리고 도랑, 관문 등 세부적인 설계까지도 마고성 시대로부터 전승되어 온 것으로 그 역사가 실로 오래된 것이다. 도랑의 사이가 천 리(千里, 약 400km)였다고 하니, 부도(符都)의 전체 규모를 짐작할 만하다. 완성된 부도의 위용(威容)이 사해(四海)를 화합하고 여러 종족의 생맥(生脈)을 이루기에 충분하였다고 『부도지(符都誌)』 제13장에는 기록하였다. 이러한 제천의식은 후대에까지 지속적으로 계승되었다. 부여, 고구려, 예(濊), 맥(貊), 신라 등에서는 10월 상달에 행해졌고, 백제에서는 사중월(四仲月: 사계절의 가운데 달, 즉 음력 2월, 5월, 8월, 11월)에 행해졌다. 부여의 영고(迎鼓), 고구려의 동맹(東盟), 동예(東濊)의 무천(舞天), 백제의 교천(郊天), 신라의 팔관회(八關會), 고려의 팔관회와 원구단(圜丘壇)의 제천의식 등이 있다.

『부도지(符都誌)』 제14장에는 황궁(黃穹)씨의 후예* 6만이 부도(符都)에 이주하였으며 뗏목 8만을 만들어서 신부(信符)를 새겨 천지(天池)의 물에 흘려보내 사해의 종족들을 초청하였는데, 이 신부가 새겨진 뗏목을 본 종족들이 차례로 모여들어 박달나무 숲에 신시(神市)를 크게 열었다는 기록이 있다. 또 십

---

* 파미르고원의 麻姑城 시대 이후 黃穹氏와 有仁氏의 천산주 시대, 桓仁氏의 적석산(靑海省 소재) 시대를 거쳐 桓雄氏의 태백산(陝西省 소재) 시대에 이른다. 배달국의 14대 慈烏支桓雄(蚩尤天王) 때 靑邱로 옮겼다가 다시 태백산으로 還都했다.

년마다 신시(神市)를 여니, 말과 글이 같아지고* 천하가 하나로 되어 사람들이 크게 화합하였다는 기록이 있다. 또한 『부도지』 제15장에는 육산물의 중심지에서 조시(朝市)를 열고 해산물의 중심지에서 해시(海市)를 열어 매년 시월 아침에 소도제천(蘇塗祭天) 행사를 거행하니 사해의 종족들이 모두 지방 토산물을 바쳤으며, 새해맞이 제사(歲祭)와 추수감사제(報賽) 등 다양한 회합과 상호 교류를 통하여 사해에 산업이 일어나서 교역이 왕성해지므로 천하가 넉넉하여 부족함이 없었다는 기록이 있는 것으로 보아 단군조선은 법과 질서를 관장하는 사해의 공도(公都)로서 국제무역의 중심지였음을 알 수 있게 한다. 『부도지』 제29장에는 신라에서도 제시(祭市: 神市·朝市·海市)의 법을 부흥하였다는 기록이 있다.[48]

『규원사화』 「단군기」에 따르면 제사를 지내고 난 뒤에 단군왕검은 8가(八加)와 후왕(侯王), 그리고 백성들에게 홍익인간(弘益人間)의 이념을 풀이한 이른바 단군8조(檀君八條)를 가르쳐 깨우치게 했다. '단군8조'는 ① 모든 덕의 근원인 일신(一神, 唯一神)을 공경하고 황조(皇祖)의 공덕을 기릴 것, ② 하나인 하늘의 홍범(天範)을 지킬 것, ③ 어버이를 공경할 것, ④ 서로 화목하여 원망과 질투와 음란이 없도록 할 것, ⑤ 서로 사랑하여 헐뜯지 말며 서로 도와서 다투지 말 것, ⑥ 서로 양보하여 빼앗거나 훔치지 말 것, ⑦ 남에게 상처를 주지 말 것이며 천범(天範)을 준수하여 만물을 지극히 사랑할 것, ⑧ 서로 구제하

---

* 3세 단군 嘉勒 편에는 "당시 풍속이 하나같지 않고 지방마다 말이 다르니 비록 형상으로 뜻을 나타내는 眞書가 있었지만 열 집이 사는 마을에서도 말이 통하지 않는 경우가 많고 백 리 되는 나라에서는 글자를 서로 이해하기 어려웠다. 이에 三郎 乙普勒에게 명하여 正音 38자를 만들어 이를 加臨土라 하였다(『桓檀古記』 「檀君世紀」)"는 기록이 나오고, 『檀奇古史』에는 '단군 가륵 재위 2년 봄에 을보륵에게 명하여 國文正音을 精選토록 하였다'는 기록이 나온다.

며 얕보거나 업신여기지 말 것, 이상 여덟 가지이다.[49] 타고난 떳떳한 성품을 지켜서 나쁜 생각을 갖지 않는 것이 곧 하늘을 공경하고 백성과 친하게 되는 것이니 그리하면 무궁한 복을 누리게 될 것이라는 내용이다.

여기서 일신(一神)*을 공경하라고 한 뜻은 만물 속에 만물의 본질로서 내재해 있는 하나인 참본성[神性, 一心]을 공경하라는 것이다. 우리의 내재적 본성인 신성(神性), 즉 참본성을 우리 자신으로부터 분리시켜 외재적 존재로 물화(物化)하여 객체화된 하나의 대상(物神)으로 숭배하는 것, 이것이 바로 모든 종교에서 그토록 경계하는 우상숭배다. 의식이 진화하지 않으면 분별지(分別智)에 갇히게 되므로 '나'와 '너', '이것'과 '저것', '신'과 '인간' 등 모든 것을 이원화하는 분리의식에 빠지게 된다. 천·지·인 삼신을 공경하는 것이 곧 환인[天皇]·환웅[地皇]·단군[人皇]—흔히 단군 삼신(三神)이라 한다—을 받드는 것과 하나인 것은 인내천(人乃天)**이기 때문이다. 사람과 우주만물이 곧 하늘이기 때문이다. 물질적 외피가 아니라 그 실체인 하나인 참본성이 곧 하늘(天·神·靈)이라는 말이다. 우주의 실체는 의식이므로 이 하나인 참본성이 곧 '참자아'다.

흔히 단군신앙이라 하면 단군을 신격화하는 것으로 곡해하기도 하는데, 이는 '인내천'이나 천인합일(天人合一)의 의미를 이해하지 못하는 데서 오는 것이다. 우주만물이 곧 하늘이고 하늘과 우주만물이 하나인 것은, 우주만물

---

* 一神은 곧 천·지·인 三神이다. 天(하늘)은 하나이지만 나누면 천·지·인 셋이 되는 것이다. 一卽三이요 三卽一이다. 一神과 三神의 관계는 고조선과 三韓의 관계와 같다. 고조선은 하나의 국가이지만 나누면 三韓·三朝鮮이 되는 것이다.

** 人乃天의 '人'은 天人合一의 '人'과 마찬가지로 사람만이 아니라 사람과 우주만물을 통칭하는 대명사로서의 '人'이다. 따라서 사람만이 아니라 우주만물이 곧 하늘(天·神·靈)이며, 하늘과 우주만물은 하나다. 우주만물이 다 하늘이라는 뜻은 물질적 외피가 아니라 그 실체인 하나인 참본성[一心]이 하늘이라는 말이다. 환인·환웅·단군은 천·지·인 三神一體의 天道를 體現하였으므로 단군 三神이라 불렀다.

을 관통하는 하나인 참본성[참자아, 至氣]이 곧 하늘이기 때문이다. 하늘(天), 신(神), 영(靈) 등은 참본성[참자아]을 지칭하는 많은 대명사 중의 하나일 뿐이다. 물질적 외피가 아닌, 하나인 참본성이 곧 하늘이고 신(神)이라는 말이다. 그래서 우리 선조들은 경천(敬天)·경인(敬人)·경물(敬物)의 삼경(三敬)을 강조했던 것이다. 고조선 후대의 임금들은 일신(一神, 천·지·인 三神)과 단군 삼신을 공경해 섬겼다. 환인·환웅·단군은 천·지·인 삼신일체의 천도(天道)를 체현(體現)하였으므로 단군 삼신이라 불렸다. 마고성(麻姑城) 시대로부터 환국·배달국·단군조선에 이르기까지 통치의 근간을 이루는 일즉삼(一卽三)·삼즉일(三卽一)의 원리를 앞서 필자가 그토록 강조한 것은, 이 원리를 제대로 이해하지 못하면 우리 상고시대에 대한 논의는 결국 그 외피를 더듬는 것일 뿐이기 때문이다.

「단군세기(檀君世紀)」에는 단군왕검 재위 50년 정사년(BCE 2283)에 홍수가 넘쳐 백성들이 고초를 겪게 되자 단군께서 풍백 팽우(彭虞)에게 명하여 치산치수(治山治水)하게 하니 백성들이 편히 살 수 있게 되었으며, 우수주(牛首州)에 그 공적을 새긴 비가 있다고 기록되어 있다. 재위 51년 무오년(BCE 2283)에 단군께서 운사(雲師) 배달신(倍達臣)에게 명하여 혈구(穴口: 지금의 강화도)에 삼랑성(三郎城, 鼎足山城)을 건설하고 마리산(摩璃山, 摩利山)에 제천단(祭天壇)을 쌓게 하였으니 그것이 지금의 참성단(塹城壇)이라고 기록하고 있다.[50] 참성단은 현존하는 최고(最古)의 제천단이다. 『규원사화(揆園史話)』「단군기(檀君記)」에서는 이곳이 단군이 하늘에 제사 지내던 두악(頭嶽: 머리산)이라고 했다.[51] 삼랑성은 삼랑이 숙위(宿衛)하는 곳이고, '낭(郎)'은 삼신을 수호하여 지키는 관직이었다.[52]

단군왕검 재위 67년 갑술년(BCE 2267)에는 중원에서 9년 동안 홍수를 다스리지 못하여 백성들의 피해가 막심해지자 단군께서 중원에 있는 제후들을 도산(塗山: 중국 浙江省 會稽山)에 모이도록 하고 태자 부루(扶婁)를 도산에 파견하여 도산회의(塗山會議, 塗山會盟)를 주재하도록 했다. 부루가 우사공(虞司空)과 만나 오행치수법(五行治水法)이 기록된 신서(神書, 金簡玉牒)를 전하고 나라의 경계도 살펴 정하니 유주(幽州: 지금의 河北省 北京·天津)와 영주(營州: 지금의 遼寧省 朝陽)의 두 주(州)가 우리에게 귀속되었다. 우사공(虞司空)의 '사공'은 치산치수(治山治水)를 관리하는 관직명이다. 「태백일사(太白逸史)」 제4 삼한관경본기(三韓管境本紀) 번한세가(番韓世家) 상(上)에는 이렇게 기록되어 있다.

9년 동안의 홍수로 인해 그 피해가 만백성에게 미치니 단군왕검이 태자 부루(扶婁)를 파견하여 우순(虞舜)과 약속하고 도산으로 초청하여 만났다. 순(舜)은 사공(司空) 우(禹)를 파견하여 우리의 오행치수(五行治水)의 법을 전수받아 마침내 홍수를 다스리는 데 성공했다.

及九年洪水 害及萬民 故 檀君王儉 遣太子扶婁 約與虞舜 招會羽塗山 舜遣司空禹 受我五行治水之法 而功乃成也.[53]

『사기(史記)』 「오제본기(五帝本紀)」에도 순(虞舜)이 우(禹)를 사공(司空)에 임명해 홍수를 다스리게 했다[54]는 내용이 나오는 것으로 보아 우(虞舜)가 파견한 사공(司空), 즉 우사공(虞司空)은 우(禹)를 가리키는 것이다. 조선의 태자 부루로부터 받은 신서(神書)를 통해 치수(治水)에 성공한 우(禹)는 그 공덕으로 민심을 얻어 후에 순(舜) 임금의 뒤를 이어 하(夏)나라를 세웠다. 「태백일사」 제6 고구려국본기에는 사공(司空) 우(禹)가 석 달 동안 재계(齋戒)하고 치수(治水)의 비결을 얻어 물을 다스린 공을 세웠으므로 우(禹)가 부루의 공(功)을 돌에 새겨 산의 높은 곳에 세웠다는 기록이 있다.[55] 하나라 우(夏禹)가 치수(治水)로 유명한데, 그 원조는 고조선이며 배달국 시대로부터 전승되어 온 것이다. 홍수가 잘 다스려지자, 이에 우(虞舜)를 낭야성(琅邪城: 山東省 諸城縣 동남쪽)에 두어서 구려분정(九黎分政)의 의사를 정하였다고 삼한관경본기(三韓管境本紀) 번한세가(番韓世家) 상(上)에서는 기록하고 있다.

이에 우(虞)를 낭야성(琅耶城)에 두어서 이로써 구려분정(九黎分政)의 의사를 정하였다. 『서경(書經)』에서 말하는 「동쪽으로 순행하여 망제(望祭: 멀리서 바라보며 올리는 제사)를 지내고 마침내 동쪽의 천자를 알현하다」라는 기록이 바로 이것이다. 진국(辰國)은 천제(단군)의 아들이 다스리는 곳이다. 그러므로 5년마다 순행하여 낭야에 한 번씩 이른다. 순(舜)은 제후이므로 일 년에 네 번 진한(辰韓, 辰國)에 입조(入朝)하여 알현(朝覲)했다.

於是 置監虞於琅耶城 以決九黎分政之議 卽書所云 東巡望秩 肆覲東后者 此也
辰國天帝子所治 故五歲巡到琅耶者一也 舜諸侯故 朝覲辰韓者四也.[56]

구려분정(九黎分政)이란 중원(中原)에 진출한 동이족(九黎族, 句麗族, 九夷族)들에게 나누어 다스리게 한 것을 말한다. 중국사에는 구려족(九黎族)의 우두머리가 치우(蚩尤)라고 나온다. 동이족 출신인 순(舜)은 제후의 관례대로 일 년에 네 번 입조(入朝)하여 "동방의 천자를 알현하고 때(時)와 달(月)과 날짜(日)를 협의하고 음률과 도량형을 통일하였으며, 다섯 가지 예(五禮: 吉禮·嘉禮·賓禮·軍禮·凶禮)와 다섯 가지 옥, 세 가지 비단, 두 가지 산 짐승, 한 가지 죽은 짐승의 예물에 관한 것을 개수(改修)했다"[57]는 것이 삼경(三經: 詩經·書經·易經)의 하나인 『서경(書經)』의 기록이다.

또 단군께서는 회대(淮岱: 淮水와 泰山 사이)* 지역의 제후를 평정하여 분조(分

---

* 淮水(淮河)는 河南省, 安徽省, 山東省, 江蘇省의 4개 省을 통과하는 강이며, 泰山은 山東省 중부 태안시의 북쪽에 있는 산으로, 淮岱는 그 사이에 있는 땅이다.

朝)를 두어 다스렸는데, 우순(虞舜)으로 하여금 그 일을 감독하게 하였다[58]고 「단군세기」에는 기록하고 있다. 우순(虞舜, 순 임금)이 중국 임금이라고 생각하는 사람은 '단군께서 분조(分朝)를 두어 우순(虞舜)으로 하여금 그 일을 감독하게 하였다'는 내용에 대해 의아하게 생각할지 모른다. 앞서 언급했듯이, 오제(五帝) 중의 한 사람인 순(舜) 임금은 동이인이다. 맹자(孟子)는 「이루장구(離婁章句)」 하(下)에서 "순 임금은 제풍(諸風)에서 태어나고 부하(負荷)로 이사하고 명조(鳴條)에서 졸(卒)하였는데 제풍·부하·명조가 동이족의 땅이니 그는 동이(東夷) 사람이다(舜生於諸風 移於負荷 卒於鳴條 諸風·負荷·鳴條 東夷之地 舜東夷之人也)"라고 했다. 순(舜) 임금의 성(姓)은 우(虞) 또는 유우(有虞)이며 이름은 중화(重華)이고, 그 아버지는 유인씨(有仁氏: 桓仁氏의 아버지)의 손자 유호씨(有戶氏:『史記』에는 고수(瞽叟)로 나옴)이며, 요(堯) 임금(唐堯 또는 帝堯陶唐)으로부터 제위(帝位)를 물려받았다. 이 모든 내용을 이해할 수 있게 하는 대목이『부도지(符都誌)』제18장과 제19장에 나온다.

『부도지』 제18장에는 임검씨가 유인씨(有仁氏)의 손자 유호씨(有戶氏) 부자(父子)에게 환부(鰥夫)와 권사(權士) 등 백여 인을 인솔하고 가서 요(堯, 요 임금)를 깨우치라고 하였는데, 요(堯)가 그들을 맞아 명령에 복종하고 공손하게 대접하여 황하의 물가(河濱)에서 살게 하였다고 나온다. 이때 요(堯)가 유호씨의 아들 유순(有舜)의 사람됨을 보고 마음 가운데 다른 뜻이 있어 일을 맡기고 도와주며 두 딸로 유혹하니, 순(舜)이 곧 미혹당하여 두 딸을 몰래 아내로 삼고 요(堯)에 붙어 협조하였다. 요(堯)는 오제(五帝) 중의 한 사람인 제곡(帝嚳)의 아들이니, 그 역시 동이인이다.『부도지』 제19장에는 순(舜)이 끝내 요(堯)의 촉탁을 받아들여 현자를 찾아 죽이며 묘족(苗族)을 정벌하자, 아버지 유호씨가 마침내 참지 못하여 꾸짖고 토벌하니, 순(舜)은 통곡하고 요(堯)는 몸을 둘 땅이 없으므로 순(舜)에게 양위하고 자폐(自閉)하였다고 나온다.

여기서 잠시 순(舜)이 정벌했다는 묘족(苗族, Miao)에 대해 일별해 보기로 하자. 『예기(禮記)』에 "묘족은 구려(九黎, 句麗, 九夷)의 후예이며 구려를 묘(苗) 민족의 선조로 삼고 있다"[59]고 나온다. 『사기(史記)』 「오제본기(五帝本紀)」에 "려(黎)는 동이(東夷)의 국명(國名)이고, 구려(九黎)의 군호(君號)는 치우이며, 치우는 옛 천자(天子)이고, 삼묘(三苗)는 강회(江淮: 長江(양자강)과 淮水 사이 평원지역)와 형주(荊州: 지금의 湖北省 江陵縣 일대)에 있었다"[60]고 나온다. 또한 삼묘가 강회, 형주에서 여러 차례 난을 일으켰다고 『사기』에는 기록하고 있다. 대만 사학자 서량지(徐亮之)의 『중국사전사화(中國史前史話)』와 중국 역사학자 왕동령(王棟齡)의 『중국민족사(中國民族史)』에도 이와 유사한 내용이 나온다. 즉, 4천 년 전 한족(漢族)이 지나(支那)에 들어오기 전에 중원(中原)의 북부 및 남부(湖北, 湖南, 江西 등지)는 이미 묘족이 점령해 경영하고 있었으며 이 민족의 나라 이름은 구려(句麗, 九黎, 九夷)이고 임금은 치우(蚩尤)라고 했다. 현재 중국 남부에 주로 거주하는 소수민족인 묘족(苗族, 三苗)은 그 뿌리가 우리와 같은 동이족이며 지금도 치우천황을 기리는 정통 구전가요가 전해져 오고 있다 한다.

　다시 『부도지』로 돌아가자. 『부도지』 제19장에 따르면 유호씨는 "오미(五味)의 재앙이 끝나지 않았는데 또다시 오행(五行)의 화(禍)를 만들었으므로… 인간 세상이 곤란하고 고통스러워졌다"[61]며 둘째 아들 유상(有象)에게 명하여 순(舜)을 치게 하니, 수년 동안 싸워서 마침내 그 도읍을 혁파하였다. 요(堯)는 갇혀 있던 중에 죽고, 순(舜)은 창오(蒼梧: 지금의 중국 廣西省 창오현으로 베트남과 접경을 이루는 곳)의 들(野)로 도망하여 도당(徒黨)이 사방으로 흩어졌다. 요(堯)의 무리 우(禹)가 순(舜)에게 아버지를 죽인 원한이 있으므로 순(舜)을 추격하여 죽였다. 그리하여 도읍을 옮기고 무리를 모아 방패와 창을 보수하고 유호씨에게 항거하여 자칭 하왕(夏王)이라 하였다고 한다.

　이것이 우리가 그토록 '요순성세(堯舜盛世)'로 칭송하는 요(堯) 임금과 순(舜)

임금의 실체다. 요 임금도 아들이 아닌 순(舜)에게 제위를 선양하였고, 순(舜) 임금도 아들이 아닌 우(禹)에게 제위를 선양했다며 현자라고 칭송하는 것이다. 그렇게 해서 우(禹)는 하왕(夏王)이라 자칭하며 중국 하(夏)나라의 개조(開祖)가 되었고 은(殷, 商)나라, 주(周)나라로 이어졌다. 그런데 실상은 하우(夏禹)도 동이인(東夷人)이다. 우(禹)의 아버지는 곤(鯀)이며 곤의 아버지는 오제(五帝) 중의 한 사람인 전욱(顓頊: 아버지는 昌意)이니, 우(禹)는 전욱의 손자이다. 전욱 고양(高陽)은 삼황(三皇) 중의 한 사람인 황제헌원(黃帝軒轅)의 손자이니, 우(禹)는 황제헌원의 고손자이다. 삼황오제가 모두 동이인이니, 황제헌원의 고손자이자 전욱의 손자인 우(禹)도 동이인(東夷人)이다.

『사기』에는 요·순에 관한 기록은 미화되어 있는 반면, 순 임금의 아버지 유호씨(有戶氏)를 고수(瞽叟)라고 이름 붙이고 맹인이었으며 후처가 낳은 아들을 편애하여 순(舜)을 죽이고자 했다는 등의 터무니없는 내용이 장황하게 기록되어 있는데, 사건의 전말이 『부도지』와 다르지 않다 보니 『부도지』의 내용이 사실(史實)에 입각해 있음을 오히려 『사기(史記)』가 입증하는 셈이 되었다. 『부도지』에는 순의 아버지 유호씨가 둘째 아들 유상(有象)에게 명하여 순(舜)을 치게 하니, 수년 동안 싸워서 마침내 그 도읍을 혁파하고 순(舜)은 창오(蒼梧)의 들(野)로 도망하여 도당(徒黨)이 사방으로 흩어졌다고 기록하고 있는데, 『사기』에도 순(舜)이 창오의 들에서 붕어했다고 나온다.

일찍이 북애자(北崖子)가 그의 『규원사화』 서문에서 "우리나라의 경사(經史)가 여러 차례 병화에 휩쓸려 거의 다 산실(散失)되고 후세의 고루한 자들이 중국 책에만 빠져서 주(周)나라를 높이는 사대주의만이 옳은 것이라 하고 먼저 그 근본을 세워서 자기 나라를 빛낼 줄을 몰랐다"고 통탄한 것, 러시아 역사학자 부틴(Yuri Mikhailovich Butin)이 "한국은 어째서 그처럼 중요한 고대사를 부인하는지 이해할 수가 없다. 일본이나 중국은 없는 역사도 만들어내는데 당신들 한국인은 어째서 있는 역사도 없다고 그러는지 도대체 알 수 없는 나라이다"라고 일갈(一喝)한 것은 그만한 충분한 이유가 있는 것이다.

우리 환단(桓檀: 환국·배달국·단군조선)에서 나간 것이 어디 치산치수(治山治水)뿐이겠는가. 이미 배달국 시대에 역(曆)과 역(易)이 체계화되었으며, 십간 십이지(十干 十二支)가 실생활에 응용되고 있었음은 『참전계경』과 『환단고기』 등에 나와 있다. 십간(十干)은 갑을병정무기경신임계(甲乙丙丁戊己庚辛壬癸)이고 십이지(十二支)는 자축인묘진사오미신유술해(子丑寅卯辰巳午未申酉戌亥)인데, 천간(天干)과 지지(地支)가 합쳐 갑자(甲子)를 이루며 60갑자를 주기로 되풀이되는 것이 역(曆) 체계의 기본이다. 배달국 시대에 역(曆, 冊曆)을 만들어 365일 5시간 48분 46초를 일 년으로 삼았다고 「태백일사」 제4 삼한관경본기(三韓管境本紀) 마한세가(馬韓世家) 상(上)에서는 기록하였다.[62]

음양오행(陰陽五行: 五行은 水火木金土)과 태극(太極)의 원리, 모두 우리 한민족에게서 나간 것이다. 홍범구주(洪範九疇)의 오행사상도 고조선에서 전해졌다고 보는 것이 타당하다.[63] 2세 단군 부루(扶婁)가 태자였을 당시 도산회의(塗山會議)에서 우(禹)에게 오행치수법(五行治水法)이 기록된 신서(神書)를 전하였다. 그보다 훨씬 이전에도 배달국 제5대 태우의(太虞儀) 환웅의 막내아들 태호복희(太皞伏羲)씨가 태우의 환웅 때 체계화된 신신도문화를 가지고 서쪽 중토(中土, 中原)로 나아가 임금이 되었고 팔괘(八卦)를 그려 중토 역리(易理: 易의 이치)의 원조가 되었다는 것은 앞서 살펴본 바이다. 또 환국시대로부터 전해오는 『천부경』·『삼일신고』·『참전계경』은 홍범구주의 근간이 되는 천시(天時)·지리(地理)·인사(人事)의 조응관계 및 음양오행을 바탕으로 한 것이다.

단군조선의 개국이 "중국의 요(堯) 임금과 같은 때"라며 동이족의 한 지류인 요(堯) 임금을 끌어와야 본류인 단군조선의 역사적 실재를 증명할 수 있게 되었으니, 이 얼마나 통탄할 일인가! 자신들의 시원을 '삼황오제'*라고 믿고 있는 중국, 그리고 지금까지도 '천부인(天符印)'을 물려받음으로써 왕가의 왕권 계승을 공식화하는 일본은 그래서 지금까지도 역사전쟁을 벌이고 있는 것이다. 사실(史實)을 사실(事實) 그대로 밝히는 것이 국수주의인가? 있는 역사도 없다고 하는 것이 세계주의인가? 세계 역사상 한 지역의 역사가, 그것도 유라시아와 아메리카 대륙에 이르기까지 지대한 영향을 미친 원형의 역사가 이토록 완전히 뒤집힌 사건보다 더 큰 사건이 있었던가?

다시 「단군세기(檀君世紀)」로 돌아가자. 재위 93년 경자년(BCE 2241)에 단군 왕검의 덕화(德化)가 온 누리를 가득 덮어서 멀리 탐랑(耽浪)에까지 미쳤으며 덕(德)의 가르침이 점차로 널리 크게 퍼져 갔다. 여기서 탐랑이 어디인지 정확히 알 수는 없으나 『환단고기』에 나오는 지명들 중에서 두 지명을 하나로 압축해서 쓰는 경우가 종종 있으므로 탐라와 낙랑으로 보는 견해도 있다. 낙랑 25현 중의 하나인 점제현에 살던 사람들이 세운 점제현신사비(秥蟬縣神祠碑)가 중국 하북성(河北省, 허베이성) 난하(灤河: 베이징 근처) 옆 갈석산(碣石山)에 세워진 것으로 보아 낙랑은 그 일대인 것으로 보인다. 탐라가 제주도인지는 분명치 않으나 당시 아사달이 송화강 연안의 하얼빈에 있었으니 한반도 최남단까지 교화가 미쳤다는 의미로 해석될 수도 있을 것이다. 재위 93년 경자년(BCE 2241) 3월 15일 단군왕검께서 봉정(蓬亭)에서 붕어하셨다.

단군조선의 통치 체제는 배달국의 통치 체제를 계승하여 발전시킨 것이

---

* 『帝王韻紀』卷上, 「三皇五帝」에서는 삼황오제가 태호복희(太皥伏羲)·염제신농(炎帝神農)·황제헌원(黃帝軒轅)의 삼황과, 소호금천(少昊金天)·전욱고양(顓頊高陽)·제곡고신(帝嚳高辛)·제요방훈(帝堯放勳, 陶唐氏, 唐堯(요 임금))·제순중화(帝舜重華, (有)虞氏, 虞舜(순 임금))의 오제라고 기록하고 있다.

었다. 아래에 나오는 삼한은 진한(辰韓, 眞韓), 번한(番韓, 弁韓), 마한(馬韓, 莫韓)이고, 오가(五加)는 우가(牛加)·마가(馬加)·구가(狗加)·저가(猪加)·양가(羊加 혹은 鷄加)이며, 64족(族)은 단군조선을 형성한 64개 부족이다.

천하의 땅을 구획하여 삼한으로 나누어 다스렸으니, 삼한에는 모두 오가(五加) 64족(族)이 있었다.

區劃天下之地 分統三韓 三韓 皆有五加六十四族.[64]

앞서 살펴보았듯이, 배달국의 통치 체제는 풍백(風伯)·우사(雨師)·운사(雲師)의 3상(相)과, 주곡(主穀)·주명(主命)·주형(主刑)·주병(主病)·주선악(主善惡)의 5부(部)로 이루어진 '3상5부제'였다. 고조선의 통치 체제는 배달국의 '3상5부제'를 '8가(八加)제도'로 개편한 것이었다. '웅가(熊加)'라는 군사·국방 담당 부서를 신설하여 독립시키고, '구가(狗加)'라는 지방행정 전담 부서를 신설하였으며, '풍백(風伯: 총괄 수석대신)'을 보좌하던 '우사(雨師)'와 '운사(雲師)'를 폐지하고 제왕 직속의 총괄 수석대신인 '호가(虎加)'의 권력을 더욱 강화함으로써 더 분화되고 전문화된 고대국가의 행정체계·관료제도를 확립했다. 이처럼 고조선 중앙정부의 통치 체제는 8가제도를 근간으로 한 것이었다. 제왕 직속으로 행정을 총괄하는 1개 총괄 수석대신직(총리대신職)과 전문화된 7개 부서를 둔 제도였다. 단군8가제도(檀君八加制度)로 통칭되는 이 통치 체제는 오랫동안 그 기본 골격이 전승되었다.[65]

『규원사화』「단군기(檀君記)」에 따르면, 단군왕검은 주명(主命)·주곡(主穀)·주병(主兵)·주형(主刑)·주병(主病)·주선악(主善惡)·주홀(主忽)의 제관(諸官)을 두고 첫째 아들 부루(夫婁)를 호가(虎加)로 삼아 제가(諸加)를 총괄하게 하였다. 옛 신지(神誌)씨 후손을 마가(馬加)로 삼아 생명을 주관하게 하고, 고시(高矢)씨를 우가(牛加)로 삼아 곡식을 주관하게 하며, 치우(蚩尤)씨를 웅가(熊加)로 삼아 군사를 주관하게 하고, 둘째 아들 부소(夫蘇)를 응가(鷹加)로 삼아 형벌을 주관하게 하며, 셋째 아들 부우(夫虞)를 노가(鷺加)로 삼아 질병을 주관하게 하고, 주인(朱因)씨를 학가(鶴加)로 삼아 선악을 주관하게 하며, 여수기(余守己)를 구가(狗加)로 삼아 모든 고을을 나누어 다스리게 하니 이를 단군 8가(八加)라 한다고 기록하였다.[66] 단군8가제도를 도표로 나타내면 〈표 7.1〉과 같다.

No	8가(加)	8사(事)	담당관
1	호가(虎加)	제가(諸加) 총괄	첫째 아들 부루(夫婁)
2	마가(馬加)	주명(主命)	옛 신지(神誌)씨 후손
3	우가(牛加)	주곡(主穀)	고시(高矢)씨
4	웅가(熊加)	주병(主兵)	치우(蚩尤)씨
5	응가(鷹加)	주형(主刑)	둘째 아들 부소(夫蘇)
6	노가(鷺加)	주병(主病)	셋째 아들 부우(夫虞)
7	학가(鶴加)	주선악(主善惡)	주인(朱因)씨
8	구가(狗加)	주홀(主忽, 分管諸州)	여수기(余守己)

〈표 7.1〉 단군8가제도(檀君八加制度)

　단군조선의 지방제도는 직령지의 지방제도와 제후국제도로 나누어 살펴볼 수 있다. 제후국제도에 대해서는 앞 절에서 일별하였다. 단군조선 직령지의 지방제도는 '읍(邑)'과 '락(落)'으로 구성되었으며 '읍락(邑落)'으로 통칭하여 기록되었다. '읍'은 사람들이 집중적으로 많이 모여 거주하는 지역(도시)을 말하고, '락'은 30호 정도 단위의 촌락을 일컫는 것이다. 고조선(일부 제후국 포함)의 '읍'과 '락'은 도읍(都邑), 국읍(國邑), 별읍(別邑), 소읍(小邑), 촌락(村落)으로 구분되었다. 도읍은 아사달이며 단군이 이곳에서 통치하였다. 국읍은 직령지에서는 대읍(大邑)으로서 신지(臣智, 神誌)가 통치하고, 제후국에서는 제후국의 도읍지로서 제후가 통치했다. 별읍은 국읍 부근에 소도(蘇塗)라는 별도의 읍을 두고 천군(天君)이라는 신앙의례 담당자를 우두머리로 두어 천신에 대한 제사를 주관하게 했다. 소읍은 국읍 이외의 작은 읍으로서 중소규모의 집단거주지(소도시)였다. 소읍의 지위와 세력에 따라 우두머리를 검측(儉側 또는 險側), 그 다음은 번지(樊祗), 또 그 다음은 살해(殺奚)라고 호칭했다. 촌락은 읍에 행정적으로 부속된 마을로서 우두머리는 읍차(邑借, 촌장)라고 불렸다. 고조선의 직령지에서는 각 지방의 각층 '읍락'의 우두머리를 거수(渠帥)라고 통칭했다.[67]

최고통치자인 단군의 제위(帝位) 승계와 관련하여, 『규원사화』「단군기」에 의하면 47대 단군 중에서 44대는 아들에게 세습하였고, 3대는 아우에게 세습하였다. 25세 솔나(率那) 단군은 24세 연나(延那) 단군의 아우이고, 30세 나휴(奈休) 단군은 29세 마휴(摩休) 단군의 아우이며, 38세 다물(多勿) 단군은 37세 마물(麻勿) 단군의 아우로서 승계한 경우이다.[68] 한편 「단군세기」에 의하면 47대 단군 가운데 5세 구을(丘乙) 단군, 7세 한율(翰栗) 단군은 양가출신이다. 6세 달문(達門) 단군, 10세 노을(魯乙) 단군, 12세 아한(阿漢) 단군, 13세 흘달(屹達) 단군, 14세 고불(古弗) 단군, 16세 위나(尉那) 단군, 20세 고홀(固忽) 단군은 우가 출신으로서 제위를 승계한 것으로 기록되어 있다.[69]

『단기고사(檀奇古史)』에 9세 단군 아술(阿述) 재위 6년 신유년(BCE 1980)에 을성문덕(乙成文德)이 임금께 '임금과 신하가 합의하여 국사를 정할 수 있도록 참정권을 허락해 달라고 진언했고 이에 임금이 허락하니 민권(民權)이 여기에서부터 시작되었다'고 기록하고 있고,[70] 또 「단군세기(檀君世紀)」에는 6세 단군 달문(達門) 재위 35년 임자년(BCE 2049) 기록에 화백(和白)과 공화(共和)로써 하는 것이 어진 정치(仁政)임을 강조한 것 등으로 미루어 볼 때 제위(帝位) 승계 등 중대 국사(國事)를 결정하는 민주적 정치제도가 일찍부터 운용되고 있었음을 알 수 있다.

또한 고조선에 국가의 강제력을 수반하는 법이 있었다는 것이 중국 문헌에 기록되어 있다. 『한서(漢書)』「지리지(地理志)」는 고조선의 낙랑지역에 '범금8조(犯禁八條)'가 있었다며, 그 가운데 살인, 상해, 절도 등의 조항을 소개하고 있다.

> 고조선의 낙랑지역에 '범금팔조(犯禁八條)'가 있었다. 살인자는 사형에 처하고, 상해를 입힌 자는 곡물로 배상한다. 도둑질한 남자는 가노(家奴)로 삼고 여자는 노비로 삼되, 속량(贖良)하고자 할 때에는 50만 전을 물어야 한다.
> 樂浪朝鮮民犯禁八條 相殺以當時償殺 相傷以穀償 相盜者男沒入爲其家奴 女子爲婢 欲自贖者 人五十萬.[71]

위 내용은 생명, 신체, 재산에 관한 것이다. '부녀자는 정조를 굳게 지켜 음란하지 않았다(婦人貞信不淫亂)'고 뒤에 나오는 것으로 보아, 정조(貞操)에 관한 조항도 있었을 것으로 생각된다. 따라서 살인, 상해, 절도, 간음 등 네 가지 범죄를 엄하게 다스린 것으로 보인다. 고조선 사회에서는 비록 재물로 죄를 면하더라도 그런 범죄자와 상종하는 것을 수치로 여겨 그들과는 혼인도 하지 않았으며 문을 닫거나 잠그지 않고 살았다. 이러한 '범금8조'의 내용으로 보아 당시 노비신분이 있었고 화폐도 사용되었음을 알 수 있다.

다음으로 고조선의 역대 단군들의 주요 치적을 통하여 대내외적 발전상에 대해 고찰하기로 한다. 1세 단군왕검의 대내외적 치적(治績)에 대해서는 위에서 고찰하였으므로 2세 단군 부루(扶婁) 이후 역대 단군의 치적을 『환단고기』, 『단기고사』, 『규원사화』 등에 기록된 내용을 중심으로 살펴보기로 한다. 먼저 「단군세기」에 기록된 단군조선 47대 2096년간(BCE 2333~BCE 238) 역대 연표를 정리하면 〈표 7.2〉와 같다.

왕대(王代)	재위년수(年)	제왕 이름(檀君)	즉위년도(BCE)
1	93	왕검(王儉)	2333
2	58	부루(扶婁)	2240
3	45	가륵(嘉勒)	2182
4	38	오사구(烏斯丘)	2137
5	16	구을(丘乙)	2099
6	36	달문(達門)	2083
7	54	한율(翰栗)	2047
8	8	우서한(于西翰)	1993
9	35	아술(阿述)	1985
10	59	노을(魯乙)	1950
11	57	도해(道奚)	1891
12	52	아한(阿漢)	1834
13	61	흘달(屹達)	1782
14	60	고불(古弗)	1721
15	51	대음(代音, 後屹達)	1661
16	58	위나(尉那)	1610
17	68	여을(余乙)	1552
18	49	동엄(冬奄)	1484
19	55	구모소(緱牟蘇)	1435
20	43	고홀(固忽)	1380
21	52	소태(蘇台)	1337
22	48	색불루(索弗婁)	1285
23	76	아홀(阿忽)	1237
24	11	연나(延那)	1161
25	88	솔나(率那)	1150
26	65	추로(鄒魯)	1062
27	26	두밀(豆密)	997
28	28	해모(奚牟)	971
29	34	마휴(摩休)	943
30	35	내휴(奈休)	909
31	25	등올(登屼)	874
32	30	추밀(鄒密)	849
33	24	감물(甘勿)	819
34	23	오루문(奧婁門)	795
35	68	사벌(沙伐)	772
36	58	매륵(買勒)	704
37	56	마물(麻勿)	646
38	45	다물(多勿)	590
39	36	두홀(豆忽)	545

40	18	달음(達音)	509
41	20	음차(音次)	491
42	10	을우지(乙于支)	471
43	36	물리(勿理)	461
44	29	구물(丘勿)	425
45	55	여루(余婁)	396
46	46	보을(普乙)	341
47	47	고열가(古列加)	295

〈표 7.2〉 단군조선 47대 역대 연표

2세 단군 부루(扶婁) 재위 원년 신축년(BCE 2240). 단군께서 어질고 다복(多福)해서 재물을 모아 나라의 부(富)를 크게 축적했다. 백성과 더불어 산업을 다스리니 굶주림과 추위에 떠는 백성이 한 사람도 없었다. 매년 봄·가을에 나라 안을 순행하며 예(禮)로써 하늘에 제사를 지내고 여러 한(汗, 韓)들의 선악(善惡)을 살펴 상벌(賞罰)을 신중히 하였다. 관개 수리 사업을 일으키고 농사와 양잠을 권하며 학당을 세워 학문을 일으키니 문화가 크게 진흥하여 칭송하는 소리가 날로 떨쳤다. 우순(虞舜, 순 임금)이 유주(幽州)와 영주(營州)를 남국(藍國) 인근에 설치하자, 군사들을 보내 정벌하여 그 우두머리들을 모두 쫓아내고 그곳에 동무(東武)와 도라(道羅) 등을 제후로 봉하여 그 공을 표창하였다. 신시(神市) 이래로 하늘(천·지·인 三神)에 제사를 지낼 때면 국중대회(國中大會)를 열어 함께 '어아가(於阿歌)'를 부르며 조상께 감사하고 덕을 기리며 화목을 다졌다. 이는 삼신(神)과 사람(人)이 화락(和樂)을 이루는 것이라 하여 사방에서 법식으로 삼으니 이것이 참전계(參佺戒, 參佺戒經)이다.[72]

재위 2년 임인년(BCE 2239). 단군께서 소련(少連)과 대련(大連)을 불러 다스림의 도에 대해 물었다. 효자인 소련과 대련은 상(喪) 중에 있을 때 사흘이 지나도, 석 달이 지나도 느슨해지지 않았으며 한 해가 지날 때까지 슬퍼 애통해하였고 삼 년 동안 근심에 젖어 있었다. 이로부터 다섯 달에 상(喪)을 끝내던 풍속이 상(喪)을 오래 치를수록 영예로운 것으로 여기게 되었다. 이들이 효(孝)로 소문이 나고 세월이 지나 공자(이름은 丘)로부터도 칭송을 받았다. 효도는 사람을 사랑하고 세상을 이롭게 하는 근본으로서 온 세상에 두루 알려 표준으로 삼았다. 대련을 섭사직(攝司直)에 앉히고, 소련을 사도(司徒)로 삼았다.[73]

재위 3년 계묘년(BCE 2238)에 조서를 내려 백성들로 하여금 머리를 땋고 푸른 옷*을 입게 하였다. 모든 도량형(度量衡)을 관(官)의 기준에 맞게 통일하였으며, 베와 모시의 시장 가격도 하나로 통일시키니 백성들이 서로 속이지 않아 어디서나 편안하였다. 재위 10년 경술년(BCE 2231) 4월에 땅을 구획하고 전결(田結: 논밭의 租稅)을 매겨 백성들이 사사로운 이익을 취하지 못하게 했다. 재위 12년 임자년(BCE 2229)에 신지(神誌) 귀기(貴己)가 칠회력(七回歷)과 구정도(邱井圖)를 제작하여 바쳤다. 재위 26년 병인년(BCE 2215)에 천하에 조서를 내려 삼신전(三神殿)을 세우고 환인·환웅·단군의 삼신위(三神位)를 봉안(奉安)하여 백성들에게 경배하게 하였다. 재위 58년 무술년(BCE 2183)에 단군께서 붕어하셨는데 이날 일식(日蝕)이 있었다. 후에 백성들이 집안의 좋은 터를 골라 제단(祭壇)을 만들고 토기에 곡식을 담아 제단 위에 올려놓았는데 이를 부루단지(扶婁壇地)**라 부르며 업신(業神)으로 삼고 또 전계(佺戒)라고도 했다. 모든 사람이 계(戒)를 받아 업주가리(業主嘉利)***로 삼으니 사람과 업(業)이 함께 완전

---

* 푸른 옷을 입게 한 것은 五行思想에 근거한 것으로 보인다. 木·金·火·水·土의 五行은 각각 青氣·白氣·赤氣·黑氣·黃氣와 조응한다. 東夷는 동방이므로 동쪽은 木이고 木은 青氣이니 '푸른 옷'을 입으라고 한 것이 아닐까?

** 오늘날까지도 부루단지는 '조상단지', '삼신단지' 등으로 불리며 추수 후 햅쌀을 담아 집안에 모시는 풍속이 전해져 오고 있다.

*** 『桓檀古記』, 「太白逸史」第一, 三神五帝本紀에서는 "아이 낳기를 축원할 때는 三神에게 빌고 곡식이 잘 익기를 축원할 때는 業神에게 빌었다.…業은 생산으로 業을 이루는 神이 되므로 또한 業主嘉利라 일컫는다"라고 기록되어 있다.

해진다는 뜻이다. 태자 가륵(嘉勒)이 즉위하였다.[74]

3세 단군 가륵(嘉勒) 재위 원년 기해년(BCE 2182). 단군께서 삼랑(三郎) 을보
륵(乙普勒)을 불러 신(神)과 왕(王), 종(倧)과 전(佺)의 도를 물었다. 을보륵이 진
언하기를, "신(神)은 능히 만물을 생겨나게 하여 각각의 성품을 온전하게 하
니 신의 현묘함을 백성들이 모두 믿고 의지하는 것이고, 왕(王)은 덕(德)과 의
(義)로써 세상을 다스려 각각의 삶을 편안하게 하니 왕이 베푸는 것을 백성
들 모두가 따르는 것입니다. 종(倧)은 나라가 선택하는(選) 것이고, 전(佺)은
백성이 행하는(擧) 것입니다.'[75] 여기서 종(倧)은 곧 '종훈(倧訓)'으로 『천부경(天
符經)』, 『삼일신고(三一神誥)』와 같은 경전이라고 한다면, 전(佺)은 곧 '전계(佺戒)'
로 종(倧)을 이루는 구체적인 실천 방법을 제시한 『참전계경』, '단군8조(檀君八
條)' 등을 말하는 것이다. 이러한 정치대전의 가르침을 구환(九桓)에 시행하니
구환의 백성들이 모두 하나같이 따르며 교화되었다.

재위 2년 경자년((BCE 2181). 당시 풍속이 하나같지 않고 지방마다 말이 다
르니 비록 형상으로 뜻을 나타내는 진서(眞書)*가 있었지만 열 집이 사는 마
을에서도 말이 통하지 않는 경우가 많고 백 리 되는 나라에서는 글자를 서
로 이해하기 어려웠다. 이에 삼랑 을보륵에게 명하여 정음(正音) 38자를 만들
어 이를 가림토(加臨土)[76]**라 하였는데 그 문자는 다음과 같다.

---

* 여기서 眞書란 배달국 시대에 있었던 사슴 발자국 모양을 딴 鹿圖文을 일컫는 것이다.
  가림토(일명 篆字)는 이 녹도문을 보완하여 만든 것이다.
**『檀奇古史』에는 '재위 2년 봄에 을보륵에게 명하여 國文正音을 精選토록 하였다'고 기
  록되었다.

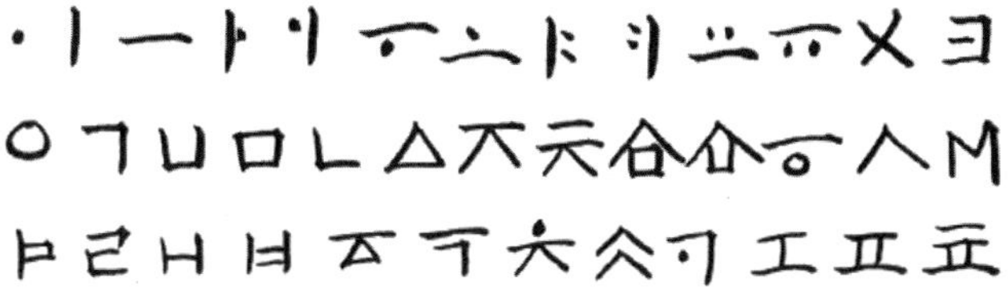

가림토 38자는 세종(世宗) 25년(1443)에 창제한 훈민정음(訓民正音: 백성을 가르치는 바른 소리) 28자의 모태가 되는 것이다. 『단군세기』의 저자 이암(李嵒)의 사학(史學)이 고려말에서 조선 세종 시기에 이르기까지도 크게 세력을 떨쳤으므로 세종 역시 가림토 문자가 기록된 『단군세기』를 알고 있었을 것으로 짐작되며, 신숙주 등 집현전 학자들을 고조선의 옛 땅에 파견했을 수도 있을 것이다. 가림토는 전자(篆字)라고도 하였는데, 『세종실록(世宗實錄)』 세종 25년 조(條)와 훈민정음 해례본이 나온 세종 28년조(條)에 '자방고전(字倣古篆)', 즉 언문(諺文) 28자가 옛 전자(篆字)를 본뜬 것이라고 나와 있다.[77]

재위 3년 신축년(BCE 2180)에 신지(神誌) 고설(高契)에게 명하여 『배달유기(倍達留記)』를 편수케 하였다. 재위 6년 갑진년(BCE 2177)에 열양(列陽)의 욕살(褥薩)* 색정(索靖)에게 명하여 약수(弱水)로 옮겨 종신토록 갇혀 있게 했다가 후에 사면하고 그 땅에 봉하니 그가 흉노(凶奴)의 시조가 되었다.[78] 이 기록에 따르면 흉노는 우리와 동족이니 흉노를 계승한 돌궐 역시 우리와 동족인 것으로 보인다. 발해국 시조 대조영(大祚榮, 高王)의 아우 반안군왕(盤安郡王) 대야발(大野勃)이 『단기고사(檀奇古史)』를 저술하기 위해 돌궐국에 들어가 고적을 탐사한 것은 그만한 역사적 내력이 있기 때문일 것이다.

---

* 『檀奇古史』에서는 색정의 직함을 遼東太守라고 하고 있는 것으로 보아 列陽은 요동 지역을 일컫는 것으로 짐작된다.

재위 8년 병오년(BCE 2175)에 강거(康居)가 반란을 일으켜 단군께서 지백특(支伯特: 티베트)에서 토벌하였다. 4월에 단군께서 불함산(不咸山)에 올라 민가에 밥 짓는 연기가 적게 나는 것을 보고 빈부 차등을 두어 조세를 감(減)하도록 명하였다. 재위 10년 무신년(BCE 2173)에 두지주(豆只州)의 예읍(濊邑)이 반란을 일으키자 여수기(余守己)에게 명하여 그 추장 소시모리(素尸毛犁)의 목을 베게 하였다. 이때부터 그 땅을 소시모리라고 불렀는데 지금은 음이 변하여 우수국(牛首國: 소머리국)이 되었다. 그 후손 중에 협야노(陝野奴, 섬야노)라는 자가 있었는데 바다로 도망하여 삼도(三島: 일본열도)에 웅거(雄據)하며 천왕을 참칭(僭稱)하였다. 재위 45년 계미년(BCE 2138) 9월에 단군께서 붕어하시니 태자 오사구(烏斯丘)가 즉위하였다.[79]

4세 단군 오사구(烏斯丘) 재위 원년 갑신년(BCE 2137). 단군께서 아우 오사달(烏斯達)을 몽고리한(蒙古里汗)으로 봉하였는데, 일설에는 지금의 몽골족이 그 후예라고 한다.[*] 10월 겨울에 북방을 순행하고 돌아오는 길에 삼신께 제사 지내고 영험한 약초를 얻었다. 이것을 인삼(人蔘) 또는 선약(仙藥)이라 하였다. 이로부터 신선 불사(不死)의 설이 삼(蔘)을 캐어 정기를 보전하는 것과 밀접한 관련을 갖는 것으로 여겨졌다. 재위 5년 무자년(BCE 2133)에 둥근 구멍이 뚫린 패전(貝錢)을 주조하였다. 8월에 하나라 사람이 와서 특산물을 바치고 신서(神書)를 구하여 갔다. 재위 7년 경인년(BCE 2131)에 살수(撒水)[**] 상류에

---

[*] 몽골제국은 원나라 외에도 네 개의 왕국―오고타이 한국(汗國, 칸국), 차카타이 한국, 킵차크 한국, 일한국 등―이 있었는데 국호가 모두 한국(汗國, 칸국)이었다.

[**] 『桓檀古記』, 「太白逸史」 第四, 三韓管境本紀 馬韓世家 上에 "경인년에 장정 30인을 보내어 살수에서 배를 만들었는데, 진한의 남해안이었다"고 했다. 진한은 단군이 직할 통치하는 고조선 중앙본국으로 대륙에 위치해 있었으므로 살수가 청천강이 아닌 것은 분

조선소(造船所)를 세웠다. 재위 10년 계사년(BCE 2128)에 궁전을 크게 세워 건청궁(乾淸宮)이라 하였다. 재위 19년 임인년(BCE 2119)에 하나라 왕 상(相)이 덕을 잃었으므로 식달(息達)에게 명하여 남(藍)·진(眞)·변(弁) 3부의 군사를 이끌고 가서 정벌케 했다. 세상 사람들이 이 소식을 듣고 모두 복종하였다. 재위 38년 신유년(BCE 2100) 6월에 단군께서 붕어하시니 계가(鷄加, 羊加) 출신 구을(丘乙)이 즉위하였다.[80]

5세 단군 구을(丘乙) 재위 원년 임술년(BCE 2099). 단군께서 태백산에 단(壇)을 쌓도록 명하고 사자를 보내 제(祭)를 올리게 했다. 재위 2년 계해년(BCE 2098) 5월에 황충(蝗虫)이 창궐하여 밭과 들에 가득 찼다. 단군께서 친히 밭과 들을 둘러보고는 황충을 삼키며 삼신에게 고하여 이를 없애주기를 비니 며칠 만에 모두 사라졌다. 재위 4년 을축년(BCE 2096)에 처음으로 갑자(甲子)를 사용하여 책력(冊曆)을 만들었다. 봄에 하(夏)나라 사절이 왔다. 유웅(有熊)씨가 무도(無道)하여 소나벌(蘇奈伐)을 보내 토벌하여 평정하였다. 재위 13년 갑술년(BCE 2087)에 감성관(監星官)에게 혼천기(渾天機: 천체의 위치와 운행을 관측하는 기계)를 만들게 하여 천도(天度)와 합하게 하였다. 재위 16년 정축년(BCE 2084)에 단군께서 친히 장당경(藏唐京)에 행차하여 삼신단을 봉축하고 많은 환화(桓花)를 심었다. 7월에 단군께서 남방을 순행하다가 풍류강(風流江)을 지나 송양(松壤)에 이르러 병이 들어 붕어하시니 대박산(大博山)에 묻혔다. 우가(牛加) 출신 달문(達門)이 무리의 추대를 받아 대통을 이었다.[81]

6세 단군 달문(達門) 재위 원년 무인년(BCE 2083). 재위 8년 을유년(BCE 2076)

명하다.

에 갈모후(葛毛侯)가 반란을 일으키므로 군사를 보내 평정하게 하였다. 재위 35년 임자년(BCE 2049)에 여러 한(汗, 왕)들을 상춘(常春, 長春)에 모이게 하여 구월산에서 삼신에 제사 올리고 신지(神誌) 발리(發理)에게 서효사(誓效詞)를 짓게 했다: '새로운 도읍지는 마치 저울대·저울추·저울판 같은데, 저울판은 백아강(白牙岡)이고 저울대는 소밀랑(蘇密浪)이며 저울추는 안덕향(安德鄉, 五德地)이다. 저울의 앞뒤가 균평(均平)을 이루니 그 덕에 힘입어 삼신의 정기를 지키며 나라를 일으켜 태평성대 펼치니 조공 바쳐 항복한 나라가 70국이다.'

이에 여러 한(汗)들과 약속하며 말했다. '우리 함께 약속한 사람들은 환국의 오훈(五訓)과 신시의 오사(五事)*를 영원히 준수키로 한다. 하늘에 제사 지내는 의식은 사람을 근본으로 삼고, 나라를 다스리는 길은 식생활을 우선으로 한다. 농사는 만사의 근본이고 제사는 오교(五教)의 근원이다. 마땅히 백성들과 함께 다스려(共治) 산업을 일으키되, 먼저 종족들을 존중하는 마음가짐을 익히고 다음으로 포로와 죄수를 용서하며 사형을 없앤다. 책화(責禍)**로 지역의 경계를 지키며 화백회의(和白會議)로 공론을 정하여 화합과 조화를 이루는 공화(共和)의 정신으로 하는 것이 어진 정치(仁政)의 시작이다.' 이때 동맹을 맺어 공물을 바친 곳은 대국이 둘이고 소국이 스물이며 부락이 3,624곳이었다. 재위 36년 계축년(BCE 2048)에 단군께서 붕어하시니 계가(鷄加, 羊加)

---

* 五訓이란 성실하고 미더워 거짓이 없는 것(誠信不傷), 공경하고 근면하여 게으름이 없는 것(敬勤不怠), 효도하고 순종하여 어김이 없는 것(孝順不違), 청렴하고 의로워 음란하지 않는 것(廉義不淫), 겸손하고 화목하여 다툼이 없는 것(謙和不鬪)이다. 五事란 主穀·主命·主刑·主病·主善惡을 말한다. 즉, 우가(牛加)는 곡식을 주관하고(主穀), 마가(馬加)는 생명을 주관하고(主命), 구가(狗加)는 형벌을 주관하고(主刑), 저가(豬加)는 질병을 주관하고(主病), 양가(羊加 혹은 鷄加)는 선악을 주관함(主善惡)을 말하는 것이다.

** 한 부락의 사람이 다른 부락의 경계를 침범하면 노예나 소·말과 같은 여러 가지 재물로 배상하는 法俗을 말한다.

출신 한율(翰栗)이 즉위하였다.[82]

7세 단군 한율(翰栗) 재위 원년 갑인년(BCE 2047). 아질(阿叱)이란 자가 난을 일으켜 백성을 해치니 단군께서 말씀하시길, "오직 죄는 죄를 지은 자에게로 돌아가고, 오직 도는 삼가 닦는 데서 이루어지는 것이다." 이에 더욱 덕으로 다스리고 여로(黎老)로 하여금 치게 한 지 3년 후에 비로소 사로잡았다. 또 당시에 하나라의 정치가 제법 흥성해져서 남후(藍侯)로 하여금 부지런히 전쟁 대비를 하게 하여 오래도록 화평을 누리게 되었다. 재위 26년 기묘년(BCE 2022)에 큰 흉년이 들어 창고에 쌓아두었던 곡식을 풀어 백성을 구제하였다. 재위 48년 신축년(BCE 2000)에 백성들이 내는 세금의 반을 감해주었다. 재위 54년 정미년(BCE 1994)에 단군께서 붕어하시니 우서한(于西翰)이 즉위하였다.[83]

8세 단군 우서한(于西翰) 재위 원년 무신년(BCE 1993). 단군께서 소출의 20분의 1을 세금으로 내는 법을 정하고 물자를 널리 유통시켜 부족한 곳이 없게 하였다. 재위 2년 기유년(BCE 1992)에 풍년이 들어 벼 한 줄기에 여덟 개의 이삭이 달렸다. 재위 3년 경술년(BCE 1991)에 달돌(達突) 나라 사절이 입조(入朝)했다. 재위 4년 신해년(BCE 1990)에 단군께서 평민의 옷차림(微服)으로 몰래 국경을 나가 하(夏)나라의 실정을 시찰하고 돌아와 관제를 크게 고쳤다. 재위 6년 계축년(BCE 1991)에 지우속(支于粟)을 상장(上將)으로 삼고, 오간(烏干)을 태재(太宰)로 삼았다. 재위 7년 갑인년(BCE 1990)에 삼족오(三足烏)*가 궁중 정원

---

* 三足烏 또는 세발까마귀는 마고(麻姑) 문화를 상징하는 숫자 '3'과 관련되는 것으로 삼신사상을 표징한다. 삼족오를 태양 속에 그려 넣은 '일중삼족오(日中三足烏)'는 태양을 숭배하는 天孫族, 즉 밝달족=박달족=배달족임을 나타낸 것이다.

에 날아들었는데 그 날개 너비가 석 자(三尺)나 되었다고 한다. 재위 8년 을묘년(BCE 1989)에 단군께서 붕어하시니 태자 아술(阿述)이 즉위하였다.[84]

9세 단군 아술(阿述) 재위 원년 병진년(BCE 1985). 단군께서 어진 덕이 있어서 백성들 중에 법을 어기는 자가 있으면, "똥이 있는 땅이 비록 더럽기는 해도 비나 이슬이 내릴 때도 있는 법이다"라며 벌하지 않으니 법을 어긴 자들도 감화하여 순후(淳厚)한 교화가 크게 떨쳤다. 어느 날 두 개의 태양이 나란히 솟아오르니 구경꾼들이 꼼짝도 않고 서서 지켜보는 것이 담벼락과 같았다. 재위 2년 정사년(BCE 1984)에 청해(靑海) 욕살(褥薩) 우착(于捉)이 군사를 일으켜 대궐을 침범하니 단군께서 상춘(常春, 長春)으로 피신하여 구월산 남쪽 기슭에 새 궁궐을 지었다. 우지(于支)와 우속(于粟) 등을 보내 욕살 우착을 토벌하여 죽이고 3년 후에 환도했다. 재위 5년 경신년(BCE 1981)에 고소(高蘇)에게 명하여 국법전서(國法全書)를 다시 편찬하였다. 재위 6년 신유년(BCE 1980)에 을성문덕(乙成文德)이 '임금과 신하가 합의하여 국사를 정할 수 있도록 부(府)와 군(郡)의 대표가 의사원(議事院)에 모여 논의할 수 있는 참정권을 허락해 달라'고 진언했고 이에 임금이 허락하니 민권(民權)이 여기에서부터 시작되었다. 재위 35년 경인년(BCE 1951)에 단군께서 붕어하시니 우가(牛加) 노을(魯乙)이 즉위하였다.[85]

10세 단군 노을(魯乙) 재위 원년 신묘년(BCE 1950). 단군께서 처음으로 큰 동산을 만들어 가축 이외의 짐승들을 기르게 하였다. 재위 2년 임진년(BCE 1949)에 단군께서 친히 마을에 행차하시어 백성들을 위로했는데, 어가(御駕)가 야외에 머무르니 많은 현자들이 그를 따랐다. 이아한(伊阿漢)을 숙정처장(肅政處長)으로 삼아 고시(考試)로 인재를 뽑았다. 재위 5년 을미년(BCE 1946)에 궁문 밖에 신원목(伸冤木)을 설치하여 백성들의 사정을 들으니 온 나라 사람들이 크게 기뻐했다. 재위 16년 병오년(BCE 1935)에 동문 밖 십리의 육지에 연꽃이 피어나고, 불함산에 누워 있던 돌이 저절로 일어나며, 천하(天河)에는 등판에 그림이 새겨진 신령한 거북이가 나타났는데 그 그림이 윷판과 같았다. 발해 연안에 금괴가 나왔는데 수량이 13섬이었다. 재위 35년 을축년(BCE 1916)에 천문대를 쌓고 천체를 관측하는 감성관(監星官)을 두었다. 재위 59년 기축년(BCE 1892)에 단군께서 붕어하시니 태자 도해(道奚)가 즉위했다.[86]

11세 단군 도해(道奚) 재위 원년 경인년(BCE 1891). 단군께서 오가(五加)에게 명하여 열두 명산의 가장 뛰어난 곳을 골라 국선소도(國仙蘇塗)를 설치했다. 수두에는 많은 단수(檀樹, 박달나무)를 둘러 심고 가장 큰 나무를 골라 환웅상(像)으로 봉하여 제사 지내며 웅상(雄常)이라 했다. 국자랑의 사부(國子師傅) 유위자(有爲子)가 다스리는 방책을 올렸다. '신시는 환웅천왕께서 개천(開天)하여 무리를 받아들이고 전계(佺戒, 參佺戒經)를 베풀어 교화하였습니다. 천부경과 삼일신고는 위에서 조술(詔述)한 것이고, 의관을 갖추고 칼을 차며 아래에서 즐거이 본받게 하였습니다. 법을 어기는 백성이 없고 한마음으로 잘 다스려져서 들에는 도적이 없으니 저절로 편안해졌습니다. …덕화(德化)가 미치지 않은 곳이 없었고 흥하지 않은 곳이 없었습니다. 덕교(德敎)가 만민에게 퍼지고 칭송하는 소리가 사해에 넘쳤습니다. 우리도 이렇게 되기를 간청합니다.'[87]

10월에 대시전(大始殿)을 세우도록 명하였는데 그 자태가 매우 웅장하고 화려했다. 천제환웅의 유상(遺像)을 봉안하니 그 머리 위에서는 광채가 빛나는 것이 마치 큰 태양이 원통(圓通)한 빛을 우주에 찬란히 비추는 듯했고, 신단수 아래의 환화(桓花) 위에 앉아 천부인(天符印)을 손에 든 모습은 마치 진신

(眞神) 한 분이 둥근 원의 중심에 좌정한 듯했다. 대원일(大圓一) 도기(圖旗)를 대시전 누각에 걸어 놓고 거발환(居發桓)이라 이름하였다. 사흘 동안 재계(齋戒, 潔齋)*하고 이레 동안 강론하니 그 위풍이 사해를 움직였다. 마음으로 늘 새겨야 하는 표준이 되는 내용의 핵심은 '일신강충(一神降衷) 성통광명(性通光明) 재세이화(在世理化) 홍익인간(弘益人間)'이다.[88]**

재위 28년 정사년(BCE 1864)에 장소를 설치하여 특산물을 모아 진기(珍奇)한 것을 전시하니 천하의 백성들이 앞다투어 바친 것이 산처럼 쌓였다. 재위 38년 정묘년(BCE 1854)에 장정을 징집해 모두 병사로 삼았다. 국민개병제(國民皆兵制)를 세운 것이다. 선비 스무 명을 뽑아 하(夏)나라 도읍으로 보내 처음으로 국훈(國訓: 나라의 가르침)을 전수하여 위엄과 명성을 보였다. 재위 46년 을해년(BCE 1846)에 물건 만드는 관청을 송화강 연안에 세워 배와 노(櫓) 등의 기물(器物)을 생산하니 세상에 크게 퍼졌다. 나라 안에 현상을 걸어 새로운 기계를 발명하는 자는 상을 받게 하였다.[89] 3월 산 남쪽에서 술과 음식을 갖추어 삼신께 제사를 지냈다. 그날 밤 특별히 술을 하사하여 백성들과 더불어 술을 돌려 마시며 갖가지 연희(演戲)를 관람했다. 연희가 파하고 대시전(大始殿) 누각에 올라 천부경을 논하고 삼일신고를 강연하였다. 재위 57년 병술년(BCE 1835)에 단군께서 붕어하시니 만백성이 마치 부모상(喪)을 당한 것처럼 슬퍼했다. 삼 년을 근신하니 온 세상에 노래와 음악 소리가 그쳤다. 우가(牛

---

* 齋戒란 제사를 올리기 전에 심신을 정결하게 하며 근신하는 것을 말하는데, 결재(潔齋) 라고도 한다.

** 이를 풀이하면, '하나'님은 인간의 중심에 내려와 계시니 一神降衷이요, 인간의 중심에 내려와 계신 '하나'님의 眞性을 통하면 태양과도 같이 광명하게 되니 性通光明이다. 이는 곧 사람이 하늘임을 알게 되는 것으로, '性通'은 재세이화·홍익인간의 구현이라는 '功完'을 이루기 위한 전제조건인 동시에 인간의 자기실현을 위한 필수조건이다.

加) 아한(阿漢)이 즉위하였다.[90]

12세 단군 아한(阿漢) 재위 원년 정해년(BCE 1834). 재위 2년 무자년(BCE 1833) 4월에 외뿔 짐승(一角獸)이 송화강 북쪽 연안에 나타났다. 8월에 단군께서 나라 안을 순행하다가 요하(遼河)의 왼쪽에 이르러 순수관경비(巡狩管境碑)를 세우고 역대 제왕의 명호(名號)를 새겨 전하게 하니 금석문의 가장 오래된 것이다. 후에 창해(滄海) 역사(力士) 여홍성(黎洪星)이 이곳을 지나다가 시 한 수를 지었다. '번한이라는 나라에 특이한 돌이 하나 서 있는데 글자는 없어지고 문헌에서 그 흔적을 찾을 수는 없지만 이게 바로 단군의 자취가 아니겠는가' 라는 내용이다.

재위 5년 신묘년(BCE 1830) 봄에 조서를 내려, 어질고 착하며, 곧고 바르며, 윗사람에게 끝까지 바른 말을 서슴치 않는 선비를 등용하였다. 재위 29년 을묘년(BCE 1806)에 청아(菁莪) 욕살(褥薩) 비신(丕信)과 서옥저(西沃沮) 욕살(褥薩) 고사침(高士琛)과 맥성(貊城) 욕살(褥薩) 돌개(突蓋)를 한(汗)으로 봉하였다. 재위 30년 병진년(BCE 1805)에 유위자(有爲子)를 국태사(國太師)로 삼았다. 태학관(太學館: 단군조선 최초의 고등교육기관)을 세워 어진 선비를 양성하였다. 재위 52년 무인년(BCE 1783)에 상(商, 殷)나라 사절이 처음으로 입조(入朝)했다. 7월에 단군께서 붕어하시고 우가(牛加) 흘달(屹達)이 즉위하였다.[91]

13세 단군 흘달(屹達) 재위 원년 기묘년(BCE 1782). 재위 16년 갑오년(BCE 1767)에 주(州)와 현(縣)을 획정하고 직책의 제도를 나누어 정하였다. 조서를 내려 지방자치제를 실시하였다. 관리는 권력을 겸하지 않고 정치는 법을 넘어서지 않으니 백성들은 고향을 떠나지 않고 제 할 일을 편안히 하게 되므로 온 나라에 거문고 노랫소리가 흘러넘쳤다. 그해 겨울 은나라(殷, 商) 사람이 하(夏)나라를 정벌하니 하나라 걸왕(桀王)이 단군에게 구원병을 청하였다. 이에 단군께서 읍차(邑借) 말량(末良)으로 하여금 구환(九桓)의 병사를 이끌고 나가 전쟁을 돕게 하니 은나라 탕(湯)이 사신을 파견하여 사죄하므로 회군하도록 명했는데, 걸(桀)이 조약을 위배하고 병사를 보내 길을 막고 약속을 깨려고 하자 결국 은나라 사람들과 힘을 합쳐 걸(桀)을 쳤다. 비밀리에 신지(臣智) 우량(于亮)을 파견하여 견군(畎軍: 畎夷*의 군대)을 이끌고 낙랑과 더불어 진격하여 관중(關中: 지금의 중국 陝西省)의 빈(邠)·기(岐)의 땅에 웅거(雄據)하며 관제(官制)를 설치하였다.[92]

탕(湯)이 걸(桀)을 쳤다는 기록은 한(漢)나라 유향(劉向)이 찬술한 『설원(設苑)』「권모(權謀)」편[93]에도 나오는데, 당시 하(夏)나라·은(殷, 商)나라 교체기에 흘달 단군이 은[商] 왕조[94]의 건국에 깊이 관여했음을 알 수 있게 한다. 상(商)나라의 마지막 수도가 은허(殷墟)였다고 해서 은(殷)나라로 불리지만 상(商) 부족 지도자 탕(湯)이 나라를 세웠으므로 정확한 명칭은 상(商)나라이다.** 『설원(設苑)』에서 '같은 권모(權謀)에도 정(正)이 있고 사(邪)가 있으니 군자의 권모는 옳고 범인의 권모는 나쁘다'라고 한 것은, 탕(湯)의 충신 이윤(伊尹)이 '구이(九夷)의 군사가 움직인다는 것은 잘못이 우리에게 있기 때문이다'라고 한 것과 같은 맥락에서 이해될 수 있다. 막강한 군사력을 겸비한 동방의 군자국(君子

---

* 畎夷는 九夷 중의 하나다. 九夷란 畎夷·于夷·方夷·黃夷·白夷·赤夷·玄夷·風夷·陽夷를 말한다. 畎夷는 중국 고문헌에 융(戎), 흉노(匈奴) 등으로 기록되어 있는 유목 부족으로 고조선 侯國族이 되어 거주하고 있었다.

** 商나라에 이어 周나라를 건국한 武王은 신하의 몸으로 쿠데타를 일으켜 왕이 된 것을 정당화하기 위해 상나라의 마지막 군왕인 紂王을 방탕한 폭군으로 기록하게 하고, 또 상나라의 위상을 격하시키기 위해 상나라의 마지막 수도였던 殷墟에서 이름을 딴 '殷'이라고 기록하게 함으로써 방탕한 폭군이 통치하는 작은 지방 국가를 주나라가 흡수 통일한 것이라는 점을 강조한 것으로 해석된다.

國) 단군조선(九夷, 九桓, 九黎)의 국제적 위상을 짐작할 수 있게 한다.

재위 20년 무술년(BCE 1763)에 법정학교(法政學校)를 세워 백성을 가르쳤다. 소도(蘇塗)를 많이 설치하고 천지화(天指花)를 심었다. 여기서 미혼의 자제들로 하여금 독서와 활쏘기를 익히게 하며 이들을 국자랑(國子郞)이라 불렀다. 국자랑이 나가서 다닐 때 머리에 천지화를 꽂았으므로 사람들이 천지화랑(天指花郞)이라고도 불렀다. 이처럼 화랑의 기원은 실로 오래된 것이다. 재위 50년 무진년(BCE 1733)에 오성(五星)이 누성(婁星, 양자리)에 모이고* 황학이 날아와 뜰의 소나무에 깃들었다. 재위 61년 기묘년(BCE 1722)에 단군께서 붕어하시니 만백성이 곡기를 끊고 곡소리가 끊이지 않았다. 우가(牛加) 고불(古弗)이 즉위하였다.[95]

14세 단군 고불(古弗) 재위 원년 경진년(BCE 1721). 현육(玄育)이 쳐들어와 노략질을 하므로 군사를 보내어 물리쳐 평정하였다. 재위 6년 을유년(BCE 1716)에 큰 가뭄이 들어 단군께서 친히 기우제를 지내며 기도를 마치자 큰비가 수천 리에 내렸다. 재위 25년 갑진년(BCE 1697)에 은(殷, 商)나라 사절이 입조하였다. 재위 36년 을묘년(BCE 1686)에 발해 해변에 황룡이 나타나고, 인어(人魚) 한쌍이 상륙하였다. 재위 52년 신미년(BCE 1670)에 국립대학을 설립하고 사방에 있는 학생들을 공부하게 하였다. 재위 56년 을해년(BCE 1666) 9월에 관리를 사방에 보내 호구를 조사하니 1억 8천만이었다. 재위 58년 정축년(BCE 1664)에 전토(田土)와 산야(山野)를 측량하여 조세율을 개정하였다. 재위 60년 기묘년(BCE 1662)에 단군께서 붕어하시니 대음(代音)이 즉위하였다.[96]

---

* 五星聚婁란 다섯 개의 별(五星: 수성, 금성, 화성, 목성, 토성)이 누성(婁星[양자리]: 28수(宿)의 하나)에 모였다는 뜻이다.

15세 단군 대음(代音) 재위 원년 경진년(BCE 1661). 은나라 왕 소갑(小甲)이 사신을 보내 화친을 청하였다. 이 해에 세제를 개혁하여 80분의 1을 세금으로 내게 했다. 재위 2년 신사년(BCE 1660)에 홍수가 크게 나서 민가에 많은 피해를 입혔다. 단군께서 심히 가엾게 여겨 곡식을 창해(蒼海), 사수(蛇水) 지역으로 보내 백성들에게 골고루 나누어 주었다. 10월에 양운국(養雲國)과 수밀이국(須密爾國)의 두 사신이 와서 특산물을 바쳤다. 재위 10년 기축년(BCE 1652)에 단군께서 서쪽 약수(弱水)로 행차하여 신지(臣智) 우속(禹粟)에게 명하여 금(金)·철(鐵) 및 고유(膏油)를 채취하도록 했다. 7월에 우루국(虞婁國) 20가구가 투항해 오자 염수(鹽水) 가까운 땅에 정착하도록 명하였다. 재위 28년 정미년(BCE 1634)에 단군께서 태백산에 올라 비석을 세워 역대 성군들과 한(汗)들의 공적을 새겼다. 재위 40년 기미년(BCE 1622)에 아우 대심(代心)을 남선비국(南鮮卑國)의 대인(大人)으로 삼았다. 재위 51년 경오년(BCE 1611)에 단군께서 붕어하시니 우가(牛加) 위나(尉那)가 즉위하였다.[97]

16세 단군 위나(尉那) 재위 원년 신미년(BCE 1610). 재위 28년 무술년(BCE 1583)에 구환(九桓)의 여러 한(汗)들을 영고탑(寧古塔)에 모이게 하여 삼신상제께 제사 지내고 환인천제, 환웅천황, 치우(蚩尤)천황과 단군왕검께 배향했다. 닷새 동안 큰 연회를 베풀어 백성들과 함께 불을 밝히고 밤새워 경을 봉송하고 마당밟기(踏庭, 地神밟기)를 하였다. 한쪽에선 줄지어 횃불을 밝히고 또 한쪽은 둥글게 돌며 춤을 추면서 애환가(愛桓歌)를 제창했다. '애환가'란 옛 신가(神歌)의 한 종류이다. 옛사람들은 환화(桓花)에 이름을 붙이지 않고 그냥 꽃이라고 했다. 애환가의 가사는 다음과 같다.

산에는 꽃 피네 꽃이 피네(山有花 山有花)

지난해에 만 그루 심고 올해도 만 그루 심었네(去年種萬樹 今年種萬樹)

봄이 오면 불함산 온통 붉은 꽃으로 물들고(春來不咸花萬紅)

천신(天神) 섬기며 태평을 즐긴다네(有事天神樂太平)

재위 58년 무진년(BCE 1553)에 단군께서 붕어하시니 태자 여을(余乙)이 즉위하였다.[98]

17세 단군 여을(余乙) 재위 원년 기사년(BCE 1552). 재위 6년 갑술년(BCE 1547)에 큰 흉년이 들어 쌓아두었던 곡식(太倉粟)을 풀어 백성을 구제하였다. 재위 10년 무인년(BCE 1543)에 단군께서 선비 고수노(高叟老)를 불러 정사를 물으셨다. 고수노가 대답하길, '항상 먹고 입는 것을 풍족하게 한 후에 예의를 가르치며 법도로써 이끌어야 합니다. 백성이 늘 할 수 있는 생업(生業)이 없으면 항심(恒心)이 없어지고, 항심이 없으면 사기와 도적질을 하게 됩니다. 다음으로 민권을 옹호하는 정치를 해야 합니다. 정치에 참여할 기회를 줌으로써 배운 학문과 포부를 펼치게 하면 공적인 일에 헌신할 것입니다. 또한 장병을 양성하는 학교를 세워 국방에 대한 인식을 높여야 합니다. 이처럼 군관군민(君官軍民)이 사위일체가 되면 완전한 정치가 될 것입니다.'

재위 52년 경신년(BCE 1501)에 단군께서 오가(五加)와 함께 나라 안을 순행하던 중 개사성(蓋斯城) 근처에 이르렀을 때 푸른 도포를 입은 노인이 단시(短詩)로 하례를 올렸다. '오래도록 선인의 나라에 살면서 즐거이 선인의 백성 되었네. 임금님 덕은 그르침 없고 다스림은 편벽됨 없으니, 백성들도 이웃들도 근심 괴로움 볼 수 없네. 책화(責禍)는 믿음으로 행하시고, 경계를 관할함은 은혜로 행하시니, 성(城)도 나라도 전쟁을 겪지 않았네.' 이에 단군께서 화답하시길, "기쁘게 받아들이노라. 짐이 덕을 닦음이 일천하여 백성들의 여망에 보답하지 못할까 두렵노라." 재위 68년 병자년(BCE 1485)에 단군께서 붕어하시니 태자 동엄(冬嚴)이 제위에 올랐다.[99]

18세 단군 동엄(冬嚴) 재위 원년 정축년(BCE 1484). 재위 2년 무인년(BCE 1483)에 은(殷)나라 사절이 오니, 사자를 보내어 사례하였다. 재위 5년 신사년(BCE 1480)에 고수노(高叟老)에게 국사 18권을 편찬하게 하였다. 재위 10년 병술년(BCE 1475)에 약목(若木)을 수상으로 삼고, 김내물(金乃勿)을 상장으로 삼았다. 재위 20년 병신년(BCE 1465)에 지백특(支伯特) 사람이 와서 특산물을 바쳤다. 단군께서 서쪽 변방을 돌아보실 때에 사람을 서장(西藏: 티베트)에 보내시어 함문경(咸文經)을 구하여 왔다. 재위 49년 을축년(BCE 1436)에 단군께서 붕어하시니 태자 구모소(緱牟蘇)가 즉위하였다.[100]

19세 단군 구모소(緱牟蘇) 재위 원년 병인년(BCE 1435). 단군께서 남쪽으로 순행하면서 낙랑홀(樂浪忽) 땅에 이르러 성곽을 고쳐 쌓았다. 재위 24년 기축년(BCE 1412)에 남상인(南裳人)이 조정에 들어왔다. 재위 54년 기미년(BCE 1382)에 지리숙(支離叔)이 「주천력(周天曆)」과 「팔괘상중론(八卦相重論)」을 지었다. 재위 55년 경신년(BCE 1381)에 단군께서 붕어하시니 우가(牛加) 출신 고홀(固忽)이 즉위했다.[101]

20세 단군 고홀(固忽) 재위 원년 신유년(BCE 1380). 재위 4년 갑자년(BCE 1377)에 군사를 보내 북흉노(北匈奴)를 물리쳤다. 재위 11년 신미년(BCE 1370) 가을에 흰 무지개(白虹)가 태양을 관통했다(白虹貫日).* 재위 36년 병신년(BCE 1345)

---

* 이기동·정창건 역해, 『환단고기』, 157쪽에서는 "조선왕조실록을 검색한 결과 '하얀 무

에 영고탑(寧古塔)을 고쳐 쌓고 별궁을 지었다. 재위 40년 경자년(BCE 1341)에 공공인(共工人) 공홀(工忽)이 구환(九桓)의 지도를 제작하여 바쳤다. 재위 43년 계묘년(BCE 1338) 천하가 편안하지 못할 때 단군께서 붕어하시니 태자 소태(蘇台)가 즉위하였다.[102]

21세 단군 소태(蘇台) 재위 원년 갑진년(BCE 1337). 은나라 왕 소을(小乙)이 사신을 보내어 조공을 바쳤다. 재위 3년 병오년(BCE 1335)에 공신(功臣) 여심심(黎尋心)을 창해군(滄海君재)으로 삼았다. 재위 47년 경인년(BCE 1291)에 은나라 왕 무정(武丁)이 귀방(鬼方)을 쳐서 이기자 또 대군을 이끌고 삭도(索度)와 영지(令支) 등의 나라를 침공하였으나, 단군 소태에게 대패하여 강화를 청하며 조공을 바쳤다. 재위 49년 임진년(BCE 1289)에 개사원(蓋斯原)의 욕살(褥薩) 고등(高登)이 대군을 장악하고 서북지역을 공략하여 그 세력이 아주 강성해졌다. 고등이 사람을 보내 우현왕(右賢王)이 되기를 요청했으나 단군께서 꺼려하며 윤허하지 않다가 거듭 요청하므로 윤허하고 두막루(豆莫婁)라 호칭했다. 재위 51년 갑오년(BCE 1287)에 아우 홀나(忽那)를 회을왕(回乙王)으로 삼았다. 재위 52년 을미년(BCE 1286)에 우현왕 고등이 죽자 그의 손자 색불루(索弗婁)가 세습하여 우현왕이 되었다.

단군께서 나라 안을 순행하다가 남쪽의 해성(海城)에 이르러 부로(父老)들을 모두 불러 모아 하늘에 제사 지내고 노래와 춤을 즐겼다. 그리고 오가(五加)를 불러 양위(讓位)할 것을 의논하면서 스스로 말하길, 늙어서 부지런히 일

지개가 태양을 관통했다(白虹貫日)'는 표현이 모두 249건 나오는 반면, '하얀 태양이 무지개를 관통했다(白日貫虹)'는 표현은 한 건도 나오지 않았다"고 했다. 『檀奇古史』에도 '흰 무지개(白虹)가 태양을 꿰뚫었다'고 기록되어 있다.

하기가 힘이 드니 서우여(徐于餘)에게 정사를 맡기고자 한다고 했다. 서우여에게 살수(撒水) 백 리의 땅을 봉하여 섭주(攝主)로 명하고 기수(奇首)라 불렀다. 우현왕이 이 소식을 듣고 사람을 보내 말렸으나 단군께서는 끝내 듣지 않았다. 이에 우현왕은 근위대와 사냥꾼 수천을 거느리고 마침내 부여 신궁에서 즉위하니 단군께서 부득이 옥책(玉冊)과 국보를 전하고 서우여를 폐하여 서인(庶人)이 되게 했다. 단군께서는 아사달에 은거하며 생을 마쳤다. 이 해에 백이(伯夷)·숙제(叔齊)도 고죽군(孤竹君)의 아들로서 나라를 사양하고 도피하여 동쪽 바닷가에 살며 힘써 농사를 지어 자급하였다.[103]

22세 단군 색불루(索弗婁) 재위 원년 병신년(BCE 1285). 단군께서 녹산(鹿山)의 성을 고쳐 쌓도록 명하고 관제를 개혁했다. 9월에 친히 장당경(藏唐京)으로 행차하여 고등왕(高登王)의 사당을 세워 제사 지냈다. 11월에 친히 구환(九桓)의 군사들을 이끌고 전투를 거듭한 끝에 은나라 도읍을 점령하고, 화친한 지 얼마 안 되어 또다시 큰 전투를 벌여 격파했다. 이듬해 2월 황하(黃河) 상류까지 추격하여 승전의 하례를 받고 변한(弁韓, 番韓)의 백성들을 회대(淮岱)의 땅으로 이주시켜 가축을 기르고 농사를 짓게 하니 국위(國威)가 크게 떨쳤다. 재위 6년 신축년(BCE 1280)에 신지(臣智) 육우(陸右)가 "아사달은 천년제업(千年帝業)의 땅이긴 하나 대운(大運)이 이미 다했고 영고탑(寧古塔)은 왕기(王氣)가 짙어 백악산(白岳山)을 능가하는 듯하니 그곳에 성을 쌓아 천도하기를 주청합니다"라고 했다. 단군께서 윤허하지 않았다.

재위 20년 을묘년(BCE 1266)에 남국(藍國: 단군조선의 제후국)이 매우 강성하여 고죽국(孤竹國) 왕과 함께 여러 적들을 쫓아내고 남쪽 엄독홀(奄瀆忽: 산동성 曲阜)에 옮아와 살았는데 은나라 국경과 가까운 곳이었다. 여파달(黎巴達)로 하여금 군사를 나누어 진격하여 빈(邠)·기(岐)에 웅거(雄據)하도록 하면서 그곳의 유민과 서로 결속하여 나라를 세워 '여(黎)'라 일컫고 서융(西戎)과 더불어 은나라 제후들 사이에 뒤섞여 살게 했다. 남씨의 위세가 더욱 강성해지니 단군의 덕화가 멀리 항산(恒山) 이남의 땅에까지 미치게 되었다. 재위 36년 신미년(BCE 1250)에 변방의 장수 신독(申督)이 난을 일으켜 단군께서 잠시 영고탑으로 피신하니 많은 백성들이 그를 따랐다. 재위 48년 계미년(BCE 1238)에 단군께서 붕어하시니 태자 아홀(阿忽)이 즉위했다.[104]

23세 단군 아홀(阿忽) 재위 원년 갑신년(BCE 1237). 단군의 아우 고불가(固弗加)에게 낙랑홀(樂浪忽)을 다스리도록 명하고 웅갈손(熊乫孫)을 파견하여 남국왕(藍國王)과 함께 남쪽을 정벌한 군대가 은나라 땅에 여섯 읍을 설치하는 것을 살펴보게 하였는데, 은나라 사람들이 서로 다투어 결단을 내리지 못하므로 군사들을 보내 쳐부수었다. 7월에 신독(申督)을 죽이고 도읍으로 돌아와 죄수와 포로들을 석방하도록 명했다. 재위 2년 을유년(BCE 1236)에 남국왕 금달(今達)이 청구국왕(靑邱國王), 구려국왕(句麗國王)과 주개(周愷)에서 회합을 가지고 몽고리(蒙古里)의 군사들을 합쳐 가는 곳마다 은나라의 성책(城柵)을 부수고 오지(奧地) 깊숙이 들어갔다.

회대(淮垈: 淮水와 泰山 사이 지역)의 땅을 평정하여 포고씨(蒲古氏)를 엄(淹)에, 영고씨(盈古氏)를 서(徐)에, 방고씨(邦古氏)를 회(淮)에 각각 봉하니 은나라 사람들이 들리는 소문에 지레 겁을 먹고(惶怯) 감히 접근하지 못하였다. 재위 5년 무자년(BCE 1233)에 이한(二韓) 및 오가(五加)를 불러 영고탑으로 도읍을 옮기는 일에 대한 논의를 중지시켰다. 재위 32년 을묘년(BCE 1206)에 군관학교(軍官學校)를 설립하고, 병학(兵學)을 가르쳤다. 재위 55년 무인년(BCE 1183)에 단군께서 영고탑을 친히 시찰하고 정전법(井田法)을 가르쳤다. 재위 75년 무술년(BCE 1163)에 훌륭한 재상인 아덕(亞德)이 임금을 보좌하니 나라가 태평해졌

다. 재위 76년 기해년(BCE 1162)에 단군께서 붕어하시니 태자 연나(延那)가 즉위하였다.[105]

24세 단군 연나(延那) 재위 원년 경자년(BCE 1161). 단군께서 숙부 고불가(固弗加)에게 섭정을 하도록 명했다. 재위 2년 신축년(BCE 1160)에 상(商, ˙殷)나라 사람들이 조선을 공격해 군대가 남쪽 경계에까지 이르니 남후(藍侯)가 여러 군대를 이끌고 싸워 이기고 후에 서로 화해하였다. 여러 한(汗, 왕)들이 조서를 받들어 소도(蘇塗, 수두)를 증설하고 하늘에 제사 지내며 나라에 큰일이나 재앙이 있을 때마다 기도하여 백성의 뜻을 하나로 모았다. 재위 11년 경술년(BCE 1151)에 단군께서 붕어하시니 태자 솔나(率那)가 즉위했다.[106]

25세 단군 솔나(率那) 재위 원년 신해년(BCE 1150). 재위 37년 정해년(BCE 1114)에 기자(箕子)가 서화(西華)에 이주해 살면서* 인사 나누는 일도 사절했다. 재위 47년 정유년(BCE 1104)에 상소도(上蘇塗)에서 고례(古禮)를 강론하다가 영신(佞臣)과 직신(直臣)의 차이를 물었다. 이에 삼랑(三浪) 홍운성(洪雲性)이 나서

---

* 箕子가 西華에 이주해 살게 된 것은 BCE 12세기경 商(殷)나라가 周族에 의해 멸망하고 西周(낙양으로 천도하기 전의 周나라)가 건국되어 봉건제도를 확장함에 따라 그의 封地를 잃게 된 데 따른 것이다. 하여 商 왕실의 근친이었던 그는 一族과 함께 燕國의 변방인 지금의 灤河 서부 지역에 정착하게 된 것인데 西華도 그곳에 위치하였다. 당시 箕子가 정착한 河南省 開封市에 위치한 西華는 조선 땅이었다. 그 후 고조선 말기인 BCE 221년에 중국이 秦에 의해 통일되자 기자의 후손인 기비(箕丕)는 조선으로 와서 간청하여 변방 작은 지역의 제후가 된 것이다. 이것이 이른바 箕子東來說의 실체다. 이 일대는 三朝鮮(三韓)의 하나인 番朝鮮(番韓)의 영역에 속했던 지역이다. 오재성, 『숨겨진 역사를 찾아서』, 4쪽에서는 '箕子가 살던 조선 땅은 강회(江淮: 양자강과 淮水 사이 지역)의 西華(河南省 開封市)였으며, 『三國志』 「魏志」(「魏書」) 東夷傳의 단군 기록은 위나라와 가까운 西華에 있는 조선의 기록이었다'고 주장했다.

서 대답했다. "이치를 지켜 굽히지 않는 자는 직신이고 권위를 두려워하여 굽혀 복종하는 자는 영신입니다. 임금이 근원이라면 신하는 흐르는 물입니다. 근원이 이미 흐려졌는데 그 흐름이 맑기를 바랄 수 없는 것처럼 임금이 성군이 된 연후에야 신하가 바른 법입니다." 단군께서 "옳은 말이로다"라고 했다. 재위 59년 기유년(BCE 1092)에 밭농사가 풍년이 들어 한 줄기에 다섯 이삭이 달리는 조가 있었다. 재위 88년 무인년(BCE 1063)에 단군께서 붕어하시니 태자 추로(鄒魯)가 즉위하였다.[107]

26세 단군 추로(鄒魯) 재위 원년 기묘년(BCE 1062). 7월에 백악산 계곡에 흰 사슴 2백 마리가 떼를 지어 와서 놀았다. 재위 4년 임오년(BCE 1059)에 단군께서 이사금(尼師今)에게 묻기를, "음악에 흥망(興亡)의 곡조가 있는가?" 대답하기를, "장차 나라가 흥하려면 백성들의 마음이 기뻐 음악을 들으면 즐거워할 것이며, 나라가 망하려면 백성들의 마음이 우울하여 음악을 들어도 슬퍼할 것입니다. 세상 사람들이 시대의 현상을 보아 흥하고 망할 곡조임을 이를 따름이니, 사실은 그것이 음악에 있지 않고 사람의 마음에 있는 것입니다. 하여 태평시대에는 비록 슬픈 곡을 연주한다 해도 기쁘고 즐거운 흥이 솟아나게 되는 것입니다." 단군께서 옳다고 하셨다. 재위 39년 정사년(BCE 1024)에 의학원(醫學院)을 세워 백성들에게 의학을 가르쳤다. 재위 58년 병자년(BCE 1005)에 위문국(魏文國)이 정치론(政治論) 28권을 지어 바쳤다. 재위 65년 계미년(BCE 998)에 단군께서 붕어하시니 태자 두밀(豆密)이 즉위하였다.[108]

27세 단군 두밀(豆密) 재위 원년 갑신년(BCE 997). 환검(桓儉) 이래 열성조(列聖朝)의 말씀을 기록하여 궁문 안쪽에 걸어놓게 하고 출입하는 자들로 하여금 보게 했다. 천해(天海)의 물이 넘쳐 사아란산(斯阿蘭山)이 무너졌다. 이 해에 수밀이국(須密爾國), 양운국(養雲國), 구다천국(句茶川國)이 모두 사신을 보내 특산물을 바쳤다. 재위 3년 병술년(BCE 995)에 정지선(鄭知先)이 진언하기를, "임금께 아뢰는 상서(上書)가 절실하지 않으면 임금의 마음을 움직일 수 없고, 아뢰는 말도 절실하지 않으면 임금의 마음을 감동시킬 수 없으니, 그런 실정을 살피지 못하고 가끔 그 신하에게 죄를 묻는 일이 있습니다. 그러므로 옳은 길은 막히고 충성된 마음으로 아뢰는 말은 들을 수 없게 됩니다. 폐하께서는 간절하고 절실한 말을 잘 들으시기 바랍니다." 단군께서 옳은 말이라고 했다. 재위 8년 신묘년(BCE 990)에 오랜 가뭄 끝에 큰비가 내려 백성들이 수확할 것이 없었으므로 단군께서 창고를 열어 곡식을 두루 나누어 주도록 명하였다. 재위 26년 기유년(BCE 972)에 단군께서 붕어하시니 해모(奚牟)가 즉위했다.[109]

28세 단군 해모(奚牟) 재위 원년 경술년(BCE 971). 단군께서 병이 들어 백의 동자로 하여금 하늘에 기도하게 하니 이윽고 쾌유했다. 재위 10년 기미년(BCE 962)에 황노명(黃老明)이 진언하기를, "폐하의 심지(心志)가 옛날에 미치지 못하고, 도를 듣고 허물을 고치는 일은 지난날보다 못하고, 벌을 주실 때에는 노하시므로 휴식할 틈이 없습니다. …용모를 비추어 보려면 맑은 물이 필요하고, 실패를 알고자 하면 망한 나라 만한 것이 없습니다. 폐하께서는 하(夏)나라를 거울삼아 사치를 몰아내고 검소한 생활을 하게 하며, 충현(忠賢)과 친하고 간사한 자들을 멀리하여 현재 무사함으로써 앞으로 닥칠 일을 대비하여 둔다면, 이것은 국가의 철석같은 간성(干城: 나라의 안팎을 지키는 방패막이)이 되는 것입니다." 단군께서 칭찬을 아끼지 않으셨다. 재위 11년 경신년(BCE 961) 4월에 회오리바람이 크게 일고 폭우가 쏟아져 내렸다. 땅 위에 물고기들이 마구 떨어졌다. 재위 18년 정묘년(BCE 954)에 빙해(氷海)의 여러 한

(汗)들이 사신을 보내 조공을 바쳤다. 재위 28년 정축년(BCE 954)에 단군께서 붕어하시니 마휴(摩休)가 즉위했다.[110]

29세 단군 마휴(摩休) 재위 원년 무인년(BCE 943). 주나라 사람이 공물을 바쳤다. 재위 8년 을유년(BCE 936) 여름에 지진이 났다. 재위 2년 기묘년(BCE 942)에 주태원(周太元)이 진언하기를, "옛날 장구한 세월을 이어온 나라는 은혜를 사람들 마음속에 심었기 때문에 절대로 망하지 않았으며, 그렇지 못한 나라는 은혜를 사람들 마음속에 심지 못하였습니다. 은혜라는 것은 당장은 아무 이익이 없으나 장래에는 크게 보상이 있는 보화입니다. 뿌리가 깊으면 잎이 무성하고 근본이 단단하면 가지도 번영하는 것이니, 폐하께서는 마땅히 선대(先代) 임금의 다스림을 이어 자손만대의 터를 견고하게 하옵소서, 그러니 어찌 눈앞의 일만 보겠습니까.

해마다 풍년이 들어도 창고에 곡식이 없고 백성들의 원성이 있는 것은 폐하께서 급하지 않은 공사를 많이 벌려놓은 때문입니다. 나라의 흥망이 흉년과 풍년에 있지 않고 오직 백성들의 괴롭고 즐거움에 있습니다. 그러므로 백성들의 괴로움을 돌보는 것이 먼저 할 일이며, 백성들이 부해지고 여력이 있을 때까지 기다려 거두어들일 것이며, 강제로 징수해서는 안 될 것입니다. 폐하께서는 반드시 나라가 장구하게 이어나갈 수 있는 계획을 세우시려면 먼저 은혜로써 인심을 묶어 길이 그것을 풀지 못하도록 하옵소서." 단군께서 칭찬하셨다. 재위 9년 병술년(BCE 935) 남해의 조수(潮水)가 석 자(三尺) 물러났다. 재위 34년 신해년(BCE 910)에 단군께서 붕어하시니 태자 내휴(奈休)가 즉위했다.[111]

30세 단군 내휴(奈休) 재위 원년 임자년(BCE 909). 단군께서 남쪽을 순행하여 청구(靑邱)의 정치를 살펴보고 돌에 치우천왕(蚩尤天王)의 공덕을 새겼다. 서쪽으로 엄독홀(奄瀆忽: 산동성 곡부)에 이르러 분조(分朝)의 여러 한(汗)들을 모아 열병(閱兵)한 후 하늘에 제사 지냈다. 주(周)나라 사람들과 수교를 맺었다. 재위 5년 병진년(BCE 905)에 흉노(匈奴)가 공물을 바쳤다. 재위 10년 신유년(BCE 905)에 동돌궐(東突厥)이 사신을 보내 수호조약을 청하므로 이를 허락하였다. 재위 35년 병술년(BCE 875)에 단군께서 붕어하시니 태자 등올(登屼)이 즉위했다.[112]

31세 단군 등올(登屼) 재위 원년 정해년(BCE 874). 재위 2년 무자년(BCE 873)에 조자문(曹子文)이 진언하기를, "정치와 법률은 서로 밀접한 관계가 있으나 행정관과 사법관은 각각 그 직책이 달라야 정치와 법률이 명백하여 공정하게 시행될 것입니다." 단군께서 동의하시고 입법과 사법과 행정기관을 각각 세워 다스리니 정치와 법률이 공평하였다. 재위 16년 임인년(BCE 859)에 봉황이 백악산에서 울고 기린이 상림원(上林苑)에 와서 놀았다. 재위 25년 신해년(BCE 850)에 단군께서 붕어하시니 아들 추밀(鄒密)이 즉위했다.[113]

32세 단군 추밀(鄒密) 재위 원년 임자년(BCE 849). 재위 3년 갑인년(BCE 847)에 선비산(鮮卑山)의 추장 문고(們古)가 공물을 바쳤다. 재위 4년 을묘년(BCE 847)에 북적(北狄)이 쳐들어오자 곧 물리쳤다. 재위 12년 계해년(BCE 838)에 초(楚)나라 대부(大夫) 이문기(李文起)가 조정에 들어왔다. 재위 13년 갑자년(BCE 837) 3월에 일식이 있었다. 재위 15년 병인년(BCE 835)에 농작물이 크게 흉년이 들었다. 재위 30년 신사년(BCE 820)에 단군께서 붕어하시니 태자 감물(甘勿)이 즉위했다.[114]

33세 단군 감물(甘勿) 재위 원년 임오년(BCE 819). 재위 2년 계미년(BCE 818)에 주(周)나라 사람이 와서 호랑이와 코끼리 가죽을 바쳤다. 재위 4년 을유년(BCE 818)에 황선문(黃先文)이 유황발사총(硫黃發射銃)을 만들었다. 재위 7년 무자년(BCE 813)에 영고탑(寧古塔) 서문 밖 감물산(甘勿山) 아래에 삼성사(三聖祠)를 세웠다. 단군께서 친히 제사를 지내며 종묘(宗廟)에 고(告)한 서고문(誓告文)을 남기니 그 내용은 다음과 같다.

삼성(환인·환웅·단군)의 높으신 은덕(三聖之尊)

삼신(천·지·인)의 공덕과 나란하시도다(與神齊功)

삼신께서 이루신 공덕(三神之德)

삼성으로 해서 더욱 크시도다(因聖益大)

본체와 현상이 한 몸이고(虛粗同體)

개체와 전체가 하나이니(個全一如)

지혜와 생기(生氣)를 함께 닦으면(智生雙修)

몸과 혼이 함께 확충되고(形魂俱衍)

참된 가르침 이에 세워지면(眞教乃立)

믿음이 오래가서 저절로 밝아진다(信久自明)

승세(乘勢)를 몰아 높은 경지 이르면(乘勢以尊)

빛을 돌리어 스스로를 비춘다(回光反躬)

저 우뚝한 백악(巖彼白岳)

만고의 푸르름이여(萬古一蒼)

열성조(列聖朝)께서 대를 이어 일어나시어(列聖繼作)

예악문화를 흥륭(興隆)케 하시고(文興禮樂)

그 규모 이처럼 키웠으니(規模斯大)

그 도술 깊고도 넓도다(道術淵宏)

하나를 잡아 셋을 포함하고(執一含三)

셋이 모여 하나로 돌아가니(會三歸一)

하늘의 가르침 크게 펼쳐서(大演天戒)

영세토록 법으로 삼으오리다(永世爲法)

재위 9년 경인년(BCE 811)에 단군께서 고삼도(高三道)에게 나라 재상의 자격에 대해 물었다. 대답하기를, "사는(居)데 화목한가를 보며, 통달해도 그 처신을 보며, 부(富)해도 남에게 주는가를 보며, 가난해도 그 취하는 바를 보며, 궁(窮)해도 그 하지 않는 바를 보며, 평안해도 음행하지 않음을 보며, 어려움(難)이 있어도 그 구(救)하는 바를 보며, 급(急)해도 그 들어가지 않음을 보며, 귀(貴)해도 그 자랑하는 바를 볼 것이니, 이 아홉 가지(九條)로써 택하시면 됩니다." 재위 24년 을사년(BCE 796)에 단군께서 붕어하시고 태자 오루문(奧婁門)이 즉위했다.[115]

34세 단군 오루문(奧婁門) 재위 원년 병오년(BCE 795). 이 해에 오곡이 풍성하게 잘 여물어 만백성이 기뻐하며 도리가(兜里歌)를 지어 불렀다. 그 가사는 다음과 같다.

하늘에는 아침 해가 밝은 빛 비추고(天有朝暾明光照耀)

나라에는 성인이 덕의 가르침 널리 퍼시네(國有聖人德教廣被)

큰 나라 우리 배달 성조시여(大邑國我倍達聖祖)

많고 많은 사람들이 가혹한 정치 모르고(多多人不見苛政)

즐겁고 평화롭게 노래하니 늘 태평성대로세(熙皞歌之長太平)

재위 10년 을묘년(BCE 786)에 두 개의 해가 나란히 떠오르더니 누런 안개가 사방을 덮었다. 재위 21년 병인년(BCE 775)에 백건적(白巾賊)의 난이 있어, 단군께서 견적(遣迪)으로 피신했다가 이듬해 8월에 환궁했다. 재위 23년 무진년(BCE 773)에 단군께서 붕어하시니 태자 사벌(沙伐)이 즉위했다.[116]

35세 단군 사벌(沙伐) 재위 원년 기사년(BCE 772). 재위 6년 갑술년(BCE 767)에 황충(蝗蟲)의 피해와 홍수가 있었다. 재위 8년 병자년(BCE 765) 4월에 일식(日蝕)이 있었다. 재위 14년 임오년(BCE 759)에 호랑이가 궁전에 들어왔다. 재위 24년 임진년(BCE 749)에 홍수로 산이 무너져 골짜기를 메웠다. 재위 40년 무신년(BCE 733)에 견융(犬戎)이 변경을 침범하여 군사를 보내 물리쳤다. 재위 50년 무오년(BCE 723)에 단군께서 장수 언파불합(彦波弗哈)을 보내 규슈(九州)의 구마소(熊襲)를 평정하였다. 재위 66년 갑술년(BCE 707)에 단군께서 조을(朝乙)을 보내 바로 연(燕)나라 수도로 진격하고 제(齊)나라 군대와 임치(臨淄)의 남쪽 교외에서 싸워 승전을 알려왔다. 재위 68년 병자년(BCE 705)에 단군께서 붕어하시니 태자 매륵(買勒)이 즉위했다.[117]

36세 단군 매륵(買勒) 재위 원년 정축년(BCE 704). 재위 25년 신축년(BCE 680)에 오경박사(五經博士) 우문충(宇文忠)이 토지를 측량하고 지도를 만들며 유성설(遊星說)을 저술하여 바쳤다. 재위 28년 갑진년(BCE 677)에 지진과 해일이 일어났다. 재위 32년 무신년(BCE 673)에 서촌 민가의 소가 다리 여덟 개 달린 송아지를 낳았다. 재위 35년 신해년(BCE 670)에 용마(龍馬)가 천하(天河)에서 나왔는데 등에 별무늬가 있었다. 재위 38년 갑인년(BCE 667)에 협야후(陜野侯) 배반명(裵幋命)을 보내 해상(海上)의 적을 토벌하니 12월에 삼도(三島)를 모두 평정하였다. 재위 52년 무진년(BCE 653)에 단군께서 군사를 보내 수유(須臾)의 군사와 함께 연(燕)나라를 정벌하였다. 연나라 사람이 제(齊)나라에 위급함을 알리자 제나라 사람들이 대거 고죽국(孤竹國)으로 쳐들어왔으나 우리의 복병에 걸려들어 전세가 불리하니 화친을 애걸하고는 물러갔다. 재위 58년 갑술년(BCE 647)에 단군께서 붕어하시니 태자 마물(麻勿)이 즉위했다.[118]

37세 단군 마물(麻勿) 재위 원년 을해년(BCE 646). 재위 4년 무인년(BCE 643)에 토목을 크게 일으켜 궁궐을 중건(重建)하였다. 재위 5년 기묘년(BCE 642)에 방공전(方孔錢)을 주조했다. 재위 8년 임오년(BCE 639)에 모문후(毛文侯) 유례(有禮)가 반란을 일으켜 군사를 보내 토벌하였다. 재위 15년 기축년(BCE 632)에 열성제(列聖帝)의 송덕비를 동문(東門)밖에 세웠다. 재위 18년 임진년(BCE 629)에 이선량(李善良)을 승상으로 삼았다. 재위 38년 임자년(BCE 609)에 성(城) 북쪽 땅이 내려앉아 큰 연못이 되니, 큰 샘이 솟아나 배를 띄울 수 있는 정도였다. 재위 56년 경오년(BCE 591)에 단군께서 남쪽을 순행하시다가 기수(淇水)에서 붕어하시니 태자 다물(多勿)이 즉위했다.[119]

38세 단군 다물(多勿) 재위 원년 신미년(BCE 590). 재위 3년 계유년(BCE 588)에 기자조선 사절이 입조(入朝)하였다. 재위 8년 무인년(BCE 590)에 위(魏)나라 박사 진덕기(陳德基)가 입경하였다. 재위 10년 경진년(BCE 581)에 정(鄭)나라 사람 신도회(申屠懷)가 많은 사람을 거느리고 와서 살았다. 재위 18년 무자년(BCE 573)에 문인 표상술(表相述)을 오성판윤(五城判尹)으로 삼았다. 재위 35년 을사년(BCE 556)에 진(晉)나라 사람 김일선(金日善)이 천문지리학을 가지고 조정에 참여하였다. 재위 45년 을묘년(BCE 546)에 단군께서 붕어하시니 태자 두홀(豆忽)이 즉위하였다.[120]

39세 단군 두홀(豆忽) 재위 원년 병진년(BCE 545). 재위 2년 정사년(BCE 544)에 초(楚)나라 사절이 입조(入朝)하였다. 재위 13년 무진년(BCE 533)에 위(魏)나라 와 제(齊)나라 사절이 왔다. 재위 15년 경오년(BCE 531)에 진(晋)나라와 조(趙)나라 사절이 왔다. 재위 21년 병자년(BCE 525)에 일식(日蝕)이 있었다. 재위 30년 을유년(BCE 516)에 진충노(秦忠老)가 진언하기를, "천하를 다스리는 도는 풍속을 바르게 하며 어진 인재를 얻는 것에 있는 것이니, 가장 시급한 일은 각종 학교를 설립하여 영재들을 공부하게 하여 각 부문에 적합한 인재를 양성하면 천하가 태평하게 될 것입니다." 단군께서 그렇다 하시고 각종 학교를 많이 세워 백성을 교육하였다. 외국 사람도 와서 유학하는 자가 많았다. 재위 36년 신묘년(BCE 510)에 단군께서 붕어하시니 태자 달음(達音)이 즉위했다.[121]

40세 단군 달음(達音) 재위 원년 임진년(BCE 509). 재위 3년 갑오년(BCE 507)에 윤복지(尹卜地)가 도덕경을 저술하여 임금께 바쳤다. 재위 5년 병신년(BCE 505)에 초(楚)나라 사절이 입조하였다. 재위 6년 정유년(BCE 504)에 견융(犬戎)이 와서 복종하였다. 재위 10년 신축년(BCE 500)에 진개(秦開)가 치국요람(治國要覽)을 저술하여 임금께 바쳤다. 재위 18년 기유년(BCE 492)에 단군께서 붕어하시니 태자 음차(音次)가 즉위했다.[122]

41세 단군 음차(音次) 재위 원년 경술년(BCE 491). 재위 2년 신해년(BCE 490)에 연(燕)나라 사절이 입조하였다. 재위 4년 계축년(BCE 488)에 공상의(孔尙義)가 종교론을 저술하여 임금께 바쳤다. 재위 15년 갑자년(BCE 477)에 한(韓)나라 사절이 왔다. 재위 20년 기사년(BCE 472)에 단군께서 붕어하시니 태자 을우지(乙于支)가 즉위했다.[123]

42세 단군 을우지(乙于支) 재위 원년 경오년(BCE 471). 재위 3년 임신년(BCE 469)에 철인(哲人) 이일선(李一善)이 천리경(天理經)을 저술하여 임금께 바쳤다. 재위 5년 갑술년(BCE 467)에 백호돈(白好敦)이 지리학과 광물학을 저술하여 임금께 바치고 아뢰기를, "우리나라 안에 가는 곳마다 지하에 황금이 있습니다"하였다. 재위 10년 기묘년(BCE 462)에서 단군께서 붕어하시니 태자 물리(勿理)가 즉위했다.[124]

43세 단군 물리(勿理) 재위 원년 경진년(BCE 461). 재위 4년 계미년(BCE 458)에 기자조선 사절이 입조하였다. 재위 15년 갑오년(BCE 447)에 북적(北狄: 흉노)이 사자를 보내 입조하였다. 재위 36년 을묘년(BCE 426)에 융안(隆安)의 사냥꾼 우화충(于和冲)이 장군을 자칭하며 무리 수만 명을 모아 서북 36개 군을 함락시켰다. 단군께서 군사를 보냈으나 이기지 못했다. 이해 겨울에 역적들이 도성을 포위하고 맹렬히 공격하므로 단군께서 좌우 궁인과 함께 종묘와 사직의 신주(神主)를 모시고 배를 타고 해두(海頭)로 내려간 지 얼마 안 되어 붕어하셨다. 이 해에 백민성(白民城) 욕살(褥薩) 구물(丘勿)이 칙명에 따라 군사를 일으켜 먼저 장당경(藏唐京)을 점거하니 아홉 지역의 군사들이 그를 따르고 동서 압록(鴨綠: 지금의 遼河)의 열여덟 성(城)이 모두 군사를 보내 원조하였다.[125]

44세 단군 구물(丘勿) 재위 원년 병진년(BCE 425) 3월에 홍수가 나서 도성이 물에 잠기자 역적들이 대혼란에 빠졌다. 구물(丘勿)이 군사 1만을 이끌고 가서 토벌하자 역적들은 싸워보지도 못하고 스스로 궤멸하니 마침내 우화충(于和冲)을 참수하였다. 이에 구물(丘勿)이 여러 장수의 추대를 받아 3월 16일 단을 쌓아 하늘에 제사 지내고 장당경(藏唐京)에서 즉위하였다. 국호를 대부여(大夫餘)로 바꾸고 삼한을 삼조선(三朝鮮)으로 바꾸었다. 이로부터 삼조선이 비록 단군을 받들어 한 분이 다스리는 제도는 유지하였지만 화친과 전쟁의 권한은 단군 한 분에게만 맡겨두지는 않게 되었다. 7월에 해성(海城)을 개축하여 평양(平壤)이라 하고 이궁(離宮)을 지었다. 재위 2년 정사년(BCE 424)에 예관(禮官)이 삼신영고제(三神迎鼓祭)를 봉행할 것을 청하였는데 그날이 3월 16일이었다. 단군께서 친히 행차하여 경배(敬拜)하였는데 첫 번째 절할 때 세 번, 두 번째 절할 때 여섯 번, 세 번째 절할 때 아홉 번 머리를 조아리는 것이 예(禮)이지만 무리를 따라 특별히 열 번 머리를 조아렸다. 이를 삼육대례(三六大禮)라 한다. 정(鄭)나라 사절이 입조하였다.

재위 3년 무오년(BCE 423) 2월에 일식(日蝕)이 있었다. 재위 5년 경신년(BCE 421)에 최화덕(崔和德)이 동물학과 식물학을 저술하여 임금께 바쳤다. 재위 7년 임술년(BCE 419)에 위(魏)나라 박사 소문경(蘇文卿)이 입조하였다. 재위 10년 을축년(BCE 416)에 서백원(徐伯元)이 태양(太陽)·태음(太陰)·소양(少陽)·소음(少陰)의 사상의학(四象醫學)을 저술하여 임금께 바쳤다. 재위 16년 신미년(BCE 410)에 국학박사 황운원(黃雲元)이 백과서(百科書)를 저술하여 임금께 바쳤다. 재위 17년 임신년(BCE 409)에 단군께서 감찰관을 주(州)와 군(郡)에 파견하여 관리와 백성을 규찰(糾察)하고 효자와 청렴한 관리를 천거하도록 하였다. 재위 23년 무인년(BCE 403)에 연나라에서 사신을 보내 신년 하례를 올렸다. 재위 29년 갑신년(BCE 397)에 단군께서 붕어하시니 태자 여루(余婁)가 즉위했다.[126]

45세 단군 여루(余婁) 재위 원년 을유년(BCE 396). 장령(長嶺) 낭산(狼山)에 성을 쌓았다. 재위 4년 무자년(BCE 396)에 법령을 개정하여 천하에 공포하였는데, 이것을 대동률령(大同律令)이라 한다. 재위 17년 신축년(BCE 380)에 연(燕)나라 사람들이 변경(邊境)의 군(郡)을 침범하므로 수비(守備) 장수 묘장춘(苗長

春)이 물리쳤다. 재위 28년 임자년(BCE 369)에 장소부(莊召夫)가 의학대방(醫學大方)을 저술하여 임금께 바쳤다. 재위 32년 병진년(BCE 365)에 연나라 사람들이 길을 재촉하여(倍道) 쳐들어와 요서(遼西)를 함락하고 운장(雲障)을 위협하였다. 번조선(番朝鮮) 왕이 상장 우문언(于文言)에게 명하여 이를 막게 하고, 진조선(眞朝鮮)과 막조선(莫朝鮮) 또한 파병해 와서 도왔다. 복병(伏兵)을 설치하고 협공하여 연(燕), 제(齊) 두 나라 군사를 오도하(五道河)에서 쳐부수고 요서의 여러 성(城)을 모두 회복하였다.

재위 33년 정사년(BCE 364)에 연나라 사람들이 패하고 나서도 연운도(連雲島)에 주둔하면서 배를 만들어 쳐들어오려 하자 우문언이 추격하여 대파(大破)하고 그 장수를 쏘아 죽였다. 재위 47년 신미년(BCE 350)에 북막(北漠) 추장 액니거길(厄尼車吉)이 조정에 와서 말 2백필을 바치고 함께 연나라를 칠 것을 청하였다. 이에 번조선의 젊은 장수 신불사(申不私)로 하여금 병력 1만 명을 이끌게 하고 액니거길과 연합하여 연나라의 상곡(上谷)을 공략(攻略)하고 그곳에 성읍(城邑)을 설치하게 했다. 재위 50년 갑술년(BCE 347)에 북견융(北犬戎)이 쳐들어와 군사를 보내 물리쳤다. 재위 54년 무인년(BCE 343)에 상곡에서 전투가 있은 뒤 연나라가 해마다 침범해 오더니 이때에 이르러 사신을 보내 화친을 청하므로 윤허(允許)하고 다시 조양(造陽)의 서쪽을 경계로 삼았다. 재위 55년 기묘년(BCE 342) 여름에 큰 가뭄이 들었다. 억울하게 옥살이하는 사람이 있어서인가 염려하여 대사면을 하고 친히 행차하여 기우제를 지냈다. 9월에 단군께서 붕어하시니 태자 보을(普乙)이 즉위했다.[127]

46세 단군 보을(普乙) 재위 원년 경진년(BCE 341) 12월에 번조선 왕 해인(解仁)이 연나라에서 보낸 자객에게 시해되니 오가(五加)의 정권 다툼이 일어났다. 재위 6년 을유년(BCE 336)에 혼서경(混西經)이 쳐들어왔으나 물리쳤다. 재위 15년 갑오년(BCE 341)에 황충(蝗虫)이 밭곡식을 다 먹어 버렸다. 재위 19년 무술년(BCE 323) 정월에 읍차(邑借) 기후(箕翎)가 군사를 이끌고 궁에 들어가 자칭 번조선 왕이라 하고 사람을 보내 윤허를 요청하니 단군께서 이를 윤허하고 연나라에 굳건하게 대비토록 하였다. 재위 30년 기유년(BCE 312)에 국정이 문란하여 정권이 외척 환윤(桓允)에게 돌아갔다. 재위 34년 계축년(BCE 308)에 궁전이 저절로 무너져 깔려 죽은 자가 많았다.

재위 38년 정사년(BCE 304)에 도성이 큰불로 전소(全燒)해버리자 단군께서 해성(海城)의 이궁으로 피신하였다. 재위 44년 계해년(BCE 298)에 북막 추장 이사(尼舍)가 음악을 지어 바치니 이를 받으시고 후한 상을 내렸다. 재위 46년 을축년(BCE 296)에 한개(韓介)가 수유(須臾)의 군대를 이끌고 궁궐에 침범하여 자칭 왕이 되려 하니 상장(上將) 고열가(高列加)가 의병을 일으켜 한개(韓介)를 격파했다. 단군께서 환도하고 대사면을 내렸다. 이때부터 국세(國勢)가 심히 미약해지고 나라 살림도 넉넉하지 못하였다. 얼마 지나지 않아 보을 단군께서 붕어하셨는데 후사가 없었다. 고열가가 물리(勿理) 단군의 현손으로 무리의 추대를 받기도 하였고 또한 공적도 있었으므로 마침내 즉위하였다.[128]

47세 단군 고열가(古列加) 재위 원년 병인년(BCE 295). 재위 5년 경오년(BCE 291)에 견융(犬戎)이 불복하므로 군사를 보내 물리쳐 평정하였다. 재위 10년 을해년(BCE 286)에 기자조선 사절이 입조하였다. 재위 14년 기묘년(BCE 282)에 단군왕검의 사당을 백악산에 세웠다. 유사(有司)에게 명하여 사철 제사 지내게 하고 단군께서는 일 년에 한 번 친히 제사를 지냈다. 재위 16년 신사년(BCE 280)에 위(衛)나라 사절이 입조하였다. 재위 31년 병신년(BCE 265)에 각처에 신원함(伸冤函)을 설치하여 억울한 일을 당한 자들이 투서하도록 하였다. 재위 40년 을사년(BCE 256)에 어사(御使)를 시켜 지방 군현을 암행(暗行)하며 부정한 사건을 비밀리에 탐지하여 바로 잡았다. 재위 44년 기유년(BCE 252)에 연나라가 사신을 보내 신년 하례를 올렸다.

재위 48년 계축년(BCE 248) 10월 초하루에 일식(日蝕)이 있었다. 선단제묘(先檀帝廟)를 성의 남쪽에 세웠다. 이해 겨울에 북막추장 아리당부(阿里當夫)가 출병하여 연나라를 정벌할 것을 청했으나 단군께서 따르지 않자 이때부터 원망하며 조공을 바치지 않았다. 재위 57년 임술년(BCE 239) 4월 8일 해모수(解慕漱)가 웅심산(熊心山)에서 내려와 군사를 일으켰다. 그의 선조는 고리국(高離國) 사람이었다. 재위 58년 계해년(BCE 238)에 단군께서 어질고 유순하시나 결단력이 없었으므로 명을 내려도 이행되지 않는 일이 많았고 여러 장수들은 용맹을 믿고 화란(禍亂)을 자주 일으키니 나라 살림은 넉넉하지 못하고 백성들의 사기는 더욱 떨어졌다. 3월, 하늘에 제사 지낸 날 저녁에 오가(五加)들과 함께 의논하여 가로되, "옛날 우리 열성조(列聖朝)께서 나라를 여시고 대통을 이어가실 때에는 그 덕을 아주 멀리까지 널리 펴서 오랜 세대의 법이 되었으나 지금에 와서 왕도(王道)가 쇠미하여 여러 한(汗)들은 세력 다툼을 하고 있다. 짐이 덕이 없고 나약하여 능히 다스리지 못하니 이들을 불러 무마시킬 방책도 없고 백성들도 흩어지고 있다. 그대들 오가는 어진 이를 택하여 추대하도록 하라."

그리고는 옥문을 크게 열어 사형수 이하의 모든 포로를 석방하였다. 이튿날 마침내 제위를 버리고 입산수도하여 신선이 되시니, 이후 6년 동안 오가(五加)들이 함께 나라를 다스렸다. 이보다 앞서 종실(宗室)의 대해모수는 은밀히 수유(須臾)와 약속하고 옛 도읍인 백악산을 습격하여 점거하고는 천왕랑(天王郎)이라 칭하니 사방에서 모두 그 명을 따랐다. 이때 여러 장수를 봉하고 수유후(須臾侯) 기비(箕丕)를 승격하여 번조선 왕으로 삼고 상하(上下) 운장(雲障)을 지키게 하였다. 대체로 북부여가 일어남은 이에서 시작되고 고구려는

곧 해모수가 태어난 고향이므로 또한 고구려라 칭하였다.[129]

　이상에서 1세 단군왕검에서 47세 단군 고열가(古列加)에 이르기까지 단군 47대 2096년간(BCE 2333~BCE 238)의 치적(治績)을 통하여 단군조선의 대내외적 발전상에 대해 고찰하였다. 단군 47대의 역대 치적에 신하들의 진언도 일부 포함시킨 것은 현대 정치에도 참고가 될 만한 교훈적인 내용이 담겨 있기 때문이다. 그러면 단군조선의 대내외적 발전상을 몇 가지 특징적 측면에서 살펴보기로 한다.

　첫째, 단군조선의 통치 체제는 '천부중일(天符中一)'을 국시(國是)로 삼아 의식(意識)과 제도, 정신과 물질의 일원성에 기초해 있다. 여기서 '천부중일'이란 『천부경』의 정수(精髓)인 '인중천지일(人中天地一: 천·지·인 삼신일체의 天道가 인간 존재 속에 구현됨)'을 축약한 '중일(中一)'과 『천부경』의 '천부(天符: 하늘의 이치에 부합함)'의 합성어로 홍익인간(弘益人間)·재세이화(在世理化)의 이상을 함축한 것이다. '천부중일'을 '국시'로 삼은 것은 정치의 주체인 인간의 마음이 밝아지지 않고서는 밝은 정치가 이루어질 수 없고 따라서 홍익인간의 이념 또한 실현될 수 없기 때문이다. 이는 마고성(麻姑城) 시대로부터 환국과 배달국 시대를 거쳐 전승되어 온 천·지·인 삼신일체 사상이 국가통치 체계에 조직적이고도 체계적으로 반영되었음을 의미한다.

　역대 단군께서 국중대회(國中大會)를 열어 천제의식(天祭儀式)을 주관한 것은 우주만물을 관통하는 하나인 참본성이 곧 하늘임을 깨우치기 위한 것이었다. 성통광명(性通光明), 즉 하나인 참본성을 통하면(開) 마음이 환하게 밝아져 천·지·인 삼신일체를 깨닫게 되므로 사회적 공덕을 완수할 수 있게 된다. 천·지·인 삼신일체[성부·성자·성령 삼위일체, 법신·화신·보신 삼신불]를 깨닫게 된다는 것은 곧 생명의 전일성과 자기근원성을 알게 된다는 것이다. 단군이나 그리스도나 붓다만이 아니라, 우주만물이 다 하늘(天·神)이다. 물질적 형상이 아니라 우주만물을 관통하는 하나인 참본성[一心, 참자아, 唯我, 唯一神, 混元一氣, 至氣]이 곧 하늘이라는 말이다. 이러한 천제의식은 16세 위나(尉那) 단군께서 구환(九桓)의 여러 한(汗, 왕)들을 모아 삼신께 제사 지내고 닷새 동안 큰 연회를 베풀어 백성들과 함께 밤새워 경(經)을 봉송한 데서나, 33세 감물(甘勿) 단군께서 삼성사(三聖祠)를 세우고 친히 제사를 지내며 남긴 서고문(誓告文) 등에 잘 나타나 있다. 이러한 삼신일체 사상은 고조선 문명권에 널리 확산되었으며, 오늘날까지도 카자흐스탄 등지에서는 단군이 곧 텡그리(Tengri, 하늘)로 인식되고 있다.

하늘에 제사 지내는 천제의식의 진정한 의미는 그러한 의식을 통하여 천·지·인 삼신이 곧 일체(삼신일체)임을, 다시 말해 우주만물이 분리될 수 없는 '하나'임을 깨닫기 위한 것이다. 이러한 생명의 전일성에 대한 이해가 깊어질 때 비로소 이전투구의 정치가 아닌, 조화로운 정치가 열릴 수 있기 때문이다. 의식과 제도의 일원성은 11세 도해(道奚) 단군께서 열두 명산의 가장 뛰어난 곳을 골라 국선소도(國仙蘇塗)를 설치하여 제사 지내고 또 대시전(大始殿)을 세워 강론한 데서도 잘 나타나고 있다. 현대 물리학에서 말하는 생명의 전일적 흐름(holomovement)이란 것도 천·지·인 삼신일체를 두고 한 말이다. '신은 어떤 태도로 섬기면 좋겠습니까'라는 자로(子路)의 물음에 공자(孔子)께서 '신을 섬기기보다는 먼저 사람을 섬기는 것을 생각하는 편이 좋겠지'라고 한 것도, 신이란 것이 우리와 분리되어 존재하는 그 무엇이 아니라 우리의 참본성[참자아]이기 때문이다. 단군조선의 소도교(蘇塗敎, 수두교)를 기복신앙과 같은 샤머니즘으로 이해해서는 단군조선의 정치를 바르게 이해할 수가 없다.

둘째, 단군조선의 통치 체제는 의식[정신]과 제도[물질]의 양대 축을 중심으로 백성들과 함께 다스리는 공치(共治), 그리고 화백회의(和白會議)로 공론을 정하여 화합과 조화를 이루는 공화(共和)로써 어진 정치(仁政)를 추구하였다. 6세 달문(達門) 단군께서 여러 한(汗, 왕)들을 모아 삼신에 제사 지내고 함께 약속하며 말한 내용 중에 '하늘에 제사 지내는 의식은 사람을 근본으로 삼고, 나라를 다스리는 길은 식생활을 우선으로 한다. 농사는 만사의 근본이고 제사는 오교(五教)*의 근원이다'라고 한 것은 통치행위가 정신과 물질의 양대 축에 기초해 있음을 말하는 것이다. 그리고 이어 '백성들과 함께 다스려(共治) 산업을 일으키되, …화백(和白)과 공화(共和)로써 하는 것이 어진 정치의 시작이다'라고 하였다. 13세 흘달(屹達) 단군 때 지방자치제와 권력분립제 실시 및 행정기구의 전문화, 9세 아술(阿述) 단군 때 등장한 참정권과 민권(民權)의 개념, 10세 노을(魯乙) 단군 때 신원목(伸寃木)을 설치하여 백성들의 사정 청취, 그리고 고시(考試)제도 실시 등도 같은 맥락에서 이해될 수 있으며 민주정(民主政)의 기본 원리를 엿볼 수 있게 한다.

단군조선의 대내적 치적으로 특기할 만한 것은, 한글의 전신인 정음(正音) 38자(加臨土) 창제, 『배달유기(倍達留記)』 편찬, 기존의 모든 법을 수정보완한 국법전서(國法全書) 편찬, 도량형(度量衡) 통일과 시장 가격의 통일, 태학관(太學館)·법정학교(法政學校)·국립대학·군관학교(軍官學校) 등 각종 학교를 설립하여 교육문화와 학문 진흥 도모, 국자랑(國子郞)·천지화랑(天指花郞) 등 화랑제도 정립, 장정을 징집해 병사로 삼는 국민개병제(國民皆兵制) 실시, 정전법(井田法)의 실시와 세제개혁 및 조세제도의 단행을 통한 민생 안정 도모, 갑자(甲子)를 사용한 책력(册曆) 제작, 혼천기(渾天機) 등 각종 천체기구 제작, 유황발

---

* 五教, 즉 다섯 가지 가르침은 桓國의 五訓을 말한다. 즉, 성실하고 미더워 거짓이 없는 것(誠信不僞), 공경하고 근면하여 게으름이 없는 것(敬勤不怠), 효도하고 순종하여 어김이 없는 것(孝順不違), 청렴하고 의로워 음란하지 않는 것(廉義不淫), 겸손하고 화목하여 다툼이 없는 것(謙和不鬪)이다.

사총(硫黃發射銃) 등 각종 무기 제작, 태양(太陽)·태음(太陰)·소양(少陽)·소음(少陰)의 사상의학(四象醫學) 창시, 배(船)와 노(櫓) 등 다양한 종류의 기물(器物) 생산 및 새로운 발명을 독려하는 풍토 조성 등이 있다.

셋째, 대외적으로 단군조선은 많은 제후국을 거느린 '연방제국'으로서—『설원(設苑)』「권모(權謀)」편이 말하여 주듯—막강한 군사력을 겸비한 동방의 군자국(君子國)으로서의 국제적 위상을 정립했다. 대외적 치적으로 특기할 만한 것은, 2세 단군 부루(扶婁)가 태자였을 당시 단군조선의 제후국인 도산국(塗山國)에서 개최된 국제회의에서 우사공(虞司空: 虞舜이 파견한 司空, 즉 禹)에게 오행치수법(五行治水法)이 기록된 신서(神書)를 전하여 홍수를 다스리게 하였다. 단재 신채호에 의하면 홍범구주는 도산에서 태자 부루가 전한 신서의 본문이라고 한다. 우(禹: 후에 夏나라 왕)는 도산의 신서를 홍범구주라 부르며 추앙했고, 기자(箕子)는 '하늘이 하우(夏禹: 하나라 우왕)에게 홍범구주를 하사했'고 했다는 것이다. 수두(蘇塗) 교리에서는 단군이 하늘을 대표하는 존재였기에 기자는 '단군'을 '하늘'로 부르고 '단군이 하사했다'를 '하늘이 하사했다'고 표현했다는 것이다.[130] 2세 부루(扶婁) 단군 때에는 우순(虞舜, 순 임금)이 유주(幽州)와 영주(營州)를 남국(藍國) 인근에 설치하자, 군사들을 보내 정벌하고 그곳에 동무(東武)와 도라(道羅) 등을 제후로 봉하였으며, 4세 오사구(烏斯丘) 단군 때에는 하(夏)나라 왕 상(相)이 덕을 잃었으므로 식달(息達)에게 명하여 군사를 이끌고 가서 정벌케 했다.

13세 흘달(屹達) 단군 때에는 은나라 사람들과 힘을 합쳐 하(夏)나라 걸(桀)을 침으로써 하(夏)·은(殷, 商) 교체기에 은(商) 왕조의 건국에 깊이 관여하였다. 또한 우리 민족과 관련이 깊은 태백산이 있는 중국 섬서성(陝西省) 소재 빈(邠)·기(岐)의 땅에 관제(官制)를 설치하고 그곳에 일반 백성들이 농사짓고 길쌈하며 오래도록 그 풍속을 유지하며 살게 하였다. 22세 색불루(索弗婁) 단군께서는 친히 구환(九桓)의 군사들을 이끌고 전투를 거듭한 끝에 은나라 도읍을 점령하였으며, 황하 상류까지 추격하여 승전의 하례를 받고 번한(弁韓, 番韓)의 백성들을 회대(淮岱)의 땅으로 이주시켜 가축을 기르고 농사를 짓게 하니 국위(國威)가 크게 떨쳤다. 또한 여파달(黎巴達)로 하여금 군사를 나누어 진격하여 빈(邠)·기(岐)에 웅거(雄據)하도록 하면서 그곳의 유민과 결속하여 나라를 세워 '여(黎)'라 했다. 23세 아홀(阿忽) 단군 때에는 은나라 땅에 여섯 읍을 설치하게 하였으며 은나라의 성책(城柵)을 부수고 오지(奧地) 깊숙이 들어가 회대(淮岱)의 땅을 평정하여 제후들을 봉했다.

3세 가륵(嘉勒) 단군 편과 4세 오사구(烏斯丘) 단군 편 그리고 15세 대음(代音) 단군 편은 흉노족과 몽골족 그리고 선비족(鮮卑族)이 각각 단군조선에서 갈라져 나간 동이족의 일파임을 말해준다. 또한 3세 가륵(嘉勒) 단군 편에는 반란을 일으킨 두지주(豆只州)의 예읍(濊邑) 추장 소시모리(素尸毛犁)의 후손 중에 협야노(陜野奴 또는 섬야노)라는 자가 있었는데 바다로 도망하여 삼도(三島: 일본열도)에 웅거(雄據)하며 천왕을 참칭(僭稱)하였다고 하고, 36세 매륵(買勒) 단군 편에는 협야국(陜野國) 제후 배반명(裵幋命)을 보내 해상(海上)의 적을 토벌하여 삼도(三島)를 모두 평정하였다고 기록된 것으로 보아 일본열도는 이미 단군조선의 영향력 아래에 있었다. 고조선 말기에는 한족(韓族)이 동으로 대이동을 하여 왜 땅에 정착했으며, 일본이라는 국호는 백제 멸망 후 백제 본조(本朝)의 잔여 대집단이 왜의 땅 동조(東朝: 백제의 동쪽 조정)로 건너가서 670년에 처음 생겨난 것으로, 그 어원은 원래 백제를 일컫던 '구다라', 즉 큰 해(大日)라는 뜻의 고대 한국말에서 온 것이다. 또한 매륵(買勒) 단군께서는 군사를 보내 수유(須臾)의 군사와 함께 연(燕)나라를 정벌하였다.

이상과 같이 단군조선의 대내외적 발전상을 몇 가지 특징적 측면에서 살

펴보았다. 그러면 논란이 되어온 기자조선과 위만조선의 실상에 대해 일별

해 보기로 하자. 25세 솔나(率那) 단군 편에는 기자(箕子)가 서화(西華)에 이주

해 살면서 인사 나누는 일도 사절했다고 나온다. 기자가 서화에 이주해 살

게 된 것은 BCE 12세기경 상(商, 殷)나라가 주족(周族)에 의해 멸망하고 서주

(西周: 낙양으로 東遷하기 전의 周나라)가 건국되어 봉건제도를 확장함에 따라 그의

봉지(封地)를 잃게 된 데 따른 것이다. 하여 상(商) 왕실의 근친이었던 기자는

일족(一族)과 함께 지금의 난하(灤河) 서부 유역인 하남성(河南省) 개봉시(開封市)

서화(西華)에 정착하게 되었다. 그 후 BCE 221년에 중국이 진(秦)에 의해 통일

되자 기자의 후손인 기비(箕丕)는 고조선 말기에 조선으로 와서 간청하여 변

방 작은 지역의 제후가 되었는데, 이것이 기자동래설(箕子東來說)의 실체다.

이 일대는 삼조선(三朝鮮, 三韓)의 하나인 번조선(番朝鮮, 番韓)의 영역에 속했던

지역이다.

  기비(箕丕)의 아들 기준(箕準)은 BCE 2세기 말경 서한(西漢)으로부터 그의 거

주지로 망명해온 위만(衛滿)을 신임하여 변방을 수비하는 박사(博士)로 삼아

국경지대인 난하 유역에 살게 했다. 그런데 위만은 그곳에 거주하는 토착인

들과 중국으로부터의 망명집단을 규합하여 세력을 형성하였고, 급기야는

기준(箕準)에게 사람을 보내 서한(西漢)이 쳐들어오니 궁궐을 지키겠다며 무

리를 이끌고 가서 정권을 탈취했다. 제후의 자리를 빼앗긴 번조선 왕 기준

(箕準)은 장수들과 그 좌우 궁인들과 해(海) 땅으로 들어가서 한(韓) 지역에 살

았고 스스로 한왕(韓王)이라 칭했다(將其左右宮人 走入海居韓地 自號韓王).[131] 그러다

가 후손도 없이 죽었다.

  정권을 탈취한 위만은 서한(西漢)으로부터 군사적·경제적 원조를 받아 그

세력을 지금의 대릉하(大陵河) 유역까지 확장한 후 난하(灤河) 하류 동부 지역

에 도읍을 정하고 위만조선을 건국했다. 그렇게 세력을 확장해가다가 위만

의 손자 우거(右渠) 때에 이르러 서한(西漢) 무제(武帝)의 침략으로 3대 80여 년 만에 멸망했다. 그 후 위만조선 영토의 일부분—중국 베이징과 근접한 고조선의 서쪽 변방의 한 귀퉁이 작은 지역—에 한때 한사군(漢四郡)이 설치되었으나 부여를 비롯한 삼한 등 조선의 열국이 고조선 영역의 대부분을 그대로 차지하고 있었고, 후에는 고구려가 한사군을 회복하였다는 견해가 유력하다.[132]

29세 마휴(摩休) 단군께서는 "뿌리가 깊으면 잎이 무성하고 근본이 단단하면 가지도 번영하는 것"이라 했다. 마고성 시대로부터 환국·배달국·단군조선에 이르기까지 우리 선조들은 천·지·인 삼신일체의 천도(天道)가 인간 존재 속에 구현된 의미를 지닌 '천부중일(天符中一: 天符+人中天地一)'을 국시(國是)로 삼아 막강한 군사력을 겸비한 동방의 군자국(君子國)으로서의 국제적 위상을 떨쳤다. 세상에 그 어떤 나라가 있어 홍익인간·재세이화의 이상을 함축한 '천부중일'을 9천 년 이상 지속적으로 국시(國是)로 삼을 수 있다는 말인가! 그렇게 자랑스러운 장구한 영광의 대륙사를 가지고도 역사 이야기만 나오면 한없이 작아지니 참으로 서글픈 일이다.

고조선의 중심부는 발해만의 북쪽 요동에 있었으며, 그 강역은 서쪽으로는 중국 북경 근처의 난하(灤河)에 이르고 동북쪽으로는 흑룡강(黑龍江, 헤이룽강) 너머에까지 이르러 하북성(河北省, 허베이성) 동북부 일부와 중국의 동북 3성(三省: 遼寧省·吉林省·黑龍江省) 그리고 한반도 전체에 이르렀으며, 많은 제후국을 거느린 '연방제국'이었다. 혹자는 우리 상고사서들이 위서라고 말하기도 한다. 하지만 지엽적인 문제가 있다고 해서 전체를 부정하는 것은 합리적인 사고방식이 아니다. 분명히 말할 수 있는 것은 국내외 사서(史書)들을 교차 확인한 결과 큰 줄기를 파악하는 데는 문제가 없었다. 한 개인의 역사도 아닌, 민족집단의 역사가 언제까지고 기약 없이 잠들어 있을 수만은 없지 않은가. 현재 주어진 여건에서 최선을 다해 연구해서 밝히고 또 새로운 사료들이 나와서 수정 보완할 부분이 있으면 그때 가서 하면 될 일이다. 우리 역사가 대부분 산실(散失)된 마당에 그나마 지금 우리가 접하고 있는 상고사서들은 역대의 선각자들이 역사광복의 제단에 모든 것을 바친 노고와 헌신의 산물임을 기억하라!

고조선의 사회 문화와 정치사상

고조선의 사회 문화를 이해하기 위해서는 먼저 고조선 사회를 구성하고 있는 신분제도에 대해 고찰할 필요가 있다. 고조선의 사회신분제도는 고조선이 건국되기 전 각 부족 내의 정치적·사회경제적 지위 및 부족 내의 위상과 고조선 건국 과정에서의 역할 등에 의해 나타나기 시작한 것이 고조선이 건국되고 연방제국으로 발전함에 따라 세습적인 형태로 형성되게 된 것이다. 고조선은 직령지인 중앙본국을 제외하고는 제후들을 통해 간접 통치하였으므로 다양한 민족들의 신분제도를 통일적으로 설명하기는 어렵다. 따라서 고조선의 사회신분제도에 대한 고찰은 고조선의 직할통치 영역인 중앙본국의 사회신분제가 중심이 될 것이다.

고조선의 사회신분제도는 크게 왕족, 귀족, 평민, 노비의 네 개 그룹으로 구성되어 있었는데, 왕족과 귀족은 지배 신분이고, 평민과 노비는 피지배 신분이었다. 왕족에는 단군왕검의 직계 왕족과 제후국 군주 및 그 직계 후손으로 구성되었으며, 중심 왕족은 47대 역대 단군의 직계 가족 및 후손이었다. 이들 왕족은 여러 가지 신분적 특권을 누리면서 제왕의 통치를 엄호하는 역할을 수행하였으며, 가사노동 및 생산노동은 이들이 소유하는 다수의 노비, 노예가 담당하였다. 고조선의 제후국 왕족에는 두 가지 유형이 있었다. 그 하나는 고조선의 제왕이 자기의 직계 자손이나 고추가(古鄒加)를 제후국 군주로 임명하여 파견하는 것이다. 이 경우 제후국 군주와 그 가족 및 후손은 해당 제후국의 왕족인 동시에 고조선의 왕족이 되는 것이다. 다른 하나는 군장사회의 군장이 고조선에 편입된 후 제후국 군주(小王)의 지위를 갖는 것이다. 제후국의 족장들은 고조선 왕녀와의 혼인을 통해 고추가가 되거나, 또는 고조선 제왕으로부터 단군 왕족의 성씨를 하사받아 왕족에 편입된 경우도 있었다.[133]

고조선 사회의 귀족 신분은 귀족관료(관료귀족), 일반귀족, 천군(天君, 神官)의 세 집단으로 나눌 수 있다. 귀족 신분의 최상층을 구성하는 관료귀족을 고조선에서는 '가(加, 伽)'라고 불렀는데, 마가(馬加)·우가(牛加)·저가(豬加)·구가(狗加) 등은 '가(加)'가 장관직 명칭으로 사용되기도 했다. 각급 귀족들의 직역은 행정과 전투였다. 고조선 제후국들의 관직 명칭으로 예(濊)족의 거수(渠帥), 동옥저(東沃沮)의 장수(長帥), 구려(句麗)와 읍루(挹婁)의 대인(大人) 등은 각각 해당 제후국의 고위 관료귀족이었다. 한편 고조선의 귀족 신분 가운데 관직에 임명되지 않은 다수의 귀족은 일반귀족으로 호칭되었다. 이들은 선조로부터 물려받은 재산·토지·가축·노비 등을 소유하고 신분적 특권은 누렸지만 권력은 극히 제한되었다. 특수한 귀족 신분의 하나로 소도(蘇塗) 별읍(別邑)의 제사장인 천군(天君)이 있었다. 귀족 신분의 특징은 정치·행정·군사(장교)에 참가하여 활동하며, 전쟁 시 고조선의 귀족 남자는 전쟁에 의무적으로 참가했다. 가사노동과 소유지의 생산노동은 노비, 노예가 담당했다.[134]

고조선의 평민 신분은 인구의 절대다수를 차지했다. 평민의 지위와 역할은 왕족과 귀족의 지배 아래에 있긴 했지만 '자유민'으로서 고조선 사회를 지탱하는 모든 생산활동과 국방을 담당했다. 평민의 생산활동에서 농경과 목축이 가장 큰 비중을 차지하였고, 수공업과 상업은 보조적인 것이었다. 또한 이들은 조세, 군역, 부역의 의무도 담당했다. 조세는 생산물의 20분의 1인 이십취일세(二十取一稅)가 기준이었다. 이 외에도 공유지 경작, 수로 시설, 고인돌 축조, 대건축·제단·성곽 등의 토목공사도 두레를 편성하여 주로 이들이 담당했다. 평민은 부유한 평민 상층인 호민(豪民), 평민의 절대다수를 차지하는 자유민인 소민(小民, 民), 그리고 평민의 최하위층인 하호(下戶)로 나눌 수 있다. '민(소민)'은 전쟁 시에는 모두 스스로 무장한 병사가 되는 '전민개병(佃民皆兵)'의 신분이 되었다. '하호'는 자유민이긴 했지만 경제적으로 매우 빈곤하여 노비 신분으로 전락할 위험이 있는 평민이었다. 전시에는 '하호'도 군량의 운송 등 군역으로 전쟁에 참가했다. 평시에는 마을 공유지의 공동경작에 참가하여 공동 생산노동을 수행하며, 축성 등 각종 공사에도 부역 노동을 제공해야 할 의무가 있었다.[135]

고조선의 노비는 평민처럼 인구가 많지는 않았으며 자유와 권리가 전혀 없는 최하층 천민 신분이었다. 노비의 사회적 지위는 주인의 재산으로 간주되어 소나 말처럼 사역 당하고 매매되었으며 이들의 생사여탈권도 주인이 가지고 있었다. 노비의 역할은 가사노동과 생산노동 및 잡역노동을 수행하는 것이었으며, 전시에는 원칙적으로 참전시키지 않았다. 노비공급의 원천은 전쟁포로, 형벌 등에 의한 형벌노비, 채무노비 등이 있었다. 요동반도 지역에서 발굴된 BCE 8세기경 강상묘(崗上墓)에는 140여 명의 노비들의 순장이 있었고, BCE 7~5세기 누상묘(樓上墓)에는 약 60여 명의 노비들의 순장이 있었던 것으로 보아 고조선 사회에 순장(殉葬)제도가 있었음을 알 수 있다. 하지만 그것은 극히 일부에서 시행된 것이었다. 서울대 명예교수 신용하는 이러한 고조선의 순장이 주로 주인의 가사노동에 종사하는 고조선 노비의 '가내노비'적 특성에서 기인하는 것으로 해석했다.[136] 앞서 살펴본 고조선의

'범금8조(犯禁八條)'에 "도둑질한 남자는 가노(家奴)로 삼고 여자는 노비로 삼되, 속량(贖良)하고자 할 때에는 50만 전을 물어야 한다"는 조항은 고조선 사회에 노비제도가 실재했음을 알 수 있게 한다.

이러한 신분제도를 바탕으로 한 고조선의 사회경제체제는 농업을 근간으로 하여 목축을 결합한 형태로 발전시켰다. 고조선 영역의 한반도와 만주 요동·요서의 동북부 습윤지대에 거주하는 민족과 제후국들은 농경을 주생산양식으로 발전시켜 나갔고, 요서의 서북부와 동내몽골 건조지대의 민족과 제후국들은 유목을 주생산양식으로 발전시켜 나감으로써 고조선의 사회경제체제는 생산방식이나 생활양식에서 농경과 유목의 복합체계의 특징을 갖게 되었다. 고조선에서는 오곡을 비롯한 매우 다양한 곡물을 재배했는데, 단립벼(短粒稻)·콩·밀·보리 등은 동아시아에서는 처음으로 재배식물화하여 중국과 일본 등지에 널리 전파하였다. 또한 고조선은 콩(및 팥)을 인류 문명사에서 최초로 재배하여 세계에 전파하였다. 고조선 사회에서는 농경의 부업으로 가축도 사육했는데, 사육한 주요 가축으로는 소·말·돼지·닭·오리·염소·양·개 등을 들 수 있다. 또한 고조선이 제후국 제도를 채택하여 연방제국으로 발전함에 따라 북방의 유목 민족들이 제후국으로 편입되어 유목민족 생활양식도 고조선 사회의 한 부분을 구성하게 되었다.[137]

또한 고조선 사회는 2세 부루(扶婁) 단군 때 모든 도량형(度量衡)을 관(官)의 기준에 맞게 통일하였으며, 베와 모시의 시장 가격도 하나로 통일시켜 민생을 안정되게 하였다. 고조선 사회에 화폐가 통용되었다는 것은 고조선의 '범금8조(犯禁八條)'의 내용에 잘 나타나 있다. 즉, '···속량(贖良)하고자 할 때에는 50만 전을 물어야 한다'는 것이 그것이다. 4세 오사구(烏斯丘) 단군 때에는 패전(貝錢)을 주조하였다는 기록도 있다. 한반도 북부와 만주 지역의 고조선 영토 내 여러 유적에서는 일화전(一化錢) 및 명화전(明化錢)이 출토되었다.

1960년 북한 학계와 중국 고고학계는 요동반도 일대의 유적에서 공동 발굴 작업을 진행하였는데, 이들은 중국 요녕성(遼寧省)과 한반도 서북부에서 출토된 화폐 중 일화전과 명화전은 고조선의 고유화폐로 파악하였다.[138] 『사기(史記)』 권129 「화식열전(貨殖列傳)」 제69에는 고조선이 연(燕)나라와 교역하였음을 전하는 기록이 있고,[139] 11세 도해(道奚) 단군 때에 배와 노(櫓) 등의 기물(器物)을 생산하니 세상에 크게 퍼졌다고 한 기록이 있으며, 또한 국제교역을 시사하는 각지의 출토물 등으로 미루어 볼 때 고조선은 국제교역도 활발했던 것으로 보인다.

다음으로 고조선의 정치사회 및 문화의 바탕을 이루는 소도(蘇塗, 수두)의식에 대해 살펴보기로 하자. 「태백일사」 제3 신시본기에는 "소도제천(蘇塗祭天)의 옛 풍속이 이 산(태백산)에서 시작되었다"[140]라고 하고, 「태백일사」 제4 삼한관경본기에는 "소도가 세워지는 것을 도처에서 볼 수 있었다"[141]라고 기록되어 있다. 11세 단군 도해(道奚) 편에는 열두 명산의 가장 뛰어난 곳을 골라 국선소도(國仙蘇塗)를 설치하여 제사 지냈다고 기록되어 있다.[142] '국선소도'의 국선(國仙)은 화랑들의 수장을 일컫는 명칭이니 '국선소도'는 화랑들의 수장의 소도가 되는 것이고, 그렇게 되면 국선이 곧 천군(天君)이 되고 소도의식의 주체는 화랑이 된다. 13세 단군 흘달(屹達) 편에는 소도(蘇塗)가 화랑들이 활동하는 근거지임을 알 수 있게 하는 기록이 있다.

재위 20년 무술년에 소도(蘇塗)를 많이 설치하고 천지화(天指花)를 심었다. 여기서 미혼의 자제들로 하여금 독서와 활쏘기를 익히게 하며 이들을 국자랑(國子郎)이라 불렀다. 국자랑이 나가서 다닐 때 머리에 천지화를 꽂았으므로 사람들이 천지화랑(天指花郎)이라고도 불렀다.

戊戌二十年 多設蘇塗 植天指花 使未婚子弟 讀書習射 號爲國子郎 國子郎出行

頭揷天指花 故時人 稱爲天指花郎.[143]

11세 도해 단군 때에 국자랑의 사부(師傅)이자 태자태부(太子太傅)였던 유위자(有爲子)는 자부선인(紫府仙人)의 가르침을 받아 천문지리(天文地理)와 인도(人道)에 통달한 대학자로서 화랑들의 교육과 국정에 크게 기여하다가 13세 흘달 단군 때에 졸(卒)하였는데, 단군께서 통곡하시고 국례(國禮)로 장사를 지냈다고 『단기고사』에는 기록되어 있다.[144] 국선(國仙)이라는 용어가 말하여 주듯, '국선소도'는 배달국 제5대 태우의(太虞儀) 환웅 때 체계화된 우리 고유의 신선도문화와 관련이 깊다. 예로부터 우리나라가 '신선의 나라'로 불렸지만, 천·지·인 삼신일체에 대한 이해가 없이는 신신도문화를 제대로 파악하기 어렵다.

소도의식은 '일즉삼(一卽三)·삼즉일(三卽一)'의 원리로 표상되는 우리 고유의 삼신사상[`한'사상, 天符思想, 神敎]을 근간으로 하고 있다. 이러한 삼신사상에 대한 이해가 없다 보니, 역사를 기록하는 사관(史官)이나 연구자들 중에는 마치 소도가 귀신(잡귀)이나 섬기는 샤머니즘의 본산인 것처럼 곡해하는 영적 무지(spiritual ignorance)를 드러내는 경우가 있다. 중국 고문헌 『삼국지(三國志)』 권30 「위서(魏書)」 제30 동이전(東夷傳)에는 소도(蘇塗)에 대해 이렇게 기록하였다.

국읍(國邑)에 각 한 사람씩을 세워서 천신(天神)께 올리는 제사를 주관하게 하는데, 이름하여 천군(天君)이라 한다. 또 여러 나라에는 각 별읍(別邑)이 있어서 이름하여 소도(蘇塗)라 한다. 대목(大木, 神木)을 세우고 방울과 북을 매달아 놓고 귀신을 섬긴다. 그 지역으로 도망 온 자는 모두 돌려보내지 아니하였다.

國邑各立一人 主祭天神 名之天君 又諸國 各有別邑 名之爲蘇塗 立大木 縣鈴鼓

事鬼神 諸亡逃至其中 皆不還之.[145]

    소도는 죄인이 숨어들어도 붙잡지 못하는 일종의 치외법권 지역이었다. '귀신을 섬긴다'라고 한 것은 삼신사상에 대한 몰이해의 반증이다. '일즉삼 (一卽三)·삼즉일(三卽一)'이니 천신(天神)은 곧 천·지·인 삼신이다. 천신은 만물 의 근원을 나타내는 '하나(一)'와도 같은 것이다. 그래서 때론 '하나'(님) 또는 일신(一神, 唯一神)이라고도 하는 것이다. 천·지·인은 우주만물을 나타내는 기 본수 삼(三, 多)이다. '일즉삼'이라 함은 하나인 '생명의 나무'의 뿌리에서 줄기 와 무수한 가지 및 잎이 나오는 이치를 말한 것이고, '삼즉일'이라 함은 그 무 수한 가지 및 잎과 줄기가 하나의 뿌리로 돌아가는 이치를 말한 것이다. 따 라서 '일즉삼·삼즉일'은 생명의 본체[본체계]와 작용[현상계]의 역동적 순환을 나타낸 것이다. 흔히 생명의 본체를 하늘(님) 또는 신(神·靈)이라고 부르지만, 그것은 만물의 근원을 지칭하는 많은 대명사 중의 하나일 뿐이다. 그 본체 의 작용으로 나타난 것이 우주만물이므로 본체[天·神·靈]와 작용[우주만물]은 하 나다. 이것이 천인합일이고 인내천이다.

    단군 삼신을 흔히 신격화의 일종으로 해석하여 부정적으로 보기도 하지 만, 천신(天神)이란 존재가 인간과 분리되어 따로이 존재하는 그 무엇이 아 니라 바로 하나인 참본성[참자아]이며, 환인·환웅·단군(환검)은 천·지·인 삼신 일체의 천도(天道)를 체현(體現)한 존재라 하여 단군 삼신이라 부르는 것이다. 단군조선의 천제(天祭, 祭天)의식은 하늘을 공경하고 조상을 받드는 경천숭조 (敬天崇祖)의 보본(報本: 근본에 보답함)사상의 발로였다. 만물의 근원인 하늘에 감 사하고 조상의 은덕에 감사하는 것이다. 감사하는 마음이 깊어지면 우리 내 면은 긍정과 사랑으로 가득 차게 된다. 그리하여 참본성이 열리게 되는 것 이다. 따라서 천신에 제사 지내는 일은 귀신을 섬기는 일과는 전혀 무관한 것이다.

『삼국지』「위서」 동이전과 유사한 내용이 『후한서(後漢書)』 권85 「동이열전(東夷列傳)」 제75에도 기록되어 있다.

여러 국읍(國邑)에는 각 한 사람이 천신(天神)께 올리는 제사를 주관하는데, 이름하여 천군(天君)이라 한다. 또 소도(蘇塗)를 설치하고 대목(大木)을 세우고 방울과 북을 매달아 놓고 귀신을 섬긴다.

諸國邑各以一人主祭天神 號爲天君 又立蘇塗 建大木以縣鈴鼓 事鬼神.[146]

소도(蘇塗)가 신단(神壇)을 뜻하는 수두의 음역[147]이라고 보는 관점도 있고, '대목(大木)을 세우고'에 착안하여 소도를 솟대의 한자 음역[148]으로 추정하기도 한다. 여하튼 소도와 수두, 소도교와 수두교는 모두 동일하게 통용되고 있다. 황해도 장련(長連)읍 서탑(西塔) 거리 근처에 '솟대백이'라는 지명이 지금까지 남아 있고, 구월산 오봉 기슭 패엽사 근처에는 단군 사당인 삼성사(三聖祠)가 있었다고 한다. 단군 사당이 있는 곳마다 솟대백이가 있었던 것이다.[149] 솟대는 꼭대기에 솟대임을 표시하는 징표로 반드시 새를 앉혔다. '한' 족은 '곰토템'족인 맥족과는 달리 '새토템'족이었다. 새토템은 그 기원이 마고성 시대로까지 거슬러 올라간다. 혼다사이(本田濟)의 『포박자(抱朴子)·열선전(列仙傳)·신선전(神仙傳)·산해경(山海經)』에는 마고(麻姑)가 새와 같은 손톱을 가지고 있었다[150]고 나온다. 솟대 문화는 북한 지역과 만주 일대에도 보편적인 문화 유형이었다는 점에서 고조선 국가와 제후국들 그리고 고조선 문명권은 단군신앙을 공유하고 있었던 것으로 볼 수 있다.[151]

우리 '한'족의 새토템과 관련하여 삼신사상의 표징이라 할 수 있는 삼족오(三足烏: 세발까마귀)에 대해 일별해보기로 하자. 고대의 우리 민족은 까마귀를

'신'의 사자라 하여 매우 귀하게 여겼다. 중국 신화에서는 까마귀를 '현조(玄鳥)'라 하여 북방을 지키는 새로 여겼다. 이는 오행사상에서 나온 것으로 북방을 검정색으로 나타내기 때문이다. 오행에서 북방은 물(水)이고 이는 '탄생과 시작'을 의미한다. 삼족오는 발이 셋 달린 까마귀를 말한다. '3'은 마고(麻姑) 문화를 상징하는 숫자이며 삼신사상을 표징한다. 천·지·인 삼신, 천부인 3개, 진한·번한·마한의 삼한, 삼신일체·삼위일체·삼신불, 환인·환웅·단군, 원방각(圓方角), 삼태극, 삼짇날(음력 3월 3일), 삼우제(三虞祭), 삼신산, 백제의 삼족배(三足杯), 『천부경』·『삼일신고』·『참전계경』의 삼대 경전, 삼세번, 삼족오 등 삼신사상의 잔영을 보여주는 사례는 무수히 많다. 모두 일즉삼·삼즉일이라는 '생명의 공식(formula of life)'으로 표상되는 우리 고유의 삼신사상 즉 '한'사상을 나타낸 것이다. 체는 하나이지만 작용은 셋이다. 고구려 벽화에서 삼족오를 태양 속에 그려 넣은 '일중삼족오(日中三足鳥)'는 태양을 숭배하는 천손족, 즉 밝달족=박달족=배달족임을 나타낸 것이다.

역사를 기록한 사관이 '귀신을 섬긴다'라고 기록한 것을 보면 단군조선 시대에도 삼신일체의 의미를 제대로 파악한 사람은 소수였을 것이다. 그럼에도 오늘날과 차이점이 있다면 그 시대에는 천명(天命)을 받드는 명군(明君)이 나라의 중심에 있었기 때문에 밝은 기운을 끌어들여 나라를 밝게 했지만, 오늘날에는 대개 암군(暗君)이 나라의 중심에 있기 때문에 어두운 기운만 주위에 끌어모아 나라를 암울하게 한다는 것이다. 당시에는 공교육이 보편화되지 못했고 사회생활이 단순했으며 백성들이 덜 세속화되어 있었기 때문에 어진 지도자를 신뢰하고 잘 따르는 것이 관건이었다. 그러나 오늘날은 정치사회가 고도로 세속화되고 복잡해졌으며 교육 수준은 높아졌지만 도덕적 해이가 만연하고 천명(天命)을 받드는 명군(明君)도 찾아보기 어렵게 되었다는 것이다.

하늘과 단군 조상에 제사 지내는 제천(祭天, 天祭)의식이나 씨족들의 직계 조상에 대한 제사 의식은 고조선 사회에서 중시한 의례·의식의 대표적인 것이다. 북애자는 『규원사화』 「단군기」에서 홍범구주(洪範九疇)의 제3주(疇) 팔정(八政)의 세 번째 사(祀: 祭祀)를 인용하여 제사(祭祀)에 대해 다음과 같이 풀이하고 있다.

> 홍범 팔정(洪範八政) 세 번째에 제사를 말했으니, 제사란 신명(神明)을 통하고 그 근본에 보답(報本)하는 것이라고 했다. 그러므로 육지에는 짐승을 제사 지내는 승냥이가 있고, 물에는 물고기를 제사 지내는 수달이 있다. 대저 승냥이와 수달은 금수(禽獸)인데도 오히려 근본에 보답하는 뜻을 아는데, 하물며 사람으로서 그 근본에 보답하는 예를 알지 못한대서야 되겠는가.
>
> 洪範八政三曰祀 祀者所以通神明而報其本也 是以陸有祭獸之豺 水有祭魚之獺 夫豺獺者禽獸也 猶知報本之意 況人而不知其報本之禮乎.[152]

천하를 다스리는 큰 법을 일컫는 '홍범'이란 용어는 우(禹)가 하나라를 세우기 약 1,800여 년 전 환인이 환웅에게 천부인(天符印) 3종(種)을 주며 개천(開天)의 칙령을 내리는 대목에 처음 나온다. 「삼성기전」 하편의 기록에는 "사람과 만물의 할 바가 이미 지어져 있으니 그대는 수고로움을 아끼지 말고 무리 3천을 이끌고 가서 하늘을 열고(開天) 가르침을 세우고 세상을 이치로 다스려 자손만대의 홍범(洪範)이 되게 하라"[153]고 한 것이 그것이다.

『서경(書經)』의 「홍범(洪範)」에 기록된 홍범구주의 주요 내용은 정치가 하늘(天)의 상도(常道)인 오행(五行)·오사(五事)·팔정(八政)·오기(五紀)·황극(皇極)·삼덕(三德)·계의(稽疑)·서징(庶徵)·오복(五福) 등 구주(九疇)에 의해 인식되고 실현된다는 것이다. 다시 말해 천시(天時)와 지리(地理) 그리고 인사(人事)의 조응관계에 기초하여 천리에 순응하는 정치 대법을 아홉 개 조항으로 집대성한 것이다. 이 홍범구주 가운데 제사는 제3주(疇) 팔정(八政)—식(食: 食糧), 화(貨: 財貨), 사(祀: 祭祀), 사공(司空: 內務), 사도(司徒: 敎育), 사적(司寇: 治安), 빈(賓: 外務), 사(師: 軍師)의 여덟 가지 통치행위와 관련된 것—의 세 번째에 해당하는 것이다. 2세 단군 부루(扶婁)가 태자였을 당시 도산(塗山)회의에서 우(禹)에게 오행치수법(五行治水法)이 기록된 신서(神書)를 전하였는데, 홍범구주(洪範九疇)가 그 신서의 본문이라는 단재 신채호의 주장에 대해서는 앞서 살펴본 바이다.

'제사란 신명(神明)을 통하고 그 근본에 보답(報本)하는 것'이다. 신명(神明)을 통해야 신명(神明)나는 세상이 되는 것이다. 신명나는 세상이 된다는 것은 마음이 밝아지고 생명력이 넘치는 세상이 된다는 것이다. 우리가 살고 있는 현상계가 '생명의 나무'의 줄기·가지·잎에 해당하는 세계라면, 신명계는 육안으로는 보이지 않는 뿌리에 해당하는 세계다. 뿌리와 단절된 꽃꽂이 식물이 생명력을 가질 수 없듯이, 신명계와 단절되면 생명력을 가질 수 없다. 심신을 정결하게 하며 근신하는 재계(齋戒, 潔齋)를 하고 정성을 다하여 올리는 제사 의식을 통하여—이러한 제사 의식은 일종의 기도다—영혼의 정화(purification of soul)가 일어나고 성문(誠門)이 열리면서 스스로의 신성(神性)과 마주치게 되는 것이다. 말하자면 신명과 통하게 되는 것이다. 이는 곧 참본성이 열리는 것을 의미한다.

'정성을 다하면 하늘도 감동한다(至誠感天)'는 말이 곧 신명(神明)과 통한다는 말이다. 그래서 역대 단군께서는 제사 지낼 때 재계하고 경건한 마음으로 정성을 다한 것이다. '신명나는 세상'이라는 말을 즐겨 사용하면서도 '신명을 통하고'라는 말이 낯설게 느껴진다면 생명의 뿌리에서 그만큼 멀어져 있다는 증거다. 이기적인 욕구 충족을 위해서가 아니라 '영혼의 정화'를 위해서 제사라는 기도 의식이 하나의 통로로 활용된 것이다. 그러한 기도 의식은 고조선 연방제국의 많은 제후국과 백성들이 상하 차별 없이 참여하는 국중대회(國中大會)를 통하여 거행되었고 그러한 의식을 통해 결속력을 다지고 군민공락(君民共樂)을 이루었다. 그러나 시간이 지나면서 제천의식 본래의 심오한 의미는 점차 빛을 잃고 관례적인 연중행사가 되었고, 이제는 그 행사마저도 미신이라며 외면당하고 있다.

또한 제사란 근본에 보답하는 보본사상(報本思想)의 발로이다. 승냥이와 수달은 금수(禽獸)인데도 근본에 보답하는 뜻을 아는데, 하물며 사람으로서 그 근본에 보답하는 예를 알지 못한다면 금수만도 못하게 되는 것이다. 근본에 보답하지 않는다는 것은 생명의 뿌리를 외면한다는 것이다. 우주의 실체는 의식이며 모든 것은 생각하는 대로 돌아가게 되어 있다. 생명의 뿌리와 단절된 삶은 시들 수밖에 없는 것이 자연의 이치다. 감사하고 기도하는 마음이 없으면, 다시 말해 영혼의 정화(淨化)가 없이는 우리의 내면은 밝아질 수 없고 신명과 통할 수도 없으며 참본성이 열릴 수도 없다. 만물을 생성하고 키워낸 하늘의 공덕과 조상의 은덕을 기리는 제천의식을 통하여 하늘과 사람과 만물이 하나라는 천·지·인 삼신일체의 삼신사상['한'사상, 天符思想, 神敎]을 늘 마음 속에 새겼던 것이다.

고조선 사회에서는 동제(洞祭)라는 행사가 마을공동체의 단결을 위하여 큰 몫을 하였다. 부여의 영고, 동예와 옥저의 무천, 삼한과 백제의 솟대, 고구려의 동맹, 신라의 설·단오·8월 가배·상달 등의 공동축제, 고려의 연등회와 팔관회 등이 그것이다. 이들 행사는 전국의 모든 사람이 상하 차별 없이 참여하여 하늘과 조상의 덕을 기리고 추수를 감사하고 군민공락하여 결속력을 다지며 중죄인을 공개심사하여 형을 신중히 결정하고 전쟁 및 기타 국가의 중대사를 논의하는 대축제였다. 또 두레라는 농민공동체가 조직되어 모내기와 추수 등 공동노동을 발전시켰다. 씨를 뿌린 뒤 5월 단오 수릿날과 여름 김매기를 마친 뒤 농꾼들의 호미씻이와 추수 뒤인 10월 상달의 여러 가지 축제의 습속은 지금도 우리 사회에 전해오는 것이다.[154] 이 외에도 고조선 사회에는 풍년과 강우를 비는 풍년제와 기우제 등의 다양한 축제문화 행사가 있었다.

또한 매 국중대회에서는 다양한 경기를 시행했는데, 주요 경기로는 궁시(弓矢: 활쏘기), 격구(擊毬: 공차기), 검술(劍術: 칼싸움), 주마(走馬: 말달리기), 회렵(會獵: 짐승 사냥), 수박(手搏: 맨손·맨몸으로 박격), 씨름(角抵) 등이 있었다. 이러한 고조선의 축제문화·경기문화는 동이족의 일파인 흉노족, 몽골족, 만주족에도 공유되었다.[155] 이러한 축제문화에 대해 중국 고문헌 『삼국지(三國志)』 권30 「위서(魏書)」 제30 동이전 부여전에서는 다음과 같이 기록하였다.

> 음력 12월(殷正月)에 지내는 제천행사는 국중대회로 연일 먹고 마시며 노래하고 춤추는데, 이름하여 영고라 한다.
> 以殷正月祭天 國中大會 連日飲食歌舞 名曰迎鼓.[156]

은정월(殷正月)은 중국 은나라[商] 때의 정월을 일컫는 말로서 지금의 음력 12월에 해당한다. 『후한서(後漢書)』 권85 「동이열전(東夷列傳)」 제75 예전(濊傳)에서는 "매년 10월에는 하늘에 제사를 지내는데, 주야로 술 마시며 노래하고 춤추니 이름하여 무천(舞天)이라 한다"[157]고 기록하였다. 『삼국지(三國志)』 권30 「위서(魏書)」 제30 동이전 고구려전에서도 "10월에 지내는 제천행사는 국중대회로 이름하여 동맹(東盟)이라 한다"[158]고 기록하였다. 이처럼 고조선의 축제에서 가무(歌舞)는 필수불가결한 예능이었다.

한편 현재까지 전하는 가장 오래된 고조선의 시가(詩歌)는 고조선의 곽리자고(霍里子高)의 부인 여옥(麗玉)이 공후(箜篌)라는 현악기를 타며 노래한 서정

시가인 〈공무도하가(公無渡河歌, 箜篌引)〉다. 원가(原歌)는 전하지 않지만, 그 한역(漢譯)이 중국 진(晉)의 최표(崔豹)가 편찬한 『고금주(古今注)』에 설화와 함께 수록되어 있다. 머리가 흰 미친 사람(白首狂夫)이 아내의 만류를 뿌리치고 강을 건너려다가 물에 빠져 죽자, 그 아내가 공후를 타며 〈공무도하(公無渡河)〉라는 노래를 지어 부른 뒤 자신도 빠져 죽었다는 설화다. 이를 지켜본 곽리자고가 아내 여옥에게 이 이야기를 들려주자 여옥은 공후를 타며 그 노래를 불러 세상에 전해진 것이라 한다.

> 님아 강을 건너지 마오(公無渡河)
> 님은 그예 건너시네(公竟渡河)
> 물에 빠져 돌아가시니(墮河而死)
> 아아 님을 어이하리(將奈公何)

고조선의 축제문화 가운데 씨름에 대해 살펴보기로 하자. 중국인들은 씨름을 '고려기(高麗技)'라 부르며 우리나라에서 기원한 것으로 인식한다. 중국 육조시대 제(齊)나라 임방(任昉)의 『술이기(述異記)』에는 치우(蚩尤)씨가 머리에 뿔 달린 투구를 쓰고 헌원(軒轅)과 싸웠는데, 병사들이 씨름꾼(角觝人) 장사들이어서 맞설 수 없었다고 전해오는 말을 기록하였다. 그는 또한 기주(冀州)에는 백성들이 2, 3인씩 머리에 소뿔을 쓰고 씨름하는 '치우희(蚩尤戲)'라는 놀이가 있으며, 한(漢)나라의 씨름(角觝戲)은 대개 '치우희'의 유제(遺制)라고 기록하였다. 치우가 씨름을 애호했고 탁록(涿鹿)에서 헌원(軒轅)을 맞아 싸울 때에도 씨름꾼 장사를 중용했다는 이 기록은 씨름이 이미 고조선에서 국가의 경기 종목이었고, '치우희'를 도입해서 고중국 씨름이 전승된 것임을 알 수 있게 한다.[159] 고구려 고분 각저총(角抵塚) 벽화의 씨름하는 그림과 흡사한 씨름하는 형태의 청동 향로가 수메르의 우르 유적에서 발굴된 것은 우리 민족과의 관련성을 시사한다.

해방 후 최근까지 남북 고고학계의 발굴 성과에 따르면, 고조선은 동아시아에서 가장 먼저 청동기 문화와 철기 문화를 창조하여 발전·파급시킨 것으로 나타났다. 최초의 청동유물은 BCE 31세기경 대동강 유역 대동강 문화에서 나온 청동합금 조각이다. 단군조선 성립기인 BCE 26세기의 것으로 측정된 비파형 청동창끝이 강동군 용곡리 5호 고인돌 무덤에서 출토되었고, 대아리와 선암리의 비파형동검 2개는 이보다 더 이른 시기의 비파형 청동단검으로 추정되었다. 고조선의 청동거울은 다뉴조문경(多鈕粗紋鏡)에서 다뉴세문경(多鈕細紋鏡)으로 발전하였으며, 이들 청동거울의 분포는 비파형동검과 함께 고조선의 영역과 고조선 문명의 범위를 밝히는 데 중요한 지표유물이 될 수 있다. 고고학적 발굴에 따르면 고조선 다뉴조문경은 한반도 전역과 만주의 요동·요서 및 연해주 지역에 분포되어 있으며, 고조선 비파형동검은 한반도와 만주의 요동·요서·동내몽골 지방 옛 무덤들에 널리 분포되어 있다.[160]

고조선의 청동기 문화는 청동기의 주조기술이 발달하면서 매우 높은 수준에 이르게 된다. 청동기의 종류와 수량도 매우 증가하였으며 여러 종류의 용기와 무기·장신구·거울·수레와 말의 장식품 등이 이전보다 훨씬 넓은 지역에서 출토되었다. 후조선시기에 세형동검은 철기 문화와 중첩되어 나타났다. 비파형동검과 세형동검은 모두 질이 우수하고 형태가 독특하며 고조선 공예예술의 고유한 특성을 뚜렷이 보여준다. 고조선 청동기 문화의 특징 가운데 하나는 그릇이나 술잔 등의 용기보다는 청동거울·청동방울·청동장신구 등이 많았다는 점이다. 중국의 청동기가 무기를 제외하면 그릇이나 술잔 등이 주류를 이룬 것과는 대조적이다. 이러한 차이는 종교의식의 차이에서 오는 것으로 볼 수 있다. 중국의 종교의식이 신에게 음식과 술을 바치는 것이 주된 것이었다면, 고조선에서는 청동거울·청동방울·청동장신구 등을 사용하여 노래 부르고 춤추는 의식이 주된 것이었을 것이다.[161]

고고학적 발굴에 따르면 고조선의 수도 지역에서는 적어도 BCE 25세기 ~BCE 24세기에는 금동귀걸이가 왕족과 귀족들에 의해 제조되어 사용되었다. 순동에 금을 도금하거나 순동에 순금박판을 씌운 금동귀걸이도 출토됨으로써 이러한 금속공예기술이 이미 BCE 25세기~BCE 24세기에 사용되었음을 알 수 있게 한다. 고조선에서 금장식문화는 고조선 건국 시기부터 시작된 매우 오래된 문화적 전통이다. 부여·고구려·백제·신라·가야의 찬란한 금관(金冠)문화·금문화·금동문화는 이미 고조선에서 계승하여 발전시키면서 CE 5세기경에 육로로 스키타이문명과 접촉하여 상호 교류하게 되었다. CE 5세기경에 신라는 아랍 상인들에 의해 황금의 나라로 서양에 소개되기 시작했다.[162]

고조선의 철기 문화는 BCE 12세기부터 시작된 것으로 고고학적 발굴에 의해 밝혀졌다. 강철 주물기술이 발전하면서 철제 공구(工具)들이 만들어지게 되는데, 도끼, 끌, 자귀, 손칼, 송곳, 쇠대패날 등이 그것이다. 이들 철제 공구들은 다른 도구 제작의 기본 공구이기도 했지만 동시에 농구와 각종 생활용구로도 사용되었다, 철기 문화는 철제 '농구'를 출현시켰는데, 철제의 괭이, 호미, 낫, 삽, 반달칼, 철제 도끼, 철낚시(鐵釣), 쇠못(鐵釘) 등이 그것이다. 이러한 철제 농구들은 토지 개간과 경작 및 수확에서 능률을 크게 향상시켰다. 또한 철기 문화는 종래의 청동무기를 철제무기로 바꾸었다. 철검(鐵劍, 쇠장검)이 출현하여 세형동검과 함께 사용되었고, 철제 기계활인 '쇠뇌(鐵弩, 鐵弓)'가 개발되었으며, 화살촉은 대부분 철제 화살촉인 '철촉(鐵鏃)'으로 교체되었고, 비파형 청동창을 철창(鐵槍)으로 교체하였으며, 고조선식 철제 갑옷(鐵

甲)을 생산해 사용했다. 또한 제왕과 후왕(侯王)들은 청동제 마구를 철제 마구로 교체하였다. 고조선의 철기 문화는 후조선시기에 세형동검 문화와 함께 발전해 오다가 BCE 108년에 한무제(漢武帝)의 침략에 직면하게 되었다.[163]

그러면 고조선의 정치사상에 대해 살펴보기로 하자. 고조선 사회는 정치·경제·종교·과학·철학 사상이 미분화되어 있었던 관계로 당시의 정치사상을 비(非)정치사상과 엄격하게 구분하여 설명하기는 어렵다고 본다. 단군왕검이란 칭호의 단군은 대제사장(大祭司長)을 의미하고 왕검은 정치적 군왕을 의미하는 것이니, 제사장과 정치적 군왕을 겸한 제정일치 시대의 지도자라는 사실이 이를 뒷받침한다. 따라서 여기서는 당시의 사상 중에서 정치행위 및 통치행위와 직간접으로 관련되는 사상을 추출하여 현대적으로 재해석해 보기로 한다.

단군이 고조선을 세워 2천여 년 동안 계승한 건국이념은 신시시대로부터 이어받은 홍익인간(弘益人間)[164]이다. 원래 홍익인간의 가르침은 환인천제께서 환웅에게 내려준 것이고, 그 가르침이 다시 단군조선으로 전해진 것이라고 「태백일사(太白逸史)」 소도경전본훈(蘇塗經典本訓)에는 기록되었다.[165] 단군의 개국이념인 홍익인간은 '널리 인간을 이롭게 한다'는 의미이다. 그것은 인간의 존엄성에 기초하여 사회적 신분이나 성(性)차별, 부족(민족) 차별 또는 국가 차별을 넘어서 전 인류 사회의 평화와 행복이라는 이상을 담고 있다. 치자와 피치자, 개인과 국가가 일체가 되어 만물의 근원인 하늘을 공경하고 조상을 받드는 경천숭조(敬天崇祖)의 보본(報本)사상과 그 맥이 닿아 있다. '보본'이 중요한 것은, 생명의 뿌리인 근본에 보답하는 마음이 없이는 널리 인간을 이롭게 하는 마음이 일어날 수가 없기 때문이다. 모두가 하나인 생명의 뿌리에서 나왔다는 사실에 대한 인식이 없이는 생명의 전일성을 체득할 수가 없기 때문이다.

홍익인간은 전일(全一)·광명(光明, '밝')·대(大)·고(高)·개(開)·생명(生命) 등의 의미를 함축한 환(桓) 또는 한(ONE, 天地人)의 이념과 그 맥이 닿아 있다. 우주만물[천·지·인, 三]이 하나인 생명의 뿌리[一]에서 나왔다가 다시 그 하나인 뿌리로 돌아가는 것이니 일즉삼(一卽三)이요 삼즉일(三卽一)이다. 그래서 '한'사상은 곧 삼신(三神)사상이라고 하는 것이다. '삼신'이라고 하니 흔히 신이 셋이 있는 것으로 생각하는데, 각각의 세 신(神)이 있는 것이 아니라 천·지·인 셋을 두고 삼신이라고 하는 것이다. 천·지·인은 셋이므로 곧 우주만물을 나타내는 기본수 '삼(三)'이고 또 신은 무소부재(無所不在) 즉 없는 곳이 없이 실재하므로 만물 속에 만물의 본질로서 내재해 있으니, 천·지·인 삼신이 되는 것이다.

나누면 천·지·인 셋이지만, 합하면 그냥 하늘(天), 일신(一神, 유일신), 영(靈) 등으로 불린다. 말하자면 생명의 본체는 하나이지만 그 작용은 천·지·인 셋이므로 본체인 하늘과 그 작용인 우주만물은 하나인 것이다. 그래서 삼신일체이고 삼위일체라 하여 '한 분 하느님(天·神·靈)', 즉 유일신이라고 한 것이다. 삼신일체, 삼위일체, 천인합일, 인내천(人乃天)은 모두 같은 의미의 다른 표현이다. 하늘과 인간이, 우주만물이 모두 하나로 연결되어 있다는 말이다. 우주만물을 관통하는 하나인 참본성[참자아, 至氣]이 곧 하늘이라는 말이다. 우주의 실체가 의식[파동, 에너지]이라는 사실, 그리고 우리가 물질이라고 지각하는 것이 특정 주파수대의 에너지 진동에 불과하며 99.99%가 텅 비어 있다는 사실, 즉 물질의 공성(空性)을 이해하지 못하고서는 하늘과 인간, 우주만물이 하나라는 말은 공허한 것으로 여겨질 수밖에 없다.

홍익인간이라는 광대한 이념은 광명이세(光明理世)·재세이화(在世理化)·이화세계(理化世界)라는 정치이념과 깊은 관계가 있다. 모두 밝은 정치라는 동일한 의미를 내포하고 있다. '광명이세'는 광명한 이치가 구현된 세상이다.

「태백일사(太白逸史)」제3 신시본기(神市本紀)에서는 "하늘로부터의 광명을 환(桓)이라 하고, 땅으로부터의 광명을 단(檀)이라 한다"[166]고 하여 환단(桓檀)을 천지(天地)의 광명(光明)이란 뜻으로 풀이하였다. 이는 곧 하늘의 이치(天理)가 인간 세상에 구현되는 것이다. '재세이화'는 이 세상에서 이치가 구현되는 것을 말하고, '이화세계'는 이치가 구현된 세계를 말하는 것이니 모두 동일한 의미이다. 조화(造化)·교화(敎化)·치화(治化)의 시대를 연 환인·환웅·환검(桓儉, 단군)의 '환'과 우리나라 최초의 나라인 환국의 '환'은 환하게 밝음을 뜻하는 것으로 광명한 정치의 이념을 표상한다.

우리 국조께서 마음을 밝히는 가르침을 근본으로 삼은 것은 정치의 주체인 인간의 마음이 밝아지지 않고서는 밝은 정치가 이루어질 수 없고 따라서 홍익인간의 이념 또한 실현될 수 없기 때문이다. 마음이 밝아진다고 하는 것은 성통광명(性通光明)이다. 하나인 참본성을 통하면(開) 저절로 마음이 환하게 밝아지는 것이다. 마음이 환하게 밝아지면 천·지·인 삼신일체를 깨닫게 되므로 사회적 공덕을 완수할 수 있게 된다. '단군8조'에서 모든 생명의 뿌리이자 덕의 근원인 일신(一神, 唯一神)을 공경하고 황조(皇祖)의 공덕을 기리는 것을 하나로 본 것은, 신이란 존재가 인간 존재와 분리된 그 무엇이 아니라 하나인 참본성이기 때문이다. 우주만물의 생성·변화·소멸은 모두 하늘(天·神·靈)의 조화(造化) 작용—음양오행의 우주적 기운의 응결(凝結)에 의해 만물이 화생(化生)하나 궁극에는 그 근원으로 되돌아가는—이다. 본래의 천심을 회복하여 무위이화(無爲而化)의 덕과 그 기운과 하나가 되면 천덕(天德)을 몸에 지니게 되므로 광명이세의 정치이념을 구현할 수 있게 되는 것이다.

광명한 정치의 이념을 표상하는 환(桓) 또는 한(ONE, 天地人)은 국가·민족·계급·인종·성·종교 등 일체의 장벽을 초월하여 평등하고 평화로운 이상세계를 창조하는 토대가 될 수 있다. 그런 점에서 '환' 또는 '한'은 홍익인간의 이념을 함축한 것으로, 그 구현자로서의 우리 민족은 스스로를 천손족이라 불렀다. 고조선의 개조 제1대 단군은 하늘에 제사를 지낸 뒤에 '단군8조'로써 제가(諸加)와 백성들을 가르쳐 깨우쳤다. 『규원사화』「단군기」에는 단군8조의 내용이 자세하게 풀이되어 있는데[167] 이는 단군 자신이 백성들을 위하여 홍익인간의 이념을 풀이한 것이다. 이는 곧 경천애인(敬天愛人) 사상의 발로요 재세이화의 이념이 함축된 것이다.

단군왕검께서는 경천숭조(敬天崇祖)의 보본사상(報本思想)을 배달국 시대로부터 이어받아 고유의 현묘지도(玄妙之道, 風流)를 기반으로 하는 조의국선(皂衣國仙)[168]의 국풍(國風)을 열었다. '보본'이라 함은 '근본에 보답한다'는 뜻으로 효(孝)와 충(忠)에 기반된 숭조(崇祖)사상은 제천(祭天)에 기반된 경천(敬天, 敬神) 사상과 함께 한국전통사상의 골간을 형성해 왔다. 상고와 고대의 국중(國中) 대축제는 물론, 중세와 근세에도 제천 즉 천지의 주재자를 받들고 보본하는 예를 잊지 아니하였다. 이는 곧 우리의 전통사상이 천·지·인 삼신일체에 기초하여 하늘과 사람과 만물을 하나로 관통하고 있음을 보여주는 것이다.

우리 조상들은 박달나무 아래 제단을 만들고 소도(蘇塗)라는 종교적 성지가 있어 그곳에서 하늘과 조상을 숭배하는 소도교(蘇塗敎, 수두교)를 펴고 법질서를 보호하며 살았다. 말하자면 소도교가 정치의 핵심사상이 되었던 것이다. 이러한 소도, 제천의 고속(古俗)은 대개 삼한시대 혹은 삼국시대까지 이어졌는데, 부여의 영고, 고구려의 동맹, 동예의 무천, 삼한의 5월제와 10월제 등이 그것이다. 이처럼 하늘에 제사 지내고 보본하는 소도의식을 통하여 천인합일(天人合一)·군민공락(君民共樂)을 이루어 국권을 세우고 정치적 결속력을 강화하며 국운의 번창을 기원했던 것으로 보인다.

『규원사화』에 의하면 고대의 임금은 반드시 먼저 하늘과 단군 삼신(三神)을 섬기는 것을 도(道)로 삼았다고 한다. 여기서 단군 삼신이라 함은 환국·배달국·단군조선을 건국한 환인·환웅·단군 삼성조(三聖祖)를 일컫는 것이다. 원래 삼신일체의 삼신(三神)은 천·지·인 삼신을 일컫는 것이지만, 세 분 국조께서는 천·지·인 삼신일체의 천도(天道)를 체현(體現)한 존재라 하여 삼신이라고 부른 것이다. 관직에는 대선(大仙)·국선(國仙)·조의(皂衣)라는 것이 있었다. 고구려의 조천석(朝天石), 발해의 보본단(報本壇: 근본에 보답하는 壇), 고려의 성제사(聖帝祠), 요(遼)나라의 목엽산(木葉山) 삼신묘(三神廟), 금(金)나라의 개천홍성제묘(開天弘聖帝廟)는 모두 단군의 묘(廟, 사당)이며, 근조선에 이르러서도 세종은 단군 사당을 평양에 설치했고 세조 원년에는 위패를 「조선 시조 단군 묘(廟)」라 하였다고 한다.[169]

예로부터 높은 산은 하늘로 통하는 문으로 여겨져 제천의식이 그곳에서 거행되었다. 단군이 천제를 지낸 태백산과 갑비고차(甲比古次)의 단소(壇所)와 마리산(摩利山, 摩尼山)의 참성단(塹城壇) 등은 고산(高山) 숭배사상의 단면을 보여준다. 단군의 건국이념 및 교훈은 부여의 9서(九誓: 孝·友愛·師友以信·忠誠·恭謙·明知·勇敢·淸廉·義)와 삼한의 5계(五戒: 孝·忠·信·勇·仁)와 고구려의 조의국선의 정신 및 다물(多勿)[170]의 이념과 신라 화랑도의 세속5계(世俗五戒: 事君以忠·事親以孝·交友以信·臨戰無退·殺生有擇)로 그 맥이 이어져 내려왔다.

『참전계경(參佺戒經)』 제331사(事)에서는 "나라 다스리는 근본원리가 종(倧)과 전(佺)에서 나온다"[171]고 하였다. 종(倧)이 소중한 것은 나라의 근본이기 때문이며, 전(佺)이 소중한 것은 백성을 가르치는 것이기 때문이라는 것이다. 종(倧)은 곧 '종훈(倧訓)'으로 『천부경(天符經)』, 『삼일신고(三一神誥)』와 같은 경전이라고 한다면, 전(佺)은 곧 '전계(佺戒)'로 종(倧)을 이루는 구체적인 실천방법을 제시한 『참전계경』, 단군8조(檀君八條) 등을 말하는 것이다. 단군조선의 정치대전에 대해서는 8장에서 자세히 논하기로 한다.

단군조선은 정치를 종(倧)과 전(佺)의 관계로 보고 정치의 교육적 기능을 중시하였다. 통일신라 말기 3교의 설(說)을 섭렵한 당대 최고의 지식인이었던 고운(孤雲) 최치원(崔致遠)의 '난랑비서(鸞郞碑序)'에는 배달국 신시시대와 고조선 이래 유(儒)·불(佛)·선(仙) 삼교(三敎)를 포함하는 우리의 고유한 풍류(風流, 玄妙之道)라는 것이 있어 백성을 교화하였다고 나온다. 『삼국사기』 「신라본기」 제4 진흥왕(眞興王) 기사에는 다음과 같은 내용이 기록되었다.

> 최치원의 난랑비서에 말하기를, 나라에 현묘(玄妙)한 도(道)가 있으니 이를 풍류(風流)라 한다. 그 가르침의 기원은 선사(仙史)에 상세히 실려 있으며, 그 내용은 유(儒)·불(佛)·선(仙) 삼교(三敎)를 포함한 것으로 많은 사람과 접촉하여 교화한다. 집에 들어오면 효도하고 나아가면 나라에 충성하는 것은 노(魯)나라 공자(벼슬은 司寇(사법대신))의 주지(主旨)와 같고, 무위(無爲)로 일을 처리하고 말 없는 가르침을 행하는 것은 주(周)나라 노자(벼슬은 柱史)의 종지(宗旨)와 같으며, 모든 악한 일을 행하지 않고 착한 일을 받들어 행하는 것은 축건태자(竺乾太子: 淨飯王의 태자 釋迦牟尼)의 교화와 같다.
>
> 崔致遠鸞郞碑序曰 國有玄妙之道曰 風流設敎之源 備詳仙史 實乃包含三敎 接化群生 且如 入則孝於家 出則忠於國 魯司寇之旨也 處無爲之事 行不言之敎 周柱史之宗也 諸惡莫作 諸善奉行 竺乾太子之化也.[172]

우리 고유의 풍류 속에는 유·불·선이 중국에서 전래 되기 이전부터 삼교(三敎)를 포괄하는 사상 내용이 담겨 있어 그 사상적 깊이와 폭을 짐작하게 한다. 『삼국사기』에 삼교의 전래 연대를 삼국시대라고 명기[173]하고 있는 이상, 우리 상고의 사상을 외래사상의 영향을 받은 것이라고 볼 수는 없을 것이다. 삼교가 중국에서 전래 되기 수천 년 전부터 우리나라에 삼교를 포괄하는 고유하고도 심오한 사상적 기반이 있었기에 외래의 제사상을 받아들여서 토착문화와 융합하여 독창적인 형태로 발전시킬 수 있었다. 그런 점에서 유·불·선 삼교를 외래사상의 단순한 이입이라고 할 수는 없을 것이다.

예로부터 조선이 신선의 나라로 알려진 것은 선교의 뿌리가 동방임을 시사하는 것이다. 환국으로부터 역(易)사상의 뿌리가 되는 『천부경』이 전수되어 온 것,[174] 배달국 제5대 태우의(太虞儀) 환웅 때 신선도문화가 체계화된 것,[175] 태우의 환웅의 막내아들 복희(伏羲)씨가 이 신선도문화를 가지고 서쪽 중토(中土, 中原)로 나아가 임금이 되었고 또 팔괘(八卦)를 그려 중토 역리(易理: 易의 이치)의 원조가 된 것,[176] 그리고 중국의 삼황 가운데 한 사람인 황제헌원(黃帝軒轅)이 동이(東夷)에 와서 『삼황내문(三皇內文)』을 받아 간 것을 계기로 우리의 신교문화(神敎文化)가 중국에 전해지게 됨으로써 중국 도교의 원형이 된 것 등이 이를 입증하는 것이다. 『삼국사기』에는 신라 효성왕 2년(738)에 당나라 사신이 와서 노자의 『도덕경』을 바쳤다는 기록[177]이 나오는데, 우리의 신선도문화는 그보다 수천 년 앞선 것으로 중국의 도교를 열게 하였으며 후에 그것이 다시 유입된 것이라고 보는 것이 옳다.

유교 또한 순수한 외래사상이라고 보기 어려운 것은 그 창시자인 요(堯)·순(舜) 황제가 동이인이었다는 점과 공자가 동이문화를 흠모하여 영원불멸의 군자국 구이(九夷)에 가서 살고 싶다는 견해를 피력한 것 등으로 미루어 알 수 있다. 공자 사상의 요체는 인(仁)이다. 인(仁)의 사상적 뿌리는 환인(桓仁)에서 찾을 수 있다. 환국(桓國)에서는 감군(監群: 무리의 우두머리)을 인(仁)이라 하였으므로 전일·광명을 뜻하는 '환(桓)'과 감군을 뜻하는 '인(仁)'이 결합하여 '환인'이 된 것이다. 말하자면 환국에서는 지도자가 갖추어야 할 필수 덕목인 '인(仁)'을 그 직함으로 삼은 것이다. 『태백일사』「환국본기」초두(初頭)에서는 "인(仁)이란 임(任)을 이르는 말이니 널리 사람을 이롭게 구제하고 세상을 이치대로 밝히는 일을 맡으려면 반드시 어질어야 하는 것이다"[178]라고 했다. 환국의 정치사상의 요체는 인(仁)이었으며 환국의 수장은 환인(桓仁)이라 불렀다. 유교의 기본 경전인 사서(四書) 중의 하나인『대학』「전문(傳文)」치국 평천하(治國平天下) 18장과 19장은 치국평천하함에 있어 군자가 지녀야 할 '혈구지도(絜矩之道)'를 제시하였다. 혈구지도란 내 마음으로 미루어 남의 마음을 헤아리는 것이다.

치국평천하 18장은 혈구지도를 효(孝)·제(悌)·자(慈)의 도(道)로 제시했으며, 치국평천하 19장은 혈구지도를 이렇게 설명하였다. '윗사람이 내게 무례하게 대하는 것을 원치 않는다면 나의 이런 마음으로 아랫사람의 마음을 헤아려 역시 무례하게 그들을 부리지 말 것이며, 아랫사람이 내게 불충(不忠)하게 대하는 것을 원치 않는다면 나의 이런 마음으로 윗사람의 마음을 헤아려 역시 불충하게 섬기지 말 것이다. 마찬가지로 자기를 중심으로 한 인간관계의 전·후·좌·우에 이르기까지 모두 이와 같이 해 나간다면 천하는 균형과 조화가 이루어져 태평하게 될 것'[179]이라는 뜻이다. 이러한 '혈구지도'는 우리 고유의 경전인『참전계경(參佺戒經)』제345사, '단군8조(檀君八條)' 제2조,[180] 부여의 구서(九誓) 제2서[181] 등 여러 경전에서 이미 제시된 것으로 남을 나와 같이 헤아리는 추기탁인(推己度人)의 도를 지켜나간다면 천하가 태평하게 될 수 있다는 뜻이다. 따라서 우리의 고유한 사상은 중국의 유교보다 수천 년 앞선 것으로 중국의 유교를 열게 하였으며 후에 그것이 다시 유입된 것이다.

「태백일사」제3 신시본기에는 불교의 승도(僧徒)와 유교의 유생(儒生)들이 모두 선교의 낭가(郎家)에 예속되었다고 기록되었다. "불상이 처음 들어오자 절을 세워 대웅(大雄)이라 불렀다. 이것은 승도들이 옛것을 물려받아 그대로 부른 것으로 본래 승가(僧家)의 말은 아니다. 또 이르기를 승도와 유생들이 모두 낭가에 예속되었다 하니 이로써 알 수 있는 것이다"[182]라고 했다. 원래 대웅전(大雄殿)은 '대웅' 즉 환웅을 모시던 곳이었다. 불교는 본래 인도에서 중국으로 유입되었다가 다시 우리나라에 전래된 것으로 보고 있으나 『삼국유사』에는 석가(釋迦) 이전 불교의 중심지가 우리나라였음을 시사하는 글을 인용하고 있다.

> 옥룡집(玉龍集)과 자장전(慈藏傳) 및 제가전기(諸家傳紀)에 이르되,「신라의 월성(月城) 동쪽, 용궁(龍宮) 남쪽에 가엽불(迦葉佛)의 연좌석(宴坐石)이 있다. 그곳은 전불(前佛) 시대의 가람 터이니 지금 황룡사(皇龍寺)의 지역은 7가람(七伽藍)의 하나이다」라고 한 것이 그것이다.
>
> 玉龍集及慈藏傳 與諸家傳紀皆云 新羅月城東 龍宮南 有迦葉佛宴坐石 其地卽前 佛時伽藍之墟也 今皇龍寺之地 卽七伽藍之一也.[183]

상고시대 중국문화는 그 형성과 전수에 있어 동이족의 역할이 지대했던 만큼 그것이 다시 우리나라에 이입된 사실을 가지고 단순히 외래문화라고 규정할 수는 없다. 동양정치사상의 뿌리가 되는 유·불·선 삼교의 내용이 수천 년 전 우리 고유의 풍류 속에 담겨 있었다는 사실은 우리 문화의 선진성을 말하여 주는 것이다. 당시 정치의 교육적 기능의 중요성에 비추어 볼 때 우리 교육의 원천이 되었던 풍류의 정치사상적 의미는 자못 크다 하겠다.

우리 상고의 신앙과 고유한 사상의 연원, 그리고 한국 정신사의 흐름과 사회정치적 변천의 모든 것을 알기 위해서는 그 역사가 가장 오래된 무속(巫 俗)의 사회정치적 기능을 고찰할 필요가 있다. 상고시대 사람들은 삼라만상에 성령(聖靈)이 깃들어 있고 그 성령이 인간의 길흉화복을 좌우하는 것으로 믿었기 때문에 그 성령과 소통할 수 있는 무인(巫人)이 사회정치적 지배력을 행사하였다. 이러한 무속의 사회정치적 기능으로 인해 무속은 신앙과 정치의 핵심 사상이 되었다. 국중대회(國中大會)를 열어 소도의식을 거행하고 제사가 끝난 뒤에는 술과 가무로써 공동체 구성원 간의 결속력과 일체감을 다짐으로써 정치적 지배력을 강화했다. 당시 숭앙된 대표적인 성령으로는 천신·지신(地神)·조상신을 들 수 있는데 이는 태양숭배, 천제신앙, 산신(山神)신앙, 성황신(城隍神)신앙, 조상숭배 등의 다양한 형태로 나타났다.

대제사장인 단군과 신라 2대 임금 남해차차웅(南解次次雄), 그리고 삼한시대 별읍의 천군(天君)이 하늘과 국조를 받들며 백성을 지도하는 차원 높은 무사(巫師)였고,[184] 고구려와 백제에도 국가 중대사를 판단하고 국조묘(國祖廟)에 제사하는 무인(巫人)들이 있었으며,[185] 중세 고려에서도 팔관회(八關會)와 기우제(祈雨祭) 등 국가 대행사에 무격(巫覡)이 동원되었고,[186] 근세조선에서도 성숙청(星宿廳)과 동서활인서(東西活人署) 등 무격이 소속된 관서가 있었다는 사실은 무속이 상고 이래 그 뿌리가 깊다는 것을 말하여 준다. 특히 『삼국사기』·『고려사』·『조선왕조실록』에는 유·불·선 삼교의 풍속이 무속과 혼합하여 성속(成俗)된 양상을 가장 잘 보여주는 사례로 기우제에 관한 기록이 많이 나오고 있다.[187]

여기서 지적할 것은 고조선 시대와 삼국시대의 제천은 천지의 주재자를 받들어 보본(報本)하는 신앙의 표현이었다는 점에서 잡귀를 숭배하는 미신적인 통상의 살만교(薩滿敎, 샤머니즘)와는 다르다는 점이다. 다시 말해 하늘을 공경하고 조상을 받들며 백성을 지도하는 제사장인 무사(巫師)는 삼국시대 후기 이래 살만교의 일종으로 퇴화한 미신적 살만을 지칭하는 무격(巫覡)과는 분명히 구별해야 한다는 것이다.[188] 무격(巫覡)과 무사(巫師)를 동일시하는 것은—초개인심리학 분야의 대가인 켄 윌버(Ken Wilber)가 경계한—전(前)개인적이고 전(前)이성적인 영성과 초(超)개인적인 비이원적 영성(靈性)을 혼동한 '전(前)/초(超) 오류'[189]에 빠진 것이다. 『삼국사기』 「고구려본기」 보장왕 4

년 기사에도 조선의 무속이 잡귀 숭배의 미신으로 퇴화하였음을 보여주는
사례가 나와 있고, 『규원사화』 「단군기」에서도 백성들이 단군조선의 유습
(遺習)을 이어받지 않고 무당이나 박수를 숭상하는 폐단을 지적하였다.

우리 상고의 무속은 통상의 살만교(샤머니즘)와는 확연히 구분되며, 천·
지·인 삼신일체의 삼신사상('한'사상, 天符思想, 神敎)에 기초한 심오한 사상적
배경을 가지고 있었다는 점에서 그 차원이 높은 것이다. 물질계와 마찬가
지로 정신계에도 다양한 층위가 있는 법인데 그것을 획일화하여 모두 통
속적인 무격(巫覡)으로 천시하는 것은 영적 무지(spiritual ignorance)의 발로이
다. 고조선 시대의 사상과 문화와 법속(法俗)은 열국시대에도 그대로 이
어졌다. 상고시대 삶의 지혜는 오늘날에도 '참사랑'을 실천하는 '참사람 부
족'*190의 삶에서 그 잔영을 찾아볼 수 있다. 문명의 독기(毒氣)에 오염되지
않은 그들은 지금까지 적어도 5만 년을 호주 대륙에서 살아왔다. 자연과
더불어 숨 쉬는 이들의 삶은 파편화된 오늘의 문명 세계가 나아가야 할 방
향을 제시해 준다.

---

* '참사람' 부족 이야기는 말로 모건(Marlo Morgan)이라는 미국의 여의사가 호주 원주민
들과 함께 생활하며 직접 체험한 것을 쓴 책 속에 나오는 실화이다.

08

환단(桓檀)시대의 정치대전,
『천부경』·『삼일신고』·『참전계경』

- 『천부경』의 전래와 요체, 구조 및 내용
- 『삼일신고』의 전래와 요체, 구조 및 내용
- 『참전계경』의 전래와 요체 및 구조

생명(神·天·靈)은 '자기원인'에 의해 존재하는 제1원인(제1원리)이다. 성(性)·명(命)·정(精), 즉 지성·에너지·질료는 제1원인인 생명의 진성(眞性)을 셋으로 나타낸 것이다. 하나의 진성(性)을 셋으로 나누어 성·명·정이라고 한 것은 하늘(天)을 천·지·인 삼재로 나타내는 것과도 같은 것이다. 하나인 참본성이 곧 하늘이기 때문이다. 우주의 본질인 생명의 순환과 성통광명(性通光明)의 이치를, 그 어떤 종교적 교의나 철학적 사변이나 언어적 미망(迷妄)에 빠지지 않고 단 81자로 열어 보인 천부경(生命經)이야말로 모든 종교와 진리의 진액이 응축되어 있는 경전 중의 경전이다. 생명은 물질현상이면서 동시에 물질현상의 원인이 되는 정신적인 원리이므로 물성(物性)과 영성(靈性), 개체성과 전체성을 상호 관통한다. 생명은 만유 속에 만유의 참본성으로 내재해 있으면서 동시에 만물화생(萬物化生)의 근본원리로서 작용하므로 내재와 초월이라는 이분법의 저 너머에 있다. 우주만물은 누가 누구를 창조한 것이 아니라 생명의 자기현현(self-manifestation)이므로 전일적이고 자기근원적이다.

- 본문 중에서

못 사람들은 갈수록 어짊과 지혜로움에는 어둡게 되어…서로 다투는 허망한 생
각의 먼지가 본성의 문을 가리고 말았도다…밤 촛불에 날아드는 가엾은 부나비
신세를 면치 못하도다…교화를 펴고 나라를 세우신 까닭이라.

- 발해국 반안군왕(盤安郡王) 대야발(大野勃),『삼일신고 서(三一神誥序)』

『천부경』의 전래와 요체, 구조 및 내용

『천부경(天符經)』은 『삼일신고(三一神誥)』·『참전계경(參佺戒經)』과 함께 환단
(桓檀: 환인·환웅·단군, 환국·배달국·단군조선)시대의 정치대전(政治大典, 政治大全)이자
만백성의 삶의 교본으로서 일즉삼(一卽三, 執一含三)·삼즉일(三卽一, 會三歸一)이
라는 '생명의 공식(formula of life)'을 함축한 생명경(生命經)이다. 일즉삼·삼즉
일은 생명의 전일적 흐름(holomovement)을 이해하는 기본 공식과도 같은 것
이므로 필자는 이를 '생명의 공식'이라고 명명하였다. 무엇이 인간을 '인간'
으로 만들고 만물을 '만물'로 만드는가? 생명이다. 인간을 인간일 수 있게 하
고 만물을 만물일 수 있게 하는 제1원인(The First Cause 또는 The First Principle)이
생명임에도 불구하고 생명이 무엇인지 모르고 산다는 것은 인간의 가장 큰
역설이다. 생명이 무엇인지를 명료하게 인지하는 것이야말로 인간을 인간
답게 만드는 것이다. 천부경이 생명경이므로 우선 생명이 무엇인지부터 고
찰하기로 한다.

우주의 본질인 생명은 분리할 수 없는 절대유일의 하나, 즉 영성[靈, Spirit] 그 자체다. 『요한복음』(4:24, 14:6)과 『요한일서』(4:8)에는 신이 곧 영(靈)이고 진리이고 생명이고 사랑[1]이라고 나와 있다. 우리 상고의 가르침을 신교(神教)라 하는 것도 그 키워드가 '생명'이며 생명은 곧 신(神)이고 하늘(天)이고 영(靈)이기 때문이다. 그런데 신(神·天·靈)을 인간과 우주만물로부터 분리시키고 있으니, 부득이 본체[神·天·靈]와 작용[우주만물]이라는 이분법의 틀(tool)을 사용해 본체와 작용이 하나임을 밝힘으로써 생명의 전일성과 자기근원성을 논증할 필요가 생겨난 것이다. 진여(眞如)와 생멸(生滅),[*] 이(理)와 기(氣) 또한 생명의 본체와 작용의 전일적 관계를 해명하는 도구로써 흔히 사용된다. "하늘의 근원은 본시 하나의 대허(大虛)·무(無)·공(空)일 뿐이니 어찌 체가 있겠는가"[2]라는 「태백일사」 제5 소도경전본훈의 말처럼, 실로 생명은 체(體)와 용(用)이라는 이분법의 저 너머에 있다.

생명은 영성(靈性, 본체계)과 물성(物性, 현상계)을 거침없이 넘나들며 죽음마저도 삼켜버리는 순수 현존(pure presence)이다. 천변만화(千變萬化)를 놀이로 삼고 만물만상을 모습으로 삼아 영원히 타오르는 의식의 불꽃이다. 생명은 시작도 끝도 없고, 태어남과 죽음도 없으며, 없는 곳이 없이 실재한다. 생명은 스스로 생성되고 변화하여 돌아가는 '스스로(自) 그러한(然)' 자, 즉 자연이다. 생명은 물질현상이면서 동시에 물질현상의 원인이 되는 정신적인 원리이고, 만유 속에 만유의 참본성으로 내재해 있으면서 동시에 만물화생(萬物

---

[*] 『大乘起信論』에서 一心에 대한 해명을 목적으로 眞如門[본체계]과 生滅門[현상계]의 二門을 설정하였는데, 이 二門은 그 體가 둘이 아니므로 모두 '一心法'이다. 그래서 一心二門, 즉 한마음에 두 개의 문이 있다고 한 것이다. 우주의 실체는 의식이므로 이 一心이 곧 참본성[근원의식·전체의식·보편의식·우주의식]이고 하늘(天·神·靈)이며 생명이다. '一切唯心造', 즉 일체는 오직 마음이 지어낸 것이므로 한마음(一心) 이외에 다른 실재가 있는 것이 아니다.

化生)의 근본원리로서 작용한다. 생명은 "불멸인 동시에 죽음이며, 존재하는 것과 존재하지 않는 모든 것"³이다. 따라서 생명의 본질은 내재성인 동시에 초월성이며, 전체성(一)인 동시에 개체성(多)이며, 우주의 본원인 동시에 현상 그 자체다. 그물에 걸리지 않는 바람처럼, 생명은 이분법의 그물에 걸리지 않는다.

에너지는 한 형태에서 다른 형태로 변화할 수는 있지만 어떠한 물리적 변화에서도 모든 물체가 지닌 에너지의 총량은 불변이므로(에너지 보존의 법칙) 우주에서 사라지는 것은 아무것도 없다. 생명의 흐름은 영원히 이어진다. 생명은 결코 죽지 않는다. 생물학자이자 과학사학자인 제이콥 브로노우스키(Jacob Bronowski)는 죽음에 대해 이렇게 설명한다. "죽음은 세포나 개체의 생명 주기를 지속시키는 물질대사의 정지이며, 그 생명은 정지 속에서 정확하게 생명 주기를 반복하기 시작한다…진화의 연속 과정으로서의 생명은 폐쇄 곡선이 아니다. 그와는 반대로 진화로서의 생명은 위상적으로 열려 있다. 그것에는 시간에 따르는 주기가 존재하지 않기 때문이다."⁴

생명[神·天·靈]은 '자기원인'에 의해 존재하는 제1원인[제1원리]이다. 네덜란드의 유대계 철학자 스피노자(Benedictus de Spinoza)에 따르면 "자기원인이란 그 본질이 존재를 포함하는 것, 또는 존재하는 것으로만 그 본성이 이해될 수 있는 것을 의미한다."⁵ 참자아인 생명은 우주 지성인 동시에 우주 생명력 에너지이며 우주의 근본 질료로서, 이 셋은 이른바 제1원인의 삼위일체라고 하는 것이다. 지성[性]·에너지[命]·질료[精]는 생명이 활동하는 세 가지 다른 모습이다. 물질계는 생명의 본체인 '영(Spirit)' 자신의 설계도가 스스로의 에너지·지성·질료의 삼위일체의 작용으로 형상화되어 나타난 것이므로 만유는 '물질화된 영(materialized spirit)'이다. 이 우주는 누가 누구를 창조하는 것이 아니라 필연적인 자기법칙성에 따라 자기조직화(self-organization)에 의해 스스로 생성되고 변화하여 돌아가는 '참여하는 우주'이다.

제1원인의 삼위일체 가운데 성(性)이란 만물이 제1원리인 생명으로부터 품수(稟受)한 것으로 만물이 생겨나면 반드시 그 만물의 성(性)이 있다. 성(性)은 생명이 만물에 배분된 것이다. 만물 속의 생명이 곧 만물의 성(性)이다. 따라서 성(性)과 생명[神·天·靈]이 불이(不二)이므로 참본성[性]이 곧 하늘이고 신이고 영(靈)이다. 천명(天命)·성(性)·도(道)·교(敎)로써 중용의 철학적 근거를 밝힌 『중용(中庸)』 1장에서는 "하늘이 명한 것(天命)을 성(性)이라 하고, 성을 따르는 것을 도(道)라 하며, 도를 닦는 것을 교(敎)라 한다"[6]고 했다. 생명의 본체인 하늘(天·神·靈)과 그 작용인 만물의 일원성을 여실히 보여준다. 우주의 진행 방향이 영적 진화(spiritual evolution, 의식의 진화)인 것은, 생명 자체에 합목적적으로 자기조직화하는 칩―영적 진화를 추동하는 전지전능(全知全能)한 '우주 지성[性]'―이 내장되어 있기 때문이다.

명(命)이란 목숨이며 이는 곧 에너지이고 기운이다. 우주만물은 분자, 원자, 전자, 아원자 입자들의 쉼 없는 운동으로 진동하는 에너지장(場)이며, 에너지의 항상적 흐름(constant flow)에 의존하는 우주적 생명(cosmic life)이다. 이 우주는 분리할 수 없는 거대한 파동(波動, wave)의 대양[氣海]이며, 만물은 그 파동의 세계가 벌이는 에너지 무도(energy dance)에 동등한 참여자로서 참여하고 있다. 생명의 기운은 하나이지만 각기 다른 개체 속에 들어가 있기 때문에 무수히 많은 것처럼 보이는 것이다. "사람은 오행(五行)의 빼어난 기운이고 곡식은 오행의 원기(元氣)다."[7] "사람은 밥[穀氣]에 의지하여 그 생성을 돕고, 하늘은 사람에 의지하여 그 조화를 나타낸다. 사람의 호흡과 동정(動靜)과 굴신(屈伸)과 의식(衣食)은 모두 하늘의 조화(造化)의 힘이니, 하늘과 사람이 서로 화하는 기틀은 잠시라도 분리될 수 없다."[8] 우주만물의 생성·변화·소멸 자체가 모두 생명의 본체인 하늘의 조화 작용이다.

정(精)이란 우주의 근본 질료다. 생명체의 발생과 그 활동 유지에 기본이 되는 물질이다. 만물은 에너지의 바다에 녹아있는 질료가 응축되어 생겨난 것이다. 『바가바드 기타 *Bhagavad Gita*』에서는 "움직이는 것이든, 움직이지 않는 것이든, 존재하는 모든 것은 '밭'과 '밭을 아는 자'의 통합에서 비롯된 것"[9]이라고 말한다. 여기서 '밭'은 곧 프라크리티(prakriti, 물질원리)이고, '밭을 아는 자'는 푸루샤(purusha, 정신원리)이다. '밭'은 질료와 아직 물질로 나타나지 않은 에너지까지도 포괄한다. 푸루샤는 현상세계 저 너머에서 프라크리티의 활동을 관조하는 인식의 주체, 즉 '아는 자'이며, 프라크리티는 사트바(Sattva: 밝고 고요한 기운), 라자스(Rajas: 활동적이고 격정적인 기운), 타마스(Tamas: 어둡고 무거운 기운)라는 세 가지 구나(guṇa: 기운 또는 성질)로 이루어진 질료인(質料因)이다.* 이러한 물질의 세 성질이 불멸의 영혼을 육체 속에 가두어 놓는 것이다.[10]

성(性)·명(命)·정(精), 즉 지성·에너지·질료는 제1원인인 생명[神·天·靈]의 진성(眞性)을 셋으로 나타낸 것이다. 하나의 진성[性]을 셋으로 나누어 성·명·정이라고 한 것은 하늘(天)을 천·지·인 삼재로 나타내는 것과도 같은 것이다. 하나인 참본성이 곧 하늘이기 때문이다. 그것은 생명의 본체인 신(神)이 기(氣)로, 다시 정(精)으로 에너지가 체(體)화하여 우주만물이 생겨나는 것인 동시에, '정'은 '기'로, 다시 '신'으로 화하여 본래의 근본 자리로 되돌아가는 것이다. 이는 곧 일즉삼(一卽三)·삼즉일(三卽一)의 원리를 일컫는 것이다. 만유는 '물질화된 영(靈)'이라는 점에서 '밭을 아는 자'와 '밭'은 분리될 수 없다. 정

---

* 이러한 물질의 세 가지 성질의 분포도에 따라 인간의 성격이 각기 다르게 나타난다. 그리하여 깬 상태, 꿈꾸는 상태, 깊이 잠든 상태를 반복하며 물질 차원의 세 기운이 만들어내는 현상이라는 幻影에 미혹되어 육체의 차원에 머물며 온갖 행위를 하게 되는 것이다.

신은 오직 물질을 통해서만 스스로를 구현할 수 있는 까닭에 앎을 존재로서 체험하기 위해 상대계인 물질적 우주가 생겨난 것이다. 제1원리인 생명[神·天·靈, 참자아]은 물리적 우주가 생기기 이전에도 이미 존재하였으며 또한 언제나 존재하므로 영원하다. 이러한 원리를 깨달으면 천·지·인 삼신일체의 천도(天道)가 인간 존재 속에 구현된다.

생명의 본체와 작용의 합일은 '성즉리(性卽理: 性은 곧 理)' 사상을 바탕으로 한 '이일분수(理一分殊: 이치는 하나이지만 그 나뉨은 다 다름)'라는 명제로도 설명될 수 있다. '이일'이란 생명의 본체를 말함이고 '분수'란 그 작용을 말한 것으로 '이일분수'란 생명의 본체와 작용이 본래 하나임을 나타낸 것이다. 천지만물에 내재해 있는 이(理)의 총화를 주자(朱子, 이름은 熹)*는 태극(太極)이라 불렀다.[1] 그는 태극이 만물에 내재해 있는 이(理)의 총화인 동시에 개개 사물 속에 내재한다고 보았다. 태극이 만유의 본질로서 내재해 있는 것을 두고 이(理)라고 부르는 것이니, 이(理)가 곧 태극이다. 개개 사물 속에 내재해 있는 개별의 이(理)와 이(理)의 총화인 태극은 아트만(Ātman, 개별 영혼)과 브라흐마 (Brāhma, 창조신)** [12], 소우주와 대우주의 관계와도 같이 하나다. 이 우주는 각

---

* 北宋五子—周敦頤·邵雍·張載·程顥·程頤—로부터 시작되어 南宋시대 주자에 이르러 비판적으로 종합되고 체계화된 성리학은 '性이 곧 理'라는 '性卽理' 사상을 바탕으로 하고 있다. 정호·정이 형제에 의해 본궤도에 진입한 신유학은 두 개의 주요 학파로 분류된다. 그 하나는 동생 정이 계통으로 주자가 완성한 程朱學 또는 理學이고, 다른 하나는 형 정호 계통으로 陸九淵(호는 象山)이 계승하여 王陽明(이름은 守仁)이 완성한 陸王學 또는 心學이다. 주자의 사상체계로 대표되는 송대 이후의 신유학은 일반적으로 주자학, 성리학, 程朱學, 理學, 道學 등으로 불린다. 『朱子語類』에서는 "천지로 말하면 천지 가운데에도 태극이 있고, 만물로 말하면 만물마다에 태극이 있다(『朱子語類』 卷1: 在天地言 則天地中有太極; 在萬物言 則萬物中各有太極)"고 했다.
** 베다(Veda) 사상의 정수로 일컬어지는 『우파니샤드』는 생명의 본체인 브라흐마와 그 작용인 아트만이 마치 숲[전체성]과 나무[개체성]의 관계와도 같이 분리 자체가 근원적으로 불가능하며 相卽相入의 구조로 상호 緣起하고 있음을 보여 준다. 유일자 브라흐마

부분 속에 전체가 내포되어 있는 거대한 홀로그램적 투영물인 까닭에 태극이 없는 곳이 없고 이(理)가 없는 곳이 없다. 물질의 공성(空性)을 직시한다면 안과 밖, 내재와 초월의 구분은 실로 없는 것이므로 이(理)와 태극의 구분 또한 사라지게 된다.

유사 이래 모든 사상과 철학, 종교와 과학은 생명의 본체와 작용의 합일을 규명하기 위해 각기 다른 용어를 사용해가며 수백 수천 년에 걸쳐 논쟁을 거듭해왔다. 이제는 우주의 가을, 하나인 생명의 뿌리로 돌아가야 할 계절이다. 이 세상 그 어떤 것도 생명의 본체와 분리되어 존재할 수 있는 것은 없다는 사실을 역사상 무수한 지성들이 갈파하고 증명해왔다. 진실로 생명을 깨닫기 위해서는 이 세상 모든 것을 신(神·天·靈, 참자아)으로 여기지 않으면 안 된다. 숭배하는 행위도 신이고, 바쳐지는 제물도 신이고, 타는 불길도 신이다. 이 세상 모든 것을 신으로 여기는 사람은 진실로 신을 깨닫게 된다.[13] 일체 만유가 신에서 나와 신으로 돌아가는 까닭이다. 이 우주 전체가 신의 무도장(舞蹈場)이며, 천변만화가 신의 놀이이고, 만물만상이 신의 모습이다. '삼사라(samsara, 生死輪廻)'가 일어나는 것은 물질세계에서의 삶 자체가 신의 놀이라는 사실을 깨닫지 못하고 자기에 대한 집착(我執)과 세상에 대한 집착(法執)에 사로잡힌 데에 있다.*

참자아인 생명[神·天·靈]은 '영원불변하고 두루 편재하는 유일자'[14]이다. 생

와 브라흐마의 자기현현인 우주만물을 불가분의 하나, 즉 불멸의 음성 '옴(OM)'으로 나타내고 있다. 소리는 곧 파동이니, '옴'은 생명의 본체가 파동임을 말해준다. 이는 오늘날 파동과학의 원리와 일치하는 것이다.

* '나'의 생명이란 것이 四大(地·水·火·風)와 五蘊(色·受·想·行·識)이 緣起에 의해 일시적으로 결합된 것이며 객관세계의 일체 법 또한 쏯한 것임을 알게 되면 더 이상은 '삼사라'가 일어나지 않는다.

명은 분리할 수 없는 절대유일의 '하나'인 까닭에 '하나'님('하늘'님], 유일자 또는 유일신이라고 하는 것이니, 유일신은 특정 종교의 신이 아니라 생명의 본체를 지칭하는 많은 대명사 중의 하나일 뿐이다. 베단타(Vedānta)학파의 거장이자 인도 철학사에서 가장 영향력이 큰 인물로 알려진 샹카라(Śankara)에 의하면, 일체의 속성을 떠난 '무속성의 브라흐마(Nirguṇa-brahma)'가 곧 만유에 내재하는 아트만(Ātman)이고, '속성을 갖는 브라흐마(Saguṇa-brahma)'는 인간이 창조주나 조물주로 여기는 존재나 창조신인 이슈바라와 같은 존재로서 영적 무지의 산물이다.[15]* 이처럼 차원이 다른 브라흐마를 인식하게 되는 것은 영적 진화의 수준이 상이한 데에 기인한다. 영적으로 진화할수록 '무속성(無俗性)'인 고차원의 신(神·天·靈)을 인식하게 되므로 생명의 전일성과 자기근원성을 깨닫게 되어 생명과 평화의 길을 지향하게 된다.

그러면『천부경(天符經)』의 전래부터 차례로 살펴보기로 한다.『천부경』은 우주만물의 창시창조(創始創造)와 생성, 변화, 발전, 완성의 원리를 밝힌 총 81자로 이루어진 우리 민족 으뜸의 경전이다. 천·지·인 삼신일체(三神一體)의 천도(天道)에 부합하는 경으로서 우주의 조화(造化) 원리를 밝히고 있다는 점에서 조화경(造化經)이라 부르기도 한다. 한민족 정신문화의 뿌리이며 인류 정신문화의 뿌리가 되는 근본원리를 담고 있는 바,『삼일신고(三一神誥, 敎化經)』,『참전계경(參佺戒經, 366事, 治化經)』을 비롯한 우리 민족 고유의 경전과 역(易)사상에 근본적인 설계원리를 제공하였다.「태백일사(太白逸史)」제5 소도경전본훈(蘇塗經典本訓)에는『천부경』이 천제 환인(桓仁)[16]이 다스리던 환국(桓國)[17]으로부터 구전된 글이라고 나와 있다.[18] 그 후 약 6천 년 전 배달국 시대

---

* 샹카라의 철학체계는 不二論(advaita)이 근간을 이룬다.

에 환웅(桓雄)이 신지(神誌) 혁덕(赫德)에게 명하여 우리나라 최초의 문자인 사슴 발자국 모양을 딴 녹도(鹿圖) 문자로 기록하게 하여 전해진 것을, 훗날 고운(孤雲) 최치원(崔致遠)이 전자(篆字)로 기록해 놓은 옛 비석을 보고 다시 한문으로 옮겨 서첩(書帖)으로 만들어 세상에 전한 것이다.[19]

최치원 이후 『천부경』은 조선 중종 때 일십당주인(一十堂主人) 이맥(李陌)이 『태백일사(太白逸史)』에 삽입하여 그 명맥을 잇다가 1911년 운초(雲樵) 계연수(桂延壽)가 『환단고기(桓檀古記)』를 편찬하여 오늘에 이르고 있다. 『환단고기』는 신라 승려 안함로(安含老)의 『삼성기(三聖紀)』와 원동중(元董仲)의 『삼성기(三聖紀)』, 고려 말 행촌(杏村) 이암(李嵒)의 『단군세기(檀君世紀)』, 고려 말 휴애거사(休崖居士) 범장(范樟)의 『북부여기(北夫餘紀)』 그리고 이암의 현손인 이맥의 『태백일사』를 합본한 것으로 우리 환단(桓檀: 환국.배달국.단군조선)의 역사를 알게 해주는 소중한 역사서이다. 『환단고기』 내의 여러 기록들은 『천부경』이 환국·배달국·단군조선·북부여·고구려·백제·신라·가야·발해(渤海=大震國)·통일신라·고려·조선으로 이어지는 우리 역사 속에서 국가적으로 매우 중시되었던 경전임을 밝히고 있다.

『환단고기』에 수록된 「삼성기전(三聖紀全)」(상·하편)·「단군세기」·「북부여기」·「태백일사」는 『천부경』이 우리 국조(國祖)이신 환웅천왕과 단군왕검의 제왕적 권위를 상징하는 징표로서 천제의 즉위식이나 제천의식 거행시 '천부보전(天符寶篆)'으로 받들어진 성스러운 경이었음을 밝히고 있다. 또한 나라를 다스리는 만세의 경전으로서 만백성을 교화시키고자 『천부경』과 『삼일신고』를 가르쳤다는 사실도 전하고 있다. 말하자면 치국평천하(治國平天下)하는 정치대전이자 임금과 신하와 백성 모두가 반드시 숙지해야 할 삶의 교본이었던 셈이다. 「삼성기전」 하편에는 환웅천왕이 개천(開天)하여 백성들을 교화할 때 천경(天符經)과 신고(三一神誥)를 강론하여 크게 가르침을 편 것으로 나와 있으며,[20] 「단군세기」에도 '천경'과 '신고'가 나오고 『천부경』의 핵심 원리인 천·지·인 삼신일체(三神一體)를 의미하는 '집일함삼(執一含三)'과 '회삼귀일(會三歸一)'의 천계(天戒)에 대해 기록하고 있다.[21]

「태백일사」 제4 삼한관경본기(三韓管境本紀) 마한세가 상편(馬韓世家 上)에는 윷놀이를 제정하여 환역(桓易)을 풀이한 것이 바로 신지 혁덕이 기록한 '천부(天符)'의 남긴 뜻이라고 하였고,[22] 번한세가 상편(番韓世家 上)에는 '천부왕인(天符王印)을 차면 험한 곳을 지나도 위태롭지 않고 재앙을 만나도 해를 입지 않을 것'[23]이라고 하였다. 이 외에도 발해국 시조 대조영(大祚榮, 高王)의 아우 반안군왕(盤安郡王) 대야발(大野勃)의 『단기고사(檀奇古事)』에 천부경의 원리와 그 가르침이 기록되어 있으며,[24] 또한 조선 정조(正祖) 5년 구월산 삼성사에 올린 치제문(致祭文)[25]에 '천부보전(天符寶篆)'이 지금에 이르러서는 사실적 물증이 없으나 우리 동국 역사에서는 신성하게 일컬어지며 세세로 전해져 왔다고 기록되어 있어 『천부경』의 지속적인 전승과 심대한 가치를 짐작하게 한다.

『천부경』 원문 81자가 모두 수록된 문헌과 자료로는 대개 다음과 같은 몇 가지를 들 수 있다.

첫째, 이맥의 『태백일사』에 실려 있는 〈태백일사본(太白逸史本)〉이다.

둘째, 1916년 계연수가 묘향산 석벽에서 발견, 이를 탁본하여 이듬해인 1917년 단군 교당에 전했다는 〈묘향산 석벽본(妙香山石壁本)〉이다.

셋째, 성균관대학교에서 소장하고 있는 『최문창후전집(崔文昌侯全集)』의 〈최고운 사적본(崔孤雲 事跡本)〉이다.

넷째, 조선 말 대유학자 노사 기정진(盧沙 奇正鎭) 계통으로 전해온 〈노사전비문본(盧沙傳 碑文本)〉이다.

다섯째, 고려말 6은(六隱) 중의 한 사람인 농은 민안부(農隱 閔安富)[26]의 〈농은유집본(農隱 遺集本)〉이다. 여기에는 『천부경』 81자가 한자(漢字)의 초기 형태인 갑골문(甲骨文, 象形文字)*으로 수록되어 있다.

이 중에서 가장 많이 인용되고 있는 것은 〈태백일사본〉과 〈묘향산 석벽본〉으로 이 양 본은 전문이 모두 일치하고 있다. 필자도 이 양 본을 텍스트로 삼아 다룰 것이다. 최문창후전집은 최치원의 후손인 최국술(崔國述)이 1925년에 편찬한 것으로 이 전집에 실린 〈최고운 사적본〉의 기록은 〈노사전 비문본〉의 그것과 마찬가지로 〈태백일사본〉이나 〈묘향산 석벽본〉의 천부경 81자와는 다른 글자가 몇 군데 보인다. 즉, '析'(析三極)을 '碩'(碩三極), '衍'(一妙衍)을 '演'(一妙演), '動'(不動本)을 '同'(不同本), '昂'(昂明)을 '仰'(仰明), '地'(天地一)를 '中'(天中一)으로 표기한 것 등이다. 또한 〈농은 유집본〉의 기록도 〈태백일사본〉이나 〈묘향산 석벽본〉의 천부경 81자와는 다른 글자가 몇 군데 나타나고 있다. 즉, '析'(析三極)을 '新'(新三極), '化'(無匱化三)를 '從'(無匱從三), '三'(大三合)을 '氣'(大氣合), '運'(運三四)을 '衷'(衷三四)으로 표기한 것 등이다. 그러나 몇 군데 자구가 다르다고 해서 그 의미가 달라지는 것은 아니며, 전체적인 내용은 같고 모두 81자로 되어 있다. 이렇듯 전래 경로가 달라도 그 내용이 일치한다는 것은 오히려 『천부경』의 실재를 반증하는 것이다.

---

* 甲骨文이란 명칭은 그 문자가 주로 거북껍질(龜甲)이나 소의 어깨뼈 등에 칼로 새긴 것에서 유래된 것으로 청나라 말기 광서 25년(1899) 중국 하남성 殷墟에서 처음 발견되어 당시 금석학자인 왕의영(王懿榮)에 의해 처음으로 연구되었다. 甲骨文은 殷王朝 때 도성의 유적지인 殷墟에서 출토된 까닭에 殷墟文字라고도 한다. 고려 말 충신인 農隱 閔安富의 遺集에서 발견된 天符經文에서 殷墟 甲骨文과 동일한 글자들이 다수 발견됨으로써, 더욱이 중국에서는 아직 발견되지 않았거나 발견되었더라도 미해독된 甲骨文字들이 발견, 확인됨으로써 甲骨文이 중국 대륙 내부에서만 발견되는 것으로 여겼던 종래의 고정관념이 깨지게 되었다. 언어학자 박대종은 漢字의 기원인 甲骨文으로 쓰여진 〈農隱 遺集本〉의 天符經文에 대한 연구를 통해 甲骨文의 뿌리가 단군조선 이전의 桓雄시대까지 거슬러 올라간다는 사실을 밝혀냈다(〈일요시사〉, 2002년 9월 29일자 기사, 제350호.)

이 외에도 『천부경』 원문 81자가 수록되지는 않았지만 그 원리나 가르침에 대하여 거론한 자료는 적지 않으며, 그 명칭 또한 천부경 또는 천경(天經), 진경(眞經), 천부(天符), 천부진경(天符眞經), 천부보전(天符寶篆), 천부보전(天符寶典), 금척(金尺) 등으로 일컬어지고 있다. 『천부경』·『삼일신고』·『참전계경』을 압축한 '단군8조(檀君八條)', 환국·배달국·단군조선에 이르는 역사와 천부경의 원리를 총 180자로 밝힌 『신지비사(神誌秘詞)』, 박제상(朴堤上)의 『징심록(澄心錄)』 15지(誌) 가운데 제1지인 「부도지(符都誌)」, 생육신(生六臣)의 한 사람인 매월당(梅月堂) 김시습(金時習)의 『징심록추기(澄心錄追記)』[27], 우리나라 대표적 예언서인 격암 남사고(南師古, 1509~1571)의 『격암유록(格菴遺錄)』, 모든 종교와 진리의 모체가 되는 신교(神敎)의 원리를 밝힌 자하선인(紫霞仙人)과 팔공진인(八公眞人)의 예언서 『신교총화(神敎叢話)』, 그리고 고구려 명재상 을파소(乙巴素)의 후손 을밀선인(乙密仙人)이 지은 다물(多勿)의 노래인 '다물흥방지가(多勿興邦之歌)' 등에 천부경의 원리와 그 가르침이 나타나 있다.

우리나라에서 기록 연대가 가장 오래된 역사서인 「부도지」에는 그 첫머리에 "마고성(麻姑城)이 지상에서 가장 높은 성으로 천부(天符)를 받들어 선천(先天)을 계승하였다"[28]고 기록되어 있고, 제10장에는 "유인(有因, 有仁)씨가 천부삼인(天符三印)을 이어받으니 이것이 곧 천지본음(天地本音)의 상(象)으로, 진실로 근본이 하나임을 알게 하는 것"[29]이라고 기록되어 있으며, 또한 "유인씨가 천년을 지내고 나서 아들 환인(桓因, 桓仁)씨에게 천부(天符)를 전하고…"[30]라고 기록되어 있고, 제33장에는 "마침내 오늘의 사람들로 하여금 가히 천부(天符)의 실재를 들어서 알게 하며…"[31]라는 말이 기록되어 있는 것으로 보아 『천부경』이 환인 이전의 시대로부터 전승되어 온 것으로 국본(國本)을 상징하는 것임을 알 수 있다. '부도(符都)'라는 말은 하늘의 이치(天理)에 부합하는 나라 또는 그 나라의 수도라는 뜻이다. 「부도지」에 따르면, 파미르고원의 마고성에서 시작된 우리 민족은 마고(麻姑), 궁희(穹姫), 황궁(黃穹), 유인(有仁), 환인, 환웅, 단군에 이르는 과정에서 전 세계로 퍼져나가 우리의 천부(天符) 문화를 세계 도처에 뿌리내리게 한 것으로 나온다.

한편 『징심록추기』는 우리 역사상 왕권과 결부되는 것으로 간주되는 금척에 『천부경』이 새겨져 있음을 확연하게 보여 준다. 『징심록추기』 제8장에는 금척이 천부경의 원리를 본떠 만들었고, 천부경을 영원히 보존하기 위하여 금으로 만들었으며, 오류가 없게 하기 위해 우주만물을 재는 척도로서의 자(尺)로 만든 것이라고 기록되어 있다.[32] 말하자면 하늘의 이치에 부합하는 천부도(天符都)를 건설하기 위한 신기(神器)였던 것이다. 내용에 보면, '필재어 금척지수리(必在於金尺之數理)'…'기수사심난(其數辭甚難)'이라 하여 금척에 새겨진 수리(數理)가 심히 어렵다고 하고, 대저 그 근본은 곧 '천부지법이제지(天符之法而製之)'라 하여 천부경의 법을 본떠 만든 것이라고 하고 있으니, 수리는 곧 천부경의 수리임이 분명하다.

제10장에는 "신라 창시의 근본이 이미 부도(符都)에 있었으니, 금척의 법이 또한 단군의 세상에 있었음을 가히 알 수 있는 것이다"[33]라고 기록되어 있고, 이어서 "혁거세왕이…13세의 어린 나이로 능히 뭇 사람들의 추대를 받은 것은 그 혈통의 계열이 반드시 유서가 깊었기 때문으로 금척이 오래된 전래물임을 또한 미루어 알 수 있다"[34]고 기록되어 있으며, 제13장에는 "(조선조) 태조가 꿈에 금척을 얻은 것이 어찌 우연이라 할 수 있으리오"[35]라고 기록되어 있다. 이렇게 볼 때 금척은 환단(桓檀)시대로부터 전래되어 온 영원성·무오류성을 지닌 우주만물의 척도로서 천부경을 새겨서 천권(天權)을 표시한 천부인(天符印)의 일종이다.

이러한 『천부경』의 절대적 위상은 『격암유록』에도 그대로 드러나고 있다. 그 내용이 은유, 비유, 파자(破字) 등으로 되어 있어 풀이하는 것이 용이하지 않지만 몇 군데만 살펴보기로 하자. 「송가전(松家田)」에서는 천부경을 '진경 (眞經)'[36]이라 하였고, 「궁을도가(弓乙圖歌)」에서는 "새벽에 맑은 정신으로 꿇 어앉아 진경을 독송하길 주야로 잊지 말고 반드시 명심하라"고 하였으며,[37] 「정각가(精覺歌)」에서는 "상제께서 예언하신 성스러운 진경은 생사의 이치를 분명히 판별해 준 것으로 소리도 냄새도 없고 별 맛도 없다"[38]고 했다. 또한 「농궁가(弄弓歌)」에서는 "하늘에서 내려온 궁부(弓符, 天符經)에 하늘의 뜻이 있 는데 창생을 구제하는 지극한 이치를 누가 알리오"[39]라고 하였고, 「가사총 론(歌辭總論)」에서는 "궁부의 이치로 선천(先天)이 회복되니 사시장춘의 신세 계"[40]라고 하였다.

특히 「은비가(隱秘歌)」에서는 『천부경』의 중핵을 이루는 '집일함삼'과 '회삼 귀일'의 원리가 인간 존재 속에 구현된 천·지·인 삼신일체[성부·성자·성령 삼위 일체]의 천도가 후천세계를 열 것임을 예고하고 있다. 「은비가」에 나오는 '부 자신중삼인출(父子神中三人出)'은 '집일함삼', 즉 하나를 잡아 셋을 포함하는 이 치를 나타내고, '삼진신중일인출(三眞神中一人出)'은 '회삼귀일', 즉 셋이 모여 하나로 돌아가는 이치를 나타낸 것이다. 여기서 '부자신(父子神)'은 곧 성부· 성자·성신(성령)이며 천부경의 천·지·인에 조응하는 것으로 삼위일체다. 따 라서 일즉삼(一卽三, 一卽多)이요 삼즉일(三卽一, 多卽一)이다. 천·지·인 혼원일기 (混元一氣)인 '하나(一)'가 곧 우주만물(三)이요 우주만물이 곧 '하나(一)'다. 진인 (眞人)이란 삼신일체의 천도가 인간 존재 속에 구현된, 말하자면 '인중천지일 (人中天地一)'을 체현한 존재이다.[41]

『천부경』이 만고의 진경(眞經)이며 천·지·인 삼신일체의 천도가 후천세계 를 열 것이라고 한 『격암유록』의 예언적 내용은, 삼신일체에 뿌리를 둔 신 교(神敎)가 모든 종교와 진리의 모체가 될 것이라고 예언한 『신교총화』의 내 용과도 일치하는 것이다. 또한 고구려 안장왕(安藏王) 때 조의선인(皂衣仙人)의

애창곡이었던 '다물홍방지가(多勿興邦之歌)'의 가사 내용에도 천부경의 '인중천지일'이 나타나고 있다. "사람 속에 천지가 하나됨이여, 마음은 신과 더불어 근본이 되도다(人中天地爲一兮 心與神卽本)"라는 가사가 그것이다. 이는 천부경의 원리와 가르침이 고구려인들의 삶과 정신세계에 깊이 용해되어 있었음을 말해 주는 것으로 국가의 지도자집단을 형성했던 조의선인의 웅혼한 기상을 엿볼 수 있게 한다.

이상에서 본 바와 같이, 『천부경』의 실재를 입증하는 문헌과 자료는 지금도 다수 존재한다. 정확하게 말하자면, 우리 민족의 삶과 정치세계와 정신세계를 관통했던 천부경을 알지 못하고서는 민족적 정체성이 확립될 수가 없고 대한민국의 정체성이란 것도 성립될 수가 없다. 역사는 우리에게 '강력한 사회는 보편화하며 허약한 사회는 특수화한다'는 사실을 일깨워 주었다. 퀴글리의 동반구의 문명에 관한 도표[42]를 보더라도 동아시아에는 인도, 중국, 일본의 세 문명이 있을 뿐, 한국은 아예 문명권에서 빠져있다. 환국·배달국·단군조선으로 이어지는 유구한 역사와 선진 문화를 가진 한국이 중국 혹은 일본 문화의 지류 정도로 인식되게 된 것은 한민족 스스로가 자신의 정신적·사상적 뿌리를 망각함으로써 정신적 생명력이 결여된 데 있다.

『천부경』의 '집일함삼'과 '회삼귀일'의 원리는 일체의 생명이 하나의 뿌리에서 나와 다시 하나의 뿌리로 돌아가는 '한생명'이라는 사실에 바탕을 두고 있다. 『천부경』은 천·지·인 삼신(三神)이 곧 일신(一神, 唯一神, 天主)이며 그 일신이 바로 만유에 편재해 있는 신성[참본성, 自性, 一心]인 동시에 만유를 화생(化生)시키는 지기(至氣, 混元一氣)로서 일체의 우주만물을 관통한다는 사실을 밝힘으로써 삼신일체의 천도가 인간 존재 속에 구현되는 '중일(中一)'[43]의 이상을 제시하고 있다. 모든 존재의 개체성은 우주적 에너지의 흐름 속에서만 파악될 수 있는 까닭에 전체와 분리된 개체는 그 어떤 의미에서도 진리가 아님을 직시하게 함으로써 우주 '한생명'을 자각할 수 있게 하는 것이다. 가을이 되면 나무가 수기(水氣)를 뿌리로 돌리듯, 일체의 생명은 본래의 뿌리로 돌아 감으로써 영원한 생명을 유지한다. 우주 가을의 초입(初入)에서 천부경으로 의 원시반본(原始返本)이 이루어지고 있는 것도 사상적 원시반본을 통하여 우리 인류가 영원한 생명을 체득하기 위한 것이다.

다음으로 『천부경』의 요체에 대해 살펴보기로 한다. 『천부경』은 천·지·인 삼신일체(三神一體)의 천도(天道)를 밝힘으로써 '천부중일(天符中一)'*⁴⁴의 이상을 명징하게 제시한 전 세계 경전의 종주(宗主)요 사상의 원류라 할 만한 진경(眞經)이다. 한마디로 우주의 본질인 생명의 순환과 성통광명(性通光明)의 이치를 밝힌 생명경(生命經)이다. 시작도 끝도 없는 영원한 '하나(一)'에서 우주만물이 나오는 과정이 다함이 없이 순환 반복되는 것이니 생명의 순환을 밝힌 것이요, 또한 참본성[一心]을 통하면[開] 광명하게 되므로 천·지·인 삼신일체의 천도를 체득하게 되는 것이니 성통광명의 이치를 밝힌 것이다.

'집일함삼(執一含三)·회삼귀일(會三歸一)'⁴⁵을 뜻하는 일즉삼(一卽三)·삼즉일(三卽一)의 원리는 일체의 생명이 하나의 뿌리에서 나와 다시 하나의 뿌리로 돌아가는 생명의 전일적 흐름(holomovement)을 함축하고 있다. 『요한복음』이 말하여 주듯 신(神)은 곧 생명이고(14:6 : 나는 길이요 진리요 생명이니…) 영(靈)이며 (4:24 : 신은 靈이시니…마땅히 영과 진리로 예배해야 한다) 전체성을 그 본질로 한다. 따라서 생명[神·天·靈]의 본체는 하나이지만, 그것이 작용하여 천·지·인 셋이 되

---

* '天符中一'의 이상이란 『천부경』 하경 「人物」의 '人中天地一'을 축약한 '中一'과 『천부경』 의 '天符'의 합성어로 弘益人間·在世理化의 이상을 나타내는 의미로 사용된 것이다. '人中天地一'은 천·지·인 三神一體의 天道가 인간 존재 속에 구현된 의미를 지닌다.

는 것이니 일즉삼(一卽三, 一卽多)이다. 천·지·인은 우주만물을 나타내는 기본
수 '삼(三)'이다. 또한 우주만물[천·지·인, 三]은 생성·변화·소멸하여 본래의 하
나인 뿌리[一]로 돌아가는 것이니, 삼즉일(三卽一, 多卽一)이다.

　따라서 '일즉삼·삼즉일'은 생명의 전일적 흐름을 나타내는 '생명의 공식
(formula of life)'이다. 말하자면 우주의 본질인 생명은 분리할 수 없는 절대유
일의 하나(一)이므로 본체의 측면에서는 유일자 또는 유일신[天·靈]이지만, 작
용의 측면에서는 만물화생(萬物化生)의 근본원리로 작용함으로써 우주만물
(천·지·인, 三)로 현현하게 되는 것이니 천·지·인 삼신(三神)이다. 생명의 본체와
작용이라는 이분법은 본체에 해당하는 신(神·天·靈)과 그 작용에 해당하는 우
주만물이 하나임을 밝힘으로써 생명의 전일성과 자기근원성을 논증하기 위
한 가설로서 생겨난 것이다. 우주만물의 참본성이 곧 신(神·天·靈)이며 생명
임을 인식할 수 있었다면, 이러한 가설은 애초에 생겨나지 않았을 것이다.
인간의 감각과 지각이 이분법에 종속되어 물질일변도의 사고를 하게 되면
서 마침내 생명[神·天·靈]마저도 물화(物化)하여 종교의 성벽에 가두고는 이기
적인 목적을 위한 도구로 이용하게 되었으니, 이것이 인류 역사의 진실이다.

　생명은 물질현상이면서 동시에 물질현상의 원인이 되는 정신적인 원리
이므로 물성(物性)과 영성(靈性), 개체성과 전체성을 상호 관통한다. 생명은
만유 속에 만유의 참본성[참자아]으로 내재해 있으면서 동시에 만물화생(萬
物化生)의 근본원리로서 작용하므로 내재와 초월이라는 이분법의 저 너머
에 있다. 우주만물은 누가 누구를 창조한 것이 아니라 생명의 자기현현(self-
manifestation)이므로 전일적이고 자기근원적이다. 『천부경』에서 천지 포태(胞
胎)의 이치와 기운을 풀이한 일(一)부터 십(十)까지 숫자들의 순열 조합은 우
주섭리가 써 내려가는 생명의 대서사시(大敍事詩)요, 천·지·인 혼원일기(混元
一氣)가 연주하는 생명의 교향곡이다. 『천부경』은 천도(天道)를 일(一)부터 십

(十)까지의 숫자로 풀이하여 천지운행과 생명의 비밀을 밝힌 천수지리(天數之理)에 부합하는 생명경(生命經)이다.

이 우주는 방대하고 복잡하면서도 매우 정교하게 짜여진 생명의 피륙이다. 비록 오관(五官)의 지각으로는 그것의 극히 일부밖에는 볼 수 없다고 할지라도, 보이지 않는 얽히고설킨 무수한 실들이 빈틈없이 짜여 있다. 개체의 존재성은 우주적 에너지의 흐름 속에서만 파악될 수 있으며, 그런 점에서 존재성은 곧 관계성이다. '이것'이 곧 다른 '모든 것'이다. 이 우주는 '인드라망(Indra網)'과도 같이 상호 연관과 상호 의존의 세계 구조로 이루어져 있으며 만물만상이 끝없이 상호 연결된 생명의 그물망을 형성하고 있다. 이는 두 입자가 공간적으로 아무리 멀리 떨어져 있어도 비국소적(초공간적)으로(nonlocally) 연결되어 있기 때문에 매개체 없이도 즉각적으로 서로의 상태에 영향을 미친다는 '양자 얽힘(quantum entanglement)' 이론과도 상통한다. 자본자근(自本自根)·자생자화(自生自化)하는 생명의 파동적(波動的) 성격을 깨닫게 되면, 불연(不然)의 본체계와 기연(其然)*의 현상계를 회통(會通)하게 됨으로써 내재와 초월, 본체와 작용이 결국 하나임을 알게 된다.

생명은 '있음(being)'의 상태가 아니라 '됨(becoming)'의 과정이다. 이 우주는 '우주 지성'에 의해 작동되는 진행 방향만 있을 뿐 목적도 없고 시간도 없다. 우주의 본질인 생명은 '스스로(自) 그러한(然)' 자일 뿐, 그 어떤 인위적인 목적도 설정하지 않으며 오직 '자기원인'에 의해 무위이화(無爲而化)의 작용을 할 뿐이다. 물질적 우주가 창조되면서 시간이 창조되었고, 거칠고 밀도

---

* 동학의 창시자 水雲 崔濟愚는 『東經大全』에서 사물의 근본 이치와 관련된 초논리·초이성·직관의 영역을 '不然'이라 하고, 사물의 현상적 측면과 관련된 감각적·지각적·경험적 판단의 영역을 '其然'이라 하였다.

가 높은 몸(gross body)을 가진 인간이 이런저런 해석을 붙이면서 우주의 목적이란 것이 생겨났다. 우주의 진행 방향은 영적 진화다. 우주의 본질인 생명 자체에 '우주 지성'이라고도 부르는, 합목적적으로 자기조직화하는 칩이 내장되어 있기 때문이다. 우리는 영적 진화의 지향성을 갖는 우주의 불가분의 한 부분이므로 전체적으로 보면 영적 진화의 방향에서 이탈할 수 없게 되어 있다.

생명이 육체라는 물질에 귀속된 물질적 개념이 아니라 비분리성(nonseparability)·비이원성(nonduality)을 본질로 하는 영성[靈] 그 자체임을 이해할 때 전체적인 삶이 일어나고 공감 의식이 확장되어 진정한 자유가 실현된다. 우주 만물을 잇는 에너지장(場) 자체가 생명이니, 생명은 전일적이고 자기근원적이며 근원적으로 평등하고 유기적으로 통합되어 있다. 일체의 분별은 곧 자신의 마음의 분별이며,[46] 마음을 떠나서는 분별할 만한 것이 없다. 마음이 건강하지 못할 때 분리의식에 빠지고 미망에 사로잡히게 되는 것이다. 분별하고 집착하는 마음을 소멸시키는 것, 그것이 바로 영적 진화이며 진정한 자기로부터의 자유, 즉 해방된 마음이고 최고 상위 개념의 자유다. 이러한 최고 상위 개념의 자유를 깨달을 때 전체적인 행위가 일어난다. 이는 곧 인류를 위해 기꺼이 헌신할 준비가 되어 있다는 것이다. 마음의 차원 변형이 없이는 존재의 차원 변형이 일어날 수 없다.

영성과 물성이 하나임을 인식하는 주체는 마음인 까닭에 영성과 물성을 가교하는 마음의 메커니즘을 이해하면 우주의 비밀에 한 발짝 더 다가설 수 있게 된다. 비국소적 영역, 즉 궁극적인 '영(Spirit)'의 영역은 국소적(local) 영역과 분리된 것이 아니라 감각과 이성의 영역을 포괄하면서 초월한다. 비국소성(nonlocality, 초공간성) 또는 비분리성은 양자적 실재(quantum reality)의 본질이며, 이는 곧 우리 참자아의 본질이다. 양자역학(quantum mechanics)의 비국소성은 곧 영성(spirituality)이다. 모든 것은 '절대영(Spirit)'의 자기현현이다. 극도로 분절되어 있는 현 세계가 필요로 하는 것은 순수한 전일적 양태로 이들을 다시 통합할 수 있는 비전이다. 동서양의 숱한 지성들이 자연의 필연적 법칙성의 원리 규명에 천착한 것은 그러한 원리를 자각할 수 있을 때 '진인사대천명(盡人事待天命)'의 지혜가 발휘되어 자유의지와 필연이 하나가 되는 조화로운 세상을 열 수 있기 때문이다.

『천부경』은 생명의 전일적 흐름의 이치를 천·지·인 삼원(三元) 구조로 설명한다. 이는 곧 생명의 본체[天]-작용[地]-본체·작용의 합일[人]이다. 이를 필자는 '생명의 3화음적 구조(the triadic structure of life)'라 명명하였다. 여기서 천·지·인은 아우구스티누스가 『신국론 *The City of God*』에서 말한 신과 세계와 인간의 관계와 본질적으로 상통한다. 천·지·인의 '인(人)'은 인간과 우주만물을 총칭하는 대명사로서의 '인'이며 그 실체는 참본성[性]이다. 우주만물을 관통하는 이 하나인 참본성[混元一氣, 至氣]을 깨달아야 생명의 본체와 작용이, 하늘(天·神·靈)과 우주만물이 하나임을 알 수 있는 것이다. 말하자면 '인(人)'의 실체인 참본성은 본체[天·神·靈]와 작용[우주만물]의 합일을 추동하는 메커니즘이다. 그래서 본체-작용-본체·작용의 합일을 '생명의 3화음적 구조'라 한 것이다.

생명의 본체-작용-본체·작용의 합일이라는 '생명의 3화음적 구조'는 기독교의 삼위일체(聖父·聖子·聖靈), 불교의 삼신불(法身·化身·報身), 그리고 동학 「시(侍: 모심)」의 삼원 구조(內有神靈·外有氣化·各知不移)[47]에도 마찬가지로 적용된다. 이러한 '생명의 3화음적 구조'는 본체계[본체]와 현상계[작용]를 회통(會通)하는 생명의 비밀을 푸는 마스터키다. 우주만물은 생명의 본체인 하늘(天·神·靈)의 자기현현(self-manifestation)이므로 본체와 작용은 하나다. 본체와 작용의 합일을 추동하는 메커니즘으로 설정된 것이 기독교의 성령이고 불교의 보신이며 동학의 '불이(不移, 不二)'다. 표현은 다르지만 모두 하나인 참본성, 즉 일심(一心)이다. 실로 '마음은 모든 것(mind is all)'이다.

천·지·인 삼원(三元) 구조는 무극(無極)·태극(太極)·황극(皇極)으로도 나타낼 수 있다. 즉, 생명의 본체[무극]-작용[태극]-본체·작용의 합일[황극]이다. 무극이 생명의 근원(元氣, 至氣, 混元一氣)을 지칭한 것이라면, 태극*은 음양(陰陽)의 역동적인 상호작용이 일어나는 자리이고, 이 양 세계를 관통하는 원리가 내재된 것이 황극이다. 황극은 대립전화적(對立轉化的)이고 순환 반복적인 운동을 통하여 대립자의 역동적 통일성을 추동하는 메커니즘이다. 따라서 황극은 생명의 본체인 무극과 그 작용인 태극의 합일을 추동하는 메커니즘인 셈이다. 천리(天理)에 순응하는 정치 대법을 아홉 개 조항으로 집대성한 홍범구주(洪範九疇)에서는 제5주 건용황극(建用皇極)을 홍범 아홉 개 조항—오행(五行)·오사(敬五事)·팔정(八政)·오기(五紀)·황극(皇極)·삼덕(三德)·계의(明用稽疑)·서징(庶徵)·오복(五福) 등 구주(九疇)—의 중앙에 위치시킴으로써 군왕이 중심에서 바른 도를 세운다는 뜻에서 왕도는 곧 중정(中正)의 도(道)임을 논리 구조적으로 명료하게 보여 준다. 이는 군왕이 어느 편에도 치우침이 없는 대공지정(大公至

---

* 北宋시대 性理學의 鼻祖인 周敦頤(호는 濂溪)의 『太極圖說』은 『易經(周易)』 「繫辭傳」에 나오는 '易有太極 是生兩儀, 즉 "易에 태극이 있는데 이것이 兩儀를 낳았다"고 하는 구절의 사상을 발전시킨 것이다. 우주의 생성과 인류의 근원을 태극도라는 하나의 그림으로 나타내고 그것을 249글자로 논한 주돈이의 『太極圖說』에 의하면, 우주만물의 생성 과정은 태극-음양-오행-만물로 되어 있으며 태극의 動靜에 의해 음양이 생겨나지만 음양 내에도 역시 태극은 존재한다. 陰陽 二氣에 의해 水·火·木·金·土의 五行이 생성되고 陰陽五行에 의해 만물이 생겨나지만 오행 및 만물 내에도 태극은 존재한다. 주자에 이르면 태극은 理라 해석되게 되는데 이 理가 곧 道이다. 태극은 본래 다함이 없는 無極이다. 무극의 眞과 음양오행의 精과의 묘합으로 하늘의 도인 乾道는 陽의 남자를 이루고 땅의 도인 坤道는 陰의 여자를 이루며 만물이 化生하나, 만물은 결국 하나의 음양으로, 그리고 음양은 하나의 태극으로 돌아간다. 말하자면 음양오행의 우주적 기운의 凝結에 의해 만물이 화생하나 궁극에는 그 근원으로 되돌아가는 것이다.

正)의 왕도를 세워서 백성들에게 펴는 것을 말한다.

송대(宋代)의 거유(巨儒) 소강절(邵康節, 이름은 雍)은 『황극경세서(皇極經世書)』「관물내편(觀物內篇)」에서 "무릇 관물이라는 것은 눈으로 살피는 것이 아니라 마음으로 살피는 것이며, 마음으로 살피는 것이 아니라 이(理)로 살피는 것이다"[48]라고 하였고, 또 "반관(反觀)이라는 것은 나로써 사물을 보는 것이 아니라 사물로써 사물을 보는 것이다. 이미 사물로써 사물을 볼 수 있다면 어찌 또 내가 그 사이에 있을 수 있겠는가. 이로써 나 또한 남이고 남 또한 나이며 나와 남 모두 사물임을 안다"[49]라고 하여 물아(物我)의 구분을 부정했다. 그리하여 그는 천지만물뿐 아니라 인사(人事)가 생장·분열과 수렴·통일을 순환 반복하는 원회운세(元會運世)라는 천지운행의 원리와 상합하고 있음을 밝혔다. 천시(天時)와 지리(地理) 그리고 인사(人事)의 조응관계에 기초한 소강절의 우주관과 자연철학은 생명의 본체와 작용이 분리될 수 없는 하나임을 분명히 보여 준다.

장자(莊子, 이름은 周)는 "뜻을 전하기 위하여 말을 하지만 뜻이 통한 다음에는 말을 잊는다(言者所以在意 得意而忘言)"[50]고 했다. 말이나 언어는 뜻을 전하기 위한 방편일 뿐이다. 생명의 전일성과 자기근원성을 논증하기 위하여 무극·태극·황극, 성부·성자·성령, 법신·화신·보신, 신령·기화·불이 등 이러저러한 용어들이 만들어진 것인데, 정작 '진리의 달'은 놓치고 달을 가리키는 손가락에만 집중하는 경우가 허다하다. '일즉삼·삼즉일'이라는 '생명의 공식'을 항상 기억하라! 만물의 근원인 천(天)을 나누면 천·지·인 셋[우주만물]이지만 다시 하나인 근원으로 돌아가므로 천지인[天]이 하나이듯이, 무극 또한 나누면 무극·태극·황극 셋이지만 궁극에는 무극으로 복귀하므로 하나가 되는 것이다. 『천부경』의 키워드인 '인중천지일(人中天地一)'은 천·지·인 삼신일체의 천도가 인간 존재 속에 구현된 것으로 참본성이 열린 것을 의미한다. 생명의 본체와 작용, 즉 하늘(天·神·靈)과 우주만물의 합일을 추동하는 메커니즘은 참본성[一心]이다.

생명의 흐름은 상호 의존·상호 전화·상호 관통하는 원궤를 이루며 영원히 이어진다. 일원(一元, 宇宙曆 1년)인 12만 9천6백 년을 주기로 천지개벽의 도수(度數)에 따라 우주가 봄·여름·가을·겨울의 '개벽(開闢)'으로 이어지는 우주의 순환, 지구가 태양을 공전하고 태양계는 은하세계를 2억 5천만 년 주기로 회전하며 은하세계는 은하단을 향하여 회전운동을 하는 천체의 순환, 그리고 천시(天時)와 지리(地理)에 조응하는 생명체의 순환과 카르마(karma 業)의 작용이 불러일으키는 의식계의 순환─그 속을 우리가 살고 있는 것이다. 본체계에서 나와 활동하는 생명의 낮의 주기를 삶이라 부르고 다시 본체계로 돌아가는 생명의 밤의 주기를 죽음이라 부른다면, 생명은 삶과 죽음을 관통하는 홀로무브먼트(holomovement)라는 것이 『천부경』의 가르침의 진수(眞髓)다.

『천부경』은 단순히 우리 민족 고유의 경전이 아니라 모든 종교와 진리의 모체가 되는 인류의 경전이다. 우주의 순환, 천체의 순환, 생명체의 순환, 그리고 의식계의 순환과 더불어 일체 생명의 비밀을, 그 어떤 종교적 교의나 철학적 사변이나 언어적 미망(迷妄)에 빠지지 않고 단 81자로 열어 보인 천부경이야말로 모든 종교와 진리의 진액이 응축되어 있는 경전 중의 경전이다. 미회(未會: 우주의 陰 8월)인 우주 가을의 초입(初入)에서도 여전히 사상적 질곡에서 헤어나지 못하는 인류에게 천부경은 '표월지지(標月之指)'로 다가서고 있다. 지금 이 순간에도 천부경은 숫자로써 숫자가 끊어진 법을 보여주고자 무진등(無盡燈)으로 타오르고 있다. 참으로 '하나(一)'의 원리가 용해되어 흐르는 새로운 역사의 시작이다.

다음으로 『천부경』의 구조에 대해 살펴보기로 한다. 『천부경』은 본래 장을 나누지 않았지만, 필자는 『천부경』이 담고 있는 의미를 좀 더 명료하게 풀기 위하여 상경(上經) 「천리(天理)」, 중경(中經) 「지전(地轉)」, 하경(下經) 「인물(人物: 사람과 우주만물)」의 세 주제로 나누어 살펴보기로 한다. 천부경 81사는 본체-작용-본체·작용의 합일, 정신-물질-정신·물질의 합일, 보편성-특수성-보편성·특수성의 합일이라는 변증법적 논리구조를 가지고 있다. 이러한 논리구조는 천·지·인 삼신일체를 바탕으로 일즉삼(一卽三)·삼즉일(三卽一)의 원리가 인간 존재 속에 구현되는 함의(含意)를 지니고 있다.

'하나(一)'에서 우주만물이 나오는 '일즉삼(一卽三)'의 이치를 드러낸 상경 「천리」, '하나(一)'의 이치와 기운의 조화(造化) 작용을 나타낸 중경 「지전」, 그리고 우주만물의 근본이 '하나(一)'로 통하는 '삼즉일(三卽一)'의 이치와 하늘의 이치가 인간 속에 징험(徵驗)됨을 보여주는 하경 「인물」은 생명의 본체-작용-본체·작용의 합일이라는 '생명의 3화음적 구조(the triadic structure of life)'로 이루어져 있다. 말하자면 『천부경』은 우주의 본질인 생명의 순환과 성통광명(性通光明)의 이치를 밝힌 생명경(生命經)이다. 생명의 순환이라 함은 시작도 끝도 없는 영원한 '하나(一)'에서 우주만물이 나오는 과정이 다함이 없이 순환 반복되는 것을 말함이요, 성통광명의 이치라 함은 참본성[一心]을 통하면[開] 광명하게 되므로 천·지·인 삼신일체의 천도를 체득하게 되는 것을 말함이다. 『천부경』은 81자로 이루어진 까닭에 필자는 『구구경(九九經)』이라 부르기도 하는데, 이 『구구경』은 삼삼(三三)의 구조, 즉 구(九)로 이루어져 있으며 9의 자승수가 『구구경』 81자가 되는 것이다.

상경 「천리」는 '一始無始一析三極無盡本 天一一地一二人一三 一積十鉅無匱化三'으로 구성되어 있으며, 시작도 끝도 없는 영원한 '하나(一)'*⁵¹의 본

---

* 『天符經』에 나오는 '一'을 그냥 하나(一)라 하지 않고 필자가 '하나(一)'라고 표기한 것

질과 무한한 창조성, 즉 천·지·인 혼원일기(混元一氣)인 '하나(一)'에서 우주만물이 나오는 일즉삼(一卽三)의 이치를 드러낸 것이다. 중경 「지전」은 '天二三地二三人二三 大三合六生七八九 運三四成環五七'로 구성되어 있으며, 음양 양극간의 역동적인 상호작용으로 천지운행이 이루어지고 음양오행이 만물을 낳는 과정이 끝없이 순환 반복되는 '하나(一)'의 이치와 기운의 조화(造化) 작용을 나타낸 것이다. 하경 「인물」은 '一妙衍萬往萬來用變不動本 本心本太陽昂明人中天地一 一終無終一'로 구성되어 있으며, 우주만물의 근본이 '하나(一)'로 통하는 삼즉일(三卽一)의 이치와 소우주인 인간의 대우주와의 합일을 통해 하늘의 이치가 인간 속에 징험(徵驗)됨을 보여주는 것이다. 말하자면 상경 「천리」가 가능태(可能態)라면, 하경 「인물」은 구체적 현실태인 것이다. 요약하면, 「천리」에서는 '하나(一)'의 이치를 드러내고, 「지전」에서는 '하나(一)'의 이치와 기운의 조화 작용을 나타내며, 「인물」에서는 '하나(一)'의 이치와 그 조화 기운과 하나가 되는 일심(一心)의 경계를 보여준다. 영원한 '하나(一)'는 곧 한마음(一心)이다.

이를 생명의 본체와 작용의 관계로 살펴보면, 상경 「천리」의 '천일 지일 인일(天一地一人一)'은 '하나(一)'의 체(體)의 측면을 나타낸 것으로 '법신(法身)'·'내유신령(內有神靈)'과 조응하는 것이라면, 중경 「지전」의 '천이삼 지이삼 인이삼(天二三地二三人二三)'은 하나(一)'의 이치와 기운의 조화 작용인 용(用)의 측

은, 이 '一'이 바로 하늘(天)·天主[하느님, 하나님, 창조주, 창조신, 절대자, 조물자, 造化者, 유일신, 一神, 天神, 유일자, 唯我, Allāh, 한울, 한얼]·道·佛·無極[太極]·브라흐마(Brāhma/Ātman)·우주의식[전체의식, 순수의식, 보편의식, 근원의식, 참본성, 一心]·우주의 창조적 에너지[至氣, 混元一氣]·진리[실체, 眞如(suchness), 불멸] 등으로 다양하게 불리는 근원적 一者 또는 궁극적 실재로서의 우주의 본원[생명]을 일컫는 것인 까닭에 주목할 필요가 있기 때문이다. 말하자면 '하나(一)'는 『天符經』의 핵심 원리인 一卽三·三卽一의 중핵을 이루는 숫자이므로 강조하여 나타낸 것이다.

면을 나타낸 것으로 '화신(化身)'·'외유기화(外有氣化)'와 조응하는 것이고, 하경 「인물」의 '인중천지일(人中天地一)'은 '하나(一)'의 이치와 그 조화 기운과 하나 가 되는 상(相)의 측면을 나타낸 것으로 '보신(報身)'·'각지불이(各知不移)'와 조 응하는 것이다. '신령'과 '기화'는 법신과 화신의 관계와 마찬가지로 본체와 작용의 관계로서 그 체가 둘이 아니므로 모두 일심법이다. 법신[內有神靈]이 염(染)·정(淨) 제법(諸法)을 포괄한 가능태라면, 보신[各知不移]은 자성(自性)의 자 각적 주체가 되는 구체적 현실태이다. 『천부경』의 천·지·인 삼신은 불교의 법신·화신·보신, 동학의 내유신령·외유기화·각지불이의 관계와 마찬가지 로 자성[自性, 참본성, 一心, 근원의식·전체의식·보편의식·순수의식·우주의식]의 세 측면을 나타낸 것이다.

「단군세기」에서는 조화·교화·치화의 신이 각각 성(性)·명(命)·정(精)을 이 루며 성·명·정이 천·지·인 삼신과 조응하여 '하나(一)', 즉 일신[唯一神, 天主]과 상호 관통하고 있음을 밝히고 있다. 이러한 자성의 세 측면은 기독교의 성 부(聖父)·성자(聖子)·성령(聖靈)의 관계와 마찬가지로 삼위일체(三位一體, 三神一 體)로서 '회삼귀일(會三歸一: 셋이 모여 하나로 돌아감)'의 이치에 입각해 있다. 말하 자면 자성의 세 측면인 조화·교화·치화, 성·명·정, 천·지·인, 성부·성자·성 령, 법신·화신·보신, 신령(神靈)·기화(氣化)·불이(不移, 不二)는 모두 삼위일체로 서 혼원일기(混元一氣)인 '하나(一)', 즉 유일신[一神, 天主]으로 돌아간다. '사람이 곧 하늘(人乃天)'이라는 말은 자성(自性, 참본성, 一心)이 곧 하늘이며 유일신[참자 아]이라는 말이다. 홀로그램 원리가 말하여 주듯 생명은 비분리성·비이원성 을 본질로 하는 영원한 '에너지 무도(energy dance)'이다. 유일신인 참자아가 곧 하늘이며 보편적 실재로서의 나, 즉 생명이고 진리다.

「태백일사」 제4 삼한관경본기 마한세가 상편에서는 하늘의 기틀과 마음 의 기틀, 땅의 형상과 몸의 형상, 그리고 사물의 주재함과 기(氣)의 주재함이 조응하고 있음을 보고 천·지·인 삼신일체의 천도가 인간 존재 속에 구현(人中天地一)되어 있음을 명징하게 나타내 보이고 있다. 삼라만상의 천변만화가 모두 혼원일기(混元一氣)인 '하나(一)'의 이치(理)와 기운(氣)의 조화 작용인 까닭에 '하나(一)'와 우주만물(人物, 三)은 분리될 수 없으므로 '하나를 잡아 셋을 포함하고 셋이 모여 하나로 돌아가는 것(執一含三 會三歸一)'이라고 한 것이다. 이렇듯 필자가 『천부경』을 하늘의 이치(天理)와 땅의 운행(地轉)과 인물(人物)이라는 주제로 삼분하여 조명하는 것은 『천부경』이 천·지·인 삼신일체에 기초하여 하늘(天)과 사람(人)과 만물(物)을 '하나(一)'로 관통하고 있기 때문이다. 또한 이러한 분류는 『천부경』을 좀 더 자세하게 풀이한 『삼일신고(三一神誥)』의 내용과도 부합되는 것이다.

다음으로 『천부경』의 내용에 대해 살펴보기로 한다. 『천부경』에서 근원적 일자(궁극적 실재)인 유일신에 이름을 붙이지 않고 그냥 '하나(一)'라고 한 것은 무수한 진리의 가지들을 하나의 진리로 되돌리기 위한 우리 국조(國祖)의 심원(深遠)한 뜻이 담겨진 것이다. '집일함삼(執一含三)'과 '회삼귀일(會三歸一)'을 뜻하는 일즉삼(一卽三)·삼즉일(三卽一)의 원리에 기초한 천부경의 삼신일체 사상은 유일신 논쟁을 침묵시킬 만한 난공불락의 논리구조와 '천지본음(天地本音)'을 담고 있다.

상경(上經) 「천리(天理)」에서는 근원성·포괄성·보편성을 띠는 영원한 '하나(一)'의 본질과 무한한 창조성, 즉 천·지·인 혼원일기(混元一氣)인 '하나(一)'에서 우주만물이 나오는 일즉삼(一卽三)의 이치를 드러내고 있다. 상경은 1) 일시무시일 석삼극무진본(一始無始一 析三極無盡本) 2) 천일일 지일이 인일삼(天一一 地一二 人一三) 3) 일적십거 무궤화삼(一積十鉅 無匱化三)으로 구성되어 있다.

원문 一始無始一 析三極無盡本

번역 '하나(一)'에서 우주만물이 비롯되지만 시작이 없는 '하나(一)'이며, 그 '하나(一)'에서 천·지·인 삼극(三極)이 갈라져 나오지만 근본은 다함이 없도다.

해설 궁극적 실재[근원적 一者]인 '하나(一)'에서 우주만물이 비롯되지만 그 '하나(一)'는 감각이나 지각을 초월해 있으며 인과법칙(因果法則)에서 벗어나 자본자근(自本自根)·자생자화(自生自化)*하는 절대유일의 '하나(一)'52인 까닭에 시작이 없는 것이라 하여 '일시무시일(一始無始一)'이라고 한 것이다. 시작이 없다는 것은 동시에 끝이 없다는 것이며, 시작도 끝도 없는 그 영원한 '하나(一)'에서 천·지·인 삼극이 갈라져 나오지만 그 근본은 다함이 없는 것이라 하여 '석삼극무진본(析三極無盡本)'53이라 한 것이다. 이는 곧 근원성·포괄성·보편성을 띠는 '하나(一)'의 본질과 무한한 창조성을 보여 주는 것이다. 말하자면 천·지·인 혼원일기(混元一氣)54인 '하나(一)'에서 우주만물이 나오는 일즉삼(一卽三)55의 이치를 드러낸 것이다. 천부경의 논리구조로 볼 때 삼(三)은 사

---

* cf. 『莊子』, 「大宗師」: "夫道有情有信 無爲無形 可傳而不可受 可得而不可見 自本自根 未有天地 自古以固存 神鬼神帝 生天生地 在太極之先 而不爲高 在六極之下 而不爲深 先天地 而不爲久 長於上古 而不爲老." 道는 의심할 바 없이 실재하되, '無爲無形'이며 체득할 수는 있어도 볼 수가 없고, 自本自根하여 천지가 있기 이전에 옛날부터 본래 존재하였으며 천지를 생성한 것으로 나온다; 『道德經』 40장: "弱者道之用." '약한 것이 道의 작용'이라고 한 것은 도의 작용을 無爲自然의 그것으로 본 까닭이다. 말하자면 道는 곧 자연의 道로서 天地人의 모든 활동을 포괄하는 자기 스스로의 순수활동이다. 『道德經』 28장에서는 "人法地 地法天 天法道 道法自然"이라 하여 "사람은 땅의 법칙을 본받고, 땅은 하늘의 법칙을 본받으며, 하늘은 道의 법칙을 본받고, 道는 자연의 법칙을 본받는다"라고 하고 있는데, 여기서 '道法自然'은 『道德經』의 전체 맥락을 통하여 볼 때 자연이 道의 上位槪念이 아닌 同位槪念으로 나타나고 있으므로 '道卽自然'으로 보아야 할 것이다.

람과 우주만물을 나타내는 기본수이므로 일즉삼은 곧 일즉다(一即多)[56]이다. 이러한 본체와 작용의 상호 관통은 일(一)과 다(多), 이(理)와 사(事), 정(靜)과 동(動), 공(空)과 색(色)이라는 불가분의 관계로 분석될 수 있다.

　여기서 '하나(一)'라고 한 것은 '하나(一)'라는 명상(名相)이 생기기 전부터 이미 사실로서 존재해 온 것으로, 유(有)라고 하자니 그 모습이 텅 비어 있고 무(無)라고 하자니 우주만물이 다 이로부터 나오므로 그 이름을 알지 못하여 그냥 그렇게 부른 것이다.[57] 이 묘한 '하나(一)'에서 만유(萬有)가 비롯되니 하도 신령스러워 때론 '님'자를 붙여 '하나'님['하늘'님]이라고 부르기도 한다. 『도덕경(道德經)』 25장에서는 경험세계의 총체 밖에서 그 스스로의 법칙성에 의해 활동하는 가장 포괄적이고도 근원적인 존재가 있다고 보고 그 존재는 "홀로 서서 변화되지 않으며 두루 운행하여도 위태롭지 않는 고로 가히 천하의 모체가 될 수 있다"고 하면서 그 이름을 알지 못하여 억지로 '도(道)'라고도 하고 '대(大)'라고도 한 것으로 나와 있다.[58] 이렇듯 우주만물의 근원이 되는 궁극적 실재는 언어의 영역을 초월해 있는 까닭에 무엇이라고 정확하게 명명할 수가 없다. '하나(一)'라고 부르든, 도(道)라고 부르든, 또는 하늘(天)이라고 부르든, 그 밖의 다른 어떤 이름으로 부르든, 이는 억지로 붙인 이름일 뿐 그 이름이 곧 실상(實相)을 나타내는 것은 아니며, 그러한 명명이 있기 전부터 이미 그것은 사실로서 존재해온 것이다.

　궁극적 실재인 '하나(一)'는 그 자체는 생멸(生滅)하지 아니하면서 만유를 생멸케 하고 또한 그 자체는 무규정자[道常無名]이면서 만유를 규정하며 만유에 편재(遍在)해 있는 무시무종(無始無終)의 유일자(唯一神)[59]이므로 감각과 지각을 초월해 있으며 언어세계의 포착망에서 벗어나 있다. 말하자면 '진리 불립문자(眞理不立文字)'인 것이다. 「만두꺄 우파니샤드 *Mandukya Upanishad*」에서 "'옴(OM)'은 일체 만물이다. '옴'은 과거요 현재요 미래이며 시간을 초월한 존재 브라흐마(Brāhma)이다. 일체 만물이 '옴'이다"[60]라고 한 것이나, 「요한 계시록(Revelation)」(1:8)에서 "나는 알파(α)와 오메가(Ω)라. 이제도 있고, 전에도 있었고, 장차 올 자요, 전능한 자라"[61]고 한 것, 그리고 회교 성전(聖典) 『코란 The Holy Quran(Koran)』에서 '하나님은 오직 알라(Allāh) 한 분'이라고 한 것은 모두 유일신 '하나(一)'를 단순히 그렇게 명명한 것일 뿐, 신은 결코 이름 붙일 수 있는 인격체가 아니다. 이름이 붙는 순간, 신은 개체화(particularization)되고 물질화되어 보편성을 상실하기 때문이다. 신[神性]은 본래 무명(無名)이다. 인간의 의식이 물질 차원의 에고(ego, 個我)에 갇혀서는 이름 너머에 있는 '하나(一)'인 신성을 볼 수가 없다. 신(神)은 인간과 분리된 외재적인 존재가 아니라 내재적인 동시에 초월적인 존재이다. 신은 만유에 내재해 있는 신성(神性)인 동시에 만유를 생성·변화시키는 지기(至氣)로서 일체의 우주만물을 관통한다.

『삼일신고』의 일신(一神)과 회교 『코란』의 알라(Allāh)와 기독교 『성경』의 하느님, 힌두교 『베다(Veda)』·『우파니샤드 The Upanishads』·『바가바드 기타 The Bhagavad Gita』의 브라흐마(Brāhma), 유교의 '하늘(天)'과 불교의 '불(佛)'과 도교의 '도(道)'[62], 그리고 천도교 『동경대전(東經大全)』의 천주(天主)와 우리 민족 고유의 경전들에 나오는 삼신(三神, 天神)과 우리 민족이 예로부터 숭앙해온 '하늘(天)'이 서로 다른 것이 아니다. 모두 우주만물의 근원인 '하나(一)', 즉 유일신을 다양하게 명명한 것일 뿐이다. 유일신이 만물에 편재(遍在)해 있음은 비가 대지를 고루 적시고, 태양이 사해를 두루 비추며, 달빛이 천강(千江)을 고루 물들이는 것과 같은 이치다. 유일신이 없는 곳이 없는 것이다.[63] 유일신은 본래 무명(無名)이다. 그럴진대 그 이름으로 실상을 구분함은 유일신을 죽이는 일이요, 모든 종교가 그토록 경계하는 우상숭배에 빠지는 일이다. '나'만의 '하나'님, 내 종교만의 '하나'님으로 묶어두게 되면 '하나'님은 보편성을 상실하고 개체화·물질화되어 '무소부재(無所不在)'일 수도 없고 절대·영원일 수도 없으니 유일신을 죽이는 일이 되는 것이요, 만유에 편재해 있는 '하나'님의 실체를 외면한 채 자신의 부정한 의식이 만들어낸 '나'만의 '하나'님, 내 종교만의 '하나'님을 경배하는 것은 짚신이나 나막신 수준의 물신(物神)을 경배하는 것에 지나지 않으니 우상숭배에 빠지는 일이 되는 것이다.

유일신은 우주만물에 편재해 있는 보편자인 까닭에 특정 종교의 유일신이 아니라 만유의 유일신이다. 이 세상의 모든 반목과 갈등은 우주만물에 내재하는 절대유일의 '참나'를 깨닫지 못하고 서로 다른 것으로 분리시킨 데서 오는 것이다. 우주만물을 일컬어 천·지·인 삼신이라 부르는 것이니 천·지·인 삼신이 곧 유일신 '하나(一)'이며 '참나'이다. 우주의 실체는 의식이므로 '참나'는 육체적인 '나'가 아니라 본래의 자성(自性, 참본성, 一心, 근원의식·전체의식·보편의식)을 일컫는 것으로 천·지·인 삼신은 자성의 세 측면, 즉 성(性)·명(命)·정(精)을 나타낸 것이다. 이러한 자성의 세 측면은 불교의 법신·화신·보신, 기독교의 성부·성자·성령, 동학의 내유신령·외유기화·각지불이의 관계와 마찬가지로 삼위일체(三位一體, 三神一體)로서 '회삼귀일(會三歸一)'의 이치에 입각해 있다. 다시 말해 생명의 본체-작용-본체·작용의 합일이라는 '생명의 3화음적 구조'에 입각해 있다. 한마디로 자성이 곧 유일신[64]이다. 『천부경』에서 근원적 일자(一者)에 이름을 붙이지 않고 그냥 '하나(一)'라고 한 것은 무수한 진리의 가지들을 하나의 진리로 되돌리기 위한 우리 국조의 심원(深遠)한 뜻이 담겨진 것이다. 오늘날 삶과 종교, 종교와 종교 간 불화의 단초가 되고 있는 '유일신' 논쟁은 진리의 편린에 집착함으로 인해 큰 진리가 가려진 데서 오는 것이다. 다시 말해 영적 일체성(spiritual identity)이 결여된 데서 오는 것이다.

붓다의 탄생게(誕生偈)로 잘 알려진 '천상천하유아독존(天上天下唯我獨尊)'*의 '유아(唯我)'는 전체와 분리된 에고(個我)로서의 존재, 즉 붓다 개인을 지칭한 것이 아니라 만물의 제1원인—흔히 신(神)이라고 부르는—인 근원적 일자로서의 '나'이다. 참자아(true self) 또는 참본성(true nature)으로 일컬어지는 이 근원적 일자[보편적 실재]는 분리 자체가 근원적으로 불가능한 절대유일의 하나인 까닭에 '유아(唯我)'라고 한 것이다. '유아'가 곧 유일자이며 유일신이다. 흔히 불교는 신이 없는 종교라고 말한다. 이는 신이 무엇인지를 알지 못하는 데서 오는 것이다. '신'이란 만유에 편재해 있는 '하나'인 참본성[自性, 一心, 근원의식·전체의식·보편의식]을 지칭하는 많은 대명사 중의 하나일 뿐이다. '유아'는 태어나지도 죽지도 않으며 세상사에 물들지도 않는 생명의 본체인 참자아[神·天·靈], 즉 만유에 편재해 있는 '하나'인 참본성을 일컫는 것이니 홀로 존귀하다고 한 것이다.

우주의 실체는 의식이므로 '유아'는 곧 '유식(唯識)'이며 순수 공(空)이고 무아(無我)다. 에고로서의 분별지(分別智)가 아니라 순수의식으로서의 근본지(根本智)다. 따라서 '유아독존'은 전일적이고 자기근원적인 생명의 존귀함을 나타낸 것이다. 우주의 실체가 딱딱한 물질적 껍질이 아니라 의식이라는 사실을 알지 못하고서는, 다시 말해 물질의 공성(空性)을 이해하지 못하고서는 공(空)과 '유아'·유일자·유일신이 같은 것임을, 참자아와 참본성이 같은 것임을, 신과 신성(神性)이 같은 것임을 결코 이해할 수 없다. '유아'는 만유의 본

---

* 붓다께서는 태어나자마자 사방으로 일곱 걸음을 옮기고는 하늘과 땅을 가리키며 '천상천하유아독존', 즉 "하늘 위와 하늘 아래 오직 '나'만이 홀로 존귀하다"라는 게(偈)를 외쳤다고 한다. 『修行本起經』 上卷, 「降身品」에는 "天上天下唯我獨尊 三界皆苦 我當安之"라고 기록되어 있다. 즉, "하늘 위와 하늘 아래 오직 '나'만이 홀로 존귀하도다. 삼계가 모두 고통에 차 있으니 내 마땅히 이를 편안케 하리라"는 의미이다.

질로서 만유에 내재해 있는 동시에 다함이 없는 기화(氣化)의 작용으로 만유를 생멸시키는 불생불멸의 유일자[유일신]이니, 이 세상 그 무엇에도 비길 데 없이 존귀한 것이다. 실로 '천상천하유아독존'이라고 하는 경구(警句)에 진리의 정수(精髓)가 담겨 있다.

한편 성경에는 '나'라는 표현이 자주 등장하는데, 이 '나'는 특정 종교의 신으로서의 '나'가 아니라 보편적 실재, 즉 참자아[참본성·神性·靈性···一心]를 일컫는 것이다. 사실 특정 종교의 신이라는 개념 자체가 성립될 수 없다. 왜냐하면 우주의 실체는 의식이므로 신은 곧 '신 의식[근원의식·전체의식·보편의식·우주의식·순수의식·一心·참본성·神性·靈性]'이며 비분리성·비이원성을 본질로 하고 있기 때문이다. 보편적 실재로서의 신은 무경계(no boundary)인 실재(reality)를 지칭한 것이다. 바로 이 보편적 실재인 '나'를 파악하는 것이 진리[생명]의 정수(精髓)를 꿰뚫는 것이다. 예수 그리스도께서 "나를 따르라"고 한 그 '나', "나는 길이요 진리요 생명이니, 나를 통하지 않고서는 아버지(聖父, 眞理)*께로 올 자가 없느니라"고 한 그 '나' 또한 보편적 실재로서의 '나' 즉 유일신이다. 성부와 성자를 한 분 하느님 즉 유일신이라고 한 것은, 성부는 생명의 본체를 지칭한 것이고 성자는 그 작용을 지칭한 것이니 본체와 작용은 본래 합일이기 때문이다. 생명은 '불가분의 전체성(undivided wholeness)'이기 때문이다. 필자에게 성경은 보편적 실재로서의 '나'에 대해 깊이 사유할 수 있게 한 텍스트였다.

영원한 '하나(一)'에서 우주만물이 나오는 다함이 없는 창조성을 일컬어 『도덕경(道德經)』 6장에서는 '현빈(玄牝)'이라고 하고 있는데, 이는 도의 공용(功

---

* 성경에 나오는 하느님 아버지라는 호칭은 우주만물의 근원[생명의 본체]이라는 의미를 의인화한 것으로 동학의 '天地父母'와 그 뜻이 같은 것이다.

用)의 영구함을 암컷의 생산력에 비유한 것이다. "암컷의 문(門)이 천지의 근원이며 만물을 끊임없이 생산해 내어도 그 작용은 다함이 없다"[65]고 한 것이 그것이다. 이러한 도(道)의 기능적인 면을 일컬어 『장자(莊子)』「대종사(大宗師)」편에서는 '조물자(造物者)'[66] 또는 '조화자(造化者)'라고 하였다. '하나(一)'는 천지간의 삼라만상이 태어나는 문이며 우주의 본원으로서 포괄하지 않는 것이 없고, 우주의 창조성 그 자체로서 만유에 편재해 있는 보편자이다. 우주만물은 지기(至氣)인 '하나(一)' 즉 하늘(天)의 화현(化現)인 까닭에 「영부주문(靈符呪文)」에서는 '이천식천(以天食天)-이천화천(以天化天)', 즉 하늘로써 하늘을 먹고 하늘로써 하늘을 화할 뿐이라고 한 것이다. 말하자면 우주만물이 모두 한 기운 한마음으로 꿰뚫어진 까닭에 우주만물의 생성·변화·소멸 자체가 모두 하늘의 조화(造化) 작용[67]인 것으로 나타난다. 우주의 실체는 의식이므로 이 '하나(一)'는 곧 한마음(一心)이며, 일심[보편의식, 天·神·靈] 이외에 다른 실재가 있는 것이 아니다.

원문　天一一 地一二 人一三

번역　하늘의 본체(天一)가 첫 번째(一)로 열리고, 땅의 본체(地一)가 두 번째(二)로 열리고, 인물(人物)의 본체(人一)가 세 번째(三)로 생겨나게 되는 것이라.

해설　첫 번째로(一) 하늘의 본체(天一)가 열리고, 두 번째로(二) 땅의 본체(地一)가 열리고, 세 번째로(三) 인물(人物)의 본체(人一)가 생겨나게 된다고 하여 '천일일 지일이 인일삼(天一一 地一二 人一三)'이라고 한 것이다. 여기서 '인(人)'은 사람과 우주만물을 총칭하는 대명사로서의 인이므로 '인물(人物)'이라고 하였다. '천일(天一)·지일(地一)·인일(人一)'은 '하나(一)'의 본체를 천·지·인 셋으로 나눈 것으로 그 근본은 모두 하나로 통한다. 그리고 '하나(一)'의 묘리(妙理)의 작용으로 천지가 열리고 인물이 생겨나는 무위(無爲)의 천지창조(天地創造)* 과정을 일(一), 이(二), 삼(三)의 순서로 나타낸 것이다. 이는『황극경세서(黃極經世書)』에서 천개어자(天開於子) 즉 자회(子會: 우주의 1월)에서 하늘이 열리고, 지벽어축(地闢於丑) 즉 축회(丑會: 우주의 2월)에서 땅이 열리며, 인기어인(人起於寅) 즉 인회(寅會: 우주의 3월)에서 인물(人物)이 생겨나는 선천개벽(先天開闢)[68]이 있게 되는 것이라고 한 것과 일치한다. 우주 1년의 이수(理數)를 처음으로 밝혀낸 소강절(邵康節, 이름은 雍)에 의하면, 천지의 시종(始終)은 일원(一元)의 기(氣)이며, 일원(宇宙曆 1年)은 12만 9천6백 년이요 일원에는 12회(子會, 丑會, 寅會, 卯會, 辰會, 巳會, 午會, 未會, 申會, 酉會, 戌會, 亥會)가 있어 1회(一會, 宇宙曆 1개월)인 1만 8백 년마다 소개벽이 일어나고 우주의 봄과 가을에 우주가 생장·분열하고 수렴·통일되는 선천(先天)·후천(後天)의 대개벽이 순환하게 된다고 한다.

또한 1회(會)에는 30운(運)이 있으니 1運은 360년이고 또 1運에는 12世가 있으니 1世는 30년이다. 즉, 1元에는 12會 360運 4,320世가 있는 것이다.[69] 성(星)의 76 즉 인회(寅會)의 가운데에서 개물(開物)이 되는 것은 1년의 경칩(驚蟄)에 해당하고, 315 즉 술회(戌會)의 가운데에서 폐물(閉物)이 되는 것은 1년의 입동(立冬)에 해당한다. 여기서 선천개벽은 후천개벽과 불가분의 관계에 있으므로 하나의 연속체로 고찰할 필요가 있다. 선천과 후천의 구분은 우주의 1회전 기간을 둘로 나누어 우주력(宇宙曆) 전반 6개월(春夏)을 생장·분열

---

* 우주는 자기생성적 네트워크체제로 이루어져 있으므로 창조주와 피조물이 따로 있는 것이 아니다. 정확하게 말하면 모든 존재는 자기근원성을 가지고 있으므로 주체-객체 이분법은 성립되지 않으며 모두가 '참여자'의 위치에 있는 것이다. 여기서 '천지창조'라고 한 것은 일반적인 언어 습관에 따른 것일 뿐, 창조하는 주체와 피조물의 이분화를 상정한 것은 아니다.

의 선천 시대, 후반 6개월(秋冬)을 수렴·통일의 후천 시대로 보는 데서 나온 것이다. 건운(乾運)의 선천 5만 년이 음양상극(陰陽相剋)의 시대로 일관한 것은 지축의 경사로 인해 음양이 고르지 못한 데 기인한다. 말하자면 지축이 23.5도로 기울어짐으로 인해 양(陽)은 360보다 넘치고 음(陰)은 354일이 되어 태양·태음력의 차이가 생겨나고 대립물이 상극을 이루는 시대로 일관해 온 것이다. 음양동정(陰陽動靜)의 원리로 이제 그 극에서 음으로 되돌아오면서 우주의 가을인 미회(未會)에서는 지축 정립과 같은 지구의 자정(自淨)작용의 일환인 대변혁 과정을 거쳐 천지가 정원형으로 360이 되어 음양이 고르게 되는 후천개벽이 일어나게 되는 것이다. 말하자면 우주의 시간대가 새로운 질서로 접어들면서 이제 우리 인류는 선천의 건운 5만 년이 다하고 곤운(坤運)의 후천 5만 년이 열리는 후천개벽기 즉 미회(未會)에 들어서 있다. 인간은 단순한 지구적 존재가 아니라 우주의 본질과 천지운행의 원리에 조응하는 우주적 존재인 것이다.

후천개벽은 우주가 생(生), 장(長), 염(斂), 장(藏) 4계절로 순환하는 과정에서 후천 가을의 시간대로 접어들면서 일어나는 대격변 현상이다. 수운(水雲) 최제우(崔濟愚)는 새로운 성운(盛運)의 시대를 맞이하여 만인이 본래의 천심(天心, 우주적 본성)을 회복하여 천리(天理)를 따르게 되면 동귀일체(同歸一體)가 이루어져 후천개벽의 새 세상이 열리게 된다고 보았다. 말하자면 천지개벽의 도수(度數)에 조응(照應)하여 인위(人爲)의 정신개벽과 사회개벽이 이루어지게 되면 천지가 합덕(合德)하는 후천의 새 세상이 열리게 되는 것이다. 천시(天時)와 인사(人事)의 조응관계는 "마치 형태가 있으면 그림자가 모이고 소리가 있으면 울림이 있는 것과 같다."[70] "천시가 인사에 말미암는 것이고 인사 또한 천시에 말미암는 것이다."[71] 본체계와 현상계는 본래 하나다.

순천(順天)의 삶이란 인(人)이 시(時)에 머물러 같이 가며 하늘을 거스르지 않는 것으로, 이로써 하늘이 도와 길(吉)함이 있으며 이롭지 않음이 없게 되는 것이다.[72] 무릇 성인이란 나아갈 때와 물러날 때를 아는 사람이라고 한 것은 이를 두고 한 말이다. 따라서 후천개벽은 단순히 정신개벽과 사회개벽을 통한 지구적 질서의 재편성이 아니라 천지운행의 원리에 따른 우주적 차원의 질서 재편으로 이를 통해 곤운(坤運)의 후천 5만 년이 열리게 되는 것이다. '하나(一)'에서 천·지·인의 본체가 열리는 '천일일 지일이 인일삼'은 영적 차원에서 물적 차원으로, 근원적 일자(一者)의 세계[본체계]에서 다양성의 세계 [현상계]로 나오는 일즉삼(一卽三, 一卽多)의 이치를 무위(無爲)의 천지창조 과정을 통하여 보여 준다. 이러한 과정은 정신은 물질을 통하여, 보편성은 특수성을 통하여 스스로를 구현한다는 사실을 말해 준다.

원문 一積十鉅 無匱化三

번역 '하나(一)'가 쌓여 크게 열(十)을 이루지만 다시 다함이 없이 천·지·인 삼극(三極)으로 화하게 되는 도다.

해설 '하나(一)'는 만유가 비롯되는 현묘(玄妙)한 문(門)이요, 천변만화(千變萬化)가 작용하는 생멸(生滅)의 문이며, 만물만상이 하나가 되는 진여(眞如)의 문이다. '하나(一)'의 묘리(妙理)의 작용으로 우주만물이 생장·분열하고 수렴·통일되지만 그로써 끝나는 것이 아니라 다시 생장·분열하는 천·지·인 삼극(三極)의 천변만화(千變萬化)의 작용이 있게 되는 것이니, 이러한 과정은 다함이 없이 순환 반복되는 것이라 하여 '일적십거 무궤화삼(一積十鉅無匱化三)'이라 한 것이다. '하나(一)'가 종자라면, 우주만물(三)은 그 나무이고, 열(十)은 그 열매다. 종자인 '하나(一)'와 그 나무인 우주만물(三)은 둘이 아니며, 종자인 '하나(一)'와 그 열매인 열(十) 또한 둘이 아니다. 따라서 '하나(一)'와 셋(三)과 열 (十)은 종자와 나무와 열매의 관계로 모두 하나다. 이는 마치 움직임이 극(極)에 달하면 고요해지고 고요함이 극에 달하면 다시 움직이는 태극(太極)과도 같이, '하나(一)'가 묘하게 피어나 생장·분열하여 열매(十)를 맺게 되지만 그로써 끝나는 것이 아니라 그 열매(十)는 다시 종자인 '하나(一)'가 되고 그 '하나(一)'에서 천·지·인 삼극이 갈라져 나오는 과정이 다함이 없이 순환 반복되는 것이다.[73]

이렇듯 상경(上經) 「천리(天理)」에서는 '하나(一)'에서 우주만물이 나오는 일즉삼(一卽三)의 이치를 드러내고 있다. 여기서 '일즉삼'은 동시에 '삼즉일(三卽一)'의 이치를 내포하고 있긴 하나, 상경 「천리」에서는 영원한 '하나(一)'의 다함이 없는 창조성을 가능태로서 나타내 보이고 있으므로 '일즉삼'의 이치를 드러낸 것이라고 한 것이다. 다시 말해 '일적십거 무궤화삼'은 '하나(一)'의 본체가 염(染)·정(淨) 제법(諸法)을 포괄하며 다함이 없이 순환 반복하는 이치를 가능태로서 보여주고 있는 것이다. '하나(一)'가 음양 양극간의 역동적인 상호작용으로 나타남으로써 현실태가 되는 것은 '천이삼 지이삼 인이삼(天二三 地二三 人二三)'에서부터이다. 이러한 시작도 끝도 없는 절대유일의 '하나(一)'의 원리가 바로 만유를 범주(範疇)하며 가없는 변화에 응답하는 원궤(圓軌)의 중심축이다. 천부경의 사상은 한마디로 대일(大一)의 사상, 즉 '한'사상이다.

중경(中經) 「지전(地轉)」에서는 음양 양극간의 역동적인 상호작용으로 천지 운행이 이루어지고 음양오행이 만물을 낳는 과정이 끝없이 순환 반복되는 '하나(一)'의 이치와 기운의 조화(造化) 작용을 나타내고 있다. 중경은 1) 천이삼 지이삼 인이삼(天二三 地二三 人二三) 2) 대삼합육 생칠팔구(大三合六 生七八九) 3) 운삼사 성환오칠(運三四 成環五七)로 구성되어 있다.

원문   天二三 地二三 人二三

번역   하늘에도 음양(二)이 있고, 땅에도 음양(二)이 있으며, 사람에게도 음양(二)이 있어 음양 양극간의 역동적인 상호 작용으로 천지운행이 이루어지고 우주만물이 생장·변화하는 도다.

해설   하늘에도 음양[日月]이 있고, 땅에도 음양[水陸]이 있으며, 사람에게도 음양[男女]이 있어 음양 양극간의 역동적인 상호작용으로 천지운행이 이루어지고 우주만물이 생장·변화하게 되는 것이라 하여 '천이삼 지이삼 인이삼(天二三地二三人二三)'이라 한 것이다. 이는 『도덕경』에서 "도(道, Tao)는 일(一)을 낳고, 일은 이(二)를 낳으며, 이는 삼(三)을 낳고, 삼은 만물을 낳는다. 만물은 음(陰)을 업고 양(陽)을 안으며 충기(冲氣)라는 화합력에 의하여 생성된다"[74]고 한 것과 그 맥을 같이한다. 여기서 '삼은 만물을 낳는다'고 한 '삼생만물(三生萬物)'은 삼이 곧 만물이라는 '삼즉만물(三卽萬物)'의 뜻이다. 『도덕경』의 '도(道)'는 『천부경』의 '하나(一)'와 같은 것이고, '일(一)'은 『천부경』의 '천일 지일 인일(天一地一人一)'의 일(一)과 같이 도(道)의 본체를 나타낸 것이며, '이(二)'는 『천부경』의 '천이 지이 인이(天二地二人二)'의 이(二)와 같이 도(道)의 작용을 나타낸 것이고, '삼(三)'은 『천부경』의 '천이삼 지이삼 인이삼(天二三地二三人二三)'의 삼(三)과 같이 사람과 우주만물[人物]을 나타낸 것이다. 말하자면 『도덕경』의 '도생일(道生一), 일생이(一生二), 이생삼(二生三), 삼생만물(三生萬物)'의 도(道), 일(一), 이(二), 삼(三)의 네 단계는 『천부경』의 '하나(一)', '천일 지일 인일', '천이 지이 인이', '천이삼 지이삼 인이삼'이 되는 것과 같은 것이다. 만유의 본원으로서의 도(道), 즉 '하나(一)'가 만물을 생성하는 과정은 음양의 원리가 변증법적인 커뮤니케이션을 통하여 발전하는 과정이다.

'천일 지일 인일'이 '하나(一)'의 본체를 셋으로 나타낸 것이라면, '천이삼 지이삼 인이삼'은 '하나(一)'가 음양(二) 양극간의 상호 작용으로 나타난 것으로 이는 곧 불연(不然)과 기연(其然), 진여(眞如)와 생멸(生滅)이 본체와 작용의 상호적인 관계에 있음을 말하여 주는 것이다.[75] 다시 말해 실재의 영원하고 지각할 수 없는 이(裏)의 측면인 체(體)와 실재의 현상적이고 지각할 수 있는 표(表)의 측면인 용(用)이라는 불가분의 관계로 상호관통하고 있음을 보여주는 것이다. '비무이비유(非無而非有) 비유이비무(非有而非無)'[76]인 것이다. 체(體)로서의 진여[不然]와 용(用)으로서의 생멸[其然]의 상호 관통 논리는 이 우주가 자기생성적 네트워크체제로 형성되어 있으며 우주만물이 근본적인 전일성(oneness)의 현시(顯示)임을 말하여 준다. 이러한 전일성이 개오(開悟)되지 못할 때 개체화(particularisation)와 무지(無知)가 일어나게 된다.* 본체와 작용의 상호 관통은 천시(天時)와 지리(地理) 그리고 인사(人事)가 조응관계에 있으며, 우주섭리의 작용과 인류 역사의 전개과정이 긴밀히 연계되어 있음을 말하여 준다. 이러한 연계성은 우주만물의 생성·변화·소멸 자체가 모두 '하나(一)'의 조화의 자취이며, 우주만물이 다 지기(至氣, 混元一氣)인 '하나(一)'의 화현(化現)이라는 점에서 분명히 드러난다. 이러한 본체와 작용의 상호적인 관계는 상

---

* 현대 물리학의 발달로 원자의 존재가 실증되면서 원자를 구성하는 핵과 전자가 발견되고 이어 핵의 구성물인 양자와 중성자 및 기타 수많은 亞原子粒子가 발견되면서 물질의 근본적인 단위로서의 '素粒子'라는 개념은 사실상 폐기되게 되었다. 아원자 물리학의 '量子場(quantum field)' 개념은 물질이 개별적인 원자들로 구성되어 있는 것이 아니라 근본적인 물리적 실체, 즉 공간의 도처에 彌滿해 있는 연속체로 되어 있는 것으로 본다. 말하자면 場이 유일한 실재이며 물질은 장이 극도로 강하게 집중된 공간의 영역에 의해 성립되는 것이라고 보는 것이다. 그것의 粒子性은 마치 무한한 창조성을 지닌 '空'과도 같이 대립자의 역동적 통일성에 기초해 있다. 이 세계가 근본적인 전일성의 현시이며 독립적인 최소의 단위로 분해될 수 없다고 하는 '양자장' 개념은 『般若心經』의 '色卽是空 空卽是色' 속에 이미 구현되어 있다.

경(上經) 「천리(天理)」와 중경(中徑) 「지전(地轉)」, 중경 「지전」과 하경(下經) 「인물
(人物)」 그리고 상경 「천리」와 하경 「인물」의 논리구조를 이해하는 데 필수적
이므로 여기서 자세히 다룰 필요가 있다.

본체와 작용의 상호적인 관계는 아슈바고샤(Ashvaghosha, 馬鳴)가 그의 『대
승기신론(大乘起信論 The Awakening of Faith)』에서 일심이문(一心二門)의 법으로 명
징하게 보여준다. 그 대의는 원효(元曉) 대사의 『대승기신론소(大乘起信論疏)』
와 『대승기신론별기(大乘起信論別記)』[77] 양자의 것을 종합할 때 분명히 드러난
다. 『대승기신론소』에서는 "진여문(眞如門)은 염(染)과 정(淨)이 서로 통하는
것을 밝힌 것이니 서로 통하는 것 외에 별도의 염·정이 있는 것이 아니므로
염·정 제법(諸法)을 포괄한다"[78]고 하고, 『대승기신론별기』에서는 "생멸문(生
滅門)은 진여(眞如)가 선(善)과 불선(不善)의 원인이 되고 또 연(緣)과 결합하여
모든 법을 변질시키는 것"[79]에 대해 설명하고 있다. 여기서 원효는 "비록 실
제로는 모든 법을 변질시켰지만 항상 그 진성(眞性)은 파괴되지 않는 까닭에
이 생멸문 가운데에도 역시 진여(眞如)가 포괄된다"[80]고 보았다. 그리하여 원
효는 "진여문 가운데 대승(大乘(一心), '하나(一)')의 본체가 있고, 생멸문 가운데
체(體)와 상(相)과 용(用)이 있다"[81]고 하여 이문일심(二門一心)에 의거하여 대승
의 뜻이 나타난다고 하였다.

그런데 여기서 원효는 마음의 생멸이 무명(無明)에 의해 이루어지고 또한
생멸하는 마음은 본각(本覺)[82]을 따라 이루어지므로 '심체무이(心體無二)'라고
하였다.[83] 또한 『금강삼매경론(金剛三昧經論)』에서도 이 이문(二門)은 그 체(體)
가 둘이 아니므로 모두 '일심법(一心法)'이라고 하였다.[84] 그리하여 그는 중생
심(衆生心)이 본래 공적지심('空寂之心')이나 망념(妄念)이 동(動)하여 무시(無始) 이
래로 유전(流轉)하는 바 수습(修習)하여 본래의 공심(空心)을 얻기 위하여서는
"진여문에 의하여 지행(止行)을 닦고 생멸문에 의하여 관행(觀行)을 일으키어

지(止)와 관(觀)을 동시에 닦아 나가야 한다"[85]고 주장한다. 이는 생멸문과 진여문의 이문(二門)을 통해 일심에 대한 이론적 논의를 전개하고 궁극에는 믿음을 일으키어 실천적인 행위에로 나아가게 하는『대승기신론』사상의 진수(眞髓)가 그대로 드러난 것이다.

진여와 생멸은 본체와 작용의 관계를 나타낸 것으로 그 체가 둘이 아니므로 작용은 본체로서의 작용이다. '천일 지일 인일(天一地一人一)'이 '하나(一)'의 본체를 셋으로 나타낸 것이라면, '천이삼 지이삼 인이삼(天二三地二三人二三)'은 '하나(一)'의 작용을 셋으로 나타낸 것으로 작용 속에도 '하나(一)'의 진성(眞性)은 그대로 존재하므로 그 체가 둘이 아니다. 다시 말해 자생자화(自生自化)하는 본체로서의 작용이다.『천부경』에서 '하나(一)'의 세 측면을 '천일 지일 인일·천이삼 지이삼 인이삼·인중천지일'이라고 하듯,『대승기신론』에서는 일심(一心, 自性, 참본성, '하나(一)')의 세 측면을 '체(體)·상(相)·용(用)'이라고 하고 있다. '천일 지일 인일·천이삼 지이삼 인이삼·인중천지일'이 '하나(一)'와 둘이 아니듯, '체·용·상' 또한 일심과 둘이 아니다. 체·용·상은 일심 즉 자성의 세 측면을 나타낸 것으로 '체'는 우주만물의 근원인 진여 그 자체['하나(一)'], '용'은 작용 또는 기능, '상'은 형태 및 속성을 일컫는 것이다. 여기서 '체'는 법신(法身), 법신의 용(用)은 화신(化身, 應身), 법신의 상(相)은 보신(報身)으로 일컬어지는 바, 법신인 '체'를 초논리·초이성·직관의 영역인 진제(眞諦)라고 한다면, 법신의 '용'인 '화신'은 감각적·지각적·경험적 영역인 속제(俗諦)다. 진제와 속제의 관계는 곧 본체와 작용의 관계이며, 이 양 세계를 관통하는 원리가 내재된 것이 법신의 '상'인 '보신'이다.

육조 혜능(六祖慧能)의 설법 내용을 기록한『육조단경(六祖壇經)』에는 법신불·화신불(化身佛, 應身佛)·보신불의 삼신불(三身佛)이 자기 본성 속에 있음을 분명히 밝히고 있다.[86] 여기서 '불(佛)'은 '하나(一)', 대승(大乘)과 마찬가지로 물질과 정신이 하나가 된 한마음(一心)을 말한다. 우주의 실체는 의식이므로 이는 곧 보편의식[근원의식·전체의식·우주의식·순수의식]이요 하나인 참본성이다. 말하자면 일심의 세 측면을 그렇게 명명한 것이다. 혜능은 평등무이(平等無二)한 본성을 일컬어 실성(實性)이라 하고 이 실성 가운데 있으면서 선악에 물들지 않는 것을 일컬어 만덕원만(萬德圓滿)한 보신불이라고 하고 있다.[87] 다시 말해 일념 일념으로 자기 본성의 자각적 주체가 되어 본래의 마음을 잃지 않는 것을 보신이라 일컫는 것이다.[88] 이는 곧 『천부경』의 중핵을 이루는 '인중천지일(人中天地一)'에 해당하는 것이다. 진여 그 자체인 법신은 곧 자성(自性)을 일컫는 것이다. 일념을 선한 쪽으로 돌리어 지혜가 즉석에서 생겨나게 되는 것을 일컬어 자성이 변화한 화신불이라고 하고 있다.[89] 『대승기신론소』에서 "일체 중생에게 장애 없는 지혜를 밝혀주는 수레로 무주(無住)의 육바라밀(六波羅蜜)로써 일체의 반야(般若)에로 회향(廻向)하는 것"[90]이라고 한 것은 화신불을 일컫는 것이다.

일심(一心)의 세 측면인 체·용·상은 곧 천·지·인의 세 지극한 이치를 나타낸 것으로 이는 무극(無極)·태극(太極)·황극(皇極)으로도 나타낼 수 있다. 이것 역시 생명의 본체[무극]-작용[태극]-본체·작용의 합일[황극]이라는 '생명의 3화음적 구조'로 파악할 수 있다. 생명의 근원(元氣, 至氣, 混元一氣)을 무극이라 한다면, 태극은 음양(陰陽)의 역동적인 상호작용이 일어나는 자리이고, 이 양 세계를 관통하는 원리가 내재된 것이 황극이다. 황극은 대립전화적(對立轉化的)이고 순환 반복적인 운동을 통하여 대립자의 역동적 통일성을 추동하는 메커니즘이다. 말하자면 황극은 생명의 본체인 무극과 그 작용인 태극의 합일을 추동함으로써 조화(調和)의 미(美)를 발현시키는 메커니즘이다. 천리(天理)에 순응하는 정치 대법을 아홉 개 조항으로 집대성한 홍범구주(洪範九疇)에서는 제5주 건용황극(建用皇極)을 홍범 아홉 개 조항의 중앙에 위치시킴으로써 군왕이 중심에서 대공지정(大公至正)의 왕도를 세운다는 뜻에서 왕도는 곧 중정(中正)의 도(道)*임을 논리 구조적으로 명료하게 보여준다. 무극·태극·황극 또한 체·용·상이라는 일심(一心, 自性)의 세 측면을 나타낸 것으로 생명의 전일성과 자기근원성을 논증할 필요에서 생겨난 것이다. 우주의 실체는 의식**이므로 한마음인 일심[보편의식]이 곧 근원적 일자[유일신, 至氣]인 '하나(一)'이고 하늘(天·神·靈)이며 참자아이고 생명이다.

20세기 초 영국 옥스퍼드대학교 종교학 교수 에반스 웬츠(W. Y. Evans-Wents)는 티벳의 위대한 스승 파드마삼바바(Padma-Sambhava)의 생애와 가르침 등을 편집한 『티벳 해탈의 서(書) The Tibetan Book of the Great Liberation』(1954) 서문에서 한마음(一心, One Mind)을 서양 과학의 관점, 특히 동역학과 물리학의 관점에서 이렇게 설명했다. "한마음은 에너지의 유일한 근원이며, 모든 잠재력들의 잠재력이며, 우주적인 힘의 유일한 발전기이며, 모든 진동의 시발자이며, 미지의 원천이며, 우주선(線)과 물질이 빛과 열, 전자기, 방사능,…유기물과 무기물 등 그 모든 전자적 성질을 띠고 자연계의

---

* 『大乘起信論疏』에서 "생멸문 가운데 體와 相과 用이 있다"하여 皇極에 해당하는 相을 중앙에 위치시킨 것도 體와 用의 양 차원을 관통하며 합일을 추동하는 메커니즘인 까닭이다. 다만 필자는 천·지·인이 생명의 본체-작용-본체·작용의 합일이라는 순서로 되어 있고 성부·성자·성령, 神靈·氣化·不移 등도 같은 순서로 되어 있으므로 비교론적 고찰을 하기에 편리하므로 體·用·相이라는 순서를 따른 것이다.

** 『大乘起信論疏』에서는 "마음이 일어나면 갖가지 法이 일어나고, 마음이 사라지면 갖가지 法이 사라지니, 三界는 오직 마음뿐이요 萬法은 오직 識뿐이다(心生則種種法生 心滅則種種法滅 三界唯心 萬法唯識)"라고 하였다. 현대 물리학의 가장 위대한 발견은 '의식(意識, consciousness)' 발견이다. 1998년 양자물리학 분야에서 최고 권위를 자랑하는 이스라엘의 와이즈만연구소(Weizmann Institute of Science)에서 실시한 전자의 운동성에 대한 '이중 슬릿 실험'은 전자의 운동성이 관찰자의 생각에 따라 달라짐을 보여준다. 즉, 관찰자가 바라본 전자의 움직임은 직선으로 슬릿을 통과해 벽면에 입자의 형태를 남긴 반면, 관찰자가 바라보지 않은 전자의 움직임은 물결처럼 슬릿을 통과해 벽면에 파동의 간섭무늬 형태를 남긴 것이다.

전역에 존재하게 만든 모체이다. 그리하여 한마음은 자연법의 창시자이고, 우주의 주인이자 관리자이며, 원자의 설계자이자 세계 시스템의 건설자이고, 성운(星雲)을 우주에 흩뿌린 자이며, 우주적 결실의 수확자이고, 존재해 왔고 현재 존재하며 영원히 존재할 모든 것의 변치 않는 보고(寶庫)이다."[91]

본체와 작용의 상호적인 관계는 동학의 불연기연적(不然其然的) 세계관과 「시천주(侍天主: 하늘(님)을 모심)」도덕에서도 명료하게 드러난다. 불연기연은 체(體)로서의 불연과 용(用)으로서의 기연의 상호 관통 논리이다. 생명의 본체인 '하나(一)'와 그 화현인 우주만물은 그 체가 둘이 아니므로 모두 일심법이다. 불연기연의 논리는 진(眞)과 속(俗), 이(理)와 사(事), 정(淨)과 염(染), 공(空)과 색(色), 일(一)과 다(多)[92] 등의 상호 대립하는 범주들을 각각 체(體)와 용(用)이라는 불가분의 관계로 화쟁회통(和諍會通)시킨다. 동학의 본체와 작용의 합일에 대한 인식은 인내천(人乃天)의 요체라 할 수 있는 「시(侍)」가 함축하고 있는 세 가지 의미, 즉 내유신령(內有神靈)·외유기화(外有氣化)·각지불이(各知不移)[93]에서 명료하게 드러난다. 이 세 가지 의미는 곧 체·용·상을 일컫는 것이다. '안으로 신성한 영(靈)이 있고 밖으로 기화의 작용이 있다'는 것은 생명의 본체인 영(靈·天·神)이 만유의 본질로서 내재해 있는 동시에 만물화생(萬物化生)의 근본원리로서 작용하고 있다는 것이다. '각기 알아서 옮기지 않는다'는 것은 생명의 본체[본체계]와 작용[현상계]이 하나(不二)임을 알아서, 다시 말해 우주만물이 전일성의 현시임을 알아서 천심(天心, 참본성, 一心)에서 벗어나지 않는 것이다. 이러한 '시'의 삼원 구조는 생명의 전일성과 자기근원성에 대한 명료한 인식을 기반으로 「시천주(侍天主)」도덕의 실천적 측면을 보여 주는 것이다.

이상에서 볼 때 천·지·인, 체[법신]·용[화신]·상[보신], 성부·성자·성령, 무극·태극·황극, 신령(神靈)·기화(氣化)·불이(不移)는 모두 본체-작용-본체·작용의 합일이라는 '생명의 3화음적 구조'로서 상호 조응한다. 이는 곧 일심(一心, 自性)의 세 측면을 나타낸 것으로 용어는 다르지만 모두 생명의 전일성과 자기 근원성을 논증한 것이다. '하나(一)'의 본체를 셋으로 나눈 상경의 '천일 지일 인일(天一地一人一)', '하나(一)'의 작용을 셋으로 나눈 중경의 '천이삼 지이삼 인이삼(天二三地二三人二三)', 그리고 하경의 '인중천지일(人中天地一)'은 본체-작용-본체·작용의 합일 구조로서 천·지·인 삼신일체(三神一體)[94]를 의미한다. '천일 지일 인일'·'천이삼 지이삼 인이삼'·'인중천지일'은 체[법신]·용[화신]·상[보신], 성부·성자·성령, 무극·태극·황극, 신령(神靈)·기화(氣化)·불이(不移)와 각각 상호 조응한다. 보신[相], 성령, 황극, 불이(不移, 不二)와 마찬가지로 '인중천지일'은 생명의 본체를 셋으로 나타낸 '천일 지일 인일'과 그 작용을 셋으로 나타낸 '천이삼 지이삼 인이삼'의 합일을 추동하는 메커니즘으로 설정된 것이다. 다시 말해 천·지·인 삼신일체의 천도가 인간 존재 속에 구현되면—참본성이 열리면—본체와 작용이 하나임을 자연히 알게 되는 것이다.

  '천일 지일 인일'이 염(染)·정(淨) 제법(諸法)을 포괄한 가능태라면, '인중천지일'은 자성(自性)의 자각적 주체가 되는 구체적 현실태다. 우주의 실체는 의식이므로 한마음인 일심[근원의식·전체의식·보편의식]이 곧 하늘(天·神·靈)이고 보편적 실재로서의 '나[참자아]'이며 '불가분의 전체성(undivided wholeness)'인 생명이다. 한마음(一心) 이외에 다른 실재가 있는 것이 아니다. 『천부경』에서 말하는 '하나(一)'는 분리할 수 없는 '하나'인 생명, 즉 유일신[神·天·靈]을 지칭한 것이다. 이렇듯 '천이삼 지이삼 인이삼(天二三地二三人二三)'은 '하나(一)'의 진성(眞性)과 음양오행의 정(精)과의 묘합(妙合)으로 이루어지는 '하나(一)'의 작용을 나타낸 것이다. '하나(一)'의 진성은 '천일 지일 인일', '천이 지이 인이', '천이삼 지이삼 인이삼' 내에 모두 그대로 보존된다. 말하자면 '하나(一)'와 음양오행과 만물은 불가분의 관계인 것이다. 음양 양극 간의 역동적인 상호 작용으로 천지운행이 이루어지고 우주만물이 화생하는 과정을 본체와 작용의 상호 관통으로 풀이할 때 자기생성적 네트워크체제로서의 우주가 그 모습을 드러내게 된다.

원문　大三合六 生七八九

번역　대삼(大三), 즉 하늘의 음양(二)과 땅의 음양(二)과 사람의 음양(二)이 합하여 육(六)이 되고, 칠(七), 팔(八), 구(九)가 생겨나는 것이라.

해설　대삼(大三), 즉 하늘의 음양(二)과 땅의 음양(二)과 사람의 음양(二)이 합하여 육(六)이 되고, 육(六)에 천·지·인 기본수인 일(一), 이(二), 삼(三)을 더하여 칠(七), 팔(八), 구(九)가 생겨나는 것이라 하여 '대삼합육 생칠팔구(大三合六生七八九)'라 한 것이다. 여기서 육(六)은 '천이(天二)'·'지이(地二)'·'인이(人二)'를 합한 것으로 이는 천·지·인 음양의 총합을 나타낸 것이다. 말하자면 육(六)은 대삼(大三)의 묘합(妙合)이자 '하나(一)'의 체상(體象)을 나타낸 것으로 '하나(一)'의 진성(眞性)은 이들 음양(二) 속에도 그대로 보존된다. 또한 음양의 이기(二氣)에 의해 오행(水·火·木·金·土)이 생성되고 음양오행[七]에 의해 만물이 생겨나지만 음양과 오행 및 만물 내에도 '하나(一)'의 진성은 그대로 존재하므로 '하나(一)'와 음양오행과 만물은 분리시켜 생각할 수 없다.[95]

'하나(一)'는 본체계와 현상계를 관통하는 근원적 일자(一者)로서 우주만물에 편재해 있는 보편자, 즉 유일신[神·天·靈]이다. 「영부주문(靈符呪文)」에서 "저 새소리도 또한 시천주(侍天主)의 소리니라"[96]라고 한 것은 사람만이 홀로 생명의 본체인 '하나(一)' 즉 천주(하늘)를 모신 것이 아니라 우주만물이 다 천주를 모시고 있다는 뜻이다. '천이(天二)'·'지이(地二)'·'인이(人二)'를 합한 육(六)에 천·지·인 기본수인 일(一), 이(二), 삼(三)을 더하면 칠(七), 팔(八), 구(九)가 생겨나는 것이니, 이는 천·지·인 혼원일기(混元一氣)인 '하나(一)'가 생명의 물레를 돌리는 이 우주의 가없는 파노라마를 천지 포태(胞胎)의 이치와 기운을 담은 이수(理數)로 나타낸 것이다.

다시 말해 '하나(一)'의 진성(眞性)과 음양오행의 정(精)과의 묘합(妙合)으로 우주자연의 사시사철과 24절기의 운행과 더불어 감(感)·식(息)·촉(觸)이 형성되면서 만물이 화생(化生)하는 과정을 칠(七), 팔(八), 구(九)로 나타낸 것이다.* 일월성신(日月星辰)을 다스리는 하늘의 주재신으로서 인간의 길흉화복(수명장수·자손번창·천재지변 등)을 주관하는 것으로 알려진 북두칠성(北斗七星)과 인간의 일곱 가지 감정인 칠정(七情)과 망자(亡者)가 삼악도(三惡道)에 들지 않고 보다 나은 세상에 태어나기를 비는 기도의식인 49재 즉 칠칠재(七七齋)의 7이라는 숫자,** 우주섭리를 함축하고 있는 팔괘(八卦)·팔괘의 자승수인 64괘와 여

---

* 『三一神誥』, 「人物」편은 사람과 우주만물이 다 같이 받은 '하나(一)'의 眞性을 셋으로 나누어 性·命·精이라고 하고 이어 心·氣·身과 感·息·觸의 순서로 說하고 있는데, 7, 8, 9는 『三一神誥』의 논리적 구조와 연결시켜 볼 때 感·息·觸에 해당하는 것이다.

** 7은 생명의 일정한 주기와 현상을 지배하는 숫자인 것으로 알려져 있다. 사찰에 모셔진 칠성각은 북두칠성 신앙과 관련이 있으며, 예로부터 수명장수·자손번창 등을 기원하며 액운을 막아달라고 북두칠성께 치성을 올리는 칠성기도가 행해져 왔다. 우리의 생명이 북두칠성으로부터 왔고 죽으면 다시 그곳으로 돌아간다는 믿음이 있었기에, 사람이 죽으면 시신을 '칠성판(七星板)'에 놓는 것이다. 하늘을 숭배하는 '桓雄 天孫族'과 원주민인 '곰 토템족'이 서로 융합하여 통혼하기에 이르는 과정을 단군신선사상과 결합시켜 상징적으로 나타낸 단군설화에 보면 곰이 삼칠일(21일)만에 사람이 된 것으로 나와 있는데, '삼칠일'의 3은 우주만물의 기본수이고 7은 생명수이니 삼칠일만에 사람다운 사람이 되었다는 것은 一卽三·三卽一의 원리가 인간 존재 속에 구현됨으로써 '人中天地一'을 체현했다는 것이요, 이는 곧 眞性·眞命·眞精의 三眞으로 돌아감으로써 우주만물이 '한생명'임을 체득했다는 의미가 함축된 것이다. 예로부터 많이 행해져 온 삼칠일 기도는 기도의 진정한 의미가 우주 '한생명'을 체득함으로써 '참나'에 이르게 하는 데 있다는 含意를 지닌다. 『黃帝內經』에서는 여성의 신체가 7년을 주기로 생리적 및 발육의 현상에 있어 변화를 일으키는 것에 대해 설명하고 있다. 예컨대, 일반적으로 여

덟 절후(節侯)의 팔절(八節)과 '인중천지일(人中天地一)'·'성통공완(性通功完)'을 이루는 구체적인 방법을 366사(事)로써 제시한 팔강령(八綱領, 八理)의 8이라는 숫자,* 하늘의 구궁(九宮)과 소우주인 인체의 구규(九竅)와 9의 자승수인 『천부경』 81자·『도덕경』 81장과 『서경(書經)』의 「홍범(洪範)」에 기록된 홍범구주(洪範九疇)의 9라는 숫자,** 그리고 칠, 팔, 구를 합한 24절기의 24라는 숫자—

성이 14세(7x2)가 되면 月經이 시작되며 姙娠할 능력이 생기고, 49세(7x7)가 되면 月經이 끝나며 姙娠하지 못하게 되는 것이 그것이다. 또한 남자의 경우 8년을 주기로 성장·쇠퇴하는 생리력의 변화를 나타내게 된다. 七情은 일반적으로 喜·怒·哀·樂·愛·惡·慾을 말하는데, 한의학에서는 喜·怒·憂·思·悲·驚·恐을 七情이라고 하고, 불교에서는 喜·怒·憂·懼·愛·憎·欲을 七情이라고 한다. 또한 죽음과 탄생의 경계에 있는 세계에서 듣는 것만으로 영원한 자유에 이르게 하는 Padma Sambhava, *The Tibetan Book of the Dead : Liberation through Understanding in the Between*, translated by Robert A. F. Thurman and foreword by H. H. the Dalai Lama(New York: Bantam Books, 1994)(原語로 『바르도 퇴돌(Bardo Thodol)』) 경전이 숫자 7의 자승수인 49라는 숫자에 기초하고 있음을 주목할 필요가 있다.

* 八卦는 태호 복희씨(太皥伏羲氏)에 의해 창시된 것으로 건(乾, ☰), 곤(坤, ☷), 진(震, ☳), 손(巽, ☴), 감(坎, ☵), 이(離, ☲), 간 (艮, ☶), 태(兌, ☱)를 말함인데 우주자연의 오묘한 이치를 부호화하여 나타낸 것이다. 八節은 立春·春分·立夏·夏至·立秋·秋分·立冬·冬至를 말한다. 八綱領은 參佺戒經 또는 治化經이라고도 하는 것으로 誠·信·愛·濟·禍·福·報·應을 말한다. 이에 대해서는 뒤에 나오는 『參佺戒經』에서 자세하게 풀이하기로 한다. 『易經 *The I Ching*』에서는 千態萬象의 우주 조화를 숫자 8의 자승수인 64괘로 설명하고 있다.

** 하늘의 九宮, 즉 아홉 구역은 팔괘의 방위와 가운데 방위를 합한 것을 말한다. 북극성을 중심으로 하늘을 아홉 구역으로 분할하여 이를 태일(太一), 천일(天一), 천부(天符), 태음(太陰), 함지(咸池), 청룡(靑龍), 섭제(攝提), 헌원(軒轅), 초요(招搖) 등의 9신이 지배한다고 보는 것이다. 여기서 '宮'이라고 한 것은 아홉 구역 모두 神이 居하는 곳이라 하여 그렇게 명명된 것이다. 九竅는 사람 몸에 있는 아홉 구멍 즉 눈, 코, 입, 귀, 요도, 항문을 말한다. 9는 사람과 우주만물[人物]을 나타내는 기본수인 3의 자승수이며, 『천부경』 81자는 9의 자승수이다. 洪範九疇의 주요 내용은 정치가 天의 常道인 오행(五行)·오사(五事)·팔정(八政)·오기(五紀)·황극(皇極)·삼덕(三德)·계의(稽疑)·서징(庶徵)·오복(五福) 등 九疇에 의해 인식되고 실현된다는 것이다. 『書經』에 나타난 洪範九疇 원문의 大綱을 보면, 第一疇 五行은 水·火·木·金·土이고, 第二疇 敬五事는 용모(貌), 언행(言), 시각(視), 청각(聽), 생각(思)을 일상생활에서 공손하고 바르게 행하는 것을 말하며, 第

이 숫자들의 순열 조합은 우주섭리가 써 내려가는 생명의 대서사시(大敍事詩)요, 천·지·인 혼원일기가 연주하는 생명의 교향곡이다. 따라서 일체의 생명은 우주적 생명이다. 그 뉘라서 천지에 미만(彌滿)해 있는 이 우주적 무도(舞蹈)를 그치게 할 수 있으리오!

원문 運三四 成環五七

三疇 八政은 식(食: 食糧), 화(貨: 財貨), 사(祀: 祭祀), 사공(司空: 內務), 사도(司徒: 敎育), 사적(司寇: 治安), 빈(賓: 外務), 사(師: 軍師)의 여덟 가지 통치행위와 관련된 것을 말하고, 第四疇 五紀는 세(歲), 일(日), 월(月), 성신(星辰), 역수(曆數)로 천지운행의 법도를 말한다. 第五疇인 建用皇極은 君王이 어느 편에도 치우침이 없는 大公至正의 王道를 세워서 백성들에게 펴는 것을 말하는 것으로, 洪範 9개 조항의 중앙에 위치시킴으로써 군왕이 중심에서 바른 道를 세운다는 뜻에서 王道는 곧 中正의 道임을 논리구조적으로 명료하게 보여 준다. 第六疇 三德은 군왕이 지켜야 할 天·地·人의 세 가지 德目 즉 정직(正直), 강극(剛克: 강함으로 다스림), 유극(柔克: 부드러움으로 다스림)을 말하고, 第七疇 明用稽疑는 국가의 주요 정책을 집행함에 있어 의심이 가는 일에 대해서는 사람이 할 바를 다한 후 하늘의 뜻에 다시 비춰보는 의미에서 卜筮로 결정하는 방법을 말하고 있으며, 第八疇 庶徵은 하늘이 사람에게 보여주는 여러 가지 징후를 잘 파악하여 충분히 대비해야 함을 말하고 있고, 第九疇 五福(壽, 富, 康寧, 德, 考終命)과 六極(凶短折, 疾, 憂, 貧, 惡, 弱)은 삶의 목표를 올바르게 유도하기 위해 경계로 삼기 위한 것이다. 단재 신채호 선생에 의하면 홍범구주는 2세 단군 扶婁가 태자였을 당시 塗山會議에서 禹(후에 하나라 왕)에게 전한 神書의 본문이라고 한다. 끝으로 백두산이라는 '白'자는 백이라는 '百'자에서 한 획이 빠진 것으로 100에서 하나를 빼었으니 99(구구)가 되는 셈이다. 이 숫자는 백두산에 있는 크고 작은 봉우리들의 도합과 같다고도 하며 인간세계를 상징하는 최고의 숫자인 것으로 알려져 있다. 백두산 천지의 정북쪽에 자리 잡은 仙敎의 사당인 것으로 알려진 八卦廟(지금은 그 터만 남아있음)의 문이 99개였던 것, 地藏王菩薩(신라 왕자 金喬覺스님)이 안치된 중국 九華山 肉身寶殿의 北門 계단이 99개, 南門 계단이 81(구구)개인 것(묘하게도 九華山 봉우리가 99개이며, 喬覺 스님이 涅槃에 드신 때가 99세임), 『道德經』이 81장으로 이루어진 것, 그리고 구구단이 '구구'로 끝나는 것, 이 모두 『구구경』의 '구구'와 일치하는 것이다. 또한 帝釋天이 다스린다는 하늘을 3이 연이은 33天(忉利天)으로 나타낸 것도 주목할 만하다. 이러한 33天 사상은 예로부터 우리 민족에게 많은 영향을 주었다. 3·1운동 당시 민족대표가 33인으로 구성된 것은 인간세계의 차원이 아닌 전 우주적 차원의 독립 선언임을 나타낸 것이며, 한 해를 보내며 갖는 33번의 除夜의 打鐘儀式 또한 우리 민족의 의식이 전 우주와 교감하고 있음을 보여주는 것이다.

번역 천·지·인 셋(三)이 네(四) 단계—'하나(一)', '천일 지일 인일(天一地一人一)', '천이 지이 인이(天二地二人二)', '천이삼 지이삼 인이삼(天二三地二三人二三)'—를 운행하면서 오행[五]이 생성되고 음양오행[七]이 만물을 낳는 과정이 끝없이 순환 반복되는 원궤[環]를 이루는 것이라.

해설 천·지·인 셋(三)이 네(四) 단계, 즉 '하나(一)'·'천일 지일 인일'·'천이 지이 인이'·'천이삼 지이삼 인이삼(天二三地二三人二三)'의 단계를 거치면서 오행(五行: 水·火·木·金·土)이 생성되고 음양오행[七]이 만물을 낳는 과정이 끝없이 순환 반복되는 원궤(圓軌)를 이루는 것이라 하여 '운삼사 성환오칠(運三四成環五七)'이라 한 것이다. 이 네 단계는 『도덕경』의 '도생일(道生一), 일생이(一生二), 이생삼(二生三), 삼생만물(三生萬物)'의 도(道), 일(一), 이(二), 삼(三)의 네 단계와 일치하는 것이다. 음양의 이기(二氣)에 의해 오행이 생성되고 음양오행에 의해 만물이 화생하나, 만물은 결국 하나의 음양으로, 그리고 음양은 '하나(一)'인 혼원일기(混元一氣)로 돌아간다는 것이다.* 이러한 본체와 작용의 관계를 불교에서는 연기적(緣起的) 세계관으로 풀이하는데,[98] 윤회사상(輪廻思想)은 바로 이 연기적 세계관에 기초한 것이다. "이미 건너가야 할 저쪽 언덕이 없는데, 어찌 떠나가야 할 이쪽 언덕이 있으리"[98]라고 한 『열반종요(涅槃宗要)』의 구절이 말하여 주듯, 기실은 가는 것도 없고 오는 것도 없으니 윤회란 실재하는 것이 아니다. 오욕칠정((五慾七情)[99]에 얽매인 그 마음이, '나'와 '너', '이

---

* 李栗谷이 29세 때 大科에 장원 급제한 글인 '易數策'에서는 "萬物一五行也 五行一陰陽也 陰陽一太極也 太極亦强名耳 其體則爲之易 其理則謂之道 其用則爲之神"이라 하여 "만물은 하나의 오행이요, 오행은 하나의 음양이며, 음양은 하나의 태극이다. 태극은 또한 억지로 붙인 이름일 뿐이니, 그 體를 일러 易이라고 하고, 그 理를 일러 道라고 하며, 그 用을 일러 神이라고 한다"라고 易·道·神을 정의했다.

것'과 '저것'을 이원화(二元化)하고 편착하는 그 마음이 윤회의 수레바퀴를 돌리는 것이다.[100]

이렇게 볼 때 삼(三)과 사(四)의 수리(數理)를 운용(運用)하여 오(五)와 칠(七)의 순환 고리를 이루는 바가 표징(標徵)하는 인간세계의 윤회란 오욕칠정이 낳은 우리 내부의 부정적인 에너지가 다함이 없이 카르마(karma, 業)[101]의 작용을 불러일으키는 것을 말한다. 이러한 카르마의 법칙[윤회의 법칙, 인과의 법칙 또는 작용·반작용의 법칙][102]은 인간의 영혼이 완성에 이르기 위한 조건에 관계한다. 내적 자아의 각성과 영적인 힘의 계발을 위해 있는 것이다. 인내하고 용서하고 사랑하는 마음이야말로 이러한 법칙에 대한 유일한 용제(溶劑)이다. 궁극적 실재인 '하나(一)'와 우주만물이, 본체와 작용이 둘이 아니라는 사실을 알게 되면, 그리하여 이 우주가 '한생명'임을 깨닫게 되면 윤회의 수레바퀴는 멈추게 될 것이다.

오욕칠정을 좇는 삶이 허망한 것은 향이 다 타서 재가 되는 것과 같은 이치다. 이렇듯 우주의 조화 작용과 인간의 정신작용이 조응관계에 있는 것은 혼원일기인 '하나(一)'가 천·지·인을 관통해 있기 때문이다. 우주만물은 모두 간 것은 다시 돌아오고 돌아온 것은 다시 돌아가는 법. 이러한 자연의 이법(理法)을 일러 『동경대전(東經大全)』「논학문(論學文)」에서는 '무왕불복지리(無往不復之理)', 즉 '가고 돌아오지 않음이 없는 이법'이라 하고 천도(天道)라 명명하였다.[103] 천·지·인 셋(三)이 네(四) 단계를 운행하면서 오(五, 오행)와 칠(七, 음양오행)의 순환 고리를 이루는 이 숫자들의 묘합(妙合)에서 하도낙서(河圖洛書)*로

---

* 河圖는 太皞伏羲氏가 黃河 龍馬의 등에서 얻은 그림인데 이것으로 易의 八卦를 만들었다고 하며, 洛書는 夏禹(하나라 우왕)가 洛水 거북의 등에서 얻은 글인데 이것으로 禹는 천하를 다스리는 大法으로서의 洪範九疇를 만들었다고 한다. 그러나 앞서 고찰했듯이, 塗山會議에서 당시 태자였던 扶婁(후에 2세 단군)는 禹에게 五行治水法이 기록된

설명되는 음양오행, 팔괘(八卦)가 나오고 천지운행의 원리가 나온다.

삼(三)과 사(四)의 묘리(妙理)를 운용하여 오(五)와 칠(七)의 순환 고리를 이루는 것을 도형으로 나타낸 것이 원방각(圓方角: ○□△)이다. 천지인(天地人)을 함축하고 있는 천원(天圓: ○)·지방(地方: □)·인각(人角: △)의 원리*는 삼사(三四), 즉 삼각(△)과 사각(□)을 운용하여 오칠(五七)의 순환 고리 원(圓: ○)을 이루어 원방각이 삼위일체가 되는 삼일도(三一圖: ◎)를 형성하게 된다. 원방각의 '삼일도'는 5개 접점과 7개 면(面)으로 이루어진 까닭에 오칠(五七)의 순환 고리 원(圓: ○)을 이룬다고 한 것이다. 이는 음양의 이기(二氣)에 의해 오행[五]이 생성되고 음양오행[七]에 의해 만물이 화생하는 과정이 끝없이 순환 반복되는 오칠(五七)의 우주섭리와 합치되는 도형이다. 다시 말해 천·지·인 삼일사상(三一思想)이 바로 이 '삼일도'에 함축된 것이다.

'하나(一)'의 법(法), 즉 우주섭리는 인간의 일상사와는 무관한 허공에 떠 있는 그 무엇이 아니다. 가시권(可視圈)에서 비(非)가시권에 이르기까지 우주섭리에서 벗어나 존재할 수 있는 것은 이 우주에 아무것도 없다. 실로 자연현상에서부터 인체현상, 사회 및 국가현상, 그리고 천체현상에 이르기까지, 극대로부터 극미에 이르기까지, 그 어느 것 하나도 우주섭리에서 벗어나 있

神書(金簡玉牒)를 전하였는데, 홍범구주는 그 신서의 본문이라고 단재 신채호는 주장했다. 河圖(龍圖)는 열 개의 숫자 1, 2, 3, 4, 5, 6, 7, 8, 9, 10이 일으키는 변화이며 그 합인 55라는 숫자는 相生五行을 나타내고, 洛書(龜書 또는 九書)는 아홉 개의 숫자 1, 2, 3, 4, 5, 6, 7, 8, 9가 일으키는 변화이며 그 합인 45라는 숫자는 相剋五行을 나타내는 것으로, 河圖洛書는 相生相剋하는 천지운행의 玄妙한 이치를 드러낸 것이다.

* 『桓檀古記』, 「太白逸史」 第五 蘇塗經典本訓에서는 "圓이란 하나(一)이며 無極이고, 方이란 둘(二)이며 反極이고, 角이란 셋(三)이며 太極이다(圓者一也 無極 方者二也 反極 角者三也 太極)"라고 하여 圓·方·角이 곧 天(一)·地(二)·人(三)을 나타내고 있음을 보여준다. 여기서 無極과 太極은 본체와 작용의 관계로서 하나의 고리를 이루므로 무극이 곧 태극이요 태극이 곧 무극이다.

는 것은 없다. 한마디로 천지운행 그 자체가 '하나(一)'의 법이다. 이 '하나(一)'의 법은 '하늘의 그물이 넓고 넓어서 보이지는 않으나 새지 않는다'[104]고 한 『명심보감(明心寶鑑)』의 구절 속에 잘 나타나 있다. 밤하늘에 흩어져 있는 무수한 별들 사이에 인력이 작용하고 있는 것처럼, 우주만물은 끝없이 상호 연결되어 있으며 서로가 서로를 비추는 상즉상입(相卽相入)의 구조로 연기(緣起)하고 있다.

이러한 상호 연관과 상호 의존의 세계 구조를 『화엄경(華嚴經)』에서는 '인드라망(Indra網)'[105]으로 비유한다. 제석천궁(帝釋天宮)에는 그물코마다 보석이 달려있는 무한히 큰 그물이 있는데, 서로의 빛을 받아 서로 비추는 관계로 하나만 봐도 나머지 전체 보석의 영상이 보이게 된다는 것이다. 인드라망의 비유는 두 입자가 공간적으로 아무리 멀리 떨어져 있어도 비국소적으로 연결되어 있기 때문에 매개체 없이도 즉각적으로 서로의 상태에 영향을 미친다는 '양자 얽힘(quantum entanglement)' 이론과도 상통한다. 이 우주가 본질적으로 역동적이며 불가분적인 전체로서, 정신적인 동시에 물질적인 하나의 실재로서 인식되게 된 데에는 20세기 실험 물리학의 발달에 힘입은 바 크다. 아인슈타인(Albert Einstein)의 상대성이론과 양자역학에 이르러 뉴턴(Isaac Newton)의 3차원적 절대 시공(時空)의 개념이 폐기되고 4차원의 '시공연속체'가 형성됨으로써 이 우주가 상호 작용하는 네트워크체제로 이루어져 있다는 생태적 관점이 점차 힘을 얻게 된 것이다. 말하자면 생명현상을 개체나 종(種)의 차원이 아닌 생태계 그 자체로 인식하게 된 것이다.

오(五)와 칠(七)이 이루는 생명의 순환 고리는 생명현상 그 자체에 대한 정확한 인식이 없이는 포착될 수 없다. 생사(生死)란 우주의 숨결이다. 생명은 결코 죽지 않는다. 삼라만상은 죽어 없어지는 것이 아니라 단지 변화할 뿐이다. 꽃이 피고 지는 것이나 인간이 태어나고 죽는 것 모두 자연과 인간이 하나의 생명의 순환 고리로 연결되어 있음을 보여준다. 죽어서 흙으로 돌아가고 초목을 키우고 초목은 다시 인간에게 산소와 양분을 공급하는 방식으로. 생명의 흐름은 상호 의존·상호 전화·상호 관통하는 원궤를 이루며 영원히 이어진다. 이렇듯 중경(中經) 「지전(地轉)」에서는 음양 양극간의 역동적인 상호작용으로 천지운행이 이루어지고 음양오행이 만물을 낳는 과정이 끝없이 순환 반복되는 '하나(一)'의 이치와 기운의 조화(造化) 작용을 보여 준다. 『천부경』에서 천지 포태의 이치와 기운을 일(一)부터 십(十)까지의 숫자로 풀이한 것은 진리가 언설의 경계를 넘어서 있는 까닭이다. 강을 건너기 위해서는 나룻배가 필요하나 언덕에 오르기 위해서는 배를 버려야 하듯, 진리의 언덕에 오르기 위해서는 이 숫자들마저도 버려야 한다.

하경(下經) 「인물(人物)」에서는 우주만물의 근본이 '하나(一)'로 통하는 삼즉일(三卽一)의 이치와 소우주인 인간의 대우주와의 합일을 통해 하늘의 이치가 인간 속에 징험(徵驗)됨을 보여 준다. 말하자면 '하나(一)'의 이치와 그 조화기운과 하나가 되는 일심(一心)의 경계를 보여 주는 것이다. 상경 「천리」가 가능태(可能態)라면, 하경 「인물」은 구체적 현실태로 '천부중일(天符中一)'의 이상을 제시한다. 하경은 1) 일묘연만왕만래 용변부동본(一妙衍萬往萬來 用變不動本) 2) 본심본태양 앙명 인중천지일(本心本太陽 昻明 人中天地一) 3) 일종무종일(一終無終一)로 구성되어 있다.

원문　一妙衍萬往萬來 用變不動本

번역　'하나(一)'의 묘리(妙理)의 작용으로 삼라만상이 오고 가며 그 쓰임(用)은 무수히 변하지만 근본은 변함이 없도다.

해설 '하나(一)'의 묘한 이치의 작용으로 삼라만상이 오고 가며 그 쓰임
은 무수히 변하지만 근본은 변함도 다함도 없는 까닭에 '일묘연만왕만래 용
변부동본(一妙衍萬往萬來用變不動本)'이라 한 것이다. 우주만물이 다 지기(至氣)인
'하나(一)'의 화현(化現)이고, 우주만물의 생성·변화·소멸 자체가 모두 '하나
(一)'의 조화의 자취이니, '하나(一)'의 묘리(妙理)의 작용으로 삼라만상이 오고
간다고 한 것이다. '하나(一)'에서 우주만물이 형성되고 궁극에는 그 근원으
로 되돌아가는 작용이 다함이 없이 이루어지는 까닭에 '만왕만래'라 한 것이
고, 그 쓰임은 무수히 변하지만 근본은 변함도 다함도 없는 까닭에 '용변부
동본'이라 한 것이다. 우주만물은 '하나(一)'에서 나와 다시 '하나(一)'로 복귀
하므로* 106 '하나(一)'의 견지에서 보면 늘어난 것도 줄어든 것도 없다.** 만물
만상은 무상(無常)한지라 한결같을 수 없고 오직 '하나(一)'만이 한결같아서 이
러한 대립과 운동을 통일시킨다. '하나(一)'는 천지만물의 근원으로서 무한한
생명력을 지니고 있다. 하나의 달(月)이 수천 갈래 시냇물에 비치지만, 허공
에 떠 있는 달은 변함도 다함도 없는 것과 같은 이치다. 밤이 다하면 물속에
있는 수천 개 '달'은 그 근원인 하나의 '달'에 의해 거두어진다.

무지(無知)의 바람이 고요해지면 일체의 현상은 '하나(一)'의 본질 속으로
흡수되기 마련이다. 본체계와 현상계, '하나(一)'와 우주만물의 관계는 보이
지 않는 실물과 보이는 그림자의 관계와 같은 것이다. 이처럼 자본자근(自本

---

* 되돌아가는 것이 道의 움직임이다. 근본으로 돌아감은 순환하여 서로 바뀐다는 뜻으
로 이러한 운동과 변화는 일체의 事象이 대립·의존 관계에 있기 때문이며, 또한 대립
물의 상호의존성은 調和의 美를 발현시키게 된다.
** 열역학 제1법칙(the first law of thermodynamics)은 에너지가 한 형태에서 다른 형태로
변화할 수는 있지만 어떠한 물리적 변화에서도 모든 물체가 지닌 에너지의 합은 불변
이라는 에너지 보존의 법칙이다.

自根)·자생자화(自生自化)하는 '하나(一)'의 조화 즉 생명의 파동적(波動的) 성격을 깨닫게 되면, 다시 말해 '하나(一)'의 묘용(妙用)을 활연관통(豁然貫通)하게 되면, 불연(不然)의 본체계와 기연(其然)의 현상계를 회통(會通)하게 됨으로써 내재와 초월, 본체와 작용이 결국 하나임을 알게 된다. 창조주와 피조물, 신과 인간의 이분법적 도식화는 본체계와 현상계를 상호 관통하는 '하나(一)'의 조화 작용을 깨닫지 못한 데 기인한다. 일체의 이분법이 폐기된 이른바 '무리지지리 불연지대연(無理之至理 不然之大然)'*¹⁰⁷의 경계에 이르게 되면, 삼라만상은 '하나(一)'가 남긴 자국들에 불과한 것임을 알게 된다. 본체[眞如]와 작용[生滅]의 합일을 깨닫게 되면, 다시 말해 천인합일의 이치를 체득하게 되면 자기생성적 네트워크체제로서의 '참여하는 우주(participatory universe)'**가 그 모습을 드러내게 된다.

창조론과 진화론 논쟁은 생명의 전일성과 자기근원성에 대한 인식 부재에서 오는 것이다. 유물론·유심론 논쟁, 신·인간 이원론과 마찬가지로 생명의 본체[一]와 작용[三, 多]의 상호 관통에 대한 인식이 결여된 데서 오는 것

---

* 無理之至理 不然之大然은 〈道理 아닌 지극한 道理, 肯定 아닌 大肯定〉으로 번역될 수 있으나 그 참뜻은 상대적 차별성을 떠난 如實한 大肯定을 의미한다. 이는 곧 莊子(이름은 周)가 말하는 '大通'과 하나가 된 '坐忘'의 경지(『莊子』, 「大宗師」: "墮枝體 黜聰明 離形去知 同於大通此謂坐忘")이며, '나'를 잊고 '나'를 잃지 않는 경지이다.

** '참여하는 우주'란 주체와 객체의 이분법이 폐기됨으로써 전 우주가 참여자의 위치에 있게 되는 경계를 말한 것이다. 이러한 경계는 현대 물리학의 양자역학적 실험에서 확인이 되고 있다. 빛[전자기파]의 파동-입자의 이중성(wave-particle duality)에 관한 닐스 보어(Niels Bohr)의 상보성원리(complementarity principle)나 전자의 속도와 위치에 관한 하이젠베르크(Werner Heisenberg)의 불확정성원리(uncertainty principle)는 관측의 대상이 항상 관측자와 연결되어 있고 또한 관측의 대상과 관측자의 경계가 고정된 것이 아니라고 보는 점에서 주체와 객체를 대립적인 관계가 아닌 하나의 연속체로 파악한 것이다. '하나(一)'가 우주만물이요 우주만물이 '하나(一)'라고 하는 『천부경』의 一卽三·三卽一의 원리는 주체-객체의 이분법이 유효하지 않은 것으로 드러난 양자역학적 실험 결과와 맥을 같이 하는 것이다.

이다. 스스로 생성되고 변화하여 돌아가는 것인데, 누가 누구를 창조한다는 말인가! 거울에 비친 형상과 거울을 분리시킬 수 없고, 천강(千江)에 비친 달그림자와 달을 분리시킬 수 없듯이, 우주만물과 혼원일기(混元一氣, 至氣)인 '하나(一)' 즉 유일신*은 분리될 수 없다. 진화론 또한 생물학적 진화론만으로는 우주의 진행 방향인 영적 진화[의식의 진화]에 대해서나, 영적 진화의 지향성을 갖는 우주의 불가분의 한 부분인 인간에 대해 설명할 수 없다. 우주의 실체는 의식이므로 진화는 영적 진화이며 물질계의 진화는 영적 진화와 표리의 조응관계에 있다는 사실을 놓치고 있다는 것이 진화론 문제의 본질이다.

아우슈비츠(Auschwitz), 히로시마(Hiroshima) 같은 참사들(horrors)이 진화에 역행하는 것이라고 이해한다면 그것은 에고(ego)의 해석일 뿐, 진화는 시작도 끝도 없는 영원 속에서 이루어진다. 이 세상은 인간의 의식을 비춰주는 거울이므로 인간의 의식이 소음으로 가득 차 있으면 그런 참사가 일어나는 것이다. 상대계의 존재이유는 영적 진화를 위한 학습 여건 창출과 관계되며, 그 시대 그 사회 사람들의 집단 에너지의 총합이 영적 진화에 필요한 최적 조건을 창출해 내는 것이다. 따라서 우리가 불평하는 매 순간이 사실은 영적 진화에 필요한 최적 조건이다. 심판이란 정확하게 말하면 '자기심판(self-judgment)'이다. 본체와 작용, 의식계와 물질계의 상호 관통을 이해하지 못하고서는 사실 그대로의 우주를 파악할 수 없다. 생명은 전일적이고 자기근원적이므로 창조론과 진화론을 이분법적으로 이해하기보다는 창조적 진

---

* 우주의 본질인 생명은 분리할 수 없는 절대유일의 하나이므로 '하나(一)' 또는 유일신이라 한 것이다. 우주의 실체는 의식이므로 神[靈·天]은 인격적 존재가 아니라 神性[참본성, 一心, 靈性] 또는 보편의식[근원의식·전체의식·우주의식·순수의식] 등으로 다양하게 명명될 수 있다.

화라는 변증법적 통합의 형태로 이해하는 것이 더 적절할 것이다.

'하나(一)'는 만유의 본질로서 내재해 있으면서 동시에 만물화생의 근본원리로서 작용하고 있으므로 삼라만상이 오고 가며 그 쓰임은 무수히 변하지만 근본은 변함도 다함도 없는 것이다. 따라서 우주만물과 '하나(一)'는 둘이 아니다. 『용담유사(龍潭遺詞)』「흥비가(興比歌)」에서 '무궁한 그 이치를 불연기연 살펴내어…무궁히 알았으면 무궁한 이 울 속에 무궁한 내 아닌가'[108]라고 한 것은, 무궁한 하늘(天, '하나(一)')의 조화를 깨닫게 되면 조물자(造物者)인 하늘과 그 그림자인 인간이 분리될 수 없는 하나라는 사실을 알게 된다는 것이다. 그러나 그러한 묘각(妙覺)의 경지는 매순간 깨어있는 의식이 아니고서는 결코 이를 수 없는 까닭에 「양천주(養天主)」에서는 "오직 하늘을 양(養)한 사람에게 하늘이 있고, 양(養)치 않는 사람에게는 하늘이 없나니…"[109]라고 한 것이다. '시(侍)'가 함축하고 있는 세 가지 의미 즉 내유신령·외유기화·각지불이에서 명징하게 드러나듯, '하늘을 모심(侍天)'은 곧 '하늘을 기름(養天)'이다. '양천(養天)'은 의식(意識)의 확장을 말함이며, 영적 진화(spiritual evolution)와 관계된다. 이렇듯 「시천주」 도덕은 자각적 실천이 수반될 때 그 진면목이 드러난다.

우주만물이 다 하늘[참본성, 一心]을 모시는 영적 주체이고 우주만물의 근본이 모두 하나로 연결되어 있다는 영적 자각에서 생명의 존엄성과 평등성 그리고 자율성이 도출되어 무극대도(無極大道)의 세계가 열리게 된다. 그것은 천인합일(天人合一)의 대공(大公)한 경계에 이르는 것이다. '만상일천(萬像一天)', 즉 만 가지 모습은 하나의 법(法)이다. 많은 나뭇가지들이 하나의 뿌리로 돌아가듯이, 무수한 진리의 가지들도 하나의 진리로 되돌아간다. 거울에 비친 형상과 거울을 분리시킬 수 없듯이, 마음의 거울에 비친 만상과 마음을 분리시킬 수 없다. 그래서 '만법귀일(萬法歸一)', 즉 만 가지 법이 하나인 마음의 법으로 돌아간다고 한다. 하나가 곧 여럿이요(一卽多), 여럿이 곧 하나(多卽一)다. 불생불멸인 '하나(一)'가 곧 우주만물이요 생멸하는 우주만물이 곧 '하나(一)'다. 보이는 만상은 보이지 않는 실체의 그림자에 불과하다. 실체가 곧 그림자요 그림자가 곧 실체다. 생사(生死)를 버리고 열반(涅槃)을 구하는 것은 마치 그림자를 버리고 실체를 구하는 것과 같다. 마찬가지로 색신(色身)을 버리고 법신(法身)을 구하는 것은 얼음을 버리고 물을 구하는 것과 같다. 생사가 곧 열반이요 열반이 곧 생사이며, 색신이 곧 법신이요 법신이 곧 색신이다. 그것은 티끌 속에서 티끌 없는 곳으로 가는 경지다. 말하자면 본체와 작용의 관계다.

이러한 본체계와 현상계의 관계를 인도의 대서사시 『마하바라타 *Mahābhārata*』에 나오는 『바가바드 기타 *The Bhagavad Gita*』에서는 '브라흐마(Brāhma), 즉 창조신(the god of creation)의 낮과 밤'으로 묘사하고 있다. 아름다운 영적인 시로 이루어진 인도인들이 애송하는 이 경전에는 "…브라흐마의 아침이 밝아오면 우주만물이 본체계(the Invisible)에서 나와 활동을 시작하고, 브라흐마의 밤이 오면 다시 본체계로 되돌아간다. 그렇게 우주만물은 브라흐마의 낮과 밤의 주기에 따라 생성과 소멸을 끝없이 순환 반복한다"[110] 고 나와 있다. 말하자면 우주만물이 브라흐마에서 나와 다시 브라흐마로 되돌아가는 것이다. 그런 까닭에 『금강경오가해(金剛經五家解)』에서는 보신(報身) 과 화신(化身)은 진(眞)이 아니며, 바로 이 브라흐마 즉 "법신(法身)만이 청정하여 끝이 없다"[111]고 하고 있다. 말하자면 물속의 달은 나타났다 사라졌다 하지만 허공에 뜬 달은 항상 교교(皎皎)히 빛나는 것과 같다는 것이다.

'하나(一)'와 우주만물, 즉 일(一)과 다(多)는 상호 연관되어 있으며 상호 관통한다. 『장자(莊子)』 「제물론(齊物論)」에서는 천지만물이 다 '하나(一)'일 따름이므로 '만물여아위일(萬物與我爲一)'이라고 하였다. 『금강삼매경론』과 『대승기신론소』에서는 개합(開合)의 논리를 이용하여 이를 명쾌하게 보여 준다. "개(開)하여도 하나가 늘어나지 않고 합(合)하여도 열이 줄어들지 않는다"[112]고 한 것이나, "합(合)하여 말을 하면 일관(一觀)이요, 개(開)하여 말을 하면 십문(十門)이다"[113]라고 한 것, 그리고 "개(開)하면 무량무변한 의미를 종(宗)으로 삼고 합(合)하면 이문일심(二門一心)의 법을 요(要)로 삼는다"[114]고 한 것이 그것이다. 즉, 열면 열이고 닫으면 하나이나, 연다고 해서 그 하나가 늘어나는 것이 아니고 닫는다고 해서 그 열이 줄어드는 것이 아니다. 마찬가지로 대자연의 문을 열면 무수한 사상(事象)이 있으나 닫으면 하나이다. 연다고 해서 그 하나가 늘어나는 것이 아니고, 닫는다고 해서 그 무수한 사상이 줄어드는 것이 아니다. 우리의 마음이 일심의 원천으로 되돌아가 진속(眞俗) 평등의 본체를 체득하지 않고서는 정확하게 그 의미를 파악했다고 할 수 없을 것이다.

인간 의식의 여러 차원은 「창세기(Genesis)」(28:10-12)에 나오는 야곱이 꿈에서 본 사다리에 비유되기도 한다. "야곱이 브엘세바에서 떠나 하란으로 향하여 가던 도중 해가 지게 되자 거기서 유숙하려고 그곳의 한 돌을 취하여 베개하고 눕더니, 꿈에 본즉 사닥다리가 땅 위에 섰는데 그 꼭대기가 하늘에 닿았고 하나님의 사자가 그 위에서 오르락내리락하고…"[115] 야곱과 마찬가지로 우리들 자신의 깊은 의식이 바로 하늘로 통하는 문이다. 의식의 근원에 이르면 하나의 진리가 그 모습을 드러내게 내는데 그것이 바로 일심의 나타남이다. 야곱이 꿈에서 본 사다리를 오르내리는 하나님의 사자 또한 영적 차원에서 물적 차원으로, 물적 차원에서 영적 차원으로 의식세계의 자유로운 내왕을 보여 준다. 의식의 사다리를 타고 내려오는 하나님의 사자는 근원적 일자(一者)의 위치에서 다양성의 세계로 내려오는 것을, 반면에 올라가는 사자는 다양성의 세계에서 다시 근원적 일자의 위치로 회귀하는 것을 상징적으로 보여 주는 것이다. 말하자면 본체계에서 현상계로, 현상계에서 다시 본체계로의 이동을 표징하는 것이다. 일즉다(一卽多)요 다즉일(多卽一)이다. 이렇듯 '일묘연만왕만래 용변부동본'에서는 삼라만상이 오고 가며 그 쓰임은 무수히 변하지만 근본은 변함도 다함도 없는 것이라 하여, 생멸을 거듭하는 우주만물의 본질이 곧 불생불멸의 '하나(一)'라고 하는 삼즉일(三卽一 또는 多卽一)의 이치를 보여준다.

원문 本心本太陽 昂明 人中天地一

번역 인간의 근본 마음자리는 우주의 근본인 태양과도 같이 광명한 것이어서, 이렇게 환하게 마음을 밝히면 천·지·인 삼신일체의 천도(天道)가 인간 존재 속에 구현되는 것이라.

해설 인간의 참본성은 우주의 근본인 태양과도 같이 광명한 것이어서, 이렇게 환하게 마음을 밝히면 사람 속에 천지가 하나가 되어 천·지·인 삼신일체(三神一體)의 천도(天道)를 체득하게 되는 것이라 하여 '본심본태양 앙명 인중천지일(本心本太陽昂明人中天地一)'이라고 한 것이다. 우주의 실체는 의식이므로 마음의 근본은 우주의 근본과 하나로 통하는 것이어서, 인간의 참본성[神性, 自性, 一心]이 회복되면 천·지·인 삼신일체를 체득하게 되므로 인간의 완전한 자기실현이 이루어지게 된다. '인중천지일'은 우주의 본질인 생명의 순환과 함께 성통광명(性通光明)의 이치를 밝힌 생명경(生命經)의 하이라이트가 되는 부분이다. 이렇듯 천·지·인 삼신일체가 인간 존재 속에 구현된 의미를 지닌 『천부경』의 '인중천지일'을 축약하여 '천부중일(天符中一)'[116]의 이상으로 나타내기도 한다.

인간의 자기실현이란 "내가 나 된 것일 뿐 다른 것이 아니다."[117] 따라서 이 세상에서 새로이 이룰 것은 아무것도 없다. 단지 인간 본래의 자성(自性)을 회복하는 일만이 있을 뿐이다. '참나'와 만나기 위해 인류는 그토록 멀고도 험난한 길을 달려왔다. 역사상 그 무수한 국가의 명멸과 문명의 부침(浮沈)과 삶과 죽음의 투쟁, 그 모든 것은 '참나'와 만나기 위한 교육과정이요, 국가·민족·인종·종교·성·계급 간의 경계를 넘어 인류가 하나임을 인식하기 위한 시험의 관문이었다. 삶과 죽음, 전쟁과 평화, 빛과 어둠, 기쁨과 슬픔, 사랑과 증오, 건강과 병, 맑은 하늘과 태풍 등의 대조적 체험을 통해 우리의 영혼은 더욱 맑고 밝고 확대되고 강화되게 된다. 그리하여 마침내 이들이 모두 하나라는 인식에 이르게 된다. 말하자면 천·지·인 삼신일체의 천도를 체득하게 되는 것이다.

'참나'로 가는 길이 곧 동귀일체(同歸一體)요 귀일심원(歸一心源)이다. '참나'가 바로 불생불멸의 영원한 '하나(一)'이며, 이는 곧 한마음(一心)으로 우주적 본성을 일컬음이다. 그런 까닭에 「영부주문(靈符呪文)」에서는 "마음이란 것은 내게 있는 본연의 하늘이니 천지만물이 본래 한마음이라"[118]고 한 것이다. 환하게 마음을 밝힌다는 것은 본래의 자성(自性)을 회복한다는 것이요 이는 곧 일심의 근원으로 돌아간다는 것이다. 일심의 근원으로 돌아가면* 사람이 하늘을 모시고 있음(侍天)을 저절로 알게 되는 법. 이는 곧 평등성지(平等性智)의 나타남이다.[119] 만유가 그러하거니와, 사람 또한 지기(至氣)인 '하나(一)' 즉 하늘의 화현인 까닭에 하늘과 둘이 아니므로 인내천(人乃天)이라 한 것이다.

---

* 一心의 근원으로 되돌아가면 그때 네 가지 지혜가 원만해진다고 『金剛三昧經論』에서는 말한다. "'…그 땅은 청정하기가 깨끗한 유리와 같다'고 한 것은 大圓鏡智의 뜻을 나타낸 것이다…'그 性이 항상 평등하기가 저 大地와 같다'고 한 것은 平等性智의 뜻을 나타낸 것이다…'깨닫고 묘하게 관찰함이 지혜의 햇빛과 같다'고 한 것은 妙觀察智의 뜻을 밝힌 것이다…'이익을 이루어 근본을 얻음이 大法雨와 같다'고 한 것은 成所作智의 뜻을 밝힌 것이다."

깨달은 자의 눈으로 보면 모두가 깨달은 존재이다. 말하자면 일심은 근원성·포괄성·보편성을 띠는 까닭에 우주만물의 근본과 하나로 통하게 되므로 일체가 밝아지게 되는 것이다. 이는 곧 소우주인 인간과 대우주가 하나가 되는 것을 말한다.『천부경』의 진수(眞髓)는 바로 이 '인중천지일'에 있다. 천·지·인 삼신일체의 열쇠는 사람에게 있고 사람의 마음이 밝아지면 그 열쇠는 저절로 작동하게 되므로 '성통공완(性通功完)'을 이룰 수 있게 된다.

「천지인(天地人)·귀신(鬼神)·음양(陰陽)」에서 "사람이 바로 하늘이요 하늘이 바로 사람이니 사람 밖에 하늘 없고 하늘 밖에 사람 없다"[120]고 한 것도 '인중천지일'과 같은 의미이다. 경천(敬天)·경인(敬人)·경물(敬物)의 '삼경(三敬)'사상은 우주만물의 조화적 질서를 이루는 바탕이 되는 것으로 마음을 밝히는 길을 제시하고 있다. 경천(敬天)은 허공을 향하여 상제(上帝)를 공경하는 것이 아니라 내 마음을 공경함이니, '오심불경 즉천지불경(吾心不敬卽天地不敬)'이라 한 것이다.[121] 우주만물에 대한 차별 없는 사랑과 공경의 원천인 바로 그 한 마음을 공경함이 곧 '경천'이다. 우상숭배란 바로 이 경천의 도(道)를 바르게 알지 못하는 데서 오는 것이다. 저 푸른 창공도 저 까마득한 허공도 아닌 한 마음 즉 '하나(一)'를 공경함으로써 불생불멸의 참자아 즉 자신의 내재적 본성인 신성(神性)을 깨닫게 될 것이요, 일체의 우주만물이 다 내 동포라는 전체의식에 이를 수 있을 것이며, 기꺼이 헌신하고자 하는 마음, 책임과 의무를 다하고자 하는 마음이 우러나올 수 있나니, 실로 '하나(一)'에 대한 공경이야말로 모든 진리의 중추를 틀어쥐는 것이다.

이러한 '경천'의 원리는 경인(敬人)의 행위가 수반되지 않으면 발현될 수 없는 까닭에 하늘을 공경하되 사람을 공경함이 없으면 행위의 실효를 거둘 수 없다고 한 것이다. 그래서 사람이 곧 하늘이라고 한 것이다. 경천만 있고 경인이 없으면 도(道)가 바르게 실행될 수 없으므로 "사람을 버리고 하늘을 공경한다는 것은 물을 버리고 해갈(解渴)을 구하는 자와 같다"[122]고 한 것이다. 그러나 사람을 하늘과 같이 공경한다 해도 경인은 경물(敬物)이 없이는 도덕의 극치에 이르지 못하고, 물(物)을 공경함에까지 이르러야 비로소 천지기화 (天地氣化)의 덕(德)에 합일될 수 있다. 인간이 영적(靈的)으로 확장될수록 사랑은 그만큼 전체적이 된다. 우주만물에 대한 차별 없는 공경과 사랑이 일어날 수 있는 것은 바로 이 우주만물에 내재하는 동시에 초월한 '하나(一)'인 참자아를 깨달음으로서이다. '하나(一)'의 조화(造化) 작용으로 만물이 생겨난 까닭에 본래의 진여(眞如)한 마음을 회복하여 '무위이화(無爲而化)'의 덕과 그 기운과 하나가 되면 지기(至氣)와 합일하고 무왕불복(無往不復)의 이치, 즉 천도를 깨닫게 되는 것이다. 이렇듯 본래의 천심을 회복하면 천시(天時)와 지리 (地理) 그리고 인사(人事)가 조응관계에 있음을 알게 되어 만유의 생명을 존중하고 사랑을 실천하는 순천의 삶을 지향할 수 있게 된다.

경천·경인·경물의 '삼경(三敬)'의 실천은 마음을 밝히기 위한 것이요, 마음을 밝힌다는 것은 천·지·인 삼신일체의 천도를 깨닫게 되는 것으로 우주만물의 참본성이 곧 하늘이며 참자아임을 알게 되는 것이다. '인중천지일'은 천·지·인 삼신일체의 천도를 체득하는 것이다. 천·지·인 삼신이 곧 유일신 '하나(一)'이니, 삼위일체란 이를 두고 하는 말이다. 신(神)은 인간과 분리된 외재적인 존재가 아니라 내재적인 동시에 초월적인 존재이다. 신은 만유에 내재해 있는 신성(神性, 참본성, 一心)인 동시에 만유를 생성·변화시키는 지기(至氣)로서 일체의 우주만물을 관통한다. 그러한 참자아인 신(神·天·靈)을 인간 자신으로부터 분리시키는 것이야말로 존재론적 자살(ontological suicide)이 아니고 무엇이랴! 수운(水雲) 심법(心法)의 키워드라 할 수 있는 '오심즉여심(吾心卽汝心)'은 하늘마음이 곧 사람 마음이란 뜻으로 천인합일의 이치를 극명하게 보여준다. 유사 이래 신을 섬기는 의식이 보편화된 것은 우리의 본신이 곧 신[神性]이기 때문이다. 이기적인 욕구 충족을 위해서가 아니라 '영혼의 정화 (purification of soul)'를 위해서, 마치 신에게 바치는 번제의식(燔祭儀式)과도 같이 정성을 다함으로써 신성이 발현될 수 있는 까닭이다.

오늘날 만연한 인간성 상실은 곧 내재적 본성인 신성 상실에서 비롯되는 것이다. 따라서 신성 회복은 곧 인간성 회복이며, 이성과 신성이 합일하는 일심(一心) 속에서 인간은 비로소 신과 하나가 된다. 마음을 지키고 기운을 바르게 함으로써(守心正氣) 우리의 마음이 태양과도 같이 광명하게 되면 '사람이 곧 하늘'임을 알게 되고 평등무이(平等無二)한 세계가 저절로 그 모습을 드러낼 것이다. 『천부경』에 나타난 '천부중일(天符中一)'의 이상은 인간의 신성 회복을 통해 인류의 삶을, 이 세상을 근본적으로 바꾸기 위한 것이다. 그것은 낡은 종교적 교의나 철학적 사변이나 언어적 미망(迷妄)을 떠나 있으며, 에고(ego)가 만들어 낸 일체의 장벽을 해체할 것을 선언한다. 그것은 우주 '한생명'에 대한 선언이다. 실로 참본성이 열리지 않고서는 사회적 공덕을 완수할 수도 없고 세상을 근본적으로 바꿀 수도 없다. 부정한 의식의 철폐를 통한 진지(眞知)의 회복, 바로 여기에 제2의 르네상스가 있고 제2의 종교개혁이 있다. 그것은 다양성으로 이루어진 하나의 통일체를 창출하는 일이다. 그것은 유럽적이고 기독교적인 서구의 르네상스나 종교개혁과는 달리, 전 인류적이고 전 지구적이며 전 우주적인 존재혁명이 될 것이다.

우리가 태어날 때부터 지닌 반야(般若)의 지혜[智劍]는 산호 가지마다 달빛이 온통 영롱하게 빛나듯 세상에 비치지 않는 곳이 없다.[123] 이와 같이 일심의 본체는 지극히 공평하고 사(私)가 없어 평등무차별하다. 『천부경』의 '하나(一)'의 원리는 일즉삼·삼즉일의 이치를 명징하게 밝힘으로써 무수한 진리의 가지들을 하나의 진리로 되돌리기 위한 것이다. '하나(一)'를 열면 무수한 사상(事象)이 펼쳐져 나오지만, 닫으면 '하나(一)'이다. 연다고 해서 그 '하나(一)가 늘어나는 것이 아니고, 닫는다고 해서 그 무수한 사상이 줄어드는 것이 아니다.[124] 천·지·인 삼신일체의 천도를 체득하면 천시(天時)와 지리(地理) 그리고 인사(人事)가 조응관계에 있음을 알게 되므로 '진인사대천명(盡人事待天命)'의 지혜가 발휘된다. 해와 달이 허공에 떠 있지만 거기에 집착하지 않는 것처럼, 비우고 또 비우는 연단(鍊鍛)의 과정을 통하여 마침내 '함이 없으면서도 하지 않음이 없는(無爲而無不爲)'[125] 경지에 이르면, 다시 말해 무위이화(無爲而化)의 덕과 그 기운과 하나가 되면, 사람이 법을 좇는 것이 아니라 법이 사람을 좇고 물질이 의식을 거두어들이는 것이 아니라 의식이 물질을 거두어들이는* '천부중일(天符中一)'의 이상은 실현될 수 있을 것이다. 이는 곧 '삼즉일'의 원리가 인간 존재 속에 구현되는 것으로, 물질문명의 상흔(傷痕)을 치유해줄 진정한 문명의 개창은 이로부터 시작될 것이다.

원문 一終無終一

번역 '하나(一)'에서 우주만물이 비롯되고 다시 '하나(一)'로 돌아가지만 끝이 없는 영원한 '하나(一)'로다.

해설 '하나(一)'에서 우주만물이 비롯되고 다시 '하나(一)'로 돌아가지만, 우주만물의 근본이 되는 그 '하나(一)'는 '하나(一)'라는 명상(名相)이 생기기 전부터 이미 사실로서 존재해 온 까닭에 시작이 없으며, 따라서 '하나(一)'로 돌

---

* 達磨, 『二入四行論』: "迷時人逐法 解時法逐人 迷時色攝識 解時識攝色." "미혹하면 사람이 法을 좇지만, 깨달으면 法이 사람을 좇는다. 미혹하면 물질이 의식을 거두어들이지만, 깨달으면 의식이 물질을 거두어들인다."

아가지만 끝이 없는 '하나(一)'라 하여 '일종무종일(一終無終一)'이라고 한 것이다. 끝이 없다는 것은 곧 시작이 없다는 것과 같은 뜻으로, 무시무종(無始無終)의 영원한 '하나(一)'로 『천부경』은 끝나고 있다. '하나(一)'로 돌아가나 끝이 없는 '하나(一)'라는 '일종무종일'의 의미는 '하나(一)'에서 비롯되나 시작이 없는 '하나(一)'라는 '일시무시일(一始無始一)'의 의미와 사실상 같은 것이다. 그럼에도 굳이 형식상 대구(對句)를 사용한 것은 시작도 끝도 없는 영원한 '하나(一)'라는 의미를 더욱 명료하게 효과적으로 드러냄으로써 다함이 없는 생명의 순환 고리를 생생하게 느낄 수 있게 하기 위한 것이다. 불생불멸인 '하나(一)'는 진여와 생멸, 진제(眞諦)와 속제(俗諦), 본체와 작용의 이분법이 완전히 폐기된 경계인 까닭에 시작도 끝도 없으며, 가지도 오지도 않는 것이다.

그래서 의상(義湘) 대사는 '행행본처 지지발처(行行本處 至至發處)'라 했다. 갔다 갔다 하지만 그곳이 바로 본래 그 자리요, 왔다 왔다 하지만 그곳이 바로 떠난 그 자리이니, 오고 감이 따로 없는 것이다. 모든 개체의 자성(自性)은 텅빈 우주나 거대한 대양과도 같이 막힘이 없이 상호 관통한다. 그러므로 자성의 본질은 평등이다. '나'와 '너', '이것'과 '저것'의 이분법적 경계가 사라지면 원융무이(圓融無二)한 경계가 그 모습을 드러내게 되고 대립자 간의 관계 또한 동일한 실재의 양면성으로서 공존하며 하나의 연속적인 협력체를 형성함으로써 가지도 않고 오지도 않는 여여한 실재에 이를 수 있게 된다. 태어나지도 죽지도 않으며 세상사에 물들지도 않는 '하나(一)', 즉 영원한 신성〔참본성, 一心〕을 보는 사람은 우주만물이 결국 하나임을 알게 되고 보편적 실재인 그 '하나(一)'를 깨닫게 된다. 참자아 속에는 그 어떤 차별성도 존재하지 않으며, 오직 전체성만이 물결칠 뿐이다. 모든 존재 속에 내재하는 동시에 초월한 이 '하나(一)'인 참자아를 깨닫게 되면 그 어떤 환영(maya)이나 슬픔도 없으며 죽음의 아가리로부터 벗어나 불멸에 이르게 된다.[126]

이렇듯 '천부중일'의 이상을 구현하는 이법(理法)은 우주만물의 근원인 '하나(一)'로 원시반본(原始返本)하는 것이다. '반자도지동(反者道之動)'[127], 즉 되돌아가는 것이 도(道)의 움직임인 까닭이다. '하나'님·'하늘'님(天主)·절대자·창조주·유일신·알라(Allāh)·도(道)·불(佛)·브라흐마 등 다양한 이름으로 행해지는 종교적 숭배는 그 무어라 명명하든 모두 우주만물의 근원인 혼원일기(混元一氣, 至氣, 元氣)를 지칭하는 것으로, 본래의 뿌리로 원시반본하기 위한 것이다. 말하자면 '귀일심원(歸一心源)', 즉 일심[참본성, 근원의식·전체의식·보편의식·우주의식]의 원천으로 돌아가기 위한 것이다. 가을이 되면 나무가 수기(水氣)를 뿌리로 돌리듯, 일체의 생명은 본래의 뿌리로 돌아감으로써 영원한 생명을 유지한다. 일심의 원천으로 돌아가는 것은 개인적 차원의 원시반본이고, 우리 민족의 원형을 함유하고 있는 상고사 복원과 우리 국조이신 환인·환웅·환검(단군)의 역사적 복권은 민족적 차원의 원시반본이며, '천지부모(天地父母)'[128]를 섬기는 것은 지구공동체적 차원의 원시반본이고, 우주의 봄·여름인 선천 5만 년이 다하고 우주의 가을이 되면 우주섭리에 따라 후천개벽이 일어나는 것은 우주적 차원의 원시반본으로 그 이치는 모두 근원인 뿌리로 돌아가는 것이다. 우주 가을의 초입(初入)에서 『천부경』이 세인들의 관심을 불러일으키는 것도 후천의 새 세상을 열기 위한 사상적 원시반본이다.

삼라만상은 모두 혼원일기의 역동적인 나타남이며, 무수한 것 같지만 기실은 하나의 기[至氣, '하나(一)']밖에 없다. 그런 까닭에 「천지부모(天地父母)」에서는 "천지는 곧 부모요 부모는 곧 천지이니 천지부모는 일체다. 부모의 포태가 곧 천지의 포태이다"[129]라고 했다. 부모의 포태와 천지의 포태가 동일한 것은 천·지·인 삼신일체이기 때문이다. 따라서 '천지부모'를 섬기는 것은 곧 생명의 뿌리를 찾는 것이요 우주적 본성으로 회귀하는 것이다. 만인이 우주적 본성을 회복하여 소아(小我)의 유위(有爲)가 아닌 대아(大我)의 무위(無

爲)를 따르게 되면 동귀일체(同歸一體)가 이루어져 천지가 합덕(合德)하는 후천의 새 세상이 열리게 된다.

요약하면, 상경 「천리」에서는 천·지·인 혼원일기인 '하나(一)'에서 우주만물이 나오는 일즉삼(一卽三, 執一含三)의 이치를 드러내고, 중경 「지전」에서는 음양 양극간의 역동적인 상호작용으로 천지운행이 이루어지고 음양오행이 만물을 낳는 과정이 끝없이 순환 반복되는 '하나(一)'의 이치와 기운의 조화(造化) 작용을 나타내며, 하경 「인물」에서는 우주만물의 근본이 '하나(一)'로 통하는 삼즉일(三卽一, 會三歸一)의 이치와 소우주인 인간의 대우주와의 합일을 통해 하늘의 이치가 인간 속에 징험(徵驗)됨을 보여준다. 상경 「천리」가 가능태(可能態)라면, 하경 「인물」은 구체적 현실태로서 '천부중일(天符中一)'의 이상을 명징하게 제시하고 있다.

『삼일신고』의 전래와 요체, 구조 및 내용

먼저 『삼일신고(三一神誥)』의 전래부터 차례로 살펴보기로 한다. 『삼일신고』는 『천부경(天符經)』·『참전계경(參佺戒經)』과 함께 환단(桓檀)시대의 정치대전이자 만백성의 삶의 교본으로서 일신강충(一神降衷)·성통광명(性通光明)·재세이화(在世理化)·홍익인간(弘益人間)의 원리를 밝힌 총 366자로 이루어진 우리 민족 고유의 경전이다. 모든 종교와 진리의 모체가 되는 원리를 담고 있다는 점에서 『천부경』과 더불어 인류의 경전이라 할 만하다. 『삼일신고』는 삼일(三一)사상을 본령(本領)으로 삼아 마음을 밝히고 세상을 밝히는 성통공완(性通功完)의 비밀을 담고 있다는 점에서 교화경(敎化經)이라 부르기도 한다.

「태백일사(太白逸史)」 제5 소도경전본훈(蘇塗經典本訓)에는 『삼일신고』가 본래 신시개천(神市開天)의 시대에 나온 것으로 그 글의 내용은 대개 하나를 잡아 셋을 포함하고 셋이 모여 하나로 돌아가는 '집일함삼·회삼귀일(執一含三·會三歸一)'의 원리를 근본으로 삼는다고 기록되어 있다.[130] 말하자면 환국으로부터 내려오던 것을 환웅천황이 신시에 개천하면서 글로 펴내어 오늘에 전해지는 것이다. 『환단고기』와 『부도지』 등의 여러 기록들은 『삼일신고』가 환국·배달국·단군조선·북부여·고구려·백제·신라·가야·발해(渤海=大震國)·통일신라·고려·조선으로 이어지는 우리 역사 속에서 『천부경』과 더불어 국가적으로 매우 중시되었던 경전임을 밝히고 있다.

「태백일사」 제5 소도경전본훈에는 "우리 환국은 환웅으로부터 개천하여 천신께 올리는 제사를 주재하고 삼일신고를 조술(祖述)하여 산하(山河)를 널리 개척하며 인민을 교화하였다"고 기록되어 있다.[131] 「삼성기전」 하편에는 환웅천황이 개천하여 백성들을 교화할 때 천경(天符經)과 신고(三一神誥)를 강론하여 크게 가르침을 편 것으로 기록되어 있고,[132] 「단군세기」 11세 단군 도해(道奚) 원년 경인(庚寅)에 '천경'과 '신고'에 대한 언급이 기록되어 있으며,[133] 또한 단군 도해 46년 3월에 천부경을 논하고 삼일신고를 강연한 사실이 기록되어 있다.[134] 「태백일사」 제3 신시본기에는 "대개 상대(上代) 신시의 인문 교화가 근세에 이르기까지 비록 건실하게 행해지지는 못했다 할지라도 천부경과 삼일신고는 오히려 후세에 전해져 있으며 거국적으로 남녀 모두가 말없이 숭배하여 믿으니, 인간의 생사는 반드시 삼신이 주재하는 것이라"[135]고 하였다. 「삼성기전」 하편에서는 "환웅천황이 처음으로 개천한 이래 백성들을 교화함에 있어 천부경을 풀이하고 삼일신고를 강론하여 크게 가르침을 폈다"[136]고 기록되어 있으며, 「태백일사」 제7 대진국본기(大震國本紀)에는 "태자 흠무(欽武)가 즉위하여 연호를 고쳐 대흥(大興)이라 하고…이듬해 태학(太學)을 세워 천부경과 삼일신고를 가르치고 환단(桓檀)의 옛 역사를 강론했다"[137]고 기록되어 있다.

『삼일신고』원문이 수록된 문헌과 자료로는 대개 다음 몇 개 본이 가장 원형인 것으로 알려져 있다.

첫째, 〈발해 석실본(渤海 石室本)〉이다.

둘째, 〈천보산 태소암본(天寶山 太素庵本)〉이다.

셋째, 〈고경각 신사기본(古經閣 神事記本)〉이다.

여기서 〈석실본〉은 처음 시작이 '제왈 원보팽우(帝曰元輔彭虞)'로 나오고, 〈태소암본〉은 '제왈 이오가중(帝曰爾五加衆)'으로 나오며, 〈신사기본〉은 '주약 왈 자이중(主若曰咨爾衆)'으로 나오는데 천제께서 설하는 대상의 차이일 뿐 내용상 차이는 전혀 없다. 다만 〈태소암본〉은 '진성선무악(眞性善無惡)', '진명청무탁(眞命淸無濁)', '진정후무박(眞精厚無薄)'으로 나오는데, 〈석실본〉과 〈신사기본〉은 '진성무선악(眞性無善惡)', '진명무청탁(眞命無淸濁)', '진정무후박(眞精無厚薄)'으로 나온다. 또한 '유중미지 삼망착근 진망대작삼도(惟衆迷地 三妄着根 眞妄對作三途)' 구절의 위치가 〈태소암본〉의 경우에는 '인물 동수삼진(同受三眞)' 바로 뒤에 놓여 있으나, 〈석실본〉과 〈신사기본〉의 경우에는 '유중미지 삼망착근'은 '왈심기신(曰心氣身)' 앞에, '진망대작삼도(眞妄對作三途)'는 '왈감식촉(曰感息觸)' 앞에 놓여 있어 차이가 있는 것처럼 보인다. 그러나 전체적인 내용으로 볼 때 그 의미가 다른 것은 아니다. 필자는 '진성'·'진명'·'진정', 즉 삼진을 일체의 상대적 차별상을 넘어선 '진성무선악', '진명무청탁', '진정무후박'으로 나타낸 〈석실본〉과 〈신사기본〉의 표현이 더 적절하다고 생각되어 이 양본을 위주로 하되, 처음 시작 글자는 우리 고대국가 통치의 중추 역할을 맡았던 유력 부족 오가(五加)를 대상으로 설하는 〈태소암본〉에 의거한 이맥의 〈태백일사본〉을 따라 '제왈 이오가중(帝曰爾五加衆)'으로 하였다.

〈석실본〉이란 말은 발해국 제3대 문왕(文王) 대흠무(大欽武)[138]께서 남기신 「삼일신고 봉장기(三一神誥奉藏記)」[139]라는 글 속에 삼일신고를 영원히 보존키 위해 대흥(大興) 3년 3월 15일 '영보각(靈寶閣)에 두었던 어찬진본(御贊眞本)을 받들어 태백산 보본단(報本壇) 석실 속에 옮겨 간직한다'[140]라고 한 데서 유래한다. 이렇게 보본단 석실 속에 감추어진 민족 경전과 단군실사(檀君實史)는 조선 말기에 이르러 백봉 대종사(白峯大宗師)에 의해 발견되는데 그 경위는 「단군교포명서(檀君敎佈明書)」[141]에 잘 나타나 있다. 그 내용인즉, "백봉 대종사께서 태백산중에서 하늘에 10년 기도 끝에 대황조성신(大皇祖聖神)의 묵계를 받으시고 보본단 석실을 찾아내어, 그 속에서 민족 경전과 단군실사(檀君實史)를 얻으셨다"[142]고 한 것이 그것이다. 삼일신고 본문 앞에는 발해국[대진국] 시조 대조영(大祚榮)의 「어제삼일신고 찬(御製三一神誥贊)」[143]이 있고, 그 앞에는 어제(御弟) 대야발(大野勃)의 「삼일신고 서(序)」[144]가 있으며, 본문 뒤에는 고구려 개국공신 마의극재사(麻衣克再思)의 「삼일신고 독법(讀法)」[145]이 있고, 그 뒤에는 발해국 3대 문왕의 「삼일신고 봉장기」가 있다.

「삼일신고 봉장기」에 의하면, "삼일신고는 원래 돌과 나무로 된 두 본(二本)이 있어 세상에 전해져 왔는데 석본(石本)은 부여 국고(國庫)에 간직되었고, 단본(檀本)은 위만조선(衛滿朝鮮)에 전하였다가 둘 다 병화(兵火)에 잃었다 하며…이 책은 곧 고구려에서 번역하여 전한 것이요, 우리 할아버지 고왕(高王)께서 읽으시고 예찬한 것이다"[146]라고 하고 있다. 이렇듯 「삼일신고 봉장기」에는 발해국 문왕까지 이 경전이 전해진 경위가 밝혀져 있고, 그 뒤에 대종교까지 전하여진 경위는 백봉 대종사와 두암 백전(頭岩伯佺) 등이 단기 4237(1904)년 10월 3일에 공표한 〈단군교포명서〉에 밝혀져 있다. 이듬해 단기 4238(1905)년 섣달 그믐날 밤 백봉 대종사는 구순(九旬)의 백전을 보내어 구국운동 차 일본을 다녀오는 홍암 나철(弘岩羅喆)을 서울 서대문역에서 만나

『삼일신고』와『신사기(神事記)』를 전해 주게 하였다. 〈신사기본〉은 대종교 소장의「신사기(神事記)」[147]에 실린 것으로 〈석실본〉과는 처음 시작 글자만 다르며 분장(分章)이 되어 있지 않은 점 외에는 〈석실본〉과 같으므로 따로이 부연하지 않기로 한다.

〈태소암본〉은「태백일사」제8 고려국본기(高麗國本紀) 내용에서 유래한다. 그 내용인즉, "행촌(杏村) 선생이 일찍이 천보산에 유람갔다가 밤에 태소암에서 유숙하였는데, 소전(素佺)이라는 한 거사가 기이한 고서들을 많이 간직하고 있어 이에 이명(李茗)·범장(范樟)과 더불어 함께 신서(神書)를 구했는데 모두 옛 환단(桓檀)으로부터 전수된 진결(眞訣)이라…선생이 이르기를, '도가 하늘에 있음에 이것이 삼신(三神)이 되고 도가 사람에게 있음에 이것이 삼진(三眞)이 되니 그 근본을 말하면 하나가 될 뿐이다…스스로 홍행촌수(紅杏村叟)라고 부르며 마침내 행촌삼서(杏村三書)를 지어 집에 간직하였다."[148] 행촌삼서란 단군세기, 태백진훈(太白眞訓), 농상집요(農桑輯要)를 일컫는 것으로 〈태소암본〉이란 바로 이 행촌삼서 안에 있는 것이다.「태백일사」에는 〈태소암본〉의 삼일신고 원문이 실려 있다.

『삼일신고』의 핵심은 그 제목이 말하여 주듯, 천·지·인 삼신일체(三神一體)에 기초한 삼일(三一)사상이다. 발해국 시조 대조영의「어제삼일신고 찬(御製三一神誥贊)」에는 회삼귀일(會三歸一)을 뜻하는 삼즉일(三卽一)의 원리를 '반망귀진(返妄歸眞)', 즉 망령됨을 돌이켜 참됨으로 돌아가는 것이라고 하였다. 이는 곧『삼일신고』본문 속의 '반망즉진(返妄卽眞)'과 상통하는 것이다. 따라서 '삼일신고'란 망령됨을 돌이켜 참됨으로 돌아가게 하는 신명(神明)한 말씀이라는 뜻이다. 박제상은『부도지』에서 "미혹함이 심대하여 성상(性相)이 변이한 고로…그러나 스스로 힘써 닦아 미혹함을 깨끗이 씻어 남김이 없으면 자연히 복본(復本)할 것이니…"[149]라고 했다. 이러한 복본 사상은 고구려의 '다물

(多勿)'과도 관계가 있는 것으로 이화세계, 홍익인간으로의 복귀를 나타낸다. 지유(地乳)를 마시며 사는 인간이 만든 최초의 낙원국가, 즉 고대 한민족의 발상지인 파미르고원 마고성(麻姑城)으로의 복귀를 나타낸 것이다. 느낌을 그치고(止感) 호흡을 고르며(調息) 부딪침을 금하여(禁觸) 오직 한뜻으로 이 우주가 '한생명'이라는 삼일의 진리를 닦아 나가면, 삼진(三眞: 眞性·眞命·眞精) 즉 근본지(根本智)로 돌아가 일신[唯一神, '하나'님]과 하나가 될 수 있는 것이다. 이는 삼신일체(三神一體)·삼진귀일(三眞歸一)로서 성통광명·재세이화·홍익인간의 원리가 구현됨을 뜻한다.

다음으로『삼일신고(敎化經)』의 요체에 대해 살펴보기로 한다.『삼일신고』는 한마디로 삼일(三一)사상을 본령(本領)으로 삼고 삼신(三神) 조화(造化)의 본원과 세계 인물의 교화를 상세하게 논한 것이다.『천부경』81자가 담고 있는 의미는『삼일신고』366자에서 더 명료하게 드러난다. 삼일사상이란 집일함삼(執一含三)과 회삼귀일(會三歸一)[150]을 뜻하는데 이는 곧 일즉삼(一卽三)·삼즉일(三卽一)을 말하는 것으로 우주만물(三)이 '하나(一)'라는 사상에 기초해 있다. '하나(一)'는 곧 하늘(天)이며 삼(三)은 사람과 우주만물(人物)을 나타내는 기본수이기도 하므로 삼일사상은 인내천(人乃天) 사상*과 상통한다.「태백일사」제5 소도경전본훈(蘇塗經典本訓)에서는『삼일신고』의 다섯 가지 큰 지결(旨訣)이 천부(天符)에 근본을 두고 있으며,『삼일신고』의 궁극적인 뜻이 천부중일(天符中一)의 이상에서 벗어나지 않음을 밝히고 있다.[1] 여기서 '천부중일'

---

* '人乃天'의 '人'은 사람과 우주만물을 총칭하는 대명사로서의 인이다. 사람이 만물의 영장인 까닭에『천부경』에서도 사람과 우주만물의 본체가 세 번째로 생겨나는 것을 '人物一三'이라고 하지 않고 그냥 '人一三'이라고 한 것이다.

의 '중일'이란 『천부경』 하경(下經)에 나오는 '인중천지일(人中天地一)'을 축약한 것이다. 이는 『삼일신고』가 삼즉일(三即一)의 이치를 드러낸 『천부경』 하경(下經) 편을 중점적으로 다루고 있음을 보여 주는 것으로, 백성들을 교화하기 위한 교화경으로서의 위상을 말하여 주는 것이다.

북애자(北崖子)의 『규원사화』 「단군기」에는 단군이 오가(五家)[152]와 백성들로 하여금 일월(日月), 음양(陰陽), 사시(四時)의 신과 산악(山岳), 하천, 이사(里社)를 주관하는 신에게 제사를 올리게 하고 마친 뒤에 단군8조(檀君八條)로써 크게 가르침을 베푼 것으로 나오는데 이는 단군 자신이 백성들을 위하여 홍익인간의 이념을 풀이한 것이다. 이는 곧 경천애인(敬天愛人) 사상의 발로요 재세이화의 이념이 함축된 것이다. 단군8조의 내용 중에는 『삼일신고』 제2장 「일신(一神)」과 제3장 「천궁(天宮)」, 그리고 제5장 「인물(人物)」에 대한 가르침이 자세하게 풀이되어 있다. 그 내용인즉, "하나(一)'님은 오직 한 분으로 위 없는 으뜸 자리에 계시면서 천지를 창조하고 전 세계를 주재하며 헤아릴 수 없이 많은 사물을 만드시니, 넓고도 넓어 포함하지 아니하는 사물이 없고, 밝고도 밝으며 신령스럽고도 신령스러워 티끌 하나도 새는 일이 없다"[153]고 한 것은 「일신」에 대한 가르침을 풀이한 것이다.

"하나(一)'님은 오직 한 분으로 위 없는 으뜸 자리에 계시면서 천궁을 다스리시어 세상의 온갖 선이 열리고 온갖 덕의 근원이 되는 곳이므로 뭇 신령이 호위하여 모시니 크게 상서롭고 크게 광명한 곳이라 이를 일러 신향(神鄉)이라 한다"[154]고 한 것은 「천궁」에 대한 가르침을 풀이한 것이다. 그리고 "천제께서 천궁으로부터 삼천의 무리를 거느리고 인간 세상에 내려와 우리 황조가 되셔서 공덕을 온전히 완수하고 하늘나라 신향으로 돌아갔다. 너희 무리들은 오직 천범(天範)에 따라 온갖 선을 돕고 온갖 악을 없애어 성통공완을 이루면 천궁에 들게 될 것이다"[155]라고 한 것은 「인물」에 대한 가르침을 풀이한 것이다.

이 외에도 발해국 시조 대조영(大祚榮, 高王)의 아우 반안군왕(盤安郡王) 대야발(大野勃)의 『단기고사(檀奇古事)』[156]에 『삼일신고』의 원리와 가르침이 나타나 있다. 『단기고사』 서문에는 대야발이 발해국 고왕(高王)의 명을 받들어 천통(天統) 17년 3월 3일에 「삼일신고 서(序)」를 적게 된 경위가 나타나 있으며, 『단기고사』 또한 임금의 명을 받들어 사해에 널려 있는 사료를 수집하고 역사적 평론을 참고하여 13년이 걸려 완성한 것임을 밝히고 있다. 『단기고사』 서문에는 『삼일신고』 제5장 「인물(人物)」에 대한 가르침이 명료하게 풀이되어 있고, 제1세 단군왕검조(條)에는 제1장 「하늘(天)」과 제2장 「일신(一神)」에 대한 가르침이 기록되어 있으며,[157] 제13세 흘달(屹達)조에는 제4장 「세계」와 제5장 「인물」을 풀이하는 데 도움이 될 만한 가르침이 나와 있다. 이렇듯 『삼일신고』는 『천부경』과 함께 나라를 다스리는 만세의 경전이자 만백성을 교화시키는 교화경으로서 우리 배달겨레가 반드시 숙지해야 할 정치 교본이자 삶의 교본이었다.

설명의 편의상 『삼일신고』를 행촌(杏村) 이암(李嵒)의 분류방식대로 5장으로 나누되 제1장의 제목을 '허공(虛空)'이라고 한 『태백일사』와는 달리, '하늘(天)'이라고 하였다. 제1장 「하늘(天)」은 근원적 일자인 하늘['하나'(一)]의 본질을 밝히고 있다. 하늘은 단순히 육안으로 보이는 그런 유형적인 것이 아니라 근원성·포괄성·보편성·무규정성·무한성을 그 본질로 하고 있음을 강조하고 있다. 하늘을 공경하는 경천(敬天)의 도(道)는 허공을 향하여 상제를 공경하는 것이 아니라 내재적 본성인 신성[참본성]을 경배하고 따르는 것이다. 따라서 하늘(天)과 성(性)과 신(神)은 별개가 아니며 시작도 끝도 없는 영원한 '하나(一)'를 다양하게 명명한 것일 뿐이다.* 하늘의 실체를 알지 못하면 경

---

* 하늘(님)=하느님(天主)=神이므로 하늘(天)과 神은 하나다. 우주의 실체는 의식이므로

천의 도를 바르게 실천할 수 없고 따라서 인간의 자기실현은 불가능하게 된다. 하늘에 대한 가르침을 『삼일신고』의 첫머리에 둔 것은 이 때문이다.

제2장 「일신(一神)」은 '하나(一)'의 무한한 창조성을 밝히고 그 '하나(一)'에 이르는 길을 제시한다. '하나'님(一神)은 시작도 끝도 없는 근본자리에 계시면서 큰 덕과 큰 지혜와 큰 힘으로 하늘을 내시고, 무수한 세계를 주재하시며, 만물을 창조하시되 작은 티끌 하나도 새는 일이 없이 완전한 창조 질서를 보여 준다. 신은 만유의 중심에 내려와 있는 신성인 동시에 만유를 화생(化生)시키는 지기(至氣, 混元一氣)로서 분리할 수 없는 하나이므로 유일신이요 이는 곧 하늘이며 참본성이다. 소리 내어 기운을 다하여 원하고 기도한다고 해서 '하나'님을 친견할 수 있는 것이 아니라, 자성(自性)에 대한 직관적 지각을 통해서만이 내재적 본성인 신성이 발현될 수 있음을 강조하고 있다.

'하나'님[神·天·靈]은 인간의 중심에 내려와 계시니 일신강충(一神降衷)이요, 이는 곧 '하나'님이 인간의 참본성으로 내재해 있음을 말하는 것이다. 인간의 중심에 내려와 계신 '하나'님의 진성(眞性)을 통하면 태양과도 같이 광명하게 되니 성통광명(性通光明)이요, 이는 곧 사람이 하늘임을 알게 되는 것이다. '성통(性通)'은 재세이화·홍익인간의 구현이라는 '공완(功完)'을 이루기 위한 전제조건인 동시에 인간의 자기실현을 위한 필수조건이다. 다시 말해 성통

신은 곧 신 의식[보편의식·근원의식·전체의식·우주의식·순수의식, 神性, 一心]이며 하나인 참본성[性]이다. 性은 생명[神·天·靈]이 만물에 배분된 것이다. 하늘(天)이나 神은 우리와 분리된 외재적인 존재가 아니라 우리의 참본성[神性]으로 내재해 있으면서 동시에 萬物化生의 근본원리로서 작용하는 하나인 혼원일기(混元一氣: 무어라 형용할 수 없는 태초의 한 기운), 즉 至氣다. 『천부경』·『삼일신고』·『참전계경』을 이해하는 핵심은 하늘(天)과 성(性)과 신(神)이 하나임을 인식하는 데 있다. 예로부터 하늘[神]을 섬기는 의식이 보편화된 것은 그것이 곧 '생명'이며 하나인 참본성이기 때문이다. 유사 이래 동서양의 경전들에서 하늘, 신, 생명의 실체에 대해 說하고 있지만 대부분의 사람들은 진리를 포착하지 못하고 있다. 세상이 혼탁하게 된 이유다.

이 개인적 수신에 관한 것이라면, 공완은 사회적 삶에 관한 것으로 이 둘은 동전의 양면과 같은 것이다. 재세이화는 이 세상에서 이치가 구현되는 것을 말함이요 홍익인간은 널리 인간을 이롭게 하는 것을 말한다. 따라서 '하나' 님은 우리와 무관한 초월적 존재도, 참본성을 떠난 그 어디에 따로이 존재하는 것도 아니다. 내재성인 동시에 초월성이며, 전체성인 동시에 개체성이며, 우주의 본원인 동시에 현상 그 자체인 천·지·인 혼원일기(混元一氣)다. 정성을 다하여 자신에게 주어진 의무를 성실하게 수행하는 것이 만유의 근원으로서 만유 속에 내재해 있는 '하냐님을 경배하는 것이다.

　제3장 「천궁(天宮)」은 오직 성통공완(性通功完)을 이룬 자만이 신국(神國)의 천궁에 나아가 영원히 쾌락을 얻게 됨을 밝히고 있다. '성통(性通)', 즉 참본성이 열린다는 것은 내재적 본성인 신성이 발현되어 사람의 몸이 곧 '하나'님이 계시는 신국(神國)임을 깨달아 '시천주(侍天主: '하나'님을 모심)'의 자각적 주체가 되는 것을 의미한다. 우주만물은 지기(至氣)인 '일신'의 자기현현(self-manifestation)이므로 우주만물과 '일신'은 둘이 아니며, 따라서 천궁은 우주만물의 중심에 존재한다. 그것은 태양과도 같이 광명한 마음의 근본자리이다. 마음을 밝히고 세상을 밝혀서 재세이화·홍익인간의 이념을 자각적으로 실천함으로써 공덕을 완수한 자만이 '하나'님과 하나가 될 수 있고 지상천궁(地上天宮)을 세울 수 있게 된다.

　제4장 「세계(世界)」는 천지창조와 은하계의 생성 및 별의 진화, 그리고 태양계의 운행과 지구의 형성과정을 밝힌 것이다. 천지창조와 더불어 우주만물이 화생(化生)하는 시작도 끝도 없는 전 과정 자체가 한 이치 기운(一神)의 조화 작용이다. '하나'님이 해 세계, 즉 태양계(Solar System)를 맡은 사자에게 칙명을 내려 칠백세계를 주관(主管)하게 했다는 것은 곧 태양계의 운행을 나타낸 것이다. 여기서 칠백세계의 '700'은 태양계를 구성하고 있는 태양과

그 주변을 돌고 있는 행성으로서의 지위가 부여된 8개의 행성과 205개의 위성(2021년 9월 현재), 그리고 새롭게 발견되었거나 또는 발견을 기다리고 있는 다른 행성들 및 위성들과 거대 소행성을 포함한 숫자인 것으로 짐작된다. 다른 한편으로는 우리 태양계에서 지구 인류와 유사한 지성체(知性體)가 살고 있는 별의 숫자인 것으로 생각해 볼 수도 있다. 지구 중심의 불덩어리가 진동하여 솟구쳐서 지진이나 화산 폭발이 일어나며, 또한 맨틀 대류(mantle convection(對流))에 의해 지구 표면에 떠 있는 판(板) 대륙이 상호 이동하는, 이른바 판구조론(板構造論, plate tectonics)으로 설명되는 이러한 과정에서 바다로 변하고 육지가 되는 지각변동이 있게 되는 것이다. "'하나'님이 기운을 불어 넣어…온갖 것들이 번식하게 되었다"는 것은 혼원일기(混元一氣)인 '하나'님의 조화 작용으로 만물이 화생하는 과정을 의인화하여 나타낸 것이다.

끝으로, 제5장 「인물(人物)」에서는 사람과 만물이 다 같이 근원적 일자(一者)인 '하나(一)'에서 나왔으며, 그 하나의 진성(眞性)을 셋으로 표현하여 성(性)·명(命)·정(精)이라고 하였다. 진성(眞性)은 참성품(참본성)을 말하는 것으로 선함도 악함도 없으니 으뜸 밝은이(上哲)로서 막힘이 없이 두루 통하고, 진명(眞命)은 참목숨을 말하는 것으로 맑음도 흐림도 없으니 중간 밝은이(中哲)로서 미혹함이 없이 잘 알며, 진정(眞精)은 참정기를 말하는 것으로 두터움도 엷음도 없으니 아래 밝은이(下哲)로서 잘 보전하므로, 선악과 청탁(淸濁)과 후박(厚薄)이 구분되기 이전의 삼진(三眞), 즉 근본지(根本智)로 돌아가면 일신과 하나가 될 수 있다는 것이다. 사람이 처지에 미혹하여 성·명·정 삼진(三眞)을 지키지 못하고 삼망(三妄), 즉 심(心)·기(氣)·신(身)이 뿌리를 내리는 것에 대해 설명하고, 또한 삼진(三眞)과 삼망(三妄)이 서로 맞서 세 갈래 길(三途), 즉 감(感)·식(息)·촉(觸)을 짓고 이 세 가지가 굴러 열여덟 가지 경계를 이루는 것에 대해 설명하고 있다. 느낌을 그치고(止感), 호흡을 고르며(調息), 부딪침을 금하여(禁觸) 오직 한 뜻으로 나아가 망령됨을 돌이켜 참됨에 이르고 마침내 무위이화(無爲而化)의 덕과 그 기운과 하나가 되니, 이것이 바로 참본성을 통하고 공덕을 완수함(性通功完)이다.

『삼일신고』의 핵심 원리인 삼일(三一) 원리의 실천성은 바로 이 성통공완(性通功完)에 함축되어 있다. 말하자면 성통광명은 재세이화·홍익인간의 구현을 위한 전제조건인 동시에 인간의 자기실현을 위한 필수조건이다. 16세기 명(明)나라 왕감주(王弇洲, 본명은 王世貞)의 『속완위여편(續宛委餘編)』에 단군과 그의 치적 및 가르침에 관한 기록이 있음을 이시영의 『감시만어(感時漫語)』에서도 밝히고 있거니와, 삼일 원리에 기초한 우리 국조의 이러한 가르침을 부여에서는 대천교(代天敎), 신라에서는 숭천교(崇天敎), 고구려에서는 경천교(敬天敎), 고려에서는 왕검교(王儉敎)라 하여 숭배한 것은, 이 우주가 '한생명'이라는 삼일의 진리를 일념으로 닦아 나가면 성통광명이 이루어져 재세이화·홍익인간의 이상세계가 구현될 수 있기 때문이다. 다시 말해 『천부경』·『삼일신고』·『참전계경』을 관통하는 천·지·인 삼신일체의 천도(天道)를 닦아 나가면 성통공완을 이룰 수 있다는 데 있다.

다음으로 『삼일신고』의 구조에 대해 살펴보기로 한다. 『삼일신고』 구본(舊本)에선 장을 나누지 않았는데 고려 말기 행촌(杏村) 이암(李嵒)이 5장으로 나누었으며, 필자는 『태백일사(太白逸史)』에 수록된 이암의 분류방식을 따르기로 한다. 다만 제1장의 제목을 『태백일사』에서는 '허공(虛空)'이라고 하였으나, 필자는 '하늘(天)'이라고 하였다.* 따라서 하늘(天), 일신(一神), 천궁(天宮),

---

* 제1장은 '하늘(天)'의 본질에 대한 가르침으로, 하늘이란 것이 단순히 육안으로 보이는 푸른 창공이나 까마득한 허공이 아니라 참본성임을 설하고 있다는 점에서 '하늘'이라

세계(世界), 인물(人物)의 5장으로 나누어 살펴보기로 한다. 전체 5장 중 1장 「하늘」과 2장 「일신」은 『천부경』의 상경 「천리(天理)」에 해당하는 것으로 『천부경』의 '하나(一)'가 『삼일신고』에서는 '하늘'·'일신'으로 명명되고 있다.

4장 「세계」는 『천부경』의 중경 「지전(地轉)」에 해당하는 것이며, 5장 「인물」은 『천부경』의 하경 「인물」에 해당하는 것이다. 그리고 3장 「천궁」은 '일신[唯一神, '하나'님]'이 거(居)하는 곳으로, 오직 마음을 밝히고 세상을 밝힘으로써 '성통공완(性通功完)'을 이룬 사람만이 갈 수 있는 곳이라 하여 천부중일(天符中一)의 실천적 의미와 그 효과를 밝히고 있다. 이는 천·지·인 삼신일체를 이룬 사람이 곧 하늘이요 '일신'임을 명징하게 보여주는 것으로, 우주만물의 중심에 존재하는 「천궁」을 다섯 장의 중앙에 위치시킴으로써 논리구조적 명료성과 더불어 삼일(三一) 원리의 실천성을 그만큼 강조한 것이다.

제1장 「하늘(天)」은 '帝曰爾五加衆 蒼蒼非天 玄玄非天 天無形質 無端倪 無上下四方 虛虛空空 無不在 無不容'의 36자로 구성되어 있고, 제2장 「일신」은 '神在無上一位 有大德大慧大力 生天 主無數世界 造甡甡物 纖塵無漏 昭昭靈靈 不敢名量 聲氣願禱 絶親見 自性求子 降在爾腦'의 51자로 구성되어 있으며, 제3장 「천궁」은 '天神國 有天宮 階萬善 門萬德 一神攸居 群靈諸哲護侍 大吉祥大光明處 惟性通功完者 朝永得快樂'의 40자로 구성되어 있고, 제4장 「세계」는 '爾觀森列星辰 數無盡 大小明暗苦樂 不同 一神造群世界 神勅日世界使者 舝七百世界 爾地自大 一丸世界 中火震盪 海幻陸遷 乃成見象 神呵氣包底 煦日色熱 行翥化游栽物 繁殖'의 72자로 구성되어 있다. 제5장 「인물」은 1) '人物 同受三眞 曰性命精 人全之 物偏之 眞

性 無善惡 上哲通 眞命 無淸濁 中哲知 眞精 無厚薄 下哲保 返眞一神', 2)'惟衆迷地

三妄着根 曰心氣身 心依性 有善惡 善福惡禍 氣依命 有淸濁 淸壽濁夭 身依精 有厚

薄 厚貴薄賤', 3)'眞妄對作三途 曰感息觸 轉成十八境 感 喜懼哀怒貪厭 息 芬殱寒熱

震濕 觸 聲色臭味淫抵', 4)'衆 善惡淸濁厚薄相雜 從境途任走 墮生長肖病歿苦 哲 止

感調息禁觸 一意化行 改妄卽眞 發大神機 性通功完 是'의 167자로 구성되어 있다.

따라서 『삼일신고』는 총 366자로 구성되어 있다.

다음으로 『삼일신고』의 내용에 대해 살펴보기로 한다.

제1장 「하늘(天)」

원문 帝曰爾五加衆 蒼蒼非天 玄玄非天 天無形質 無端倪 無上下四方
      제 왈 이 오 가 중 창 창 비 천 현 현 비 천 천 무 형 질 무 단 예 무 상 하 사 방
      虛虛空空 無不在 無不用
      허 허 공 공 무 부 재 무 불 용

번역 천제께서 말씀하시길, 너희 오가(五加) 무리들아, 푸르고 푸른 것이

하늘(天)이 아니며, 검고 검은 것이 하늘이 아니다. 하늘은 형상도 바탕도 없

고, 시작도 끝도 없으며, 위 아래 사방도 없어 텅 비어 있으나 없는 곳이 없

고 포용하지 않는 것이 없다.

해설 제1장 「하늘(天)」편은 환웅천제(桓雄天帝)께서 오가(五加)에게 하늘에

대한 가르침을 설하는 내용이다. 푸르고 푸른 것이 하늘이 아니며 검고 검

은 것이 하늘이 아니라고 한 것은 단순히 육안으로 보이는 낮의 푸른 창공

이나 밤의 까마득한 허공이 진정한 하늘은 아니라는 말이다. 하늘의 실체를

모르고서는 하늘을 공경하는 경천(敬天)의 도(道)를 바르게 실천할 수가 없다.

「삼경(三敬)」에서는 "경천(敬天)은 결단코 허공을 향하여 상제(上帝)를 공경한다는 것이 아니요, 내 마음을 공경함이 곧 경천의 도를 바르게 아는 길이니, 「오심불경(吾心不敬)이 즉천지불경(卽天地不敬)이라」…"158고 하였다. 하늘의 실체를 알지 못한 채 허공만 바라보고 헛되이 사심으로 비는 행위를 두고 하는 말이다.

모든 종교에서 그토록 경계하는 우상숭배란 바로 이 경천의 도를 바르게 알지 못하는 데서 오는 것이다. 우주만물에 대한 차별 없는 사랑과 공경의 원천인 바로 그 하나인 마음(一心)을 공경함이 곧 경천이다.159 이어 「삼경(三敬)」에서는 "사람은 경천함으로써 자기의 영생을 알게 될 것이요,…인오동포(人吾同胞) 물오동포(物吾同胞)의 전적이체(全的理諦)를 깨달을 것이요,…남을 위하여 희생하는 마음, 세상을 위하여 의무를 다할 마음이 생길 수 있으므로 경천은 모든 진리의 중추를 파지(把持)함이니라"160고 하였다. 하늘[참본성, 神性, 一心]에 대한 공경이야말로 모든 진리의 중추를 틀어쥐는 것인 까닭에 삼일신고에서는 하늘에 대한 가르침을 그 첫머리에 두고 있는 것이다.

하늘은 육안으로 보이는 그런 유형적인 것이 아니다. 형상도 바탕도 없다고 한 것은 하늘의 무규정성을, 시작도 끝도 없다는 것은 하늘의 영원성·근원성을, 위아래 사방도 없다는 것은 하늘의 무한성을, 있지 않은 곳이 없다는 것은 하늘의 보편성을, 포용하지 않는 것이 없다는 것은 하늘의 포괄성을 일컫는 것이다.161 여기서 '있지 않은 곳이 없다'는 말은 기독교의 '무소부재(無所不在)'와 일치하는 것이다. 다만 차이점이 있다면 「요한 계시록」에서는 하늘에 인격을 부여하여 '하늘'님이 되면서 절대적 권위를 갖는 인격체로서 인간세계를 군림하게 되었다는 것이다. 그러나 인격체가 되면 '하늘'님은 인간화되어 '무소부재'일 수도 없고, 절대·영원일 수도 없다. 이와 같이 우주섭리의 의인화는 물형계에서 살고 있는 우리에게 우주섭리에 대한 이해를

용이하게 해주는 순기능적인 측면이 있는 반면, 사고를 제한시키고, 착각을 증폭시키고, 본질을 왜곡시키고, 결과적으로 우민화(愚民化)시켜 맹종을 강요하는 것과 다름없는 역기능적인 측면이 있음을 부인할 수 없다.

『중용(中庸)』에도 "천명지위성 솔성지위도(天命之謂性 率性之謂道)", 즉 "하늘이 명한 것이 성(性)이고 이 성을 따르는 것이 도(道)이다"라고 나와 있거니와, 하늘을 공경하는 경천의 도(道)는 허공을 향하여 상제를 공경하는 것이 아니라 참본성[自性, 一心, 근원의식·전체의식·보편의식·우주의식·순수의식]을 따르는 것이다. 참본성이란 우주만물의 중심에 편재(遍在)해 있는 생명의 본체인 '하나(一)', 즉 유일신(神·天·靈, 至氣, 混元一氣)을 일컫는 것이다. 유일신이 곧 하늘이며 참본성이다. 참본성을 떠난 그 어디에 따로이 유일신이 존재하는 것이 아니다. 유일신은 특정 종교의 신도 아니요 섬겨야 할 대상도 아니다. 바로 우리 자신이며 우주만물 그 자체다. 따라서 사람이나 우주만물 자체가 유일신인 것은 그 물질적 외피를 두고 한 말이 아니다. 우주만물을 관통하는 참본성, 즉 하늘[混元一氣, 至氣]은 분리할 수 없는 절대유일의 하나인 까닭에 유일신이라 명명한 것이다. 하늘을 경배하는 것은 곧 참본성을 따르는 것이요 내재적 본성인 신성[神]을 경배하고 따르는 것이다. 따라서 하늘(天)과 성(性)과 신(神)은 하나다.

신(神·天·靈)은 곧 '생명'이니, 유일신은 '불가분의 전체성(undivided wholeness)'인 생명을 표징하는 대명사다. 말하자면 생명의 전일성과 자기근원성의 의미를 함축한 것이다. 『성경』의 '유일신', 『코란』의 '알라(Allāh)', 불교의 '천상천하유아독존(天上天下唯我獨尊)'의 '유아(唯我·유일자·유일신)', 『우파니샤드』의 유일신 '브라흐마(Brāhma)'는 모두 『천부경』에서 말하는 시작도 끝도 없는 영원한 '하나(一)'를 다양하게 명명한 것으로, 분리 자체가 근원적으로 불가능한 생명의 전일성과 자기근원성의 심오한 의미를 함축한 것이다.

신은 만유의 중심에 참본성으로 내재해 있으면서 동시에 만물을 화생(化生)시키는 지기(至氣, 混元一氣)로서 없는 곳이 없이 실재하는 보편자이다. 그런데 세상 사람들은 각자의 분별지(分別智)가 만들어낸 '내 종교만의 하느님'과 같은 짚신이나 나막신 수준의 물신(物神)을 경배하고 있으니, 모든 경전에서 그토록 경계하는 우상숭배에 빠진 것이다. 하늘의 실체를 알지 못하고서는 참본성을 자각할 수가 없으므로 마음을 밝힐 수도 없고 세상을 밝힐 수도 없다. 하늘에 대한 가르침의 소중함이 바로 여기에 있다.

제2장 「일신(一神)」

원문 神在無上一位 有大德大慧大力 生天 主無數世界 造牷牷物
　　　신 재 무 상 일 위 유 대 덕 대 혜 대 력 생 천 주 무 수 세 계 조 신 신 물
　　　纖塵無漏 昭昭靈靈 不敢名量 聲氣願禱 絶親見 自性求子 降在爾腦
　　　섬 진 무 루 소 소 령 령 불 감 명 량 성 기 원 도 절 친 견 자 성 구 자 강 재 이 뇌

번역 '하나'님(一神)은 위 없는 첫 자리에 계시어 큰 덕과 큰 지혜와 큰 힘으로 하늘을 내시고, 무수한 세계를 주재하시며, 만물을 창조하시되 작은 티끌 하나도 새는 일이 없고, 밝고도 밝으며 신령스럽고도 신령스러워 감히 이름 지어 헤아릴 수 없도다. 소리 내어 기운을 다하여 원하고 기도한다고 해서 '하나'님을 친견할 수 있는 것이 아니다. 자성(自性)에서 '하나'님의 씨를 구하라. 너희 머릿골에 내려와 계시니라.

해설 천(天)과 신(神)이 둘이 아니므로 제1장 「하늘」과 제2장 「일신(一神)」은 별개의 장이라고 볼 수는 없다. 「하늘(天)」편이 근원적 일자인 '하나(一)'의 본질을 밝힌 것이라면, 「일신(一神)」편은 '하나(一)'의 무한한 창조성을 밝히고 그 '하나(一)'에 이르는 길을 제시한 것이다. '하나'님, 즉 유일신은 시작

도 끝도 없는 근본자리에 계시어 큰 덕과 큰 지혜와 큰 힘으로 하늘을 내시고(生天), 무한한 우주를 주재하며, 만물을 창조하는 것으로 나온다. 여기서 '생천(生天)'은 『천부경』의 '천일일(天一一)'과 같은 의미로 하늘의 본체가 열리는 것을 말한다. 무한한 우주를 주재한다고 한 것은 신[唯一神, '하나'님]이 곧 우주섭리 그 자체인 까닭이다. 만물을 창조한다는 것은 『천부경』의 '천이삼 지이삼 인이삼(天二三地二三人二三)'과 같은 의미로 음양 양극간의 역동적인 상호작용으로 천지운행이 이루어지고 우주만물이 생성·변화하는 이치를 의인화하여 신이 창조한 것으로 나타내고 있다.

그러나 우주는 스스로 생성되고 변화하여 돌아가는 자기생성적 네트워크 체제로 이루어져 있으므로 창조주와 피조물, 즉 주체-객체 이분법은 성립되지 않는다. 다만 신을 향한 경외심을 가지고 매순간 정성을 다하게 되면 내부의 신성이 발현될 수 있는 까닭에[162] 하나의 방편으로 의인화하여 나타낸 것이다. 신은 만유의 중심에 내려와 있는 신성[참본성]인 동시에 다함이 없는 기화(氣化)의 작용으로 만유를 화생(化生)시키는 지기(至氣, 混元一氣)로서 유일신이요 하늘이며 참본성이다.[163] 이러한 사실을 자각하지 못하고서는 참본성이 드러날 수 없으므로 인간의 자기실현은 불가능하게 된다.[164] 만물을 창조하시되 작은 티끌 하나도 새는 일이 없다는 것은 신의 완전한 창조 질서를 보여 주는 것이다. 신의 창조행위는 하지 않음이 없는 '무불위(無不爲)'의 행위이다. 이러한 신[神性]의 다함이 없는 창조성과 절대 조화의 창조 질서는 참으로 밝고도 밝으며 신령스럽고도 신령스러워 감히 언어로는 표현할 길이 없다고 한 것이다.

소리 내어 기운을 다하여 원하고 기도한다고 해서 '하나'님을 친견할 수 있는 것이 아니라고 한 것은, 자성(自性, 神性, 참본성)에 대한 자각이 없이 허공만 바라보고 사심으로 비는 기도행위는 공허한 광야의 외침과도 같이 헛되다는 것이다. 그런 까닭에 「마태복음(Matthew)」(7:21)에서는 "나더러 주여 주여 하는 자마다 다 천국에 들어갈 것이 아니요 다만 하늘에 계신 내 아버지의 뜻대로 행하는 자라야 들어가리라"[165]고 한 것이다. 여기서 '아버지'란 우주만물의 근원으로 하나인 참본성을 의미한다. '하나'님은 오직 참본성[自性, 神性]에 대한 직관적 지각을 통해서만이 닿을 수 있는 영역인 까닭에 "자성에서 씨['하나'님의 씨앗(子)]를 구하라"고 한 것이다. 자성에 대한 직관적 지각을 통해서만이 '하나'님을 친견할 수 있다는 의미이다. '하나'님을 친견한다는 것은 곧 내재적 본성인 신성이 발현되는 것을 의미한다. 내재적 본성인 신성을 깨달을 때 비로소 신은 그 모습을 드러낸다는 말이다. 하늘(天)이 명한 것이 '성(性)'이므로 참본성을 떠난 그 어디에서도 '하나'님을 만날 수 있는 것이 아니다. 한마디로 참본성[性]이 곧 하늘(天)이요 신(神)이다.[166]

"너희 머릿골에 내려와 계시니라(降在爾腦)"라고 한 것은, 자성에 대한 지각이 직관의 영역인 우뇌의 작용에 기인하며 우주 순수의식이 우뇌로 연결되어 있음을 말하여 주는 것이다. 그것의 요체는 마음을 비움에 있다. 만유의 중심에 내려와 있는 신성을 자각함으로써, 전체와 분리된 개체라는 생각이 사라짐으로써 저절로 작동하게 되는 것이다. '하나'님은 곧 신성이며 전체의식[보편의식·근원의식·우주의식·순수의식]인 까닭이다. '하나'님은 인간의 중심에 내려와 계시니 일신강충(一神降衷)이요, 인간의 중심에 내려와 계신 '하나'님의 진성(眞性)을 통하면 태양과도 같이 광명하게 되니 성통광명(性通光明)이다. 이는 곧 사람이 하늘임을 알게 되는 것이다. '성통(性通)'은 재세이화·홍익인간의 구현이라는 '공완(功完)'을 이루기 위한 전제조건인 동시에 인간의 자기실현을 위한 필수조건이다.

따라서 '하나'님, 즉 '하나(一)'는 우리와 무관한 초월적 존재가 아니라 내재적인 동시에 초월적이며, 전체적인 동시에 개체적이며, 우주의 본원인 동시에 현상 그 자체인 천·지·인 혼원일기(混元一氣, 至氣)다. 「만두꺄 우파니샤드 *Mandukya Upanishad*」에서 "브라흐마(Brāhma)는 일체 만물이다. 아트만(Ātman)이 곧 브라흐마이다"[167]라고 한 것은 내재와 초월, 전체와 개체, 그리고 본체계와 현상계의 상호 관통을 말하여 주는 것이다. 이렇듯 내재와 초월, 본체와 작용을 상호 관통하는 '하나(一)'의 본질은 동학의 내유신령(內有神靈)과 외유기화(外有氣化)의 관계에서도 명료하게 드러난다. '하나(一)'가 신성한 영(靈·神·天)으로 내재해 있는 동시에 만물화생의 근본원리로서 작용하고 있다는 것은 내재와 초월, 본체와 작용의 합일을 말하여 주는 것으로 그 체(體)가 둘이 아니다. 말하자면 '하나(一)'와 인간과 우주만물은 분리될 수 없다. 인간의 중심에 내려와 계신 '하나'님은 씨앗(子)으로 존재하는 '하나'님으로, 진성(眞性)이다. 「양천주(養天主)」에서 '하나'님을 양(養)할 줄 아는 사람이라야 '하나'님을 모실 줄 아는 것[168]이라고 하여 '시천(侍天: 하늘을 모심)'을 '양천(養天: 하늘을 기름)'으로 풀이한 것은, 씨앗으로 존재하는 '하나'님을 양(養)해야 한다는 의미이다. '양'하지 않으면 '하나'님의 본성인 신성이 발현되지 않으니 그렇게 말한 것이다.

우주만물에 '하나'님의 씨앗이 고루 내재해 있지만 그 씨앗을 양(養)하고 '양'하지 않음에 따라 다르게 나타나는 것이다. 『바가바드 기타 *The Bhagavad Gita*』에서는 말한다. "각자에게 주어진 의무를 수행하는 것이 만유의 근원으로서 만유 속에 내재해 있는 '하나'님을 경배하는 것이다. 이렇듯 정성을 다하여 자신의 의무를 수행하는 사람은 완전한 경지에 도달한다."[169] 말하자면 정성을 다하여 자신의 의무를 수행하는 것이 곧 만유의 근원으로서 만유 속에 내재해 있는 유일신 '하나'님을 양(養)하는 길이다. 마음을 밝히고 세상을 밝히는 성통공완(性通功完)의 비밀은 '하나'님을 '양'하는 데 있다. '하나'님을 '양'해야 참본성이 열리기 때문이다. '하나'님을 '양'하는 방법은 허공을 향하여 헛되이 사심으로 비는 것이 아니라 정성을 다하여 자신의 의무를 성실히 수행하는 것이다. 군자든 소인이든 모두 '하나'님이 씨앗으로 내재해 있는 것은 같으나, 군자는 '하나'님을 '양'하여 신성이 발현된 경우라면, 소인은 '양'하지 않아 아직 발현되지 않은 경우이다. 이렇듯 사람과 우주만물의 근본이 되는 '하나(一)', 즉 '하나'님은 참본성을 떠난 그 어디에 따로이 존재하는 것이 아니다. 『삼일신고』에서 '자성구자 강재이뇌'라고 하여 자성에 대한 직관적 지각을 강조한 것은 이 때문이다.

근대 서구의 정치적 자유주의가 오늘날 한계에 이를 수밖에 없는 것은 인간 존재의 세 중심축이랄 수 있는 종교와 과학과 인문, 즉 신과 세계와 영혼의 세 영역(天地人 三才)의 통합성을 인식하지 못함으로 해서 물신(物神) 숭배가 만연하게 된 데 있다. 현대판 물신의 등장은 정신의 자기분열의 표징이다. 바로 이 물신이 우상이다. 스스로의 영적(靈的) 이미지로서가 아닌, 육적 이미지로서 그려낸 물신이 우상이다. 현재 지구촌은 물신이 무소불위(無所不爲)의 권력을 휘두르며 인류의 우상숭배에 힘입어 최고신으로서 군림하고 있다. 종교의 세속화·상업화·기업화 현상, 유일신 논쟁, 창조론과 진화론 논쟁, 유물론과 유심론 논쟁, 신·인간 이원론, 물질만능주의 등은 우리의 참본성인 유일신의 실체를 직시하지 못하는 데서 오는 것이다. 우주만물이 혼원일기(混元一氣)인 유일신의 화현(化現)임을 직시한다면, 그리하여 본체계와 현상계가 둘이 아님을 알게 되면, 주체·객체, 정신·물질, 유심·유물, 신·인간 등 일체의 이분법은 종식될 것이다. 일체 만물은 지기(至氣)인 유일신에서 나와 다시 유일신으로 돌아간다. 유일신은 특정 종교의 신이 아니라 진리 그 자체이며 참본성[自性, 神性, 一心]을 일컫는 것이다. 해가 뜨면 풀잎에 맺힌 이슬방울이 사라지듯, 신과 세계와 영혼의 통합성에 대한 자각이 이루어지면 물신은 저절로 그 모습을 감추게 될 것이다.

제3장 「천궁(天宮)」

원문   天神國 有天宮 階萬善 門萬德 一神攸居 群靈諸哲護侍
　　　천 신 국 유 천 궁 계 만 선 문 만 덕 일 신 유 거 군 령 제 철 호 시
　　　大吉祥大光明處 惟性通功完者 朝永得快樂
　　　대 길 상 대 광 명 처 유 성 통 공 완 자 조 영 득 쾌 락

번역   하늘은 '하나'님[하느님, 一神]의 나라로 천궁이 있으니, 만선(萬善)의
계단과 만덕(萬德)의 문으로 이루어져 있도다. '하나'님이 계신 곳에 뭇 신령
과 밝은이들이 호위하여 모시고 있어 크게 길하고 상서로우며 크게 광명
한 곳이라. 오직 성통공완을 이룬 자만이 그곳에 나아가 영원히 쾌락을 얻
으리라.

해설   제3장 「천궁(天宮)」 편에서는 하늘(天)을 신국(神國)이라고 하고 이 신
국의 천궁(天宮)에 일신(一神), 즉 '하나'님이 계시는 것으로 나온다. 이는 인간
세계의 구조로 나타낸 것일 뿐, 하늘[神國]과 '하나'님은 둘이 아니다. '하나'님
은 만유의 본질로서 내재해 있는 동시에 만물화생의 근본원리로서 작용하
므로 사람과 우주만물을 떠난 그 어디에 따로이 존재하는 것이 아니다. 우
주만물은 지기(至氣)인 '일신'의 화현이므로 우주만물과 '일신'은 둘이 아니
다. 따라서 천궁은 우주만물의 중심에 존재한다. 그것은 태양과도 같이 광
명한 마음의 근본자리*를 가리키는 것이다. 우리들 자신의 깊은 의식이 천
궁으로 통하는 문이다. 우주섭리를 일(一)부터 십(十)까지의 천수지리(天數之

* cf. "Matthew" in *Bible*, 5:8 : "마음이 청결한 자는 복이 있나니 그들이 '하나'님을 볼
  것이다(Blessed are the pure in heart, for they will see God)"; cf. "Luke" in *Bible*, 6:20 :
  "너희 가난한 자는 복이 있나니 하나님의 나라가 너희 것이다(Blessed are you who are
  poor, for yours is the kingdom of God)."

理)로 풀이한 『천부경』과는 달리, 여기서는 의인화(擬人化)하여 나타내고 있다. 이는 신(一神, 唯一神)과 하늘(天)과 참본성[性]이 별개가 아니며 모두 '하나(一)'인 혼원일기(混元一氣)를 다양하게 명명한 것임을 나타내 보이기 위한 것으로 해석된다.

우주섭리의 의인화 내지 인격화는 일반적으로 난해한 것으로 여겨지는 우주섭리에 사람과 같은 인격을 부여함으로써 이해를 돕기 위한 방편으로 사용된다. 이를테면, '하나'님을 근원적 일자(一者)라고 하기보다는 '아버지'라고 하면 훨씬 수월하게 와 닿기 때문에 의인화의 방편을 사용하는 것이다. 내용으로 보면 우주만물의 근원이 '하나'님이니, 분명 '하나'님은 예수 그리스도만이 아니라 우주만물의 아버지임에 틀림없다. 그러나 '아버지'라고 부르는 순간, '하나'님과 '나' 자신이 이원화되고 '나'만의 '하나'님으로 화하여 버린다는 데 문제가 있다. '하나'님은 결코 우리와 분리된 외재적인 존재가 아니라, 우리의 내재적 본성인 신성(神性, 참본성)을 의미한다. 따라서 '나'만의 '하나'님 또는 내 종교만의 '하나'님으로 묶어 두는 것이야말로 불경스러운 것이다. 그렇게 되는 순간, '하나'님이 그토록 경계하는 우상숭배에 빠지게 된다. 하늘과 '하늘'님(하느님, 天主), '하나(一)'와 유일신은 본질적으로 차이가 없다. 이는 마치 달(月)과 '달'님, 해(日)와 '해'님이 아무런 차이가 없는 것과 같은 이치다. 영적 진화의 단계에 따라 사물에 대한 인식 방법이 달라져야 한다는 것은 자명하다.

하늘은 있지 않은 곳이 없으므로(無不在, 無所不在) 하늘을 신국(神國)이라 한 것은 신국이 없는 곳이 없다는 말이다. 우주만물이 지기(至氣, 混元一氣)인 '하나'님의 화현인 까닭에 '하나'님이 없는 곳이 없는 것이다. 우주만물이 다 '하나'님의 나라 신국이다. 인간의 몸도 신국이다. 『용담유사(龍潭遺詞)』「교훈가(敎訓歌)」에 "나는 도시 믿지 말고 한울님['하나'님]만 믿었어라. 네 몸에 모셨으니 사근취원(捨近取遠) 하단말가"라고 한 데서 인간의 몸이 바로 신국임을 명징하게 보여 준다. 제2장 「일신」에서 "너희 머릿골(腦)에 내려와 계시니라(降在爾腦)"라고 한 데서도 알 수 있듯이, 인간의 몸이 신국이라면 머릿골은 '하나'님이 계시는 천궁에 해당하는 곳이라 할 수 있다. 그런 까닭에 인간에게는 하늘의 뜻이 땅에서도 이루어지게 하려는 원초적인 본능이 내재되어 있다. 우리 상고시대 마고(麻姑)의 나라·환국·배달국·단군조선은 지상에서의 신국을 구가했던 나라들이다. 그 신국의 천궁에 해당하는 곳이 바로 중앙아시아의 파미르고원이요 천산(天山, 波奈留山)이며, 중국 대륙의 태백산(太白山)이요, 한반도의 백두산(白頭山)이었던 것이다. '하나(一)'인 혼원일기에서 천·지·인 셋이 갈라져 나와 다시 '하나(一)'인 혼원일기로 돌아가는 것이니, 이 세 지극한 이치는 분리시켜 생각할 수 없다.

천궁이 만선(萬善)의 계단과 만덕(萬德)의 문으로 이루어져 있다는 것은 온갖 선과 덕이 넘쳐흐르는 지복(至福)의 하늘 궁전임을 은유적으로 나타낸 것이다. 환언하면, '하나'님이 계시는 천궁에 이르기 위해서는 만선의 계단을 올라야 하고 만덕의 문을 열어야 하니 그만큼 많은 선행을 쌓고 덕을 베풀어야 한다는 의미로 해석될 수 있다. 여기서 계단과 문은 물질 차원의 것이 아니라 의식(意識)의 계단이요 의식의 문이다. 우리들 자신의 깊은 의식이 바로 천궁으로 통하는 계단이요 문이다. 따라서 천국과 지옥은 시공(時空) 개념이 아니라 인간의 의식 상태를 일컫는 것이다. 이 마음 하나가 천국이요 지옥이라는 말이 바로 그것이다. 천국은 걸림이 없는 자유로운 의식의 영역이다. 말하자면 8식(識)[170]의 모든 물결이 다시 기동하지 않는 일심의 원천, 거기가 바로 천국이다. 지옥은 걸림으로 가득 찬 구속의 영역이다. 진여(眞如)한 마음의 본바탕이 가려지고 무명(無明)의 바람이 일어 여러 형태의 생멸을 짓게 되는 그 마음, 즉 생멸심(生滅心)이 지옥이다.

'하나'님이 계신 곳에 뭇 신령과 밝은 이들이 호위하여 모시고 있다는 것은 밝고 신령스러운 기운이 감싸고 있음을 은유적으로 나타낸 것이다. 따라서 지극히 길(吉)하고 상서로우며 광명한 곳이다. 오직 참본성이 열리고 공덕을 완수한 자만이, 다시 말해 성통공완을 이룬 자만이 '하나'님 궁전에 나아가 영원히 쾌락을 얻게 되는 것이다. '성통공완'을 이룬 사람이란 마음을 밝히고 세상을 밝혀서 재세이화·홍익인간의 이념을 자각적으로 실천한 사람이다. 천궁에 나아가 영원한 쾌락을 얻게 된다는 것은 '하나'님과 하나가 된다는 말이다. 참본성이 열린다는 것은 내재적 본성인 신성에 대한 자각이 이루어짐으로써 사람의 몸이 곧 '하나'님이 계시는 신국임을 깨달아 '시천주(侍天主: '하나'님을 모심)'의 자각적 주체가 되는 것을 의미한다. '사람이 곧 하늘이다'라는 말은 '하나'님이 우리의 참본성으로 내재해 있는 것을 두고 한 말이다. 사실 사람만이 아니라 우주만물이 다 하늘이다. 우주만물이 '하나'님[至氣]의 자기현현이므로 '하나'님은 없는 곳이 없이 실재하며 우주만물의 참본성으로 내재해 있기 때문이다.

　　따라서 성통공완을 이루기 위해서는 우리의 본신인 하늘을 공경하는 경천(敬天)의 도를 바르게 실천하지 않으면 안 된다. 하늘을 공경한다는 것은 곧 사람을 공경한다는 것이요, 또한 우주만물을 차별 없이 사랑한다는 것이다. 우리 상고사상의 근본정신이 천·지·인 삼신일체에 기초하여 하늘과 사람과 만물을 하나로 관통한 것은 경천의 도를 바르게 실천함으로써 성통공완을 이루기 위한 것이었다. 우리 국조께서 마음을 밝히는 가르침을 근본으로 삼으신 것은 정치의 주체인 인간의 마음이 밝아지지 않고서는 밝은 정치가 이루어질 수 없고 따라서 홍익인간의 이념 또한 실현될 수 없기 때문이다. 마음이 밝아진다고 하는 것은 우주만물이 결국 하나임을 알게 됨으로써 더불어 사는 삶을 실천하게 되는 것을 말한다. 우주만물의 개체성은 근원적 일자인 '하나(一)'가 다양한 모습으로 현현한 것으로 우주만물의 생성·변화·소멸은 모두 '하나(一)'의 조화(造化) 작용이다. 본래의 천심을 회복하여 우주의 조화 기운과 하나가 되면 천지운행을 관조할 수 있게 됨으로써 천덕(天德)을 몸에 지니게 되어 광명이세·홍익인간의 정치이념을 구현할 수 있게 된다.

第4장 「세계(世界)」

원문 爾觀森列星辰 數無盡 大小明暗苦樂 不同 一神造群世界
이 관 삼 렬 성 신 수 무 진 대 소 명 암 고 락 부 동 일 신 조 군 세 계
神勅日世界使者 舝七百世界 爾地自大 一丸世界 中火震盪
신 칙 일 세 계 사 자 할 칠 백 세 계 이 지 자 대 일 환 세 계 중 화 진 탕
海幻陸遷 乃成見象 神呵氣包底 煦日色熱 行翥化游栽物 繁殖
해 환 육 천 내 성 현 상 신 가 기 포 저 후 일 색 열 행 저 화 유 재 물 번 식

번역 총총히 널린 저 별들을 보라. 그 수가 다함이 없으며, 크고 작고 밝고 어둡고 괴롭고 즐거움이 같지 않으니라. '하나'님[一神]이 온 누리를 창조하시고, 해 세계[태양계]를 맡은 사자에게 칙명을 내려 칠백세계를 주관하게 하시니, 너희 땅이 스스로 큰 듯이 보일 것이나 하나의 작은 알(丸)만한 세계니라. 중심의 불덩어리가 진동하여 솟구쳐서 바다로 변하고 육지가 되어 지금의 땅덩이 형상을 갖추게 된 것이라. '하나'님이 기운을 불어넣어 바닥까지 감싸고 햇빛과 열로 따뜻하게 하여 걷고 날고 탈바꿈하고 헤엄치고 심는 온갖 것들이 번식하게 되었도다.

해설 제4장 「세계(世界)」 편은 천지창조와 은하계(銀河系)의 생성 및 별의 진화, 그리고 태양계의 운행과 지구의 형성과정을 단 72자로 간명하게 설한 것이다. 총총히 널린 저 별들은 그 수가 다함이 없으며, 그 크기와 밝기와 고

락(苦樂)이 같지 않다는 뜻이다. 별의 구조와 밝기, 크기, 온도 등 시간적 변화로서의 별의 일생을 의미하는 별의 진화에 대해서는 별의 탄생부터 초신성(supernova) 폭발까지 현대 과학에서 일정 부분 밝혀진 바이다. 다른 생명체와 마찬가지로 우주의 별들 또한 생성과 소멸의 순환 속에 있으며, 태어난 환경이나 조건에 따라 다른 삶을 살게 되는 것이니 고락이 같지 않다고 한 것이다.

'하나'님[一神]이 온 누리를 창조한 것은 『천부경』의 무위(無爲)의 천지창조와 그 의미가 같은 것으로 의인화하여 나타낸 것이다. 이에 대해 「천지이기(天地理氣)」에서는 "천지, 음양, 일월, 천만물이 화생한 이치가 한 이치 기운의 조화(造化) 아님이 없다"[171]라고 명쾌하게 설명했다. 여기서 말하는 한 이치 기운(一理氣)이란 곧 일신(一神)이다. '일신'은 시작도 끝도 없는 영원한 '하나(一)', 즉 만물의 제1원인으로서 무시무종(無始無終)이며 무소부재(無所不在)이고 자본자근(自本自根)·자생자화(自生自化)하는 무궁한 이치와 조화(造化) 기운 자체를 일컫는 것이다. 천지창조와 더불어 우주만물이 화생(化生)하는 시작도 끝도 없는 전 과정 자체가 '일신'의 조화 작용이다.

'하나'님이 해 세계 즉 태양계(Solar System)를 맡은 사자에게 칙명을 내려 칠백세계를 주관(主管)하게 했다는 것은 곧 태양계의 운행을 나타낸 것이다. 태양계는 태양과 현재까지 공식적으로 행성으로서의 지위가 부여된 8개의 행성과 205개의 위성(2021년 9월 현재), 그리고 소행성, 혜성, 유성 등으로 이루어져 있다. 여기서 칠백세계의 '700'은 수성(水星, Mercury), 금성(金星, Venus), 지구(地球, Earth), 화성(火星, Mars), 목성(木星, Jupiter), 토성(土星, Saturn), 천왕성(天王星, Uranus), 해왕성(海王星, Neptune) 등 태양을 중심으로 돌고 있는 8개의 행성(行星, Planet)[172]과 그중 6개 행성들(지구, 화성, 목성, 토성, 천왕성, 해왕성) 주위를 돌고 있는 205개의 위성,* 그리고 새롭게 발견되었거나 또는 발견을 기다리고 있는 다른 행성 및 위성들과 거대 소행성 등을 포함한 숫자인 것으로 짐작된다. 다른 한편으로는 우리 태양계에서 지구 인류와 유사한 지성체(知性體)들이 살고 있는 별의 숫자인 것으로 생각해 볼 수도 있다.

지구 땅덩이를 알에 비유한 것은 작다는 의미와 더불어 지구의 둥근 형태를 암시한 것이다. 지구는 거대한 태양계에 속하는 작은 한 알의 세계라는 것이다. 태양계 또한 은하계 내에서의 위치는 극히 미미한 수준이니, 지구가 이 우주의 중심이라는 생각은 한갓 망념에 불과한 것이다. "중심의 불덩어리가 진동하여 솟구쳐서 바다로 변하고 육지가 되어 지금의 땅덩이 형상을 갖추게 된 것"이라고 한 것은 지구의 형성과정을 말하여 주는 것이다. 지구 중심의 불덩어리가 진동하여 솟구쳐서 지진이나 화산 폭발이 일어나며, 또한 지구 표면에 떠 있는 판(板) 대륙이 상호 이동함으로써 바다로 변하고 육지가 되는 지각변동이 있게 되는 것이다. 맨틀 대류(mantle convection(對流))에 의해 판 대륙이 서로 멀어지기도 하고(발산경계) 충돌하기도 하며(수렴경계) 엇갈리기도 하는(변환경계), 이른바 판구조론(板構造論, plate tectonics)[173]으로 설명되는 이러한 과정에서 높은 산맥이나 열도가 형성되기도 하고, 때론 판 자체가 소멸되기도 한다.

대륙판과 대륙판이 충돌한 예로는 인도판과 유라시아판이 충돌하여 히말라야산맥을 형성한 경우를 들 수 있다. 해양판과 대륙판이 충돌한 예로는

---

* 국제천문연맹(IAU)에 따르면 2021년 9월 현재 태양계 8개 행성에서 발견된 공식적인 위성의 총 개수는 205개(토성 82, 목성 79, 천왕성 27, 해왕성 14, 화성 2, 지구 1, 금성·수성 0)이다. 우주에 대한 관측 기술이 계속 발달하게 되면 새로 발견되는 행성과 위성의 수도 늘어나게 될 것이고 수많은 블랙홀과 중성자별의 충돌 현상도 관측할 수 있게 될 것이다.

나즈카판과 남아메리카판이 충돌하여 페루-칠레 해구와 안데스산맥을 형성한 경우를 들 수 있고, 태평양판과 유라시아판이 충돌하여 일본 해구와 일본 호상열도를 형성한 경우를 들 수 있다. 해양판과 해양판이 충돌한 예로는 태평양판과 필리핀판이 충돌하여 마리아나 해구를 형성한 경우를 들 수 있다. 다음으로 "하나'님이 기운을 불어 넣어…온갖 것들이 번식하게 되었다"는 것은 혼원일기(混元一氣)인 '하나'님의 조화 작용을 나타낸 것이다. 다시 말해 한 이치 기운의 조화 작용으로 만물이 화생하는 과정을 의인화시켜 나타낸 것이다. 기운을 불어넣는 '하나'님, 즉 창조주와 기운을 받는 피조물이 따로 있는 것이 아니고 혼원일기인 '하나'님의 화현(化現)이 곧 우주만물이므로 우주만물과 '하나'님은 둘이 아니다.[174] '하나'님은 만유 속에 만유의 참본성으로 내재해 있기 때문이다.

제5장 「인물(人物)」

원문　人物 同受三眞 曰性命精 人全之 物偏之 眞性 無善惡 上哲通 眞命
　　　　인물 동수삼진 왈성명정 인전지 물편지 진성 무선악 상철통 진명
　　　無淸濁 中哲知 眞精 無厚薄 下哲保 返眞一神
　　　　무청탁 중철지 진정 무후박 하철보 반진일신

　　　惟衆迷地 三妄着根 曰心氣身 心依性 有善惡 善福惡禍 氣依命
　　　　유중미지 삼망착근 왈심기신 심의성 유선악 선복악화 기의명
　　　有淸濁 淸壽濁天 身依精 有厚薄 厚貴薄賤
　　　　유청탁 청수탁요 신의정 유후박 후귀박천

　　　眞妄對作三途 曰感息觸 轉成十八境 感 喜懼哀怒貪厭 息
　　　　진망대작삼도 왈감식촉 전성십팔경 감 희구애로탐염 식
　　　芬殱寒熱震濕 觸 聲色臭味淫抵
　　　　분란한열진습 촉 성색취미음저

　　　衆 善惡淸濁厚薄相雜 從境途任走 墮生長肖炳歿苦 哲
　　　　중 선악청탁후박상잡 종경도임주 타생장소병몰고 철

止感調息禁觸 一意化行 改妄卽眞 發大神機 性通功完 是
지 감 조 식 금 촉 일 의 화 행 개 망 즉 진 발 대 신 기 성 통 공 완 시

번역　사람과 만물(人物)이 다 같이 세 가지 참됨(三眞)을 받으니, 가로대 성
품(性)과 목숨(命)과 정기(精)라. 사람은 이 세 가지를 온전하게 받으나 만물은
치우치게 받는다. 참성품(眞性)은 선함도 악함도 없으니 으뜸 밝은이(上哲)로
서 두루 통하고, 참목숨(眞命)은 맑음도 흐림도 없으니 중간 밝은이(中哲)로서
잘 알며, 참정기(眞精)는 두터움도 엷음도 없으니 아래 밝은이(下哲)로서 잘 보
전하나니, 근본이 되는 삼진(三眞)으로 돌아가면 '하나'님과 하나가 된다.

　뭇 사람들은 처지에 미혹하여 세 가지 망령됨(三妄)이 뿌리를 내리나니, 가
로대 마음(心)과 기운(氣)과 몸(身)이라. 마음(心)은 성품(性)에 의지한 것으로
선악이 있으니 선하면 복이 되고 악하면 화가 되며, 기(氣)는 목숨(命)에 의지
한 것으로 청탁(淸濁)이 있으니 맑으면 오래 살고 흐리면 일찍 죽으며, 몸(身)
은 정기(精氣)에 의지한 것으로 후박(厚薄)이 있으니 두터우면 귀하고 엷으면
천하다.

　삼진과 삼망이 서로 맞서 세 갈래 길(三途)을 지으니, 가로대 느낌(感)과 호
흡(息)과 부딪침(觸)이라. 이 세 가지가 굴러 열여덟 경계를 이루나니, 느낌에
는 기쁨, 두려움, 슬픔, 성냄, 탐냄, 싫어함이 있고, 호흡(息)에는 향기, 썩은
기, 한기, 열기, 마른 기, 습기가 있으며, 부딪침(觸)에는 소리, 빛, 냄새, 맛,
음란, 저촉(抵觸)이 있다.

　뭇 사람들은 선악과 청탁(淸濁)과 후박(厚薄)을 뒤섞어 여러 경계(十八境)의 길
을 따라 마음대로 달리다가 나고 자라고 늙고 병들고 죽는 고통에 떨어지고
말지만, 밝은이는 느낌을 그치고(止感), 호흡을 고르며(調息), 부딪침을 금하여
(禁觸) 한뜻으로 나아가 망령됨을 돌이켜 참됨에 이르고 마침내 크게 하늘 기
운을 펴나니, 성품(性)이 열리고 공덕을 완수함(性通功完)이 바로 이것이다.

해설 제5장 「인물(人物)」 편은 사람과 만물이 다 같이 근원적 일자(一者)인 '하나(一)'에서 나왔으며, 그 하나의 진성(眞性)을 셋으로 표현하여 성(性)·명(命)·정(精)이라 하고, 사람은 이를 온전하게 받으나 만물은 치우치게 받는다고 하였다. 사람을 만물의 영장(靈長)이라고 하는 것은 이 때문이다. 「창세기(Genesis)」(1:27-28)에 "하나님의 형상대로 인간을 창조하시되…바다의 물고기와 공중의 새와 땅에 움직이는 모든 생물을 다스리라 하시니라…"[175]라고 한 것은 인간이 '하나'님의 진성을 온전하게 받았으므로 만물의 영장이라는 의미가 내포되어 있다. '하나'님의 형상대로 인간이 창조되었다는 것은 물질적인 형상을 말하는 것이 아니라, 인간 존재 자체가 '영(靈, Spirit)'이신 '하나'님의 자기현현(self-manifestation)이라는 말이다. 인간은 '영(靈)'이신 '하나'님이 물질화된 것, 다시 말해 '물질화된 영(materialized spirit)'이라는 점에서 '하나'님은 인간의 본질로서 내재해 있는 것이다. 인간의 본질로서 내재해 있는 '하나'님을 두고 '내면의 하늘' 또는 참본성[神性, 靈性, 聖靈, 一心, 근원의식·전체의식·보편의식]*이라 일컫는 것이니, 이것이 인간의 실체다.

만물 또한 '영(靈)'이신 '하나'님이 물질화된 것이다. 하지만 '사람은 '하나'님의 진성(眞性)을 온전하게 받으나 만물은 치우치게 받는다'고 하여 '전(全)'과 '편(偏)'의 의미를 대비시키고 있다. 북송(北宋) 시대 성리학의 비조(鼻祖) 주돈이(周敦頤, 호는 濂溪)의 『태극도설(太極圖說)』은 우주 만물의 생성과정을 설명하면서 인간의 우월성을 강조하고 있다. 인간은 음양오행의 수(秀)를 얻은 만물 중에서 가장 영묘(靈妙)하고 그 성(性)의 온전함을 지닌 존재로서 인식하

---

* 물질의 空性을 이해하지 못하면, 다시 말해 우주의 실체가 意識임을 알지 못하면, 神·靈과 神性·靈性, '하나(一)'와 유일신, 유일신과 一心[참본성, 神性, 근원의식·전체의식·보편의식]이 같은 것임을 결코 이해할 수 없다. 이를 이해하지 못하고서는 『천부경』·『삼일신고』·『참전계경』에 입문할 수 없다.

는 힘과 도덕성을 갖추고 있다. 그 이성은 태극을, 선한 마음과 악한 마음으로 나뉘는 것은 음양을, 인·의·예·지·신의 오상(五常)은 오행을 본뜬다. 그러나 동시에 사람은 정욕을 피하기 어렵기 때문에 성인은 인의중정(仁義中正)을 정하여 정(靜)을 주로 하는 인륜의 규범을 세운 것이라고 한다.

이처럼 사람은 '하나'님의 진성(眞性)을 온전하게[全] 받으나 만물은 치우치게[偏] 받음으로 해서 인성(人性)이 물성(物性)이 아닌 것, 이것을 율곡(栗谷, 본명은 李珥)의 용어로 표현하면 기국(氣局)이다. 말하자면 기(氣)는 운동 변화하는 가운데 천차만별의 현상으로 나타나 그 제약을 받으므로 본말(本末)이 있고 선후가 있으니, 이것이 '기국'이다.[176] 조선 성리학계의 거유(巨儒) 율곡에 의하면 "인성이 물성이 아닌 것이 '기국'이고, 사람의 이치가 곧 사물의 이치인 것이 '이통(理通)'이다."[177] 이는 마치 "모나고 둥근 그릇이 같지 아니하지만 그릇 속의 물은 하나이고, 크고 작은 병이 같지 아니하지만 병 속의 공기는 하나"[178]인 것과도 같은 것이다. 한마디로 '이'의 통함과 '기'의 국한됨이 묘합 구조를 이룬 것이 '이통기국(理通氣局)'이다. 율곡은 '이통'과 '기국', 이일(理一)과 분수(分殊)를 통체일태극(統體一太極)과 각일기성(各一其性)으로 설명하였다.

천지인물(天地人物)이 비록 각각 그 이(理)가 있으나, 천지의 이(理)가 곧 만물의 '이'이고, 만물의 '이'가 곧 사람의 '이'인 것, 이것이 이른바 '통체일태극'이라는 것이다. 비록 이(理)는 하나이지만 사람의 성(性)이 사물의 성이 아니고, 개의 성이 소의 성이 아닌 것, 이것이 이른바 '각일기성'이라는 것이다.

天地人物 雖各有其理 而天地之理 卽萬物之理 萬物之理 卽吾人之理也 此所謂統體一太極也 雖曰一理 而人之性 非物之性 犬之性 非牛之性 此所謂各一其性者也.[179]

진성(眞性)은 선악(善惡)이 구분되기 이전의 참성품(참본성)[180]을 말하는 것으로 선함도 악함도 없으니 으뜸 밝은이(上哲)로서 막힘이 없이 두루 통하고, 진명(眞命)은 청탁(淸濁)이 구분되기 이전의 참목숨을 말하는 것으로 맑음도 흐림도 없으니 중간 밝은이(中哲)로서 미혹함이 없이 잘 알며, 진정(眞精)은 후박(厚薄)이 구분되기 이전의 참정기를 말하는 것으로 두터움도 엷음도 없으니 아래 밝은이(下哲)로서 잘 보전하나니, 근본이 되는 '하나(一)', 즉 삼진(三眞)으로 돌아가면 '일신('하나'님)'과 하나가 될 수 있다. '하나(一)'의 진성을 셋으로 표현하여 성·명·정이라고 한 것은 '하나(一)', 즉 하늘(天)을 천·지·인 셋으로 나누는 것과 같다. '하나'님은 진성(眞性), 즉 참본성 그 자체이며 '진성'이 가장 근원적인 개념인 까닭에 '으뜸 밝은이(上哲)'라 한 것이다. '하나'님은 한 이치 기운으로서 자신의 화현인 우주만물의 중심에서 살아 숨 쉬며 하늘의 뜻이 땅에서도 이루어지게 하는 원천이다. 진성을 상철(上哲), 진명을 중철(中哲), 진정을 하철(下哲)로 구분한 것은, '하나(一)'에서 천·지·인 삼극이 일(一), 이(二), 삼(三)의 순서로 갈라져 나오는 것과 같은 이치다. 진성인 상철은 하늘의 덕(德)에 부합하므로 두루 통하고(通), 진명인 중철은 밝은 지혜(慧)로 잘 알며(知), 진정인 하철은 정기(精)로 잘 보전하나니(保), 선악과 청탁과 후박이 구분되기 이전의 삼진(三眞), 즉 근본지(根本智)로 돌아가면 일신과 하나가 될 수 있다는 것이다.

사람이 처지에 미혹하여 성·명·정의 세 가지 참됨(三眞)을 지키지 못하고 세 가지 망령됨(三妄), 즉 심(心)·기(氣)·신(身)이 뿌리를 내리는 것에 대해 설명하고 있다. 마음(心)이 본성(性)에 의지하여 선악이 있고, 기(氣)가 목숨(命)에 의지하여 청탁(淸濁)이 있으며, 몸(身)이 정기(精氣)에 의지하여 후박(厚薄)이 있다는 것은 곧 분별지(分別智)가 작용함을 나타낸 것이다. 인간 마음의 본체는 시작도 끝도 없는 영원한 '하나(一)', 즉 '하나'님[根本智] 그 자체다. 원죄(原罪)란 바로 이 영원한 '하나(一)'를 망각하는 데서 비롯된다. 선악과(善惡果)를 따 먹은 것이 원죄라고 한 것은 매우 적절한 비유이다. '선악과'는 분별지(分別智)를 나타냄이니, 선악과를 따 먹는 순간부터, 다시 말해 선과 악이라는 '분별지'가 작용하는 순간부터 '나'와 '너', '이것'과 '저것'이 구분되고 대립하게 되어 죄악에 빠져들게 되었기 때문이다. 분별지가 작용하면서 인간은 낙원[根本智]에서 멀어지게 되고 드디어는 번뇌(煩惱)의 대해(大海)에 들게 되었다. 그리하여 다생(多生)에 걸쳐 카르마(karma, 業)를 쌓게 된 것이다.

'마음이 선하면 복이 되고 악하면 화가 되며, 기가 맑으면 오래 살고 흐리면 일찍 죽으며, 몸이 두터우면 귀하고 엷으면 천하다'고 한 것은 '하나(一)'의 진성(眞性)인 성·명·정에 의지하여 일어나는 심·기·신 현상에 대한 설명과 함께 선함과 맑음과 두터움을 갖출 것을 요망한 것이다. 선악과 청탁과 후박은 본래 그 체가 둘이 아니므로 지혜의 밝음이 드러나면 어리석음의 어두움은 저절로 사라지게 된다. 전 우주는 자연법인 카르마의 지배하에 있는 까닭에 씨 뿌린 대로 거두게 되므로 선한 마음은 복이 되고 악한 마음은 화가 된다고 한 것이다. 기운이 맑으면 기통(氣通)이 잘 되어 건강하므로 장수하고, 흐리면 기통이 잘 안되어 병이 나서 일찍 죽게 되는 것이다. 끝으로, 사람이 몸에 정기가 충만하면 기운이 꽉 차서 몸과 마음이 활기차고 신령(神靈)이 밝아지며 마음도 여유로워져서 기뻐하고 감사하고 용서하는 삶을 실천할 수 있게 되므로 두터우면 귀하다고 한 것이다.

삼진(三眞: 性·命·精)과 삼망(三妄: 心·氣·身)이 서로 맞서 세 갈래 길(三途)을 지으니 이를 감(感)·식(息)·촉(觸)이라고 하고, 이 세 가지가 굴러 열여덟 가지 경계를 이룬다고 하고 있다. 즉, 느낌(感)에는 여섯 가지 마음의 작용이 있으니, 기쁨, 두려움, 슬픔, 성냄, 탐냄, 싫어함이 그것이다. 호흡(息)에는 여섯 가지 기(氣)가 있으니, 향기, 썩은 기, 한기, 열기, 마른 기, 습기가 그것이다. 부딪침(觸)에는 안(眼)·이(耳)·비(鼻)·설(舌)·신(身)·의(意)라는 육근(六根)의 인식 기관에 조응하는 색(色)·성(聲)·향(香)·미(味)·촉(觸)·법(法)의 육경(六境)이라는 인식의 대상이 있으니,* 소리, 빛, 냄새, 맛, 음란, 저촉(抵觸)이 그것이다. 이 여섯 가지는 안식(眼識)·이식(耳識)·비식(鼻識)·설식(舌識)·신식(身識)·의식(意識)이라는 전(前)6식으로 총칭되는 표면의식의 인식 대상이 되는 것으로 신체의 다섯 감각 기관(眼·耳·鼻·舌·身)을 통한 부딪침(聲·色·臭·味·淫)과 의식[意, 마음]의 작용을 통한 부딪침(抵)을 포괄한 것이다. 붓다께서는 "모든 것은 눈과 빛, 귀와 소리, 코와 냄새, 혀와 맛, 몸과 촉감, 마음[意, 의식]과 법이라는 열두 가지 속에 있을 뿐"이라고 했다. 인간의 구성요소는 물질 요소인 색(色)과 정신 요소인 수(受)·상(想)·행(行)·식(識)의 다섯 가지 요소가 모여 쌓인 것으로 불교에서는 이를 오온(五蘊)**이라고 부르는데, 모든 존재가 연기(緣起)에 의한 것일 뿐 실체가 없다는 것이다. 말하자면 우리 육신은 인연에 의해 오온이 잠정적으로 모여서 이루어진 것에 지나지 않기 때문에 집착할 만한 것이 못 된다는 것이다. 따라서 오온 그 자체가 '참나'가 아니라는 사실을 깨닫지 못하고 집착할 때 괴로움이 생기게 되는 것이다.

---

* 불교에서는 眼·耳·鼻·舌·身·意 六根과 그 대상인 色·聲·香·味·觸·法 六境을 12處라고 하고 있다. 신체의 다섯 감각 기관인 眼·耳·鼻·舌·身 五根에 의식(意)을 합하여 六根이라고 하고, 五根에 의해 인식되는 다섯 종류의 대상인 色·聲·香·味·觸 五境에다가 의식에 의해 인식되는 대상인 法을 합하여 六境이라고 한다. 즉, 어떤 존재도 이 六根의 인식 기관과 六境이라는 인식의 대상을 떠나서는 있을 수 없다는 것으로 일체 萬有가 이 12處로 들어간다는 것이다.

** 물질과 정신을 구성하는 色·受·想·行·識을 五蘊이라고 한다. 色은 물질을 가리키지만 여기서는 地·水·火·風의 四大로 구성된 육신을 뜻하고, 受는 감수 작용이며, 想은 지각 표상작용이고, 行은 의지작용이며, 識은 인식 판단의 작용이다. 말하자면 五蘊은 물질계와 정신계를 통틀어 일컫는 것이다. 그러나 지혜[般若]의 눈으로 보면 五蘊은 실로 없는 것이다.

뭇 사람들은 감·식·촉이 굴러 이루어 놓은 열여덟 가지 경계에 빠져 선악과 청탁(淸濁)과 후박(厚薄)을 뒤섞어 여러 경계(十八境)의 길을 따라 마음대로 달리다가 생로병사의 고통에 떨어지고 말지만, 밝은이는 느낌을 그치고(止感), 호흡을 고르며(調息), 부딪침을 금하여(禁觸) 한뜻으로 나아가 망령됨을 돌이켜 참됨에 이르고 마침내 무위이화(無爲而化)의 덕과 그 기운과 하나가 되어 크게 하늘 기운을 펴나니, 참본성이 열리어 공덕을 완수함(性通功完)이 바로 이것이다. 이는 바로 삼일(三一) 원리의 실천성을 강조한 것이다. 붓다께서 녹야원(鹿野苑)에서 다섯 비구(比丘)에게 설한 최초의 설법[初轉法輪]인 고집멸도(苦集滅道)의 사성제(四聖諦)*에서 제시한 수행 방법인 정견(正見)·정사(正思)·정어(正語)·정업(正業)·정명(正命)·정정진(正精進)·정념(正念)·정정(正定)의 팔정도(八正道)는 지감(止感)·조식(調息)·금촉(禁觸)의 수행 방법과 그 내용이 본질적으로 다르지 않다. 마음을 지키고 기운을 바르게 하는 동학의 수심정기(守心正氣) 또한 지감·조식·금촉의 수행 방법과 그 내용이 본질적으로 상통한다.

삼일(三一) 원리의 실천성이 동학에서도 강조되고 있음은 「시천주」 도덕의

---

* 四聖諦는 苦聖諦, 集聖諦, 滅聖諦, 道聖諦의 네 가지 진리로 이루어져 있다. 첫째 苦聖諦는 인생은 괴로움이라는 진리이다. 여기에는 生老病死의 四苦와, 愛別離苦(사랑하는 이와 헤어져야 하는 괴로움), 怨憎會苦(미워하는 이와 만나야 하는 괴로움), 求不得苦(구하고자 하나 얻지 못하는 괴로움), 그리고 五取蘊苦(이러한 괴로움의 근본인 五蘊에 집착하는 데서 오는 괴로움)의 四苦를 더하여 八苦라고 한다. 자연현상으로서의 생로병사가 괴로움이 아니라 자신에게 일어나는 생로병사가 괴로움인 것이다. 그럼에도 생로병사를 피할 수 없으니 그것이 괴로움인 것이다. 集聖諦는 괴로움의 원인을 밝힌 진리이다. 인생이 괴로운 것은 마음속 깊이 渴愛가 있기 때문이다. 渴愛에는 감각적 욕망인 慾愛, 생존의 영속을 바라는 욕망인 有愛, 생존의 단절을 바라는 욕망인 無有愛의 세 가지가 있다. 渴愛는 모든 욕망의 근저가 되는 것으로 채워지지 않는 욕망인 까닭에 번뇌와 괴로움의 원인이 되는 것이다. 滅聖諦는 괴로움은 없앨 수 있다는 진리이다. 괴로움의 원인이 소멸되면 해탈과 열반의 경지에 이르게 된다. 道聖諦는 苦와 集의 滅을 실현하는 길을 밝힌 진리이다. 그 수행방법은 정견(正見)·정사(正思)·정어(正語)·정업(正業)·정명(正命)·정정진(正精進)·정념(正念)·정정(正定)의 팔정도(八正道)이다.

요체가 수심정기에 있다는 점에서 분명히 드러난다. '시(侍)'의 세 가지 뜻 중에서 '각지불이(各知不移)'는 「시천주」 도덕의 실천적 측면과 연결된다. 즉, 본래의 진여(眞如)한 마음을 지키고 기운을 바르게 하는 것이 '옮기지 않음'의 요체다. 진여한 마음이란 우주적 본성을 이름이요, 기운을 바르게 하는 것이란 공심(公心)의 발현을 이름이다. 따라서 수심정기란 우주적 본성의 자리를 지키는 것인 동시에 우주 '한생명'을 자각적으로 실천하는 것[181]이다. '성통공완'이 바로 이것이다. 「도수사(道修詞)」에서는 수심정기를 내면화된 '성경 이자(誠敬二字)'로 설명하고, 이 두 자만 지켜내면 하늘의 무극대도(無極大道)에 이르고 도성입덕(道成立德)이 되는 것으로 보았다.[182] 이렇듯 동학은 각 개인의 내면적 수양에 기초한 자각적 실천을 중시한 점에서 삼일(三一) 원리의 실천성을 강조한 『삼일신고』와 일맥상통한다. 이상에서와 같이, 「하늘」「일신」「천궁」「세계」「인물」에 대한 『삼일신고』의 가르침은 우주와 지구와 인간의 새로운 관계 정립이 요망되는 현 시점에서 마음을 밝히고 세상을 밝히는 '성통공완'의 핵심을 드러내고 있다는 점에서 깊이 음미해 볼 필요가 있다.

『참전계경』의 전래와 요체 및 구조

먼저 『참전계경(參佺戒經)』의 전래부터 차례로 살펴보기로 한다. 『참전계경』은 『천부경(天符經)』·『삼일신고(三一神誥)』와 함께 환단(桓檀)시대의 정치대전이자 만백성의 삶의 교본으로서 『천부경』의 '인중천지일(人中天地一)', 『삼일신고』의 '성통공완(性通功完)'을 이루는 구체적인 방법을 366사(事)로써 제시한 것이다. 여덟 가지 이치(八訓: 誠·信·愛·濟·禍·福·報·應)에 따른 삼백예순여섯 지혜로 재세이화(在世理化)·홍익인간(弘益人間)을 구현하는 방법을 제시한 것이라 하여 팔리훈(八理訓), 366사(事) 또는 치화경(治化經)이라 부르기도 한다. 『참전계경』은 배달국 신시(神市)시대에 환웅천황이 오사(五事: 穀·命·刑·病·善惡) 와 팔훈(八訓: 誠·信·愛·濟·禍·福·報·應)[183]을 중심으로 삼백예순여섯 지혜로 백 성들을 가르친 것을 신지(神誌)가 기록한 것인데, 오늘날 전해지는 것은 고구 려의 국상(國相) 을파소(乙巴素)가 다시 정리하여 만든 것이다.

「태백일사(太白逸史)」 제5 소도경전본훈(蘇塗經典本訓)에 의하면, "참전계경 은 세상에 전하기를 을파소 선생이 전해 준 것이라 한다. 선생이 일찍이 백 운산에 들어가 하늘에 기도하고 천서(天書)를 얻으니 그것이 곧 참전계경이 다"[184]라고 나와 있다. 을파소가 적기를, '신시이화(神市理化)의 세상에 팔훈(八訓)을 날(經)로 삼고 오사(五事)를 씨(緯)로 삼아 교화가 널리 행해져서 홍익제 물(弘益濟物)하였으니 참전(參佺)의 이룬 바가 아닌 것이 없다. 지금 사람들이 이 참전계를 통해 수양에 더욱 힘쓴다면 백성을 편안케 함에 어찌 어려움이 있겠는가'[185] 하였다. 실로 참전계경은 환웅천황 때부터 백성들을 가르치는 기본 경전으로서 고구려에 이어 '해동성국(海東盛國)' 발해에 이르기까지 국운 을 융성하게 하고 나라의 기상을 떨치게 한 원동력이 되었던 경전이다.

일연(一然)의 『삼국유사(三國遺事)』에는 환웅천황이 신시를 개천하고 인간의 360여사를 주재하며 재세이화 한 것으로 기록되어 있다.[186] 북애자(北崖子)의 『규원사화(揆園史話)』에도 "신시씨(神市氏, 배달국 환웅천황)가 세상을 다스린 것이 더욱 오래지만 치우(蚩尤)·고시(高矢)·신지(神誌)·주인(朱因) 제씨(諸氏)가 어울 리어 인간의 366사를 다스렸다"[187]고 기록되어 있다. 『환단고기(桓檀古記)』 내 의 여러 기록들도 이러한 사실을 명료하게 보여 준다. 「삼성기전(三聖紀全)」 하편에는 "환웅이 무리 3천을 거느리고 태백산 꼭대기 신단수 아래에 내려 오니 그곳을 일러 신시라 하고, 그를 환웅천황이라 한다. 풍백(風伯)·우사(雨 師)·운사(雲師)를 거느리고, 곡식·생명·질병·형(刑)·선악 등 무릇 인간의 360

여 가지의 일을 주관하시어 재세이화, 홍익인간 하였다"[188]고 기록되어 있다.「태백일사」제3 신시본기(神市本紀)[189]와 제4 삼한관경본기(三韓管境本紀) 마한세가 상(馬韓世家 上)[190]에도 '범주인간삼백육십여사(凡主人間三百六十餘事)'라 하여 참전계경 366사에 관한 똑같은 내용이 나온다.

「태백일사」제6 고구려국본기(高句麗國本紀)에는 "을파소가 국상(國相)이 되어 영준(英俊)한 이들을 뽑아서 선인도랑(仙人徒郞)으로 삼았는데 교화를 맡은 이를 참전(參佺)이라 하여 무리들 가운데서 뽑아 계(戒)를 지키도록 하며 삼신을 받드는 일을 맡겼다"[191]고 기록되어 있다. 또한 고구려국본기에는 을파소의 후예인 "을밀선인(乙密仙人)이 일찍이 대(臺)에 머물며 오로지 삼신에게 제사 지내며 수련하는 것을 임무로 삼았는데 대개 선인의 수련법은 참전(參佺)을 계(戒)로 삼은 것"[192]이라고 하였다.「단군세기(檀君世紀)」2세 단군 부루(扶婁)조에는 "신시 이래로 매년 하늘[三神]에 제사를 올릴 때면 나라 사람들이 많이 모여 일제히 노래를 부르고 덕을 기리며 화합하여 어아(於阿)를 풍악으로 삼고 감사함을 근본으로 삼았다. 이는 삼신과 사람이 화락(和樂)을 이루는 것이라 하여 사방에서 법식(法式)으로 삼으니 이것이 참전계(參佺戒)이다"[193]라고 기록되어 있다.

『참전계경』의 의미는 제331사에 나오는 종(倧)과 전(佺)에 관한 설명에서 명료하게 드러난다. 즉, "종(倧=倧訓)이 소중한 것은 나라의 근본이기 때문이며, 전(佺=佺戒)이 소중한 것은 백성을 가르치는 것이기 때문이다. 나라 다스리는 근본원리가 모두 여기에서 나온 것이다." 여기서 '倧'은 곧 '倧訓'으로 『천부경』, 『삼일신고』와 같은 경전이라고 한다면, '佺'은 곧 '佺戒'로 '倧'을 이루는 구체적인 실천 방법을 제시한 『참전계경』, '단군8조' 등을 말하는 것이다. 발해국[大震國] 문적원감(文籍院監) 임아상(任雅相)이 주해한 『삼일신고』「천궁」은 '공완(功完)', 즉 재세이화·홍익인간을 구현하는 방법을 366사로써 제시하였다. "성통(性通)은 참본성을 통하는 것이요, 공완(功完)은 삼백예순여섯 가지 선행을 하고, 삼백예순여섯 가지 음덕을 쌓으며, 삼백예순여섯 가지 좋은 일을 짓는 것이다. 그리하면 나아가 '하나'님[一神, 唯一神]을 친견하고 영원히 쾌락을 얻으며, '하나'님과 함께 지락(至樂)을 누리리라"[194]고 하였다. 말하자면 366사는 정제된 행위의 길을 통해 궁극적으로는 영혼의 완성에 이르게 하는 구체적인 방법론임을 천명한 것이다. 「북부여기(北夫餘紀)」에서 해모수(解慕漱) 20년 신사(辛巳)에 '새 궁궐 366칸을 지어 천안궁이라 이름하였다'라는 대목은 366사로써 재세이화·홍익인간 하려는 의지를 나타낸 것으로 볼 수 있다. '366'이란 숫자는 삼일신고 366자(字)인 동시에 참전계경 366사(事)로서 '천궁'을 지상에 건설하려는 의지를 상징한 것이다.

「단군세기」 3세 단군 가륵(嘉勒)조에는 단군 가륵이 삼랑(三郎) 을보륵(乙普勒)을 불러 종(倧)과 전(佺)의 도를 묻는 대목이 나온다. 이에 을보륵이 답하여 말하기를, "종(倧)은 나라가 선택하는 것이고, 전(佺)은 백성이 기용하는 것입니다"[195]라고 했다. 「태백일사」 제3 신시본기에서는 "소위 전(佺)이라 함은 "사람들이 스스로 온전해지는 길을 좇아서 능히 성품을 틔워 참됨을 이루는 것"[196]이라 하였다. 이렇게 볼 때 '전계(佺戒=參佺戒)'가 366사만을 의미한다고 할 수는 없지만, 366사를 경(經)의 위치에 설정하여 참전계경이라 하고 있으니 366사 즉 참전계경이 대표적인 '참전계'임은 확실하다. 「삼성기전」 하편에 밀기(密記)를 인용하여 "환웅이 삼신의 가르침을 베풀고, 전계(佺戒)를 업으로 삼게 하고, 무리 지어 맹세케 하였으며, 권선징악(勸善懲惡) 하는 법도를 세웠다"[197]고 한 것이나, 「태백일사」 제3 신시본기에 대변경(大辯經)을 인용하여 "신시씨가 전(佺)으로 계(戒)를 닦고, 사람들을 교화하고, 삼신께 제사지냈다"[198]고 한 것은 환웅이 인간의 366사를 주관하며 재세이화한 내용과 일치한다.

'참전계'는 천·지·인 삼신일체에 기초하여 경천숭조(敬天崇祖)하는 '보본(報本: 근본에 보답함)'의 계(戒)이다. 발해국 반안군왕(盤安郡王) 대야발(大野勃)의 『단기고사(檀奇古事)』에는 배달국 제18대 거불단(居弗檀) 환웅[檀雄]의 아들인 단군왕검이 삼일신고를 천하에 널리 알리고, 366사의 신정(神政)으로 정성스럽게 훈교(訓敎)하여 그 교화를 받은 모든 백성들이 10월 3일에 환검[단군]을 임금으로 추대하니 그가 제1세 단제(檀帝)라고 기록하였다.[199] 또한 『신사기(神事記)』「치화기(治化紀)」에는 치화주(治化主) 환검이 세 선관(三僊: 土地官元輔彭虞, 史官神誌, 農官高矢)과 네 신령(四靈: 風伯持提, 雨師渥沮, 雷公肅愼, 雲師餘守己)에게 직분을 주어 인간의 삼백예순여섯 가지 일을 맡아 다스리게 한 것으로 기록되었다.[200] 이처럼 366사로써 재세이화·홍익인간 하는 치도(治道)는 환웅 신시시대로부터 단군조선에도 그대로 전승된 것으로 나타나고 있다.

이미 살펴본 바와 같이 『천부경』과 『삼일신고』는 약 9천 년 전 환국(桓國)으로부터 구전되다가 약 6천 년 전 환웅천황 때 녹도문자(鹿圖文)로 기록되었으며, 여러 문헌상의 기록에서 나타나듯 이때부터 『참전계경』 366사가 백성들에게 가르쳐지기 시작했다. 우리 배달민족의 삼대 경전의 가르침은 단군조선에도 그대로 이어져 이후 전서(篆書)로 전해지게 된다. 『천부경』과 『삼일신고』의 원문이 수록된 문헌과 자료에 대해서는 이미 살펴보았거니와, 앞서 설명한 『참전계경』 366사의 주요 관련 문헌[201]을 요약하면 대개 다음과 같다.

첫째, 이맥(李陌)의 『태백일사(太白逸史)』「소도경전본훈(蘇塗經典本訓)」이다.

둘째, 일연(一然)의 『삼국유사(三國遺事)』이다.

셋째, 북애자(北崖子)의 『규원사화(揆園史話)』이다.

넷째, 발해국 반안군왕(盤安郡王) 대야발(大野勃)의 『단기고사(檀奇古事)』이다.

다섯째, 발해국 문적원감(文籍院監) 임아상(任雅相)이 주해한 『삼일신고』「천궁」이다.

여섯째, 『신사기(神事記)』「치화기(治化紀)」이다.

일곱째, 원동중(元董仲)의 『삼성기(三聖紀)』이다.

여덟째, 『태백일사』「신시본기(神市本紀)」와 「삼한관경본기(三韓管境本紀)」마
한세가 상(馬韓世家 上)이다.

아홉째, 『태백일사』「고구려국본기(高句麗國本紀)」이다.

열 번째, 행촌(杏村) 이암(李嵒)의 『단군세기(檀君世紀)』이다.

열한 번째, 휴애거사(休崖居士) 범장(范樟)의 『북부여기(北夫餘紀)』이다.

이렇듯, 『참전계경』이 환웅 신시시대 때부터 실재하였음을 다수의 문헌
과 자료가 입증하고 있다. 따라서 『참전계경』 366사를 배제하고는 재세이
화·홍익인간을 논할 수가 없다. 다만 을파소 이후 366사의 원문이 어떤 경
로를 통해서 우리에게 전해지게 되었는가에 대해서는 정확하게 알려져 있
지는 않다. 『대종교요감(大倧教了勘)』에는 "『신사기(神事記)』「치화기(治化記)」에
인간의 366가지 일은 밝혀져 있으나 그 조항은 오랫동안 잊혀지고 있었는
데 4422(1965)년에 공주 박노철(朴魯哲)이 『단군 예절교훈 팔리(八理) 366사』라
는 이름으로 인쇄하였고, 4429(1972)년에는 단단학회(檀檀學會 李裕岦)에서 『참
전계경』이라는 이름으로 인쇄하였다"[202]라고만 나와 있을 뿐이다. 현재 유
통되고 있는 『참전계경』 원문이 내용상 큰 차이는 없다 할지라도 상이한
부분이 있는 만큼, 원문이 전해진 정확한 경로에 대해 향후 면밀히 연구해
서 밝힐 필요가 있다. 『대종교요감』에는 치화경(治化經)이 팔리훈(八理訓)이며
『참전계경』이라고 밝히고 있다. 『참전계경』 366사 전문이 수록된 최근 자료
로는 『대종교경전』 속의 「참전계경」, 단군교 소장본의 『성경팔리(聖經八理)』,
한얼교 소장본의 『팔리훈(八理訓)』, 『개천경』(송호수, 1984) 속의 「치화경」, 『배달

전서』(송원홍, 1987) 속의 「치화경」 등이 있다.

환국·배달국·단군조선 이래 전해진 『천부경』·『삼일신고』·『참전계경』
등의 가르침은 천신교(天神敎), 신교(神敎), 소도교(蘇塗敎), 대천교(代天敎, 부여),
경천교(敬天敎, 고구려), 진종교(眞倧敎, 발해), 숭천교(崇天敎·玄妙之道·風流, 신라), 왕
검교(王儉敎, 고려), 배천교(拜天敎, 遼·金), 주신교(主神敎, 만주)[203] 등으로 불리며
여러 갈래로 퍼져나갔다. 이렇듯 하늘과 조상을 숭배하는 소도교(蘇塗敎, 神
敎)는 부여, 고구려, 백제, 신라, 발해[大震國], 고려와 요나라, 금나라, 청나라,
터키[突厥國], 일본 등 세계 각지에 널리 전파되어 세계 정신문화의 형성에 지
대한 영향을 미쳤다. 상고시대 조선은 세계의 정치적·종교적 중심지로서,
사해의 공도(公都)로서, 세계 문화의 산실(産室) 역할을 하였다. 『참전계경』은
진실로 근본이 하나임을 알게 하는 천부(天符)의 이치를 366사로써 구현하고
자 했다.

다음으로 『참전계경』의 요체에 대해 살펴보기로 한다. 『참전계경(治化經)』
은 『천부경(造化經)』의 '인중천지일(人中天地一)', 『삼일신고(敎化經)』의 '성통공완
(性通功完)'을 구현하는 방법, 즉 마음을 밝히고 세상을 밝히는 그 구체적인 방
법을 366사로써 제시한 것이다. 『참전계경』의 가르침은 한마디로 참전계경
제345사에 나오는 '혈구지도(絜矩之道)'로 압축될 수 있다. '혈구지도'란 남을
나와 같이 헤아리는 추기탁인(推己度人)의 도를 말한다. 남을 나와 같이 헤아
린다는 것은 내 마음으로 미루어 남의 마음을 헤아리는 것이다. 이는 '단군8
조(檀君八條)' 제2조[204]의 가르침과도 일치하는 것으로 부여의 구서(九誓) 제2서
(誓)에서는 우애와 화목과 어짊과 용서함(友睦仁恕)으로 나타나고 있고,[205] 『大
學』「傳文」 치국평천하(治國平天下) 18장에서는 군자가 지녀야 할 '혈구지도'
를 효(孝)·제(悌)·자(慈)의 도(道)로 제시하고 있다. 제가(齊家)·치국(治國)·평천

하(平天下)함에 있어 근본적인 도는 이러한 세 가지 도에서 벗어나지 않으며, 사람 마음의 근본 또한 서로 다를 것이 없다는 데 근거하여 '혈구지도'를 제시한 것이다. 이러한 '혈구지도'는 환웅 신시시대로부터 비롯된 것으로 재세이화·홍익인간을 구현하는 요체인 것으로 나타난다.

제1강령 성(誠) 정성이란 마음속 깊은 곳에서 우러나오는 것으로 타고난 참본성을 지키는 것이다. 정성은 '하나'님을 공경하는 것(敬神)이고, 마음을 바르게 갖는 것(正心)이고, 잊지 않는 것(不忘)이고, 쉬지 않는 것(不息)이고, 지극한 감응에 이르는 것(至感)이고, 지극히 효도하는 것(大孝)이다. 하늘은 해, 달, 별과 바람, 비, 천둥, 번개와 같이 형상 있는 하늘이 있는가 하면, 형체가 없어 보이지 않고 소리가 없어 들리지 않는 형상 없는 하늘이 있다. 우주만물의 중심에 편재(遍在)해 있는 형상 없는 하늘을 일컬어 하늘의 하늘, 즉 '하나'님*이라 한다. 매순간 정성을 다하는 것이 타고난 참본성을 지키는 것이요, 인간의 중심에 내려와 계신 '하나'님을 경배하는 것이다. '하나'님을 높이 받드는 정성을 늘 마음에 새겨 잊지 아니하면 우주의 창조적 에너지인 '하나'님과 연결되는 직로가 뚫리어 다함이 없는 생명의 기운을 받게 되는 것이다. 경신(敬神)의 실천은 하늘의 화현인 우주만물에 대한 차별 없는 사랑을 통하여 이루어질 수 있다.[206] 이는 곧 자신의 의무를 성실하게 수행함으로써 참본성을 자각적으로 실천하는 것을 뜻한다.

하늘과 우주만물[人物]이 분리될 수 없는 것은 일체의 생명현상과 삼라만

---

* 여기서 하나님이라고 하지 않고 '하나'님이라고 표기한 것은, 하나님이 본래 특정 종교의 유일신이 아니라 근원적 一者 또는 궁극적 실재로서의 '하나(一)', 즉 우주의 本源을 의인화하여 나타낸 것이라는 점을 강조하기 위한 것이다.

상의 천변만화(千變萬化)가 모두 혼원일기(混元一氣)인 하늘의 이치와 기운의 조화 작용인 까닭이다. 사람이 하늘의 무궁한 조화에 눈을 떠서 무위이화의 덕과 그 기운과 하나가 되면 참본성이 곧 하늘이요 신(神)임을 깨닫게 된다. 그리하여 하늘의 기틀과 마음의 기틀, 땅의 형상과 몸의 형상, 그리고 사물의 주재함과 기(氣)의 주재함이 상호 조응하고 있음을 알게 되고, 천·지·인 삼신일체의 천도(天道)를 체득하게 되는 것이다. 무릇 바른 도란 중도(中道)이니, 이러한 중일(中一)의 법도를 지켜나가면 하늘의 도가 드러나게 된다. '중일'은 우주만물의 중심에 내려와 있는 '하나(一)'인 혼원일기(混元一氣), 즉 '하나'님[하늘, 唯一神]을 뜻한다. 이러한 일신강충(一神降衷)의 의미를 잘 새겨서 천·지·인 삼신일체의 천도를 밝혀 드러내는 것이 중일의 법도이다.[207] '하나'님은 우주만물의 중심에 내려와 계시므로 우주만물을 떠나 따로이 '하나'님을 경배할 수 있는 것이 아니다.

'하나'님은 무시무종(無始無終)이요 무소부재(無所不在)이며 이 세상 그 어떤 것도 포괄하지 않음이 없고 또한 포괄되지 않음도 없는 근원적 일자[唯一神, 混元一氣]다. 이 우주는 자기생성적 네트워크체제로 이루어진 '참여하는 우주(participatory universe)'인 까닭에 필연적인 자기법칙성에 따라 스스로 생성되고 변화하여 돌아가는 것이어서 누가 누구를 창조하는 것이 아니다. 우주만물이 다 하나인 혼원일기에서 나와 다시 하나인 혼원일기로 돌아가니, 그 다함이 없는 창조성이 하도 신령스러워 '님'자를 붙여 의인화된 표현으로 나타냈을 뿐이다. 우주만물이 혼원일기인 '하나(一)' 즉 유일신의 화현(化現) 아닌 것이 없으니, 우주만물과 유일신은 분리될 수 없다. 따라서 유일신의 실체를 직시하지 못하면 분별지(分別智)에 사로잡혀 '하나'님이 그토록 경계하는 우상숭배에 빠지게 된다. 또한 주체-객체 이분법이 폐기된 진정한 참여자의 위치에 있지 못하므로 해서 참본성을 지킬 수가 없고, 따라서 인간의 자기실현은 불가능하게 된다. 주체-객체 이분법이 폐기되어 삶 자체가 명상이요 기도가 되는 것이 정성을 다하는 삶이다.

제2강령 신(信) 믿음이란 하늘의 이치에 반드시 부합하는 것으로 사람의 일을 반드시 이루게 하는 것이다. 믿음이란 의로움(義)이고, 약속(約)이고, 충성(忠)이고, 정절(烈)이고, 순환(循)이다. 큰 믿음은 그에 부응하는 기운이 있으니 이를 의(義)라고 한다. 공명정대하게 일을 보면 좋고 싫음이 없으니 사람들이 그 의로움에 따르고, 정결한 마음으로 사물을 대하면 사리사욕이 생겨나지 않으니 사람들이 그 결백함을 믿게 된다. 신의가 없는 사람은 의리를 저버리고 자기 몸을 보전하지만, 신의가 돈독한 사람은 자기 몸을 버리고 의리를 지킨다. 의로운 사람은 스스로 중심을 바르게 잡아 마음을 결정하여 일에 나아가므로 길흉성패를 남에게 관련시키지 않으며, 남을 위하여 기꺼이 근심을 떠맡는다. 세상만사가 약속으로 이루어지므로 약속을 이행함에 믿음과 정성을 다하여 중도(中道), 즉 중정(中正)의 도(道)를 지킬 줄 아는 것이 '지중(知中)'이다.

개인의 자유의지 차원에서 이룰 수 없는 큰 약속은 청천(聽天), 즉 하늘의 명(天命)을 들어야 하고, 개인적 차원의 작은 약속은 하늘에 고해야 한다. 하늘의 명을 듣는다는 것은 하늘의 명을 받들어 정성을 다할 뿐 일체를 하늘에 맡기고 감응을 기대하지 않는 것이고, 하늘에 고한다는 것은 곧 하늘마음(天心)에 고하는 것이니 이는 곧 믿음을 잃지 않겠다는 '참나'와의 약속이다. 신의에 기반 되지 않은 이익이나 사랑은 결코 지속될 수 없다. 의로움이 국가 차원에 이르면 충(忠)으로 나타나고, 가정에서는 정절(貞節)로 나타난다. 한결같은 하늘의 운행과 같이 사람의 믿음도 추호의 어김이 없어야 한다. 음양동정(陰陽動靜)의 원리에 의해 음양이 교체되는 순환은 하늘이 사람에게 주는 믿음, 즉 추호도 어김이 없는 한결같은 하늘의 운행이다. 사람의 믿음이 하늘의 믿음과 같게 되려면 완덕(完德)의 실천이 수반되어야 한다. 사람이 믿음을 기르는 것 또한 무극(無極)의 원기(元氣)와 같아서, 추호라도 끊어짐이 용납되면 사람의 도리는 폐하여지고 만다.

제3강령 애(愛) 　사랑이란 자애로운 마음에서 자연히 우러나는 것으로서 어진 성품의 근본 바탕이다. 실로 사랑은 유·불·선을 포함하여 전 세계 종교 경전의 중핵을 이루는 덕목이기도 하다. 사랑이란 용서하고(恕), 포용하고(容), 베풀고(施), 기르고(育), 가르치고(敎), 기다리는(待) 것이다. 용서란 남을 나와 같이 생각하는 것, 다시 말해 '내가 어찌할 수 없으면 남도 역시 어찌할 수 없다'고 생각하는 것이다. 악의 원천을 막고 악의 뿌리를 제거하면 자연히 용서하게 되는 것은 자연에서 본받을 용서의 법칙이다. 바다가 넘치지 않고 높은 산이 무너지지 않는 것은 무위이화(無爲而化)의 덕(德)과 기운이 작용한 까닭이다. 인간도 이러한 대자연의 무위이화의 덕과 그 기운과 하나가 되면 완전한 포용이 이루어질 수 있다. 베푸는 데에도 올바른 방법을 쓰지 않으면 적절한 성과를 낼 수가 없다. 위급한 상황에 처해 있는 사람을 우선적으로 돕되, 완급(緩急)을 조절해가며 적정 수준으로 도와야 한다. 하늘이 비를 내릴 때 곡식에만 내리고 잡초에는 내리지 않을 리(理)가 없듯이, 베푸는 것도 고루 비에 젖는 것과 같이 균등해야 하며, 베푸는 대로 잊어버려서 스스로의 공덕으로 여기지 말아야 한다.

사람이 가르침을 받아 길러지는 것은 은혜로운 큰비가 내리는 것과 같은 이치다. 천·지·인 삼신일체(三神一體)의 천도(天道)를 주된 가르침으로 하여 사람들을 보호하고 길러야 한다. 훌륭한 장인이라도 먹줄(繩墨)이 없이는 중심을 잡지 못하듯이, 사람이 가르침을 받지 못하면 사람의 도리를 다하지 못하게 된다. 그런 까닭에 우리 국조께서는 정치대전이자 삶의 교본으로『천부경』·『삼일신고』·『참전계경』을 찬술하시어 가르침을 통하여 천심을 회복하고자 했다. 유·불·선이 중국에서 전래 되기 이전부터 삼교를 포괄하는 사상 내용이 담겨 있어 교육의 원천이 되었던 우리 고유의 풍류(風流) 또한 그 주된 가르침이 천심을 지키는 데 있음을 쉽게 알 수 있다. 천심을 지키면 모두가 깨달음의 길 위에 있음을 알게 되므로 사람을 버리지 않고 가르치게 된다. 기다림이란 보이지도 들리지도 않는 사랑의 이치로 믿고 기다려주는 것이다. 그 믿음도 한정이 없고 기다림도 한정이 없는 것이기에 6범(範) 중 기다림이 가장 크다고 한 것이다. 이는 막연히 소극적으로 기다리는 것이 아니라 잘 될 수 있도록 적극적으로 전향적인 방도를 찾아야 한다는 의미가 내포되어 있다.

제4강령 제(濟)　구제란 덕성(德性)이 갖추어진 선행으로 도(道)에 힘입어 사람에게 그 힘이 미치게 되는 것이다. 구제는 때(時)에 맞게 하는 것이고, 땅(地)에 맞게 하는 것이고, 순서(序)에 맞게 하는 것이고, 지혜(智)로써 하는 것이다. 밝은이가 만물을 구제함에 반드시 먼저 교화를 행하는 것은 병의 뿌리인 마음을 고치어 새롭게 하면 마음으로 인해 생긴 병의 근원은 자연히 제거될 것이기 때문이다. 또한 밝은이는 덕으로써 만물을 구제함에 좋은 방도를 준비하여 어느 때나 제공한다. 물질이 지나치게 성(盛)하면 법도가 쇠해져서 오로지 물질에만 의존하는 고질병을 갖게 되어 진정한 행복과 이익이 떠나게 되므로 물질만능주의를 경계해야 한다. 구제는 땅에 맞게 하는 것이어야 하며, 땅의 이치와 구제의 바탕이 수레의 두 바퀴처럼 서로 맞아야 적절한 구제가 이루어지게 된다. 사람은 태어날 때부터 지기(地氣)를 받고 태어나고 또한 지기를 마시며 살아가는 관계로 땅의 성질(地性)은 당연히 사람 성품(人性)의 형성에 영향을 미치게 되는 것이다.

땅의 성질이 지나치게 유약하거나 억세면 교화나 덕화가 행하여지지 못하므로 비방(秘方)을 제시하고 있다. 하늘이 만물을 내리거나 구제함에 치우침이 없는 것은 하늘이 이쪽 땅의 산물을 저쪽 땅으로 옮기는 까닭이다. 구제는 순서에 맞게 하는 것이어야 하며, 적은 인원에게는 시혜(施惠)를 통한 구제의 방편을 쓰지만, 많은 인원에게는 모두 시혜가 미칠 수 없으므로 오히려 도덕을 펴서 지속적으로 자활할 수 있는 토대를 마련해 주어야 한다. 또한 노인은 물질적 시혜를 통하여 구제하고, 약한 사람은 재활교육이나 직업교육 등 다양한 방법을 통하여 구제한다. 오직 밝은이의 지혜라야 사람을 구제하는 데 쓰일 수 있으며, 남이 구제하기를 기다리지 말고 스스로 구제하고자 하면 구제의 지혜를 이루게 된다. 또한 지혜의 근본인 뜻을 세워야 하는 것은 뜻을 대동(帶同)한 지혜이면 구제하게 되고 뜻을 잃은 지혜이면 구제하지 못하게 되기 때문이다. 구제는 사전 예방조치적인 것이어야 하며 사후약방문이 되어서는 안 된다.

제5강령 화(禍)   앙화란 악(惡)하고 탁(濁)하고 박(薄)한 생각과 행동이 불러들이게 되는 것이다. 재앙으로 인한 화(殃禍)는 속이는(欺) 데서 오는 것이고, 빼앗는(奪) 데서 오는 것이고, 음란한(淫) 데서 오는 것이고, 해치는(傷) 데서 오는 것이고, 몰래 꾀하는(陰) 데서 오는 것이고, 거스르는(逆) 데서 오는 것이다. 하늘을 속이는 것을 아는 사람이 없을 것이라 여기는 것은 하늘이 거울처럼 밝게 비추어 보고 있음을 알지 못하기 때문이다. "물욕(物慾)이 영대(靈=靈臺)를 가리면 몸에 있는 아홉 구멍이 다 막히어 금수(禽獸)와 같아져서 단지 빼앗아 먹으려는 욕심만 있을 뿐 염치나 두려움은 없게 된다." 반면 집착을 포기한 사람은 '아홉 개의 문(九竅)'이 있는 성(城)'인 육체 안에서 평온하게 머문다.

음란하면 반드시 몸을 망치고, 윤리를 혼탁하게 하며, 가정을 어지럽히게 된다. 남을 해친 만큼 가볍고 무거운 벌이 있게 되는 것은 사필귀정(事必歸正)이다. 포수가 꿩의 울음소리를 듣고 그 자취를 쫓아 꿩을 잡듯, 하늘 또한 남을 헐뜯고 비방하며 진실을 허물로 만드는 그 자취를 쫓아 그 숨은 꾀를 깨뜨려버린다. 사람이 하는 모든 일은 순리를 따르면 성공하고 역행하면 실패한다. 하늘의 이치에 순응할 수 있기 위해서는 우리의 모든 행위가 신(神, 하늘)에게 바치는 번제의식(燔祭儀式, sacrifice)이 되어야 한다. 왜냐하면 이 우주에서 일어나는 일체의 물질현상과 정신현상 모두가 하늘기운[우주의식]의 조화 작용인 까닭이다. 하늘에 죄를 짓는 것이란 도리에 위배함으로써 스스로의 본성에서 멀어지는 것을 뜻한다.

제6강령 복(福) '복'이란 착함으로 받게 되는 경사이다. 포괄적 의미의 덕목으로서의 착함이란 어질고, 선(善)하고, 순(順)하고, 화(和)하고, 너그럽고(寬), 엄(嚴)한 것을 말한다. 사람을 사랑함에 착한 사람도 사랑하고 악한 사람도 사랑하여 악을 버리고 선으로 나아가도록 권하며, 미혹한 사람은 인도하여 자기 스스로 터득하게 한다. 착한 사람은 옳다고 여기는 결단은 하고자 하면 반드시 하며, 베풀고자 하면 구차하지 않게 한다. 성품이 착하면 일을 판단함에 틀림이 없고, 그 결행이 분명하여 하늘의 이치와 사람의 일이 자연히 명백해진다. 복은 하늘의 이치와 사람의 도리에 순응해야 받는 것이다. 마음을 편안히 하여 마음이 동요되지 않고 기운을 안정시켜 기운이 어지럽지 않으면 성내지도 저주하지도 않게 되어 하늘의 덕에 순응하게 된다. 참전(參佺)의 8계를 지킴에 있어서도 정(整)과 결(潔)을 주로 하여 방종과 태만이 없게 하면, "사람이 화합함에 신(神)도 또한 화동(和同)하고, 신이 화동함에 하늘도 또한 화동하여 길(吉)하지 않음이 없게 된다."

이는 곧 인간의 내재적 본성인 신성(神性)이 발현되어 천리(天理)에 순응하는 삶을 살게 되는 것을 뜻한다. 그러한 순천(順天)의 삶을 살게 되면 하늘이 도와 길(吉)하지 않음이 없게 되는 것이다. 사람을 대할 때는 말을 온화하게 하고, 일을 할 때는 기운을 온화하게 하며, 재물을 대할 때는 의로움을 온화하게 해야 한다. 너그러움에는 인내·용서·사랑의 의미가 함축되어 있다. 인내·용서·사랑은 성통공완(性通功完)을 이루기 위한 필수 덕목(德目)이다. '성통', 즉 본성을 통한다는 것은 생명의 유기성과 상호관통을 깨닫는다는 것으로 이 우주가 '한생명'임을 체득하는 것이다. '성통'이 이루어지지 않고서는 '공완', 즉 재세이화·홍익인간은 실현될 수 없는 것이다. 엄하되 은혜로움과 온화함이 있게 되면 강함과 부드러움의 양 극단을 넘어서게 된다. 기색이 씩씩하여 엄하면 가르치지 않아도 제자들이 스스로 훈도(訓導)되고, 자제가 능히 스스로 훈육(訓育)되며, 이웃이 능히 스스로 훈계(訓戒)된다.

제7강령 보(報) '보'란 하늘이 악한 사람에게는 앙화(殃禍)로 갚고, 착한 사람에게는 복으로 갚는 것을 말한다. 보(報)는 쌓음(積)으로써 받는 것이고, 중(重)히 여김으로 받는 것이고, 시작함(刱)으로 받는 것이고, 채움(盈)으로써 받는 것이고, 큼(大)으로 받는 것이고, 작음(小)으로 받는 것이다. 덕을 닦고 선을 행하여 오랜 세월 쌓이면 신성(神性)이 발현되어 천리(天理)에 순응하는 삶을 살게 되므로 복을 받게 된다. 또한 여러 대에 걸쳐 적선을 행하면 가히 이어지는 복을 받게 된다. 실로 지혜로운 자는 순수하고도 헌신적인 행위의 길을 통해 '참나'에 이르게 된다. 이기적인 욕구충족을 위해서가 아니라 영혼의 정화를 위해서 행위 하는 까닭에, 마치 연꽃잎이 물에 젖지 않는 것과 같이 악에 더럽혀지지 않으므로 하늘의 복을 받게 되는 것이다. 종신토록 선을 행하여도 선은 오히려 부족하고, 단 하루를 악을 행하여도 악은 스스로 남음이 있다. 큰 허물과 큰 악은 지혜가 어두운 데서 생긴다. 작은 악도 또한 악을 짓는 것이니, 가히 그 앙화를 받게 된다. 악을 시험 삼아 행하고서 이익을 얻었다고 해서 좋은 방법으로 알고 짓는 것은 본래의 성품을 저버리는 것이다. 참된 지혜가 이기적인 욕망에 가려지면 자연히 그 앙화를 받게 된다.

제8강령 응(應) '응'이란 악(惡)은 앙화로 응징 받고, 선(善)은 복으로 보응을 받는 것을 말한다. 응(應)이란 쌓음((積)으로 오는 것이고, 중(重)히 여김으로 오는 것이고, 맑음(淡)으로 오는 것이고, 가득함(盈)으로 오는 것이고, 큼(大)으로 오는 것이고, 작음(小)으로 오는 것이다. 이 우주는 자연법인 카르마(karma, 業)의 지배하에 있으므로 각기 짓는 그 업(業)에 따라 다양한 형태의 화복(禍福)이 주어지는 것이다. 선업(善業)을 짓느냐 악업(惡業)을 짓느냐 하는 것은 모두 자신에게 달린 것으로 그에 따라 자연히 다양한 형태의 화복이 주어지는 것이다. 카르마의 목적이 단순한 징벌에 있는 것이 아니라, 영적(靈的) 교정의 의미와 함께 영적 진화를 위한 영성 계발에 있다는 사실을 자각한다면, 하늘이 내리는 앙화, 즉 시련의 교육적 의미를 감사하는 마음으로 깊이 새길 수 있을 것이다.

참전계경의 가르침에 따라 '혈구지도(絜矩之道)'를 지켜나간다면 편안한 생활을 할 수가 있다. '하늘의 그물(天羅)'은 넓고 넓으나 사소한 일 하나라도 놓치지 아니하므로 악을 행하면 반드시 재앙을 만나게 되어 하는 일마다 끝을 맺지 못한다. '땅의 그물(地網)'은 그 누구도 벗어날 수 없으므로 악을 행하면 반드시 흉한 곳만 찾아다니게 되어 하는 일마다 끝을 맺지 못한다. 작은 선(善)이라 하여 행하지 않고 크지 않은 악(惡)이라 하여 행한다면 악으로 된 산(惡山)을 이루어 그 앙화를 받게 될 것이다. 악(惡)이란 선(善)의 결여이며, 이는 곧 남을 나와 같이 생각하는 마음이 결여된 데서 오는 것이다. 매순간 정성을 다하여 천·지·인 삼신일체(三神一體)의 천도(天道)를 실천한다면, 다시 말해 우주만물을 차별 없이 사랑한다면, 천지기운이 사람과 함께 하게 되므로 이루어지지 않는 일이 없게 된다.

이렇듯 여덟 강령은 각기 독립적으로 존재하는 것이 아니라, 상호의존·상호전화·상호관통하는 관계 속에 있으므로 참본성이 열리지 않고서는 세상을 밝힐 수 없는 것이다. 그런 까닭에 『참전계경』은 팔강령에 따른 삼백에

순여섯 지혜로 뭇 사람들을 가르침으로써 천·지·인 삼신일체의 천도를 터득하게 하고 사람으로서의 도리를 깨우치게 하여 이른바 '무위이화(無爲而化)'의 세상을 열고자 했던 것이다. 말하자면 아무런 작위함이 없는 천지운행의 이치를 본받아 명령하거나 시키지 않아도 저절로 따르는 재세이화·홍익인간의 이상세계를 구현하고자 했던 것이다. 이는 곧 '무위이화'의 덕과 그 기운과 하나가 되는 것이며, 이러한 우주의 조화 기운과 하나가 되면 소아(小我)의 유위(有爲)가 아닌 대아(大我)의 무위를 따르게 되어 동귀일체(同歸一體)가 이루어져 천덕(天德)은 현실 속에서 현현하게 된다.

다음으로 『참전계경』의 구조에 대해 살펴보기로 한다. 『참전계경』 366사는 여덟 가지 강령(八綱領), 즉 성·신·애·제·화·복·보·응이 각각 성(誠)이 6체(體) 47용(用), 신(信)이 5단(團) 35부(部), 애(愛)가 6범(範) 43위(圍), 제(濟)가 4규(規) 32모(模), 화(禍)가 6조(條) 42목(目), 복(福)이 6문(門) 45호(戶), 보(報)가 6계(階) 30급(及), 응(應)이 6과(果) 39형(形)으로 이루어져 있다. 팔강령은 『천부경』·『삼일신고』와 마찬가지로 천·지·인 삼신일체에 기초하여 하늘과 사람과 만물을 하나로 관통하고 있음을 보여 준다. 팔강령의 논리구조를 보면, 전(前) 4강령 성·신·애·제와 후(後) 4강령 화·복·보·응은 인과관계를 이루고 있다. 여기서 성·신·애·제 4인(因)과 화·복·보·응 4과(果)는 그 성(性)이 따로 있는 것이 아니고 오직 일심(一心)일 따름이다. 다만 제문(諸門)에 의지하여 일성(一性)을 나타낸 것일 뿐이다. 따라서 '4因·4果'는 단선적인 구조가 아니라 상호 의존(interdependence)·상호 전화(interchange)·상호 관통(interpenetration)하는 원궤(圓軌)를 형성하고 있다. 시작도 끝도 없는 영원한 '하나(一)'의 조화 기운과 하나가 되는 것, 바로 여기에 마음을 밝히고 세상을 밝히는 '인중천지일(人中天地一)'·'성통공완(性通功完)'의 비밀이 있다. 『참전계경』은 거기에 이르는 구체적인 길을 366사로써 제시한 것이다.

제1강령 성(誠)에는 6체(體) 47용(用)이 있으며, 제1체 경신(敬神)·제2체 정심(正心)·제3체 불망(不忘)·제4체 불식(不息)·제5체 지감(至感)·제6체 대효(大孝)로 구성되어 있다. 제2강령 신(信)에는 5단(團) 35부(部)가 있으며, 제1단 의(義)·제2단 약(約)·제3단 충(忠)·제4단 열(烈)·제5단 순(循)으로 구성되어 있다. 제3강령 애(愛)에는 6범(範) 43위(圍)가 있으며, 제1범 서(恕)·제2범 용(容)·제3범 시(施)·제4범 육(育)·제5범 교(敎)·제6범 대(待)로 구성되어 있다. 제4강령 제(濟)에는 4규(規) 32모(模)가 있으며, 제1규 시(時)·제2규 지(地)·제3규 서(序)·제4규 지(智)로 구성되어 있다.

제5강령 화(禍)에는 6조(條) 42목(目)이 있으며, 제1조 기(欺)·제2조 탈(奪)·제3조 음(淫)·제4조 상(傷)·제5조 음(陰)·제6조 역(逆)으로 구성되어 있다. 제6강령 복(福)에는 6문(門) 45호(戶)가 있으며, 제1문 인(仁)·제2문 선(善)·제3문 순(順)·제4문 화(和)·제5문 관(寬)·제6문 엄(嚴)으로 구성되어 있다. 제7강령 보(報)에는 6계(階) 30급(級)이 있으며, 제1계 적(積)·제2계 중(重)·제3계 창(剏)·제4계 영(盈)·제5계 대(大)·제6계 소(小)로 구성되어 있다. 제8강령 응(應)에는 6과(果) 39형(形)이 있으며, 제1과 적(積)·제2과 중(重)·제3과 담(淡)·제4과 영(盈)·제5과 대(大)·제6과 소(小)로 구성되어 있다.

이상에서 볼 때 우리 민족의 3대 경전인 『천부경』·『삼일신고』·『참전계경』은 우리 상고시대 정치대전이자 만백성의 삶의 교본으로서 홍익인간·재세이화의 이상세계를 구현하는 정신적·물적 토대가 되었을 뿐 아니라, 환국·배달국·단군조선에 이르는 과정에서 전 세계로 퍼져나가 천·지·인 삼신일체의 가르침에 토대를 둔 우리의 천부문화(天符文化)를 세계 도처에 뿌리내리게 하였다. 이들 3대 경전은 한국 사상 및 정신문화의 뿌리이며 세계 정신문화의 뿌리가 되는 근본원리를 담고 있으며 동서고금의 사상과 철학, 과학과 종교의 정수(精髓)를 함축한 것으로, 전 지구적 차원의 대통섭을 단행할 수 있는 비옥한 철학적·사상적·정신문화적 토양이 갖추어져 있다. 우리 한인이 만든 고류지의 미륵보살상이―칼 야스퍼스가 찬탄했듯이―'진실로 완벽한 실존의 최고 경지를 한 점 미망 없이 완전하게 표현'해내고, '모든 인간이 다다르고자 하는 영원한 평화와 조화가 어우러진 절대 이상세계를 구현'해낸 것은 광대무변한 '한'의 정신세계가 이입되었기 때문일 것이다.

웅혼한 기상과 장대한 정신이 살아 숨 쉬는 9천 년 이상의 우리 상고사를 꽃피웠던 『천부경』·『삼일신고』·『참전계경』의 정치대전 속에는 이 우주를 관통하는 의식의 대운하(grand canal of consciousness)를 건설할 광대무변한 '한'의 정신세계가 용해되어 흐르고 있다. '일즉삼(一卽三)·삼즉일(三卽一)'이라는 '생명의 공식'으로 표상되는 우리 고유의 '한'사상[三神思想, 天符思想, 神敎]이야말로 남과 북, 나아가 인류를 하나 되게 하는 마스터 알고리즘이다. 진정한 르네상스와 종교개혁은 이제부터 시작되어야 한다. 그것은 전 인류적이고 전 지구적이며 전 우주적인 존재혁명이 될 것이다. 환단(桓檀)시대의 정치대전으로 대표되는 '한'사상과 정신문화는 종교와 과학과 인문, 즉 신과 세계와 영혼의 세 영역(天地人 三才)의 유기적 통합성에 대한 자각에 기초하여 '오래된 미래'의 비전을 명징하게 제시함으로써 세계시민사회가 공유하는 한국학, '공감(empathy)'의 신문명을 창출해 내는 한국학이 되게 할 것이다. 한국학의 르네상스는 이로부터 시작될 것이다.

09

고조선의 해체와 열국시대
그리고 민족대이동

● 고조선 제후국의 독립과 정치적 재편:
북부여와 후삼한(後三韓) · 동옥저 · 동예 · 낙랑국

● 고구려 · 백제 · 신라 · 가야 초기의 정치적 성장과 그 연맥

● 민족대이동과 고조선 문화 · 문명의 전파

청나라 지도 〈대청광여도(大淸廣輿圖)〉에는 양자강의 가장 큰 지류인 '한강(漢江)'이 표기되어 있고, 호북성에 한양(漢陽)·한양부(漢陽府)·한남산(漢南山)·형주부(荊州府)·강릉(江陵) 등의 지명이 표기되어 있다. 〈천하고금대총편람도(天下古今大總便覽圖)〉에는 중국 안휘성에 신라의 수도 경주(慶州)와 팔공산(八公山)이라는 지명이 표기되어 있고, 하남성에는 하남(河南), 호북성에는 한양(漢陽)·형주(荊州) 등의 지명이 표기되어 있다. 대륙과의 맥락 속에서만이 이해될 수 있는 문헌학적·고고학적·천문학적 및 각종 사료(史料)상의 검증 결과가 산재해 있음에도 신라와 백제의 역사를 처음부터 반도에 가둬버리는 '터널 역사관'에 빠지게 되면 역사 속의 다양한 주체들과의 지리적·관계론적 구도가 드러날 수가 없다. 백제는 멸망 후 왜(倭)로 건너가 일본이라는 국호로 부활했고, 고구려는 멸망 후 발해국으로 부활했다. 신라는 멸망 후 발해 유민들과 결합하여 금(金)나라를 세웠고, 금(金)이 멸망한 후에는 다시 청(淸)이라는 국호로 부활했다. 동이족의 일파인 단(檀)씨 흉노족(훈족)은 다뉴브강 유역의 판노니아 대평원에 '헝가리(Hungary)'라는 이름을 새겼고, 단(檀)씨 선비족은 중원의 오호십육국 시대를 평정하고 남북조시대 양대 축의 하나인 북조(北朝)를 열었으며, 마침내 남북조시대를 평정하고 수(隨)·당(唐)으로 그 맥이 이어졌다.

- 본문 중에서

뭇 사람들은 갈수록 어짊과 지혜로움에는 어둡게 되어⋯서로 다투는 허망한 생
각의 먼지가 본성의 문을 가리고 말았도다⋯밤 촛불에 날아드는 가엾은 부나비
신세를 면치 못하도다⋯교화를 펴고 나라를 세우신 까닭이라.

- 발해국 반안군왕(盤安郡王) 대야발(大野勃), 『삼일신고 서(三一神誥序)』

고조선 제후국의 독립과 정치적 재편
: 북부여와 후삼한(後三韓)·동옥저·동예·낙랑국

고조선의 해체와 열국시대에 들어가기에 앞서 한국학의 통시적 고찰을
위해 우리 한민족의 국통(國統)을 〈표 9.1〉과 같이 도표로 나타내 보았다. 한
민족의 국통은 마고성 시대에서 황궁씨와 유인씨의 천산주 시대를 거쳐 환
국·배달국·단군조선의 환단(桓檀)시대, 북부여·후삼한·동옥저·동예·낙랑
국 등 열국시대, 고구려·백제·신라·가야의 사국시대, 통일신라·발해[대진국]
의 남북국시대, 고려시대, 조선시대, 그리고 임시정부 시대를 거쳐 대한민
국·조선민주주의인민공화국의 남북분단시대에 이르고 있다. 만 년이 넘는
장구한 역사의 흐름 속에서 마고성을 떠나며 했던 '해혹복본(解惑復本: 미혹함을
풀어 참본성을 회복함)'의 맹세를 우리는 지금 기억하고 있는가?

시대 구분	한민족의 국통(國統)				
마고성(麻姑城) 시대	마고의 나라(麻姑之那: ?~BCE 9199)				
	황궁(黃穹)씨와 유인(有仁)씨의 천산주(天山洲) 시대(BCE 9199~BCE 7199)				
환단(桓檀)시대	환국(桓國: BCE 7199~BCE 3898, 환인 7대)				
	배달국(倍達國: BCE 3898~BCE 2333, 환웅 18대)				
	단군조선(檀君朝鮮: BCE 2333~BCE 238, 단군 47대)				
열국(列國)시대	북부여(北夫餘) (BCE 239 ~BCE 58)	후삼한(後三韓) (BCE 2세기 ~CE 3세기)	동옥저(東沃沮) (BCE 2세기 ~CE 56)	동예(東濊) (BCE 2세기 ~CE 5세기)	낙랑국(崔氏 樂浪國) (BCE 195 ~CE 37)
사국(四國)시대	고구려(高句麗) (BCE 58~CE 668)	백제(百濟) (BCE 18~CE 660)	신라(新羅) (BCE 57 ~CE 935)	가야(加耶) (CE 42~CE 562)	
남북국(南北國) 시대	발해(渤海=大震國) (698~926)		통일신라(統一新羅) (676~935)		
고려시대	고려(高麗: 918~1392)				
조선시대	조선(朝鮮: 1392~1910)				
임시정부 시대	임시정부(臨時政府: 1919~1945)				
남북분단시대	대한민국(ROK) (1948~현재)		조선민주주의인민공화국(DPRK) (1948~현재)		

〈표 9.1〉 한민족의 국통(國統)*

---

* 『삼국사기』에는 고구려 건국 연대를 CE 37년이라고 기록하고 있는데, 이는 고주몽이
BCE 58년에 북부여의 대통을 이어 즉위하고―북부여를 계승하여 졸본에 도읍하였으
므로 졸본부여라 함―多勿이라는 연호를 사용하다가 BCE 37년에 국호를 高句麗로 개
칭하고 연호도 平樂이라고 쓰게 된 시점부터를 고구려 건국 연대로 잡은 것이다. 그렇
게 되면 고주몽이 북부여의 대통을 이어 多勿이라는 연호를 쓰기 시작한 BCE 58년과
는 21년의 시차가 있다. 또한 해모수의 차남인 高辰이 북부여 4세 단군 高于婁 때(BCE
120) 高句麗侯로 봉해졌다는 것은 BCE 120년 이전에 고구려가 이미 건국되었음을 말
하여 준다. 따라서 향후 충분한 근거 자료가 나오게 되면 고구려의 건국 연대는 훨씬
더 상향 조정되어야 할 것이고, 그에 따라 고구려 연대 전체가 수정되어야 할 것이다.
고구려의 건국 연대가 상향 조정되면 고구려 시조의 아들인 온조왕의 건국 연대는 물
론 백제 연대 전체도 상향 조정되어야 할 것이다. 현재로서는 편의상 고구려의 건국 연
대는 多勿이라는 연호를 사용한 BCE 58년으로 잡고, 三國史 관련 연대는 『삼국사기』
를 따르기로 한다.

〈표 9.1〉에서 보는 바와 같이 BCE 3~2세기에 들어 고조선이 해체되기 시작하면서 고조선의 제후국이 독립하여 여러 국가로 분열된 열국시대를 맞게 된다. 앞서 밝힌 바와 같이 단군조선은 단군왕검에서 고열가(古列加) 단군에 이르기까지 단군 47대(BCE 2333~BCE 238)가 2,096년 간 다스린 단군의 조선으로 끝난 역사다. 은(殷, 商)나라 기자(箕子)가 동으로 와서 단군조선에 이어기자조선을 세우고 왕 노릇을 했다는 '기자동래설(箕子東來說)'은—러시아 역사학자 유리 미하일로비치 부틴이 말한 바와 같이—'중국인이 조선 영토에 대한 권리 주장을 합법화하기 위해 한대(漢代)에 조작한 것'[1]이다. 기자의 후손인 기비(箕조)는 고조선 말기에 조선으로 와서 간청하여 변방 작은 지역의제후가 되었고, 그의 아들 기준(箕準)은 BCE 2세기 말경 서한(西漢)으로부터그의 거주지로 망명해온 위만(衛滿)을 신임하여 변방을 수비하는 박사(博士)로 삼아 국경지대인 난하(灤河) 유역에 살게 했다.

그런데 위만은 그곳 토착인들과 중국으로부터의 망명집단을 규합하여 세력을 형성하여 정권을 탈취했다. 제후의 자리를 빼앗긴 기준(箕準)은 장수들과 그 좌우 궁인들과 해(海) 땅으로 들어가서 한(韓) 지역에 살았고 스스로 한왕(韓王)이라 칭했다(將其左右宮人 走入海居韓地 自號韓王).[2] 정권을 탈취한 위만은그 세력을 대릉하(大陵河) 유역까지 확장하여 베이징 근처의 난하(灤河) 하류동부지역에 도읍을 정하고 위만조선을 건국했다. 그렇게 세력을 확장해가다가 위만의 손자 우거(右渠) 때에 이르러 한나라[西漢, 前漢] 무제(武帝)의 침략으로 3대 80여 년 만에 멸망했다. 이것이 기자조선, 위만조선의 실상이다.그 후 위만조선 영토의 일부분—고조선의 서쪽 변방의 한 귀퉁이 작은 지역—에 한때 한사군(漢四郡)이 설치되었으나 부여를 비롯한 삼한 등 조선의 열국이 고조선 영역의 대부분을 그대로 차지하고 있었고, 후에는 고구려가 한사군을 회복하였다는 견해가 유력하다.[3] 한사군이 한반도가 아니라 대륙에 있었다[4]는 사실을 기억하는 것이 우리 역사의 큰 줄기를 잡을 수 있게 하는 관건이다.

고조선의 세력 약화와 열국시대의 시작은 몇 가지 점에서 그 의미를 살펴볼 수 있다. 우선 고조선을 중심으로 형성되었던 한민족이 정치적으로 분열되었다는 점이다. 그러나 정치적 분열과는 달리 고조선의 문화 전통을 모두 계승함으로써 스스로가 한민족의 구성원임을 의식하고 있었다. 또한 고조선이 해체되면서 각 지역의 거주민 이동과 함께 제후국의 지리적 위치가 재편되었다는 점이다. 이러한 거주민 이동과 제후국 위치의 재편은 여러 지역 거주민의 혼융을 통해 민족융합과 문화융합을 초래했다. 하여 정치적 분열상과는 달리 민족적·문화적으로는 혼융을 가져온 시기였다. 또 한 가지는 열국시대가 지방분권적 봉건제 국가에서 중앙집권적 군현제(郡縣制) 국가로 변천되는 과도기에 해당한다는 점이다. 고조선 말기 철기의 보급으로 경작면적이 확대됨에 따라 토지의 경제적 가치에 대한 관념의 변화가 일어나 영토 확장을 중시하는 중앙집권적 국가로의 이행이 촉발되었다. 이처럼 민족의식과 영토 확장의 열망이 복합적으로 작용해 각국은 민족통일을 추구하게 되었고, 그 결과 사국시대와 남북국시대를 거쳐 고려에 이르러 영토상으로 불완전하긴 하지만 다시 민족국가를 이루게 되었다.[5]

고조선 '연방제국'의 해체는 크게 두 가지, 즉 대내적인 요인과 대외적인 요인이 맞물려 일어난 것으로 볼 수 있다. 우선 대내적 요인으로는 철기의 보급에 따른 경제 관념의 변화와 사회의 구조적 변화에 따른 구질서의 와해를 들 수 있다. 청동기시대의 농구는 주로 석기가 사용되었던 관계로 농경지의 개간에 한계가 있었기 때문에 거주지와 그 주변의 농경지를 제외한 넓은 공지는 경제적 가치를 지니지 못했다. 그런데 BCE 3세기경에는 철기문화가 보편화되면서 토지 개간면적의 확대와 함께 노동능률의 증대와 생산량의 증대를 가져오게 되었다. 이에 따라 영토 확장을 위한 제후들 간의 갈등, 부락단위의 집단노동 와해, 소(小)토지소유제의 출현 등으로 인해 종래의 국가구조 및 통치 체제, 경제구조와 사회질서 등의 붕괴를 초래하게 되었다.

다음으로 대외적 요인으로는 위만(衛滿)과의 전쟁, 한나라(西漢, 前漢)와의 전쟁 등 계속된 국난에 따른 국력의 소진을 들 수 있다. BCE 2세기 말경 위만은 한나라로부터 군사적·경제적 지원을 받아 고조선을 침략하여 대릉하(大陵河)까지 영토를 확장하였다. 그 후 한나라는 무제(武帝) 때에 국력이 강성해지자 BCE 108년에 위만조선을 멸망시키고, 그 지역에 낙랑·진번·임둔을 설치하고, 여세를 몰아 고조선의 서부를 공략하여 요하(遼河)까지 차지하고 요하 서부 유역에 현도군을 설치하여 고조선의 영토는 요하까지로 축소되었다.[6] 이처럼 철기의 보급에 따른 사회경제적 질서의 와해와 두 차례의 국난이 맞물려 고조선 연방제국은 정치적으로 완전히 해체되고 고조선 본국은 BCE 108년에 한나라에 의해 왕검성이 함락되면서 붕괴되었다.

고조선의 쇠망과 더불어 고조선 본국의 통치 능력이 상실됨에 따라 요하 서쪽(遼西)에 있던 제후국인 부여·고구려·옥저·예(濊)·낙랑 등은 요하 동쪽(遼東)과 한반도에 걸친 지역으로 이동하여 각기 독립국이 되어 새로운 정치세력으로 성장하였다. 북부여왕은 단군이라는 칭호를 그대로 사용하였고, 요동의 고구려국이나 한반도 내의 평양 지역 최리(崔理)의 낙랑국에서 보듯이 대부분 요서 지역에서 사용하던 제후국의 국명을 요동이나 한반도에서도 그대로 독립국의 국명으로 사용하였다. 한편 요서 지역에 있던 제후국 지역은 현도군의 고구려현(縣)이나 한사군의 낙랑군(郡)과 같이 서한(西漢) 행정구역의 지명으로 남아 있게 되었다. 요하 서쪽에서 동쪽으로의 이동에 따른 정치세력화가 진행되면서 요동 지역 원주민의 일부는 연해주와 시베리아 동남부로, 다른 일부는 한반도 내지 일본 열도로 이동하게 되었다. 이처럼 요하 동쪽의 만주와 한반도에는 새로운 정치질서의 재편과 정치세력화가 이루어지면서 열국시대가 본격화되었다.

열국시대 초기에 부여는 흑룡강성(黑龍江省) 지역으로부터 난하(灤河) 상류 유역에 이르는 내몽골 지역을 차지하였고, 고구려는 부여의 남부에 위치하여 요하 동쪽 요녕성(遼寧省) 일부와 길림성(吉林省) 일부 및 평안북도를 차지하였다. 동옥저는 함경북도와 길림성 일부를 차지하였고, 동예는 함경남도 남부와 강원도 북부지역을 차지하였으며, (최씨)낙랑국은 청천강과 대동강 사이를 차지하였다. 한(韓)은 대동강 이남의 전 지역을 차지하였으며, 이 시기에 단군의 후예인 고조선 왕실은 청천강 유역에 있는 묘향산 지역에 거주하였다고 한다.[7] 요하 서쪽과 동쪽 및 한반도에 걸친 동일한 명칭을 구분하기 위하여 대체로 요하 동쪽의 옥저를 동옥저, 예를 동예, 낙랑은 (최씨)낙랑국이라 부르고, 고조선 연방제국의 분조(分朝)였던 삼한과 구분하기 위하여 열국시대의 삼한을 후삼한(後三韓)이라 부른다.

부여·옥저·동예·(최씨)낙랑국 등은 결국 고구려에 병합되게 된다. 그런데 후삼한은 단재 신채호 등이 주장하는 반도의 후삼한 즉 남삼한(南三韓)이 있는가 하면, 「북부여기(北夫餘紀)」 상편 2세 단군 모수리(慕漱離) 재위 원년 정미년(BCE 194) 기록과 『삼국사기』 「고구려본기」 제6대 태조대왕(太祖大王) 70년(CE 122) 기록 등에 근거한 대륙의 후삼한이 있다. 후삼한에 대해서는 뒤에서 다시 다루게 될 것이다. 열국시대의 후삼한은 제정(祭政)이 분리되어 정치적 군장과 천신에 제사 지내는 천군의 칭호와 역할이 다르고 각자 맡은 지역도 구별되었다. 이들 후삼한은 삼국이 발흥하기 이전에는 독자적으로 발전하기도 했지만, 삼국이 강성해짐에 따라 대부분은 삼국에 복속되고 또 일부는 그 세력이 유라시아 대륙으로 확장·발전하기도 했다. 그러면 먼저 「북부여기」에 기록된 북부여 관련 내용부터 고찰하기로 한다.

고조선 연방제국이 해체되면서 고조선의 많은 제후국들은 독립국으로 변모하게 되는데, 그중에서도 북부여는 제일의 패자였다. 원래 부여라는 명칭은 단군왕검의 아들 부여가 다스린 제후국에서 유래한 것이다. 『규원사화』 「단군기」에는 '부소(夫蘇)와 부우(夫虞)와 작은 아들 부여(夫餘)를 다 서쪽 땅에 봉하였으니 부여가 바로 그것'[8]이라고 기록되어 있다. 열국시대에 들어 단군조선의 적통(嫡統)을 계승하여 열국의 패자로 부상한 북부여는 종실(宗室)의 해모수가 시조 단군으로 즉위하였으며, 5세 단군 고두막(高豆莫)에 이르러 후(後)북부여 즉 졸본부여(卒本夫餘)로 이어졌고, 졸본부여는 6세 단군 고무서(高無胥)가 붕어하자 유언에 따라 사위인 고주몽(高朱蒙)이 대통을 이으니 그가 바로 고구려의 시조이다. 그러면 북부여의 성립부터 살펴보기로 하자.

해모수(解慕漱)는 단군조선의 제후국인 고리국(藁離國) 출신이다. 몽골과학원 교수 베 슈미야바타르에 따르면 북부여의 모체인 고리국의 위치는 바이칼호수 동쪽의 몽골 내륙이다. 몽골족의 일파인 부리야트(Buriat)족은 한국인과 DNA가 거의 같은 것으로 알려져 있으며, 지금도 스스로를 '코리(고리국의 후예)'라 부른다고 베 슈미야바타르는 증언했다.[9] 「단군세기」에는 47세 단군 고열가(古列加) 재위 57년 임술년(BCE 239)에 해모수(解慕漱)가 웅심산(熊心山)에서 내려와 제후국인 수유(須臾)의 기비(箕丕)와 은밀히 약속하고 군대를 일으켜 옛 도읍인 백악산 아사달을 습격하여 점거하고는 천왕랑(天王郎)이라 칭하였다고 기록되어 있다.

임술 57년(BCE 239) 4월 8일 해모수(解慕漱)가 웅심산(熊心山)에서 내려와 군대를 일으켰는데, 그의 선조는 고리국(藁離國) 사람이었다. …해모수는 은밀히 수유(須臾)

와 약속하고 옛 도읍인 백악산을 습격하여 점거하고는 천왕랑(天王郞)이라 칭하였다.…이에 여러 장수를 봉하고 수유후(須臾侯) 기비(箕丕)를 승격하여 번조선의 왕으로 삼았다.

壬戌五十七年四月八日 解慕漱 降于熊心山起兵 其先藁離國人也…解慕漱 密與 須臾約 襲據故都白岳山 稱爲天王郞…於是 封諸將 陞須臾侯箕丕 爲番朝鮮王.[10]

당시 진조선(辰朝鮮, 辰韓)의 도읍은 장당경(藏唐京: 遼寧省 開元 소재)이었으며, 해모수는 옛 도읍인 백악산 아사달에서 즉위하고 북부여(北夫餘)를 건국하였고, 거사를 도운 수유후(須臾侯) 기비(箕丕)를 번조선의 왕으로 삼았다. 북부여라는 국호는 해모수가 즉위한 백악산 아사달이 장당경보다 북쪽에 위치한 데서 붙여진 이름이다.* 해모수는 국호를 북부여라 했지만, 단군조선을 계승하여 나라를 세웠기 때문에 제왕의 칭호는 그대로 단군이라 하였고 북부여의 역대 제왕들도 모두 단군이라는 칭호를 사용하였다. 해모수가 북부여를 건국한 이듬해인 BCE 238년에 47세 고열가 단군은 스스로 제위를 내려놓고 오가(五加)들로 하여금 어진 이를 임금으로 추대하라고 하고는 입산수도하여 신선이 되시니, 이후 6년 동안 오가(五加)들이 함께 나라를 다스렸다고 「단군세기」에는 기록되어 있다.

계해 58년(BCE 238)에 단군께서 어질고 유순하시나 결단력이 없었으므로 명을 내려도 이행되지 않는 일이 많았다.…3월, 하늘에 제사 지낸 날 저녁에 오가(五加)들과 함께 의논하여 가로되, "옛날 우리 열성조(列聖朝)께서 나라를 여시고 대통

---

* 44세 단군 구물(丘勿)은 병진년(BCE 425)에 장당경(藏唐京)에서 즉위하고 국호를 대부여(大夫餘)라 하였다.

을 이어가실 때에는 그 덕을 아주 멀리까지 널리 펴서 오랜 세대의 법이 되었으나 지금에 와서 왕도(王道)가 쇠미하여 여러 한(汗)들은 세력 다툼을 하고 있다. 짐이 덕이 없고 나약하여 능히 다스리지 못하니 이들을 불러 무마시킬 방책도 없고 백성들도 흩어지고 있다. 그대들 오가는 어진 이를 택하여 추대하도록 하라." 그리고는 옥문을 크게 열어 사형수 이하의 모든 포로를 석방하였다. 이튿날 마침내 제위를 버리고 입산수도하여 신선이 되시니, 이후 6년 동안 오가(五加)들이 함께 나라를 다스렸다.

癸亥五十八年 帝仁柔不斷 令多不行…三月祭天之夕 乃與五加 議曰 昔我列聖 肇極垂統 種德宏遠 永世爲法 今王道衰微 諸汗爭强 惟朕凉德 儒不能理 無策招撫 百姓離散 惟爾五加 擇賢以薦 大開獄門 放還死囚以下諸俘虜 翌日 遂棄位入山 修道登仙 於是 五加 共治國事六年.[11]

같은 해인 재위 2년 계해년(BCE 238) 3월 16일에 단군 해모수는 단군조선의 습속대로 하늘에 제사 지내고 연호법(烟戶法: 호구조사법)을 만들어 오가(五加)의 병사들을 나누어 배치하고 둔전을 경작하여 자급(屯田自給)하게 함으로써 불의의 일에 대비하게 하였다. 고려말 휴애거사(休崖居士) 범장(范樟)의 「북부여기(北夫餘紀)」 상편에는 단군 해모수 재위 8년 기사년(BCE 232)에 옛 도읍의 오가(五加)들을 회유하여 6년간의 공화정(共和政) 시대를 마감하고 백성들의 추대로 북부여의 시조 단군으로 등극하였으며, 그해 겨울 10월에 공양태모(公養胎母)의 법을 세워 처음으로 태교를 가르쳤다고 기록되어 있다.

기사 8년(BCE 232)에 단군께서 무리를 이끌고 가서 옛 도읍의 오가(五加)들을 회유(回諭)하니 마침내 공화정(共和政)을 철폐하게 되었다. 이에 만백성이 단군으로 추대하니 이분이 북부여의 시조이다. 겨울 10월에 공양태모(公養胎母)의 법을 세워 사람을 가르침에 반드시 태교로부터 시작하도록 하였다.

己巳八年 帝率衆 往論故都 五加 遂撤共和之政 於是 國人 推爲檀君 是爲北夫餘

始祖也 冬十月 立公養胎母之法 教人必自胎訓始.[12]

　이로써 단군조선은 막을 내리고 단군조선을 계승한 북부여가 대통을 이어가게 되었다. 북부여의 정치적 성장을 고찰하기 전에 먼저 「북부여기」에 기록된 북부여 6대 181년간(BCE 239~BCE 58) 역대 연표를 정리하면 〈표 9.2〉와 같다. 북부여 시조 단군 해모수(解慕漱)로부터 4세 단군 고우루(高于婁)까지, 그리고 후북부여(後北夫餘) 5세 단군 고두막(高豆莫)으로부터 6세 단군 고무서(高無胥)까지를 총칭하여 북부여라 한다. 후북부여는 졸본부여(卒本夫餘)라고도 한다.

왕대 (王代)	재위년수 (年)		제왕 이름 (檀君)	즉위년도 (BCE)
1	45		해모수(解慕漱)	239
2	25		모수리(慕漱離)	194
3	49		고해사(高奚斯)	169
4	34		고우루(高于婁, 解于婁)	120
5	49	재위(在位) 22년 (BCE 108~BCE 87)	고두막(高豆莫, 豆莫婁)	재위(在位) (BCE 108)
		재제위(在帝位) 27년 (BCE 86~BCE 60)		재제위(在帝位) (BCE 86)
6	2		고무서(高無胥)	59

〈표 9.2〉 북부여 6대 역대 연표

　시조 단군 해모수 재위 19년 경진년(BCE 221)에 기비(箕丕)가 죽자 아들 기준(箕準)을 아비의 뒤를 이어 번조선의 왕으로 봉하였으며, 연(燕)나라를 방비하는 일에 더욱 힘을 기울였다. 그보다 앞서 연나라가 장수 진개(秦介)를 파견하여 우리의 서쪽 변방(西鄙)을 침략하므로 만번한(滿番汗)[13]을 경계로 삼았다. 재위 20년 신사년(BCE 220)에 백악산 아사달에서 하늘에 제사 지내도록 명하였으며, 7월에 새 궁궐 336칸*을 지어 천안궁(天安宮)이라 이름하였다. 재위 31년 임진년(BCE 209)에 진승(陳勝)이 군사를 일으키니 진나라 사람들이 큰 혼란에 빠졌다. 연나라·제(齊)나라·조(趙)나라의 백성들이 도망해서 번조선에 귀순하는 자가 수만 명이 되었다. 그들을 상하운장(上下雲障)에 나누어 살게 하고 장수를 보내 감시케 하였다.

재위 38년 기해년(BCE 202)에 연나라의 노관(盧綰)이 요동의 옛 성터를 수복하고 패수(浿水)를 동쪽 경계선으로 삼았으니 패수는 지금의 조하(潮河)이다. 재위 45년 병오년(BCE 195)에 연나라의 노관이 한나라를 배반하고 흉노로 망명하니 그 무리인 위만(衛滿)이 우리에게 망명을 요구했으나 단군께서 윤허하지 않았다. 단군께서는 병으로 인해 스스로 결단을 내리지 못하고 있었는데, 번조선 왕 기준(箕準)이 여러 차례 일 처리할 기회를 놓치더니 마침내 위만을 박사로 삼아 상하운장의 땅을 떼어 그를 봉하였다. 그해 겨울 단군께서 붕어하시니 웅심산(熊心山) 동쪽 기슭에 장사 지냈다. 태자 모수리(慕漱離)가 즉위하였다.[14]

2세 단군 모수리(慕漱離) 재위 원년 정미년(BCE 194) 기록에는 후삼한(後三韓)과 관련된 중요한 내용이 나온다.

번조선 왕 기준(箕準)이 수유(須臾)에 오래도록 살면서 많은 복을 베풀어 백성들 모두가 풍요로웠으나 후에 떠돌이 도적 위만에게 패하여 달아나 해(海) 땅으로

---

* 이 366이란 숫자는 『삼일신고』 366字, 『참전계경』 366事의 '366'이라는 숫자가 반영된 것으로, 북부여가 명실공히 단군조선의 國統을 계승하였음을 나타내 보인 것이다.

들어가서 돌아오지 않았다. 이에 오가(五加)의 무리들은 상장(上將) 탁(卓)을 받들어 큰 무리를 이루어 길을 떠나 곧장 월지(月支)에 이르러 나라를 세웠다. 월지는 탁(卓)이 태어난 고향이며 이를 중마한(中馬韓)이라 한다. 이때에 변한(弁韓, 番韓)·진한(辰韓) 또한 각각 그 무리로써 땅 백 리의 봉함을 받고 도읍을 정하여 나라를 세웠는데 모두 마한의 명에 따르며 세세토록 배반하지 않았다.

丁未元年 番朝鮮王箕準 久居須臾 嘗多樹恩 民皆富饒 後爲流賊所敗 亡入于海而不還 諸加之衆 奉上將卓 大擧登程 直到月支立國 月支 卓之生鄕野 是謂中馬韓 於是 弁辰二韓 亦各以其衆 受封百里 立都自號 皆聽用馬韓政令 世世不叛.[15]

기준(箕準)에 대해서는 앞서 자세히 설명한 바 있으므로 여기서는 생략하기로 한다. 「북부여기」 상편에는 번조선의 상장(上將) 탁(卓)이 오가(五加)와 백성을 이끌고 월지(月支)로 대거 이동하여 중마한(中馬韓: 후삼한의 중심이 마한이란 뜻)을 세웠으며 오가(五加)들에게도 땅 백 리씩을 봉하여 진한·변한(번한)이라 했다고 기록되어 있다. 그렇다면 후삼한(後三韓)이라 할 수 있는데, 여기서 두 가지 의문이 제기될 수 있다. 그 하나는 진한이 중심이 된 단군조선의 삼한관경제(三韓管境制)와는 달리, 후삼한의 삼한관경제는 마한이 중심이 된 것인데 이것이 사실과 부합하느냐는 것이다. 다른 하나는 중마한을 세운 월지(月支)의 지리적 위치와 관련하여, 대륙에 위치하는 것으로 보는 관점도 있고 한반도 내에 위치하는 것으로 보는 관점도 있다.

이 두 가지 의문과 관련하여 중국 사서의 기록을 보기로 하자. 중국의 『후한서(後漢書)』 권85 「동이열전(東夷列傳)」 제75 한전(韓傳)에는 다음과 같이 기록되어 있다.

한(韓)에는 세 종류가 있으니 첫째는 마한(馬韓), 둘째는 진한(辰韓), 셋째는 변진(弁

辰, 변한)이다. 마한은 서쪽에 있으며 54국이 있는데, 그 북쪽은 낙랑과 접하고 남쪽은 왜(倭)와 접한다. 진한은 동쪽에 있으며 12국이 있는데, 그 북쪽은 예맥과 접한다. 변진은 진한의 남쪽에 있으며 또한 12국이 있는데, 그 남쪽은 또한 왜와 접한다.

韓有三種 一曰馬韓 二曰辰韓 三曰弁辰 馬韓在西有五十四國 其北與樂浪 南與倭接 辰韓在東十有二國 其北與濊貊接 弁辰在辰韓之南亦十有二國 其南亦與倭接.[16]

단군조선의 삼한관경에서는 중앙본국인 진한을 중심으로 마한은 진한의 남쪽에 있고 번한은 진한의 서쪽에 있었던 것에 반해, 『후한서』 「동이열전」에는 마한이 중심이 되는 가장 큰 나라로 서쪽에 있고 진한이 동쪽에 있으며 변진(번한)은 진한의 남쪽에 있는 것으로 기록되어 있다. 그렇다면 『후한서』 「동이열전」의 기록은 마한을 최대 중심국가로 기록한 점에서 「북부여기」의 기록과 일치하며 모두 후삼한의 삼한관경을 기록한 것으로 볼 수 있다. 『삼국지(三國志)』 권30 「위서(魏書)」 제30 한전(韓傳)에도 한(韓)은 대방(帶方)의 남쪽에 있으며, 마한·진한·변한의 삼종(三種)이 있고, '진한은 옛 진국(辰國)이다(辰韓者 古之辰國也)'[17]라고 함으로써 한전(韓傳)이 후삼한의 기록임을 밝히고 있다. 여기서 대방(帶方)은 '태행산맥(太行山脈)'의 동쪽이며, 지금의 하북성(河北省, 허베이성) 석문(石門)에 접해 있는 곳'[18]으로 비정된다. 석문은 현 하북성 성도(省都)인 석가장(石家庄)이다. 진국(辰國, 辰韓)은 고조선 시대에는 중앙본국으로서 삼한의 맹주였으나, 마한이 중심이 되는 후삼한에서는 그 세력이 약화되었다.

남은 문제는 중마한(中馬韓)을 세운 월지(月支)의 지리적 위치에 관한 것이다. 고대 한민족의 주 활동무대가 대륙이다 보니, 고대 사료에 나오는 지명은 대개 대륙에 있는 것들이기 때문에 위 인용문만으로는 월지의 정확한 위치를 파악하기 어렵다. 중마한의 위치를 파악하는 관건은 두 가지다. 『후한서』「동이열전」에서 마한의 북쪽이 낙랑과 접하고 남쪽은 왜(倭)와 접한다고 하였으니, 낙랑과 왜의 위치를 파악하는 것이다. 『삼국사기』「고구려본기」 고구려 3세 대무신왕 15년(CE 32) 4월조 주(注)에는 "낙랑왕 최리(崔理)란 사람은 한적(漢籍)에 보이지 않는다"고 나와 있다. (최씨)낙랑국이 한족(漢族)의 기록에 없다는 것은, 한족의 기록에 나오는 '낙랑'이 모두 '낙랑군'이라는 의미가 된다. 낙랑군을 포함한 한사군이 대륙에 있었다는 것은 앞서 고찰하였다. 그렇다면 『후한서』「동이열전」에 나오는 낙랑은 (최씨)낙랑국이 아니라 대륙에 있었던 '낙랑군'이며, 마한은 대륙에 있었던 낙랑군의 남쪽에 있었던 것이 된다. 또한 반도 평양을 중심으로 존재했던 (최씨)낙랑국이 한족(漢族)의 기록에 없다는 것은, 『후한서』「동이열전」이나 『삼국지』「위서」 동이전의 기록에 나오는 한(韓, 三韓) 또한 반도가 아니라 대륙에 있었던 한(韓, 三韓)이었을 가능성이 크다는 것을 시사한다.

왜(倭)의 위치에 대해서는 「태백일사」 제6 고구려국본기에 추정할 수 있는 근거가 있다. "왜(倭)는 회계군(會稽郡) 동쪽 동야현(東冶縣)의 동쪽에 있으며 배로 9천 리를 건너가면 나패(那覇)에 이른다"[19]고 기록되어 있다. 「태백일사」는 저자인 이맥(李陌)이 중종 15년(1520)에 실록을 기록하는 찬수관(撰修官)이 되어, 세조·예종·성종 때 전국에서 수거하여 궁궐에 비장(秘藏)되어 있던 상고사서를 접하게 되면서 알게 된 사실(史實)을 토대로 엮은 책으로 신뢰할 만한 사료다. 『후한서』「동이열전」 왜전(倭傳)과 『삼국지』「위서」 왜인전(倭人傳)에도 왜(倭)가 '회계군 동야현의 동쪽에 있다(在會稽東冶之東)'*고 기록

---

* 『三國志』 卷三十,「魏書」 第三十, 烏丸鮮卑東夷傳 第三十, 倭人傳에서는 東冶(동야)를

되어 있다.

여기서 회계군은 중국 절강성(浙江省, 저장성)에 있는 회계산(會稽山)의 이름을 딴 지명이며 중국 춘추시대 월(越)나라의 본거지다. 나패는 일본 오키나와 섬 남단에 있는 유구국(琉球國)이다. 『후한서』 「동이열전」에 나오는 왜(倭)는 현재의 일본이 아니라 중국 절강성에 있었다. 따라서 『후한서』 「동이열전」에서 마한의 북쪽이 낙랑과 접하고 남쪽은 왜(倭)와 접한다고 한 기록은 「태백일사」의 기록과도 부합하는 것으로 후삼한의 중심이 되는 중마한이 대륙에 있었다는 것을 말해준다. 결론적으로, 마한과 남북으로 접하였던 왜와 낙랑의 위치로 볼 때 중마한은 한반도가 아니라 대륙에 있었던 것이 된다. 중마한 54국의 분포에 대해서는 좀 더 심층적인 연구가 필요하다고 본다.

또한 『삼국사기』 「백제본기」에는 백제 시조 온조왕(溫祚王) 26년(CE 7) 기사에 왕이 말하기를 "마한이 점점 약해지고 상하의 인심이 이반(離叛)되니 그 형세가 오래 버티지 못할 것이다. 만일 마한이 다른 나라에 병합되면 순망치한(脣亡齒寒: 입술이 없으면 이가 시림)의 격이 될 것이니 그때 후회한들 이미 늦을 것이다. 그러니 먼저 쳐들어가 마한을 취하는 것이 훗날의 어려움을 면하는 것이 될 것이다"[20]라며 그해 10월에 왕이 군사를 내어 마한을 쳐서 그 국읍(國邑)을 장악하였으며, 이듬해 4월에 마한의 항복을 받음으로써 마한은

___

東治(동치)로 적고 있는데 誤記인 것으로 보인다. '동야'가 바른 표기이다. 『後漢書』 卷八十五, 「東夷列傳」 第七十五, 倭傳에서는 '동야'라고 바르게 표기되어 있다. 재야사학자 오재성은 그의 저서 『우리(右黎)의 역사는?』, 121-130쪽에서 "CE 670년 이전 왜(倭)는 변한(弁韓)의 일부이며 양자강(揚子江) 이남에 있었다"고 하고, "CE 670년 이전의 왜는 결코 한반도의 동쪽에 있는 현재의 일본 땅이 아니라 양자강 이남의 조선족의 왜인 것이다(오재성, 『우리(右黎)의 역사는?』, 121-130쪽)"라고 했다. 이러한 그의 주장은 주한 대만대사관이 서울에서 철수하기 전에 대만대사관 도서관에서 복사한 고지도 등을 근거로 한 것이었다.

멸망했다고 기록되어 있다.

그런데 「고구려본기」 6대 태조대왕(太祖大王, 大祖大王) 70년(CE 122) 기사에 "왕이 마한·예맥(濊貊)과 함께 요동(遼東)을 침략하였다"[21]고 나온다. 이에 대해 『삼국사기』의 저자 김부식은 "마한은 백제 온조왕 27년(CE 8)에 멸망하였는데, 고구려 왕과 함께 군사행동을 하였다 하니 그것은 혹 멸망한 후에 다시 부흥한 것인가?"라며 의혹을 제기하였다. 그러면 마한의 정체에 대해 살펴보기로 하자. 위만의 속임수에 빠져서 정권을 탈취당하고 제후의 자리를 빼앗긴 번조선 왕 기준(箕準)은 장수들과 그 좌우 궁인들과 해(海) 땅으로 들어가서 한(韓) 지역에 살았고 스스로 한왕(韓王)이라 칭했다(將其左右宮人 走入海 居韓地 自號韓王).[22] 그 후 기준(箕準)은 후손도 없이 죽었다. 『후한서』 「동이전」에는 이렇게 기록되어 있다.

> 처음에 (번)조선왕 기준(箕準)이 위만에게 패하여 남은 군사 수천 명을 데리고 해(海) 땅으로 들어가서 마한을 공격하여 깨고 스스로 한왕(韓王)이 되었고, 준(準) 이후에는 후손이 끊겨 마한사람이 다시 스스로 진왕(辰王)이 되었다.
> 初朝鮮王準爲衛滿所破 乃將其餘衆數千人走入海 攻馬韓破之自立爲韓王 準後 滅絕馬韓人復自立爲辰王.[23]

백제 시조 온조왕 27년(CE 8)에 멸망한 마한은 단군조선의 분조(分朝)였던 전삼한(前三韓)의 마한이었다. 고구려와 함께 요동을 침공했던 마한은 온조왕에 의해 멸망했다가 다시 부흥한 것이 아니라, 후삼한(後三韓)의 맹주인 대륙의 중마한(中馬韓)이었다. 「북부여기」 상편에 기록된 중마한을 배제하고서는, 다시 말해 두 개의 마한을 설정하지 않고서는 설명이 되지 않는 대목이다. CE 5~6세기의 사화(史話)를 기록한 남조(南朝) 양(梁)나라의 정사(正

史)인 『양서(梁書)』 권54 「동이열전」 제48 백제전과 남조(南朝)의 정사(正史)인 『남사(南史)』 권79 「동이열전」 제69 백제전에도 후삼한의 중심이 되는 중마한에 관한 동일한 기록이 나온다.

> 동이(東夷)에는 삼한인 마한·진한·변한이 있으며, 변한·진한은 각 12국이고, 마한은 54국이며 대국은 1만여 호이고 소국은 수천 호로 총 10여만 호인데 백제는 그중의 하나다.
> 東夷有三韓國 一曰馬韓 二曰辰韓 三曰弁韓 弁韓·辰韓各十二國 馬韓有五十四國 大國萬餘家 小國數千家 總十餘萬戶 百濟卽其一也.[24]

중국 25사(二十五史)의 하나인 이들 사서에도 후삼한의 중심이 마한임을 기록하고 있으며, 백제는 후삼한의 맹주인 마한의 하나라고 밝히고 있다. 마한의 일국이었던 백제국(伯濟國)은 후에 백제국(百濟國)으로 성장하면서 북위(北魏)의 공격을 격퇴하고 지금의 하북성·산동성·강소성 등지에 위치한 광양(廣陽)·조선(朝鮮)·대방(帶方)·광릉(廣陵)·청하(淸河)·낙랑(樂浪)·성양(城陽)의 7군(郡)에 각각 태수(太守)를 임명[25]하고 양자강 유역으로 진출할 정도로 세력이 막강했다. 그러면 중마한을 세운 월지(月支)의 지리적 위치는 어디인가?

『사기(史記)』 권110 「흉노열전(匈奴列傳)」 제50에는 "당시는 동호(東胡, 東夷)가 강하고 월지(月支, 月氏)도 세력이 왕성하였다"[26]고 기록되어 있으며, 월지(또는 月氏)는 지금의 감숙성(甘肅省, 간쑤성) 서부와 청해성(靑海省, 칭하이성) 경계 지역에 살았던 부족 이름이라고 역주에 나와 있다. 또한 마한의 '마(馬, 瑪)'와 관련된 지명이 중국 청해성 일대에 많이 분포해 있으며 인근의 사천성(泗川省, 쓰촨성), 티벳, 신장성(新疆省), 감숙성, 내몽골 지역에 이르기까지 널리 분포되어 있다.[27] "『사기』를 비롯한 모든 사서에 의하면 월지족은 감숙성, 청해성,

내몽골 자치구 등지에 있다가 후에는 파미르고원을 넘어서 대월지국으로 발전하였다."*28 이에 대해서는 더 연구할 필요가 있을지언정 아니라고 단정할 수는 없다고 생각한다.

이상에서 볼 때 번조선의 상장(上將) 탁(卓)이 중마한(中馬韓)을 세운 그의 고향 월지(月支)는 한반도 안이 아니라 대륙에 있었으며,「북부여기」상편에 기록된 후삼한(後三韓)은 그 본류가 대륙에 있었다고 추정할 수 있다. 대륙의 후삼한의 정치적 발전과 고구려·백제·신라·가야·왜 등과의 관계에 대해서는 향후 더 심층적으로 연구되어야 할 과제다.

다시「북부여기」상편의 2세 단군 모수리(慕漱離)로 돌아가자. 재위 2년 무신년(BCE 193)에 단군께서 상장(上將) 연타발(延佗勃)을 파견하여 평양에 성책을 설치하고 도적 위만을 방비하도록 하니 위만 역시 이에 염증을 느껴 다시는 침범하지 않았다. 재위 3년 기유년(BCE 192)에 해성(海城)을 평양도에 속하게 하고 단군의 아우 고진(高辰)에게 해성을 수비케 하니, 중부여(中夫餘) 일대가 모두 따랐으므로 군량(軍糧)을 주었다. 10월에 서울과 지방의 수비를 분리하는 법을 만들어 서울 도성은 곧 천왕이 직접 수비를 총괄하고 지방은 네 갈래로 나누어 진(鎭)을 설치하니, 마치 윷놀이에서 용도(龍圖)의 싸움을 보고 그 변화를 아는 것과 같았다. 재위 25년 신미년(BCE 170)에 단군께서 붕어하시니 태자 고해사(高奚斯)가 즉위했다.[29]

3세 단군 고해사(高奚斯) 재위 원년 임신년(BCE 169) 정월 낙랑왕(樂浪王) 최숭(崔崇)이 곡식 300섬을 해성에 바쳤다. 이보다 앞서 최숭(崔崇)은 낙랑에서 진

---

* 金憲銓 編著, 任正雲 譯,『桓國正統史』(大阪: 三省イデア, 2000), 52쪽 지도에는 파미르고원을 넘어서 '대월씨(大月氏, 大月支)'라는 국명이 표기되어 있다.

귀한 보물을 산처럼 가득 싣고 바다를 건너 마한의 서울 왕검성에 이르니, 이때가 단군 해모수(解慕漱) 병오년(BCE 195) 겨울이었다. 재위 42년 계축년(BCE 128)에 단군께서 몸소 1만의 보병과 기병을 이끌고 위만의 도적들을 남려성(南閭城)에서 격파하고 관리를 두었다. 재위 49년 경신년(BCE 121)에 일군국(一群國)이 사신을 보내 특산물을 바쳤다. 그해 9월 단군께서 붕어하시니 태자 고우루(高于婁)가 즉위하였다.[30]

4세 단군 고우루(高于婁) 재위 원년 신유년(BCE 120)에 장수를 보내 우거(右渠)를 토벌하였으나 형세가 불리했다. 고진(高辰)을 발탁하여 서압록(西鴨綠)*을 수비하도록 하니 병력을 증강하고 성책을 많이 설치하여 우거(右渠)를 방비하는 데 공이 있었으므로 승격시켜 고구려후(高句麗侯)로 삼았다. 재위 3년 계해년(BCE 118)에 우거의 도적들이 대거 침략하니 우리 군대가 크게 패하여 해성(海城) 이북 50리 땅을 모조리 빼앗겼다. 재위 4년 갑자년(BCE 117)에 단군께서 장수를 보내 해성을 공격하였으나 석달이 지나도 이기지 못하였다. 재위 6년 병인년(BCE 115)에 단군께서 친히 정예군 5천을 이끌고 해성을 격파하고 추격하여 살수(薩水: 河北省 滄海 서쪽)에 이르니 구려하(九黎河: 지금의 遼河) 동쪽이 모두 항복하였다. 재위 7년 정묘년(BCE 114)에 좌원(坐原)에 목책을 설치하고 군대를 남려(南閭)에 배치하여 뜻하지 않은 사태에 대비케 하였다.

재위 13년 계유년(BCE 108)에 한나라 유철(劉徹)이 평나(平那: 昌黎, 險瀆)를 침략하여 우거(右渠)를 멸망시키더니 4군을 설치하고자 하여 사방으로 병력을 침투시켰다. 이에 고두막한(高豆莫汗)이 의병을 일으키고(倡義) 군사를 일으켜 가는 곳마다 한나라 침략군을 연이어 격파했다. 이에 유민들이 사방에서 호응하여 싸우는 군사를 도우니 그 기세가 크게 떨쳤다. 재위 34년 갑오년(BCE

---

* 西鴨綠은 단군조선의 제후국인 橐離國의 首邑이 있던 곳이다.

87) 10월에 동명왕(東明王) 고두막한이 사람을 보내와 고하기를 "나는 천제의 아들인데 장차 이곳에 도읍을 정하고자 하니 왕은 다른 곳으로 옮겨가시오" 라고 했다. 단군께서 난감해하시다가 근심으로 병이 들어 붕어하시니 아우 해부루(解夫婁)가 즉위하였다. 동명왕이 군대를 앞세워 끊임없이 위협해 오니 군신(君臣)이 매우 어렵게 여겼다. 이때 국상(國相) 아란불(阿蘭弗)이 아뢰기를 "통하(通河) 연안에 가섭원(迦葉原)이라는 곳이 있는데 땅이 기름지고 오곡이 잘 되며 도읍으로 할 만한 곳입니다"라고 하며 왕에게 권하여 마침내 도읍을 옮겼다. 이를 가섭원부여(迦葉原夫餘)라 하며 동부여(東夫餘)라고도 한다.[31]

5세 단군 고두막(高豆莫 혹은 豆莫婁) 재위 원년 계유년(BCE 108)은 단군 고우루(高于婁) 13년이다. 고두막 단군께서는 사람됨이 호방하고 준수하며 용병을 잘하였다. 일찍이 북부여가 쇠약해져 한나라 적들이 기승을 부리자 분연히 세상을 구할 뜻을 세웠다. 이해에 졸본(卒本)에서 즉위하고 스스로 동명(東明)이라 하였는데 혹은 고열가(高列加)의 후손이라고도 한다. 재위 3년 을해년(BCE 106)에 단군께서 스스로 장수가 되어 격문을 전하니 이르는 곳마다 대적할 자가 없었다. 한 달이 채 못 되어 그를 따르는 무리가 5천 명이 모여들어 한나라 적들과 싸울 때마다 멀리서 바라보기만 하여도 무너져 흩어져 버렸다. 마침내 군대를 이끌고 구려하(九黎河)를 건너 추격하여 요동의 서안평(西安平)에 이르니 바로 옛 고리국(槀離國)의 땅이었다.

재위 22년 갑오년(BCE 87)은 단군 고우루 34년이었다. 고두막 단군께서 장수를 보내어 배천(裵川)의 한나라 적들을 쳐부수고 유민들과 힘을 합쳐 향하는 곳마다 한나라 적들을 연파(連破)하고 그 수비 장수를 사로잡았으며 방비를 잘 갖추어 적에 대비케 했다. 재위 23년 을미년(BCE 86)에 북부여가 성읍(城邑)을 바치며 항복하였는데, 왕실만 보전해 주기를 여러차례 애원하므로 단군께서 이를 듣고 해부루(解夫婁)의 봉작을 낮추어 제후로 삼아 차릉(岔陵:

迦葉原 혹은 東夫餘)으로 이주해 살게 했다. 고두막 단군께서 북 치고 나팔 부는 이들을 앞세우고 무리 수만 명을 거느리고 도성에 들어와 나라 이름은 그대로 북부여(後北夫餘 또는 卒本夫餘)라 하였다. 8월에 서압록하(西鴨綠河) 상류에서 한나라 적들과 여러 차례 싸워서 크게 이겼다. 재위 30년 임인년(BCE 79) 5월 5일 고주몽(高朱蒙)이 차릉(岔陵)에서 태어났다. 재위 49년 신유년(BCE 60)에 고두막 단군께서 붕어하시니 유명(遺命)에 따라 졸본천(卒本川)에 장사지내고 태자 고무서(高無胥)가 즉위하였다.[32]

6세 단군 고무서(高無胥) 재위 원년 임술년(BCE 59)에 단군께서 졸본천에서 즉위하고 백악산(白岳山)에서 원로들과 함께 모여 하늘에 제사 지낼 것을 약속하고 제천에 관한 사례를 반포하여 행하게 하시니 안팎에서 모두 크게 기뻐하였다. 단군께서는 태어날 때 신령스러운 덕을 갖추시어 능히 주술로써 바람을 부르고 비를 내리게 하며 백성을 잘 구휼하시니 민심을 크게 얻어 소(小)해모수라 불렸다. 이때에 한나라의 적들이 요하(遼河) 왼쪽 지역에 광범하게 출몰하여 소란을 피웠으나 여러 차례 싸워서 승리를 거두었다. 재위 2년 계해년(BCE 58)에 단군께서 순행하시다가 영고탑(寧古塔)에 이르러 흰 노루를 얻었다. 10월에 단군께서 붕어하시니 고주몽(高朱蒙)이 유명(遺命)을 받들어 대통을 이었다.

이보다 앞서 고무서 단군에게는 아들이 없었는데, 고주몽을 보자 범상치 않은 인물임을 알아차리고 딸을 주어 아내로 삼게 했는데 즉위할 때에 이르러 주몽의 나이 23세였다. 한때 부여 사람들이 그를 죽이려 하자 고주몽이 어머니의 명을 받들어 오이(烏伊)와 마리(摩離)와 협보(陜父) 등 덕으로 사귄 친구 세 사람과 함께 길을 떠났다. 차릉수(岔陵水)에 이르러 건너려고 하여도 다리가 없어 추격해오는 군사들에게 붙잡힐까 두려워하다가 차릉수에 이렇게 고하였다. "나는 천제의 아들이요, 하백(河伯)의 외손(外孫)이다. 오늘 도주하는 중에 추격병이 다가오고 있으니 어찌하면 좋겠는가?" 이때 물고기와 자라들이 떠올라 다리를 만들었고 주몽 일행이 건너가자 물고기와 자라들은 곧 흩어졌다.[33]

이와 같이 북부여 시조 단군 해모수(解慕漱)로부터 4세 단군 고우루(高于婁)까지, 그리고 후북부여(後北夫餘 즉 卒本夫餘) 5세 단군 고두막(高豆莫)으로부터 6세 단군 고무서(高無胥)까지의 정치적 성장 과정에 대해 개관해 보았다. 4세 단군 고우루 재위 13년 계유년(BCE 108)에 고두막한은 졸본(卒本)에서 즉위하고 스스로 동명(東明)이라 하였으며, 한나라의 침략에 맞서 분연히 세상을 구할 뜻을 세우고 한나라 적들을 격파함으로써 구국의 영웅이 되었다. 고우루 재위 34년 갑오년(BCE 87) 10월 고우루 단군께서 동명왕 고두막한의 위협에 근심하다가 병이 들어 붕어하시니 아우 해부루(解夫婁)가 즉위하였는데, 군대를 앞세운 고두막한의 압박에 못이겨 국상(國相) 아란불(阿蘭弗)의 건의에 따라 가섭원(迦葉原)으로 도읍을 옮기게 되었으니 이를 동부여(東夫餘) 또는 가섭원부여라 한다. 해부루는 더 이상 단군이라는 칭호를 사용하지 못하고 왕(王)으로 격하되었으며 북부여라는 국호도 사용하지 못하게 되었다.

「가섭원부여기(迦葉原夫餘紀)」에 기록된 동부여(東夫餘, 迦葉原夫餘) 3대 108년간((BCE 86~CE 22) 역대 연표를 정리하면 〈표 9.3〉과 같다. 3대 대소왕(帶素王)이 고구려 상장(上將) 괴유(怪由)에 의해 살해된 이후 동부여는 대소왕의 아우가 세운 갈사부여(曷思夫餘)와 대소왕의 종제(從弟)가 세운 연나부부여(椽那部夫餘)로 나뉘게 되는데, 갈사부여는 3세 47년을 지내고 CE 68년에 나라가 망하였고, 연나부부여는 CE 494년에 고구려의 연나부에 편입됨으로써 나라가 망하였다.

왕 대 (王代)	재위년수 (年)	왕명 (王名)	즉위년도 (BCE)
1	39	해부루(解夫婁)	86
2	41	금와(金蛙)	47
3	28	대소(帶素)	6

〈표 9.3〉 동부여 3대 역대 연표

동부여(가섭원부여) 시조 해부루(解夫婁) 재위 원년 을미년(BCE 86)에 왕께서 북부여의 통제를 받아 가섭원 혹은 차릉이라고도 하는 곳으로 옮겨가 살았다. 오곡이 다 잘 되었는데 특히 보리가 많았고 또 호랑이, 표범, 곰, 이리가 많아 사냥하기 편했다. 재위 3년 정유년(BCE 84)에 국상 아란불에게 구휼을 베풀도록 명하고 흩어져 있는 유민들을 불러 모아 위로하며 배부르고 따뜻하게 해 주었다. 또 밭을 주어 경작하게 하니 몇 해 되지 않아 나라는 부유해지고 백성들은 풍족해졌다. 때를 맞추어 비가 내려 차릉을 기름지게 하는지라, 백성들은 왕정춘(王正春)이라는 노래를 불러 왕을 찬양하였다.

재위 8년 임인년(BCE 79) 이보다 앞서 하백(河伯)의 딸 유화(柳花)가 나들이를 나갔는데 부여의 황손 고모수(高慕漱)가 유혹하여 강제로 압록강 변두리 집에서 사통하고는 승천(升天)하여 돌아오지 않았다. 유화의 부모는 유화가 무모하게 고모수를 따라갔음을 책망하며 마침내 변두리 집에 귀양살이를 시켰다. 고모수는 본명이 불리지(弗離支)이며 혹은 고진(高辰)*의 손자라고도 한다. 왕께서 유화를 이상히 여겨 수레에 같이 태워 궁으로 돌아와 가두어 두었다. 그해 5월 5일에 유화부인이 알 하나를 낳으니 한 사내아이가 껍질을 깨고 나왔다. 이름을 고주몽(高朱蒙)이라 불렀는데 생김새가 뛰어났으며 나

---

* 고진은 북부여의 시조 단군 해모수의 둘째 아들이자 북부여의 2세 단군 모수리(慕漱離)의 아우이며 4세 고우루(高于婁) 단군 때 高句麗侯로 봉해졌다.

이 일곱 살에 스스로 활과 화살을 만들어 백발백중으로 맞혔다. 부여 말에 활 잘 쏘는 사람을 주몽이라 하였으므로 이로써 이름으로 불렀다 한다.

재위 10년 갑진년(BCE 77)에 왕이 늙도록 아들이 없어 하루는 산천에 후사를 기원하는 제사를 지내고 왕이 탄 말이 곤연(鯤淵)에 이르자 큰 돌을 마주 보고 서서 눈물을 흘렸다. 왕이 이를 이상히 여겨 사람을 시켜 그 돌을 굴리게 하였더니 그 속에 금빛 개구리 모양의 한 어린아이가 있었다. 왕이 기뻐하며 '이는 하늘이 나에게 후사를 내리심이로다'하시며 곧 거두어 기르니 이름을 금와(金蛙)라 하였다. 그 아이가 자라자 태자로 책봉하였다. 재위 28년 임술년(BCE 59)에 나라 사람들이 고주몽을 가리켜 나라에 이롭지 못하다며 그를 죽이려 하자 주몽은 어머니 유화부인의 명을 받들어 동남쪽으로 도망하여 엄리대수(淹利大水)를 건너 졸본천(卒本川)에 이르러, 이듬해 새 나라를 세우니 이가 고구려의 시조이다. 재위 39년 계유년(BCE 48)에 왕께서 돌아가시니 태자 금와가 즉위하였다.[34]

2세 금와(金蛙) 재위 원년 갑술년(BCE 47)에 왕이 사신을 보내 고구려에 특산물을 바쳤다. 재위 24년 정유년(BCE 24)에 유화 부인이 돌아가셨다. 고구려는 호위병 수만을 보내 졸본으로 모셔와 장사지냈는데 황태후의 예로써 능을 만들도록 명하고 그 곁에 묘사(廟祠)를 세웠다. 재위 41년 갑인년(BCE 7)에 왕께서 돌아가시니 태자 대소(帶素)가 즉위하였다.[35]

3세 대소(帶素) 재위 원년 을묘년(BCE 6) 정월에 왕이 고구려에 사신을 보내 볼모(質子)를 교환하기를 청하였다. 고구려 열제(大武神烈帝=3대 大武神王)가 태자 도절(都切)을 볼모로 보내려 하였으나 도절이 가지 않자 왕이 노하였다. 10월에 군사 5만을 이끌고 가서 졸본성을 침략하였으나 큰 눈이 내려 얼어 죽는 병사들이 많아지자 곧 퇴각하였다. 재위 19년 계유년(CE 13)에 대소왕이 고구려를 침공하여 학반령(鶴盤嶺) 아래에 이르자 복병을 만나 크게 패하였다. 재위 28년 임오년(CE 22) 2월에 고구려가 거국적으로 침략해 왔다. 대소왕이 몸소 군사를 이끌고 출전하였는데, 왕의 말이 진흙탕에 빠져 나오지 못하고 있을 때 고구려 대장군 괴유(怪由)가 바로 앞에서 왕을 살해하였다. 그럼에도 부여군은 굴하지 않고 고구려군을 여러 겹으로 포위하였는데 큰 안개가 7일 동안이나 계속되니 고구려 열제는 몰래 군사를 이끌고 밤에 탈출하여 샛길을 따라 도망쳤다.

4월에 대소왕의 아우가 그를 따르는 수백 명과 함께 말을 달려 압록곡(鴨綠谷)에 이르러, 해두국(海頭國) 왕이 사냥 나온 것을 보고는 그를 죽이고 그 백성을 취하였다. 그 길로 갈사수(曷思水) 주변을 차지하고는 나라를 세워 왕이라 칭하니 이를 갈사(曷思)라 한다. 태조무열제(太祖武烈帝=6대 太祖大王) 융무(隆武) 16년(CE 68) 8월, 도두왕(都頭王)이 고구려가 날로 강성해짐을 보고 마침내 스스로 나라를 들어 항복하니, 갈사국[曷思夫餘]은 3세 47년을 지내고 나라가 망하였다. 고구려는 도두(都頭)를 우태(于台)로 삼아 저택을 하사하고 훈춘(琿春)을 식읍으로 하여 동부여후(東夫餘侯)로 봉하였다. 왕의 종제(從弟)가 나라 사람들에게 말하였다.

"선왕께서는 시해당하고 나라는 망하여 백성들은 의지할 곳이 없게 되었소. 갈사는 변두리에 치우쳐 있어서 안전하기는 하지만 스스로 나라를 이루기 어렵고, 나 역시 재능과 지혜가 부족하여 나라를 다시 일으킬 수 없으니 차라리 고구려에 항복하여 살기를 도모합시다." 그리하여 옛 도읍의 백성 만여 명을 데리고 고구려에 투항하니, 고구려는 그를 왕으로 봉하고 연나부(椽那部)에 안치하였다. 그의 등에 낙문(絡文)이 있었으므로 낙씨(絡氏) 성을 하사하였는데 뒤에 차츰 자립하여 개원 서북(開原西北)으로부터 백랑곡(白狼谷)으로 옮기니 또한 연나라의 땅과 가까운 곳이었다. 문자열제(文咨烈帝) 명치(明治) 갑술년(CE 494)에 나라를 들어 고구려의 연나부에 편입하게 되니, 낙씨

는 마침내 제사마저 끊겼다.[36]

이상에서 보듯이 단군조선의 정통을 계승한 북부여는 시조 단군 해모수(解慕漱)로부터 4세 단군 고우루(高于婁)까지, 그리고 후북부여(後北夫餘 즉 卒本夫餘) 5세 단군 고두막(高豆莫)으로부터 6세 단군 고무서(高無胥)까지 총 6대 181년간(BCE 239~BCE 58) 이어졌고, 동부여(東夫餘, 迦葉原夫餘)는 4세 단군 고우루(高于婁)의 아우 해부루(解夫婁)왕부터 3세 대소(帶素)왕까지 3대 108년간(BCE 86~CE 22) 이어졌다. 3대 대소왕이 고구려에 의해 살해된 이후 동부여는 다시 갈사부여(曷思夫餘)와 연나부부여(椽那部夫餘)로 나뉘어, 갈사부여는 3세 47년만인 CE 68년에 나라가 망하였고, 연나부부여는 CE 494년에 고구려의 연나부에 편입됨으로써 나라가 망하였다.

하지만 단군조선의 적통이 북부여로 이어졌듯이, 북부여 단군의 후손들이 모두 고구려, 백제, 신라의 시조가 됨으로써 단군의 맥은 계속해서 이어졌다. 북부여의 시조 단군 해모수의 5세손*이 고구려의 시조 고주몽이며,[37] 후(後)북부여 5세 단군 고두막(高豆莫)의 딸이 신라의 시조 박혁거세(朴赫居世)의 어머니인 파소(婆蘇)이고,[38] 고두막의 뒤를 이은 북부여의 마지막 6세 단군 고무서(高無胥)의 둘째 딸 소서노(召西弩)와 고주몽의 사이에서 낳은 아들 온조(溫祚)가 백제의 시조이다. 「태백일사」 고구려국본기와 「북부여기」에는 6세 단군 고무서에게는 대를 이을 아들이 없었는데 고주몽이 왕의 사위로 들어가 부여의 대통을 이은 것으로 기록되어 있다.

부여는 고조선의 제후국이었던 부여에서부터 44세 단군 구물(丘勿) 때의 국호 대부여(大夫餘), 열국시대의 북부여, 후(後)북부여(또는 卒本夫餘), 동부여(또

---

* 북부여의 시조 단군 해모수의 둘째 아들이 高句麗侯 高辰이고 고진의 손자인 沃沮侯 高慕漱(본명은 弗離支)가 고주몽의 아버지이니, 고주몽은 해모수의 5세손이다.

는 迦葉原夫餘), 갈사부여(曷思夫餘), 연나부부여(椽那部夫餘), 백제의 남부여(南夫餘)에 이르기까지 그 명칭은 다양하지만, 신시시대로부터 이어진 경천숭조(敬天崇祖)의 보본사상(報本思想)과 고조선 고유의 현묘지도(玄妙之道)를 기반으로 한 조의국선(皂衣國仙)의 국풍은 모두 그대로 이어졌다. 부여의 구서(九誓) 제2서에 나타난 우애와 화목과 어짊과 용서함(友睦仁恕)은 『참전계경(參佺戒經)』 제345사, '단군8조(檀君八條)' 제2조의 가르침과도 일치하는 것으로 '혈구지도(絜矩之道)'로 압축될 수 있다. 혈구지도란 남을 나와 같이 헤아리는 추기탁인(推己度人)의 도, 즉 내 마음으로 미루어 남의 마음을 헤아리는 것으로 재세이화·홍익인간을 구현하는 방법을 제시한 것이다.

부여에 관한 중국 고서의 기록은 『삼국지(三國志)』, 『후한서(後漢書)』, 『진서(晋書)』 등에 나타나 있다. 단군이라는 칭호를 사용한 부여왕은 정치적으로나 종교적으로 최고 지위에 있었으며 대체로 세습제에 의해 계승되었다. 중앙관직으로는 가축 이름을 딴 마가(馬加)·우가(牛加)·저가(猪加)·구가(狗加) 등이 있었으며, 그 밑에는 견사(犬使)·견사자(犬使者)·사자(使者) 등이 있었다. 세력이 큰 대가(大加)는 수천 호, 세력이 작은 소가(小加)는 수백 호를 지배하였는데 이들을 총칭하여 제가(諸加)라 하였으며 읍락(邑落)은 모두 제가에 속해 있었다. 평시에 제가들은 자치적으로 자신의 부족을 다스리다가 전쟁이 일어나면 단군의 휘하에서 군사들을 거느리고 전쟁에 참가했다. 군사는 부유한 평민 상층인 호민(豪民)과 평민의 절대다수를 차지하는 자유민인 소민(小民, 民)으로 구성되었으며 평소 자체적으로 무기를 갖추고 있다가 전쟁 시에는 전투에 참가했다. 평민의 최하위층인 하호(下戶, 下民)는 모두 노복(奴僕)이 되었고 전시에는 군량의 운송 등 군역으로 전쟁에 참가했다.[39]

부여는 제정이 분리되지 않았으나 국왕이 인민에게 책임을 지는 책임군주제의 귀족정치로 신분과 계급의 분화가 상당히 진전되어 있었으며, 장마나 가뭄(水旱) 등으로 농사가 잘 되지 않으면 선정을 베풀지 못한 왕에게 하늘이 내리는 벌로 간주해 국왕을 교체하거나 죽일 수도 있었다. 제위(帝位) 승계와 전쟁 등 중대 국사(國事)는 대개 부족합의체인 제가회의(諸加會議)에서 평의(評議)로 결정되었다. 간위거왕(簡位居王)이 적자가 없이 사망하자 제가회의에서 서자 마여(麻余)를 왕으로 추대하였다는 기록이 있다.[40] 이러한 민주적 정치제도는 단군조선 6세 단군 달문(達門) 재위 35년 임자년(BCE 2049) 기록에 나온 화백(和白)과 공화(共和)로써 하는 정치나, 신라 초기의 육촌장회의(六村長會議) 및 화백회의(和白會議)와도 일맥상통하는 것이다. 『삼국지』권30 「위서(魏書)」제30 부여전에 부여인은 '국민성이 굳세고(强) 용감하며(勇) 근후(謹厚)하여 도적질을 하지 않는다(不寇鈔)'고 기록되어 있으며, 그런 만큼 부여의 형벌 집행은 매우 엄격했다.

> 살인자는 사형에 처하고 그 가족은 노비로 삼으며, 남의 물건을 도둑질하면 12배로 배상한다. 남녀가 간음하거나 부인이 투기하면 모두 죽이는데, 투기를 더욱 증오하여 죽인 시체는 나라의 남쪽 산 위에 두었다가 썩어 문드러질 때가 되어 여자 집에서 시체를 가지고 가고자 하면 우마(牛馬)를 바쳐야 한다.
> 殺人者死 沒其家人爲奴婢 竊盜一責十二 男女淫 婦人妬 皆殺之 尤憎妬 已殺尸之國南山上 至腐爛 女家欲得 輸牛馬乃與之.[41]

위 내용에서 유독 부인의 투기를 증오한 것은 부여가 남성 위주의 사회였음을 알 수 있게 한다. 그리고 형이 죽으면 동생이 형수를 아내로 삼는데, 흉노와 같은 풍속이라고 나와 있다. 음력 12월(殷正月)에 국중대회를 열어 하늘에 제사 지내는 영고(迎鼓)라는 제천행사가 있었는데, 연일 먹고 마시며 노래하고 춤추었으며 이때에는 죄수를 풀어주었다고 기록되어 있다.[42] '몸집이 크고 강하여 일찍이 패한 적이 없는 나라'로 중국 문헌에 나오는 부여는 경제력과 군사력이 뒷받침된 국력을 바탕으로 CE 1세기 초까지는 패권적 지위를 지키면서 고구려와도 교류하며 친선관계를 유지했다. 그런데 CE 13년에 동부여 3대 대소왕(帶素王)이 고구려를 침공하였다가 복병을 만나 대패하였고, CE 22년에는 고구려가 거국적으로 침략하여 급기야 대소왕이 전투에서 사망하면서 국력은 점차 기울게 되었다.

다음으로 열국시대의 동옥저(東沃沮)와 동예(東濊), 그리고 (최씨)낙랑국에 대해 차례로 개관하기로 한다. 옥저는 원래 고조선의 제후국으로 요서(遼西) 지역의 대릉하(大陵河) 유역에 있었다. 당시 위만조선(衛滿朝鮮)의 영토 확장과 서한(西漢, 前漢) 무제(武帝)의 침략에 항거하며 옥저의 일부 거주민은 민족대이동의 열국시대에 요하 동쪽(遼東)으로 이동하여 나라를 세우니, 요하 서쪽(遼西)의 옥저와 구별하여 동옥저라 하였다. 서한(西漢) 무제가 위만조선을 멸망시키고 세력을 확장하여 대릉하와 요하(遼河) 사이에 현도군(玄菟郡)을 설치하자, 요서(遼西) 지역의 옥저 땅은 현도군이 되었다가, 뒤에는 낙랑군의 동부도위(東部都尉)에 속하였다. 한[後漢] 광무제(光武帝) 6년(BCE 30)에 이르러 한(漢)은 도위(都尉)의 관직을 폐지하고 이후에는 거수(渠帥)를 봉(封)하여 옥저후(沃沮侯)로 삼았다.[43]

『삼국지(三國志)』 「위서(魏書)」 동이전과 『후한서(後漢書)』 「동이열전(東夷列傳)」 동옥저전(東沃沮傳)에 나오는 한사군 관련 내용은 대륙에 있는 요서 지역의 옥저와 관련된 것이며 요하 동쪽으로 이동한 동옥저와는 무관한 것이다. 우리 역사의 큰 줄기를 바로 잡기 위해서는 한사군이 한반도가 아니라 대륙에 있었다는 사실을 기억하는 것이 대단히 중요하다. 동옥저의 지리적 위치와 지형에 대해 『삼국지』 「위서」 동이전에는 다음과 같이 기록되어 있다.

『후한서』「동이열전」에도 이와 유사한 내용이 기록되어 있다.

> 동옥저는 고구려 개마대산(蓋馬大山)의 동쪽으로 동해에 접해 있다. 그 지형은 동
> 북(東北)이 좁고 서남(西南)이 길어 길이가 천 리에 이르렀다. 북쪽으로 읍루(挹婁:
> 肅愼의 후예)·부여에 접하였으며, 남쪽으로는 예맥(濊貊)에 접하였다.
> 東沃沮 在高句麗蓋馬大山之東 濱大海而居 其地形東北狹 西南長 可千里 北與挹
> 婁·夫餘 南與濊貊接.[44]

　동옥저의 영역은 지금의 함흥 일대를 중심으로 한 함경남북도 지역이었
다. 동옥저에는 총 5천여 호가 여러 읍락(邑落)으로 나뉘어 살았는데, 왕이 없
고 각 읍락에는 스스로 삼로(三老)라 일컫는 거수(渠帥, 長帥)가 있어 하호(下戶)
를 다스렸고 거수 위에는 현후(縣侯: 현을 통치하는 제후)가 군림하였다. 그 땅이
기름지며, 산을 등지고 바다를 향해 있어 오곡이 잘 되고 밭농사에 좋았다.
바다를 끼고 있어 해산물 또한 풍부했다. 동옥저인들은 성품이 강직하고 용
맹하여 보전(步戰)에 능하였다고 하며, 언어는 고구려와 대동소이했고 음식·
의복·주거·예절은 고구려와 유사했다.[45]

　그런데 혼인풍속이 차이가 있었다. 고구려에는 서옥제(壻屋制)라고 하는
'데릴사위제'가 있었다면, 옥저에는 '민며느리제'가 있었다. 서옥제는 구두로
혼인을 정한 뒤 신부의 집 뒤꼍에 '서옥'이라는 작은 집을 짓고 일을 해 주며
자녀를 낳은 뒤 장성하면 아내를 데리고 신랑 집으로 돌아가는 제도이다.
민며느리제는 여자 나이 10세에 약혼하여 남자 집(壻家)에 가서 살림을 익히
다가 성인이 된 뒤 친정으로 보내면 남자가 예물을 치르고 혼인을 하는 제
도이다. 또한 옥저에는 독특한 장례 풍습이 있었는데, 사람이 죽으면 다른
곳에 가(假)매장했다가 시체가 썩으면 뼈만 추려내 목곽(木槨)에 넣었다. 길이

가 10여 장(丈)이 되는 큰 목곽(木槨)에는 문을 달아 놓고 한 가족을 모두 같은 목곽 속에 안치하였고, 죽은 사람의 숫자대로 그 사람의 형상을 목각(木刻)하여 두었다.[46]

동옥저는 북옥저와 남옥저로 나뉘었는데, 남옥저는 계속해서 동옥저로도 불렸고 북옥저는 일명 치구루(置溝婁)라고도 했으며 풍속은 남북이 모두 동일했다.[47] 북옥저는 읍루(挹婁)의 남쪽, 남옥저에서 800여 리 북쪽에 있었다[48]고 하는 바, 그 위치는 함경북도와 간도(間島) 및 연해주 남부지역으로 추측되며, 남옥저는 함경남도 일대를 차지하고 있었다. 『삼국사기』에 따르면 북옥저는 BCE 28년(고구려 鄒牟王 10년)에 고구려에 복속되었고, 남옥저는 CE 56년(고구려 太祖大王 4년)에 고구려에 복속되었다.[49] 북옥저와 남옥저는 고구려에 의해 통합되어 성읍(城邑)이 설치되고 고구려의 행정조직으로 편입되었다. 그리하여 각 지역의 유력자를 대인(大人)으로 두고 고구려 벼슬인 사자(使者)로 삼아서 각 읍락의 지배자인 거수와 함께 통치하게 했으며, 고구려의 대가(大加)로 하여금 조세를 징수하는 총책임을 맡게 하였다.[50]

다음으로 동예는 옥저와 닮은 꼴의 역사를 가지고 있다. 『삼국지(三國志)』「위서(魏書)」 동이전과 『후한서(後漢書)』「동이열전(東夷列傳)」 등에는 예(濊)라고 기록되어 있고, 또 예(濊) 혹은 예맥(濊貊)으로 국명이 알려졌는데 이는 명칭만 다를 뿐 모두 같은 종족이며 같은 조선족에 속한다는 것이 중국의 역대 사서들에도 나타나 있다. 원래 요하(遼河) 서쪽(遼西)에는 고조선의 제후국인 예(濊)와 맥(貊)이 있었는데, 당시 위만(衛滿)의 세력 확장과 한(漢)나라의 침략에 항거하며 예·맥의 일부 거주민이 민족대이동의 열국시대에 요하 동쪽으로 이동하여 나라를 세웠으므로 요서 지역의 예·맥과 구별하여 통상 동예라 부르게 되었다.

요서(遼西)의 예(濊) 지역은 단군조선의 중앙본국인 진국(辰國, 辰朝鮮)의 간접 통치를 받으면서 동시에 예(濊) 후왕(侯王)의 직접적인 지배 아래 있었다. 예족의 제후국의 지위는 고조선이 BCE 108년에 멸망할 때까지 지속되었다.[51] 예(濊)는 고조선 해체기에 위만조선에 복속되기도 했으나 위만(衛滿)이 한(漢) 무제(武帝)의 침략을 받았을 때 예(濊)의 군장 남려(南閭) 등은 BCE 128년에 28만 구(口)를 이끌고 위만의 손자인 우거(右渠)에 항거하며 요동에 귀속하였다. 한 무제는 그 땅에 창해군(滄海郡)을 설치하였으나 수년 내에 폐지한 것으로 『후한서』「동이열전」예전(濊傳)에 기록되어 있다.

> 원삭원년(元朔元年, BCE 128)에 예군(濊君) 남려(南閭) 등이 우거를 배반하고 28만 구(口)를 이끌고 요동에 귀속하였다. 한 무제는 그 땅에 창해군을 설치하였으나 수년 내에 폐지하였다.
>
> 元朔元年 濊君南閭等 畔右渠 率二十八萬口詣遼東內屬 武帝以其地爲滄海郡 數年乃罷.[52]

BCE 108년 서한(西漢)의 침략으로 위만조선이 멸망하고 그 일대에 한사군이 설치되었는데, 소제(昭帝) 시원(始元) 5년(BCE 82)에 이르러 임둔과 진번을 폐지하여 낙랑과 현도에 병합하였다. 현도군을 고구려의 서북쪽으로 옮긴 후 한나라는 요서 지역의 옥저와 예맥에 영동7현(領東七縣)을 설치해서 모두 낙랑군의 동부도위(東部都尉)에 속하게 했다. 예(濊)가 한(漢)에 복속된 이후부터 풍속이 점점 나빠지면서 법령도 늘어나 60여 조가 되었다. 한[後漢] 광무제(光武帝) 6년(BCE 30)에 이르러서는 도위(都尉)의 관직을 폐지하고 이후에는 거수(渠帥)를 봉(封)하여 현후(縣侯)로 삼았다.[53] 여기서 한 가지 유의할 것은 『삼국지』「위서」동이전과 『후한서』「동이열전」에 나오는 한사군 관련 내용은 대륙에 있는 요서 지역의 예·맥과 관련된 것이며 한반도로 이동한 동예와는 무관하다는 것이다. 사실 그대로의 우리 역사의 줄기를 바로 잡기 위해서는 한사군이 한반도가 아니라 대륙에 있었다는 사실을 반드시 기억해야 한다.

동예의 지리적 위치는 함경남도 남부와 강원도 북부지역이었다. 동예는 거주민이 약 2만 호(戶)에 달했으며, 동옥저와 마찬가지로 여러 부족을 통어(統御)하는 대군장(大君長)이 없고, 후(侯)·읍군(邑君)·삼노(三老) 등의 관직이 있어 이들이 하호(下戶)를 다스렸다. 동예의 노인들은 자신들이 고구려와 같은 종족이라 하였는데, 동옥저와 마찬가지로 언어·법령·풍속 등이 고구려와 비슷했고 의복은 다른 점이 있었다. 동예인들의 품성은 우직하고 욕심이 적으며 염치가 있어 남에게 구걸하지 않았다. 살인자는 사형에 처하였고 도둑이 별로 없었다. 긴 창을 만들어 사용하였으며 보전(步戰)에 능했다.[54]

동예인들은 농업을 주로 하였으며, 별자리를 관찰하여 그해 농사의 풍흉을 예견하였다. 직물로는 마포(麻布, 삼베)·면포(綿布)가 있었고, 누에를 쳐서 명주를 짓기도 했다. 특산물로는 단궁(檀弓)·반어피(班魚皮)·문표(文豹)·과하마(果下馬) 등이 유명했다. 동예인들은 주옥(珠玉)을 보물로 여기지 않았다. 또한 동예는 산과 하천(河川)을 중시하는 습속(習俗)이 있어서 여러 읍락(邑落)이 산과 하천을 경계로 구분되었으며, 만약 무단으로 경계를 침범하는 일이 발생하면 노비와 소·말로 배상하였는데, 이를 책화(責禍)라 하였다. 동예에는 같은 성(姓)끼리는 결혼하지 않는 족외혼(族外婚, exogamy)의 풍속도 있었다.[55]

매년 10월에는 '무천(舞天)'이라는 제천(祭天) 행사가 있었는데, 하늘에 제사 지내고 주야로 음주(飲酒)와 가무(歌舞)를 즐겼다. 또한 호랑이를 신으로 섬겨 제사를 지내는 호신신앙(虎神信仰)이 있었다. 이러한 제천의식과 호신신앙은 읍락민의 일체감 형성과 공동체의 결속력 강화에 도움이 되었을 것이다. 동예인들은 금기(禁忌)사항이 많아 가족 중 한 명이 질병으로 사망하면 살던 집을 버리고 새집으로 옮겨갔다.[56] 그들의 삶의 방식이 단순 소박하고 부의 축적에 제일의 가치를 두지 않았기 때문에 가능했을 것이다. 동예는 고구려 제19대 광개토대왕 때 고구려에 병합되었다.

다음으로 (최씨)낙랑국은 베이징 근처인 난하(灤河)의 동부 유역에 있었던 번조선의 대부호 최숭(崔崇)이 위만조선의 세력 확장과 한(漢) 무제의 침략에 따른 번조선의 사회정치적 대변동기에 낙랑의 고조선 주민들과 함께 요하(遼河) 동쪽으로 이동하여 세운 나라이다. 단군조선의 제후국인 요하 서쪽(遼西)의 낙랑에 한(漢) 무제(武帝)가 위만조선을 멸망시키고 설치한 한사군 중의 하나인 낙랑군과 구분하기 위하여 지금의 평양을 중심으로 건국한 낙랑국을 최씨낙랑국이라 부르기도 한다. 왕(王)의 낙랑국과 태수(太守)의 낙랑군을 혼동하는 경우가 있는데―낙랑군의 위치에 대해서는 7장 1절에서 고찰한 바 있거니와―여러 사료들을 종합해 볼 때 낙랑군을 포함한 한사군의 위치가 한반도가 아니라 대륙이었다는 것은 분명한 사실이다.

BCE 108년 한[西漢] 무제(武帝)가 고조선을 침략하여 설치한 낙랑군을 포함한 한사군의 위치는 우리 고대사의 큰 쟁점일 뿐 아니라 고조선과 고구려 강역을 둘러싼 한·중 역사전쟁의 핵심 관건이 되는 것이기도 하다. 한사군의 하나인 낙랑군의 위치가 중요한 것은 낙랑군이 있던 자리가 고조선이 있던 자리이고 고구려가 있던 자리로서 우리의 강역을 의미하는 것이기 때문이다. 『전한서(前漢書)』・『사기(史記)』・『후한서(後漢書)』를 비롯한 20개 사서에 나온 낙랑 관련 기사에 의거해 볼 때 낙랑군은 현재의 진황도(秦皇島, 친황다오)시 노룡(盧龍)현 산해관(山海關) 일대에서 서쪽으로 당산(唐山)시, 톈진시를 지나, 베이징 남쪽의 보정(保定)시 수성(遂城)진에 이르는 지역에 발해를 끼고 동에서 서로 펼쳐진 지역이라고 심백강은 주장했다.[57]

다시 (최씨)낙랑국으로 돌아가서, 북부여 3세 단군 고해사(高奚斯)조의 기록에는 최숭이 BCE 195년에 마한의 수도 왕검성(王儉城, 지금의 평양)에 이르러 낙랑국을 건국한 것으로 나타나고 있다.

최숭(崔崇)은 낙랑에서 진귀한 보물을 산처럼 가득 싣고 바다를 건너 마한의 수도 왕검성에 이르니, 이때가 단군 해모수(解慕漱) 병오년(BCE 195) 겨울이었다.

崔崇自樂浪山 載積珍寶 而渡海至馬韓都王儉城 是檀君解慕漱丙午冬也.[58]

또 북부여 3세 단군 고해사(高奚斯) 재위 원년(BCE 169) 기록에는 '낙랑왕(樂浪王) 최숭(崔崇)이 곡식 300섬을 해성(海城)에 바쳤다'[59]고 하였다. 낙랑국은 청천강과 대동강 사이에 위치해 있었다. 그런데 고구려 3세 대무신왕(大武神王) 15년(CE 32) 4월 조에 낙랑왕 최리(崔理)가 옥저(沃沮)를 순행했다는 기록이 나오는 것으로 보아, 북옥저(北沃沮)는 BCE 28년에 고구려에 복속되었으므로 낙랑국이 남옥저와 옥저 둘 중 어느 지역을 통치했던 것으로 보인다. 따라서 낙랑국은 반도와 만주에 걸쳐 있었던 것으로 볼 수 있다.

『삼국사기』「신라본기」에는 시조 박혁거세(朴赫居世) 거서간(居西干) 30년 (BCE 28) 4월조(條)에 낙랑(?)인이 신라를 침범하였으나 곧 돌아갔다고 하였고, 신라 2세 남해차차웅(南海次次雄) 원년(CE 4) 7월조에 낙랑(?) 군사가 두 겹으로 금성(金城)을 에워쌌다가 얼마 안 되어 물러갔으며, 11년(CE 14)에 낙랑 (?)이 금성을 치고 알천(閼川) 위에 물러가 진(陣)을 치고 돌무더기 20을 쌓아 놓고 가버렸다고 하였다. 신라 3세 유리이사금(儒理尼師今) 13년(CE 36) 8월조에는 낙랑(?)이 북변(北邊)을 침범하여 타산성(朶山城)을 쳐서 함락하였다고 기록되어 있다.[60]

『삼국사기』「백제본기」에는 백제 시조 온조왕(溫祚王) 4년(BCE 15) 8월에 사신을 낙랑에 보내어 수호(修好)하였다고 하였고, 온조왕 8년(BCE 11) 7월에 백제가 낙랑 가까이 마수성(馬首城)을 쌓고 병산책(甁山柵)이라는 성책(城柵)을 세우자 낙랑태수가 이에 항의하여 성책을 허물기를 요청하였으나 듣지 아니하므로 결국 두 나라가 불화하게 되었다고 기록되어 있다. 그리하여 온조왕 11년(BCE 8) 4월에 낙랑이 말갈(靺鞨)로 하여금 병산책을 쳐서 파하게 하고 1백여 명을 죽이거나 사로잡자, 백제는 7월에 독산(禿山)과 구천(狗川)에 두 성책을 세워 낙랑과의 통로를 차단하였다. 온조왕 17년(BCE 2) 봄에는 낙랑이 백제에 침입하여 위례성(慰禮城)을 불질렀고, 온조왕 18년(BCE 1) 11월에는 백제가 낙랑의 우두산성(牛頭山城)을 습격하려고 구곡(臼谷)에까지 이르렀으나 대설(大雪)로 인해 돌아왔다고 기록되어 있다.

위 『삼국사기』 「신라본기」와 「백제본기」의 두 기록에 나오는 '낙랑'은 (최씨)낙랑국이 아니라 낙랑군을 지칭한 것으로 보인다. 우선 「신라본기」의 기록에는 모두 '낙랑(?)'이라고 표기되어 있다. 괄호에 물음표를 넣은 것은 낙랑국인지, 낙랑군인지 불분명해서 그런 것일 수도 있고, 내용이 석연치 않아서 그런 것일 수도 있다. 「백제본기」의 기록에는 물음표는 없지만 모두 '낙랑'이라고 표기되어 있고, 온조왕 8년 기록에는 '낙랑태수'가 나오는 것으로 보아 「백제본기」에 기록된 낙랑도 낙랑국이 아니라 낙랑군인 것으로 보인다. '낙랑왕'이라고 명확하게 적시된 곳은 「고구려본기」 고구려 3세 대무신왕(大武神王) 15년(CE 32) 4월조이다.

대무신왕 15년 4월조 주(注)에는 "낙랑왕 최리(崔理)란 사람은 한적(漢籍)에 보이지 않는다"고 나와 있다. (최씨)낙랑국이 한족(漢族)의 기록에는 없다는 말이다. 다시 말해 한족의 기록에 나오는 '낙랑'은 모두 '낙랑군'이라는 것이다. 낙랑군을 포함한 한사군이 대륙에 있었다는 것은 앞서 밝힌 바 있다. 백제가 낙랑 가까이 성책(城柵)을 세웠다거나 낙랑과의 통로를 차단했다는 것은 낙랑과 인접해 있었다는 것이고, 낙랑이 신라를 침범하였으나 곧 돌아갔다는 내용 등으로 볼 때 낙랑이 신라와도 지리적으로 멀리 떨어져 있지 않았다는 것이 된다. 이는 곧 백제와 신라도 대륙에 있었다는 말이 된다.

한편 『삼국사기』 「고구려본기」 고구려 3세 대무신왕(大武神王) 15년(CE 32) 4월 조에는 낙랑국의 멸망을 초래한 고구려 대무신왕의 아들 호동(好童)왕자와 낙랑국의 마지막 왕 최리(崔理)의 딸 낙랑공주(樂浪公主) 사이에 자명고(自鳴鼓)를 둘러싼 이야기가 기록되어 있다. 낙랑국에는 외적이 침입하면 저절로 울리는 자명고라는 전설적인 북이 있었는데, 호동왕자가 낙랑공주로 하여금 그 북을 찢게 하여 고구려가 낙랑을 정복할 수 있었다고 전한다. 이러한 사실이 발각되어 낙랑공주는 아버지에게 죽임을 당하였고, 이후 호동왕자도 제1왕비의 참언(讒言)으로 인해 자결하였다 한다.

대무신왕(大武神王) 15년 4월에 왕자 호동이 옥저 지방을 유람하고 있던 차에, 마침 낙랑왕 최리(崔理)가 그곳을 순행하여 호동(好童)을 보고 "군(君)의 얼굴을 보니 보통사람이 아닌 듯한데 혹 북국신왕(北國神王)의 아들이 아닌가?"하고 그를 데리고 돌아와 사위로 삼았다. 그 후 호동왕자가 귀국하여 비밀리에 사람을 보내 낙랑공주에게 이르되, "너희 나라 무고(武庫)에 들어가 자명고를 찢으면 내가 예로써 너를 맞이할 것이요, 그렇지 않으면 맞지 않겠다"고 하였다. 이에 낙랑공주가 마침내 자명고를 찢고서 호동왕자에게 알리자 고구려군이 기습해왔다. 그러나 낙랑왕 최리는 자명고가 울지 아니하므로 방비치 않고 있다가 뒤늦게 자명고가 찢어진 것을 알고서 드디어 낙랑공주를 죽이고 나와서 항복하였다. 대무신왕의 차비(次妃), 즉 갈사왕(曷思王)* 손녀의 소생인 호동왕자는 11월에 제1왕비의 참소

---

* 曷思王은 東夫餘 金蛙王의 막내아들이자 帶素王의 아우이다. 그는 대무신왕이 東夫餘를 공격하여 대소왕을 살해하자, 그를 따르는 수백 명과 함께 도주하여 鴨綠谷에 이르

를 받아 자결하였다.[61]

    마침내 고구려 대무신왕 20년(CE 37)*에 고구려가 낙랑국을 침습(侵襲)하여 (최씨)낙랑국은 건국된 지 232년 만에 멸망하였다. 한편 CE 44년 한[東漢, 後漢] 광무제(光武帝)가 요서 지역으로 세력을 확장해 오는 고구려를 견제하기 위해 고구려의 배후인 낙랑국이 있었던 평양 지역을 침략하여 그곳에 군사기지를 건설하자, 그곳의 주민들은 한때 낙랑국을 재건하기도 했다. 그리하여 청천강과 대동강 사이에는 낙랑국과 그 안의 평양 토성리 지역에 군사기지와 무역기지를 겸한 중국인 성읍(城邑)이 병존하게 되었다. 일부 학자들은 평양의 낙랑유적을 한사군의 낙랑군 유적으로 보기도 하지만, 그것은 사실과 다르다. 평양의 낙랑유적은 난하(灤河) 유역의 낙랑군 지역으로부터 이주해 온 사람들과 동한(東漢) 광무제에 의해 설치된 평양 토성리 지역의 중국인 성읍 거주민들 및 고구려와 백제에 붙잡혀 온 중국인 포로들이 남긴 유적이다.[62]

렸을 때 海頭國 왕이 사냥 나온 것을 보고는 그를 죽이고 그 백성을 취하여 그곳에 도읍을 정해 曷思國을 세우고 왕이 된 인물이다.

* (최씨)낙랑국의 멸망 시기에 대해, 『三國史記』 「高句麗本紀」 大武神王 15년條에 근거하여 고구려 대무신왕 15년(CE 32)이라고 하기도 하고, 大武神王 20년條에 근거하여 대무신왕 20년(CE 37)이라고 하기도 한다. CE 32년을 주장하는 근거는 대무신왕 15년에 고구려군이 낙랑국을 기습하자, 낙랑국왕 崔理가 자명고를 찢은 낙랑공주를 죽이고 나와서 항복하였다는 기록이다. CE 37년을 주장하는 근거는 대무신왕 20년에 왕이 '낙랑'을 侵襲하여 멸하였다는 기록이다. 그런데 여기서 '낙랑'이 (최씨)낙랑국인지, 아니면 낙랑군인지가 분명치 않은데, 그럼에도 '낙랑'을 (최씨)낙랑국으로 보는 근거는 낙랑군이 멸망한 것은 고구려 미천왕 14년(313)이기 때문에 CE 37년에 멸망한 것은 (최씨)낙랑국이라고 보는 것이다. CE 32년에 낙랑국왕이 고구려에 항복하였고, 고구려가 낙랑국을 완전히 멸한 것은 CE 37년이라고 보는 것이다. 『三國史記』 「新羅本紀」 儒理尼師今 14년條에도 CE 37년에 고구려왕 無恤(3대 大武神王)이 낙랑국을 멸하니, 낙랑인 5천이 신라에 와서 6부에 나누어 살게 되었다고 기록되어 있다.

고구려·백제·신라·가야 초기의 정치적 성장과 그 연맥

「북부여기」와 「태백일사」 제6 고구려국본기에 의하면 고구려의 시조 고주몽(高朱蒙)은 북부여의 시조 해모수(解慕漱)의 5세손(玄孫, 高孫)이다. 해모수는 단군조선의 제후국인 고리국(稾離國) 출신으로, 그 위치는 바이칼호수 동쪽의 몽골 내륙이라고 몽골과학원 교수 베 슈미야바타르는 증언하였다. 해모수의 둘째 아들이자 북부여 2세 단군 모수리(慕漱離)의 아우가 고리군왕(稾離郡王, 북부여 4세 단군 高于婁 때(BCE 120) 高句麗侯로 封해짐) 고진(高辰)이고, 고진의 손자인 옥저후(沃沮侯) 고모수(高慕漱, 본명은 弗離支)가 고주몽의 아버지이다.[63]

고구려의 건국 연대를 추정할 수 있는 근거는 다음 몇 가지가 있다. 첫째는 고려 말 휴애거사(休崖居士) 범장(范樟)의 「북부여기」 기록이다. 「북부여기」에 의하면 동부여(가섭원부여) 시조 해부루(解夫婁) 재위 28년 임술년(BCE 59)에 나라 사람들이 고주몽을 가리켜 나라에 이롭지 못하다며 그를 죽이려 하자 주몽은 어머니 유화부인(柳花夫人)의 명을 받들어 동남쪽으로 도망하여 엄리대수(淹利大水: 송화강)를 건너 졸본천(卒本川)에 이르러, 이듬해(BCE 58) 새 나라를 세우니 이가 고구려의 시조라고 기록되어 있다.[64] 고구려의 첫 도읍지 졸본의 위치에 대해 지금의 한국 주류 사학계에서는 혼강(渾江) 유역 환인현(桓仁縣)에 있는 오녀산성(五女山城)인 것으로 비정하고 있다. 그런데 위당(爲堂) 정인보(鄭寅普)가 그의 『조선사연구』에서 주장한 연해주의 수분하(綏芬河) 지역으로 보는 것이 더 설득력이 있다는 견해[65]도 있다.

둘째는 조선 중종 때 일십당주인(一十堂主人) 이맥(李陌)의 「태백일사」 제6 고구려국본기 기록이다. "고리군왕 고진은 해모수의 둘째 아들이고 옥저후(沃沮侯) 불리지(弗離支, 高慕漱)는 고진의 손자이다. 모두 도적 위만(衛滿)을 토벌한 공로로 봉(封)함을 받았다. 불리지가 일찍이 서압록(西鴨綠: 遼河의 서쪽 지류)

을 지나다가 하백(河伯)의 딸 유화(柳花)를 만나 기쁘게 장가들어 고주몽을 낳았다. 이때가 임인년(BCE 79) 5월 5일이고 한나라 왕 불능(弗陵: 8대 昭帝) 원봉(元鳳) 2년이다. 불리지가 죽자 유화가 아들 주몽을 데리고 웅심산(熊心山)으로 돌아갔으니 지금의 서란(舒蘭)이다. 주몽이 성장하여 사방을 주유하다가 가섭원(迦葉原)을 택해 그곳에 거주했다. 관가에 뽑혀 말지기로 임명되었으나 얼마 가지 못해 관가의 미움을 사게 되어 오이(烏伊), 마리(摩離), 협보(陜父)와 함께 도망하여 졸본으로 왔다. 때마침 부여왕은 후사가 없었는데 주몽이 마침내 왕의 사위가 되어 대통을 이으니 이가 고구려의 시조이다."[66]

셋째는 신라 승려 안함로(安含老)의 「삼성기(三聖紀)」 기록이다. "계해년(BCE 58) 봄 정월에 이르러 고추모(高鄒牟)가 역시 천제의 아들로서 북부여를 계승하여 일어났다. 단군의 옛 법을 회복하고, 해모수를 태조로 받들어 제사 지내며 처음으로 연호를 정하여 다물(多勿)이라 하니 이가 고구려의 시조이다 (至癸亥 春正月 高鄒牟 亦以天帝之子 繼北夫餘而興 復檀君舊章 祠解慕漱爲太祖 始建元爲多勿 是爲高句麗始祖也)."

넷째는 당나라의 시어사(侍御史) 가언충(賈言忠)의 고구려 900년 멸망설이다. 가언충이 고구려와 당나라의 접전 상황을 당 고종(高宗)에게 보고하는 내용 중에, "이번 전쟁에서 당나라는 반드시 이깁니다. 남생(男生) 형제의 싸움으로 고구려의 정세가 모두 우리에게 알려지고 남생이 우리의 향도(嚮導)가 되었기 때문이며, 둘째로 『고려비기(高麗祕記)』라는 책에 '고구려가 900년이 채 못 되어 나이 팔십이 된 대장에게 멸망될 것'이라고 했는데 고구려가 한나라(BCE 206) 때부터 건국하여 지금(곧 668년)이 꼭 900년 되는 해이고 이적(李勣) 장군의 나이가 마침 80세입니다. 따라서 『고려비기』의 예언과도 일치하니 이번엔 꼭 고구려가 망합니다"[67]라고 한 대목이다. CE 668년이 고구려 건국 900년이 되는 해라고 했으니, 이 말이 사실이라면 고구려 건국 연대는

BCE 232년이 된다. 이는 한나라 건국 연대(BCE 206) 보다 앞서는 것이다.

다섯째는 고구려 건국연대를 BCE 37년이었다고 한 『삼국사기』의 기록이다. 『삼국사기』에는 동부여의 장자 대소(帶素) 등이 주몽의 재능을 시기하여 모살(謀殺)하려 하자, 그의 어머니 유화부인의 명을 따라 오이(烏伊), 마리(摩離), 협보(陜父)와 함께 도망하여 졸본천(卒本川, 『魏書』에는 紇升骨城)에 이르러 그곳을 도읍으로 나라를 고구려라 하고 고(高)로써 씨(氏)를 삼았다고 하였다. 이때 주몽의 나이는 22세니, 한(漢) 효원제(孝元帝) 건소(建昭) 2년(BCE 37), 신라 시조 혁거세 21년인 갑신년이었다고 기록되어 있다.[68]

여섯째는 고구려 건국연대를 BCE 277년으로 보는 북한 역사학계의 정설이다. 북한의 계간지 〈력사과학〉 2호(2004)는 "고구려의 건국연대는 BCE 277년으로 고증됐으며 그것이 우리 학계의 정설로 인정되고 있다"고 밝혔다. 이 역사잡지는 『삼국사기』, 『신당서(新唐書)』 등 역사서에는 고구려 건국 연대를 CE 직전에서 BCE 3세기 말까지 추정할 수 있는 기록들이 있으며 북한 학계는 이러한 사료들을 기초로 연구, 고구려 건국 연대를 이같이 잡았다고 전했다.[69]

고구려 건국 연대를 추정할 수 있는 위 여섯 가지 근거 중에서 「북부여기」와 「삼성기」의 기록은 고구려의 건국 연대를 똑같이 BCE 58년으로 적시하고 있고, 「태백일사」 제6 고구려국본기 기록은 고주몽의 출생연도를 BCE 79년이라 하였으므로 『삼국사기』의 기록대로 22세에 즉위했다면 BCE 58년에 고구려를 건국한 것이 된다. 『환단고기』에 수록된 이 세 기록은 저자가 모두 다름에도 불구하고 고구려 건국 연대가 일치하고 있다. 다음으로 가언충(賈言忠)의 고구려 900년 멸망설에 의하면 CE 668년이 고구려 건국 900년이 되는 해라고 했으니, 이 말이 사실이라면 고구려 건국 연대는 BCE 232년이 된다. 이는 북부여 시조 해모수의 건국 연대와 정확하게 일치한다.

앞서 고찰했듯이, 해모수는 BCE 239년에 웅심산(熊心山)에서 내려와 군대를 일으켜 옛 도읍인 백악산을 습격하여 점거하고는 천왕랑(天王郎)이라 칭하였고, BCE 232년에 옛 도읍의 오가(五加)들을 회유하여 6년간의 공화정(共和政) 시대를 마감하고 백성들의 추대로 북부여의 시조 단군으로 등극하였다. 위 「삼성기(三聖紀)」에는 고추모(高鄒牟)가 북부여를 계승하여 일어났고 해모수를 태조로 받들어 제사 지냈다고 기록하고 있으며, 「북부여기」에도 북부여 6세 단군 고무서(高無胥)가 후사가 없어 고주몽을 사위로 삼아 대통을 이었다고 기록하고 있다. 이러한 기록은 광개토대왕릉비의 "옛날에 시조 추모왕께서 나라의 기틀을 창건하셨는데 북부여에서 나왔다(惟昔始祖鄒牟王之創基也 出自北夫餘)"는 내용과도 부합하는 것이다.

그런데 해모수의 차남인 고진(高辰)이 북부여 4세 단군 고우루(高于婁) 때(BCE 120) 고구려후(高句麗侯)로 봉(封)해졌다는 것은 BCE 120년 이전에 고구려가 이미 건국되었음을 말하여 준다. 고진의 손자인 옥저후(沃沮侯) 고모수(高慕漱, 본명은 弗離支)가 고주몽의 아버지이니, 고구려는 고주몽의 증조부 고진이 고구려후(侯)로 봉해지기 이전부터 존재하였으며 그 활약상이 사서에 기록으로 전해지고 있다. 『한서(漢書)』 「소제기(昭帝紀)」 원봉(元鳳) 6년(BCE 75) 기록과 『삼국지(三國志)』 「위서(魏書)」 동이전 및 『후한서』 「동이열전」 기록에는 BCE 75년에 고구려가 한사군의 현도군을 고구려 서북쪽인 난하 상류 유역으로 축출한 것으로 나타나 있다.[70] 그렇다면 고구려의 건국 연대는 BCE 58년보다 훨씬 더 상향 조정되어야 할 것이다.

다만 단군조선의 국통을 북부여 해모수가 계승하였고, 또 북부여의 국통을 고구려 고주몽이 계승하였다는 점에서, 그리고 고구려의 정치적 성장이 부여의 정치적 성장과 궤를 같이 하였다는 점에서 부여와 고구려가 통합적으로 인식되었을 수도 있다. 『삼국지』 「위서」 동이전에서는 "(고구려를) 부여의 별종이라 한다. 그러므로 언어와 법식(法式)과 규칙이 (부여와) 동일한 것이 많다"[71]고 하였다. 가언충(賈言忠)의 고구려 900년 멸망설은 해모수의 북부여 건국(BCE 232)부터 고구려 멸망(CE 668)까지 900년을 말하는 것이다. 따라서 북부여의 해모수를 태조로 하는 경우 고구려는 900년 만에 멸망한 것이고, 고주몽을 시조로 하는 경우 BCE 58년부터 CE 668년까지 726년 만에 멸망한 것이 된다.

그런데 『삼국사기』에는 고구려 건국 연대를 CE 37년이라고 기록하고 있다. 이는 고주몽이 BCE 58년에 북부여의 대통을 이어 즉위하고—북부여를 계승하여 졸본에 도읍하였으므로 졸본부여라 함—다물(多勿)이라는 연호를 사용하다가 BCE 37년에 국호를 고구려(高句麗)로 개칭하고 연호도 평락(平樂)이라고 쓰게 된 시점부터를 고구려 건국 연대로 잡은 것이다. 그렇게 되면 고주몽이 북부여의 대통을 이어 다물(多勿)이라는 연호를 쓰기 시작한 BCE 58년과는 21년의 시차가 있다. 또한 해모수의 차남인 고진(高辰)이 BCE 120년에 고구려후(高句麗侯)로 봉(封)해졌다는 것은 BCE 120년 이전에 고구려가 이미 건국되었음을 말하여 준다.

따라서 향후 충분한 근거 자료가 나오게 되면 고구려 건국 연대는 훨씬 더 상향 조정되어야 할 것이고, 그에 따라 고구려 연대 전체가 수정되어야 할 것이다. 고구려의 건국 연대가 상향 조정되면 고구려 시조의 아들인 온조왕의 건국 연대는 물론 백제 연대 전체도 상향 조정되어야 할 것이다. 현재로서는 고구려의 건국 연대는 다물(多勿)이라는 연호를 사용한 BCE 58년으로 잡고, 삼국사(三國史) 관련 연대는 편의상 『삼국사기』를 따르기로 한다. 고구려의 건국 연대를 BCE 37년으로 할 경우, 단군조선과 북부여의 국통을 계승한 상징적인 의미가 있는 '다물 이념'을 배제하는 것이 되기 때문이다. 끝으로, 고구려 건국 연대를 BCE 277년으로 보는 북한 역사학계의 정설에 대해서는 필자가 그 근거 자료를 접하지 못하였으므로 더 이상 논급하지 않기로 한다.

'다물(多勿)'은 '옛 땅을 회복한다'는 의미로 쓰이던 고구려 때의 말로서 이는 곧 단군조선의 영광을 되찾는다는 의미이다. 이러한 '회복(恢復)'을 뜻하는 고구려의 정치이념을 '다물 이념'이라고 한다. 「태백일사」 제6 고구려국본기에도 기록되어 있듯이 고구려가 역대로 건원칭제(建元稱帝), 즉 독자적인 연호를 사용하고 황제를 칭한 것은 단군조선과 북부여의 국통을 계승한 고주몽의 '다물 이념'에서 비롯된 것이다. 중국의 정사(正史)인 『수서(隨書)』 권81 「동이열전(東夷列傳)」 제46 고(구)려전에는 고구려 16대 고국원왕이 소열제(昭烈帝)로 기록[72]되어 있어 고구려의 건원칭제 사실을 확인해 준다. 후에 고구려를 계승하여 일어난 대진국(大震國=발해) 역시 건원칭제한 사실이 「태백일사」 제7 대진국본기에 기록되어 있다.

한편 『삼국사기』에서는 고구려 시조 고주몽을 동명성왕(東明聖王)이라 하였고,[73] 『삼국유사』에서는 동명왕(東明王)이라고 하였다.[74] 『삼국사기』 권23 「백제본기」 제1 시조 온조왕(溫祚王) 원년(BCE 18) 5월조에는 동명왕묘(東明王廟)를 세웠다[75]고 나오고, 이후 동명왕묘(廟)에 배알했다는 기록이 자주 나온다. 이는 백제인이 동명(東明)을 시조로 받들고 있었음을 말해준다. 그러나 동명왕은 북부여의 고두막한(高豆莫汗), 즉 북부여 5세 단군 고두막(高豆莫)이다.* 고주몽 역시 동명왕으로 호칭되었는지는 알 수 없으나 고구려 시조의

---

* 5세 단군 고두막(高豆莫)으로부터 6세 단군 고무서(高無胥)까지를 後北夫餘라 하는데, 卒本夫餘라고도 한다. 고주몽이 BCE 58년에 북부여의 대통을 이어 즉위하였는데, 북부여를 계승하여 졸본에 도읍하였으므로 졸본부여라 하였다. 졸본은 광개토대왕릉 비문에 나타난 忽本과 같은 말로서 후북부여[졸본부여] 5세 단군(동명왕)이 도읍한 곳이자 고구려 시조 고주몽이 도읍한 곳이다. 여기서 말하는 동명왕廟는 후북부여(졸본부여)

원래 이름은 추모(鄒牟)이다. 광개토대왕릉비(일명 好太王碑)에도 '시조 추모왕 (鄒牟王)'이라고 새겨져 있다.

광개토대왕릉비의 위치에 대해, 「태백일사」 제6 고구려국본기에는 "동압록(東鴨綠)의 황성(皇城)에 광개토경대훈적비가 있다(東鴨綠之皇城 廣開土境大勳蹟碑)"[76]고 기록되어 있다. 동압록·서압록이라는 지명이 앞서도 여러 번 나왔지만, 고대의 압록강은 지금의 압록강이 아니라 중국 요녕성(遼寧省)에 있는 요하(遼河)이며, 그 동쪽 지류를 동압록이라 하였고 그 서쪽 지류를 서압록이라 하였다. 중국의 『신당서(新唐書)』 권220 「동이전(東夷傳)」에도 "압록수(鴨綠水)가 국내성(國內城)의 서쪽을 지나간다(鴨綠水 歷國內城西)"[77]라고 기록되어 있다.

압록강의 동쪽에 황성(국내성)이 있다고 한 「태백일사」의 기록과, 국내성의 서쪽에 압록강이 있다고 한 『신당서』의 기록은 정확하게 일치하고 있다. 그런데 현재 한국 사학계의 관점은 고구려의 국내성을 지금의 압록강 북쪽인 통구(通溝, 퉁거우)라고 비정하고 있어 국내성이 압록강 북쪽에 있는 것이 되므로 문헌상의 기록과 부합하지 않는다. 동서남북을 구분하지 못하는 기록을 남겼을 리가 없지 않은가? 중국의 난하(灤河) 옆 갈석산(碣石山)에 세워졌던 점제현신사비(粘蟬縣神祠碑)가 일제에 의해 평양 근처 온천으로 옮겨졌듯이, 19세기 후반 청나라의 한 농부에 의해 발견된 광개토대왕릉비 또한 누군가에 의해 옮겨진 것일까?

왕조의 흥망과 시대의 변천에 따라 강산과 고대 지명들이 많이 옮겨져 있다는 주장은 설득력이 있다고 본다. 재미사학자 김태영은 그의 저서 『고구려의 요동(遼東) 요서(遼西) 위치에 대한 소고』에서 "전국시대(BCE 403~BCE 221)

를 연 5세 단군(동명왕) 고두막을 世系의 鼻祖로 간주하여 세운 것인지, 아니면 고주몽의 廟인지 분명하지 않다. 동명왕과 관련해서는 더 연구해서 밝혀내야 할 과제다.

에 경도 110도로 나뉘는 섬서성(陝西省)과 산서성(山西省)을 경계로 하여, 산서성에 있는 요수(遼水: 압록수)라는 하천 때문에 요동과 요서로 지역이 설정되었던 것으로 보인다. 그러다 명(明)나라 때에는 요동과 요서가 경도 120도로 옮겨져 지금의 하북성(河北省)과 요녕성(遼寧省)이 경계가 되어 있음을 사료를 통해 알 수 있다. 명(明) 이전의 요서인 지금의 산서성 남서부에 있던 노룡(盧龍), 난하(灤河), 갈석산(碣石山), 창려(昌黎), 수양산(首陽山) 등 여러 지명들이 하북성으로 지명이동이 되어 있다"[78]는 주장이다.

『삼국유사』의 기록에도 '요수(遼水, 遼河)를 일명 압록(鴨綠)이라 한다'고 하여 요하의 옛 명칭이 압록이었음을 밝히고 있다. 그런데 고대에 그 요하(遼水, 압록수)의 위치가 어디였느냐는 것이다. 고구려의 수도인 국내성이 요하(압록강)의 동쪽이라고 하였으니 요하의 위치에 따라 국내성의 위치도 달라지고 따라서 고구려의 강역도 달라지는 것이다. 한국과 중국의 국경 표지석(標識石)이라 할 수 있는 광개토대왕릉비가 압록강의 동쪽이 아닌 북쪽 통구(通溝)에 있다는 것은 중국 고서(古書)의 기록과도 부합하지 않는다. 19세기 후반 중국이 대내외적으로 혼란기에 처했을 때* 중국과 러시아를 경계 짓는 국경 표지석이 은밀하게 이동했었다는 이야기를 중국 현지 관계자로부터 필자가 직접 들은 적이 있다. 광개토대왕릉비의 위치가 고(古)문헌에서 적시하는 내용과 다르므로 열린 시각을 가지고 정확한 위치를 밝혀내야 할 것이다.

고구려의 건국이념이자 국가경영의 철학은 이도여치(以道與治), 즉 도로써 세상을 다스리는 것이었다. 이는 추모왕의 유훈(遺訓)으로서 세자 유류왕(儒

---

* 1840년 아편전쟁에서 중국이 패하자 중국을 향한 유럽 열강의 침략 경쟁에 편승, 러시아도 중국에 불평등조약을 강요하여 아이훈조약(愛琿條約, 1858), 베이징조약(北京條約, 1860), 이리조약(伊犁條約, 1881) 등 청국과 러시아 간에 불평등조약이 체결되고, 그 결과 중·소 국경분쟁이 야기되었다.

留王, 琉璃王, 琉璃明王)에게 전해진 것이다. 고구려 19대 광개토대왕(정식 廟號(諡號)는 國岡上廣開土境平安好太王)의 업적을 찬양하고 추모하기 위해 아들인 장수왕이 414년에 세운 광개토대왕릉비에는 "…(추모왕께서) 하늘에 오르실 때(세상을 떠나실 때) 세자 유류왕을 돌아보시고 이르시길 '도로써 다스리라(以道興治)' 하셨다"라고 새겨져 있다. 이러한 '이도여치' 이념은 천·지·인 삼신일체를 바탕으로 널리 인간을 이롭게 하는 홍익인간 사상과도 일맥상통하는 것이다.

고구려는 그 지리적 환경이 큰 산과 깊은 골짜기가 많고 농사지을 땅이 적어 자급할 수 없었고, 또 부여와 한나라 군현(郡縣) 등의 세력과 대치하고 있었기 때문에 근검(勤儉)하고 강인한 정신력과 생활력으로 활로를 개척하고 국력을 키워 점차 주위의 소국들을 병합하고 영토를 확장하였다. 『삼국사기』「고구려본기」에는 BCE 36년(鄒牟王 平樂 2년) 6월에 비류국왕(沸流國王) 송양(松讓)이 나라를 들어 항복하매 왕은 그곳을 다물도(多勿都)라 하고 송양을 다물후(多勿侯)로 봉하였다고 하였다. BCE 32년(鄒牟王 平樂 6년) 10월에는 태백산 동남의 행인국(荇人國)을 쳐서 그 땅을 빼앗아 성읍(城邑)으로 삼았고, BCE 28년(鄒牟王 平樂 10년) 11월에는 북옥저를 쳐서 멸하고 그 땅에 성읍을 두었다. 이듬해 졸본에서 눌현(訥見)으로 도읍을 옮겼는데, 그 위치는 "지금의 상춘(常春: 吉林省 長春) 주가성자(朱家城子: 주몽의 성터라는 뜻)이다"[79]라고 기록되어 있다.

고구려는 2대 유리왕(琉璃王·琉璃明帝, 재위 BCE 19~CE 18) 때까지도 부여로부터 약소국 취급을 받았다. 동부여 3세 대소(帶素) 재위 원년 을묘년(BCE 6) 정월에 대소왕이 고구려에 사신을 보내 볼모(質子)를 교환하기를 청하였다[80]고 「가섭원부여기(迦葉原夫餘紀)」에는 기록되어 있다. 『삼국사기』「고구려본기」 유리왕 14년(BCE 6) 조에도 이와 유사한 기록이 있다. 부여왕 대소가 고구려에 사신을 보내 볼모를 교환하기를 청하자, 왕은 태자 도절(都切)을 볼모로 보내려 하였으나 도절이 두려워하여 가지 않자 부여왕 대소가 노하였다.

대소가 군사 5만을 이끌고 와서 침습(侵襲)하였으나 큰 눈이 내려 동사자(凍死者)가 많아지자 곧 퇴각하였다고 기록되어 있다. 유리왕 2년(BCE 18) 7월에 왕이 다물후(多勿侯) 송양의 딸을 비(妃)로 삼았으며, 이 해에 백제 시조 온조(溫祚)가 즉위하였다. 유리왕 11년(BCE 9) 4월에 선비(鮮卑)를 병합하였고, 유리왕 21년(CE 2)에는 국도(國都)를 눌현(訥見)에서 국내성으로 옮겼는데 황성(皇城)이라고도 하였다. 유리왕 32년(CE 13) 11월에는 부여가 내침하였으나 왕자 무휼(無恤, 후에 大武神王)이 학반령(鶴盤嶺)에서 이를 격파하였다. 유리왕 33년(CE 14) 8월에는 양맥(梁貊)을 쳐서 멸하고 군사를 내어 현도군에 속한 고구려현(縣) 지역을 차지하였다.[81]

유리왕의 삼자(三子)인 3대 대무신왕(大武神王·大武神烈帝, 재위 18~44) 5년(CE 22) 2월에 고구려가 거국적으로 부여를 침공하여 대무신왕이 지휘하는 괴유(怪由)가 부여왕 대소(帶素)를 살해하였다. 이후 동부여(가섭원부여)는 국력이 쇠락하게 되면서, 대소왕의 아우가 세운 갈사부여(曷思夫餘)와 종제(從弟)가 세운 연나부부여(椽那部夫餘)로 나뉘었다. 대소왕의 종제가 고구려에 투항하자, 대무신왕은 그를 봉하여 제후로 삼고 연나부에 안치하였다. 대무신왕 9년(CE 26) 10월에 개마국(蓋馬國)을 친정(親征)하여 그 왕을 죽이고 그 땅을 군현으로 삼았으며, 12월에는 구다국왕(句茶國王)이 나라를 들어 투항하였다. 대무신왕 20년(CE 37)에는 고구려가 낙랑국을 침습하여 멸함으로써 최씨낙랑국은 건국된 지 232년 만에 멸망하였다.[82] 대무신왕의 아들인 5대 모본왕(慕本王, 48~53) 2년(CE 49)에는 한나라[東漢, 後漢]의 우북평(右北平: 베이징 동북 삼백리)·어양(漁陽: 베이징 동부)·상곡(上谷: 베이징 북쪽)·태원(太原: 山西省)을 공략하였다.[83]

고구려 6대 태조대왕(太祖大王·太祖武烈帝, 재위 53~146)은 2대 유리왕(琉璃王)의 손자이자 고추가(古雛加) 재사(再思)의 아들이다. 태조대왕 3년(CE 55) 2월에 요서(遼西)에 10성(城)을 쌓아 한나라 군사를 방비하였다. 요서 지역에 10개의 성을 쌓았다면, 요동뿐만 아니라 요서 지역도 고구려의 강역이라고 보아야 할 것이다. 4년(CE 56) 7월에는 함흥 일대의 동옥저(남옥저)를 멸하여 고구려에 복속시키고 지경(地境)을 개척하여 동으로는 창해(滄海)에 이르고 남으로는 살수(薩水)에 이르렀다. 16년(CE 68) 8월에는 갈사왕의 후손 도두(都頭)가 나라를 들어 투항하였고, 20년(CE 72) 2월에는 조나(藻那)를 쳐서 그 왕을 사로잡았으며, 22년(CE 74) 10월에는 주나(朱那)를 쳐서 그 왕자 을음(乙音)을 사로잡아 고추가(古鄒加)로 삼았다.[84]

태조대왕 4년(CE 56)에 고구려의 강역이 '동으로는 창해(滄海)에 이르고 남으로는 살수(薩水)에 이르렀다'고 했는데, '창해'는 연(燕)나라와 제(齊)나라 사이에 있었으므로 지금의 중국 하북성(河北省, 허베이성)에 있었고, '살수'는 창해의 서쪽[85]에 있었던 것으로 비정된다. 『삼국사기』「열전」제3 김유신(金庾信) 하(下)의 끝에 "비록 을지문덕의 지략(智略)과 장보고의 의용(義勇)이 있어도 중국의 서적이 아니었더라면 민멸(泯滅)하여 전해 들을 수 없었을 것이다"[86]라고 기록된 것으로 보아 이들에 관한 기록이 반도에는 없었고, 이들의 활약상은 대륙에서 있었던 일이며, 『삼국사기』에 나오는 이들 관련 내용도 중국 사서에 의거해 기록된 것임을 알 수 있게 한다. 저 유명한 을지문덕(乙支文德)의 살수대첩(薩水大捷)은 한반도 청천강에서 있었던 일이 아니라 대륙의 '창해' 서쪽에서 있었던 일이다.

태조대왕 69년(CE 121) 봄에 한나라[東漢, 後漢] 대군이 침략하여 예맥(濊貊)의 거수(渠帥)를 격살(擊殺)하고 병마와 재물을 탈취했다. 이에 태조대왕의 아우 수성(遂成)이 현도군과 요동군을 공격하여 그 성곽을 불지르고 2천여 명을 죽이거나 사로잡았으며, 4월에는 요대현(遼隊縣)을 공격하여 요동태수 채풍(蔡諷)과 그 부하 용단(龍端)과 공손포(公孫酺) 등 100여 명을 죽였다. 태조대왕 70년(CE 122)에는 왕이 마한·예맥(濊貊)과 함께 요동(遼東)을 침공하였는데,[87]

부여가 한나라에 원병을 보내어 연합하였으므로 이기지 못하였다. 94년(CE 122) 8월에는 한나라 요동군의 서안평현(西安平縣)을 침습하여 대방현령(帶方縣令)을 죽이고 낙랑군 태수의 처자를 노획(鹵獲)했다.[88]

이처럼 고구려 초기에는 대외적인 진출 및 영토 확장을 도모하는 한편 대내적으로도 통치 체제를 구축해 나갔다. 영토 확장에 따라 새로 편입된 지역에는 봉건제와 군현제(郡縣制)를 병행해서 실시하였으며, 주변의 소국(小國)을 병합한 후에는 해당 지역의 통치자를 고구려의 귀족으로 받아들여 제후국으로 두거나, 해당 지역을 성읍이나 군현으로 삼아 행정조직으로 편입시키기도 했다. 고구려에는 소노부(消奴部)·절노부(絶奴部)·순노부(順奴部)·관노부(灌奴部)·계루부(桂婁部) 등 다섯 부족으로 이루어진 5부의 행정조직이 있었으며, 각 행정조직의 우두머리는 대가(大加)라 하였다. 본래는 소노부(消奴部)에서 왕이 나왔으나, 그 세력이 점점 미약해져서 뒤에는 계루부(桂婁部)에서 왕위(王位)를 차지하였다.[89]

고구려의 중앙관직에는 국왕 밑에 상가(相加)·대로(對盧)·패자(沛者)·고추가(古鄒加)·주부(主簿)·우태(優台)·승사자(丞使者)·조의선인(皂衣仙人, 皂衣先人) 등이 있었다. 국왕 밑에 국정을 총괄하는 수상격인 대로(對盧) 또는 패자(沛者)가 있었고(對盧와 沛者는 중복으로 두지 않음), 상가(相加)는 5부의 대가(大加)들 중에서 선출되었다. 대가들도 사자(使者)·조의선인(皂衣先人) 등의 가신(家臣)을 두었는데, 그 명단은 모두 왕에게 보고하였다. 고구려의 영토 확장에 따라 새로 봉해진 제후들도 마찬가지로 대가라 하였고 가신을 거느릴 수 있었다. 5부의 족장들인 대가는 귀족층을 형성하며 후에는 대인(大人)이라 불렸는데, 왕족인 계루부, 전 왕족인 소노부와 왕비족인 절노부의 적통대인(適統大人)들은 고추가(古鄒加)라는 최고의 존칭을 부여받았으며 고위 관직에 임명되는 등 국왕과 연합하여 정치를 주도했다.[90]

고구려는 9대 고국천왕(故國川王, 재위 179~197) 13년(191)에 이르러 외척의 발호(跋扈)로 나라가 어지럽던 중에 동부(東部·左部) 안류(晏留)의 천거로 신진(新進)인 을파소(乙巴素)를 국상(國相)으로 기용하고, 16년(194)에는 대민정책의 일환으로 관곡(官穀)을 대여하는 진대법(賑貸法)을 시행함으로써 귀족세력에 의한 농민층의 예속화를 막고 왕권을 강화하였다. 또한 소노부·절노부·순노부·관노부·계루부 등 5족이 행정구역을 표시하는 5부―내부(內部·黃部, 즉 계루부), 북부(北部·後部, 즉 절노부), 동부(東部·左部, 즉 순노부), 남부(南部·前部, 즉 관노부), 서부(西部·右部, 즉 소노부)[91]―로 개편되어 제가평의회(諸家評議會)를 두었으며, 왕위계승권도 부자상속으로 확립됨으로써 중앙집권제가 강화되었다. 이보다 앞서 고국천왕 6년(184)에는 한나라 요동태수 공손탁(公孫度)이 군사를 일으켜 고구려를 치자, 왕자 계수(罽須)를 보내어 막게 하였으나 이기지 못하므로 왕이 친히 정기(精騎)를 이끌고 가서 공손탁의 군대를 대파하니, 적군의 잘린 머리가 산처럼 쌓였다.[92]

「태백일사」 제6 고구려국본기에는 을파소가 국상(國相)이 되어 영준(英俊)한 이들을 뽑아서 선인도랑(仙人道朗)으로 삼았고, 교화를 맡은 이를 참전(參佺)이라 하여 무리들 가운데서 뽑아 계(戒)를 지키도록 하며 삼신을 받드는 일을 맡겼다고 기록되어 있다. 또한 무예를 관장하는 자를 조의(皂衣)라 하였는데, 몸가짐을 바르게 하고 규율을 잘 지키며 나라를 위해 몸을 바쳤다. 선인의 수련법은 참전(參佺)을 계(戒)로 삼은 것, 즉 우리 고유의 경전인 『참전계경(參佺戒經)』에 의한 것이었다.[93] 정치의 교육적 기능을 중시했던 단군조선의 국가경영 철학을 실천적으로 구현함으로써 국기(國基)를 튼튼히 다졌기에 그는 오늘날까지도 명재상(名宰相)으로 알려져 있다. 구(舊)족장 세력이 을파소를 미워하자, 고국천왕이 "귀천(貴賤)을 막론하고 만일 국상 을파소에 복종치 않는 자가 있으면 족(族)을 멸하리라"[94]고 하였고, 을파소를 천거한 안류(婁留)를 치하하여 대사자(大使者)로 삼은 것을 보더라도 왕이 얼마나 을파소를 신임했는지를 알 수 있다.

고국천왕이 후사가 없었으므로 그의 아우 연우(延優)가 고구려 10대 산상왕(山上王, 재위 197~227)으로 즉위하였다. 연우의 형 발기(發岐)는 이를 분하게 여겨 요동태수(遼東太守) 공손탁(公孫度)에게로 가서 그의 군사를 빌려 고구려에 쳐들어왔으나 패하여 자살하였다. 산상왕 12년(208) 11월에 왕이 주통촌(酒桶村)에 미행(微行)하여 나이 20세쯤 된 처녀를 만났는데, 이듬해(209) 9월에 산상왕의 아들을 낳았다. 그 처녀는 소후(小后)에 봉해졌고, 그 아들 교체(郊彘)는 후에 11대 동천왕(東川王, 재위 227~248)으로 즉위했다. 산상왕 13년(209) 10월에 왕은 공손탁의 압박으로 도읍을 국내성에서 환도성(丸都城)으로 옮겼다. 산상왕 21년(217) 8월에 한나라[東漢, 後漢] 평주(平州)의 하요(夏瑤)가 백성 일천여 호(戶)를 이끌고 와서 투항하자, 왕이 받아들여 책성(柵城: 지금의 중국 琿春)에 안치하였다.[95]

후한(後漢, 東漢)이 멸망한 후, 중국은 위(魏)·촉(蜀)·오(吳) 삼국시대(220~280)가 열리면서 진(秦)·한(漢)이 구축한 중국의 고대 통일국가는 붕괴되었고, 이후 수(隨) 문제(文帝)가 589년에 다시 중국을 통일할 때까지 약 370년간의 정치적 분열 시기, 이른바 위진남북조(魏晉南北朝, 220~589) 시대에 접어들게 된다. 동천왕 12년(238)에 위(魏)의 태부(太傅) 사마선왕(司馬宣王, 司馬懿)이 무리를 이끌고 와서 요동의 공손연(公孫淵, 공손탁의 손자이자 공손강의 아들)을 칠 때, 동천왕은 주부(主簿)와 대가(大加)로 하여금 군사를 이끌고 가 위군(魏軍)을 돕게 했다. 그리하여 공손씨 세력은 3대 50년 만에 위(魏)에 의해 멸망했다.

그런데 공손씨 세력이 멸망한 뒤, 위(魏)가 고구려와의 맹약을 어기고 한 치의 땅도 고구려에 돌리지 않았으므로 동천왕 16년(242)에 고구려는 요동군의 서안평현(西安平縣)을 공격하여 함락했다. 그러자 20년(246) 8월에 위(魏)가 유주자사(幽州刺史) 관구검(毌丘儉)에게 명을 내려 고구려를 침략했다. 처음에는 고구려가 승기(勝機)를 잡았으나, 결국 관구검에게 도읍인 환도성(丸都城)이 도륙당하고 동천왕은 남옥저까지 피신하는 등 치욕을 겪었다. 다행히 밀우(密友)·유유(紐由) 등 충신들의 지모(智謀)와 고구려의 결사 항전으로 위군(魏軍)은 낙랑 방면을 거쳐서 퇴거하였다. 환도성이 전란으로 도륙당하여 다시 도읍할 수 없게 되었으므로 동천왕 21년(247) 2월에 도읍을 환도성에서 평양성으로 옮겼다.[96]

고구려 15대 미천왕(美川王, 재위 300~331)은 13대 서천왕(西川王)의 아들인 고추가(古鄒加) 돌고(咄固)의 아들 을불(乙弗)이다. 미천왕은 영토를 확장하고 왕권을 공고히 함으로써 고구려 전성기의 초석을 놓은 왕이지만, 소금 장수로 알려진 그가 고구려 15대 왕으로 즉위하게 된 과정은 한 편의 드라마다.

14대 봉상왕(烽上王)이 아우 돌고(咄固)를 반역으로 몰아 죽이자, 그 아들인 을불(乙弗)은 필사적으로 도주하여 수실촌(水室村) 음모(陰牟)라는 자의 집에 머슴살이를 했다. 고된 생활을 버티지 못하고 1년 만에 그 집에서 나와 소금 장수 재모(再牟)를 만나 동업했다. 재모와 함께 소금 장사를 마치고 압록강 동쪽의 사수촌(思收村) 노파의 집에 머물렀다. 그 집의 노파가 소금을 청하므로 한 말가량 주었는데 재차 청구하매 주지 않자, 그 노파가 노하여 자기 신발을 소금 속에 몰래 넣어두고 관가에 도둑으로 신고했다. 신발값으로 소금을 노파에게 주고 태형(笞刑)을 받고서야 풀려났다. 갖은 고생으로 처참한 몰골이 된 을불을 왕손이라고 알아보는 사람은 아무도 없었다. 국상(國相) 창조리(倉助利)가 장차 왕(봉상왕)을 폐하려 하여 조불(祖弗)과 소우(蕭友) 등을 보내어 을불을 물색해 찾아냈다. 비류하(沸流河, 지금의 渾江) 가에 이르러 배 위에 한 장부(丈夫)가 있는 것을 보고 범상치 않게 여겨 나아가 절하며 아뢰자, 의심하여 말하길 "나는 야인이지 왕손이 아니니 다시 자세히 살펴보십시오" 하였다. 조불과 소우가 정황을 설명하자, 마침내 의심이 풀리어 이들은 을불을 받들고 돌아왔다.[97]

미천왕 3년(302) 9월에 왕이 군사 3만 명을 이끌고 현도군을 공격하여 8천 명을 사로잡아 평양으로 데리고 왔으며, 12년(311) 8월에는 요동군 서안평현 (西安平縣)을 습격하여 빼앗았고, 14년(313) 10월에는 낙랑군을 습격하여 2천 여 명을 사로잡았으며, 15년(314) 9월에는 3세기 초에 공손강(公孫康)이 낙랑군을 분할하여 설치한 대방군(帶方郡)을 침략하여 차지했다. 또한 16년(315) 11월에는 현도성(玄菟城)을 공격하여 대파했다.[98] 이렇게 해서 중국 요서(遼西) 지역에 설치되어 있었던 한사군은 뿌리째 뽑혔다. 한(漢) 소제(昭帝) 시원(始元) 5년(BCE 82)에 임둔군과 진번군이 폐지되어 낙랑군과 현도군에 합쳐졌고, 현도군은 BCE 75년에 고구려에 의해 서북지역으로 축출되었다가 미천왕 3년(302)에 완전히 소멸하였으며, 낙랑군은 미천왕 14년(313)에 완전히 소멸하였다. 그리하여 난하(灤河) 유역이 다시 고구려의 영토가 되었다.

고구려는 16대 고국원왕(故國原王·國岡上王·昭烈帝, 재위 331~371) 대에 이르러 북쪽 전연(前燕)의 모용선비(慕容鮮卑)와 남쪽 백제의 침입으로 수도 국내성(國內城)이 함락되고 근초고왕(近肖古王)과의 평양성 전투에서 고국원왕이 전사하는 등 한때 위기에 처하기도 했다. 그러나 17대 소수림왕(小獸林王, 재위 371~384) 2년(372)에 전진(前秦)의 승려 순도(順道)를 통하여 불교를 받아들이고 귀족 자제의 유학 교육기관인 태학(太學)을 설립하였으며, 3년(373)에는 율령을 반포하는 등 국가체제와 문물제도를 정비함으로써 고구려 전성기의 기틀을 마련하였다.[99]

19대 광개토대왕(廣開土大王·廣開土境好太皇, 재위 391~412)의 연호는 영락(永樂)이다. 그의 정식 묘호(廟號: 임금의 諡號)인 '국강상광개토경평안호태왕(國岡上廣

開土境平安好太王)'이 말하여 주듯, 광개토대왕은 영토를 광대하게 개척한 정복 군주였을 뿐만 아니라 '이도여치(以道興治)'의 건국이념을 이어받아 백성을 평안케 한 어진 임금이었다. 20대 장수왕(長壽王·長壽弘濟好太烈帝, 재위 412~491)의 연호는 건흥(建興)이다. 그는 부왕인 광개토대왕의 위적(偉蹟)을 계승하여 80년의 재위기간 동안 인의(仁義)로써 나라를 다스려 강역을 넓히고 다각적인 외교를 통해 왕권을 강화하며 중앙집권체제를 정비함으로써 안정된 기반 위에서 정치적으로나 사회문화적으로 전성기를 열었다.

광개토대왕의 손자이자 장수왕의 아들인 21대 문자왕(文咨王·文咨好太烈帝, 재위 491~519)은 연호를 명치(明治)라 하였다. '명치 11년(501)에 백제가 다스리던 제(齊)·노(魯)·오(吳)·월(越)이 고구려에 속하니 나라의 강역은 점점 넓어졌다'[100]고 「태백일사」 제6 고구려국본기에는 기록되어 있다. 일본 천황의 이름인 메이지(明治)는 21대 문자왕의 연호를 그대로 따온 것이다. 전성기의 고구려는 중국 대륙 중동부 일대를 망라한 대제국이었다. 『삼국사기』「열전」 최치원(崔致遠)전 '상대사시중장(上大師侍中狀)'에는 "고구려와 백제가 전성기에 강병(强兵) 100만을 보유하고 남으로는 (중국 절강성의) 오(吳)·월(越)을 침공하고, 북으로는 유(幽)·연(燕)·제(齊)·노(魯)의 지역을 흔들어서 중국에 큰 해(害, 蠹)가 되었다"[101]고 기록되어 있다. 이는 고구려와 백제가 전성기에는 하북성에서 양자강 남쪽에 이르는 대제국이었음을 말해주는 것이다. 『규원사화』「만설(漫說)」에도 고구려가 왕성할 때에는 강병(强兵) 백만이 남으로 오(吳)·월(越)을 쳤고, 북으로 유연(幽燕: 幽州와 燕나라, 지금의 河北省 일대)과 제(齊)·노(魯)를 도륙하여 중국에 커다란 위협이 되었다고 기록되어 있다.

이처럼 고구려는 광개토대왕·장수왕 대를 거치면서 국운이 홍륭(興隆)하였으나, 6세기 중엽 왕위계승 분쟁에 따른 대규모 정란(政亂)과 외침(外侵)으로 내우외환의 위기에 처하게 되자 6세기 후반 이후 귀족연립체제가 자리를 잡게 되면서 연개소문(淵蓋蘇文)이 등장하게 된다. 연개소문은 영류왕(營留王)을 죽이고 보장왕(寶藏王)을 옹립하여 막리지(莫離支·太大兄)로서 대모달(大模達·大將軍)에 취임해 군권을 쥐었으며, 대대로와 귀족회의를 무력화시키고 실권을 장악했다. 이후 연개소문과 김춘추(金春秋, 후에 太宗武烈王)의 평양성 회담무산, 고구려·백제의 신라 당항성(黨項城) 공격에 따른 신라의 당(唐)에 대한구원병 요청으로 마침내 고구려 침공의 기회를 노리던 당(唐)과 신라가 연합하고 고구려·백제·왜가 연합하는 대립 구도가 형성되게 된다.

고구려는 당과의 오랜 전쟁으로 크게 피폐해진데다가 660년 백제가 멸망하면서 고구려의 전략적 위치는 더욱 악화되었다. 설상가상으로 연개소문사후(死後) 후계 구도에 내분이 발생했지만, 왕이나 귀족회의 등 어떠한 권력 장치도 이를 수습하지 못하였다. 장남인 남생(男生)이 남산(男産)·남건(男建)과의 권력투쟁에서 밀리자 당(唐)에 투항하여 구원을 요청하고 당군(唐軍)의 향도(嚮導)가 되어 적극 협력하는가 하면, 연개소문의 동생 연정토(淵淨土)는 666년 12월 자신의 관할지역인 함경남도 남부 일대와 강원도 북부지역 12성을 들어 신라에 투항하였다. 668년 9월 결국 고구려의 평양성이 함락되면서 고구려는 멸망하였고, 평양성에는 안동도호부(安東都護府)가 설치되었다. 반당(反唐) 저항운동 과정에서 다수의 고구려 유민들은 신라, 열본열도, 돌궐, 내몽골 등지로 이주해 가거나, 당의 내지로 강제 이주 되기도 했다. 그 중에서 고구려에 근접한 영주(營州: 지금의 遼寧省 朝陽) 지역에 정착했던 대조영(大祚榮) 집단은 고구려 유민과 말갈족을 통합하여 영주로부터 2천 리 떨어진 동모산(東牟山)에 고구려를 계승한 발해(渤海, 698~926)를 세우게 된다.

끝으로 중국 사서에 기록된 고구려의 관제(官制)와 법속(法俗)에 대해 일별해보기로 하자. 먼저 『구당서(舊唐書)』 「동이열전(東夷列傳)」에는 다음과 같이 기록되어 있다.

고구려의 관제에서 가장 높은 것은 대대로(大對盧)로서 1품에 비견되며 국사를 총괄한다. 그 아래는 태대형(太大兄)으로서 정2품에 비견되며, 대로(對盧) 이하 관직은 모두 12등급이 있다. 지방에는 60여 성(城)에 주·현(州縣)을 두며, 큰 성에는 욕살(褥薩) 1명을 두는데 도독(都督)에 비견된다. 여러 성(城)에는 도사(道使)를 두는데 자사(刺史)에 비견된다. 그 밑에 각각 요좌(僚佐)가 있어 일을 분담하여 관장한다. 고구려의 법은 반역을 음모한 자가 있으면 군중이 모인 가운데서 횃불을 들고 경쟁적으로 지지게 하여 온몸이 문드러진 뒤에 참수하고, 가속(家屬) 및 가산(家産)은 모조리 몰수한다. 성(城)을 지키다가 적(敵)에게 항복한 자, 전쟁에서 패배한 자, 살인자나 겁탈한 자는 목을 벤다. 물건을 도둑질한 자는 12배로 배상한다. 소와 말을 죽인 자는 노비로 삼는다. 고구려의 습속은 미천한 집안에 이르기까지 서적을 좋아하여, 거리마다 경당(扃堂)이라 부르는 큰 집을 지어놓고 미혼 자제들이 주야로 이곳에서 독서와 활쏘기를 익히게 한다.[102]

『후한서』「동이열전」과 『삼국지』「위서」 동이전에 기록된 고구려의 법속과 사회문화적 특성을 요약하면 다음과 같다.

고구려는 감옥이 없고, (중대한) 범죄자가 있으면 제가(諸加)들이 모여 평의(評議)하여 곧 사형에 처하고 그 처자는 몰수하여 노비로 삼는다. 혼인풍속으로는 구두로 혼인을 정한 뒤 신부의 집 뒤꼍에 '서옥(壻屋)'이라는 작은 집을 짓고 일을 해주며 자녀를 낳은 뒤 장성하면 아내를 데리고 신랑 집으로 돌아가는 '서옥제(壻屋制)'가 있다. 장례는 후하게 지내는데, 금·은의 재물을 모두 장례에 소비하며, 돌을 쌓아서 봉분을 만들고 소나무·잣나무를 그 주위에 벌려 심는다. 고구려의 대가들은 농사를 짓지 않으므로 놀고먹는 사람(坐食者)이 만여 명이나 되는데, 하호(下戶)들이 먼 곳에서 양식·고기·소금을 운반해다가 그들에게 공급한다. 10월에 지내는 제천행사는 국중대회(國中大會)로, 이름하여 동맹(東盟)이라 한다. 고구려 백성들은 노래와 춤을 좋아하고, 깨끗한 것을 좋아하며, 술이나 장 등 발효식품을 잘 만든다(善藏釀). 고구려의 말은 모두 체구가 작아서 산에 오르기에 편리하다. 사람들은 힘이 세고 전투에 익숙하여, 옥저와 동예를 모두 복속시켰다.[103]

다음으로 백제 초기의 정치적 성장에 대해 고찰하기로 한다. 앞서 우리는 단군조선의 적통이 북부여로 이어졌고, 북부여 단군의 후손들이 모두 고구려, 백제, 신라의 시조가 됨으로써 단군의 맥이 계속해서 이어졌음을 살펴보았다. 「태백일사」 고구려국본기와 「북부여기」, 그리고 『삼국사기』에는 북부여의 시조 단군 해모수의 5세손이 고구려의 시조 고주몽이며, 북부여의 5세 단군 고두막(高豆莫)의 뒤를 이은 마지막 6세 단군 고무서(高無胥)의 차녀 소서노(召西弩)와 고주몽의 사이에서 낳은 아들 온조(溫祚)가 백제의 시조라고 기록되어 있다.[104] 일설에는 소서노가 북부여의 상장(上將) 연타발(延陀勃)의 딸이며 부여 왕족인 우태(優台: 解夫婁 王의 庶孫)와의 사이에 비류(沸流)와 온조(溫祚) 두 아들을 두었는데, 우태가 죽은 뒤에 고주몽과 재혼하여 유리(瑠璃: 前妻인 禮氏 소생)가 제위를 잇게 되자, 소서노는 두 아들을 데리고 다른 곳으로 이동하여 맏이인 비류는 비류백제를 세웠고, 둘째인 온조는 온조백제를 세웠으며 남부여(南夫餘)라고도 하였다 한다.

「태백일사」 고구려국본기에는 고구려 20대 장수왕(재위 412~491) 때까지도 백제 어하라(於瑕羅)라는 나라 이름이 나온다. 어하라는 소서노(召西弩)의 나라, 곧 비류(沸流)의 나라다. 백제 건국 과도기에 주몽제(朱蒙帝)가 고구려의 공동창업자이자 백제의 창업자이기도 한 소서노를 책봉하여 내린 칭호가 '어하라'이다. 이는 백제 건국의 시작이 고구려의 제후로 시작되었음을 알 수 있게 한다. 백제의 왕족은 원래 부여에서 이주해 왔기 때문에 그 성(姓)을 부여(夫餘)씨라 하였으며 고구려 추모왕(鄒牟王)의 사당을 모셨다.「태백일사」제6 고구려국본기에 기록된 백제 건국(BCE 18)의 초기 과정은 다음과 같다.

고주몽이 재위 시에 일찍이 말하기를 "만약 적자(嫡子) 유리(琉璃: 禮氏 소생)가 오면 마땅히 태자로 봉할 것이다"라고 했다. 이 말을 들은 소서노는 장차 두 아들(비류와 온조)에게 이롭지 못할까 염려했다. 경인년(BCE 42) 3월에 패대(浿帶)의 땅이 비옥하고 물산이 풍부하다는 말을 듣고 남쪽으로 내려가 진한과 번한 사이 바다 가까운 벽지에서 살았다. 10년 만에 밭을 사서 장원을 두고 수만 금에 이르는 부를 쌓자, 멀고 가까운 곳에서 소문을 듣고 찾아와 의탁하는 자가 많았다. 남쪽으로 대수(帶水)에 이르고 동쪽은 큰 바닷가였는데 5백 리의 땅이 모두 그의 소유였다. 사람을 보내 주몽제(朱蒙帝)에게 글을 올려 소속되기를 원한다고 하니 주몽제가 매우 기뻐하며 이를 치하하여 소서노에게 어하라(於瑕羅)라는 칭호를 내려 책봉했다. 13년 임인년(BCE 19)에 소서노가 세상을 떠나자 태자 비류가 즉위하였으나 그를 따르는 자가 없었다. 이에 마려(馬黎) 등이 온조에게 말하기를 "신이 듣기에 마한은 쇠하여 곧 패망할 것이라 하니 그곳으로 가서 도읍을 세워야 할 때입니다"라고 하니 온조가 승낙하였다.[105]

여기서 패대(浿帶)는 중국 하북성(河北省, 허베이성)의 패수(浿水)와 대방(帶方)에 있던 대수(帶水) 사이 지역을 가리킨다. 대방(帶方)은 지금의 하북성 석문(石門)에 접해 있는 곳으로 비정된다. 석문은 현 하북성 성도(省都)인 석가장(石家庄)이다. 진(辰)·번(番)은 지금의 요녕성(遼寧省, 랴오닝성)과 하북성 사이 해안가의 땅인 것으로 비정된다. 백제 시조 온조왕 27년(CE 8)에 백제가 멸망시킨 마한은 전삼한(前三韓)의 마한이었다. 『후한서』「동이전」에는 "처음에 (번)조선왕 기준(箕準)이 위만에게 패하여 남은 군사 수천 명을 데리고 해(海) 땅으로 들

어가서 마한을 공격하여 깨뜨리고 스스로 한왕(韓王)이 되었고, 준(準) 이후에
는 후손이 끊겨 마한사람이 다시 스스로 진왕(辰王)이 되었다"고 기록되어 있
다.[106] 바로 이 전삼한(前三韓)의 마한을 백제가 멸망시킨 것이다. 이에 대해
서는 앞서 설명하였으므로 더 이상 논급하지 않기로 한다. 백제 건국의 초
기 과정을 좀 더 따라가 보도록 하자.

> 곧 배를 만들어 바다를 건너 먼저 마한의 미추홀(彌鄒忽)에 닿아 사방의 들(四野)을
> 돌아다녀도 사는 사람이 없어 텅 비어 있었다. 한참 만에 한산(漢山)에 이르러 부
> 아악(負兒岳)에 올라 살 만한 땅을 살펴보는데 마려(馬黎), 오간(烏干) 등 열 명의 신
> 하들이 말했다. "이 하남(下南) 땅은 북으로 한수(漢水)를 끼고 동으로 높은 산이
> 자리하며 남으로 비옥한 평야가 열려 있고 서로는 대해(大海)가 막고 있으니, 이
> 처럼 하늘이 내린 험준한 지세의 이점을 갖춘 곳은 얻기 어렵습니다. 마땅히 이
> 곳에 도읍을 할 만합니다. (이만한 곳을) 다시 다른 곳에서 구할 수는 없습니다. "
> 온조가 열 명의 신하들의 의논에 따라 마침내 하남(河南)의 위지성(慰支城)에 도읍
> 을 정하고 백제라 칭하였는데, '백가(百家)가 건너왔다(百濟來)' 하여 붙여진 이름이
> 다. 후에 비류가 죽자 그 신하와 백성들이 그 땅을 가지고 귀부해 왔다.[107]

백제는 '백가제해(百家濟海)', 즉 '백가가 바다를 건넜다'의 축약어다. 남당
박창화의 『고구려의 숨겨진 역사를 찾아서: 고구리사 抄·略』(2008)에서는 '미
추홀'을 지금의 하북성(河北省) 천진(天津, 톈진) 서쪽에 있는 '홍제(興濟)(?)인 것
으로 비정하였다.[108] 한산(漢山)은 백제의 한성(漢城)이 있던 산이며, 백제의
한성은 대륙의 하북성에 있었다. 원래 하북(河北)과 하남(河南)이란 지명은 황
하(黃河)를 경계로 지어진 것이므로 '하남'은 황하 남쪽을 가리킨다. 여기서
한수(漢水)는 황하로 비정되므로 하남 땅은 북으로 한수(漢水)를 끼고 있다고

한 것이다. '하남위지성(河南慰支城)'은 『삼국사기』에 나오는 '하남위례성(河南慰禮城)'과 동일 지명이다.

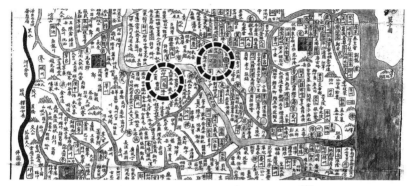

〈그림 9.1〉 천하고금대총편람도(天下古今大總便覽圖)[109]
하남성(河南城)에 하남(河南)이라는 지명이 표기되어 있다.

백제는 황하 북쪽의 '하북위례성'에서 황하 남쪽의 '하남위례성'으로 천도한 것이다. 위례성·한성은 왕검성·평양과 같이 수도를 지칭하는 보통명사로도 사용된 것으로 보인다. 중국의 성(省) 이름을 표기할 때 하남·하북·요녕·길림 등과 같이 통상 '성(省)'을 생략하기도 하고 또 전체 내용으로 볼 때 '하남위례성'은 곧 하남성(河南省) 위례성이다. 〈그림 9.1〉에서 보듯이 중국 중심의 세계지도인 〈천하고금대총편람도(天下古今大總便覽圖)〉에는 하남성에 하남(河南)이라는 지명이 표기되어 있다. 또한 〈그림 9.2〉에서 보듯이 청(淸)나라 강희제(康熙帝) 연간에 제작된 〈대청광여도(大淸廣輿圖)〉에는 양자강의 가장 큰 지류인 한강(漢江)이 표기되어 있고, 호북성(湖北省)에 한양(漢陽)과 한양부(漢陽府) 등도 표기되어 있다. 이것이 반도의 '한강', '한양'으로 이동한 것이다. 중국 동해안의 비옥한 평야지대는 모두 동이(東夷)의 땅이었다. 초기 백제가 나라를 세운 곳은 주류 사학계의 관점과는 달리 반도의 한강 유역이

〈그림 9.2〉 대청광여도(大淸廣輿圖)
청나라 때 제작된 이 지도에는 양자강의 가장 큰 지류인 한강(漢江)이 표기되어 있고,
한양(漢陽)과 한양부(漢陽府) 등도 표기되어 있다.

아니라 대륙이었다는 설이 유력하다.

백제가 반도에서 대륙으로 세력을 확장해간 것인가, 아니면 대륙에서 일어나 반도까지 세력을 확장한 것인가에 대해서는 견해가 엇갈리고 있다. 그러나 역사는 역사서에만 기록되는 것이 아니라, 땅에도 새겨지고 하늘에도 새겨지기 때문에 중국의 25사(二十五史), 『삼국사기』, 『일본서기(日本書紀)』에 나오는 일식 기록의 관측지를 과학적으로 검증하고, 또한 이들 사서에 나오는 공통된 지명을 고지도에서의 지명과 비교해 보면 밝혀지게 되어 있다. 이에 관한 지금까지의 선행연구만 보더라도 백제의 주 강역은 초기에는 하남·산동 지역을 중심으로 하였고, 전성기에는 중국 대륙 중동부 일대에 광범하게 퍼져 있었다. 『삼국사기』「열전」 최치원(崔致遠)전 '상대사시중장(上大師侍中狀)'에는 백제가 전성기에 고구려와 경쟁하며 "남으로는 (중국 절강성의) 오(吳)·월(越)을 침공하고, 북으로는 유연(幽燕: 幽州와 燕나라, 지금의 河北省 일대)과 제(齊)·노(魯)의 지역을 흔들어서 중국에 큰 해(害, 蠹)가 되었다"고 기록되어 있다.[110] 『규원사화』「만설(漫說)」에도 백제가 요서(遼西)와 진평(晉平)을 공략하고 절강성 월주(越州)를 점령했다고 기록되어 있다.

백제의 주 강역이 한강 유역이 아니라 대륙이었다고 비정할 수 있는 근거는 위 '상대사시중장(上大師侍中狀)'의 기록이나 『규원사화』의 기록 외에도, 백제의 주 활동무대가 대륙이었음을 전제하지 않고서는 『삼국사기』 등 사서의 기록이 문맥이 통하지 않는 부분이 많이 있으며 중국 역대 왕조의 정사(正史)로 인정되는 25사(二十五史)*에서도 백제가 본래 대륙의 나라였음을 기록하였다. 백제의 주 강역이 대륙이었다고 비정할 만한 근거는 다수가 있는데, 그 가운데 일부만 살펴보기로 한다.

첫째, 『삼국사기』 권 제23 「백제본기」 제1 온조왕 8년조와 11년조의 기록이다. "시조 온조왕(溫祚王) 8년(BCE 11) 7월에 백제가 낙랑 가까이 마수성(馬首城)을 쌓고 병산책(甁山柵)이라는 성책(城柵)을 세우자 낙랑태수가 이에 항의하여 성책을 허물기를 요청하였으나 듣지 아니하므로 결국 두 나라가 불화하게 되었다"고 기록되어 있다. "온조왕 11년(BCE 8) 4월에는 낙랑이 말갈(靺鞨)로 하여금 병산책을 쳐서 파하게 하고 1백여 명을 죽이거나 사로잡자, 백제는 7월에 독산(禿山)과 구천(狗川)에 두 성책을 세워 낙랑과의 통로를 차단하였다."[111] 여기서 '낙랑'은 '낙랑태수'가 적시되어 있는 것으로 보아 당시 한반도 북부에 있었던 (최씨) 낙랑국이 아니라 한사군의 하나인 낙랑군이다. 한사군은 모두 대륙에 있었고―요서 지역의 낙랑 주민들이 세운 점제현신사비가 입증하듯이**―낙랑군은 하북성 요서(遼西) 지역에 있었다.

---

* 중국 역대 왕조의 正史로 인정되는 二十四史(3213권)에 『新元史』(257권)를 더하여 二十五史라고 한다. 二十四史는 『史記』, 『漢書』, 『後漢書』, 『三國志』, 『晋書』, 『宋書』, 『南齊書』, 『梁書』, 『陳書』, 『魏書』, 『北齊書』, 『周書』, 『南史』, 『北史』, 『隋書』, 『舊唐書』, 『新唐書』, 『舊五代史』, 『新五代史』, 『宋史』, 『遼史』, 『金史』, 『元史』, 『明史』이다. 『新元史』는 커사오민(柯劭忞) 등이 기존 『元史』의 내용을 보완해 편찬한 사서로, 1921년 中華民國 總統 쉬스창(徐世昌)이 『新元史』를 正史로 인정해 二十五史가 된 것이다. 三皇의 한 사람인 黃帝로부터 崇禎 17년(1644) 明이 멸망할 때까지 중국 각 왕조의 역사를 기술하고 있다.
** 점제현신사비가 북경 근처 灤河 옆 갈석산에서 평양 근처 온천으로 옮겨진 것에 대해

백제가 낙랑 가까이 성책을 세우고 낙랑과의 통로를 차단하였다는 것은 백제와 낙랑이 인접해 있었음을 시사한다. 또한 낙랑이 말갈(靺鞨)로 하여금 병산책을 쳐서 파하게 한 것은 낙랑과 말갈과 백제가 모두 인접한 지역에 있었음을 시사한다. 백제가 한강유역에 있었다면, 당시 한반도 북부에는 (최씨)낙랑국이 있었는데 어떻게 백제가 요서 지역의 낙랑군 가까이 성책을 세우고 낙랑군과의 통로를 차단할 수 있었겠는가? 그럴 필요조차 없었겠지만 말이다. 설령 백제가 한강 유역에 있었고, 백제가 (최씨)낙랑국 가까이 성책을 세우고 (최씨)낙랑국과의 통로를 차단하였다고 가정하더라도 북쪽으로는 고구려가 있었는데 어떻게 (최씨)낙랑국이 대륙에 있는 말갈(靺鞨)로 하여금 백제가 (최씨)낙랑국 가까이 설치한 병산책을 쳐서 파하게 할 수가 있었겠는가? 이 기사가 성립되려면 백제와 낙랑과 말갈의 세 주체가 모두 대륙에 있어야, 그것도 인접한 지역에 있어야 한다.

둘째, 『삼국사기』 권 제23 「백제본기」 제1 온조왕 37년조의 기록이다. "한수(漢水)의 동북 부락에 기근이 들어 고구려로 도망간 자들이 1천여 호나 되니, 패수와 대수 사이가 비어 사는 사람이 없었다(漢水東北部落饑荒 亡入高句麗者 一千餘戶 浿帶之間 空無居人)"[112]고 기록되어 있다. 여기서 '한수(漢水)'는 황하(黃河)이고, 패수와 대수 사이 지역인 패대(浿帶)는 중국 하북성에 있었다. 만일 백제가 한강 유역에 있었다면, 당시 한반도 북부에는 최리의 낙랑국이 있었는데 어떻게 1,000여 호가 집단으로 제3국인 낙랑국을 통과하여 고구려로 도망할 수 있었겠는가? 이는 백제가 고구려에 인접한 대륙에 있을 때만이 가능한 것이다.

셋째, 『삼국사기』 권 제7 「신라본기」 제7 문무왕(文武王) 하(下)의 기록이

서는 북한 학자들에 의해 이미 검증됐다(본서 1장 미주 2 참조).

다. 문무왕 하편에는 "함형(咸亨: 唐 高宗 때 연호) 원년(신라 文武王 11년(671)) 7월에 입조사(入朝使) 김흠순(金欽純: 신라 화랑이며 김유신 아우) 등이 돌아와 (신라와 백제의) 경계를 획정(劃定)하려 하는데 지도를 검사하여 백제의 옛 땅은 전부 돌려주라는 것이었다.* 황하(黃河)가 아직 의대(衣帶)와 같이 되지 않고 태산(泰山, 太山)이 아직 숫돌과 같이 되지 아니하였는데(百濟舊地 摠令割還 黃河未帶 太山未礪), 3·4년 간에 한번 주고 한번 뺏으니 신라 백성은 다 실망하였다"[113]고 기록되어 있다. 여기서 '황하가 아직 의대(衣帶)와 같이 되지 않고 태산이 아직 숫돌과 같이 되지 아니하였다'는 말은, 황하가 의대와 같이 좁아지고 태산이 숫돌과 같이 평평해질 때까지 변치 않겠다고 한 당태종(唐太宗)과 신라 태종무열왕(太宗武烈王)과의 군은 약속을 환기시킨 것이다. 현 산동성에 있는 황하와 태산 지역이 바로 백제의 옛 땅이었던 것이다. 만일 백제가 반도에 있었다면 황하와 태산이라는 지명이 서사(誓辭, 誓詞: 맹세하는 말)에 나왔겠는가?

넷째, 「태백일사」 제6 고구려국본기의 기록이다. "백제가 병력으로 제(齊)·노(魯)·오(吳)·월(越)의 땅을 평정하고 관서(官署)를 설치하여 백성들의 호적을 정리하고 왕의 작위를 분봉(分封)하였다(百濟以兵平定齊魯吳越之地 設官署 索籍民戶 分封王爵)"고 기록되어 있다. 제(齊)·노(魯)·오(吳)·월(越) 등의 나라가 있던 곳은 중국의 동부 해안과 인접한 곳으로 산동성·안휘성·강소성·절강성 등에 해당하는 지역이다. 또한 "요서 지역에서 백제가 영유(領有)한 곳을 요

---

* 羅·唐연합군이 백제를 멸망시킨 뒤, 백제 부흥군을 진압하던 문무왕 3년(663)에는 당나라가 신라마저 지배하기 위해 鷄林大都督府를 설치하고 신라왕을 鷄林州大都督에 임명하였다. 그리고는 백제 故地에 설치한 熊津都督府와 신라가 화친할 것을 강요함으로써 결과적으로 신라를 패망한 백제와 동격으로 만들었다. 唐이 신라 측에 전부 돌려주라고 한 백제의 옛 땅은 백제가 패망한 태종무열왕 7년(660) 이전의 지도에 의거하여, 신라가 백제 부흥군을 진압하고 관제를 설치한 지역을 반환하라는 것으로 추측된다.

서(遼西)·진평(晉平)이라 하였다(遼西地 有百濟所領 曰遼西晉平)"¹¹⁴고 기록되어 있다. 백제가 고구려와 경쟁하며 요서 지역에 진출하여 요서·진평 2군(郡)을 설치하여 다스렸다는 것이다. 남조(南朝) 양(梁)나라의 정사(正史)인 『양서(梁書)』 권54 「동이열전」 제48 백제전과 남조(南朝) 송(宋)·제(齊)·양(梁)·진(陳)의 정사(正史)인 『남사(南史)』 권79 「동이열전」 제69 백제전에도 이와 유사한 기록이 있다. 즉, "백제 또한 (요서)에 웅거하면서 요서·진평 2군(郡) 지역에 백제군(百濟郡)을 설치하였다(百濟亦據有遼西晉平二郡地矣 自置百濟郡)"¹¹⁵라고 한 것이 그것이다.

다섯째, 송나라의 정사(正史)인 『송서(宋書)』 권97 「이만열전(夷蠻列傳)」 제57 백제전(傳)의 기록이다. "백제는 본래 고구려와 함께 요동의 동쪽 천여 리에 있었다. 그 후 고구려가 요동을 경략(經略)하였고, 백제는 요서(遼西)를 경략하였다. 백제가 다스린 곳을 진평군(晉平郡) 진평현(晉平縣)이라 하였다(百濟國 本與高驪 俱在遼東之東千餘里 其後 高驪畧有遼東 百濟略有遼西 百濟所治 謂之晉平郡晉平縣)."¹¹⁶ 이 기록은 백제가 본래 대륙의 요서(遼西) 지역에 있었음을 알 수 있게 한다. 요서는 베이징(北京)을 포함한 하북성(河北省), 하남성(河南省), 산서성(山西省) 등을 포괄하는 태행산맥의 동쪽 지역*이다. 또한 『송서』 백제전에는 원가(元嘉: 宋 3대 文帝 때의 연호) 27년(450) 백제왕 여비(餘毗, 毗有王)가 방물을 바치며 국서를 올려 사사로이 대사(臺使) 풍야부(馮野夫)를 서하(西河) 태수로 삼은 것을 추인해 달라고 요청한 기록도 있다. 황하 서쪽의 서하는 시대에 따라 고구려의 영토였다가 지나의 영토 또는 백제의 영토가 되기도 했던 지역으로, 당시는 백제의 강역권에 있었던 것으로 보인다.

여섯째, 당나라의 정사(正史)인 『신당서(新唐書)』 권220, 「동이열전(東夷列傳)」

---

* 遼西는 협의로는 遼寧省과 河北省에 걸친 지역으로 보기도 한다.

제145 백제전의 기록이다. "백제는 부여의 별종(別種)이다. 수도(京師, 장안)에서 동쪽으로 6천 리 영(瀛)·빈(濱)·해(海)의 남쪽에 있으며, 서쪽 경계는 월주(越州)이고 남쪽으로 왜(倭)가 있다(百濟扶餘別種也 直京師東六千里而瀛濱海之陽 西界越州 南倭)"[117]고 기록되어 있다. 영(瀛)·빈(濱)은 발해만 연안인 지금의 하북성과 산동성에 있던 고대의 지명이다. 해(海)는 강소성(江蘇省)의 양자강 유역인 것으로 추정된다. 「태백일사」 고구려국본기와 『후한서』 「동이열전」에는 왜(倭)가 현재의 일본이 아니라 중국 절강성에 있었다고 하니, 백제의 남쪽으로 왜가 있다고 한 것이다. 이러한 『신당서』의 기록은 백제가 반도가 아니라 대륙에 있었음을 말해준다.

일곱째, 남조(南朝) 제(齊)나라의 정사(正史)인 『남제서(南齊書)』 권58 「동남이열전(東南夷列傳)」 제39 백제전의 기록이다. "이해(동성왕 12년(490))에 북위(北魏, 魏虜)가 또 기병 수십만을 일으켜 백제 땅 안으로 공격해오자, 모대(牟大: 동성왕)는 장군 사법명(沙法名)·찬수류(贊首流)·해례곤(解禮昆)·목간나(木干那)를 파견하여 군사를 이끌고 위군(魏軍)을 치게 하여 크게 무찔렀다(是歲 魏虜又發騎數十萬 攻百濟入其界 牟大遣將沙法名·贊首流·解禮昆·木干那率衆襲擊虜軍 大破之)." 만일 백제가 한반도 남서부에 있었다면, 고구려가 길을 내어 주었다는 기록도 없고 또 당시 강국이었던 고구려가 길을 내어 줄 리도 없는데 어떻게 북위가 기병 수십만으로 백제를 공격할 수 있었겠는가? 그렇다고 기병 수십만이 배를 타고 올 수 있는 것도 아니지 않는가? "(백제 군사가) 야간에 습격하여 벼락 치듯 공격하니 북위(匈梨)가 크게 당황하여 무너지는 것이 바닷물로 쓸어버리는 것 같았다. 말을 몰아 패주하는 적을 추격하여 베어죽이니 그 시체가 들판을 붉게 물들였다(宵襲霆擊 匈梨張惶 崩若海蕩 乘奔追斬 僵尸丹野)."

동성왕은 북위의 공격을 격퇴한 공로를 치하하여 지금의 하북성·산동성·강소성 등지에 7군 태수(太守)를 임명하였으니, 광양(廣陽)·조선(朝鮮)·대방(帶

方)·광릉(廣陵)·청하(淸河)·낙랑(樂浪)·성양(城陽)의 7군에 각각 태수를 둔 것이 그것이다.[118]『삼국사기』권 제26「백제본기」제4 동성왕(東城王) 10년(488)조에는 "위(魏)가 군사를 보내 쳐들어왔으나 우리에게 패하였다(魏遣兵來伐 爲我所敗)"[119]라고만 기록되어 있다. 선비(鮮卑)족이 세운 북위(北魏, 後魏, 386~534)가 백제를 침략했다가 패한 사실은 11세기 북송(北宋) 시대 사마광(司馬光)의 『자치통감(資治通鑑)』(1065~1084)* 등에도 기록되어 있다.

여덟째, 수나라의 정사(正史)인 『수서(隋書)』권81「동이열전(東夷列傳)」제46 백제전의 기록이다. "개황(開皇: 隨 文帝 때의 연호) 18년(598)에 창(昌=백제 威德王)이 그의 장사(長史) 왕변나(王辯那)를 보내와 방물을 바쳤다. 때마침 요동정벌을 일으키자, 사신을 보내 표문을 올려 군도(軍導)가 되기를 청하였다. 수나라 문제(文帝)는 조서를 내려「(중략) 고원(高元=고구려 嬰陽王)과 그의 신하들이 두려워하며 죄를 자복하여 이미 용서하였으므로 칠 수가 없다」라고 하고, 그 사신을 후대하여 보냈다. 고구려가 이 사실을 모두 알고 병사를 내어 백제의 국경을 침략하였다(開皇十八年 昌使其長史王辯那來獻方物 屬興遼東之役 遣使奉表 請爲軍導 帝下詔曰 往歲爲高麗不供職貢無人臣禮 故命將討之 高元君臣恐懼 畏服歸罪 朕已赦之 不可致伐 厚其使而遣之 高麗頗知其事 以兵侵掠其境)."[120] 군도(軍導)란 군대에서 행진할 때 대오의 선두에서 길을 안내하고 첨병 역할을 하는 것을 말하는데 그곳의 지리를 잘 알아야 할 수 있는 역할이다. 만일 백제가 한반도의 서남부에 있었다면 어떻게 대륙에 있는 수나라 요동정벌의 향도(嚮導)가 되기를 자청할 수 있었겠는가? 「태백일사」제6 고구려국본기[121]와 『삼국사기』권 제20「고구려

---

* 『자치통감』은 중국 北宋 때의 역사학자·정치가인 사마광이 英宗의 명에 따라 19년에 걸쳐 전국시대부터 송나라 건국 직전까지 1,362년간의 역대 군신의 史跡을 294권으로 기록한 편년체 사서이다.

본기」제8 영양왕 9년 9월조,[122] 그리고『삼국사기』권 제27「백제본기」제5 위덕왕 45년 9월조[123]의 기록에도 이와 유사한 내용이 나온다.

아홉째,『삼국사기』권 제41「열전(列傳)」제1 김유신(金庾信) 상(上)의 기록이다. 백제와 고구려가 망한 후 문무왕 12년(672)에 신라는 신라마저 지배하려는 당나라 군대를 백제 땅에서 축출하기 위해 석문(石門)과 접해 있는 대방(帶方)의 들에 군영을 설치하고 사활을 건 최후의 결전을 벌이게 된다. "처음 법민왕(法敏王=文武王)이 고구려의 반란 무리를 받아들이고 또 백제의 옛 땅을 점령하여 차지하니, 당 고종이 크게 노하여 군사를 보내어 토벌케 하였다. 당군은 말갈과 함께 석문(石門)의 들에 진영을 설치하였고, (문무)왕은 장군 의복(義福)과 춘장(春長) 등을 보내어 대방(帶方)의 들에 군영을 설치하였다(初法敏王納高句麗叛衆 又據百濟故地有之 唐高宗大怒 遣師來討 唐軍與靺鞨 營於石門之野 王遣將軍義福·春長等禦之 營於帶方之野)"[124]고 기록되어 있다. 신라와 당나라의 최후의 결전이 백제의 옛 땅인 대방과 이에 접해 있는 석문에 각각 진영을 설치하고 벌어진 것이다. 대방(帶方)은 지금의 하북성 석문(石門)에 접해 있는 곳으로 초기 백제의 도읍지였으며, 석문은 현 하북성 성도(省都)인 석가장(石家庄)이다. 신라가 당나라 군대를 몰아내는 최후의 결전은 반도에서가 아니라 대륙 백제의 땅에서 벌어진 것이었다.

열 번째, 백제가 대륙에 있었다는 결정적인 과학적 근거로『삼국사기』등에 나타난 일식 기록에 대한 분석이다. 서울대 교수 박창범은 그의 저서『하늘에 새긴 우리 역사』(2002)에서 천문기록을 이용하여 고대 기록의 사실성 여부를 밝히고 그 기록의 시점을 산출해냄으로써 사서의 신빙성을 판별해낼 수 있다고 보았다. 그에 따르면『삼국사기』와『삼국유사』에는 일식 67개, 행성의 움직임 40개, 혜성의 출현 65개, 유성과 운석의 떨어짐 42개, 오로라의 출현 12개 등 240개가 넘는 많은 천문 현상 기록들이 있는데, 천체 역학적 계산으로 확인해 본 결과, 이 시기의 천체 관측 기록들은 대부분 사실이었다고 한다. 『삼국사기』에 일식이 일어났다는 기록 총 66개 중에서 53개가 사실로 확인되어 80%의 높은 실현율을 보였으며, 특히 CE 200년까지의 초기 기록은 그 실현율이 89%에 이른다는 것이다. 그런데 중국 일식 기록의 실현율은 한나라 때 78%로 가장 높고, 그 이후부터 당나라 말기까지 약 63~75%의 수준이며, 일본의 경우 일식이 처음 기록된 CE 628년부터 950년대까지의 초기 기록은 실현율이 35%에 불과하다는 것이다.[125]

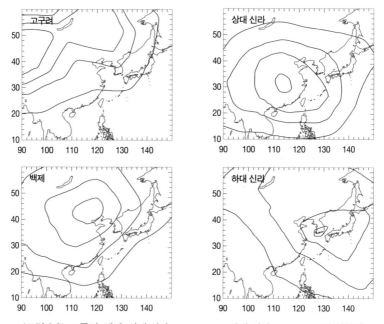

〈그림 9.3〉 고구려, 백제, 상대 신라(CE 201년 이전.), 하대 신라(CE 787년 이후)가 기록한 각국의 일식들을 가장 잘 볼 수 있는 최적 관측지(등고선의 중심).[126]

이렇게 볼 때 『삼국사기』의 일식 기록이 중국 사서의 일식 기록 일부를 베꼈다는 기존의 해석과는 거리가 있으며, 독자적인 실제 관측에 근거하여 기록된 것임을 강하게 암시한다는 것이다. 그에 의하면 『삼국사기』 일식 기록의 특징은 삼국의 각 나라가 기록한 일식들의 경우 일식들을 볼 수 있는 지역이 늘 같은 곳이라는 점이다. 이는 삼국의 관측자가 고정된 한 곳에서 꾸준히 관측한 실측 자료임을 말해주는 것이다. 『삼국사기』의 일식 기록은 중국 천문기록의 모방이 아니라 서로 다른 위치에서 실측했던 기록이며, 『삼국사기』의 일식 관측지는 한반도가 아니라는 것이다. 결론적으로 그는 『삼국사기』「백제본기」에 수록된 일식 모두를 가장 잘 관측할 수 있는 위치는 발해만 유역이라고 밝혔다. 그리고 CE 2~3세기에 주로 나오는 고구려의 최적 일식 관측지는 만주와 몽고에 이르는, 백제보다 북위도의 지역이었으며, 신라의 최적 일식 관측지는 CE 201년 이전(상대 신라)에는 양자강 유역이었고, CE 787년 이후(하대 신라)에는 한반도 남부였다고 밝혔다.[127] 이러한 최적 일식 관측지로 미루어 볼 때 고구려, 백제, 신라는 모두 대륙이 주 강역이었음을 알 수 있다.

그런데 신라의 경우 상대와 하대의 일식 관측지가 뚜렷하게 이분화되어 나타난 반면, 백제의 경우 최적 일식 관측지가 발해만 유역 한 곳으로 나타나 있다. 이러한 일식 기록에 대한 과학적 검증 결과는, 두 개의 신라, 즉 서신라(西新羅, 대륙신라)와 동신라(東新羅, 반도신라)가 공존했고, 백제 또한 두 개의 백제, 즉 서백제(西百濟, 대륙백제)와 동백제(東百濟, 반도백제)가 존재했지만 공주(公州)의 반도백제는 대륙백제의 총독부였다는 관점[128]과 상통하는 측면이 있다. 다시 말해 대륙백제가 본조(本朝)이고 반도백제는 일종의 총독부격인 동조(東朝)였다면, 본조인 대륙백제 한 곳에서 일식 관측이 이루어졌을 수 있다는 것이다.

이상에서 백제 건국의 초기 과정과 백제의 주 강역이 대륙이었다고 비정할 만한 근거에 대해 고찰하였다. 이 외에도 대륙 백제의 근거는 사서 곳곳에 산재해 있다. 중국 정사(正史)인 『북사(北史)』권94「열전(列傳)」제82 백제전[129]에는 "나라 안에 8대 성씨가 있는데, 사(沙)씨·연(燕)씨·리(刕 또는 劦)씨·해(解)씨·진(眞)씨·국(國)씨·목(木)씨·묘(苗)씨이다(國中大姓有族 沙氏·燕氏·刕氏·解氏·眞氏·國氏·木氏·苗氏)"[130]라고 기록되어 있다. 『수서(隋書)』 권81 「동이열전(東夷列傳)」 제46 백제전에도 8대 성씨 가운데 진(眞)씨가 정(貞)씨로 표기*된 것을 제외하면 나머지 7대 성씨는 모두 동일하다. 백제 왕족의 성은 부여(夫餘)씨라 하였다. 백제 멸망(660) 후 1,360여 년이 지난 지금, 백제의 8대 성씨 대부분이 백제의 주 강역이었던 산동성, 하북성, 산서성, 하남성, 강소성, 절강성 일대에 살고 있는 것으로 나타났다.[131] 이러한 사실은 백제의 주 강역이 대륙이었음을 시사한다.

중국 남부의 소수민족 자치구인 광서장족자치구(廣西壯族自治區, 광시쫭족자치구)의 수도 남녕(南宁, 난닝)시 근교의 도시 옹녕(邕寧, 융닝)현에는 백제향(百濟鄕)이라는 지명이 있다. 『송서(宋書)』 「지리지」 광주군(廣州郡) 조에 '울림군(鬱林郡, 郁林郡)에 진평현이 있다'는 기록에 근거하여, 백제가 다스렸다는 진평현(晉平縣)이 바로 지금의 옹녕현이라는 주장은 일리가 있어 보인다. 울림군은 지금의 광서장족자치구 남녕시(南宁市) 일대[132]이며, 백제 허는 남녕시로부터 세 시간 거리 동남쪽에 위치해 있다. 당시 중원은 정치적 혼란기인 남북조시대(南北朝時代, 386~589)였고, 백제는 요서(遼西)에 웅거하면서 요서·진평 2군(郡) 지역에 백제군(百濟郡)을 설치하였으며, 북위(北魏)의 공격을 격퇴하고 하북성·산동성·강소성 등지에 7군 태수(太守)를 임명하는 등 대륙의 동남부 지역으로 세력을 확장하고 있었다.

따라서 당시 백제의 강역이나 백제향이라는 지명, 그리고 그곳 생활문화

---

* 진(眞)씨가 해(解)씨와 함께 특권적 문벌로서 백제의 역대 왕조에서 고위 관직에 중용된 것으로 보아 정(貞)씨 표기는 誤記인 듯하다.

깊숙이 남아 있는 백제의 흔적과 지금도 그곳 주민들이 자기네 마을을 '대백제'라고 부르는 것 등으로 볼 때 옹녕현이 바로 백제가 다스렸던 진평현일 가능성은 충분히 있다고 본다. 백제향의 중심지는 백제 허(百濟墟)이며 이곳에는 백제 유적지가 있다. 지금도 백제 허에는 나즈막한 부뚜막, 맷돌, 외다리방아 등 백제권 특유의 생활문화를 찾아볼 수 있다. 백제 허에서 가장 번화가인 백제가(百濟街)에는 지금도 백제라는 이름을 가진 수많은 건물과 관공서가 있다. 광서장족자치구는 동으로 광동성(廣東省), 서로 운남성(雲南省), 남으로 베트남, 북으로 호남성·귀주성(貴州省)과 접해 있는 곳이다. 광서장족자치구의 지리적 위치로 볼 때 백제와 동남아 지역의 관련성까지도 추측해 볼 수 있다. 백제의 대륙영토는 하북성 난하(灤河) 유역에서 산동성, 하남성, 강소성, 절강성 지역과 오늘날의 광서장족자치구에 이르기까지 광대한 세력권을 형성한 대제국이었다.

그런데 백제 건국과 관련하여 『수서(隋書)』 권81 「동이열전」 백제전과 『북사(北史)』 권94 「열전」 백제전, 그리고 『주서(周書)』 권49 「열전(列傳)」 제41 이역(異域) 상(上) 백제전에는 구태(仇台)라는 인물이 기록에 나온다. 『수서(隋書)』 백제전과 『주서(周書)』 백제전에는 구태(仇台)가 처음 대방(帶方)에 나라를 세웠다는 기록[133]이 일치한다. 『삼국사기』 권 제23 「백제본기」 제1 시조 온조왕조(條)에서도 『북사』와 『수서』를 인용하여 동명(東明)의 후손에 구태(仇台)란 이가 처음 대방고지(帶方故地)에 나라를 세워 마침내 동이(東夷)의 강국이 되었다고 하면서, 백제의 건국설에 있어 어느 것이 옳은지 알 수 없다 하였다. 『북사(北史)』 권94 백제전에는 이렇게 기록되어 있다.

동명의 후손에 구태(仇台)란 이가 있었는데 어질고 신의가 두터웠다. 처음 대방(帶方)의 옛 땅에 나라를 세웠다. 한(漢)의 요동태수 공손탁(公孫度)의 딸을 아내로

삼고 마침내 동이(東夷)의 강국이 되었다. 처음에 백가(百家)가 (바다를) 건넜다고
하여 백제라고 하였다.

東明之後有仇台 篤於仁信 始立國於帶方故地 漢遼東太守公孫度 以女妻之 遂爲
東夷强國, 初以百家濟 因號百濟. [134]

여기서 구태(仇台)를 동명(東明)의 후손이라 하였는데, 동명은 후북부여[졸
본부여] 5세 단군 고두막(高豆莫, 동명왕)을 말한다. 『삼국사기』 권 제15 「고구려
본기」 제3 태조대왕(太祖大王)조 69년 12월 기사에 "북부여왕이 아들 위구태
(尉仇台)를 시켜 병력 2만을 이끌고 한병(漢兵)과 힘을 합쳐 싸우므로 아군이
대패하였다"[135]고 기록되어 있는데, 『북사(北史)』에서 말하는 구태는 곧 위구
태이다. 공손탁은 CE 2세기에서 3세기 초의 인물이므로 그의 사위가 된 구
태 역시 그 시대의 인물일 것이다. 일설에는 '동명왕' 고두막의 후손이자 공
손탁의 사위인 구태가 대륙백제의 왕위계승권에서 밀려나자 반도로 옮겨
와 반도백제를 세운 것이라고 한다. 또 다른 설은 구태가 북부여왕[동부여(가
섭원부여) 시조] 해부루(解夫婁)의 서손(庶孫)이자 소서노의 전 남편인 우태(優台)
이며, 우태의 정치적 유산을 물려받아 온조가 백제를 건국했다고 한다. 이
설이 성립되려면 '우태가 처음 대방고지에 나라를 세웠으며, 후대의 백제왕
이 공손탁의 딸을 아내로 삼고 마침내 동이의 강국이 되었다'고 해야 연대가
맞는다. 구태라는 인물의 정체성을 밝히는 것은 곧 백제 건국의 진실을 밝
히는 것이다. 이에 대해서는 앞으로의 연구과제로 남겨두기로 한다. 본서에
서는 『삼국사기』와 「태백일사」 고구려국본기의 기록을 근거로 가장 정통성
있는 기록으로 인정되고 있는 온조왕 시조설을 따르기로 한다.

『삼국사기』 권23 「백제본기」 제1 시조 온조왕조(條)에는 비류(沸流)와 온조
(溫祚) 형제가 태자[琉璃]에게 용납되지 못할까 두려워하다가 마침내 오간(烏

干), 마려(馬黎) 등 열 명의 신하와 함께 남쪽으로 내려가 도읍으로 정할 만한 곳을 찾다가 온조는 하남성(河南省) 위례성(河南慰禮城)에 도읍을 정하고 열 명의 신하*를 보좌로 삼아 국호를 십제(十濟)라 하였는데, 이때가 전한(前漢) 성제(成帝) 홍가(鴻嘉) 3년(BCE 18)이었다. 여기서 한수(漢水)는 황하(黃河)로 비정되므로 하남성 위례성은 황하 남쪽이 된다. 비류(沸流)는 미추홀(彌鄒忽)에 도읍을 정하였으나 땅이 습하고 물이 짜서 편히 살 수 없었으므로 다시 위례성으로 돌아와 도읍이 안정되고 백성이 편안한 것을 보고는 (미추홀에 자리 잡은 것을) 후회하다가 죽으니, 그 신하와 백성들이 모두 위례에 귀부(歸附)하였다고 기록되어 있다. 남당 박창화는 미추홀을 지금의 하북성 천진(天津, 텐진) 서쪽에 있는 '흥제(興濟)'(?)인 것으로 비정하였는데 확실치는 않다. 확실한 것은 미추홀이 반도가 아닌 대륙의 지명이라는 것이다. 후에 국운이 융성해지면서 온조는 국호를 백제라고 고쳤다.

재야사학자 김성호는 그의 저서 『비류백제와 일본의 국가기원』(1982)에서 비류백제는 이때 없어진 것이 아니라 웅진으로 옮겨가서 396년 광개토대왕에 의해 멸망될 때까지 413년간 계속 이어졌으며, 비류백제에서 진정(眞淨)이 일본열도로 들어가 야마토왜(大和倭)를 세워 왜왕 오진(應神)이 됐다고 주장했다.[136] 한편 이시와타리 신이치로(石渡信一郎)의 『백제에서 건너간 일본 천황』(2002)에서는 오진(應神)이 백제 21대 개로왕(蓋鹵王, 재위 455~475)의 아우인 백제 왕자 곤지(昆支)라고 주장했다. 곤지는 백제의 왕족으로 아버지는 비유왕(毗有王), 형은 개로왕, 동생은 문주왕(文周王)이며, 백제의 중흥을 이룬 동성왕(東城王)과 무령왕(武寧王)의 아버지이다.

---

* 백제 건국에 공이 큰 十濟功臣은 오간(烏干), 마려(馬黎), 전섭(全聶), 을음(乙音), 해루(解婁), 흘우(屹于), 곽충(郭忠), 한세기(韓世奇), 범창(范昌), 조성(趙成)이다.

이시와타리는 『일본서기(日本書紀)』의 「유우랴쿠기(雄略紀)」 5년(461)조 기사를 인용하여 461년에 군군(軍君: 곤지)이 일본에 파견되었으며, 『백제신찬(百濟新撰)』에도 "신축년에 개로왕이 동생 곤지군(君)을 파견하여 야마토로 보내어 천황을 섬기게 하였다. 개로왕이 일본과 수교하기 위해서이다"라고 기록되어 있다는 것이다. '군군(軍君)'은 '건길지(鞬吉支=王)'*와 같은 뜻이므로 "『일본서기』에 곤지가 '군군(軍君)'이라고 쓰여 있는 것은 곤지가 대왕·국왕이었기 때문이라고밖에 생각할 수 없다"[137]고 하였다. 오진(應神)이 비류백제계인지, 혹은 곤지인지는 단언하기 어렵지만, 그 혈맥이 한국태생이라는 것은 확실한 것으로 보인다. 일본의 다니가와 겐이치(谷川健一)는 일본 왕가의 제1대 진무(神武)부터 제14대 쥬아이(仲哀)까지는 모두 가공의 인물이고 제15대 오진(應神)이 제1대 실존 왜왕이며 그 혈맥은 한국태생이라고 밝혔다.

그러면 백제 초기의 정치적 성장을 『삼국사기』를 중심으로 개관해 보기로 하자. 백제 시조 온조왕(재위 BCE 18~CE 27) 원년(BCE 18)에 동명왕묘(東明王廟)를 세웠으며, 2년(BCE 17)에 왕은 족부(族父: 再從叔父)이자 십제공신(十濟功臣)의 한 사람인 을음(乙音)을 중앙의 최고 관직인 우보(右輔, 右相)에 보하고 병마사를 맡겼다. 3년(BCE 16)에 말갈(靺鞨)이 북쪽 경계를 침범하므로 왕이 강병을 거느리고 이를 쳐서 대파하였는데 살아서 돌아간 자가 열에 한둘이었다고 『삼국사기』「백제본기」에는 기록되어 있다.[138] 이후에도 말갈은 수시로 백

---

* 『周書』卷四十九, 「列傳」第四十一, 異域 上 百濟傳에는 백성들이 왕을 건길지(鞬吉支)라고 부르며, 건길지는 중국어의 '王'에 해당한다고 기록되어 있다. 이시와타리는 "곤지가 백제왕이 되지 않았던 것은 확실하기 때문에 곤지가 왕위에 오른 나라는 왜국왕 이외에는 생각할 수 없다. 따라서 477년에 백제에서 곤지가 사망했다는 『삼국사기』의 기사는 사실성이 없고, 5세기 후반에 도래하여 왜국의 대왕이 된 백제의 왕자 곤지는 연대로 보아 콘다산 고분(오진(應神)의 陵)의 피장자로 볼 수 있다(『백제에서 건너간 일본 천황』, 377-378쪽)"고 했다.

제를 침입해 왔다. 만일 백제가 반도 서남부에 있었다면, 그 북쪽에는 (최씨) 낙랑국이 고구려 대무신왕 20년(CE 37)에 고구려에 의해 멸망될 때까지 232년간 존속하고 있었는데 어떻게 말갈이 백제의 북쪽 경계를 침범할 수 있었겠는가? 이는 백제의 주 강역을 대륙으로 설정해야 문맥이 통하는 것이다.

또한 온조왕 8년(BCE 11)에 마수성(馬首城)을 쌓고 병산책(瓶山柵)을 세웠다. 낙랑군 강역 가까이 성책(城柵)을 설치한 것에 대해 낙랑태수가 항의하며 헐어버릴 것을 요구하였으나 이에 응하지 않자, 11년(BCE 8) 4월에 낙랑이 말갈을 시켜 병산책을 쳐서 파하고 일백여 명을 죽이거나 사로잡았으며, 이에 대해 온조왕은 7월에 독산(禿山)과 구천(狗川)에 두 柵을 세워 낙랑과의 통로를 막았다고 기록되어 있다. 앞서 고찰한 바와 같이 낙랑군은 대륙의 요서 지역에 있었으므로 만일 백제가 반도의 서남부에 있었다면 낙랑과의 통로를 막았다는 기록 자체가 성립될 수가 없다.

13년(BCE 6) 5월에 왕이 신하들에게 이르기를 "동으로는 낙랑이 있고 북으로는 말갈이 있어 우리 영토를 침략해 오므로 편할 날이 없다" 하면서 천도를 운위했다. 13년(BCE 6) 8월에 마한에 사신을 보내어 하남성(河南省) 위례성으로의 천도를 고하고 강역을 획정하였으며, 14년(BCE 5) 정월에 천도하였다. 백제의 초기 강역은 북으로는 패하(浿河), 남으로는 웅천(熊川), 서로는 대해(大海), 동으로는 주양(走壤)에 이르렀다.[139] '패하'는 곧 하북성의 패수(浿水)를 가리킨다. 『삼국사기』 권 제36 「잡지(雜志)」 제5(地理 三)에는 '웅천'이 백제의 옛 도읍인 웅주(熊州)이며 이는 곧 웅진(熊津)이고 공주(公州)*라고 기록되어

---

* 『三國史記』 卷 第三十六, 「雜志」 第五, 地理 三에는 "熊州는 본시 백제의 舊都이었다. 唐 高宗이 蘇定方을 보내어 이를 평정하고 熊津都督府를 두었는데, 신라 文武王이 그 지역을 취하여 소유하였고, 神文王이 熊川州로 고쳐 都督을 두었다. 景德王 16년에 다시 이를 熊州로 개명하였으니 지금의 公州다"라고 기록되어 있다.

있다. 웅진은 산동 태산(泰山)의 서쪽인 것으로 비정된다.*

26년(CE 8) 7월에 왕이 말하기를, "마한이 점점 약해지고 상하의 인심이 이반(離叛)되니 그 형세가 오래 버티지 못할 것이다. 만일 마한이 다른 나라에 병합되면 순망치한(脣亡齒寒: 입술이 없으면 이가 시림)의 격이 될 것이니 그때 후회한들 이미 늦을 것이다. 그러니 먼저 마한을 취하는 것이 훗날의 어려움을 면하는 것이 될 것이다"[140]라며 그해 10월에 왕이 군사를 내어 마한을 쳐서 그 국읍(國邑)을 장악하였으며, 이듬해 4월에 마한의 항복을 받음으로써 마한은 멸망하였다. 앞서 나왔듯이, 온조왕이 멸망시킨 마한은 고조선의 분조(分朝)의 하나였던 전삼한(前三韓)의 마한이었다. 31년(CE 13)에 지방 행정구역을 남부와 북부 두 구역으로 나누었고, 33년(CE 15)에는 영토가 확장됨에 따라 동부와 서부 2부(二部)를 추가 설치하였다.[141] 전국 행정구역은 지방 행정구역 4부에 중앙 행정구역을 더한 5부제로 하여 지방의 유력 세력을 통치조직 속으로 편입시켰으며, 지방 행정구역인 부(部) 아래에는 성읍(城邑), 성읍 아래에는 읍락(邑落)들을 두고 중앙집권체제의 강화를 도모하였다. 41년(CE 23) 에 우보(右輔) 을음(乙音)이 졸(卒)하자 북부의 해루(解婁)를 우보로 삼았다.

백제 2대 다루왕(多婁王, 재위 28~77) 때에도 말갈의 침입은 계속되었으며, 동부에 명하여 우곡성(牛谷城)을 쌓아 대비케 하였다. 천지의 주재자를 받드는 선대(先代)로부터의 제천의식도 이어졌다. 다루왕 6년(33)에 남쪽의 주군(州

---

* 오재성, 『우리(右黎)의 역사는?』, 150쪽에서는 "웅진의 동쪽에서 지라성(支羅城), 윤성(尹城), 대산(大山), 사정(沙井) 등을 평정했다(熊津之東拔支羅城及尹城大山沙井等)"는 『三國史記』와 『新唐書』·『舊唐書』의 동일한 기록에 근거하여, '웅진의 동쪽에 대산이 있으니 대산의 서쪽에 웅진이 있다'고 주장했다. 大山이 泰山이므로 태산의 서쪽에 웅진이 있다는 것이다.

郡)에 명을 내려 벼를 장려하였다. 7년(34)에 우보(右輔) 해루(解婁)가 90세에 졸하자, 동부의 흘우(屹于)를 우보로 삼았다. 10년(37)에는 우보 위에 좌보(左補, 左相)를 설치하여 우보 흘우를 좌보로 삼고, 북부의 진회(眞會)를 우보로 삼았으며, 군사는 좌장(左將)이 맡게 함으로써 관직을 세분화했다.[142] 36년(63)에 영토를 넓혀 신라와 국경을 접하게 되었는데, 신라와의 잦은 국경분쟁으로 와산성(蛙山城)을 놓고 뺏고 빼앗기는 공방전이 이어졌다.

백제 3대 기루왕(己婁王, 재위 77~128) 9년(85)에 군사를 보내 신라의 변경을 침공하였다. 29년(105)에 신라에 사신을 보내어 화친을 청하였다. 49년(125)에 신라가 말갈의 침략을 받자 국서를 보내어 군사를 청하므로 왕이 5명의 장군을 보내어 신라를 구원했다고 기록되어 있다.[143] 4대 개루왕(蓋婁王, 재위 128~166) 28년(155)에 신라의 아찬(阿飡) 길선(吉宣)이 모반하다가 탄로 나서 백제로 망명해오자 신라왕이 길선을 돌려주기를 청하였으나 보내지 아니하므로 30년간의 우호적인 관계는 악화되었다. 5대 초고왕(肖古王, 재위 166~214) 2년(167)에는 신라의 서쪽 경계에 있는 두 성(城)을 쳐서 남녀 1천 명을 사로잡아 옴으로써 양국 간의 관계는 더욱 악화되어 치열한 공방전이 계속되었다. 49년(214)에 북부의 진과(眞果)에게 명하여 군사 1천을 이끌고 말갈의 석문성(石門城: 河北省 石門의 남쪽에 있는 城)을 치게 하여 차지하였다.[144] 백제 6대 구수왕(仇首王, 재위 214~234) 때에도 말갈과 신라와의 공방전은 계속되었다.

백제 8대 고이왕(古爾王, 재위 234~286) 6년(239)에 진충(眞忠)을 좌장(左將)으로 삼아 내외의 병마사를 맡겼다. 9년(242) 2월에 나라 사람들에게 명하여 남택(南澤)에 논을 개간하는 등 경제력의 기반을 충실히 하였으며, 4월에는 숙부 질(質)을 우보(右輔)로 삼았다. 10년(243) 정월에 대단(大壇)을 베풀고 천제(天祭)를 지냈으며, 이듬해 정월에는 남단(南壇)에서 천제를 지냈다. 이러한 제천의식의 고속(古俗)은 경천숭조(敬天崇祖)의 보본사상(報本思想)과 함께 단군조선

시대로부터 지속적으로 전승된 것이다. 13년(246)에는 위(魏)의 유주칙사(幽
州勅使) 모구검(毋丘儉)이 고구려를 침략하자 그 후방이 비어 있는 것을 틈타
좌장(左將) 진충(眞忠)을 보내어 난하 유역의 낙랑군 서부 변경을 쳐서 빼앗았
다.[145] 14년(247)에 진충을 우보(右輔)로 삼고, 진물(眞勿)을 좌장(左將)으로 삼아
병마사를 맡겼다.

고이왕 27년(260)에는 중앙집권체제를 더욱 공고히 하기 위한 조치의 일환
으로 관제(官制)를 정비하여 6좌평(六佐平) 제도와 16등급의 관등제(官等制)가
제정되었으며, 관품의 등급에 따라 복색(服色)이 정해지는 관복제(官服制)도
제정되었다. 이러한 관등제와 관복제의 관제 정비는 관직의 등급과 복색을
세세하게 나누어 신분제도를 강화함으로써 엄격한 계층적 위계질서의 확립
을 통하여 왕권을 강화하고 중앙집권의 통치 체제를 더욱 공고히 하려는 정
치적 동기가 작용하였던 것으로 보인다. 또한 이러한 관제 정비는 백제 사
회가 구조적으로 분화되고 전문화되어 가는 과정에 상응하는 형태의 정치
적 기능이 요구된 것과도 맥을 같이 하는 것이다.

좌평에는 내신좌평(內臣佐平)·내두좌평(內頭佐平)·내법좌평(內法佐平)·위사
좌평(衛士佐平)·조정좌평(朝廷佐平)·병관좌평(兵官佐平) 등 모두 6좌평이 있었
다. 수상격인 내신좌평은 왕명의 출납을 맡았으며, 내두좌평은 국가의 재정
을 관장하였고, 내법좌평은 예의(禮儀)와 외교 및 교육을 담당하였으며, 위사
좌평은 숙위병사(宿衛兵事)의 업무를 관장하였고, 조정좌평은 사법에 관한 일
을 맡았으며, 병관좌평은 군사에 관한 일을 맡았다. 6좌평 가운데 수석 좌평
은 내신좌평이었는데, 왕의 형제나 왕비의 가족이 주로 맡았고 왕을 보좌하
는 역할을 담당했다. 고위 관직은 대개 백제의 8대 귀족 성씨가 차지하였는
데, 특히 진(眞)씨·해(解)씨 문벌귀족이 특권적 지위를 누렸다.

16등급의 관등제는 6좌평을 1등급(1品)으로 하여 차례로 달솔(達率, 2品)·은

솔(恩率, 3品)·덕솔(德率, 4品)·한솔(扞率, 5品)·나솔(奈率, 6品)·장덕(將德, 7品)·시덕(施德, 8品)·고덕(固德, 9品)·계덕(季德, 10品)·대덕(對德, 11品)·문독(文督, 12品)·무독(武督, 13品)·좌군(佐軍, 14品)·진무(振武, 15品)·극우(克虞, 16品) 등이 있었다. 1등급인 6좌평부터 6등급인 나솔까지는 자색(紫色) 관복을 입고 은화(銀花)로써 관(冠)을 장식하도록 하였고, 7등급인 장덕부터 11등급인 대덕까지는 비색(緋色: 진홍색) 관복을 입게 하였으며, 12등급인 문독부터 16등급인 극우까지는 청색 관복을 입게 하였다.[146]

고이왕 29년(262)에는 관리로서 재물을 받은 자와 도둑질한 자는 장물(贓物)의 3배를 배상하고 종신토록 금고(禁錮)에 처하는 법령을 내렸다.[147] 이처럼 대내적으로는 관제 정비 등 일련의 정치제도 정비와 함께 법령 제정을 통하여 고대국가로서의 기틀을 마련하고 내치(內治)를 다지는 한편, 대외적으로는 신라와의 공방전이 재개되었다. 고이왕 7년(240)부터 9년(242), 22년(255), 33년(266), 39년(272), 45년(278), 50년(283)까지 7회에 걸쳐 신라와의 공방전이 치열하게 계속되다가 53년(286)에 신라에 사신을 보내어 화친을 청하였다.[148]

백제 9대 책계왕(責稽王, 재위 286~298) 13년(298)에 낙랑군이 맥인(貊人)과 함께 쳐들어오자 왕이 친히 출정하였다가 전사한 데 이어, 10대 분서왕(汾西王, 재위 298~304) 7년(304)에는 낙랑군의 서쪽 현(縣)을 공격하여 차지하였으나 왕이 낙랑태수가 보낸 자객에게 살해당하였다. 11대 비류왕(比流王, 재위 304~344) 9년(312)에 해구(解仇)를 병관좌평으로 삼았다. 18년(321)에 왕의 서제(庶弟) 우복(優福)을 내신좌평으로 삼았는데, 24년(327)에 북한성(北漢城 즉 河北慰禮城)에 웅거하여 모반하므로 왕이 군사를 보내어 쳤다. 30년(333)에 진의(眞義)를 내신좌평으로 삼았다.[149] 앞서도 보았듯이 고위 관직에 특히 진(眞)씨·해(解)씨 문벌귀족의 약진이 두드러진 것을 알 수 있다.

백제 13대 근초고왕(近肖古王, 재위 346~375)은 강력한 문벌귀족인 진(眞)씨 가문에서 왕비를 맞이해 지지기반을 확대하였으며, 왕후의 친척인 진정(眞淨)을 조정좌평으로 삼았다. 이러한 지지기반을 배경으로 진취적인 정복 활동과 활발한 대외교류 및 해상무역 발전, 백제의 역사서인 『서기(書記)』 편찬, 율령 정비 등 체제 정비와 국방력 강화 등을 통해 내치를 안정시키고 고대 국가의 지배체제를 완성함으로써 일찍이 백제의 전성기를 열었다. 동진(東晉)·왜(倭)와도 교류하며 국제적 위상을 강화하였다. 동진(317~420)은 중국의 서진(西晉) 왕조가 흉노족에 의해 멸망한 후, 사마예(司馬睿)가 강남(江南: 양자강 남쪽)에 세운 진(晉)의 망명 왕조였다. 고구려·백제·신라의 정치적 성장은 중원의 정치 구도와 긴밀한 함수관계에 있으므로 잠시 중원의 정치 구도를 일별해보기로 하자.

진(秦)·한(漢)이 구축한 중국의 고대 통일국가가 붕괴되고 위(魏)·촉(蜀)·오(吳) 삼국시대(220~280)가 열리면서, 삼국시대 최후의 승자가 된 위(魏)의 사마염(司馬炎)이 세운 나라가 진(晉, 265~420)이다. 그런데 316년 흉노족에 의해 수도 낙양이 함락되고 3대 황제 사마치(司馬熾)가 포로로 끌려가 죽임을 당하면서 진(晉) 왕조는 양자강 남쪽으로 옮겨가 망명 왕조를 세우게 된다. 316년까지의 진(晉)을 서진(西晉: 수도 낙양이 서쪽에 위치)이라 하고 317년 이후의 진(晉)을 동진(東晉)이라 한다. 근초고왕이 교류한 바로 그 동진이다. 15대 침류왕(枕流王) 원년(384)에 백제는 동진(東晉)의 호승(胡僧) 마라난타(摩羅難陀)를 통하여 불교를 받아들여 이후 왕실과 귀족 중심으로 확대되면서 국가적 신앙으로 자리 잡게 되고 중앙집권적 통치 체제를 더욱 강화하게 된다.

백제가 동진과 교류를 시작한 것은 중국에서는 오호십육국(五胡十六國, 304~439)의 대혼란기였으며, 남북조시대(南北朝時代, 420~589)의 맹아가 싹트는 시기이기도 했다. 중국 한족(漢族)에 의해 양자강 남쪽에 세워진 남조(南朝)는 동진(317~420) 이후에 송(宋, 420~479), 제(齊, 479~502), 양(梁, 502~557), 진(陳, 557~589)으로 이어졌고, 북방 민족들에 의해 양자강 북쪽에 세워진 북조(北朝)는 북위(北魏, 386~534), 동위(東魏, 534~550), 서위(西魏, 535~557), 북제(北齊, 550~577), 북주(北周, 557~581)로 이어졌는데, 이 정치적 혼란의 시기를 남북조시대라 부른다. 계속된 전란 속에서 많은 나라가 흥망을 거듭했던 이 혼란의 시기는 수(隋) 문제(文帝)가 589년에 다시 중국을 통일할 때까지 계속되었다.

고구려·백제·신라의 대외적 팽창 시기는 중원의 정치적 분열 시기와 맞물려 있다. 삼국시대 3대 정복군주로 꼽히는 고구려 19대 광개토대왕, 신라 24대 진흥왕, 백제 13대 근초고왕은 중원의 정치적 분열 구도를 최대한 효과적으로 활용했던 인물들이다. 그중에서도 백제는 가장 이른 시기에 전성기를 열었다. 백제의 대륙영토가 하북성, 산동성, 하남성, 강소성, 절강성 지역과 오늘날의 광서장족자치구에 이르기까지 광대한 세력권을 형성한 시기는 중국의 남북조시대에 해당한다. 이 사실을 우리는 남북조시대의 역사를 기록한 『송서(宋書)』, 『양서(梁書)』, 『남사(南史)』, 『남제서(南齊書)』등의 25사를 통해 대륙백제의 근거를 밝힘으로써 확인하였다. 백제가 요서(遼西)에 웅거하면서 요서·진평 2군(郡) 지역에 백제군(百濟郡)을 설치한 것, 백제 동성왕 12년(490)에 북위(北魏)의 공격을 격퇴한 공로를 치하하여 하북성·산동성·강소성 등지에 7군 태수(太守)를 임명한 것 등은 그 대표적인 것이다.

그러면 다시 근초고왕으로 돌아가기로 하자. 『삼국사기』「백제본기」에는 고기(古記)를 인용하여 '백제가 개국 이래 아직 국사(國史)가 편찬되지 못하였는데, 이제야 박사 고흥(高興)이 편찬한 백제의 『서기(書記)』를 갖게 되었다'[150] 고 기록되어 있다. 이때 편찬된 고흥의 『서기』는 현재 전하지 않는다. 『일본서기』에는 『서기』 외에도 『백제기(百濟記)』·『백제본기(百濟本記)』·『백제신찬(百濟新撰)』 등의 사서가 백제에 있었던 것으로 나오지만 모두 현재 전하지 않는다. 근초고왕 24년(369)에 고구려 고국원왕이 보병과 기병 2만을 거느리고 치양(雉壤)에 주둔하여 민가를 침탈하므로 왕이 태자를 시켜 고구려군을 급습하게 하여 고구려 군사 5천여 명을 사로잡았다. 26년(371)에 고구려가 다시 침략해 왔으나 패하(浿河: 河北省 浿水) 강변에 군사를 매복시켜 패퇴시키고, 왕이 친히 고구려의 평양성까지 반격해 들어가 고국원왕을 전사케 했다.[151]

이후 고구려의 침입이 재개되고 백제는 고구려와 수차례 전쟁을 치르게 되는데, 근초고왕의 아들인 14대 근구수왕(近仇首王, 재위 375~384) 3년(377)에는 왕이 친히 장병 3만을 거느리고 고구려의 평양성을 침공하였다. 근초고왕의 정치적 유산을 이어받은 근구수왕은 더욱 국력을 신장시켰으며, 특히 손자 진손왕(辰孫王)과 왕인(王仁)을 왜(倭)에 파견하여 논어와 천자문 등 백제의 선진문물을 전하고 오진(應神) 왜왕의 태자에게 글을 가르쳐 일본 고대국가의 성립과 발전에 지대한 영향을 주었다. 그러한 관계로 왕인은 아스카문화의 시조로 불린다. 이러한 백제의 발전은 근구수왕의 뒤를 이은 침류왕(枕流王, 재위 384~385)에 의하여 계승되었다.

백제가 고대 동아시아의 국제무대를 누빈 대제국이었다는 사실은 백제가 다스리던 주요 성읍에 중국의 군현(郡縣)과 같은 정치적 기능을 갖는 22담로(檐魯)라는 독특한 지방통치 체제를 설치하고 왕족을 파견하여 다스리게 한 데서 찾아볼 수 있다. 담로는 지방 행정구역이자 지방지배의 거점이며 통치영역을 의미한다. 『남사(南史)』 권79 「동이열전」 제69 백제전에는 이렇게 기록되어 있다. "백제의 도성(都城)은 고마(固麻)라 하고, 성읍은 담로라 하는데 이는 중국의 군현(郡縣)과 같은 말이다. 그 나라에는 22담로가 있는데, 모두 왕의 자제(子弟)와 종족으로 나누어 다스리게 했다(號所都城曰固麻 謂邑曰檐魯 如中國之言郡縣也 其國之有二十二檐魯 皆以子弟宗族分據之).[152] 『양서(梁書)』 권54 「동이열전」 제48 백제전에도 동일한 기록이 있다. 백제의 도성을 고마, 즉 곰의 성

(熊城)이라고 한 것은 '웅진(熊津)·웅주(熊州)·웅천(熊川)'과 마찬가지로 '곰 토템 족'의 기원에서 유래하는 것이다. 고마를 '마고(麻姑)'에서 유래하는 것으로 보기도 한다.

담로라는 백제의 지방통치체제의 흔적은 백제가 다스린 곳에서 찾을 수 있을 것이다. 『양서(梁書)』 권54 백제전과 『남사(南史)』 권79 백제전에는 "요 서·진평 2군(郡) 지역에 백제군(百濟郡)을 설치하였다"는 기록이 있다. 요서(遼 西)라는 지명에 대해 『통전(通典)』 185권 변방(邊防) 동이(東夷) 상(上)에서는 "진 (晉)(265~420) 시기에 고구려가 이미 요동을 경략하여 차지하자, 백제 역시 요 서·진평 2군(郡)의 땅을 점거하여 차지하였다. 지금의 유성과 북평 사이이다 (晉時 句麗旣略有遼東 百濟亦據有遼西晉平二郡 今柳城北平之間)"[153]라고 하였다. 중국사 회과학원 역사지리연구소에 의하면 요서(遼西)는 유성(柳城)과 북평(北平) 사이 인데, 유성은 현재의 요녕성(遼寧省) 조양시(朝陽市)이고, 북평(北平)은 현재의 하북성(河北省) 노령시(盧龍市)이다. 말하자면 요서(遼西)는 요녕성과 하북성에 걸친 지역*이었다. 진평은 '울림군(鬱林郡, 郁林郡)에 진평현이 있다'는 『송서(宋 書)』의 기록에 근거하여, 울림군이 지금의 광서장족자치구 남녕시(南宁市) 일 대이므로 남녕시 동남쪽 백제 허(墟)가 있는 지금의 옹녕현이라는 주장이 유 력하다.

담로라는 지명의 흔적을 탐사한 KBS 일요스페셜(1996.09.15.) 「잊혀진 땅, 백제 22담로의 비밀」에서는 중국 대륙에서 담로계 지명이 요서에서 동부 해 안을 따라 베트남 접경지역인 진평 일대까지 남하했다는 것을 밝혀냈다. 다 시 말해 담로계 지명의 흔적은 백제가 다스렸던 요서에서 대륙의 동남쪽 진

---

* 요서는 광의로는 北京을 포함한 河北省, 河南省, 山西省 등을 포괄하는 太行山脈의 동 쪽 지역으로 보기도 한다.

평까지 그 통치영역을 나타내 보인 것이다. 백제 세력이 베트남 접경지역까지 남하할 수 있었다면, 인접한 동남아 각국에서도 담로계 지명이 발견될 수 있지 않을까? 담로계 지명 탐사에 따르면, 중국 남경 박물원에는 백제 달솔(達率)이자 백제 부흥운동의 기수였던 흑치상지(黑齒常之)의 묘지명이 보관되어 있는데, 묘지명은 이렇게 전하고 있다 한다: '흑치상지는 원래 왕(王)씨인 부여(夫餘)씨였으나 선조가 흑치 지역에 봉(封)해짐으로써 그 성을 흑치로 삼았다.' 흑치는 이빨이 검은 사람이 사는 땅을 뜻하며, 그들의 이빨이 검어진 것은 열대과일을 심는 습관 때문이었다고 한다. 흑치의 선조가 봉해진 그 땅은 동남아 어딘가에 있을 무더운 남방의 땅이었던 것이다.

또한 백제는 왜(倭) 땅에도 담로를 설치하였다. 일본이라는 나라가 있기 전에 먼저 백제의 담로가 있었다. 백제가 660년에 멸망하고 지배집단이 왜 땅으로 건너가 670년에 다시 '일본'이라는 국호로 부활할 수 있었던 것은 백제가 일찍이 담로라는 통치 체제를 설치하고 왜 땅을 직할 통치했었기 때문이다. 왜(倭) 땅의 담로계 지명 탐사에 따르면, 일본 큐슈 미야자키현 난고촌 일대에는 백제 정가왕 부자(父子)가 백제 멸망 후 그곳에 왔다가 추격군에 의해 죽임을 당했다는 전설이 전해지고 있으며 지금도 그 부자를 기리는 추모행사가 열리고 있다 한다. 백제왕 신사에서는 4~7세기 고대 청동거울 33개가 쏟아져 나왔는데, 이는 오랜 세월에 걸쳐 강력한 백제계 세력이 세습적으로 존재했었다는 것을 암시하는 것으로 해석된다. 그 청동거울을 보관하기 위해 그 지역에서는 서정창원(西正倉院)을 건립하였다.

또한 백제왕이 살았다는 마을 다노정의 센켄 신사 창고에서는 백제왕의 도래 사실이 기록된 문서가 발견되었다. 『일본서기』에 최초로 등장하는 나라 이름은 일향국(日向國, 현재의 미야자키현)이며 일향국에서 일본이 처음 시작된 것으로 알려져 있다. 일향시(日向市)라는 지명도 있다. 난고촌·기조정·다노정 일대로 백제의 왕족들이 모여든 것은 일향국이 그 일대에 있었기 때문이다. 처음 그곳을 개척한 이가 백제인 스사노오노미고토(素盞鳴尊)이고 구마나리(곰 나루 즉 熊津의 뜻)에서 시작된 것으로 알려져 있다. 그 지역은 백제가 왕족을 파견하여 통치케 한 왜(倭) 땅의 담로였을 것으로 해석되므로 왕족들의 도피처가 될 수 있었던 것이다.

담로라는 지명의 흔적은 한반도의 서남해안에도 있고, 탐라·대마도·큐슈 다마나시(市)로 이어진다. 다마나 인근에 구마모토(熊本), 구마강(곰(熊)강)이라는 지명이 있고 그 상류에는 사카모도 마을이 있는데, 사카모도의 원래 이름은 구다량목·구다라기였다고 한다. 인근에 구다라기 국민학교도 있다. 모두 백제를 지칭하는 '구다라'와 관련된 명칭이다. 그곳은 백제 본토의 달솔(達率)인 일라(日羅)가 왔다는 기록도 있다. 이는 본토 백제 고위 국가공무원이 일본에 파견 근무를 나온 것으로, 본토 백제 통치력이 직접 미쳤음을 의미한다. 백제 왕족의 유물이 쏟아져 나온 5세기 후나야마 고분은 다마나 일대를 담로로 규정할 수 있는 강력한 고고학적 증거로 해석된다.

담로의 흔적은 일본 국가의 탄생지인 아스카에서도 나타난다. 일본이라는 통일된 나라가 있기 전에 아스카를 개척한 이가 백제 20대 비유왕(毗有王)의 아들이자 21대 개로왕(蓋鹵王)의 아우인 곤지왕(昆支王)이다. 백제에서는 왕의 지위에 있지 않았지만 그곳 아스카베 신사는 그를 곤지왕으로 모시고 있다. 백제 무령왕릉과 동일한 부장품이 쏟아져 나온 미네가즈카 고분은 아스카 일대를 담로로 규정할 수 있는 강력한 고고학적 증거로 해석된다. 아스카 담로는 곤지왕의 두 아들인 24대 동성왕과 25대 무령왕의 성장지이기도 했다. 이는 담로가 백제의 한 부분으로서 본토 백제와 하나의 체제로 통합되어 있었음을 시사한다.[154]

고대 일본의 역사와 문명이 시작된 나라현(奈良縣) 덴리시(天理市) 이소노카미 신궁(石上神宮)에는 칠지도(七支刀)가 보관되어 있다. '칠지도'란 칼의 좌우로 각각 3개씩의 칼날이 가지 모양으로 뻗어 있는 데서 붙여진 이름이다. 1953년 일본 국보로 지정된 칠지도는 백제가 왜(倭) 땅에도 담로(檐魯)라는 지방통치체제를 설치하고 왕족을 파견하여 다스렸으며 후왕(侯王)이나 제후의 칭호를 내렸음을 알 수 있게 한다. 칠지도 앞뒤로 금상감(金象嵌) 기법으로 새겨진 60여 자 명문(銘文) 가운데 '공후왕(供侯王)'은 후왕(侯王)에게 제공(提供)되었다는 뜻이므로 칠지도는 백제가 제작하여 제후왕(諸侯王)인 왜왕에게 하사한 것으로 해석된다. 그리고 칠지도 앞면의 마지막에는 '전시후세(傳示後世)', 즉 '후세에 전하여 보이라'고 윗 사람이 아랫 사람에게 하명하는 형태의 문장이 새겨져 있다.

칠지도에 대해 무호 선생은 "백제의 칠지도 색인글자는 근세에 일인들이 긁어내고 개서(改書)한 흔적이 완연하다. 칠지도의 본래 명문(銘文)은 일인들의 주장처럼 백제왕이 왜왕에게 헌상한 것이 아니요, 백제왕이 왜왕에게 하사한 것이다. 그 용도는 백제가 왜의 땅에 파견한 분봉왕(分封王)이나 혹은 파견한 정벌군의 장수에게 표징으로 주어서 진두에 높이 쳐들고 진군하게 한 보검이라고 해석하는 것이 합당하다"[155]고 주장했다.

이상에서 볼 때 백제왕은 중국 대륙과 왜(倭) 그리고 반도의 많은 담로들을 거느린 강력한 제왕의 위치에 있었다. '백가제해(百家濟海)', 즉 '백가가 바다를 건넜다'의 축약어인 백제라는 국호 속에는 백가가 바다를 제패했다는 의미도 함축되어 있다. 해양 세력인 백제는 뱃길을 따라 거점을 형성하였으며, 도처에 곰[熊]과 관련된 지명을 남겼다. '곰'은 백제의 상징이었고 백제의 유적지에서는 어김없이 '곰'이 등장한다. '동이강국(東夷强國)' 백제는 고대 동아시아의 국제무대를 누비며 탁월한 해상능력을 바탕으로 고대의 바다를 제패하고 무역으로 국부를 쌓았던 거대한 해양제국이었다.

다음으로 신라 초기의 정치적 성장에 대해 고찰하기로 한다. 단군조선의 적통이 북부여로 이어졌고, 북부여 단군의 후손들도 고구려, 백제, 신라의 시조가 됨으로써 단군의 맥은 계속 이어졌다. 북부여 시조 단군 해모수의 5세손 고주몽이 고구려의 시조가 되었고, 후(後)북부여 5세 단군 고두막(高豆莫)의 딸인 파소(婆蘇)의 아들 박혁거세(朴赫居世)가 신라의 시조가 되었으며, 고두막의 뒤를 이은 북부여의 마지막 6세 단군 고무서(高無胥)의 차녀 소서노(召西弩)와 고주몽의 아들 온조(溫祚)가 백제의 시조가 되었다.[156] 이러한 국통의 계승과 함께 환단(桓檀)시대로부터 이어진 홍익인간의 이념과 소도(蘇塗)고속(古俗), 경천숭조(敬天崇祖)의 보본사상(報本思想)과 현묘지도(玄妙之道)를 기반으로 한 조의국선(皂衣國仙)의 국풍(國風)이 부여의 구서(九誓)와 고구려의 조의국선의 정신 및 다물(多勿) 이념과 백제의 소도의식(蘇塗儀式)과 신라 화랑도의 세속오계(世俗五戒)로 이어졌음은 단군의 사상적 연맥(緣脈)이 끊이지 않았음을 말하여 준다.

「태백일사」제6 고구려국본기에 의하면, 사로(斯盧)의 시왕(始王)인 박혁거세(朴赫居世)는 그 어머니가 후북부여 5세 단군 고두막의 딸 파소(婆蘇)이며 선도산(仙桃山) 성모(聖母, 神母, 地仙)로 지칭되는 인물이다. 또한 박혁거세는 사로(斯盧) 6촌(六村)의 추대로 거서간(居西干: 王 또는 貴人이란 뜻)이 되어 서라벌에 도읍을 세우고 국호를 사로(斯盧)라 하였다.

사로(斯盧)의 첫 임금은 선도산(仙桃山) 성모(聖母)의 아들이다. 옛날에 부여 황실의 딸 파소(婆蘇)가 있었는데 지아비 없이 임신했다. 사람들의 의심을 사게 되자 눈수(嫩水)에서 도망하여 동옥저에 이르러 또 배를 타고 남으로 내려가 진한의 나을촌(奈乙村)에 이르렀다. 그때 소벌도리(蘇伐都利, 蘇伐公)란 자가 이 소식을 듣고 가서 거두어 집에 데려다 길렀다. 13세가 되자 뛰어나게 총명하고 숙성하며 성스러운 덕이 있었다. 이에 진한(辰韓) 6부가 함께 그를 받들어 거세간(居世干, 居西干)이 되었다. 서라벌에 도읍을 세워 나라 이름을 진한이라 하였고 또한 사로(斯盧)라고도 하였다.

斯盧始王 仙桃山聖母之子也 昔 有夫餘帝室之女婆蘇 不夫而孕 爲人所疑 自嫩水逃至東沃沮 又 泛舟而南下 抵至辰韓奈乙村 時 有蘇伐都利者聞之 往收養於家而及年十三 岐嶷夙成 有聖德 於是 辰韓六部共尊 爲居世干 立都徐羅伐 稱國辰韓 亦曰斯盧.[157]

『삼국사기』권 제1 「신라본기」 제1 시조 '혁거세거서간(赫居世居西干)'조에는 "이에 앞서 조선의 유민들이 산골짜기에 흩어져 살면서 여섯 촌락을 이루고 있었다(先是朝鮮遺民 分居山谷之間爲六村)"고 기록되어 있다. 위 인용문에서 진한(辰韓) 6부(六部)는 고조선의 유민(遺民)들이 산골짜기에 흩어져 살면서 이룬 사로(斯盧) 6촌(六村)을 일컫는 것이다. 따라서 신라를 건국한 모체는 고조선의 진한(辰韓) 유민이다. 사로(斯盧) 6촌은 "첫째는 알천(閼川)의 양산촌(楊山村: 及梁), 둘째는 돌산(突山)의 고허촌(高墟村: 沙梁), 셋째는 취산(觜山)의 진지촌(珍支村 혹은 干珍村: 本彼), 넷째는 무산(茂山)의 대수촌(大樹村: 牟梁 혹은 漸梁), 다섯째는 금산(金山)의 가리촌(加利村: 漢祇), 여섯째는 명활산(明活山)의 고야촌(高耶村: 習比)"[158]이라고 기록하였다.

이처럼 사로국(斯盧國)은 급량(及梁), 사량(沙梁), 본피(本彼), 모량(牟梁 혹은 漸梁), 한지(漢祇), 습비(習比) 등 여섯 촌락의 촌장들이 양산부(楊山部, 及梁部) 출신의 박혁거세(朴赫居世)를 거서간(居西干)으로 추대하여 세운 나라이다. 시조의 성은 박(朴)씨, 휘(諱, 尊號)는 혁거세이다. 박혁거세의 '박'은 '붉·박달(밝은 땅)'

의 의미이고,* '혁(赫)'은 광명(光明, 붉·밝)이며, '거세(居世)'는 왕호(王號) 거서간의 '거서(居西)·거세(居世)'의 의미이므로 '박혁거세'는 '세상을 밝게 다스린다'는 의미이다. 『삼국사기』 「신라본기」에는 박혁거세에 관하여 "전한(前漢) 효선제(孝宣帝) 오봉(五鳳) 원년(BCE 57) 갑자 4월 병진(丙辰)날(혹은 정월 15일이라고도 함)에 즉위하여 왕호를 거서간이라 하고, 그때 나이는 13세, 국호는 서나벌(徐那伐)이라 하였다"고 기록되어 있다.

사로국은 급량(及梁) 출신인 박혁거세가 사량(沙梁) 출신인 알영(閼英)을 비(妃)로 삼으면서 유이민으로 정착한 박씨족과 토착세력인 김씨족이 결합된 부족 세력이 형성되었고, 이후 신라 2대 남해차차웅(南解次次雄, 재위 4~24) 5년(8)에 왕의 장녀와 석탈해(昔脫解)가 혼인[159]함으로써 박(朴)·석(昔)·김(金)을 주축으로 한 부족연맹체가 형성되었다. 신라는 김씨 지배체제가 확립된 17대 내물마립간(奈勿麻立干, 재위 356~402) 때까지는 강력한 부족 세력인 박(朴)·석(昔)·김(金) 3성(姓)이 교대로 왕위를 차지했다. 신라는 초기에는 6촌의 부락민들이 모여 나라 일을 논의하다가 이것이 후에 귀족회의·군신합동회의의 성격을 띠는 화백제도(和白制度)로 발전하게 된다.

사로(斯盧)라는 국호는 시라(尸羅)·사라(斯羅)·서나벌(徐那伐)·서라벌(徐羅伐)·서벌(徐伐) 등으로 불리기도 하는데, 모두 신라를 지칭한다. 왕(王)이라는 칭호가 사용되기 전에 사로국에서 1대는 왕 또는 귀인을 뜻하는 거서간[居瑟邯], 2대는 제사장을 뜻하는 '차차웅(次次雄)', 3~16대는 연장자 또는 지혜자를

---

* 『삼국사기』 「신라본기」에서 박혁거세가 알에서 태어났다는 卵生說話의 큰 알이 '박'과 같다고 한 것은 '붉·밝·박달'의 의미를 함축한 것이다. 이는 桓國이라는 국호의 의미인 '광명(붉, 밝)'과도 일맥상통하는 것으로 밝은 정치를 구가한 桓檀의 緣脈을 계승하였음을 말하여 준다. 이처럼 우리 민족은 예로부터 세상을 밝게 다스리는 광명한 정치를 염원해 왔음을 알 수 있다.

뜻하는 '이사금(尼斯今)', 17~21대는 대수장(大首長)을 뜻하는 '마립간(麻立干)'*, 그리고 22대 지증마립간(智證麻立干, 재위 500~514) 4년(503)에 왕호(王號)를 처음 사용하게 되어 지증마립간이 지증왕이 되었으며, 국호를 '왕의 덕업(德業)이 날로 새로워져서 사방을 망라한다'라는 의미의 신라(新羅)로 정하였다. 신라의 왕권은 마립간이라고 부르기 시작한 17대 내물왕(奈勿王, 재위 356~402) 때부터 강화되기 시작해, 22대 지증왕 때 왕이라는 칭호를 사용하면서 중앙집권적 통치 체제가 확립되었다.

그렇다면 신라가 건국된 지리적 위치는 어디인가? 앞서 우리는 〈그림 9.3〉에서 최적 일식 관측지로 미루어 볼 때 고구려, 백제, 신라는 모두 대륙이 주 강역이었음을 고찰하였다. 신라의 최적 일식 관측지는 CE 201년 이전(상대 신라)에는 양자강 유역이었고, CE 787년 이후(하대 신라)에는 한반도 남부였던 것으로 나타났다.[160] 이러한 신라의 최적 일식 관측지로 미루어 볼 때 CE 201년 이전에 신라는 양자강 유역 일대에 있었던 것이 된다. 이후 점차 양자강 남쪽으로도 세력을 확장하였지만 삼국간의 치열한 영토 쟁탈전으로 인해 밀고 밀리는 공방전이 계속되었다. 일식 기록에 대한 과학적 검증 결과는, 다양한 사료와 고지도에 근거하여 두 개의 신라, 즉 서신라(西新羅, 대륙신라)와 동신라(東新羅, 반도신라)**가 공존했다고 보고 강회(江淮:

---

* 『三國遺事』 卷 第一, 紀異 第一, 新羅始祖·'赫居世王'條에서는 혁거세의 位號를 거슬한 (居瑟邯)이라 하고, 혹은 거서간이라고도 한다고 적고 있다. 『삼국사기』에는 3~18대 實聖王대까지 16대에 걸쳐 '이사금'이란 칭호가 사용된 것으로 나타나고, 『삼국유사』에는 3~16대 訖解王까지 14대에 걸쳐 사용된 것으로 나타난다. 또한 『삼국사기』에는 '마립간'이라는 칭호가 19대 눌지왕부터 사용된 것으로 나타나고, 『삼국유사』에는 17대 내물왕부터 사용된 것으로 나타난다. 내물왕 때 김씨의 왕위계승이 확립됨으로써 왕권이 강화되고 국가적 활동이 활발해진다는 점에서 16대 흘해왕까지를 이사금으로 칭하고 17대 내물왕부터 마립간으로 칭한 『삼국유사』의 기록이 일반적으로 받아들여진다.

** 반도에도 신라가 있었다는 확실한 근거로는 창녕·북한산·마운령·황초령에 있는 眞興

양자강과 회수 사이) 지역의 신라를 서신라(西新羅)로 본 관점[161]과 상통하는 측면이 있다.

당나라의 정사(正史)인 『신당서(新唐書)』에는 "신라는 변한 묘족의 후예다(新羅弁韓苗裔也)"[162]라고 기록되어 있다. 신라는 변한의 뒤를 이은 나라이며 묘족(苗族)의 후예라는 말이다. 『후한서』 「동이열전」에서는 변한의 남쪽이 왜(倭)와 접한다고 하였으므로 변한은 왜의 북쪽에 있었다. 『후한서』 「동이열전」 왜전(倭傳)과 『삼국지』 「위서」 왜인전(倭人傳)에도 왜(倭)가 '회계군 동야현의 동쪽에 있다(在會稽東冶之東)'[163]고 기록되어 있고, 「태백일사」 제6 고구려국본기에도 "왜(倭)는 회계군(會稽郡) 동쪽 동야현(東冶縣)의 동쪽에 있다(倭在會稽郡東東冶縣之東)"[164]고 기록되어 있다. 회계군은 중국 절강성(浙江省)에 있는 회계산(會稽山)의 이름을 딴 지명이며 중국 춘추시대 월(越)나라의 본거지였다. 말하자면 『후한서』와 『삼국지』, 「태백일사」에 나오는 왜(倭)는 현재의 일본열도가 아니라 중국 절강성에 있었으며 양자강 이남 지역이었다. 그렇다면 변한은 왜(倭)의 북쪽이니 양자강 북쪽에 있었던 것이 된다.

다음으로 묘족과 관련하여, 『예기(禮記)』에 "묘족은 구려(九黎, 句麗, 九夷)의 후예이며 구려를 묘(苗) 민족의 선조로 삼고 있다(苗九黎之後 九黎爲苗民先祖)"고 적고 있다. 묘족이 구려를 선조로 삼고 있다면 묘족은 그 뿌리가 우리와 같은 동이족이다. 묘족은 본래 대륙에 있었던 동이족이므로 반도에서는 묘족이란 말을 쓰지 않는다. 대만 사학자 서량지(徐亮之)의 『중국사전사화(中國史前史話)』와 중국 역사학자 왕동령(王棟齡)의 『중국민족사(中國民族史)』에도 4천 년 전 한족(漢族)이 지나(支那)에 들어오기 전에 중원(中原)의 북부 및 남부(湖北, 湖南, 江西 등지)는 이미 묘족이 점령해 경영하고 있었으며 이 민족의 나라 이름

王巡狩碑를 들 수 있다.

은 구려(句麗, 九黎, 九夷)이고 임금은 치우(蚩尤)라고 했다는 내용이 나온다.

또한 중국 25사(史)의 제1사(史)인 『사기(史記)』 권1 「오제본기(五帝本紀)」 제1 '제요(帝堯)' 조에는 삼묘(三苗)가 강회(江淮: 長江(양자강)과 淮水 사이 지역)와 형주(荊州: 지금의 湖北省 江陵縣 일대)에 있었다고 적시되어 있다.

려(黎)는 동이(東夷)의 국명(國名)이고, 구려(九黎)의 군호(君號)는 치우이며, 치우는 옛 천자(天子)이고, 삼묘(三苗)는 강회(江淮)와 형주(荊州)에 있었다.

黎東夷國名也 九黎君號蚩尤是也 蚩尤古天子 三苗在江淮荊州.[165]

〈그림 9.4〉 천하고금대총편람도(天下古今大總便覽圖)[166]
양자강과 회수 사이(江淮) 지역인 안휘성(安徽省)에 신라 수도 경주(慶州)와 팔공산(八公山)이라는 지명이 표기되어 있고, 호북성(湖北省)에 형주(荊州)라는 지명이 표기되어 있다.

변한은 양자강 북쪽에 있었고, 묘족은 양자강과 회수(淮水) 사이 평원지역 및 형주(荊州)에 있었으므로 'CE 201년 이전에 신라는 양자강 유역에 있었다'

는 일식 기록에 대한 과학적 검증 결과와 부합한다. 〈그림 9.4〉에 나타난 바와 같이 〈천하고금대총편람도〉에는 강회(江淮) 지역인 안휘성에 신라의 수도 경주(慶州)와 팔공산(八公山)이라는 지명이 표기되어 있고, 호북성에는 형주(荊州)라는 지명이 표기되어 있다.

〈그림 9.5〉 대청광여도(大淸廣輿圖)
호북성(湖北省)에 형주부(荊州府)·강릉(江陵)·한양부(漢陽府)·한양(漢陽)·한남산(漢南山) 등의 지명이
표기되어 있고, 양자강의 가장 큰 지류인 한강(漢江)과 삼묘(三苗)라는 표기도 보인다.

또한 〈그림 9.5〉에서 보듯이 청(淸)나라 강희제(康熙帝) 연간에 제작된 청나라 지도 〈대청광여도(大淸廣輿圖)〉에도 호북성에 형주부(荊州府)·강릉(江陵)·한양부(漢陽府)·한양(漢陽)·한남산(漢南山) 등의 지명이 표기되어 있고, 양자강의 가장 큰 지류인 한강(漢江)과 삼묘(三苗)라고 표기된 곳도 있다. 신라의 발원지가 일반적으로 알려진 것과는 달리 반도가 아니라 본래 대륙이었다는 말이다.

만일 신라나 백제, 고구려가 반도에서 대륙으로 일시적으로 진출한 것이었다면, 시대를 달리하는 중국 25사(史)의 그토록 많은 곳에서 이들 나라와 그 뿌리가 본래 대륙에 있었음을 알 수 있게 하는 내용을 기록하지 않았을 것이다. 이는 마치 근대에 들어 청나라나 일본이 일시적으로 반도로 진출했다고 해서 우리 사서에 그들 땅이었다고 기록하지 않는 것과 같은 것이다. 삼국의 주 강역이 본래 대륙이었다는 말이다. 대륙의 지명이 반도로 이동한 것이 많으므로 무리수를 써서 중국 동부지역을 그대로 수평 이동하여 반도 프레임에 맞추면 반도에서 일어난 일로 해석될 수도 있겠지만, 앞서 고찰했듯이 반도에 없는 지명도 많고 사서의 내용 자체도 모순투성이가 된다.

당나라의 정사(正史)인 『구당서(舊唐書)』권199 상(上) 「동이열전」 신라전에서도 신라국이 변한(弁韓)의 묘족(苗族, 三苗) 후예라는 점을 분명히 밝히고 있다.

> 신라국은 본래 변한의 묘족(苗族) 후예다. 그 나라는 한나라 때의 낙랑 땅에 있다. 동과 남으로는 모두 큰 바다에서 끝나고 서로는 백제와 접하였으며 북으로는 고구려가 있다. 동서로는 천 리이며 남북으로는 2천 리이다.
>
> 新羅國 本弁韓之苗裔也 其國在漢時樂浪之地 東及南方俱限大海 西接百濟 北隣 高麗 東西千里 南北二千里.[167]

신라국은 본래 양자강 북쪽에 있었던 변한의 뒤를 이은 나라이며, 양자강과 회수(淮水) 사이 평원지역 및 형주(荊州)에 있었던 묘족의 후예이므로 그 발원지는 대륙일 수밖에 없다. 한나라 때의 낙랑은 옛 변한(변한, 번조선)에 속한 지역이었으므로 하북성과 산동성 일대를 말한다. 신라는 대륙의 동해안을 끼고 있었고 남으로는 양자강이 있었으므로 동과 남으로는 모두 큰 바다에서 끝난다고 한 것이다. 서로는 서백제(西百濟)인 대륙백제와 접하였으며 북으로는 고구려가 있었고 대륙의 동해안을 따라 양자강 유역으로 뻗어 내려간 지형이다.

양자강 이북에 있는 신라의 지명으로는 안휘성에 동성(桐省)·잠산(岑山)·독산(獨山)·사지연수(泗之漣水)·사(泗)·용산(龍山)이 있고, 강소성에 서주(徐州)·연수(漣水)·해(海)가 있고, 하남성에 항성(項城)이 있고, 산동성에 황산(黃山)·백마하(白馬河)·제성(諸城)이 있고, 하북성에 대방(帶方)·석문(石門)·석성(石城)이 있고, 강서성에 덕안(德安)이 있다. 구려(九黎)에서 백제, 신라에 이르기까지 묘족은 강회(江淮)·형주(荊州)의 동일한 지역에 있었으며 그 후예가 신라, 백제를 건국했던 것이다.[168]

회대(淮垈: 淮水와 泰山[岱山] 사이 지역)와 강회(江淮: 양자강과 淮水 사이 지역)는 우리 민족과 역사적 내력이 깊은 곳이다. 22세 단군 색불루(索弗婁) 재위 2년(BCE 1284)에 "변한(번한, 번조선)의 백성들을 회대(淮垈)의 땅으로 이주시켜 가축을 기르고 농사를 짓게 하니 국위(國威)가 크게 떨쳤다(遷弁民于淮垈之地 使之蓄農 國威大振)"고 기록되어 있다. 또한 『한서(漢書)』 권28 「지리지(地理志)」에 '은나라의 도가 쇠하니 기자는 조선으로 갔다(殷道衰箕子去之朝鮮)'고 나오므로 기자(箕子)가 살았던 서화(西華: 하남성 開封市)와 그의 묘가 있는 몽성(蒙城: 안휘성 소재)은 조선 땅이었으며 그 위치는 강회(江淮) 유역이었다. 25세 단군 솔나(率那) 재위 37년 정해년(BCE 1114)에 '기자(箕子)가 서화(西華)에 이주해 살면서 인사 나누는 일도 사절했다'고 적고 있는데, 그때는 이미 강회가 조선 땅이었다.

「태백일사」 제6 고구려국본기에는 고구려 21대 문자왕(文咨王·文咨明王·文咨好太烈帝) 12년(502)에 "신라 백성을 천주(泉州)로 옮겨 그곳을 튼실하게 했다(移新羅民於泉州以實之)"[169]는 기록이 나온다. 천주는 복건성(福建省)에 있는 지명이다. 신라가 한반도 동남방에 있었다면 대륙의 복건성까지 많은 신라인들을 이주시킨다는 것은 현실성이 없을뿐더러, 하필 그렇게 먼 곳에 있는 사람들을 이주시켜야 할 이유를 찾기도 어렵다. 신라가 대륙에 있었고 복건성에서 멀지 않은 곳에 있는 신라인들을 이주시켰다고 보는 것이 자연스러울 것이다. 후에 중국의 동남해 연안인 복건성의 양주(揚州)·광주(廣州)·천주(泉州) 등지에는 아라비아인·페르시아인·인도인 등이 내왕하며 집단거류지를 형성하였고 그곳 신라인들도 이들과의 국제무역을 활발히 전개했다. 바로 그 중심에 '해상상업제국'의 '무역왕'으로 불리는 장보고(張保皐)가 있었다.

『삼국사기』 권 제10 「신라본기」 제10 헌덕왕(憲德王) 8년(816)조에는 "흉년이 들어 백성들이 굶주리게 되자 절강(浙江) 동쪽으로 가서 먹을 것을 구하는 자가 170명이었다(年荒民飢 抵浙東求食者一百七十人)"[170]는 기사가 기록되어 있다. 절강성은 아래로 복건성과 접하고 있다. 모험을 즐기는 탐험가들도 아니고 굶주린 사람들이 먹을 것을 구하고자 한반도 동남부에서 집단으로 그 먼 바닷길을 건너 대륙의 절강성(浙江省)까지 간다는 것이 자연스러운 일인가? 육로로 간다손 치더라도 서쪽이나 북쪽으로는 백제와 고구려를 경유해야 하니 집단으로 이동하는 것은 불가능한 일이다. 절강성 서쪽으로는 강서성이 접하고 있고, 더 서쪽으로는 호남성·호북성이 있다. 이들 지역에서 동쪽인 절강으로 가서 먹을 것을 구하는 것이 오히려 자연스러운 일이 아닐까? 그렇다면 헌덕왕 8년 기사는 대륙신라에서 일어난 일을 적은 것이다.

중국 청(淸) 왕조의 관찬(官撰) 지리지인 『대청일통지(大淸一统志)』(淸 康熙 25년 (1686)~道光 22년(1842))에도 절강성 임해현(臨海縣)에 신라산(新羅山)이 있다고 기록되어 있거니와, 〈그림 9.6〉에서 보듯이 중국의 고지도 〈주경도(州境圖)〉에도 임해현 북쪽에 '신라산'이 표기되어 있어 그곳이 신라의 땅이었음을 알 수 있게 한다.

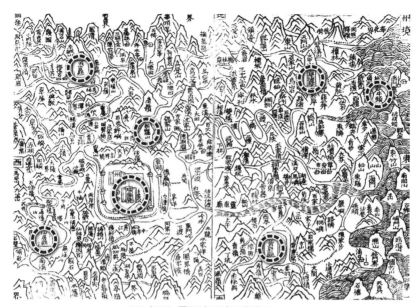

〈그림 9.6〉 중국의 고지도 주경도(州境圖)

절강성 임해현(臨海縣) 북쪽에 신라산(新羅山)이 표기되어 있고, 영해현(寧海縣),
선거현(仙居縣), 천태현(天台縣), 황암현(黃岩縣), 우두(牛頭, 소머리) 등도 표기되어 있다.

그러면 『삼국사기』를 중심으로 신라 초기의 정치적 성장에 대해 개관해
보기로 하자. 신라 시조 혁거세거서간(재위 BCE 57~CE 4) 8년(BCE 50)에 왜인(倭
人)이 군사를 이끌고 와서 변방을 침범하려 했다가, 시조의 신덕(神德)이 있
음을 듣고 도로 가버렸다. 17년(BCE 41)에 왕이 6부를 순행할 때 왕비 알영(閼
英)도 종행(從行)하였다. 백성에게 농상(農桑: 농사와 양잠)을 권하고 장려하며 토
지의 생산을 최대화하도록 했다. 19년(BCE 39)에 변한이 나라를 들어 항복하
였다. 21년(BCE 37)에 경성(京城)을 쌓아 이름을 금성(金城)이라 하고, 26년(BCE
32)에 궁실(宮室)을 지었다. 금성은 고구려의 왕검성과 같이 왕성(王城)을 뜻한
다. 36년(BCE 22)에 낙랑인이 군사를 이끌고 와서 침범했다가, 이 지방 사람
들이 밤에 문을 닫지 않고 노적(露積: 노적가리)이 들에 가득함을 보고 서로 도

적질을 하지 않는 '도(道)가 있는 나라'라며 부끄럽게 여겨 군사를 이끌고 돌아갔다. 53년(BCE 5)에 동옥저의 사자(使者)가 와서 좋은 말 20필을 바쳤다.[171]

신라 2대 남해차차웅(南解次次雄, 재위 4~24) 원년(4)에 낙랑 군사가 와서 두어 겹으로 금성을 에워쌌으나 얼마 안 되어 적이 물러갔다. 3년(6)에 시조의 묘(廟)를 세웠다. 5년(8)에 왕이 탈해(脫解)의 어짊을 듣고 장녀와 혼인하게 했다. 7년(10)에 탈해를 대보(大輔)로 삼아 군국정사(軍國政事)를 맡겼다. 11년(14)에 왜인(倭人)이 병선 백여 척을 보내어 해변의 민가를 노략질하므로 왕은 6부의 정예병을 발하여 막게 하였다. 낙랑이 급작스럽게 금성을 칠 때 밤에 유성(流星)이 적진에 떨어지자 적의 무리가 두려워하여 알천(閼川) 위에 물러가 진을 치고 돌무더기 20을 쌓아놓고 가버렸다.[172]

신라 3대 유리이사금(儒理尼師今·弩禮尼師今·儒禮王, 재위 24~57) 5년(28)에 왕이 국내를 순행하다가 굶주림과 추위로 죽어가는 노파를 보고는 자신을 질책하면서 관리에게 명하여 홀아비·홀어미·고아·자식 없는 노인·자활(自活)할 수 없는 병든 이 등을 보살피고 부양하게 했다고 전한다. 이에 이웃 나라에서도 소문을 듣고 오는 자가 많았다 한다. 민속이 즐겁고 편안해지자 비로소 왕이 '도솔가(兜率歌)'를 지었는데 유차사(有嗟辭)와 사뇌격(詞腦格)이 있었으며 이것이 가악(歌樂)의 시초였다. 『삼국유사』에는 유리이사금 때에 쟁기와 보습, 수레 등의 농기구가 제작되어 농업을 장려하였으며 얼음저장고도 만든 것으로 기록되어 있다.[173]

9년(32)에 여섯 부락의 명칭을 6부의 지방 행정구역으로 개편하고 각 지역의 지배귀족에게 성(姓)을 하사하였으며 중앙의 관제를 17등급으로 정비하였다. 변경된 6부의 명칭과 성(姓)은 다음과 같다. 양산부(楊山部)를 양부(梁部)로 개편하여 그 성을 이(李)로 하였고, 고허부(高墟部)를 사량부(沙梁部)로 개편하여 그 성을 최(崔)로 하였으며, 대수부(大樹部)를 점량부(漸梁部, 牟梁部)

로 개편하여 그 성을 손(孫)으로 하였고, 간진부(干珍部)를 본피부(本彼部)로 개편하여 그 성을 정(鄭)으로 하였으며, 가리부(加利部)를 한지부(漢祇部)로 개편하여 그 성을 배(裵)로 하였고, 명활부(明活部)를 습비부(習比部)로 개편하여 그 성을 설(薛)로 하였다. 또한 관직을 17등급으로 나누었다. 이벌찬(伊伐飡)을 1등급으로 하여 차례로 이척찬(伊尺飡), 잡찬(迊飡), 파진찬(波珍飡), 대아찬(大阿飡), 아찬(阿飡), 길찬(吉飡), 사찬(沙飡), 급벌찬(級伐飡), 대나마(大奈麻), 나마(奈麻), 대사(大舍), 소사(小舍), 길사(吉士), 대오(大烏), 소오(小烏), 조위(造位) 등 17등급이었다.[174]

왕이 6부를 정한 후 이를 둘로 나누어 왕녀(王女) 두 사람으로 하여금 각 부의 여자들을 통솔해 해마다 음력 7월 16일부터 6부의 마당에 모여 아침부터 밤까지 길쌈을 하게 하고, 음력 8월 15일에 심사해서 진 쪽에서 술과 음식을 장만하여 이긴 쪽에 사례하게 했다. 이때 노래와 춤, 놀이 등을 함께 즐겼는데 이를 가배(嘉俳)라 하였으니, 오늘날 추석의 기원이 되는 한가위[嘉俳]의 풍습이 여기서 시작되었다. 진 쪽에서 한 명의 여자가 일어나 춤을 추며 탄식하는 소리로 '회소 회소(會蘇會蘇)'라 하였는데, 여기서 '회소곡(會蘇曲)'이라는 노래가 나왔다고 한다.

신라 시조부터 3대 유리이사금까지 낙랑이 신라를 침범하는 기사가 계속 나오는데, 앞에서도 누차 언급했듯이—그리고 요서 지역의 낙랑 주민들이 세운 점제현신사비가 입증하듯이*—낙랑군은 한반도에 있은 적이 없으며 대륙 요서(遼西) 지역에 있었고, 반도에는 평양을 중심으로 (최씨)낙랑국(BCE 195~CE 37)이 있었다. 따라서 신라가 반도 동남부에 있었다면 당시 그

---

* 점제현신사비가 북경 근처 灤河 옆 갈석산에서 평양 근처 온천으로 옮겨진 것에 대해서는 북한 학자들에 의해 이미 검증됐다(본서 1장 미주 2 참조).

북쪽에는 (최씨)낙랑국·동예·남옥저가 있었고 또 그 북쪽에는 고구려가 있었으므로 요서 지역의 낙랑군이 신라의 북쪽 경계를 침범할 수 없는 지리적 구조였다. 요서 지역의 낙랑군이 신라를 침범할 수 있으려면 신라가 대륙에 있어야 했다. 유리이사금 13년(36)에 낙랑이 북쪽 경계를 침범하여 타산성(朶山城)을 함락시켰다고 한 낙랑은 요서 지역의 낙랑군을 말하는 것이고, 14년(37)에 고구려왕 무휼(無恤, 3대 大武神王)이 낙랑을 멸하니, 낙랑인 5천이 투항해 와서 6부에 나누어 살게 하였다고 한 낙랑은 (최씨)낙랑국을 말하는 것이다.

(최씨)낙랑국이 CE 37년에 멸망한 것은 고구려본기에도 기록되어 있다. 『삼국사기』에서 반도의 (최씨)낙랑국과 대륙 요서 지역의 낙랑군을 분명하게 구분하지 않고 그냥 '낙랑'이라고 해서 혼동을 야기한 것이다. 한편 유리이사금 17년(40)에 화려(華麗)·불내(不耐) 두 현(縣)의 사람이 공모(共謀) 연합하여 기병을 거느리고 신라의 북쪽 경계를 침범하므로 맥국(貊國)의 거수(渠帥)가 군사로써 곡하(曲河) 서쪽에서 가로막아 이를 깨뜨리니, 왕은 기뻐하여 맥국과 호의(好誼)를 맺었다고 기록되어 있다.[175] 화려·불내는 낙랑 동부 7현(縣) 중의 두 현을 일컫는 것이므로 요서 지역의 낙랑을 일컫는 것이다. 맥국역시 요서 지역에 있었으며 낙랑과 인접해 있었다. 말하자면 낙랑과 신라가 지리적으로 인접한 데서 그러한 일이 발생했고, 거기에 이 두 나라와 인접해 있는 맥국이 끼어들어 국면전환이 이루어진 것이다.

설령 신라가 반도 동남부에 있었고, 반도에 있는 (최씨)낙랑국이 신라를 침범했다고 가정하더라도 대륙의 요서 지역에 있는 맥국(貊國)이 어떻게 그 침범을 가로막을 수 있었겠는가? 유리이사금 17년(40)조의 기록이 성립되려면 낙랑과 신라와 맥국의 세 주체가 모두 대륙에 있어야, 그것도 인접한 지역에 있어야 한다. 한마디로 서로 인접해 있는 낙랑과 신라가 벌인 병정놀이에, 이 두 나라와 인접해 있는 맥국이 돌발변수로 작용해 국면전환이 이루어진 것이다. 앞서 백제의 경우에도 백제와 낙랑과 말갈(靺鞨)의 세 주체가 모두 대륙에 있어야, 그것도 인접한 지역에 있어야 『삼국사기』 권 제23 「백제본기」 제1 온조왕 8년조와 11년조의 기록이 성립될 수 있다고 지적한 바 있다.

다시 돌아가서, 신라 4대 탈해이사금(脫解尼師今, 재위 57~80) 3년(59)에 왜국(倭國)과 호의(好誼)를 맺고 예를 갖추어 교류했다. 7년(63)에 백제 2대 다루왕(多婁王)이 땅의 경계(地境)를 개척하여 낭자곡(娘子谷)에 이르러 사자(使者)를 신라에 보내어 회견하기를 청하였으나 왕은 가지 않았다. 그로 인해 8년(64), 10년(66), 14년(70), 18년(74), 19년(75), 20년(76) 6회에 걸쳐 신라의 서쪽 경계인 와산성(蛙山城)을 놓고 뺏고 빼앗기는 백제와의 공방전이 계속되다가, 백제 3대 기루왕(己婁王) 29년(105)에 백제가 신라에 사신을 보내와 화친을 맺음으로써 양국간의 전쟁은 일단 중단되었다. 9년(65)에 계림(雞林)을 국호로 삼았다. 21년(77) 아찬 길문(吉門)이 가야병(加耶兵)과 황산율구(黃山津口)에서 싸워 획득한 적군의 수급(首級)이 2천여 급이었다.[176]

신라 5대 파사이사금(婆娑尼師今, 재위 80~112) 3년(82)에 "관서(官署, 有司)로 하여금 농사와 양잠(農桑)을 권하고 전구(戰具)를 단련하여 불의의 일에 대비케 하라" 하였다. 6년(85)에 백제가 변경을 침범하였다. 15년(94)에 가야(加耶)가 마두성(馬頭城)을 공격하여 포위하므로 아찬 길원(吉元)을 보내어 기병 1천을 이끌고 가서 쳐 쫓았다. 17년(96)에 가야인이 남쪽 경계를 침습하므로 그곳 성주(城主)를 보내어 막게 하였으나 전사하자 왕이 용사 5천을 거느리고 나가 싸워 적을 깨뜨리니 노획물이 매우 많았다. 18년(97)에 왕이 군사를 일으켜 가야를 치려 할 때 가야 국왕이 사신을 보내어 죄를 청하므로 그만두었다. 23년(102)에 음즙벌국(音汁伐國)을 병합하였고, 실직국(悉直國)·압독국(押督

國)이 투항하여 왔다. 26년(105)에 백제가 사신을 보내어 화친을 청하였다. 27
년(106)에 마두성주(馬頭城主)에 명하여 가야를 쳤다. 29년(108)에 비지국(比只
國)·다벌국(多伐國)·초팔국(草八國) 등을 병합하였다.[177]

　백제·왜(倭)로부터의 침략과 김수로왕(金首露王)이 건국한 가락국(駕洛國)을
중심으로 6가야(六伽耶)가 출현하여 계속해서 신라를 공격해 오는 가운데서
도 신라는 초기에 주변에 있었던 소국들을 병합하면서 점차 세력을 확장하
였다. 이들 소국들은 신라 지방의 행정구역이 되거나 제후국이 되기도 했지
만, 점차 왕권이 강화되고 중앙집권적 통치 체제가 정비되면서 모두 군(郡)·
현(縣)으로 편입되었다. 이들 소국들의 지리적 위치에 대해서는 통상 반도인
것으로 전제하고 있으나 신라의 역사는 고립된 한 나라의 역사가 아니라 고
구려·백제·가야는 물론 (최씨)낙랑국·낙랑군·왜(倭)·말갈과 중원의 대륙사와
연계되어 있기 때문에 그러한 지리적·관계론적 구도 속에서 입체적으로 고
찰해야 역사적 진실이 드러날 수가 있다.

　그러자면 우리 동이족의 뿌리와 중원의 대륙사와 왜(倭)의 역사 전반에 대
한 통시적(通時的)/공시적(共時的) 고찰이 요구된다. 한국학이란 콘텐츠에는
역사 속의 다양한 주체들과의 지리적·관계론적 구도 속에서 면면히 이어져
온 한민족의 사상적 정수(精髓)가 담겨 있어야 생명력이 있는 것이다. 대륙
과의 맥락 속에서만이 이해될 수 있는 문헌학적·고고학적·천문학적 및 각
종 사료(史料)상의 검증 결과가 산재해 있음에도 신라의 역사를 처음부터 반
도에 가둬버리는 '터널 역사관'에 빠지게 되면 역사 속의 다양한 주체들과의
지리적·관계론적 구도가 드러날 수가 없다. 신라의 역사에 대해서도 열린
시각을 가져야 하는 이유다.

　신라 6대 지마이사금(祇摩尼師今, 재위 112~134) 4년(115)에 신라가 가야의 남쪽
경계를 침입한 데 이어, 신라왕이 친히 가야를 치려고 진격하였으나 복병(伏

兵)을 만나 뜻을 이루지 못하고 돌아왔다. 12년(123)에 왜국(倭國)과 강화하였다. 14년(125) 정월에 말갈(靺鞨)이 신라 북쪽 경계에 쳐들어와 관리와 백성을 죽이고 노략질했으며, 7월에 또 쳐들어오므로 신라가 백제에 원병을 요청하여 다섯 장군을 보내오니 적이 듣고 물러가버렸다고 기록되어 있다.[178] 신라가 반도의 동남부에 있었다면, CE 125년이면 한반도 북부는 고구려가 차지하고 있었는데 어떻게 말갈이 고구려의 영토를 통과하여 신라의 북쪽 경계를 침범할 수 있었겠는가? 따라서 말갈이 신라의 북쪽 경계를 침범한 기록이 성립되려면 신라는 대륙에 있어야 한다. CE 137년(일성이사금 4, 6년)에 말갈이 신라의 변방 경계에 들어와 장령(長嶺)의 오책(五柵)에 불 지르고 노략질한 것도 대륙에 있어야 가능한 일이다.

신라 8대 아달이사금(阿達尼師今, 재위 154~184) 4년(157)에 감물(甘勿)·마산(馬山)의 두 현(二縣)을 처음으로 두었다. 12년(165)에 아찬 길선(吉宣)이 모반하다가 발각되자 백제로 도망하였고, 돌려보내라는 신라의 요구에 백제가 응하지 않음으로써 신라와 백제의 관계는 다시 악화되었다. 14년(167) 7월에 백제가 신라 서쪽의 두 성을 공격하여 백성 1천을 사로잡아 갔다가 8월에 신라가 백제를 반격하자, 잡아갔던 백성을 돌려보내며 화친을 청하였다.[179] 신라 9대 벌휴이사금(伐休尼師今, 184~196) 2년(185)에 소문국(召文國)을 쳤다. 5년(188), 6년(189), 7년(190)에 일진일퇴하는 백제와의 공방전이 계속되었다.

11대 조분이사금(助賁尼師今, 재위 230~247) 2년(231) 이찬(伊飡) 우로(于老)를 대장군(大將軍)으로 삼아 감문국(甘文國)을 쳐서 그 땅을 군(郡)으로 삼았다. 3년(232)에 왜인(倭人)이 침략하여 금성을 에워싸므로 왕이 친히 나아가 싸우며 도주하는 적을 추격하여 1천여 수급(首級)을 획득하였으며, 4년(233) 5월에 왜병(倭兵)이 신라의 동쪽 변경을 침범하였고, 7월에도 왜인과의 싸움이 이어져 적병(賊兵)들이 모두 죽었다. 7년(236)에 골벌국(骨伐國) 왕 아음부(阿音夫)가 무리를 거느리고 와서 항복하므로 저택과 장원을 주어 안거(安居)케 하고 그 곳을 군(郡)으로 삼았다. 11년(240)에 백제가 신라의 서쪽 변경을 침략하여 노략질했다. 16년(245)에 고구려가 신라의 북쪽 변방을 침략하여 우로(于老)가 군사를 거느리고 나아가 쳤으나 이기지 못하였다.[180]

백제와 가야, 그리고 왜(倭)로부터의 잦은 침략이 있는 데다가 고구려의 침략까지 받게 되자, 신라는 12대 첨해이사금(沾解尼師今, 재위 247~261) 2년(248)에 고구려에 사신을 보내어 화친을 맺었으며, 3년(249)에는 정청(政廳)인 남당(南堂)을 지었다.[181] 점차 고구려에 의존적이 되면서 17대 내물이사금(奈勿尼師今·奈勿麻立干, 재위 356~402) 37년(392)에는 이찬(伊湌) 대서지(大西知)의 아들이자 13대 미추왕(味鄒王)의 사위인 실성(實聖)을 고구려에 볼모로 보냈으며,[182] 44년(399)에는 왜(倭)의 침공을 받자 고구려에 원병을 요청하여 이듬해 고구려가 군사 5만을 보내와 왜군을 격퇴했다고 광개토대왕릉 비문에 나와 있다. 18대 실성이사금(實聖尼師今·實聖麻立干, 재위 402~417) 11년(412)에는 내물왕의 아들 복호(卜好)를 고구려에 볼모로 보냈다.[183]

19대 눌지마립간(訥祇麻立干, 재위 417~458) 34년(450)에 실직(悉直)에 와서 사냥하는 고구려의 변방 장수를 신라가 습격하여 살해하자, 고구려왕이 노하여 군사를 일으켜 신라의 서쪽 변경을 침략하였으며, 38년(454)에는 고구려가 신라의 북쪽 변경을 침범하였다. 39년(455)에 고구려가 백제를 침략하자 신라가 군사를 보내어 구원하였다.[184] 이후 신라는 백제와 화친을 맺고 고구려의 남진정책에 연합전선을 형성했다. 22대 지증마립간(智證麻立干, 재위 500~514) 3년(502)에 국왕의 장례에 순장(殉葬)을 금하였으며, 각주 군주(郡主)에게 명하여 농사를 권장케 하고, 우경(牛耕)을 처음으로 실시했다. 4년(503)에 국호를 신라(新羅)로 정하고 왕(王)이라는 칭호를 사용함으로써 지증마립간이 지증왕(智證王)이 되었다.

지증왕 5년(504)에 상복법(喪服法)을 제정 반포하여 예제(禮制)를 정비하였으며, 파리(波里)·미실(彌實)·진덕(珍德)·골화(骨火) 등 12성(城)을 쌓아 국방을 강화하였다. 6년(505)에 국내 주(州)·군(郡)·현(縣)의 제도를 정하고 실직주(悉直州)를 두어 이사부(異斯夫)를 그곳의 군주(軍主)로 삼으니 '군주'라는 이름이 여기서 시작되었다. 또한 처음으로 국가에 얼음을 저장하는 기구를 두었으며, 선박의 이용을 제도화하였다. 10년(509)에 동시(東市)를 설치하였으며, 13년(512)에는 우산국(于山國 혹은 鬱陵島)을 복속하였다. 15년(514)에 아시촌(阿尸村)에 소경(小京)을 두고, 6부와 남쪽 지방의 민호(民戶)를 이주시켰다.[185] 이처럼 각종 제도의 정비를 통하여 신라는 비교적 정치적 안정을 누리며 사회경제적으로도 급속하게 발전하게 된다.

23대 법흥왕(法興王, 재위 514~540) 4년(517)에 병부(兵部)를 두었으며, 7년(520)에 율령(律令)을 반포하고 처음으로 백관(百官)의 공복(公服)을 제정하였다. 15년(528)에 이차돈(異次頓)의 순교를 계기로 불교를 공인함으로써 고대국가의 이념적 기초를 마련하고 왕권을 강화하였다. 18년(531)에 지금의 재상(宰相)과 같은 상대등(上大等)의 직위를 신설하고 이찬(伊湌) 철부(哲夫)를 임명해 국정을 총괄케 했다. 19년(532)에는 금관가야(金官加耶·本加耶) 김구해(金仇亥) 왕이 비(妃) 및 세 아들과 함께 국고(國庫) 보물을 가지고 신라에 투항하자 금관가야의 옛 땅을 식읍(食邑)으로 주고 상등(上等)의 지위를 부여하였다. 23년(536)에는 처음으로 독자적인 연호를 사용하여 건원(建元) 원년으로 하였다.[186] 이처럼 법흥왕 대에 이르러 신라는 통치 체제 정비, 율령 반포, 독자적인 연호 사용, 외교와 국방 강화, 불교 공인 등을 통해 왕권을 강화하고 중앙집권적 고대국가 체제를 완성하였다. 이로써 신라는 국력이 크게 신장되고 문화적으로도 융성하게 되었다.

삼국통일의 초석이자 원동력이 된 두 가지를 든다면 화랑도(花郎徒·國仙徒·

風月徒·源花徒·風流徒)와 원효(元曉) 대사의 화쟁사상(和諍思想)을 들 수 있을 것이다. 화랑도와 화쟁사상은 신라의 국난극복과 국론통일에 크게 기여했다. 화랑도의 수양방식은 '유오산천(遊娛山川) 무원부지(無遠不至)'라는 말이 잘 대변해 준다. 명산대천을 찾아다니며 심신을 연마하고 무예를 단련하며 멀리 이르지 아니한 곳이 없었다. 일찍이 단군께서도 사해(四海)를 널리 순행하며 모든 종족과 믿음을 돈독히 하고 돌아와 부도(符都)를 세웠다. 『부도지』제12장에서는 '백 년 사이에 가지 않은 곳이 없었다(百年之間 無所不往)'고 적고 있다.

화랑들의 순행은 단군시대로부터 전승된 것이다. 13세 단군 흘달(屹達)편에는 소도(蘇塗)가 화랑들이 활동하는 근거지임을 알 수 있게 하는 기록이 있다. 흘달 20년(BCE 1763)에 "소도(蘇塗)를 많이 설치하고 천지화(天指花)를 심었다. 미혼의 자제들로 하여금 독서와 활쏘기를 익히게 하며 이들을 국자랑(國子郞)이라 불렀다. 국자랑이 나가서 다닐 때 머리에 천지화를 꽂았으므로 사람들이 천지화랑(天指花郞)이라고도 불렀다"[187]고 기록되어 있다. 실로 화랑의 역사는 소도(蘇塗)의 역사만큼이나 오래된 것이다. "신라 화랑은 제의(祭儀)를 관장하던 집단에서 유래한 원화(源花)를 그 선행 형태로 하고 있다"[188]고 볼 수도 있다. 박창화의 『화랑세기(花郞世記)』는 화랑집단 우두머리의 칭호가 풍월주(風月主)에서 국선(國仙)으로, 그리고 국선인 화랑이라는 의미로 생겨난 선화(仙花)의 순서로 등장했음을 알려준다.[189]

24대 진흥왕(眞興王, 재위 540~576) 37년(576)조에 따르면 진흥왕 때 설치된 화랑도는 기존의 화랑도를 국가 조직 속으로 편입시켜 체계적으로 인재를 양성하고 국가에 등용하는 일종의 정치적 충원집단으로서의 성격을 띤 것이었다. "처음에 군신(君臣)이 인재를 알지 못함을 유감으로 여기어 사람들을 끼리끼리 모으고 떼지어 놀게 하여 그 행실을 보아 거용(擧用)하려 하였다"하고, 이들은 "서로 도의를 닦고, 서로 가악(歌樂)으로 즐겁게 하고, 명산대천

(名山大川)을 찾아 멀리 가보지 아니한 곳이 없으며, 이로 인하여 그들 중에 나쁘고, 나쁘지 아니한 것을 알게 되어, 그 중의 착한 자를 가리어 조정에 추천하게 되었다"고 적고 있다. 또한 김대문(金大問)의 『화랑세기(花郞世記)』를 인용하여 "현좌(賢佐, 賢相)와 충신이 이로부터 솟아나고, 양장(良將)과 용졸(勇卒)이 이로 말미암아 나왔다"고 적고 있다.[190]

『삼국유사』에는 '무리를 뽑아서 그들에게 효제(孝悌)와 충신을 가르쳐 나라를 다스리는 데 대요(大要)로 삼는다'고 하였다. 화랑의 정신적 중추를 이룬 것은 원광법사(圓光法師)가 귀산(貴山)·추항(箒項) 두 화랑에게 전한 세속오계(世俗五戒, 花郞五戒), 즉 사군이충(事君以忠)·사친이효(事親以孝)·교우이신(交友以信)·임전무퇴(臨戰無退)·살생유택(殺生有擇)이다. 그것의 이념적 연원은 『삼국사기』 권 제4 「신라본기」 제4 진흥왕 37년조에 실린 최치원(崔致遠)의 난랑비서(鸞郎碑序)에 나와 있다. "나라에 현묘(玄妙)한 도(道)가 있으니 이를 풍류(風流)라 한다. 그 가르침의 기원은 선사(仙史)에 상세히 실려 있으며, 그 내용은 유(儒)·불(佛)·선(仙) 삼교(三敎)를 포함한다"는 것이 그것이다.

다음으로 화쟁사상은 7세기 삼국통일을 전후한 시기에 신라의 국론통일에 크게 기여했다. 화쟁사상을 주창한 원효는 진리가 당략(黨略)으로 전락하던 시대에 분열의 죄악성과 융화의 당위성을 설파함으로써 신종교운동·신사회운동을 통해 삼국통일의 철학적·사상적 기초를 마련했다. 한편으론 비(非)종파주의적 전제에 입각하여 경(經)·율(律)·논(論)의 삼장(三藏) 전체를 섭렵하고 불가(佛家)의 철학적 두 대종(大宗)인 공론(空論)과 유론(有論)을 관통하는 원융회통(圓融會通)의 사상을 정립시킨 위대한 종교지도자요 혁명적 사상가이며 또한 대논사(大論師)로서, 다른 한편으론 성속일여(聖俗一如)의 정신을 몸소 구현하여 '일체무애인(一切無碍人) 일도출생사(一道出生死)'의 뜻을 담은 무애가(無碍歌)를 지어 부르면서 두타행으로 천촌만락(千村萬落)을 주행하며 이를 유포시켜 대중을 불법(佛法)에 귀의하게 만들었던 진속원융무애론자(眞俗圓融無碍論者)로서, 그는 일체의 형식적이고 교조적인 낡은 종교적 관습에서 벗어나 모든 중생과 하나가 되어 중생교화(衆生敎化)의 이상을 실천하고자 했다. 이러한 중생교화의 실천에 있어 그는 신라인과 고구려·백제 망민(亡民)을 결코 차별하지 않았다. 이는 바로 그의 화쟁총화정신의 발로요 화쟁사상의 실천이었던 것이다.

원효는 그의 『열반종요(涅槃宗要)』에서 화쟁의 대의를 설하면서, 여러 종파의 모든 경전들을 통합하여 무수한 진리의 가지들을 하나의 진리로 되돌리고 불타(佛陀) 사상의 지극한 공평함을 열어 백가의 이쟁(異諍)을 화해[191]하고자 했다. 화쟁사상을 펼쳐 보인 가장 대표적인 저서라 할 수 있는 『십문화쟁론(十門和諍論)』 서문에서 그가 화쟁의 필요성을 절감하고 종파주의의 전개에 대한 자신의 견해를 개진한 것은, 부처 생존 시에는 부처의 큰 가르침에 힘입어 서로 다툼이 없었으나 불멸(佛滅) 후 여러 가지 쓸데없는 이론과 견해들이 범람하게 되면서 참된 진리가 가려진 데 따른 것이다. 특히 그는 화쟁론에서 교리적 배타성은 진리의 편린에 대한 자아 집착의 형태에 불과하며 그런 까닭에 결국 진리의 본체를 놓치게 된다는 사실을 보여주고자 했다. 그리하여 그는 『열반종요』에서 "하나가 아니므로 능히 제문(諸門)이 합당하고, 다르지 아니하므로 제문(諸門)이 한 맛으로 통한다"[192]고 하였다. 화쟁의 비밀은 일심(一心)에 있는 까닭에 그는 '귀일심원(歸一心源)', 즉 '일심의 원천으로 돌아가라'고 하였다. 『십문화쟁론』에서도 일심의 원천으로 돌아가면 평등 무차별한 경계가 나타남을 보여주고 있다.[193]

화쟁사상은 우리 민족이 사상적 이질성을 초월하여 민족통합을 이룩하고 나아가 평등하고 평화로운 세계를 창조하는 토대가 될 수 있다. 말하자면 사상이나 계급, 인종에 편벽하여 구애됨이 없는 에큐메니컬(ecumenical)한 정신을 이끌어냄으로써 모든 정치사회를 관통하는 회통(會通)의 정치이념과 조우할 수 있게 한다. 그럼에도 이들의 사상이 오히려 고원(孤遠)하게만 느껴지는 것은 우리 시대의 도덕적 타락이 너무 깊기 때문인지도 모른다. 진리가 언어로 전달될 수 없다고 하는 것은 우리 인류가 지난 2천여 년 동안 합리적 지식이 엄청나게 늘어났음에도 불구하고 별로 더 현명해지지 못했다는 사실이 이를 입증한다. 그것은 편착이 낳은 분별지(分別智)로 인해 진리가 가려진 까닭이다. 일체의 미망은 모두 여기서 비롯되며 그로 인해 상호각쟁(相互角爭)을 일삼게 되는 것이다. 원효의 사상에는 고금을 통하고 역사를 초월하며 민족과 종교의 벽을 뛰어넘는 보편성이 있다. 화쟁사상은 우리 인류가 시대적·사상적·종교적 질곡에서 벗어나 유기적 생명체 본연의 통합적 기능을 회복하게 함으로써 진정한 역사발전의 동력이 될 수 있게 할 것이다.

다음으로 가야(加耶) 초기의 정치적 성장에 대해 고찰하기로 한다. 가야에 관한 역사서로는 고려 문종(文宗) 때 금관주지사(金官州知事)를 지낸 문인이 『가락국기(駕洛國記)』를 소찬(所撰)하였다는 기록이 있으나 현재는 전하지 않고, 다만 거기서 발췌한 소략(疏略)한 내용만이 『삼국유사』「가락국기」에 전하고 있다. 「가락국기」에 따르면 가야가 아직 나라 이름이 없고 군신의 칭호도 없던 때에 아도간(我刀干)·여도간(汝刀干)·피도간(彼刀干)·오도간(五刀干)·유수간(留水干)·유천간(留天干)·신천간(神天干)·오천간(五天干)·신귀간(神鬼干) 등의 9간(干)이 있어, 이들이 추장(酋長)이 되어 인민을 거느리니 그 수효가 1백 호 7만 5천 명이었다고 기록하고 있다. 그때의 생활방식은 단순해서 산야(山野)에 도읍하여 우물을 파서 마시고 밭을 갈아서 먹고 살았다. 「가락국기」에는 6가야의 시조에 관한 건국 설화가 다음과 같이 전해져 온다.

후한(後漢) 세조광무제(世祖光武帝) 건무(建武) 18년(CE 42) 임인(壬寅) 3월 계락일(禊洛日·禊浴日: 고대 駕洛國에서 해마다 하늘에 지내던 제사일)에 그곳 북쪽 구지(龜旨)에서 무엇을 부르는 이상한 소리가 있어 이삼백 명이 모였다. 형상은 보이지 않고 소리만 내어 말하기를, "황천(皇天)이 내게 이곳에 와서 나라를 새롭게 하여 임금이 되라 명하였으므로 이곳에 일부러 내려왔으니 너희들은 마땅히 구지봉 정상에서 흙을 파면서 '거북아, 거북아 머리를 내밀어라. 내밀지 않으면 구워 먹으리' 하고 노래하며 춤을 추면 임금을 맞이할 것이라 하였다. 이에 간(干)들이 그 말을 좇아 행하였더니, 하늘에서 붉은색 보로 싼 황금 상자가 내려왔다. 상자 안에는 해와 같이 둥근 여섯 개의 황금알이 있었는데, 그 여섯 알(卵)이 화(化)하여 여섯 명의 동자가 되더니 10여 일을 지나자 신장이 9척이나 되었으며 성군(聖君)의 풍모를 띠었다. 그달 보름날에 즉위하였다. 처음으로 나타났다고 하여 휘(諱)를 수로(首露)라 하고 나라를 대가락(大駕洛) 또는 가야국이라고도 일컬으니 곧 6가야의 하나요, 나머지 5인은 각각 가서 5가야의 주(主)가 되었다.[194]

가야는 문헌상의 기록에 따라 가야(加耶·伽耶·伽倻)·가라(加羅)·가락(駕洛)·구야(狗邪)·임나(任那) 등 여러 명칭으로 전해지고 있다. 위의 건국 설화에서 보듯이 가야는 광무제 18년인 CE 42년에 건국되었다. 김수로(金首露) 등 가야 시조의 난생설화(卵生說話)는 고구려 시조 고주몽·신라 시조 박혁거세·신라 4대 임금 석탈해(昔脫解)·경주 김씨 시조 김알지(金閼智) 등의 난생설화와 유사하며 모두 왕권을 신성시하고 왕권에 초인적 권위를 부여한다는 점에서 일맥상통한다. 또한 가야는 삼국과 마찬가지로 경천숭조(敬天崇祖)의 보본사상(報本思想)을 고조선으로부터 계승하여 하늘과 조상께 제사 지내며 근본에 보답하는 마음을 이어나갔다. 김수로왕은 배를 타고 온 아유타국(阿踰陀國)의 공주 허황옥(許黃玉)과 결혼했다.

가야국은 한(韓)의 지배를 받던 변한지역의 12국이 독립하면서 구야국(狗邪國)을 중심으로 하여 형성되었다. 이는 한(韓)의 일국이었던 백제국(伯濟國)이 후에 백제국(百濟國)으로 성장하면서 한(韓)의 세력이 약화되고 통치력을 잃게 된 데 따른 것이다. 구야국은 김수로를 시조로 받들어 본가야(本加耶), 즉 금관가야로 발전하였으며, 금관가야 밑에 고령가야(古寧加耶)·대가야(大加耶)·아라가야(阿羅加耶)·성산가야(星山加耶)·소가야(小加耶) 등 5가야가 있었다. 건국 초에는 금관가야(가야국)의 중요한 정책이 왕 아래에 있는 9간(干)회의에서 결정되고 국왕 추대도 이 회의에서 이루어졌던 것으로 보인다.

　김수로왕이 국가체제를 정비하면서 9간의 명칭도 가야국의 위상에 걸맞게 바꾸었다. 아도(我刀)는 아궁(我躬)으로, 여도(汝刀)는 여해(汝諧)로, 피도(彼刀)는 피장(彼藏)으로, 오도(五刀)는 오상(五常)으로, 유수(留水)는 유공(留功)으로, 유천(留天)은 유덕(留德)으로, 신천(神天)은 신도(神道)로, 오천(五天)은 오능(五能)으로 개칭하고, 신귀(神鬼)는 음은 그대로 두고 그 훈(訓, 뜻)만 고쳐 신귀(臣貴)로 개칭하였다.[195] 이들 9간에 대해서는 개정된 명칭 외에 구체적인 직분(職分)이나 사회정치적 기능에 대해 전해지지 않고 있지만, 전한(前漢) 시대의 아홉 관직, 즉 태상(太常)·광록훈(光祿勳)·위위(衛尉)·태복(太僕)·정위(廷尉)·대홍려(大鴻臚)·종정(宗正)·대사농(大司農)·소부(少府) 등 9경(九卿)과 연결시켜 생각해 볼 수 있다. 또는 순 임금 시대의 아홉 관직, 즉 사공(司空)·후직(后稷)·사도(司徒)·사(士)·공공(共工)·우(虞)·질종(秩宗)·전악(典樂)·납언(納言) 등 9관(九官)과 연결시켜 생각해 볼 수도 있다.

　「가락국기」에는 수로왕이 신라의 직제(職制)를 취하여 각간(角干), 아질간(阿叱干), 급간(級干) 등 신라식의 고위 관제를 둔 데 이어 그 아래의 관료를 주(周)의 규례(規例: 규범과 예법)와 한(漢)의 제도로써 정하였는데, 이것이 혁고정신(革古鼎新: 옛것을 버리고 새것을 취함)하고 설관분직(設官分職: 관직을 설치하고 직분을

나눔)하는 도리라고 기록하였다. 가야국의 중앙관직으로는 천부경(泉府卿)·
사농경(司農卿)·종정감(宗正監) 등이 있었는데, 천부경(泉府卿)은 원래 주(周)
나라 시대 국가 경제, 특히 물가조절을 관장했던 관청 장관의 관직명이었
고,[196] 사농경은 고대 중국의 국가 재정을 관장했던 관청 장관의 관직명이었
다. 종정감(宗正監)의 '종정(宗正)'은 원래 주나라 관제의 소종백(小宗伯)인데 진
나라 때에 종정이라 하였고, 후한(後漢) 대 이후에는 종정경(宗正卿)이라 하였
으며, 왕실과 왕족의 일을 담당하고 모두 왕족으로 임명하였다고 한다.[197]
허황후 계통의 신보(申輔)와 조광(趙匡)이 각각 천부경(泉府卿)과 종정감(宗正監)
의 관직을 맡았다.

통상 가야는 한반도 남단에서 발원한 것으로 알고 있는데, 왜 유독 가야
국의 관직명이나 사람 이름에 중국계가 많은 것일까? 가야는 삼국의 건국
시기보다 늦은 CE 42년에 건국되었는데 신라보다는 99년 뒤이며, 당시 중
원은 후한(後漢·東漢, CE 25~220) 시대였다. 그래서인지 수로왕은 신라식의 고
위 관제를 둔 데 이어 그 아래의 관료를 주(周)의 규례와 한(漢)의 제도로써 정
하는 것이 새것을 취하는 것이며 관직을 설치하고 직분을 나누는 도리라고
하였다. 그렇다 하더라도 가야가 한반도 남단에 있었다면, 건국 초기에 대
륙과의 교류가 활발했던 것도 아닐 테고—수로왕이 건국 초에 신하들에게
직위와 명칭이 상스러운 시골뜨기(宵人野夫) 같다며 칭호를 개정한 데서도 알
수 있듯이—또 중국의 영향권 내에 있었던 것도 아닐 텐데 주나라의 규례와
한나라의 제도를 표준으로 삼았다는 것은 쉽게 수긍이 가지 않는 대목이다.

가야국은 변한지역의 제후국 가운데 구야국을 중심으로 독립하여 6가야
를 형성하였는데,[198] 6가야는 그 성격이 신라의 6촌(六村, 六部)과 비슷한 것이
었다. 『삼국지(三國志)』 권30 「위서(魏書)」 제30 변진전(弁辰傳)에는 변한(弁韓)
12국이 기록되어 있는데, 미리미동국(彌離彌凍國)·접도국(接塗國)·고자미동국

(古資彌凍國)·고순시국(古淳是國)·반로국(半路國)·낙노국(樂奴國)·미오야마국(彌烏邪馬國)·감로국(甘路國)·구야국(狗邪國)·주조마국(走漕馬國)·안야국(安邪國)·독로국(瀆盧國)[199] 등이 그것이다. 그렇다면 가야가 발원한 변한지역은 어디인가?

『후한서(後漢書)』 권85「동이열전(東夷列傳)」 제75 한전(韓傳)에서는 한(韓)에 세 종류, 즉 마한(馬韓), 진한(辰韓), 변한(변한·弁辰·변한)이 있었다며 각각의 위치에 대해 이렇게 기록하였다. 마한은 서쪽에 있으며 54국이 있었는데, 그 북쪽은 낙랑과 접하고 남쪽은 왜(倭)와 접한다고 하였고, 진한은 동쪽에 있으며 12국이 있었는데, 그 북쪽은 예맥과 접한다고 하였으며, 변진(변한)은 진한의 남쪽에 있으며 또한 12국이 있었는데, 그 남쪽은 또한 왜와 접한다고 하였다.[200] 앞서 고찰한 바와 같이 낙랑과 예맥은 대륙의 요서 지역이므로 왜(倭)도 대륙의 남쪽이어야 한다. 「태백일사」 제6 고구려국본기에는 당시 왜(倭)의 위치가 현재의 일본열도가 아니라 '회계군(會稽郡) 동쪽 동야현(東冶縣)의 동쪽(倭在會稽郡東 東冶縣之東)'[201]이라고 적시되어 있다. 『후한서』「동이열전」 왜전(倭傳)과 『삼국지』「위서」 왜인전(倭人傳)에도 왜(倭)가 '회계군 동야현의 동쪽에 있다(在會稽東冶之東)'[202]고 기록되어 있다.

회계군이 중국 절강성(浙江省)에 있는 회계산(會稽山)의 이름을 딴 지명이며 중국 춘추시대 월(越)나라의 본거지로 양자강 이남 지역이었다는 것은 앞서도 살펴보았다. 그렇다면 변한은 왜(倭)의 북쪽이니 양자강 북쪽에 있었던 것이 된다. 『삼국지』「위서」 한전(韓傳)에도 한(韓)은 대방(帶方)의 남쪽에 있으며(韓在帶方之南) 마한·진한·변한의 삼종(三種)이 있다[203]고 하였다. 여기서 '대방'은 지금의 하북성(河北省) 석문(石門)에 접해 있는 곳으로 비정된다. 석문은 현 하북성 성도(省都)인 석가장(石家庄)이다. 한(韓)의 위치가 대방의 남쪽이라고 하였으니 변한을 포함한 삼한의 위치는 하북성 이남 지역이다. 대방의 위치가 분명 반도가 아니라는 것은 앞서 백제 관련 논의에서 밝힌 바 있다.

그리고 변한의 위치가 강회(江淮), 즉 양자강과 회수(淮水) 사이 지역이라는 것은 앞서 신라 관련 논의에서 밝힌 바 있다.

그렇다면 신라와 가야 그리고 왜(倭)는 모두 양자상 유역의 변한지역을 중심으로 발원하여 가까운 반경 내에 있었던 것이 된다. 『후한서』 「동이열전」과 『삼국지』 「위서」 동이전에는 부여국·읍루(挹婁: 肅愼의 후예)·고구려·구려(句麗)·동옥저·예(濊)·한(韓)·진한·변진(弁辰, 弁韓)·왜(倭)가 같은 동이족의 범주로 기록되어 있다. 신라·왜·가야·백제가 인접해 있었다는 사실은 『삼국사기』 「신라본기」 기사 내용을 통해서도 알 수 있다. CE 64년(脫解尼師今 8년) 신라가 백제로부터 와산성(蛙山城)과 구양성(狗壤城)을 침략당한 이후 20여 년간에 걸쳐 신라와 백제는 잦은 전쟁을 벌였고, 주로 백제와 가야계통인 왜(倭)는 독자적으로 신라를 침략하기도 했고 또 백제나 가야와 연합전선을 펴서 침략하기도 했는데 이는 네 나라가 서로 가까운 반경 내에 있었음을 시사한다.

가야와 신라의 전쟁은 CE 77년(신라 4대 탈해이사금 21년)²⁰⁴부터 시작되었으니, 건국한 지 불과 35년 만의 일로 국가체제가 채 정비되기 전이었다. 신라와 싸워 크게 패한 가야는 CE 94년(신라 5대 婆娑尼師今 15년)에 신라의 마두성(馬頭城)을 공격한 데 이어, CE 96년(파사이사금 17년)에는 신라의 남쪽 경계를 침습하여 그곳 성주(城主)를 전사케 하였으나 반격을 가해오는 신라에 결국 패하였고, CE 97년(파사이사금 18년)에는 신라가 군사를 일으켜 가야를 치려 하므로 사신을 보내어 일단 무마되었다. CE 106년(파사이사금 27년)에는 신라 마두성주(馬頭城主)가 가야를 쳤고, CE 115년(신라 6대 祗摩尼師今 4년)에는 신라가 가야의 남쪽 경계를 침입한 데 이어, 신라왕이 친히 가야를 치려고 진격하였으나 복병을 만나 뜻을 이루지 못하고 돌아갔다. 이후 CE 481년(신라 21대 炤知 麻立干·毗處麻立干 3년)에는 고구려 장수왕의 남침을 계기로 가야·백제·신라는

연합군을 편성하여 고구려의 남진정책에 대항하기도 했다.[205]

이렇게 볼 때 가야는 백제·신라·왜와 연결된 구도 속에서 고찰해야 역사적 진실이 드러날 수 있다. 앞서 고찰한 바와 같이 신라·백제는 대륙을 주 강역으로 하였고—또한 그 시기나 내력이 분명치는 않지만—반도에도 역시 신라·백제가 존재했던 것으로 보인다. 이에 대한 규명은 앞으로의 연구과제이다. 중국 역대 왕조의 정사(正史)로 인정되는 25사(史)와 「태백일사」 고구려국본기에서 적시하고 있듯이 왜(倭) 또한 대륙의 양자강 이남에서 일어나 백제·신라·가야 등과 교류하며 정치적 성장을 해 나갔던 것으로 보인다. 백제가 660년에 망하고 그 지배집단이 일본열도로 건너가 백제가 '일본'이라는 국호로 부활하면서 열도가 왜(倭)의 본거지로 인식되게 된 듯하다. 물론 그 이전부터 해양제국 백제가 '담로'를 파견하여 그 지역을 직할 통치했다는 것은 앞서 살펴본 바이다.

백제·신라·왜의 주 강역은 대륙에 있었고, 또 반도와 열도에도 백제·신라·왜가 있었다. 『삼국사기』의 기사 내용으로나 고고학적 자료 등으로 볼 때 가야국은 이들 나라와 별개로 존재했을 수는 없다. 그렇다면 가야국은 이들 나라와 함께 대륙에 있었고, 또 반도에도 있었던 것으로 보인다. 반도에도 있었다면 언제부터 있었던 것일까? 금관가야는 김해, 대가야는 고령, 아라가야는 함안, 고령가야는 진주(혹은 함창), 성산가야는 성주, 소가야는 고성지역에 있었던 것으로 우리는 알고 있지 않은가. 가야의 역사와 문화에 대한 규명 역시 앞으로의 연구과제이다. 특히 가야인들이 진출한 일본 큐슈(九州) 지역에 비교적 풍부하게 남아 있는 고고학적 자료를 바탕으로 가야사와 그 문화에 대한 복원작업이 이루어져야 한다. 그리고 변한지역과 왜(倭)의 위치에 관한 중국 25사의 정사(正史) 기록이 분명히 존재하므로 '반도가야(半島加耶)'만을 고수하는 닫힌 시각에서 벗어나 '대륙가야'의 가능성에 대한 열린 시각을 가져야 한다.

「가락국기」의 내용이 너무 소략(疏略)하여 가야에 관한 상세한 내용을 알수는 없지만, 김수로왕을 시조로 하는 금관가야가 CE 42년에 건국되어 532년에 신라에 병합될 때까지 490년간 존속했고, 마지막으로 대가야가 562년에 신라에 병합될 때까지 520년간 존속*했다는 사실이 적시되어 있다. 특히 가야는 일찍이 철기 문화가 발달하여 철 생산과 철기 제작 기술이 널리 보급되었던 관계로 철제 농구를 사용한 농업이 매우 발달해 있었다. 가야 고분에서는 철제 무기류, 토기류, 금관 금동관, 장신구류, 마구류(馬具類) 등 다양한 유물이 출토됐다. 2019년 3월 '고령 지산동 32호분 출토 금동관'(보물 제2018호), '부산 복천동 22호분 출토 청동 칠두령'(보물 제2019호), '부산 복천동 38호분 출토 철제갑옷 일괄'(보물 제2020호) 등 가야 유물 3점이 동시에 보물로 지정되었다.

가야는 5백 년의 장구한 역사 속에서 찬란한 문화·문명을 꽃피우며 왜(倭)에도 진출하여 왜국의 구성과 사회조직 및 문화발전의 견인차 역할을 했다. 김수로왕이 사망한 후 가야의 왕족 및 지배집단은 대거 왜(倭)의 큐슈(九州)로 건너가 분국인 야마타이국(邪馬臺國, 2~3세기)을 세우고 본국과 교류하며 야마토(大和)정권이 들어서기 전까지 그곳을 지배했다. 일본 천왕계의 뿌리는 백제뿐만 아니라 가야와도 긴밀한 관계에 있었던 것이다. 야마타이국의 초대여왕 히미코(卑彌呼: 비미호)가 김수로왕의 차녀 묘견(妙見) 공주라는 주장도 있으며, 큐슈 간자키(神埼) 역에는 히미코 여왕 동상이 있고, 큐슈 남쪽 야쓰시

---

* 『三國史記』卷 第三十四,「雜志」第三, 地理 一, '高靈郡'條에는 "고령군은 본시 大伽倻國이다. 시조 이진아시왕(伊珍阿豉王 또는 內珍朱智)에서 마지막 왕인 도설지왕(道設智王)까지 16대 520년이다"라고 기록되어 있다.

로 지역에는 묘견 신사가 있다. 이러한 가야인들의 진취적인 기상과 사회정
치적 및 문화적 선진성에도 불구하고 우리 역사에서는 삼국이 중심 주제로
다루어지다 보니 가야는 경시되는 측면이 없지 않았다. 「가락국기」에 기록
된 가야국(금관가야) 10대 역대 연표[206]를 정리하면 〈표 9.4〉와 같다.

왕대 (王代)	재위년수 (年)	왕명 (王名)	즉위년도 (CE)
1	158	김수로왕(金首露王)	42
2	55	거등왕(居登王)	199
3	39	마품왕(麻品王)	253
4	56	거질미왕(居叱彌王)	291
5	62	이시품왕(伊尸品王)	346
6	15	좌지왕(坐知王)	407
7	31	취희왕(吹希王)	421
8	42	질지왕(銍知王)	451
9	30	겸지왕(鉗知王)	492
10	12	구형왕(仇衡王)	521

〈표 9.4〉 가야국 10대 역대 연표

금관가야를 포함한 6가야는 그 성격이 신라의 6부와 비슷했지만, 신라와
는 달리 중앙집권화를 통한 통일왕국을 세우기 전에 신라에 병합되었다. 가
야국의 맹주였던 금관가야가 신라와의 전쟁에서 패하여 건국된 지 491년만
인 532년에 가장 먼저 신라에 병합된 것을 시작으로 하여 차례로 신라에 병
합되었다. 신라 23대 법흥왕 19년(532)조에는 "금관가야(金官加耶·本加耶) 김구
해(金仇亥) 왕이 비(妃) 및 세 아들인 장남 노종(奴宗), 중남(仲男, 次男) 무덕(武德),
계남(季男, 막내) 무력(武力)과 함께 국고(國庫) 보물을 가지고 신라에 투항하자
왕은 이들을 예로 대접하고 상등(上等)의 지위를 부여하고 금관가야의 옛 땅
을 식읍(食邑)으로 삼게 하였으며, 그 아들 무력은 조정에 벼슬하여 각간(角

干)에까지 이르렀다"[207]고 기록되어 있다. 삼국통일에 있어 중추적인 역할을 담당했던 김유신(金庾信)은 금관가야 김수로왕의 12대손[208]이자, 금관가야의 마지막 왕인 구형왕(仇衡王, 仇亥王)의 증손이었다.

후기 가야의 맹주인 대가야는 건국된 지 520년 만인 562년에 신라에 병합됨으로써 마침내 가야는 모두 신라의 영토가 되었다. 신라 24대 진흥왕 23년(562)조에는 "왕이 이찬(伊湌) 이사부(異斯夫)에게 명하여 대가야를 칠 때 나이 십오륙 세인 사다함(斯多含)이 그를 돕게 되었다. 사다함이 5천 기병을 거느리고 먼저 전단문(栴檀門)으로 달려 들어가 백기(白旗)를 세운즉, 성중(城中) 사람들이 두려워하여 어찌할 바를 모르고 있을 때 이사부가 군사를 이끌고 이어 임하니, 성중(城中)이 일시에 죄다 항복하였다. 전공(戰功)을 논하매 사다함이 으뜸이었다. 왕이 양전(良田)과 부로(俘虜, 포로) 200명을 상으로 주니 사다함이 재삼 사양하다가 왕이 굳이 주자 이를 받아 생구(生口, 포로)는 다 놓아주고 전(田)은 전사들에게 나누어 주니, 나라 사람들이 이를 칭송하였다"[209]고 기록되어 있다. 신라는 가야 유민들을 백성으로 받아들이고 왕족을 신라의 진골 귀족으로 편입시켜 왕족에 준하는 대우를 받게 하였다. 대가야 출신인 우륵(于勒)은 대가야(大加耶) 가실왕(嘉實王)의 뜻을 받들어 12현금(絃琴: 가야금)을 만들어 12곡을 지었는데, 551년(진흥왕 12)에 신라에 투항했다.

가야가 멸망한 원인으로는 중앙집권화를 통한 강력한 통일왕국을 세우지 못한 점, 김수로왕이 사망한 후 왕족을 비롯한 지배집단이 왜(倭)로 건너가 분국인 야마타이국을 세우는 과정에서 너무 많은 인적 및 물적 자산이 왜(倭)로 유출되면서 본국의 권력 누수 현상이 일어나 주변국의 공략 대상이 된 점, 가야의 중계무역을 제치고 신라·백제의 왜(倭)와의 직접 무역에 따른 가야의 경제적 기반 약화와 국론분열 및 각종 사회분열 현상으로 국력이 소진된 점, 그리고 가야의 분국인 야마타이 정권이 붕괴되고 4세기에 들어 야마토(大和)정권이 백제와 깊은 유대관계를 형성함으로써 배후세력의 하나를 잃은 데다가 백제와 신라의 영토 확장 정책의 희생물이 된 점[210] 등을 들 수 있다.

그런데 일본 역사교과서에는 '일본 최초의 통일 국가인 야마토정권이 4세기 후반에 한반도에 진출해서 6세기 중엽까지 임나일본부(任那日本府)라는 관청을 설치하고 약 200년간 남한을 지배했다'고 기술하고 있다. 일인들은 한국이나 중국의 문헌에서는 찾아볼 수 없는 진고(神功)라는 여인이 남장을 하고 신라를 위시하여 한국을 정벌했다는 전설과 일본이라는 국명도 생기기 수백 년 전에 임나일본부라는 기관을 설치하고 수백 년 동안 한반도의 남부를 지배했다는 역설을 조작해 놓고서 도리어 한국의 사가(史家)가 그런 기록을 없애버렸다고 터무니없는 주장을 하여 오랫동안 논란이 되어 왔다.

「일본서기(日本書紀)」오진기(應神記) 28년 6월조에 고구려 장수왕이 일본에 보낸 국서에 '고구려왕이 왜왕에게 교(敎)한다'고 써 보낸 사례를 보더라도 당시에 일본부를 설치하고 남한을 지배, 통치했다는 것은 터무니없는 조작임이 확실하다고 무호 선생은 역설했다. 일본이란 나라 이름이 생긴 것이 670년이고 왜국이 생긴 것이 390년인데 4세기 후반에 일군(日軍)이 반도 남부에 진출해서 6세기 중엽까지 임나일본부를 설치하고 가야를 지배했다느니, 신라, 고구려, 백제까지 정복했다느니 하는 역사 날조는 실상 거론될 가치조차 없는 것이다.

1993년에 내한하여 '일본 속의 가야 문화'라는 주제로 강연한 바 있는 일본 사학자 다카모토(高本政俊)는 그의 『역사의 뿌리로의 여행』이란 저서에서 '옛날에 한국을 정벌하고 임나일본부라는 지금의 총독부와 같은 것을 설치하고 약 198년간 지금의 경상남도와 전라남도 일대의 식민지를 경영했다는 황국사관으로 세뇌된 학설은 슬픈 망상에 지나지 않으며 바른 논리는 아니다'라고 설파했다. 지금도 일본 각처에 수없이 널려 있는 가야계의 지명, 신사와 절의 이름, 신의 이름, 인명 등은 가야인들이 여러 차례 집단으로 일본에 건너가 문화와 기술을 전하고, 국가 및 사회 구성의 주역이 되어 일본의 고대 왕조 형성에 크게 기여했음을 증명하는 것이라고 다카모토는 역설했다.

따라서 일인들이 주장하는 임나일본부라는 것은 당시 왜가 한반도 남부를 지배·통치했던 관청이 아니라 왜를 정벌한 지배자의 발상지라는 의미로 이해될 수 있을 것이다. 고고학적인 출토물이나 중국의 문헌을 보더라도 가야국이 문화·산물·기술·무기 등에 있어 일본보다 선진국이었음을 부인할 수가 없다. 사실이 이러함에도 일본 사학계에서는 일본 왕가의 왕권을 정당화하기 위해 만들어진 「일본서기」의 기록과 변조된 광개토대왕릉의 비문 등을 유력한 증거 자료로 이용하고 있다.

이에 대해 무호 선생은, '광개토대왕릉비는 그의 아들 장수왕이 부왕의 업적을 찬양하기 위해 세운 것인데 그 비문의 주체가 광개토대왕 또는 고구려인 것을 무시하고, 그 비문 전체의 문맥을 살피지 못하고, 마치 그 비가 왜를 찬양하기 위하여 세운 것인 양 착각하고서 더구나 왜에게 유리하도록 비문의 몇 자를 파괴, 개서(改書)*까지 한 것은 어이없는 일'이라고 논평하면서,

---

* 광개토대왕릉 비문의 CE 391년 신묘년 기사의 '왜(倭)' 자는 '후(後)' 자를 변조한 것이고, '내도해(來渡海)'라는 문구는 '불공인(不貢因)'이라는 문구를 변조한 것이다. 합하여 뒤의 글자와 연결시켜 보면 '倭來渡海(破百殘): 왜가 바다를 건너와 백제를 쳤다'는 '後不貢因(破百殘): 후에 백제가 조공을 아니하므로 고구려가 백제를 쳤다'를 변조한 것이다. 다음으로 서기 400년 경자년 기사의 '왜만왜궤(倭滿倭潰): 많은 왜가 쳐서 무너뜨렸다'는 '왜구대궤(倭寇大潰): 왜구가 크게 무너졌다'를 위작한 것이다(이형구·박노희, 『광개토대왕릉비 신연구』(서울: 동화출판공사, 1986)). 이는 마치 倭가 신라를 궤멸시킨 것처럼 역사적 사실을 왜곡한 것으로 바로 그들이 주장하는 임나일본부설의 증거 자료로 삼기 위한 의도를 나타내 보인 것이다.

'그때 왜가 한반도에 온 것이 사실이라면 그것은 해적에 불과한 왜구가 아니면 일본에 가 있던 가야, 백제인이라고 보아야 할 것이며, 서기 670년에 가서야 일본국이 생겼으니 그때 일본 군대가 없었던 것은 확실한데 군대도 없이 당시 강대국이었던 삼국을 어떻게 칠 수 있었겠는가'[211]라고 반문했다.

이상에서 고구려·백제·신라·가야 초기의 정치적 성장에 대해 고찰하였다. 이후 7세기 후반부터 10세기 전반의 시기는 통일신라(676~935)와 발해(渤海, 698~926)가 병존한 남북국시대(南北國時代)가 열리게 된다. 고구려를 계승한 발해의 찬란한 문화·문명은 고조선으로부터 전승된 우리 고유의 사상과 문화가 바탕이 된 것이었다. 발해국 시조 대조영(大祚榮)의 「어제삼일신고 찬(御製三一神誥贊)」,[212] 어제(御弟) 대야발(大野勃)의 「삼일신고 서(序)」,[213] 고구려 개국공신 마의극재사(麻衣克再思)의 「삼일신고 독법(讀法)」,[214] 발해국 3대 문왕(文王)*의 「삼일신고 봉장기(三一神誥奉藏記)」가 이를 말하여 준다. 「삼일신고 봉장기」에서는 "삼일신고는…고구려에서 번역하여 전한 것이요, 우리 할아버지 고왕(高王)께서 읽으시고 예찬한 것이다"[215]라고 기록하였다.

『규원사화』 「단군기」에도 '발해 때에는 보본단(報本壇: 근본에 보답하는 단)이 있었다(渤海時報本壇)'[216]고 기록되어 있다. 이는 하늘과 조상을 받드는 고조선 이래의 보본사상(報本思想: 근본에 보답하는 사상)이 발해 때에도 이어져 왔음을 알 수 있게 한다. 이어서 「단군기」에서는 고려 때에는 성제사(聖帝祠)가 있었고, 요나라에는 목엽산(木葉山) 삼신묘(三神廟)가 있었고, 금나라에는 개천홍성

---

* 발해국 3대 황제 文王(737~793)의 둘째 딸 정혜공주묘(1949년 발굴)와 넷째 딸인 정효공주묘(1980년 발굴)의 묘지명에는 문왕의 연호가 '大興'이라고 나타나 있는데, 이는 『桓檀古記』, 「태백일사」 第七, 대진국본기에 기록된 '大興'과 일치한다.

제묘(開天弘聖帝廟)가 있었다고 하였는데, 이는 고려·요(遼)·금(金)이 모두 하늘과 조상을 받드는 보본사상을 근간으로 하고 있었음을 말해준다.

「단군기」에서는 발해의 계보를 고구려를 승계한 것이라 하였고 고구려는 부여에서 나왔다고 하면서 발해의 세상에서는 옛날 역사에서 전하는 것이 많았을 것이라고 하였다. 또한 「단군기」에서는 이명(李茗, 호는 淸平)의 『진역유기(震域遺記)』를 인용하여, "고왕(高王: 발해국 시조 대조영)의 꿈에 신인이 금부(金符)*를 주며 말하기를 '천명이 네게 있으니 우리 진역(震域)을 다스리라'고 하였으므로 나라 이름을 진(震)이라 했고 연호를 천통(天統)이라 하였으며 항상 하늘을 공경하여 제사 지냈다"[217]고 기록되어 있다. 따라서 발해는 고조선으로부터 부여, 고구려로 이어진 국통과 사상적 맥을 정통으로 계승한 나라였다.

668년 고구려는 패망했지만, 그로써 끝나지 않았다. 고구려가 패망한 후 대조영(大祚榮) 집단은 당(唐)이 동북쪽 이민족을 통제하던 거점도시였던 영주(營州: 지금의 遼寧省 朝陽)에 정착했는데, 그곳에는 고구려 유민을 비롯하여 거란족, 말갈족, 해족(奚族) 등이 있었다. 대조영 집단은 696년 영주도독의 가혹한 통치에 반기를 들었던 거란 추장 이진충(李盡忠)의 반란에 동조했다가 실패로 돌아가자 무리를 이끌고 그곳을 탈출했는데, 그때 말갈 추장인 걸사비우(乞四比羽) 집단도 동참했다. 많은 고구려 유민들과 말갈인들이 이들에 합류하여 천문령(天門嶺) 전투에서 당군을 격파하고 698년에 지금의 길림성(吉林省) 돈화시(敦化市) 부근의 동모산(東牟山)에 나라를 세우고 국호를 진(震)이라 하고 연호를 천통(天統)이라 하였다가 후에 고구려의 옛 영토를 회복하여

---

* 金符는 金尺과 같이 천부경을 새겨서 天權을 표시한 일종의 天符印으로, 제왕의 권위를 상징하는 信標인 것으로 생각된다.

713년에 국호를 발해(渤海)로 고쳤다. 발해 건국에 공헌한 말갈의 족보에 대해 『규원사화』 「단군기」에서는 "말갈은 옛날 숙신(肅愼)의 후예로서 또한 단제(檀帝)의 유족들이다(靺鞨者古肅愼之後而亦檀帝遺族也)"[218]라고 기록하여 말갈이 우리와 동족임을 밝혔다.

「태백일사」 대진국본기는 발해가 황제를 칭했으며 모든 황제는 독자적인 연호를 사용했다고 밝히고 있다.[219] '해동성국(海東盛國)'으로 일컬어지며 위대한 문화·문명을 구가했던 발해의 역사를 처음으로 체계화한 조선 후기의 실학자 유득공(柳得恭)은 그의 『발해고(渤海考)』(1784)[220]에서 고려가 발해사를 쓰려고 했다면 고려에 망명 온 발해 유민 십여만 명을 통해서 능히 쓸 수 있었을 것이라고 하면서, 당나라 사람 장건장(張建章)도 일찍이 『발해국기(渤海國記)』를 썼는데, 어찌 고려 사람으로서 발해의 역사를 편수하지 못하였는가라며 질책했다. 그는 『발해고』 서문에서 발해가 고구려의 후계자임을 분명히 밝히고 우리 민족사의 범주로 끌어들였으며 신라와 병립한 시기를 남북국시대로 보아야 한다고 역설했다. 광대한 영토와 높은 문화적 수준을 지니고서 독자적인 연호를 사용하며 '해동성국'으로 일컬어졌던 강성대국 발해는 통일신라와 남북국시대를 이루며 그 위세를 떨치다가 15대 229년만에 거란(契丹)의 야율아보기(耶律阿保機)에 의해 멸망했다.

통일은 분열의 전주곡이던가. 통일신라 또한 말기에 이르러 지배층의 사치·향락과 부패 가 극에 달하고 왕위계승 분쟁에 따른 정국 혼란이 이어지자 가장 세력이 컸던 호족인 견훤(甄萱)과 궁예(弓裔)가 각각 완산주와 송악(개성)을 도읍으로 삼고 후백제와 후고구려(철원으로 천도한 뒤 국호를 태봉으로 바꿈)를 세우면서 신라와 대립하는 후삼국 시대가 열리게 된다. 궁예가 쫓겨나고 왕건이 임금이 되면서 국호는 다시 고려로 바뀌었다. 고려가 후삼국의 주도권을 잡게 되자 신라의 많은 호족들이 고려에 귀부했고, 마침내 신라의 마지막 왕인 경순왕은 935년에 나라를 들어 고려에 바쳤다. 후백제도 왕위계승 문제로 내분이 일어나 결국 고려에 의해 멸망하고 936년에 고려가 후삼국을 통일하게 된다.

935년 신라는 멸망했지만, 그로써 끝나지 않았다. 고구려가 '발해'라는 국호로 부활했고 백제가 '일본'이라는 국호로 부활했듯이, 신라 멸망 후 신라 부흥 운동이 실패하자 신라 유민들은 북만주로 다수 이주하였으며, 그곳에서 발해의 재건을 꿈꾸는 유민들과 결합하여 금(金)나라를 세웠다. 통일신라 시기의 신라 강역에 대해 통상 반도 프레임에 맞춰 대동강에서 원산만에 이르는 이남의 영토로 알고 있지만, 그것은 중국 역대 왕조의 정사(正史)로 인정되는 25사(史)와 그 25사를 바탕으로 청나라 건륭제(乾隆帝)의 칙명을 받아 편찬한 『흠정만주원류고(欽定滿洲源流考)』의 기록과 전혀 부합하지 않는다.

앞서 고찰했듯이 신라가 백제의 옛 땅에서 당나라를 몰아내기 위해 최후의 결전을 벌인 곳이 지금의 중국 하북성이었고, 고구려를 쳐서 안동도호부를 설치한 곳도 반도의 평양이 아닌 대륙에 있는 평양이었다. 말하자면 삼국통일 전쟁은 반도가 아니라 대륙에서 벌어진 것이었다. 『흠정만주원류고』에서는 신라의 수도 계림(鷄林)이 지금의 중국 길림(吉林)이라 하였고, 신라가 대륙에 설치한 9주(九州: 통일신라 시대의 지방 행정구역)의 강역이 광대했던 것으로 나온다. 대륙 프레임 속에서 일어난 한민족의 역사가, 그것도 1만여 년에 이르는 장대한 역사가 동쪽으로 수평 이동하여 반도 프레임에 맞춰 해석되고 있다는 사실, 이 얼마나 놀라운 일인가!

다시 금(金)나라로 돌아가자. 송나라의 홍호(洪皓, 1088~1155)가 저술한 『송막기문(松漠紀聞)』(1156)은 현존하는 기록 가운데 가장 먼저 금나라 시조에 대해 기술하고 있다. 금나라는 여진족 완안부(完顔部)[221]의 아골타(阿骨打)가 1115년 황제에 즉위하여 국호를 대금(大金)이라 칭하였다. 정강연간(靖康年間: 1126

~1127)에 송나라의 수도 개봉이 금나라 군대의 공격을 받아 함락되면서 북송이 멸망하고 휘종(徽宗)과 흠종(欽宗)은 금나라의 포로로 끌려갔다. 1129년 홍호는 남송(南宋) 고종(高宗)의 명을 받아 두 임금의 석방 교섭을 위해 금나라로 갔으나 그도 금나라에 억류되어 15년간 그곳에 머물게 되는데, 그 시기에 금나라 귀족들과 교류하면서 금나라 황실의 시조가 신라인이라는 사실을 전해 들었고 귀국 후에 이를 『송막기문』에 기술한 것이다.

"여진의 추장은 신라인인데 완안씨(完顔氏)라고 불렀다. 완안은 한어로 왕이라는 말과 같다(女眞酋長乃新羅人 號完顔氏 完顔猶言王也)"라고 『송막기문』에는 기록되어 있다. 이 기록으로 보아 당시 금나라의 귀족들은 자신들의 시조를 신라인으로 여기고 있었다는 것을 알 수 있다. 송나라 사람들이 일찍이 금나라를 신라로 지칭했다는 사실은 송의 역사서와 외교문서를 통해서도 확인할 수 있다. 송사(宋史)에는 정강의 변(靖康之變)이 발생하기 7년 전(1119)에 금나라 사신을 맞이한 기록이 남아 있는데, 신라 사신을 대하던 예법으로 금나라 사신들을 맞이했다는 것은 송나라 집권 세력이 금나라를 신라와 동일시했다는 증거가 된다. 남송 서몽신(徐夢莘, 1126~1207)에 의해 편찬된 『삼조북맹회편(三朝北盟會編)』*에도 금나라를 신라로 지칭한 기록이 있고, 금나라가 세워지기 이전의 명칭인 여진을 신라로 부른 기록도 있는 것으로 보아 송나라 집권 세력은 이미 금나라를 신라의 후예로 생각했다는 것을 알 수 있다.[222]

『규원사화』「단군기」에서도 읍루(挹婁), 물길(勿吉), 말갈(靺鞨)이 모두 숙신(肅愼)의 후예이고, 금나라 여진(女眞) 등도 다 그 후신(後身)이고 동족이며 명칭만 다른 것이라고 했다.[223] 신채호·박은식 등의 역사 인식도 『흠정만주원

류고(欽定滿洲源流考)』등 사서에 근거하여 여진족을 우리 민족의 한 부류로 이해했다. 청나라 건륭제의 칙명을 받아 1778년(건륭 43)에 완성된『흠정만주원류고』에서는 만주의 원류에 대하여 고찰하고 있다. "금나라의 선조는 말갈부에서 나왔으며 옛 숙신의 땅이다(金之先出靺鞨部 古肅愼地)"라고 하여 말갈과 여진이 모두 숙신의 후예임을 밝힌『규원사화』「단군기」의 기록과 일치하고 있다.

숙신은 주신(珠申)의 전음(轉音)이고(肅愼爲珠申之轉音) 이는 곧 조선이다. 이에 대해서는 본서 2장 2절에서 고찰하였다.『흠정만주원류고』에서 "(청나라의) 옛 명칭 만주(滿珠)는 소속으로 말하면 '주신(珠申)'인데 후에 '만주'로 개칭했다(舊稱滿珠 所屬曰 '珠申' 後改稱滿珠)" 하였으므로 숙신=조선=주신=만주이다. 청(淸)나라는 '대금(大金)과 정확하게 같다(與大金正同)'라고 하여, 누루하치(努爾哈赤) 역시 여진족으로서 후금(後金), 즉 청나라를 세웠으니 그 뿌리가 같다는 말이다. 또한『금사(金史)』를 인용하여 "금나라 시조는 완안부(完顔部)에 거처했는데 그 지역에는 백산(白山)과 흑수(黑水), 즉 장백산과 흑룡강이 있다(金始祖居完顔部 其地有白山黑水 白山卽長白山 黑水卽黑龍江)"고 하였다.

『송막기문』에서는 '여진의 추장이 신라인이고 완안씨(完顔氏)라 불렀다'고 하였다.『흠정만주원류고』에서는 금(金)은 '애신(愛新)'이라 일컬어지므로 금(金)이 신라에서 나온 것은 의심할 바가 없으며, 청(淸) 황실의 성은 애신각라(我朝得姓曰 '愛新覺羅氏')이므로 청나라의 조상은 금나라의 원류와 같은 신라인이라고 하였다. '애신각라(愛新覺羅)'는 '김씨'를 나타내는 만주어라고 하는데, 한자 그대로 해석하면 '신라를 사랑하고 신라를 생각한다'라는 뜻이다. 금(金)의 국호 또한 김(金)씨 성을 취한 것이며, 불변하는 금으로 만든 금척(金尺)과도 같이 황금의 불변하는 속성을 취하여 국호를 '대금(大金)'이라 한 것이다(惟金不變 於是國號大金). 따라서 금나라는 그 계보로 볼 때 숙신=조선=주신(珠

申)=만주(滿珠)=신라=말갈=여진=금나라=청나라의 등식화가 성립된다.

금나라 설계자는 발해인 장호(張浩)였고, 신라 후손이 황족이 되고 발해 후손이 황비가 되었으며, 발해와 신라가 남북국을 이루었듯이 금나라는 고려와 다시 남북국을 이루었다고 명지대 명예교수 김위현은 주장했다. 비록 우리의 역사 속에서는 아스라이 잊혀졌지만, 숙신의 후예 금나라는 고려와 남북국시대를 이루며 역사의 한 자락을 수놓다가 건국된 지 120년만인 1234년에 칭기즈 칸의 후계자인 몽골의 오고타이 칸의 공격을 받아 멸망하였다. 그러나 금나라는 그로써 끝나지 않았다. 후에 금(金)은 중국 최후의 통일왕조인 청(淸, 1616~1912)이라는 국호로 화려하게 부활하였다가, 우창(武昌) 봉기에 이은 신해혁명(辛亥革命)으로 1912년에 쑨원(孫文)을 총통으로 하는 중화민국이 건국되면서 역사의 뒤안길로 사라졌다.

신라 성씨를 성으로 삼으며 신라를 사랑하고 그토록 간절하게 신라를 가슴에 품었던 청(淸) 또한 격랑에 모래가 밀려가듯 역사의 강물 속으로 사라졌다. 세계사의 무대에서 심판자는 따로이 존재하지 않는다. 모두가 '자기심판(self-judgment)'이다. 이 우주는 자연법인 카르마의 지배하에 있다. "하늘의 그물이 넓고 넓어서 보이지는 않으나 새는 일이 없다"[224]고 한 것은 이를 두고 하는 말이다. 삶이라는 예술을 음미할 수 있는 심미안을 가진 사람은 '물질이 의식을 거두어들이는 것이 아니라 의식이 물질을 거두어들이는'[225] 새로운 패러다임을 구축하는 일에 앞장설 것이다.

민족대이동과 고조선 문화·문명의 전파

고대 한민족의 발상지인 파미르고원의 마고성(麻姑城) 시대에 인구 증가에 따른 식량 부족으로 '오미의 변(五味之變)'이 발생한 이후 마고(麻姑)의 종족들은 네 파로 나뉘어 동서남북 사방으로 대이동을 하게 되었다. 해혹복본(解惑復本: 미혹함을 풀어 참본성을 회복함)의 맹세를 뒤로 한 채 청궁씨는 권속을 이끌고 마고성 동쪽 사이의 문을 나가 중원지역인 운해주로 가고, 백소씨는 권속을 이끌고 서쪽 사이의 문을 나가 중근동 지역인 월식주로 가고, 흑소씨는 권속을 이끌고 남쪽 사이의 문을 나가 인도 및 동남아 지역인 성생주로 가고, 황궁씨는 권속을 이끌고 북쪽 사이의 문을 나가 천산산맥 지역인 천산주로 갔다.[226]

마고성에서의 출성(出城)은 곧 낙원의 상실이었다. 마고성을 떠나 분거(分居)한 모든 종족들이 각 주(洲)에 이르는 동안 어느덧 천년이 지났다. 마고성의 종주족인 황궁씨는 천산주(天山洲)에 도착하여 '해혹복본(解惑復本)' 할 것을 다시금 서약하고 종족들에게도 '복본' 하는 일에 힘쓰도록 당부했다. 첫째 아들 유인씨에게 명하여 인간 세상의 일을 밝히게 하고, 둘째와 셋째 아들에게 운해주와 월식주, 성생주를 순행하게 했다. 유인씨가 천부삼인(天符三印)을 이어받아 또 천년을 지내고 나서 아들 환인씨에게 천부(天符)를 전하여 BCE 7199년 환국(桓國)시대가 열렸다.

환인씨는 천부삼인을 이어받아 파나류산(天山)을 도읍으로 천해(天海: 바이칼호)를 포함하여 남북 5만 리, 동서 2만 리의 광대한 지역에 걸친 12연방의 환국을 개창하여 인간 세상의 이치를 크게 밝혔다.[227] 환국 말기인 BCE 4000년쯤 인구가 증가하고 시베리아 지역이 한랭화되면서 다시 민족대이동이 이루어졌다. 그중에서도 12연방 중 하나인 수밀이국 사람들은 수학, 천문학, 역(易)사상과 상수학(象數學), 역법(曆法), 종교. 철학. 정치제도, 지리, 기하학, 물리학, 언어학, 음악, 건축, 거석(巨石), 세석기(細石器), 빗살무늬 토기 등 선진문물을 가지고 일찍이 마고의 종족들이 분거(分居)해 살고 있던 메소포타미아 지역으로 이동하여 수메르 문명을 발흥시켰다. 바로 이 수메르 문명이 오늘날 서양 기독교 문명의 모태가 된 것이다.

요녕(遼寧) 지역에서 대규모로 출토된 동이족의 홍산문화 유적은 환국·배달국·단군조선의 역사적 실재와 그 전개 과정을 생생하게 보여준다. 환인 7대(3,301년)로 이어진 환국시대가 막을 내리고 BCE 3898년에 태백산을 도읍으로 환웅 18대(1,565년)로 이어지는 배달국 신시(神市)시대가 열렸다. 환웅 신시 배달국은 9파(派)의 이(夷)로 이루어진 까닭에 '구이(九夷, 九黎)'라 부르기도 하고, 동방을 이(夷)라 하였으므로 '동이(東夷)'라고도 불렀다. 동이족의 여러 지류는 선진문물을 가지고 중원으로 흘러 들어가 고대의 중국 왕조를 형성하기도 했다. 「삼성기전」 하편에는 환웅천왕이 개천(開天)하여 백성들을 교화할 때 천경(天符經)과 신고(三一神誥)를 강론하여 크게 가르침을 편 것으로 기록되어 있다.[228]

배달국 신시시대가 마지막 18대 거불단 환웅[檀雄]에 이르러 곰 토템족인 웅씨 왕녀와 혼인하여 단군왕검[桓儉]을 낳아 BCE 2333년에 아사달을 도읍으로 단군 47대(2,096년)로 이어지는 단군조선 시대가 열렸다. 단군조선은 많은 제후국을 거느린 '연방제국'으로서, 막강한 군사력을 겸비한 동방의 군자국으로서의 국제적 위상을 정립하였으며 대내외적으로 혁혁한 공적을 남겼다. 3세 가륵 단군 편과 4세 오사구 단군 편 그리고 15세 대음 단군 편은 흉노족과 몽골족 그리고 선비족(鮮卑族)이 각각 단군조선에서 갈라져 나간 동이족의 일파임을 말해준다. 또한 36세 매륵 단군 편에는 협야국(陜野國) 제후 배반명(裵幋命)을 보내 해상의 적을 토벌하여 삼도를 모두 평정하였다고 기록된 것으로 보아 일본열도는 이미 단군조선의 영향력 아래에 있었다. 『후한서』「동이열전」과 『삼국지』「위서」 동이전 등에는 왜(倭)가 동이족의 한 부류인 것으로 범주화되어 있다.

고조선은 말기에 이르러 철기의 보급에 따른 경제 관념의 변화와 사회구조적 변화에 따른 구질서의 와해 등으로 사회정치적 질서가 동요하고 있은 데다가 위만(衛滿)과의 전쟁, 한나라(西漢, 前漢)와의 전쟁 등 계속된 국난에 따른 국력 소진으로 통치 능력을 상실하게 되었다. BCE 108년 한무제(漢武帝)의 공격을 받아 위만조선이 멸망한 데 이어, 같은 해에 한나라에 의해 왕검성이 함락되면서 고조선 '연방제국'은 붕괴했다. 그에 따라 요서 지역의 고조선 제후국은 요동 지역으로 이동하고 고조선의 제후국이 독립국으로 변모함에 따라 시기상의 차이는 있지만 북부여·후삼한(後三韓)·동옥저·동예·낙랑국 등이 성립됨으로써 열국시대에 들어가게 된다. 고구려는 한나라가 설치한 한사군을 모두 몰아내고 고조선의 옛 영역을 대부분 회복하였다. 동북아 역학 구도의 변화에 따른 정치적 재편과 더불어 민족대이동이 시작되면서 고조선 문화·문명은 널리 전파되었다.

우선 고조선 말기부터 시작된 민족대이동이 일본의 고대국가 형성과 사회 변동에 끼친 영향에 대해 고찰하기로 한다. 일본 학계에서는 일본에 건너온 한인(韓人)들―그들이 도래인(渡來人)이라고 부르는―이 일본의 고대국가 형성과 사회 변동에 끼친 영향을 네 단계[229]로 구분한다. 1단계(BCE 2세기~CE 3세기)는 왜(倭)에 정치권력이 완전히 정립되기 전 북큐슈(北九州)를 중심으로 고조선 문화·문명이 전파된 시기이다. 이 시기는 고조선 주민들의 민족대이동 및 왜(倭) 정착을 통해 농경문화를 중심으로 하는 대륙문화가 전해져서 왜국에 일대 변화를 가져온 야요이(彌生) 시대에 해당한다. CE 2~3세기에는 김수로왕 사망 후 가야의 왕족 및 지배집단이 대거 큐슈로 건너가 분국인 야마타이국(邪馬臺國: 초대 여왕 히미코(卑彌呼: 비미호))을 세우고 본국과 교류하며 야마토(大和)정권이 들어서기 전까지 그곳을 지배했다.

2단계(4~5세기)는 한인(韓人) 대집단이 왜로 건너가서 한자(漢字)와 유교, 광산, 제철, 신농경, 관개, 토목 기술 등을 전해주어 왜국 사회에 커다란 변혁을 초래한 시기이다. 3세기 말~4세기 초 왜국은 야마타이국을 중심으로 한 30여 개의 연합국 시대가 끝나고, 긴키내(近畿內)의 야마토를 중심으로 일본 최초의 통일정권인 야마토(大和)정권이 수립되고 세습제가 확립되어 645년 다이카개신(大化改新)이 일어날 때까지 일본 영토의 대부분을 지배하게 된다. 일본 고대국가의 출발점에 해당하는 이 시기에 백제의 왕인(王仁) 박사는 백제의 선진문물을 일본에 전파하고 오진(應神) 왜왕(390)의 태자에게 글을 가르쳐 일본 고대국가의 성립과 발전에 지대한 영향을 주었다.

3단계(5~6세기)는 백제·신라·고구려의 불교 학승(學僧)과 최신 기술자, 예술가, 건축가들이 왜에 건너가 야마토 조정의 정치권력 신장과 문화발전에 중대한 영향을 주어 일본 고대국가의 기초를 형성한 시기이다. 특히 이 시기에는 불교·유교·도교 등 다양한 외래 학문과 사상이 혼융되어 국제성을 띤 아스카문화(飛鳥文化, 592~710)가 개화할 수 있는 토양이 구축되었으며, 일본 최초의 불교문화가 일본 사회에 널리 침투할 수 있는 기반이 마련되었다. 아스카 지역(현재의 나라(奈良) 지역)에서 발달한 화려한 아스카문화의 주축을 이룬 불교 사찰 건축과 불상 조각 등의 기술성과 예술성은 왜에 건너간 한인(韓人) 기술자·예술가·건축가들의 재능에 힘입은 바 크다.

4단계(7세기 후반)는 백제 멸망 후 백제 본조(本朝)의 잔여 대집단이 왜의 땅 동조(東朝)로 건너가서 일본 조정에 참여하고 일본 고대국가 형성의 전반에 강력하게 관여함으로써 일본 고대국가를 확립한 시기이다. 일본 고대국가 형성 과정에서 고구려 망명자 집단이 신라인, 백제인과 함께 조직적으로 도쿄 등지의 광대한 지역을 개척하고 국가사회 발전 전반에 걸쳐 담당자로서 역할했다. 이렇게 해서 일본이라는 국호가 670년에 처음 생겨났고, 671년에는 차츰 알려져 외교문서에도 등장했다는 사실이 『삼국사기』, 중국 25사(史)

등에 나온다. 일본이라는 국호의 어원은 원래 백제를 일컫던 '구다라'에서 온 것으로 큰 해(大日)라는 뜻의 고대 한국말인데 이를 한자로 옮긴 것이다.

이와 같이 왜(倭)에 정치권력이 완전히 정립되기 전부터 일본 고대국가가 형성되고 확립되는 단계에 이르기까지 고조선의 붕괴에 따른 민족대이동의 여파가 미친 영향은 실로 큰 것이었다. 앞서 고찰했듯이 고조선이 해체된 이후 신라가 고조선의 진한(辰韓) 유민을 모체로 변한의 사로국에서 발전한 것이고, 가야는 변한 12국이 독립하면서 6가야로 재편된 것이며, 왜(倭) 또한 변한에서 발생했다. 2~3세기에 가야의 왕족 및 지배집단이 대거 왜(倭)의 큐슈(九州)로 건너가 세운 야마타이국(邪馬臺國)의 주체가 변한의 미오야마(彌烏邪馬)족이라고 보는 관점[230]도 있다. 말하자면 고령 지역의 미오야마국이 곧 야마국(야마타이국)으로 이동한 것이라고 보는 것이다.

『삼국지(三國志)』 권30 「위서(魏書)」 왜인전(倭人傳)에는 CE 1세기경 일본열도에 1백여 개의 소국이 난립해 있었던 것으로 기록되어 있다.[231] 이는 고조선 제후국들이 독립하면서 정치질서가 재편되는 과정에서 패배하거나 불만을 품은 삼한(마한, 진한, 변한)·사국(고구려, 백제, 신라, 가야)의 세력들이 경쟁적으로 일본열도—특히 한인(韓人)들이 일찍이 개척해 놓은 큐슈와 이즈모(出雲)—에 진출해서 그곳에 분국을 세웠기 때문인 것으로 보인다. 2~3세기에 가야의 분국인 야마타이국이 성립되면서 맹주인 야마타이국을 중심으로 30여 개 연합국으로 압축되었다.

『삼국지』 권30 「위서」 한전(韓傳)에는 비미국(卑彌國)[232]이라고 나오는데, 야마타이국의 초대 여왕 히미코(卑彌呼)와 관련이 있는 것으로 추정된다. 비미국 출신이어서 비미호(히미코)라고 이름한 것인지는 분명치 않다. 『삼국사기』 「신라본기」 아달이사금(阿達尼師今) 20년 5월조에는 "왜국의 여왕 비미호가 사신을 보내어 내빙(來聘: 예물을 가지고 조정을 방문함)하였다(倭女王卑彌乎遣使

來聘)"233고 기록되어 있다. 『삼국지』 「위서」 왜인전(倭人傳)에도 경초(景初) 2
년(238)*에 야마타이국의 비미호가 '친위왜왕(親魏倭王)'으로 책봉되었다는 기
록234이 있는 것으로 보아 대내외적 지위가 공고했던 것으로 보인다. 『삼국
지』 권30 「위서」 왜인전(倭人傳)에는 여왕 비미호에 대해 이렇게 적고 있다.

그 나라도 본래 남자를 왕으로 삼았으나, 70~80년이 지나자 왜국에 난리가 일어
나서 서로 공격하여 정벌한 지 여러 해가 되었다. 마침내 한 여자를 공동으로 추
대하여 왕으로 삼았는데, 이름하여 비미호(卑彌呼)라고 한다. 귀도(鬼道)를 섬겨서,
능히 무리를 미혹하며, 나이가 이미 많았음에도 지아비가 없고, 남동생이 있어
서 나라 다스리는 것을 보좌했다.

其國 本亦以男子爲王 住七八十年 倭國亂 相攻伐歷年 乃共立一女子爲王 名曰卑
彌呼 事鬼道 能惑衆 年已長大 無夫壻 有男弟佐治國.235

『후한서(後漢書)』 권85 「동이열전」 왜전(倭傳)에도 이와 유사한 내용이 기
록되어 있다. 여기서 귀도(鬼道)란 표현은 적절치 않으며 천도(天道)라고 해야
옳다. 따라서 귀신을 섬긴 것이 아니라 천신(天神)을 섬긴 것이다. 우리 고유
의 소도의식(蘇塗儀式)은 천·지·인 삼신일체를 근간으로 한 것이다. 이에 대
한 이해가 없다 보니, 역사를 기록하는 사관(史官)이나 연구자들 중에는 마치
소도가 귀신(잡귀)이나 섬기는 샤머니즘의 본산인 것처럼 곡해하는 영적 무
지를 드러내는 경우가 있다. 『후한서』 권85 「동이열전」 한전(韓傳)에도 "여러
국읍(國邑)에는 각 한 사람이 천신(天神)께 올리는 제사를 주관하는데, 이름하

---

* 景初 2년(238)이 景初 3년(239)의 오류라는 설이 있기는 하지만, 『三國志』, 「魏書」 倭人
  傳의 기록대로 景初 2년(238)으로 하였다.

여 천군(天君)이라 한다"고 하고서는, 사관이 소도 문화에 대한 이해가 없었던 탓인지 '귀신을 섬긴다(事鬼神)'고 하였다.[236]

히미코(卑彌呼)는 잡귀를 섬기는 무녀가 아니라 천신께 올리는 제사를 주관하는 천군(天君)이었다고 보는 것이 옳다. 히미코는 천군으로서 여왕으로 추대된 것이다. 게다가 30여 개 연합국의 맹주가 될 만큼 정치적 역량도 갖추었고, 위(魏)나라로부터 '친위왜왕(親魏倭王)'으로 책봉될 만큼 외교적 역량도 갖추었던 것이다. 단군조선의 천제(天祭, 祭天)의식은 하늘을 공경하고 조상을 받드는 보본사상(報本思想)의 발로였다. 만물의 근원인 하늘에 감사하고 조상의 은덕에 감사하는 마음이 깊어지면 우리 내면은 긍정과 사랑으로 가득 차게 되므로 종국에는 참본성이 열리게 되는 것이다. 따라서 천신께 제사 지내는 일은 귀신을 섬기는 일과는 무관한 것이다. 고조선 국가사회의 중추를 이루었던 소도 문화는 왜국에까지 이어진 것이다.

이처럼 일본은 정치권력이 완전히 정립되기 전부터 우리 한인들에 의해 개척되고 고대국가의 기초가 형성되고 그 체계가 확립되었다. 무호 선생은 일본 왕실의 조상이 한인(韓人)임을 부정할 수 없는 결정적 증거를 10세기 일본의 성문 법령집인 『엔기시키(延喜式)』의 기록에서 최초로 찾아냈다. 『엔기시키』는 일본 전역의 신사(사당)에 모신 조상 위패를 조사해 계통대로 기록해 놓은 것이다. 『엔기시키』의 기록에 의하면 "일본 궁내성(宮內省)에 조상신 세 분이 모셔져 있는데(宮內省坐 神三座), 원신(園神)은 가락국을 포함한 신라 조상신을 말하고, 한신 2좌(韓神 二座)는 백제 조상신 두 분을 말한다."[237]

무호 선생에 따르면, 일인들은 일본 궁내성에 신라·가야계의 소노카미(園神) 1좌(座)와 백제계의 가라카미(韓神) 2좌를 모시고 정례(定例)의식 때는 물론 국난에 처할 때면 반드시 이들에게 제사를 지냈다고 한다. 소노카미 1좌와 가라카미 2좌의 위상은 일본 헤이안(平安)시대에 편찬된 사서인 『일본기략(日

本紀略)』(11세기 후반~12세기 초반)과 나라(奈良)시대와 헤이안시대에 편찬된 육국사(六國史)의 하나인 『일본삼대실록(日本三代實錄)』(901)*에서 '원한신제(園韓神祭)를 지냈다'는 기록과 일치한다. 일본에서 가장 높이 모시는 이세 신궁(伊勢神宮)의 아마테라스 오미카미(天照大神)에 뒤이어 궁내성에 모신 36좌의 일본 조상신 가운데 앞자리에 위치한다는 것이다.

일본 왕이 있는 일본 대궐 안에 신라·가야에서 간 조상과 백제에서 간 조상을 사당에 모셔 놓고 제사를 지냈다는 것은 일본 왕가의 혈통이 어디서 비롯됐는가를 보여주는 가장 확실한 증거라고 무호 선생은 단언했다. 『엔기시키』에는 일본 대궐 제례의 모든 내용과 절차가 소상히 적혀 있는데, 제문도 우리와 똑같은 형식이며 제물도 비슷하다고 한다. 더욱이 『엔기시키』에서 신라계 소노(園)신을 3좌의 첫머리에 올린 것은 예사로운 일은 아니라고 한다. 여기서 소노(園)신은 통일신라계 신이며, 일본이 통일신라의 처위(處位)를 인정하지 않을 수 없는 중대한 시점이 있었다고 본 무호 선생의 지적은 주목할 만하다.**

---

* 『日本三代實錄』은 나라시대(奈良時代, 710~794)와 헤이안시대(平安時代, 794~1185)에 편찬된 正史인 六國史의 하나다. 六國史란 『日本書紀』, 『續日本紀』, 『日本後紀』, 『續日本後紀』, 『日本文德天皇實錄』의 五國史에 이어 여섯 번째로 편찬된 『日本三代實錄』을 합한 것이다.

** 1994년 중국 산동반도 赤山에 필자 등이 추진한 「장보고기념탑」이 준공될 즈음 이루어진 강의에서 무호 선생은 "…일본의 宮內省에 백제계의 神인 가라(韓)신의 사당을 마련하고 제사를 지낸 것은 당연한 일이지만, 신라계의 神인 소노(園)신을 함께 받들었다는 것은 생각해 볼 일이다. 『엔기시키(延喜式)』라는 성문 법령집이 생기기 전부터 근세에 이르기까지, 그것도 궁내성에 사당을 마련해 놓고 제사를 지낸 것으로 보아 일찍이 일본과 신라 간에 밀접한 관계가 있었고, 후에도 일본이 통일신라를 받들지 아니할 수 없는 정치상·군사상 중대한 사정이 있었음을 알 수 있다. 여기서 문제가 되는 소노(園)신은 통일신라계 신으로, 『엔기시키』의 4時祭에 관한 규정에도 소노(園)신이 궁내성 座神 3座의 첫머리에 올라 있고, 名神祭 285座 중에도 소노(園)신 사당이 첫머리에 올라 있는 것은 주목할 만하다"라고 했다.

그런데 여러 참고 서적을 찾아본 결과, 이들 신사(神社)는 2백 년 전에 헐리고 이들에 대한 제사도 없어졌다고 한다. 일본의 선진성을 강조해온 일인들로서는 한인들이 일본 고대국가 형성의 주축을 이루었다는 불편한 진실을 감추고 싶었기 때문일 것이다. 그렇게 한다고 해서 증거가 사라지는 것은 아니다. 712년에 편찬된 『고사기(古事記)』에도 한신(韓神)·원신(園神)으로 추정되는 신이 나오고, 859년 일본의 가요를 선집한 『고전 신악가(神樂歌)』에도 한신과 원신을 왕실에서 제사 지내며 부르는 축가가 실려 있다고 한다.[238] 어떤 제도보다 보수적인 제례에 대한 기록을 통해, 그것도 10세기 초의 일본 법령집에서 3좌의 신라·가야계 조상신과 백제 조상신이 기록되어 있음을 확인한 것은, 영원히 묻힐뻔했던 역사적 진실을 드러내 밝혔다는 점에서 그 의미가 실로 크다.

일본의 고대국가 형성에 주축이 되었던 우리 한인계 조상을 주신으로 받들어 제사를 지내는 신사는 지금도 일본 도처에 산재해 있다. 무호 선생은 오사카에 있는 백제왕 사당에서 '우두(牛頭)천왕 신사'라는 명칭이 백제왕 신사라는 이름과 나란히 편액에 적혀 있는 것을 보았다고 한다. 신사뿐만 아니라 일본의 오래된 절 중에도 소머리대왕을 모시는 소머리절(牛頭寺)이 있다고 한다. 고대에 흰 소를 잡아 제천(祭天) 하던 데서 유래된 우수(牛首)·우두(牛頭), 즉 소머리가 민족 이동과 함께 강원도 춘천과 경주의 소시머리와 일본 각처의 소머리대왕(牛頭大王) 사당과 절, 성씨로 전래된 것이라고 한다.[239] 수밀이국이나 수메르라는 이름도 이 소머리에서 연원한 것으로, 소머리와 같은 뜻이며 소머리 글자의 변형인 것이다. 고대에 제천의식은 천인합일을 표징하는 제전(祭典)으로서 매우 중대한 의미를 지닌 것이었던 까닭에 우리 고유의 천제의식을 표징하는 '소머리' 글자가 민족 이동과 함께 변형되어 수밀이국이나 수메르라는 나라 이름도 만들어진 것이다.

670년 일본이라는 국호가 사용되기 전의 왜(倭) 땅에 백제의 왕실이 가 있었다는 사실은 왜 땅에 백제의 동조(東朝: 동녘 땅의 조정)가 있었다는 『일본서기(日本書紀)』 권26 제명(齊明) 7년(661) 여름 4월조의 기록에 의해 입증된다. 백제국 본조(本朝)가 왜 땅의 동조에 사자를 보내어 동조에 있던 백제의 태자와 구원병을 돌려보내 달라고 요청했다는 고구려 승려 도현(道顯)의 『일본세기(日本世紀)』 기록을 『일본서기』가 인용한 것이다. 또한 『일본서기』와 『고사기』에는 외래의 천신이 일본 이즈모와 쓰쿠시(筑紫)에 내려와서 원주(原住) 국신을 정복, 지배한 것으로 기록되어 있다. 이즈모에 내려온 천신은 스사노오노미코토와 수종자들이었고, 쓰쿠시에 내려온 천신은 니니기노미코토(瓊瓊靈神)와 수종자들로서 일본열도의 원주 국신을 두 곳에서 정복하거나 회유하여 지배했다는 것을 보여준다.[240]

일본에 있는 신사들은 거의 전부 그 옛날 일본으로 간 우리 한인계 조상이나 유공자들을 모시는 사당이라고 한다. 1985년과 1988년 큐슈와 도쿄, 오사카에 있는 신사를 답사한 무호 선생에 따르면 지금도 한인계의 사당이 수없이 남아 있다고 한다. 도쿄 교외 무사시노(武藏野)의 고마[高麗] 신사처럼 후손이 이어져 그 권위를 잃지 않은 신사가 있는가 하면, 파괴되어 유적은 해체되고 돌비석 하나에 이도(伊都)나 가야라는 이름으로 흔적을 남기고 있는 것도 있었다고 한다. 그 대략을 살펴보면 다음과 같다.

스사노오노미코토를 받드는 사당은 일본 전역에 6천 군데가 넘고, 그의 아들 이소다게루(五十猛), 신라 왕자 아메노 히보코(天日槍)과 그의 아들 이데도(五十迹手)를 받드는 신사, 박혁거세를 받드는 교소(許曾) 신사, 그리고 신라 신사들과 한신신라(韓神新羅) 신사, 백제왕씨의 신사, 왕인 박사 사당들, 왕인의 후손인 스가와라노미치자네(菅原道眞)를 받드는 덴만구(天滿宮)들, 고구려의 마지막 왕자 약광(若光)

을 받드는 고마[高麗] 신사들이 있다. 그 외에도 이나리(稲荷), 가스카(春日), 야사카(八阪) 신사들은 물론이요, 우리의 국조인 단군을 받들던 교구산구(玉山宮)를 비롯하여 한인계의 사당이 수없이 남아 있다.[241]

한편 3세 가륵 단군 편과 4세 오사구 단군 편 그리고 15세 대음 단군 편은 흉노족과 몽골족 그리고 선비족(鮮卑族) 또한 단군조선에서 갈라져 나간 동이족의 일파라고 하였다. 3세 가륵 단군 재위 6년(BCE 2177)에 "열양(列陽: 요동 지역)의 욕살(褥薩) 색정(索靖)에게 명하여 약수(弱水)로 옮겨 종신토록 간혀 있게 했다가 후에 사면하고 그 땅에 봉하니 그가 흉노(匈奴)의 시조가 되었다"[242]고 기록하였고, 15세 대음 단군 재위 40년(BCE 1622)에는 "아우 대심(代心)을 남선비국(南鮮卑國)의 대인(大人)으로 삼았다"[243]고 기록하였다. 몽골족에 대해서는 비교적 잘 알려져 있으므로 여기서는 흉노족과 선비족을 중심으로 이들의 이동 경로에 대해 고찰하기로 한다.

우선 고조선의 서변(西邊) 제후국 중 하나였던 산융(山戎), 즉 원 흉노의 서방 이동과 관련하여 살펴보기로 하자. 고조선의 서쪽 변경 영토 안에 살고 있었던 유목민인 산융(山戎)은 중국 고문헌에 융(戎)·흉노·험윤(玁狁 또는 獫狁: '玁狁北狄也')·북적(北狄: '北狄今匈奴也')·융적(戎狄)·훈육(葷粥)·훈육(薫育)·훈죽(獯鬻) 등으로 나오며, 그 이전에는 '견이(畎夷)'라고도 했다. 특히 여기서 훈(Hun)을 '葷·薫·獯' 등 여러 글자로 표기한 것은 흉노족이 스스로를 훈(Hun)이라고 호칭한 데서 동일 음(音)을 다른 한문자로 차음(借音) 표기한 것으로 해석된다.[244] 흉노의 '노(奴)'자는 '종·노예'라는 뜻으로 훈족을 비하하는 의미로 덧붙여진 것이다. 진(秦)·한(漢)의 위협 세력이 되었던 흉노가 유럽의 민족대이동을 야기한 훈족이냐에 대해서는 논쟁이 있기는 하지만, 일반적으로 산융이 곧 흉노이며 흉노의 서방 이동이 유럽의 민족대이동을 촉발한 훈족의 이

동인 것으로 해석된다. 따라서 산융=흉노=훈족이다.

흉노는 몽골고원과 만리장성 일대를 중심으로 활약한 유목기마민족이 었다. 언어상으로는 고조선과 언어 계통이 같은 알타이어계였으며, 삼한 의 소도(蘇塗, 수두)와 같은 '휴도(休屠: 수두의 음역임)'가 있었고 하늘에 제사(祭天) 지냈으며, 단군조선과 마찬가지로 제정일치 사회로서 제사장인 휴도왕이 곧 정치적 군왕[245]이었다는 점에서 고조선과의 문화적 동질성을 엿볼 수 있다. 또한 『사기』 권110 「흉노열전」 제50에 나와 있듯이, 고구려·백제와 마찬가지로 흉노국왕 휘하에 부왕들인 좌현왕(左賢王)과 우현왕(右賢王) 제도 를 두었고, 신라와 마찬가지로 특권층인 왕의 후비(后妃)를 알씨(閼氏, 아씨)라 고 불렀다.[246]

흉노의 대인(大人)이 '단자(檀柘)'였다는 『위략(魏略)』의 기록을 근거로, "흉노 의 통치자가 단(檀)씨였다는 것은 원(原) 흉노의 지배자가 단군조선에서 파견 된 고조선 왕족이었거나 왕족으로 봉함을 받은 것이었음을 시사한다"[247]는 주장은 흉노의 시조에 관한 3세 가륵 단군 편의 내용과 일치한다. 『한서(漢 書)』에서 흉노의 대인(大人)을 '두만(頭曼)'이라고 표현한 것도—『사기』 권110 「흉노열전」에서도 단우(單于)를 '두만'이라 하였다—두만이 병사 1만명을 지 휘하는 군사령관을 지칭하는 고조선식 용어였다는 점에서 원 흉노는 고조 선이 파견한 왕족 사령관을 통치자로 한 고조선 제후국의 하나였던 것으로 해석된다.[248]

흉노는 2대 단우(單于)인 모돈(冒頓·묵돌·묵특, 재위 BCE 209~BCE 174) 대에 이르 러 중국 북방 유목민족 중 최초로 제국을 이루었다. 여기서 흉노국왕의 호 칭 '單于'는 보통 중국식으로 '선우'라고 읽지만, '單'은 흉노국 두만의 성씨 '檀'과 같은 것이며 '于'는 왕·제왕을 가리키는 고조선식 용어이므로 '단우'는 '檀王(檀國王)'이고 조선·흉노식으로는 '단우'라고 하는 것이 옳다는 주장[249]은 흉노족의 내력에 근거해 볼 때 일리가 있다고 본다. 단우는 '탱리고도단우(撑犁孤塗單于)'의 약칭인데, '탱리(撑犁)'는 하늘(天), '고도(孤塗)'는 아들(子)의 뜻으로 탱리고도는 천자라는 뜻이다. 따라서 '탱리고도단우'는 천자인 단왕(檀國王)을 의미한다.

흉노가 제국을 이루기 전의 상황에 대해, 『사기』 권110 「흉노열전」에는 "연(燕)의 북쪽에 동호(東胡)·산융(山戎)이 각기 계곡에 분산해서 살았으며 자신들의 군장이 있었고 종종 1백여 개 융족의 부락들이 모이기는 했지만 하나로 통일되지는 못하였다(燕北有東胡·山戎 各分散居溪谷 自有君長 往往而聚者百有餘戎 然莫能相一)"[250]고 기록하였다. 흉노의 초대 단우 두만(頭曼)은 진(秦)나라와의 싸움에서 이기지 못하여 북쪽으로 옮겨갔다. 흉노가 부족들을 연합하여 흉노제국을 건국한 것은 두만의 아들 모돈 대에 이르러서였다.

『한서(漢書)』 권94 「흉노전」 제64에는 강력한 카리스마를 지닌 모돈이 자신을 제거하려던 아버지 두만을 죽이고 BCE 209년에 흉노제국을 건국하여 제위에 올라 '탱리고도단우(撑犁孤塗單于, Tengrikodo Danwu)'라 호칭했다고 기록되어 있다.[251] 모돈이 즉위했을 당시는 흉노의 동쪽에 위치한 동호(東胡, 東夷)가 강성하였으나, 모돈은 동호를 방심케 해 놓고는 동호왕을 대파하여 멸망시키고 그 인민과 가축들을 사로잡았다고 『사기』 권110 「흉노열전」에는 기록되어 있다. 『삼국지』 권30 「위서」 제30 오환선비전(烏丸鮮卑傳)에는 동호의 남은 무리들이 오환산(烏桓山, 烏丸山)과 선비산(鮮卑山)을 보루로 삼으니 이로 인해 각각 오환, 선비라 불렸으며, 이후 오환은 흉노에게 신속(臣屬)되어 공납을 바쳤으나 선비는 요동의 변경 밖으로 달아나 다른 나라들과 다투지 않으니 그 이름이 한나라에 알려지지 않았지만 오환과는 서로 접촉했다고 기록되어 있다.[252]

중국을 통일하고 한(漢)나라를 창건한 한 고조(漢高祖, 재위 BCE 202~BCE 195)

유방(劉邦)에게도 당시 세력을 떨쳤던 단우 모돈은 위협적인 존재였던 까닭에 한 고조는 흉노와 굴욕적인 화친 조약을 맺기도 했다. 『삼국지』권30 「위서」제30 오환전(烏丸傳)에서 "진(秦)·한(漢) 이래 흉노가 오랫동안 변경에 해(害)를 끼쳤다(秦·漢以來 匈奴久爲邊害)"[253]고 기록한 것을 보더라도, 흉노가 중국의 우환거리였음을 알 수 있게 한다. 흉노는 월지(月支)는 물론, 서역의 누란(樓蘭) 등 26개의 나라를 평정하여 실크로드를 장악하고 흉노의 세력을 크게 강화하여 북방 유목민족을 하나로 통합하였다고 『사기』권110 「흉노열전」에는 기록되어 있다.

BCE 57년경 왕위계승 문제로 권력투쟁이 일어나 흉노는 동흉노와 서흉노로 분열된 후 동서 전쟁 끝에 서흉노가 패배하였다. 동흉노는 신(新)을 건국한 왕망(王莽) 이후의 한(漢) 왕조인 후한(後漢·東漢, 25~220)에 대한 대응문제로 다시 남북으로 분열되어 남흉노는 후한에 복속되어 오늘날의 내몽골 오르도스 및 산서성(山西省) 일대에 거주했으며, 북흉노는 몽골고원에 독립국으로 남았다가 후한과 남흉노의 연합군에 의해 멸망하고 북흉노의 패잔 세력은 서방으로 이동하였다. 북흉노족의 멸망 직후 몽골고원에는 선비(鮮卑)·오환(烏桓) 등의 다른 유목 세력들이 들어섰다. 220년 후한이 멸망하고 위(魏)·촉(蜀)·오(吳) 삼국시대(220~280)에 남흉노는 조조(曹操)에 의해 통제를 받게 되었다.

삼국시대는 진(晉·西晉, 265~316)을 세운 사마염(司馬炎, 재위 265~290)에 의해 280년에 통일되었으나 16년에 걸친 '팔왕지란(八王之亂, 291~306)'으로 사마씨 일족의 이전투구가 계속된데다가 대기근으로 혼란에 빠져 있었다. 이러한 혼란기를 틈타 남흉노의 유연(劉淵)은 흉노 모계 조상 가운데 한나라 공주 유(劉)씨가 있었으며 과거 흉노가 한나라와 형제의 맹약을 맺은 것을 근거로 한나라를 계승할 것을 천명하였다. 흉노의 한(漢)나라는 316년 마침내 서진을 멸망시키고 화북(華北) 지역을 초토화하여 지배권을 얻었으니, 그가 바로 오호십육국(五胡十六國, 304~439) 시대 한(漢, 후에 前趙)의 초대 황제 유연(劉淵, 재위 304~310)이다.

오호(五胡)란 흉노(匈奴: 남흉노), 선비(鮮卑: 몽골계로 돌궐족), 갈(羯: 흉노의 별종), 저(氐: 티베트계), 강(羌: 티베트계)의 다섯 유목민족(이민족)을 일컫는 말이다. 오호십육국*은 304년 유연의 한(漢·前趙, 304~329) 건국에서 시작하여 439년 북위(北魏)의 통일까지 중국 화북(華北)에 오호(五胡)가 세운 13개국과 한족이 세운 3개국을 총칭한 것이다. 319년에 흉노의 일파인 갈족(羯族) 출신인 석륵(石勒)이 후조(後趙)를 세우고 329년에 전조(前趙)를 병합하여 화북(華北) 지방에서 세력을 떨쳤으나, 3대 석호(石虎)의 양자였던 한족(漢族) 석민(石閔, 본래 이름은 冉閔)이 349년에 병권을 장악하고 350년에는 마지막 왕이었던 석감(石鑒)을 폐하고 스스로 염위(冉魏, 350~352)를 건국하면서 351년에 후조(後趙)는 멸망하였다. 이후에도 물고 물리는 전쟁은 계속되었다.

후조(後趙)의 멸망을 끝으로 흉노가 세운 국가는 와해되었으며, 근거지를 잃은 잔여 세력들은 선비(鮮卑)·오환(烏桓, 烏丸) 또는 유연(柔然) 등의 국가에 복속되기도 했고 또 일부 패잔 세력은 서방으로 이동하게 되었다. 동흉노와의 전쟁에서 패배한 서흉노, 또는 후한과 남흉노의 연합군에 의해 멸망한 북흉노가 서방으로 이동한 훈족의 원류라는 주장이 있으나 명확한 관계는 밝혀지지 않았다. 중요한 사실은 동족들을 규합하여 세력을 키운 흉노족이

---

* 오호십육국이 흥망을 거듭한 중에서 우리 역사에 잘 알려진 나라는 선비족의 前燕과 氐族의 前秦이다. 前燕을 평정한 前秦의 3대 왕 符堅(재위 357~385)의 치세는 안정된 최성기로서 그 세력범위는 華北 전토는 물론 泗川省(쓰촨성)·서역에까지 미쳤다. 符堅은 372년(소수림왕 2)에 승려 順道를 보내 고구려에 불경과 불상을 전하여 처음으로 불교를 전파하였다.

375년 볼가강을 건너 흑해 서북안(西北岸)에 정착해 있던 게르만족의 일파인 동고트족(Ostrogoths)을 정복하여 그 대부분을 지배하에 두었다는 사실이다. 또한 이들은 서쪽으로 달아나는 동고트족을 뒤쫓아 서쪽으로 진격하여 다뉴브강 하류의 서고트족(Visigoths)을 위협하게 되었다.

숙련된 기마군단과 탁월한 기마전술, 놀라운 기동성과 가공할 전투력에 압도당한 고트족은 376년 훈족(Huns, 흉노)의 압박을 피해 다뉴브강을 건너 로마의 모에시아(Moesia) 지역으로 대규모 이동을 감행하였다. 이것이 게르만족 민족대이동의 계기가 되었다. 전 유럽을 공포의 도가니로 몰아넣은 훈족의 출현은 유럽사에 대변혁을 가져왔다. 378년 서고트족은 로마군과의 아드리아노플 전투에서 대승하여 서로마 영토로 이주해서 자치권을 획득하였다. 라인강 유역에 거주하던 반달족(Vandals)도 훈족의 침입으로 밀려나자 로마를 공격하여 점령하였다. 5세기부터 게르만족이 대거 국경을 넘어 서로마제국에 유입되기 시작하면서 서로마제국의 게르만화가 빠르게 진행되었다.

그리하여 서로마는 프랑크족, 반달족, 동고트족, 서고트족, 랑고바르드족 (롬바르드족) 등으로 이루어진 게르만족이 지배하는 지역으로 변모하게 되었고, 결국 476년 게르만족 출신의 용병대장 오도아케르(Odoacer)가 서로마제국의 마지막 황제 로물루스 아우구스툴루스(Romulus Augustulus)를 강제 퇴위시키면서 서로마제국은 멸망했다. 이로써 훈 제국은 서로마제국의 멸망을 촉발한 직접적인 원인을 제공한 셈이 되었다. 18세기 영국의 역사가 에드워드 기번(Edward Gibbon)은 서로마제국의 오현제(五賢帝) 시대(96~180)*를 '인류의

---

* 五賢帝란 네르바(Nerva, 재위 96~98), 트라야누스(Traianus, 재위 98~117), 하드리아누스(Hadrianus, 재위 117~138), 안토니누스 피우스(Antoninus Pius, 재위 138~161), 마르쿠스

역사에서 가장 행복한 시기'였다고 상찬한 바 있다.

훈족의 판노니아 대평원(Pannonian Plain 또는 헝가리 대평원)* 점령과 정착을 계기로 정착지를 잃은 동서유럽의 많은 민족들이 새로운 정착지를 찾아다니면서 민족대이동을 촉발시켰다. 5세기에 들어 아틸라(Attila) 칸 때에는 동서 로마제국이 모두 그의 영향권 안에 들게 되었다. 최성기의 훈 제국은 '동쪽은 우랄산맥, 서쪽은 알프스산맥, 북쪽은 발트해, 남쪽은 다뉴브강에 이르는'²⁵⁴ 광대한 영토를 차지한 대제국이었다. 436년 훈족에 의한 부르군트족(Burgundians)의 멸망이라는 역사적 사건을 배경으로 한 중세 독일의 영웅서사시가 '니벨룽겐의 노래(Das Nibelungenlied)'다. 아틸라는 443년 훈족의 기마군단을 이끌고 동로마 영내로 들어가 주요 도시를 초토화하는가 하면, 451년에는 라인강을 건너 갈리아를 공격하여 당시 번영하던 도시인 메츠(Metz)를 점령하고 최대의 요충지인 오를레앙(Orlean)을 포위하였으며, 452년에는 이탈리아로 쳐들어가는 등 유럽 전역에 질풍노도를 일으키다가 453년 게르만 제후의 딸 일디코(Ildico)와 결혼한 첫날 밤에 죽었다.

아우렐리우스 안토니누스(Marcus Aurelius Antoninus, 재위 161~180)로 이어지는 다섯 황제를 일컫는 것으로 이들이 통치한 시대를 오현제 시대라고 한다. 구체적으로는 로마 제국의 제12대 황제 네르바가 즉위한 96년부터 제16대 황제 마르쿠스 아우렐리우스가 사망한 180년까지의 시기이다. 오현제 시대의 특색은 황제의 제위가 세습되지 않고 전임 황제가 적임자를 물색하여 양자로 맞아들였다가 제위를 물려주는 식으로 이어졌다. 5현제의 마지막 황제이자 후기 스토아파의 대표적 철학인 마르쿠스 아우렐리우스 안토니누스의 어린 시절 이야기다. 당시의 황제 하드리아누스는 그의 아명인 'Verus'를 'Verissimus(가장 진실한 사람)'라는 이름으로 바꿔 부를 정도로 그에 대한 총애는 대단했다. 그가 17세 되던 해 하드리아누스 황제가 별세하자 그의 유언에 따라 안토니누스 피우스가 후계자로 즉위했고, 또한 고인의 遺志에 따라 그는 안토니누스의 양자로 영입되었다. 24세 되던 해 그는 안토니누스의 딸과 결혼했고, 40세가 되던 161년에는 안토니누스의 뒤를 이어 로마의 제16대 황제로 즉위했다.

* 로마 제국의 屬州 가운데 하나로서 오늘날의 헝가리, 오스트리아, 크로아티아, 세르비아, 슬로베니아, 보스니아, 헤르체고비나 등을 아우르는 지역이다.

아틸라 사망 후 훈 제국은 분열되어 454년 판노니아 전투에서 패배하고 러시아 초원으로 물러났다가 전열을 가다듬어 468년 동로마를 공격하였지만 패하여 469년에 멸망했다. 훈 제국은 375년 동고트족을 정복한 지 95년 만인 469년에 역사의 뒤안길로 사라졌지만, 유럽사를 뒤흔들어 놓을 만큼 그 영향은 강력한 것이었다. 훈 제국은 판노니아 대평원에 영원히 지워지지 않을 이름 '헝가리'를 아로새겨 놓았다. 'Hungary(Hun(훈족)+gary(땅))'—정녕 그곳은 '훈 제국의 땅(The Land of the Hun Empire)'이었다.

에드워드 기번은 그의 저서 『로마제국쇠망사 *The History of the Decline and Fall of the Roman Empire*』(6권, 1776~1788)에서 한때 실크로드를 장악하고 북방 유목민족을 하나로 통합하였던 훈족이 서방으로 이동하여 대제국을 형성하게 된 배경을 이렇게 적고 있다.

원래 중국의 만리장성 바로 북쪽에 살고 있던 훈족은 기원 훨씬 이전에 중국에 대해서 상당한 무력을 행사할 정도로 방대한 영토를 차지하고 있었으나, 한나라 무제(武帝)가 훈족에게 군사적 패배를 안겨주고 그 동맹 세력을 와해시킴으로써 마침내 그들의 기를 꺾었다. 그후 훈족은 3개 집단으로 분열된 것으로 보인다. 첫 번째 집단은 원래의 땅에 남아 있다가 얼마 후 선비(鮮卑)라고 불리는 또 다른 타타르 부족에게 흡수되었고, 두 번째 집단은 중국의 황제가 정해준 대로 중국의 동남지방으로 가서 살았으며, 가장 사나운 세 번째 집단은 서방을 침략했다.

이들 세 번째 집단은 다시 카스피해 주변에 광범한 문명을 이룩한 남방 분파와 아시아 및 동유럽 전체를 횡단하여 4세기 말경에 로마제국 동부 국경지방의 야만인들 틈에 갑자기 모습을 드러낸 북방 분파의 두 집단으로 분열되었다. 훈족은 세력이 당당한 알라니족을 재빠르게 정복·흡수한 후, 고트족을 압박했다.

혼비백산한 고트족은 '스키타이의 무당들이…귀신들과 사막에서 교접하여 그 혐오스러운 결합에서 태어난 자손들이 바로 훈족'이라고 굳게 믿었다. 이어 동고트족이 패배하여 수많은 주민들이 훈족의 신민이 되었다. 그러나 서고트족은 전체가 도나우강 유역으로 도주하여 그곳에서 '동로마 황제에게 보호를 간청'했다.[255]

『삼국지』 권30 「위서」 제30 오환선비전(烏丸鮮卑傳)에서는 강성했던 동호(東胡, 東夷)가 흉노의 2대 단우(單于) 모돈에 의해 대파되면서 동호의 남은 무리들이 선비산(鮮卑山)과 오환산(烏桓山·烏丸山)을 보루로 삼으니 이로 인해 각각 선비, 오환이라 불렸다[256]고 하였다. 우선 동호(東胡)는 중국인들이 동이(東夷)*를 가리키는 말이다. 오랑캐 '호(胡)'자를 써서 동쪽 오랑캐라고 지칭한 것이다. 같은 방식으로 흉노는 북적(北狄), 즉 북쪽 오랑캐라 하였다. 선비(鮮卑)의 '선(鮮)'은 신선한 아침 해의 '밝음'을 뜻하는 조선의 의미와 같고, '비(卑)'는 본래의 음을 '비천함'을 뜻하는 다른 한문자로 차음(借音) 표기한 것으로 해석된다. 이처럼 중국 사서에서는 이웃 나라를 비하하는 이름을 붙이기를 즐기는 듯하다. 세상에 그 어떤 나라가 자국의 국호에 비천하다는 의미를

---

* 고대로부터 중국인들은 우리 한민족을 동이족이라고 불렀는데, 동이족의 '夷'자는 활 '弓'자와 큰 '大'자가 합쳐진 것으로 이는 우리 민족이 활을 다루는 것에 능하였음을 말하여 주는 것이다. 孟子는 「離婁章句」 下에서 "순 임금은 제풍(諸馮)에서 태어나고 부하(負荷)로 이사하고 명조(鳴條)에서 졸(卒)하였는데 제풍·부하·명조가 동이족의 땅이니 그는 東夷 사람이다(舜生於諸馮 移於負荷 卒於鳴條 諸馮·負荷·鳴條 東夷之地 舜東夷之人也)"라고 한 것으로 보아 '夷'가 본래 오랑캐를 의미하는 글자는 분명 아니었다. 그런데 孔子가 『春秋』를 지음에 이르러 '夷'라는 이름이 융적(戎狄·匈奴)과 함께 상스럽고 더러운 것으로 일컬어지게 되었다고 북애자는 『규원사화』에서 설파하였다. 동이족의 세력이 중원을 군림할 때는 '夷'자가 좋은 의미로 사용되었는데, 漢族의 세력이 커지면서 동이족과 대립하게 되자 '夷'자가 나쁜 의미로 사용하게 되었다는 의미로 해석된다.

담을 수 있겠는가?

또한 오환선비전(烏丸鮮卑傳)에서는 선비의 언어와 습속이 오환(烏桓·烏丸)과 같다고 하였다. 오환은 내몽골 동쪽에 있던 동호(東胡)의 한 부족이었다. 모두 동이(東夷)에서 갈라져 나왔으니 같은 것이다. 중국 사서에서는 오환(烏丸)이라고 표기하였으나 '환(丸)'자 또한 '환(桓)'을 다른 한문자로 차음(借音) 표기한 것으로 해석된다. 오환의 '오(烏)'는 단군조선 이후 부여·고구려에 이르기까지 국조(國鳥)로 여겨진 삼족오(三足烏)와 관련되며, '환(桓)'은 '전일·광명'의 의미를 함축한 환국(桓國)의 국호였다. 그 이름에 동이(東夷)의 맥이 흐르고 있음은 분명해 보인다. 중국 사서에서는 오환(烏丸)이라 하였는데, '환(丸)'은 알 '환'이니, 중국 사서에서 말하는 '오환(烏丸)'은 까마귀 '알'을 말한 것인가? 아니면 우황청심환(牛黃淸心丸)을 말함인가?

북방 유목민족이었던 선비족은 원래 남만주에서 몽골 일대에 걸쳐 살며 흉노에 복속되어 있었다. 후한(後漢, 東漢) 광무제(光武帝) 때에 이르러 남흉노와 북흉노가 다시 서로 공벌(攻伐)하여 흉노의 힘이 소진되자 이에 선비가 독립하여 세력을 길러 번성하게 되었다. 북흉노가 멸망하자 몽골고원에는 선비(鮮卑)·오환(烏丸, 烏桓) 등의 다른 유목 세력들이 들어섰다. 에드워드 기번이 지적했듯이 북흉노는 원래의 땅에 남아 있다가 그중 일부는 선비족에 흡수되었고, 선비족의 힘은 더욱 강대해졌다. 단석괴(檀石槐)라는 인물이 선비족의 대인(大人: 대군장)으로 추대되면서 2세기 중엽에는 사방의 여러 부족을 정복함으로써 흉노의 옛 영토를 지배하에 두게 되었다.

흉노의 대인(大人)이 단(檀)씨였듯이 선비의 대인 또한 단(檀)씨였다는 점에서 흉노족과 선비족이 모두 단군의 후예임을 알 수 있게 한다. 이는 원(原) 선비의 지배자가 단군조선에서 파견된 왕족이었으며, 또한 원 선비가 고조선 제후국의 하나였음을 시사하는 것이다. 말하자면 원 선비는 단군조선이 파견한 왕족을 통치자로 한 고조선 제후국의 하나였던 것으로 해석된다. 이는 15세 대음 단군 재위 40년(BCE 1622)에 "아우 대심(代心)을 남선비국(南鮮卑國)의 대인(大人)으로 삼았다"[257]고 한 「단군세기」의 기록과 일치한다.

『삼국지』권30 「위서」제30 선비전(鮮卑傳)에서는 단석괴(檀石槐)가 장대(長大)하고 용건(勇健)하며 지략(智略)이 출중하였다고 했다. 단석괴의 나이 14~15세 때의 일화를 이렇게 적고 있다. "다른 부(部)의 대인 복분읍(卜賁邑)이 단석괴 외가(外家)의 소와 양을 약탈하자 단석괴가 말을 채찍질하여 그를 추격했다. 그가 향하는 곳에 앞을 가로막을 자가 없었고 잃어버린 것을 모두 되찾아 돌아왔다. 이로 말미암아 부락(部落)이 모두 두려워 복종(畏服)했고, 법금(法禁)을 시행하면 옳고 그름(曲直)을 공평하게 가렸으므로 감히 어기는 자가 없었으니 마침내 그를 대인으로 추대했다"는 것이다. 선비전((鮮卑傳)에서는 단석괴의 치적을 이렇게 기록하였다.

단석괴(檀石槐)가 즉위한 후 곧 고류(高柳) 북쪽 3백여 리 되는 탄한산(彈汗山) 철구수(啜仇水) 가에 조정(朝庭, 朝廷)을 두자, 동·서부의 대인들이 모두 귀부했다. 병마(兵馬)가 매우 번성하여 남쪽으로 한나라 변경을 침략하고 북쪽으로 정령(丁令·丁零, 돌궐)에 맞서고, 동쪽으로 부여를 물리치고, 서쪽으로 오손(烏孫)을 공격해 흉노의 옛 땅을 모두 점거했다. 동서로 1만 2천여 리, 남북으로 7천여 리에 이르고, 산천(山川)·수택(水澤)·염지(鹽池)를 망라해 매우 광대하여 한나라가 이를 근심거리로 여겼다.

檀石槐既立 乃爲庭於高柳北三百餘里彈汗山啜仇水上 東西部大人皆歸焉 兵馬甚盛 南鈔漢邊 北拒丁令 東卻扶餘 西擊烏孫 盡據匈奴故地 東西萬二千餘里 南北七千餘里 罔羅山川·水澤·鹽池甚廣 漢患之.[258]

단석괴는 그를 왕으로 책봉하려는 후한(後漢)의 회유책에 응하지 않고 계속 중국을 침공하다가 45세에 죽었다. 이어 그의 아들 화련(和連)이 왕위를 계승함으로써 선비족의 군주세습이 이로부터 비롯되었다. 또한 선비전((鮮卑傳)에서는 화련의 재능과 용력(勇力)이 부친에 미치지 못하고 탐욕스럽고 음란하며 법을 단행(斷行)함이 불공평하여 무리들 중에 반기를 든 자가 절반이 되었다고 하였다. 영제(靈帝: 後漢 12대 황제, 재위 168~189) 말년에 여러 차례 침략하고 북쪽 땅(北地)을 공격했는데, 북쪽 땅의 서인(庶人·庶民) 중에 노(弩: 여러 개의 화살을 연이어 쏠 수 있는 큰 활)를 잘 쏘는 자가 화련을 쏘아 맞혀 화련이 곧 죽었으며, 그 아들 건만(騫曼)이 아직 어리므로 형의 아들 괴두(魁頭)가 대신 즉위했다. 괴두가 즉위한 후, 건만이 장성하여 괴두와 서로 나라를 다투자 무리들이 마침내 흩어졌다고 기록하였다.[259]

그리하여 단석괴 사후에는 가비능(軻比能)이 여러 부족을 통솔하여 위(魏)·촉(蜀)·오(吳) 3국이 분립한 삼국시대(三國時代, 220~280)의 중국에 자주 침입하였으나, 그가 위(魏)의 자객에게 암살되자 다시 분열되어 3세기 중엽에는 모용(慕容)·걸복(乞伏)·독발(禿髮)·탁발(拓跋) 등의 부족 집단이 내몽골 각지에 할거(割據)하면서 중국문화를 받아들이고 점차 화북(華北)으로 옮겨갔다. 이 중에서 특히 탁발부와 모용부는 선비족의 정체성이 강한 부족이었다. 후한(後漢)이 멸망하고 위·촉·오 삼국시대를 거치면서 중국이 내부적 통제력을 상실한 오호십육국(五胡十六國, 304~439) 시대에는 연(燕: 모용씨)·진(秦: 걸복씨)·양(凉: 독발씨) 등이 화북에서 각각 나라를 세웠고, 선비족의 정체성이 강한 북위(北魏: 탁발씨)가 마침내 오호십육국 시대를 평정하고 화북 전체를 통일하여 이른바 남북조시대(南北朝時代, 420~589) 양대 축의 하나인 북조(北朝)를 개막하는 기초를 마련했다.

북방 민족들에 의해 양자강 북쪽에 세워진 북조(北朝)는 선비(鮮卑)족 탁발씨의 북위(北魏, 386~534)에서 시작되어 동위(東魏, 534~550), 서위(西魏, 535~557), 북제(北齊, 550~577), 북주(北周, 557~581)로 이어졌고, 중국 한족(漢族)에 의해 양자강 남쪽에 세워진 남조(南朝)는 동진(東晉, 317~419) 이후 송(宋·劉宋, 420~479), 제(齊, 479~502), 양(梁, 502~557), 진(陳, 557~589)으로 이어졌는데, 이 정치적 혼란의 시기를 남북조시대라 부른다. 계속된 전란 속에서 많은 나라가 흥망을 거듭했던 이 혼란의 시기는 선비족의 우문태(宇文泰)가 창설한 북주(北周)가 수(隋)나라로 계승되고 마지막 한족 국가인 진(陳)을 정복하고 통일시키면서 종식되었다.

선비족은 하북성에 있는 중국인들을 정복하여 화북(華北)을 제패한 데 이어 북위(北魏)를 세워 중국인들을 피지배민족으로 전락시켰으며 선비화(鮮卑化)된 한족(漢族)들만을 관료로 임명하는 등 선비화 정책을 이어나갔다. 선비족 탁발씨의 북위(北魏)가 동위(東魏)와 서위(西魏)로 갈라진 후, 동위는 북제(北齊: 고(高)씨)가 되었고 서위는 북주(北周: 宇文씨)가 되었다. 북주의 선비족들은 복속된 남조의 한족(漢族)들에게 선비족의 성씨와 풍습을 따를 것을 강요하였다. 관중(關中)·농서(隴西) 지방의 관롱집단(關隴集團)이 북주(北周)의 지배층을 형성하였으며 황실 및 개국공신도 관롱집단의 핵심인 8주국(八柱國: 北周를 지탱하는 8대 명문 집안)의 후예들이었다.

관롱집단은 선비족 우문태의 출신지인 '무천진(武川鎭: 내몽골에 있었던 北魏 선비족의 군사기지) 군벌'을 중심으로 만들어진 선비족들의 무사 집단이었으며, 군의 요직인 8주국과 12대장군(十二大將軍) 이십 명은 무천진 선비족 출신자들로 구성되었다. 그들은 순수 선비족끼리만 결혼했다. 수나라를 건국한 수문제(隋文帝) 양견(楊堅)과 당나라를 건국한 당고조(唐高祖) 이연(李淵)은 모두 관롱집단 출신이었다. 양견은 본래 12대장군 가문 출신으로 8주국보다는 서열이 떨어졌으나, 8주국의 일원이자 지배층의 폭넓은 혼맥을 형성하고 있었던 독고신(獨孤信)의 지지로 북주(北周) 황제 정제(靜帝)로부터 양위를 받아 제위에 오를 수 있었다. 이연은 8주국의 일원인 이호(李虎)의 손자이자 독고신의 외손자였다. 선비족이 지배계층이고 한족이 피지배계층인 국가체제는 수(隋)·당(唐)으로까지 이어졌다.

중국 25사(史)의 하나로 북조(北朝)의 정사(正史)인 『북사(北史)』는 수(隋)나라를 북조(北朝)의 역사에 포함시켜 북위(北魏), 북제(北齊), 북주(北周), 수(隋) 4개 왕조의 역사를 기술하고 있다. 중국 정사(正史)에서 수나라의 민족적 정체성을 북방 유목민족으로 규정한 것이다. 또한 수나라와 그 뿌리가 같은 당나라 때 그러한 역사서가 편찬되었다는 것은 당나라 역시 스스로의 민족적 정체성을 북방 유목민족에 두었다고 볼 수 있다. 수나라의 개조(開祖) 양견과 당나라의 개조 이연이 모두 선비족들의 무사 집단인 관롱집단 출신이었고 순수 선비족끼리만 결혼했다고 하니 당연한 것이라 할 수 있다.

서울대 명예교수 박한제는 중원 왕조의 대표적 도성인 장안성이 한족 고유의 전통에 오랑캐(胡族)로 불리던 유목민족의 영향이 혼융된 '호한체제(胡漢體制)'적 성격이 강하다고 주장했다. 그 근거로, 장안성은 전과 비교할 수 없을 만큼 초대형 성곽 도시였고, 궁성이 성의 북쪽에 치우쳐 있으며 금원(禁苑)이 궁성과 연결돼 있고, 도성 안을 가축우리처럼 담장으로 구분하여 주민을 가축처럼 일사불란하게 통제했다는 점을 들었다. 3세기 후한 말 이후 선비족이 중원 지역으로 이동하면서 오랜 기간에 걸쳐 농경 한족과 충돌·융합하는 과정이 반복됐고 수·당(隋唐) 제국은 그러한 통합의 결과라는 이론이다. 당은 한족 국가로 알려졌지만, 선비족의 일파인 탁발족의 후예가 세운 국가이고, 수·당 황제들은 혈통으로 따져볼 때 70% 이상이 호족(胡族)의 피가 섞였다고 했다.[260]

선비족이 북위(北魏)를 세워 중원에 질풍노도를 일으키던 그 시기는, 훈족(흉노족)이 상상을 불허하는 기동성과 가공할 전투력으로 전 유럽을 뒤흔들어 유럽인들을 혼비백산하게 했던 바로 그 시기이다. 단군의 후예인 두 단(檀)씨가 유럽과 중원에서 각각 새로운 역사의 씨앗을 뿌리기 위한 밭갈이 작업을 한 것이다. 훈 제국(375~469)은 판노니아 대평원에 '헝가리(Hungary: 훈 제국의 땅)'라는 이름을 새기고는 바람처럼 사라졌다. 선비족은 중원의 오호십육국 시대를 평정하고 남북조시대 양대 축의 하나인 북조(北朝)를 열었으며, 마침내 남북조시대를 평정하고 수(隋)·당(唐)으로 그 맥이 이어졌다.

고인 물은 썩기 마련이고 흐름이 없는 바닷물에서는 물고기가 살 수 없듯이, 그래서 주기적으로 태풍이 일어나 천지를 뒤흔들어 놓는 것처럼, '문명의 밭'이란 것도 인류 의식이 진화할 수 있는 비옥한 토양을 만들기 위해 주기적으로 대혼융이 일어나는 것인지도 모른다. 우리 역사를 통하여 한민족은 고대에는 반도에 갇힌 적이 없었다. 고구려 고분 벽화에 그려진 '일중삼족오(日中三足烏)'가 말하여 주듯이 태양을 배경으로 유라시아를 관통하며 훨훨 비상하는 '자유로운 영혼'이었다. 단군조선으로부터 부여·고구려에 이르기까지 고대의 우리 민족이 '삼족오'를 국조(國鳥)로 삼은 것은, 그것이 일즉삼(一卽三)·삼즉일(三卽一)이라는 '생명의 공식(formula of life)'을 표징하는 것이었기 때문이다.

환단(桓檀)시대 정치대전이던 『천부경』·『삼일신고』·『참전계경』은 상고시대 조선이 세계의 정치적·종교적 중심지로서, 사해의 공도(公都)로서, 세계 문화의 산실(産室) 역할을 하게 했던 '천부보전(天符寶篆)'이었다. 무엇보다도 우리에게는 의식(意識)의 대운하를 건설하고 지구촌의 대통섭을 단행할 수 있는 철학적·사상적·정신문화적 토양을 갖춘 '한(Han: ONE[天地人])'이라는 고도의 정신문화가 있다. 한국학이 진정한 메타버스(Metaverse) 시대를 여는 지혜의 보고(寶庫)인 것은, 한국학의 정수(精髓)인 '한'이 생명(天·神·靈)에 대한 명료한 인식을 바탕으로 새로운 규준(norm)의 휴머니즘을 제시하기 때문이다. '한'사상의 '자기조화(self-consistency)'는 무경계(no boundary)라는 본질적 특성에서 오는 것이다. 우리 고유의 '한'사상[天符思想, 三神思想, 神敎]─동학에까지 면면히 그 맥이 이어진─을 한국학 콘텐츠에 담아 동아시아 최대의 정신문화 수출국이었던 코리아의 위상을 되살리고 세계시민사회가 공유하는 한국학의 르네상스를 열어보는 것은 어떨까?

01 왜 오늘날 한국학인가

1 Requoted from Ray Kurzweil, *The Singularity is Near: When Humans Transcend Biology*(London: Penguin Books, 2005), p.10: "…the ever-accelerating progress of technology…gives the appearance of approaching some essential singularity in the history of the race beyond which human affairs, as we know them, could not continue."

2 http://news.chosun.com/site/data/html_dir/2016/03/11/2016031100283.html (2022.1.20.)

3 최태영, 『한국 고대사를 생각한다』(서울: 눈빛, 2002), 54-55쪽.

4 http://www.newstown.co.kr/news/articleView.html?idxno=49207 (2021.8.10.). 점제현신사비는 낙랑 25현 중의 하나인 점제현에 살던 사람들이 자신들의 행복과 안녕을 기원하기 위해서 낡은 신사를 복원해서 신에게 바치면서 기도문을 조각하여 세운 비석이다. 이 비석이 매우 중요한 것은, 점제현이 낙랑 25현 중의 하나였으니 이 비석이 서 있던 자리가 곧 낙랑군이 있던 자리이기 때문이다. 고조선의 제후국인 箕準의 정권을 탈취하여 난하(灤河) 하류 동부 지역에 도읍을 정한 위만조선이 한나라(西漢, 前漢) 武帝의 침략으로 멸망하자, 위만조선 영토의 일부분에 한때 낙랑을 비롯한 漢四郡을 설치했고 고구려가 한사군을 멸망시켰으니, 낙랑이 있던 자리가 고조선이 있던 자리이고 고구려가 있던 자리로서 바로 우리 선조들이 생활했던 영토라는 의미다. 한사군이 설치되었다 하더라도 부여를 비롯한 삼한 등 조선의 열국이 고조선 영역의 대부분을 그대로 차지하고 있었고, 후에는 고구려가 한사군을 회복하였다. 우리 역사의 줄기를 바로 잡기 위해서는 한사군이 한반도가 아니라 대륙에 있었다는 사실을 반드시 기억해야 할 것이다. 점제현신사비의 위치가 베이징 근처인 난하 옆이니, 우리가 반도 민족이라는 반도사관의 주장은 일제의 의도적인 역사 날조, 왜곡에 따른 것으로 터무니없는 것이다. 점제현신사비가 난하 옆 갈석산에서 평양 근처 온천으로 옮겨진 것에 대해서는 북한 학자들에 의해 이미 검증됐다. 북한 학자들은 점제현신사비를 만든 화강암의 생성연대가 평양 근처의 화강암 생성연대보다 무려 2천8백만 년~2천2백만 년이 더 오래됐고 화강암의 구성 성분 역시 작게는 2배에서 크게는 10배까지 차이가 난다는 것을 과학적으로 증명한 이후에 논문으로 게재했다(https://www.econovill.com/news/articleView.html?idxno=312875 (2021.8.10.))

5 鹿島昇,「桓檀古記と邪馬壹國」, 坂口義弘 편, 『歷史と現代』 (東京: 歷史と現代史, 1980), p.82.

6 카자흐인은 중앙아시아에 있는 카자흐스탄의 주류 민족으로 카자흐스탄 인구의 63.6%를 차지하고 있다. 카자흐스탄은 세계에서 9번째로 큰 나라로, 서유럽 전체와 비슷하다. 카자흐인은 카자흐스탄을 중심으로 중국, 우즈베키스탄, 러시아, 키르기스스탄, 투르크

메니스탄 등 인접국에 분포해있다(https://terms.naver.com/entry.naver?docId=3581472&cid=56762&categoryId=56762 (2021.7.31.))

7 Carroll Quigley, *The Evolution of Civilizations: An Introduction to Historical Analysis*, 2nd ed.(Indianapolis: Liberty Press, 1979), p.83.

8 "I John" in *Bible*, 4:8 : "Whoever does not love does not know God, because God is love."

9 https://ko.wikipedia.org/wiki/%ED%95%9C%EA%B5%AD%ED%95%99 (2021.7.21.)

10 전종근·김승년, 「2019 한류의 경제적 파급효과 연구」, KOFICE 연구보고서(2020. 3), 45-47쪽.

11 위 연구보고서, 51-53쪽.

12 https://100.daum.net/encyclopedia/view/54XXX9800031 (2021.7.21.)

13 E. O, Reischauer, *Ennin's Travels in T'ang China*(New York: The Ronald Press Co., 1955), p.287. 장보고의 활약상과 8~9세기 동아시아 세계에 대해서는 최민자, 『세계인 장보고와 지구촌 경영』(서울: 범한, 2003), 107-197쪽 참조.

14 金文經, 「唐日文化交流와 新羅神信仰」, 『東方學志』 54·55·56합집, 연세대학교 국학연구원, 1987.

15 Ken Wilber, *The Spectrum of Consciousness*(Wheatonm Illinois: Quest Books, 1993), p.18.

16 Asvaghosa, *The Awakening of Faith*, trans. Teitaro Suzuki(Mineola, New York: Dover Publications, INC., 2003), p.59: Suchness is neither that which is existence, nor that which is non-existence, nor that which is at once existence and non-existence, not that which is not at once existence and non-existence."

17 cf. 파동-입자의 이중성(wave-particle duality). 眞如性[본체]인 동시에 生滅性[작용]으로 나타나는 一心의 이중성은 파동인 동시에 입자로 나타나는 파동-입자의 이중성과 같은 맥락에서 이해될 수 있다. 참자아의 이중성은 "불멸인 동시에 죽음이며, 존재하는 것과 존재하지 않는 모든 것이다"(*The Bhagavad Gita*, 9. 19: "I am life immortal and death; I am what is and I am what is not")라는 구절 속에 잘 나타나 있다.

18 『易經』, 「說卦傳」: "艮東北之卦也 萬物之所成終而所成始也."

19 그렉 브레이든 외 지음, 이창미·최지아 옮김, 『World Shock 2012』(서울: 쌤앤파커스, 2008), 84-85쪽.

02 한국학 연구의 딜레마와 시대적 범주

1 최태영, 『한국 고대사를 생각한다』, 11-12쪽.

2 위의 책, 13-14쪽.

3 위의 책, 54-55쪽.

4 위의 책, 55-56, 59쪽.

5 위의 책, 60쪽.

6   이병도·최태영,『한국상고사입문』(서울: 고려원, 1989).

7   〈조선일보〉 1986년 10월 9일자 기사; 최태영,『한국상고사』(서울: 유풍출판사, 1990), 27쪽.

8   최태영,『인간 단군을 찾아서』(서울: 학고재, 2000), 270-271쪽에서 재인용.

9   존 카터 코벨 지음, 김유경 엮어옮김,『한국문화의 뿌리를 찾아: 무속에서 통일신라 불교가 꽃피기까지』(서울: 학고재, 1999), 9, 12쪽.

10 『揆園史話』,「太始記」.

11 존 카터 코벨 지음, 김유경 엮어옮김, 앞의 책, 346-347쪽.

12 위의 책, 349-350쪽.

13 김한식,「고대 한국정치사상연구의 제문제」,『한국정치외교사논총』 20집, 한국정치외교사학회, 1998.

14 신복룡,『한국정치사』(서울: 박영사, 2003), 64쪽.

15 대야발 지음, 고동영 역주,『단기고사』(서울: 흔뿌리, 1986), 서문, 5쪽.

16 https://terms.naver.com/entry.naver?docId=2808931&cid=62102&categoryId=62102 (2021.8.1.) 오늘날 중국의 신장 위구르 자치구에 알타이 인종인 아시나 부족이 세운 국가다. 중국 사료에 의하면 돌궐은 흉노를 계승한 나라이며 흉노의 전통과 행정 체제를 답습했다. 돌궐어로 '괵'은 '하늘'이나 '푸른'을 의미하며, '괵투르크'는 '하늘빛 투르크'라는 의미도 있지만 '푸른 투르크'나 '위대한 투르크'를 뜻하기도 한다. 한편 杏村 李嵒의『檀君世紀』 기록에는 기원전 2177년 3세 단군 가륵 6년에 "列陽의 褥薩 索靖에게 명하여 弱水로 옮겨 종신토록 갇혀 있게 했다가 후에 용서하고 그 땅에 봉하니 그가 匈奴의 시조가 되었다"고 나온다. 이 기록에 따르면 흉노는 우리와 동족이니 흉노를 계승한 돌궐 역시 우리와 동족이다. 그래서 대야발이 돌궐국에까지 들어가 고적을 탐사한 것이다.

17 『朝鮮王朝實錄』,「세조실록」제7권, 세조 3년(1457) 5월 26일(무자) 3번째 기사.

18 『朝鮮王朝實錄』,「예종실록」제7권, 예종 1년(1469) 9월 18일(무술) 3번째 기사.

19 『朝鮮王朝實錄』,「성종실록」제1권, 성종 원년(1469) 12월 9일(무오) 6번째 기사.

20 https://www.youtube.com/watch?v=c0tBM0YZapY (2021.8.1.); 남창희·정성찬·송옥진,「세조의 上古史書 收書令의 정치적 요인과 함의」,『세계환단학회지』, 3권 1호, 세계환단학회, 2016, 37-69쪽.

21 『桓檀古記』,「太白逸史」第二 桓國本紀.

22 『晋書』卷九十七,「列傳」第六十七, 神離等十國.

23 http://encykorea.aks.ac.kr/Contents/Index?contents_id=E0031813 (2021.8.7.)

24 https://terms.naver.com/entry.naver?docId=1116058&cid=40942&categoryId=33388 (2021.8.7.)

25 『欽定滿洲源流考』, 卷首, 論旨.

26 『桓檀古記』,「太白逸史」第四, 三韓管境本紀.

27 신용하,『고조선문명의 사회사』(파주: 지식산업사, 2018), 247쪽.

28 위의 책, 173쪽.

29 신채호 지음, 김종성 옮김,『조선상고사』(고양: 위즈덤하우스, 2014), 101쪽.

30 신용하, 앞의 책, 173쪽에서 재인용.

31 고려대학교 한국사연구소편, 『역주 고조선사료집성 국내편』(서울: 새문사, 2019), 447쪽: "古記曰 朝鮮故肅愼之墟 按肅愼氏 不知起於何時…朝鮮扶餘樂浪濊貊之地 皆其舊疆也歟."

32 최태영, 『한국상고사』, 10쪽.

33 『桓檀古記』, 「太白逸史」第二, 桓國本紀; 『桓檀古記』, 「三聖紀全」下篇.

34 『桓檀古記』, 「太白逸史」第一, 三神五帝本紀.

35 『符都誌』第1章: "麻姑城 地上最高大城 奉守天符 繼承先天."

36 『桓檀古記』, 「太白逸史」第二, 桓國本紀: "桓國有五訓…所謂五訓者 一曰誠信不僞 二曰敬勤不怠 三曰孝順不違 四曰廉義不淫 五曰謙和不鬪."

37 『桓檀古記』, 「太白逸史」第二, 桓國本紀: "時 人皆自號爲桓 以監群爲仁 仁之爲言任也 弘益濟人 光明理世 使之任其必仁也."

38 『桓檀古記』, 「太白逸史」第二, 桓國本紀 桓國 注: "桓國注曰 桓者全一也光明也."

39 『桓檀古記』, 「太白逸史」第二, 桓國本紀.

40 『桓檀古記』, 「太白逸史」第一, 三神五帝本紀.

41 https://blog.naver.com/gnbone/220640940182 (2021.8.3.)

42 최태영, 『인간 단군을 찾아서』, 274쪽에서 재인용.

43 임승국 번역·주해, 『한단고기』(서울: 정신세계사, 1986), 27-28쪽.

44 최태영, 『인간 단군을 찾아서』, 273-274쪽에서 재인용.

45 『三國遺事』卷一, 「紀異」第一, 古朝鮮 王儉朝鮮條.

46 『三國史記』卷 第七, 「新羅本紀」第七, 文武王 下.

47 최태영, 『인간 단군을 찾아서』, 222-226쪽.

48 위의 책, 223-224쪽에서 재인용.

49 박창범, 『하늘에 새긴 우리 역사』(파주: 김영사, 2002), 5쪽.

50 https://ko.wikipedia.org/wiki/%ED%9B%99%EC%82%B0_%EB%AC%B8%ED%99%94 (2021.8.9.); http://www.anewsa.com/detail.php?number=952945 (2021.8.9.)

51 신용하, 앞의 책, 106, 114쪽.

52 http://www.anewsa.com/detail.php?number=952945 (2021.8.9)

53 http://100.daum.net/encyclopedia/view/61XX10800031 (2021.8.9)

54 『帝王韻紀』卷上, 「三皇五帝」.

55 『桓檀古記』, 「太白逸史」第三, 神市本紀: "季曰太皞 復號伏羲." 神市本紀는 『密記』와 『大辯經』을 인용하여 伏羲가 神市에서 나왔다고 하고, 『大辯經』을 인용하여 伏羲의 陵이 山東省 魚臺縣 鳧山의 남쪽에 있다고 했다.

56 『桓檀古記』, 「太白逸史」第三, 神市本紀: "神農 少典之子 少典與少皞 皆高矢氏之傍支也." 『揆園史話』 「太始記」에는 환웅이 군장이 되어 蚩尤氏·高矢氏·神誌氏·朱因氏 등에게 명하여 모든 것을 계발했으며 치우·고시·신지의 후예가 가장 번성했다고 밝히고 있다. 따라서 고시씨가 동이인이므로 그 방계 자손인 少典도 동이인이고, 少典의 아들인 神農도 또한 동이인이다.

57 司馬遷 지음, 丁範鎭 외 옮김, 『史記本紀』卷1 「五帝本紀」第1(서울: 까치, 1994), 7~27쪽.

cf. 金憲銓 編著, 任正雲 譯,『桓國正統史』(大阪: 三省イデア, 2000), '桓民族血統世界分布圖'.

58　신용하, 앞의 책, 528-529쪽에서 재인용.

59　『桓檀古記』,「太白逸史」第三, 神市本紀.

60　신용하, 앞의 책, 530-531쪽에서 재인용.

61　『揆園史話』,「太始記」: "夷之爲言大弓";『桓檀古記』,「太白逸史」神市本紀.

62　『後漢書』卷八十五,「東夷列傳」第七十五.

63　『三國遺事』卷一,「紀異」第一, 古朝鮮 王儉朝鮮條.

64　『桓檀古記』,「太白逸史」第四, 三韓管境本紀 馬韓世家 上.

65　『桓檀古記』,「三聖紀全」下篇.

66　『桓檀古記』,「檀君世紀」.

67　『三國史記』卷 第七,「新羅本紀」第七, 文武王 下.

68　신용하, 앞의 책, 188쪽.

69　『桓檀古記』,「三聖紀全」下篇, 神市歷代記: "倍達桓雄定有天下號之也 其所都曰神市."

70　『桓檀古記』,「三聖紀全」下篇: "桓雄天王 肇自開天 生民施化 演天經 講神誥 大訓于衆."

71　『桓檀古記』,「太白逸史」第三, 神市本紀;『桓檀古記』,「三聖記全」下篇.

72　『桓檀古記』,「太白逸史」第二, 桓國本紀: "神市有五事…所謂五事者 牛加主穀 馬加主命 狗加主刑 猪加主病 羊加(혹은 鷄加)主善惡."

73　『桓檀古記』,「太白逸史」第四, 三韓管境本紀 馬韓世家 上: "在昔 已爲我桓族 遊牧農耕之所."

74　『揆園史話』,「檀君記」;『揆園史話』,「太始記」.

75　『揆園史話』,「太始記」;『桓檀古記』,「太白逸史」第三, 神市本紀.

76　『揆園史話』,「太始記」.

77　『揆園史話』,「太始記」.

78　『揆園史話』,「太始記」.

79　〈경향신문〉 1982년 11월 11일자 기사.

80　유리 미하일로비치 부틴 지음, 이병두 번역,『고조선 연구: 고조선, 역사·고고학적 개요』(서울: 아이네아스, 2019).

81　위의 책, 130-132쪽.

82　〈중앙일보〉 1999년 10월 3일자 기사.

83　〈중앙일보〉 1998년 4월 1일자 기사.

84　『三國遺事』卷一,「紀異」第一,「古朝鮮」王儉朝鮮條. 이 외에도 고조선의 단군신화는 李承休의『帝王韻紀』卷下,「前朝鮮紀」;『世宗實錄』,「地理志」; 權擥의『應製詩註』에 실려 있다.

85　윤내현,「고조선의 도읍 遷移考」,『한국고대사신론』(파주: 일지사, 1989), 81-166쪽에서는 "백악산 아사달은 지금의 중국 허베이성(河北省) 昌黎 부근, 장당경은 랴오닝성(遼寧省) 大凌河 유역의 北鎭, 아사달은 랴오닝성 沈陽 근처였던 것으로 추정된다"고 했다.

86　최태영,『한국 고대사를 생각한다』, 16쪽.

87　『桓檀古記』,「太白逸史」第三, 神市本紀.

88 『桓檀古記』,「太白逸史」第五, 蘇塗經典本訓.

89 『桓檀古記』,「三聖紀全」上篇: "神人王儉 降到于不咸之山 檀木之墟…九桓之民 咸悅誠服 推爲天帝 化身而帝之 是爲檀君王儉…設都阿斯達 開國號朝鮮."

90 이두식 표기란 한글이 대중화되기 이전에 漢字를 빌려 우리말을 표기하던 문자표기법을 말한다. 반재원·허정윤 지음, 『세계가 잃어버린 영혼』(서울: 한배달, 2007), 98-99쪽에서는 하얼빈이 아사달이며 단군조선 때의 수도라고 하고 있다. 또한 不咸을 우리말로 적은 이두 발음이 '안달'이라고 하고 있다. 즉, 不咸의 '아니불(不)'의 '안'과 '다함(咸)'의 '다'를 딴 '안다산'이 '안달산'으로 변한 것이고, 또한 '안달'이 앗달로, 아사달로 변한 것이라고 본다. 또 구월산도 이두 표기로는 아사달이 된다고 보고 있다. 아홉 '구(九)'와 달 '월(月)'로 구월산이 되지만, 다른 한편으로는 '아홉달'에서 발음이 변하여 '아합달' '압달' '앗달' '아사달'이 된다고 보는 것이다.

91 박제상 지음, 김은수 번역·주해, 『부도지』(서울: 한문화, 2002), 57쪽에서는 단군의 첫 도읍지가 중국 섬서성에 있는 태백산이라고 하였다. 그곳을 도읍지로 정한 데에는 많은 이유가 있지만, 환웅의 도읍지라는 데에 큰 이유가 있었던 것으로 보았다. 후에 단군은 만주의 하얼빈으로 도읍지를 옮겼다고 하였다.

92 윤내현, 『한국고대사』(서울: 삼광출판사, 1990), 66쪽.

93 윤내현·박성수·이현희, 『새로운 한국사』(서울: 삼광출판사, 1995), 67-68쪽. '단군신화에 등장하는 환웅족은 韓族(桓族) 또는 아사달족, 곰족은 고구려족, 호랑이족은 예족이었을 것이며, 호랑이족도 연맹체에 가담했지만 그 사회의 주된 세력은 되지 못했다'(尹乃鉉, 『우리 고대사』(서울: 지식산업사, 2003), 48쪽).

94 이시영, 『感始漫語』(서울: 일조각, 1983), 21-22쪽.

95 『帝王韻紀』卷下,「地理紀」: "遼東別有一乾坤 斗與中朝區以分 洪濤萬頃圍三面 於北有陸連如線 中方千里是朝鮮 江山形勝名敷天 耕田鑿井禮義家."

96 윤내현, 『한국고대사』, 66쪽.

97 徐亮之, 『中國史前史話』(香港: 亞洲出版社, 民國32(1943))에서는 五帝의 한 사람인 순 임금(虞舜)이 東夷族의 한 분파인 貊族이라고 하고 있다.

03 한국학의 요점과 과제

1 『桓檀古記』,「太白逸史」第二, 桓國本記 桓國注.

2 『道德經』40章: "反者道之動."

3 六堂 崔南善의 不咸文化論에서는 不咸山의 不咸, 太白山의 白, 朴達山의 박달을 모두 순수 우리말로 '밝'이라고 해석했다.

4 "John" in Bible, 14:6 : "I am the way and the truth and the life…."

5 "John" in Bible, 4:24 : "God is spirit, and his worshipers must worship in spirit and in truth."

6 『後漢書』卷八十五,「東夷列傳」第七十五: "東方曰夷 夷者 柢也."

7 김상일, 『인류 문명의 기원과 한』(대전: 상생출판, 2018), 23쪽.

8 『符都誌』에는 有因으로 나오지만 桓仁과 마찬가지로 본래는 有仁이었다가 후에 불교의 영향을 받아 '仁'이 '因'으로 바뀐 것이다. 그 근거로는 당시에는 監群(무리의 우두머리)을 仁이라 했기 때문이다. 『桓檀古記』, 「太白逸史」第二, 桓國本紀에는 "仁이란 任을 이르는 말이니 널리 사람을 이롭게 구제하고 세상을 이치대로 밝히는 일을 맡으려면 반드시 어질어야 하는 것이다"라고 나와 있다.

9 '개천'사상으로 나라를 세운 것이 언제인가에 대해서는 견해가 일치하지 않고 있다. 桓雄 神市 倍達國 시대라고 보기도 하지만, 적어도 桓檀시대를 열었던 桓國(BCE 7199~BCE 3898)으로까지 거슬러 올라가야 한다는 것이 필자의 생각이다. 하지만 前문화시대로까지 더 거슬러 올라갈 수도 있다. 正史인 『高麗史』卷 第三十六, 「世家」第三十六, 忠惠王 條에는 우리나라의 옛 이름이 麻姑之邢(마고의 나라)였음을 알 수 있게 하는 대목이 나오기 때문이다.

10 cf. 『中庸』1章: "天命之謂性 率性之謂道."

11 개벽이란 하늘이 열리고 땅이 열린다는 '천개지벽(天開地闢)'에서 유래한 말로서 쉼 없이 열려 변화하는 우주의 본성을 일컫는 것이다.

12 元曉, 「金剛三昧經論」, 조명기 편, 『元曉大師全集』(서울: 보련각, 1978), 130쪽(이하 『金剛三昧經論』으로 약칭). '이변비중'은 有도 아니요 無도 아니요 그 양변을 멀리 떠나면서 그렇다고 中道에도 집착하지 않는다는 非有非無 遠離二邊 不着中道의 뜻이다.

13 『金剛三昧經論』, 130쪽; 元曉, 「大乘起信論別記」, 『元曉大師全集』(이하 『大乘起信論別記』로 약칭), 464쪽. '무리지지리 불연지대연'은 〈도리 아닌 지극한 도리, 긍정 아닌 대긍정〉으로 번역될 수 있으나 그 참 뜻은 상대적 차별성을 떠난 如實한 대긍정을 의미한다.

14 '불연기연', 즉 '그렇지 아니함과 그러함'은 본체계와 현상계를 회통시키는 水雲 崔濟愚의 독특한 논리이다. 사물의 근본 이치와 관련된 초논리·초이성·직관의 영역인 '不然'의 본체계[의식계]와, 사물의 현상적 측면과 관련된 감각적·지각적·경험적 판단의 영역인 '其然'의 현상계[물질계]가 하나라고 『東經大全』에서는 말한다. 수운의 불연기연적 세계관에 대해서는 최민자, 『동학사상과 신문명』(서울: 도서출판 모시는사람들, 2005), 34-37쪽.

15 『澄心錄追記』, 第7章 8節.

16 〈중앙일보〉 1999년 12월 6일자 기사. 박창화는 해방 후 이 사실을 서울대 명예교수 崔基哲에게 털어놨고, 최 교수가 이 사실을 언론에 공개함으로써 밝혀졌다. 배제고보 등에서 역사를 가르친 박창화는 한국상고사에 해박한 지식을 갖고 있어 쇼료부에서 촉탁으로 근무하게 됐다고 한다. 그러나 현실적으로 쇼료부 소장본들은 목록으로 정리된 것들만 접근이 가능해 박창화의 말이 사실이라 하더라도 일본측이 쇼료부의 문을 활짝 열어주기 전까지는 확인하기가 불가능에 가깝다고 한다.

17 Marshall G. S. Hodgson, *Rethinking World History*(New York: Cambridge University Press, 1993).

18 안드레 군더 프랑크 지음, 이희재 옮김, 『리오리엔트』(서울: 이산, 2003), 31쪽.

19 위의 책.

20 John M. Hobson, *The Eastern Origins of Western Civilisation*(Cambridge: Cambridge University Press, 2004).

04 마고의 창세(創世)와 여성성의 원리

1 『澄心錄』은 上敎 5誌인 〈符都誌〉, 〈音信誌〉, 〈曆時誌〉, 〈天雄誌〉, 〈星辰誌〉와 中敎 5誌인 〈四海誌〉, 〈禊祓誌〉, 〈物名誌〉, 〈歌樂誌〉, 〈醫藥誌〉, 그리고 下敎 5誌인 〈農桑誌〉, 〈陶人誌〉, 그밖에 알려지지 않은 3誌를 포함하여 모두 15誌로 되어 있는데, 이후 朴堤上 선생의 아들 百結 선생이 〈金尺誌〉를 지어 보태고, 金時習이 〈澄心錄 追記〉를 써서 보탬으로써 모두 17誌로 구성된 책이다. 영해 박씨 종가에서 필사하여 대대로 전해오다가, 조선 세조 때 세조의 왕위 찬탈에 반기를 든 영해 박씨 문중에 체포령이 내려지면서 雲林山 속으로 가지고 들어가 이후 수백 년간 三神匱 밑바닥에 감춰둔 것이 박금 씨 대에까지 전해졌다고 한다. 박금 씨는 해방 후 월남할 때 그 책을 가지고 오지 못하여 과거에 『징심록』을 번역하고 연구하던 때의 기억을 되살려서 그 중 제1지인 『부도지』를 거의 원문에 가깝게 복원해낸 것이라고 한다(『符都誌』 초판 서문).

2 宋代의 대유학자 邵康節(이름은 雍)에 따르면, 우주 1년의 12만 9천6백 년 가운데 인류 문명의 생존 기간은 乾運의 先天 5만 년과 坤運의 後天 5만 년을 합한 10만 년이며, 나머지 2만 9천6백 년은 빙하기로 천지의 재충전을 위한 휴식기이다. 여기서 '先天을 계승하였다'는 것은 先·後天이 교차하는 천지운행을 말하는 것이다. 천지운행은 시작도 끝도 없는 영원 그 자체이므로 얼마나 많은 先天이 있었는가 하는 것은 시간의 역사 속에서는 답하여질 수 없다.

3 『符都誌』第2章.

4 이러한 소리의 경계는 알리기에리 단테(Alighieri Dante)의 『神曲 La Divina Commedia』에서도 잘 나타난다. 〈지옥편〉 〈연옥편〉 〈천국편〉의 3부로 이루어진 이 작품은 단테 자신의 영혼의 순례과정, 즉 잃어버린 신성을 찾아가는 과정을 생생하게 그리고 있다. 여기서 지옥편은 물질[형상] 차원에 갇힌 無明의 삶의 행태를 말함이니 조각에, 천국편은 형상을 초월한 超시공의 영역을 말함이니 음악[하늘소리]에, 그리고 연옥편은 회화에 비유되기도 한다.

5 『符都誌』第10章: "有因氏 繼受天符三印 此卽天地本音之象而使知其眞一根本者也" 즉 "有因氏가 天符三印을 이어받으니 이것이 곧 天地本音의 象으로, 진실로 근본이 하나임을 알게 하는 것"이라는 뜻이다.

6 Fritjof Capra, *The Web of Life*(New York: Anchor Books, 1996), p.3.

7 『符都誌』第3章.

8 『符都誌』第4章.

9 찰스 햅굿 지음, 김병화 옮김, 『고대 해양왕의 지도』(파주: 김영사, 2005), 293쪽.

10 Gregg Braden, *The Divine Matrix*(New York: Hay House, Inc., 2007), p.135.

11 *Ibid.*, p.89. 여기서 '비범한 의식 상태'란 옳음과 그름의 생각 너머에서 주관적인 판단 없이 상황을 인식하고 선택한 결과에 집착하지 않는 것이다.

12 최민자, 『동서양의 사상에 나타난 인식과 존재의 변증법』, 652-653쪽. 주체가 대상으로 향한다는 것은 대상에 이끌려서 인식을 일으키는 것으로, 이 경우 인식 주체의 능동성과 자율성이 발휘될 수 없다. 반면, 대상이 주체로 향한다는 것은 인식에 따라서 대상이 규정되는 것으로, 이 경우 인식 주체의 능동성과 자율성이 발휘된다. 주체가 대상으로 향

하면, 다시 말해 인식이 대상으로 인해 생겨나면 '대상의 입장'이 되므로 피동적이 될 수밖에 없다. 그러나 대상은 그 자체로는 대상이 아니며 우리의 인식으로 인해서 비로소 대상이 되는 것이다. 이 사실을 깨달으면 인식과 대상 모두에 '대상'이란 것이 없다는 것을 알게 된다. 이처럼 '대립이 없는 입장'에서, 다시 말해 대상이 주체로 향하여 종국에는 주체와 대상이 하나가 되는 경지에서 고도의 능동성과 자율성이 발휘될 수 있다. 이러한 인식 주체의 능동성과 자율성은 칸트(Immanuel Kant) 인식론과 형이상학의 바탕을 이루는 것이기도 하다. 칸트는 합리론의 형이상학적 독단론과 경험론의 회의주의를 극복하기 위하여 주체가 대상으로 향하는 것이 아니라 대상이 주체로 향하는 코페르니쿠스적 轉回를 시도하였다.

13 『符都誌』 第1章.

14 『高麗史』 卷 第三十六, 「世家」 第三十六, 忠惠王條.

15 『符都誌』 第4章.

16 『符都誌』 第5章.

17 『符都誌』 第6章.

18 『符都誌』 第7章.

19 『符都誌』 第8章.

20 『符都誌』 第9章.

21 『符都誌』 第10章.

22 『符都誌』 第9章: "分居諸族 繞倒各洲 於焉千年."

23 『符都誌』 第9章: "黃穹氏 到天山洲 誓解惑復本之約…乃命長子有仁氏 使明人世之事…黃穹氏乃入天山…於是 有仁氏 繼受天符三印."

24 『符都誌』 第10章: "有仁氏千年 傳天符於子桓仁氏."

25 『符都誌』 第12章: "壬儉氏…遍踏四海 歷訪諸族 百年之間 無所不往 照證天符修身 盟解惑復本之誓 定符都建設之約 此 地遠身絶 諸族之地言語風俗 漸變相異故 欲講天符之理 於會同協和之席而使明知也."

26 『莊子』 內篇, 第一「逍遙遊」.

27 『黃極經世書』, 「纂圖指要·下」: "時動而事起天運而人從 猶形行而影會聲發而響"; 『黃極經世書』, 「纂圖指要·下」: "天之時由人之事乎 人之事有天之時乎"; 『黃極經世書』, 「纂圖指要·下」: "時者天也 事者人也 時動而事起…." 北宋五子—周敦頤(호는 濂溪)·邵雍(호는 康節)·張載(호는 橫渠)·程顥(호는 明道)·程頤(호는 伊川)—의 한 사람인 소강절이 『황극경세서』에서 元會運世의 數로 밝힌 천지운행의 원리는 天時와 人事가 조응하고 있음을 보여준다.

28 물고기 문양은 각지의 불교 사원이나 신전에서뿐만 아니라 차량, 모자, 휴대품 등에서도 쉽게 찾아볼 수 있다. 특히 몽골의 경우 몽골의 상징으로 물고기 문양을 사용하고 있을 정도이다. 또한 기독교의 경우 이미 BCE 6, 7세기경에도 물고기 문양이 그리스도인의 상징 기호로 쓰였다. 『구약성서』 「느헤미야 서」에 물고기 문의 재건에 관한 기록이나 「스바냐 서」에 쌍어문에 관한 언급에서 잘 나타나고 있다.

29 이귀우, 「생태담론과 에코페미니즘」, 『새한영어영문학』 제43권 1호, 2001, 6-9쪽; Val Plumwood, *Feminism and the Mastery of Nature*(London and New York: Routledge,

1993).

30 Maria Mies & Vandana Shiva, *Ecofeminism*(New Delhi: Zed Books, 1993); Vandana Shiva, "Development, Ecology and Women," in Carolyn Merchant(ed.), *Ecology: Key Concepts in Critical Theory*(New Jersey: Humanities Press, 1994). 쉬바는 여성과 자연이—특히 제3세계의 경우—개발의 희생자가 되었다고 보고 최근의 생명공학이 식물의 종자와 여성의 자궁을 식민지화했다고 지적했다.

05 마고의 삼신사상과 마고 문화의 전파

1 최태영, 『한국 고대사를 생각한다』, 135-136쪽.
2 『桓檀古記』, 「太白逸史」 三韓管境本紀 馬韓世家 上.
3 『桓檀古記』, 「太白逸史」 三神五帝本紀: "自上界 却有三神 卽一上帝 主體則爲一神 非各有神也 作用則 三神也."
4 『中庸』: "天命之謂性 率性之謂道."
5 『符都誌』第12章: "…照證天符修身 盟解惑復本之誓 定符都建設之約…."
6 Gregg Braden, *The Divine Matrix*, p.vii에서 재인용.
7 『符都誌』第8章.
8 『符都誌』第10章.
9 『符都誌』第10章.
10 『符都誌』第12章.
11 『符都誌』第30章.
12 본 절의 이하 아우구스티누스 관련 내용은 최민자, 『동서양의 사상에 나타난 인식과 존재의 변증법』, 463-465, 468-478쪽.
13 Saint Augustine, *The City of God*, translated by Marcus Dods, D. D.(Peabody, Massachusetts: Hendrickson Publishers, Inc., 2010), Book VIII, 4, p.221(이하 *The City of God*로 약칭).
14 Augustine, *On the Trinity*, edited by gateth B. Matthews, translated by Stephen McKenna(Cambridge: Cambridge University Press, 2002), Book VIII, Outline 2, p.3(이하 *On the Trinity*로 약칭): "All bodily analogies to the relationships among the persons of the Trinity mislead."
15 *On the Trinity*, Book VIII, ch.1, p.5: "no one thing is more true than another, because all are equally and unchangeably eternal."
16 *On the Trinity*, Book IX, ch.1, pp.24-25.
17 "1 John" in *Bible*, 4:8: "Whoever does not love does not know God, because God is love."
18 "Romans" in *Bible*, 5:8: "But God demonstrates his own love for us in this: While we were still sinners, Christ died for us."
19 *On the Trinity*, Book IX, Outline 3-5, 11, p.23.

20 *On the Trinity*, Book VIII, Outline 9, p.3: "We love God and our neighbors from the same love."

21 "Mark" in *Bible*, 12:28-31 : "Of all the commandments, which is the most important? The most important one, answered Jesus, is this:⋯the Lord our God, the Lord is one. Love the Lord your God with all your heart and with all your soul and with all your mind and with all your strength. The second is this: Love your neighbor as yourself. There is no commandment greater than this." cf. "Matthew" in *Bible*, 22:36-40 : "Teacher, which is the greatest commandment in the Law? Jesus replied: Love the Lord your God with all your heart and with all your soul and with all your mind. This is the first and greatest commandment. And the second is like it: Love your neighbor as yourself. All the Law and the Prophets hang on these two commandments."

22 "Matthew" in *Bible*, 28:19 : "Therefore go and make disciple of all nations, baptizing them in the name of the Father and of the Son and of the Holy Spirit."

23 『符都誌』 제25장: 兩巢氏(白巢氏黑巢氏)之裔 猶不失作巢之風 多作高塔層臺."

24 *Mandukya Upanishad* in *The Upanishads*, p.83: "OM. This eternal Word is all: what was, what is and what shall be, and what beyond is in eternity. All is OM."

25 "John" in *Bible*, 4:23 : "Yet a time is coming and has now come when the true worshipers will worship the Father in spirit and truth, for they are the kind of worshipers the Father seeks." "John" in *Bible*, 4:24 : "God is spirit, and his worshipers must worship in spirit and in truth."

26 "John" in *Bible*, 8:34.

27 "John" in *Bible*, 8:32 : "Then you will know the truth, and the truth will set you free."

28 "Revelation" in *Bible*, 1:8 : "I am the Alpha and the Omega," says the Lord God, "who is, and who was, and who is to come, the Almighty."

29 "Revelation" in *Bible*, 21:6 : "I am the Alpha and the Omega, the Beginning and the End."

30 Saint Augustine, *Confessions*, translated with an introduction by R. S. Pine-Coffin(London: Penguin Books, 1961), Book VII, 12, p.148.

31 『高麗史』 卷 第三十六, 「世家」 第三十六, 忠惠王條.

32 제임스 처치워드 저, 박혜수 역, 『뮤 대륙의 비밀』(서울: 문화사랑, 1997), 13쪽.

33 위의 책, 19쪽.

34 위의 책, 36쪽.

35 위의 책, 22쪽.

36 위의 책, 23쪽.

37 위의 책, 34-36쪽.

38 위의 책, 53, 134쪽. 53, 134쪽에서는 '5만 년 이상 전'이라고 하고 있고, 15쪽에서는 '5만 년 전'이라고 하고 있는데 이는 대략적인 숫자이며 또 문명이 꽃핀 시기를 말하는 것이기 때문에 여기서는 '5만 년 이상 전'이라고 하기로 한다.

39 위의 책, 38-39쪽.

40 위의 책, 50, 54쪽.

41 위의 책, 42쪽.

42 위의 책, 42-43쪽.

43 위의 책, 39, 65쪽.

44 위의 책, 68쪽에서 재인용.

45 고대 기록에 실려 있는 무 제국의 표상들과 문양이 숫자 3으로 풀이되고 있다. '어머니 나라'를 상징하는 숫자 3으로 풀이된 것, '세 개의 돌기를 가진 상형문자가 무 대륙을 상징하는 숫자 3'으로 풀이된 것, 그리고 '세 개의 뾰죽한 돌기를 가진 왕관이 태양의 제국' 무의 황제의 관'으로 풀이된 것 등이 있다(위의 책, 127, 129쪽).

46 위의 책, 26쪽.

47 '무 제국 최후의 날'에 대해 〈라사 기록〉에서 발췌된 일부 내용은 다음과 같다. "발(Bal: 마야 언어로 '땅의 지배자'란 뜻)의 별이 지금은 하늘과 바다뿐인 그곳에 떨어졌을 때 황금의 문과 투명한 신전이 있는 일곱 도시는 폭풍 속의 나뭇잎처럼 떨리고 흔들렸다. 그리고는 보라, 궁궐들에서 불과 연기의 홍수가 일어났다. 수많은 사람들의 함성과 울부짖음이 대기를 가득 채웠다…"(위의 책, 69쪽).

48 하늘을 숭배하는 '桓雄 天孫族'과 원주민인 '곰 토템족'이 서로 융합하여 통혼하기에 이르는 과정을 단군신선사상과 결합시켜 상징적으로 나타낸 단군설화에 보면, 곰이 삼칠일(3·7일=21일)만에 사람이 된 것으로 나온다. '삼칠일'의 3은 우주만물의 기본수이고 7은 생명수이니 삼칠일 동굴수련 끝에 사람다운 사람이 되었다는 것은 천·지·인 삼신일체의 天道를 체현했다는 것이다. 예로부터 많이 행해져 온 삼칠일 기도는 기도의 진정한 의미가 우주 '한생명'을 체득함으로써 '참나'에 이르게 하는 데 있음을 말해준다.

49 https://www.youtube.com/watch?v=49EkSH8XBLc (2021.9.10.)

50 제임스 처치워드 저, 박혜수 역, 앞의 책, 69-70쪽.

51 노중평은 天文에서 麻姑와 동일시되는 별은 베가성으로 불리는 織女星이라고 하고, 마고는 지금으로부터 14,000년 전에 막고야산(마고산, 삼신산)에서 인류 최초로 문명을 시작했다고 본다.

52 재레드 다이아몬드 지음, 김진준 옮김, 『총, 균, 쇠』(서울: 문학사상, 2016), 45쪽.

53 http://100.daum.net/encyclopedia/view/61XX10800054 (2021.9.10.) 기원전 3000~2000년경 인도의 원주민인 드라비다인(Dravidian)들에 의해 건설되어 인더스문명을 꽃피운 고대 도시 모헨조다로의 유적에서 발견된 녹색의 광택이 있는 검은 돌들은 세계 최초의 원자폭탄 실험이 있었던 미국 뉴멕시코 주 사막에서 발견된, 핵폭발의 높은 열로 모래가 녹았다가 응고되는 과정에서 생기는 유리 모양의 물질과 유사하며 방사능 성분을 포함하고 있다는 것이 밝혀졌다. 이 유적에서 발굴된 유골들 가운데 매우 특이한 형태를 보이는 인골군(人骨群)에 관한 보고 내용은 고대 인도의 대서사시 마하바라타(Mahābhārata)나 라마야나(Rāmāyaṇa)에 나오는 고대 핵전쟁을 시사하는 대목과 일치한다.

54 찰스 햅굿 지음, 김병화 옮김, 앞의 책, 272-274쪽.

06 마고 문화와 수메르 문명

1 『符都誌』第25章.

2 『符都誌』第12章.

3 예로부터 우리나라는 동방의 예의지국이라 불렸으며 동방은 우리 東夷族의 나라를 지칭하는 용어로 사용되었다.

4 金憲銓 編著, 任正雲 譯, 『桓國正統史』(大阪: 三省イデア, 2000), '桓民族血統世界分布圖'에서는 シュメール(수메르)를 '수밀이도시국가'라고 표기하고 있다.

5 『桓檀古記』, 「檀君世紀」十三世檀君屹達 在位六十一年: "…戊辰五十年(BCE 1733) 五星聚婁…."

6 이 유적지는 T자 모양의 석회암 거석들이 원형을 이루는 기념비 구조물로서 그 거석들 중 일부는 높이가 5미터가 넘고 무게는 50톤에 달했으며 가장 큰 것의 폭은 30미터에 육박했다. 독일의 고고학자 클라우스 슈미트(Klaus Schmidt)가 이끄는 독일 발굴진이 1996년부터 슈미트가 사망한 2014년까지 발굴을 진행한 괴베클리 테페는 발굴면적만 해도 90,000sqm로 축구장 12개를 합친 것보다 크다. 이런 거대한 구조물을 건설하기 위해서는 수천 명의 인원이 장기간 동원되었을 것이고 또 이들을 부양할 많은 식량 생산이 필요했을 것이다. 그런데 작물화된 밀의 변종 중 하나인 외알밀(einkorn wheat)의 발상지가 바로 괴베클리 테페에서 불과 30킬로미터 떨어진 카라사다그 언덕이라는 사실이 밝혀졌다. 정착 생활이 사원 건설과 복잡한 사회구조의 전제조건이라는 가설이 오랫동안 유지되어 왔지만, 괴베클리 테페가 시사하는 바는 신전 건설이 정착 생활에 뒤이어 일어난 것이 아니라, 오히려 신전 건설을 위해 정착 생활이 필요했을 수도 있다는 것이다.

7 우루크의 현재 명칭은 '와르카(Warka)'이고, 구약성서에는 '에렉'(Erech)으로 나온다. 전성기 우루크의 인구는 5~8만 명, 성벽 내의 크기는 6제곱킬로미터 정도였으며 당시로서는 가장 큰 도시였다.

8 정연규, 『대한상고사』(서울: 한국문화사, 2005), 30쪽. 이러한 상투머리는 멕시코 동굴벽화에서도 발견된 바 있다. 정연규는 수메르인이 유라시아어족의 중심 세력인 태호(太昊, 太皞伏羲)족과 소호(小昊, 小昊金天)족이라고 했다. 문정창, 『수메르·한국·이스라엘의 역사』(서울: 백문당, 1979)에서는 小昊金天氏의 후예가 서쪽으로 이동하여 수메르인이 된 것으로 보았다.

9 http://www.futurekorea.co.kr/news/articleView.html?idxno=27336 (2021.8.24); http://newslibrary.naver.com/viewer/index.nhn?articleId=1997070800329117006&edtNo=45&printCount=1&publishDate=1997-07-08&officeId=00032&pageNo=17&printNo=16153&publishType=00010 (2021.8.24)

10 김상일 지음, 『인류문명의 기원과 한』, 212쪽.

11 『符都誌』第12章.

12 김상일, 앞의 책, 237, 239쪽.

13 이에 대해서는 민희식·이진우·이원일 지음, 『성서의 뿌리(구약): 오리엔트 문명과 구약성서』(용인: 블루리본, 2008).

14 『三國史記』, 중국 25史 등에는 일본이라는 국호가 CE 670년에야 처음 생겨 671년에는

점차 주변에도 알려진 것으로 나온다.

15 주동주 지음, 『수메르 문명과 역사』(파주: 범우, 2018), 25-26쪽.

16 『揆園史話』, 「檀君記」.

17 최태영, 『인간 단군을 찾아서』, 235쪽.

18 김상일 지음, 앞의 책, 157-159쪽에서 재인용.

19 광의의 홍산문화 유적 가운데 흥륭와문화(興隆窪文化, 싱룽와문화)의 가장 놀라운 유물은 BCE 6000년경에 행해진 치아 수술 흔적이다. 일본 학자들이 이 유골을 가져가서 4년간 집중적으로 연구한 끝에 2008년 2월 정식으로 이루어진 기자회견에서 인공적인 치아 수술 흔적이 확실하다고 밝혔다. 치아에 뚫린 구멍의 직경이 모두 같고 도구를 이용한 연마 흔적도 발견되었다. 그렇게 이른 시기에 치아 수술 흔적이 발견된 것은 흥륭와 유적지가 유일하다 (https://ko.wikipedia.org/wiki/%ED%9B%99%EC%82%B0_%EB%AC%B8%ED%99%94 (2021.8.24.))

20 https://ko.wikipedia.org/wiki/%ED%9B%99%EC%82%B0_%EB%AC%B8%ED%99%94 (2021.8.25.); http://www.anewsa.com/detail.php?number=952945 (2021.8.25.)

21 http://www.anewsa.com/detail.php?number=952945 (2021.8.25)

22 cf. David Bohm, *Wholeness and the Implicate Order*(London: Routledge & Kegan Paul, 1980), pp.186-190.

23 새뮤얼 노아 크레이머 지음, 박성식 옮김, 『역사는 수메르에서 시작되었다』(서울: 가람기획, 2018), 150쪽.

24 『山海經』: "君子之國 有薰花草朝生暮死."

25 Tommy Koh, *America's Role in Asia : Asian Views*, Asia Foundation, Center for Asian Pacific Affairs, Report no.13, Nov. 1993, p.1 참조.

26 존 M. 홉슨 지음, 정경옥 옮김, 『서구 문명은 동양에서 시작되었다』(서울: 에코리브르, 2005), 28-31쪽.

27 윌 듀런트 지음, 왕수민·한상석 옮김, 『문명 이야기(동양 문명 1-1)』(서울: 민음사, 2011), 7쪽.

28 존 M. 홉슨 지음, 정경옥 옮김, 앞의 책, 44-47쪽.

29 위의 책, 154-155쪽.

30 위의 책, 47-49쪽.

31 베링 육교(Beringia)는 빙하기에 여러 차례에 걸쳐 1600km 가량의 폭으로 아시아와 북아메리카 사이를 이었던 육교를 말한다. 마지막 빙기(11만 년 전~1만 2천 년 전) 때 그 시기의 최대 빙상이 형성되었을 당시 지구의 해수면은 지금보다 약 120미터 정도 낮았다. 따라서 베링해협의 얕은 바다에 잠겨 있던 땅이 해수면 위로 드러나게 되어 아시아와 북아메리카 두 대륙이 땅으로 연결되었다. 이 통로를 통해 아시아에서 아메리카 대륙으로 이주하게 되었다. 또한 많은 생물들도 양 대륙을 오갔다(https://ko.wikipedia.org/wiki/%EB%B2%A0%EB%A7%81_%EC%9C%A1%EA%B5%90 (2021.9.19.))

32 김상일, 앞의 책, 34-37쪽. 치아의 형태는 인종의 유래를 파악하는 데 중요한 지표가 된다. 크리스티 G. 터너는 아메리칸 원주민들의 어금니 뿌리가 세 개인 것을 발견했다. 아시아인의 어금니 뿌리는 세 개인 반면, 유럽인들의 어금니 뿌리는 두 개다.

33 위의 책, 38-39쪽.

34 『桓檀古記』,「太白逸史」第一, 三神五帝本紀.

35 손성태 지음, 『우리민족의 대이동: 아메리카 인디언은 우리민족이다』(서울: 코리, 2019), 335-336, 443쪽.

36 위의 책, 337, 443쪽.

37 위의 책, 83-227쪽.

38 위의 책, 220쪽에서 재인용.

39 위의 책, 218-223쪽. * '태오티와칸(Teotihuacan)'은 태오(teo: 태워/태우(태양신)) + 티(ti: 티 (터)) + 와(hua: 와) + 칸(can: 칸(족장))의 우리말 형태소로 분석된다(위의 책, 223쪽).

40 위의 책, 48-51쪽. * '토토나가(Totonaca)'는 토(to: '신성한'을 뜻하던 고대 우리말 '태(Te)'의 변 이형) + 토(to) + 나(na: 나) + 가(ca: 사람)의 우리말 형태소로 분석된다. 멕시코시티 지역 에 살던 원주민들은 스스로를 '태가(teca: '신성한 사람'이라는 뜻의 우리말)'라고 불렀는데, 동부 해안 지역 사람들은 '자기들이 더 신성한 사람'이라는 뜻으로 '토토나가'라고 불렀 다(위의 책, 50-51쪽).

41 손성태 지음, 『고대 아메리카에 나타난 우리민족의 태극』(서울: 코리, 2017), 12쪽.

42 https://ko.wikipedia.org/wiki/%EB%A7%88%EC%95%BC_%EB%AC%B8%EB% AA%85 (2021.9.21.)

43 손성태 지음, 『고대 아메리카에 나타난 우리민족의 태극』, 61쪽.

44 https://terms.naver.com/entry.naver?docId=2783255&cid=62093&categoryId=62093 (2021.9.22.)

45 https://terms.naver.com/entry.naver?docId=2783515&cid=62093&categoryId=62093 (2021.9.22.)

46 기원전 8세기 왕가의 후손이면서도 가난한 농부였던 고르디우스(Gordius)는 테르미소 스의 신탁에 의해 프리기아(Phrygia: 지금의 터키)의 왕이 되었다. 전설에 의하면 고대 소 아시아의 프리기아 왕국에는 왕이 없었는데 어느날 '테르미소스에 우마차를 타고 오는 자가 왕이 될 것이다'라는 신탁이 내려왔다. 그러던 중 고르디우스와 그의 아들 미다스 (Midas)가 우마차를 타고 고향인 테르미소스城에 들어오자 사람들은 그가 신탁에서 말 해진 왕이라고 생각하고 왕으로 추대했다. 그리하여 그는 새 도시 고르디움을 건설해 수 도로 삼았으며 일등공신 우마차를 신전에 봉헌했다. 신전의 신관들은 이 우마차를 신전 기둥에 밧줄로 복잡한 매듭을 만들어 묶었다. 그리고는 이 매듭을 푸는 자가 아시아를 정복하는 왕이 될 것이라는 신탁을 남겼다. 이후 수많은 영웅들이 도전했지만 성공하지 못했다. 그런데 기원전 333년 알렉산드로스 대왕이 이곳을 점령했다. 신탁을 전해 들은 그는 단칼에 매듭을 끊어버렸고, 마침내 그 예언은 성취되었다.

47 『澄心錄追記』, 第7章 8節.

48 『龍潭遺詞』,「安心歌」: "십이제국 괴질운수 다시개벽 아닐런가 요순성세 다시 와서 국태 민안 되지마는 기험하다 기험하다 아국운수 기험하다";『龍潭遺詞』,「夢中老少問答歌」: "천운이 둘렀으니 근심 말고 돌아가서 윤회시운 구경하소 십이제국 괴질운수 다시개벽 아닐런가."

단군조선의 국가 조직과 통치 체제 그리고 대내외적 발전

1 『三國遺事』卷一,「紀異」第一, 古朝鮮 王儉朝鮮條.

2 고려대학교 한국사연구소편,『역주 고조선사료집성 국내편』(서울: 새문사, 2019), 196-199쪽.

3 柳希齡,『標題音註東國史略』(성남: 한국정신문화연구원, 1985), 47-48쪽.

4 『朝鮮王朝實錄』影印本(1970),「世宗實錄」제40권.

5 최태영,『인간 단군을 찾아서』, 215-221쪽.

6 『符都誌』第15章.

7 박제상 지음, 김은수 번역·주해,『부도지』, 64-65쪽.

8 『桓檀古記』,「太白逸史」第四, 三韓管境本紀:"風伯 天符刻 鏡而進….".

9 『澄心錄追記』第8章:"…大抵其本 卽天符之法而製之以金者 爲其不變也 作之以尺者 爲其無誤也";『澄心錄追記』第10章:"新羅創始之本 已在於符都則金尺之法 亦在於檀世者 可知也";『澄心錄追記』第10章:"赫居世王…以十三之年少 能爲衆人之所推則其 血系 必有由緒而金尺之爲傳來之古物 亦可以推知也";『澄心錄追記』第13章:"太祖之夢得金尺 豈其偶然者哉.".

10 『符都誌』第14章:"諸族 採七寶之玉於方丈方壺之堀 刻天符而謂之方丈海印.".

11 최태영,『한국상고사』, 29쪽.

12 고준환,『하나되는 한국사』(서울: 한국교육진흥재단, 2002), 86쪽.

13 『桓檀古記』,「檀君世紀」;『檀奇古史』,「前檀君朝鮮」, 제3世 檀君 加勒條. 단군의 통치를 받던 티베트는 2세기 말부터 慕容鮮卑族의 지배를 받기도 했다. 후에 같은 단군의 후예인 만주족이 세운 청나라 연방의 일원으로 편입되었다. 1911년에 청나라가 망하자 1913년 티베트의 달라이라마 13세는 티베트의 독립을 선언했다. 1945년 2차 세계대전의 종전으로 독립을 재확인했으나, 마오쩌둥이 인민해방군을 보내 티베트를 무력으로 점령했다. 1959년 인민해방군이 티베트 민중들을 무력으로 진압해 유혈사태가 발생하고, 티베트인들이 독립의거를 일으켜 대학살을 당하자 달라이라마는 인도로 망명했다(https://www.skyedaily.com/news/news_view.html?ID=64262 (2021.10.30.)). 1960년 다람살라에 망명정부를 수립하여 오늘에 이르고 있다.

14 『桓檀古記』,「太白逸史」第六, 高句麗國本紀.

15 『三國史記』卷 第四十六,「列傳」第六, 崔致遠'上大師侍中狀'.

16 윤내현,『한국고대사』, 66-69쪽; 최태영,『한국 고대사를 생각한다』, 26-29쪽. 중국의 西周 역사를 기록한『逸周書』卷7「王會解」第59에는 BCE 12세기경에 肅愼·濊·高句麗 등이 지금의 灤河유역에 거주했던 것으로 기록되어 있다(윤내현, 앞의 책, 67쪽에서 재인용).

17 신용하,『고조선문명의 사회사』, 561쪽.

18 위의 책, 560쪽에서 재인용.

19 https://www.hani.co.kr/arti/culture/book/647392.html (2021.10.31.)

20 https://www.hani.co.kr/arti/culture/book/647392.html (2021.11.1.)

21 『帝王韻紀』卷下,「前朝鮮紀」.

22 『帝王韻紀』卷下,「前朝鮮紀」.

23 『三國史記』卷 第十三,「高句麗本紀」第一;『三國史記』卷 第二十三,「百濟本紀」第一.

24 『三國史記』卷 第一,「新羅本紀」第一 初頭.

25 『符都誌』제12장: "四海諸族 不講天符之理 自沒於迷惑之中 人世因苦."

26 *Republic*, Book VII, 514a-517a.

27 영혼 불멸설과 윤회설에 기초한 플라톤의 영혼관에 의하면, 영혼은 원래 이데아계에서 살았으나 타락하여 일시적으로 육체에 깃들게 된 것으로 육체는 영혼의 감옥과도 같으며, 자유로워지려면 물질과의 연결고리를 끊어야 한다고 했다. 그러기 위해서는 이성을 발휘케 하는 지혜의 덕과 기개를 발휘케 하는 용기의 덕, 그리고 욕구를 억제케 하는 절제의 덕이 조화를 이루어야 하는 것이다. 이처럼 개인의 영혼과 국가의 관계는 정확히 조응하는 것이어서 정의는 개별적 인간 속에서와 마찬가지로 전체 국가 속에서도 상응하는 형태로 나타난다.

28 *Republic*, Book V, 473c-d.

29 George H. Sabine and Thomas L. Thorson, *A History of Political Theory*, 4th edition(Hinsdale, Illinois: Dryden Press, 1973), p.53.

30 *Plato, Plato's Statesman*, translated by J. B. Skemp(Indianapolis/Cambridge: Hackett Publishing Company Inc., 1992).

31 *Laws*, 644d-645a.

32 신용하, 앞의 책, 202쪽.

33 위의 책, 199쪽.

34 『桓檀古記』,「檀君世紀」: "區劃天下之地 分統三韓."

35 『桓檀古記』,「太白逸史」第四, 三韓管境本紀.

36 『桓檀古記』,「太白逸史」第四, 三韓管境本紀 馬韓世家 上.

37 『桓檀古記』,「太白逸史」第四, 三韓管境本紀 番韓世家 上.

38 『桓檀古記』,「太白逸史」第四, 三韓管境本紀 馬韓世家 下.

39 『桓檀古記』,「太白逸史」第五, 蘇塗經典本訓.

40 『桓檀古記』,「太白逸史」第四, 三韓管境本紀 番韓世家 上.

41 『漢書』卷二十八,「地理志」第八下一;『史記』卷一百十五,「朝鮮列傳」第五十五.

42 『檀奇古史』,「前檀君朝鮮」,第9世 檀君 阿述條.

43 『桓檀古記』,「太白逸史」第四, 三韓管境本紀.

44 『桓檀古記』,「檀君世紀」.

45 『桓檀古記』,「太白逸史」第四, 三韓管境本紀.

46 『桓檀古記』,「檀君世紀」.

47 『符都誌』第13章.

48 『符都誌』第14-15, 29章.

49 『桓檀古記』,「檀君世紀」;『揆園史話』,「檀君記」.

50 『桓檀古記』,「檀君世紀」.

51 『揆園史話』,「檀君記」.

52 『桓檀古記』,「太白逸史」第三, 神市本紀: "城者卽三郞宿衛之所也 郞者卽三神護守之官也."

53 『桓檀古記』,「太白逸史」第四, 三韓管境本紀 番韓世家 上.

54 司馬遷 지음, 丁範鎭 외 옮김, 『史記本紀』卷1「五帝本紀」第1(서울: 까치, 1994), 22쪽.

55 『桓檀古記』,「太白逸史」第六, 高句麗國本紀.

56 『桓檀古記』,「太白逸史」第四, 三韓管境本紀 番韓世家 上.

57 『書經』,「虞書」舜典: "肆覲東后 協時月正日 同律度量衡 修五禮五玉三帛二生一死贄."

58 『桓檀古記』,「檀君世紀」.

59 『禮記』: "苗九黎之後 九黎爲苗民先祖."

60 『史記』卷一,「五帝本紀」第一, '帝堯'條: "黎東夷國名也 九黎君號蚩尤是也 蚩尤古天子 三苗在江淮荆州."

61 『符都誌』第19章: "五味之災末濟 又作五行之禍…人世困苦."

62 『桓檀古記』,「太白逸史」第四, 三韓管境本紀 馬韓世家 上.

63 신채호 지음, 김종성 옮김, 앞의 책, 107쪽.

64 『桓檀古記』,「檀君世紀」.

65 신용하, 앞의 책, 189-191쪽.

66 『揆園史話』,「檀君記」.

67 신용하, 앞의 책, 193-195쪽.

68 『揆園史話』,「檀君記」.

69 『桓檀古記』,「檀君世紀」.

70 『檀奇古史』,「前檀君朝鮮」, 第9世 檀君 阿述條.

71 『漢書』卷二十八,「地理志」第八下一.

72 『桓檀古記』,「檀君世紀」; 『揆園史話』,「檀君記」.

73 『桓檀古記』,「檀君世紀」; 『檀奇古史』,「前檀君朝鮮」, 第2世 檀君 扶婁條.

74 『桓檀古記』,「檀君世紀」; 『檀奇古史』,「前檀君朝鮮」, 第2世 檀君 扶婁條; 『揆園史話』,「檀君記」.

75 『桓檀古記』,「檀君世紀」. 『參佺戒經』제331事에는 "倧이 소중한 것은 나라의 근본이기 때문이며, 佺이 소중한 것은 백성을 가르치는 것이기 때문이다. 나라 다스리는 근본원리 가 모두 여기서 나온 것이다(『參佺戒經』第331事「重」(應 2果))"라고 기록되었다.

76 『桓檀古記』,「檀君世紀」; 『檀奇古史』,「前檀君朝鮮」, 第3世 檀君 加勒條. 고준환, 『하나 되는 한국사』(서울: 한국교육진흥재단, 2002), 120쪽에서는 한글의 원형인 가림토가 단군 조선의 강역이었던 일본에도 전해져 神代文字인 아히루(阿比留) 문자가 되었으며, 이는 현재 대마도 이즈하라(嚴原) 대마역사민속자료관과 일본의 국조신인 천조대신을 모신 이세신궁(伊勢神宮) 등에 보관되어 있다고 한다. 가림토에 대한 확장된 논의는 위의 책, 118-121쪽 참조.

77 『世宗實錄』第102卷, 世宗 25年條(1443)와 世宗 28年條(1446).

78 『桓檀古記』,「檀君世紀」; 『檀奇古史』,「前檀君朝鮮」, 第3世 檀君 加勒條. 『漢書』卷 九十四,「匈奴傳」第六十四下에는 흉노족 두만(頭曼)의 아들 모돈(冒頓: 묵돌)이 BCE 3 세기에 부족들과 연합해 흉노제국을 건국하고 제위에 올라 '탱리고도선우(撑犂孤塗單于, Tengrikodo Danwu)'라고 호칭하였다고 나온다. 흉노국왕의 호칭 '單于'는 중국식으로 '선 우'이지만 고조선·흉노식으로는 '단우'이다. '單'은 흉노국 두만의 성씨 '檀'과 같은 것이

며, '우(于)'는 왕, 제왕을 가리키는 고조선식 용어이므로 '단우'는 '檀王(檀國王)'이란 뜻이다. 텡그리(撐犁)는 天, 孤塗는 아들(子)의 뜻으로 天子를 의미한다(신용하, 앞의 책 , 250쪽). 흉노는 고조선과 언어 계통이 같고 또 삼한의 소도(蘇塗, 수두)와 같은 '휴도(休屠: 수두의 음역임)'가 있었고 하늘에 제사 지내는 제천의식이 행해졌다는 점 등에서 문화적 동질성도 엿볼 수 있다.

79 『桓檀古記』, 「檀君世紀」; 『檀奇古史』, 「前檀君朝鮮」, 第3世 檀君 加勒條.

80 『桓檀古記』, 「檀君世紀」; 『檀奇古史』, 「前檀君朝鮮」, 第4世 檀君 烏斯丘條.

81 『桓檀古記』, 「檀君世紀」; 『檀奇古史』, 「前檀君朝鮮」, 第5世 檀君 丘乙條.

82 『桓檀古記』, 「檀君世紀」; 『檀奇古史』, 「前檀君朝鮮」, 第6世 檀君 達門條.

83 『揆園史話』, 「檀君記」; 『檀奇古史』, 「前檀君朝鮮」, 第7世 檀君 翰栗條. 『檀奇古史』에는 7세 檀君 한율(翰栗)이 '한속(翰粟)'으로 기록되어 있으나, 『桓檀古記』와 『揆園史話』에는 '翰栗'로 기록되어 있다. 여기서는 『桓檀古記』와 『揆園史話』의 기록을 따르기로 한다.

84 『桓檀古記』, 「檀君世紀」; 『檀奇古史』, 「前檀君朝鮮」, 第8世 檀君 于西翰條.

85 『桓檀古記』, 「檀君世紀」; 『檀奇古史』, 「前檀君朝鮮」, 第9世 檀君 阿述條; 『揆園史話』, 「檀君記」.

86 『桓檀古記』, 「檀君世紀」; 『檀奇古史』, 「前檀君朝鮮」, 第10世 檀君 魯乙條; 『揆園史話』, 「檀君記」.

87 『桓檀古記』, 「檀君世紀」; 『檀奇古史』, 「前檀君朝鮮」, 第11世 檀君 道奚條.

88 『桓檀古記』, 「檀君世紀」.

89 상을 받은 새로운 발명품은 황룡선(黃龍船), 양수기(揚水機), 자행륜차(自行輪車), 경기구(輕氣球), 자발뇌차(自發雷車), 천문경(天文鏡), 조담경(照膽鏡), 자명종(自鳴鐘), 천리상응기(千里相應器), 진천뢰(震天雷), 측천기(測天機), 측우기(側雨機) 등이 있다(『檀奇古史』, 「前檀君朝鮮」, 第11世 檀君 道奚條).

90 『桓檀古記』, 「檀君世紀」; 『檀奇古史』, 「前檀君朝鮮」, 第11世 檀君 道奚條.

91 『桓檀古記』, 「檀君世紀」; 『檀奇古史』, 「前檀君朝鮮」, 第12世 檀君 阿漢條.

92 『桓檀古記』, 「檀君世紀」; 『檀奇古史』, 「前檀君朝鮮」, 第13世 檀君 屹達條; 『揆園史話』, 「檀君記」.

93 『說苑』, 「權謀」편에는 이렇게 나와 있다. "은나라 湯王이 桀王을 치려고 하자 충신 伊尹이 걸왕에게 바치는 공물을 끊고 桀의 동태를 지켜보라고 했다. 걸왕이 노하여 九夷(조선)의 군사를 일으켜 쳐들어오자 이윤이 아직 때가 아니라며, '저들이 아직도 九夷의 군사를 일으킬 수 있다는 것은 잘못이 우리에게 있기 때문입니다'라고 했다. 이에 湯이 桀에게 사죄하고 다시 공물을 바쳤다. 이듬해 湯이 다시 공물을 바치지 않자 桀이 노하여 다시 九夷의 군사를 동원하려 했으나 응하지 않았다. 이윤이 '때가 됐습니다'라고 하니 湯이 桀을 쳤고 桀은 남쪽으로 도주했다."

94 중국학자 傅斯年은 商族이 고조선 계통이었음을 밝혔다. 商나라의 처음 이름은 박(亳)이었으며, 박족의 기원은 요해(遼海, 지금의 중국 遼寧省)에 있었음을 시사했다. 당시 요해는 고조선의 서부 영토였으며, 박족은 박달족=밝달족=조선족이었다(신용하, 앞의 책, 550쪽). 신용하에 의하면 商은 밝족이 세운 나라의 상형문자(그림문자)로서 그 의미는 '三足器를 사용하는 백성을 가진 임금의 나라'라는 뜻의 그림글자이다. 商을 상(shang)이라고

발음한 것은 上과 같이 '위'로 높인 말이며, 높은 문화·문명을 가지고 들어와 사는 개명한 사람들의 나라였기 때문으로 해석했다. 하여 商이 동이족 국가임을 드러내지 않기 위해 '殷'이라는 지명을 강조해 호칭한 것으로 해석했다(위의 책, 551쪽).

95 『桓檀古記』,「檀君世紀」;『檀奇古史』,「前檀君朝鮮」, 第13世 檀君 屹達條.
96 『桓檀古記』,「檀君世紀」;『檀奇古史』,「前檀君朝鮮」, 第14世 檀君 古弗條.
97 『桓檀古記』,「檀君世紀」;『檀奇古史』,「前檀君朝鮮」, 第15世 檀君 代音條.
98 『桓檀古記』,「檀君世紀」;『檀奇古史』,「前檀君朝鮮」, 第16世 檀君 尉那條.
99 『桓檀古記』,「檀君世紀」;『檀奇古史』,「前檀君朝鮮」, 第17世 檀君 余乙條.
100 『檀奇古史』,「前檀君朝鮮」, 第18世 檀君 冬嚴條;『桓檀古記』,「檀君世紀」.
101 『桓檀古記』,「檀君世紀」;『揆園史話』,「檀君記」.
102 『桓檀古記』,「檀君世紀」;『檀奇古史』,「前檀君朝鮮」, 第20世 檀君 固忽條.
103 『桓檀古記』,「檀君世紀」;『檀奇古史』,「前檀君朝鮮」, 第21世 檀君 蘇台條.
104 『桓檀古記』,「檀君世紀」;『檀奇古史』,「前檀君朝鮮」, 第22世 檀君 索弗婁條;『揆園史話』, 「檀君記」.
105 『桓檀古記』,「檀君世紀」;『檀奇古史』,「前檀君朝鮮」, 第23世 檀君 阿忽條.
106 『桓檀古記』,「檀君世紀」;『檀奇古史』,「前檀君朝鮮」, 第24世 檀君 延那條;『揆園史話』, 「檀君記」.
107 『桓檀古記』,「檀君世紀」.
108 『檀奇古史』,「後檀君朝鮮」, 第2世 檀君 鄒魯條;『桓檀古記』,「檀君世紀」.
109 『檀奇古史』,「後檀君朝鮮」, 第3世 檀君 豆密條;『桓檀古記』,「檀君世紀」;『揆園史話』,「檀君記」.
110 『檀奇古史』,「後檀君朝鮮」, 第4世 檀君 奚牟條;『桓檀古記』,「檀君世紀」.
111 『檀奇古史』,「後檀君朝鮮」, 第5世 檀君 摩休條;『桓檀古記』,「檀君世紀」.
112 『桓檀古記』,「檀君世紀」;『檀奇古史』,「後檀君朝鮮」, 第6世 檀君 奈休條;『桓檀古記』,「檀君世紀」.
113 『檀奇古史』,「後檀君朝鮮」, 第7世 檀君 登屼條;『桓檀古記』,「檀君世紀」.
114 『桓檀古記』,「檀君世紀」;『檀奇古史』,「後檀君朝鮮」, 第8世 檀君 鄒密條.
115 『桓檀古記』,「檀君世紀」;『檀奇古史』,「後檀君朝鮮」, 第9世 檀君 甘勿條.
116 『桓檀古記』,「檀君世紀」;『檀奇古史』,「後檀君朝鮮」, 第10世 檀君 奧婁門條.
117 『桓檀古記』,「檀君世紀」;『檀奇古史』,「後檀君朝鮮」, 第11世 檀君 沙伐條.
118 『桓檀古記』,「檀君世紀」;『檀奇古史』,「後檀君朝鮮」, 第12世 檀君 買勒條.
119 『檀奇古史』,「後檀君朝鮮」, 第13世 檀君 麻勿條;『桓檀古記』,「檀君世紀」.
120 『檀奇古史』,「後檀君朝鮮」, 第14世 檀君 多勿條;『桓檀古記』,「檀君世紀」.
121 『檀奇古史』,「後檀君朝鮮」, 第15世 檀君 豆忽條;『桓檀古記』,「檀君世紀」.
122 『檀奇古史』,「後檀君朝鮮」, 第16世 檀君 達音條;『桓檀古記』,「檀君世紀」.
123 『檀奇古史』,「後檀君朝鮮」, 第17世 檀君 音次條;『桓檀古記』,「檀君世紀」.
124 『檀奇古史』,「後檀君朝鮮」, 第18世 檀君 乙于支條;『桓檀古記』,「檀君世紀」.
125 『桓檀古記』,「檀君世紀」;『檀奇古史』,「後檀君朝鮮」, 第19世 檀君 勿理條.
126 『桓檀古記』,「檀君世紀」;『檀奇古史』,「後檀君朝鮮」, 第20世 檀君 丘勿條.

127 『桓檀古記』, 「檀君世紀」; 『檀奇古史』, 「後檀君朝鮮」, 第21世 檀君 余婁條.

128 『桓檀古記』, 「檀君世紀」; 『檀奇古史』, 「後檀君朝鮮」, 第22世 檀君 普乙條.

129 『桓檀古記』, 「檀君世紀」; 『檀奇古史』, 「後檀君朝鮮」, 第23世 檀君 古列加條; 『揆園史話』, 「檀君記」.

130 신채호, 『조선상고사』, 104-105쪽.

131 『三國志』 卷三十, 「魏書」 第三十, 烏丸鮮卑東夷傳 第三十, 韓傳; 『後漢書』 卷八十五, 「東夷列傳」 第七十五, 韓傳.

132 최태영, 『조선상고사』, 53-55쪽; 윤내현, 『한국고대사』, 92-94쪽.

133 신용하, 앞의 책, 301-302, 308쪽. 고조선 제후국 군주들 가운데서 고조선 왕족의 성씨를 가진 경우는 부여의 왕족 解씨(e.g. 解夫婁, 解慕漱), 선비의 왕족 檀씨(e.g. 檀石槐), 유연의 왕족 大檀씨(e.g. Avar족), 산융(원 흉노) 왕족 檀씨(e.g. 檀柘), 철륵(정령, 원돌궐) 왕족 아사나(阿史那)씨(e.g. 阿史那骨咄祿) 등이 있다(위의 책, 309쪽).

134 위의 책, 313-315, 320쪽. 무장 귀족(군사령관)은 '두만(頭滿·豆滿·Tuman)' 등으로 불리기도 했다. 삼한(三韓) 거수인 臣智·儉側·樊祗·樊濊·殺奚·邑借도 각각 해당 제후국의 크고 작은 관료귀족들이었다.

135 위의 책, 321-325쪽.

136 위의 책, 325-327, 331-334쪽.

137 위의 책, 335, 352-356쪽.

138 http://www.kado.net/news/articleView.html?idxno=352420 (2021.10.25.) 그런데 동북공정 이후에는 일화전과 명화전이 고조선의 고유화폐임을 중국이 부정하였다. 지금까지 중국 화폐로 간주된 明刀錢 또한 남북한 고고학자들이 고조선 시대 우리 화폐라고 주장하였는데, 중국은 부정하고 일본은 우리 주장을 긍정하여 동양 3국의 쟁점으로 떠오르고 있다.

139 『史記』 卷一百二十九, 「貨殖列傳」 第六十九.

140 『桓檀古記』, 「太白逸史」 第三, 神市本紀: "蘇塗祭天之古俗 必始於此山."

141 『桓檀古記』, 「太白逸史」 第四, 三韓管境本紀: "自是蘇塗之立 到處可見."

142 『桓檀古記』, 「檀君世紀」.

143 『桓檀古記』, 「檀君世紀」.

144 『檀奇古史』, 「前檀君朝鮮」, 제11세 檀君 道奚條 & 제13세 檀君 屹達條.

145 『三國志』 卷三十, 「魏書」 第三十, 烏丸鮮卑東夷傳 第三十, 韓傳.

146 『後漢書』 卷八十五, 「東夷列傳」 第七十五, 韓傳. 이와 유사한 내용이 『晋書』 卷九十七, 「東夷列傳」 第六十七, '馬韓'條에도 기록되었다.

147 신채호, 앞의 책, 95-96쪽.

148 신용하, 앞의 책, 471쪽에서 재인용.

149 최태영, 『한국상고사』, 15쪽; 최태영, 『인간 단군을 찾아서』, 42쪽.

150 박제상 지음, 김은수 번역·주해, 『부도지』, 22쪽에서 재인용.

151 신용하, 앞의 책, 473쪽.

152 『揆園史話』, 「檀君記」.

153 『桓檀古記』, 「三聖紀全」 下篇.

154 최태영,『한국 고대사를 생각한다』, 118-119쪽.

155 신용하, 앞의 책, 478-479쪽에서 재인용.

156 『三國志』卷三十,「魏書」第三十, 烏丸鮮卑東夷傳 第三十, 夫餘傳.

157 『後漢書』卷八十五,「東夷列傳」第七十五, 濊傳: "常用十月祭天 晝夜飮酒歌舞 名之爲舞天."

158 『三國志』卷三十,「魏書」第三十, 烏丸鮮卑東夷傳 第三十, 高句麗傳: "以十月祭天 國中大會 名曰東盟."

159 신용하, 앞의 책, 481-483쪽.

160 위의 책, 364-365, 375-378, 388쪽. 고조선 비파형동검의 세 가지 큰 특징은 ① 중간 부분의 양날에 돌기를 만들어 검 끝과 검 아래 부분을 돌기를 중심으로 부드러운 곡선의 모양새를 만들어 마치 고대 악기 비파 모양으로 도안되었다는 점, ② 검몸과 검자루를 별도로 주조하여 조립하는 '조립식' 동검이라는 점, ③ 검몸의 한가운데 '등대'가 검의 거의 끝에서부터 검자루 이음새까지 세로로 곧게 만들어져 있다는 점이다. 이 세 가지 점에서 고조선 비파형동검은 고중국 청동단검이나 북방 오르도스식 청동단검과는 확연히 구별된다(위의 책, 386-387쪽).

161 윤내현, 앞의 책, 100-101쪽.

162 신용하, 앞의 책, 418, 421, 430쪽.

163 위의 책, 431, 434-445쪽.

164 『三國遺事』卷一,「紀異」第一, 古朝鮮 王儉朝鮮條;『帝王韻紀』卷下,「前朝鮮紀」初頭.

165 『桓檀古記』,「太白逸史」第五, 蘇塗經典本訓.

166 『桓檀古記』,「太白逸史」第三, 神市本紀: "自天光明 謂之桓也 自地光明 謂之檀也."

167 『揆園史話』,「檀君記」.

168 단군시대로부터 고구려를 거쳐 고려에 이르는 심신훈련단체. 송(宋)나라 사신으로 왔던 서긍(徐兢)의『高麗圖經』에는 훈련단체 단원들이 머리를 깎은 채 허리에는 검은 띠를 매고 훈련을 받은 것으로 나타나 있다.

169 『揆園史話』,「檀君記」.

170 이는 본래 고구려의 시조 高朱蒙의 年號로서 "옛 땅을 회복한다"는 뜻으로 쓰이던 고구려 말로서 이는 곧 단군조선의 영광을 되찾는다는 의미이다. 이러한 '회복(恢復)'을 뜻하는 고구려의 정치이념을 '다물 이념'이라고 한다.

171 『參佺戒經』第331事「重」(應 2果).

172 『三國史記』卷 第四,「新羅本紀」第四, 眞興王 37年 봄 記事;『揆園史話』,「檀君記」.

173 『三國史記』卷 第十八,「高句麗本紀」第六, 小獸林王 2年 6月 記事;『三國史記』卷 第八,「新羅本紀」第八, 神文王 2年 6月 記事;『三國史記』卷 第二十四,「百濟本紀」第二, 枕流王 元年 9月 記事;『三國史記』卷 第四,「新羅本紀」第四, 法興王 14年 記事;『三國史記』卷 第二十,「高句麗本紀」第八, 建武(榮留)王 7年 2月 記事;『三國史記』卷 第二十一,「高句麗本紀」第九, 寶藏王 2年 3月 記事;『三國史記』卷 第四,「新羅本紀」第四, 眞平王 9年 7月 記事 등이 그것이다.

174 『桓檀古記』,「太白逸史」第五, 蘇塗經典本訓.

175 『桓檀古記』,「太白逸史」第三, 神市本紀.

176 『揆園史話』,「太始記」;『桓檀古記』,「太白逸史」第三, 神市本紀.

177 『三國史記』卷 第九,「新羅本紀」第九, 孝成王 2年 4月 記事.

178 『桓檀古記』,「太白逸史」第二, 桓國本紀: "時 人皆自號爲桓 以監群爲仁 仁之爲言任也 弘
益濟人 光明理世 使之任其必仁也."

179 『大學』,「傳文」治國平天下 18章: "所謂平天下 在治其國者 上 老老而民 興孝 上 長長而
民 興弟 上 恤孤而民 不倍 是以 君子 有絜矩之道也";『大學』,「傳文」治國平天下 19章:
"所惡於上 毋以使下 所惡於下 毋以事上 所惡於前 毋以先後 所惡於後 毋以從前 所惡於
右 毋以交於左 所惡於左 毋以交於右 此之謂絜矩之道也."

180 '檀君八條' 제2조는 다음과 같다. "天範(하늘의 홍범)은 언제나 하나이고 사람의 마음 또
한 다 같게 마련이니 내 마음으로 미루어 남의 마음을 헤아리도록 하라. 사람의 마음은
오직 교화를 통해서만 天範과 합치되는 것이니 그리하면 만방을 거느릴 것이다(『桓檀古
記』,「檀君世紀」: "天範恒一 人心惟同 推己秉心 以及人心 人心惟化 亦合天範 乃用御于萬邦)."

181 九誓 第2誓는 다음과 같다. "힘써라 너희는 형제에게 우애 있게 하여라. 형제란 같은 부
모에게서 나뉘어 태어났으니 형이 좋아하는 것은 아우가 좋아하게 마련이고, 아우가 좋
아하지 않는 것은 형도 좋아하지 않는 법이다. 세상 만물을 좋아하고 싫어함은 남과 내
가 마찬가지이니 내 자신으로 미루어 세상 만물을 헤아리며, 친한 사람으로 미루어 소원
한 이에게까지 생각이 미쳐야 한다. 이러한 도가 나라 전체에 미치면 나라가 크게 일어
날 것이요, 천하에까지 미치면 천하가 크게 변화될 것이다. 이것이 우애와 화목과 어짊
과 용서함(友睦仁恕)이다. 감히 수행하지 않겠는가?"(『桓檀古記』,「太白逸史」第五, 蘇塗經典
本訓: "曰勉爾友于兄弟 兄弟者 父母之所分也 兄之所好則弟之所好也 弟之所不好則兄之所不好也
物來之好不好人我相同也 自身而及物 自親而及疎 以如是之道 推之鄉國則鄉國可興也 推之天下則
天下可化也 是友睦仁恕之敢不修行乎…").

182 『桓檀古記』,「太白逸史」第三, 神市本紀.

183 『三國遺事』卷 第三,「塔像」第四, 迦葉佛宴坐石 初頭.

184 『三國史記』卷 第一,「新羅本紀」第一, 南解次次雄 記事;『三國史記』卷 第三十二,「雜
志」第一, 祭祀; 李能和『朝鮮巫俗考』(서울: 동문선, 2002), 33쪽.

185 『三國史記』卷 第十三,「高句麗本紀」第一, 琉璃王 19年 8月 記事;『三國史記』卷 第
十六,「高句麗本紀」第四, 山上王 13年 9月 記事;『三國史記』卷 第二十一,「高句麗本紀」
第九, 寶藏王 上 4年 5月 記事;『三國史記』卷 第二十三,「百濟本紀」第一, 始祖 溫祚王
25年 2月 記事;『三國史記』卷 第二十八,「百濟本紀」第六, 義慈王 20年 6月 記事; 李能
和, 앞의 책, 24-25, 28-29쪽.

186 『高麗史』,「世家」第十五, 仁宗 總序, 癸卯 元年(1123) 記事;『高麗史』,「世家」第三十五,
忠肅王 乙亥 後4年(1335) 5月 記事;『高麗史』「列傳」第三十七(通卷一百二十四), 鄭方吉
條; 李能和, 앞의 책, 36-50쪽.

187 최태영,『한국 고대사를 생각한다』, 138-142쪽.

188 위의 책, 135-136쪽.

189 켄 윌버 지음, 정창영 옮김,『켄 윌버의 통합 비전』(서울: 물병자리, 2009), 127-129쪽.

190 말로 모건 지음, 류시화 역,『그곳에선 나 혼자만 이상한 사람이었다』(서울: 정신세계사,
2001).

1 "John" in *Bible*, 4:24 : "God is spirit"; "John" in *Bible*, 14:6 : "I am the way and the truth and the life"; "1 John" in *Bible*, 4:8 : "God is love."

2 『桓檀古記』, 「太白逸史」 第五, 蘇塗經典本訓: "天之源 自是一大虛無空而已 豈有體乎."

3 *The Bhagavad Gita*, translated from the Sanskrit with an introduction by Juan Mascaro(London: Penguin Books Ltd., 1962), 9. 19.

4 제이콥 브로노우스키 지음, 임경순 옮김, 『과학과 인간의 미래』(파주: 김영사, 2011), 305쪽.

5 Benedict de Spinoza, "The Ethics," in *The Benedict de Spinoza Reader*, translated from the Latin by R. H. M. Elwes, Radford(VA: Wilder Publications, 2007), I, Definition I, p.5: "By that which is self-caused, I mean that of which the essence involves existence, or that of which the nature is only conceivable as existent."

6 『中庸』 1章: "天命之謂性 率性之謂道 修道之謂."

7 『海月神師法說』, 「天地父母」: "人是五行之秀氣也 穀是五行之元氣也."

8 『海月神師法說』, 「天地父母」: "人依食而資其生成 天依人而現其造化 人之呼吸 動靜屈伸 衣食 皆天主造化之力 天人相與之機 須臾不可離也."

9 *The Bhagavad Gita*, 13. 26. : "Whatever is born, Arjuna, whether it moves or it moves not, know that it comes from the union of the field and the knower of the field."

10 *The Bhagavad Gita*, 14. 5. : "SATTVA, RAJAS, TAMAS—light, fire, and darkness—are the three constituents of nature. They appear to limit in finite bodies the liberty of their infinite Spirit."

11 『朱子語類』 卷94: "事事物物皆有個極 是道理極至…總天地萬物之理 便是太極."

12 *Mandukya Upanishad* in *The Upanishads*, translated from the Sanskrit with an introduction by Juan Mascaro(London: Penguin Books Ltd., 1962), p.83: "Brahma is all and Atman is Brahma."

13 *The Bhagavad Gita*, 4. 24: "Who in all his work sees God, he in truth goes unto God: God is his worship, God is his offering, offered by God in the fire of God."

14 *The Bhagavad Gita*, 2. 23-25: "…the Spirit is everlasting, omnipresent, never-changing, never-moving, ever One."

15 이태승, 『인도철학산책』(서울: 정우서적, 2009), 141-142쪽.

16 『桓檀古記』, 「太白逸史」 第二, 桓國本紀 初頭에서는 『朝代記』를 인용하여 桓仁이 역사적 실존 인물임을 밝히고 있으며 모두 7대를 전한 것으로 기록되었다. 「三聖紀全」 下篇에서는 7대를 전하여 지난 햇수가 모두 3,301년인데 혹은 63,182년이라고도 한다고 나와 있다. 여기서 3,301년은 환인 7대의 역년만을 계산한 것이고, 63,182년은 前문화시대까지 합산한 전체 역년으로 이해하는 것이 타당하다. 神市本紀와 「三聖紀全」 下篇에서는 BCE 3898년에 개창한 倍達國의 桓雄 18대가 7대 智爲利 桓仁의 뒤를 이은 것으로 나와 있고, 「檀君世紀」에는 BCE 2333년에 창건한 고조선의 檀君(桓儉) 47대가 18대 居弗檀 桓雄[檀雄]의 뒤를 이은 것으로 나와 있다. 따라서 한국의 개창 시기는 대략 BCE 7199년이

고 지금으로부터 약 9천 년 이상 전이다. 이하 본 절의 『천부경』에 관한 내용은 최민자, 『천부경·삼일신고·참전계경』(서울: 모시는사람들, 2006), 6-120쪽에서 정리, 보완한 것임.

17 桓國의 역사적 실재에 대해서는 『三國遺事』 원본에도 명기되어 있다. 『三國遺事』 中宗 壬申刊本에는 "옛날에 환인의 서자 환웅이 있어(昔有桓因庶子桓雄)…"가 아닌, "옛날에 환 국의 서자 환웅이 있어(昔有桓國庶子桓雄)…"로 시작하고 있다. 사실상 일본인들도 한반 도를 강점하기 전에는 『삼국유사』 원본과 일본어 번역본에서처럼 분명히 '桓因'이 아닌 '桓國'이라고 했던 것으로 나타난다.

18 『桓檀古記』, 「太白逸史」 第五, 蘇塗經典本訓: "天符經 天帝桓國口傳之書也."

19 『桓檀古記』, 「太白逸史」 第五, 蘇塗經典本訓.

20 『桓檀古記』, 「三聖紀全」 下篇: "桓雄天王 肇自開天 生民施化 演天經 講神誥 大訓于衆."

21 『桓檀古記』, 「檀君世紀」에는 33세 단군 甘勿 7년에 三聖祠를 세우고 친히 제사를 지낸 誓告文 중에 "執一含三 會三歸一 大演天戒 永生爲法"이라 하여 "하나를 잡아 셋을 포함 하고 셋이 모여 하나로 돌아가니, 온 누리에 하늘 계율 널리 펴서 영세토록 법으로 삼으 오리다"라고 나와 있다.

22 『桓檀古記』, 「太白逸史」 第四, 三韓管境本紀 馬韓世家 上: "於是 作椏戲 以演桓易 盖神 誌赫德所記天符之遺意也."

23 『桓檀古記』, 「太白逸史」 第四, 三韓管境本紀 番韓世家 上: "遂以王土篆文天符王印 示之 曰 佩之則能歷險不危 逢凶無害."

24 『檀奇古史』, 「前檀君朝鮮」 檀典과 第2世 扶婁條.

25 중요민속자료 [제218-10호] 致祭文

26 農隱 閔安富는 牧隱 李穡, 圃隱 鄭夢周, 冶隱 吉再, 陶隱 李崇仁, 樹隱 金沖漢과 더불어 六隱으로 불렸던 충신으로 조선이 개국하자 杜門同에 은거한 72賢 중의 한 사람이다.

27 金時習의 『澄心錄追記』는 朴堤上의 『澄心錄』에 대한 追記이다. 모두 15誌로 된 『澄心錄』은 朴堤上의 아들 百結이 〈金尺誌〉를 지어 보태고, 金時習이 〈澄心錄 追記〉를 써서 보탬으로 써 모두 17誌로 이루어져 있다.

28 『符都誌』 第1章: "麻姑城 地上最高大城 奉守天符 繼承先天."

29 『符都誌』 第10章: "有因氏 繼受天符三印 此卽天地本音之象而使知其眞一根本者也."

30 『符都誌』 第10章: "有因氏千年 傳天符於子桓因氏…."

31 『符都誌』 第33章: "竟使今人 可得聞而知天符之在…."

32 『澄心錄追記』 第8章: "…大抵其本 卽天符之法而製之以金者 爲其不變也 作之以尺者 爲其 無誤也."

33 『澄心錄追記』 第10章: "新羅創始之本 已在於符都則金尺之法 亦在於檀世者可知也."

34 『澄心錄追記』 第10章: "赫居世王…以十三之年少 能爲衆人之所推則其 血系 必有由緒而金 尺之爲傳來之古物 亦可以推知也."

35 『澄心錄追記』 第13章: "太祖之夢得金尺 豈其偶然者哉."

36 『格菴遺錄』, 「松家田」: "丹書用法 天符經 無窮造化出現…天符經 眞經也."

37 『格菴遺錄』, 「弓乙圖歌」: "辰淸跪坐誦眞經 不赦晝夜 洞洞燭燭銘心."

38 『格菴遺錄』, 「精覺歌」: "上帝豫言聖眞經 生死其理名言判 無聲無臭別無味."

39 『格菴遺錄』, 「弄弓歌」: "天降弓符天意在 極濟蒼生誰可知."

40 『格菴遺錄』,「歌辭總論」:"中天弓符先天回復 四時長春新世界."

41 『格菴遺錄』,「隱秘歌」:"父子神中三人出 世上眞人誰可知 三眞神中一人出."

42 Carroll Quigley, *op. cit.*, p.83.

43 '中一'이란『천부경』하경「人物」의 '人中天地一'을 축약한 것으로 弘益人間·在世理化의 이상을 나타내는 의미로 사용된 것이다. 『桓檀古記』,「太白逸史」第四, 三韓管境本紀 馬韓世家 上에서는 "천하의 큰 근본이 내 마음의 中一에 있다. 사람이 中一을 잃으면 일을 이룰 수가 없고 사물이 中一을 잃으면 바탕이 기울어져 엎어지게 된다. 이렇게 되면 임금의 마음은 위태롭게 되고 백성들의 마음은 미약하게 될 것이다(天下大本 在於吾心之中一也 人失中一 則事無成就 物失中一 則體乃傾覆 君心惟危 衆心惟微)"라고 하였다.

44 『桓檀古記』,「太白逸史」第五, 蘇塗經典本訓.

45 『桓檀古記』,「太白逸史」第五, 蘇塗經典本訓:"所以執一含三者 乃一其氣而三其神也 所以會三歸一者 是易神爲三而氣爲一也." 즉, "하나를 잡아 셋을 포함한다 함은 곧 그 기운을 하나로 하는 것이며 그 신을 셋으로 하는 것이요, 셋이 모여 하나로 돌아간다 함은 이 또한 신이 셋이 되고 기운이 하나가 되는 것이다." 말하자면 '하나를 잡아 셋을 포함하고 셋이 모여 하나로 돌아감'이란 뜻이다. 이는 곧 一卽三·三卽一의 뜻으로 천·지·인 三神一體를 의미한다. 混元一氣인 '하나(一)'가 곧 천·지·인 삼신이요, 천·지·인 삼신이 곧 混元一氣인 '하나(一)'인 것이다. 여기서 "삼일(三一)은 그 본체요, 일삼(一三)은 그 작용이다"(『桓檀古記』,「太白逸史」第五, 蘇塗經典本訓:"三一其體 一三其用." 말하자면 一卽三·三卽一의 원리인 執一含三·會三歸一은 작용과 본체라는 불가분의 관계로 분석될 수 있다.

46 『大乘起信論疏』, 426쪽:"一切分別卽分別自心."

47 『東經大全』,「論學文」:"侍者 內有神靈 外有氣化 一世之人 各知不移者也." cf.『海月神師法說』,「靈符呪文」:"內有神靈者 落地初赤子之心也 外有氣化者 胞胎時 理氣應質而成體也."

48 『皇極經世書』,「觀物內篇」:"夫所以謂之觀物者 非以目觀之也 非觀之以目而觀之以心也 非觀之以心而觀之以理也."

49 『皇極經世書』,「觀物內篇」:"所以謂之反觀者 不以我觀物也 不以我觀物者 以物觀物之謂也 旣能以物觀物 又安有我於其間哉."

50 『莊子』, 26章.

51 『天符經』의 '하나(一)'는『三一神誥』에서 天·神·一神으로 나타나고, 『參佺戒經』에서는 天·神·天神·聖靈·天靈·天心·天理·天命으로 나타나고 있다. 이처럼 우주만물의 근본인 混元一氣[至氣], 즉 '하나(一)'는 세 경전을 관통하는 핵심 개념으로 그 무어라 명명할 수 없는 까닭에 다양한 이름으로 나타나고 있지만 그 의미는 같은 것이다.

52 『桓檀古記』,「太白逸史」第五, 蘇塗經典本訓에는 이 절대유일의 '하나(一)'가 '무(無)'와 '유(有)'의 혼돈(混), '허(虛)'와 '조(粗)'의 현묘함(妙)으로 나타나고 있다.

53 cf.『華嚴一乘法界圖』:"法性圓融無二相 諸法不動本來寂."

54 cf.『莊子』,「知北游」:"生也死之徒 死也生之始 孰知其紀 人之生 氣之聚也 聚則爲死 若死生爲徒 吾又何患 故萬物一也…故曰通天下一氣耳 聖人故貴一." 생과 사가 동반자이며 만물이 '하나(一)'이고, '하나(一)'의 기운(一氣)이 천하를 관통하고 있기에 성인은 '하나(一)'를 귀하게 여긴다는 것이다. 이는 곧 '하나(一)'가 一氣[至氣], 混元一氣임을 의미한다.

55 cf. 『桓檀古記』, 「太白逸史」 第五, 蘇塗經典本訓: "執一含三會三歸一." 一卽三이 곧 三卽
    一이듯, 執一含三이 곧 會三歸一이다. 궁극적 실재인 '하나(一)'와 우주만물(三)은 본체와
    작용의 관계로 상호 관통한다.

56 cf. 『華嚴一乘法界圖』: "一中一切多中一 一卽一切多卽一 一微塵中含十方 一切塵中亦如
    是."

57 cf. 『華嚴一乘法界圖』: "無名無相絶一切 證智所知非餘境."

58 『道德經』 25章: "有物混成 先天地生 寂兮寥兮 獨立而不改 周行而不殆 可以爲天下母 吾
    不知其名 强字之曰道 强爲之名曰大." cf. 『道德經』 14章: "…繩繩兮不可名 復歸於無物
    是謂無狀之狀 無物之象."

59 cf. "Svetasvatara Upanishad" in *The Upanishads*, 4, p.92: "He rules over the sources
    of creation. From him comes the universe and unto him it returns. He is···the **one
    God** of our adoration"; "Kata Upanishad" in *The Upanishads*, 5, p.64: "He is
    Brahman···who in truth is called **the Immortal**. All the worlds rest on that Spirit and
    beyond him no one can go···There is **one Ruler**, the Spirit that is in all things, who
    transforms his own form into many"; *The Bhagavad Gita*, 9. 11. : "···They know not
    my Spirit supreme, **the infinite God** of this all."

60 "Mandukya Upanishad" in *The Upanishads*, p.83: "OM. This eternal Word is all :
    what was, what is and what shall be, and what beyond is in eternity. All is OM." 이는
    곧 개체성과 전체성, 특수성과 보편성의 합일을 보여주는 것으로 우주만물과 유일신 브
    라흐마가 분리될 수 없는 하나라는 것이다. *The Upanishads*에서는 유일신 브라흐마를
    불멸의 음성 '옴(OM)'으로 나타내고 있다.

61 "Revelation" in *Bible*, 1:8 : "I am the Alpha and the Omega," says the Lord God, "who
    is, and who was, and who is to come, the Almighty." cf. "Revelation" in *Bible*, 21:6 : "I
    am the Alpha and the Omega, the beginning and the End."

62 유교 가치 규범의 근간은 '하늘(天)'이다. 孔子가 50세에 '知天命', 즉 하늘의 명을 알았다
    고 한 것이나, 孟子가 民心으로 天命을 해석함으로써 失民心이 곧 失天下라고 한 것이
    그것이다. 불교의 '佛'은 물질과 정신이 하나가 된 마음(一心)을 일컫는 것이다. 우주의
    실체는 의식이므로 마음의 근본과 우주의 근본은 하나로 통한다. 따라서 一心은 곧 우주
    만물의 근원인 '하나(一)', 즉 유일신이다. 六祖慧能에 의하면, 佛性은 영원과 변화의 彼
    岸에, 선과 악의 피안에, 내용과 형식의 피안에 있다. 도교의 '道'는 名과 無名의 피안에
    서 一과 多, 無와 有, 본체와 현상을 모두 포괄하는 동시에 초월하는 근원적 一者를 지칭
    한 것이다.

63 cf. 『莊子』, 「齊物論」: "道惡乎往而不存?" 다함이 없는 변화[外有氣化] 속에서도 道는 우주
    만물에 내재[內有神靈]해 있으므로 道가 없는 곳이 없는 것이다.

64 cf. 『中庸』: "天命之謂性 率性之謂道."

65 『道德經』 6章: "谷神不死 是謂玄牝 玄牝之門 是謂天地根 綿綿若存 用之不勤."

66 cf. 『東經大全』, 「不然其然」: '造物者'(「不然其然」의 말미에서 水雲 崔濟愚는 만유를 생성케 하
    는 天主['하나(一)']의 무한한 창조성을 일컬어 造物者라고 하였다).

67 『海月神師法說』, 「靈符呪文」: "吾道 義 以天食天-以天化天…宇宙萬物 總貫一氣一心也."

68 『黃極經世書』,「纂圖指要·下」. 중국 宋代의 巨儒 邵康節(이름은 擁)은 春夏秋冬의 生長斂藏의 이치를 통해 '元會運世'를 밝힘과 동시에 삼라만상의 일체의 변화를 꿰뚫고 있다. 우주 1년의 12만 9천6백 년 가운데 인류 문명의 생존 기간은 乾運의 선천 5만 년과 坤運의 후천 5만 년을 합한 10만 년이며, 나머지 2만 9천6백 년은 빙하기로 천지의 재충전을 위한 휴식기이다. '알음은 강절의 지식에 있나니'라는 말처럼 '理氣之宗 또는 '易의 祖宗'으로 일컬어지는 邵康節의 象數 학설에 기초한 우주관과 자연철학은 宋代 성리학의 鼻祖 周濂溪의 太極圖說과 더불어 동양 우주론의 바탕을 이루고 있다. 그의 사상은 『皇極經世書』를 통해 세상에 알려졌고, 朱子에 의해 性理學의 근본이념으로 자리 잡게 되었다.

69 『黃極經世書』,「纂圖指要·下」와 「觀物內篇·10」. 邵康節은 『黃極經世書』,「觀物內篇·10」 벽두에서 日月星辰을 元會運世로 헤아리고 있다. 즉 "日은 하늘의 元으로 헤아리고, 月은 하늘의 會로 헤아리며, 星은 하늘의 運으로 헤아리고, 辰은 하늘의 世로 헤아린다(日經天之元 月經天之會 星經天之運 辰經天之世)"가 그것이다.

70 『黃極經世書』,「纂圖指要·下」: "時動而事起天運而人從, 猶形行而影會聲發而響."

71 『黃極經世書』,「纂圖指要·下」: "天之時由人之事乎. 人之事有天之時乎."

72 『黃極經世書』,「纂圖指要·下」: "故聖人與天 行而不逆與時俱遊而不違是以自天祐之吉無不利…."

73 cf.『東經大全』,「論學文」: '無往不復之理'. 水雲은 그가 하늘로부터 받은 道를 '無往不復之理', 즉 '가고 돌아오지 않음이 없는 理法'이라고 하고 그러한 자연의 理法을 天道라고 명명하였다. 만물은 無常한지라 不變함이 없는 까닭에 붓다께서는 "생의 모든 현상은 꿈같고, 환상 같고, 물거품 같고, 그림자 같고, 이슬 같고, 번갯불 같으니, 그대는 마땅히 그와 같이 觀하여야 하리라(『金剛經』: 一切有爲法 如夢幻泡影 如露亦如電 應作如是觀)"고 한 것이다.

74 『道德經』 42章: "道生一 一生二 二生三 三生萬物 萬物負陰而抱陽 冲氣以爲和."

75 cf.『華嚴一乘法界圖』: "生死般若常共和 理事冥然無分別."

76 『大乘起信論別記』, 477쪽.

77 『大乘起信論疏』는 『大乘起信論』 본문을 해석한 것이고, 『대승기신론별기(大乘起信論別記)』는 『大乘起信論疏』의 草稿와 같은 것으로 『大乘起信論』을 간략하게 주석한 것이다. 元曉는 불교사상사의 양대 조류인 般若思想과 唯識思想이 『大乘起信論』에서 종합되고 있는 점을 간파하고 '開하면 無量無邊한 의미를 宗으로 삼고 合하면 二門一心의 법을 要로 삼는' 이 論이야말로 모든 불교사상의 논쟁을 지양시킬 수 있는 근거를 명백히 제시하는 것으로 보고 있다. 『大乘起信論』이 一心二門으로 如來의 근본 뜻을 해석하고 信心을 일으켜 수행하게 하는 것은 一心法에 의거하는 이 二門, 즉 眞如門과 生滅門이 모든 법을 총괄하는 까닭이다.

78 『大乘起信論疏』, 404쪽: "欲明眞如門者染淨通相 通相之外無別染淨 故得總攝染淨諸法."

79 『大乘起信論別記』, 468쪽: "生滅門者 卽此眞如 是善不善因與緣和合 反作諸法."

80 『大乘起信論別記』, 468쪽: "雖實反作諸法 而恒不壞眞性 故於此門亦攝眞如." 여기서 元曉는 '瓦器皆爲微塵所攝'이라 하여 眞如門을 질그릇이 모두 微塵에 포함되는 것에 비유하고, 또한 '故瓦器門卽攝微塵'이라 하여 生滅門을 질그릇이란 門속에 微塵이 포괄되는

것에 비유하고 있다.

81 『大乘起信論疏』, 402쪽: "眞如門中有大乘體 生滅門中有體相用."

82 如來藏이라고도 불리는 一心의 본체는 바로 이 本覺[究竟覺]인데(『大乘起信論別記』, 467쪽) 『金剛三昧經論』에서는 '本覺利品'이라는 독립된 장을 설치하고 이 本覺의 利로써 중생에게 이익을 주는 도리를 나타내고 있다(『金剛三昧經論』, 181-197쪽).

83 『大乘起信論別記』, 471쪽.

84 『金剛三昧經論』, 146쪽: "然此二門 其體無二 所以皆是一心法."

85 『金剛三昧經論』, 145쪽; 『大乘起信論疏』, 397쪽. cf. The Bhagavad Gita, 5. 5. : "Because the victory won by the man of wisdom is also won by the man of good work. That man sees indeed the truth who sees that vision and creation are one."

86 『六祖壇經』卷上, VI 說一體三身佛相門, 24 : "三身佛在自性中."

87 『六祖壇經』卷上, VI 說一體三身佛相門, 24 : "無二之性 名爲實性 於實性中 不染善惡 此名圓滿報身佛."

88 『六祖壇經』卷上, VI 說一體三身佛相門, 24 : "念念自見 不失本念 名爲報身…念念自性自見 卽是報身佛."

89 『六祖壇經』卷上, VI 說一體三身佛相門, 24 : "迴一念善 知慧卽生 此名自性化身佛."

90 『大乘起信論疏』, 391쪽: "大乘者…於一體衆生無障碍慧明爲軒 以無住六波羅蜜迴向薩般若."

91 Padma-Sambhava, The Tibetan Book of the Great Liberation, Introductions, Annotations and Editing by W. Y. Evans-Wents, with Psychological Commentary by C. G. Jung, with a new Foreword by Donald S. Lopez, Jr.(London: Oxford University Press, 2000), p.9: "…the One Mind is the unique root of energy, the potentiality of potentialities, the sole dynamo of universal power, the initiator of vibrations, the unknown source, the womb whence there come into being the cosmic rays and matter in all its electronic aspects, as light, heat, magnetism, electricity, radio-activity, or as organic and inorganic substances…, throughout the realm of nature. It is thus the maker of natural law, the master and administrator of the Universe, the architect of the atom and the builder therewith of world systems, the sower of nebulae, the reaper of harvests of universes, the immutable store-house of all that has been, is now, and ever shall be."

92 『頓悟無生般若頌』에서는 一과 多가 같음을 理와 事의 관계를 통하여 나타내고 있다. "움직임과 고요함이 함께 妙하니, 理와 事는 모두 같은 것이다. 理는 그 淨한 곳을 통하여 事의 다양성 속에 도달하고, 事는 이렇게 해서 理와 상통하여 無礙의 妙를 나타낸다(荷澤神會, 『頓悟無生般若頌』: 動寂俱妙 理事皆如 理淨處 事能通達 事理通無礙)." 이는 「無體法經」에서 보여주는 開闔의 논리에서도 명징하게 드러난다. 즉, "性이 닫히면 萬理萬事의 原素가 되고 성이 열리면 만리만사의 거울이 되나니…(『義庵聖師法說』, 「無體法經」: 性 闔則爲萬理萬事之原素 性 開則 爲萬理萬事之良鏡)"라고 한 것이 그것이다. 본체계와 현상계의 상호 관통을 깨닫지 못하면 죽음에서 죽음으로 떠돌게 된다고 「까타 우파니샤드 Kata Upanishad」에서는 말한다. "Kata Upanishad" in The Upanishads, 4, pp.62-63: "What

is here is also there, and what is there is also here. Who sees the many and not the ONE, wanders on from death to death."

93 『東經大全』, 「論學文」: "侍者 內有神靈 外有氣化 一世之人 各知不移者也."

94 cf. 『桓檀古記』, 「太白逸史」 第一, 三神五帝本紀: "自上界 却有三神 卽一上帝 主體則爲一神 非各有神也 作用則 三神也." 이는 三神이 한 분 上帝이며 주체는 곧 一神이니 각각 신이 있는 것이 아니고 작용으로만 三神이라는 뜻으로 三神一體를 의미한다. 또한 『桓檀古記』, 「太白逸史」 第五, 蘇塗經典本訓에서는 "혼돈과 현묘함이 하나의 고리를 이루어 본체와 작용이 갈림이 없는 大虛의 빛남이 곧 三神의 모습(混妙一環 體用無歧 大虛有光 是神之像)"이라고 하고 있다.

95 cf. 周敦頤, 『太極圖說』.

96 『海月神師法說』, 「靈符呪文」: "彼鳥聲 亦是 侍天主之聲也."

97 『大乘起信論別記』, 468쪽: "生滅門者 卽此眞如 是善不善因與緣和合 反作諸法." 즉, "眞如가 善과 不善의 원인이 되고 또 緣과 결합하여 모든 법을 변질시킨다"고 한 것이 그것이다.

98 『涅槃宗要』: "旣無彼岸可到 何有此岸可離."

99 五慾은 食慾·物慾·睡眠慾·名譽慾·色慾을 말한다. 七情은 일반적으로 喜·怒·哀·樂·愛·惡·慾을 말한다.

100 cf. 『大乘起信論疏』, 427쪽: "心生則種種法生 心滅則種種法滅." 元曉大師가 義湘大師와 함께 入唐途中 움막에 들어 자다가 목이 말라 사발 같은데 고인 물을 마시고 解渴하여 편히 쉬었는데, 이튿날 살펴보니 그 움막은 古塚의 龕室이요 물그릇은 해골박이었다. 이를 본 元曉는 갑자기 구토를 일으키다가 홀연 三界唯心의 이치를 大悟하여 '心生則種種法生 心滅則種種法滅'이라 하였다. 즉 마음이 일어나면 갖가지 法이 일어나고, 마음이 사라지면 갖가지 法이 사라진다는 뜻이다. 三界는 오직 마음뿐이요(三界唯心) 萬法은 오직 識뿐이라(萬法唯識) 마음 밖에 法이 없거늘(心外無法) 따로 구할 것이 없다 하여 義湘과 헤어져 還國했다 한다.

101 '카르마'는 산스크리트어로 원래 '행위'를 뜻하지만, 죄와 괴로움의 인과관계를 나타내는 '業'이라는 의미로 흔히 사용된다. 지금 겪는 괴로움은 과거의 어떤 행위가 원인이 되어 나타나는 결과라는 것이다. 카르마는 근본적으로 靈性이 결여된 데서 생기는 것이다. 즉, 우주 '한생명'의 나툼으로서의 영적 일체성(spiritual identity)이 결여되어 '나'와 '너', '이것'과 '저것'을 구분하고 편착하는 데서 카르마가 생기는 것이다. 행위 그 자체보다는 동기와 목적이 카르마의 작용을 불러일으키는 원인이 된다. 새로운 카르마를 짓지 않는 비결은 에고(ego)를 초월하는 데 있다. 말하자면 오직 이 육체가 '나'라는 착각에서 벗어나 우주만물을 자기 자신과 한몸으로 느끼는 데 있다. 행위를 하되 그 행위의 결과에 집착함이 없이 담담하게 행위 할 수 있을 때 붓다처럼 '존재의 집으로 가는 옛길'을 발견할 수 있게 될 것이다. 카르마의 목적은 단순한 징벌에 있는 것이 아니라, 영적 교정의 의미와 함께 영적 진화를 위한 靈性 계발에 있다.

102 뉴턴의 '운동의 법칙'의 제3법칙인 작용·반작용의 법칙—모든 작용에는 같은 크기의 반작용이 따른다—은 물리현상에만 적용되는 것이 아니라 영적 진화에도 그대로 적용된다. "씨 뿌린 대로 거둔다"고 한 말이나, "사로잡는 자는 사로잡힐 것이요, 칼로 죽이는

자는 자기도 마땅히 칼로 죽으리니…"라고 한 말은 단적으로 이를 나타낸 것이다. 또한 "악의를 품고 오는 사람을 좋게 해주면 자기가 다른 사람들에게 저지른 일을 보상할 수가 있다"라는 말도 같은 뜻의 다른 표현에 지나지 않는다.

103 『東經大全』, 「論學文」.

104 『明心寶鑑』, 「天命」: "天網 恢恢 疎而不漏."

105 '인드라'는 제석천왕을 가리키는 梵語이니, 인드라網은 곧 제석천왕의 보배 그물을 뜻하는 것이다.

106 cf. 『道德經』 40장: "反者道之動."

107 『金剛三昧經論』, 130쪽; 『大乘起信論別記』, 464쪽.

108 『龍潭遺詞』, 「興比歌」.

109 『海月神師法說』, 「養天主」.

110 The Bhagavad Gita, 8. 18-19. : "…When that day comes, all the visible creation arises from the Invisible; and all creation disappears into the Invisible when the night of darkness comes. Thus the infinity of beings which live again and again all powerlessly disappear when the night of darkness comes; and they all return again at the rising of the day."

111 『金剛經五家解』: "保化非眞了妄緣 法身淸淨廣無邊."

112 『金剛三昧經論』, 131-132쪽.

113 『金剛三昧經論』, 130쪽.

114 『大乘起信論疏』, 391쪽.

115 "Genesis" in Bible, 28:10-12 : "Jacob left Beersheba and set out for Haran. When he reached a certain place, he stopped for the night because the sun had set. Taking one of the stones there, he put it under his head and lay down to sleep. He had a dream in which he saw a stairway resting on the earth, with its top reaching to heaven, and the angles of God were ascending and descending on it."

116 『桓檀古記』, 「太白逸史」 第五, 蘇塗經典本訓. 『천부경』 81자의 의미는 뒤에 나오는 『三一神誥』 366자와 在世理化의 이념을 366事로써 제시한 『參佺戒經』에서 좀 더 명료하게 드러난다.

117 『東經大全』, 「後八節」: "我爲我而非他." 水雲은 내재적 본성인 神性의 자각적 주체가 된다는 것이 "내가 나 된 것일 뿐 다른 것이 아니다"라고 하며 존재의 자기근원성을 명징하게 보여준다.

118 『海月神師法說』, 「靈符呪文」: "心者 在我之本然天也 天地萬物 本來一心."

119 『金剛三昧經論』, 188쪽: "…言其地淸淨 如淨琉璃 是顯大圓鏡智之義…言性常平等 如彼大地 是顯平等性智之義…故言覺妙觀察 如慧日光 是明妙觀察智之義…故言利性得本 如大法雨…是明性所作智之義…."

120 『海月神師法說』, 「天地人·鬼神·陰陽」: "人是天 天是人 人外無天 天外無人."

121 『海月神師法說』, 「三敬」. 하늘과 인간의 一元性은 "나는 도시 믿지 말고 하늘님만 믿었어라. 네 몸에 모셨으니 捨近取遠하단말가"(『龍潭遺詞』, 「敎訓歌」)라고 한 데서나, 한국전통사상의 골간이 되어 온 敬天崇祖의 사상, 즉 하늘을 공경하고 조상을 받드는 것을 하

나로 본 데서 명료하게 드러난다.

122 『海月神師法說』,「三敬」.

123 cf. 『碧巖錄』第100則,「巴陵吹毛劍」: "僧問陵 如何是吹毛劍 陵云 珊瑚枝枝撐著月." 한 화상이 파릉 선사에게 묻기를, "사람마다 지니고 있다는 般若의 智劍이란 어떤 것입니까?" 파릉 선사 왈, "산호 가지마다 온통 영롱한 달빛에 젖은 것과 같지."

124 cf. 『大乘起信論疏』, 391쪽: "開則無量無邊之義爲宗 合則二門一心之法爲要"; 『金剛三昧經論』, 130쪽: "合而言之 一味觀行爲要 開而說之 十重法門爲宗."

125 『道德經』48章: "無爲而無不爲."

126 cf. "Chandogya Upanishad" in *The Upanishads*, 8. 7. p.121: "There is a Spirit which is pure and which is beyond old age and death; and beyond hunger and thirst and sorrow. This is Atman, the Spirit in man."

127 『道德經』40章.

128 『海月神師法說』,「天地父母」.

129 『海月神師法說』,「天地父母」: "天地卽父母 父母卽天地 天地父母 一體也 父母之胞胎 卽天地之胞胎."

130 『桓檀古記』,「太白逸史」第五, 蘇塗經典本訓: "三一神誥 本出於神市開天之世 而其爲書也 盖以執一含三會三歸一之 義爲本領." 이하 본 절의 『삼일신고』에 관한 내용은 최민자, 『천부경·삼일신고·참전계경』, 125-190쪽에서 정리, 보완한 것임.

131 『桓檀古記』,「太白逸史」第五, 蘇塗經典本訓: "吾桓國 自桓雄開天 主祭天神 祖述神誥 恢拓山河 敎化人民."

132 『桓檀古記』,「三聖紀全」下篇: "桓雄天王 肇自開天 生民施化 演天經 講神誥 大訓于衆."

133 『桓檀古記』,「檀君世紀」: "天經神誥 詔述於上 衣冠帶劍 樂效於下."

134 『桓檀古記』,「檀君世紀」: "乙亥四十六年…三月…仍登樓殿 論經演誥."

135 『桓檀古記』,「太白逸史」第三, 神市本紀: "盖上世神市之人文敎化 至于近世 雖不得健行 而天經神誥 猶有傳於後世 擧國男女 亦皆崇信於潛嘿之中 卽人間生死 必日三神所主."

136 『桓檀古記』,「三聖紀全」下篇: "桓雄天王 肇自開天 生民施化 演天經 講神誥 大訓于衆."

137 『桓檀古記』,「太白逸史」第七, 大震國本紀: "太子欽武立 改元日大興…明年立太學 敎以天經神誥."

138 발해국 제3대 황제 大欽武의 廟號는 世宗, 諡號는 光聖文皇帝, 年號는 大興이다.

139 『大倧敎經典』,「三一神誥奉藏記」, 77-80쪽; 大倧敎總本司 編, 『三一哲學譯解倧經合編』 (서울: 대종교출판사, 단기 4335), 42-45쪽.

140 『三一哲學譯解倧經合編』, 45쪽: "玆奉靈寶閣 御贊眞本 移藏于太白山報本壇石室中."

141 김교헌 엮음, 윤세복 번역, 『弘巖神兄朝天記』(서울: 대종교출판사, 단기 4459), 145-156쪽.

142 위의 책, 149쪽.

143 『大倧敎經典』,「御製三一神誥贊」, 33-36쪽; 『三一哲學譯解倧經合編』,「御製三一神誥贊」, 8-12쪽.

144 『大倧敎經典』,「三一神誥序」, 27-32쪽; 『三一哲學譯解倧經合編』,「三一神誥序」, 1-8쪽.

145 『大倧敎經典』,「三一神誥讀法」, 74-76쪽; 『三一哲學譯解倧經合編』,「三一神誥讀法」, 39-42쪽.

146 『三一哲學譯解倧經合編』, 44쪽; 『大倧敎經典』,「三一神誥奉藏記」, 80쪽: "原有石檀二本 而世傳 石本 藏於夫餘國庫 檀本 則爲衛氏之有 竝失於兵燹…此本 乃高句麗之所譯傳 而 我高考之讀而贊之者也."

147 『大倧敎經典』,「神事記」, 479-513쪽; 『三一哲學譯解倧經合編』, 73-102쪽.

148 『桓檀古記』,「太白逸史」第八, 高麗國本紀: "杏村先生 嘗遊於天寶山 夜宿太素庵 有一居 士曰素佺 多藏奇古之書 乃與李茗范樟 同得神書皆古桓檀傳授之眞訣也…先生曰道在天 也 是爲三神 道在人也 是爲三眞 言其本則 爲一而已…自號爲紅杏村叟 遂著杏村三書 藏 于家."

149 『符都誌』, 第7章: "諸人之惑量 甚大 性相變異故…然 自勉修證 淸濟惑量而無餘則自然復 本…."

150 『桓檀古記』,「太白逸史」第五, 蘇塗經典本訓. 執一含三과 會三歸一이란 '하나를 잡아 셋 을 포함하고 셋이 모여 하나로 돌아감'이란 뜻이다.

151 『桓檀古記』,「太白逸史」第五, 蘇塗經典本訓.

152 『桓檀古記』,「太白逸史」第三, 神市本紀에서는 大辯經을 인용하여 五加에 관하여 이렇 게 적고 있다. "加는 곧 家로 五加가 있었는데 牛加는 穀食을 주관하고, 馬加는 생명(命) 을 주관하고, 狗加는 刑罰을 주관하고, 猪加는 疾病을 주관하고, 鷄加는 善惡을 주관하 였으며, 백성은 64부족, 무리(徒)는 3천이 있었다(加卽家也 五家 曰牛加主穀 馬加主命 狗加 主刑 猪加主病 鷄加主善惡也 民有六十四 徒有三千)"고 기록하였고, 第2 桓國本紀에도 같은 내용의 기록이 있다.

153 『揆園史話』,「檀君記」: "惟皇 一神在最上一位 創天地主全世界 造無量物 蕩蕩洋洋 無物 弗包 昭昭靈靈 纖塵弗漏."

154 『揆園史話』,「檀君記」: "惟皇 一神在最上一位 用御天宮 啓萬善 原萬德 群靈護侍 大吉祥 大光明處曰神鄕."

155 『揆園史話』,「檀君記」: "惟皇 天帝降自天宮 率三千團部 爲我皇祖 乃至功完而朝天 歸神 鄕 咨爾有衆惟則天範 扶萬善滅萬惡 性通功完 乃朝天."

156 『檀奇古事』 서문 첫머리에서 저자 大野勃은 당나라 장군 蘇定方과 薛仁貴가 백제와 고 구려 멸망 당시 그 國書庫를 부수고 檀奇古事와 고구려·백제사를 전부 불태워버린 관계 로 다시 고대사를 편집하고자 여러 의견과 많은 史記를 참고하여 그 윤곽을 잡았음을 밝 히고 있다.

157 『檀奇古史』,「前檀君朝鮮」第1世 檀君王儉條.

158 『海月神師法說』,「三敬」.

159 cf. '一心爲大乘法'(『大乘起信論疏』, 402쪽). 一心은 일체의 世間法과 出世間法을 다 포괄 하므로 만물이 그 안에 포용되며, 德이란 德은 갖추지 않은 것이 없고, 像이란 像은 나타 나지 않는 바가 없다. 그런 까닭에 元曉는 '眞如大海 永絶百非故'(『大乘起信論疏』, 395쪽), 즉 "眞如한 마음의 큰 바다는 영원히 모든 오류를 여의었다"고 하고 바로 이 眞如한 마음 [一心, 하늘]이 모든 행위의 원천이 되는 것으로 보았다.

160 『海月神師法說』,「三敬」.

161 cf. Asvaghosa, *The Awakening of Faith*, p.59 : "…suchness is neither that which is existence, nor that which is non-existence, nor that which is at once existence

and non-existence, nor that which is not at once existence and non-existence." Ashvaghosha(馬鳴)의 말처럼, 大乘[一心, 天]의 本領(essence)은 "존재하는 것도 아니며 존재하지 않는 것도 아니요, 존재와 비존재가 동시에 존재하는 것도 아니며 존재와 비존재가 동시에 존재하지 않는 것도 아니다"; *The Bhagavad Gita*, 13. 12. : "It is Brahman, beginningless, supreme: beyond what is and beyond what is not."

162 cf. *The Bhagavad Gita*, 4. 23. : "⋯and his work is a holy sacrifice. The work of such a man is pure."

163 cf. *The Bhagavad Gita*, 13. 15. : "He is invisible: he cannot be seen. He is far and he is near, he moves and he moves not, he is within all and he is outside all"; "Mandukya Upanishad" in *The Upanishads*, 2. 2. p.78: "Know him as all that is, and all that is not, the end of love-longing beyond understanding, the highest in all beings."

164 유일신 '하나'님을 경배하는 것은 곧 만유의 근원인 참본성을 경배하는 것인 까닭에 「마태복음(Matthew)」(22:37)에서는 그토록 간절하게 "네 마음을 다하고 목숨을 다하고 뜻을 다하여 주 너의 하나님을 사랑하라("Matthew" in *Bible*, 22:37)"고 한 것이요, 또한 우주만물이 혼원일기인 '하나'님의 화현인 까닭에 우주 '한생명'의 자각적 실천을 강조하는 뜻에서 "이웃을 네 몸과 같이 사랑하라("Matthew" in *Bible*, 22:39)"고 한 것이다.

165 "Matthew" in *Bible*, 7:21 : "Not everyone who says to me, 'Lord, Lord,' will enter the kingdom of heaven, but only he who does the will of my Father who is in heaven."

166 cf. 『涅槃宗要』, 66쪽: "一心之性唯佛所體 故說是心名爲佛性."

167 "Mandukya Upanishad" in *The Upanishads*, p.83: "Brahman is all and Atman is Brahman." 브라흐마가 우주의 본원인 근원적 일자[대우주]를 지칭한 것이라면 아트만은 개별 영혼[소우주]을 지칭한 것이다. 브라흐마가 곧 아트만이라는 것은 유일자 브라흐마가 우리와 무관한 존재가 아니라 내재적인 동시에 초월적이며, 전체적인 동시에 개체적이며, 우주의 본원인 동시에 현상 그 자체임을 말하여 준다.

168 『海月神師法說』, 「養天主」.

169 *The Bhagavad Gita*, 18. 46. : "A man attains perfection when his work is worship of God, from whom all things come and who is in all."

170 불교의 唯識思想에 의하면 인간의 意識은 여덟 단계로 구성되어 있다. 이 八識의 이론체계를 보면, 우선 眼識, 耳識, 鼻識, 舌識, 身識, 意識이라는 흔히 前6識으로 총칭되는 표면의식이 있고, 이 여섯 가지의 識은 더 심층의 제7식인 자아의식, 즉 잠재의식에 의해서 지배되며, 이 잠재의식은 더 심층의 제8식에 연결되어 있는데 이 제8식이 우리 마음속 깊이 감춰진 모든 심리 활동의 원천이 된다.

171 『海月神師法說』, 「天地理氣」: "天地 陰陽 日月於千萬物 化生之理 莫非一理氣造化也."

172 2006년 8월 24일 체코 프라하에서 개최된 국제천문연맹(IAU) 총회에서 태양계 행성 목록에 대한 결의안을 놓고 전체 위원들의 투표를 실시한 결과, 일정한 공전궤도를 갖지 못한 명왕성(冥王星 Pluto)을 1930년 처음 발견된 이후 76년 만에 퇴출시킴으로써 태양계 행성수가 9개에서 8개로 줄어들게 됐다. 카론과 케레스, 에리스(임시 명칭 2003 UB₃₁₃) 등 새로 발견된 3개 소행성 역시 행성의 지위가 부여되지 않았다. 명왕성과 케레스, 에리스는 '왜(矮)행성'으로, 카론은 현재처럼 명왕성의 위성으로 정리됐다. 2015년에 발견된 '울

프 1061c(태양계에서 14광년 거리)'와 2016년에 발견된 '프록시마 b(태양계에서 4광년 거리)'는 생명체 거주가능 영역(habitable zone, HZ) 또는 '골디락스 존(Goldilocks zone)'으로 알려져 있다. 천문학자이며 갈릴레오 우주선의 행성 탐사 계획에 실험 연구관으로 참여했던 칼 세이건(Carl Edward Sagan)의 말처럼, 실로 이 광활한 우주에 지구에만 생명체가 존재한다는 것은 공간의 낭비일지도 모른다. 실제로 과학자들은 지상 관측과 우주탐사선이 전송한 관측데이터를 토대로 외계 생명체의 필수조건인 태양계의 바다, '오션 월드(ocean world)'를 계속해서 찾아내고 있다. 특히 목성의 위성 유로파와 토성의 위성 엔셀라두스는 지구에서 생명체가 탄생한 深海底와 흡사한 환경이기 때문에 태양계에서 생명체가 존재할 가능성이 가장 큰 곳으로 지목되고 있다.

173 베게너(Alfred Wegener)의 大陸移動說과 디이츠(R. Dietz)와 헤스(H. Hess)의 海底擴張說, 그리고 홈즈(Arthur Holmes)의 맨틀대류설을 종합하여 정립한 윌슨(John Tuzo Wilson)과 모건(W. J. Morgan) 등의 '판구조론'에 따르면, 지구의 표층인 암석권(lithosphere)은 그 두께가 약 100km인 6개의 대규모 판(유라시아판, 아프리카판, 아메리카판, 태평양판, 남극판, 인도판 등)과 12개의 소규모 판(필리핀판, 나즈카판, 코코스판, 카리브판 등)으로 나뉘어 있고, 이들 판들은 그 하부 軟弱圈(asthenosphere)에서 일어나는 맨틀 대류에 의해 서로 멀어지거나 충돌하기도 하고 엇갈리기도 하면서 발산경계(divergent boundary), 수렴경계(convergent boundary 또는 subduction boundary(攝入境界)), 변환경계(transform boundary 또는 conservative boundary(보존경계))라는 세 가지 유형의 경계를 형성한다. 지진이나 화산폭발, 造山運動, 해구 등의 지각변동은 대부분 판의 경계를 따라 일어나며, 각각 매년 수cm 정도의 속도로 맨틀(mantle) 위를 제각기 이동하면서 끊임없이 지구의 모습을 변화시켜 간다는 것이다. 맨틀은 점성 유체로 상하 온도차에 의한 對流를 하고 있으며, 이것이 에너지가 돼 지각판이 움직인다는 것이다. 인도판과 유라시아판이 충돌하여 형성된 히말라야산맥 꼭대기에 조개껍질 등 바다에서 서식하는 생물의 흔적이 있다고 하는 것은 판구조론의 사실성을 입증하는 것이다. 이러한 판구조론은 대륙과 해양의 기원을 맨틀의 대류현상으로 설명하고 있으나 주로 상부 맨틀의 대류에 대해서만 설명한다. 이에 대해 플룸구조론(plume tectonics)—맨틀 하부에서 지표면으로 향하는 고온의 열기둥(hot plume)과 지표면에서 맨틀 하부로 향하는 저온의 열기둥(cold plume)을 포괄하는 플룸의 운동으로 설명되는—은 암석권과 연약권에 국한된 판 이동의 역학적인 문제를 좀 더 심층적으로 이해할 수 있게 한다.

174 cf. 『東經大全』, 「論學文」: "吾心卽汝心(내 마음이 곧 네 마음)." 庚申年(1860) 4월 5일 水雲 崔濟愚가 하늘로부터 받은 '吾心卽汝心'의 心法은 하늘마음이 곧 사람 마음임을 명징하게 보여준다.

175 "Genesis" in Bible, 1:27-28 : "God created man in his own image…Rule over the fish of the sea and the birds of the air and over every living creature that moves on the ground."

176 『栗谷全書』 卷10, 書2 「答成浩原」: "氣局者何謂也? 氣已涉形迹 故有本末也 有先後也."

177 『栗谷全書』 卷10, 書2 「與成浩原」: "人之性 非物之性者 氣之局也 人之理 卽物之理者 理之通也."

178 『栗谷全書』 卷10, 書2 「與成浩原」: "方圓之器不同 而器中之水一也 大小之瓶不同 而瓶中之空一也.”

179 『栗谷全書』卷10, 書2「答成浩原」.

180 cf. "Maitri Upanishad" in *The Upanishads*, p.103: "A quietness of mind overcomes good and evil works, and in quietness the soul is ONE: then one feels the joy of Eternity."

181 『海月神師法說』, 「守心正氣」: “若非守心正氣則 仁義禮智之道 難以實踐也”; 『東經大全』, 「修德文」: “仁義禮智 先聖之所敎 修心正氣 惟我之更定.”

182 『龍潭遺詞』, 「道修詞」.

183 『桓檀古記』, 「太白逸史」 第五, 蘇塗經典本訓: “大始 哲人在上 主人間三百六十餘事 其綱領有八條 曰誠曰信曰愛曰濟曰禍曰福曰報曰應.” 이하 본 절의 『참전계경』에 관한 내용은 최민자, 『천부경・삼일신고・참전계경』, 195-218쪽에서 정리, 보완한 것임.

184 『桓檀古記』, 「太白逸史」 第五, 蘇塗經典本訓: “參佺戒經 世傳乙巴素先生所傳也 先生 嘗入白雲山禱天 得天書 是爲參佺戒經.”

185 『桓檀古記』, 「太白逸史」 第五, 蘇塗經典本訓: “神市理化之世 以八訓爲經 五事爲緯 敎化大行 弘益濟物 莫非參佺之所成也 今人 因此佺戒 益加勉修己則 其安集百姓之功 何難之有哉.”

186 『三國遺事』 卷一, 「紀異」 第一, 古朝鮮 王儉朝鮮條: “凡主人間三百六十餘事 在世理化.”

187 『揆園史話』, 「太始記」: “神市氏 御世愈遠而 蚩尤高矢 神誌朱因 諸氏幷治人間 三百六十六事.”

188 『桓檀古記』, 「三聖紀全」 下篇: “桓雄率衆三千 降于太白山頂神壇樹下 謂之神市 是謂桓雄天王也 將風伯雨師雲師 而主穀主命主刑主病主善惡 凡主人間三百六十餘事 在世理化 弘益人間.”

189 『桓檀古記』, 「太白逸史」 第三, 神市本紀.

190 『桓檀古記』, 「太白逸史」 第四, 三韓管境本紀 馬韓世家 上.

191 『桓檀古記』, 「太白逸史」 第六, 高句麗國本紀: “乙巴素爲國相 選年少英俊 爲仙人徒郞 掌敎化者曰參佺 衆選守戒 爲神顧托.”

192 『桓檀古記』, 「太白逸史」 第六, 高句麗國本紀: “乙密仙人 嘗居臺 專以祭天修鍊爲務 蓋仙人修鍊之法 參佺爲戒.”

193 『桓檀古記』, 「檀君世紀」 2世 檀君 扶婁條: “神市以來 每當祭天 國中大會 齊唱讚德諧和 於阿爲樂 感謝爲本.”

194 鄭鎭洪 編, 「任雅相 注, 「三一神誌」 “天宮”, 『檀君敎復興經略』(서울: 啓新堂, 1937): “性通 通眞性也 功完 持三百六十六善行 積三百六十六陰德 做三百六十六好事 朝觀一神也 永得快樂 無等樂與天同享也.”

195 『桓檀古記』, 「檀君世紀」 3世 檀君 嘉勒條: “倧者 國之所選也 佺者 民之所擧也.”

196 『桓檀古記』, 「太白逸史」 第三, 神市本紀: “所謂佺 從人之所自全 能通性以成眞也.”

197 『桓檀古記』, 「三聖紀全」 下篇: “桓雄 乃以三神設敎 以佺戒爲業 而聚衆作誓 有勸懲善惡之法.”

198 『桓檀古記』, 「太白逸史」 第三, 神市本紀: “神市氏 以佺修戒 敎人祭天.”

199 『檀奇古史』, 「前檀君朝鮮」 第1世 檀君王儉條.

200 대종교총본사, 『三一哲學譯解倧經合編』(서울: 대종교출판사, 단기 4335), 92-100쪽.

201 『太白逸史』, 『三聖紀』, 『檀君世紀』, 『北夫餘紀』는 모두 『桓檀古記』에 수록되어 있다.

202 대종교총본사, 『大倧敎了勘』(서울: 大倧敎總本司, 開川 4440), 33쪽.

203 위의 책, 373-376쪽.

204 '檀君八條' 第2條: "하늘의 홍범은 언제나 하나이고 사람의 마음 또한 다 같게 마련이니
내 마음으로 미루어 남의 마음을 헤아리도록 하라. 사람의 마음은 오직 교화를 통해서만
하늘의 홍범과 합치되는 것이니 그리하면 만방을 거느릴 것이다"(『桓檀古記』, 「檀君世紀」:
"天範恒一 人心惟同 推己秉心 以及人心 人心惟化 亦合天範 乃用御于萬邦").

205 『桓檀古記』, 「太白逸史」 第五, 蘇塗經典本訓.

206 cf. 『海月神師法說』, 「三敬」.

207 cf. 『中庸』, 「中庸論」: "仲尼曰「君子 中庸 小人 反中庸 君子之中庸也 君子而時中 小人之
反中庸也 小人而無忌憚也」." '時中[中庸]'이란 어떤 상황에서도 항상 그 中에 처해 가는
것, 즉 止於至善의 의미이다. 공자의 道를 時中의 道라고 부르는 것은 어떤 상황에서도
그가 至善을 지향하는 경지에 이른 사람이라는 뜻이다.

09 고조선의 해체와 열국시대 그리고 민족대이동

1 유리 미하일로비치 부틴 지음, 이병두 번역, 『고조선 연구: 고조선, 역사·고고학적 개
요』, 130-132쪽.

2 『三國志』 卷三十, 「魏書」 第三十, 烏丸鮮卑東夷傳 第三十, 韓傳; 『後漢書』 卷八十五, 「東
夷列傳」 第七十五, 韓傳.

3 최태영, 『한국상고사』, 53-55쪽; 윤내현, 『한국고대사』, 92-94쪽.

4 박창화 찬술, 김성겸 번역, 『고구려의 숨겨진 역사를 찾아서: 고구리사 抄·略』(서울: 지
샘, 2008), 42-44쪽; 최태영, 『한국상고사』, 63-64쪽; 윤내현, 앞의 책, 94-95쪽.

5 위의 책, 103-104쪽.

6 위의 책, 105-107쪽.

7 위의 책, 111쪽.

8 『揆園史話』, 「檀君記」.

9 〈한국일보〉 1980년 1월 25일자 기사.

10 『桓檀古記』, 「檀君世紀」.

11 『桓檀古記』, 「檀君世紀」.

12 『桓檀古記』, 「北夫餘紀」 上篇, 始祖檀君 '解慕漱'條.

13 BCE 3세기에 연(燕)이 장수 진개(秦介)를 파견하여 조선의 서쪽 변방을 공격해서 만번한
(滿番汗)을 새로운 국경으로 정하였다는 기록은 사마천(司馬遷)의 『사기』, 어환(魚豢)의
『위략(魏略)』, 『삼국지』 「위서」 동이전 등에 나타나고 있다. 『삼국지』 권30 「위서」 제30
오환선비동이전(烏桓鮮卑東夷傳) 한전(韓傳)에서는 『위략』을 인용하여 "燕은 장수 秦介를
보내어 조선의 서방을 공격하고 2천여 리의 땅을 취하여 만번한에 이르는 지역을 경계
로 삼았다(燕乃遣將秦介 攻其西方 取地二千餘里 至滿番汗爲界)고 기록하였다. 『사기』 권115

「조선열전」 제55에서는 동호(東胡: 고조선 제후국)에 인질로 가 있던 秦介가 귀국하자 동호를 습격하여 파하고 1천여 리의 땅을 취하였다고 기록하였다. BCE 3세기 고조선과 古중국의 국경선이 되었던 만번한의 위치에 대해, 『환단고기』를 번역 주해한 안경전은 하북성 장가구시(河北省張家口市)와 북경시·당산시(唐山市)에 이르는 지역이라고 비정하였다. 『환단고기』를 대중화한 이유립은 '만(滿)'을 하북성 보정시(保定市) 만성현(滿城縣)으로, 번(番)을 반현(潘縣)이 있던 하북성 회래현(懷來縣)으로 비정하였다(계연수 편저, 안경전 역주, 『환단고기』(대전: 상생출판, 2012), 278쪽). 한편 신용하, 『고조선문명의 사회사』, 568-571쪽에서는 BCE 3세기 고조선과 古중국의 국경선은 고조선 제후국들(산융·동호 등)의 침입을 방어하기 위해 燕·秦이 축성한 '만리장성'이었다고 했다. 燕의 長城(造陽에서 襄平까지)이나 秦의 만리장성은 모두 그 동남쪽 끝이 난하 유역의 구 永平府 안에 있었고 갈석산 부근에서 끝나는데, 산융·동호 등 고조선 제후국의 막강한 기병부대가 만리장성을 넘을 수 없었기 때문에 만리장성이 고조선의 서변 '국경선'이 되었다는 것이다.

14 『桓檀古記』, 「北夫餘紀」 上篇, 始祖檀君 '解慕漱'條.

15 『桓檀古記』, 「北夫餘紀」 上篇, 2世 檀君 '慕漱離'條.

16 『後漢書』 卷八十五, 「東夷列傳」 第七十五, 韓傳.

17 『三國志』 卷三十, 「魏書」 第三十, 烏丸鮮卑東夷傳 第三十, 韓傳.

18 오재성, 『우리(右黎)의 역사는?』(서울: 黎(Li)민족사연구회, 1990), 105, 109쪽.

19 『桓檀古記』, 「太白逸史」 第六, 高句麗國本紀.

20 『三國史記』 卷 第二十三, 「百濟本紀」 第一, 始祖 溫祚王 26, 27年條.

21 『三國史記』 卷 第十五, 「高句麗本紀」 第三, 太祖大王 70年條.

22 『三國志』 卷三十, 「魏書」 第三十, 烏丸鮮卑東夷傳 第三十, 韓傳.

23 『後漢書』 卷八十五, 「東夷列傳」 第七十五, 韓傳.

24 『梁書』 卷五十四, 「東夷列傳」 第四十八, 百濟傳; 『南史』 卷七十九, 「列傳」 第六十九, 夷貊 下 東夷 百濟傳.

25 『南齊書』 卷五十八, 「東南夷列傳」 第三十九, 百濟傳.

26 『史記』 卷一百十, 「匈奴列傳」 第五十: "當時之時 東胡彊而月支盛."

27 이일봉, 『실증 한단고기』(서울: 정신세계사, 2017), 273쪽. "신장성 지역에 있는 타클라마칸 사막의 '마칸(瑪干)'은 '마한(馬韓)'과 같은 말이며, '馬'가 아닌 '瑪'를 사용한 것은 당시 마한이 가장 큰 上國이었기 때문이다. 타클라마칸의 '클라'는 '큰 나라'라는 뜻이며, 결국 타클라마칸은 '큰 나라 마한'이라는 의미이다"(위의 책).

28 위의 책, 265쪽.

29 『桓檀古記』, 「北夫餘紀」 上篇, 2世 檀君 '慕漱離'條.

30 『桓檀古記』, 「北夫餘紀」 上篇, 3世 檀君 '高奚斯'條.

31 『桓檀古記』, 「北夫餘紀」 上篇, 4世 檀君 '高于婁'條.

32 『桓檀古記』, 「北夫餘紀」 下篇, 5世 檀君 '高豆莫'條.

33 『桓檀古記』, 「北夫餘紀」 下篇, 6世 檀君 '高無胥'條.

34 『桓檀古記』, 「迦葉原夫餘紀」, 1世 '解夫婁王'條.

35 『桓檀古記』, 「迦葉原夫餘紀」, 2世 '金蛙王'條.

36 『桓檀古記』, 「迦葉原夫餘紀」, 3世 '帶素王'條.

37 『桓檀古記』,「太白逸史」第六, 高句麗國本紀;『桓檀古記』,「北夫餘紀」, 始祖 檀君 '解慕漱'條.

38 『桓檀古記』,「太白逸史」第六, 高句麗國本紀.

39 『三國志』卷三十,「魏書」第三十, 烏丸鮮卑東夷傳 第三十, 夫餘傳;『後漢書』卷八十五,「東夷列傳」第七十五, 夫餘國傳.

40 『三國志』卷三十,「魏書」第三十, 烏丸鮮卑東夷傳 第三十, 夫餘傳.

41 『三國志』卷三十,「魏書」第三十, 烏丸鮮卑東夷傳 第三十, 夫餘傳;『晋書』卷九十七,「列傳」第六十七, 東夷 夫餘國傳.

42 『三國志』卷三十,「魏書」第三十, 烏丸鮮卑東夷傳 第三十, 夫餘傳: "以殷正月祭天 國中大會 連日飲食歌舞 名曰迎鼓."

43 『後漢書』卷八十五,「東夷列傳」第七十五, 東沃沮傳.

44 『三國志』卷三十,「魏書」第三十, 烏丸鮮卑東夷傳 第三十, 東沃沮傳;『後漢書』卷八十五,「東夷列傳」第七十五, 東沃沮傳.

45 『後漢書』卷八十五,「東夷列傳」第七十五, 東沃沮傳;『三國志』卷三十,「魏書」第三十, 烏丸鮮卑東夷傳 第三十, 東沃沮傳.

46 『後漢書』卷八十五,「東夷列傳」第七十五, 東沃沮傳;『三國志』卷三十,「魏書」第三十, 烏丸鮮卑東夷傳 第三十, 東沃沮傳.

47 『三國志』卷三十,「魏書」第三十, 烏丸鮮卑東夷傳 第三十, 東沃沮傳;『後漢書』卷八十五,「東夷列傳」第七十五, 東沃沮傳.

48 『後漢書』卷八十五,「東夷列傳」第七十五, 東沃沮傳;『三國志』卷三十,「魏書」第三十, 烏丸鮮卑東夷傳 第三十, 東沃沮傳.

49 『三國史記』卷 第十三,「高句麗本紀」第一, 始祖 鄒牟王條;『三國史記』卷 第十五,「高句麗本紀」第三, 太祖大王(大祖大王)條.

50 『三國志』卷三十,「魏書」第三十, 烏丸鮮卑東夷傳 第三十, 東沃沮傳;『後漢書』卷八十五,「東夷列傳」第七十五, 東沃沮傳.

51 신용하, 앞의 책, 197쪽.

52 『後漢書』卷八十五,「東夷列傳」第七十五, 濊傳.

53 『後漢書』卷八十五,「東夷列傳」第七十五, 濊傳.

54 『後漢書』卷八十五,「東夷列傳」第七十五, 濊傳;『三國志』卷三十,「魏書」第三十, 烏丸鮮卑東夷傳 第三十, 濊傳.

55 『三國志』卷三十,「魏書」第三十, 烏丸鮮卑東夷傳 第三十, 濊傳;『後漢書』卷八十五,「東夷列傳」第七十五, 濊傳.

56 『後漢書』卷八十五,「東夷列傳」第七十五, 東沃沮傳;『三國志』卷三十,「魏書」第三十, 烏丸鮮卑東夷傳 第三十, 濊傳.

57 https://www.hani.co.kr/arti/culture/book/647392.html (2021.12.11.)

58 『桓檀古記』,「北夫餘紀」上, 3世 檀君 '高奚斯'條.

59 『桓檀古記』,「北夫餘紀」上, 3世 檀君 '高奚斯'條.

60 『三國史記』卷 第一,「新羅本紀」第一, '赫居世居西干'·'南海次次雄'·'儒理尼師今'條.

61 『三國史記』卷 第十四,「高句麗本紀」第二, '大武神王'條.

62 윤내현, 앞의 책, 133-135쪽.

63 『桓檀古記』, 「北夫餘紀」 上·下; 『桓檀古記』, 「太白逸史」 第六, 高句麗國本紀.

64 『桓檀古記』, 「北夫餘紀」 下.

65 계연수 편저, 안경전 역주, 앞의 책, 624쪽.

66 『桓檀古記』, 「太白逸史」 第六, 高句麗國本紀.

67 임승국 번역·주해, 앞의 책, 260쪽에서 재인용.

68 『三國史記』 卷 第十三, 「高句麗本紀」 第一, 始祖 東明聖王(鄒牟王)條. 「太白逸史」 第六, 高句麗國本紀에 의하면 고구려 건국을 도운 협보(陜父)는 후에 多婆羅國의 시조가 되었다.

69 https://www.hankyung.com/society/article/2004072109778 (2021.12.12.)

70 『漢書』, 「昭帝紀」 元鳳 六年, 春正月條; 『後漢書』 卷八十五, 「東夷列傳」 第七十五, 東沃沮傳; 『三國志』 卷三十, 「魏書」 第三十, 烏丸鮮卑東夷傳 第三十, 東沃沮傳.

71 『三國志』 卷三十, 「魏書」 第三十, 烏丸鮮卑東夷傳 第三十, 高句麗傳.

72 『隨書』 卷八十一, 「東夷列傳」 第四十六, 高(句)麗傳: "昭烈帝後爲百濟所殺."

73 『三國史記』 卷 第十三, 「高句麗本紀」 第一, 始祖 東明聖王(鄒牟王)條.

74 『三國遺事』, 王曆 第一.

75 『三國史記』 卷 第二十三, 「百濟本紀」 第一, 始祖 溫祚王 元年 5月條.

76 『桓檀古記』, 「太白逸史」 第六, 高句麗國本紀.

77 『新唐書』 卷二百二十, 「列傳」 第一百四十五, 東夷.

78 http://www.newsroh.com/bbs/board.php?bo_table=cpk&wr_id=43 (2021.12.15.) 이러한 주장과 관련되는 글로는 남의현, 「중국의 『중조변계사』를 통해 본 한중 국경문제」 - 『중조변계사』에 대한 비판과 14세기 이전 '鴨綠水[鴨淥江]' 위치 재고, 『인문과학연구』 57, 강원대학교 인문학연구소, 2018, 32쪽; 민두기, 『중국의 역사인식』 하(서울: 창작과 비평사, 1997), 483쪽 등이 있다. 오재성, 앞의 책, 96쪽에서는 "遼東의 기점은 山西省의 遼로 동쪽을 遼東이라 하고 서쪽을 遼西로 표기한 것이다"라고 했다.

79 『桓檀古記』, 「太白逸史」 第六, 高句麗國本紀.

80 『桓檀古記』, 「迦葉原夫餘紀」, 2世 '帶素王'條.

81 『三國史記』 卷 第十三, 「高句麗本紀」 第一, 琉璃明王條; 『桓檀古記』, 「太白逸史」 第六, 高句麗國本紀.

82 『三國史記』 卷 第十四, 「高句麗本紀」 第二, '大武神王'條.

83 『三國史記』 卷 第十四, 「高句麗本紀」 第二, '慕本王'條.

84 『三國史記』 卷 第十五, 「高句麗本紀」 第三, 太祖大王(大祖大王)條.

85 오재성, 앞의 책, 113쪽. 이덕수는 을지문덕 장군이 살수대첩을 거둔 곳을 요동반도 大洋河라 하였고, 정인보는 遼寧省 蓋平縣 州南河라 하였다(계연수 편저, 안경전 역주, 앞의 책, 629쪽).

86 『三國史記』 卷 第四十三, 「列傳」 第三, '金庾信'條 下.

87 『三國史記』 卷 第十五, 「高句麗本紀」 第三, 太祖大王(大祖大王) 70年條. 앞서 後三韓 관련 내용에서도 나왔듯이, 『三國史記』의 저자 김부식은 자신이 撰述하면서도 이해가 안 되었던지 "마한은 백제 온조왕 27년(CE 8)에 멸망하였는데, 고구려 왕과 함께 군사행동

을 하였다 하니 그것은 혹 멸망한 후에 다시 부흥한 것인가?'라며 의혹을 제기하였다. 고구려와 함께 요동을 침공했던 마한은 온조왕에 의해 멸망했다가 다시 부흥한 것이 아니라, 後三韓의 맹주인 대륙의 中馬韓이었다.

88 『三國史記』 卷 第十五,「高句麗本紀」 第三, 太祖大王(大祖大王)條.
89 『後漢書』 卷八十五,「東夷列傳」 第七十五, 高句麗傳; 『三國志』 卷三十,「魏書」 第三十, 烏丸鮮卑東夷傳 第三十, 高句麗傳.
90 『三國志』 卷三十,「魏書」 第三十, 烏丸鮮卑東夷傳 第三十, 高句麗傳; 『後漢書』 卷八十五,「東夷列傳」 第七十五, 高句麗傳.
91 『後漢書』 卷八十五,「東夷列傳」 第七十五, 高句麗傳.
92 『三國史記』 卷 第十六,「高句麗本紀」 第四, '故國川王'條.
93 『桓檀古記』,「太白逸史」 第六, 高句麗國本紀.
94 『三國史記』 卷 第十六,「高句麗本紀」 第四, '故國川王'條.
95 『三國史記』 卷 第十六,「高句麗本紀」 第四, '山上王'條.
96 『三國史記』 卷 第十七,「高句麗本紀」 第五, '東川王'條.
97 『三國史記』 卷 第十七,「高句麗本紀」 第五, '美川王'條.
98 『三國史記』 卷 第十七,「高句麗本紀」 第五, '美川王'條.
99 『三國史記』 卷 第十八,「高句麗本紀」 第六, '小獸林王'條.
100 『桓檀古記』,「太白逸史」 第六, 高句麗國本紀
101 『三國史記』 卷 第四十六,「列傳」 第六, 崔致遠 '上大師侍中狀'.
102 『舊唐書』 卷一百九十九上,「列傳」 第一百四十九, 東夷 高(句)麗傳.
103 『三國志』 卷三十,「魏書」 第三十, 烏丸鮮卑東夷傳 第三十, 高句麗傳; 『後漢書』 卷八十五,「東夷列傳」 第七十五, 高句麗傳.
104 『桓檀古記』,「太白逸史」 第六, 高句麗國本紀; 『桓檀古記』,「北夫餘紀」, 始祖 檀君 '解慕漱'條.
105 『桓檀古記』,「太白逸史」 第六, 高句麗國本紀.
106 『後漢書』 卷八十五,「東夷列傳」 第七十五, 韓傳.
107 『桓檀古記』,「太白逸史」 第六, 高句麗國本紀.
108 박창화 찬술, 김성겸 번역, 앞의 책, 79쪽.
109 1666년(현종 7)에 문신 金壽弘이 만든 중국 중심의 세계지도(서울역사박물관 소장본).
110 『三國史記』 卷 第四十六,「列傳」 第六, 崔致遠 '上大師侍中狀'.
111 『三國史記』 卷 第二十三,「百濟本紀」 第一, 百濟 始祖 溫祚王 8, 11年條.
112 『三國史記』 卷 第二十三,「百濟本紀」 第一, 百濟 始祖 溫祚王 37年條.
113 『三國史記』 卷 第七,「新羅本紀」 第七, 文武王 11年條.
114 『桓檀古記』,「太白逸史」 第六, 高句麗國本紀.
115 『梁書』 卷五十四,「東夷列傳」 第四十八, 百濟傳; 『南史』 卷七十九,「列傳」 第六十九, 夷貊 下 東夷 百濟傳.
116 『宋書』 卷九十七,「夷蠻列傳」 第五十七, 東夷 百濟國傳.
117 『新唐書』 卷二百二十,「東夷列傳」 第一百四十五, 百濟傳.
118 『南齊書』 卷五十八,「東南夷列傳」 第三十九, 百濟傳.

119 『三國史記』卷 第二十六, 「百濟本紀」第四, 東城王 10年條.

120 『隋書』卷八十一, 「東夷列傳」第四十六, 百濟傳.

121 『桓檀古記』, 「太白逸史」第六, 高句麗國本紀: "百濟 請隨爲軍導 受我密諭而未果."

122 『三國史記』卷 第二十, 「高句麗本紀」第八, 嬰陽王 9年 9月條: "百濟王昌遣使奉表 請爲軍導 帝下詔諭以高句麗服罪 朕已赦之 不可致伐 厚其使而遣之 王知其事 侵掠百濟之境."

123 『三國史記』卷 第二十七, 「百濟本紀」第五, 威德王 45年 9月條.

124 『三國史記』卷 第四十一, 「列傳」第一, 金庾信 上.

125 박창범, 『하늘에 새긴 우리 역사』, 42, 52-54쪽.

126 위의 책, 56쪽.

127 위의 책, 55-57쪽.

128 오재성, 앞의 책, 257; 오재성, 『숨겨진 역사를 찾아서』, 87쪽.

129 『北史』卷九十四, 「列傳」第八十二, 百濟傳.

130 『隋書』卷八十一, 「東夷列傳」第四十六, 百濟傳.

131 http://www.pluskorea.net/10620 (2021.12.28.)

132 https://ko.wikipedia.org/wiki/%EC%9A%B8%EB%A6%BC%EA%B5%B0 (2021.12.31.)

133 『周書』卷四十九, 「列傳」第四十一, 異域 上 百濟傳; 『隋書』卷八十一, 「東夷列傳」第四十六, 百濟傳.

134 『北史』卷九十四, 「列傳」第八十二, 百濟傳.

135 『三國史記』卷 第十五, 「高句麗本紀」第三, 太祖大王 69年 12月條.

136 김성호, 『비류백제와 일본의 국가기원』(서울: 지문사, 1982).

137 이시와타리 신이치로 지음, 안희탁 옮김, 『백제에서 건너간 일본 천황』(서울: 지식여행, 2002), 377쪽.

138 『三國史記』卷 第二十三, 「百濟本紀」第一, 始祖 '溫祚王'條.

139 『三國史記』卷 第二十三, 「百濟本紀」第一, 始祖 溫祚王 13年 8月條.

140 『三國史記』卷 第二十三, 「百濟本紀」第一, 始祖 溫祚王 26, 27年條.

141 『三國史記』卷 第二十三, 「百濟本紀」第一, 始祖 溫祚王 26, 31, 33年條.

142 『三國史記』卷 第二十三, 「百濟本紀」第一, 多婁王 6, 7, 10年條.

143 『三國史記』卷 第二十三, 「百濟本紀」第一, 己婁王 29, 49年條.

144 『三國史記』卷 第二十三, 「百濟本紀」第一, 蓋婁王 28年條·肖古王 2, 49年條.

145 『三國史記』卷 第二十四, 「百濟本紀」第二, 古爾王 13年條.

146 『三國史記』卷 第二十四, 「百濟本紀」第二, 古爾王 27年條.

147 『三國史記』卷 第二十四, 「百濟本紀」第二, 古爾王 29年條.

148 『三國史記』卷 第二十四, 「百濟本紀」第二, 古爾王 53年條.

149 『三國史記』卷 第二十四, 「百濟本紀」第二, 比流王 24, 30年條.

150 『三國史記』卷 第二十四, 「百濟本紀」第二, 近肖古王 30年條.

151 『三國史記』卷 第二十四, 「百濟本紀」第二, 近肖古王 24, 26年條.

152 『南史』卷七十九, 「列傳」第六十九, 夷貊 下 東夷 百濟傳; 『梁書』卷五十四, 「東夷列傳」第四十八, 百濟傳.

153 『通典』卷一百八十五, 「邊防」東夷 上.

154 https://www.youtube.com/watch?v=lgPeTovH1fI&t=1925s (2022. 1. 10.)

155 최태영, 『한국 고대사를 생각한다』, 202쪽.

156 『桓檀古記』, 「太白逸史」 第六, 高句麗國本紀; 『桓檀古記』, 「北夫餘紀」, 始祖 檀君 '解慕漱'條.

157 『桓檀古記』, 「太白逸史」 第六, 高句麗國本紀

158 『三國史記』 卷 第一, 「新羅本紀」 第一, 始祖 '赫居世居西干'條.

159 『三國史記』 卷 第一, 「新羅本紀」 第一, 南解次次雄 5年 正月條.

160 박창범, 앞의 책, 55-57쪽.

161 오재성, 『숨겨진 역사를 찾아서』, 87쪽.

162 『新唐書』 卷二百二十, 「東夷列傳」 第一百四十五, 新羅傳.

163 『後漢書』 卷八十五, 「東夷列傳」 第七十五, 倭傳; 『三國志』 卷三十, 「魏書」 第三十, 烏丸鮮卑東夷傳 第三十, 倭人傳.

164 『桓檀古記』, 「太白逸史」 第六, 高句麗國本紀.

165 『史記』 卷一, 「五帝本紀」 第一, '帝堯'條.

166 1666년(현종 7)에 문신 金壽弘이 만든 중국 중심의 세계지도(서울역사박물관 소장본).

167 『舊唐書』 卷一百九十九上, 「東夷列傳」 一百四十九, 新羅傳.

168 오재성, 『우리(右黎)의 역사는?』, 89-90쪽.

169 『桓檀古記』, 「太白逸史」 第六, 高句麗國本紀.

170 『三國史記』 卷 第十, 「新羅本紀」 第十, 憲德王 8년條.

171 『三國史記』 卷 第一, 「新羅本紀」 第一, 始祖 赫居世居西干 8, 19, 36, 53年條.

172 『三國史記』 卷 第一, 「新羅本紀」 第一, 始祖 南解次次雄 1, 3, 7, 11年條.

173 『三國史記』 卷 第一, 「新羅本紀」 第一, 儒理尼師今 5年條; 『三國遺事』 卷 第一, 紀異 第一, 第三 '弩禮王'條.

174 『三國史記』 卷 第一, 「新羅本紀」 第一, 儒理尼師今 9年條.

175 『三國史記』 卷 第一, 「新羅本紀」 第一, 儒理尼師今 17年條.

176 『三國史記』 卷 第一, 「新羅本紀」 第一, '儒理尼師今'條.

177 『三國史記』 卷 第一, 「新羅本紀」 第一, '婆娑尼師今'條.

178 『三國史記』 卷 第一, 「新羅本紀」 第一, 祇摩尼師今 14年條.

179 『三國史記』 卷 第二, 「新羅本紀」 第二, 阿達尼師今 12, 14年條.

180 『三國史記』 卷 第二, 「新羅本紀」 第二, '助賁尼師今'條.

181 『三國史記』 卷 第二, 「新羅本紀」 第二, 沾解尼師今 2年條.

182 『三國史記』 卷 第三, 「新羅本紀」 第三, 奈勿尼師今 37年條.

183 『三國史記』 卷 第三, 「新羅本紀」 第三, 實聖尼師今 11年條.

184 『三國史記』 卷 第三, 「新羅本紀」 第三, 訥祇麻立干 34, 38, 39年條.

185 『三國史記』 卷 第三, 「新羅本紀」 第三, '智證麻立干'條.

186 『三國史記』 卷 第四, 「新羅本紀」 第四, '法興王'條.

187 『桓檀古記』, 「檀君世紀」 13世 檀君 屹達 20年條.

188 정운용, 「일제 하 신라 화랑 연구와 남당 박창화의 『화랑세기』」, 고려대학교 한국사연구소 편, 『남당 박창화의 한국사 인식과 저술』(파주: 경인문화사, 2019), 58쪽.

189 위의 논문, 71쪽.

190 『三國史記』卷 第四,「新羅本紀」第四, 眞興王 37年條.

191 元曉,「涅槃宗要」, 조명기 편,『元曉大師全集』, 21쪽(이하『涅槃宗要』로 약칭): "通衆典之部 分歸萬流之一味 開佛意之至公和百家之異諍."

192 『涅槃宗要』, 24쪽.

193 元曉,「十門和諍論」, 조명기 편,『元曉大師全集』, 643쪽: "一切衆生同有佛性 皆同一乘一 因一果同一甘露 一切當得常樂我淨 是故一味."

194 『三國遺事』卷 第二,「紀異」第二, '駕洛國記'條.

195 『三國遺事』卷 第二,「紀異」第二, '駕洛國記'條.

196 『周禮』,「地官」二, 泉府條: "泉府 掌人以市之征布 斂市之不售貨之滯於民用者 以其賈買 之 物楬而書之 以待不時而買者."

197 http://db.history.go.kr/item/level.do?levelId=sy_002r_0010_0230_0140 (2022.1.15.)

198 신용하,『고조선문명의 사회사』, 635-636쪽에서는 "加羅는 변진(변한) 12개국이 자생적 으로 성장하여 형성된 고대국가가 아니라, 북방으로부터 부여족의 한 갈래가 남방 이동 하여 선주민을 점거해서 통폐합하면서 선주민 백성과 부여족 지배층이 결합하여 형성 된 고대국가"라며, 부여족의 남방 이동에서 전위 선발대는 김수로였고, 종래의 12개 변 한소국들을 6개 加羅로 편성한 것이라고 하였다. 김해 지방(구야국)에 주둔해서 CE 42년 금관가라를 세웠고 각각 주둔지에 '가라'를 세웠는데, 변한 '미오야마나'를 점거하여 CE 42년 임나(任那, 大加羅)를 세웠다고 했다. 한편 경북대 교수 주보돈은 그의 저서『가야사 새로 읽기』(서울: 주류성, 2017)에서 "금관국의 전신인 구야국 등 12개의 邑落國家로 이루 어진 연맹체는 가야가 아니라 가야사의 前史인 弁韓으로 봐야 한다"며, "가야연맹은 4세 기 이후 급부상한 대가야(고령) 주도로 경상도 내륙 세력이 통합되고 확장하면서 만들어 졌다"고 주장했다.

199 『三國志』卷三十,「魏書」第三十, 烏丸鮮卑東夷傳 第三十, 弁辰傳.

200 『後漢書』卷八十五,「東夷列傳」第七十五, 韓傳.

201 『桓檀古記』,「太白逸史」第六, 高句麗國本紀.

202 『後漢書』卷八十五,「東夷列傳」第七十五, 倭傳;『三國志』卷三十,「魏書」第三十, 烏丸 鮮卑東夷傳 第三十, 倭人傳.

203 『三國志』卷三十,「魏書」第三十, 烏丸鮮卑東夷傳 第三十, 韓傳.

204 『三國史記』卷 第一,「新羅本紀」第一, '脫解尼師今'條.

205 『三國史記』卷 第三,「新羅本紀」第三, 炤知麻立干 3年條.

206 『三國遺事』卷 第二,「紀異」第二, '駕洛國記'條.

207 『三國史記』卷 第四,「新羅本紀」第四, '法興王'條.

208 『三國史記』卷 第四十一,「列傳」第一, 金庾信 上條.

209 『三國史記』卷 第四,「新羅本紀」第四, 眞興王 23年條;『三國史記』卷 第四十四,「列傳」 第四, '斯多含'條.

210 고준환, 앞의 책, 280쪽.

211 최태영,『한국 고대사를 생각한다』, 202쪽.

212 『大倧教經典』,「御製三一神誥賛」, 33-36쪽;『三一哲學譯解倧經合編』,「御製三一神誥賛」,

8-12쪽.

213 『大倧敎經典』,「三一神誥序」, 27-32쪽;『三一哲學譯解倧經合編』,「三一神誥序」, 1-8쪽.

214 『大倧敎經典』,「三一神誥讀法」, 74-76쪽;『三一哲學譯解倧經合編』,「三一神誥讀法」, 39-42쪽.

215 『三一哲學譯解倧經合編』, 44쪽;『大倧敎經典』,「三一神誥奉藏記」, 80쪽: "…此本 乃高句 麗之所譯傳 而我高考之讀而贊之者也."

216 『揆園史話』,「檀君記」.

217 『揆園史話』,「檀君記」.

218 『揆園史話』,「檀君記」.

219 『桓檀古記』,「太白逸史」第七, 大震國本紀.「太白逸史」第七, 大震國本紀에는 振國(震國) 장군 大仲象(대조영의 아버지)이 고구려가 패망하자 그를 따르는 자들과 함께 동모산에 이르러 도읍하고 견고한 성벽으로 자위하여 국호를 後高句麗라 일컫고 연호를 重光이라 하며 격문을 전하니, 이르는 곳마다 여러 城의 무리들이 歸附하였다고 기록되어 있다.

220 유득공 지음, 송기호 역,『발해고』(서울: 홍익, 2021).

221 『欽定滿洲源流考』卷首, 諭旨: "金始祖居完顔部."

222 https://www.youtube.com/watch?v=NcPznMn46YM&t=11s (2021.1.20.)

223 『揆園史話』,「檀君記」: "…金女眞等皆其後身同族異稱也."

224 『明心寶鑑』,「天命篇」: "天網 恢恢 疎而不漏."

225 達磨,『二入四行論』: "迷時色攝識 解時識攝色."

226 『符都誌』第8章.

227 『符都誌』第10章.

228 『桓檀古記』,「三聖紀全」下篇.

229 최태영,『한국 고대사를 생각한다』, 182쪽.

230 신용하, 앞의 책, 644-645쪽.

231 『三國志』卷三十,「魏書」第三十, 烏丸鮮卑東夷傳 第三十, 倭人傳.

232 『三國志』卷三十,「魏書」第三十, 烏丸鮮卑東夷傳 第三十, 韓傳.

233 『三國史記』卷 第二,「新羅本紀」第二, 阿達尼師今 20年 5月 條.

234 『三國志』卷三十,「魏書」第三十, 烏丸鮮卑東夷傳 第三十, 倭人傳.

235 『三國志』卷三十,「魏書」第三十, 烏丸鮮卑東夷傳 第三十, 倭人傳.

236 『後漢書』卷八十五,「東夷列傳」第七十五, 韓傳. 이와 유사한 내용이『晋書』卷九十七, 「列傳」第六十七, 東夷 馬韓條에도 기록되어 있다.

237 최태영,『인간 단군을 찾아서』, 233쪽에서 재인용.

238 위의 책, 233-234쪽.

239 위의 책, 235쪽.

240 위의 책, 236-237쪽.

241 위의 책, 239쪽.

242 『桓檀古記』,「檀君世紀」;『檀奇古史』,「前檀君朝鮮」, 第3世 檀君 加勒條.

243 『桓檀古記』,「檀君世紀」.

244 신용하, 앞의 책, 587쪽.

245 신채호, 앞의 책, 107-108쪽.

246 『史記』卷一百十, 「匈奴列傳」第五十.

247 신용하, 앞의 책, 249쪽.

248 위의 책.

249 위의 책, 250쪽.

250 『史記』卷一百十, 「匈奴列傳」第五十.

251 『漢書』卷九十四, 「匈奴傳」第六十四.

252 『三國志』卷三十, 「魏書」第三十, 烏丸鮮卑東夷傳 第三十, 烏丸傳 & 鮮卑傳.

253 『三國志』卷三十, 「魏書」第三十, 烏丸鮮卑東夷傳 第三十, 烏丸傳.

254 신용하, 앞의 책, 590쪽.

255 에드워드 기번 지음, 황건 옮김, 『로마제국쇠망사』(서울: 까치, 1991), 453쪽.

256 『三國志』卷三十, 「魏書」第三十, 烏丸鮮卑東夷傳 第三十, 烏丸傳 & 鮮卑傳.

257 『桓檀古記』, 「檀君世紀」.

258 『三國志』卷三十, 「魏書」第三十, 烏丸鮮卑東夷傳 第三十, 鮮卑傳.

259 『三國志』卷三十, 「魏書」第三十, 烏丸鮮卑東夷傳 第三十, 鮮卑傳.

260 https://www.chosun.com/site/data/html_dir/2019/08/29/2019082900162.html?utm_
source=naver&utm_medium=original&utm_campaign=news (2022.1.20.)

1. 경전 및 사서

『格菴遺錄』　　　　　　　『高麗圖經』　　　　　　　『高麗史』
『舊唐書』　　　　　　　　『揆園史話』　　　　　　　『南史』
『金剛經』　　　　　　　　『金剛經五家解』　　　　　『金剛三昧經論』
『金史』　　　　　　　　　『南齊書』　　　　　　　　『檀奇古事』
『大乘起信論』　　　　　　『大乘起信論別記』　　　　『大乘起信論疏』
『大倧敎經典』　　　　　　『大學』　　　　　　　　　『道德經』
『頓悟無生般若頌』　　　　『東經大全』　　　　　　　『童蒙先習』
『孟子』　　　　　　　　　『明史』　　　　　　　　　『明心寶鑑』
『般若心經』　　　　　　　『碧巖錄』　　　　　　　　『符都誌』
『北史』　　　　　　　　　『北齊書』　　　　　　　　『四庫全書』
『史記』　　　　　　　　　『山海經』　　　　　　　　『三國史記』
『三國遺事』　　　　　　　『三國志』　　　　　　　　『三一神誥』
『三一哲學譯解倧經合編』　『書經』　　　　　　　　　『說苑』
『成宗實錄』　　　　　　　『世祖實錄』　　　　　　　『世宗實錄』
『續日本紀』　　　　　　　『續日本後紀』　　　　　　『宋史』
『宋書』　　　　　　　　　『隨書』　　　　　　　　　『修行本起經』
『新唐書』　　　　　　　　『十門和諍論』　　　　　　『梁書』
『禮記』　　　　　　　　　『睿宗實錄』　　　　　　　『龍潭遺詞』
『六祖壇經』　　　　　　　『涅槃宗要』　　　　　　　『易經』
『遼史』　　　　　　　　　『元史』　　　　　　　　　『栗谷全書』
『魏書』　　　　　　　　　『義菴聖師法說』　　　　　『二入四行論』
『應製詩註』　　　　　　　『日本書紀』　　　　　　　『逸周書』
『資治通鑑』　　　　　　　『莊子』　　　　　　　　　『朝鮮經國典』
『朝鮮王朝實錄』　　　　　『周禮』　　　　　　　　　『周書』
『朱子語類』　　　　　　　『周子全書』　　　　　　　『帝王韻紀』
『中庸』　　　　　　　　　『晉書』　　　　　　　　　『陳書』
『澄心錄追記』　　　　　　『參佺戒經』　　　　　　　『天道敎經典』
『天符經』　　　　　　　　『春秋』　　　　　　　　　『太極圖說』
『通典』　　　　　　　　　『漢書』　　　　　　　　　『海月神師法說』
『華嚴經』　　　　　　　　『華嚴一乘法界圖』　　　　『桓檀古記』

『皇極經世書』   『後漢書』   『欽定滿洲源流考』
Bible   *The Bhagavad Gita*   *The Upanishads*

2. 국내 저서 및 논문

계연수 편저, 안경전 역주, 『환단고기』, 대전: 상생출판, 2012.

고려대학교 한국사연구소 편, 『역주 고조선사료집성 국내편』, 서울: 새문사, 2019.

고려대학교 한국사연구소 편, 『남당 박창화의 한국사 인식과 저술』, 파주: 경인문화사, 2019.

고동영 역주, 『단기고사』, 서울: 흔뿌리, 1986.

고준환, 『하나되는 한국사』, 서울: 한국교육진흥재단, 2002.

고준환, 『신명나는 한국사』, 서울: 인간과자연사, 2005.

그렉 브레이든 외 지음, 이창미·최지아 옮김, 『World Shock 2012』, 서울: 쌤앤파커스, 2008.

김교헌 엮음, 윤세복 번역, 『弘巖神兄朝天記』, 서울: 대종교출판사, 단기 4459.

김문경, 「唐日문화교류와 신라神 신앙」, 『동방학지』 54·55·56합집, 연세대학교 국학연구원, 1987.

김상일, 『인류 문명의 기원과 한』, 대전: 상생출판, 2018.

김성호, 『비류백제와 일본의 국가기원』, 서울: 지문사, 1982.

김한식, 「고대 한국정치사상연구의 제문제」, 『한국정치외교사논총』 20집, 한국정치외교사학회, 1998.

김한식, 『한국인의 정치사상』, 서울: 백산서당, 2006.

나카가와 다카 주해, 양기봉 옮김, 『육조단경』, 서울: 김영사, 1993.

남창희·정성찬·송옥진, 「세조의 상고사서 수서령의 정치적 요인과 함의」, 『세계환단학회지』, 3권 1호, 세계환단학회, 2016.

단국대학교 부설 동양학연구소 편, 『二十五史』 上·中·下, 서울: 단국대학교출판부, 1977.

단학회연구부, 『환단고기』, 서울: 코리언북스, 1998.

대야발 지음, 고동영 역주, 『단기고사』, 서울: 흔뿌리, 1986.

말로 모건 지음, 류시화 역, 『그곳에선 나 혼자만 이상한 사람이었다』, 서울: 정신세계사, 2001.

민희식·이진우·이원일 지음, 『성서의 뿌리(구약): 오리엔트 문명과 구약성서』, 용인: 블루리본, 2008.

박제상 지음, 김은수 번역·주해, 『부도지』, 서울: 한문화, 2002.

박지원 지음, 고산 옮김, 『열하일기』, 서울: 동서문화사, 2010.

박창범, 『하늘에 새긴 우리 역사』, 파주: 김영사, 2002.

박창화 찬술, 김성겸 번역, 『고구려의 숨겨진 역사를 찾아서: 고구리사 抄·略』, 서울: 지샘, 2008.

반재원·허정윤 지음, 『세계가 잃어버린 영혼』, 서울: 한배달, 2007.

사마천 지음, 정범진 외 옮김, 『사기본기』 권1 「五帝本紀」 제1, 서울: 까치, 1994.

새뮤얼 노아 크레이머 지음, 박성식 옮김, 『역사는 수메르에서 시작되었다』, 서울: 가람기획, 2018.

손성태 지음, 『우리민족의 대이동: 아메리카 인디언은 우리민족이다』, 서울: 코리, 2019.

손성태 지음, 『고대 아메리카에 나타난 우리민족의 태극』, 서울: 코리, 2017.

신복룡, 『한국정치사』, 서울: 박영사, 2003, 64쪽.

신용하, 『고조선문명의 사회사』, 파주: 지식산업사, 2018.

신용하, 『일제 조선토지조사사업 수탈성의 진실』, 파주: 나남, 2019.

신채호 지음, 김종성 옮김, 『조선상고사』, 고양: 위즈덤하우스, 2014.

심백강, 『사고전서 사료로 보는 한사군의 낙랑』, 서울: 바른역사, 2014.

안드레 군더 프랑크 지음, 이희재 옮김, 『리오리엔트』, 서울: 이산, 2003.

에드워드 기번 지음, 황건 옮김, 『로마제국쇠망사』, 서울: 까치, 1991.

오재성, 『우리(右黎)의 역사는?』, 서울: 黎(Li)민족사연구회, 1990.

오재성, 『숨겨진 역사를 찾아서』, 서울: 한민족문화사, 1989.

우실하, 『동북공정너머 요하문명론』, 서울: 소나무, 2007.

윌 듀런트 지음, 왕수민·한상석 옮김, 『문명 이야기(동양 문명 1-1)』, 서울: 민음사, 2011.

유리 미하일로비치 부틴 지음, 이병두 번역, 『고조선 연구: 고조선, 역사·고고학적 개요』, 서울: 아이네아스, 2019.

유희령, 『표제음주동국사략』, 성남: 한국정신문화연구원, 1985.

윤내현, 『한국고대사』, 서울: 삼광출판사, 1990.

윤내현, 「고조선의 도읍 遷移考」, 『한국고대사신론』, 파주: 일지사, 1989.

윤내현·박성수·이현희, 『새로운 한국사』, 서울: 삼광출판사, 1995.

윤명철, 『단군신화 또 다른 해석』, 서울: 백산자료원, 2008.

이기동·정창건 역해, 『환단고기』, 서울: 도서출판 행촌, 2019.

이덕일·김병기, 『고조선은 대륙의 지배자였다』, 서울: 역사의 아침, 2006.

이병도·최태영, 『한국상고사입문』, 서울: 고려원, 1989.

이귀우, 「생태담론과 에코페미니즘」, 『새한영어영문학』 제43권 1호, 2001.

이시영, 『감시만어』, 서울: 일조각, 1983.

이시와타리 신이치로 지음, 안희탁 옮김, 『백제에서 건너간 일본 천황』, 서울: 지식여행, 2002.

이일봉, 『실증 한단고기』, 서울: 정신세계사, 2017.

이병주 감수, 남주성 역주, 『흠정만주원류고』, 서울: 글모아출판, 2010.

이태승, 『인도철학산책』, 서울: 정우서적, 2009.

임승국 번역·주해, 『한단고기』, 서울: 정신세계사, 1986.

재레드 다이아몬드 지음, 김진준 옮김, 『총, 균, 쇠』, 서울: 문학사상, 2016.

전종근·김승년, 「2019 한류의 경제적 파급효과 연구」, KOFICE 연구보고서(2020. 3).

정연규,『대한상고사』, 서울: 한국문화사, 2005.

정운용,「일제 하 신라 화랑 연구와 남당 박창화의『화랑세기』」, 고려대학교 한국사연구소 편,『남당 박창화의 한국사 인식과 저술』, 파주: 경인문화사, 2019.

정인보,『조선사연구』, 서울: 우리역사연구재단, 2013.

정진홍 편,「任雅相 注, "삼일신고" '천궁'」,『단군교부흥경략』, 서울: 계신당, 1937.

제이콥 브로노우스키 지음, 임경순 옮김,『과학과 인간의 미래』, 파주: 김영사, 2011.

제임스 처치워드 저, 박혜수 역,『뮤 대륙의 비밀』, 서울: 문화사랑, 1997.

조명기 편,『원효대사전집』, 서울: 보련각, 1978.

존 카터 코벨 지음, 김유경 엮어옮김,『한국문화의 뿌리를 찾아: 무속에서 통일신라 불교가 꽃피기까지』, 서울: 학고재, 1999.

존 M. 흡슨 지음, 정경옥 옮김,『서구 문명은 동양에서 시작되었다』, 서울: 에코리브르, 2005.

주동주 지음,『수메르 문명과 역사』, 파주: 범우, 2018.

찰스 햅굿 지음, 김병화 옮김,『고대 해양왕의 지도』, 서울: 김영사, 2005.

최동,『조선상고민족사』, 서울: 인간사, 1988.

최민자,『동학과 현대과학의 생명사상』, 서울: 도서출판 모시는사람들, 2021.

최민자,『호모커넥투스』, 서울: 도서출판 모시는사람들, 2020.

최민자,『빅 히스토리』, 서울: 도서출판 모시는사람들, 2018.

최민자,『새로운 문명은 어떻게 만들어지는가』, 서울: 도서출판 모시는사람들, 2013.

최민자,『동서양의 사상에 나타난 인식과 존재의 변증법』, 서울: 도서출판 모시는사람들, 2011.

최민자,『통섭의 기술』, 서울: 도서출판 모시는사람들, 2010.

최민자,『천부경·삼일신고·참전계경』, 서울: 도서출판 모시는사람들, 2006.

최재석,『고대한일관계사 연구 비판』, 파주: 경인문화사, 2010.

최진,『다시쓰는 한·일 고대사』, 서울: 대한교과서(주), 1996.

최태영,『한국 고대사를 생각한다』, 서울: 눈빛, 2002.

최태영,『인간 단군을 찾아서』, 서울: 학고재, 2000.

최태영,『한국상고사』, 서울: 유풍출판사, 1990.

최태영,『서양법철학의 역사적 배경』, 서울: 숙명여자대학교출판부, 1977.

최홍규,『신채호의 역사학과 민족운동』, 서울: 일지사, 2005.

켄 윌버 지음, 정창영 옮김,『켄 윌버의 통합 비전』, 서울: 물병자리, 2009.

한국·동양정치사상사학회 엮음,『한국정치사상사』, 서울: 백산서당, 2005.

한국정신문화연구원,『한국상고사의 제문제』, 성남: 한국정신문화연구원, 1987

한정호,『대조선민족사』, 서울: 홍익출판기획, 2002.

황선희,『동학·천도교 역사의 재조명』, 서울: 모시는사람들, 2011.

3. 국외 저서 및 논문

Aristotle, *Nicomachean Ethics*, translated by J. L. Ackrill, London: Faber & Faber Ltd.,
  1973.

Asvaghosa, *The Awakening of Faith*, trans. Teitaro Suzuki, Mineola, New York: Dover
  Publications, INC., 2003.

Augustine, *The City of God*, translated by Marcus Dods, D. D., Peabody, Massachusetts:
  Hendrickson Publishers, Inc., 2010.

Augustine, *On the Trinity*, edited by gateth B. Matthews, translated by Stephen
  McKenna, Cambridge: Cambridge University Press, 2002.

Augustine, *Confessions*, translated with an introduction by R. S. Pine-Coffin, London:
  Penguin Books, 1961.

Augustine, *On Free Choice of the Will*, translated with introduction and notes by Thomas
  Williams, Indianapolis/Cambridge: Hackett Publishing Company, 1993.

Bohm, David, *Wholeness and the Implicate Order*, London: Routledge & Kegan Paul,
  1980.

Braden, Gregg, *The Divine Matrix*, New York: Hay House, Inc., 2007.

Capra, Fritjof, *The Web of Life*, New York: Anchor Books, 1996.

Capra, Fritjof, *The Hidden Connections*, New York: Random House Inc. 2004.

Chandogya Upanishad in *The Upanishads*, translated from the Sanskrit with an
  introduction by Juan Mascaro, London: Penguin Books Ltd., 1962.

Copleston, Frederick, S. J., *A History of Philosophy*, Westminster, Maryland: The
  Newman Press, 1962.

Covell, Jon Carter & Alan Covell, *Korean Impact on Japanese Culture*, Hollym
  International Corp., 1984.

Friedman, Norman, *Bridging Science and Spirit: Common Elements in David Bohm'
  s Physics, the Perennial Philosophy and Seth*, New Jersey: The Woodbridge
  Group, 1993.

Goswami, Amit, *The Self-Aware Universe: How Consciousness Creates the Material
  World*, New York: Tarcher/Putnam, 1995.

Hawking, Stephen, *The Universe in a Nutshell*, New York: Bantam Books, 2001.

Hawking, Stephen and Leonard Mlodinow, *A Briefer History of Time*, New York:
  Bantam Dell, 2005.

Heisenberg, Werner, *Physics and Beyond*, New York: Harper & Row, 1971.

Hobson, John M., *The Eastern Origins of Western Civilisation*, Cambridge: Cambridge
  University Press, 2004.

Hodgson, Marshall G. S., *Rethinking World History*, New York: Cambridge University

Press, 1993.

Hulbert, Homer B., *The Passing of Korea*, Reprinted by Seoul: Yonsei University Press, 1969.

Huntington, Samuel, P., *The Clash of Civilizations and the Remaking of World Order*, New York: Simon & Schuster, 1996.

Hwang, Helen Hye-Sook, *The Mago Way*, Foreword by Carol P. Christ, Mago Books, 2015.

Jantsch, Erich, *The Self-Organizing Universe*, New York: Pergamon, 1980.

Kant, Immanuel, "The Critique of Pure Reason," in *Kant's Critiques: The Critique of Pure Reason, The Critique of Practical Reason, The Critique of Judgement*, Radford, VA: Wilder Publications, 2008.

Kant, Immanuel, "The Critique of Practical Reason," in *Kant's Critiques: The Critique of Pure Reason, The Critique of Practical Reason, The Critique of Judgement*, Radford, VA: Wilder Publications, 2008.

Kata Upanishad in *The Upanishads*, translated from the Sanskrit with an introduction by Juan Mascaro, London: Penguin Books Ltd., 1962.

Koh, Tommy, *America's Role in Asia : Asian Views*, Asia Foundation, Center for Asian Pacific Affairs, Report no.13, Nov. 1993.

Kurzweil, Ray, *The Singularity is Near: When Humans Transcend Biology*, London: Penguin Books, 2005.

Maitri Upanishad in *The Upanishads*, translated from the Sanskrit with an introduction by Juan Mascaro, London: Penguin Books Ltd., 1962.

Mandukya Upanishad in *The Upanishads*, translated from the Sanskrit with an introduction by Juan Mascaro, London: Penguin Books Ltd., 1962.

Mies, Maria & Vandana Shiva, *Ecofeminism*, New Delhi: Zed Books, 1993.

Padma-Sambhava, *The Tibetan Book of the Great Liberation*, Introductions, Annotations and Editing by W. Y. Evans-Wents, with Psychological Commentary by C. G. Jung, with a new Foreword by Donald S. Lopez, Jr., London: Oxford University Press, 2000.

Padma-Sambhava, *The Tibetan Book of the Dead : Liberation through Understanding in the Between*, translated by Robert A. F. Thurman and foreword by H. H. the Dalai Lama, New York: Bantam Books, 1994.

Plato, *Republic*, translated by G. M. A. Grube, revised by C. D. C. Reeve, Indianapolis/Cambridge: Hackett Publishing Company Inc., 1992.

Plato, *Plato's Statesman*, translated by J. B. Skemp, Indianapolis/Cambridge: Hackett Publishing Company Inc., 1992.

Plato, *The Works of Plato*, translated by George Surges, M.A., London: G. Bell and Sons,

Ltd., 1912.

Prigogine, Ilya, *From Being to Becoming*, San Francisco: Freeman, 1980.

Quigley, Carroll, *The Evolution of Civilizations: An Introduction to Historical Analysis*, 2nd ed., Indianapolis: Liberty Press, 1979.

Reischauer, Edwin O., *Ennin's Travels in T'ang China*, New York: The Ronald Press Co., 1955.

Sabine, George H. and Thomas L. Thorson, *A History of Political Theory*, 4th edition, Hinsdale, Illinois: Dryden Press, 1973.

Shiva, Vandana, "Development, Ecology and Women," in Carolyn Merchant(ed.), *Ecology: Key Concepts in Critical Theory*, New Jersey: Humanities Press, 1994.

Spinoza, Benedict de, "The Ethics," in *The Benedict de Spinoza Reader*, translated from the Latin by R. H. M. Elwes, Radford, VA: Wilder Publications, 2007.

Svetasvatara Upanishad in *The Upanishads*, translated from the Sanskrit with an introduction by Juan Mascaro, London: Penguin Books Ltd., 1962.

The Bhagavad Gita, translated from the Sanskrit with an introduction by Juan Mascaro, London: Penguin Books Ltd., 1962.

The Upanishads, translated from the Sanskrit with an introduction by Juan Mascaro, London: Penguin Books Ltd., 1962.

Whitehead, Alfred North, *Process and Reality*, New York: Macmillan, 1929.

Wilber, Ken, *The Spectrum of Consciousness*, Wheatonm Illinois: Quest Books, 1993.

Wilber, Ken, *Integral Psychology*, Boston & London: Shambhala, 2000.

Wolf, Fred Alan, *Dr. Quantum's Little Book of Big Ideas: Where Science Meets Spirit*, Needham, Massachusetts: Moment Point Press, 2005.

Wolf, Fred Alan, *Mind Into Matter: A New Alchemy of Science and Spirit*, Needham, Massachusetts: Moment Point Press, 2000.

Wolf, Fred Alan, *The Spiritual Universe: One Physicist's Vision of Spirit, Soul, Matter and Self*, Portsmouth, NH: Moment Point Press, 1999.

Wolf, Fred Alan, *Parallel Universes*, New York: Simon & Schuster Paperbacks, 1988.

金憲銓 編著, 任正雲 譯, 『桓國正統史』, 大阪: 三省イデア, 2000.

鹿島昇, 「桓檀古記と邪馬臺國」, 坂口義弘 편, 『歷史と現代』, 東京: 歷史と現代史, 1980.

徐亮之, 『中國史前史話』, 香港: 亞洲出版社, 民國32(1943).

4. 인터넷 사이트 및 기타

https://ko.wikipedia.org/wiki/%ED%95%9C%EA%B5%AD%ED%95%99 (2021.7.21.)

https://100.daum.net/encyclopedia/view/54XXX9800031 (2021.7.21.)

https://terms.naver.com/entry.naver?docId=3581472&cid=56762&categoryId=56762 (2021.7.31.)

https://terms.naver.com/entry.naver?docId=2808931&cid=62102&categoryId=62102 (2021.8.1.)

https://www.youtube.com/watch?v=c0tBM0YZapY (2021.8.1.)

https://blog.naver.com/gnbone/220640940182 (2021.8.3.)

http://encykorea.aks.ac.kr/Contents/Index?contents_id=E0031813 (2021.8.7.)

https://terms.naver.com/entry.naver?docId=1116058&cid=40942&categoryId=33388 (2021.8.7.)

https://ko.wikipedia.org/wiki/%ED%9B%99%EC%82%B0_%EB%AC%B8%ED%99%94 (2021.8.9.)

http://www.anewsa.com/detail.php?number=952945 (2021.8.9.)

http://www.anewsa.com/detail.php?number=952945 (2021.8.9.)

http://100.daum.net/encyclopedia/view/61XX10800031 (2021.8.9)

http://www.newstown.co.kr/news/articleView.html?idxno=49207 (2021.8.10.)

https://www.econovill.com/news/articleView.html?idxno=312875 (2021.8.10.)

http://www.futurekorea.co.kr/news/articleView.html?idxno=27336 (2021.8.24.)

http://newslibrary.naver.com/viewer/index.nhn?articleId=1997070800329117006&edtNo=45&printCount=1&publishDate=1997-07-08&officeId=00032&pageNo=17&printNo=16153&publishType=00010 (2021.8.24.)

https://ko.wikipedia.org/wiki/%ED%9B%99%EC%82%B0_%EB%AC%B8%ED%99%94 (2021.8.24.)

https://ko.wikipedia.org/wiki/%ED%9B%99%EC%82%B0_%EB%AC%B8%ED%99%94 (2021.8.25.)

http://www.anewsa.com/detail.php?number=952945 (2021.8.25.)

http://www.anewsa.com/detail.php?number=952945 (2021.8.25.)

https://www.youtube.com/watch?v=49EkSH8XBLc (2021.9.10.)

http://100.daum.net/encyclopedia/view/61XX10800054 (2021.9.10.)

https://ko.wikipedia.org/wiki/%EB%B2%A0%EB%A7%81_%EC%9C%A1%EA%B5%90 (2021.9.19.)

https://ko.wikipedia.org/wiki/%EB%A7%88%EC%95%BC_%EB%AC%B8%EB%AA%85 (2021.9.21.)

https://terms.naver.com/entry.naver?docId=2783255&cid=62093&categoryId=62093 (2021.9.22.)

https://terms.naver.com/entry.naver?docId=2783515&cid=62093&categoryId=62093 (2021.9.22.)

http://www.kado.net/news/articleView.html?idxno=352420 (2021.10.25.)

https://www.skyedaily.com/news/news_view.html?ID=64262 (2021.10.30.)

https://www.hani.co.kr/arti/culture/book/647392.html (2021.10.31.)

https://www.hankyung.com/society/article/2004072109778 (2021.12.12.)

http://www.newsroh.com/bbs/board.php?bo_table=cpk&wr_id=43 (2021.12.15.)

http://www.newsroh.com/bbs/board.php?bo_table=cpk&wr_id=43 (2021.12.15.)

http://www.pluskorea.net/10620 (2021.12.28.)

https://ko.wikipedia.org/wiki/%EC%9A%B8%EB%A6%BC%EA%B5%B0 (2021.12.31.)

https://www.youtube.com/watch?v=lgPeTovH1fI&t=1925s (2022.1.10.)

http://db.history.go.kr/item/level.do?levelId=sy_002r_0010_0230_0140 (2022.1.15.)

http://news.chosun.com/site/data/html_dir/2016/03/11/2016031100283.html (2022.1.20.)

https://www.youtube.com/watch?v=NcPznMn46YM&t=11s (2021.1.20.)

https://www.chosun.com/site/data/html_dir/2019/08/29/2019082900162.html?utm_
      source=naver&utm_medium=original&utm_campaign=news (2022.1.20.)

〈한국일보〉 1980년 1월 25일자 기사.

〈경향신문〉 1982년 11월 11일자 기사.

〈조선일보〉 1986년 10월 9일자 기사.

〈중앙일보〉 1998년 4월 1일자 기사.

〈중앙일보〉 1999년 10월 3일자 기사.

〈중앙일보〉 1999년 12월 6일자 기사.

찾아보기

[용어편]

【ㄱ】

가공의 한계(the illusory limit) 36

가라(加羅) 634

가라카미(韓神) 2좌 658

가락(駕洛) 634

가락국(駕洛國) 626

가리촌(加利村: 漢祇) 612

가림토(加臨土) 328

가림토 38자 329

가배(嘉俳) 623

가상현실(virtual reality, VR) 5

가섭원(迦葉原) 542

가섭원부여(迦葉原夫餘) 542

가야(加耶·伽耶·伽倻) 633, 634

가이아(Gaia) 184

각간(角干) 635

각일기성(各一其性) 497

각저총(角抵塚) 벽화 381

각지불이(各知不移) 422, 441, 502

간도협약(間島協約) 41

갈사부여(曷思夫餘) 544, 548, 570

갈석산(碣石山) 290, 41, 568

감군(監群) 91, 111

감군(監群) 환임(桓任) 92

감(感)·식(息)·촉(觸) 444, 476, 499

갑골문(甲骨文, 象形文字) 407

강릉(江陵) 617

강상묘(崗上墓) 370

강회(江淮) 317, 614, 616, 617, 619, 638

개체성(individuality) 61

개체화(particularisation) 436

개평부(開平府) 304

개합(開合)의 논리 457

거서간(居西干) 611, 612

거석문화 235

거수(渠帥) 323, 369, 552

건용황극(建用皇極) 417, 439

건운(乾運) 186, 432

건원칭제(建元稱帝) 566

게르만족 민족대이동 667

견군(畎軍) 338

견사(犬使) 549

견사자(犬使者) 549

견이(畎夷) 116, 662

경물(敬物) 461

경인(敬人) 460

경쟁적 지역주의 268

경주(慶州) 617

경천(敬天) 460, 473, 480

경천(敬天)·경인(敬人)·경물(敬物) 198, 313, 460

경천교(敬天敎, 고구려) 125, 508

경천숭조(敬天崇祖) 166, 114, 142, 549

경천애인(敬天愛人) 472

계루부(桂婁部) 572

계림(鷄林) 648

고경각 신사기본(古經閣 神事記本) 468

고구려(高句麗) 291, 565

고구려의 남진정책 639

고구려의 최적 일식 관측지 593

고구려현(縣) 527

고구려후(高句麗侯) 541, 564

고려기(高麗技)   381

고령가야(古寧加耶)   635, 639

고례(高禮)   293

고류지   79, 80

고리국(藁離國, 高離國)   128, 360, 529

고마(固麻)   202, 606

고마[高麗] 신사   661

고산(高山) 숭배 사상   196, 246

고야(姑射)   222

고야국(姑射國)   202, 222

고야촌(高耶村: 翿比)   612

고조선(古朝鮮)   282, 284, 285, 291, 70, 88, 125

고조선 연방국가   89

고조선의 사회경제체제   371

고조선의 표지(標識) 유물   121

고조선 제후국   299

고죽국(孤竹國)   290, 344, 354

고추가(古鄒加)   369, 572

고허촌(高墟村: 沙梁)   612

곡부(曲阜)   108

곤륜산맥   166

곤운(坤運)   186, 432

곰 토템족('貊'족)   111, 123, 124, 127

공감(empathy)의 신문명   50, 154, 520

공동노동   379

공동 생산노동   370

공동지능(Co-Intelligence)   65

공무도하가(公無渡河歌, 箜篌引)   381

공양태모(公養胎母)의 법   531

공진화   144

공화(共和)의 정신   332

공화정(共和政) 시대   531

과학과 의식의 접합   48, 57

관경(管境)   88

관노부(灌奴部)   572

관롱집단(關隴集團)   674

관복제(官服制)   602

관중(關中)   338

관행(觀行)   437

광개토대왕릉비   42, 74, 569

광개토대왕릉 비문   121, 628

광명(光明, '밝')   59, 91, 137

광명이세(光明理世)   114

교구산구(玉山宮)   662

교부철학(敎父哲學, patristic philosophy)   205, 207

교착어(膠着語)   241

교천(郊天)   310

교화경(敎化經)   466

구가(狗加)   321, 322, 115, 549

구궁(九宮)   445

구나(guṇa)   401

구다라   237, 245, 609

구다라기   609

구다천국(句茶川國)   287, 348

구려(九黎, 句麗, 九夷, 東夷)   288, 317, 615, 619

구려분정(九黎分政)   315

구려족(九黎族)   141

구마강(곰(熊)강)   609

구마나리(곰 나루)   609

구마모토(熊本)   609

구막한국(寇莫汗國)   88

구서(九誓)   549

구야국(狗邪國)   635

구월산   283, 332, 334

구이(九夷, 九黎, 東夷)   108, 53

구지봉   634

구환(九桓)   284, 307, 328, 338, 343, 124, 126

구환족(九桓族·九夷族·九黎族)   91

국내성(國內城)   576

국민개병제(國民皆兵制)   336, 363

국법전서(國法全書)   334, 363

국선(國仙) 372, 630

국선소도(國仙蘇塗) 335, 362, 372, 373

국읍(國邑) 322

국자랑(國子郎) 339, 363, 372

국조 단군 43

국중대회(國中大會) 326, 379

군도(軍導) 590

군현제(郡縣制) 572

궁극적 실재 425

권력분립제 363

귀일심원(歸一心源) 200, 459, 465

귀족관료(관료귀족) 369

귀족 신분 369

귀족연립체제 577

그노스틱 휴먼(Gnostic Human) 66

그리스 문명 217

그리스 철학 295

근본지(根本智) 428, 471, 476, 498

근원성·포괄성·보편성 423, 424

근원적 일자(보편적 실재) 427, 428, 433, 443

금관가야(金官加耶·本加耶) 629, 635, 639, 640, 641

금(金)나라 648, 649, 650

금동미륵반가사유상 80

금척(金尺) 286, 408

금천씨(金天氏) 108

급간(級干) 635

급량(及梁) 612

급벌찬(級伐飡) 623

기계론적 세계관 145, 146, 147

기계론적 환원주의 36

기독교 문명 248, 273

기독교 사상 256

기독교 왕국 267

기술적 특이점(technological singularity) 6

기연(其然) 414, 436, 453

기자동래설(箕子東來說) 119

기자조선 287, 366

긴키내(近畿內) 655

길찬(吉飡) 623

【ㄴ】

나솔(奈率, 6品) 603

나와틀어(Nahuatl language) 218

낙랑국 527, 556, 557, 560

낙랑군(郡) 290, 291, 292, 527, 536, 556, 558, 576, 585, 624

낙랑유적 560

낙랑홀(樂浪忽) 342, 345

난하(灤河) 289, 291, 41, 568

남국(藍國) 326, 344

남극 문명 226

남단(南壇) 601

남부(南部·前部, 관노부) 573

남부여(南夫餘) 549

남북국시대(南北國時代) 523, 645

남북조시대(南北朝時代) 604, 673, 674, 676

남삼한(南三韓) 528

남선비국(南鮮卑國) 340

남옥저 553

남조(南朝) 604, 674

낭야성(琅邪城) 314

내두좌평(內頭佐平) 602

내법좌평(內法佐平) 602

내부(內部·黃部, 즉 계루부) 573

내신좌평(內臣佐平) 602

내유신령(內有神靈) 421, 441, 485

내유신령(內有神靈)·외유기화(外有氣化)·각지불이(各知不移) 201

내재적(intrinsic) 자연 142

내재적 가치(intrinsic value) 144

네트워크 과학   146
노(魯)   584
노가(鷺加)   322
노룡(盧龍)   290, 568
노비의 사회적 지위   370
노사전 비문본   407
녹도(鹿圖) 문자   405
농경과 유목의 복합체계   371
농상(農桑: 농사와 양잠)   621
농은 유집본(農隱 遺集本)   406, 407
누상묘(樓上墓)   370
누성(婁星, 양자리)   339
눌현(訥見)   570
니벨룽겐의 노래(Das Nibelungenlied)   668
니케아(Nicaea) 종교회의   206, 209

【ㄷ】

다뉴브강   667
다물(多勿)   562, 565, 566
다물 이념   565, 566
다물흥방지가(多勿興邦之歌)   408, 411
다시개벽   275
다이카개신(大化改新)   655
다즉일(多卽一)   57, 458
단국(檀國)   126
단군8가제도(檀君八加制度)   321, 322
단군8조(檀君八條)   311, 328, 408, 472, 504,
         508, 549
단군 47대   128
단군 관경(管境)   302
단군 사당   284
단군사화(檀君史話)   120
단군 삼신(三神)   312
단군숙신(檀君肅愼)   89
단군실사(檀君實史)   469

단군의 국가론   295
단군의 나라   272, 293, 294
단군조선(檀君朝鮮)   70, 41, 100, 102, 108,
         111, 118, 119, 120, 124, 127, 128
단군조선 시대   113, 123
단목(檀木)   124, 126, 127
단수(檀樹)   335
단씨(檀氏, 단군)   153, 154, 663, 671, 676
단우(單于)   663
달솔(達率, 2品)   602
담로(檐魯)   606, 607, 609, 610
당산(唐山)   290, 291
대가(大加)   572
대가야(大加耶)   635, 639, 640, 642
대금(大金)   650
대대로(大對盧)   579
대동률령(大同律令)   357
대로(對盧)   572
대륙백제   605, 618
대륙신라   620
대릉하(大陵河)   525, 551
대모달(大模達·大將軍)   578
대방(帶方)   535, 581, 591, 595, 619
대방고지(帶方故地)   595, 596
대방군(帶方郡)   576
대백제   595
대부여(大夫餘)   356, 548
대사자(大使者)   574
대수(帶水)   581
대수촌(大樹村: 车梁 혹은 漸梁)   612
대시전(大始殿)   335, 336, 362
대아찬(大阿湌)   623
대월지국   540
대제사장(大祭祀長)   292, 307, 309
대진국(大震國=발해)   566
대천교(代天教, 부여)   125, 508

대청광여도(大淸廣輿圖) 583, 617

대통섭 62, 160

대형 원형제단 247

덕솔(德率, 4品) 603

덕안(德安) 619

도구적 이성 147

도구적 합리성 147

도덕적 이상주의 295

도래인(渡來人) 654

도량형(度量衡) 통일 363

도산(塗山) 313

도산회의(塗山會議) 314, 319

도성입덕(道成立德) 502

도솔가(兜率歌) 622

도의 공용(功用) 429

독립국가연합(CIS) 269

돈황현(燉煌縣) 112

돌궐 329

돌궐국(突厥國) 81

동고트족(Ostrogoths) 667

동굴의 비유(the allegory of the Cave) 295

동귀일체(同歸一體) 432, 459, 466, 518

동두철액자(銅頭鐵額者) 117

동맹(東盟) 310, 379, 380, 580

동모산(東牟山) 578, 646

동방의 군자국(君子國) 367

동방의 등불 44

동백제(東百濟, 반도백제) 593

동부(東部·左部, 순노부) 573

동부여(東夫餘, 迦葉原夫餘) 542, 544, 548, 570

동부여후(東夫餘侯) 547

동북 간방 62

동북공정 105

동북아 시대 60

동신라(東新羅, 반도신라) 593, 614

동압록(東鴨綠) 567

동야현(東冶縣) 536

동양의 세계화 256

동예 553

동옥저 552

동위(東魏) 674

동이(東夷) 138, 89, 105, 56, 109, 583, 595, 671

동이족(東夷族, 九黎族, 句麗族, 九夷族) 101, 103, 105, 63, 105, 106, 108

동제(洞祭) 379

동조(東朝) 286, 593, 655

동진(東晉) 604

동평(東平) 117

동학 156, 59, 422, 441, 501, 677

동호(東胡, 東夷) 539

됨(becoming) 414

두레 370, 379

두만(頭曼) 663

두지주(豆只州) 330, 365

디비너틱스(divinitics) 48

디지털 현상 52

딥러닝(deep learning) 5, 34

땅의 그물(地網) 517

【ㄹ】

라자스(Rajas) 401

레나강(Rena江) 257

려(黎) 317, 616

로고스(logos) 189

리오리엔트(ReOrient) 159

【ㅁ】

마가(馬加) 321, 115, 549

마고·궁희·소희 삼신 199

마고대성(麻姑大城) 179

마고 문화[神敎文化] 195, 202, 216, 217, 222,
    223, 224, 226, 231, 237, 239, 140, 141,
    151

마고(麻姑) 본성(本城) 309

마고성(麻姑城) 167, 170, 171, 172, 176, 181,
    182, 183, 184, 196, 199, 203, 54, 216,
    217, 218, 471

마고성(麻姑城) 시대 166, 54, 90, 141, 149,
    523

마고성 이야기 176, 178

마고야산(麻姑射山) 202, 222

마고의 나라(麻姑之邦) 179, 202, 219, 222,
    224, 225, 226

마고지나(麻姑之那) 179, 216

마고할미 202

마당밟기(踏庭, 地神밟기) 340

마리산(摩璃山, 摩利山) 196, 113

마리아나 해구 494

마립간(麻立干) 614

마수성(馬首城) 558

마야 달력 263

마야문명 202, 218, 262, 263

마야 제국 263

마음의 메커니즘 415

마추픽추(Machu Picchu) 265

마한(馬韓, 莫韓, 막조선) 300, 321

막고야산(藐姑射山: 마고산, 삼신산) 186, 202, 222

막리지(莫離支·太大兄) 578

막조선(莫朝鮮) 302, 358

만물여아위일(萬物與我爲一) 456

만번한(滿番汗) 533

만법귀일(萬法歸一) 455

만주(滿珠) 88

만주족 380

말갈(靺鞨) 558, 586, 627, 647, 649

말갈족 578

매트릭스(matrix) 199

맥(貊) 89, 108

맥국(貊國) 624

맥락적 사고(contextual thinking) 36

맥이곳(México) 260

맥이족(貊耳族) 260

메소아메리카(Mesoamerica) 262

메소아메리카 문명 263, 264

메스티조(mestizo) 273

메이지(明治) 237

메타버스(Metaverse) 5, 33

메타버스(Metaverse) 시대 5, 7, 34, 144, 676

명(命) 400

명화전(明化錢) 371

모돈(冒頓·묵돌) 663

모량(牟梁 혹은 漸梁) 612

모에시아(Moesia) 667

모헨조다로의 유적 226

목조미륵보살반가사유상 79

몽고리한(蒙古里汗) 330

몽골족 365

몽성(蒙城) 619

묘족(苗族, 三苗) 316, 317, 615, 618

묘향산 석벽본(妙香山石壁本) 406, 407

무(巫) 195

무경계(no boundary) 61, 429

무교(巫敎) 223

무극(無極) 417, 439

무극대도(無極大道) 144, 455, 502

무극(無極)의 원기(元氣) 512

무극(無極)·태극(太極)·황극(皇極) 417, 439,
    441, 442

무 대륙 217, 218, 219, 220, 221, 222, 223,
    224, 225

무리지지리 불연지대연(無理之至理 不然之大

然) 145

무속성의 브라흐마(Nirguṇa-brahma) 404

무애가(無碍歌) 631

무왕불복지리(無往不復之理) 448

무위(無爲)의 천지창조(天地創造) 169, 170, 431, 433, 492

무위이화(無爲而化) 414

무위이화(無爲而化)의 덕(德) 512

무(Mu) 제국 217, 218, 219, 220, 221, 222, 223, 224, 225, 226

무(巫) 제국 223

무 제국 최후의 날 221

무천(舞天) 310, 379, 380, 555

무천진(武川鎭) 군벌 674

문화의 원형(archetype) 39

문화적 르네상스(cultural renaissance) 160, 47, 238, 252, 253, 256, 266, 273

문화적 정체성 39, 154, 56

물극필반(物極必反) 266

물길(勿吉) 649

물리적 실재 57

물오동포(物吾同胞) 480

물질계[현상계] 174, 200

물질의 공성(空性) 137, 151, 160, 37, 57, 403, 428

물질화된 영(materialized spirit) 399, 401, 496

미네가즈카 고분 609

미륵반가사유상 79, 80

미송리형(美松里型) 토기 120

미야자키현 608

미오야마(彌烏邪馬)족 656

미추홀(彌鄒忽) 582, 597

미현(眉縣) 285

미회(未會) 432

민권(民權) 323, 334, 363

민며느리제 552

민족말살정책 40, 47, 50, 73, 74, 85

민주정(民主政) 363

민회 298

【ㅂ】

바이칼호수 529

박(朴)·석(昔)·김(金) 613

반관(反觀) 418

반도사관(식민사관) 70, 153

반망귀진(返妄歸眞) 470

반야(般若)의 지혜[智劍] 462

반자도지동(反者道之動) 266, 465

발산경계 493

발숙신(發肅愼) 89

발주신(發珠申) 89

발직신(發稷愼) 89

발해(渤海) 578, 647

발해만 290

발해 석실본(渤海 石室本) 468

방이(方夷) 116

방장해인(方丈海印) 286

배달국(倍達國, 桓雄 神市) 41, 43, 79, 90, 100, 102, 108, 115

배달국 시대 183, 404

배달국 신시(神市)시대 104, 111, 112, 123, 128, 503

배달국의 통치 체제 115

배달신(倍達臣) 313

배달의숙(倍達義塾) 94

배천교(拜天敎, 遼·金) 201, 508

백가제해(百家濟海) 582

백두산(白頭山) 489

백마하(白馬河) 619

백석산(白石山) 291

백아강(白牙岡, 達支國) 303, 332

백악산(白岳山)　359, 360, 543

백악산 아사달(白岳山阿斯達)　123, 128, 529, 530, 533

백이(白夷)　116

백제가(百濟街)　595

백제군(百濟郡)　588, 594, 605

백제 본조(本朝)　286

백제의 최적 일식 관측지　593

백제향(百濟鄕)　594

백제 허(百濟墟)　595

번조선(番朝鮮)　302, 358

번지(樊祉)　323

번한(番韓, 弁韓, 번조선)　300, 321

범금8조(犯禁八條)　324, 371

법신(法身)　421, 438, 439, 456

베링해협　218, 257, 271

변한(弁韓, 변한)　534, 618

변환경계　493

별읍(別邑)　322

병관좌평(兵官佐平)　602

병산책(甁山柵)　558

보병궁(寶甁宮) 시대　187

보본(報本)　309, 114

보본단(報本壇)　645

보본사상(報本思想)　142, 549, 645

보신(報身)　422, 438, 439, 456

보정(保定)　291

보편성-특수성-보편성·특수성의 합일　420

보편의식　137, 439

보편적 실재　422, 429, 442, 464

복본(復本)　176, 177, 181, 198

복잡계　150

복잡계 과학　146

본가야(本加耶)　635

본각(本覺)　437

본조(本朝)　593, 655

본체[神·天·靈]　398

본체(眞如)　453

본체계[의식계, 一]　57, 456, 457

본체-작용-본체·작용의 합일　200, 203, 420, 427, 441

본피(本彼)　612

본피부(本彼部)　623

볼가강　667

부도(符都)　160, 66, 408

부루단지(扶婁壇地)　327

부르군트족(Burgundians)　668

부리야트(Buriat)족　529

부메랑 효과(boomerang effect)　7

부소량(扶蘇樑)　303

부여(夫餘)씨　581, 594, 608

부자신중삼인출(父子神中三人出)　410

부하문화(富河(푸허)文化)　103

북부여(北夫餘)　129, 529, 530, 532, 548

북부(北部·後部, 즉 절노부)　573

북옥저　553

북위(北魏: 탁발씨)　673, 674, 676

북제(北齊)　674

북조(北朝)　605, 673, 676

북주(北周)　674

북큐슈(北九州)　654

북흉노　665

분리의식(分別智)　176, 198

분별지(分別智)　36, 428, 482, 498

불가분의 전체성(undivided wholeness)　37, 429

불연(不然)　414, 436, 453

불연기연(不然其然)　145, 441

불연기연적(不然其然的) 세계관　441

불함산(不咸山)　124

브라흐마(Brāhma)　402

비국소성(nonlocality, 초공간성)　150, 415

비국소적(초공간적)　414, 450

비류백제 597

비리국(神離國) 87

비미국(卑彌國) 656

비파형 단검 문화 118

비파형(琵琶型) 동검(銅劍) 121

빈(邠)·기(岐) 338, 344, 112

【ㅅ】

사고의 역설(paradox of thinking) 36

사국시대 523

사농경(司農卿) 636

사라(斯羅) 613

사량(沙梁) 612

사량부(沙梁部) 622

사로(斯盧) 6촌(六村) 611, 612

사로국(斯盧國) 612, 613

사상의학(四象醫學) 364

사상적 원시반본 102, 412, 465

사성제(四聖諦) 501

사자(使者) 549

사찬(沙飡) 623

사카모도 609

사트바(Sattva) 401

사해문화(査海(차하이)文化) 103, 104

사해의 공도(公都) 154

사회개벽 432, 433

사회신분제도 368

사회적 공덕 462

산융(山戎) 662

산일구조(dissipative structure) 143

산타페 연구소 149

산해관(山海關) 290, 292

살수대첩(薩水大捷) 571

살아있는 시스템(living systems) 169

살해(殺害) 323

삶과 죽음의 투쟁(life-and-death-struggle) 152

삼경(三敬: 敬天·敬人·敬物) 198, 142, 460

삼경제(三京制) 301

삼도(三島: 일본열도) 330, 365

삼랑성(三郎城, 鼎足山城) 313

삼로(三老) 552

삼묘(三苗) 317, 616, 617

삼사라(samsara, 生死輪廻) 65, 403

삼성사(三聖祠) 196, 73, 351, 362

삼성암(三聖庵) 196

삼신(三神, 天神) 197, 90, 125, 426

삼신불(三身佛: 法身·化身·報身) 201, 141, 416, 438

삼신사상(三神思想, '한'사상, 天符思想, 神教) 195, 197, 198, 199, 200, 213, 232, 238, 248, 54, 135, 140, 141, 142

삼신영고제(三神迎鼓祭) 357

삼신일체(三神一體) 203, 211, 134, 423, 471

삼신할미 140

삼위산(三危山) 112

삼위일체(三位一體: 聖父·聖子·聖靈) 201, 203, 205, 206, 210, 211, 212, 213, 215, 233, 134, 141, 416, 422, 427

삼위태백(三危太白) 109, 110, 111, 112, 113

삼육대례(三六大禮) 357

삼일도(三一圖) 449

삼일사상(三一思想) 449, 466, 470, 471

삼일신고 366자 471

삼일(三一) 원리 477, 478, 501

삼조선(三朝鮮) 357

삼족배(三足杯) 201

삼족오(三足烏) 201, 333, 375, 671

삼즉만물(三卽萬物) 435

삼즉일(三卽一, 多卽一, 會三歸一) 134, 139, 152, 57, 410, 413, 421, 434, 451, 458, 466, 470, 472

삼진(三眞: 眞性·眞命·眞精)　224, 471, 495, 498

삼진귀일(三眞歸一)　471

삼진신중일인출(三眞神中一人出)　410

삼태극(三太極)　201

삼한(三韓)　300, 304

삼한관경(三韓管境)　289

삼황오제(三皇五帝)　105, 106

상가(相加)　572

상가야(上伽倻) 왕조사　76

상고사(上古史)　39, 50, 71, 73, 74, 85, 97, 100, 120, 153, 156, 157, 56, 520

상고사 복원　43, 72, 93, 94, 465

상고사상　274, 490

상고시대　85

상(商)나라　338

상대등(上大等)　629

상대사시중장(上大師侍中狀)　288, 577, 585

상대성이론　450

상수학(象數學)　54, 233

상철(上哲)　498

상하운장(上下雲障)　533

새로운 한국인상(像)　38, 39

새토템족　375

색불루(索弗婁)　302

색신(色身)　456

생멸(生滅)　398, 436, 438

생멸문(生滅門)　437

생멸성(生滅性)　61

생멸심(生滅心)　489

생멸(生滅)의 문　433

생명[神·天·靈]　58, 63, 398, 399, 400, 401, 402, 403, 412, 413, 414, 415, 427, 428, 429, 440, 442, 481

생명경(生命經)　397, 412, 414, 458

생명계　174, 191

생명사상　141, 142, 59

생명시대　160, 63

생명의 3화음적 구조(the triadic structure of life)　200, 203, 213, 249, 420, 427, 439, 442

생명의 거대사　174, 175, 227

생명의 공식(formula of life)　59, 135, 140, 397, 413, 418, 676

생명의 그물망　414

생명의 근원(元氣, 至氣, 混元一氣)　417, 439

생명의 기(旗)　63

생명의 기원　215

생명의 나무(Tree of Life)　57, 134, 152

생명의 대서사시(大敍事詩)　446

생명의 물질화 현상　170

생명의 본체[天·神·靈]　57

생명의 세 기능적 측면　213

생명의 순환　135, 143, 151, 57, 412, 450, 458, 464

생명의 역동적 본질　63, 148

생명의 영원성　266

생명의 자기조직화(self-organization)　157

생명의 자기현현(self-manifestation)　413

생명의 전일성　49, 135, 138, 57, 58, 59, 64, 398, 440, 441

생명의 파동적(波動的) 성격　168, 414, 453

생명의 피류　414

생명현상　174, 450

생산노동　368, 369

생존 관점(subsistence perspective)　190

생태위기　147

생태적 사유　147

생태적 사유의 전형　151

생태적 자연관　191

생태 패러다임　147

서고문(誓告文)　351, 362

서고트족(Visigoths)　667

서구적 근대　63, 149

서구적 보편주의　158, 159

서구중심주의　148

서나벌(徐那伐)　613

서라벌(徐羅伐)　613

서로마제국　667

서백제(西百濟, 대륙백제)　593, 618

서벌(徐伐)　613

서부(西部·右部, 즉 소노부)　573

서신라(西新羅, 대륙신라)　593, 614

서압록(西鴨綠)　541, 561, 567

서양의 발흥　256

서옥제(壻屋制)　552, 579

서위(西魏)　674

서정창원(西正倉院)　608

서진(西晉)　604

서하(西河) 태수　588

서화(西華)　346, 366, 619

서효사(誓效詞)　303, 332

석가장(石家庄)　535, 581, 591

석문(石門)　535, 581, 591, 619

석유환국(昔有桓國)　98, 99

선도산(仙桃山) 성모(聖母)　611

선비(鮮卑)　665, 666, 671

선비족(鮮卑族)　365, 653, 662, 671, 676

선비(鮮卑)족 탁발씨　673

선악과(善惡果)　176

선의 이데아(Idea of the Good)　296, 297

선천개벽(先天開闢)　431

선천(先天) 건도(乾道) 시대　186

선천(先天) 문명　62, 65

선천 시대　186, 432

선화(仙花)　630

성(性)　400

성경 이자(誠敬二字)　502

성(性)·명(命)·정(精)　201, 401, 427, 476, 496

성배(聖杯)의 민족　45, 60, 80

성산가야(星山加耶)　635, 639

성생주(星生州: 인도 및 동남아 지역)　166, 181, 182, 183, 203, 204, 212, 236

성·신·애·제 4인(因)　518

성즉리(性卽理)　402

성통공완(性通功完)　136, 143, 445, 460, 466, 472, 475, 477, 478, 485, 487, 490, 508, 516, 518

성통광명(性通光明)　136, 143, 412, 458, 466, 471, 474, 477, 484

세계가 잃어버린 영혼　44, 80

세계 시스템의 건설자　441

세계지적재산권기구(WIPO)　51

세년가(世年歌)　283, 284

세속오계(世俗五戒, 花郎五戒)　611, 631

소가야(小加耶)　635, 639

소노부(消奴部)　572

소노(蘇塗)신　659

소노카미(園神) 1좌(座)　658

소도(蘇塗, 수두)　123, 166, 246, 284, 292, 323, 339, 373, 375

소도교(蘇塗敎, 수두교)　167, 114

소도 문화　658

소도성(蘇塗城)　166, 196, 232

소도(蘇塗, 수두)의식　293, 306, 372, 611, 657

소도제천(蘇塗祭天)　311, 372

소머리　245, 246, 303

소머리대왕(牛頭大王)　245, 660

소민(小民)　370

소밀(蘇密)　245

소밀랑(蘇密浪)　303, 332

소시머리　245

소프트 사이언스(soft science)　48

소하서문화(小河西 (샤오허시)文化)　103

소하연문화(小河沿 (샤호허옌)文化)　103

소호(小昊, 小昊金天)족   107, 108

속성을 갖는 브라흐마(Saguṇa-brahma)   404

속제(俗諦)   438, 464

솔론(Solon)의 개혁   298

솟대   375, 379

솟대 문화   375

솟대백이   375

송(宋·劉宋)   674

송화강(松花江)   245, 123

수(隨)나라   674

수렵경계   493

수메르(Sumer)   231, 232, 234, 236, 237, 238,
    239, 240, 246, 256, 257, 295, 382

수메르 문명   177, 205, 232, 233, 237, 239,
    243, 244, 245, 247, 248, 295

수메르 문명 유적   247

수메르 문제(Sumerian Problem)   244

수메르어   232, 241, 242, 245, 250

수메르 유적   235

수메르의 기원   244

수메르인   244, 245, 246, 248

수밀이국(須密爾國)   177, 205, 232, 233, 234,
    236, 245, 246, 248, 295, 340, 348

수분하(綏芬河)   561

수비학(數秘學)   233

수서령(收書令)   82, 84, 85

수성(遂城)   291

수양산(首陽山)   568

숙신(肅愼)   87, 88, 108

순노부(順奴部)   572

순수관경비(巡狩管境碑)   337

순수 현존(pure presence)   398

순장(殉葬)제도   370

숭천교(崇天敎·玄妙之道·風流, 신라)   125, 201, 508

스스로(自) 그러한(然) 자   143, 398, 414

스텔렌보쉬 연구소   149

습비(習比)   612

습비부(習比部)   623

승사자(丞使者)   572

시(侍)   141, 441

시간의 역사   173, 175, 215

시공연속체   450

시라(尸羅)   293, 613

시베리아 횡단철도(TSR)   271

시스템적 사고(systems thinking)   36

시(侍)의 삼원 구조(內有神靈·外有氣化·各知不移)
    416, 441

시천주(侍天主)   443

시천주(侍天主) 도덕   441, 455, 501

시천주(侍天主)의 자각적 주체   490

식신(息愼)   89

신(神·天·靈)   398, 403, 404, 413, 461, 481

신가(神歌)   340

신교(神敎)   197, 201, 116, 142, 398, 408, 410,
    508

신교문화(神敎文化)   106

신교정신   85

신국(神國)   487, 488

신귀간(神鬼干)   633

신단(神壇)   375

신단수(神壇樹)   110, 110

신동방정책   269

신라산(新羅山)   620

신라의 최적 일식 관측지   593, 614

신락문화(新樂(신러)文化)   103

신령(神靈)·기화(氣化)·불이(不移)   441, 442

신명(神明)   377, 378

신명계   378

신서(神書, 金簡玉牒)   314, 319, 364

신선도문화   116, 151, 373

신선의 나라   151

신성(神性, 참본성, 一心)   136, 426, 428, 460,

461, 473, 488

신시(神市) 89, 105, 109, 110, 127

신시개천(神市開天) 110, 114, 127, 467

신시(神市)시대 100, 111

신시씨(神市氏, 桓雄) 115

신시이화(神市理化) 503

신 실크로드 113

신(新)실크로드 전략 269

신원목(伸寃木) 335, 363

신·인간 이원론 177, 198

신지(臣智, 神誌) 322

신천간(神天干) 633

신해혁명(辛亥革命) 651

신향(神鄕) 472

실성(實性) 439

실재(reality) 429

실재(reality)의 존재성 57, 58

실크로드경제벨트 269

심(心)·기(氣)·신(身) 476, 498

심체무이(心體無二) 437

십자군 원정 256

십제(十濟) 597

십제공신(十濟功臣) 598

쌍어궁(雙魚宮) 시대 187

쓰쿠시(筑紫) 661

씨름(角觝戲) 381

씨름꾼(角觝人) 381

씨름하는 형태의 청동 향로 241

【ㅇ】

아누나키(Anu-naki) 242

아도간(我刀干) 633

아라가야(阿羅加耶) 635, 639

아메리칸 원주민(Native American) 218, 257, 260

아메리칸 인디언(American Indian) 257, 262, 264, 265

아무르강(Amur江) 258

아사달(阿斯達) 259, 281, 282, 284, 123, 124

아사달산(阿斯達山) 123, 124

아스땅(Aztlán, 아사달) 259, 260, 263

아스카 담로 609

아스카문화(飛鳥文化) 606, 655

아스테카(azteca) 259, 263

아스텍(아즈텍)문명 202, 218, 262, 263, 265

아스텍 제국 259, 263, 264

아야요(阿也謠) 179

아유타국(阿踰陀國) 634

아질간(阿叱干) 635

아찬(阿湌) 623

아카데메이아(academeia) 295, 297

아카식 레코드(Akashic Records) 170

아트만(Ātman) 402, 404

아틀란티스(Atlantis) 대륙 226

아파치(Apache)족 202, 259

아홉 개의 문(九竅)이 있는 성(城) 514

안덕향(安德鄕, 五德地) 303, 332

안데스 문명 264, 265

안동도호부(安東都護府) 292, 578

알단강(Aldan江) 258

알타이산맥 166

압록(鴨綠) 356, 568

앙소문화(仰韶文化) 104

애신각라(愛新覺羅) 650

애환가(愛桓歌) 340

야마타이국(邪馬臺國) 640, 642, 654

야마토왜(大和倭) 597

야마토(大和)정권 640, 643, 654, 655

야요이(彌生) 시대 654

양(梁) 674

양(陽) 285

양가(羊加 혹은 鷄加) 115

양부(梁部) 622

양산부(楊山部, 及梁部) 612

양산촌(楊山村: 及梁) 612

양운국(養雲國) 340, 87

양이(陽夷) 116

양자 도약(quantum leap) 174

양자물리학 37

양자 변환(quantum transformation) 34

양자 세계 57

양자 얽힘(quantum entanglement) 134, 414, 450

양자역학(quantum mechanics) 37, 48, 134, 150, 415, 450

양자역학의 해석 58

양자장(quantum field) 168

양자적 가능성(quantum possibility) 174

양자적 실재(quantum reality) 57, 415

양자 지우개 효과(quantum-eraser effect) 173

양자파동함수(quantum wave function) 175

양천(養天) 455, 485

어아가(於阿歌) 326

어하라(於瑕羅) 580

엄독홀(奄瀆忽) 344, 350

업주가리(業主嘉利) 327

에너지 무도(energy dance) 137, 400

에너지 시스템 151

에너지-의식의 그물망 175

에너지의 항상적 흐름(constant flow) 400

에너지장(場) 199, 400

에너지·지성·질료 144

에너지 진동 37

에덴동산 이야기 176

에리두(Eridu) 239

에코토피아(ecotopia) 144

에코페미니즘(ecofeminism) 188, 190

엔(En) 237, 250

여(黎) 345, 112

여도간(汝刀干) 633

여성성(女性性, 靈性) 184, 238

여성운동 188

여신묘(女神廟) 235, 247

여신상 235, 247

여진(女眞) 649

여진족 650

역리(易理: 易의 이치) 116

역법(曆法) 54

역(易)사상 54

역사적 세계 50

역학적 순환사관(易學的 循環史觀) 174

연기적(緣起的) 세계관 447

연나부 544, 547, 548

연나부부여(椽那部夫餘) 544, 548, 570

연등회 379

연호법(烟戶法: 호구조사법) 531

열고야(列姑射) 222

열국시대 523, 525, 526, 528, 551

열대패 삼수고(冽帶浿三水考) 41

열린계(open system) 64

영(Spirit, 靈·天·神) 174, 399, 415, 441, 496

영고(迎鼓) 310, 379, 550

영고탑(寧古塔) 340, 343, 344, 345, 543

영보각(靈寶閣) 469

영(瀛)·빈(濱)·해(海) 589

영성(靈性, spirituality) 6, 7, 136, 138, 142, 151, 184, 185, 191, 215, 398, 413, 416

영성문화(靈性文化) 246

영신(侫臣) 346

영원불멸의 군자국(君子不死之國) 53, 109, 138, 151

영원한 현재(eternal presence) 214

영적 일체성(spiritual identity) 427

영적 자율성 191

영적 주체   455

영적 진화(spiritual evolution, 의식의 진화)   61, 400, 404, 415, 454, 64

영주(營州)   314, 326, 364, 578

영·평 2주(營·平 二州)   290

예(濊)   285

예(濊)   89, 108

예맥(濊貊)   293

오가(五加)   321, 335, 343, 358, 110, 479, 530, 534

오교(五敎)   332, 363

오(吳)나라   288

오녀산성(五女山城)   561

오덕지(五德地)   303

오도간(五刀干)   633

오리엔탈리즘(orientalism)   252

오메가 포인트(Omega Point: 영적 탄생)   34

오미의 변(五味之變)   176, 180, 182

오사(五事)   115, 503

오상(五常)   497

오성(五星)   339

오성취루(五星聚婁)   100

오심불경 즉천지불경(吾心不敬卽天地不敬)   460

오심즉여심(吾心卽汝心)   461

오온(五蘊)   500

오(吳)·월(越)   577

오천간(五天干)   633

오행사상   319, 376

오행치수법(五行治水法)   314, 319, 364

오현제(五賢帝) 시대   667

오호십육국(五胡十六國)   604, 666

오호십육국(五胡十六國) 시대   673

오환(烏桓, 烏丸)   665, 666, 671

오훈(五訓)   91

옥산궁(玉山宮)   283

옥산궁 유래기   283

옥시덴탈리즘(occidentalism)   252

옥저(沃沮)   557

옥저후(沃沮侯)   561

올메카(Olmeca)   235

올멕 문명   262

올멕인들(Olmecs)   262

옴(OM)   168, 425

웅녕현   594, 595

완달산(完達山, 不咸山, 아사달산)   123, 124

완안부(完顔部)   650

완안씨(完顔氏)   649

완전몰입형 가상현실   37

왕검교(王儉敎, 고려)   125, 508

왕검성   124

왕험성(王險城)   304

왜(倭)   589, 608, 609

외유기화(外有氣化)   422, 441, 485

외재적(extrinsic) 자연   142

요동(遼東)   88, 538, 568, 588

요서(遼西)   288, 290, 88, 101, 551, 568, 576, 584, 585, 587, 588, 605

요서·진평 2군(郡)   594, 605

요수(遼水: 압록수)   568

요순성세(堯舜盛世)   317

요심(遼瀋)   292

요하(遼河)   337, 567

요하공정(遼河工程)   236

요하문명(遼河文明, 랴오허문명)   101, 103, 105, 105

욕살(褥薩)   579

우가(牛加)   321, 322, 336, 340, 115, 549

우두(牛頭)   123

우두(牛頭)천왕 신사   660

우루크(Uruk)   239

우르(Ur)   239

우르 유적   257, 382

우보(右輔, 右相)　598

우사(雨師)　110, 112, 115

우산국(于山國 혹은 鬱陵島)　629

우수국(牛首國)　330

우수주(牛首州)　313

우이(于夷)　116

우주의 순환　419

우주의식[보편의식]　61

우주의 실체　430, 439, 440, 442, 458

우주적 무도(舞蹈)　446

우주적 본성　459, 465, 502

우주적 생명(cosmic life)　400, 446

우주 지성[性]　400, 414, 415

우태(優台)　572

우하량(牛河梁)　102

우하량 유적　104, 105

우하량 홍산문화　104

우하량(牛河梁) 홍산 유적　103

운사(雲師)　110, 112, 115

운해주(雲海州: 중원지역)　166, 181, 182, 183, 203, 204, 236

울림군(鬱林郡)　594

웅가(熊加)　321, 322

웅백다(熊伯多)　301

웅상(雄常)　335

웅심산(熊心山)　128

웅진(熊津)　599, 607

원구단(圜丘壇)　310

원로원 제도　298

원방각(圓方角)　234, 449

원신(圜神)　658, 660

원자의 설계자　441

원한신제(圜韓神祭)　659

원회운세(元會運世)　418

월(越)나라　288, 537

월식주(月息州: 중근동 지역)　166, 181, 182, 183, 203, 204, 205, 231, 232, 236

월주(越州)　288, 584, 589

월지(月支)　534, 535, 539, 540

월지족　539

위례성(河南慰禮城)　597

위만조선(衛滿朝鮮)　287, 366, 551

위사(僞史)의 공적(功績)　43

위사좌평(衛士佐平)　602

위진남북조(魏晉南北朝) 시대　574

위(魏)·촉(蜀)·오(吳) 삼국시대　574

유구국(琉球國)　537

유목기마민족　663

유수간(留水干)　633

유아(唯我)　428

유아독존　428

유아(唯我·유일자·유일신)　428, 481

유연(幽燕)　288, 292, 577, 584

유연(柔然)　666

유(幽)·연(燕)·제(齊)·노(魯)　577

유오산천(遊娛山川) 무원부지(無遠不至)　184, 630

유일신[神·天·靈]　442, 443

유일신[천·지·인 三神]　201

유일신 논쟁　198, 423, 427

유주(幽州)　314, 326, 364

유천간(留天干)　633

유카탄반도　220, 263

육조 혜능(六祖慧能)　438

윤회사상(輪廻思想)　447

율려(律呂)　169, 170, 171

은솔(恩率, 3品)　602

은정월(殷正月)　380

은허(殷墟)　338

음양상극(陰陽相剋)　186, 432

음양오행(陰陽五行)　319, 434, 442, 443, 444, 449

음양지합(陰陽之合) 187

읍락(邑落) 322

읍루(挹婁) 649

읍차(邑借) 323

응가(鷹加) 322

의식(意識, consciousness) 136, 137, 429, 430

의식계[본체계] 174, 200

의식(意識)의 대운하 85

의식의 진화 64

의식(意識)의 확장 64, 455

의식[파동, 에너지] 160

이기론(理氣論) 141

이기심성론(理氣心性論) 141

이데아계 295, 297

이도여치(以道興治) 568, 577

이문일심(二門一心) 437, 457

이벌찬(伊伐湌) 623

이변비중(離邊非中) 145

이분법의 해체(deconstruction) 147

이분법적 패러다임 48

이성적 자유(rational freedom) 49

이성 중심주의 189

이소노카미 신궁(石上神宮) 609

이스라엘 12지파 205

이십취일세(二十取一稅) 370

이오니아(Ionia) 141

이원론 58

이원론 철학 58

이원성 63

이일분수(理一分殊) 402

이중성(duality) 61

이중의식(double consciousness) 61

이즈모(出雲) 656, 661

이집트문명 202

이척찬(伊尺湌) 623

이천식천(以天食天)-이천화천(以天化天) 430

이통기국(理通氣局) 497

이화세계(理化世界) 198

인(En) 237, 250

인간 존재의 세 중심축 144

인공신경망(ANN) 5, 34

인공지능(AI) 5, 6

인공지능 윤리 6, 34, 59

인기어인(人起於寅) 431

인내천(人乃天) 134, 441, 471

인더스문명 202

인드라망(Indra網) 414, 450

인류 구원의 여성성 184, 185, 186

인류 문명의 원형 102

인류의 4대 발명품 253

인류의 모국(母國) 223

인오동포(人吾同胞) 480

인왕백고좌(仁王百高座) 강회(講會) 70

인중천지일(人中天地一) 298, 143, 410, 411, 422, 439, 442, 445, 458, 460, 508, 518

일군국(一羣國) 88

일대일로(一帶一路) 269

일신(一神, 唯一神) 135, 411

일신강충(一神降衷) 336, 466, 474, 484, 510

일심(一心, 自性, 참본성, 근원의식·전체의식·보편의식) 200, 143, 421, 430, 438, 440, 442, 451, 518

일심법(一心法) 422, 437, 441

일심(一心, 自性)의 세 측면 439, 442

일심이문(一心二門) 437

일중삼족오(日中三足烏) 376

일즉다(一卽多) 57, 458

일즉삼(一卽三, 一卽多, 執一含三) 134, 139, 152, 57, 410, 413, 421, 423, 424, 433, 434, 466

일즉삼(一卽三, 執一含三)·삼즉일(三卽一, 會三歸一) 135, 140, 142, 59, 156, 397, 401,

412, 423, 471, 520, 676

일즉삼(一即三)·삼즉일(三即一)의 원리   209

일향국(日向國)   608

일화전(一化錢)   371

임나일본부(任那日本府)   42, 643, 644

임나일본부설   42

임둔군   576

임해현(臨海縣)   620

입헌 민주정   298

잉카문명   202, 218, 264, 265

잉카제국   264, 265

【ㅈ】

자기근원성   57, 135, 59, 398, 440, 441

자기복제(self-replication)   57, 137, 156

자기생성적 네트워크체제   436, 483

자기심판(self-judgment)   454

자기원인   399, 414

자기정체성(self-identity)   38, 156

자기조직화(self-organization)   57, 399, 400, 415

자기조직화 원리   143

자기조화(self-consistency)   141

자명고(自鳴鼓)   559

자방고전(字倣古篆)   329

자본자근(自本自根)   414, 424, 452

자생자화(自生自化)   414, 424, 438, 453

자성(自性, 神性, 참본성)   422, 427, 439, 459, 464, 474, 482, 483

자성(自性)의 세 측면   422, 427, 438

자연법의 창시자   441

자유의 원리   305

작용[生滅, 우주만물]   398, 453

잡찬(迊湌)   623

장당경(藏唐京)   331, 344, 123, 530

장수(長帥)   369

장안(長安, 西安)   113

재계(齋戒, 潔齋)   336, 378

재세이화(在世理化)   297, 336, 113, 466, 471

저가(猪加)   115, 549

저가(豬加)   369

저우언라이 1963년 발언록   120

적봉(赤峰)   101, 102

적산명신(赤山明神)   56

적산선원(赤山禪院)   56

적석총(積石塚)   235, 247

적이(赤夷)   116

전(前) 4강령   518

전(前)6식   500

전계(佺戒=參佺戒)   328, 505

전민개병(佃民皆兵)   370

전일(全一, '한')   59, 91, 133, 137

전일성[一]   57

전일성(oneness)의 현시(顯示)   436

전일적 실재관(holistic vision of reality)   37, 48, 59

전일적 패러다임   48, 49

전일적 흐름(holomovement)   59, 135, 397

전자(篆字)   329, 405

전체의식[보편의식·근원의식·우주의식·순수의식]   484

절노부(絶奴部)   572

절대영(Spirit)의 자기현현   416

점량부(漸梁部, 车梁部)   622

점제현신사비(粘蟬縣神祠碑)   41

정(精)   401

정강의 변(靖康之變)   649

정보통신기술(ICT)   5

정신개벽   432, 433

정신문화   36, 44, 47

정신문화 수출국   53, 56, 156, 677

정신·물질 이원론   146, 48

정신-물질-정신·물질의 합일 420

정음(正音) 38자(加臨土) 328, 363

정음정양(正陰正陽) 65

정전법(井田法) 345, 363

정치적 자유주의 486

제(齊) 584, 674

제1원리[靈·神·天] 136

제1원인(The First Cause, 天·神·靈) 136, 138, 397, 399, 401, 428

제1원인의 삼위일체 144, 399, 400

제2의 르네상스, 제2의 종교개혁 59, 151

제5회 솔베이 학술회의(1927) 57

제가평의회(諸家評議會) 573

제가회의(諸加會議) 550

제사(祭祀) 377

제성(諸城) 619

제시(祭市: 神市·朝市·海市) 311

제정일치(祭政一致) 293

제정일치 시대 125

제천의식 246, 284, 310, 379

제후국 제도 371

조물자(造物者) 430

조보구문화(趙宝溝(자오바오거우)文化) 103

조선사편수회 39, 40, 41, 74, 75, 98, 99

조선사편찬위원회 39, 41, 75, 81, 98

조선제(朝鮮祭) 285

조시(朝市) 285, 311

조양(朝陽) 101

조의국선(皂衣國仙) 549

조의선인(皂衣仙人) 410

조정좌평(朝廷佐平) 602

조화경(造化經) 404

조화자(造化者) 430

조화(造化) 작용 430, 434, 451, 461, 466, 491

족외혼(族外婚, exogamy) 555

존재론적 자살(ontological suicide) 461

존재의 역설(paradox of existence) 59

졸본부여(卒本夫餘) 529, 532

종정감(宗正監) 636

종훈(倧訓) 328

좌보(左補, 左相) 601

좌서자(左庶子) 98, 113

좌장(左將) 601

주가성자(朱家城子) 569

주경도(州境圖) 620

주곡(主穀) 321

주명(主命) 321

주변적 존재(marginal existence) 72

주병(主兵) 321

주병(主病) 321

주부(主簿) 572

주선악(主善惡) 321

주신(珠申) 88

주신교(主神教, 만주) 201, 508

주형(主刑) 321

주홀(主忽) 321

중마한(中馬韓) 534, 535, 536, 537, 538, 539, 540

중생심(衆生心) 437

중앙집권적 군현제(郡縣制) 526

중앙집권적 통치 체제 614

중일(中一)의 법도 510

중정(中正)의 도(道) 417, 511

중철(中哲) 498

중화문명탐원공정(中華文明探源工程) 105

지구라트(Ziggurat, 聖塔) 232, 234, 239, 246

지구생명공동체 156

지구촌의 대통섭 60

지기(至氣, 混元一氣) 411, 426, 430, 436, 452, 474

지방자치제 337, 363

지백특(支伯特) 287, 330, 342

지벽어축(地闢於丑) 431

지석묘(支石墓) 235

지성[性]·에너지[命]·질료[精] 169, 213, 399, 401

지속가능한 생존(sustainable subsistence) 모델 190

지식의 대통합 149

지중(知中) 511

지천태괘(地天泰卦) 186, 187

지행(止行) 437

지혜의 원리 305

직신(直臣) 346

직신(稷愼) 89

진(陳) 674

진국(辰國) 302

진대법(賑貸法) 573

진명(眞命) 476, 498

진번군 576

진성(眞性)·진명(眞命)·진정(眞精) 224

진성(眞性, 참본성) 136, 401, 437, 442, 443, 444, 476, 484, 485, 496, 497, 498

진여(眞如) 398, 436, 438

진여문(眞如門) 437

진여성(眞如性) 61

진여(眞如)의 문 433

진정(眞精) 476, 498

진제(眞諦) 438, 464

진조선(眞朝鮮) 358

진조선(辰朝鮮, 辰韓) 302, 530

진종교(眞倧敎, 발해) 201, 508

진지(眞知)의 회복 462

진지촌(珍支村 혹은 干珍村: 本彼) 612

진평(晉平) 288, 584, 588

진평군(晉平郡) 진평현(晉平縣, 晉平縣) 588, 594, 595

진한(辰韓) 6부(六部) 612

진한(辰韓, 眞韓, 진조선) 300, 308, 321, 534

진황도(秦皇島) 290

질료인(質料因) 401

집일함삼(執一含三) 406, 410, 411, 423, 471

집일함삼·회삼귀일(執一含三·會三歸一) 197, 412, 467

집정관 제도 298

【ㅊ】

차릉(岔陵: 迦葉原 혹은 東夫餘) 542

차릉수(岔陵水) 543

차차웅(次次雄) 613

참목숨(眞命) 495

참본성[自性, 眞性, 神性, 靈性, 一心, 근원의식·전체의식·보편의식] 176, 177, 135, 136, 137, 138, 143, 398, 401, 412, 413, 419, 428, 442, 458, 477, 481, 484, 486, 490, 496

참성단(塹城壇) 196, 113

참성품(眞性) 495

참여하는 우주(participatory universe) 144, 400, 453

참자아[참본성·神性·靈性·一心, 神·天·靈] 428, 429

참전계(參佺戒, 參佺戒經) 326, 504

참전계경 366사(事) 504, 505, 507

참정권 334, 363

참정기(眞精) 495

창려(昌黎) 291, 304, 568

창오(蒼梧) 316, 317

창조적 진화 454

책임군주제 549

책화(責禍) 332, 555

천개어자(天開於子) 431

천계(天戒) 406

천군(天君, 神官) 323, 369

천도(天道) 198, 404, 412, 448

천문령(天門嶺) 전투 646
천범(天範) 308, 311, 472
천보산 태소암본(天寶山 太素庵本) 468
천부(天符) 165, 181, 273, 294
천부경(泉府卿) 636
천부경 81자 406, 407, 420, 445, 471
천부경의 원리 406, 408, 409, 411
천부단(天符壇) 179, 309
천부도(天符都) 409
천부문화(天符文化) 54, 141, 54, 409, 519
천부보전(天符寶箋) 405, 406
천부사상(天符思想) 142
천부삼인(天符三印) 182, 183, 408
천부(天符) 스타일 66, 160
천부인(天符印) 109, 109, 114, 409
천부중일(天符中一) 361, 367, 412, 451, 458,
        462, 463, 466, 471, 478
천불동(千佛洞) 112
천불동 벽화 112
천산(天山, 波奈留山) 182, 489
천산산맥 166, 181
천산주(天山洲) 181, 182, 183, 204
천산주 시대 183, 204, 523
천상천하유아독존(天上天下唯我獨尊) 428, 429
천손족(天孫族) 49, 154
천수지리(天數之理) 233, 414
천신(天神) 374
천신교(天神敎) 508
천안궁(天安宮) 533
천왕랑(天王郎) 360
천왕봉 성모상 202
천제의식(天祭儀式) 310, 362
천주(泉州) 619
천지개벽의 도수(度數) 419, 432
천지본음(天地本音) 168, 182, 408, 423
천지부모(天地父母) 465

천지비괘(天地否卦) 186
천지운행의 원리 432, 433, 449
천·지·인 삼신(三神) 195, 198, 223, 138, 142,
        411, 422, 427
천·지·인 삼신일체(三神一體, 三位一體) 177,
        183, 54, 124, 134, 135, 141, 150, 152,
        404, 406, 410, 412, 423, 442, 458, 470,
        490
천지 포태(胞胎) 444
천지화(天指花) 339
천지화랑(天指花郎) 339, 363, 372
천하고금대총편람도 617
천해(天海: 바이칼호) 86
철기 문화 382, 526, 640
철기의 보급 526, 527
철인왕(哲人王) 296
철학적 치국책(philosophic statecraft) 297
청구(靑丘, 靑邱) 106, 117
청(淸)나라 650
청동검·청동거울·곡옥(曲玉) 114
청동기 문화 382
청천(聽天) 511
체[법신]·용[화신]·상[보신] 441, 442
체(體)·상(相)·용(用) 438, 439, 440, 441
초양자장(超量子場, superquantum field) 150
최고운 사적본(崔孤雲 事跡本) 406, 407
추기탁인(推己度人) 508
축제문화 380, 381
충기(冲氣) 435
치국평천하(治國平天下) 508
치우기(蚩尤旗) 117
치우희(蚩尤戲) 381
치제문(致祭文) 406
치첸이트사(Chichen Itzá) 263
치화경(治化經) 503
칠지도(七支刀) 610

【ㅋ】

카르마의 법칙　448

카자흐스탄　43

칼데아(Chaldea, 갈대아)　239

칼데아 문명　217

칼데아 수비학(Chaldean System)　243, 295

캄차카반도　202, 287

코리(고리국의 후예)　529

코리칸차(Coricancha)　265

쿠이(Kui)의 나라　222, 223

쿠쿠테니-트리필리아 문화(Cucuteni-Trypillia
　　culture)　273

쿤달리니(kundalini)　63

클리 테페(Göbekli Tepe) 유적　225

【ㅌ】

타마스(Tamas)　401

타산성(朶山城)　624

타클라마칸 사막　166

탁록(涿鹿)　79, 117

탁발(拓跋)　673

탐랑(耽浪)　320

탕지보(湯池堡)　303

태극(太極)　402, 417, 439

태극도설(太極圖說)　187

태극 문양　262, 263

태극양의(太極兩儀)　63

태극(太極)의 원리　319

태대형(太大兄)　579

태백산(太白山)　285, 309, 110, 112, 489

태백산 보본단(報本壇) 석실　469

태백일사본(太白逸史本)　406, 407

태양계의 운행　475, 492

태양신 신앙　261

태양의 제국　221, 224

태원(太原: 山西省)　570

태학(太學)　576

태학관(太學館)　337, 363

태호(太昊, 太皞伏羲)족　107, 108

탱리고도단우(撑犁孤塗單于)　664

터널 역사관　158

테오티우아칸 문명　261

테오티우아칸 유적　261

텡그리(Tengri, 하늘)　242, 43

텡그리즘(Tengrism)　242, 272

통구(通溝)　567

통섭의 기술　148

통섭적 사고　37, 149

통섭적 사유　144, 145, 147, 149, 150, 151

통섭적 세계관　139, 140, 142, 149, 155

통체일태극(統體一太極)　497

통합 학문　144, 149, 150

트리무르티(trimurti)　211, 212

특수상대성이론　6, 143

특이점(Singularity)　33, 34

【ㅍ】

파나류산(波奈留山, 天山)　86

파동과학　170

파동의 대양[氣海]　37

파동체　169

파미르고원(天山崑崙)　166, 54, 141, 489

파진찬(波珍湌)　623

판구조론(板構造論, plate tectonics)　476, 493

판노니아 대평원(Pannonian Plain 또는 헝가리 대평
　　원)　668, 669, 676

팔강령(八綱領, 八理)　445, 517

팔공산(八公山)　617

팔관회(八關會)　310, 379

팔괘(八卦) 116, 444, 449

팔리훈(八理訓) 503, 507

팔왕지란(八王之亂) 665

팔절(八節) 445

팔정도(八正道) 501

팔택(八澤) 285

팔훈(八訓) 503

패대(浿帶) 581, 586

패러다임 전환(paradigm shift) 37, 147, 149, 48

패수(浿水) 581

패자(沛者) 572

평등성지(平等性智) 459

평락(平樂) 565

포스트 물질주의 과학(post-materialist science) 37, 48, 150

푸루샤(purusha, 정신원리) 401

풍류(風流, 玄妙之道) 142

풍백(風伯) 110, 112, 115

풍산(風山) 106

풍월주(風月主) 630

풍이(風夷) 116

풍이족(風夷族) 116, 63

퓨전(fusion) 코드 53, 149

프라크리티(prakriti, 물질원리) 401

플라자 합의(Plaza Accord) 268

피도간(彼刀干) 633

피라미드 247

피타고라스 수비학 233

【ㅎ】

하가점하층문화(夏家店(샤자뎬)下層文化) 105

하나(一, 天·神·靈) 134, 423, 424, 425, 426, 427, 430, 433, 434, 435, 436, 440, 441, 442, 443, 444, 449, 451, 452, 454, 459, 466, 474, 481, 482, 485, 491, 492, 498, 518

하(夏)나라 314

하남 582

하남위례성(河南慰禮城) 583

하남위지성(河南慰支城) 583

하늘(天·神·靈) 43, 139, 400, 419, 440, 442

하늘의 그물(天羅) 517

하늘(天·神·靈)의 자기현현(self-manifestation) 416

하도낙서(河圖洛書) 448

하드 사이언스(hard science) 48

하북위례성 583

하얼빈(哈爾濱) 123, 124

하철(下哲) 498

하호(下戶) 370

하화족(夏華族) 141

학가(鶴加) 322

'한' 138, 139, 141, 142, 143, 144, 157, 59

한(Han: ONE[天地人]) 139, 60, 676

한강(漢江) 583, 617

한국국제문화교류진흥원(KOFICE) 51

한국문화 78

한국 사상 38, 39, 519

한국산(産) 정신문화 50, 51, 53, 54, 154

한국 상고사 43

한국학 33, 36, 37, 38, 39, 43, 46, 50, 70, 71, 72, 74, 144, 146, 152, 154, 155, 156, 157, 51, 56, 520

한국학 교육 155

한국학 연구의 딜레마 69, 73

한국학의 르네상스 520, 677

한국학 콘텐츠 50, 56, 74, 85, 154, 155, 156, 677

한남산(漢南山) 617

한류(韓流) 43, 51, 52

한류고속도로 55

한류의 경제적 파급 효과　52
한류(韓流) 현상　35, 51, 52, 54, 156, 55
한마음(一心, One Mind)　138, 421, 430, 439, 440, 442, 459, 460
한민족　43, 71, 80, 97, 140, 44, 45, 47, 49, 54, 57, 471
한민족의 국통(國統)　523
한민족 정신문화　74, 404
한반도의 존재론적 지형　61, 62
한반도 종단철도(TKR)　271
한반도 통일　60, 62
한사군(漢四郡)　118, 525, 536, 556, 576
'한'사상[三神思想, 天符思想, 神敎]　36, 37, 48, 50, 57, 59, 135, 140, 141, 142, 143, 144, 150, 151, 154, 155, 156, 160, 59, 66, 434, 520, 677
'한'사상의 자기조화(self-consistency)　61
한생명　411, 412, 448, 462, 471, 477, 502, 516
한솔(扞率, 5品)　603
한수(漢水)　582
한신(韓神)　660
한신 2좌(韓神 二座)　658
한양(漢陽)　583, 617
한양부(漢陽府)　583, 617
'한'의 우주관　143
'한'의 자기현현(self-manifestation)　144
'한'의 정신세계　80
한·일 역사전쟁　43
한·중 역사전쟁　43
한지(漢祇)　612
한지부(漢祇部)　623
항성(項城)　619
항심(恒心)　341
해동성국(海東盛國)　503, 647
해두국(海頭國)　547

해상상업제국의 무역왕(Merchant Prince)　55
해시(海市)　285, 311
해혹복본(解惑復本)　62, 66, 160
행행본처 지지발처(行行本處 至至發處)　464
향도(嚮導)　590
험독(險瀆, 왕험성)　302, 303, 304
헤브라이즘(Hebraism)　206, 267
헬레니즘　206, 267
현도군(玄菟郡)　527, 551, 564, 576
현도성(玄菟城)　576
현빈(玄牝)　429
현상계[물질계, 多]　57, 456, 457
현이(玄夷)　116
혈구(穴口)　313
혈구지도(絜矩之道)　298, 308, 508, 517, 549
협야국(陜野國)　365
형주(荊州)　317, 616, 617, 619
형주부(荊州府)　617
호가(虎加)　321
호모 노에티쿠스(Homo Noeticus)　66
호모 유니버살리스(Homo Universalis)　66
호모 프로그레시부스(Homo Progressivus)　66
호미씻이　380
호민(豪民)　370
호타하(滹沱河)　291
호한체제(胡漢體制)　675
혼원일기(混元一氣, 至氣, 元氣, 唯一神)　198, 423, 424, 444, 447, 454, 465, 476
혼천기(渾天機)　331, 363
혼합국가(the mixed state)　305
혼합정체(mixed polity)　305, 307
홀로그램　403
홀로무브먼트(holomovement)　419
홍범(天範)　311, 377
홍범구주(洪範九疇)　319, 364, 377, 417, 439, 445

홍산문명 105

홍산문화(紅山文化) 101, 102, 103, 104, 105

홍산문화(紅山文化) 유적 102, 104, 105, 108, 118

홍산(紅山) 유적 235

홍산 유적지 102

홍익인간(弘益人間) 154, 109, 44, 47, 113, 124, 466, 471

홍익인간 DNA 47, 49

홍익제물(弘益濟物) 503

화랑도(花郎徒·國仙徒·風月徒·源花徒·風流徒) 184, 629, 630

화랑의 기원 339

화백(和白)과 공화(共和) 323

화백제도(和白制度) 306, 613

화백회의(和白會議) 332, 362, 550

화·복·보·응 4과(果) 518

화북(華北) 674

화신(化身, 應身) 422, 438, 456

화신불 439

화쟁사상(和諍思想) 630, 631

환(桓) 86, 91, 133, 136, 137, 671

환국(桓國) 86, 87, 89, 90, 92, 98, 100, 102, 140, 155, 41, 102, 108, 109, 110, 404, 671

환국 12연방 232, 233, 295

환국·배달국·단군조선 149

환국시대 101, 104, 111, 113, 128

환국의 강역 101

환국의 역사적 실재 100, 101

환단(桓檀) 82, 93, 405, 468, 470

환단(桓檀)시대 179, 286, 397, 502, 520, 523, 611

환도성(丸都城) 574, 575

환역(桓易) 406

환웅 18대 111, 128

환웅시대 125

환웅 신시(神市) 113

환웅 신시시대 507

환웅 천손족(天孫族, '한'족) 111, 123, 127

환인 7대 111, 128

환인시대 125

환인·환웅·단군(天皇·地皇·人皇) 199, 140

환족(桓族) 115

환화(桓花) 331

황극(皇極) 417, 439

황산(黃山) 619

황성(皇城) 567, 570

황이(黃夷) 116

황하문명 104, 105

황하문명의 원류 104

회계군(會稽郡) 536, 537, 615

회계산(會稽山) 537, 615

회남(淮南) 79, 117

회대(淮垈) 315, 344, 345, 365, 619

회삼귀일(會三歸一) 406, 410, 411, 422, 423, 427, 470, 471

회소곡(會蘇曲) 623

후(後) 4강령 518

후금(後金) 650

후기 홍산문명 105

후북부여(後北夫餘 즉 卒本夫餘) 529, 532, 548

후삼한(後三韓) 528, 533, 534, 538, 539, 540

후천개벽 431, 432, 465

후천개벽기(後天開闢期) 178, 432

후천(後天) 곤도(坤道) 시대 186, 187

후천(後天) 문명 62, 65, 66

후천 시대 186, 187, 432

훈(Hun) 662

훈민정음(訓民正音) 28자 329

훈 제국 667, 669, 676

훈족(Huns, 흉노) 667, 676

휴도(休屠) 663

흉노(匈奴, 凶奴) 329, 666

흉노족 365, 653, 662, 671

흑치상지(黑齒常之) 608

흥륭와문화(興隆窪(싱룽와)文化) 103

흥륭와문화 유적 104

【기타】

3상5부제 115

3종 신기(神器) 286

3차원 지구 의식 61

4因·4果 518

6가야(六伽耶) 626, 633, 634, 636, 641

6좌평 602

6좌평(六佐平) 제도 602

6촌(六村, 六部) 293, 636

7군 태수(太守) 589, 594, 605

8식(識) 489

8주국(八柱國) 674

9간(干) 633

9간(干)회의 635

9주(九州) 648

9파(九派, 九夷, 九黎, 九桓) 116

12대장군(十二大將軍) 674

12연방 177, 204, 205, 232, 236

12현금(絃琴: 가야금) 642

16등급의 관등제(官等制) 602

22담로(擔魯) 606

64괘 444

64족(族) 321

366사(事) 445, 502, 503, 519

CT(culture technolgy: 문화기술) 52

E=mc² 6, 143

UNWPC(또는 UNEPP) 271, 272

[인명편]

가륵(加勒) 287

가륵(嘉勒) 단군 365

가시마 노보루(鹿島昇) 42, 76

가언충(賈言忠) 562, 565

간무(桓武) 237

갈홍(葛洪) 106

감물(甘勿) 단군 362

거발환(居發桓) 환웅 111, 115, 127

거불단(居弗檀) 환웅 111, 123, 127

거칠부(居柒夫) 69

건륭제(乾隆帝) 88

걸(桀) 338

걸사비우(乞四比羽) 646

게오르규(Constantin Virgil Gheorghiu) 44, 80

계연수(桂延壽) 93, 405

고국원왕(故國原王·國岡上王·昭烈帝) 576

고국천왕(故國川王) 573

고두막(高豆莫) 단군 529, 532, 542, 548

고두막한(高豆莫汗) 566

고등왕(高登王) 344

고리군왕(藁離郡王) 561

고모수(高慕漱, 본명은 弗離支) 545, 561, 564

고무서(高無胥) 단군 529, 532, 543, 548, 564

고불가(固弗加) 346

고설(高契) 329

고수(瞽叟) 318

고수노(高叟老) 341, 342

고시리(古是利) 환인 90

고시씨(高矢氏) 105, 116, 321

고열가(古列加) 단군 128, 361

고우루(高于婁) 단군 532, 541, 548

고주몽(高朱蒙) 529, 543, 545, 561

고죽군(孤竹君) 344

고진(高辰) 540, 545, 561, 564, 565

고추모(高鄒牟) 562, 564
고해사(高奚斯) 540, 556
고흥(高興) 69, 605
곤지(昆支) 597
곤지왕(昆支王) 609
공손연(公孫淵) 574
공손탁(公孫度) 573, 596
공양왕(恭讓王) 282
공자(孔子) 53
광개토대왕(廣開土大王·廣開土境好太皇) 576, 605
구사카 히로시(日下寬) 98
구을리(邱乙利) 환인 90
국강상광개토경평안호태왕(國岡上廣開土境平安好
　　　太王) 576
궁희(穹姬) 182, 54, 140
권도(權蹈) 282
권중현 75
근구수왕(近仇首王) 55, 606
근초고왕(近肖古王) 69, 576, 604, 605
금모낭낭(金母娘娘) 141
금와(金蛙)왕 546
기번(Edward Gibbon) 667
기비(箕丕) 366, 532
기자(箕子) 346
기준(箕準) 532, 533, 538
김구(金九) 72
김구해(金仇亥) 왕 629, 641
김대문(金大問) 631
김수로(金首露) 634
김시습(金時習) 153, 408
김유신(金庾信) 642
김은수 285
김흠순(金欽純) 587
나루히토(德仁) 237
낙랑공주(樂浪公主) 559
남건(男建) 578

남사고(南師古) 408
남산(男産) 578
남생(男生) 562, 578
남해차차웅(南解次次雄) 613, 622
내물마립간(奈勿麻立干) 613
내물왕(奈勿王) 614
넬슨(Sara Nelson) 104
노을(魯乙) 단군 363
노이만(John von Neumann) 33
누루하치(努爾哈赤) 650
눌지왕(訥祗王) 91, 54
뉴턴(Isaac Newton) 187
니니기노미코토(瓊瓊靈神) 661
다니가와 겐이치(谷川健一) 598
다이아몬드(Jared Diamond) 226
다카모토(高本政俊) 643
다카하시 이와오(高橋巖) 45, 80
단군왕검(檀君王儉 또는 桓儉) 281, 284, 285,
　　　287, 292, 43, 111, 113, 123, 124, 125,
　　　126, 127
단석괴(檀石槐) 671, 672, 673
단웅(檀雄) 111, 123, 126
단자(檀柘) 663
단재 신채호 89
달라이라마 287
달문(達門) 단군 306, 363
당고조(唐高祖) 이연(李淵) 674
당태종(唐太宗) 587
대련(大連) 326
대무신왕(大武神王·大武神烈帝) 557, 559, 570
대소(帶素)왕 544, 548, 551
대심(代心) 340
대야발(大野勃) 81, 106, 406, 469, 473
대음(代音) 단군 365
대조영(大祚榮, 高王) 406, 469, 578, 645
도리이 류조(鳥居龍藏) 102

도해(道奚) 단군　362

독고신(獨孤信)　675

동명왕(東明王)　566

동이(東夷) 소전(少典)　106

동천왕(東川王)　574

동한(東漢) 광무제　560

두목(杜牧)　56

두암 백전(頭岩伯佺)　469

듀란트(Will Durant)　255

라대일　100

라 무(Ra Mu)　221, 223, 225

라이샤워(Edwin O. Reischauer)　55

레이스(Pîrî Reis)　226

마고(麻姑)　165, 178, 181, 182, 183, 184, 54,
　　90, 140, 152

마라난타(摩羅難陀)　604

마리(摩離)　543, 562

마의극재사(麻衣克再思)　469

마휴(摩休) 단군　367

매륵(買勒) 단군　365

맹자(孟子)　316

메이지 왕　42, 74

모수리(慕漱離)　528, 533, 540

묘견(妙見) 공주　640

무호(無號) 최태영(崔泰永)　72, 89, 98, 123,
　　610, 644, 658, 659, 660

문왕(文王) 대흠무(大欽武)　469

문자왕(文咨王·文咨好太烈帝)　237, 577

문현(文鉉)　153

미천왕(美川王)　575

박영효　75

박제상(朴堤上)　91, 54

박창범　100, 101

박창암(朴蒼巖)　94

박창화(朴昌和)　120

박혁거세(朴赫居世)　548, 611, 612

발리(發理)　303, 306, 332

배반명(裵幋命)　353, 365

백관묵(白寬黙)　93

백봉 대종사(白峯大宗師)　469

백소씨(白巢氏)　178, 181, 231, 236

백이(伯夷)　290, 344

범장(范樟)　93, 405, 561

법흥왕(法興王)　629

베 슈미야바타르　529

보어(Niels Bohr)　57

보장왕(寶藏王)　578

복희씨(伏羲氏)　116

볼테르(Voltaire)　255

봄(David Bohm)　168

부루(扶婁) 단군　313, 314, 364, 371

부사년(傅斯年)　107

부틴(Yuri Mikhailovich Butin)　119

북애자(北崖子)　71, 79

브라흐마(Brahmā·梵天: 창조의 신)　212

브로노우스키(Jacob Bronowski)　399

비슈누(Vishnu: 유지의 신)　212

비왕(神王)　127

사가와 가게노부(酒匂景信)　42, 74

사다함(斯多含)　642

사마광(司馬光)　590

사마천(司馬遷)　106

사이토 마코토(齋藤實)　42

산상왕(山上王)　574

색불루(索弗婁) 단군　364

색정(索靖)　329

샤르댕(Pierre Teilhard de Chardin)　34

샹카라(Śankara)　404

서량지(徐亮之)　128

서왕모(西王母)　141

석제임(釋提王) 환인　90

석탈해(昔脫解)　613

성종(成宗)　83, 85
세조(世祖)　82
소강절(邵康節, 이름은 雍)　186, 418, 431
소나벌(蘇奈伐)　331
소련(少連)　326
소벌도리(蘇伐都利, 蘇伐公)　611
소서노(召西弩)　580, 596
소수림왕(小獸林王)　576
소시모리(素尸毛犁)　330, 365
소열제(昭烈帝)　566
소호금천(小昊金天)　105
소희(巢姬)　182, 140
손성태　259
손진태　75
솔나(率那) 단군　366
수문제(隋文帝) 양견(楊堅)　605, 674
수운(水雲) 최제우(崔濟愚)　432
숙신(肅愼)　647, 649
숙제(叔齊)　290, 344
순(舜)임금　106, 314, 316, 317
쉬바(Vandana Shiva)　190
슈타이너(Rudolf Steiner)　45, 80
스사노오노미고토(素盞鳴尊)　609, 661
스티븐슨(Neal Stephenson)　5
스피노자(Benedictus de Spinoza)　399
시바(Śiva: 파괴의 신)　212
신석호　75, 76
신용하(愼鏞廈)　88, 290
신지씨(神誌氏)　116, 321
신채호(申采浩)　88, 364
심백강　290
심수관(沈壽官)　283
쑨원(孫文)　651
쓰보이 구메조(坪井九馬)　98
아골타(阿骨打)　648
아마테라스 오미카미(天照大神)　114, 659

아브라함(Abraham)　239
아술(阿述) 단군　363
아슈바고샤(Ashvaghosha, Aśvaghoṣa, 馬鳴)　58, 437
아우구스툴루스(Romulus Augustulus)　667
아우구스티누스(St. Aurelius Augustinus or Augustine of Hippo)　205, 209, 210, 215
아인슈타인(Albert Einstein)　6, 57, 143, 450
아키히토(明仁)　237, 286
아타나시우스(Athanasius)　207
아틸라(Attila) 칸　668
안재홍　75
안파견(安巴堅) 환인　90
안함로(安含老)　93, 405, 562
안호상　251
알영(閼英)　613
액니거길(厄尼車吉)　358
야스퍼스(Karl Jaspers)　79
야율아보기(耶律阿保機)　647
엔닌(圓仁)　55
여수기(余守己)　322, 330
여파달(黎巴達)　344, 365
여홍성(黎洪星)　337
연개소문(淵蓋蘇文)　578
연정토(淵淨土)　578
연타발(延陀勃, 延佗勃)　540, 580
염제신농씨(炎帝神農氏)　105
예종(睿宗)　82, 85
오고타이 칸　651
오도아케르(Odoacer)　667
오동진(吳東振)　94
오사구(烏斯丘) 단군　364, 365
오사달(烏斯達)　330
오이(烏伊)　543, 562
오진(應神)　237, 597, 598
온조왕(溫祚王)　537, 557, 585

왕감주(王弇洲) 121

왕동령(王棟齡) 128

왕인(王仁) 55, 606

요(堯) 임금(唐堯 또는 帝堯陶唐) 281, 282, 316,
　　　317, 126

우(禹) 106

우르 남무왕(Ur-Nammu) 239

우륵(于勒) 642

우문태(宇文泰) 674

우사공(虞司空) 314, 364

우순(虞舜, 순 임금) 316, 326, 364

우에노 게이후쿠(上野景福) 244

우태(優台) 580, 596

울리(Charles Leonard Woolley) 240

웅씨(熊氏) 왕녀 106

원광법사(圓光法師) 631

원동중(元董仲) 93, 405

원효 대사(元曉大師) 55, 437, 630

웬츠(W. Y. Evans-Wents) 440

위구태(尉仇台) 596

위나(尉那) 단군 362

유관(柳寬) 283

유득공(柳得恭) 647

유류왕(儒留王, 琉璃王, 琉璃明王) 568

유리왕(琉璃王·琉璃明帝) 569

유리이사금(儒理尼師今) 622

유사눌(柳思訥) 283

유연(劉淵) 666

유웅씨(有熊氏) 106

유위자(有爲子) 335, 337, 373

유인씨(有仁氏) 182, 183, 231, 316

유호씨(有戶氏) 231, 316, 317, 318

유화(柳花) 545, 562

유희령(柳希齡) 282

윤내현 289

율곡(栗谷, 본명은 李珥) 497

을보륵(乙普勒) 328

을성문덕(乙成文德) 334

을지문덕(乙支文德) 571

을파소(乙巴素) 573

의상(義湘) 대사 464

이기(李沂) 93

이능화 75

이마니시 류(今西龍) 40, 75, 76

이맥(李陌) 84, 93, 405, 561

이병도 75, 76

이사금(尼斯今) 614

이삭(Isaac) 177

이상시(李相時) 75

이스마일(Ismail) 177

이시영(李始榮) 71, 125

이시와타리 신이치로(石渡信一郎) 597

이암(李嵒) 83, 84, 93, 405

이완용 75

이유립(李裕岦) 94

이차돈(異次頓) 629

이형식(李亨栻) 93

일연(一然) 98

임아상(任雅相) 504

임어당(林語堂) 251

자부선인(紫府仙人) 106

자하선인(紫霞仙人) 408

장도빈(張道斌) 75

장보고(張保皐) 55, 571, 620

장수왕(長壽王·長壽弘濟好太烈帝) 577

저우언라이(周恩來) 119

전욱고양(顓頊高陽) 105

정인보(鄭寅普) 71, 75, 88, 561

제곡고신(帝嚳高辛) 105

제순중화(帝舜重華, (有)虞氏, 虞舜(순 임금)) 105

제요방훈(帝堯放勳, 陶唐氏, 唐堯(요 임금)) 105

조철수 241

주돈이(周敦頤, 호는 濂溪) 187, 496
주몽제(朱蒙帝) 580
주우양(朱于襄) 환인 90
주인씨(朱因氏) 116
주자(朱子, 이름은 熹) 402
지소씨(支巢氏) 176, 180, 182
지위리(智爲利) 환인[檀仁] 90, 115
지증왕(智證王) 628
진국(辰國, 辰韓) 535
진흥왕(眞興王) 69, 605
처치워드(James Churchward) 217, 218, 219,
    220, 221, 222
청궁씨(靑穹氏) 178, 181, 236
최남선(崔南善) 75, 88
최동(崔棟) 71, 75
최리(崔理) 527, 557, 559
최숭(崔崇) 540, 556, 557
최치원(崔致遠) 288, 405
추모왕(鄒牟王) 568, 581
충혜왕 179
치두남(蚩頭男) 301
치우씨(蚩尤氏) 116, 317
치우천왕(치우천황, 일명 慈烏支桓雄) 43, 79, 117,
    317, 340
카프라(Fritjof Capra) 238
커즈와일(Ray Kurzweil) 34
케네디(Paul M. Kennedy) 46
코르테스(Hernán Cortés) 264
코벨(Jon Carter Covell) 78
퀴글리(Carroll Quigley) 46
크레이머(Samuel Noah Kramer) 240
타고르(Rabindranath Tagore) 44
탁(卓) 534, 540
탕(湯) 338
태우의(太虞儀) 환웅 151, 105, 116
태조대왕(太祖大王·太祖武烈帝) 528, 570

태종무열왕(太宗武烈王) 587
태호복희씨(太皞伏羲氏) 105, 319
토인비(Arnold Joseph Toynbee) 46
파드마삼바바(Padma-Sambhava) 440
파소(婆蘇) 548, 611
팔공진인(八公眞人) 408
팽우(彭虞) 313
페이시스트라토스(Peisistratos) 298
프랑크(Andre Gunder Frank) 158
프랜시스(St. Francis of Assisi) 191
플라톤(Plato) 295
플랑크(Max Planck) 199
플럼우드(Val Plumwood) 189
플로티노스(Plotinus) 207
피사로(F. Pizarro) 265
피타고라스(Pythagoras) 295
하라타사카에루(原田榮) 40
하백(河伯) 545, 562
하이데거(Martin Heidegger) 45, 80
한(漢) 무제 556
해모수(解慕漱) 128, 529, 531, 532, 548, 561,
    564
해부루(解夫婁)왕 542, 544, 545, 548
햅굿(Charles H. Hapgood) 172
허황옥(許黃玉) 634
헌원(軒轅) 79, 117
헤겔(Georg Wilhelm Friedrich Hegel) 49
혁거세거서간(赫居世居西干) 621
혁덕(赫德) 405
혁서(赫胥) 환인 90
현각(玄覺) 스님 53
협보(陝父) 543, 562
협야노(陝野奴, 섬야노) 330, 365
혜초(慧超) 112
호동(好童)왕자 559
호지슨(Marshall G. S. Hodgson) 158

홉슨(John M. Hobson)   159

홍범도(洪範圖)   94

홍암 나철(弘岩羅喆)   469

홍호(洪皓)   648

화이트헤드(Alfred North Whitehead)   58

황궁씨(黃穹氏)   54, 178, 180, 181, 182, 183, 203

황의돈   99

황제헌원(黃帝軒轅)   105, 106

흑소씨(黑巢氏)   178, 181, 212, 236

흘달(屹達) 단군   363, 364

히로히토(裕仁)   237

히미코(卑彌呼: 비미호)   640, 656, 658

[도서편]

『25시 Vingt-cinquième heure』   44

『가락국기(駕洛國記)』   633

『강대국의 흥망 The Rise and Fall of the Great Powers』   46

『격암유록(格菴遺錄)』   408

『고구려의 숨겨진 역사를 찾아서: 고구리사 抄・略』   582

『고대 해양왕의 지도 Maps of the Ancient Sea Kings』   172

『과정과 실재 Process and Reality』   58

『과학과 가설 La science et l'hypothèse』   250

「단군 실사(實史)에 관한 문헌 고증」   75

『단군 예절교훈 팔리(八理) 366사』   507

『대청일통지(大淸一统志)』   620

『동국세년가(東國世年歌)』   282

『동몽선습(童蒙先習)』   128

〈라사 기록〉   220, 221

『로마제국쇠망사 The History of the Decline and Fall of the Roman Empire』   669

『리오리엔트 ReOrient』   158

『문명의 진화 The Evolution of Civilizations』   46

〈미야시타(宮下) 문서; 神皇紀〉   72

『백제에서 건너간 일본 천황』   597

『비류백제와 일본의 국가기원』   597

『삼일신고(三一神誥)』   114, 397, 404, 405, 423, 426, 466, 467, 468, 469, 470, 471, 473, 474, 477, 486, 508

「삼일신고 봉장기(三一神誥奉藏記)」   469

『삼황내문(三皇內文)』   106

『서구 문명의 동양적 기원 The Eastern Origins of Western Civilisation』   159

『서기(書記)』   605

『성경팔리(聖經八理)』   507

『세계사 재인식 Rethinking World History』   158

『신교총화(神敎叢話)』   408

『신지비사(神誌秘詞)』   408

『십문화쟁론(十門和諍論)』   632

『엔기시키(延喜式)』   658, 659

『엔닌의 당(唐) 여행기 Ennin's Travels in T'ang China』   55

『역사는 수메르에서 시작되다 History Begins at Sumer』   240

『왕오천축국전(往五天竺國傳)』   112

『우르남무법전(Ur-Nammu Code)』   239

「은비가(隱秘歌)」   410

「이루장구(離婁章句)」   316

『인간 단군을 찾아서』   72

『잃어버린 무 대륙 The Lost Continent of Mu』   217

『입당구법순례행기(入唐求法巡禮記)』   55

『자치통감(資治通鑑)』   590

「장보고・정년전(張保皐・鄭年傳)」   56

『조선사편수회 사업개요』   75

중종임신간본(中宗壬申刊本)『삼국유사』 98

『참전계경(參佺戒經)』 397, 404, 502, 503, 504,
　　　507, 508, 517, 518

『천부경(天符經)』 114, 296, 307, 336, 397,
　　　404, 405, 406, 408, 411, 412, 413, 416,
　　　422, 423, 427, 435, 439, 442, 451, 460,
　　　465, 80, 508

〈코르테시아누스 고사본〉 220, 221

『코리아 찬가 Eloge de la Corée』 44

〈트로아노 고사본(古寫本)〉 219, 221, 222

『하늘에 새긴 우리 역사』 591

『한국 고대사를 생각한다』 72

『한국이 일본문화에 끼친 영향 Korean Impact
　　　on Japanese Culture』 78

「환단고기(桓檀古記)와 야마타이국(邪馬壹國)」
　　　42

한국학강의

등록 1994.7.1 제1-1071
1쇄 발행 2022년 5월 15일

지은이   최민자
펴낸이   박길수
편집장   소경희
편 집   조영준
관 리   위현정
디자인   이주향
마케팅   조영준
펴낸곳   도서출판 모시는사람들
          03147 서울시 종로구 삼일대로 457 (경운동 수운회관) 1207호
전 화   02-735-7173, 02-737-7173 / 팩스 02-730-7173
홈페이지   http://www.mosinsaram.com/

인 쇄   피오디북(031-955-8100)
배 본   문화유통북스(031-937-6100)

값은 뒤표지에 있습니다.
ISBN   979-11-6629-102-9   93910